Dietz Lange
Glaubenslehre
I

Dietz Lange

Glaubenslehre

Band I

Mohr Siebeck

DIETZ LANGE, geboren 1933; Studium der evangelischen Theologie in Tübingen, Göttingen, Chicago und Zürich; 1959–61 Vikar in Bochum und Witten; 1962 Promotion; ab 1963 wissenschaftliche Tätigkeit in Göttingen; dort 1973 Habilitation für Systematische Theologie; seit 1980 Professor an der Universität Göttingen.

Die Deutsche Bibliothek – CIP-Einheitsaufnahme

Lange, Dietz:
Glaubenslehre / Dietz Lange. – Tübingen : Mohr Siebeck
1. – (2001)
  ISBN 3-16-147659-X Br.
  ISBN 3-16-147661-1 Ln.

© 2001 J.C.B. Mohr (Paul Siebeck) Tübingen.

Das Buch wurde von Gulde-Druck in Tübingen aus der Sabon gesetzt, auf alterungsbeständiges Werkdruckpapier gedruckt und von der Großbuchbinderei Heinr. Koch in Tübingen gebunden.

„Tro är Guds förening med själen."
Tro är – kann därför icke fattas, långt mindre
identifieras med de formler i vilka vi omskriva
detta som är.

„Glaube ist Gottes Vereinigung mit der Seele."
Glaube ist – kann darum nicht erfasst, noch viel
weniger mit den Formeln identifiziert werden,
in denen wir das umschreiben, was ist.

Dag Hammarskjöld,
Vägmärken, Stockholm 1963, 78

Vorwort

Bei der Vorbereitung des letzten viersemestrigen Dogmatik-Zyklus meiner Amtszeit (1996–1998) war mir klar, dass es dieses Mal mit einer bloßen Überarbeitung der letzten Fassung nicht getan sein werde. Zu sehr hatten sich über die Jahre die theologische Diskussionslage und ihr kirchlicher und gesellschaftlicher Kontext gewandelt. Da musste das Ganze von Grund auf neu konzipiert werden. Eine solche Aufgabe am Ende der akademischen Laufbahn hat ihren eigenen Reiz: eine Bilanz zu ziehen und sich dabei zugleich noch einmal in die Situation eines Privatdozenten zu begeben, der den Studierenden immer genau um eine Stunde voraus ist. Irgendein Gefühl von Endgültigkeit kommt dabei gar nicht erst auf. Alles stand noch einmal auf dem Prüfstand, und mir wurde wieder einmal bewusst, wie zeitgebunden auch die eigene theologische Reflexion ist und wie sehr sie deshalb erfordert, unterwegs zu bleiben und sich auf Neues einzustellen.

In den komplexen, säkularisierten und pluralistischen Gesellschaften des gegenwärtigen westlichen Kulturkreises begegnet der christliche Glaube einer doppelten Herausforderung. Auf der einen Seite hat der Pluralismus die Gestalt der Relativierung und Nivellierung. Sie erscheint im Zeichen verbreiteten Wohlstands als Kultur der Beliebigkeit, zu der sowohl ein Atheismus der Gleichgültigkeit als auch ein religiöser und esoterischer Markt der Möglichkeiten gehören. Insofern das Christentum teils an dieser Entwicklung unbewusst partizipiert, teils sich bewusst an sie anpasst, wirkt sich das intern als dramatischer Profilverlust aus: Es wird zunehmend undeutlicher, was eigentlich christlich, geschweige denn, was eigentlich evangelisch ist. Auf der anderen Seite hat der Pluralismus die Gestalt konkurrierender Absolutheitsansprüche. Ihnen korrespondieren im Christentum intern nicht nur evangelikale und fundamentalistische Tendenzen, sondern dazu gehören auch die im vorigen Jahrhundert auf breiter Front vollzogene „Rückkehr zum Dogma" samt ihren Nachwirkungen sowie die unter verschiedenen Namen firmierenden neuen Formen des Biblizismus. Hier weiß man immer schon von vornherein, was „rechtgläubig" ist. Zwischen diesen Fronten steht der auf die Lebenserfahrung bezogene Glaube selbst in der Spannung von Zuversicht und Zweifel.

 Wenn diese (in den Prolegomena genauer zu entfaltende und zu begründende) Sicht zutrifft, dann muss es in einer heute zu schreibenden Glaubenslehre auf zweierlei ankommen. *Einmal* ist um der klaren Identitätsbestimmung des Christlichen willen die Auseinandersetzung mit den beiden Gestalten des Pluralismus zu führen. Das setzt eine kritisch-konstruktive Analyse sowohl der eigenen Tradition als auch der gesellschaftlichen und interreligiösen Situation des Christentums in der Welt, also historisch-kritische Arbeit an Bibel und dogmatischer Tradition sowie einen offenen Blick für die kirchliche und soziale Wirklichkeit (vor allem, aber nicht ausschließlich, des eigenen Landes) voraus. Dazu gehört insbesondere – fern jedem Konfessionalismus – die Profilierung und argumentative Entfaltung der evangelischen Grundeinsicht. Es gibt das Christliche faktisch nur in verschiedenen konfessionellen Varianten; deren klares Verständnis und offene Diskussion stellt darum die Vorbedingung für Verstehen und Toleranz dar. *Zum anderen* ist die jedem religiösen Glauben und insbesondere dem Christentum eigene innere Spannung von *mysterium tremendum* und *fascinans* zu bedenken, wie sie sich in äußerster Schärfe in der Theodizeefrage meldet, weil nur von hier aus das Gewicht und die befreiende Macht der Heilszusage begriffen werden können. Die Verflechtung beider Fragerichtungen ergibt das Konstruktionsprinzip der vorliegenden Glaubenslehre. Hinsichtlich der geistesgeschichtlichen Bezüge schlägt sich das darin nieder, dass ich für die Ausbildung der eigenen Position am meisten sowohl der biblischen und reformatorischen Tradition als auch den großen Vertretern des freien Protestantismus sowie natürlich vielen Zeitgenossen verdanke. Selbstverständlich habe ich mich dabei, wie das heute zunehmend erforderlich ist, vielfach auch auf Autoren außerhalb des deutschen Sprachraums bezogen.

Ebenso selbstverständlich sollte es sein, dass ein systematisch-theologisches Konzept sich nicht nur für die übrigen theologischen Fächer, sondern auch (über die seit je konstitutive Beziehung zur Philosophie hinaus) für andere Wissenschaften öffnet. Darin kommt zugleich zum Ausdruck, dass protestantische theologische Reflexion weder dem antiquarischen Interesse der Erhaltung eines überkommenen Lehrbestandes noch einem intellektuellen Spieltrieb zu dienen, sondern Glaubenserfahrung in der gegenwärtigen Lebenswelt auszulegen hat. Dieser Verantwortung wird sie nach meiner Überzeugung weder im kirchlichen Ghetto noch im Elfenbeinturm hochspekulativer Selbstgenügsamkeit gerecht, sondern nur in lebendiger Auseinandersetzung mit der Lebenserfahrung und der Empirie, sowohl in ihrer unmittelbaren als auch in ihrer reflektierten Gestalt.

Die mit all dem angedeutete Verfahrensweise hat nun freilich den Umfang des Werkes stark anschwellen lassen. Ein Kollege, dem ich kurz vor Beginn der Drucklegung die zu erwartende Seitenzahl nannte, reagierte spontan: „Erbarmung!" Er hatte natürlich völlig Recht, auch wenn ich seinem Appell zu diesem späten Zeitpunkt nicht mehr Folge leisten konnte. Als Ausgleich kann ich ihm – und allen potenziellen Leserinnen und Lesern – meine Bemühung um Lesbarkeit und meinen weitestgehenden Verzicht auf den Fachjargon anbieten. (Im Übrigen habe ich, wo es stilistisch anging, inklusive Sprache benutzt; ansonsten muss ich die Leserinnen bitten, die Feminin-Form mitzuhören.)

Ein Unternehmen dieses Umfangs gibt vor allem Anlass zu vielfältigem Dank. An erster Stelle möchte ich hier die Hörerinnen und Hörer der Vorlesung nennen,

deren engagierte Zwischenfragen und Diskussionsbeiträge mich vielfach zu er-
neutem Überdenken meiner Thesen, zu Präzisierungen und an etlichen Stellen
auch zur Korrektur sachlicher Irrtümer veranlasst haben. Dasselbe gilt von meiner Sozietät, die in den letzten Jahren große Teile der bereits verbesserten Fassung in geduldiger Arbeit durchgekämmt und vieles scharfsinnig und hartnäckig
in Frage gestellt hat. Das ist dem Text gut bekommen und hat noch einmal eine
zum Teil recht einschneidende Überarbeitung zur Folge gehabt. Wenn am Ende
manche der heftig umstrittenen Textpartien dennoch in der Sache unverändert
geblieben sind, so mögen die Teilnehmerinnen und Teilnehmer dies ruhig dem
beginnenden Altersstarrsinn des Verfassers zuschreiben.

Ebenso wichtig war die Arbeit meiner beiden Hilfskräfte, Uwe Habenicht
(1996/97) und Matthias Wilke (1997–2001), die meine Vorlesung als studenti-
sche Tutoren begleitet und mit großer Geduld und Sorgfalt die verschiedenen
Fassungen der Texte kritisch gelesen und vielfältige Verbesserungen vorgeschlagen haben. Herr Wilke hat sich darüber hinaus durch die Kontrolle sämtlicher
Zitate und die Vorbereitung des Registers verdient gemacht.

Da meine Erfahrung im kirchlichen Dienst leider nur kurz war und zudem lange zurückliegt, habe ich einen Teil der Ekklesiologie einigen kirchlichen Praktikern gegeben mit der Bitte, ihn aus dem Blickwinkel ihrer Berufserfahrung kritisch zu lesen: Landessuperintendent i.R. Horst Blanck – Ludwigslust, Pastor
Uwe Habenicht – Holzminden, Propst i.R. Eberhard Hamann, Preetz (früher
Wentorf), Pastor Dr. Thomas Kück – Hittbergen, Vizepräsident i.R. Dr. Günter
Linnenbrink – Hannover. Dankenswerterweise sind alle meiner Bitte nachge-
kommen und haben mir zum Teil sehr ausführliche Kommentare geschickt. Sie
kommen aus verschiedenen Landeskirchen, vertreten unterschiedliche theologische Positionen und gehören zudem verschiedenen Generationen an. Schon deswegen wird keiner von ihnen mit dem Resultat meiner Überarbeitung ganz zufrieden sein. Sie werden aber eine ganze Reihe durch sie veranlasster Änderungen
und Verdeutlichungen bemerken.

Daneben hat es im Lauf der Jahre eine große Zahl von Vorträgen über Einzel-
themen und von Gesprächen über die Idee des Ganzen, einzelne Aspekte und
Thesen gegeben. Allen Beteiligten einzeln zu danken ist nicht möglich. Nennen
möchte ich aber das von Wolfgang Greive – Genf geleitete Studienprojekt
Communion – Community – Society des Lutherischen Weltbundes, an dem ich
als Mitglied der internationalen „core group" teilgenommen habe. Wir haben in
den Jahren 1998–2000 auf fünf Konsultationen in verschiedenen Erdteilen
exemplarisch Selbstverständnis, Lebensbedingungen und Praxis lutherischer
Kirchen untersucht. Die dabei zutage tretende Vielfalt sowie die ganz unterschiedlichen theologischen Positionen in der Gruppe selbst haben mir eine Fülle
von Anregungen eingebracht, von denen diese Glaubenslehre vor allem für die
Ekklesiologie profitiert hat.

Zum Schluss danke ich herzlich Herrn Georg Siebeck für die Aufnahme der

Arbeit in sein Verlagsprogramm und den Mitarbeiterinnen und Mitarbeitern seines Hauses für die umsichtige und hilfsbereite Betreuung der Druckvorlage.

Zur Orientierung sei noch bemerkt, dass ein Kommentar zur Gliederung des Werkes sich in der Einleitung Teil A, Standort und Aufgabe der Glaubenslehre, Abschnitt VII befindet.

Göttingen, im Sommer 2001   Dietz Lange

Inhaltsübersicht

Inhaltsverzeichnis

Einleitung

Hauptteil

A. Schöpfung und Sünde

I. *Schöpfung und Zerstörung*

Inhaltsverzeichnis des 2. Bandes

Technische Bemerkungen

Die Fußnoten werden für jedes Kapitel (durch römische Ziffern gekennzeichnet) neu gezählt. (Dabei werden die Anmerkungen zu den Einführungen der Hauptstücke A, B, und C in der Zählung jeweils dem darauf folgenden I. Kapitel zugeschlagen.) Die Fußnoten zu den beiden Teilen der Einleitung „Standort und Aufgabe der Glaubenslehre" und „Religionsphilosophische Grundlegung" werden jeweils durchgezählt. Die folgenden Bemerkungen zu den Fußnoten gelten entsprechend.

In den Literaturverweisen steht a.a.O. ohne Zusatz nur, wenn die betreffende Arbeit in der unmittelbar vorhergehenden Anmerkung angeführt ist; sonst wird auf die Anmerkung verwiesen, in welcher der Titel zum ersten Mal zitiert worden ist.

Namen von Autorinnen und Autoren werden jeweils beim ersten Vorkommen mit ausgeschriebenen, danach mit abgekürzten Vornamen zitiert.

Abkürzungen nach TRE (außer den Ordinalzahlen bei biblischen Büchern, z.B. 1.Kor).

Einleitung

A. Standort und Aufgabe der Glaubenslehre

Die Glaubenslehre als Teil der Systematischen Theologie (neben der Ethik) soll, ausgehend von der Erfahrung des christlichen Glaubens, dessen Identität im Blick auf seine gegenwärtig adäquaten konkreten Lebensformen im Zusammenhang entfalten.

So kann man die vor uns liegende Aufgabe vorläufig bestimmen. In diesem Satz fällt zunächst das Wort *Glaubenslehre* auf. Es steht an der Stelle des geläufigeren Begriffs Dogmatik. Herkömmlich gilt es als Kennzeichen einer „liberalen" Theologie. Weil das so ist, sei gleich zu Beginn vor einer schlichten Einordnung dieses Buches in ein theologisches Richtungsschema gewarnt. Der Begriff „liberal" deckt so unterschiedliche theologische Ansätze ab, dass er außer einer allgemeinen Geisteshaltung kaum noch etwas Genaues aussagt. Ich teile diese Geisteshaltung, insofern ich mit den „liberalen Vätern" der Auffassung bin, dass erstens die freie, nicht kirchlich domestizierte kritische Erforschung von Bibel und dogmatischer Tradition heute zu den Voraussetzungen und nicht zu den Feindbildern einer Glaubenslehre gehört, und dass diese zweitens auf die drängenden Anfragen christlicher wie nichtchristlicher Zeitgenossen an zentrale Aussagen des Glaubens argumentativ einzugehen hat, nicht zuletzt deshalb, weil vermutlich kein heutiger theologischer Denker im Innersten von ihnen unberührt ist. Andererseits besteht die seit den frühen zwanziger Jahren von Theologen sehr unterschiedlicher Provenienz erhobene Kritik an einer Verflachung und Verharmlosung der den Menschen zutiefst aufwühlenden und von Grund auf neuschaffenden und beglückenden Begegnung mit dem heiligen Gott bei manchen der als liberal apostrophierten Theologen (bei manchen konservativen übrigens nicht weniger!) durchaus zu Recht. Fasst man beides zusammen, so ergibt sich als Leitlinie des vor uns liegenden Unternehmens, dass die Theologie sich weder von Zeitströmungen das Gesetz des Handelns vorschreiben lassen noch den überkommenen Lehrbestand in der gegebenen Form festschreiben, erst recht nicht zwischen beiden Tendenzen unklar hin- und her schwanken darf, sondern das Verhältnis des christlichen Glaubens zur zeitgeschichtlichen Situation der Erfahrung entsprechend mit Argumenten bestimmen muss. So soll der Begriff Glaubenslehre hier verstanden werden.

Im Unterschied dazu weckt der Begriff *Dogmatik* und erst recht der ihm zugrunde liegende des *Dogma* im heutigen Sprachempfinden sowohl innerhalb als auch erst recht außerhalb der Zunft so stark den Eindruck eines zeitunabhängigen, absolut feststehenden Glaubensgesetzes („Das muss ein Christ glauben"),

dass man kaum noch hoffen kann, diese Assoziation durch interpretierendes Zu-
rechtrücken auszuschließen. Ein solches Missverständnis ist aber nicht etwa nur
für liberale Ohren anstößig, sondern generell nach evangelischer Sicht nicht tole-
rabel. Denn es verträgt sich zum einen nicht mit der Freiheit des Glaubens, der
„ohne des Gesetzes Werke" (Rm 3,28) die Annahme durch Gott empfängt, und
zum anderen wird dadurch die Tatsache verschleiert, dass der christliche Glaube
nicht als abstrakte Größe, unabhängig vom Leben der von ihm getragenen Menschen, vorkommt. Denn er ist nicht der Entschluss, überlieferte Dogmen für
wahr zu halten, sondern das die ganze menschliche Existenz betreffende Vertrau-
en zu Gott, das dem Widerfahrnis der Begegnung mit ihm entspricht. Er ist eine
Sache der Erfahrung und darum primär nicht auf Lehre, sondern auf die Lebenswirklichkeit bezogen. Diesem Sachverhalt vermag der Ausdruck Glaubenslehre
eher gerecht zu werden als die Bezeichnung Dogmatik[1].

Von Gott können sinnvolle Aussagen aus zwei Gründen nur aus dem Glauben
heraus gemacht werden. Der erste Grund ist ein erkenntnistheoretischer: Gott ist
kein unmittelbarer Gegenstand menschlicher Erkenntnis, da diese auf den Bereich der Selbst- und Welterfahrung beschränkt ist. Der zweite Grund ist ein religiöser: Gott wird erfahren als der mich „unbedingt Angehende" (Paul Tillich)
und wird darum der Haltung unbetroffener Distanz nicht zugänglich. Dies ist
hier zunächst thetisch gesagt und muss im Folgenden in Auseinandersetzung insbesondere mit der Religionskritik näher begründet werden[2]. Lassen wir die Thesen zunächst stehen, so ergibt sich: Unmittelbarer Gegenstand der Glaubenslehre
als denkender Rechenschaft ist nicht Gott selbst, auch nicht ein vorgegebenes
System objektivierender Lehrsätze über ihn wie die in der Geschichte der Kirche
formulierten Dogmen (so sehr diese natürlich als sekundäre Gegenstände erörtert werden müssen), sondern die Erfahrung des Glaubens an ihn. Nur so kommt
der konstitutive Lebensbezug des Glaubens in den Blick. So viel zu der ersten
Grundentscheidung, die der Leitsatz zum Ausdruck bringt.

Menschliches Leben ist geschichtliches, also wandelbares und vielgestaltiges
Leben. Darum wandeln sich auch die Lebensgestalten des Glaubens. Davon ist
die Glaubenslehre unmittelbar mit betroffen, insofern sie als Rechenschaft über
den Glauben bei aller Distanz der Reflexion zugleich an diesem teilhat, ja einer
seiner Lebensakte ist. Ihr Augenmerk richtet sich dabei (im Unterschied zur
Theologiegeschichte, wenn auch in enger Wechselbeziehung mit ihr), auf die Ge-
genwartsbedeutung des christlichen Glaubens. Das erfordert, dass sie sich mit
den spezifischen Problemen auseinander setzt, denen der glaubende Mensch in
seiner Zeit begegnet. Das ist der zweite wichtige Punkt des Leitsatzes.

---

[1] Näheres zu dieser Thematik unten, Abschnitt IV 3.
[2] Vgl. zum ersten Argument Religionsphilosophische Grundlegung, I und III 1; zum zweiten
im hier begonnenen Teil A der Einleitung Abschnitt IV 1.

Freilich ist es nun auch nicht so, dass das Thema der Glaubenslehre selbst im Lauf der Geschichte ein anderes geworden wäre. Es war vielmehr und ist auch heute die Identität des christlichen Glaubens in Zusammenhang mit und in Unterschiedenheit von dessen konkreten Lebensgestalten. Doch worin diese Identität besteht, ist nicht von vornherein klar. Sie tritt in ganz unterschiedlichen Gestalten auf, denn sie kann nur in geschichtlich geprägter Sprache ausgedrückt werden. Jede sprachliche Äußerung gehört einer bestimmten Sprachwelt an, in der sich die Kultur und Lebensweise eines Volkes und/oder einer sozialen Gruppe und deren Wandlungen spiegeln. Es kann also kein bereits gegebenes Einverständnis darüber vorausgesetzt werden, was jene Identität sei, sondern es ist die Aufgabe der Theologie, herauszufinden, was sich quer zu den verschiedenen Sprachwelten und durch die seit dem Urchristentum verstrichenen Jahrhunderte hindurch als spezifisch christlich identifizieren lässt. Da solche Identifikation selbst wiederum in einer bestimmten Sprachwelt in einer bestimmten geschichtlichen Epoche von Menschen mit bestimmter Sozialisation innerhalb einer von vielen konfessionellen Traditionen vollzogen werden kann, stellt sich die Vermittlungsaufgabe immer wieder neu.

Gegen diese Auffassung könnte man einwenden, es sei doch von vornherein klar, dass der christliche Glaube in der Person Jesu von Nazareth seinen Mittelpunkt habe und dass man deshalb nur auf das Neue Testament zurückzugreifen brauche, das diese Person autoritativ bezeuge und somit alle Elemente zu der geforderten Identitätsbestimmung bereithalte. Der erste Teil dieses Einwands ist nicht zu bestreiten. Doch was genau dieser Bezug auf Jesus bedeutet, wird bereits innerhalb des Neuen Testaments unterschiedlich interpretiert. Diese Deutungen aus alter Zeit sind ihrerseits wieder interpretationsbedürftig, und zu ihrer Beurteilung bedarf es inhaltlicher Kriterien, die unter Umständen erst später im Verlauf der Christentumsgeschichte entdeckt worden sind. Um traditionalistische ebenso wie modernistische Voreingenommenheit zu minimieren, erfordert die Aufgabe der Identitätsbestimmung des Christlichen den fortlaufenden Dialog sowohl mit der Tradition als auch mit anders denkenden Zeitgenossen, die mit der gleichen Problematik befasst sind.

Damit wäre die vor uns liegende Aufgabe dann vollständig beschrieben, wenn wir in einer christlichen, d.h. durch das Christentum in Bezug auf das Denken und Handeln maßgeblich bestimmten Welt lebten. Es ist aber offensichtlich, dass dies nicht der Fall ist. Die moderne wissenschaftlich-technische Zivilisation ist säkular, d.h. sie kommt ohne die „Arbeitshypothese" Gott aus, und zugleich finden wir uns nicht nur in globaler Perspektive, sondern auch im Blick auf unser eigenes Land in einem religiösen Pluralismus vor, der einerseits die Bindungskraft einer bestimmten Religion relativiert und andererseits durch konkurrierende Heilsangebote zu eindeutiger Stellungnahme herausfordert. Es wäre eine Illusion zu meinen, damit sei lediglich die Außenwelt des Christentums oder der Kirche beschrieben, und die Selbstvergewisserung des christlichen Glaubens sei dadurch nicht tangiert. Vielmehr ist das tägliche Leben auch des Christen zutiefst durch diese Faktoren geprägt; die Außenansicht des Christentums in seinem gesellschaftlichen Kontext ist, ob wir das nun gutheißen oder beklagen, immer schon ein integraler Bestandteil unseres Selbst- und Weltverständnisses und damit zugleich unserer Art des Christseins.

Dieser Gesichtspunkt tritt m. E. in vielen Glaubenslehren ungebührlich in den Hintergrund; insbesondere das Problem des religiösen Pluralismus ist bisher fast überall unterbelichtet. Daran kann man nur dann etwas ändern, wenn man das Problem an den Anfang stellt, und zwar nicht in eine allgemeine Einleitung, die lediglich einen Rahmen für die dann folgenden Erörterungen abgibt, sondern an den Anfang der grundsätzlichen Überlegungen zur Glaubenslehre selbst, und wenn man es überdies auch in den materialen Ausführungen stets ausdrücklich im Blick behält. Nur so wird deutlich, dass es dabei nicht nur um die äußere Lage des Glaubens geht, sondern auch um dessen innere Befindlichkeit. Wenn die Säkularität, die „Gottlosigkeit", im Leben des Glaubenden selbst anwesend ist, so ist sie das in Gestalt des Unglaubens oder zumindest des Zweifels, und wenn der religiöse Pluralismus dieses Leben mitbestimmt, so tut er dies als drohende Relativierung und Schwächung der unbedingten Hingabe des Glaubens an Gott oder sogar als deren Bedrohung an der Wurzel. Diese Situation ist die spezifisch moderne Form der Grundsituation des christlichen Glaubens, der *niemals* anders als im Widerstreit mit dem ihn nicht nur von außen, sondern auch von innen bedrohenden Unglauben existiert hat. Christliche Theologie ist darum dialektische Theologie – nicht im Sinn der so bezeichneten Schulrichtung, sondern im Sinn der Einheit des Widerstreitenden: Das Thema der Theologie war und ist die geschichtliche Gegenwart des transzendenten Gottes (Einheit von Endlichkeit und Unendlichkeit), der in seiner Ohnmacht am Kreuz Jesu den Tod und die Gottentfremdung des Menschen überwindet (Umwertung der Machtverhältnisse) und die Gottesgemeinschaft des Gottentfremdeten schafft (*simul iustus et peccator*). Da von dieser dialektischen Grundsituation aber sinnvoll nur dort gesprochen werden kann, wo sie geschichtlich wirksam wird, ist bei der konkreten menschlichen Lebenswirklichkeit einzusetzen.

Im Folgenden werden die Abschnitte I bis VI dieses einleitenden Teils jeweils die Gesichtspunkte der Säkularität der gegenwärtigen Lebenswelt, des religiösen Pluralismus, der inneren Vielfalt des Christentums und der Institutionalität behandeln.

I. Äußere und innere Lebensbedingungen des Christentums

Wir beginnen mit einer kritischen Analyse der wichtigsten äußeren Faktoren, welche die Situation von Kirche und Theologie heute bestimmen, soweit dies möglich ist, ohne in eine umfängliche historisch-soziologische Untersuchung einzutreten. Dabei bezieht sich der Begriff „kritisch", d.h. differenzierend, auf die Einsicht, dass man einer menschlich-geschichtlichen Situation niemals in reiner Objektivität, sondern immer nur in unlösbarer Verbindung mit einer Deutung inne wird. Deshalb muss die folgende Beschreibung von einer Darlegung der eigenen Sicht und einer argumentativen Abgrenzung von alternativen zeitgenössischen Deutungsmustern begleitet werden. Da eine solche Interpretation der Lebensbedingungen immer schon ein Gesamtverständnis des christlichen Glaubens impliziert, müssen wir uns an dieser Stelle auf die Angabe der Grundlinien beschränken, die durch die Ausführungen der materialen Glaubenslehre zu verifizieren sein werden.

1. Die säkulare Welt

Die Glaubenslehre, die den christlichen Glauben an Gott explizieren soll, muss heute in weiten Teilen des europäisch-amerikanischen Kulturkreises damit rechnen, dass dieser Glaube nicht mehr selbstverständlich geltende Voraussetzung des Denkens und des gesellschaftlichen Lebens ist. Dieser oft konstatierte Sachverhalt bildet den Hintergrund für unser ganzes Unternehmen. Doch ist die Formulierung, in die er soeben gefasst wurde, noch zu allgemein. Es handelt sich dabei, dem ersten Eindruck zum Trotz, um eine höchst komplexe Erscheinung. Auch wenn unser Ziel nicht in deren möglichst genauer empirischer Erfassung bestehen kann, müssen zumindest drei Fragen beantwortet werden, um ihn in den Grundzügen verstehen und angemessen auf ihn eingehen zu können:

    1. Wie sind die geographisch unterschiedlichen Situationen zu verstehen?

    2. Welche institutionellen Implikationen stecken in dem Begriff „geltende Voraussetzung", im Blick sowohl auf Staat und Gesellschaft als auch auf die Kirche?

    3. Wie ist der Vorgang der Säkularisierung vorläufig, d.h. vor der noch ausstehenden inhaltlichen Entfaltung der Glaubenslehre, zu beurteilen?

    ad 1. Das Verhältnis zu Christentum und Kirche hat sich in den Ländern unseres Kulturkreises ganz unterschiedlich entwickelt. In Osteuropa hat die atheistische Propaganda kommunistischer Regimes in den ersten Jahrzehnten nach

1945 einerseits einen massiven Säkularisierungsschub bewirkt, womit sie freilich nur eine Entwicklung beschleunigte, die bereits vorher im Gang war, und in Ostdeutschland in dieser Hinsicht an nationalsozialistische Tendenzen bruchlos anknüpfen konnte. Andererseits hat sie aber auch in vielen Ländern des ehemaligen Ostblocks die Popularität der Kirche als Hort der Opposition oder zumindest der freien Rede gefördert. Der Verlust dieser Funktion nach dem Zusammenbruch der Zwangsherrschaft hat freilich nicht selten zur Verdächtigung der Kirche als einer neuen (jetzt westlich orientierten) Indoktrinationsanstalt geführt[3]. Im Westen spielen Christentum und Kirche teils wie in den USA auf Grund der bis heute fortwirkenden, stark durch christliche Dissidenten bestimmten Tradition eine erhebliche gesellschaftliche Rolle, teils hat in denjenigen Ländern Westeuropas, deren neuzeitliche Entwicklung wesentlich durch Radikalisierungen der Aufklärung bestimmt wurde, ein Prozess tiefgreifender Entfremdung vom Christentum bis hin zu Kirchenaustrittswellen und weitgehendem Traditionsabbruch eingesetzt, der bis in die Gegenwart andauert. Trotz solcher gravierender Veränderungen ist freilich der öffentliche Einfluss der Kirchen oft wie in Westdeutschland z.B. durch Verlautbarungen zu aktuellen Problemen, Mitarbeit in öffentlichen Gremien und soziale Wirksamkeit stark geblieben.

Blicken wir über den bisher betrachteten geographischen Raum hinaus, so ist zunächst festzustellen, dass die einst von Ernst Troeltsch aufgestellte These, das Christentum werde im wesentlichen auf den europäisch-amerikanischen Kulturkreis beschränkt bleiben[4], sich angesichts der Situation in Korea, Indonesien oder auf den Philippinen kaum rundheraus bestätigen lässt. Vielfach ist das Christentum gerade in Ländern der so genannten Dritten Welt sogar zahlenmäßig in teilweise raschem Zunehmen begriffen. Gewiss kann man diesem Prozess insofern kritisch gegenüberstehen, als der quantitative Zuwachs häufig in erster Linie fundamentalistischen und charismatischen Gruppierungen zugute kommt, die den naiven Autoritätsglauben vorgefundener Religionen durch einen künstlichen, christlichen ersetzen und so statt der befreienden Botschaft des Evangeliums das Gesetz einer geistlichen Schizophrenie vermitteln[5]. Oder man kann an die mit der Inkulturation verbundenen Gefahren eines Synkretismus erinnern.

---

[3] Für die Entwicklung in Ostdeutschland vgl. das Buch von DETLEF POLLACK, *Kirche in der Organisationsgesellschaft. Zum Wandel der gesellschaftlichen Lage der evangelischen Kirchen in der DDR*, Stuttgart u.a. 1994.

[4] Vgl. ERNST TROELTSCH, *Die Bedeutung der Geschichtlichkeit Jesu für den Glauben*, Tübingen 1911, 48. In den folgenden Sätzen wird freilich die Frage, ob sich die christlich-abendländische Kultur vielleicht über die ganze Welt ausbreiten werde, offen gelassen.

[5] Vgl. dazu *Lexikon der Weltmission*, hg. v. St. Neill u.a. (= *Concise Dictionary of the Christian World Mission*), Wuppertal/Erlangen 1975, z.B. s. v. Afrika; TIMOTHY YATES, *Christian Mission in the 20th Century*, Cambridge 1994, 193–223; HELMUT GRIMMSMANN, *Die Bibel zum Reden bringen oder über die Bibel reden?*, in: JbM 27/1995, 56–63. Den Hinweis auf diesen Aufsatz verdanke ich Joachim Schmitt.

Doch sollte man dann nicht vergessen, dass auch die abendländische Kirchengeschichte voll von synkretistischen Prozessen ist.

Hier ist vorerst festzuhalten, dass die geographische Betrachtung zumindest zu
einer Differenzierung der geläufigen Rede vom „nachchristlichen Zeitalter" nötigt. Das ist allerdings nur eine erste Näherung; die entscheidenden Fragen sind
im Folgenden zu erörtern.

ad 2. Schon die eben angestellte, ganz äußerliche Betrachtung zeigt, dass man
zwischen der Situation des institutionalisierten und der des persönlichen Christentums unterscheiden muss. So sehr der persönliche Glaube schon aus sozial-
psychologischer Sicht einer Institution bedarf, um sich in individueller und gemeinsamer Lebensgestaltung Ausdruck zu verschaffen, so wenig verlaufen die
Entwicklungen synchron. Schwach ausgebildete kirchliche Institutionen können
ebenso mit lebendigem individuellem Glauben einhergehen wie starke mit innerer Aushöhlung. Das Erstere gilt vielfach von den so genannten jungen Kirchen;
das Letztere ist ein Problem der älteren Kirchen in Europa und, auf andere Weise,
in Nordamerika. Der zweiten Seite gelten die folgenden Überlegungen.

Offenkundig ist zunächst, dass das *konstantinische Zeitalter*, im typisierenden
Sinn des Begriffs als enge Verbindung von Kirche und Staat wie das landesherrli-
che Kirchenregiment in protestantischen Ländern, überall zu Ende ist oder zu
Ende geht. In diesem Sinne gibt es kaum noch irgendwo „herrschende Kirche".
Hier ist eine Entwicklung nahezu zum Abschluss gelangt, die in den Vereinigten
Staaten um der Freiheit des Glaubens willen mit den *pilgrim fathers* im 17. Jahr-
hundert, in Europa sozusagen um der Freiheit vom Glauben willen mit der fran-
zösischen Revolution begonnen hatte.

Davon zu unterscheiden ist die *Entkirchlichung*, also die Distanzierung von
der kirchlichen Institution, in vielen europäischen Ländern. Sie setzte bereits im
18. Jahrhundert ein, also zu einer Zeit, in der z.B. die deutschen Kirchen noch
Staatskirchen waren. Sie betraf vor allem den Protestantismus. Hier wurde die
von der Reformation initiierte Kritik an institutionalisierter kirchlicher Autorität zu einer grundsätzlichen Privatisierung des Religiösen verschärft. Diese Entwicklung radikalisierte sich etwa ab 1830 mit der Zuspitzung der sozialen Frage,
weil die mit den herrschenden Kreisen liierte evangelische Kirche dieser zunächst
lediglich karitativ zu begegnen suchte und sich so die Arbeiterklasse bleibend
entfremdete. Das damit geschaffene Problem komplizierte sich seit 1968 zusätzlich durch eine auch auf die Kirchen bezogene, generalisierte Institutionenkritik,
die keineswegs bloß durch eine (inzwischen ohnehin abgeflaute) neomarxisti-
sche Ideologie, sondern viel mehr noch durch eine dramatisch zurückgehende
Akzeptanz verbindlicher Lebensorientierung in einer narzisstischen, an Konsum
und Erlebnis orientierten Überflussgesellschaft motiviert ist[6].

---

[6] Vgl. z.B. JOHN KENNETH GALBRAITH, *The Affluent Society*, Boston 1958, 139–151; RI-
CHARD SENNETT, *Verfall und Ende des öffentlichen Lebens. Die Tyrannei der Intimität*, Frank-

Entgegen einer in kirchlichen Kreisen verbreiteten Sicht ist die Entkirchlichung nicht mit der *Entchristlichung* des gesellschaftlichen Lebens gleichzusetzen. Das folgt nicht erst aus grundsätzlichen theologischen Erwägungen, sondern zeigt sich in dem empirisch zu erhebenden, schon 1930 von Paul Tillich beschriebenen Phänomen der „latenten Kirche", d.h. individualistisch gelebten christlichen Glaubens außerhalb kirchlicher Organisationen[7]. Im Unterschied dazu bezeichnet Entchristlichung den vor allem in den westeuropäischen Industrienationen verbreiteten Verlust des christlichen Glaubens an gesellschaftlich prägender Kraft.

Zwischen Entchristlichung und dem Funktionsverlust kirchlicher Institutionen besteht eine Wechselwirkung (die wohl eine der Ursachen dafür ist, dass beides so leicht miteinander verwechselt wird). Sie ist zum einen daran zu erkennen, dass die „latente Kirche" den inneren Entfremdungsprozess nicht hat aufhalten können, zum anderen an dem massiven Substanzverlust des christlichen Glaubens, der in den letzten Jahrzehnten das Kirchenvolk selbst ergriffen hat – bei fortbestehendem gesellschaftlichem Einfluss kirchlicher Institutionen. Innerhalb dieser werden sozialethische Themen wie „Frieden, Gerechtigkeit und Bewahrung der Schöpfung" und religionspsychologische Fragen wie die nach einer spezifisch weiblichen Religiosität vielfach nicht mehr unter den Vermittlungsproblemen der religiösen Grundaussagen des christlichen Glaubens, sondern an deren Stelle verhandelt, während diese selbst oft auch unter Kirchenmitgliedern nicht einmal mehr ihrem Inhalt nach bekannt sind. Zwar lebt die christliche Tradition in vielfältigen säkularisierten Formen als *civil religion* weiter, z.B. im Gedanken der Menschenrechte. Doch können solche (für das gesellschaftliche Leben eminent wichtigen) Ideen nur dann als zureichender Ausdruck des christlichen Glaubens gelten, wenn man ihn auf seine soziale Funktion reduziert[8].

In dem beschriebenen differenzierten Sinn, bezogen auf die neuzeitliche Geschichte des Christentums (übrigens weithin auch des Judentums), ist es zutreffend, unsere moderne Welt „säkular", weltlich zu nennen. Der Prozess der Befreiung von der geistlichen Autorität der römischen Kirche im 15. und 16. Jahrhundert mit dem Umbruch des naturwissenschaftlichen Weltbildes, dem humanistischen Ruf *ad fontes* und der Reformation, sowie seine Fortsetzung in der grundsätzlicheren Kritik der Aufklärung an jeder heteronomen Autorität und

---

furt a.M. 1986 (The Fall of Public Man, 1974, dt. v. R. Kaiser), 418–429; GERHARD SCHULZE, *Die Erlebnisgesellschaft. Kultursoziologie der Gegenwart*, 5. Aufl. Frankfurt a.M./New York 1995, 138–141.166f.541–549.

[7] PAUL TILLICH, *Kirche und humanistische Gesellschaft*, in: GW 9,47–61; vgl. auch TRUTZ RENDTORFF, *Gesellschaft ohne Religion?*, München 1975, 57–62, dort aber mit der Pointe: „die Kirche müsse eine Funktion von Religion immer wieder werden und bedürfe dazu der Theologie" (61, in Abgrenzung gegen Karl Barths These von der Theologie als Funktion der Kirche).

[8] Das ist die Tendenz des Buches von HERMANN LÜBBE, *Religion nach der Aufklärung*, Graz u.a. 1986.

das damit verbundene, bis vor kurzem ständig wachsende Zutrauen zu der Fähigkeit des Menschen, seine Welt unabhängig zu gestalten, haben eine wissenschaftlich-technische Zivilisation geschaffen, die völlig ohne explizite christliche, vielfach sogar ohne allgemein-religiöse Voraussetzungen auskommt. Diese Zivilisation hat sich inzwischen weltweit als Schlüssel zu wirtschaftlicher und politischer Macht erwiesen und wird daher auch von einem großen Teil der so genannten Entwicklungsländer angestrebt. Sie hat zwar in dem ihrer Säkularität diametral entgegengesetzten Modell religiöser Weltbeherrschung, in den Fundamentalismen großer Weltreligionen, mächtige Gegner gefunden und außerdem durch die Erkenntnis der von ihr selbst verursachten ökologischen Risiken eine gewisse Problematisierung erfahren. Doch ist nicht zu erwarten, dass die Entwicklung, die zu dieser Zivilisation geführt hat, rückgängig gemacht werden könnte, einfach deswegen nicht, weil das Leben auf der Erde – auch in fundamentalistisch regierten Ländern – längst von ihren Ergebnissen abhängig geworden ist.

Immerhin zeigt aber der Widerstreit von Fundamentalismus und säkularer europäisch-amerikanischer Welt, dass die moderne technische Zivilisation mit ihrem *methodischen* Atheismus nicht notwendig eine explizit atheistische oder areligiöse *Überzeugung* herbeiführt. Das gilt auch für unseren Kulturkreis. Die einst unter dem Eindruck des Nationalsozialismus von Dietrich Bonhoeffer gewagte Prognose, wir gingen einem religionslosen Zeitalter entgegen[9], hat sich nicht bestätigt. Vielmehr gehört ein ausgeprägtes religiöses Interesse ebenfalls zur Signatur unserer Zeit. Das steht zur Weltlichkeit unserer Gesellschaft nicht in Widerspruch. Denn wenn man die Welt als immanenten Gesetzen folgend, ohne supranaturale Einbrüche, ansieht und sie dementsprechend auch bearbeitet, nämlich zweckrational, ästhetisch, emotional, so schließt das die religiöse Annahme einer transzendenten „Dimension", die gewissermaßen quer zu den Dimensionen von Raum und Zeit steht, keineswegs aus. Freilich ist das religiöse Interesse vielfach aus dem Christentum in Quasi-Religionen und in Religionssurrogate hinein ausgewandert. In diesem Prozess treffen Säkularität und religiöser Pluralismus zusammen; wir werden ihn im nächsten Abschnitt genauer zu betrachten haben.

ad 3. Wenn wir nun zur Beurteilung der beschriebenen Vorgänge kommen, so ergibt sich zunächst einmal, dass man von der Vorstellung einer *Christlichen Welt*, wie sie die liberale Theologie um 1900 im Titel eines ihrer wichtigsten Organe noch programmatisch verkünden konnte, und von dem Programm *Christianizing the Social Order*, wie es das Social Gospel in Amerika formulierte[10], entschiedener Abschied nehmen muss, als es selbst die Dialektische Theologie

---

[9] Dietrich Bonhoeffer, *Widerstand und Ergebung. Briefe und Aufzeichnungen aus der Haft*, hg. v. E. Bethge, 7. Aufl. München 1956, 178.
[10] Vgl. Walter Rauschenbusch, *Christianizing the Social Order*, New York 1912.

getan hat. Sogar Karl Barth hat trotz seines Bruchs mit der Illusion einer harmonischen Synthese von Christentum und Kultur auf dem Weg über das Postulat einer eindeutigen Ableitbarkeit ethischer Richtlinien aus der Heilslehre sehr energisch an jenem Ziel festgehalten[11]. Nicht zufällig konnte Jürgen Moltmanns Beschwörung einer utopischen Zukunft in seiner einflussreichen *Theologie der Hoffnung*[12] hier anknüpfen.

Ebenso wenig entrinnt man der unwiderruflichen Säkularität der gegenwärtigen Lebenswelt, wenn man in der heutigen Situation diejenige des Urchristentums sich wiederholen sieht, weil dieses sich doch auch in einer gesellschaftlichen Minderheitsposition befunden habe. Denn es ist natürlich ein fundamentaler Unterschied, ob man einer im ersten Aufbruch befindlichen oder einer bereits alt gewordenen Religion angehört. Überdies scheint sich hinter derartigen Parallelen eine Art von Kanonisierung des 1. Jahrhunderts zu verbergen. Solche Versuche hat es zwar in der Geschichte der Kirche immer wieder gegeben, von biblizistischen Einstellungen bis zu enthusiastischen Bewegungen wie z.B. den Montanisten oder zu den Armenorden des Mittelalters. Manche von ihnen mögen in ihrer Zeit ein notwendiges Gegengewicht gegen eine befürchtete oder wirkliche Entfernung der Kirche vom Kern des christlichen Glaubens gebildet haben. Doch niemals hat eine solche rückwärts gewandte Betrachtung die anstehenden Probleme der eigenen Gegenwart gelöst.

Mit einer Kanonisierung der Ursprungszeit verbinden sich häufig Deutungen der Christentumsgeschichte als Verfall. Diese dienten nicht selten dazu, die eigene Zeit in um so hellerem Licht erstrahlen zu lassen, weil in ihr die ursprüngliche Wahrheit wieder ans Licht getreten sei (so bei Matthias Flacius für die Reformation oder in der Schule Karl Barths für die Dialektische Theologie). Doch sind solche Pauschalurteile historisch nicht zu halten. Man muss sich nur von der pädagogischen Idealisierung des Urchristentums durch die Apostelgeschichte freimachen und sich auf Grund der paulinischen Briefe die Konflikte in Antiochien, Galatien oder Korinth vor Augen führen, um das einzusehen.

Im Gegenzug zu solchen Theorien hat Trutz Rendtorff die These aufgestellt, die neuzeitliche Welt sei nichts anderes als die „Welt des Christentums"[13]. Er hat damit insofern Recht, als etwa die Humanisierung des Strafrechts in westlichen Ländern oder die Ideen von Freiheit und Gleichheit in der amerikanischen Verfassung unbestreitbar starke Wurzeln in christlicher, insbesondere reformatori-

---

[11] Vgl. neben den beiden gewichtigen ethischen Bänden der KD II/2 und III/4 vor allem *Rechtfertigung und Recht* (1938). *Christengemeinde und Bürgergemeinde* (1946), 4. bzw. 2. Aufl., in: ThSt(B) 104, Zürich 1970.

[12] JÜRGEN MOLTMANN, Theologie der Hoffnung. Untersuchungen zur Begründung und zu den Konsequenzen einer christlichen Eschatologie (BevTh 38), München (1964), 12. Aufl. 1985.

[13] Vgl. T. RENDTORFF, *Theologie in der Welt des Christentums. Über das Theoriebedürfnis christlicher Praxis*, in: DERS., *Theorie des Christentums. Historisch-theologische Studien zu seiner neuzeitlichen Verfassung*, Gütersloh 1972, 150–160

scher, Tradition, haben. Trotzdem ist die These sowohl historisch-genetisch als auch zeitdiagnostisch nur partiell richtig, insofern der Humanismus und das Aufblühen der Wissenschaften im Zeitalter der Entdeckungen, die ebenfalls zu den Wurzeln der Neuzeit gehören, eindeutig nichtchristliche Traditionen ins Spiel bringen, die später auch zu dem antichristlichen Anspruch auf absolute Autonomie beigetragen haben. Ebensowenig darf man vergessen, dass Fortschritte in der Humanisierung der Gesellschaft vielfach gegen die Kirchen als offizielle Vertreter des christlichen Glaubens durchgesetzt werden mussten. Man könnte also mit gleichem Recht behaupten, die Neuzeit sei durch die Abkehr vom Christentum gekennzeichnet, und gerade dies mache ihre Legitimität aus[14].

Es empfiehlt sich demnach, auf pauschale Bewertungen der Moderne zu verzichten. Sie verraten zumeist eher das Interesse des Legitimierenden (das in beiden diskutierten Fällen ebenso gut ein christliches wie ein antichristliches sein kann) als das Bestreben, der Vielschichtigkeit und auch Widersprüchlichkeit des historischen Befundes gerecht zu werden. Dies leistet eher das Konzept Friedrich Gogartens, der in der Neuzeit eine Doppelgestalt von weltlichen Folgen des Christentums und weltlichen Gegenpositionen zu diesem sieht, von ihm Säkularisierung und Säkularismus genannt[15]. Die Einsicht in diesen Zwiespalt ermöglicht es, den beiden typischen Fehlreaktionen des neuzeitlichen Christentums zu entgehen, dem Rückzug in ein kirchliches Ghetto und der opportunistischen Anpassung oder Verweltlichung[16], die christliche Position differenziert in Anknüpfung und Widerspruch an die säkulare Welt zu bestimmen – und zu tun, was an der Zeit ist.

Für diese Aufgabe sind Prognosen darüber, ob das Christentums in Europa immer weiter zurückgehen wird oder ob es Anlass gibt, ebenso wie vor 300 Jahren in ebenfalls kritischer Zeit Philipp Jacob Spener für Christentum und Kirche Hoffnung auf eine bessere (irdische) Zukunft[17] zu hegen, unerheblich. Weder die Stimmung konservativer Kulturkritik noch diejenige modernistischer oder ökumenischer Fortschrittsgläubigkeit können angesichts der weltweit so unterschiedlichen Entwicklung des Christentums universale Plausibilität für sich beanspruchen. Vor allem aber wäre es für eine Religion, die ihr Zentrum in dem gekreuzigten Christus hat, ein eklatanter innerer Widerspruch, wollte sie an ihrem äußeren Erfolg die Macht des göttlichen Geistes messen.

---

[14] So z.B. Hans Blumenberg, *Die Legitimität der Neuzeit* (1966), 2. Aufl. Frankfurt a.M. 1988.

[15] Vgl. Friedrich Gogarten, *Verhängnis und Hoffnung der Neuzeit. Die Säkularisierung als theologisches Problem*, Stuttgart 1953.

[16] Vgl. Peter L. Berger, *Auf den Spuren der Engel. Die moderne Gesellschaft und die Wiederentdeckung der Transzendenz* (A Rumor of Angels, dt. v. M. Plessner) Frankfurt a.M. 1970, bes. Kap. 1.

[17] Philipp Jacob Spener, *Pia desideria* (1675), hg. v. K. Aland (KT 170), 3. Aufl. Berlin 1964, 43–52.

2. Der religiöse Pluralismus

Die entscheidende Herausforderung, die dem Christentum heute begegnet, ist nicht die Säkularität der modernen Welt als solche. Diese ist vielmehr, sofern sie nicht als Gottesfeindschaft, sondern als Unterschiedenheit alles Weltlichen von Gott auftritt, dem christlichen Glauben sogar durchaus gemäß. Die Herausforderung geht vielmehr von der für die säkulare Welt spezifischen Form der Pluralität des Religiösen aus. Sie stellt sich unter modernen Verkehrs- und Kommunikationsbedingungen, welche die Welt zu einem „*global village*" gemacht haben, nicht mehr als Nebeneinander verschiedener, voneinander abgegrenzter, relativ homogener Religionskreise dar. Vielmehr gibt es allerorts Berührungen, wachsende gegenseitige Kenntnis und Einflussnahme, Überschneidungen. Diesen Zustand, in dem sich für eine Religion die Wahrheitsfrage nicht nur intern in der Weise der Selbstvergewisserung, sondern ständig (nicht nur gelegentlich oder zufällig) auch von außen durch die Begegnung mit anderen Religionen stellt, nennen wir Pluralismus.

Unter *Religion* soll im Folgenden die Gesamtheit derjenigen Lebensäußerungen verstanden werden, mit denen Menschen sich dem sie in ihrer Lebenswelt erschütternden, ergreifenden und unbedingt beanspruchenden Transzendenten hingeben und dieses wiederum in ihre Lebenswelt hinein vermitteln. Diese Lebensäußerungen gehen also einerseits aus einer Deutung der Selbst- und Welterfahrung des Menschen hervor, die prinzipiell über diese hinaus auf ihren Ermöglichungsgrund zurückgreift. Andererseits umfassen sie das Ganze der menschlichen Existenz in Natur und Geschichte, insbesondere auch im Blick auf die gesellschaftlichen Zusammenhänge. Religiöse Lebensäußerungen manifestieren sich daher vermittelt durch bestimmte kulturelle Gegebenheiten in der Bildung größerer oder kleinerer sozialer Gruppierungen, die sich jeweils von anderen solchen Zusammenschlüssen unterscheiden und abgrenzen[18]. Die Sozialität dient der religiösen Deutung dazu, ihre beiden Brennpunkte der Selbsterfahrung und

---

[18] Diese Definition setzt die transzendentale Bestimmung von Religion, wie sie durch FRIEDRICH DANIEL ERNST SCHLEIERMACHER begründet worden ist (*Der christliche Glaube*, 2. [= 7.] Aufl., hg. v. M. Redeker, Berlin 1960, §§ 3–5), voraus. Sie wendet sich jedoch gegen subjektivitätstheoretische Verengungen, die Religion auf die Begründung des menschlichen Selbstbewusstseins im „absoluten Selbstbewusstsein" Gottes (H.-W. Schütte) oder auf die „Deutung von Erfahrung im Horizont des Unbedingten" durch das religiöse Subjekt (U. Barth) beschränken (vgl. HANS-WALTER SCHÜTTE, *Religionskritik und Religionsbegründung*, in: N. Schiffers/H.-W. Schütte, Zur Theorie der Religion [KÖS 7], Freiburg u.a. 1973 [95–144], 134; ULRICH BARTH, *Was ist Religion?* in: ZThK 93/1996 [538–560], 545). Demgegenüber ist entscheidend, dass Religion erstens nicht bloß ein Bewusstseinsphänomen ist und dass sie zweitens (vgl. Schleiermacher, a.a.O. § 6!) nur in sozialen Gestalten vorkommt. (Auch die Subjektivitätstheoretiker bilden eine – esoterische – Diskursgemeinschaft!) Nur so wird verständlich, dass es „die" Religion als vorfindliche Wirklichkeit gar nicht gibt, sondern nur Religionen, worauf heute die Religionswissenschaft zu Recht hinweist (vgl. z.B. KURT RUDOLPH, *Die Problematik der Religionswissenschaft als Lehrfach*, in: Kairos 9/1967 [22–42], 32f.)

der Welterfahrung miteinander zu verbinden: Das Transzendente wird niemals nur als Existenzgrund des Einzelnen verstanden, sondern immer auch als der Grund des Ganzen der Welt; beide Seiten bedingen einander[19]. Bei alledem ist es nicht erforderlich, dass für jenes Unbedingte der Gottesbegriff gebraucht wird. Es genügt sogar, dass man sich im Modus der Frage darauf bezieht.

In diesem umfassenden Sinn ist Religion offensichtlich auch in der modernen, säkularen Welt lebendig. In irgendeiner Form ist die Frage nach einem letzten Grund, nach Transzendenz, in jeder Zeit und Kultur virulent, mögen die Antworten auf sie auch höchst verschieden, ja gegensätzlich sein; sie gehört offenbar zum Menschsein selbst. Damit ist keineswegs ein religiöses *a priori* in dem – empirisch fragwürdigen – Sinn impliziert, dass ein positiver Transzendenzbezug zum Wesen des Menschen gehöre.

Neben Religion im eigentlichen Sinn gehören zum Religiösen in einem weiteren Sinn im Kontext der modernen westlichen Gesellschaft noch zwei andere Erscheinungsformen, nämlich die im letzten Abschnitt bereits angedeuteten Pseudoreligionen und Religionssurrogate, weil auch sie im Horizont der letzten Fragen des Lebens stehen. Bei *Pseudoreligionen* ist an die so genannten Weltanschauungen zu denken – darunter sind mit Dilthey vorrationale, dem elementaren Lebensgefühl entspringende Gesamtdeutungen der Welt ohne Transzendenzbezug zu verstehen, z.B. „idealistische" oder „materialistische" Weltanschauungen[20]. Im präzisen Sinn pseudoreligiös sind sie dann, wenn sie zu innerweltlichen Heilslehren dogmatisiert und machtpolitisch funktionalisiert werden. Dabei kann die weltanschauliche Grundlage sekundär reflektiert sein. Das ist der Fall bei den großen politischen Ideologien, die mit dem Anspruch auf „wissenschaftliche" Begründung einen dem Geist abendländischer Wissenschaft (und aus anderen Gründen, wie noch zu zeigen ist, auch dem Christentum) ursprünglich fremden Autoritätsglauben an den Besitz absoluter Wahrheit verknüpften[21]. Der Begriff Pseudoreligion ist hier geradezu empirisch gerechtfertigt, und zwar dadurch, dass diese Ideologien in erheblichem Maße von inhaltlichen, entsprechend ihrer säkularen Intention umgeprägten Anleihen aus der christlichen Tradition lebten, also das Christentum zu enteignen versuchten. Das lässt sich an den Bezügen zeigen, welche die klassenlose Gesellschaft außer zu den platonisch geprägten Staatsutopien der Renaissance auch zum urchristlichen Liebes-"Kom-

---

[19] Der Weltbezug steht im Zentrum der Religionstheorie von GORDON D. KAUFMAN, *An Essay on Theological Method* (AAR Reflection and Theory in the Study of Religion Bd. 05), 3. Aufl. Atlanta GA 1995, vgl. bes. 54f. Er hat damit auf einen wichtigen Punkt hingewiesen. Da er aber die soziale Seite der Religion unterbelichtete, erscheint bei ihm das vom einzelnen Subjekt ausgehende Religionsverständnis als Alternative statt als Korrelat.
[20] In dieser Bedeutung seit WILHELM DILTHEY, *Das Wesen der Philosophie* (1907), GS 5 (339–416), 378–406. Zur Geschichte des Begriffs seit Kant vgl. EILERT HERMS, *Weltanschauung bei F. Schleiermacher und A. Ritschl*, in: DERS., Theorie für die Praxis. Beiträge zur Theologie, München 1982, 121–143.
[21] Zum Begriff der Ideologie s. u., 476f.

munismus" (Act 2,37–47) hat; unmittelbarer am Ursprung des Begriffs „Drittes Reich" im „Reich Gottes"; ferner an der Rolle der Arbeiterklasse bzw. des nationalsozialistischen „Führers" als Erlöser oder an den Anleihen der Jugendweihe bei der evangelischen Konfirmation.

Religionssurrogate stellen im Unterschied zu Pseudoreligionen diffuse Felder quasireligiöser Elemente dar, die weder zu einem festen System zusammengefügt sind noch auch ausdrücklich den Anspruch unbedingter Verbindlichkeit erheben (Astrologie, Okkultismus, Verehrung von Idolen aus Sport und Unterhaltungsindustrie). Die Grenzen zwischen beiden Phänomenen sind allerdings fließend. Fangemeinden und Adeptenkreise können einen ebenso rigiden Comment und ebenso „geheiligte" Rituale haben wie Funktionäre einer Staatspartei. Auch die Bedingungslosigkeit und Absolutheit, mit der beide das „Heil" verfechten, lässt die auf den ersten Blick so verschiedenen Phänomene durchaus vergleichbar erscheinen (man denke an die erbarmungslosen Verfolgungen ideologischer Dissidenten auf der einen und an die Schlachten rivalisierender Fußballfans auf der anderen Seite).

Heute sind es in den westlichen Ländern weniger die Pseudoreligionen, in die hinein sich das religiöse Interesse verlagert, wenn es aus dem Christentum auswandert, sondern eher die Religionssurrogate („neue Kulte"). Deren spezifische Modernität besteht darin, dass sie oft Menschen, Sammel- oder Gebrauchsgegenstände, Sportvereine an die Stelle Gottes treten lassen, sowie vor allem in der beliebigen Wahl zwischen vielfältigen Angeboten. Dieser neuen Unverbindlichkeit des Religiösen entspricht es, die letzten Fragen häufig offen zu lassen. Dieses Verharren beim Vorletzten drückt sich im Bereich der Theorie – zumindest der Intention nach – in der Forderung des kritischen Rationalismus aus, jede Überzeugung in einer permanenten kritischen Schwebe jederzeitiger Korrigierbarkeit zu halten.

Die Gründe dafür, dass der nach Transzendenz fragende Mensch in Europa heute seine Antworten häufig außerhalb des Christentums sucht, sind mannigfacher Art. Sie liegen gewiss zum Teil in der christlichen Verkündigung selbst. Ob sie um der Popularität willen den Kern der christlichen Botschaft an irgendwelche Moden verrät oder umgekehrt starr an althergebrachten Formen kirchlichen Lebens und Redens festhält, die zu den Erfordernissen der gegenwärtigen Lebenswelt wenig oder gar keinen Bezug mehr haben, oder ob schließlich Leben und Lehre nicht miteinander übereinstimmen: in all diesen Fällen haben wir es mit einem Verlust an Glaubwürdigkeit zu tun, der Menschen veranlasst, sich von der christlichen Botschaft abzuwenden und – unter Umständen – zu einer anderen Religion zu konvertieren oder anderweitigen Ersatz zu suchen. Positiv wäre z.B. die Anziehungskraft solcher Elemente religiösen Lebens wie der Meditation zu nennen, die in den ostasiatischen Religionen traditionell stärker ausgebildet sind als im abendländischen Christentum.

Nun wird man sich bei der Betrachtung des modernen religiösen Pluralismus vor dem Irrtum hüten müssen, als sei er etwas *absolut* Neues in der Geschichte des Christentums. Alternativen zum christlichen Glauben haben ihn begleitet, solange es ihn gibt. Die Pluralität der Religionen ist dem Christentum auch nach dessen Aufrücken zur Staatsreligion und dem Verbot der ihm bis dahin konkurrierenden „heidnischen" Kulte im Jahre 380 zumindest in Gestalt des Judentums, im Mittelalter des Islam, und spätestens seit dem Beginn der großen Missionsunternehmungen des 18. und 19. Jahrhunderts in weltumfassender Vielfalt präsent gewesen, äußerlich dokumentiert besonders durch das World's Parliament of Religions in Chicago 1893. Auch sonst haben fremde Religionen im christlichen Abendland zumindest die Gebildeten fasziniert; man denke nur an die „Chinoiserien" des 17. und 18. oder an die Begeisterung für die indischen Religionen zu Beginn des 19. Jahrhunderts.

Dies alles sind aber insofern nur Vorstufen des Pluralismus, als es sich dabei entweder nicht um einen Dauerzustand handelte oder die prinzipielle Überlegenheit der eigenen Religion über die anderen allgemein als ausgemachtes gesellschaftliches Faktum galt. Seit der Aufklärung fand diese Überzeugung im Abendland ihren theoretischen Ausdruck in religionsphilosophischen Konstruktionen, die das Christentum als höchste Stufe der geschichtlichen Entwicklung auffassten. Heute ist die solche Konstruktionen leitende Überzeugung infolge der allgemeinen Lockerung der Glaubensbindung – von der Frage nach ihrem Wahrheitsgehalt zunächst einmal abgesehen – gesellschaftlich irrelevant geworden; sie wäre überdies angesichts der Tatsache, dass alle Länder der westlichen Welt inzwischen zu Einwanderungsländern geworden sind, auch gefährlich. Die Alltagsrealität ist hier vielmehr der religiöse Pluralismus, der politisch nur unter dem Vorzeichen der Religionsfreiheit existieren kann. Im Prinzip gilt das angesichts des engen Zusammenrückens der Völker weltweit, so fern die Wirklichkeit einem solchen Zustand vielerorts auch sein mag.

Der Begriff des Pluralismus ist in doppelter Hinsicht näher zu bestimmen: als Relativierung der Religionen und als Widerstreit zwischen ihnen. Unter der Ägide neuzeitlicher Autonomie wird Pluralismus zunächst vor allem als *Relativierung* religiöser Wahrheit erfahren. Die bunte Vielfalt religiöser und weltanschaulicher Möglichkeiten hat im Verein mit dem Verschwinden der Selbstverständlichkeit einer bestimmten religiösen Bindung zu einem umfassenden „Zwang zur Häresie"[22] geführt, d.h. zur Wahl einer religiösen Tradition statt eines organischen Hineinwachsens in sie. Dabei braucht diese Wahl keineswegs eine wohlüberlegte Entscheidung für eine Lebensbindung zu sein, sondern kann, insbesondere wenn es um Religionssurrogate geht, nicht selten den Charakter spielerischer Willkür haben, mit der man sich aus dem „Angebot" nach Art einer Speise-

---

[22] Vgl. das gleichnamige Buch von P.L. BERGER mit dem Untertitel *Religion in der pluralistischen Gesellschaft*, Frankfurt 1980 (dt. Fassung von *The Heretical Imperative*, 1979), sowie HENNING LUTHER, *Religion und Alltag. Bausteine zu einer Praktischen Theologie des Subjekts*, Stuttgart 1992, 22–24.

karte ein religiöses „Menü" zusammenstellt[23]. Dadurch sinkt das Religiöse zu einem Erlebnisinhalt unter anderen herab, der für das Leben nur eine sachlich und
zeitlich begrenzte Relevanz besitzt. Zu der gegenseitigen Relativierung der einzelnen religiösen Überzeugungen tritt also noch die innere Relativierung des Anspruchs der jeweiligen Überzeugung selbst in Bezug auf ihre lebensbestimmende
Macht. Auf diese Weise können Religionssurrogate wie z.b. die Astrologie auch
zusammen mit einer christlichen Grundüberzeugung auftreten, ganz analog wie
etwa in Afrika der Geisterglaube oft neben dem Christentum beibehalten wird.
Der Unterschied besteht jedoch in der Relativierung der Verbindlichkeit, die so
weit geht, dass Pluralität nach dieser Seite hin paradoxerweise geradezu im Gewand der Uniformität der technischen Einheitskultur daherkommt.

Der moderne religiöse Pluralismus hat aber noch eine andere Seite. Er ist nicht
auf die Oberflächlichkeit einer „Erlebnisgesellschaft" zu reduzieren. Zum einen
leben viele Menschen, die unterschiedlichen Religionen angehören, in fester und
aufrichtiger Bindung an ihre jeweilige Tradition nebeneinander. Zum anderen
kann die Hinwendung zu einer anderen Religion oder Weltanschauung auch aus
Überdruss am bunten Wechsel der Surrogate und in bewusster *Abwehr des allgemeinen Relativismus* erfolgen. Zwischen beidem gibt es fließende Übergänge;
von außen dürfte oft kaum zu beurteilen sein, ob der Sinn für das Heilige (und
damit auch ein Verständnis für das, was Heil sein kann), diffuse Sehnsucht,
schiere Ratlosigkeit oder pure Experimentiersucht zu einer solchen Wahl geführt
hat.

Wo tiefe religiöse Überzeugungen verschiedenen Inhalts einander gegenüberstehen, lässt sich der religiöse Pluralismus keineswegs bloß als friedliche Koexistenz einander relativierender Religionsformen beschreiben. In diesem Fall-
schließt vielmehr der eine Heilsglaube alle anderen aus, und es entsteht ein *Antagonismus*, der einen unnachsichtig strengen oder gar verfolgungswütigen
Fundamentalismus erzeugen kann. Von dieser Möglichkeit ist keine Weltgegend
prinzipiell ausgeschlossen. Der Fundamentalismus ist, historisch wie sachlich,
die natürliche Gegenbewegung gegen die Aushöhlung religiöser Verbindlichkeit
durch den neuzeitlichen Säkularisierungsprozess[24].

Es gibt also beides nebeneinander: einen oberflächlichen Relativismus, der die
religiöse Entscheidung bis zur Beliebigkeit verwässert, und den harten Widerstreit strenger religiöser Bindungen. Erst beides zusammen macht den heutigen
Pluralismus aus. Vom Standpunkt des christlichen Glaubens aus ist dabei kaum
zu entscheiden, ob der Relativismus oder der Antagonismus bedrohlicher ist.

---

[23] Vgl. dazu WILHELM KNACKSTEDT, *Der Supermarkt der Heilsangebote. Hintergründe, Gefahren, Herausforderungen,* in: Religionen – Fundamentalismus – Politik. Vorträge im Rahmen
des Studium generale der Georg-August-Universität im W.S.1994/95, hg. v. D. Lange, Frankfurt a.M. u.a. 1996, 65–82.
[24] Dies ist genauer ausgeführt in meinem Aufsatz *Evangelikales Glaubensverständnis und
theologische Wissenschaft im Kampf um das moderne Wahrheitsbewußtsein,* a.a.O. 83–104.

Das Bekenntnis zu Christus muss sich mit seiner Infragestellung durch beide auseinander setzen, wobei ihm freilich als religiös nur eine das ganze Leben beanspruchende Bindung gelten kann.

3. Die konfessionelle Vielfalt

Pluralismus kennzeichnet nicht nur die Stellung des Christentums in der Welt der Religionen und damit seine Außenrelationen, sondern auch seine interne Verfasstheit in einer Mehrzahl von Konfessionen und kleineren Gruppierungen ebenso wie die Vielfalt der theologischen Positionen insbesondere innerhalb des Protestantismus[25]. Diese Eigenart teilt das Christentum mit allen großen Weltreligionen. Sie ist als solche zunächst einmal keineswegs, wie manche Ökumeniker behaupten, ein Skandal, sondern sie reflektiert die soziologische Gesetzmäßigkeit, dass die gesellschaftliche Kohäsionskraft proportional zur Größe der Gruppe abnimmt und dementsprechend nur durch eine den geschichtlichen und kulturellen Rahmenbedingungen gerecht werdende Variationsbreite aufrechterhalten werden kann.

Trotzdem liegt hier ein Problem. Das Christentum ist eine monotheistische Religion, die „in keinem andern ... Heil" gewährt findet als in der Person Jesu Christi (Act 4,12). Die in diesem Satz ausgedrückte Einheit aller Christen im Glauben (1.Kor 12) scheint auch die äußere (in sich gegliederte) Einheit zu implizieren. Historisch ist es allerdings schon seit der Spaltung in Juden- und Heidenchristen zu Zeiten des Paulus anders gewesen. Daran hat das Bündnis mit der zentralistischen Staatsgewalt seit Konstantin ebenso wenig geändert wie der Primatsanspruch des Bischofs zu Rom. Trotz Repressalien bis hin zu blutigen Verfolgungen hat es die ganze Kirchengeschichte hindurch immer wieder nicht nur einzelne Abweichler, sondern umfangreiche „Ketzer-"bewegungen gegeben, von denen manche wie z.B. die nestorianische Kirche, wenn auch in kleine Gruppen vom Nahen Osten bis Indien zerstreut, von der Spätantike bis heute überlebt haben[26]. Bekannter sind die großen Konfessionsspaltungen in Ost- und Westkirche von 1054 und die protestantische Reformation sowie die Aufsplitterung des Protestantismus in mehrere Unterkonfessionen und zahlreiche separatistische Gruppen.

An Einigungsbemühungen hat es auch in neuerer Zeit nicht gefehlt, ob es nun der Vorschlag des Georg Calixt im 17. Jahrhundert, die Konfessionsspaltungen auf dem Weg über einen *consensus antiquitatis* (bzw. später *quinquesaecularis*) bezüglich der großen christologischen und trinitarischen Dogmen der ersten fünf

---

[25] Zu dem letzteren Phänomen vgl. Dietrich Rössler, *Positionelle und kritische Theologie*, in: ZThK 67/1970, 215–231. Der Möglichkeit einer Überwindung des Positionellen durch eine (neutrale?) Kritik stehe ich allerdings viel skeptischer gegenüber als Rössler.

[26] Vgl. den Art. *Nestorianische Kirche* von Wolfgang Hage in TRE 24, 264–276.

Jahrhunderte zu überwinden, die innerprotestantischen Einigungsbemühungen von der altpreußischen Union von 1817 bis zur Leuenberger Konkordie von 1973 oder die Reihe von Zusammenschlüssen verschiedener großer amerikanischer Kirchen sein mögen. Vor allem ist hier natürlich die ökumenische Bewegung hervorzuheben, die insbesondere seit der Amsterdamer Konferenz von 1948 viel für die Verständigung der christlichen Kirchen untereinander getan hat und der seit dem II. Vatikanischen Konzil von 1962–1965 auch eine gewisse Öffnung der römisch-katholischen Kirche entgegenkam. (Diese Öffnung war freilich in den expliziten Formulierungen geringer als vielfach angenommen, da die volle Einheit der Kirche nach wie vor ohne Einschränkung an die Anerkennung der „ganze[n] Ordnung" der katholischen Kirche, einschließlich aller ihrer Sakramente und der Leitung durch den Papst, gebunden wird[27].)

So begrüßenswert sowohl die Veränderung des „Klimas" im Umgang der verschiedenen christlichen Kirchen miteinander als auch manche nicht bloß scheinbare Milderung inhaltlicher Gegensätze sind, so wenig ist damit schon das Grundproblem gelöst: Ist das Ziel eine Konsens-Ökumene, die dann auch in einer einzigen kirchlichen Organisation zu vereinigen wäre, oder eine Verständigungs-Ökumene, also ein lockerer Zusammenschluss lehrmäßig verschiedener und organisatorisch selbstständiger Kirchen, wie er im Grunde bereits besteht? Es gibt Anzeichen für beide Tendenzen[28].

Dass der zweite Weg schon aus dem oben genannten soziologischen Grund der allein realistische ist – was natürlich einzelne Zusammenschlüsse bei ausreichender sachlicher Einigkeit nicht ausschließt –, liegt auf der Hand. Wichtiger als diese praktische Einsicht ist die Frage, ob die erstere Zielsetzung, von den Chancen ihrer Realisierung einmal abgesehen, überhaupt angestrebt werden soll. Diese Frage auch nur zu stellen, heißt bereits, dem kirchlichen Zeitgeist zu widersprechen, auch wenn man hinzufügt, dass sie natürlich nicht als einfache Festschreibung der Pluralität von Konfessionen in ihrem gegenwärtigen Zustand gemeint ist. Die Antwort kann nach dem Bisherigen nur negativ ausfallen. Wenn, wie später ausgeführt werden soll, nur Gott selbst die Wahrheit ist[29], dann *kann* diese Wahrheit in Lehrsätzen niemals adäquat fixiert werden, sondern *muss* sich in menschlichen Erfahrungen und in den solche Erfahrungen interpretierenden Sätzen unterschiedlich reflektieren. Das hat die institutionelle Konsequenz, dass die

---

[27] Vgl. *Lumen gentium* 14: „Illi plene Ecclesiae societati incorporantur, qui Spiritum Christi habentes, integram eius ordinationem omniaque media salutis in ea instituta accipiunt, et in eiusdem compage visibili cum Christo, eam per Summum Pontificem atque Episcopos regente, iunguntur …".

[28] Für die erste Tendenz *vgl. z.B. Lehrverurteilungen – kirchentrennend?* (DiKi 4), hg. v. K. Lehmann u. W. Pannenberg, Freiburg / Göttingen 1986. Die Herausgeber wollen zwar dieses Kommissionsergebnis keineswegs schon als Konkordie bezeichnen, aber doch immerhin als „Vorarbeiten", wenngleich vorsichtig durch ein „bestenfalls" eingeschränkt (14).

[29] S.u., 78–81.

Einheit im Glauben ihren Niederschlag gerade nicht in einer Einheit der kirchlichen Organisation findet.

Es wäre ein Missverständnis, diese These als Ausdruck von Resignation oder als Absage an jegliches ökumenische Gespräch auszulegen. Sie befreit im Gegenteil von jeder Art von Einigungs*zwang* und ermöglicht so dem ökumenischen Dialog die nötige Gelassenheit. Dadurch erübrigen sich theologische Formelkompromisse und begriffliche Äquivokationen, die jeweils von beiden Seiten verschieden interpretiert werden[30] und damit eine Unaufrichtigkeit begründen, die den Ernst der Wahrheitsfrage beschädigt, wenn sie auch die Produktivität kirchlich-theologischer Kommissionen erheblich zu steigern vermag. Es erübrigt sich ferner das kurzschlüssige pragmatische Argument für eine sichtbare kirchliche Einheit, dass man gegenüber den Gegnern des Christentums und auf dem Missionsfeld viel wirksamer auftreten könne, wenn die Kirche mit einer Stimme spreche. Diese Antwort ist gewiss nicht einfach falsch, hat aber nur dann einen Wert, wenn die „eine Stimme" nicht in Wirklichkeit in sich gespalten ist. Für die Glaubwürdigkeit christlicher Verkündigung ist vielmehr entscheidend, ob der ökumenische Dialog auf der Grundlage des gemeinsamen Glaubens an den einen Herrn und der daraus erwachsenden Liebe in der Lage ist, eine redliche Austragung binnenchristlicher Streitigkeiten und ein gelassenes Ertragen verbleibender Differenzen zu gewährleisten.

4. Der Einzelne und die kirchliche Institution

Für das Verhältnis der Konfessionen zueinander ebenso wie für das Selbstverständnis einer einzelnen Kirche ist nicht nur die Lehre, sondern eher noch stärker, weil elementarer und auch die theologisch weniger Interessierten unmittelbar bewegend, das Verhältnis des einzelnen Christen zur kirchlichen Institution relevant.

Unter *Institution* verstehen wir hier und im Folgenden nicht nur eine Organisation, sondern jegliche auf Dauer gestellte Form menschlicher Vergesellschaftung, die durch die regelbildende und regulierende Interaktion von autoritativer Setzung, internalisierender Aneignung und öffentlichem Diskurs bestimmt ist. Dazu gehören beispielsweise auch Riten oder Konventionen. Institutionen sind

---

[30] Dafür ein beliebiges Beispiel: Die ordinierten Amtsträger „manifestieren und üben die Autorität Christi in der Weise aus, in der Christus selbst die Autorität Gottes der Welt offenbarte …". So in *Taufe, Eucharistie und Amt. Konvergenzerklärungen der Kommission für Glauben und Kirchenverfassung des Ökumenischen Rates der Kirchen*, 10. Aufl. Frankfurt/Paderborn 1985, Ziffer II 16. Dies wird zwar in II 15 als Auftrag zum Dienen interpretiert. Aber da *servus servorum Dei* eine geläufige Bezeichnung des Papstes in feierlichen Präambeln zu Konzilseröffnungen ist, repräsentiert jene Formel von der Autorität Christi keinerlei Abweichung vom traditionellen katholischen Amtsverständnis. Was mag die evangelischen Gesprächspartner bewogen haben, diese Formel zu akzeptieren?

wandelbar und gestaltbar, insofern sie von der ausdrücklichen oder unausdrück-
lichen Übereinstimmung, Akzeptanz und Interaktion der eine Gesellschaft konstituierenden Individuen und Gruppen abhängig sind. Aber sie treten diesen Individuen zugleich mit einem gewissen Eigengewicht und einer Eigengesetzlichkeit (im wertfreien Sinn von Sachgesetzlichkeit) als bereits vorgegebene soziale
Lebensbedingungen gegenüber[31].

Das Verhältnis des Christen zur – in diesem weiten Sinn verstandenen – Institution der Kirche hat sich durch die den Ursprung des Protestantismus mitkon-
stituierende vehemente Kritik der Reformatoren an den hierarchischen Ordnungsprinzipien der römischen Kurie, die als Menschensatzungen keinen absoluten Gehorsam beanspruchen könnten[32], grundlegend verändert. Luther steht
dabei in einer (relativen) Nähe zu dem in seiner Zeit neu erwachenden Selbstbewusstsein des Individuums, wie es in dem Aufbruch des Humanismus und der
Wissenschaft aus kirchlicher Bevormundung und darüber hinaus in der sozialen
Position des aufstrebenden Bürgertums zum Ausdruck kommt. Doch war die
treibende Kraft bei ihm eine religiöse, nämlich die Urerfahrung der Unmittelbarkeit des Menschen zu Gott, für die er sich im Übrigen auf Jesu Parteinahme für
den Einzelnen gegen die religiösen Konventionen seiner Zeit bezog[33]. Diese Unmittelbarkeit zu Gott war für ihn gerade nicht durch eine ganz oder teilweise
Gott gegenüber autonome Freiheit, sondern durch die von Gott geschenkte und
ganz in ihm gründende Freiheit konstituiert. Insofern hatte er sowohl den Humanismus als auch die katholische Kirche gegen sich.

Unter dem Eindruck der aufklärerischen Entdeckung der Autonomie der Vernunft und der romantischen Einsicht in die unaufhebbare Besonderheit menschlicher Individualität, aber in der Sache durchaus auch an die Reformation anknüpfend, hat der Neuprotestantismus die Unmittelbarkeit des Einzelnen zu
Gott in Abgrenzung gegen ein Verständnis der Kirche als Heilsanstalt zu dem

---

[31] Zum Begriff der Institution vgl. Talcott Parsons, *The Social System*, 2. Aufl. Glencoe IL
1952, 36–45; P.L. Berger/Thomas Luckmann, *Die gesellschaftliche Konstruktion der Wirklichkeit. Eine Theorie der Wissenssoziologie* (The Social Construction of Reality, dt. v. M. Plessner, 5. Aufl. 1977), 5. Aufl. Frankfurt a.M. 1996, 58; sowie Gerhard Göhler, *Politische Institutionen und ihr Kontext. Begriffliche und konzeptionelle Überlegungen zur Theorie politischer Institutionen*, in: ders. (Hg.), Die Eigenart der Institutionen. Zum Profil politischer Institutionentheorie, Baden-Baden 1994 (19–46), 22. Zum Begriff der Eigengesetzlichkeit vgl. Max
Weber, *Wirtschaft und Gesellschaft*, hg. v. J. Winckelmann, 5. Aufl. Tübingen 1976, 382–385
(dort auf den Markt bezogen). Näheres zum allgemeinen Verständnis von Institution s.u., Religionsphilosophische Grundlegung, 165f.

[32] Klassisch bei Martin Luther in seiner Schrift *An den christlichen Adel deutscher Nation
von des christlichen Standes Besserung* (1520), WA 6, 404–469. Hier bestreitet er Rom das
Recht, der weltlichen Gewalt Weisungen zu erteilen, den Anspruch auf die allein maßgebliche
Schriftauslegung und damit auf die jeder Kritik entzogene Lehrautorität, sowie das alleinige
Recht, ein Konzil einzuberufen, und damit die letztinstanzliche kirchliche Jurisdiktion.

[33] Z.B. WA 6, 445,26–32 nach Mt 23,13.

konfessionellen Unterscheidungsmerkmal schlechthin erklärt[34]. Damit hängt unmittelbar die grundsätzliche Bejahung einer Vielfalt der Kirchentümer zusammen (im Unterschied zur Einheit der Gemeinschaft der Glaubenden)[35]. Darüber hinaus ist für die Gegenwart festzustellen, dass Individualität und Selbstverantwortlichkeit des Einzelnen und seine Eigenständigkeit gegenüber allen Institutionen, sieht man einmal von der Frage einer religiösen oder nichtreligiösen Begründung ab, im abendländischen Bereich trotz einer vielerorts verbreiteten sozialstaatlichen Versorgungsmentalität so sehr zum Selbstverständnis und zur Lebenspraxis der Menschen gehören, dass man davon als von einer erfahrungsmäßigen Gegebenheit ausgehen muss.

In der Gegenwart vollzieht sich in den westlichen Gesellschaften (und in manchen Teilen der so genannten Dritten Welt) ein Prozess der Auflösung traditionaler Gemeinschaftsformen, die zu einer bisher nicht gekannten Individualisierung geführt hat. Gerade durch diese Vereinzelung sind die Individuen aber zugleich – auch in Demokratien – so stark wie nie zuvor in der Geschichte in ein engmaschiges Netz institutioneller Verflechtungen eingebunden[36]. Das ändert zwar nichts an der die Moderne leitenden Überzeugung von dem fundamentalen *Recht* auf Eigenständigkeit und Selbstbestimmung. Doch der Widerspruch dieser vielfach zu einem extremen Individualismus übersteigerten Auffassung zur sozialen Wirklichkeit und ihren Erfordernissen hat die Institutionalität zu einem der zentralen gesellschaftlichen Probleme der Gegenwart gemacht. Helmut Schelsky hat deshalb mit Recht bereits vor einem Vierteljahrhundert die These aufgestellt: „Die Entzweiung zwischen dem Allgemeinen, das in den Institutionen von alters her verkörpert ist, und der Subjektivität des modernen Menschen ist die entscheidende Spannung unserer Kultur" und hinzugefügt, diese Spannung dürfe nicht institutionell neutralisiert, sondern müsse selbst institutionalisiert werden[37]. Das betrifft auch die institutionellen Kirchen, deren Entwicklung zu bürokratischen Großorganisationen die Spannung ebenfalls verschärft hat.

An dieser doppelseitigen Entwicklung hat der Protestantismus maßgeblich mitgewirkt. Wir verdeutlichen uns das zunächst am kirchlichen Selbstverständnis in Deutschland. Hier hielt *einerseits* Johann Salomo Semler neben der wahren, „privaten" Religion die „öffentliche", Kant neben der „reinen Vernunftreligion" die „statutarische" nur aus pädagogischen Gründen noch für notwendig[38]. Schleiermacher wies demgegenüber zwar darauf hin, dass die auf der

---

[34] Die klassische Formulierung findet sich bei F.D.E. Schleiermacher, a.a.O. (Anm. 18), § 24.

[35] Zur Begründung vgl. die Ekklesiologie, C I 2a.

[36] Vgl. Ulrich Beck, *Risikogesellschaft. Auf dem Weg in eine andere Moderne* (Ed. Suhrkamp 1365), Frankfurt a.M. 1986, 205–219.

[37] Helmut Schelsky, *Zur soziologischen Theorie der Institutionen*, in: ders. (Hg.), Zur Theorie der Institution, (Interdisziplinäre Studien 1), Gütersloh 1973 (10–26), 24.

[38] Zu Semler vgl. T. Rendtorff, *Kirche und Theologie. Die systematische Funktion des Kir-*

gegenseitigen Mitteilung des Glaubens aufbauende christliche Gemeinschaft sich notwendig auch eine institutionelle Form gibt[39]. Doch wurde diese im langen Schatten des Kulturkampfes grundsätzlich zum Problem gemacht. Der Kirchenjurist Rudolf Sohm deutete Luthers antihierarchische Haltung zu einer grundsätzlichen Infragestellung des Kirchenrechts und damit kirchlicher Institutionalität überhaupt um, die er geradezu als Gegensatz zum Wesen der Kirche sah. Er bezeichnete das Kirchenrecht als bloß menschliche Überlieferung, „die man aus freien Stücken (libenter)" übernimmt, so weit im Einklang mit der Reformation, ging jedoch über sie hinaus mit der These, eigentlich sei es gar kein Recht im strengen Sinn des Wortes[40]. *Andererseits* hatte der einflussreiche lutherische Kirchenmann Theodor Kliefoth, ein Wortführer der konservativen Reaktion gegen die bürgerliche Revolution von 1848, einige Jahrzehnte vor Sohm die institutionelle Kirche als einen „aus dieser Vielheit von theils aus der Gnadenordnung, theils aus der geheiligten Naturordnung sich heraus setzenden Aemtern und Ständen sich durch die Einheit der ihr von Gott gesetzten Aufgabe … zusammenfassende[n] Organismus" bezeichnet, als „Heilsanstalt", die zwar nicht mit der „wahren Gemeinde" identisch sei, aber lediglich deshalb nicht, weil diese göttliche Ordnung einer irdischen Entwicklung unterworfen und nicht fertig vorgegeben sei[41]. Zwischen diesen beiden Extremen hat seither das kirchliche Selbstverständnis des deutschen Protestantismus hin- und hergependelt. Wurde dessen Individualisierungspotenzial im allgemeinen gesellschaftlichen Bereich zunächst noch lange Zeit durch eine breite Zustimmung zum Obrigkeitsstaat verdeckt, so kam es beispielsweise in den Vereinigten Staaten auf Grund der demokratischen Staatsform, der Trennung von Kirche und Staat und der von vornherein weit vielfältigeren Kirchentümer erheblich stärker zum Ausdruck. An der – oft verdeckten – Abhängigkeit von den Institutionen ändert das aber nichts[42].

Mit dem Umbruch von 1968 ist ein neuer, nicht spezifisch kirchlicher Faktor hinzugekommen, der die Auseinandersetzung mit dieser Problematik zusätzlich erschwert. Das ist das bereits erwähnte tiefe Misstrauen zunächst gegen die staatlichen, dann gegen alle Institutionen überhaupt, das von der internationalen Studentenrevolution ausging. Hatte es sich zunächst in den USA aus der Opposition gegen den Vietnamkrieg entwickelt und dann die individualistische Aussteigermentalität der Hippie-Szene einbezogen, so verband es sich in

---

chenbegriffs in der neueren Theologie, Gütersloh 1966, 36–49; I. KANT, *Die Religion innerhalb der Grenzen der bloßen Vernunft* (1793), Akad.-Ausg. Bd. 6 (1–202), 149–202.

[39] F.D.E. SCHLEIERMACHER, a.a.O. (Anm. 18), §§ 6.115; DERS., *Die christliche Sitte*, SW I/12, 70.

[40] RUDOLPH SOHM, *Kirchenrecht*, 2 Bde. (Syst. Hdb. d. deutschen Rechtswiss. VIII/1+2), Leipzig 1892.1923, I, 1; II 145 (hier das Zitat).146.

[41] THEODOR FRIEDRICH DETHLOF KLIEFOTH, *Acht Bücher von der Kirche*, Bd. 1 (mehr nicht erschienen), Schwerin / Rostock 1854, 353.356.504.509.

[42] Vgl. dazu das Buch von DAVID RIESMAN, NATHAN GLAZER, REUEL DENNEY, *The Lonely Crowd. A Study of the Changing American Character*, New Haven 1950.

Deutschland mit der Forderung an die ältere Generation, endlich die überfällige Auseinandersetzung mit der Staatshörigkeit unter dem nationalsozialistischen Regime und ihren grauenhaften Folgen nachzuholen. Von daher kam die Schärfe, mit der man damals auch in der Kirche gegen das Obrigkeitsdenken protestierte und die bereits zuvor von der Arbeitsgemeinschaft Kirchenreform erhobenen „liberalen" Forderungen einer „Demokratisierung"[43] aufgriff und radikalisierte. Das hat tiefe Umwälzungen innerhalb der Kirche hervorgerufen.

Inzwischen hat sich, insbesondere im Zusammenhang mit den knapper werdenden finanziellen Ressourcen, mancherorts in der Kirche geradezu eine Planungseuphorie eingestellt. Ob daraus die seit dem Ende des landesherrlichen Kirchenregiments 1918 anstehende durchgreifende Reform der obrigkeitlichen Kirchenstrukturen wird, nachdem die durch die deutsche Wiedervereinigung von 1990 dazu gebotene Chance nicht genutzt worden ist, bleibt abzuwarten. Immerhin scheint die Renaissance, die das Thema der Institution zur Zeit in der Soziologie erlebt, auch in den Kirchen anzubrechen, so dass ein Abbau der anti-institutionellen Vorbehalte ebenso wie der protestantischen Neigung, das Institutionelle für ein notwendiges Übel oder für ein Adiaphoron zu erklären, vielleicht möglich ist.

Die Aufgabe, die sich hier stellt, ist allerdings immens, und sie ist auch keineswegs bloß organisatorischer Art. Denn obwohl die Thesen von Kliefoth und Sohm als solche der Vergangenheit angehören, sind doch ihre strukturellen Äquivalente nach wie vor wirksam. Diese verbinden sich heute mit einem verbreiteten religiösen Substanzverlust einerseits zu einem theoretischen und praktischen institutionellen Positivismus, andererseits zu einer erschreckenden Profillosigkeit. Was zwischen diesen Extremen an guter und reflektierter Arbeit geleistet wird, ist u.E. durch die strukturellen Folgen, die sich aus der nach wie vor bestehenden theologischen Unsicherheit über die Bedeutung der kirchlichen Institution und zusätzlich durch ein immer noch bestehendes Defizit an Flexibilität im institutionellen Denken und Planen sowie an Mut zu dem mit wirklich weitreichenden Reformen verbundenen Risiko ergeben, stärker gefährdet, als man gemeinhin wahrhaben will. Über die sich daraus ergebenden Herausforderungen wird in der Ekklesiologie genauer zu reden sein.

In den nun folgenden vier Kapiteln (II-V) sollen die in der bis hierher skizzierten Lage sich als notwendig erweisenden grundsätzlichen Fragestellungen behandelt werden, deren Klärung von einer Glaubenslehre erwartet werden muss: Wie kann vernünftig über Behauptungen des Glaubens nachgedacht werden, die ihrem Inhalt nach zwar nicht widervernünftig, wohl aber übervernünftig sind (II)?

---

[43] Vgl. RUDOLF V. THADDEN, *Für und wider die Kirchenreform*, in: Fragen zur Kirchenreform (KVR 205–207), hg. v. H. v. Rautenfeld und R. v. Thadden, Göttingen 1964, 80–94, sowie seine *Einleitung*, a.a.O., 7–9.

Wie ist der Ort des Christentums in einer Welt zu bestimmen, in der es auf Schritt und Tritt konkurrierenden Wahrheitsansprüchen anderer Religionen begegnet (III)? Wie soll überhaupt die Identität des christlichen Glaubens erhoben werden, wenn es doch von Anfang an in einer Vielzahl unterschiedlicher Gestalten aufgetreten ist (IV)? Und schließlich: Wie verhalten sich in einer Glaubenslehre die begründete religiöse Überzeugung des Einzelnen und die Gemeinsamkeit des in einer kirchlichen Institution jeweils erreichten Konsenses zueinander (V)?

II. Erfahrung in Theologie und Philosophie

Das Leben in einer säkularen Welt, Pluralismus als Relativierung und Konflikt, Eingebundensein in und Unabhängigkeit von institutioneller Bindung, das sind die für die christliche Existenz heute wichtigen Erfahrungen, deren umrissartige Beschreibung und Deutung der Gegenstand des letzten Abschnitts war. Mit diesen Erfahrungen wird es die Glaubenslehre auf Schritt und Tritt zu tun haben. Dabei hat sie es aber primär nicht mit der Wahrnehmung konkreter Phänomene zu tun, sondern mit der hinter ihr stehenden Frage nach dem Wesen menschlicher Erfahrung und ihrer Deutung. Auf dieser Ebene bewegt sich auch die Reflexion der Philosophie, nur meist ohne christliche oder auch nur religiöse Voraussetzungen. Sie ist daher die natürliche Gesprächspartnerin für diese Problemstellung.

Es lassen sich vier verschiedene Ebenen von Erfahrung unterscheiden[44]. Die erste kann man als *Lebenserfahrung* bezeichnen; sie ist der unmittelbare, eigenständige Umgang des Menschen mit der ihm widerfahrenden äußeren und inneren Wirklichkeit, der nicht wiederholbar und auch von anderen nicht exakt, sondern nur analog nachvollziehbar ist. Er ist der Gegenstand von Erfahrungsaustausch, persönlichen Gesprächen und Beratungen, Biographien. Lebenserfahrung ist theoretisch schwer zu erfassen, weil bei ihr das Unverwechselbare, Einmalige so stark im Vordergrund steht. Wissenschaft ebenso wie Philosophie und Theologie dürfen sie dennoch nicht aus den Augen lassen, weil sie sich als elementarste Form von Erfahrung zum einen nur um den Preis schwerwiegender Verzerrungen aus der Betrachtung der Wirklichkeit ausblenden lässt und weil sie zum anderen jede Theoriebildung bis zum höchsten Abstraktionsniveau bewusst oder unbewusst mitbestimmt.

Auf der zweiten Ebene besteht Erfahrung in der objektivierenden Ordnung von Wahrnehmungen unter Verstandesregeln, an denen sie kontrolliert und die ihrerseits durch neue Erfahrungen falsifiziert werden können. Hier ist jede Erfahrung exakt wiederholbar und prinzipiell von jedem kontrollierbar. In dieser Gestalt, als *Empirie*, bestimmt sie insbesondere die Methode der Naturwissenschaften. Die Empirie kann aber auch Lebenserfahrungen zu ihrem Gegenstand machen, indem sie deren dem Beobachter zugängliche Äußerungen betrachtet. Dabei muss hermeneutisch nachvollziehendes Verstehen individueller und kol-

---

[44] Vgl. zu diesem Abschnitt den Art. *Erfahrung II* von EILERT HERMS in TRE 10, 89–109, sowie meine kleine Schrift *Erfahrung und die Glaubwürdigkeit des Glaubens* (HUTh 18), Tübingen 1984, deren Gedanken ich hier teilweise weiterentwickelt habe.

lektiver Lebensvollzüge an die Stelle exakten Erklärens treten (Geschichtswissenschaft) oder sich im Blick auf das Typische mit ihm verbinden (Humanwissenschaften: Psychologie, Soziologie). Die historischen Disziplinen unseres Fachs und die Praktische Theologie stehen zusammen mit der Geschichtswissenschaft bzw. mit den Humanwissenschaften, mit deren Methoden sie arbeiten und auf deren Ergebnisse sie angewiesen sind, auf der Seite der Empirie bzw. der durch diese vermittelten Lebenserfahrung. Sie bedürfen dabei ebenso wie ihre Bezugswissenschaften der kritischen wissenschaftstheoretischen Reflexion, weil alle Erfahrung, auch die Empirie, als Verarbeitung begegnender Wirklichkeit immer schon eine Deutung mit sich führt; eine „reine" Empirie gibt es nicht.

Umgekehrt ist der objektivierende Umgang mit der begegnenden Wirklichkeit auch ein Teil der Lebenserfahrung. Versucht man, diesen Sachverhalt in philosophischer Theorie zu erfassen, so kann man die Aufmerksamkeit entweder mehr auf die Unmittelbarkeit, mit der die Wirklichkeit dem Subjekt begegnet und von ihm bearbeitet wird (Empirismus), oder mehr auf die Ordnungsschemata richten, die das Subjekt entdeckt und auf die Wirklichkeit anwendet (Rationalismus). Zwischen beiden besteht, wie bereits Kant festgestellt hat, kein Gegensatz, sondern ein komplementäres Verhältnis.

Drittens gibt es *Grunderfahrungen* des Menschseins wie Individualität, Mitsein mit anderen, Umgang mit Dingen und ethische Verbindlichkeit, die zwar in ihren konkreten Gestaltungen eine enorme sowohl individuelle als auch kollektiv-kulturelle Variationsbreite zeigen, als Existenzstruktur aber sich stets gleich bleiben. Grunderfahrungen sind sowohl in der Lebenserfahrung als auch in der Empirie präsent, aber mit beiden nicht identisch. Sie sind Gegenstand von Philosophie und Systematischer Theologie. Da Grunderfahrungen jedoch nur vermittelt durch Lebenserfahrung und Empirie vorkommen, müssen beide Disziplinen sich auch auf diese beziehen und sich der Forderung der Bewährung an unmittelbarer und/oder methodischer Erfahrung stellen.

Die vierte Ebene schließlich ist die der *religiösen Erfahrung*. Da diese auf Transzendenz bezogen ist, also keinen „Gegenstand" im strengen Sinn hat, kann sie nur insofern Erfahrung heißen, als sie die drei anderen Formen begleitet und nur in Verbindung mit ihnen überhaupt vorkommt, wiewohl sie dasjenige ist, was jene erst auf ihren letzten Grund und Halt hin orientiert. Unmittelbar ist sie zunächst auf die Grunderfahrungen des Menschseins bezogen. Religiöse Erfahrung ist in den unterschiedlichen Formen der drei anderen Gestalten der Erfahrung, in denen sie sich vermittelt, Gegenstand der Religionswissenschaften. Dazu gehört auch ihre christliche Erscheinungsform, die zugleich der besondere Gegenstand der Theologie ist. Die systematische Theologie (Glaubenslehre und Ethik) soll sie unter dem Gesichtspunkt der Verbindlichkeit in Form christlicher Lehre in einer heute verantwortbaren Weise interpretieren. Da ihre Differenz zur Philosophie vornehmlich auf dieser grundsätzlichen Ebene auftritt, hat das Gespräch zwischen beiden hier seinen Ort.

Man muss sich allerdings darüber klar sein, dass die religiöse Erfahrung nicht einfach eine höhere Stufe in einer Hierarchie der Erfahrungsweisen ist. Vielmehr ist sie kategorial von den drei bisher betrachteten Ebenen der Erfahrung unterschieden und steht, bildlich geredet, quer zu ihnen. Denn die Transzendenz, das „Ganz Andere", wird nicht nur als Grund und somit gewissermaßen als Verlängerung in die Tiefendimension hinein erfahren, sondern zugleich als Abgrund. Das Widerfahrnis begegnender Transzendenz lässt alle menschliche Erfahrung ins Bodenlose stürzen und ihre zur Selbstverständlichkeit geronnenen Formen zerfließen. Zugleich reduziert es das Neue in ihnen auf das Uralte, immer schon Dagewesene. Die Erfahrung des Transzendenten ist Erfahrung des Grundes und des Abgrundes menschlicher Existenz in der Welt, und selbst als Erfahrung des Grundes noch die Erfahrung des schlechthin Unerwarteten. Diesen Charakter hat die religiöse Erfahrung, wie die Forschungen Nathan Söderbloms und Rudolf Ottos, in neuerer Zeit besonders Mircea Eliades gezeigt haben, prinzipiell in allen Religionen; die Verschiedenheiten zwischen ihnen rühren von den jeweiligen und kulturellen Kontexten her, durch welche die religiöse Erfahrung sich vermittelt. Zwar ist die Entdeckung der Zwiegesichtigkeit aller Gotteserfahrung der auf dem Boden unseres Kulturkreises entstandenen Religionswissenschaft zu verdanken. Dennoch wird man angesichts der eindrucksvollen von jenen Forschern beigebrachten Belege sagen dürfen, dass sie nicht einfach die Struktur christlicher Frömmigkeit auf die Welt der Religionen ausgeweitet haben.

Weil sie auf Transzendenz als auf das schlechthin Unerkennbare rekurriert, ist religiöse Erfahrung, wiewohl sich als lebensnotwendig aufdrängend, von der Lebenserfahrung nur als lebbare Deutung, von der Empirie nur als denkmögliche Deutung zu verifizieren. Ihr fundierender Charakter ist immer zugleich verborgen, insofern sie der Anfechtung ausgesetzt bleibt. Bleibt jedoch die Herausforderung durch die Anfechtung aus, so bedeutet das die Erstarrung und damit den Tod der religiösen Erfahrung.

Zu der geschilderten Differenzierung wäre noch die *Querteilung* in Seins- und *Sollens- (Gewissens-) erfahrung* zu nennen. Auch die Letztere erscheint auf verschiedenen Ebenen: die Ebene der Lebenserfahrung enthält unmittelbare konkrete, relativ zu der gegebenen Situation ergehende Anforderungen; die Ebene der Grunderfahrung ist die des Sollens überhaupt, und auf der Ebene religiöser Erfahrung haben wir es mit der Unbedingtheit der Verbindlichkeit zu tun. Die Ebenen sind wiederum sorgfältig voneinander zu unterscheiden, denn unmöglich kann jeder alltäglichen Sollenserfahrung Allgemeingültigkeit oder gar göttliche Autorität zugesprochen werden. – Diese Querteilung ist für das Gesamtverständnis von Erfahrung wichtig, kann aber hier zunächst noch ausgeblendet bleiben.

Bisher haben wir von religiöser Erfahrung gesprochen, ohne auf die Frage nach ihrer Entstehung einzugehen. Sie hat zwar als etwas auf Transzendenz Bezogenes keinen Gegenstand im strengen Sinne des Wortes, denn Gegenstände sind endlich. Aber sie hat ein „Woher" – sofern man sich des metaphorischen Charakters auch dieses Ausdrucks bewusst ist. Dieses Woher, aus dem religiöse Erfahrung hervorgeht, heißt *Offenbarung*, Kundmachung der Gottheit. Dieses Wort ist kein ursprünglich zentraler christlicher Begriff. Er wurde in der Spätorthodoxie zum *terminus technicus*. Sie bezeichnete mit *theologia revelata* im Unterschied zur natürlichen Gotteserkenntnis die von Gott offenbarte und damit jeder Kritik durch die Aufklärung entzogene Lehre[45]. Anderwärts unterschied die Orthodoxie zwischen *revelatio generalis* (in Natur und Geschichte) und *revelatio specialis* (in der Bibel). Beide Unterscheidungen sind unglücklich. Jede Kundmachung der Gottheit ist notwendig „speziell", und die Vorstellung einer offenbarten Lehre vermengt auf naive Weise das Werk Gottes mit menschlicher Denkbemühung, die immer wandelbar ist. Die Dialektische Theologie hat beide Misslichkeiten vermieden, indem sie von einer einzigen, also „speziellen", Selbstoffenbarung Gottes sprach, die auch nicht in Schriftform gerinnt, sondern unverfügbar bleibt[46]; aber den Selbstimmunisierungseffekt hat sie beibehalten.

Man könnte demgegenüber auf den Begriff der Offenbarung ganz verzichten, wie es die Aufklärung weithin getan hat. Aber das hätte die Einebnung des Heiligen ins Natürliche und damit seinen Verlust zur Folge. Es empfiehlt sich daher, sich an die religionsphänomenologische Fassung des Begriffs zu halten. Danach ist Offenbarung ein allgemeines Phänomen, dessen Wirklichkeit in allen Religionen vorausgesetzt wird. Durch sie wird die Gegenwart des Göttlichen als eine solche erfahren, die allein auf dessen Initiative zurückgeht[47]. Das Göttliche erschließt sich selbst dem Menschen, dem es zuvor schlechthin verborgen war. Aber, so muss man mit Paul Tillich sofort hinzufügen: „Es hört dadurch, daß es sich offenbart, nicht auf, verborgen zu sein, denn seine Verborgenheit gehört zu seinem Wesen; und wenn es offenbar wird, so wird auch dieses offenbar, daß es das Verborgene ist"[48]. Der sich offenbarende Gott ist also niemals der sich zur Schau stellende Gott. Auf Offenbarung berufen kann sich nur, wem sie widerfahren ist; gerade deshalb aber kann, wer sich auf sie beruft, sich damit nicht selbst immunisieren, sondern bleibt der Bestreitung von außen gegenüber ohne argumentativen Schutz – zumindest dann, wenn diese Offenbarung in einer gegebenen Gesellschaft nicht als selbstverständlich angenommen wird und/oder konkurrierenden Offenbarungsansprüchen ausgesetzt ist.

---

[45] Vgl. dazu WOLFGANG TRILLHAAS, *Religionsphilosophie*, Berlin/New York 1972, 86 f. Vgl. zum Folgenden den ganzen Abschnitt 85–94.

[46] Vgl. KARL BARTH, *KD* I/1, 114.116.120.

[47] Vgl. NATHAN SÖDERBLOM, *Uppenbarelsereligion*, Stockholm 1930, 55; HJALMAR SUNDÉN, *Die Religion und die Rollen. Eine psychologische Untersuchung der Frömmigkeit* (Religionen och rollerna), Berlin 1966, 108; auch schon F.D.E. SCHLEIERMACHER, *Der christliche Glaube* ... (Anm. 18), § 10 Zusatz.

[48] P. TILLICH, *Die Idee der Offenbarung* (1927), in: DERS., GW 8 (31–39), 34; vgl. auch GERARDUS VAN DER LEEUW, *Phänomenologie der Religion*, 2. Aufl. Tübingen 1956, 640.

1. Die Strittigkeit Gottes

Die *Philosophie* fragt zum einen nach dem Wesen der die Lebenserfahrung des Menschen fundierenden Grunderfahrung, nämlich nach seiner Selbst- und Welterfahrung als eines daseienden und zugleich etwas sollenden Wesens (Anthropologie und Geschichtsphilosophie, Kosmologie, Ethik), zum anderen nach Wesen und Funktionsweise der Erkenntnis (Logik, Wissenschaftstheorie). Darüber hinaus hat sie vor allem in der älteren Tradition auch nach dem Ermöglichungsgrund aller drei Formen von Erfahrung gefragt (Metaphysik). Doch betrachtete sie als „Weltweisheit", wie sie mit einem alten Namen hieß, religiöse Erfahrung nur „von außen" als anthropologisches Phänomen. Denn Transzendenz konnte in ihr nur entweder als unhintergehbare Voraussetzung oder als Grenzbegriff vorkommen. Die modernen philosophischen Schulen stehen zum großen Teil in empiristischen oder kritisch-rationalistischen Traditionen und schließen eine Metaphysik aus ihrem Gegenstandsbereich aus, es sei denn, dass sie sie in kritischer Absicht untersuchen.

Die *Systematische Theologie* hingegen geht von überlieferter und eigener Transzendenzerfahrung aus und deutet von ihr aus die anderen Ebenen der Erfahrung. Man könnte deshalb, wie es Platon (Politeia B 379a5f) und Aristoteles (Met. B 353a35) getan haben, bereits die Zusammenfassung mythischer Überlieferung – in kritischer Abgrenzung gegen die Philosophie – als Theologie bezeichnen. Soll jedoch Theologie als Wissenschaft von bloßer Sammlungs- und Reproduktionstätigkeit unterschieden werden, so gehört zumindest die differenzierende und in die jeweils gegenwärtige Lebenswirklichkeit vermittelnde Auslegung der Tradition dazu. In diesem Sinn haben das Judentum und der Islam eine Theologie. Die Besonderheit christlicher Theologie besteht darin, dass sie religiöse Erfahrung mit Hilfe philosophischer, später auch erfahrungswissenschaftlicher Methoden reflektiert. (Die mittelalterliche Aristoteles-Rezeption durch den Islam war ein vorübergehendes Phänomen.) Der Bezug zur Philosophie ist seit den Apologeten des zweiten Jahrhunderts gegeben (auch wenn erst die Hochscholastik darauf die Bezeichnung Theologie anwandte), der Bezug zu den Erfahrungswissenschaften seit Beginn der historischen Bibelkritik im 17. Jahrhundert. Dabei ist charakteristisch, dass die Distanz, zu der die rationale Reflexion nötigt, immer wieder zu deren Ablösung von der Basis religiöser Erfahrung geführt hat, sei es in spekulativer Gestalt wie in der Scholastik und, trotz sachlicher Orientierung an der reformatorischen Rechtfertigungslehre, auch in der protestantischen Orthodoxie, sei es in kritischer Absicht, wie sie die rationale Theologie im Gefolge der Aufklärung gegen die Altgäubigen leitete.

Gegen die hier drohende Aufspaltung in eine unkritisch-unmittelbare bloße Reproduktion von Glaubensaussagen in „kirchlicher" Lehre und eine unbeteiligt-objektive Analyse solcher Aussagen in einer „wissenschaftlichen" Theologie ist daran zu erinnern, dass die Sache der Theologie verlangt, existenzielle Teilhabe und Distanz miteinander zu verbinden. Wenn Luther mahnt: „Vivendo, immo moriendo et damnando fit theologus, non intelligendo, legendo aut speculando" (durchs Leben, ja durchs Sterben und Gerichtetwerden wird ein[er zum] Theologen, nicht durchs Erkennen, Lesen und Spekulieren), so ist das trotz der polemischen Formulierung nicht als Ausschluss rationaler Reflexion zu verstehen. Allerdings steht deren denkerische Distanz in unlösbarer Spannung zu der existenziellen Erfahrungsbasis, einer Spannung, die geradezu eine Form des „mori" werden kann[49].

Aus dieser vorläufigen Bestimmung der Interpretation menschlicher Erfahrung durch Philosophie und systematische Theologie ergibt sich zweierlei. Die entscheidende Differenz zwischen beiden liegt einmal während der ganzen Geschichte ihres im Übrigen außerordentlich wandlungsreichen gegenseitigen Verhältnisses in ihrer Stellung zur religiösen Erfahrung. Zum anderen ist dieses Verhältnis bis vor relativ kurzer Zeit überwiegend von dem Ideal einer zwar nicht spannungsfreien, aber doch nicht notwendig zu Konflikten führenden Kooperation bestimmt gewesen, wie es von Schleiermacher programmatisch formuliert worden ist[50]. Zwar kündigte sich in radikalen Tendenzen bei den englischen Deisten und den französischen Enzyklopädisten bereits eine Veränderung an, doch erst durch die philosophische Religionskritik Feuerbachs, Marx' und Nietzsches wurde aus der Differenz weithin ein grundsätzlicher Konflikt, der von philosophischer Seite teils mit empiristischen, teils mit einer sehr viel tiefergehenden rationalen Bestreitung jeder religiösen Interpretation menschlicher Grunderfahrungen durchgefochten wurde. Auch wenn daneben die traditionelle Kooperation in mannigfachen Variationen älterer Modelle weitergepflegt wird, muss man seitdem zwischen Philosophie und systematischer Theologie – und auch innerhalb der Philosophie selbst – von der Strittigkeit Gottes ausgehen.

Die Geschichte von Philosophie und Theologie (wie wir von hier ab vereinfachend formulieren) reflektiert damit den allgemeinen Säkularisierungsprozess, von dem oben die Rede war, und ist von dessen gesellschaftlichen und mentalitätsgeschichtlichen Komponenten mitgeprägt. Um das Resultat dieses Prozesses besser zu verstehen und so eine Handhabe für eine eigene Verhältnisbestimmung von Philosophie und Theologie zu gewinnen, lohnt es sich, einige seiner Hauptlinien so weit zu skizzieren, wie es für den systematischen Zweck erforderlich ist. Es geht bei dieser Strittigkeit um zwei zentrale Fragen:

1. Wie lässt sich die Existenz eines Gottes mit dem Selbstverständnis des Menschen als eines autonom denkenden und handelnden Wesens verbinden?

---

[49] WA 5, 163,28f. – Zur Begriffsgeschichte vgl. den Artikel von GERHARD EBELING, *Theologie I. Begriffsgeschichtlich*, in: RGG 3. Aufl. Bd. 6, 754–769.

[50] Vgl. F.D.E. SCHLEIERMACHERS berühmten Brief an F.H. Jacobi vom 30.3. 1818, hg. von M. Cordes, in: Der Brief Schleiermachers an Jacobi. Ein Beitrag zu seiner Entstehung und Überlieferung, in: ZThK 68/1971 (195–212), 209: „Meine Philosophie also und meine Dogmatik sind fest entschlossen sich nicht zu widersprechen…"

2. Wie lässt sich mit der Erfahrung des Übels und des Bösen in der Welt der Glaube an die Allmacht und Güte Gottes vereinbaren?

ad 1. Zu Beginn ihrer Auseinandersetzung mit der griechisch-römischen Philosophie hat die Theologie deren Gott mit dem biblischen Gott identifiziert und sich philosophische Denkmittel zunutze gemacht, um sich selbst als die wahre Philosophie zu empfehlen (Apologeten des 2. Jahrhunderts). Im Mittelalter konnte sie sich im Zeichen der religiös alleinherrschenden und die Hoheit auch über alle weltlichen Belange beanspruchenden Kirche die Philosophie als niedere, unterhalb der Offenbarung stehende Stufe der Erkenntnis dienstbar machen, die ihr die Beweise für die Existenz Gottes und die Instrumente für die gedankliche Bestimmung des Gottesbegriffs liefern sollte. Generell waren die wechselnden Formen der Synthese von biblisch-religiösem Gottesglauben und philosophisch-rationalem Gottesbegriff vor dem Beginn der Neuzeit ganz von dem Gedanken der Harmonie von Vernunft und Offenbarung getragen. Zwar war das Verhältnis von Philosophie und Theologie auch im Mittelalter nicht gänzlich frei von Spannungen; als Beispiel sei nur der radikale Aristoteliker Siger von Brabant (ca. 1240–1284) genannt, dessen philosophisches Denken ihn in heftige Konflikte mit der kirchlichen Lehre verwickelte. Doch grundsätzlich begann es sich erst im Zeitalter der großen geographischen und astronomischen Entdeckungen, des Humanismus und der Reformation zu ändern, als das kirchliche Monopol Roms verloren ging und mit dem aufstrebenden Bürgertum ein tiefgreifender gesellschaftlicher Wandel einsetzte. Die Philosophie der frühen Neuzeit spiegelt diesen Umbruch in der Überzeugung, die vom Christentum vertretenen religiösen Grundwahrheiten ohne Rekurs auf eine übernatürliche Offenbarung durch eine rein rationale Metaphysik erweisen zu können.

Die neue Lage lässt sich veranschaulichen durch einen Vergleich des Zusammenhangs, in dem der ontologische Gottesbeweis bei René Descartes und bei Anselm von Canterbury steht. Descartes geht von dem Grundsatz *De omnibus dubitandum* aus und braucht den Gottesbeweis, um mit seiner Hilfe die Wahrheit aller rationalen Welterkenntnis sichern zu können, während Anselm, der im 12. Jahrhundert seinen Beweis ebenfalls rein vernünftig geführt hatte, ihn mit einem Gebet einleitete; ihm ging es darum, die noch nicht im Ernst bezweifelten Glaubenswahrheiten rational einsehen zu können (*fides quaerens intellectum*). Der Gott Descartes' war also von vornherein und grundsätzlich ein aus der Distanz betrachteter Gott, der des Anselm war dies nur vorübergehend und hypothetisch.

Noch ein großer Teil der Aufklärung und der Deutsche Idealismus haben sich als christliche Philosophie verstanden. Freilich war der methodische Zweifel über Descartes hinausgegangen und hatte bei Kant zu der Einsicht geführt, dass die Kompetenz der Vernunft auf den Bereich der Erfahrung und die Bedingungen ihrer Möglichkeit beschränkt sei. Für ihn blieb der Gottesgedanke zwar noch eine faktisch unverzichtbare Idee der reinen theoretischen Vernunft, hatte aber systematisch nur den Status eines Postulats und nicht mehr den einer objektiven metaphysischen Erkenntnis. Denn zum einen ist die vom kosmologischen Gottesbeweis angenommene Notwendigkeit, der Kette der Ursachen eine letzte, sich selbst setzende Ursache, ein πρῶτον κινοῦν μὴ κινούμενον, voranzustellen, nicht gegeben; ebenso leicht – oder ebenso schwer – lässt sich eine unendliche Verlängerung dieser Kette denken. Zum anderen kann man nicht mit dem ontologischen Gottesbeweis aus dem Begriff eines absolut notwendigen Wesens auf dessen Realität schließen; der Begriff könnte ja auch ein Phantasieprodukt sein[51]. Ein Verlust an Gottesgewissheit schien also der philosophische Preis zu sein, der für die philosophische Selbstaufklärung der Vernunft zu entrichten war. Hegel erkannte das damit gestellte Problem und versuchte deshalb, die Wirklichkeit Gottes dadurch zu erweisen, dass er die Denkrichtung umkehrte. Er ging von der göttlichen Weltvernunft als dem Subjekt der Weltgeschichte aus, das in dieser (und damit auch im einzelnen Menschen) zu sich selbst komme, sich selbst darin erkenne, ja geradezu sich selbst beweise. Damit hätte der Mensch teil an der absoluten Freiheit Gottes, und der Lauf der Geschichte wäre als vernunftgemäß erwiesen, was insbesondere für deren in der Gegenwart erreichte höchste Stufe und ihre Manifestationen der spekulativen Philosophie und des monarchisch verfassten preußischen Staates gelten sollte.

Doch drängte sich nun die Frage auf, wodurch denn diese methodische Vorgehensweise ihrerseits legitimiert sei. Die dem System gemäße Antwort darauf konnte nur lauten: durch die in ihm sich durchsichtig werdende Weltvernunft, was im Effekt auf eine Selbstlegitimation des Systems hinausläuft. Den die Impulse der Aufklärung verschärfenden positivistischen Anfragen der Linkshegelianer, denen weder das Christentum noch der preußische Staat als Objektivationen der Weltvernunft einleuchteten, war es schutzlos ausgeliefert. So trug Hegel – ganz gegen seine Absicht – zu dem revolutionären Umbruch des „Vormärz" bei, der nach seinem Tod die bis dahin noch scheinbar intakte Harmonie von Theologie und Philosophie, Kirche und Staat, Christentum und Gesellschaft von Grund auf in Frage stellte, indem er an Stelle des „Weltgeistes" den Menschen als Subjekt der Geschichte einsetzte. Damit waren die politischen und geistigen Folgen der französischen Revolution auch in Deutschland eingezogen. Philosophisch ist dafür Hegels Schüler Ludwig Feuerbach repräsentativ, dessen Religionskritik den Gottesgedanken als einen irrigerweise transzendenten Ausdruck für das ideale Wesen des Menschen bezeichnete; dieser müsse endlich seine Bestimmung annehmen, sein Wesen aus eigener sittlicher Kraft in irdische Wirklichkeit zu überführen.

Feuerbachs Beweisgang – ebenso wie derjenige der Gottesbeweise – war zwar zirkulär, insofern er das zu Beweisende, die Unmöglichkeit einer dem Menschen transzendenten Wirklichkeit, bereits voraussetzen musste. Wenn seine Argumentation trotzdem für den sich seiner autonomen Verfügungsgewalt über die Welt immer bewusster werdenden Geist des beginnenden Industriezeitalters und

---

[51] Vgl. dazu I. KANT, *Kritik der reinen Vernunft*, B 620–630; Akad.-Ausg. Bd. 3, 397–403.

damit auch für einen großen Teil der damaligen Philosophie hohe Plausibilität besaß, so zeigt sich daran, dass es auf diesem Weg um viel mehr als nur um ein erkenntnistheoretisches Problem gegangen war. Diese umfassende Bedeutung fasste der „tolle Mensch" Friedrich Nietzsches wie in einem dramatischen Schlusswort zusammen: „‚Wohin ist Gott?' rief er, ‚ich will es euch sagen! *Wir haben ihn getötet* – ihr und ich! … Wie trösten wir uns, die Mörder aller Mörder? … Ist nicht die Größe dieser Tat zu groß für uns? Müssen wir nicht selber zu Göttern werden, um nur ihrer würdig zu erscheinen?'"[52] Damit ist die radikale Gegenposition bezogen zu dem in der Tradition von Paulus über Augustin bis zu Luther und Schleiermacher scharf formulierten Grundgedanken des christlichen Glaubens, dass der Mensch völlig abhängig sei von der Wirksamkeit der göttlichen Gnade, die auch noch die menschliche Freiheit unter sich begreife. Weniger titanisch, aber deshalb nicht weniger radikal ist die Selbstverständlichkeit, mit der heute positivistische und empiristische Schulrichtungen wie der Kritische Rationalismus und Teile der analytischen Sprachphilosophie davon ausgehen, dass der Gottesgedanke schlicht überflüssig, wenn nicht gar unsinnig sei, weil man sich philosophisch ohne Widerspruch mit einer jederzeit falsifizierbaren, relativen Wahrheit bescheiden müsse.

ad 2. Das andere für das Aufkommen der Strittigkeit Gottes relevante Problem – die Theodizeefrage – hängt mit dem ersten eng zusammen; es betrifft die moralische Weltordnung, die der Verantwortung des Menschen zugrunde liegen muss. Die jüdische Religion hatte in der deuteronomistischen Geschichtsschreibung und in der frühen Weisheit einen „Tun-Ergehens-Zusammenhang", eine strenge Entsprechung von menschlichem Handeln und göttlichem Lohn bzw. göttlicher Strafe konstruiert. Doch problematisierte bereits die ursprüngliche Hiobtradition diese Auffassung durch die Frage nach dem Leiden des Gerechten. Diese Frage wird durch die Gottesreden souverän mit der Berufung auf die unergründliche Majestät Gottes abgewiesen; eine Theodizee, eine Rechtfertigung Gottes zu begehren, steht dem Menschen nicht zu.

Geht es hier um das Leiden, das den Menschen unverschuldet trifft, so betrifft eine womöglich noch härtere Form des Theodizeeproblems den Ursprung des Bösen, das sich logisch weder mit der Güte Gottes noch mit seiner Allmacht vereinigen lässt. Ist es etwa Gott selbst, der Menschen verstockt? In dieser zugespitzten Form ist die Theodizeefrage für Luther Anlass tiefer Anfechtungen gewesen und hat ihn in die Grenzerfahrung der Verborgenheit Gottes geführt[53].

Der optimistischen Aufbruchsstimmung des Bürgertums der frühen Neuzeit war freilich diese Antinomie innerlich fremd geworden. Darüber hinaus konnte man sich auch rational nicht mit der Aporie zufrieden geben, bei der Luther ge-

---

[52] Friedrich Nietzsche, *Die fröhliche Wissenschaft*, in: Werke (Hanser) Bd. 2 (7–274), 127. Hervorh. im Original.
[53] Vgl. z. B. M. Luther, *De servo arbitrio* (1525), WA 18, 719,4–12.

endet hatte. Der große Kritiker Pierre Bayle hatte das alte epikursche Dilemma neu zur Diskussion gestellt: Wenn man das Übel und das Böse in der Welt betrachte, so könne Gott nur entweder allmächtig sein; dann aber bewirke er auch das Böse. Oder er sei gut, dann aber machtlos. Freilich hatte er nicht die im Effekt atheistische Konsequenz Epikurs gezogen, die Gottheit schaue dem Weltlauf unbeteiligt zu, sondern sich mit einer doppelten Wahrheit begnügt[54]. Über diesen Stand führte Gottfried Wilhelm Leibniz mit seiner klassisch gewordenen „Theodizee" hinaus. Er versuchte, die Güte Gottes dadurch zu rechtfertigen, dass er dem Übel und dem Bösen die Funktion zuschrieb, durch den Kontrast das Licht des Guten in der „besten aller denkbaren Welten" um so heller erstrahlen zu lassen. Zu diesem Zweck habe er es – nicht geschaffen, sondern – lediglich zugelassen[55]; ein Argument, das in mannigfachen Variationen bis heute zur theologischen und religionsphilosophischen Verteidigung Gottes ins Feld geführt wird.

Doch war dieses harmonische Bild im allgemeinen Bewusstsein schon wenige Jahrzehnte nach Leibniz' Tod durch das Erdbeben von Lissabon (1755) erschüttert und daraufhin von Voltaire erbarmungslos verspottet worden[56]. Und gegen Ende des Jahrhunderts führte Kant den Beweis, dass alle Versuche einer philosophischen Theodizee zum Scheitern verurteilt sind, weil sie eine Kompetenzüberschreitung der Vernunft darstellen[57]. Wir werden uns mit dieser Problematik später ausführlich argumentativ auseinanderzusetzen haben. Für den gegenwärtigen Zweck muss die Skizze ihrer Geschichte genügen, deren Ergebnis Odo Marquard meinte, angesichts der grauenhaften Exzesse des Bösen im 20. Jahrhundert in dem alten, von Stendhal stammenden Bonmot zusammenfassen zu sollen, Gott sei hier entschuldigt durch Nichtexistenz[58].

Seit Kants Kritik der reinen Vernunft gibt es in der Philosophie und zumindest der evangelischen Theologie einen weitgehenden Konsens darüber, dass die menschliche Vernunft nicht in der Lage ist, die Existenz Gottes zu beweisen. Das

---

[54] EPIKUR, *Physica* (überliefert von Lactantius, De ira Dei 13,19), in: Epicurea, hg. v. H. Usener, Stuttgart 1966, 253; PIERRE BAYLE, *Obiectiones in libros IV de anima, de Deo et de malo*, Amsterdam 1685; DERS., *Dictionnaire historique et critique*, Bd. I/2, Rotterdam 1697, s. v. Épicure (1042–1053), 1051.

[55] GOTTFRIED WILHELM LEIBNIZ, *Essais de théodicée, sur la bonté de Dieu, la liberté de l'homme et l'origine du mal* (1710), in: DERS., Philosophische Schriften Bd. II/1+2, hg. v. H. Herring, Darmstadt 1985, bes. 1, 462.468.474.556.586; 2, 138.344.

[56] FRANÇOIS-MARIE AROUET, GEN. VOLTAIRE, *Candide ou de l'optimisme*, 1759; vgl. DERS., *Le désastre de Lisbon*, 1756.

[57] I. KANT, *Über das Mißlingen aller philosophischen Versuche in der Theodicee* (1791), Akad.-Ausg. Bd. 8, 253–271.

[58] ODO MARQUARD, *Schwierigkeiten mit der Geschichtsphilosophie*, Frankfurt 1973, 69f. Schon F. NIETZSCHE hat Stendhal um „den besten Atheisten-Witz ..., den gerade ich hätte machen können", beneidet: *Ecce homo*, WW (Hanser) Bd. 2, 1088. Vgl. noch JAN BAUKE, *Die Frage nach dem gnädigen Gott. Erinnerungen an einige Implikationen der reformatorischen Rechtfertigungslehre*, in: EvTh 57/1997 (474–495), 480. – Genaueres zu dieser Thematik in B III/1, S. 195f. sowie im Hauptteil A, I/3 g und II/3 g.

Wahrheitsmoment der Gottesbeweise besteht darin, dass sie Gott, in Rudolf Bultmanns schöner Formulierung, als „die Alles bestimmende Wirklichkeit"[59] denken wollen. Aber als *Beweise* sind sie ein ehrwürdiges Stück Geistesgeschichte. Die Aussage, dass Gott die Alles bestimmende Wirklichkeit sei, ist freilich als Ausdruck religiöser Überzeugung von einem Grund aller Erfahrung, der selbst jenseits ihrer liegt, durch diesen Sachverhalt noch nicht ernsthaft gefährdet, denn sie wird nicht aus der Distanz objektivierender Rede getroffen. Dabei ist freilich vorausgesetzt, dass jenes „Alles Bestimmen" in der Selbst- und Welterfahrung des Menschen in irgendeiner Weise wahrgenommen werden kann. Denn nur in solcher Vermittlung und nicht rein für sich kann sich Gotteserfahrung ereignen – und sei es in der Weise, dass sie diese Selbst- und Welterfahrung als das schlechthin Andere durchbricht[60]. Genau an dieser Stelle aber setzt die Theodizeefrage ein. In ihr – und nicht in der gegenüber der Erfahrung neutralen Frage nach Gottes Existenz – hat darum die Strittigkeit Gottes, auch im Blick auf das Verhältnis von Theologie und Philosophie, ihren eigentlichen Ort.

2. Pluralität und Normativität

Bisher haben wir „die" Philosophie und „die" Theologie einander gegenübergestellt. Das war eine Vereinfachung, denn beide sind in sich vielfältige Größen. Natürlich hat es sowohl in der abendländischen Philosophie als auch in der Theologie von Anfang an eine Vielzahl miteinander konkurrierender Systeme gegeben. In der Philosophie ist das besonders ausgeprägt, da sie aus prinzipiellen Gründen keiner sie von außen normierenden Instanz unterliegt. Verbindlich sind allein die Gesetze der formalen Logik und die Forderung, der Erfahrung nicht zu widersprechen (beides gilt prinzipiell ebenso für die Theologie). Erfahrung ist immer zugleich Deutung des in ihr Widerfahrenden. Jede solche Deutung muss dem Prinzip der Kohärenz, der inneren Stimmigkeit, genügen. Das scheint nur dann möglich zu sein, wenn man von einer diese Kohärenz konstituierenden Einheit der Wirklichkeit ausgeht. Dem steht aber entgegen, dass es verschiedene, nicht ineinander überführbare Erfahrungsweisen gibt – Lebenserfahrung und

---

[59] Rudolf Bultmann, *Welchen Sinn hat es, von Gott zu reden?*, in: GuV 1 (26–37), 26.

[60] Die Einsicht in den unlöslichen Zusammenhang von Gottesbegegnung und menschlicher Selbst- und Welterfahrung ist von F.D.E. Schleiermacher entfaltet worden: *Der christliche Glaube* (Anm. 18), § 5 – wohl auch als Befreiung von dem pietistischen Zwang zu verstehen, Gottes Gegenwart in einem Bekehrungserlebnis eindeutig und sozusagen rein identifizieren zu sollen. Wenn Rudolf Otto einwendet, das „Heilige" als „fascinans" könne „doch gelegentlich zu Zuständen sowohl von ‚Hesychia' wie von Entzückung leiten, in denen es *nahezu* allein Moment wie Seele erfüllt" (*Das Heilige. Über das Irrationale in der Idee des Göttlichen und sein Verhältnis zum Rationalen*, 10. Aufl. Breslau 1923, 45f., Hervorh. im Orig.), so ist das kaum als prinzipieller Gegensatz aufzufassen, sondern als Korrektur an Schleiermachers Überbetonung des Zusammenhanges von Gegenwart Gottes und Erfahrung auf Kosten des „Ganzanders"-Seins Gottes.

Empirie wurden schon genannt; innerhalb der Lebenserfahrung kann man Frei-
heits- und Bindungserfahrungen, Seins- und Sollenserfahrungen unterscheiden.
Darüber hinaus sind die Gesamterfahrungen der einzelnen Menschen individuell
voneinander verschieden. Diese Verschiedenheiten gehen unvermeidlich in die
Deutung ein und relativieren deren Anspruch auf Allgemeingültigkeit. Daran
kann weder die Theologie noch die Philosophie vorbeigehen.

Wir wenden uns zunächst der Philosophie zu. Sie ist bis in die neueste Zeit, zumindest in ihrer abendländischen Tradition, von dem Axiom der Einheit der
Wirklichkeit ausgegangen, und zwar oft mit einer solchen Selbstverständlichkeit,
dass sie es gar nicht erst als solches eingeführt hat. Dieses Axiom erlaubt es, die in
der Selbst- und Welterfahrung begegnenden Differenzen in einen plausiblen Zusammenhang zu bringen. Dessen Gestalt liegen in den einfacheren Formen zwei
Grundannahmen zugrunde. Erstens: Alles Seiende lasse sich mit Hilfe einer Klassifizierung zu einem System von Unter- und Oberbegriffen ständig steigenden
Umfangs ordnen, bis hin zu dem obersten Begriff der Welt als der Totalität alles
Seienden. Zweitens: Die Fülle der Phänomene und der Prozess ihrer Wechselwirkungen ließen sich einem System allgemeingültiger Gesetze unterwerfen, die bis
zu ihrer möglichen Falsifizierung als gültig gesetzt werden. Dabei ist zu unterscheiden, ob man den Ort des Einheitsaxioms wie die vorkritische Metaphysik in
der erkannten Wirklichkeit oder wie die Transzendentalphilosophie im erkennenden Subjekt setzt. Das ist aber so lange keine Fundamentaldifferenz, wie man
mit Kant und Fichte die Vernünftigkeit des empirischen Subjekts in dessen Zugehörigkeit zur intelligiblen Welt einer in sich einheitlichen Vernunft begründet
sieht. Deshalb konnte Hegel die „objektive" und die transzendentalphilosophische Sichtweise zu einer höheren Synthese verbinden, indem er die Weltvernunft
in der Vernunft des Menschen zur Erkenntnis ihrer selbst kommen ließ.

Gegen die *einfache* Form des Einheitsaxioms lässt sich zweierlei einwenden.
Zum einen wird es dem irreduziblen einzelnen Seienden, insbesondere dem
menschlichen Individuum, nicht gerecht, das mit der Subsumtion unter seine
Gattung noch nicht als solches verstanden ist. Zum anderen ist die von der Philosophie zu interpretierende Lebenserfahrung voll von Antagonismen, die sich gegen ihre Auflösung durch ein Einheitsprinzip sperren.

Dem ersten Einwand begegnet Alfred N. Whiteheads Prozessphilosophie mit
einer Modernisierung der leibnizschen Monadologie, indem er die *individual en-
tities* in der Welt nicht als beständige Substanzen denkt, „an" denen sich etwas
ereignet und die durch das göttliche Prinzip einer prästabilierten Harmonie zu einer Einheit zusammengefasst werden, sondern als gleichbedeutend mit *actual
occasions*. Das heißt, sie sind im Werden begriffen durch ihre Teilhabe an der
Welt, die ein Prozess von Wechselwirkungen ist[61]. Das erlaubt, die Pluralität der

---

[61] ALFRED N. WHITEHEAD, *Process and Reality* (1929), Corrected ed., hg. v. D.R. Griffin u.
D.W. Sherburne, New York/London 1978, 77.80.

Erfahrungsweisen unterschiedlicher Entitäten (z.B. Tier oder Mensch) ebenso wie die Aspekthaftigkeit der individuellen Erfahrung zur Geltung zu bringen. Wird dadurch die Totalität der Welt zum Grenzbegriff, so ist ihre Einheit dennoch gesichert durch die Annahme eines schöpferischen Prinzips als Zentralmonade. Freilich liegt an eben dieser Stelle auch die Schwäche des Konzepts, insofern dessen stark von der modernen Physik geprägte Anlage zwar komplementäre Ergänzungen, aber keine Antagonismen zulässt. So wird auch Gott nicht als der Ganz Andere verstanden, sondern als „the great companion – the fellow sufferer who understands" (351), also panentheistisch als Weltseele.

Ist damit dem zweiten Einwand kein Genüge geschehen, so hatte an dieser Stelle bereits Hegel weitergeführt, indem er die Welt als einen Prozess deutete, dessen vorantreibendes Moment die Negation des jeweils Gegebenen sei. Auf diese Weise werden die Antagonismen in eine Gesamtentwicklung integriert, die zu immer höheren Stufen führt, bis schließlich der „Weltgeist", der das Subjekt dieses Prozesses ist und dessen Gestaltungen als sein Gegenüber aus sich heraussetzt, in menschlicher Erkenntnis und institutioneller Objektivität mit sich selbst eins wird und so alle Gegensätze versöhnt. Auch hier wird freilich, wenngleich anders als bei Leibniz, das Negative funktionalisiert und damit entschärft. Anders ausgedrückt: das Bekenntnis des angefochtenen Glaubens, „dass denen, die Gott lieben, alle Dinge zum Besten dienen" (Rm 8,28), wird zum Inhalt philosophischen Wissens umgeformt.

Auch in komplexeren Systemen fungiert also das Einheitsprinzip als Norm. Dafür bedarf es nicht einmal einer religiösen oder explizit metaphysischen Fundierung. Es vertritt selbst in nicht auf Wesensaussagen zielenden Systemen die Stelle des Absoluten (etwa die schrankenlose Freiheit im Existenzialismus oder die Konstruktion der Erkenntnis als durchweg zuverlässiger Problemlösungsstrategie im Kritischen Rationalismus).

Freilich haben die vorgestellten Lösungsversuche die Bedenken gegen die Leistungsfähigkeit des Einheitsprinzips für die Interpretation der Wirklichkeit nicht verstummen lassen. So haben Romantik und Lebensphilosophie die fundamentale Bedeutung individueller und geschichtlicher Besonderheit herausgearbeitet. Die moderne Naturphilosophie neigt dazu, sogar in der Physik den Begriff des Naturgesetzes, anknüpfend an David Hume, durch Ausdrücke wie *„habit"* oder *„behavior patterns"* zu ersetzen[62] – im Plural, weil Dualitäten wie die Erscheinung des Lichts als Welle und als Korpuskel nur so verstanden werden können. Die neuere analytische Sprachphilosophie lässt unterschiedliche „Sprachspiele" nebeneinander bestehen, die jeweils nicht aufeinander reduzierbare Aspekte der Wirklichkeit repräsentieren. Die Phänomenologie Edmund Husserls spricht von

---

[62] So z.B. CHARLES HARTSHORNE, *Beyond Humanism. Essays in the Philosophy of Nature*, Lincoln / Nebr. 1968, 139. Vgl. INGOLF U. DALFERTH, *Kombinatorische Theologie. Probleme theologischer Rationalität* (QD 130), Freiburg u.a. 1991, 17.

Regionalontologien, z.B. anorganischem, pflanzlichem, tierischem, menschlichem Sein[63]. In der Wissenschaftstheorie hat Wilhelm Dilthey mit seiner Unterscheidung zwischen den das Gleichförmige erklärenden und den das Individuelle verstehenden Wissenschaften (Natur- und Geisteswissenschaften)[64] den Grundgedanken von Husserls Differenzierung der Ontologie insofern vorweggenommen, als er damit ebenfalls zwei nicht aufeinander reduzierbare Aspekte bezeichnete, ohne freilich gebührend zu beachten, dass der Mensch unter beiden gesehen werden muss.

Zwar handelt es sich in all diesen Fällen nur um einander ergänzende *Betrachtungsweisen*. Wenn sie sich nicht auf ein einheitliches Prinzip zurückführen lassen, so implizieren sie jedenfalls keine einander konkurrierenden Wahrheitsansprüche. Allerdings setzen sie, deutlicher als das bei Whitehead der Fall ist, den Gedanken der einen Welt nur noch als einen nicht mehr darstellbaren Grenzbegriff voraus. Doch bleibt dieser die unverzichtbare Prämisse verständlichen *Redens*, das als solches kohärent sein muss, auch wenn es eine irreduzible Mannigfaltigkeit von Erfahrungen und Erfahrungsweisen aussagen soll.

Über diese Sicht der Dinge gehen nun manche Richtungen der zeitgenössischen Philosophie hinaus, indem sie die pluralistische Vielfalt als prinzipiellen Antagonismus verstehen. So hat Jean-François Lyotard das Ende aller großen „Erzählungen" (*récits*) vom Fortschritt, vom Sozialismus usw. verkündet. Während diese bisher die unterschiedlichen Sprachspiele wie in einem Rechtsstreit (*litige*) unter einem höheren Kriterium zu vereinigen vermochten, sei das Einheitspostulat im nunmehr angebrochenen Zeitalter der Postmoderne als „totalitär" entlarvt, und die Sprachspiele der Teilnehmer des Rechtsstreits seien in einer an Kafkas Roman *Der Prozess* gemahnenden Weise zum Antagonismus der Verständigungslosigkeit (*différend*) auseinander gebrochen. In dieser Situation bestehe nur die unbestimmte Hoffnung, durch seinen „Spieleinsatz" mit Hilfe kleinerer „*récits*", die nicht durch Legitimationsansprüche belastet sind, eine neue Sprache zu finden – mit ungewissem Ausgang[65].

Zu dieser internen Problematisierung des Einheitsprinzips ist hinzuzufügen, dass die intendierte Einheit der Philosophie faktisch nur diejenige des europäischen Geistes ist. Das wird nicht nur in der mittelalterlichen Idee einer *philosophia perennis*, sondern auch in den großen Systemen des spekulativen Idealismus deutlich, wenn etwa Hegel die außereuropäischen Kulturen in seiner Geschichts-

---

[63] EDMUND HUSSERL, *Ideen zu einer reinen Phänomenologie und phänomenologischen Philosophie* Bd. 1 (Husserliana 3/1), Den Haag 1950, 23–26.

[64] W. DILTHEY, *Einleitung in die Geisteswissenschaften. Versuch einer Grundlegung für das Studium der Gesellschaft und der Geschichte* (1883), Bd. 1 (GS 1) 4. Aufl. Stuttgart/Leipzig 1959, 4–21; DERS., *Der Aufbau der geschichtlichen Welt in den Geisteswissenschaften* (1907–10; GS 7), 2. Aufl. 1958, 70–88, bes.71.

[65] Vgl. JEAN-FRANÇOIS LYOTARD, *Der Widerstreit* (Le différend, dt. v. J. Vogl, Supplemente 6), 2. Aufl. München 1989, bes. 9–36.225–241.

und Religionsphilosophie ganz selbstverständlich als niedere Stufen einer in sich
einheitlichen Entwicklung ansieht. Wohl als erster hat Ernst Troeltsch das Problem klar erfasst, indem er alle Darstellungen einer in sich einheitlichen Weltgeschichte scharf als „Romane" bezeichnete, „die von einem gar nicht existierenden Subjekt metaphysische Märchen erzählen"[66]. Weiter ist Karl Jaspers'
Entdeckung der „Achsenzeit" zwischen 800 und 200 v. Chr. zu nennen, in der
unabhängig voneinander die heutigen großen Kulturen ihren Ursprung haben[67].
Damit ist der Entwicklungsgedanke zu einer sehr allgemeinen äußeren Rahmen-
bedingung zusammengeschrumpft. Heute sind Stimmen der Kritik am Eurozen-
trismus der abendländischen Philosophie zu vernehmen, die monieren, dass diese zum einen trotz der Säkularisierung insgeheim weiterhin im Christentum
verwurzelt und zum anderen mit den wirtschaftlichen und politischen Herr-
schaftsbestrebungen Europas verflochten sei[68] – zu Recht, sofern man dabei
nicht notwendig an einen bewussten Zweckzusammenhang denkt. Auch die
mancherorts bestehende Hoffnung auf eine jedenfalls im Werden befindliche
einheitliche Weltkultur unter westlicher Vorherrschaft gehört zu diesen Vorurteilen. Denn die gegenwärtige Tendenz zu einer wissenschaftlich-technischen
Einheitszivilisation, auf die man sich dafür beruft, betrifft nur die „hardware",
d.h. das zivilisatorische Instrumentarium, nicht aber die Inhalte (die „softwa-
re"), wie Ram A. Mall einleuchtend argumentiert hat[69]. In globalem Maßstab ist
auf alle Fälle von polyzentrischen Verhältnissen auszugehen. Die Philosophen
hätten also neben der abendländischen Philosophie insbesondere die indische
und die chinesische zu beachten, auch wenn sie das faktisch schon aus Gründen
der Materialfülle wahrscheinlich nur selten tun werden.

Der doppelte Pluralismus von nicht aufeinander reduzierbaren Betrachtungsweisen und von verschiedenen voneinander unabhängigen Kulturen wird insbesondere in der Ethik virulent. Die erste Form hat in der abendländischen Welt
David Hume in den Satz gefasst, dass ethische Normen nicht (mehr) aus einer
Seinsordnung abgeleitet werden können[70]; vielmehr ist ein solcher Schluss, mit
George E. Moore geredet, als „naturalistischer Fehlschluss" anzusehen[71]. In anderen Kulturen wird ein derartiger Zusammenhang vielfach für gegeben erach-
tet, aber dann – und das ist die zweite Form des Pluralismus – inhaltlich anders
bestimmt als in der abendländischen Tradition. Also auch im Bereich des Nor-

---

[66] E. TROELTSCH, *Der Historismus und seine Probleme* in: GS 3, 703–730; Zitat 707 (aus
dem Kapitel Der Europäismus).

[67] Vgl. KARL JASPERS, *Vom Ursprung und Ziel der Geschichte* (1949), 8. Aufl. München
1983, 15–105.

[68] Vgl. dazu RAM ADHAR MALL, *Philosophie im Vergleich der Kulturen. Interkulturelle Philosophie – eine neue Orientierung*, Darmstadt 1995, 44f.

[69] R.A. MALL, a.a.O., 26.

[70] DAVID HUME, *Treatise of Human Nature* (1739/40), hg. v. L.A. Selby-Bigge, 2. Aufl. bearb. v. P.H. Nidditch, Oxford (1978) 1985, 455–476.

[71] GEORGE EDWARD MOORE, *Principia ethica*, Cambridge 1903, 38.

mativen muss die Vorstellung von einer vorgegebenen weltweiten Einheit als Illusion bezeichnet werden. Es gibt vielmehr eine Pluralität von ethischen Normen. Unter der Voraussetzung, dass es jenseits spezifischer, gesellschaftlich bedingter Normen so etwas wie eine ethische Grundforderung gibt, nämlich Identität, Dasein für andere und Sorge für die Welt[72], ist dann für das Zusammenleben jeweils ein örtlich und zeitlich begrenzter normativer Kompromiss zu finden, der Minderheitenschutz garantiert, gegebenenfalls auch mit institutionalisierten Sanktionen versehen und durchgesetzt werden muss. In keinem Fall aber ist darauf ein einheitliches, den Pluralismus überwindendes System der Ethik zu errichten.

Aus dem Gesagten ergibt sich, dass eine definitive, ohne heimliche theologische Voraussetzungen auskommende philosophische Auflösung des Widerstreits zwischen dem für alle Erkenntnis unentbehrlichen Einheitsprinzip und der pluralistischen und antagonistischen Erfahrung offenbar nicht möglich ist. Allgemeingültige Normativität für Teilbereiche wie die Logik ist dadurch nicht ausgeschlossen. In materialer Hinsicht aber ist ein derartiger Anspruch nur für Aussagen mit sehr hohem Allgemeinheitsgrad plausibel zu machen.

Auch die christliche *Theologie* fächert sich in eine Vielzahl unterschiedlicher Ausprägungen auf, insofern sie in den verschiedenen Konfessionen und innerhalb dieser wiederum in verschiedenen Schulen jeweils anders betrieben wird. Hinzu kommt, dass sie selbst nicht einzigartig ist, sondern einer Mehrzahl von nichtchristlichen Theologien bzw. Religionen gegenübersteht. Nun besteht aber, wie wir uns erinnern, der fundamentale Unterschied zur Philosophie darin, dass die Theologie von einer verbindlichen, wenn auch der Auslegung offenen, Existenzbegründung in der Erfahrung des den Menschen unbedingt angehenden Gottes ausgeht. Deshalb muss sie die lockeren Teilzeitbindungen und Religionsamalgame des religiösen „Supermarkts" als mit dem Wesen des christlichen Glaubens und darüber hinaus auch mit dem Wesen des Religiösen nicht kompatibel ansehen. Auch im Verhältnis zu den anderen Religionen versucht sie, trotz mancher Strukturverwandtschaften und teilweise auch genetischer Zusammenhänge mit ihnen die universale Geltung ihrer Zentralaussagen aufrechtzuerhalten. Entsprechendes gilt für den internen theologischen Pluralismus, insofern trotz der allen christlichen Konfessionen gemeinsamen Bindung an die Person Jesu Christi die Tendenz verbreitet ist, die jeweils eigene Auslegung des Gottesverhältnisses mit derjenigen Absolutheit auszustatten, die nur diesem selbst zukommt[73].

Die Theologie hat also auch ihr Einheitsprinzip, das hier aber nicht nur wie in der Philosophie logischer Natur ist, sondern, wie bei allen großen monotheisti-

---

[72] Vgl. dazu meine *Ethik in evangelischer Perspektive. Grundfragen christlicher Lebenspraxis*, Göttingen 1992, 228.

[73] Im Einzelnen vgl. zu dieser Problematik die Abschnitte II 3 und III 2.3.

schen Religionen, einen Exklusivitätsanspruch impliziert. Zwar sind diese Religionen und damit auch ihre Theologien vielfach fähig, die Existenz anderer Religionen neben sich zu dulden, so wie es heute in den westlichen Ländern der Fall ist, lange Zeit hindurch aber z.B. auch in Indonesien möglich war. Doch ändert das nichts an der Überzeugung, dass es „eigentlich" nur eine Wahrheit gibt, nämlich die eigene, jedenfalls dann, wenn die Religion ernsthaft praktiziert wird. Die Tendenz auf eine solche Einheit hin findet sich, wenn auch nicht in einem streng monotheistischen Sinn, im Phänomen des Hochgottglaubens nicht selten auch in polytheistischen Religionen, auch wenn sie sich dort gegen das Prinzip der Vielfalt, das die Relevanz des Göttlichen für alle Lebensbereiche repräsentiert, oft nicht durchsetzen kann[74].

Rein logisch wäre die andere mögliche Gestalt eines theologischen Einheitsprinzips der Pantheismus. Doch dieser hat, näher betrachtet, eher eine gewisse Affinität zum Atheismus: Wenn nämlich keine kategoriale Differenz zwischen Gott und Welt mehr aufrechterhalten wird, ist es rein logisch im Prinzip gleichgültig, ob alles oder nichts göttlich ist. Les extrêmes se touchent! Freilich gilt es hier sorgfältig zwischen der Intention des Pantheismus und dem faktisch möglichen Umschlag in Atheismus zu unterscheiden, um nicht in den Stil überholter Ketzerverurteilungen zu verfallen[75].

Es scheint also tatsächlich dem Wesen der Religion zu entsprechen, zumindest die Tendenz zum Monotheismus zu haben. Für unsere Zwecke ist es nun interessant, dass nur die monotheistischen Religionen eine Theologie ausgebildet haben, und dass unter diesen wiederum im Christentum die Ausrichtung auf lehrmäßige und organisatorische Einheit besonders ausgeprägt ist. Allein hier ist eine Dogmatik entwickelt worden, allein hier hat es – zumindest im Westen des Abendlandes – über viele Jahrhunderte hinweg ein einheitliches Zentrum lehrmäßiger und jurisdiktioneller Autorität gegeben. Das ist selbst im Islam nicht der Fall, obwohl für diesen die Lehre von dem Einen Gott die zentrale, ja fast die einzige wirklich entscheidende Lehre überhaupt ist, die alle Lebensgebiete, auch die Politik, unmittelbar betrifft. Darüber hinaus könnte man vom religionswissenschaftlichen Standpunkt aus sagen, dass das Christentum versucht hat, das Wahrheitsmoment des Polytheismus, die Relevanz des Göttlichen für alle Aspekte und Bereiche des Lebens, in Gestalt der Trinitätslehre auszudrücken und in den Glauben an den einen Gott zu integrieren.

---

[74] Vgl. dazu GEO WIDENGREN, *Religionsphänomenologie*, Berlin 1969, 125; GÜNTER LANCZKOWSKI, *Einführung in die Religionsphänomenologie*, Darmstadt 1978, 46. Von dem Gedanken einer Entwicklung zum Monotheismus ist man abgekommen; vielmehr geht der letztere aus einer „Revolution" gegen den Polytheismus hervor, vgl. RAFFAELE PETTAZZONI, *Essays on the History of Religions* (SHR 1), Leiden 1954, 9.

[75] So war es zweifellos unangemessen, wenn man Spinoza bis ins 18. Jahrhundert hinein als Atheisten verurteilt hat, so wenig man einem solchen grobschlächtigen Urteil die „Witterung" für die Probleme absprechen kann, die sich hier stellen.

Die christliche Glaubenslehre steht nun vor der Aufgabe, das Verhältnis zwischen der dem christlichen Glauben innewohnenden Einheitstendenz und der faktischen Pluralität der Religionen theoretisch zu bestimmen. Zwar ist diese Pluralität – ebenso wie die innere Vielfalt des Christentums selbst – natürlicher Ausdruck der unterschiedlichen Erfahrungsweisen des Transzendenten, aber zugleich wird sie als der Richtung des Glaubens auf Einheit widersprechend erfahren. Es ist die schiere Durchsetzungsfähigkeit der Kirche – oft im Bündnis mit der politischen Macht – gewesen, die der theologischen Reflexion diese eigentlich einer Weltreligion notwendig innewohnende Antinomie lange verschleiert hat und die ihr auch die Unterdrückung der inneren Vielfalt des Christentums als geboten hat erscheinen lassen.

Die moderne Situation des unausweichlich gewordenen religiösen Pluralismus erinnert demgegenüber die Theologie daran, dass das Christentum von seinem Ursprung her eigentlich nie eine „herrschende" Religion hätte werden dürfen. Diese Entwicklung widerspricht dem Kern des christlichen Glaubens an das im gekreuzigten Jesus gegenwärtige Heil. Wenn das Kreuz ein Ärgernis für die Juden und eine Torheit für die Griechen ist (1.Kor 1,18–31), dann gehört zum Glauben an die „Weisheit Gottes", die sich in dieser paradoxen Form offenbart hat, die Antinomie von Einheit des Glaubens und vielfältiger Bestreitung dieses Glaubens durch konkurrierende Heilsangebote nicht nur aus Gründen soziologischer Gesetzmäßigkeit, sondern als im eigenen Wesen angelegt hinzu. Die darin zutage tretende Ohnmachtsposition des christlichen Glaubens selbst in einer Zeit seiner scheinbaren Herrschaft hat Søren Kierkegaard der Theologie ins Gedächtnis gerufen. Er hat sie damit bereits auf die zu seiner Zeit noch nicht erkennbare pluralistische Situation vorbereitet. Zunächst wirkte er freilich vor allem auf die Versuche der Theologie, die Krisenerfahrung der Zeit nach dem I. Weltkrieg zu verarbeiten – nicht ohne die ironische Folge, dass diese mit heftiger Kritik an der noch sehr herrschaftlich-staatskirchliche Züge tragenden deutschen evangelischen Kirche angetretene Bewegung in Gestalt der Barth-Schule ihrerseits für Jahrzehnte selbst zu einer herrschenden, nicht nur offenbarungsmonistischen, sondern durchaus auch machtpolitisch agierenden Theologie geworden ist. Doch entbindet all das nicht von der Frage, ob und gegebenenfalls wie in einer pluralistischen Situation der Glaube an den einen alleinigen Gott anders ausgedrückt werden kann.

Als vorläufiges Resultat ist festzuhalten: Der Strittigkeit Gottes zwischen Theologie und Philosophie entspricht innerhalb der Letzteren eine interne Strittigkeit und auf religiösem Gebiet der Pluralismus der Religionen. Die Bestreitung eines Absolutheitsanspruches überhaupt hat hier die Form einer Konkurrenz mehrerer solcher Ansprüche. Die andere Seite des Pluralismus ist das Nebeneinander verschiedener kulturell bedingter Betrachtungsweisen und individueller Erfahrungsdeutungen, die einander teils ergänzen, teils sich gegenseitig relativieren. Das ist die Basis möglichen gegenseitigen Verstehens. Doch wird dies religiös meist überlagert von der Normativität der jeweiligen existenziellen Bindung.

3. Philosophie und Theologie in den Konfessionen

Die Pluralität von Theologie und Kirche wirkt sich auch auf das Verhältnis zur Philosophie aus und gestaltet es unterschiedlich. Die Skala reicht von radikaler Ablehnung philosophischen Denkens in evangelikalen und fundamentalistischen Gruppierungen (die in Wahrheit auf verfremdeten Setzungen positivistischer Philosophie basiert) bis zu engen Verflechtungen mit bestimmten philosophischen Schulen. Für die Frage der Diskursfähigkeit der Glaubenslehre nach außen ist vor allem die konfessionelle Ausdifferenzierung des Verhältnisses zur Philosophie interessant. Hier soll exemplarisch nur ein knapper Vergleich protestantischer Auffassungen mit der römisch-katholischen Tradition vollzogen werden, weil deren Verhältnis für den gegenwärtigen Zweck am instruktivsten ist.

Die katholische Theologie hat von Beginn an ein aufgeschlossenes Verhältnis zur Philosophie gehabt. Man hat zwar daran nicht ohne guten Grund kritisiert, dass der platonischen und ab dem hohen Mittelalter der aristotelischen Philosophie die Rolle einer *ancilla theologiae* zugewiesen wurde. Doch darf man nicht übersehen, dass zum einen dieses Verhältnis zumindest im Mittelalter im Allgemeinen nicht als das einer unnatürlichen Knechtschaft empfunden wurde, und dass zum anderen moderne katholische Theologen wie Karl Rahner und andere die Grenzen des kirchenamtlichen Neothomismus sprengen und die prinzipielle Offenheit gegenüber der Philosophie auf ganz andere philosophische Richtungen, z.B. die Existenzphilosophie, ausdehnen konnten. Sie haben auf diese Weise trotz bleibender Bindung an die *ex cathedra* verkündeten Dogmen ihrer Kirche ein starkes „liberales" Element in die akademische Theologie eingeführt, das zusammen mit entsprechenden kirchlichen Tendenzen in den westeuropäischen und nordamerikanischen Diözesen eine beträchtliche Wirkung gehabt hat. Der Einwand, dass jene Theologen dennoch gewisse aristotelische, substanzontologische Prämissen nicht haben preisgeben können, dürfte zwar zutreffen. Doch kann eine solche Feststellung nicht die sachliche Argumentation ersetzen[76]. Die damit angeschnittene Sachfrage ist höchst diffizil und lässt sich keinesfalls mit konfessionellen Etiketten erledigen, sondern bedarf einer eigenen Erörterung[77].

Auch der Hinweis auf die untergeordnete Stellung der Philosophie gegenüber der Theologie bedarf einer Differenzierung. Es ist zwar richtig, dass nach katho-

---

[76] Für eine solche Argumentation vgl. z.B. die nur scheinbar sehr spezielle Arbeit von NOTGER SLENCZKA, *Realpräsenz und Ontologie. Untersuchung der ontologischen Grundlagen der Transsignifikationslehre* (FSÖTh 66), Göttingen 1993.

[77] S.u., Religionsphilosophische Grundlegung, II 1.

lischer Lehre die Glaubenswahrheit, die nur durch göttliche Offenbarung zugänglich ist, der „natürlichen" Wahrheit, die mit Hilfe der Vernunft erkannt werden kann, übergeordnet ist. Jedoch ist die durch den Heiligen Geist erleuchtete Vernunft imstande, die Glaubenswahrheit mit Hilfe ihrer eigenen Instrumente, also auch der Philosophie, zu explizieren. Dass der dabei vorausgesetzte Glaubensbegriff aus protestantischer Sicht problematisch ist und einen der wichtigsten Indikatoren der konfessionellen Differenz ausmacht, steht zunächst auf einem anderen Blatt.

Trotz dieser Differenzierungen lässt sich freilich schon hier nicht übersehen, dass die auf katholischer Seite nirgends völlig gelösten Bindungen einerseits an die thomistische Gestalt der aristotelischen Substanzontologie[78] und andererseits an die zum *depositum fidei* geronnene Objektivität der als unfehlbar erklärten dogmatischen Entscheidungen des römischen Lehramtes in einem strukturellen Zusammenhang stehen. Darin kommt zumindest in der offiziellen katholischen Lehre ein vorneuzeitliches Autoritätsverständnis zum Ausdruck, das auch durch die vor allem wiederum auf Karl Rahner zurückgehende, die historischen Umstände der Entstehung der amtlichen Lehre berücksichtigende moderne Dogmenhermeneutik nur modifiziert, nicht grundsätzlich verändert wird. Dieses Autoritätsverständnis strahlt auch auf die durch die philosophischen Gottesbeweise gestützte rationale Gotteserkenntnis aus, indem es ihr, aller neuzeitlichen Problematisierung zum Trotz, die Fähigkeit einer sicheren rationalen Ableitung aus dem Weltzusammenhang attestiert[79]. Bereits die Reformation hat gegen dieses Autoritätsverständnis protestiert, wenn auch aus anderen Gründen, nämlich mit einer von der Rechtfertigungslehre her interpretierten Ekklesiologie: Keine menschliche Autorität darf sich zwischen Gott und Mensch stellen. Denn das Verständnis des Glaubens als Gehorsam gegenüber einem kirchlichen Lehrgesetz widerspricht der christlichen Grundaussage, dass der Mensch den Zugang zu Gott allein dessen Gnade und nicht einer ethischen oder intellektuellen Leistung verdankt. (Man muss freilich hinzufügen, dass die Reformatoren ihrerseits diese Auffassung in Bezug auf die Lehre zwar im Ansatz, aber noch nicht konsequent durchgeführt haben.)

Auf protestantischer Seite stellt sich das Verhältnis von Philosophie und Theologie sehr viel uneinheitlicher dar. War Luthers Polemik gegen Aristoteles vornehmlich durch dessen Stellung im offiziellen katholischen Lehrgebäude und die

---

[78] Die Verpflichtung auf die Lehre des Thomas wurde von der Enzyklika Leos XIII. *Aeterni patris* von 1879 festgestellt (DH 3139f) und im can. 1366 § 2 des CIC in der Fassung von 1917 auch juristisch kodifiziert. In der neuen Ausgabe des CIC von 1983 fehlt eine entsprechende Bestimmung.

[79] Diese Auffassung ist auf dem I. Vatikanischen Konzil dogmatisiert worden: „Deum ... naturali humanae rationis lumine e rebus creatis *certo cognosci posse*" Gott ... könne durch das natürliche Licht der Vernunft aus den geschaffenen Dingen sicher erkannt werden (DH 3004; Hervorhebung von mir).

Wiederaufnahme aristotelischer Philosophie durch die protestantische Orthodoxie in erster Linie durch die kontroverstheologische Situation bedingt, so finden sich in der Neuzeit drei sehr unterschiedliche Formen des Umgangs mit der Philosophie.

Zum einen bedient man sich, angefangen von den reformierten Cartesianern des 17. Jahrhunderts über die Neologen des 18. und die vielfältigen Strömungen der „liberalen" Theologie des 19. und 20. Jahrhunderts, philosophischer Begrifflichkeit und Denkweise zum Zweck der Kritik an heteronomen dogmatischen Vorgaben, die im Widerspruch zu elementaren Einsichten der Vernunft stehen, sowie zur Begründung einer mit dem neuzeitlichen Wahrheitsbewusstsein vereinbaren, rationalen Gestalt der theologischen Aussage. Bis heute maßgebliches Modell dieses Typus ist Schleiermachers Glaubenslehre.

Eine ganz andere Verwendung der Philosophie findet sich bei spekulativen Denkern, die versuchen, mit ihrer Hilfe das alte Dogma rational zu rekonstruieren, um so die dogmatische Tradition als nach wie vor zeitgemäß zu erweisen. Ein instruktives Beispiel ist etwa der Rechtshegelianer Philipp Konrad Marheineke. Für ihn sind Vernunft und Glaube im Dogma versöhnt, insofern in ihm die legitimierende Autorität keine äußerliche wie Schrift, Kirche, räsonierender Verstand mehr ist, sondern der in deren Auslegung sich manifestierende Geist, in dem jene äußeren Autoritäten „in ihrem Fürsichseyn aufgehoben sind"[80].

Die philosophisch-kritisch reflektierenden Theologen haben freilich aufs Ganze gesehen die Entwicklung der Theologie viel stärker geprägt als ihr konservativerer Gegenpart. Es ist daher nicht verwunderlich, dass sie stets beschuldigt wurden, sich von der Philosophie abhängig zu machen. Der Vorwurf ist zwar insofern gerechtfertigt, als die theologischen Anhänger Christian Wolffs, Kants, Hegels oder Heideggers in der Tat häufig die Prämissen ihrer Lehrer nur unzureichend oder überhaupt nicht einer kritischen Rückfrage unterzogen haben. Andererseits sind es aber in der Neuzeit gerade diese Theologen gewesen, die ihre Wissenschaft nach außen hin diskursfähig erhielten und insofern der Aufgabe einer Vermittlung des gedanklichen Gehaltes der Theologie in die jeweilige Gegenwart besser gerecht geworden sind als diejenigen, die sich der philosophischen Reflexion mehr oder weniger entziehen zu können meinten.

Damit ist die dritte Art des Umgangs mit der Philosophie benannt. Sieht man von den supranaturalistischen Verteidigern der alten Orthodoxie ab, so sind es vor allem Pietisten und Erweckungstheologen im 18. und im 19. Jahrhundert, die in der Einbeziehung philosophischer Gedankengänge in die Theologie die Gefahr der Überfremdung sahen. Im 20. Jahrhundert wollte die Schule Karl Barths grundsätzlich die Philosophie im Interesse der Reinheit ihres offenbarungstheologischen Ansatzes aus der Theologie verbannen, nahm jedoch fak-

---

[80] Philipp Konrad Marheineke, *Die Grundlehren der christlichen Dogmatik*, 2. Aufl. Berlin 1827, 66, vgl. 65 (§ 113).

tisch in eklektischer Weise Elemente aus neuplatonischen, neukantianischen und später auch neomarxistischen Traditionen auf, wobei die Rechenschaft über dieses Verfahren meist noch weniger befriedigend ausfiel als bei den von ihr kritisierten philosophischen Theologen früherer Epochen[81].

Alle drei Typen des Umgangs mit der Philosophie repräsentieren berechtigte Interessen. In den beiden ersten Fällen geht es um die Diskursfähigkeit, im dritten um die Eigenständigkeit der Theologie. Der Verlauf der neueren Theologiegeschichte legt die Vermutung nahe, dass es sich dabei um eine Alternative handle: Entweder man lässt sich intensiv auf philosophisches Denken ein und wird dadurch über die Fachgrenzen hinaus diskursfähig, läuft aber Gefahr, sich von Prämissen abhängig zu machen, die Grundaussagen des christlichen Glaubens widerstreiten. Oder man versucht die Theologie von aller Berührung mit der Philosophie fernzuhalten und sie dadurch vor Überfremdung zu sichern, sperrt sich aber damit in ein kirchliches Ghetto ein, verliert den Kontakt zum Geistesleben seiner Zeit und verschließt sich leicht solchen wahren rationalen Einsichten, ohne die Glaubensaussagen gar nicht vermittelbar sind. Die beiden Grundinteressen, die laut Schleiermachers Formulierung zu jeder theologischen Reflexion gehören und sich nach ihm komplementär zueinander verhalten[82], scheinen also auseinander zu fallen: die kirchliche Selbstverständigung über den spezifischen Sinn des christlichen Glaubens einerseits und die Verständigung nach außen über die Allgemeingültigkeit theologischer Aussagen mittels methodischer Reflexion andererseits. Wir treffen somit in der Theologie auf das gleiche Dilemma von Gettoisierung und Verweltlichung, das Peter L. Berger für die Situation der Kirche ausgemacht hatte[83].

Damit ist zunächst so viel deutlich, dass man in der Theologie der Strittigkeit Gottes weder durch Anpassung an philosophische Schulen noch durch Abschottung entrinnt. Philosophische und theologische Betrachtungsweise lassen sich wegen ihrer bleibend unterschiedlichen Ausgangspunkte nicht aufeinander reduzieren oder miteinander amalgamieren. Andererseits bleiben sie aufeinander angewiesen: die Theologie für die Rationalität ihres Umgangs mit den Phänomenen der Welt, die Philosophie für die Auseinandersetzung um die Frage einer letzten Begründung. Für die Theologie ergibt sich daraus die Forderung eines *dialektischen* Denkens, das die beiden einander entgegengesetzten Betrachtungsweisen zu einer spannungsvollen Einheit verbindet. Bei dieser Dialektik handelt es sich

---

[81] Zu Karl Barth vgl. Hartmut Ruddies, *Karl Barth und die Liberale Theologie. Fallstudien zu einem theologischen Epochenwechsel*, Göttingen o. J. (1995), 267–271. Bei manchen neueren Vertretern dieser inzwischen auseinander gefallenen Schule wie z.B. Eberhard Jüngel ist das Verhältnis zur Philosophie erheblich differenzierter (vgl. etwa dessen Buch *Gott als Geheimnis der Welt*, 6. Aufl. Tübingen 1992), was allerdings die Frage aufwirft, inwieweit dann der ursprüngliche Ansatz noch aufrechtzuerhalten ist.

[82] Vgl. F.D.E. Schleiermacher, *Der christliche Glaube* (Anm. 18), § 17.

[83] S.o., S. 13.

nicht (mehr) um das von Schleiermacher entwickelte Modell zweier Denkbewegungen, die sich asymptotisch aufeinander zubewegen, ein Modell, das noch die Harmonie von Theologie und einer im Grunde christlich geprägten Philosophie voraussetzte, sondern um die unausweichliche Nötigung, die einander widersprechenden Erfahrungen von wirksamer Gegenwart und Abwesenheit Gottes, deren theoretische Reflexionsgestalten Theologie und Philosophie sind, zusammenzudenken, und zwar nicht auf diese beiden Disziplinen verteilt, sondern innerhalb der Theologie selbst, weil jene Zwiegesichtigkeit von Offenbarung und Verborgenheit Gottes die Signatur der religiösen Erfahrung ist[84]. Theologisch verstanden ist jenes Zugleich von rationaler Denkleistung und Zuteilwerden von Gottesbegegnung in religiöser Erfahrung eine Gestalt des Verhältnisses von Gesetz und Evangelium: Die rationale Formulierung des Gottesgedankens entspricht der ethischen Möglichkeit, das weltlich Gute zu realisieren; aber die Meinung, mit eigenem Denken Gott zu „be-greifen", ist ebenso wie die Selbstrechtfertigung durch ethische Leistung ein Versuch, sich Gott verfügbar zu machen. Das aber ist, religiös verstanden, die Sünde schlechthin.

4. Der theologische Denker und die scientific community[85]

Noch in einer anderen Hinsicht bereitet das Verhältnis von Theologie und Philosophie Schwierigkeiten. Wenn die Theologie von Glauben schaffender religiöser Erfahrung ausgehen muss, um zu den ihr eigentümlichen Aussagen zu kommen, dann ist deutlich, dass diesen unvermeidlich ein hohes Maß an Individualität anhaftet, da religiöse Erfahrung immer primär Sache des Einzelnen ist. Es ist zwar möglich, solche Erfahrung mitzuteilen; anders wäre das Phänomen der religiösen Gemeinschaft nicht verständlich. Aber insofern nur jeder Einzelne selbst für seinen Glauben einstehen und ihm gemäß leben kann, bleibt ein nicht reduzierbarer Grundbestand von Subjektivität, der für die theologische Reflexion nur den Typus der individuellen Rechenschaft zu ermöglichen scheint.

Allerdings schließt dieser letzte Begriff unumgänglich die soziale Dimension ein, denn Rechenschaft wäre sinnlos ohne ein Forum, vor dem sie abgelegt wird. Nach weit verbreiteter Auffassung ist dieses Forum im Fall der Theologie allein die Kirche, weil es sich ja um Rechenschaft über den Glauben handelt und die Kirche die institutionelle Gestalt ist, die (wie fehlerhaft sie immer sein mag) der Glaube sich gibt, um sich als ein gemeinsamer manifestieren zu können. Die Theologie hat sich nach diesem Verständnis dadurch auszuweisen, dass sie der Verkündigung der Kirche dient. Sie tut das, indem sie die Kontinuität kirchlicher

---

[84] Vgl. oben, S. 30.
[85] Der folgende Abschnitt sowie die späteren Abschnitte II/4 und IV/4 geben in anderer Form wieder, was ich in meiner akademischen Abschiedsvorlesung *Die drei öffentlichen Rechenschaftspflichten der Theologie*, ZThK 96/1999, 286–298 ausgeführt habe.

Tradition am Maßstab des Ursprungsgeschehens, der Manifestation Gottes in der Person Jesu von Nazareth, bewahrt und weiterentwickelt.

Dies ist in der Tat ein wichtiger Gesichtspunkt, wenngleich der Sachverhalt sich als komplexer darstellen wird, als er in diesen wenigen Andeutungen erscheint[86]. An dieser Stelle aber haben wir es mit den Außenrelationen der Theologie zu tun. Auch in dieser Beziehung, d.h. zunächst einmal gegenüber der Philosophie und den Wissenschaften, gibt es eine Rechenschaftspflicht. Rechenschaft ist hier – wie übrigens auch gegenüber der Kirche – nicht defensiv zu verstehen, sondern im Sinne der Offenlegung aller relevanten Umstände des eigenen Tuns. Das betrifft vor allem natürlich die letzte Voraussetzung, von der alle Theologie ausgeht; das Gleiche gilt für die philosophischen und wissenschaftlichen Gesprächspartner. Auf beiden Seiten muss darüber hinaus gezeigt werden, dass diese letzte Voraussetzung nicht willkürlich gewählt, sondern unhintergehbar ist, dass hier also eine prinzipielle Grenze des Denkens besteht. Von der Strittigkeit der Frage nach der Letztbegründung zwischen Theologie und Philosophie war bereits die Rede. Doch ist diese Strittigkeit nicht das Ende, sondern der Beginn des Gesprächs zwischen Theologie und Philosophie.

Damit ein solcher Diskurs möglich wird, müssen diejenigen Bedingungen erfüllt sein, die für alle geistige Kommunikation unerlässlich sind, nämlich die allgemeinen Standards wissenschaftlicher Rationalität. Grundlage ist damit die Anerkennung der Zuständigkeit der Vernunft für den Bereich möglicher Welterfahrung. Aus ihr folgt die Verbindlichkeit der Gesetze der Logik, denn ohne sie ist eine sprachliche Verständigung nicht möglich. Weiter dürfen unterhalb der Letztbegründung nicht mehr Voraussetzungen eingeführt werden, als notwendig sind (Gesetz der Sparsamkeit). Ergebnisse philosophischen Denkens und wissenschaftlicher Forschung, die vernünftigerweise nicht bezweifelt werden können, müssen anerkannt werden (was natürlich im Einzelfall den Streit darüber nicht verhindert, welche Erkenntnisse dieses Prädikat verdienen). Dazu gehört m.E., wie oben bereits ausgeführt, die Unmöglichkeit, die Existenz Gottes oder auch die Vereinbarkeit seiner Güte mit seiner Allmacht zu beweisen oder zu widerlegen. Weiter gehört die seit Dilthey ständig fortentwickelte Erkenntnis der neueren Wissenschaftstheorie dazu, dass die unterschiedlichen Zugangsweisen der Einzelwissenschaften sich keinem einheitlichen Schema fügen. Diese Einsicht darf freilich nicht dazu missbraucht werden, die für die einzelnen Sachbereiche erkannte Regelmäßigkeit außer Kraft zu setzen.

Durch die Befolgung dieser Regeln ist der Theologe Glied der *scientific community*. Das gilt uneingeschränkt; der englische Ausdruck wurde gewählt, um zugleich den internationalen, die Kulturkreise übergreifenden Charakter dieser Diskursgemeinschaft anzuzeigen. Ihr Funktionieren setzt von seiten des Theologen voraus, dass er ungeachtet der Verbindlichkeit, welche die Begründung sei-

---

[86] S . u., Abschnitt III/4.

ner Position in einer Gottesbegegnung für ihn besitzt, sich nicht allein auf das eigene Gewissen oder die eigene Tradition beruft, sondern in allen Fragen, die zwischen seiner und den philosophischen und wissenschaftlichen Weltdeutungen strittig sind, zur Selbstkorrektur bereit ist, wie das für jeden rationalen Diskurs selbstverständlich ist. Auch Philosophen und wissenschaftliche Forscher stehen jeweils in bestimmten Traditionszusammenhängen, deren prägende Kraft spätestens in den sie leitenden Grundüberzeugungen ans Licht kommen, nämlich entweder dass alles Sein in Gott gegründet sei oder dass es seinen Bestand in sich selbst habe.

Insofern Philosophie und theoretische Selbstreflexion der Wissenschaften ebenso wie die Theologie jeweils eine letzte, prinzipiell weiterer Begründung entzogene Voraussetzung machen, unterhalb dieser aber die gleiche Strenge rationaler Argumentation befolgen müssen, sind sie als Angehörige der *scientific community* gleichen Rechtes. Es bleiben aber zwei gravierende Differenzen. Der Theologe muss offenbar, wenn er religiöse Erfahrung sachgemäß auslegen will, von dieser ausgehen; die Distanz, die zu jeder Auslegung erforderlich ist, scheint immer nur eine hypothetische sein zu können, weil religiöse Erfahrung eine unbedingte Verbindlichkeit einschließt, die keine Distanz verträgt. Zweitens kann man die schon erwähnte enge Beziehung zwischen Theologie und Kirche nicht übersehen. Sie ist auf katholischer Seite in der Lehrautorität des Heiligen Stuhls begründet; auf evangelischer Seite eher in freiwilliger Selbstbindung. In beiden Fällen ergibt sich aber daraus die Frage, ob die theologischen Fakultäten ihren institutionellen Ort zu Recht an den Universitäten haben oder ob sie nicht, wie in den meisten Ländern der Welt längst üblich, im Interesse einer strikten Trennung von Staat und Kirche von den letzteren betrieben werden sollten. Dies, oder alternativ die Umwandlung der theologischen Fakultäten in religionswissenschaftliche, ist seit Paul de Lagarde[87] immer wieder empfohlen worden und wird in Deutschland ebenfalls realisiert werden, wenn die Mitgliederzahlen der großen Kirchen weiter schwinden. Um diese Frage entscheiden zu können (IV/4), müssen wir aber zuvor in III/4 das Verhältnis von Theologie und Kirche erörtern.

---

[87] Vgl. PAUL DE LAGARDE, *Über das Verhältnis des deutschen Staates zu Theologie, Kirche und Religion*, in: DERS., *Deutsche Schriften*, 5. Aufl. Göttingen 1920 (40–83), 71.73–79.

III. Die Glaubenslehre als theologisches Fach

Nach der Behandlung der Außenbeziehungen der Glaubenslehre wenden wir uns nun der Bestimmung ihres Ortes innerhalb der Theologie zu. Dabei ist zunächst auf den zentralen Punkt einzugehen, auf den sich alle theologischen Fächer aus unterschiedlichen Perspektiven beziehen. Das ist der Glaube an die rettende Gegenwart Gottes in Jesus Christus samt den daraus hervorgehenden Lebensäußerungen. Es ist daher zumindest vorläufig zu erheben, was unter *Glaube* zu verstehen ist.

Entgegen immer wieder begegnenden (nicht nur volkstümlichen) Missverständnissen ist zuerst festzuhalten, dass Glaube im Sinne der ursprünglichen jüdisch-christlichen Tradition nicht eine Form von Denken ist. Vielmehr bedeutet die hebräische Wurzel אמן Festigkeit, Treue, Zuverlässigkeit, und im hiphil „vertrauen" (z.B. Jes 7,9). Auch das über die Septuaginta von diesem Begriff beeinflusste neutestamentliche Wort πίστις bedeutet Vertrauen zu Gott und seiner Heilszusage, wie schon an seinem ganz überwiegend personalen Bezug (πίστις εἰς Χριστόν u.ä. vor allem bei Paulus) erkennbar ist[88]. Auch die absolute Verwendung von πίστις in dem wahrscheinlich auf Jesus zurückgehenden Wort vom Berge versetzenden Glauben Mt 17,20 par. Lk 17,6 dürfte so zu verstehen sein. Vermittelt durch Wendungen wie „πίστις τοῦ εὐαγγελίου" (Phil 1,27) wird dann auch die Beziehung von πίστις auf Heilsaussagen durch ὅτι möglich (z.B. „wir glauben, dass wir mit ihm leben werden", Rm 6,8). Das hat jedoch immer noch nicht den Sinn von Fürwahrhalten, wie er später charakteristisch wird (z.B. Jak 2,19 „du glaubst, dass es einen Gott gibt"). Eine derartige Orientierung des Glaubensverständnisses an überlieferter und kirchlich verwalteter Lehre, die bis heute nicht nur die offizielle Lehrmeinung der katholischen, sondern auch weite Kreise der evangelischen Kirche bestimmt, ist eindeutig sekundär und widerspricht seinem von Luther wiederentdeckten ursprünglichen Sinn.

Glaube ist also Vertrauen zu Gott. Von Gott aber gilt, dass der Mensch immer, überall und in jeder Hinsicht auf ihn angewiesen ist und sich ihm verdankt. Glaube an ihn kann dann nur unbedingtes Vertrauen sein, das schlechthin lebensbestimmend ist. Mehr lässt sich zum Glauben im christlichen Sinn des Begriffs im Vorhinein nicht sagen. Denn wenn es richtig ist, dass er als Vertrauen zu definieren ist, also eine bestimmte Relation bezeichnet, dann kann das genauere

---

[88] Vgl. dazu die gründliche Untersuchung von G. EBELING, *Jesus und Glaube*, in: DERS., Wort und Glaube (I), Tübingen 1960, 203–254. Vgl. im Übrigen Bd. 2, 140–144.

Verständnis sich nur aus der Beschreibung eben dieser Relation ergeben und muss daher in der materialen Glaubenslehre entfaltet werden.

1. Die Glaubenslehre und ihre Nachbardisziplinen

Die Glaubenslehre beschreibt das Verhältnis des Menschen zu Gott als dem Schöpfer, Richter und Erlöser, versteht also den Menschen als denjenigen, dem die wirksame Gegenwart Gottes widerfährt. Dieses Verhältnis zu Gott betrifft den Menschen natürlich auch als Handelnden. Dies ist das Thema der *Ethik* als theologischer Disziplin, bzw. genauer: der Fundamentalethik, welche die Bedeutung des christlichen Glaubens für die Begründung der Möglichkeit sittlich guten Handelns oder Handlungsverzichts in allen Lebensbereichen zu entfalten hat. Dabei kehren die großen Themen der Glaubenslehre in anderer Gestalt wieder: schöpfungsmäßige Bestimmung des Menschen und ihre Verfehlung, Vergebung und befreiende Vollmacht zum Handeln. Man hat deshalb die Ethik bis in die protestantische Orthodoxie hinein unter dem Thema „Von den guten Werken" als Teil der Glaubenslehre behandelt; in der Neuzeit ist die Kirchliche Dogmatik von Karl Barth ein herausragendes Beispiel für dieses Verfahren. Dieser Weg wird hier nicht eingeschlagen, weil sich auf ihm eine Dogmatisierung bestimmter ethischer Optionen nur schwer vermeiden lässt, während der Mensch doch die ihm zuteil werdende göttliche Liebe durch die Wahrnehmung seiner Verantwortung mit der Erfahrungswirklichkeit *vermitteln* und dabei das Risiko der Unsicherheit hinsichtlich des konkret Gebotenen tragen muss. Auf der Reflexionsebene zeigt sich das an der Notwendigkeit einer engen Zusammenarbeit mit den jeweils einschlägigen Wissenschaften. Es ist deshalb angemessener, von einer Spiegelung der Glaubenslehre in der Fundamentalethik zu sprechen[89]. Dahinter steht das Verhältnis zweier nicht aufeinander reduzierbarer Grunderfahrungen, der Seinserfahrung und der Sollenserfahrung. Mit der zweiten hat es die Glaubenslehre insofern zu tun, als es auch in ihr um die transmoralische Bestimmung des Menschen geht, nicht aber im Blick auf die praktischen Vermittlungsleistungen.

Wenn es sich demnach empfiehlt, die Ethik für sich zu behandeln, so darf die Glaubenslehre doch nicht den Bezug des Gottesverhältnisses auf das weltliche Handeln des Menschen aus den Augen verlieren, sondern muss die Anknüpfungspunkte dafür durch alle ihre Hauptstücke hindurch angeben. Sie steht überdies insofern in einer unmittelbaren Beziehung zur Ethik, als sie der Wahrhaftigkeit und der Liebe verpflichtet ist: der Wahrhaftigkeit gegenüber dem Wesen des christlichen Glaubens und gegenüber dem neuzeitlichen Wahrheitsbe-

---

[89] Genaueres dazu in meiner *Ethik in evangelischer Perspektive*, Göttingen 1992, 382–486; sowie in *Schöpfungslehre und Ethik*, in: ZThK 91/1994, 157–188.

wusstsein, und der Liebe im Sinne der Offenheit sachlicher Diskussion und der Achtung des fremden Gewissens.

Über *alle anderen Disziplinen* der Theologie lässt sich zunächst allgemein sagen, dass die Glaubenslehre schon deshalb auf sie angewiesen ist, weil sie in enger Beziehung zu den Erfahrungswissenschaften stehen, ja unter dem Dach der Theologie geradezu den ganzen Kosmos der Wissenschaften noch einmal darstellen und dadurch den Bezug zur Lebenserfahrung und zur Empirie vermitteln: von den historischen und philologischen Wissenschaften und den Naturwissenschaften bis zu den Humanwissenschaften, insbesondere der Psychologie und Soziologie, und über die materiale Ethik zu allen übrigen Fachgebieten. Diese Beziehung besteht zum einen in der Übernahme formalen methodischen Handwerkszeugs und solcher Ergebnisse, die überprüfbar sind oder jedenfalls vernünftigerweise nicht bezweifelt werden können, wie die Geltung von Naturgesetzen oder die Prägung auch von Christen durch gesellschaftliche Vorurteile ihrer Zeit. In dieser Hinsicht muss die Theologie sich auch der Kritik durch die empirischen Wissenschaften aussetzen. Zum anderen aber widerspricht die Theologie in allen ihren Fächern *als theologischen* jedem Versuch, Glaubenszeugnisse durch den Aufweis empirischer Sachverhalte vollständig zu erklären. Die spezielle Aufgabe der Glaubenslehre besteht in diesem Zusammenhang darin, sich mit den wissenschaftstheoretischen und materialen Voraussetzungen auseinanderzusetzen, die in die Methodologie all dieser Wissenschaften eingegangen sind. Insbesondere wendet sie sich gegen den logischen Fehlschluss, der die empirischer Forschung allein zugängliche Seite der Wirklichkeit für die ganze Wirklichkeit erklärt. Es handelt sich also auch hier um ein dialektisches Verhältnis von Anknüpfung und Widerspruch, analog zu dem Verhältnis zur Philosophie.

Das ist nicht immer so gesehen worden. Noch bis ins 18. Jahrhundert hinein konnte die Theologie den Anspruch erheben, in einem einzigen, geschlossenen Zusammenhang über den Ursprung des christlichen Glaubens, die Bedeutung seiner Geschichte und seine Gegenwartsrelevanz Auskunft zu geben. Das erschien deshalb möglich, weil man meinte, die normierende Kraft des Ursprungsgeschehens, der Selbsterschließung Gottes in Jesus Christus, ungebrochen durch historische und gegenwärtige gesellschaftliche Faktoren in Lehrsätzen aussagen zu können. Als solche Universalwissenschaft wurde die Theologie insgesamt verstanden als systematische, oder für die damalige Zeit besser: dogmatische Theologie.

Diese Vorstellung einer wesentlichen Einheit der Gegenwart des christlichen Glaubens mit seinem Ursprung ist auf dem Hintergrund einer Gesellschaft zu sehen, die sich trotz mannigfacher Spannungen und Konflikte als einheitlich christlich bestimmte begriff. Genau dieses Selbstverständnis aber wurde mit der Reformation problematisch, und mit ihr auch jene Grundvoraussetzung bezüglich der Theologie, wenngleich die volle Einsicht in diesen Sachverhalt noch einige Zeit beanspruchen sollte und zunächst nur die Ausbildung einer *historischen*

Theologie betraf[90]. Die erste deutliche Spur eines Auseinandertretens von Ursprung und Gegenwartsrelevanz des christlichen Glaubens finden wir bei Luther. Diese Behauptung mag überraschen. Aber Luther verwies ja in kirchenkritischer Absicht nicht nur auf die Schrift zurück, sondern auch über sie hinaus, indem er innerhalb ihrer mittels seines entscheidenden Sachkriteriums „was Christum treibet" inhaltliche Kritik an bestimmten Schriften (z.B. Jakobusbrief) übte. Damit machte er nicht nur die Frage nach dem Ursprung zu einem eigenen Thema – das hatten andere vor ihm auch getan –, sondern er führte eine Differenzierung innerhalb des Normativen selbst ein und bereitete mit solcher dogmatischen Kritik die historische vor. Die protestantische Orthodoxie behielt diese Differenzierung zwar nicht bei, sondern reduzierte sie auf die unter dem Vorzeichen der Inspirationslehre letztlich bedeutungslose formale Unterscheidung von proto- und deuterokanonischen Schriften; aber sie hat die biblische Philologie zu großer Blüte gebracht und damit ein Potenzial ausgebildet, mit dessen Hilfe später die historische Kritik die Frage nach der Verträglichkeit biblischer Berichte mit den Maßstäben der Vernunfterkenntnis verfolgen konnte. So wurde die Frage nach dem Ursprung aus einer rein normativen zu einer historischen, was dann die institutionelle Trennung der „biblischen Theologie" von der Dogmatik (zuerst 1787 in Altdorf) nach sich zog. Später wurde die Frage nach dem Ursprung (*neutestamentliche Wissenschaft*) von derjenigen nach dessen Vorgeschichte (*alttestamentliche Wissenschaft*) unterschieden und damit zugleich der Blick in die Religionsgeschichte eröffnet.

Der jetzt stillschweigend oder ausdrücklich allgemein akzeptierte Grundsatz, die Bibel sei nach den Regeln nicht einer besonderen, sondern der allgemeinen Hermeneutik zu interpretieren, führte dazu, dass historische und systematische Theologie sich zunehmend auseinander entwickelten, was durch den enormen Zuwachs an Wissensstoff noch weiter gefördert wurde. Die Bibelwissenschaft drohte der Glaubenslehre (insbesondere durch die Leben-Jesu-Forschung) die Grundlagen zu entziehen, und die Dogmengeschichte relativierte die Tradition, auf der sie aufbaute. Damit scheinen nun historische und theologische Betrachtungsweise eine nicht vermittelbare Alternative zu bilden, die bereits Johann Gottlieb Fichte hellsichtig so formuliert hat: „Nur das metaphysische, keineswegs aber das historische, macht seelig; das letztere macht nur verständig"[91]. Das eröffnete auch die Möglichkeit, sich mit der Verständigkeit zu bescheiden.

An Vermittlungsversuchen hat es nicht gefehlt. Zwei davon sind besonders wirkungsmächtig gewesen. Der eine ist in der Theorie der Perfektibilität des Christentums im 18. Jahrhundert von Wilhelm Abraham Teller entwickelt worden und besagt, dass das Christentum sich im Lauf seiner Geschichte immer

---

[90] Zum Folgenden vgl. den programmatischen Aufsatz von G. Ebeling, *Die Bedeutung der historisch-kritischen Methode für die Theologie und Kirche*, in: ZThK 47/1950, 1–46 (auch in ders., Wort und Glaube [1], Tübingen 1960, 1–49).

[91] Johann Gottlieb Fichte, *Anweisung zum seligen Leben* (1806), GA I 9, 122.

mehr vervollkommnet habe[92]. Diese Theorie hat die ganze Aufklärung, soweit sie dem Christentum verbunden blieb, und den Deutschen Idealismus geleitet und wirkt bis in die oben erwähnte Interpretation der neuzeitlichen Welt als „Welt des Christentums" durch Trutz Rendtorff[93] nach. Die andere Theorie findet sich in Schleiermachers Akademierede über den „großen Mann", welche diesen das Wesen der ihm folgenden Geschichtsperiode und im Grenzfall (hier denkt er an Jesus) der ganzen weiteren Geschichte bestimmen lässt[94].

Danach wäre das Normative entweder mit dem letzten Entwicklungsstand oder mit dem geschichtlichen Ursprung identisch. Wir lassen jetzt die nicht nur logisch problematische Identifikation einer empirischen Gegebenheit mit einer Norm beiseite und stellen als faktische Konsequenz beider Ansätze fest, dass sie die Glaubenslehre selbst in den Traditionsprozess einrücken, den zu beurteilen diese sich anschickt. Daraus scheint zu folgen, dass sie selbst eine historische Disziplin sei, nämlich „die Wissenschaft von dem Zusammenhange der in einer christlichen Kirchengesellschaft zu einer gegebenen Zeit geltenden Lehre"[95]. Denn alle Versuche, darüber hinausgehend den Maßstab für die Eruierung des unterscheidend Christlichen zu finden, fallen dem Verdikt der dominanten historischen Betrachtungsweise anheim, selbst nur relative historische Produkte zu sein. Damit scheint für die Bestimmung des die spezifische Identität der Christentumsgeschichte verbürgenden Kriteriums die gleiche historistische Aporie zu bestehen, in der sich nach Ernst Troeltsch die Geschichtsphilosophie befindet, dass sie nämlich „das Werk eines reinen [apriorischen] Schauens [sei], das alle unterstützenden Hilfsmittel ... gewissenhaft benützt, und einer willensmäßigen Festlegung auf bestimmte Zukunftsziele zugleich, die zu jenem Entwicklungsbilde in einem rational niemals vollkommen aufhellbaren Verhältnis steht"[96].

In der Tat wird man über diesen Punkt wissenschaftlich nicht hinauskommen können. Setzt man für das „reine Schauen" die religiöse Erfahrung ein, die allein

---

[92] Vgl. WILHELM ABRAHAM TELLER, *Die Religion der Vollkommnern*, 2. Aufl. Berlin 1793. Vgl. dazu H.-W. SCHÜTTE, *Die Vorstellung von der Perfektibilität des Christentums im Denken der Aufklärung*, in: Beiträge zur Theorie des neuzeitlichen Christentums, FS W. Trillhaas, Berlin 1968, 113–126.

[93] S.o., S. 12f.

[94] F.D.E. SCHLEIERMACHER, *Über den Begriff des großen Mannes*, SW III/3 (73–84), 76–84.

[95] F.D.E. SCHLEIERMACHER, *Der christliche Glaube*, a.a.O. (Anm. 18), § 19 L; vgl. DERS., *Kurze Darstellung des theologischen Studiums zum Behuf einleitender Vorlesungen*, 2. Aufl. 1830, Krit. Ausg. hg. v. H. Scholz (1910), 4. Aufl. Darmstadt o.J., § 97.

[96] E. TROELTSCH, *Der Historismus ...* (Anm. 66), 692. WOLFHART PANNENBERG hat seinen 1961 gemachten Lösungsvorschlag für dieses Problem, von einer „Offenbarung als Geschichte" auszugehen, die „jedem, der Augen hat zu sehen, offen" sei (*Offenbarung als Geschichte*, KuD.B 1, 1961, 98), inzwischen auf eine „Gebrochenheit der Offenbarungserkenntnis" hin relativiert, solche Erkenntnis sei zudem nur durch den Heiligen Geist möglich (*Systematische Theologie* Bd. 1, Göttingen 1988, 273f). Das könnte ihn dem Schluss führen, er gebe an diesem Punkt nun doch eine Aporie der historischen Erkenntnis zu, wenn er nicht die Auferstehung Jesu, den Schlüssel zu seinem Offenbarungsverständnis, nach wie vor als ein durch das leere Grab erwiesenes historisches Ereignis ansähe (*Systematische Theologie* Bd. 2, 1991, 403f).

die Basis für das Urteil sein kann, dass in der Person Jesu Gott auf einzigartige Weise gegenwärtig sei, dann ist das Recht dieser Überzeugung wissenschaftlich weder beweisbar noch widerlegbar. Nun gilt aber auch für diesen Fall, dass religiöse Erfahrung nie anders als im Zusammenhang mit natürlicher Selbst- und Welterfahrung vorkommt, und zwar sowohl in Bezug auf die Person Jesu als geschichtliche Gestalt als auch in Bezug auf den gegenwärtigen Interpreten. Daraus ergibt sich die Notwendigkeit für die Glaubenslehre, unter endgültiger Preisgabe ihres alten Superioritätsanspruchs mit den (allen) historischen Disziplinen der Theologie zusammenzuarbeiten, um im Wechselspiel normativer Fragestellung und historischer Forschung sich einer Bestimmung des unterscheidend Christlichen durch kritische Sichtung der Tradition und religionsgeschichtlichen Vergleich zu nähern.

Zusammenarbeit setzt die Bereitschaft voraus, hinreichend bewiesene Ergebnisse historischer Forschung anzuerkennen. Das Faktum, dass die Historie keine exakte Wissenschaft ist, die auf Messvorgängen und Berechnungen beruht, sondern (nach präziser Bestimmung ihrer Quellen) auf Analogieschlüsse, Wahrscheinlichkeitsurteile und nicht zuletzt auch Intuition für das individuell Besondere eines Menschen, einer gesellschaftlichen Gruppierung oder einer Situation angewiesen ist, darf nicht zu dem groben Fehlurteil verzerrt werden, historische Untersuchungen seien so unzuverlässig, dass man als Theologe auf sie verzichten könne. Dass über die Frage, ob in einem bestimmten Ereignis die Hand Gottes wahrzunehmen sei oder nicht, kein *wissenschaftlicher* Streit zwischen Glaubenslehre und historischer Forschung möglich ist, ergibt sich aus dem Bisherigen von selbst. Wohl aber kann die Glaubenslehre über das plausibel begründete Urteil der Exegese, eine bestimmte Wundergeschichte – und wenn es der Bericht von der leiblichen Auferstehung Jesu ist – sei mit hoher Wahrscheinlichkeit legendär, unmöglich hinweggehen oder, was noch schlimmer ist, sich selbst die Sondergenehmigung erteilen, die Naturgesetze in diesem Bereich zu suspendieren[97]. Es ist leider nicht überflüssig, diese Selbstverständlichkeit zu erwähnen. Andererseits widerspricht es ebenfalls den Regeln eines *wissenschaftlichen* Diskurses, als Exeget aus der Feststellung, ein Bericht sei legendär, den logisch gänzlich ungedeckten Schluss zu ziehen, es handle sich um eine Lügengeschichte, deren Entstehung nicht durch eine Gottesbegegnung motiviert sein könne. Er hätte im Gegenteil

---

[97] So schreibt der evangelikale Theologe GERHARD MAIER, das Analogieprinzip sei kein Wahrheitskriterium; vielmehr erweise sich die übernatürliche Offenbarung in Wundern: „Der Analogiezwang wird durchbrochen" (*Biblische Hermeneutik*, Wuppertal 1990, 345). Doch werde solche Freiheit vom „Dogma" der historisch-kritischen Methode (37) nur dem Wiedergeborenen zuteil (124f.335 u.ö.). Im Prinzip auf der gleichen Linie liegt die Bemerkung W. PANNENBERGS über das als historisch behauptete Ereignis der leiblichen Auferstehung Jesu: „Die Frage seiner [sc. dieses Ereignisses] Gleichartigkeit mit anderem Geschehen mag für die kritische Urteil über das Recht solcher Behauptungen eine Rolle spielen, ist aber nicht Bedingung des mit der Behauptung verbundenen Wahrheitsanspruchs selber" (*Systematische Theologie* Bd. 2, Göttingen 1991, 403).

verständlich zu machen, welche religiösen Motive die Entstehung einer solchen Legende erklären und möglicherweise ihren Wahrheitsgehalt ausmachen. Auch diese Feststellung ist leider nicht überflüssig.

Über diese unmittelbare Kooperation hinaus hat die Glaubenslehre durch wissenschaftstheoretische Reflexion auf die von den historischen Disziplinen angewandte Methodik die in dieser mitgeführten philosophischen oder auch ideologischen Voraussetzungen kritisch zu beleuchten. Dabei hat sie allerdings darauf zu verzichten, die historische Arbeit auf dogmatische Setzungen zu verpflichten. Sie soll aber einerseits unter Rekurs auf die religiöse Erfahrung die schlichte Identifizierung eines historisch Besonderen, das ja auch zeitgebundene Irrtümer enthalten kann, mit der Gegenwart Gottes problematisieren und andererseits den etwaigen Versuch, Gottesbegegnungen mit historischen Mitteln zu widerlegen, als unwissenschaftlich abweisen. Wenn die systematische Theologie sich dann positiv um eine Explikation christlicher Lehre für die Gegenwart bemüht, so soll sie sich durch die Wissenschaft der *Kirchengeschichte* auf die historischen Zusammenhänge hinweisen lassen, in denen sie dabei steht, und ihre zeitgeschichtlich bedingte Voreingenommenheit überprüfen. Dieser Prozess der Kooperation erfordert immer wieder neue Ansätze, weil sich durch die geschichtlichen Wandlungen der Blickwinkel ändert und außerdem das Wissen über die Geschichte ständig anwächst. Er ist zugleich dialektisch, insofern der methodische Atheismus der historischen Wissenschaft in einen Überzeugungsatheismus umschlagen kann, der den für die theologische Deutung konstitutiven Transzendenzbezug wegerklärt.

Neben der Frage nach dem Ursprung des christlichen Glaubens fragt die Theologie nach der Situation des einzelnen Christen und der Kirche in der gegenwärtigen Lebenswelt und nach dem darin gebotenen Handeln. Sofern es dabei primär um die Kirche und das deren Wesen sachlich angemessene Handeln geht, ist dies die Aufgabe der *Praktischen Theologie*. Sofern es primär um menschengerechtes Handeln geht, bezogen auf alle Lebensbereiche innerhalb wie außerhalb der Kirche, ist dies das Thema der *materialen Ethik*. Beide Fächer sind eng miteinander verflochten, denn selbstverständlich kann weder die Praktische Theologie auf Kriterien der Menschlichkeit noch die materiale Ethik auf solche der Sachgemäßheit verzichten. Beide Fächer haben keinen *unmittelbaren* Bezug zur Praxis – auch die Praktische Theologie erteilt keine Dienstanweisungen für kirchliche Berufe – sondern bieten Theorien für die Praxis. Dabei sind sie auf interdisziplinäre Zusammenarbeit angewiesen, insbesondere mit der Soziologie und der Psychologie. Denn sowohl die einzelnen Glieder der Kirche als auch diese selbst als Institution sind in ihren Lebensäußerungen allgemeinen psychischen und sozialen Gegebenheiten unterworfen.

Auch diese beiden theologischen Disziplinen stehen in einem dialektischen Verhältnis zu ihren Bezugswissenschaften. Kein vernünftiger Theologe wird bestreiten, dass jede konkrete Ausprägung des Gewissens eines Menschen durch

Erziehung und soziale Umgebung mitbestimmt ist oder dass es in kirchlichen Institutionen Machtspiele gibt, die allgemeinen sozialpsychologischen Regeln folgen. Wo aber der Versuch gemacht wird, die Lebensäußerungen des Glaubens psychologisch oder soziologisch vollständig zu erklären und damit jeglichen Bezug zu einer Wirklichkeit jenseits des empirisch Fassbaren zu widerlegen, muss wissenschaftstheoretisch begründeter Widerspruch eingelegt werden. Die materiale Ethik und die Praktische Theologie müssen vermeiden, humanwissenschaftliche Methoden und Ergebnisse unkritisch, d.h. ohne genaue Untersuchung der wissenschaftstheoretischen Prämissen, zu importieren – eine Aufgabe, der insbesondere die Praktische Theologie in den letzten Jahrzehnten auf Grund des enormen Nachholbedarfs an humanwissenschaftlicher Information oft nicht genügend nachkommen konnte. An den beiden letztgenannten Punkten erscheint die enge Zusammenarbeit mit der Glaubenslehre geboten – selbstverständlich auch hier ohne dass diese ein Monopol auf Wahrheitserkenntnis beanspruchen könnte. Für die Glaubenslehre ist es allerdings dabei von entscheidender Bedeutung, dass sie die Kooperation nicht etwa als Ersatz für die eigene Auseinandersetzung mit außertheologischem Denken betrachtet und damit das Tor zur „Welt" wieder verschließt.

2. Glaubenslehre und Religionswissenschaften

Gegen die bisherige Beschreibung des Verhältnisses der Theologie zur Philosophie und zu den anderen Wissenschaften kann man einwenden, dass genau die eben erwähnte Nötigung zu einer die Grenzen der Theologie überschreitenden Interdisziplinarität sich dann am besten erreichen ließe, wenn man die Theologie zur Religionswissenschaft umgestaltete bzw. dieser einordnete. Damit wäre diese Außenrelation viel einfacher zu beschreiben. Statt des hier beschriebenen komplexen, dialektischen Verhältnisses, das sich nach außen hin ohnehin schwer vermitteln lässt, ergäbe sich eine von wissenschaftsfremden Interessen freie, klare Kommunikationsstruktur. Insbesondere die Frage der Glaubenslehre nach normativer Verbindlichkeit würde zum Gegenstand religionsgeschichtlicher, religionspsychologischer, religionssoziologischer und religionsphänomenologischer Betrachtung und rückte damit in die wissenschaftlich gebotene Distanz, statt in deplazierter Direktheit den Diskurs immer dann zu unterbrechen, wenn er begänne, kontrovers zu werden.

Daran ist zutreffend, dass die religionswissenschaftliche Betrachtungsweise, also etwa die empirische Frage nach der gesellschaftlichen Funktion religiöser Sinngebungen, ein heilsames Mittel gegen jede Art von Dogmatismus ist (auch wenn die *totale* Funktionalisierung von Sinn und Verbindlichkeit nicht bloß religiös, sondern schon wissenschaftstheoretisch problematisch ist, weil sie einen Sinn gesellschaftlicher Funktionalität voraussetzen muss, der seinerseits nicht mehr funktionalisierbar ist[98]). Andererseits ist die Religionswissenschaft immer dann, wenn sie von der Annahme ausgeht, das „unbedingt Angehende" als solches mit ihren bedingten Mitteln erfassen zu können, selbst dogmatistisch. Wo das nicht der Fall ist, die oben skizzierte Argumentation vielmehr mit dem Konzept einer „reinen", absolut wertfreien Wissenschaft arbeitet, entspricht sie nicht der Wirklichkeit. Insbesondere die Geistes- und Sozialwissenschaften, mit denen der Kontakt der Theologie am intensivsten ist, erreichen immer nur ein kleineres oder größeres Maß an Objektivität, weil sie sich dem Einfluss von Zeitströmungen, Schulrichtungen, ja selbst Ideologien nie vollständig entziehen können. Sogar wirtschaftliche und politische Verbände wirken in den Wissenschaftsprozess hinein, und sei es einfach dadurch, dass sie bestimmte Forschungsprojekte durch Drittmittel fördern, andere dagegen nicht. Damit soll nicht die Schreckensvision einer völligen Verknechtung der Wissenschaft beschworen werden; das wäre ebenso wirklichkeitsfremd. Aber die Wirksamkeit von außen eindringender Interessen dürfte kaum geringer (und auch nicht weniger problembeladen) sein als der so gern angeprangerte Einfluss der Kirchen auf die Theologie.

Richtig ist freilich, dass die Art der Bezugnahme auf einen letzten Grund in interdisziplinären Debatten zwischen Theologen und anderen Wissenschaftlern genau bedacht werden muss. Sie kann assertorisch nur dann erfolgen, wenn nicht eine nur zufällige, sondern eine prinzipielle Grenze weiterer denkender Begründung erreicht ist. Dies muss dann auch gezeigt werden können. Das ist auch eine innertheologische Aufgabe; andernfalls könnte die Theologie sich überhaupt nicht als Wissenschaft darstellen. Wollte man jedoch die Frage nach einem unbedingten, letzten Grund aus der wissenschaftstheoretischen Debatte prinzipiell ausschließen, so hieße das, die Rationalität dieser Frage zu leugnen. Dies wäre geradezu unwissenschaftlich, weil sie sich an den Grenzen des menschlichen Lebens von selbst einstellt, also offenbar auch einen natürlichen Bezug zum vernünftigen Denken hat. Das macht sie zumindest zum Gegenstand wissenschaftlichen Nachdenkens, drängt aber auch darüber hinaus, insofern das Unbedingte als solches nur zu verstehen ist, wenn man sich ihm aussetzt. Die Theologie ist unter den Wissenschaften die Einzige, die dies explizit tut. Sie nötigt damit ihrerseits Philosophie und Wissenschaften zur Reflexion auf ihre eigenen letzten Voraussetzungen – eine im wissenschaftstheoretischen Disput unverzichtbare Leistung.

Bevor sie sich jedoch einfach auf die Letztbegründung ihrer Aussagen in göttlicher Offenbarung zurückzieht, muss die Theologie im Allgemeinen und die Glaubenslehre im Besonderen sich der Herausforderung stellen, die Frage nach dem Unbedingten *auch* als allgemeines menschliches Phänomen zu betrachten

---

[98] Vgl. für die Funktionalisierung: NIKLAS LUHMANN, *Funktion der Religion* (stw 407), Frankfurt a.M. (1977) 1982; H. LÜBBE, *Religion nach der Aufklärung*, Graz u.a. 1986; zur Kritik: EILERT HERMS, *Das Problem von „Sinn als Grundbegriff der Soziologie" bei Niklas Luhmann*, in: ZEE 18/1974, 341–359.

und so den religiösen Pluralismus in seiner Doppelgestalt als Relativierung und Konkurrenz zu thematisieren. Gewiss tun dies auch die Praktische Theologie, insofern sie mit humanwissenschaftlichen Methoden arbeitet, und die biblische Exegese, insofern sie ihre Texte aus deren historischem Kontext heraus versteht. Doch genügt das nicht, wenn es darum geht, Wesen und Gehalt des christlichen Glaubens für die Gegenwart reflektierend zu entfalten. Die Glaubenslehre muss sich mit den durch die Religionswissenschaften aufgeworfenen Problemen auch selbst systematisch auseinander setzen. Bisher hat sie sich diesem Ansinnen zumindest in Deutschland, im Unterschied etwa zu den angelsächsischen und skandinavischen Ländern oder den Niederlanden, weithin entzogen[99]. Anders war es nur vorübergehend im Zusammenhang mit großen neuen Entdeckungen im 18. und frühen 19. Jahrhundert (Hegel, Schelling) und um die letzte Jahrhundertwende im Anschluss an die religionsgeschichtliche Schule (Troeltsch). Seitdem ist die Zusammenarbeit der systematischen Theologie mit den Religionswissenschaften auf Grund des mächtigen Einflusses der Dialektischen Theologie, die den christlichen Glauben von aller Religion meinte unterscheiden zu können[100], bis heute eher sporadisch geblieben.

Die Zusammenarbeit der Glaubenslehre mit den Religionswissenschaften lässt sich folgendermaßen zusammenfassen. Die Letzteren zeigen einerseits die Einbettung des Christentums in die Religionsgeschichte (das Christentum ist eine „synkretistische Religion"![101]), die vielfältigen inhaltlichen und strukturellen Analogien zu anderen Religionen und die Teilhabe des Christentums an allgemeinen religionspsychologischen und religionssoziologischen Gesetzen. Andererseits schärfen sie zugleich den Sinn für die besondere Eigentümlichkeit des Christentums, an der nicht nur der Glaube, sondern auch die Wissenschaft interessiert ist. Die Glaubenslehre ihrerseits muss mit den Religionswissenschaften deren implizite religionsphilosophische Voraussetzungen diskutieren und Einspruch erheben für den Fall, dass die hypothetische Distanz von der unbedingten Verbindlichkeit des letzten Grundes umschlägt in grundsätzliche Bestreitung. Die Religionswissenschaften können demnach die Glaubenslehre nicht ersetzen, aber sie sind sowohl um des umfassenden Vergleichs als auch um der kritischen Prüfung der eigenen Position willen besonders wichtige Gesprächspartner für die sachgemäße Erfüllung der systematisch-theologischen Aufgabe.

---

[99] Für die Geschichte des Verhältnisses von Theologie und Religionswissenschaft vgl. das instruktive Buch von ERIC J. SHARPE, *Comparative Religion. A History*, London 1975.

[100] Vgl. exemplarisch K. BARTH, *KD* I/2, 304–397.

[101] So HERMANN GUNKEL, *Zum religionsgeschichtlichen Verständnis des Neuen Testaments* (FRLANT 1), 2. Aufl. Göttingen 1910, 95.

3. *Glaubenslehre und Konfessionskunde*

Jede Glaubenslehre steht nicht nur in der allgemeinen christlichen, sondern immer auch in einer bestimmten konfessionellen Tradition. Unabhängig davon, wie man dieses Faktum bewertet, kann man von ihm nicht absehen. Das bedeutet natürlich nicht, dass innerhalb der Glaubenslehre eine vollständige Konfessionskunde zu entfalten wäre. Das scheitert schon an der Fülle des Materials; hier sind wir auf die Arbeit anderer angewiesen. Doch bezüglich der zentralen Lehrdifferenzen zwischen den Kirchen müssen unmittelbare Äußerungen anderer Konfessionen befragt werden, vor allem des römischen Katholizismus, weil er und der Protestantismus sich in ihren historischen Auseinandersetzungen jeweils zu ihrer heutigen Gestalt gebildet haben. Die erheblichen Wandlungen, die gerade diese beiden Konfessionen in neuerer Zeit durchgemacht haben, nötigen speziell zu der Frage, in welcher Hinsicht sich die Gewichte seit der Reformationszeit verschoben haben.

Auf eine formale Differenz stießen wir bereits bei der Betrachtung des Verhältnisses von Theologie und Philosophie, wie es sich in beiden Konfessionen ausgeprägt hat, nämlich auf den Unterschied zwischen dem Natur-Übernatur-Schema und dem Analogiedenken auf der einen Seite und dem dialektischen Denken auf der anderen Seite. Allein in dieser abstrakten Form ist die Frage nach einer kirchentrennenden Bedeutung der Lehrunterschiede nicht zu beantworten. Denn rein formal spielt zum Beispiel der Analogiegedanke in der Theologie Karl Barths eine zentrale Rolle, wenngleich nicht in einem substanzontologischen Sinn, und in modernen katholischen Interpretationen der Rechtfertigungslehre finden sich Ausführungen, die einem dialektischen Denken nahe zu kommen scheinen; auch hier kommt alles auf die inhaltliche Ausfüllung an. Aus dem Bisherigen ergibt sich nicht mehr als die Vermutung, dass hinter den tiefgreifend verschiedenen Denkweisen Differenzen stehen, die mehr als bloß formale oder methodische Fragen betreffen. Aber eine Entscheidung dieser Frage kann nur anhand der materialen Aussagen getroffen werden, die hinter den abstrakten Denkschemata stehen. Dabei wird es natürlich in erster Linie um die Rechtfertigungslehre und die Ekklesiologie gehen müssen.

An dieser Stelle sind aber jedenfalls noch die Kriterien zu benennen, die für die Entscheidung anzusetzen sind. Wichtig und gerade in einem theoretischen Zusammenhang nicht genug zu betonen ist, dass nach protestantischem Verständnis niemals die Lehre allein einen kirchentrennenden Unterschied begründen kann, bzw. sie tut es nur dann, wenn sie Differenzen im Grundverständnis des Gottesverhältnisses betrifft, die sich durch alle Äußerungen von Frömmigkeit und kirchlichem Leben hindurchziehen. Damit ist der Begriff des Glaubens selbst angesprochen: Wird er rein als Vertrauen zu Gott verstanden, das von diesem selbst im Menschen gestiftet wird, oder auch – vielleicht sogar vorrangig – als willensmäßige Anerkennung der kirchlichen Lehre? Im letzteren Fall wäre er eine Leistung des Menschen. Insofern wird bereits im Glaubensbegriff die Frage nach der Rechtfertigung allein aus Gnade thematisiert. Dazu ist zu fragen, welche Bedeutung es hat, wenn auf katholischer Seite weiterhin eine Vorbereitung des Menschen auf die Rechtfertigung durch „freies Mitwirken mit den Anregungen Gottes" und die Möglichkeit, eine „Vermehrung der Gnade, das ewige Leben und die Vermehrung der Himmelsseligkeit vollgültig [zu] verdienen", gelehrt wird[102]. Die Konfessionskunde hätte herauszufinden, ob durch diese Markierungen eine Differenz zwischen evangelischem und katholischem Glaubensverständnis angezeigt ist, die heute noch die Trennung der Kirchen begründet.

Gegen diese Sicht wird häufig der Einwand erhoben, die Unterschiede zwischen theologischen Schulen und Richtungen innerhalb des Protestantismus reichten mindestens so tief, wenn nicht gar noch tiefer als die Unterschiede zwischen den Konfessionen; allein deshalb seien die einstmals kirchentrennenden Differenzen zwischen diesen längst obsolet geworden. Dieses Argument ist nicht leicht zu nehmen. Man braucht sich nur evangelikale und liberale (kirchlich interessierte) Christen, ökologische und pietistische Gruppen vorzustellen, um das einzusehen. Strenges Autoritätsverständnis und Weltläufigkeit, sozialethisches Engagement und Konzentration auf die persönliche Frömmigkeit betreffen ja durchaus das ganze Lebensgefühl der Menschen. Freilich fällt auf, dass gerade die so argumentierenden Protestanten – vielleicht mit Ausnahme der ökologisch Engagierten – faktisch dennoch häufig ihre Unterschiedenheit zum Katholizismus stark zu empfinden scheinen. Die genannte Ausnahme fällt deshalb nicht ins Gewicht, weil das ökologische Anliegen nicht nur kein spezifisch evangelisches, sondern auch kein spezifisch christliches ist und allein mit allgemein vernünftigen Argumenten begründet werden kann. Die Übrigen verbindet offenbar über alle gegenseitigen Differenzen hinweg die gemeinsame Ablehnung einer Kirche als hierarchischer Heilsanstalt, die dem Gläubigen in allen Lebensbereichen mit dem Anspruch göttlicher Autorität gegenübertritt. Bei liberalen Katholiken dagegen findet sich trotz oft heftiger Kritik an bestimmten Verlautbarungen des Heiligen Stuhls meist noch ein ganz elementares, wenn auch oft nicht verbalisiertes, katholisches Autoritätsverständnis. Dies alles kann natürlich nicht mehr als

---

[102] Dies wird als geltende katholische Lehre bezeichnet von Johann Auer und Joseph Kard. Ratzinger, *Kleine katholische Dogmatik*, Bd. 5, 2. Aufl. Regensburg 1972, 77f.228. Dass sich daran nach der Gemeinsamen Erklärung über die Rechtfertigungslehre von 1999 nichts geändert hat, bestätigt das Interview, das Ratzinger in seiner Eigenschaft als Präfekt der Glaubenskongregation der katholischen Zeitschrift *30 Giorni* im Juni 1999 gab (dt. Übersetzung in epdD 36/1999, 5–7). Dort heißt es: „Chi si oppone alla dottrina esposta a Trento si oppone alla dottrina, alla fede della Chiesa" (Wer der in Trient verkündeten Lehre widerspricht, der widerspricht der Lehre und dem Glauben der Kirche, a.a.O. 7). Im Klartext: Die Verurteilungen von Trient bleiben in Geltung und treffen die Protestanten nur dann, wenn diese ihre reformatorische Basis verlassen und der katholischen Rechtfertigungslehre nicht mehr widersprechen. In der deutschen Übersetzung hat der Kardinal diesen Satz vorsichtshalber durch einen ökumenisch-versöhnlichen ersetzen lassen.

ein Hinweis sein, da die Begründungen für solche Einstellungen jeweils unterschiedlich ausfallen werden. Immerhin scheint mir dieser Hinweis instruktiver zu sein als die oft gehörte pauschale Behauptung, vom größten Teil der Kirchenmitglieder werde der konfessionelle Unterschied überhaupt nicht mehr empfunden. Es wäre zu fragen, inwieweit damit nicht insbesondere solche Menschen gemeint sind, die auf Grund des Traditionsabbruchs das Bewusstsein christlicher Identität überhaupt verloren haben.

Ein anderer Einwand betrifft den Umgang mit der historisch-kritischen Methode in der Bibelexegese. Hier hat sich seit den Zeiten des Antimodernisteneides eine enorme Veränderung auf katholischer Seite vollzogen. Es ist bekannt, dass evangelische und katholische Kommentare nicht nur auf dem gleichen wissenschaftlichen Stand sind, sondern auch fast durchweg mit der gleichen Freiheit an die Texte herangehen. Aber eben doch nur fast: denn an Schlüsselstellen wie Mt 16,18, die für die Begründung des römischen Primats seit alters von zentraler Bedeutung sind, ist der dogmatische Unterschied nach wie vor zu bemerken[103]. Von hier aus gesehen bleiben die vielfältigen Auflockerungen, so gewichtig sie als Summe sind, doch einstweilen noch Randerscheinungen.

Zusammenfassend ist zu sagen, dass die Entscheidung über den heutigen Stellenwert der konfessionellen Differenz nur anhand der materialen Aussagen getroffen werden kann, wobei es immer darauf ankommt, wieweit hinter den Unterschieden der Lehrformulierungen tiefergehende, das rein Lehrmäßige überschreitende Differenzen stehen. Wichtig ist ferner, dass die ganze Variationsbreite der eigenen Konfession sowie bei dem katholischen Gesprächspartner neben den kirchenoffiziellen Äußerungen auch liberale Stimmen zu Wort kommen. Die ersteren kann man wegen des faktischen Gewichts, das sie im katholischen System nun einmal haben, nicht zugunsten der zweiten vernachlässigen; das zu verlangen, wäre pseudo-ökumenische Naivität. Das Umgekehrte dagegen hieße, die innere Vielfalt des Katholizismus zu verkennen, was ebenfalls eine grobe Vereinfachung wäre.

4. Individuelle Rechenschaft und kirchliche Lehre

Gegenüber der *scientific community* ist für die in der Glaubenslehre abzulegende Rechenschaft Wahrhaftigkeit, rationale Kohärenz und methodische Klarheit zu

---

[103] Das ist selbst bei JOACHIM GNILKA, *Das Matthäusevangelium* (HThK), Teil 2, Freiburg u.a. 1988 der Fall. Ob das Logion von Jesus stammt, wird nicht klar beantwortet. Die Deutung des Petrusnamens sei Matthäus „vorgegeben" (54). Zwar sei einerseits die Sprachgestalt hellenistisch-judenchristlich (55), und V. 19 sei redaktionell (56). Ja sogar: „Die Frage der Petrus-Nachfolge kann exegetischerseits nicht entschieden werden" (79). Andererseits sei Petrus (von wem?) tatsächlich die kirchliche Jurisdiktion und Lehrgewalt übertragen worden (66), und die Verheißung, auf ihn wolle Jesus die Kirche gründen, sei keine bloß persönliche (64). Dass ein bedeutender Exeget sich an dieser Stelle so winden muss, spricht Bände.

fordern, wie wir oben festgestellt hatten (II/4). Diese Forderungen werden nicht überflüssig, wenn der öffentliche Ort für die Rechenschaft die Kirche ist. Denn mit frommem Betrug oder apologetischen Kunstgriffen kann man die Wahrheit des Evangeliums weder in der Verkündigung noch in der theologischen Reflexion vertreten. Vielmehr muss die offizielle kirchliche Lehre den gleichen Forderungen gerecht werden wie die Glaubenslehre.

Das Subjekt der Rechenschaft ist wie gegenüber der *scientific community* primär der Einzelne, wie es der Begriff Rechenschaft ohnehin nahelegt, und zwar zugleich als wissenschaftlicher Denker und als Christ, denn Rechenschaft für den Glauben abzulegen bedeutet, persönlich für ihn einzustehen. Er tut dies auch als Glied seiner Kirche und um ihretwillen. Das heißt jedoch nach evangelischem Verständnis nicht, dass die Kirche als Institution eine übergeordnete Instanz wäre, die als solche von der Glaubenslehre Rechenschaft *fordern* kann. Das können nur die als Christen mit dem Rechenschaft Gebenden gleichberechtigten Einzelnen bzw. die sich aus ihnen zusammensetzende Gemeinschaft der Gläubigen. Die Institution Kirche hat diese freilich zu vertreten und erfüllt insofern als öffentliches Forum eine *Vermittlungs*aufgabe. Das gilt auch umgekehrt, insofern die Rechenschaft jeder Glaubenslehre um der Ausbildung, kritischen Reflexion und Korrektur öffentlicher kirchlicher Lehre willen vollzogen wird[104]. Daraus folgt aber nicht, im Gegensatz zu einer seit Karl Barths Ausgangsthese zu Beginn seiner Kirchlichen Dogmatik oft wiederholten Auffassung, dass Theologie im Allgemeinen und die Glaubenslehre im Besonderen nichts anderes als eine *Funktion* der Kirche wäre[105]. Zwar implizierte diese These bei Barth nicht etwa Kritiklosigkeit gegenüber der Kirche[106]. Doch wenn diese das eigentliche Subjekt der Theologie sein soll, dann droht sinngemäß das, was einst Herder als die Achillesferse von Kants Kritik der reinen Vernunft erkannt hatte: wie dort die Vernunft, so nähme hier die Kirche alle Rollen in dem Prozess solcher Kritik wahr: „Parthei und Richter", „Gesetz und Zeuge"[107]. Es verwundert nicht, dass eine in diesem Sinn kirchliche Theologie von etlichen protestantischen Kirchentümern der Welt lange Zeit, zum Teil bis in die Gegenwart, mit der zweifelhaften Ehre der Erhebung zu einer Art Hoftheologie bedacht wurde.

Die zuletzt genannte Erscheinung ist ein Beispiel dafür, dass kirchliche Institutionen – unabhängig von der Konfession! – dazu neigen, den Besitz der Wahrheit zu beanspruchen und damit die theologische Reflexion zu bevormunden, selbst

---

[104] Vgl. dazu F.D.E. Schleiermacher, *Kurze Darstellung …* (Anm. 95), § 5: „Die christliche Theologie ist sonach der Inbegriff derjenigen wissenschaftlichen Kenntnisse und Kunstregeln, ohne deren Besitz und Gebrauch eine zusammenstimmende Leitung der christlichen Kirche, d.h. ein christliches Kirchenregiment, nicht möglich ist."

[105] Vgl. K. Barth, *KD* I/1, 1.

[106] Vgl. den in seiner Schärfe kaum zu überbietenden Aufsatz *Quousque tandem …?*, in: Vorträge und kleinere Arbeiten 1925–30, hg. v. H. Schmidt, GA III/3, Zürich 1994, 521–535.

[107] Johann Gottfried Herder, *Verstand und Erfahrung. Eine Metakritik zur Kritik der reinen Vernunft, Erster Theil*, (1799), in: DERS., SW (Suphan) Bd. 21, 18.

wenn ihr wie im Fall der evangelischen Kirche ihre eigenen Grundsätze das eigentlich untersagen. Es ist das Eigengewicht der großen Institution, das dazu verleitet, Machtinteressen durch den Wahrheitsanspruch zu verschleiern, d.h. (in einem weiten, nicht bloß ökonomischen oder politischen Sinn) ideologisch[108] zu denken. Zur Rechenschaft der Glaubenslehre gehört daher, im Interesse der kirchlichen Lehre, die sie bilden helfen soll, derlei Tendenzen zu bekämpfen. Die Glaubenslehre betreibt also Ideologiekritik – muss diese aber auch auf sich selbst beziehen. Dazu soll die Rationalität ihrer Rechenschaft sie instand setzen. Institutionell wird ihr das unter den gegenwärtig im deutschen Sprachraum herrschenden Verhältnissen durch ihre Ansiedlung an der Universität erleichtert, die sie von der Kirche weitgehend unabhängig macht.

Nur in solcher Unabhängigkeit können wissenschaftliche und insbesondere systematische Theologen sinnvoll mit der Kirche bei der Ausbildung kirchlicher Lehre zusammenarbeiten – gegebenenfalls auch mit ihr darüber streiten. Das Ziel muss sein, dass diese der Identität des christlichen Glaubens so adäquat wie möglich und zugleich gegenüber dem neuzeitlichen Wahrheitsbewusstsein verantwortbar ist. Solche Kooperation tritt an die Stelle eines kirchlichen Lehramtes, das einen Bestand zeitlos gültiger, nicht revidierbarer Sätze zur Lehrnorm erklärt. Sie wird zwar auf die Tradition in Gestalt der biblischen Schriften, der altkirchlichen Dogmen und der reformatorischen Bekenntnisschriften zurückbezogen, welche die geschichtliche Grundlage evangelischer kirchlicher Lehre ausmachen. Doch geschieht das im Sinne ihrer „Vergegenwärtigung und Entfaltung als Element eines gegenwärtigen Wahrheitsbewußtseins", wie Eilert Herms schreibt, wozu die Glaubenslehre als akademisches Fach insbesondere die „hermeneutische Disziplin" beizusteuern hat[109]. Dazu gehört (sofern es nicht doch die genannten *Dokumente* sein sollen, die an die Stelle des römischen Lehrkanons treten), dass man methodisch nicht nur hinter die dogmatischen Sätze der Reformationszeit, sondern auch noch hinter die Schrift auf das zurückgeht, „was Christum treibt", also auf den Grund des christlichen Glaubens, der das kritische Prinzip aller Lehre über ihn ist. Darüber hinaus dient die kirchliche Lehre genauso wenig wie die akademische Theologie allein der internen Selbstverständigung, sondern auch dem öffentlichen Diskurs in Gestalt von Akademietagungen, Denkschriften usw. Dies alles hat zur Folge, dass die Zusammenarbeit zwischen Glaubenslehre und Kirche zum Zweck kirchlicher Lehre niemals mit endgültigen Ergebnissen aufwarten kann und dass beide in ihrem Bemühen um Identität und Kontinuität in stetem Wandel begriffen sind und sein müssen.

---

[108] Zum Begriff der Ideologie vgl. KARL MANNHEIM, *Ideologie und Utopie*, 5. Aufl. Frankfurt a.M. 1969, und von theologischer Seite REINHOLD NIEBUHR, *The Nature and Destiny of Man. A Christian Interpretation* (1941.1943), 2 Bde. in 1, New York 1953, Bd. 1, 194–198; DERS., *Faith and History. A Comparison of Christian and Modern Views of History*, New York 1949, 161.

[109] E. HERMS, *Die Lehre im Leben der Kirche*, in: ZThK 82/1985 (192–230), 228; vgl. 230.

Kooperation ist keine Einbahnstraße. Darum ist hier auch der spezifische Part zu bedenken, welcher der *Kirche* zufällt. Negativ besteht er in der Kritik an Abhängigkeiten der akademischen Theologie von Staat und Gesellschaft, modischen Trends und dem verbreiteten akademischen Vorurteil, dass die theologische Reflexion dem schlichten Glaubensvollzug überlegen sei. Sie weist darauf hin, dass die Theologie zur Religionswissenschaft wird, wenn sie aus der notwendigen methodischen Distanz zum Glauben heraus die Fundierung in ihm aufgibt. Andererseits wird sie um der Unabhängigkeit des theologischen Gesprächspartners willen im äußersten Fall ertragen müssen, dass ein theologischer Lehrer sich mit wissenschaftlichen Argumenten gegen christliche Grundüberzeugungen wendet, zumindest dann, wenn er an einer staatlichen Universität lehrt. Sie kann dann keine Machtmittel in Anspruch nehmen, aber sie muss den öffentlichen Disput führen. Dafür genügt nicht die bloße Berufung auf dogmatische Formeln oder Texte, sondern ihre Argumentation muss auf plausible Weise in einem *consensus ecclesiae* über die Variationsbreite möglicher christlicher Äußerungen und deren äußere Grenzen begründet sein. Die Kirche kann in einem solchen Fall den Respekt vor einem solchen Konsens erwarten, muss sich allerdings umgekehrt darüber klar sein, dass dieser nicht automatisch einen Wahrheitsanspruch begründet, da über die Wahrheit theologischer Sätze nicht demokratisch entschieden werden kann – ebenso wenig wie dazu das Dekret eines Einzelnen taugt.

Dies ist diejenige kirchliche Haltung, die der Freiheit des Evangeliums entspricht. Sie macht den Verzicht der evangelischen Kirche auf ein Äquivalent zum römischen Lehramt glaubhaft. An seine Stelle tritt der Prozess der immer neuen diskursiven Annäherung an die Wahrheit des Evangeliums gemeinsam mit der Theologie einerseits und mit der Vielzahl kirchlicher und weltlicher Gesprächspartner andererseits, mit denen sie es in Erfüllung ihres öffentlichen Auftrages zu tun bekommt. Das Verhältnis von theologischer Rechenschaft und kirchlicher Lehre ist also ein kritisches und zugleich solidarisches Verhältnis auf Gegenseitigkeit. Kritik hat dabei hier wie auch im Folgenden den ursprünglichen Sinn von differenzierendem Urteil (englisch *critique*, nicht *criticism*); sie hat daher sowohl eine destruktive wie auch eine konstruktive Seite[110].

---

[110] Vgl. zu Begriff und Funktion der Kritik, deren Geschichte und Beziehungsreichtum ich an dieser Stelle nicht näher entfalten kann, die instruktive Monographie von REINHARD KOSELLECK, *Kritik und Krise. Eine Studie zur Pathogenese der bürgerlichen Welt* (stw 36), Frankfurt (1959) 1973, sowie meinen Aufsatz *Subjektivität und Kritik*, in: ZThK 77/1980, 287–324.

IV. Die Aufgabe

Die in den beiden vorangegangenen Kapiteln beschriebene eigentümliche Position der Theologie bzw. der Glaubenslehre zwischen der Kirche und dem allgemeinen Geistesleben ist ein spezifisches Phänomen der neuzeitlichen Christentumsgeschichte. Sie ist zugleich durch Anknüpfung und Widerspruch bestimmt. Diese doppelte Beschreibung ist dialektisch, insofern darin zwei einander widersprechende Verhältnisbestimmungen zu einer Spannungseinheit miteinander verbunden werden. Ein solches Verhältnis von Religion und säkularer Welt kommt in dieser Form in keiner anderen Religion vor; die säkulare Welt hat ja selbst ihren Ursprung in dem durch das Christentum geprägten abendländischen Kulturkreis. Dies hängt mit dem Wesen des christlichen Glaubens selbst zusammen, der, johanneisch formuliert, in der Welt, aber nicht von der Welt ist, oder umgekehrt: sich von einem schlechthin überweltlichen Gott herleitet und doch als Welt gestaltend gelebt wird. Die jetzt folgende Bestimmung der Aufgabe der Glaubenslehre nimmt also im Rahmen einer wissenschaftstheoretischen Erörterung eine Aussage über den inhaltlichen Kern vorweg, die in den materialen Ausführungen zu verifizieren sein wird. Ein solches Verfahren ist sachgemäß, insofern eine Aufgabenbeschreibung mehr sein muss als eine pragmatische Anweisung für den Umgang mit den gegebenen Verhältnissen.

1. Übervernünftiger Glaube und vernünftige Rechenschaft

Die Rechenschaft der Glaubenslehre muss interdisziplinär vollzogen werden und dabei den Regeln eines vernünftigen Diskurses folgen, d.h. sie muss argumentativ verfahren, wenn sie sich Gehör verschaffen will. Dabei steht sie auf der gleichen Reflexionsebene wie die Philosophie, insofern sie sich wie diese mit den Grunderfahrungen des Menschseins befasst. Das ergibt sich aus den bisherigen Überlegungen zu dem jetzt anstehenden Thema. Wie aber soll das möglich sein, wenn der christliche Glaube, der Gegenstand der Rechenschaft, etwas Übervernünftiges ist? Bleibt bei einer solchen „Rechenschaft" nicht zwangsläufig gerade das Entscheidende auf der Strecke? Wäre es da nicht doch sachgemäßer, sich auf ein *credo quia absurdum* zurückzuziehen und eine rein assertorisch verfahrende, allein der Autorität einer wörtlich inspirierten Heiligen Schrift verpflichtete Dogmatik zu schreiben? Im Gespräch mit Philosophen wird einem gelegentlich dergleichen nahegelegt, und das muss nicht immer ironisch oder nur in dem Sinn gemeint sein, dass dann wenigstens die Fronten klar seien.

Dagegen steht jedoch der weit überwiegende Teil der Geschichte des Christentums. Spätestens seit den Apologeten des 2. Jahrhunderts gibt es eine rationale Rechenschaft über den christlichen Glauben. Auch das christliche Denken vor der Begegnung mit der griechischen Philosophie widerspricht diesem Befund nur scheinbar. Zwar könnte man sich auf den berühmten Satz des Paulus berufen, das Wort vom Kreuz als Heilsbotschaft sei den Juden ein Ärgernis und den Griechen eine Torheit (1.Kor 1,18–31). Doch soll dieses „Wort" damit nicht als Widerspruch oder gar als barer Unsinn bezeichnet werden. Vielmehr spricht Paulus von der *Weisheit* Gottes, die freilich nur dialektisch formuliert werden kann. Dialektik aber ist eine durchaus rationale Redeweise, insofern sie widersprüchliche, aber wirkliche Erfahrungen in eine verständliche Aussage fasst[111]. Dergleichen Erfahrungen, z.B. die Grunderfahrung menschlich-geschichtlichen Daseins als Freiheit und Schicksal, machen Menschen auch abgesehen vom Gottesglauben.

Nun ist freilich eben dieser Glaube an Gott der entscheidende Punkt. Er sagt von diesem als seinem Gegenüber aus, dass er kein bloßes Rätsel sei, sondern ein Geheimnis bleibe, das die Rechenschaft an der Grenze menschlicher Erkenntnismöglichkeiten vor unlösbare Probleme stelle, wie die Frage nach einem Sinn des menschlichen Lebens angesichts der Unausweichlichkeit des Todes oder die Theodizeefrage. Aber diese Grenze ist jedem rationalen Denken gesetzt, auch wenn es auf den Gottesbegriff verzichtet. Sie erweist sich als prinzipielle Grenze alles Denkens, an der nur noch unableitbare Grundüberzeugungen stehen. Diese müssen zwar in sich sinnvoll dargestellt werden können, sei es durch Bezug auf ein Ergriffensein von der Macht Gottes oder auf einen Lebensplan, eine Idee vom Wesen der Menschheit oder auch auf die Absurdität des Daseins in der Welt. Aber sie sind nicht mehr aus einer erweisbar ihnen vorausliegenden Größe herzuleiten. In diesem Sinn wird hier mit Schleiermacher auch für den christlichen Glaube in Anspruch genommen, dass er zwar wie jeder religiöse Glaube übervernünftig, aber nicht widervernünftig sei[112]. Die Durchführung der Glaubenslehre als ganze wird diese These zu bewähren haben.

Nun könnte man den Begriff des Übervernünftigen als außervernünftig verstehen und das spezifisch Christliche in der religiösen Ekstase lokalisieren, wie es die gegenwärtig besonders in der so genannten Dritten Welt stark an Boden gewinnenden charismatischen Gruppierungen tun. Doch muss demgegenüber auffallen, dass im Vergleich zu anderen Religionen ekstatische Phänomene im Christentum aufs Ganze gesehen nicht im Zentrum stehen. Jesus selbst war sehr wahrscheinlich kein Ekstatiker, und Paulus, der es war, hat ausdrücklich der vernünftigen Rechenschaft über den Glauben den Vorrang vor der Zungenrede gegeben (1. Kor 14,19). Es ist zwar richtig, dass „nostra theologia ... ponit nos ex-

---

[111] Näheres dazu s.u., Abschnitt VI 1.
[112] F.D.E. Schleiermacher, *Der christliche Glaube* (Anm. 18), § 13.

tra nos", wie Luther sagt[113], aber dieses Außer-sich-Sein hat einen tieferen, existenziellen Sinn und findet seinen Ausdruck nicht notwendig in dem psychischen Phänomen der Ekstase.

Andererseits muss nun aber das Übervernünftige in irgendeiner Weise als solches erkennbar sein, soll es sich nicht um eine Reduktion des Gottesverhältnisses auf *bloße* Rationalität handeln. Denn in diesem Fall hätte man es eben gar nicht mehr mit einem transzendenten Gott zu tun. Die faktische Nötigung, von den entscheidenden Sachverhalten dialektisch oder sogar antinomisch zu reden, genügt dafür noch nicht; es muss vielmehr möglich sein zu sagen, was es denn ist, das zu solcher Redeweise nötigt.

Wenn man sich anschickt, die Lebenserfahrung und die Empirie im Licht einer Gottesbegegnung auszulegen, dann muss dies einerseits in rationaler Distanz erfolgen, um mitteilbar und auch an eigener Erfahrung verifizierbar sein zu können. Andererseits kann man in diesem Fall nicht, wie das sonst im rationalen Diskurs möglich und oft geradezu geboten ist, die eigene Überzeugung auf Dauer in der Schwebe halten. Denn einer Gottesbegegnung wird man nur in unbedingtem *„commitment"* (existenzieller Bindung) gerecht. Solches *commitment* kommt sachgemäß allein in assertorischer Rede zum Ausdruck. Diese zweite Seite hat William W. Bartley III in seinem wichtigen Buch *The Retreat to Commitment* nicht in ihrer vollen Bedeutung erkannt, wenn er der neueren Theologie vorwirft, aus dem rationalen Diskurs in die existenzielle Attitüde zu fliehen, wenngleich man ihm darin nur Recht geben kann, dass das *commitment* des Glaubens in der Theologie tatsächlich nicht selten als Ausflucht für mangelnde Bereitschaft zu argumentativer Auseinandersetzung mit außertheologischen Positionen missbraucht wird[114].

Die existenzielle Bindung der Rechenschaft über den Glauben bezieht sich in erster Linie auf Gott, der den Menschen zu ihr herausfordert, sodann auch auf die Menschen, denen nach christlicher Überzeugung das „Wort Gottes" in Gestalt des Zeugnisses von dieser Begegnung – und damit letztlich Gott selbst – geschuldet wird. Das setzt für die unmittelbare religiöse Rede göttliche Vollmacht voraus. Solche Vollmacht wird – das hat vor allem Gerhard Ebeling herausgestellt – dem Menschen exemplarisch im Gebet zuteil, insofern er sich hier, christlich verstanden, in den Willen Gottes ergibt und so selbst zum Angeredeten wird[115]. Was so für die unmittelbare religiöse Rede etwa in der Verkündigung oder in der Seelsorge gilt, das gilt mittelbar auch für die reflektierende Rechenschaft, weil sie nicht Rechenschaft über den Glauben sein könnte, wenn sie nicht

[113] WA 40/I, 589,8.
[114] WILLIAM W. BARTLEY III, *The Retreat to Commitment* (1962), 2. Aufl. La Salle/London 1984, bes. 21. 96–107. Dt.: *Flucht ins Engagement* (EGW 48; Übers. v. K. Pähler), Tübingen 1984.
[115] G. EBELING, *Dogmatik des christlichen Glaubens*, Tübingen 1979, Bd. 1, 192–244. Vgl. dazu EMANUEL HIRSCH, *Der Sinn des Gebets*, 2. Aufl. Göttingen 1928.

zugleich mit der notwendigen Distanz auch im *commitment* an ihn gebunden wäre.

Diese Spannung zwischen dem persönlichen Einstehen für die Glaubensüberzeugung und denkender Distanz zu ihr ist das zentrale Problem der Rechenschaft. Der Dialektischen Theologie, die so lange die kirchliche und theologische Landschaft in vielen evangelischen Kirchen geprägt hat, ist die Anerkennung dieses Sachverhalts immer schwer gefallen, weil sie dahinter den Versuch des theologischen Denkers witterte, sich über den Glauben zu stellen und ihn damit zu verraten. So hat Rudolf Bultmann die Einbeziehung „natürlicher Theologie", d.h. distanzierter Rede von Gott, in die theologische Reflexion geradezu als eine – wiewohl nach seiner Auffassung unverzichtbare – „Bewegung des Unglaubens" bezeichnen können[116]. Von anderen wird der fließende Übergang von der Reflexion in den Predigtstil geradezu programmatisch gefordert, um dieser Gefahr zu entgehen[117]. Demgegenüber ist zunächst festzustellen, dass die Fähigkeit, zu Gegenständen und auch zu sich selbst Distanz zu nehmen, eine natürliche Grundvoraussetzung alles rationalen Denkens ist. Insofern kann auch das Distanz nehmende Nachdenken über den Glauben als ein natürlicher und nicht als sündiger Vorgang angesehen werden. Es bleibt freilich in einer dialektischen Spannung zur existenziellen Bindung. Man könnte das als Zwei-Regimente-Lehre im Bereich des Denkens bezeichnen, insofern die existenzielle Bindung der unbedingten göttlichen Forderung und der bedingungslosen Nähe der Liebe Gottes (Gesetz im *usus elenchticus* und Evangelium, in traditioneller lutherischer Terminologie) entspricht, die rationale Distanz dagegen dem durch menschliche Verantwortung vermittelten Weltregiment Gottes (Gesetz im *usus civilis*).

Die Bedenken der Dialektiker reichen freilich tiefer. Das Wahrheitsmoment ihrer Bedenken besteht darin, dass die natürliche Distanz der Reflexion in der Tat in eine Gegenbewegung zum Glauben umschlagen, also zu einer feindlichen Distanz werden *kann*. Diese Bedrohung des Glaubens, die etwa im Durchdenken radikaler Religionskritik manifest werden kann, gehört jedoch wesensmäßig zu ihm, denn anders denn als angefochtener Glaube könnte er nicht Glaube an die Erscheinung des Heils in dem Gekreuzigten sein[118]. Für die Rechenschaft über diesen Glauben folgt daraus, dass die Schwebe zwischen *commitment* und ratio-

---

[116] Vgl. R. BULTMANN, *Das Problem der „natürlichen Theologie"*, in: DERS., Glaube und Verstehen Bd. 1, 2. Aufl. Tübingen 1954 (294–312), 312.

[117] So z.B. HEINRICH OTT, *Dogmatik und Verkündigung. Ein Programm dogmatischer Arbeit, dargestellt im Anschluß an die Fragen 1 bis 11 des Heidelberger Katechismus*, Basel 1961, 21. Diese Position wird von I.U. DALFERTH mit aller wünschenswerten Deutlichkeit zugunsten einer saubereren Unterscheidung abgelehnt, a.a.O. (Anm. 62), 41.

[118] Nicht aus der Haltung des angefochtenen Glaubens, sondern aus einer sich diesem überlegen dünkenden spekulativen Position heraus hat schon DAVID FRIEDRICH STRAUSS entdeckt, dass die (negative) Kritik der Nachvollzug des Kreuzes ist: *Charakteristiken und Kritiken. Eine Sammlung zerstreuter Aufsätze aus den Gebieten der Theologie, Anthropologie und Ästhetik*, Leipzig 1839, 236.

naler Reflexion potenziell immer der Zerreißprobe gewärtig sein muss. Weil sie darin dem Wesen des Glaubens entspricht, kann dieser Sachverhalt nicht als Argument für einen Rückzug aus der Reflexion in die angeblich unschuldige, unmittelbare religiöse Sprache benutzt werden, weil diese sich ja prinzipiell in der gleichen Situation befindet und zu ihrer Bewältigung zwar nicht nur, aber auch auf das Instrument der Reflexion angewiesen ist, ganz abgesehen von der Gefahr der Willkür, die der Verzicht auf denkende Kontrolle der eigenen Aussagen mit sich führen würde.

Die Zerreißprobe zwischen *commitment* und Reflexion stellt in der modernen Welt nur den Binnenaspekt der geforderten Bewährung des Glaubens und der Theologie dar. Diesem entspricht als Außenaspekt die durch die religiöse Situation unserer Gesellschaft hervorgerufene Zerreißprobe zwischen dem Glauben an einen einzigen Heilsweg und der Pluralität der Heilsangebote, der wir uns jetzt zuwenden müssen.

2. Bestimmung des Verhältnisses zu den anderen Religionen

In der Alten Kirche, etwa bei Augustin, konnte man noch schlicht die nichtchristlichen Religionen in Bausch und Bogen als *falsch* bezeichnen[119]. In späterer Zeit hat man aus dieser Antithese die Verurteilungen der Juden als Christusmörder und Mohammeds als eines Betrügers abgeleitet und die bekannten rabiaten praktischen Folgerungen daraus gezogen. Ohne solche Auswüchse, aber mit dem gleichen antithetischen Ansatz behauptet die Ritschl-Schule und später in abgewandelter Form die Dialektische Theologie, Gott habe sich ausschließlich in Jesus Christus offenbart, und außerhalb des Christentums gebe es keinerlei Gotteserkenntnis[120]. Doch seit wir wissen, dass das Christentum selbst eine synkretistische Religion ist, die schon in neutestamentlicher Zeit neben jüdischen vielfältige hellenistische Einflüsse aufgenommen hat, und dass es darüber hinaus vielfältige Strukturparallelen auch zu anderen Religionen der Welt gibt, vermag die Antithese nicht mehr zu überzeugen[121].

---

[119] AURELIUS AUGUSTINUS zieht in *De vera religione* I 1, CChr.SL 32, 187 aus der Gewissheit der Gotteserkenntnis in der eigenen Religion den Schluss: „hinc evidentius error deprehenditur eorum populorum, qui multos deos colere quam unum verum deum et dominum omnium maluerunt" (von da aus wird der Irrtum jener Völker um so gewisser erkannt, die lieber viele Götter verehren wollten als den einen wahren Gott und Herrn aller Dinge).

[120] Bei K. BARTH findet sich der Ausdruck „falsche Religion" nicht, weil er *alle* Religion als den Versuch des Menschen, sich aus eigener Kraft Gott zu nähern, verwirft; die christliche Religion wird nur durch die Gnade Gottes zur „wahren" Religion – dann aber auch zur *allein* wahren Religion, *KD* I/2, 376–379, bes. 379. Die späte „Lichterlehre" ändert das nicht grundsätzlich: Es gibt zwar viele Offenbarungen, aber nur eine Offenbarung *Gottes*, nämlich die in Jesus Christus, *KD* IV/3, 107f, vgl. 158.

[121] So mit Recht JOSEPH STEPHEN O'LEARY, *Religious Pluralism and Christian Truth*, Edinburgh 1996, 15.

Wendet man sich von der Antithese ab und konzentriert sich auf die Verwandtschaft des Christentums mit anderen Religionen, so denkt man zuerst an das Judentum und den Islam, weil es zwischen ihnen und dem Christentum enge historisch-genetische Beziehungen gibt. Freilich wird bei näherem Hinsehen schnell deutlich, dass Verwandtschaft keineswegs Vereinbarkeit bedeutet. Wenn man über die Feststellung der zahlreichen Motive und Gedanken hinausgeht, die den drei Religionen gemeinsam sind, und danach fragt, wie das Christentum die Tora verstanden und was es aus den messianischen Weissagungen gemacht hat oder welchen Rang die Propheten und Jesus im Zusammenhang des islamischen Denkens haben, wenn es also um diese Religionen als geschichtliche Gesamterscheinungen geht, so stößt man auf ganz unterschiedliche religiöse Individualitäten. Immerhin kann deren gegenseitiges Verhältnis nicht einseitig als Gegensatz interpretiert werden.

Differenzierter als die schlichte Entgegensetzung des Christentums gegen alle anderen Religionen und auch als eine einfache Harmonisierungstendenz sind die von Lessings „Erziehung des Menschengeschlechts" angeregten *Entwicklungstheorien*, welche die Religionsphilosophie der großen idealistischen Systeme beherrschen. So steht bei Schleiermacher der Monotheismus als auf Einheit bezogene Religion über der amorphen Vielfalt des Fetischismus und der gegliederten Vielheit des Polytheismus, und auf der höchsten Stufe erhebt sich das Christentum als ethische Religion über die bloß „ästhetische" des Islam und als universale Religion der Gnade über die partikularistische und am Lohngedanken orientierte des Judentums. Es ist allerdings sofort deutlich, dass diese Theorie vom Christentum aus entworfen ist und in ihrer Beurteilung anderer Religionen recht undifferenziert verfährt. Vor allem entspricht die ihr zugrunde liegende Vorstellung von einer in sich einheitlichen Entwicklung historisch nicht der Wirklichkeit. Entsprechendes gilt auch für die auf viel breitere Kenntnis aufgebaute Theorie Hegels. Hier umfasst der Begriff der Naturreligionen auf der untersten Stufe, sehr differenziert aufgeteilt, die gesamte Religionswelt außer Judentum und Islam, griechischer und römischer Religion, die ihnen als die Religionen der geistigen Individualität übergeordnet werden. Auf der obersten Stufe erscheint auch hier das Christentum als die absolute Religion. Auf diese Weise wird die Überlegenheit des menschlichen Geistes über die Natur in den absoluten göttlichen Geist hinein aufgehoben; diese Grundüberzeugung des nachaufklärerischen europäischen Christentums fungiert zusammen mit dem ebenfalls ursprünglich christlichen Drei-Zeitalter-Schema als Wahrheitskriterium.

Der Entwicklungsgedanke hat bis in die neueste Zeit hinein die christliche Religionsphilosophie bestimmt, auch wenn bereits die religionsgeschichtliche Schule die Spitzenposition des Christentums nur noch in der subjektiven Glaubensüberzeugung fundiert. Ernst Troeltsch gebührt das Verdienst, zuerst die Fiktion eines einheitlichen Gesamtzusammenhangs der Religionsgeschichte verlassen zu haben. Er meint zwar die *bisherige* Höchstgeltung des Christentums aus der Geschichte erweisen zu können, beschränkt sie jedoch auf den abendländischen Kulturkreis und schiebt die eigentliche Glaubensentscheidung dem religiösen Individuum zu[122]. Die Wirkung dieser Ideen wurde zunächst durch heftige Kritik und sodann durch den Umbruch nach dem I. Weltkrieg blockiert. Doch inzwischen ist der Entwicklungsgedanke als Konstruktionsprinzip der Religionsgeschichte gänzlich preisgegeben, wenn man von einem späten Nachklang bei Wolfhart Pannenberg absieht[123]. Der schwedische Religionswissenschaftler Geo Widengren hat noch 1945 seine Religionsphänomenologie ausdrücklich gegen jenes Schema konzipiert; als er ein Vierteljahrhundert später die zweite Auflage schrieb, hatte es praktisch aufgehört zu existieren[124]. Gewiss gibt es einzelne Entwicklungen innerhalb der verschiedenen Religionskreise, z. B. zu einer klareren Fassung des Transzendenzgedankens, aber daneben auch das Wiederaufleben „primitiver" Formen von Religion – ganz abgesehen von der entscheidenden Frage nach den verwendeten Kriterien.

Hinter die historische Einsicht, dass es mehrere, voneinander unabhängige Religionskreise gibt, kommt man nicht mehr zurück. Damit entfällt die Möglichkeit, dem Christentum einen eindeutigen Ort in einem einheitlichen Gesamtzusammenhang anzuweisen. Die pluralistische Situation der Religionen, die wir in I 2 geschildert haben, lässt sich nicht mehr ignorieren. Das bestätigt den Glaubenssatz, dass die Gegenwart Gottes in der Geschichte sich nicht rational verifizieren lässt.

Das Problem des religiösen Pluralismus in dieser modernen Form ist in Kontinentaleuropa theologisch noch kaum in Angriff genommen worden. Anders steht es in England und Amerika, wo es durch starke Einwanderungsschübe aus asiatischen Ländern schon vor einigen Jahrzehnten zum ersten Mal *innerhalb* einer bis dahin nominell christlichen Gesellschaft akut wurde. Hier ist eine *pluralistic theology of religions* ausgebildet worden[125], die erheblichen Einfluss gewonnen hat. Einer ihrer bedeutendsten Vertreter, John Hick, argumentiert in

---

[122] Vgl. Wilhelm Bousset, *Die Mission und die sog. religionsgeschichtliche Schule*, in: ZMRW 22/1907 (321–335.353–362), 327.331–333; E. Troeltsch, *Die Absolutheit des Christentums und die Religionsgeschichte*, (2. Aufl.) in: KGA 5, Berlin/New York 1999, 199–209; ders., *Die Dogmatik der „religionsgeschichtlichen Schule"* (1913), GS 2 (500–524), 509.

[123] Vgl. W. Pannenberg, *Erwägungen zu einer Theologie der Religionsgeschichte*, in: ders., Grundfragen syst. Theologie I, Göttingen 1967, 252–295. P. sieht die Religionsgeschichte als Prozess der Integration religiöser Wahrheiten mit dem Christentum als Zielpunkt. Er kann dabei weder den Islam einordnen, noch blickt er über den abendländisch-mediterranen Bereich hinaus. Im Übrigen ist es problematisch, die angeblich allen anderen Religionen überlegene Integrationskraft des Christentums implizit als Wahrheitskriterium zu verwenden (270 Anm.): Was hat das Christentum sich im Lauf seiner Geschichte nicht alles angeeignet!

[124] Vgl. G. Widengren, a.a.O. (Anm. 74), VII.

[125] Vgl. Reinhold Bernhardt (Hg.), *Horizontüberschreitung. Die pluralistische Theologie der Religionen*, Gütersloh 1991; ders., *Aufbruch zu einer pluralistischen Theologie der Religionen*, in: ZThK 91/1994, 230–246.

Anknüpfung an Gedanken von Karl Jaspers und Ernst Troeltsch[126], dass der heutige Stand des religionsgeschichtlichen Wissens den Absolutheitsanspruch des Christentums immer weniger plausibel erscheinen lasse[127]. Die letzte Wirklichkeit, in der die menschliche Existenz gründet, sei nur in vielfacher Brechung erkennbar; die Religionen seien deshalb prinzipiell gleichberechtigte „manifestations of the one ultimate Reality", und damit materialiter „expressions of the more basic notion of the realisation of a limitlessly better possibility for human existence", d.h. in jeder von ihnen kann der Mensch an der Erlösung teilgewinnen[128].

Diese Theorie vermag sowohl die mannigfaltigen Analogien zwischen den Religionen zu erklären als auch das dornigste Problem aus dem Weg zu schaffen, das der exklusive Absolutheitsanspruch des Christentums diesem seit alters bereitet hat, nämlich die aus ihm folgende Annahme, dass Menschen, die ohne ihre Schuld nie das Evangelium von Christus gehört haben (z.B. weil sie vor ihm lebten), vom Heil ausgeschlossen seien. Der Widerspruch solcher Verdammung gegen den Glauben an die Liebe und Allmacht Gottes ist um so unvermeidlicher, je mehr der alttestamentliche Weissagungsbeweis oder die mythologische Vorstellung von der Höllenfahrt Christi als Gegenargumente an Plausibilität verlieren[129]. Indessen stößt die pluralistische Religionstheologie nun ihrerseits, wie Schubert M. Ogden gezeigt hat, auf zwei Schwierigkeiten, die sie mit ihren Mitteln kaum lösen kann. Zum einen ist ihre Behauptung, dass es mehrere Wege zum Heil tatsächlich gibt, nicht beweisbar: weder von außerhalb einer religiösen Bindung, weil so die Rede über einen wirklichen Heilsweg überhaupt keinen Wahrheitsanspruch erheben kann, noch auch von innerhalb einer solchen Bindung, weil diese immer auf eine spezifische religiöse Erfahrung bezogen ist. Zum anderen muss Hick irgendeinen normativen Begriff religiöser Wahrheit voraus-

---

[126] Vgl. K. JASPERS, a.a.O. (Anm. 67) über die „Achsenzeit", in der die großen Weltreligionen entstanden sind, und E. TROELTSCH, *Die Absolutheit ...* (Anm. 122), 174.195 über die in seiner fundamentalen Differenz zu den asiatischen Kulturen begründete Beschränkung des Christentums auf den abendländischen Kulturkreis.

[127] JOHN HICK, *Whatever Path Men Choose Is Mine,* in: Christianity and Other Religions, ed. by J. Hick and B. Hebblethwaite, Philadelphia 1980 (171–180), 178; vgl. DERS., *God Has Many Names,* 2. Aufl. Philadelphia 1982. (Dazu gibt es eine deutsche Übersetzung, die aber leider völlig unbrauchbar ist.)

[128] J. HICK, *An Interpretation of Religion. Human Responses to the Transcendent,* London 1989, 373f; DERS., *God Has Many Names,* a.a.O., 180. Man könnte darin eine Modifikation der These vom Urmonotheismus sehen, die einst FRIEDRICH CREUZER vertrat, *Symbolik und Mythologie der Alten Völker, besonders der Griechen,* 4 Bde., 2. Aufl. Leipzig/Darmstadt 1819–21 (fortges. v. F.J. Mone: Bd. 5+6 1822–23), I S. XI; und FERDINAND CHRISTIAN BAUR, *Symbolik und Mythologie oder die Naturreligion des Alterthums,* 2 Teile in 3, Stuttgart 1824/25, I 303.305, vor allem aber WILHELM SCHMIDT in seinem 12bändigen Werk *Der Ursprung der Gottesidee,* Münster 1912–1955.

[129] So mit Recht SCHUBERT M. OGDEN, *Gibt es nur eine wahre Religion oder mehrere?,* in: ZThK 88/1991 (81–100), 88–90.

setzen, den er faktisch nur aus einer *bestimmten* Religion, in diesem Fall aus dem Christentum, gewinnen kann[130].

Wenn weder der exklusive Absolutheitsanspruch traditionellen Zuschnitts noch die pluralistische Religionstheologie eine akzeptable Lösung des Problems liefern kann, scheint sich die an Karl Rahner anknüpfende inklusivistische Auffassung der offiziellen katholischen Lehre seit dem II. Vatikanischen Konzil anzubieten, die gelegentlich als dem Protestantismus durch ihre Großzügigkeit überlegen gepriesen wird. In der Tat ist dort die zunächst verblüffende Behauptung zu lesen, „dass die Angehörigen der anderen Religionen dann positiv auf die Einladung Gottes antworten und das Heil in Jesus Christus empfangen, wenn sie das, was in ihren eigenen Traditionen gut ist, auf religiöse Weise praktizieren und dem Spruch ihres Gewissens folgen, auch wenn sie Jesus Christus nicht als ihren Erlöser annehmen". Doch fügt das Dokument wenig später hinzu, dass diese Traditionen auf die Kirche als das heilsnotwendige Sakrament hingeordnet seien („sono ordinati o orientati")[131]. Damit wird ihnen ein impliziter Glaube an Jesus Christus unterstellt, wodurch der Inklusivismus sich als verkappter Exklusivismus erweist.

Letzten Endes kommt man nicht um die Tatsache herum, dass die Antwort auf die religiöse Wahrheitsfrage nur im Ausgang von der eigenen Religion aus gegeben werden kann, wenn anders Gott der mich „unbedingt Angehende" (Tillich) ist. Sie ist somit unvermeidbar subjektiv (nicht: subjektivistisch!) und hat, christlich verstanden, in der Tat den Inhalt des *solus Christus*. Aber ist mit diesem für sich genommen einleuchtenden Hinweis das Problem nicht umgangen? Um das zu vermeiden, schlägt Ogden in seinem Aufsatz vor, „das Ereignis Jesus Christus nicht konstitutiv für die Möglichkeit des Heils", sondern nur „repräsentativ" sein zu lassen (97). Diese Möglichkeit sei auf Grund der Liebe Gottes auch außerhalb des Christentums „immer schon, für jeden Menschen … implizit gegenwärtig". Allerdings sei Jesus die *„entscheidende* Repräsentation" dieser Liebe (99, Hervorh. im Original). Doch *könnten* (nicht: seien tatsächlich) unter dieser Voraussetzung alle Religionen wahr sein oder zumindest zu wahren Religionen transformiert werden (97.99).

---

[130] Vgl. Sch. M. Ogden, a.a.O., 91–95.

[131] *Instructio de Evangelio et de Dialogo inter Religiones. Dialogo e annuncio*, AAS 84/1992 (414–446), 424–426, die Zitate 424.426, in meiner Übersetzung. R. Bernhardt (*Aufbruch* …, s. Anm. 122, 233) scheint bei seinem Lob dieser kirchenamtlichen Verlautbarung die hier zitierte Fortsetzung nicht beachtet zu haben. Die „epochale Öffnung gegenüber den Religionen, wie sie das Zweite Vatikanische Konzil wagte" (232), die den anderen Religionen auf Grund ihrer Ausrichtung auf Gott als *finem ultimum* Wahrheitsmomente zubilligt, steht unter der gleichen Prämisse; vgl. *Declaratio Nostra aetate*, DH 4195. Im Übrigen ist das nichts anderes, als was die Kirche der natürlichen Gotteserkenntnis der *Philosophie* immer schon zugestanden hat. Vgl. Karl Rahner, *Das Christentum und die nichtchristlichen Religionen* (1961), in: ders., Schriften zur Theologie Bd. 5 (136–158), 154–157; ders., *Die anonymen Christen* (1964), Schriften … Bd. 6, 545–554.

Der Ausgangspunkt dieses Lösungsvorschlags ist die christliche Glaubenserfahrung, dass in Jesus Christus die *Liebe* Gottes begegnet. Insoweit wird Ogden
der unhintergehbaren Subjektivität religiöser Aussagen gerecht. Die Glaubensüberzeugung impliziert die Universalität der Liebe Gottes. Insofern ist auch die
Annahme begründet, dass diese Liebe in irgendeiner Weise Nichtchristen zuteil
werde. Dennoch führt Ogdens Vorschlag m.E. einerseits zu weit, andererseits
nicht weit genug. Er führt in zweifacher Hinsicht zu weit, insofern er die christliche Grundaussage auf den Satz beschränkt, Christus sei nur *repräsentativ* und
das überdies nur für die *Möglichkeit* des Heils. Damit ist sowohl die Gewissheit
des Glaubens als auch deren Grund unterbestimmt. Für den christlichen Glauben ist, so sehr er auch immer wieder angefochten ist, die Begegnung mit Christus *konstitutiv* für die *Wirklichkeit* der göttlichen Gnade.

Daraus ist nicht auf die „Verdammung" der Angehörigen anderer Religionen
zu schließen. Doch ist es wenig aussichtsreich, den Glauben daran, dass Gottes
Liebe auch Nichtchristen gelte, auf die Annahme zu gründen, deren Religionen
könnten auch wahr sein. Religionen – auch die christliche – sind als solche
menschliche Formen der Gottesverehrung, die durch die jeweilige Kultur vermittelt sind und insofern allesamt nicht als solche „wahr", das heißt dem Wesen und
Willen Gottes völlig adäquat sein können. Zugleich aber stellt jede Religion eine
totale Bindung an die Gottheit dar, die von außen weder ableitbar noch begründ-
bar ist. Das verbietet theoretische Spekulationen über deren möglichen oder
wirklichen Wahrheitsgehalt. Ohnehin stammen die Kriterien für ein derartiges
Urteil – unvermeidlich – wiederum aus der eigenen Religion.

Dennoch ist dies genau der Punkt, an dem Ogdens Vorschlag nicht weit genug
geht. Wenn zur Überzeugung des christlichen Glaubens gehört: „Gott will, dass
allen Menschen geholfen werde und sie zur Erkenntnis der Wahrheit kommen"(1.Tim 2,4), dann reicht die Aussage nicht aus, dass Nichtchristen möglicherweise eine wahre Religion haben und deshalb möglicherweise an der Liebe
Gottes teilhaben. Geht man davon aus, dass Wahrheit letztlich allein bei Gott ist,
dass seine Liebe von ihm ausgeht und dass beides keinerlei menschlichen theologischen Vorschriften unterliegt, so ist nicht einzusehen, weshalb der christliche
Glaube nicht aus der Universalität der ihn begründenden Liebe Gottes den
Schluss ziehen sollte, dass diese Liebe tatsächlich auch Nichtchristen gilt. Freilich sollte man einen solchen Satz nicht wie der Inklusivismus auf eine ontologische Konstruktion gründen, welche die anderen Religionen auf das Christentum
hinordnet und damit deren Anhängern als „anonymen Christen" faktisch einen
heimlichen christlichen Glauben unterstellt, von dem sie nur selbst nichts wüss-
ten. Vielmehr muss die Frage, ob und inwiefern Angehörige anderer Religionen
sich auf angemessene Weise der Liebe Gottes aussetzen, offen gelassen werden;
wir können sie ja auch in Bezug auf andere Christen nicht beantworten. Ebenso
wenig können wir wissen, auf welche Weise sich Gott anderen Menschen tatsächlich liebend zuwendet; aus der empirischen Beschreibung fremder Religio-

nen lässt sich das nicht entnehmen. Das Christentum ist wie jede andere Religion partikular; seine Aussagen über die Universalität göttlicher Liebe machen nicht die historische Erscheinung Christentum selbst auch universal.

Deshalb ist die äußerste Grenzaussage, die an dieser Stelle gemacht werden kann, das Symbol eines „verborgenen Christus", oder anders ausgedrückt: der Rekurs auf die jedem menschlichen Zugriff entzogene göttliche Vorsehung[132]. Dafür spricht der empirische Befund, dass die tiefgreifenden Verschiedenheiten zwischen den Religionen von einigen ganz allgemeinen, aber gewichtigen Gemeinsamkeiten übergriffen werden: Die Transzendenz wird in irgendeiner Weise überall als existenzbegründende Liebe begriffen, die auch die Verhältnisse der Menschen untereinander auf Liebe zu bauen gebietet, und überall wird diese Existenzbegründung an die völlige Hingabe des religiösen Subjekts gebunden[133].

Dieser Sicht scheint freilich die Überzeugung von der Einheit der *Wahrheit* zu widerstreiten. Es bleiben ja zwischen den Religionen trotz der genannten Gemeinsamkeiten fundamentale Differenzen bestehen; so findet sich die jüdisch-christlich-islamische Überzeugung, dass die Transzendenz in absoluter Diskontinuität zur Welt stehe und ihre Gegenwart in derselben infolgedessen ein Paradox darstelle, in den ostasiatischen Religionen nicht[134]. Außerdem scheinen sich die Absolutheitsansprüche der großen monotheistischen Religionen in einem unaufhebbaren Antagonismus zueinander zu befinden. Wie verhält sich dann Gottes Liebe zur Wahrheit, die doch auch in ihm gründen muss? Hier müssen wir etwas ausholen.

Propositionale Wahrheit ist nach der traditionellen Definition *adaequatio rei et intellectus.* Die Frage, die durch sie unmittelbar aufgeworfen wird, lautet: Wie soll sich eine solche Übereinstimmung zweifelsfrei feststellen lassen[135]? Auch nachdem Kant den Streit zwischen empiristischen und rationalistischen Lösungsmöglichkeiten dahingehend geschlichtet hatte, dass er Erkenntnis als zweistämmig, nämlich auf Wahrnehmung und deren Ordnung mittels der Verstandeskategorien gegründet begriff, blieb genau dieses Problem offen. Denn was auf diese Weise erkannt wird, sind die Erscheinungen, nicht die „Dinge an sich". Wenn es keine Möglichkeit gibt (auch nicht die des intersubjektiven Diskurses), überprüfbare Erkenntnis zu gewinnen, die über die Erscheinungen hinausgeht,

---

[132] Vgl. zu diesem Gedanken R. Niebuhr, *The Nature ...* (Anm. 108), Bd. 2, 109, Anm. 6: „A ‚hidden Christ' operates in history". Die Anführungsstriche im Zitat sollen den Ausdruck vor der Missdeutung als objektivierende mythologische Aussage schützen.

[133] Vgl. Friedrich Heiler, *Die Religionsgeschichte als Wegbereiterin für die Zusammenarbeit der Religionen* (RWA 32), Salzburg 1963 (40–74), 48–64.

[134] Darauf verweist mit Recht Ernst Benz, *Über das Verstehen fremder Religionen* (RWA 32), Salzburg 1963 (11–39), 26f.

[135] Es ist hier nicht der Ort, in die weitverzweigte philosophische Diskussion über den Wahrheitsbegriff einzugreifen oder sie auch nur im Einzelnen zu berücksichtigen. Deshalb sei hier auf das instruktive Buch von Lorenz Bruno Puntel, *Wahrheitstheorien in der neueren Philosophie. Eine kritisch-systematische Darstellung* (EdF 83), 3. Aufl. Darmstadt 1993 verwiesen.

so muss man sich offenbar damit bescheiden, sich auf die Ergebnisse der zwei-
stämmigen Erkenntnis zu *verlassen*, weil man mit ihnen – und nur mit ihnen – arbeiten kann. Es kommt also unvermeidlich ein pragmatisches Element ins Spiel.

Das pragmatische Element wird um so gewichtiger, je geringer die (z.B. experimentelle oder dokumentarische) Überprüfungsmöglichkeit wird und je mehr
deshalb auf die Zuverlässigkeit des Menschen gebaut werden muss, der die Aussage macht. So kommt beispielsweise bei einem Versprechen alles darauf an, ob
dieses das ihm entsprechende und es damit einstweilen bewahrheitende Vertrau-
en zu *erzeugen* vermag oder nicht: Die Frage nach der Wahrheit eines solchen
Satzes verlagert sich auf den „performativen" Aspekt der Sprache[136], und das Interesse verschiebt sich vom propositionalen Gehalt des (Zu-)gesagten auf die
Frage, ob der Zusagende als Person seiner Zusage entsprechen werde, ob er in
diesem Sinn Wahrheit verkörpern bzw. wahrhaftig sein werde. Immerhin besteht
hier in vielen Fällen die Möglichkeit einer nachträglichen Verifikation, insofern
man ab einem bestimmten Zeitpunkt überprüfen kann, ob das Versprechen eingehalten wurde. Das Instrument der Überprüfung bleibt natürlich der propositionale Gehalt der ursprünglichen Aussage. Die Erwartung, dass das Versprechen eingehalten werde, steht nun in dem umfassenderen Referenzrahmen einer
Lebensorientierung. Solche Referenzrahmen aber – gesellschaftliche Überein-
künfte, Weltanschauungen, Religionen – besitzen immer nur innerhalb eines bestimmten internationalen Netzwerks, eines Kulturkreises oder auch nur innerhalb einer begrenzten gesellschaftlichen Gruppe Geltung. Die Übereinstimmung
einer Aussage mit diesem Rahmen lässt sich feststellen, aber es gibt stets eine
Mehrzahl solcher Systeme. Daraus folgt zwar nicht, dass es mehrere Wahrheiten
gebe, insofern die Wirklichkeit, an der Aussagen gemessen werden sollen, alle
Referenzrahmen umfasst. Aber eben diese Überschreitung auf „*die* wahre" Lebensorientierung hin lässt sich nicht objektiv bewerkstelligen.

Insofern Lebensorientierung die Notwendigkeit eines verlässlichen Zusammenlebens impliziert, verlangt sie Unbedingtheit und Allgemeingültigkeit. Die
Frage nach diesen Prädikaten von Wahrheit führt über den Bereich der Welterkenntnis hinaus und richtet sich, religiös ausgedrückt, auf Gott. Weil sich aber
Gott nur durch menschliche Sprache vermittelt in der Erfahrung des einzelnen
Menschen kundgibt, ist damit für die Betrachtung von außen weder die Pluralität der Wahrheitsansprüche aufgehoben noch die Überprüfbarkeit an einem
übergeordneten Referenzrahmen gewährleistet. Denn Gott als das Absolute ist
mit keinem denkbaren Referenzrahmen identisch. An diesem kritischen Punkt
kann man sich deshalb, so scheint es, nur wie Kant auf ein Postulat zurückzie-

---

[136] Vgl. zu diesem Begriff JOHN L. AUSTIN, *Theorie der Sprechakte* (How to Do Things With
Words, dt. v. E. v. Savigny), Frankfurt 1972; JOHN L. SEARLE, *Sprechakte. Ein sprachphilosophischer Essay* (Speech Acts, dt. v. R. u. R. Wiggershaus), Frankfurt a.M. 1971. Näheres zu dieser Thematik in der materialen Glaubenslehre A I 1c, S. 309f.

hen. Wem dies nicht genügt, dem bliebe nur die Annahme einer supranaturalen Offenbarung, die alle diese Aporien gegenstandslos macht – oder Agnostizismus.

Die Überzeugung von einer Selbsterschließung Gottes durch ein bestimmtes geschichtliches Medium ermöglicht in der Tat, von Wahrheit im Sinn von Unbedingtheit und Allgemeingültigkeit zu sprechen. Eine supranaturale Durchbrechung alles dessen, was bisher über Wahrheit gesagt wurde, kann damit aber nicht gemeint sein. Selbsterschließung Gottes kann zwar wesensmäßig nur „geheimnisvoll" sein – und doch muss das damit Gemeinte plausibel dargestellt werden können, wenn der Begriff der Wahrheit überhaupt einen Sinn haben soll. Dies ist dann möglich, wenn man die Wahrheit weder „objektiv" in dem fraglichen Sachverhalt noch „subjektiv" in der Setzung durch einen Vertrauensakt, sondern in dem solches Vertrauen stiftenden Gott als dem Grund alles Seins und alles Denkens gegründet sein lässt[137]. Gott in seiner – von uns Menschen geglaubten – Übereinstimmung mit sich selbst ist dann der Grund der Wahrheit, oder auch: die Wahrheit selbst. Daraus ergibt sich die Überzeugung, dass Gott das Sein und des Menschen Bezug zu ihm will, dass er als mit sich selbst übereinstimmend verlässlich ist. Die religiöse Sprache nennt das die Treue – oder auch die Liebe – Gottes[138]. Der Glaube daran steht freilich nicht selten gegen den Augenschein, denn wir können in unserer Erkenntnis der Welt vieles, was wir für wahr halten müssen, nicht mit dieser Vorstellung vereinbaren. Dennoch gilt für ihn, dass Gott als die Wahrheit mit seiner Liebe und Treue identisch ist.

Wenn Gott selbst die Wahrheit ist, dann gilt das nicht auch für menschliche Aussagen über ihn. Vielmehr betreffen solche Aussagen stets die Begegnung mit ihm und sind deshalb von den menschlichen Vermittlungsbedingungen nie völlig ablösbar[139]. Gott als die Wahrheit schlechthin bleibt unverfügbar. Für die Außenperspektive bleibt es daher bei einer Vielzahl von objektiv nicht auf ihren Wahrheitsgehalt überprüfbaren Vermittlungsgestalten der einen göttlichen Wahrheit. Man kann also religiös „die Wahrheit" nur in dem Bewusstsein sagen,

---

[137] Vgl. dazu F.D.E. SCHLEIERMACHER, *Dialektik* 1818, als Anm. abgedruckt SW III 4/2, 144f.

[138] Zum Begriff der Treue Gottes s.u., Hauptteil A I, S. 341f.

[139] Dass diese Verquickung ein Problem enthält, wird durch den Vorschlag von GEORGE A. LINDBECK verdeckt, die Sprachwelt des christlichen Glaubens als „quasitranszendentales (d.h. kulturell geformtes) Apriori" anzusehen, in das man sich nur hineinzufinden habe, um sie sich anzueignen, *Christliche Lehre als Grammatik des Glaubens. Religion und Theologie im postliberalen Zeitalter* (The Nature of Doctrine, dt. von M. Müller, ThB 90), Gütersloh 1994, 62 (Orig. 36). Es ist dann nicht mehr zu erkennen, wie die geschichtliche Vorgegebenheit eines religiösen Sinnsystems von dem transzendenten *extra nos* Gottes unterschieden werden soll. Vielmehr scheint in L.'s Verwendung des reformatorischen Begriffs *verbum externum* beides zusammenzufallen (a.a.O., 58; Orig. 34). Wenn L. den erfahrungstheologischen Ansatz mit dem Argument abweist, er entstamme einem „privatistischen kulturellen Sozialmilieu[s]" (a.a.O., 46, Orig. 23), so übersieht er, dass zumindest Schleiermacher diesen Ansatz untrennbar mit dem Gemeinschaftsbezug verknüpft.

dass man sie auch in der festen inneren Bindung an sie nicht *besitzt*. Damit sind wir auf einem anderen Wege wiederum zum gleichen Ergebnis gelangt.

Mit diesen Gedanken ist grundsätzlich die Möglichkeit eines interreligiösen *Dialogs* eröffnet, weil sie für das Christentum als historische Erscheinung den Verzicht auf einen Absolutheitsanspruch enthalten. Absolute Wahrheit kommt Gott allein zu. Zugleich gilt freilich für die Binnenperspektive des christlichen Glaubens, dass Gott sich in Jesus Christus auf einzigartige und schlechthin verbindliche Weise manifestiert habe. Genau diese Zentralstellung der Person Jesu macht den Dialog von vornherein strittig. Denn damit ist für den christlichen Theologen zugleich ein Kriterium gegeben, an dem er die mögliche Wahrheit fremdreligiöser Aussagen wird messen müssen – nicht um der Erfüllung irgendeiner „Glaubensvorschrift" willen, sondern weil die Bindung an die Gegenwart Gottes in dieser Person den unhintergehbaren Ursprung seiner spezifischen Glaubenserfahrung selbst ausmacht.

Dennoch ist es gerade die Gebundenheit an die eigene, spezifisch christliche Erfahrung der *Liebe Gottes als der Wahrheit*, welche die positive Grundbedingung für einen Dialog enthält. Denn der christliche Gesprächspartner ist gehalten, die von ihm erkannte Wahrheit der Liebe Gottes – nach außen wie auch innerhalb der christlichen Gemeinde! – wiederum in Liebe auszusagen (Eph 4,15). Zur Liebe aber gehört die Achtung vor dem Anderssein des anderen, dem die Liebe Gottes ebenso gilt wie mir und der im Übrigen ja in irgendeiner, wenngleich mir fremden, Weise selbst an sie glaubt. Das schließt die Möglichkeit, ohne Preisgabe der eigenen Identität von Anhängern anderer Religionen zu lernen, ebenso ein wie den engagierten Versuch, sie zu überzeugen (nicht: zu überreden!). Doch wird dabei auch im Fall des Scheiterns eines Dialogs die Gelassenheit der Glaubenszuversicht und der bleibende Respekt vor dem fremden Gewissen an die Stelle jenes innerlich tief unsicheren Fanatismus treten, mit dem manche Christen versucht haben, andere Menschen um jeden Preis – auch um den des menschlichen Taktes, ja in der Vergangenheit häufig sogar um der physischen Unversehrtheit – zu bekehren.

Wir sind uns bewusst, dass die geschichtliche Erfahrung gegen diesen Befund theologischer Reflexion zu sprechen scheint. Faktisch ist es in religiösen (keineswegs nur interreligiösen!) Dialogen erheblich schwerer als in solchen über andere Gegenstände (ausgenommen vielleicht die Politik), auf den Anspruch des Wahrheits*besitzes* zu verzichten und statt auf die eigene Macht auf die der vertretenen Sache zu vertrauen. So ist die Praxis der christlichen *Mission* über Jahrhunderte hinweg von einem völlig undifferenzierten Wahrheitsanspruch ausgegangen, den sie überdies mit einem unkritischen Glauben an die absolute Superiorität der abendländischen Kultur vermengte. Auch nach dem Ende des kolonialen Zeitalters haben manche missionarischen Unternehmungen nicht den Charakter eines Dialogs, sondern eines religiösen Imperialismus, oder sie sind sogar offen oder verdeckt mit wirtschaftlichen und politischen Interessen

gekoppelt. Dass dies dem Sinn recht verstandener „Mission" stracks zuwiderläuft, bedarf nach dem Gesagten keiner weiteren Begründung[140].

Das friedliche Zusammenleben der Religionen kann wegen ihrer miteinander
konkurrierenden Absolutheitsansprüche nicht vom Gelingen interreligiöser Dialoge abhängig gemacht werden. Vielmehr können umgekehrt solche Dialoge nur
stattfinden, wenn es zuvor neutrale Foren dafür gibt. Das setzt institutionalisierte Sicherheit voraus, die nur durch gesetzlich garantierte *Religionsfreiheit* zu gewährleisten ist. Diese ist also nicht nur von einem säkularen, sondern gerade
auch von einem christlichen Standpunkt aus zu fordern (wie sie denn auch historisch durch die englischen Dissenters in den USA vorgebildet worden ist). Eben
dieser Zusammenhang erschwert freilich in vielen Ländern ihre Durchsetzung,
insofern er im Sinne einer Privilegierung kirchlich-institutioneller Interessen
missverstanden wird.

Einen interreligiösen Dialog zu führen, ist freilich nicht Aufgabe der Glaubenslehre. Sie kann nur die Position des eigenen Glaubens entfalten. Doch muss
erwartet werden, dass sie das im Bewusstsein der pluralistischen Situation tut
und an entscheidenden Stellen sowohl positive Beziehungen zu anderen Religionen benennt als auch unumgängliche Abgrenzungen plausibel vertritt.

3. Glaubenslehre oder Dogmatik

Wir haben den Ausdruck Glaubenslehre bisher mit einer lediglich vorläufigen
Begründung dem gängigeren Begriff Dogmatik vorgezogen. Die genauere Begründung kann erst jetzt gegeben werden, weil sie eng mit der hier vertretenen
Auffassung von Wesen und Aufgabe des Fachs und damit auch der Theologie als
ganzer zusammenhängt. Näherhin betreffen die mit den Begriffen Glaubenslehre
und Dogmatik angezeigten Differenzen insbesondere das unterschiedliche Verständnis des Fachs in den großen christlichen Konfessionen. Anhand dieser
scheinbar rein formal begrifflichen Frage soll hier also zugleich das konfessionelle Problem verhandelt werden – im Fall einer protestantischen Darstellung
christlicher Lehre ist dies insbesondere das Verhältnis zum römischen Katholizismus.

Dogmatik findet sich als Name für die systematische Theologie zwar erst in
der Spätorthodoxie[141]. Doch der zugrundeliegende Begriff Dogma, auf den es
zunächst ankommt, ist wesentlich älter. Er steht in der Stoa für die philosophische Lehrmeinung, aber zugleich in der Politik für das staatliche Dekret (vgl. Lk
2,1); im hellenistischen Judentum für das Gesetz und dementsprechend bei Igna-

---

[140] Vgl. zu diesem Gedankengang MICHAEL VON BRÜCK, *Gibt es eine interreligiöse Hermeneutik?*, in: ZThK 93/1996 (284–308), 285f.301–303.
[141] Vgl. GERHARD GLOEGE, Art. *Dogmatik*, in: RGG 3. Aufl. Bd. 2 (225–230), 225.

tius von Antiochien für eine Lebensweisung Jesu. Aus diesen Elementen erklärt
sich der staatskirchliche Gebrauch des Wortes als zugleich kirchliches und staat-
liches Gesetz; Ketzerei als Verstoß gegen ein solches Gesetz war zugleich ein Verbrechen gegen die staatliche Ordnung. Die Verbindung von kirchlicher Lehre
mit der Ausübung von Autorität und Macht blieb auch nach der Erringung der
Unabhängigkeit der Kirche vom Staat erhalten, wie die kirchlichen Ketzerverfol-
gungen durch die Jahrhunderte hindurch zur Genüge belegen. Literarisch ist der
Sachverhalt am besten in den stereotypen Verwerfungsformeln der Konzils-Ca-
nones greifbar: „Si quis … dixerit, anathema sit" (Wenn jemand sagt: …, so soll
er verdammt sein) – auch wenn der Begriff des Dogmas in der Formel selbst nicht
vorkommt. Positiv wird sein römisches Verständnis am klarsten vom I. Vaticanum umschrieben: „Nach göttlichem und katholischem Glauben ist alles das zu
glauben, was im geschriebenen oder überlieferten Wort Gottes enthalten ist und
von der Kirche durch feierliche Lehrentscheidung oder durch das allgemeine und
universale Lehramt als göttlich offenbart [und daher] zu glauben vorgestellt
wird"[142]. Zwei Bedingungen müssen demnach erfüllt sein, damit etwas als Dogma gelten kann: Es muss in Schrift oder Tradition enthalten sein, und die Kirche
als maßgebende Auslegungsinstanz muss es als Glaubensgegenstand definiert
haben. Dabei ist zu beachten, dass stets ein Interpretationsspielraum besteht,
denn: „Auch ein Dogma ist nicht schlechthin der sündigen Verfallenheit und
Zweideutigkeit menschlichen Sprechens enthoben"[143]. Dieser Spielraum ändert
indessen nichts an der Autoritätsstruktur, die dem Begriff des Dogmas eignet, zumal die zitierte Formulierung am äußeren Rand des nach dem I. Vaticanum noch
Tolerablen steht und keinesfalls etwa die Möglichkeit der Bestreitung eines Dogmas eröffnen soll.

Auf evangelischer Seite herrscht gegenüber dem Begriff des Dogmas eher Zurückhaltung. Lutheraner sprechen lieber im Anschluss an die Bekenntnisschriften der Reformationszeit von einem an der Schrift zu überprüfenden „Bekenntnis" als „Antwort" auf den „Anruf des biblischen Christuszeugnisses"[144]. Damit
gerät man freilich 400 Jahre später in die missliche Lage, zwischen persönlichem
Bekenntnisakt und vorgegebener kirchenamtlicher Formulierung begrifflich

---

[142] „Porro fide divina et catholica ea omnia credenda sunt, quae in verbo Dei scripto vel tra-
dito continentur et ab Ecclesia sive solemni iudicio sive ordinario et universali magisterio tam-
quam divinitus revelata credenda proponuntur" (DH 3011).

[143] WALTER KASPER, Art. *Dogma/Dogmenentwicklung,* in: NHthG 1 (176–193), 187; vgl.
JÜRGEN WERBICK, *Prolegomena,* in: Hb. der Dogmatik, hg. v. Th. Schneider, Bd. 1, Düsseldorf
1992 (1–48), 37.

[144] So WILFRIED JOEST, *Dogmatik,* Bd. 1, 2. Aufl. Göttingen 1987, 83.85 (hier das Zitat).
Ganz unbefangen erklärt dagegen ROBERT W. JENSON das Dogma als irreversible Entscheidung
der Kirche, der alle Theologie zu unterwerfen sei, *Systematic Theology,* Bd. 1, New York/Ox-
ford 1997, 22. Die Frontstellung des Autors gegen die verbreitete kirchliche Tendenz, alles zu
bejahen, was als affirmativ, heilend und befreiend daherkommt (12), ist vollauf berechtigt.
Doch unterschätzt er mit seinem Gegenschlag die Probleme des Dogmas; s. das Folgende.

kaum unterscheiden zu können (wie es im 16. Jahrhundert die Begriffe *confessio* und *professio* ermöglichten). Andere bezeichnen „Aussagen des kirchlichen Bekenntnisses oder Dogmas, deren Wahrsein im Vollzug theologischer Arbeit vorausgesetzt (und überprüft) wird", als „Hypothesen"[145], was aber eher verwirrt; denn auf welche Weise soll man solche Hypothesen verifizieren? Im Anschluss an den frühen Barth schließlich versteht Gerhard Sauter das Dogma als eschatologischen Begriff[146], womit es am Ereignischarakter der Offenbarung Gottes teilbekomme. Doch gerät diese damit in eine merkwürdige Schwebe zwischen persönlicher Selbsterschließung Gottes und übernatürlicher Mitteilung wahrer Sätze, und die theologische Arbeit an kirchlicher Lehre wird in eine ebenso unklare Zwischenstellung zwischen menschlicher Denkbemühung und Werk des Heiligen Geistes versetzt. Diese Unklarheit findet sich schon bei Karl Barth, der das Dogma als Glaubensakt oder auch als Verkündigung bezeichnete und damit geradezu programmatisch die Ebene der unmittelbaren religiösen Aussage mit derjenigen der Reflexion verschmolz[147].

Alle diese Bemühungen, den Begriff des Dogmas für die evangelische Theologie brauchbar zu machen, können nicht befriedigen. Um der begrifflichen Klarheit willen empfiehlt es sich, ihn für den systematischen Gebrauch der römischen und der orthodoxen Theologie zu überlassen und sich im Folgenden auf den historischen Gebrauch zu beschränken. Die inhaltliche Begründung dafür lässt sich in drei Punkten zusammenfassen. *Erstens* beansprucht ein Dogma, einen die Zeiten übergreifenden Wortlaut zu bieten, dessen Gültigkeit prinzipiell nicht in Zweifel steht und daher auch nicht verändert werden kann; Dogmen seien aus sich heraus und nicht auf Grund des Konsenses der Kirche unreformierbar („ex sese, non autem ex consensu Ecclesiae, irreformabiles"), formuliert das I. Vaticanum ganz konsequent (DH 3074). Diese selbst angelegte Fessel könnte die katholische Kirche nur durch einen ausdrücklichen Widerruf abstreifen, was indessen unabsehbare Folgen hätte – auch wenn manche heutigen katholischen Theologen im Interesse einer ökumenischen Verständigung versuchen, diesen Punkt herunterzuspielen[148]. In diesem Sinne bezeichnet „Dogma" trotz historisieren-

---

[145] WILFRIED HÄRLE, *Dogmatik*, Berlin / New York 1995, 22 f.

[146] GERHARD SAUTER, *Dogma – ein eschatologischer Begriff*, in: Parrhesia. FS Karl Barth, Zürich 1966, 173–191. Vgl. K. BARTH, *Christliche Dogmatik* Bd. 1, München 1927, 112.123.

[147] K. BARTH, *KD* I/1, 16.284.

[148] So schreibt HEINRICH FRIES in seiner *Fundamentaltheologie*, Graz u. a. 1985, 493 f, *infallibilis* bedeute „nicht falsch", „nicht irrig und insofern wahr" und *irreformabilis* „will ... gerade nicht schlechthinnige und absolute Unabänderlichkeiten sagen, sondern schließt die Möglichkeit einer anderen, sachgemäßeren oder umfassenderen, vollständigeren Fassung ein". Man wird diese Auslegung zunächst innerkatholisch als Ausdruck des Bemühens zu lesen haben, ein höheres Maß an geistiger Freiheit zu erkämpfen, ohne dabei vom römischen Bannstrahl getroffen zu werden. Das ist begreiflich und zu respektieren. Doch ist der Ökumene damit gedient, wenn der Konzilstext gegen seinen klaren Wortlaut interpretiert wird? Die beiden Adjectiva bezeichnen rein sprachlich eindeutig die *Unmöglichkeit* des Irrtums und die *Unmöglichkeit* einer Reform der *ex-cathedra*-Verlautbarungen. Die moderne historisierende Dogmenhermeneutik

der Abschwächungsversuche etwas wesentlich Ungeschichtliches und ist insofern sowohl durch die historisch-kritische Exegese als auch durch die Dogmengeschichte grundsätzlich problematisiert worden. *Zweitens* ist die Voraussetzung solcher ungeschichtlichen Rede von Gott fraglich geworden, dass es möglich sei, nach Art der vorkritischen Metaphysik „objektive" Aussagen über Gott
zu machen. Für eine solche Annahme fehlt, wie Kant gezeigt hat, jede erkenntnistheoretische Grundlage, es sei denn, man verstünde die Offenbarung Gottes
nicht als seine personale Selbsterschließung in Jesus Christus, sondern als übernatürliche Information – ein Verständnis, das bereits an der biblischen Quellen-
lage scheitern muss, wie wir noch sehen werden. *Drittens* und vor allem widerspricht die für das Dogma konstitutive lehrgesetzliche Autorität fundamental
der Rechtfertigung allein aus Gnade: es verlangt die willensmäßige Anerkennung
durch die Vernunft auch dann, wenn diese sich nach Ausschöpfung des Interpre-
tationsspielraums eigentlich genötigt sieht, mit Gründen zu widersprechen. Eine
solche intellektuelle „Leistung" kann als solche nicht der Glaube sein, auf Grund
dessen der Mensch von Gott angenommen wird.

Es gibt jedoch gegen diese zugleich reformatorische und „liberale" Argumentation einen Einwand, dessen Gewicht nicht unterschätzt werden darf. Das Dogma hatte von Anfang an die Funktion, die christliche Identität der Kirche gegen
Fehlinterpretationen zu schützen. Sieht man für einen Moment von der Frage
nach der dafür zuständigen Instanz ab, so ist deutlich, dass diese Funktion unerlässlich ist, wenn die christliche Botschaft als solche kenntlich sein soll, und dass
der Identitätsbestimmung ein gewisses Maß an Verbindlichkeit innewohnen
muss, auch wenn man innerhalb ihrer eine große Variationsbreite zugesteht. In
der Terminologie Paul Tillichs ausgedrückt: Das kritische Prinzip des Protestantismus wendet sich zwar mit Recht gegen jede Vergegenständlichung der Gnade,
bedarf aber eines dialektischen Widerlagers im Prinzip der konkreten Gestaltung, um jenem Anspruch gerecht zu werden[149]. Ist nicht genau dies im Dogma
bzw. Bekenntnis realisiert?

Es sieht in der Tat so aus. Nun wohnt aber solchen amtlich autorisierten Formulierungen geradezu unvermeidlich die Tendenz zu eben jener Vergegenständlichung der Gnade inne, die Tillich mit Recht als spezifisch katholisch vom protestantischen Verständnis unterscheidet. Dadurch gerät aus dem Blick, dass
Dogmen nicht mehr als Interpretationen der in der Bibel bezeugten Erfahrung

---

von Fries, Rahner und anderen, die das Gegenteil behauptet, kann darum jederzeit „unfehlbar"
als häretisch verurteilt werden. Ähnlich problematisch ist der Vorschlag Fries', mit dem Malta-
Dokument (1972) um der Einigung mit den Protestanten willen darauf hinzuwirken, „daß der
Papst die Ausübung seiner Jurisdiktion freiwillig beschränkt" (475). Es bereitet Mühe sich vorzustellen, dass ein katholischer Theologe das Gewicht des Institutionellen derart unterschätzt
haben sollte. Oder hegt er die Hoffnung, dass, wenn nach vollzogener Kirchenvereinigung der
nächste Papst auf seine Rechte pochte, die Protestanten ihn schon gewähren ließen?

[149] Vgl. P. TILLICH, *Der Protestantismus als kritisches und gestaltendes Prinzip* (1929), in:
GW 7, 29–53.

des Handelns Gottes sind, ebenso wie bereits die biblischen Schriften selbst. Interpretationen aber können nicht nur in späterer Zeit missverständlich, sondern auch irrig sein. Dass Konzilien und sogar biblische Autoren irren können und geirrt haben, erkannten bereits die Reformatoren.

Die christliche Identitätsbestimmung kann also, in direktem Gegensatz zu der oben zitierten Konzilsformulierung, nur *ex consensu Ecclesiae* erfolgen – und zwar nur aus einer solchen Übereinstimmung, die immer wieder neu zu überprüfen und zu erwerben ist[150]. Dogmen und Bekenntnisformulierungen aus Vergangenheit und Gegenwart sind als redliche Konsensbemühungen zu achten, die vielfach tatsächlich gravierende Entstellungen des christlichen Glaubens abgewehrt haben (Beispiel: die Verurteilung des Pelagianismus). Aber sie sind weder sakrosankt noch entbinden sie von eigener Rechenschaft.

Um solche Rechenschaft soll es im Folgenden gehen. Wenn dafür der Begriff des Dogmas im Sinne einer unbezweifelbaren Grundlage nicht in Frage kommt, ist auch der Begriff Dogmatik nicht adäquat. Man kann dagegen einwenden, er sei doch die eingeführte Bezeichnung und unter diesem Titel seien doch auch „liberale" Werke erschienen. Gewiss, doch gilt das nur für die theologische Binnenperspektive. Im allgemeinen Sprachgebrauch partizipiert das Wort so stark an den problematischen Konnotationen des Begriffs Dogma, dass sich Missverständnisse nur schwer vermeiden lassen. Dagegen kommt auch der Hinweis auf den juristischen Begriff der Rechtsdogmatik nicht auf, da dessen spezielles Bedeutungsfeld sich nicht ohne weiteres auf die Theologie übertragen lässt.

Von diesen Problemen ist der Ausdruck *Glaubenslehre* weniger belastet. Zwar sind auch hier Missverständnisse nicht ausgeschlossen. Denn in der modernen katholischen Theologie wird der Begriff für die offizielle Lehre der Kirche verwandt; seit dem II. Vatikanischen Konzil ist die kuriale Congregatio Sancti Officii in Congregatio de doctrina fidei umbenannt worden. Doch jedenfalls innerhalb der evangelischen Tradition liegen die Vorzüge des Begriffs auf der Hand. Hier verbindet man mit ihm durchgängigen Erfahrungsbezug und geschichtliche Wandelbarkeit. Andererseits impliziert der Wortbestandteil Lehre, dass keine willkürliche Auslegung des Glaubens gemeint ist, sondern eine solche, die auf Verbindlichkeit ausgerichtet ist (nicht: Verbindlichkeit für sich beansprucht!)

---

[150] Beachtet man diese Kautele nicht, so gilt der faktische Konsens als normativ – und dann ist nicht einzusehen, warum nicht ein höchstes Lehramt die Unfehlbarkeit eines bestimmten, längerfristigen Trends unter Berufung auf den Heiligen Geist, welcher der Kirche als ganzer Unfehlbarkeit verheißen habe, besiegeln soll. Das ist gegen HEINRICH OTTS Versuch zu sagen, in der Annahme einer Unfehlbarkeit der Kirche als ganzer einen Berührungspunkt zur Lehre des I. Vaticanum zu sehen: *Die Lehre des 1. Vatikanischen Konzils. Ein evangelischer Kommentar*, Basel 1963, 162. Der Heilige Geist garantiere, dass die Wahrheit der Kirche nie abhanden komme; deshalb hätten die Arianer nicht siegen können, deshalb werde der Fundamentalismus nie die Oberhand bekommen, usw. H. FRIES hält diesen Ansatz begreiflicherweise für „höchst beachtlich", a.a.O. (Anm. 148), 482, denn aus Otts Ausführungen ließe sich leicht die Folgerung ableiten: ‚Deshalb mussten auch die Konziliaristen auf dem I. Vaticanum unterliegen'!

und deshalb verantwortet werden muss. Gegenstand einer Glaubenslehre ist der Glaube, d.h. jene christliche Gestalt des Gottesverhältnisses, deren erste Zeugnisse das Neue Testament enthält, deren Lebensäußerungen im Lauf der Jahrhunderte die Kirchengeschichte beschreibt und deren gegenwärtige Erscheinungsformen die Praktische Theologie bedenkt[151].

Die Eigenart der spezifisch christlichen Gotteserfahrung, oder mit dem Ausdruck von Stephen Sykes: die Identität des Christentums, aus der Vielfalt seiner von den anderen Disziplinen aus unterschiedlichen Blickwinkeln interpretierten Erscheinungsformen zu eruieren und für die gegenwärtige Lebenswirklichkeit auf ihre Verbindlichkeit hin zu deuten, das ist, so lässt sich jetzt formulieren, die Aufgabe der Glaubenslehre als eines theologischen Fachs. Dabei soll der durch die anderen Disziplinen vermittelte Erfahrungsbezug sie davor schützen, ihre eigenen Sätze mit der Identität des Christentums zu verwechseln[152]. Dieser Erfahrungsbezug macht auch deutlich, dass die Unterschiede zwischen den verschiedenen großen Traditionssträngen innerhalb des Christentums zu groß sind, um dessen Identität als kleinsten gemeinsamen Nenner zu formulieren; die Glaubenslehre kann diese Aufgabe vielmehr immer nur innerhalb eines Traditionsstranges in Angriff nehmen und dann das Ergebnis dem ökumenischen Gespräch – durchaus auch Streit – aussetzen[153]. Andererseits muss die notwendige Auseinandersetzung über die Identität des Christentums erkennen lassen, dass auf Grund des gemeinsamen Glaubens an Jesus Christus zwischen den internen Differenzen und denen zu anderen Religionen ein qualitativer Unterschied besteht.

---

[151] Die erste Dogmatik mit dem Titel *Ev. Glaubenslehre* stammt von SIEGMUND JACOB BAUMGARTEN, 3 Bde., Halle 1759/60, hg. von J.S. Semler. Der Begriff geht auf eine der großen Predigtsammlungen PH. J. SPENERS zurück, die den Titel *Die evangelische Glaubens-Lehre* trägt (1688, Schriften III/1, hg. von E. Beyreuther, Hildesheim 1986) und das gesamte orthodoxe System in Form von Predigten darstellt. Zum katholischen Verständnis des Begriffs vgl. KARL RAHNER, *Schriften zur Theologie* Bd. 2, Einsiedeln 1954, 14f. 207; 5, 1962, 282; 6, 464f (synonym mit Dogma) u.ö.

[152] Vgl. dazu STEPHEN SYKES, *The Identity of Christianity. Theologians and the Essence of Christianity from Schleiermacher to Barth*, Philadelphia 1984, bes. 262–286.

[153] Der interessante Versuch EDMUND SCHLINKS, in seiner *Ökumenischen Dogmatik* (2. Aufl. Göttingen 1985) den protestantischen Standpunkt besonders durch Berücksichtigung ostkirchlicher Tradition in Richtung auf eine gesamtkirchliche Dogmatik hin zu überschreiten, hat mich nicht vom Gegenteil überzeugen können. Zu deutlich tritt bei ihm in der Lehre von Gesetz und Evangelium das spezifisch lutherische Erbe in Erscheinung, das sich dann mit dem spekulativen Ansatz der östlichen Theologie nicht zu einer Einheit verschmelzen lässt. Ähnliches gilt für W. PANNENBERGS *Systematische Theologie* (3 Bde., Göttingen 1988–1993), der trotz seiner sehr weit gehenden Annäherung an die römisch-katholische Lehre nicht darum herumkommt, die dogmatische Unfehlbarkeit des römischen Stuhls (deren weitreichende Implikationen mir bei ihm freilich stark unterbelichtet zu sein scheinen) als gewichtigstes Hindernis einer Einigung anzusehen (Bd. 3, 460–469).

4. *Kirchliche und öffentliche Verantwortung*

Wenn die Glaubenslehre die Identität des christlichen Glaubens bestimmen soll, steht sie in einer dreifachen Relation der Verantwortung: Sie muss nicht nur mit der Kirche bei der Ausbildung bzw. Fortentwicklung kirchlicher Lehre kooperieren und vor der *scientific community* ihre Rationalität ausweisen, sondern auch der breiteren Öffentlichkeit Rede und Antwort stehen[154]. Auch für die letzte Aufgabe ist es erforderlich, dass sie die Geschichte des Christentums, seine Bezüge zur modernen Lebenswelt und zu anderen Religionen im Blick hat und sich dabei mit alternativen, insbesondere philosophischen Analysen menschlicher Grunderfahrungen und der geistigen Situation der Zeit auseinander setzt. Dazu benötigt sie den engen Kontakt mit anderen Wissenschaften. Das legt die institutionelle Verankerung nicht nur der historischen, sondern gerade auch der systematisch-theologischen Fächer an der Universität nahe, zumal sie zu deren Arbeit wissenschaftstheoretische und wissenschaftsethische Beiträge beisteuern können, die in dieser Form nicht von der Philosophie zu erwarten sind. So viel geht aus unseren bisherigen Erörterungen schon hervor.

Nun wird von Studierenden und kirchlichen Praktikern häufig eine gewisse „Abgehobenheit" systematisch-theologischer Reflexion von der konkreten Lebenswirklichkeit beklagt. Wenn damit nur formale Abstraktheit gemeint ist, wird sich daran nichts ändern lassen, sofern solche Abstraktheit notwendiger Ausdruck begrifflicher Schärfe und nicht bloß standesgemäßer Unverständlichkeit ist. Sofern es sich aber um Abstraktheit im hegelschen Sinn des Begriffs als Wirklichkeitsfremdheit handelt, wäre es kurzschlüssig, solchen Klagen mit einem Plädoyer für die „reine" Wissenschaft zu begegnen. Zwar gehört die institutionalisierte Unabhängigkeit denkerischer Arbeit, wie sie die Universität bieten kann, zu den unerlässlichen Grundbedingungen für die Ausübung jener Dialektik von „*commitment*" und Distanz, die für sich öffentlich äußerndes theologisches Denken erforderlich ist; doch erscheint dieser Freiraum nur dann sinnvoll, wenn das aus ihm hervorgehende „Produkt", analog sogar zur naturwissenschaftlichen Grundlagenforschung, sich schließlich doch als für das Verständnis der Lebenswirklichkeit relevant erweist. Hier muss im Fall der Theologie die Frage erlaubt sein, ob jenem Mangel nicht durch eine kirchliche Trägerschaft auch der wissenschaftlich-theologischen Ausbildung abzuhelfen wäre.

So gestellt lässt sich die Frage wahrscheinlich bejahen, weil auf diese Weise die theoretische Ausbildung mit Praxisanteilen verklammert werden könnte, wie es beispielsweise in den Vereinigten Staaten der Fall ist. Das könnte die Gefahr einer Verengung theologischer Reflexion auf den binnenkirchlichen Gesichtskreis

---

[154] Vgl. dazu das Kapitel The Three Publics of Theology: Society, Academy, Church, in: DAVID TRACY, *The Analogical Imagination. Christian Theology and the Culture of Pluralism*, New York 1981, 3–46.

mit sich bringen, aber die Fakultäten müssten in der Lage sein, dergleichen durch Mitgestaltung der praktischen Anteile zu verhindern. Jedenfalls stünde einer derartigen Gefahr der Vorteil einer „Erdung" in der Lebenswirklichkeit und überdies der Nähe zur Berufspraxis künftiger Pfarrerinnen und Pfarrer gegenüber, deren Ausbildung nun einmal die Hauptaufgabe theologischer Lehre ist.

Langfristig werden ohnehin die fortschreitende Säkularisierung und der sie begleitende religiöse Pluralismus eine solche institutionelle Veränderung erzwingen. Um so wichtiger ist es, sich rechtzeitig darüber klar zu werden, wie der Vorzug, der trotz allem der gegenwärtigen universitären Lösung zukommt, gewahrt werden kann. Dieser Vorzug besteht in der äußeren Unabhängigkeit der Theologie von der kirchlichen Institution. Er wird von den deutschen Kirchen aufs Ganze gesehen auch als ihr eigener Vorteil anerkannt, weil ein unabhängiger Diskussionspartner, der zudem in Kontakt mit anderen Wissenschaften steht, potenziell größere Chancen für den Gewinn von mehr Klarheit verbürgt als ein abhängiger. Diese Sicht müsste sich gegebenenfalls nach einer institutionellen Veränderung gegen die Versuchung durchsetzen können, akademische Lehrerinnen oder Lehrer im Fall einer tiefgehenden sachlichen Differenz aus dem kirchlichen Dienst zu entlassen, denn andernfalls würde sich eine evangelische Kirchenleitung nicht mehr vom Heiligen Stuhl unterscheiden. Wenn es also eines Tages tatsächlich notwendig wird, die wissenschaftliche Ausbildung künftiger Pfarrerinnen und Pfarrer an kirchlichen Hochschulen durchzuführen (was dann vermutlich vor allem mit der Rolle der Systematischen und der Praktischen Theologie begründet würde), so muss dafür eine institutionelle Konstruktion gefunden werden, welche die Funktion gegenseitiger Kritik von Theologie und Kirche lebensfähig erhält.

Das ist ein Gesichtspunkt, der nicht zuletzt für das Verhältnis zur breiteren Öffentlichkeit wichtig ist. Dieses dritte Publikum der Theologie wird in den Debatten über die eben behandelte Thematik oft übersehen. Die öffentliche Rechenschaft der Theologie ist aber der umfassende Rahmen, in den die Verantwortung für die Kirche und diejenige für die Wissenschaft hineingehören. Als eigenes Publikum tritt die weitere Öffentlichkeit bei Vorträgen, Publikationen und Gremienarbeit in Erscheinung. Die Aufgabe der Glaubenslehre besteht hier in erster Linie nicht in der Popularisierung der „reinen" Wissenschaft, sondern in der Vermittlung der beiden anderen Verantwortungsbezüge auf dritter institutioneller Ebene. Auf solchen dritten Foren kann sie, sofern diese nicht durch Sensationsgier okkupiert sind, beispielsweise dazu beitragen, öffentliches Interesse erregende Flügelkämpfe zwischen kirchlichen Parteiungen zu versachlichen.

V. Die Quellen

Bibel und gegenwärtige geistige Lage, die Geschichte des Christentums und der anderen Religionen, die Bekenntnisse der Kirchen, individuelle Erfahrung und geltende kirchliche Lehre, das sind die Quellen, aus denen die Glaubenslehre ihre Gegenstände bezieht. Das schließt selbstverständlich die Möglichkeit ein, dass sie diese sehr unterschiedlichen Größen ganz verschieden gewichtet und beurteilt. Unstrittig dürfte jedoch sein, dass die Glaubenslehre zur Erfüllung ihrer Aufgabe, die Identität des Christentums zu bestimmen, all das heranziehen muss, was eben genannt worden ist.

Nun ist aber eine Quelle etwas anderes als eine Norm. Deshalb mag es befremden, dass wir auch die Bibel hier „nur" als Quelle einführen und nicht wie im klassischen Protestantismus als *norma normans* des theologischen Urteils von allen sonstigen Gegenstandsbereichen kategorial unterscheiden. Die dahinter stehende Vorentscheidung bedeutet nicht, dass die Identität des Christentums ohne irgendeine von außen begegnende Verbindlichkeit, absolut autonom, erhoben werden könnte. Doch ist diese Verbindlichkeit heute, anders als im Zeitalter der Orthodoxie, nicht mehr ohne weiteres mit der Bibel zu identifizieren – was übrigens schon Luther so nicht getan hat. Man kann die nach 300 Jahren historischer Arbeit an der Bibel kaum noch zu bestreitenden Erkenntnisse nicht einfach ignorieren: dass die Bibel eine durchaus heterogene Sammlung von Glaubenszeugnissen ist, dass sie naturwissenschaftliche Vorstellungen enthält, die wir nicht mehr teilen können, dass das Alte Testament kultische Reinheitsgebote und Gedanken vom Jahwe-Krieg enthält, welche die Christen fast von Anfang an für sich nicht akzeptiert haben, dass auch im Neuen Testament Irrtümer vorkommen wie etwa die Erwartung des zeitlich unmittelbar bevorstehenden Weltendes. Daraus folgt keineswegs, dass der Bibel eine maßgebliche Bedeutung aberkannt werden sollte, wohl aber, dass eine solche Bedeutung weder ihr als einem monolithischen Block zugesprochen werden kann, der sie nicht ist, noch als selbstverständlich vorausgesetzt werden darf, sondern begründet werden muss. Die folgenden Überlegungen werden zeigen, dass dieses Verfahren keinen Verlust an christlicher Substanz zur Folge hat, wie oft befürchtet wird, sondern im Gegenteil das, was die Reformatoren mit ihrem *sola scriptura* eigentlich gemeint haben, klarer zum Ausdruck bringt, als das mit einer undifferenzierten Normsetzung noch möglich ist. Und vor allem setzt die Glaubenslehre auf diese Weise nicht ihre Glaubwürdigkeit aufs Spiel.

1. Die Bibel und die gegenwärtige geistige Lage

Die Bibel ist die erste und nach wie vor wichtigste Quelle – oder besser: Quellen-
sammlung – für eine Glaubenslehre, weil sie das ursprüngliche Zeugnis von Jesus
Christus enthält, auf den sich der christliche Glaube gründet. Dieser Satz bedarf
freilich sogleich einer Differenzierung. Zeugnis von Jesus Christus ist ja eigentlich nur das Neue Testament. Das Alte Testament wurde zwar seit Entstehung
der Alten Kirche als das Buch der Weissagungen auf Jesus verstanden. Doch sind
solche Umdeutungen von Juden immer bestritten worden, und zwar mit vollem
sachlichem Recht. Weder in den exilischen Weissagungen einer Wiedererstehung
des israelitischen Staatswesens und der davidischen Dynastie noch in den eschatologischen Verheißungen eines vom Himmel kommenden Menschensohnes ist
Platz für die Gestalt des galiläischen Wanderpredigers Jesus. Wir kommen auf
das komplexe Verhältnis der beiden Kanonteile später zurück.

Die als *Neues Testament* zusammengefasste Schriftensammlung ist literarisch
wie sachlich recht heterogen. Sie enthält vier verschiedene Evangelien, die weder
hinsichtlich aller in ihnen berichteten Ereignisse noch hinsichtlich ihrer theologischen Leitlinien auf einen Nenner zu bringen sind. Wir finden auch sonst an entscheidenden Stellen historische und sachliche Unvereinbarkeiten wie z.B. die un-
geschminkte Darstellung des Konflikts zwischen Paulus und Petrus in Antiochia
(Gal 2) einerseits und dessen Harmonisierung im Interesse eines Idealbildes der
Urgemeinde (Act 15) andererseits. Eine Schrift wie der Judasbrief, die Christus
mit keinem Wort erwähnt, ist dennoch in den Kanon aufgenommen worden. Neben der klaren Aussage des Paulus, der Mensch werde „aus Gnade, ohne des Gesetzes Werke" gerecht (Rm 3,28), stehen die Auffassung des Jakobusbriefs, der
Glaube und Werke als vom Menschen zu erbringende Leistungen versteht (Jak
2,24), und die strenge Aufrechterhaltung jeder einzelnen gesetzlichen Bestimmung bei Matthäus (Mt 5,17). Diese Beispiele mögen genügen, um zu zeigen:
Die Spannweite zwischen den verschiedenen Schriften ist so groß, dass man ihr
mit der altorthodoxen Unterscheidung von proto- und deuterokanonischen
Schriften nicht gerecht werden kann. Das Neue Testament kann weder so, wie es
ist, noch in einer irgendwie „gereinigten" Form als Konstruktionszeichnung für
eine Glaubenslehre dienen. Vielmehr ist es *mit* seinen inneren Konflikten und *mit*
seinen u. E. teilweise recht problematischen Entwicklungen von der ersten zur
zweiten und dritten Generation (Beispiel: die Unmöglichkeit einer zweiten Buße
Hb 6,4–6) das Buch der Kirche. Es ist die Erfahrung der Kirche, dass dieses Buch
gerade in seiner Vielfalt und teilweisen Widersprüchlichkeit immer wieder zu
neuen Einsichten in das Wesen des christlichen Glaubens – freilich ebenso zu
Fehlentscheidungen – inspiriert hat[155].

---

[155] Vgl. dazu S. Sykes, a.a.O. (Anm. 152), 11–34.

Diese Erfahrung ist freilich nur dadurch möglich gewesen, dass der Hauptstrom der neutestamentlichen Überlieferung sich an die von Jesus ausgehende Botschaft von dem Gott hält, der als der unbedingt Fordernde und doch zugleich ohne Vorbedingung Vergebende den Menschen nahe kommt und ihnen so ein neues Leben im „Reich Gottes" eröffnet[156]. Jedoch ist auch dieser Hauptstrom durchaus in sich differenziert; es ist ja nicht einfach dasselbe, wenn das Neue von Paulus als Freiheit vom Gesetz und von Johannes als Freiheit von Tod und Finsternis verstanden wird oder wenn bei Paulus der Akzent auf dem Kreuz und bei Johannes auf der (verborgenen) Erhöhung liegt. Sie sprechen zwar offensichtlich von der gleichen Erfahrung des Glaubens, die aber durch die jeweils andere geschichtliche, geistige und biographische Situation unterschiedlich gebrochen erscheint. Diese Unterschiedlichkeit ist unumgänglich, wenn es denn wahr ist, dass die religiöse Erfahrung der Gegenwart Gottes jeweils die ganze – immer wieder andere – Lebenswirklichkeit der betroffenen Menschen in Anspruch nimmt.

Daraus ergibt sich die Freiheit, ja die Nötigung zu methodisch fundierter Sachkritik innerhalb des neutestamentlichen Kanons. Ihr entspricht umgekehrt die Offenheit für die Möglichkeit, genuin christliche Gedanken auch außerhalb seiner zu entdecken. Sie ergibt sich ebenso zwangsläufig aus der Einsicht, dass die Bildung des Kanons nicht auf einer unfehlbaren Entscheidung der alten Kirche beruht, sondern von nicht immer unproblematischen Trends und Strömungen innerhalb ihrer abhängig war. So mehren sich z.B. die Hinweise auf wahrscheinlich authentische Jesusworte im Thomasevangelium.

Worin besteht aber dann das Verbindliche des Neuen Testament als Quelle der Glaubenslehre? Es besteht jedenfalls nicht im Wortlaut seiner Gedanken, und sei es die Rechtfertigungslehre des Paulus. Kein einziger dieser Texte lässt sich von der bestimmten Erfahrung seines Autors einfach ablösen, der darin jeweils seine Form der christlichen Gotteserfahrung bezeugt. Erhöbe man also einen neutestamentlichen Text als solchen zur über die Zeiten hinweg gültigen Norm, so täte man automatisch das Gleiche mit den bestimmten menschlich-geschichtlichen Erfahrungen seines Autors. Damit würden wir nicht nur eine fremde menschliche Individualität, sondern obendrein deren Irrtümer kanonisieren. In einem solchen buchstabengläubigen Sinn ist nicht einmal Jesus maßgebend, insofern er ein Mensch seiner Zeit war; es kann ja nicht darum gehen, seinen persönlichen Lebensstil, seine privaten Entscheidungen oder seine menschlichen Irrtümer wie z.B. die Erwartung eines zeitlich nahen Weltendes zu kopieren. Maßgebend kann vielmehr allein die Nähe Gottes in Jesus Christus sein, der deshalb auch das Wort Gottes in Person genannt werden kann (Joh 1,1.14). Nicht etwa ein moderner historisch-kritischer Theologe, sondern Luther hat diesen Grundsatz mit unüberbietbarer Prägnanz formuliert: „Wenn die Gegner auf der Schrift

---

[156] Vgl. dazu E. Jüngel, *Paulus und Jesus. Eine Untersuchung zur Präzisierung der Frage nach dem Ursprung der Christologie* (HUTh 2), 6. Aufl. Tübingen 1986.

gegen Christus insistieren, so insistieren wir auf Christus gegen die Schrift"[157]. Das „Normierende", Gottes Gegenwart in Christus, gefriert also nicht zu kodifizierten Sätzen, die Theologie und Kirche zu unanfechtbarem lehrgesetzlichem Gebrauch zur Verfügung stünden.

Allerdings kann von Jesus Christus als dem Wort Gottes nicht anders gesprochen werden als in der Brechung durch das geschichtliche Zeugnis von ihm. Der besondere Rang des Neuen Testaments für die christliche Kirche besteht demnach darin, so kann man jetzt genauer formulieren, dass es die ursprünglichen Zeugnisse vom Glauben an Gottes wirksame Gegenwart in der geschichtlichen Person Jesu Christi enthält (wiewohl keine einzige seiner Schriften von einem Augenzeugen des irdischen Wirkens Jesu verfasst ist). Es stellt die Christen vor die Aufgabe, durch die mannigfachen Facetten dieses Zeugnisses hindurch das Wort Gottes, das mit keiner dieser Facetten identisch ist, zu vernehmen, „die Geister zu prüfen" (1.Joh 4,1), nicht sie zu uniformieren. Dass dabei eine Vielzahl von unterschiedlichen Auslegungen entsteht, ist ebenso natürlich wie die Vielfalt des neutestamentlichen Kanons selbst. Um dennoch Willkür und Chaos vermeiden zu können, bedarf man religiöser Intuition und sorgfältiger historischer Forschung.

Das *Alte Testament* repräsentiert die Vorgeschichte des Neuen, die darin vielfältig weiterwirkt. Jesus hat in dieser Tradition gelebt, die Kirche hat ihr Verständnis der Heilsgeschichte mit ihrer Hilfe entwickelt, und die Psalmen haben eine nicht zu unterschätzende Bedeutung für die christliche Frömmigkeit gewonnen. Freilich hat das Christentum sich das Alte Testament nur dadurch so intensiv aneignen können, dass es viele Traditionsstücke typologisch oder allegorisch umdeutete (z.B. der Opferung Isaaks auf das Kreuz Jesu), die messianischen Weissagungen unhistorisch auf Jesus bezog und die Rachepsalmen sowie die für alttestamentliche Frömmigkeit wichtigen Kultgesetze stillschweigend überging. Nachdem die Reformation gefordert hatte, sich allein auf den Literalsinn zu beziehen, und damit die historische Betrachtungsweise mit vorbereitet hatte, begann man zu erkennen, dass jene älteren Auslegungsmethoden mit der ursprünglichen Intention der alttestamentlichen Autoren recht willkürlich umgesprungen waren. Indirekt gibt das sogar ein später Befürworter der typologischen Exegese zu, wenn er sagt, sie sei keine Methode, sondern Ausdruck der Freiheit des Geistes[158]. Vor allem nahm man nun wahr, dass das Alte Testament, wie Herbert Donner formuliert hat, nicht nur eine christliche, sondern auch eine jüdische und eine islamische Nachgeschichte hat[159]. Alle drei stellen natürlich Weiterentwick-

---

[157] M. Luther, *Die Thesen für die Promotionsdisputation von Hieronymus Weller und Nikolaus Medler* (1535), WA 39/I (44–53), 47,19f (Th.49): „Quod si adversarii scripturam urserint contra Christum, urgemus Christum contra scripturam".

[158] Vgl. Gerhard von Rad, *Typologische Auslegung des Alten Testaments*, in: EvTh 12/ 1952–53 (17–33), 33.

[159] Vgl. Herbert Donner, *Das Problem des AT in der christlichen Theologie. Überlegun-*

lungen der ursprünglichen Tradition dar. Doch hat die jüdische Nachgeschichte das Erbe von Tora und messianischen Hoffnungen am treuesten bewahrt.

Damit stand die christliche Geltung des Alten Testaments zur Debatte. Man arbeitete zunächst scharf die Unterschiede, ja Gegensätze heraus: Gesetzlichkeit und Partikularismus des auserwählten Volkes auf der einen, evangelische Freiheit und Universalität auf der anderen Seite. So hat es Schleiermacher zusammengefasst[160]. Er gestand zwar eine umfangreiche Übernahme alttestamentlichen Traditionsguts zu, hielt aber dessen Umformung für so radikal, dass sich daran das schlechthin Neue des Christentums ablesen lasse. Adolf von Harnack ging hundert Jahre später noch einen Schritt weiter: „... das AT im 2. Jahrhundert zu verwerfen, war ein Fehler; ... es im 16. Jahrhundert beizubehalten, war ein Schicksal, dem sich die Reformation noch nicht zu entziehen vermochte; es aber seit dem 19. Jahrhundert als kanonische Urkunde im Protestantismus noch zu konservieren, ist die Folge einer religiösen und kirchlichen Lähmung"[161].

Man sollte sich hüten, solche Positionen aus antijüdischem Ressentiment zu erklären; das wirkt etwa angesichts von Schleiermachers freundschaftlichen Beziehungen zu jüdischen Familien in Berlin eher grotesk. Es ist fatal, wenn man, wie es leider heute nicht selten geschieht, die Gräuel von Auschwitz dazu missbraucht, die historische Frage nach der Unterscheidung des Christentums vom Judentum emotional zu diffamieren[162]. Demgegenüber verdient ein jüdischer Gesprächspartner Gehör: „Juden, die in den jüdisch-christlichen Dialog eintreten, sind entschlossen, ihre Identität zu bewahren, und entsprechend hoffen und erwarten sie, daß auch die Christen ihre christliche Identität bewahren"[163].

Schleiermachers Bestimmung des Verhältnisses zum Alten Testament ist gewiss nach dem heutigen exegetischen Erkenntnisstand zu einfach. Aber er hat die entscheidenden Sachfragen richtig gesehen; seine Formulierungen bedürfen nur der Differenzierung. Hinsichtlich des Gesetzes lässt sich das am Dekalog demonstrieren. Gottes freie Erwählung des Volkes geht eindeutig voran, ohne Vorbedingungen. Doch folgen die Bedingungen für die Zugehörigkeit zum Bund dann nach – wenn auch nicht im Sinn einer harten Fron, sondern der Freude am Gesetz (Ps 19). Das Gesetz ist hier, so könnte man mit Karl Barth sagen, eine „Form des Evangeliums"[164]. Im Neuen Testament dagegen finden wir eine extreme dialekti-

---

gen *zu Begriff und Geschichte der alttestamentlichen Einleitung*, in: Beiträge zur Theorie des neuzeitlichen Christentums, FS W. Trillhaas, Berlin 1968, 37–52, bes. 45–47.

[160] F.D.E. SCHLEIERMACHER, *Der christliche Glaube* (Anm. 18), §§ 12.132.

[161] ADOLF VON HARNACK, *Marcion*, 2. Aufl. Leipzig 1924, 217 (hier das Zitat).222.

[162] Schon vor Jahrzehnten schrieb W. TRILLHAAS, *Dogmatik*, 1. Aufl. Berlin 1962, 94: „Man hat den Eindruck, daß die ganze Verhandlung [scil. über die christliche Verwendung des Alten Testaments] heute noch von Einsichten, Erinnerungen, aber auch von Ressentiments des deutschen Kirchenkampfes lebt, von denen sie um der Sachlichkeit willen gelöst werden müßte".

[163] MICHAEL WYSCHOGROD, in: epd-Dokumentation 46a/1989, 11, These 1. Ähnlich NATHAN P. LEVINSON, *Anfrage eines Juden an eine christliche Synode*, in: RKZ 123/1982 (153–155), 155.

[164] K. BARTH, *Evangelium und Gesetz* (TEH 32), Zollikon 1935, 11–15.

sche Zuspitzung von unbedingter göttlicher Forderung und Zusage bedingungsloser Gnade (Seligpreisungen und Antithesen der Bergpredigt, die sich sogar To-
raworten entgegenstellen können, Mt 5,31.33.38). Paulus hat diese Dialektik
nur auf scharfe Begriffe gebracht, indem er dem heiligen Gesetz, das zur Verder-
bensmacht wird, wenn man durch seine Erfüllung aus Eigenem vor Gott gerecht
werden will, die aus Gnade geschenkte Freiheit gegenüberstellt, in der das Gott
gemäße irdische Verhalten die Folge aus der reinen Gnade Gottes ist (Gal 5,1).
Und was die Erwählung des Volkes angeht, so ist zwar im Alten Testament eine
Tendenz zum Universalen religionsgeschichtlich bereits durch die Entwicklung
der israelitischen Religion zum Monotheismus und die damit verbundene Übernahme der Funktionen aller anderen Götter durch Jahwe angelegt[165]. Doch
bleibt die ursprüngliche Zentrierung dieser Religion auf das erwählte Volk erhalten. Deshalb kann die Tendenz zur Universalität in den späteren prophetischen
Verheißungen nur so zum Ausdruck gebracht werden, dass die Völker zum Zion
als dem religiösen Zentrum kommen sollen (Jes 60,3). Das Christentum dagegen
zeigt zumindest andeutungsweise bereits zu Beginn Tendenzen zur Ablösung von
dieser Zentrierung, etwa im Gleichnis vom barmherzigen Samariter. Jesus hat
nicht theokratisch gedacht und, soweit wir wissen, die Landverheißung nie aufgegriffen. Die weitere Tradition ist uneinheitlich, führt aber die Anfänge fort. So
hält Paulus energisch an der Erwählung des Volkes fest, lässt sie aber allein in
Christus, nämlich durch die Vergebung bei seiner endzeitlichen Wiederkunft, zur
Erfüllung kommen (Rm 11,26). Spätere Autoren vergröbern diesen Ansatz zu einer pauschalen Verurteilung der Juden (Johannesevangelium) und treten damit –
historisch aus der Konfliktsituation begreiflich – in Widerspruch zu der Botschaft vom universalen Heilswillen Gottes.

Die Kritik muss an dieser Stelle auf der scharfen Unterscheidung zwischen
sachlicher Abgrenzung und Feindschaft insistieren. Für das heutige Christentum
ist der Glaube des jüdischen Volkes an seine göttliche Erwählung kein eigener
Glaubensartikel mehr – die Christen gehören nicht zum Volk Israel. Daraus folgt
aber weder das Recht, den Juden diesen Glauben zu bestreiten, noch das Recht,
sich mit der These der Rheinischen Synode von 1980, die Christen seien in den
Bund Gottes mit Israel hineingenommen worden[166], in diesen Glauben hineinzu-

---

[165] Vgl. MANFRED WEIPPERT, *Synkretismus und Monotheismus. Religionsinterne Konflikt-
bewältigung im alten Israel*, in: DERS., Jahwe und die anderen Götter (FAT 18), Tübingen 1997
(1–24), bes. 19–24. Danach ist Jahwe als Stammesgott ursprünglich Glied eines umfassenden
Pantheon unter dem Obergott Elyon gewesen, der die Völker auf die verschiedenen Götter aufgeteilt hat, (5f; vgl. Dt 32,8f). Den Hinweis auf diesen Aufsatz verdanke ich Reinhard Müller.
[166] Vgl. *Synode der Ev. Kirche im Rheinland: Synodalbeschluß „Zur Erneuerung des Verhältnisses von Christen und Juden" vom 11. 1. 1980*, Ziffer 4,4, in: Die Kirchen und das Judentum. Dokumente von 1945–1985, hg. v. R. Rendtorff und H.H. Henrix, 2. A. Paderborn/Mün-
chen 1989 (593–596), 594. Zur Kritik an diesem Beschluss und an den darauf folgenden Versuchen, seinen Kern dem Grundartikel der Rheinischen Kirche anzufügen, vgl. N. SLENCZKA,

drängen (ist den Christen auch das Land Israel versprochen?). Es ist ein Glaube, der schlicht zu *respektieren* ist[167].

Trotz der fundamentalen Unterschiede zwischen beiden religiösen Traditionen bleibt das Alte Testament eine unentbehrliche Quelle für die Glaubenslehre und steht zu Recht im Kanon – das vorhin entwickelte Verständnis dieses Begriffs vorausgesetzt. Zur Begründung ist zu sagen: 1. Das Neue Testament ist ohne das Alte nicht zu verstehen. 2. Das Maß an inhaltlichen Gemeinsamkeiten ist so hoch wie mit keiner anderen Religion. Zu nennen sind hier exemplarisch der Schöpfungsglaube, die sich im AT ständig steigernde Tendenz zu einer klaren Fassung der Transzendenz Gottes, der konstitutive Bezug zum geschichtlichen Leben (wenngleich in dessen *Verständnis* einer der Gegensätze steckt) und die Ausrichtung auf soziale Gerechtigkeit. 3. Wegen dieser starken Kontinuitätselemente trotz der Fundamentaldifferenz, die das Christentum keine jüdische Sekte bleiben ließ, kann das Alte Testament exemplarisch für das Verhältnis des Christentums zu anderen Religionen stehen. Der nicht relativierbare Rekurs auf die Wahrheit der *ab extra* in Jesus Christus begegnenden und niemals verfügbar werdenden Offenbarung muss sich mit der Anerkennung tiefer Gemeinsamkeiten verbinden, die historisch die Vorstellung einer absoluten Originalität des Christentums und religiös die simple Abqualifizierung einer anderen Religion als „falsch" verbietet.

Dem Zeugnis von der Offenbarung in Christus steht die *gegenwärtige geistige Lage* gegenüber. Sie ist das, was durch dieses Zeugnis interpretiert werden soll – nicht das, was umgekehrt den Deutungsmaßstab für das Zeugnis hergibt. Mit anderen Worten: Die gegenwärtige Situation darf nicht zur Norm für Theologie und Kirche gemacht werden. Diese Forderung ist freilich leichter aufgestellt als erfüllt. Denn das heutige Verständnis des Christentums ist ebenso von der gegenwärtigen Denk- und Erfahrungsweise und ihren vermeintlichen Selbstverständlichkeiten geprägt wie die für uns greifbare älteste Gestalt des Christuszeugnisses von denjenigen der Antike. Menschliche Grunderfahrungen und religiöse Erfahrung kommen nie anders als im Gewand unmittelbarer Selbst- und Welterfahrung vor. Darum ist jede Theologie, nicht nur die programmatisch so genannte, „kontextuell", sogar eine sich als zeitlos ausgebende *theologia perennis*. Das hat zur Folge, dass der eigene Kontext, sofern er nicht eigens zum Gegenstand methodischer Analyse gemacht wird, unversehens eine normative Funktion bekommt[168]. Die gegenwärtige geistige Lage erhöht diese Gefahr durch ihren ho-

---

Durch Jesus in den Sinaibund? Zur Änderung des Grundartikels der rheinischen Kirche, in: LM 34/1995, 17–20.

[167] So auch KRISTER STENDAHL, *Die nächste Generation in den jüdisch-christlichen Beziehungen*, in: KuI 1/1986 (11–15), 15.

[168] Für eine kritische Auseinandersetzung mit dieser Problematik in Bezug auf die so genannte kontextuelle Theologie vgl. N. SLENCZKA, *Kontext und Theologie. Ein kritischer Versuch zum Programm einer „kontextuellen Theologie"*, in: NZSTh 35/1993, 303–331. Dazu ist zwei-

hen Grad von innerer Differenziertheit. Das Verständnis des Christentums erweist sich so als unvermeidlich strittig.

Damit ist hinreichend deutlich, weshalb die gegenwärtige geistige Lage zu den – interpretationsbedürftigen – Quellen der Glaubenslehre gehört. Es kommt nun darauf an, dass man sich weder das antike Selbst- und Weltverständnis zu Eigen zu machen versucht noch Maßstäbe modernen Denkens ungeprüft übernimmt und so dann entweder den alten Schriftstellern modernes Empfinden unterstellt oder sie von diesem aus schulmeistert. Positiv gilt es, im Rekurs auf die über die Zeiten hinweg gemeinsamen menschlichen Grunderfahrungen das ebenso die Zeiten übergreifende spezifisch Christliche zu identifizieren, das jene Grunderfahrungen auslegt. Man muss sich freilich darüber klar sein, dass dies nur in Grenzen möglich ist. Zwar gibt es Horizontüberschneidungen der unmittelbaren Selbst-und Welterfahrung, die das geschichtliche Verstehen erleichtern, ja überhaupt ermöglichen. Doch können diese die tiefe Fremdheit antiker Erfahrungsweise nicht gänzlich aufheben – eine Kluft, die auf der Seite der Gegenwart ebenso wie auf der Seite der Vergangenheit voll ausgemessen werden muss, soll das „unbedingt Angehende", um das es der Glaubenslehre zu tun ist, nicht doch mit etwas Ephemerem verwechselt werden.

Die historische und die kulturelle Fremdheit, welche die Gemeinsamkeit menschlicher Grunderfahrungen in der Bibel verhüllen, muss also von dem schlechthin Fremden des transzendenten Gottes unterschieden werden, so sehr auch faktisch beides stets miteinander verschränkt ist und daher niemals sauber voneinander getrennt werden kann. Um sich darüber klar zu werden, dass, christlich ausgedrückt, das σκάνδαλον und die μωρία, die das Wort vom Kreuz für die „Juden" und „Griechen" aller Zeiten darstellt (1.Kor 1,18–31), etwas kategorial anderes ist als der Abstand, der uns von der Gedankenwelt, der Lebensweise und dem kulturellen Umfeld trennt, in denen Jesus sich bewegt hat, muss man hier historisch und empirisch sauber arbeiten. An dieser Stelle fallen wissenschaftliches und inhaltlich religiöses Interesse in der Theologie zusammen.

2. Geschichte des Christentums und der anderen Religionen

Gegenüber dem soeben Ausgeführten ist kritisch zu fragen, ob es überhaupt möglich ist, die biblischen Aussagen unmittelbar mit der gegenwärtigen Erfahrung zu konfrontieren. Karl Barth hat dies offenbar angenommen, wenn er die These aufstellte, die *Kirchengeschichte* sei lediglich eine Hilfswissenschaft (wenn

---

erlei hervorzuheben. Zum einen ist es ein Vorzug dieser theologischen Richtung, die Kontextgebundenheit überhaupt zu thematisieren, und zum anderen bedroht die in dem genannten Aufsatz skizzierte Gefahr einer Normierung theologischer Aussagen durch den Kontext ausnahmslos jedes theologische Denken. Beides wird auch von Slenczka nicht bestritten.

auch eine unentbehrliche), weil sie keine eigenständige theologische Frage stelle[169]. Dabei ist vorausgesetzt, dass der biblische Kanon sich der Kirche im Akt der Verkündigung in seiner Normativität unmittelbar aufdrängt[170]. Der Dogmatik fällt dann die Aufgabe zu, das in den biblischen Schriften bezeugte und durch sie sich ereignende Offenbarungsgeschehen nachzuzeichnen. Diese trotz einer staunenswerten Fülle des verarbeiteten historischen Materials wesentlich unhistorische Sicht hat, zumal sie in der Leserschaft weithin bereits auf ein Nachlassen des historischen Sinns traf, tiefe Wirkungen gehabt. Bei Barth selbst zeigt sich die Problematik daran, dass sein Geschichtsbegriff zwischen Geschichte und Übergeschichte merkwürdig oszilliert. So kann es beispielsweise einerseits heißen, der Dekalog sei in seinem geschichtlichen Kontext zu interpretieren; andererseits sei seine Geschichtlichkeit aber eine „prinzipielle", das heißt diejenige einer unmittelbaren Offenbarung Gottes. In dieser Hinsicht ist der geschichtliche Text durch das Wirken des Heiligen Geistes mit der gegenwärtigen geschichtlichen Situation des Christen unmittelbar gleichzeitig, so dass dieser dann doch ohne den Umweg über geschichtliche Überlegungen wissen kann, was jetzt zu tun ist[171].

Faktisch ist uns die Bibel immer nur durch die Vermittlung der ganzen Geschichte ihrer Auslegung gegenwärtig, ob uns das nun jeweils bewusst ist oder nicht. Gerhard Ebeling hat deshalb mit Recht der Kirchengeschichte als „Geschichte der Auslegung der Heiligen Schrift" eine konstitutive Rolle innerhalb der Theologie zugeschrieben[172]. Doch scheint uns diese Absicht mit der zitierten Formel noch nicht eingelöst zu sein, auch wenn der Begriff der Auslegung in einem weiten Sinn gefasst wird, so dass er Kultus und Leben einschließt (24). Das Neue Testament ist ja nicht eine isolierbare Größe, die man der christlichen Tradition als das in ihr Ausgelegte gegenüberstellen könnte. Vielmehr muss es zugleich als deren Anfang und Bestandteil angesehen werden. Diese historische Position des Neuen Testaments als erstes Glied (und Auslegungsgegenstand) einer Traditionskette ist von der theologischen Frage nach der in dieser Kette *insgesamt* bezeugten und ausgelegten Wahrheit zu unterscheiden. In der letzteren Hinsicht hebt Ebeling selbst hervor, dass das Wahrheitskriterium der christlichen Botschaft eben nicht die Bibel selbst, sondern die von Gott geschenkte Gleichzeitigkeit mit dem Gekreuzigten ist (26). In *dieser* Hinsicht gilt in der Tat der Satz Søren Kierkegaards, dass es keine Jünger erster und zweiter Hand geben könne[173], weil *coram Deo* keine Rangunterschiede bestehen. Die historische Ver-

---

[169] K. Barth, *KD* I/1, 3. Ernst Wolf stimmt ihm im Prinzip zu und erteilt der Kirchengeschichte die Aufgabe, das Verhältnis von Kerygma und Dogma zu bestimmen: „*Kerygma und Dogma*"?, in: Antwort, FS K. Barth, Zollikon 1956 (780–807), 806.

[170] *KD* I/1, 110f; I/2, 526.

[171] *KD* II/2, 749.762.

[172] G. Ebeling, *Kirchengeschichte als Geschichte der Auslegung der Heiligen Schrift*, in: ders., Wort Gottes und Tradition. Studien zu einer Hermeneutik der Konfessionen (KiKonf 7), Göttingen 1964, 9–27. Danach auch die folgenden Seitenzahlen im Text.

[173] Søren Kierkegaard, *Philosophische Brocken. De omnibus dubitandum est* (Philoso-

mittlungsfunktion der Schrift dagegen ermöglicht die vom Menschen zu leistende *geschichtliche* Gleichzeitigkeit mit ihren Autoren und deren Berichten und Gedanken; dies aber nur so, dass dabei die ganze Geschichte der Auseinandersetzungen über das Verständnis ihres zentralen Inhalts stets mit präsent ist. Die strittige Frage lautet dann, ob die historische Vermittlungsfunktion der Schrift – und vielleicht auch der von ihr initiierten Tradition – an der Heilsnotwendigkeit ihres Inhalts partizipiert oder nicht.

Die so verstandene Frage der theologischen Bedeutung der Kirchengeschichte ist in der kontroverstheologischen Debatte zwischen den Konfessionen meist in der vereinfachten Form gestellt worden: Wie verhält sich der Kanon zur nachfolgenden kirchlichen Tradition? Mit ihren Antworten haben in den letzten Jahrzehnten kritische protestantische Exegeten und katholische Systematiker gleichermaßen, wenn auch aus ganz entgegengesetzten theologischen Interessen, darauf hingewiesen, dass es sich dabei historisch um einen fließenden Übergang handelt: die einen, um gegen ein lehrgesetzliches Verständnis des Neuen Testaments zu protestieren und den Beginn „frühkatholischer" Abkehr von der ursprünglichen, reinen Gestalt des christlichen Glaubenszeugnisses bereits im Neuen Testament selbst nachzuweisen, die anderen, um das Neue Testament als von der Kirche autorisierte und auch das spezifisch Katholische bereits enthaltende Keimzelle der sich bis heute fortsetzenden, mit der Schrift „pari pietatis affectu" zu verehrenden (DH 1501) römischen Lehrtradition zu erweisen. Oberflächlich betrachtet, sieht es danach so aus, als hätten die Protestanten die schlechteren Argumente, weil es hoffnungslos zu sein scheint, die „reine" Urgestalt heraus zu präparieren, während die katholische Seite eine plausible Gesamtsicht zu bieten vermag. Die Dinge sind jedoch komplexer; daher müssen wir an diesem wichtigen Punkt etwas verweilen.

Die katholischen Theologen halten den Protestanten vor, mehr oder weniger willkürlich die Rechtfertigungslehre des Paulus als kritische Norm an den Kanon anzulegen oder aber vor dem Problem zu resignieren[174]. In jedem Fall werde hier die Offenbarung in ihrer Objektivität zugunsten eines reinen Subjektivismus aufgelöst, denn nun stehe der Einzelne allein und ohne die Gemeinschaft der Kirche Gott gegenüber[175]. Dies sei, so Heinrich Schlier, „ein Symptom der versteiften [wohl im Sinn von: uneinsichtigen] Selbstbehauptung des Protestantismus"[176]. In Wahrheit sei die Vielfalt innerhalb des Neuen Testaments gerade ein

phiske Smuler…, dt. v. E. Hirsch), GW 10.Abt., Düsseldorf 1952, 101: „Es gibt keinen Jünger zweiter Hand."

[174] So Karl Rahner/Karl Lehmann, *Kerygma und Dogma,* in: MySal 1 (622–703), 669.671.

[175] Vgl. Nikolaus Appel, *Kanon und Kirche. Die Kanonkrise im heutigen Protestantismus als kontroverstheologisches Problem* (KKTS 9), Paderborn 1964, 354; K. Rahner/K. Lehmann, a.a.O., 672.

[176] Heinrich Schlier, *Die Zeit der Kirche,* 2. Aufl. Freiburg i. B. 1958, 311.

Zeichen seines Reichtums und diene der Abwehr von Einseitigkeit. Es zeige sich darin auch, dass hier keine Gruppe von doktrinären Eiferern, sondern die Kirche als lebendige Tradentin rede. Das spezifisch Katholische lasse sich überhaupt nicht aussondern, sondern sei von Anfang an präsent[177]. Jesus selbst, schreibt Karl Rahner, habe sich in das autoritative Zeugnis der Apostel und damit in das Zeugnis der Kirche hineingegeben[178]. Die „frühkatholischen" Schriften bildeten einen natürlichen Übergang zur nachapostolischen Zeit; die protestantische Isolierung des Neuen Testaments sei so als unhistorisch erwiesen. Im Übrigen, so heißt es bei einem anderen katholischen Theologen, sei das apostolische Zeugnis auf „entfaltende, applizierende und interpretierende Neuformulierung" angewiesen, um auch in späterer Zeit relevant zu sein[179]. Mit einem Herrschaftsanspruch der Kirche über die Auslegung der Bibel habe das nichts zu tun; die Kirche habe zwar den Kanon eingesetzt, aber sie sei ja als Werkzeug Christi an die *traditio passiva*, das *depositum fidei*, gebunden. Der katholische Christ fühle sich auch nicht unter einem Gewissenszwang gegenüber dem Lehramt, sondern sei für dessen Weisung dankbar[180].

Diese Argumente machen dem Protestanten zunächst deutlich, dass er mit einer Reduktion des Kanons auf eine bestimmte Lehre oder einen bestimmten Autor nicht durchkommt, denn er würde dann mit dem Katholizismus die stillschweigende Voraussetzung teilen, dass Glaube vor allem die willensmäßige Zustimmung des Denkens zur Heilslehre sei. Auf dieser Basis erscheint der Verdacht der Anmaßung und Willkür gegenüber der jahrhundertealten Weisheit der Kirche plausibel. Zwar lässt sich immer noch dagegen einwenden, der Anspruch der Kirche auf Unfehlbarkeit der *ex cathedra* getroffenen Lehrentscheidungen ergebe sich keineswegs notwendig aus jenem Argumentationszusammenhang. Doch die schwer zu widerlegende Antwort darauf lautet, es sei doch einfach faktisch so, dass die Kirche für die Geltung des Kanons einstehe, und im Übrigen tue sie das ja nicht aus eigener Machtvollkommenheit, sondern mit dem Beistand des Heiligen Geistes.

Genau hier sitzt freilich auch die Problematik der katholischen Argumentation. Sie besteht in ihrem Zirkelcharakter: Gott setzt durch die Kirche den Kanon und durch den Kanon die Kirche[181]. Hanns Rückert hat mit Recht gesagt, das sei

---

[177] K. RAHNER/K. LEHMANN, a.a.O. (Anm. 174), 666f.

[178] K. RAHNER, *Heilige Schrift und Tradition*, in: DERS., Schriften zur Theologie Bd. 6, Einsiedeln u.a. 1965 (121–138), 124f.

[179] PETER LENGSFELD, *Die bleibende Gegenwart der Offenbarung in Schrift und Tradition*, in: MySal 1 (239–288), 284; K. RAHNER/K. LEHMANN, a.a.O. (Anm. 174), 674; N. APPEL, a.a.O. (Anm. 175), 353; J. WERBICK, a.a.O. (Anm. 143), 19.

[180] P. LENGSFELD, *Überlieferung. Tradition und Schrift in der evangelischen und katholischen Theologie der Gegenwart* (KKTS 3), Paderborn 1960, 106.109; K. RAHNER/K. LEHMANN, a.a.O. (Anm. 174), 683; KARL HEINZ NEUFELD, *Fundamentaltheologie* Bd. 2 (KStTh 17,2), Stuttgart u.a. 1993, 152; N. APPEL, a.a.O. (Anm. 175), 353.

[181] So ausdrücklich P. LENGSFELD, a.a.O., 116. Ein Zirkel sei dies jedoch nicht, weil man sich

der „magische Zirkel, … in dem sich die katholische Kirche gegen die Kritik von der Offenbarung her abschirmt", und der ursprüngliche Sinn des *sola scriptura* sei der Protest gegen eben diese Selbstimmunisierung[182]. Dieser Protest ist aber nur dann wirksam, wenn die protestantische Kirche nicht aus der Bibel durch deren Identifikation mit dem Wort Gottes einen „papierenen Papst" und aus dem Glauben die Anerkennung dieses Papstes macht, also einen ähnlichen Zirkel konstruiert. Hier liegt der Kern der Differenz. Wenn Glaube *nicht* das Fürwahrhalten kirchlicher Lehre, *sondern* Vertrauen zu Gott ist, dem jenes Fürwahrhalten allenfalls nachfolgen kann, dann kann es auch nicht richtig sein, die paulinische Rechtfertigungs*lehre* zum Kanon im Kanon zu machen. Dies kann nur das *Geschehen* der Rechtfertigung selbst sein[183]. Zu Recht erinnert der norwegische Theologe Inge Lønning daran, dass es schon bei Luther bei seinem „Paulinismus" nicht um die Normativität einer bestimmten Begrifflichkeit oder Lehrform gegangen sei, sondern um das „Evangelium", das zwar nach seiner Auffassung von Paulus besonders gut getroffen, aber nicht mit dessen Formulierungen identisch sei. Zugespitzt ausgedrückt: Es sei für die evangelische Sicht unabdingbar, „daß man den Kanon im Kanon nicht zum Kanon machen darf"[184].

Das „Evangelium" oder auch die „Sache des Glaubens" sind freilich vage Formulierungen, und das sieht wie gedankliche Schwäche aus. Doch entspricht gerade diese Vagheit genau einem doppelten Sachverhalt: Zum einen kann keine Lehre, und sei es die des Paulus, das Verhältnis des Menschen zu Gott auf den Begriff bringen, sondern es nur durch menschliche Erfahrung gebrochen ausdrücken. Zum anderen verbindet der neutestamentliche Kanon eben nicht, wie von katholischer Seite angenommen, lediglich verschiedene Aspekte zu einem harmonischen Ganzen, das bei genügender Flexibilität und innerer Weite als Basis einer einheitlichen Lehre dienen könnte, sondern er steckt voller Spannungen und Konflikte.

Damit ist keineswegs gesagt, dass man bei den vagen Formulierungen stehen bleiben müsste; sie fordern vielmehr zu stets neuer, gründlicher und genauer Interpretration heraus, die auch durchaus zu hinreichender Klarheit gelangen

---

auf die Wirksamkeit Gottes beziehe, 115. Das ist nicht sehr überzeugend. Das Argument besagt nur, dass der Zirkel komplexer zu formulieren ist: Die Kirche definiert kraft göttlicher Autorität den Kanon, der Kanon konstituiert kraft göttlicher Autorität die Kirche – es ist sozusagen ein von Gott selbst geschlagener Zirkel.

[182] Hanns Rückert, *Schrift, Tradition und Kirche* (1951), in: ders., Vorträge und Aufsätze zur historischen Theologie, Tübingen 1972 (310–328), 327.

[183] Siehe dazu ausführlicher in der materialen Glaubenslehre, Abschnitt B II 1 d.

[184] Inge Lønning, *„Kanon im Kanon". Zum dogmatischen Grundlagenproblem des neutestamentlichen Kanons* (FGLP X/43), Oslo/München 1972, 272.271 (hier das Zitat). Damit ist zugleich die im 19. Jahrhundert aufgekommene Rede vom Formalprinzip (sola scriptura) und Materialprinzip (Rechtfertigungslehre) zurückgewiesen, deren Misslichkeit bereits Albrecht Ritschl aufgezeigt hatte: *Über die beiden Prinzipien des Protestantismus*, in: ders., GA Bd. 1. Freiburg / Leipzig 1893, 234–247; ders., *Die christliche Lehre von der Rechtfertigung und Versöhnung*, 1. Aufl. Bonn 1870, Bd. 1, 164.

kann, wenngleich sie niemals durch eine autoritative Entscheidung abzuschließen ist. Diese Arbeit bloß als Sache des gelehrten Theologen im Studierzimmer zu verstehen, so dass der Protestantismus lediglich das klerikale Papsttum durch ein solches der Professoren ersetzte, dürfte ein Vorurteil sein. Die Bestimmung der Identität des Christentums ist wegen des Fehlens einer letztinstanzlichen Lehrautorität auf den intersubjektiven Diskurs aller Christen angewiesen, der sich auf allen Ebenen von Kirche und wissenschaftlicher Theologie abspielt und im Übrigen keineswegs bloß den Intellekt, sondern alle Lebensbereiche betrifft.

Damit ist die falsch gestellte Alternative eines schmalen oder breiten, statischen oder sich entwickelnden Lehrgesetzes verlassen. Der neutestamentliche Kanon behält als Sammlung der ursprünglichen Zeugnisse vom Kommen Jesu Christi seine Sonderstellung, aber es sind Zeugnisse des Glaubens an ihn als Wort Gottes und nicht das Wort Gottes selbst. Es ist darum prinzipiell möglich, in einem späteren Stadium kirchlicher Tradition eine adäquatere Interpretation der christlichen Erlösungserfahrung zu finden als in dem einen oder anderen biblischen Zeugnis, also z. B. die Theologie Augustins nicht nur im denkerischen Niveau, sondern auch in sachlicher Hinsicht für etwas dem Jakobusbrief weit Überlegenes zu halten. Natürlich muss die Begründung für eine solche Sicht sich wiederum auf den Hauptstrom der neutestamentlichen Überlieferung beziehen, als dessen Ausleger sich ja auch Augustin verstand. Trotzdem ist er in diesem Fall mehr als eine bloße Hilfsquelle, wenngleich man den Gedanken einer *Autorität* der Tradition hier fernhalten muss. Es gilt vielmehr zu erkennen, dass jede Zeit trotz der *historischen* Unerlässlichkeit der Vermittlung durch Tradition in *religiöser* Hinsicht in gleicher Unmittelbarkeit durch das gegenwärtige Wort Gottes angesprochen wird.

Daraus ergibt sich, dass in der Tat die ganze Kirchengeschichte als Quelle der Glaubenslehre anzusehen ist, und zwar in *dieser* Hinsicht als dem Neuen Testament gleichrangig. Das entspricht formal der katholischen Ansicht, ist aber inhaltlich von ihr dadurch unterschieden, dass hier kein durch die Kette kirchlicher Lehrentscheidungen von vornherein ausgezeichneter Leitfaden angenommen wird. Das Neue Testament steht zwar der Geschichte der Kirche insofern unersetzbar gegenüber, als man in ihm dem „Anfänger und Vollender des Glaubens" (Hb 12,2) *geschichtlich* am nächsten kommt, weshalb es für alle folgende Zeit den zentralen Auslegungsgegenstand bilden muss. Aber der absolute Vorrang gebührt allein diesem Anfänger und Vollender selbst und nicht dem Buch über ihn.

Neben der Geschichte des Christentums steht die *Religionsgeschichte* als weitere Quelle der Glaubenslehre. Diese ist der ersteren nachgeordnet, insofern die Identität des Christentums aus der allgemeinen Religionsgeschichte nicht unmittelbar, sondern nur durch die Vermittlung eines Vergleichs erhoben werden kann. Deren Bedeutung ist auch mit derjenigen des Alten Testaments nicht ohne weiteres gleichzusetzen, insofern das Christentum in erster Linie jüdische Wurzeln hat und insofern sowohl hinsichtlich des Neuen, das es enthält, als auch hinsichtlich der Kontinuität mit seiner Vorgeschichte vor allem in diesem konkreten Zusammenhang verstanden werden muss. Der Unterschied ist indessen kein grundsätzlicher. Zum einen gibt es Strukturverwandtschaften auch mit anderen Religionen (z.B. die grundlegende Dialektik von Furcht und Liebe Gottes), die mit Hilfe eines breiteren Materials überzeugender als religiöse Grundphänomene herausgearbeitet werden können, und wir finden auch gegenseitige Einflüsse verschiedener Religionen im Lauf der Geschichte. Zum anderen gehören heute, wie mehrfach betont, alle anderen Religionen der Welt in verschiedenem Grad *de facto* zur Lebenswelt des Christentums. Dass der ohnehin riesige Stoff so ins Unermessliche anschwillt, ist richtig, und die vorliegende Glaubenslehre wird ihn schon aus Kompetenzgründen nur ansatzweise berücksichtigen können. Doch ist dieser Aspekt zu wichtig, um ganz auf ihn zu verzichten, auch wenn ich mich auf diesem Gebiet zumeist mehr als sonst auf die Forschungen anderer verlassen musste.

3. *Die Bekenntnisse der Kirche und der Kirchen*

Offiziell formulierte und kirchenamtlich verabschiedete Bekenntnis*urkunden* repräsentieren herausgehobene Akte der Selbstvergewisserung der Kirche hinsichtlich ihrer Identität. Der Begriff umfasst in dieser Bedeutung sowohl kurze Texte, die liturgische Verwendung finden können, als auch längere, eher der öffentlichen Repräsentation dienende Abhandlungen wie die reformatorischen Bekenntnisschriften. Ihr Zweck ist allemal die Abwehr einer Bedrohung dieser Identität durch abweichende Interpretationen des Glaubensinhalts – so jedenfalls wird er von den Proponenten verstanden. Sie unterscheiden sich von aktuellen individuellen Bekenntnis*akten* (z.B. in einer Verfolgungssituation) dadurch, dass es sich nicht um freie Rede handelt, sondern um feststehende Texte, die Verbindlichkeit für die ganze Kirche über den Augenblick der Verabschiedung hinaus beanspruchen[185] (wobei diesem Endstadium wie im Fall des Apostolicum eine längere Periode der Erweiterung und Umformulierung vorangegangen sein kann[186]). Insofern sind sie für das Verständnis der Kirche als ganzer oder einer Konfession von besonderer Bedeutung und müssen in einer Glaubenslehre entsprechende Berücksichtigung finden. Dabei ist immer ihr Verhältnis zum ursprünglichen Bekenntnisakt (ὁμολογεῖν) zu bedenken: dem Bekenntnis der Sünde (z.B. 1.Joh 1,9) und dem Bekenntnis zu Jesus Christus als dem Herrn (z.B. Rm 10,9f; Phil 2,11), das vor Gott selbst als unmittelbarer Ausdruck des Glaubens abgelegt wird[187].

---

[185] Vgl. dazu und zum Folgenden: ROLF SCHÄFER, *Über das Bekenntnis*, in: EvErz 20/1968(457–469), 458.

[186] Vgl. dazu das Buch von JOHN N.D. KELLY, *Altchristliche Glaubensbekenntnisse* (Early Christian Creeds, 3. Aufl. 1972, dt. v. K. Dockhorn u. A.M. Ritter), 2. Aufl. Göttingen 1993.

[187] Vgl. OTTO MICHEL, Art. ὁμολογέω usw. in: ThWNT 5, 199–220.

Das Problem solcher Bekenntnisformulierungen besteht in ihrer Tendenz, nicht nur den Rekurs auf den Grund und Ursprung des Glaubens, sondern auch die Denk- und Vorstellungsweise der Zeit, in der ein solches Bekenntnis formuliert wird, implizit für verbindlich zu erklären. Die Problematik verschärft sich noch dadurch, dass die emotionale Anspannung der kontroversen Situation, die solche Bekenntnisse veranlasst, sich unvermeidlich auch in sehr abgewogen wirkenden Formulierungen niederschlägt und leicht zu Überakzentuierungen führt, die zu ihrer Zeit nicht als solche erkannt werden. Als Beispiel mag die monophysitische Tendenz dienen, die der altkirchlichen Christologie trotz ihrer offiziellen Ablehnung des Monophysitismus innewohnt. Ein anderes Beispiel ist die Barmer Theologische Erklärung, welche die notwendige Abwehr einer *bestimmten* Form natürlicher Theologie, nämlich der religiösen Verbrämung der nationalsozialistischen Rassenlehre und des totalitären Staates, unter dem dominierenden Einfluss Karl Barths zu einer Verdammung *aller* natürlichen Theologie ausweitete und damit die Gefahr einer dogmatistischen Selbstisolierung der evangelischen Kirche heraufbeschwor.

Mit dieser Problematik hängt eine weitere zusammen. Das institutionelle Gewicht, das ein solches Bekenntnis durch den offiziellen Akt der Verabschiedung und eventuell zusätzlich durch seine von da ab verbindliche Verwendung als Taufbekenntnis oder als Grundlage für das Ordinationsgelübde bekommt, droht den Bekenntnissen ein Eigenleben zu verleihen, dass sie von ihrer Bindung an das ursprüngliche Zeugnis teilweise abkoppelt. Formelhaft ausgedrückt: Die kirchenoffizielle Lehrauffassung ist geneigt, die *confessio* (Ausdruck des persönlichen Einstehens für das Bestimmtsein durch Gott) auf *professiones* (objektive, amtliche Proklamationen) festzulegen und von ihnen aufsaugen zu lassen. Das zeigt sich bereits in der objektivierenden Ausdrucksweise der einzelnen Glaubensartikel des Apostolicum, besonders im 2. Artikel. Deutlicher noch tritt diese Tendenz in der Auffassung der lutherischen Spätorthodoxie zutage, die Bekenntnisse seien inspiriert, analog der katholischen Lehre von den in ihr geltenden Dogmen[188]. Ist ein solches Stadium einmal erreicht, so spielt es nur noch eine untergeordnete Rolle, ob die in solcher Weise ausgezeichneten Stücke der „Traditi-

---

[188] Solche Inspiration sollte freilich nicht *sensu strictissimo*, sondern nur *mediate* gelten, so DAVID HOLLAZ, *Examen theologicum acroamaticum* (1707), Bd. 1, Darmstadt 1971, Prolegomenon II De religione et articulis fidei Q. 27, S. 79. Das heißt, die einzelnen Worte dieser Schriften seien den Verfassern nicht vom Hl. Geist diktiert, „sed assistente & dirigente DEO ipsi verba congrua invenerunt, et dogmatibus divinis applicarunt" (mit Hilfe und unter der Leitung Gottes haben sie selbst die Worte gefunden und auf die göttlichen Lehren angewendet, 78). Aber, so fährt Hollaz fort, Gott ist durch speziellen Beistand (speciali Concursu) in den Geist der Verfasser der Bekenntnisse eingegangen und hat ihn erleuchtet (illustraverit), so dass sie eine völlig wahre und heilsame Lehre formuliert haben („ut verissima saluberrimaqve dogmata mente conceperint & calamo expresserint", 80). Also keine Verbalinspiration, wohl aber eine Personal- und Realinspiration. Vgl. zum Thema J. WALLMANN, *Die Rolle der Bekenntnisschriften im älteren Luthertum*, in: Bekenntnis und Einheit der Kirche. Studien zum Konkordienbuch, hg. v. M. Brecht u. R. Schwarz, Stuttgart 1980 (381–392), 390.

on" nun wie in älterer tridentinischer Theologie als *traditio constitutiva* neben die Schrift oder wie im heutigen Katholizismus meist als *traditio interpretativa* formal unter die Schrift gestellt werden[189]; ebenso wenig macht es dann noch aus, dass die Lutherischen Bekenntnisschriften nach ihrem eigenen Selbstverständnis als *norma normata* nichts weiter als Interpretation der Schrift sind, die allein als *norma normans non normata* gilt[190]. Denn wenn eine solche Auslegung als inspiriert gilt, und das nicht nur in Beschränkung auf ihre eigene Zeit, dann ist sie auch maßgeblich, und zwar genauso maßgeblich wie die Schrift selbst, da man zwischen verschiedenen Graden göttlicher Inspiration nicht gut unterscheiden kann. Ja, wegen der größeren zeitlichen Nähe zur Gegenwart bekommt die normative Auslegung faktisch ein Übergewicht über das Ausgelegte.

Mit all dem soll die Bedeutung der großen, fest formulierten Bekenntnisse nicht herabgesetzt werden. Diese Bedeutung ist aber derjenigen der ursprünglichen Offenbarungszeugnisse nachgeordnet, deren Auslegungen und Aktualisierungen sie sind. Sie unterliegen deshalb kritischer Überprüfung hinsichtlich ihrer Angemessenheit zu ihrem Gegenstand.

Ein Beispiel dafür ist der Apostolicumsstreit des Jahres 1892. Er war, wenn das bisher Gesagte zutrifft, kein Desaster, sondern ein notwendiger Vorgang, weil er die Frage ins Bewusstsein hob, inwieweit der ursprüngliche religiöse Sinn einer antiken Bekenntnisformulierung für den modernen Menschen im Zeitalter geschichtlichen Denkens noch wirklich präsent sein kann. Im Grunde war Luthers implizite Kritik – wenn auch von ihm selbst kaum als solche empfunden – am Apostolicum schon viel radikaler als diejenige Harnacks, weil sie nicht, wie es in der Diskussionslage von 1892 unumgänglich war, die an der Oberfläche bleibenden Fragen nach der historischen Wahrscheinlichkeit einzelner Aussagen in den Vordergrund stellte[191], sondern deren objektivierenden Charakter durch

---

[189] Für diese Entwicklung vgl. RUPERT JOSEF GEISELMANN, *Das Konzil von Trient über das Verhältnis der Heiligen Schrift und der nicht geschriebenen Traditionen*, in: Die mündliche Überlieferung. Beiträge zum Begriff der Tradition, hg. v. M. Schmaus, München 1956, 123–206.

[190] Die *Formula Concordiae* bekennt sich in der Einleitung zur Solida declaratio, Von dem summarischen Begriff, Grund, Regel und Richtschnur, 1–6 zuerst „zu den prophetischen und apostolischen Schriften Altes und Neues Testament als zu dem reinen, lautern Brunnen Israels, welche alleine die einige wahrhaftige Richtschnur ist, nach der alle Lehrer und Lehre zu richten und zu urteilen sein", sodann zu den altkirchlichen Bekenntnissen und zu den lutherischen Bekenntnisschriften, „weil sie aus Gottes Wort genommen und darinnen fest und wohl gegründet ist" (zur CA invariata, Nr. 3).

[191] Freilich darf man nicht übersehen, dass A. v. HARNACKs eigentliches Interesse in diesem Streit wie auch sonst zwar dem lebendigen Glauben galt, dass er aber auch jetzt nicht die Notwendigkeit institutionellen Schutzes verkannte, wie ihn Bekenntnisformulierungen bieten können, jedenfalls soweit sie auf einen „evangelischen" Gehalt zurückgeführt werden können, was er nur für die Jungfrauengeburt bestritt. Er hat das Apostolicum auch nicht abschaffen wollen; das sei unhistorisch und ehrfurchtslos und würde das Gewissen konservativer Christen vergewaltigen. Es sollte nur eine neue Formulierung gefunden werden, die „an die Stelle *oder neben*"

die alles andere in den Schatten stellende Konzentration auf die Worte, dass Jesus Christus „sei mein Herr", praktisch unwirksam machte[192]. Das ist nicht weniger als die Rückführung des zur offiziellen Formel einer *professio* geronnenen Textes auf die zugrundeliegende persönliche *confessio*, die auf diese Weise zumindest für das 16. Jahrhundert vollziehbar war.

Dass dies für das 21. Jahrhundert noch (oder wieder) so gilt, erscheint zweifelhaft. Die Probleme von 1892 sind nicht verschwunden. Nun ist es gewiss richtig, dass man ein Bekenntnis nicht allein in intellektueller Hinsicht betrachten darf. Es ist vornehmlich, wie zureichend oder unzureichend seine Formulierung theologisch auch sein mag, als Ausdruck der Gemeinsamkeit des Glaubens zu würdigen, zumal das Apostolicum ein vom größten Teil der Christenheit (wenn auch nicht wie das Vaterunser von allen Christen) liturgisch verwendeter Text ist. Man könnte es in *dieser* Hinsicht fast neben die Bibel stellen, die in allen Kirchen die Grundlage der christlichen Predigt ist. Doch ist der Unterschied offenkundig. Die Bibel ist in der Predigt Gegenstand der aktualisierenden Auslegung; das in ihr anzutreffende Glaubenszeugnis wird in neuer Weise ausgedrückt, während der Wortlaut des Bekenntnisses unverändert nachgesprochen wird, obwohl er nichts anderes als eine knappe Auslegung der biblischen Botschaft ist, die noch dazu aus ganz alter Zeit stammt. Es gehört als Quelle der Antike an und ist für den Grad gegenwärtiger Übereinstimmung in der Kirche nur von begrenztem Wert, insofern es bei aller Würdigung der nichtintellektuellen und funktionalen Aspekte eben nicht gleichgültig ist, in welcher Weise und inwieweit solche Übereinstimmung auch in solchen Ländern, die vom Umbruch der Neuzeit tief betroffen sind, tatsächlich praktiziert wird. Hier wird man doch sagen müssen, dass sie um so weniger wert sein wird, je äußerlicher sie ist – ein Gesichtspunkt, der bei der Betonung der ökumenischen Bedeutung des Bekenntnisses meist vernachlässigt wird.

Entsprechendes gilt für die protestantischen Bekenntnisschriften. Seit dem 16. Jahrhundert haben sich die gedanklichen Voraussetzungen, die damals für das Verhältnis der lutherischen zur reformierten Unterkonfession bestimmend waren, tiefgreifend verändert. In der Abendmahlslehre hat der Wegfall der substanzontologischen Denkweise die Positionen einander so weitgehend angenähert, und hinsichtlich der Stellung des Politischen in der Sozialethik ist der Einfluss der Barth-Schule auch in lutherischen Landeskirchen so stark gewesen, dass von einer kirchentrennenden Bedeutung der verbliebenen Differenzen faktisch nicht mehr gesprochen werden kann. Das schließt die Notwendigkeit einer weiteren Auseinandersetzung über diese Probleme keineswegs aus, aber es handelt sich um Auseinandersetzungen innerhalb der einen evangelischen Kirche. (Ein-

---

das Apostolicum treten könnte. Vgl. seine sehr maßvolle Stellungnahme *In Sachen des Apostolikums*, in: ChW 6/1892, 768–770 (Zitat 768, These 1).

[192] M. Luther, *Deudsch Catechismus* (Der Große Katechismus), WA 30/1 (123–238), 186f.

schränkend ist dazu zu sagen, dass dies eine deutsche Sicht der Verhältnisse darstellt. Hochkirchliche Lutheraner in Skandinavien und orthodoxe Lutheraner
der Missouri Synod können sich ihr nicht anschließen.)

Mit dem geschilderten Wandel hängt es zusammen, dass die Bekenntnisschriften faktisch im Leben beider evangelischen Kirchen heute eine viel geringere Rolle spielen als selbst noch im 19. Jahrhundert. Konnte Schleiermacher noch in *Der
christliche Glaube*, der ersten für die Evangelische Kirche der Union geschriebenen Glaubenslehre, die historischen Individualitäten der beiden protestantischen
Unterkonfessionen durch Zitation ihrer jeweiligen Bekenntnisschriften klar bezeichnen, so ist das heute kaum noch in dieser Weise möglich. Die viel weiter
fortgeschrittene Nivellierung der Unterschiede ist sicher nicht nur eine Folge der
Fortwirkung der gegen konfessionelle Differenzen weitgehend indifferenten Bewegungen von Pietismus und Aufklärung sowie des die Grenzen der protestantischen Unterkonfessionen übergreifenden Einflusses der Dialektischen Theologie; sie dürfte auch ein Resultat derjenigen Auffassung sein, die derselbe Schleiermacher in seiner Praktischen Theologie pointiert so formuliert hat: „Wenn wir
also den symbolischen Büchern die Tendenz den Glauben zu bestimmen absprechen: so sind wir grade in Übereinstimmung mit der Tendenz worin sie gegeben
wurden"[193]. Man kann das Gemeinte auch so ausdrücken: Es ist heute viel stärker zwischen *de-facto-* und *de-iure-*Geltung (als Grundlage der Ordinationsver-
pflichtung) der Bekenntnisschriften zu unterscheiden.

Wenn man diese Überlegungen zu Ende verfolgt, so erweist sich die immer
wieder einmal gestellte Frage als zweitrangig, ob man vielleicht ein neues Bekenntnis – zwar nicht an Stelle des Apostolicum, aber neben ihm – für den kirchlichen Gebrauch formulieren sollte. Denn auch ein solches dürfte niemals die
Funktion zugeschrieben bekommen, „den Glauben zu bestimmen"[194]. Hier ist
als Schlussfolgerung lediglich festzuhalten: Die Glaubenslehre hat die Bekenntnisse insofern als besondere Quellen zu respektieren, als sie Ausdruck der Identitätsbestimmung der Kirche bzw. der Konfessionen sind. Sie hat aber kritisch zu
fragen, inwieweit sie diese Funktion tatsächlich erfüllen und inwieweit eben diese Funktion einen freien Umgang mit ihnen erfordert.

4. Individueller Glaube und geltende Lehre

Nach den Ausführungen des vorigen Abschnitts ist es innerhalb der evangelischen Kirche schwer auszumachen, was „geltende Lehre" sei. Die Bekenntnis-

---

[193] F.D.E. Schleiermacher, *Praktische Theologie*, SW I/13, 646. Vgl. Martin Ohst,
*Schleiermacher und die Bekenntnisschriften. Eine Untersuchung zu seiner Reformations- und
Protestantismusdeutung* (BHTh 77), Tübingen 1989, 105.175–180.183 (dort auch das Schlei-
ermacher-Zitat).
[194] Vgl. auch unten, Gemeinschaft im Geist und Institution, Bd. 2,365.

schriften vermögen zwar trotz der gegenüber dem 16. Jahrhundert stark veränderten Problemsituation jedenfalls in Umrissen noch die protestantische Identität zu beschreiben. Denn die Veränderungen, die in der katholischen Theologie seit dem konfessionellen Zeitalter in der Rechtfertigungslehre (Betonung der Gnade innerhalb des Verdienstgedankens) und Ekklesiologie (Betonung der Verbundenheit mit den nichtkatholischen Kirchen)stattgefunden haben, sind nicht von der Art, dass die kirchentrennenden Differenzen aufgehoben wären, und die Wandlungen des Protestantismus haben im Gefolge der Aufklärung eher zur Präzisierung und teilweise sogar zur Vergrößerung als zur Abschwächung der Differenzen beigetragen. Nicht nur hält die protestantische Kirche an der Rechtfertigung allein aus Glauben ebenso fest wie die katholische Kirche am römischen Anspruch, allein die wahre Kirche zu sein. Es geht nach wie vor nicht primär um Differenzen hinsichtlich einzelner, und sei es zentraler, Lehren, sondern um das unterschiedliche Verständnis des Glaubens selbst: Während nach protestantischer Auffassung der Glaube *allein* das unbedingte Vertrauen zu Gott ist, ist er das in katholischer Sicht zwar *auch*, nach vielen Theologen sogar primär, aber er wird erst als „Aussageglaube" vollendet, und als solcher ist er gehorsame Anerkennung der Lehrnorm der Kirche[195].

Innerprotestantisch jedoch hat sich, wie wir gesehen haben, das Gewicht der Bekenntnisschriften so sehr abgeschwächt, dass es kaum möglich erscheint, ausschließlich auf ihrer Basis zu definieren, was heute geltende Lehre im Protestantismus sei. Die Konsequenz aus dieser Entwicklung lautet allerdings nicht, dass es so etwas wie geltende Lehre in der protestantischen Kirche überhaupt nicht mehr gäbe. Zum einen bleiben die Bekenntnisschriften trotz ihrer doppelt eingeschränkten Bedeutung der Orientierungsrahmen für die Bestimmung dieser Größe. Zum anderen gibt es neben der mit ihnen sich *kirchenrechtlich* legitimierenden offiziellen Lehre auch längerfristige Tendenzen in der evangelischen Kirche, die zur Entwicklung ihrer *faktisch* geltenden Lehre beitragen. Sie schlagen sich in offiziellen oder offiziösen Verlautbarungen wie Denkschriften oder Publikationen von EKD-Kommissionen nieder. Ebenso kann man die Veröffentlichungen der protestantischen Weltorganisationen für das Selbstverständnis des gegenwärtigen Durchschnittsprotestantismus heranziehen, wenn auch mit der Vorsicht, welche die kirchenpolitisch gewollte weitgehende Vernachlässigung vorhandener innerprotestantischer (und im Fall des Lutherischen Weltbundes auch: der evangelisch-katholischen) Differenzen und die ebenso offensichtliche Überspielung tiefer Probleme neuzeitlicher Theologie in gefälligen Kompromissformulierungen gebietet.

„Geltende Lehre" bleibt so eine nur vage zu umschreibende Größe, aber dennoch kein Phantom. Das wird in dem Augenblick deutlich, in dem jemand gegen die ungeschriebenen Prinzipien dieser geltenden Lehre verstößt. Man kann das

---

[195] Vgl. H. Fries, a.a.O. (Anm. 148), 22f.441.

an den kirchlichen Äußerungen zum Streit über Rudolf Bultmanns Entmythologisierungsprogramm in den fünfziger Jahren genauso studieren wie an den Diskussionen, die rund um den Beschluss der Rheinischen Synode von 1980 zum Verhältnis von Christen und Juden stattfanden.

Wichtig ist bei alledem, wie geltende Lehre zustandekommt. An ihrer Ausbildung sind im Prinzip alle mündigen Glieder der Kirche beteiligt, wenngleich diese für die genaue gedankliche Ausdifferenzierung und Durchdringung auf wissenschaftlich-theologische Reflexion angewiesen ist. Dabei ist das Fehlen einer kirchenamtlichen Instanz, die diesen Diskurs zu eindeutigen, für die Zukunft verbindlichen Richtlinien bündelt, nicht als Zeichen der Schwäche zu werten, wie es auch viele Protestanten tun, sondern als Ausdruck evangelischer Freiheit: Keine menschliche Instanz hat nach evangelischer Grundüberzeugung das Recht, sich regulierend zwischen den uns in Jesus Christus begegnenden Gott und die einzelnen Gläubigen zu stellen. Dass dies die *Gefahr* eines hemmungslosen Individualismus, ja der Willkür mit sich bringt, kann man katholischen Gesprächspartnern (ebenso wie Kritikern aus der eigenen Konfession) zugeben. Doch bleibt die im Neuen Testament bezeugte Offenbarung Gottes in Jesus Christus bei aller Vielfalt ihrer möglichen Auslegungen ein hinreichender Maßstab zur Identitätsbestimmung, im Extremfall (wenn z.B. jemand diese Offenbarung überhaupt leugnet) sogar für den Ausschluss von einem kirchlichen Amt.

Die bestimmte religiöse Erfahrung der Begegnung mit der Gegenwart Gottes in Jesus ist demnach der Ausgangspunkt für eine in der evangelischen Kirche geltende Lehre – freilich nur der Ausgangspunkt und nicht schon das Ziel. Dieses kann nur der in einem prinzipiell offenen theologischen Diskurs angestrebte, an der Gegenwart Gottes in Christus orientierte Konsens sein. Die dabei vorausgesetzte prinzipielle Offenheit bedeutet allerdings, dass der Konsens nicht bereits im Vorhinein inhaltlich fixiert werden kann. Er stellt ein formales Ziel dar, dem man sich nur asymptotisch nähern kann. Angesichts neuer Fragestellungen muss immer auch mit neuem Dissens gerechnet werden. Das kann und darf um der Wahrhaftigkeit jedes Einzelnen willen nicht anders sein; sie darf unter keinen Umständen dem kirchenpolitischen Kalkül zuliebe preisgegeben werden, das beispielsweise bei ökumenischen Einigungsverhandlungen stets im Spiel ist. Wer eine Glaubenslehre verfasst, aber ebenso solche Teilnehmerinnen und Teilnehmer an einem derartigen Diskurs, die keine Theologen von Profession sind, kann sich aus zwingenden Gründen genötigt sehen, auch in wichtigen Fragen von dem bis dahin erreichten Stand der Debatte abzuweichen. Diese Gründe sind dann zu erörtern. Die Diskussion muss sowohl durch die allseitige Bereitschaft, sich korrigieren zu lassen, als auch durch die Einsicht bestimmt sein, dass eine gerade vertretene Mehrheitsmeinung nicht mit der Wirkung des Heiligen Geistes gleichzusetzen ist und dass deshalb Minderheitspositionen um der Sache willen ertragen werden müssen, sofern sie nicht den Interpretationsrahmen möglicher Verständnisse des christlichen Glaubens, der bei weiter Auslegung des Begriffs evangelisch genannt werden kann, überschreiten.

Damit ist nach evangelischem Verständnis die Absetzung von einem kirchlichen Amt auf Grund von Lehrfragen außerordentlich erschwert. Sie ist nur möglich im Fall einer ausdrücklichen Bestreitung der Erlösung durch Jesus Christus
sola fide; selbst die Frage, wann genau dieser Fall eingetreten ist, lässt sich oft
schwer entscheiden. Diesen Preis institutionalisierter Unsicherheit muss eine
evangelische Kirche zu zahlen bereit sein und der Versuchung widerstehen, die
für ihre Rechtsprechung unerlässlichen Kriterien generell weiter auszudifferenzieren[196].

---

[196] Näheres dazu in dem Hauptstück Gemeinschaft im Geist und Institution, C I, Bd. 2,
345f.371.

VI. Die Methode

Unterschiedliche Lebensäußerungen des christlichen Glaubens in verschiedenen Zeiten und Kulturen können verschiedene Aspekte der einen intendierten Wahrheit repräsentieren, die sich selbst nie auf zeitlos gültige Sätze bringen lässt, weil keine sprachliche Äußerung das Ergriffenwerden durch Gott jemals adäquat fixieren kann. Wenn deshalb nach protestantischem Verständnis die jeweils geltende Lehre „die Wahrheit" bestenfalls approximativ erfassen kann, so bedeutet dies jedoch keineswegs, dass an die Stelle von Lehre eine prinzipiell ergebnislose Diskussion treten müsste, sondern lediglich, dass man sich der Vorläufigkeit und Korrigierbarkeit jedes Ergebnisses bewusst bleiben muss. Soll aber der Diskurs mit einiger Aussicht auf Erfolg geführt werden, so bedarf es dazu einer klaren und durchsichtigen Methodologie.

Eine Methode ist ein überprüfbarer, bestimmten Regeln folgender Weg zu einem Ziel. Zu diesen Regeln gehören allemal, noch unabhängig von der Bestimmung des Ziels, begriffliche Klarheit, Logik der Gedankenführung, Kohärenz des Konzepts und Widerspruchsfreiheit im Verhältnis zu gesichertem Wissen außerhalb der behandelten Thematik. Wenn nun unmittelbarer Gegenstand der Glaubenslehre nicht Gott selbst, sondern die Erfahrung des Glaubens an ihn ist, so kann der einzuschlagende Weg nicht die Loci-Methode des Altprotestantismus, die Analyse der Grundbegriffe theologischer Lehre sein. Ebenso wenig ist es möglich, objektiv den Weg Gottes zu den Menschen zu rekonstruieren, wie es im 19. Jahrhundert die spekulative Theologie und im vorigen auf andere Weise Karl Barth versucht hat.

Als Alternative wird gelegentlich eine „biblische Dogmatik" empfohlen, die ganz schlicht der „Denkform" der Bibel folgt[197]. Doch ist dazu ebenso schlicht zu sagen, dass es eine Illusion ist zu meinen, zwei und mehr Jahrtausende voll tiefgreifender geschichtlicher Veränderungen ließen sich einfach überspringen, und die heute anstehenden Probleme theologischer Lehre könne man ohne weiteres mit antiken Denkmitteln lösen. Methodisch reflektierter ist die moderne „story"-Theologie, welche die Einfügung in den Traditionsprozess zur Grundla-

---

[197] So Hans-Joachim Kraus, *Systematische Theologie im Kontext biblischer Geschichte und Eschatologie,* Neukirchen 1983, 113. In eine ähnliche Richtung weist die *Biblische Dogmatik. Eine biblische Theologie in dogmatischer Sicht* von Friedrich Mildenberger, 3 Bde., Stuttgart/Berlin/Köln 1991–1993. Für ihn ist die „einfache Gottesrede" des Glaubens im Gefolge der Schrift und der geistgewirkten Erfahrungen, welche die Kirche mit ihm gemacht hat, das Modell der Theologie. Diese Sicht wird als die entscheidende Erweiterung der historisch-kritischen Interpretation der Bibel verstanden, Bd. 1, 11–29.

ge theologischen Denkens machen will. Hier liegt das Axiom zugrunde, Wahrheit begegne im Besonderen, nicht im Allgemeinen[198]. Dadurch wird jedoch die Möglichkeit einer kritischen Unterscheidung von angemessenen und weniger angemessenen Glaubensaussagen innerhalb der eigenen *story* ebenso wie die argumentative Auseinandersetzung mit anderen *stories* faktisch ausgeschlossen.

Geht man stattdessen von der Erfahrung des Glaubens aus, so ist das zunächst die eigene Erfahrung. Sie findet sich zwar immer schon in einem geschichtlichen Vermittlungszusammenhang vor, aber nicht im Sinn einer bloßen Weiterführung des „Sprachspiels", das in dieser Tradition gespielt wird, sondern im Sinn einer kritischen Auseinandersetzung über die Identität des Christentums mit seinen anderen Auslegern ebenso wie mit seinen Gegnern. Dabei geht es durchaus um die Frage normativer Geltung; mit dem Ausgang von der Erfahrung des Glaubens wird die autoritativ-assertorisch arbeitende „dogmatische Methode" nicht durch die historisch-deskriptive ersetzt, wie es Ernst Troeltsch gefordert hatte[199], sondern durch den offenen Diskurs über Kriterien von Verbindlichkeit.

Der theologische Diskurs über die Erfahrung des Glaubens soll nun methodisch erfolgen. Er muss also im Sinne der oben genannten Regeln rational sein. Im Einzelnen wird zu bedenken sein, auf welche Weise die Rationalität der Vielschichtigkeit, auch der Widersprüchlichkeit der Erfahrungswirklichkeit gerecht werden kann. Dies ist Gegenstand des ersten Abschnitts „Rationalität und Dialektik". In einem Diskurs müssen auch die anderen Stimmen zu Gehör kommen. Deshalb wird in Abschnitt 2 die Bestimmung von Identitätskriterien im interreligiösen Vergleich eigens herausgestellt und in 3 die „Überprüfung der konfessionellen Position" gefordert. Der letzte Abschnitt verweist noch einmal auf die Perspektivität des Erkennens und die bleibende Schwebe des Diskurses. Daraus ergibt sich die Frage, ob und inwiefern ein immer nur relativer und offener Konsens einen institutionellen Zusammenschluss zu tragen vermag.

1. Rationalität und Dialektik

Religiöse Erfahrung bezieht sich unmittelbar auf die Grunderfahrung des Menschseins. Diese erscheint in sich widersprüchlich. Prominentes Beispiel dafür ist die Erfahrung des Menschen, in seinen Entscheidungen frei und doch zugleich durch mannigfache innere und äußere Abhängigkeiten gebunden zu sein,

---

[198] So DIETRICH RITSCHL, *The Search for Implicit Axioms Behind Doctrinal Texts*, in: Gr. 74/1993 (207–221), 210.

[199] Vgl. E. TROELTSCH, *Über historische und dogmatische Methode in der Theologie*, GS 2, 729–753. Die Verbindlichkeit religiöser Erfahrung ist nach diesem Konzept kein Gegenstand wissenschaftlich-theologischer Reflexion, sondern nur die historischen Zeugnisse über solche Verbindlichkeit; die Theologie wird deshalb zur „religionsgeschichtlichen Theologie" (738.740.744).

eine Erfahrung, die sich auf der Ebene der Grunderfahrung (im Unterschied zu derjenigen der unmittelbaren Erfahrung) weder durch quantitatives Abwägen von etwas mehr oder etwas weniger Freiheit noch durch Verteilung von Freiheit und Abhängigkeit auf verschiedene Hinsichten angemessen beschreiben lässt. Ein derartiges Verhältnis ist *dialektisch*. Unter Dialektik wird hier eine rationale Gestalt des Denkens verstanden, die widersprüchlich erscheinende Erfahrungen in einer Aussage zusammenfasst, ohne die zwischen ihnen bestehende Spannung zu nivellieren[200]. Eine solche Denkweise ist deshalb als rational zu bezeichnen, weil sie durch Erfahrung gedeckt ist. Die religiöse Erfahrung hebt diese Dialektik nicht auf, sondern verschärft sie zunächst dadurch, dass sie den Widerspruch zwischen Bestimmung und Verfehlung des Menschen ins Spiel bringt. Insofern sie andererseits die Gewissheit vermittelt, dass der Widerspruch in Gott aufgehoben ist, ermöglicht sie es, mit dem Widerspruch zu leben, obwohl seine Aufhebung nicht demonstrierbar und die Gewissheit deshalb immer wieder angefochten ist. Auch das ist ein dialektisches Verhältnis. Die theologische Rechenschaft als Reflexion über die Bestimmtheit der Grunderfahrung durch religiöse Erfahrung ist darum durchgängig dialektisch.

Damit ist allerdings erst eine noch ganz allgemeine Charakteristik theologischen Denkens gegeben. Mag sie auch in dieser Form zunächst einleuchten, so treten die dabei zu erwartenden Schwierigkeiten voll ans Licht, sobald man konkret nach den methodischen Schritten fragt, die zu einem systematischen Konzept führen können. Insofern überrascht es nicht, dass die theologische Methodologie in neuerer Zeit kaum monographisch behandelt worden ist. Die Problematik lässt sich exemplarisch an Bernard Lonergan verdeutlichen, der das zur Zeit wohl am meisten beachtete Buch dieser Art geschrieben hat[201]. Wir können seine differenzierten und subtilen Überlegungen hier nur holzschnittartig zusammenfassen. Lonergan unterscheidet zweimal vier methodische Schritte theologischen Denkens. Auf der unteren Ebene sind das: Erhebung der relevanten Daten, Interpretation, Erhebung des überlieferungsgeschichtlichen Zusammenhangs, Erörterung fundamentaler und argumentativ nicht lösbarer Deutungskonflikte (von ihm *dialectic* genannt). Dann erfolgt mittels einer nicht weiter ableitbaren Entscheidung (*conversion*, wörtlich: Bekehrung) ein Wechsel des Blickwinkels in

---

[200] Vgl. oben, S. 69. Diese Bestimmung unterscheidet sich von der Fassung, die HEGEL dem Begriff gegeben hat, wonach Dialektik einen Prozess kennzeichnet, in dem jeweils eine Position ihre Gegenposition aus sich heraussetzt, woraufhin die Auseinandersetzung zum Ausgangspunkt für eine neue Phase des Prozesses führt (z.B. Schöpfung – Sünde – Versöhnung). Auch SCHLEIERMACHER hat den Begriff anders verwendet. Er verstand darunter das Verhältnis zweier Denkbewegungen, die von entgegengesetzten Ausgangspunkten (von der sinnlichen Wahrnehmung des Realen und von der ordnenden Funktion der Vernunft) auf ein intendiertes Ziel hin verlaufen, dieses jedoch immer nur asymptotisch erreichen.

[201] BERNARD JOHN WHITEFIELD LONERGAN S.J., *Method in Theology*, 2. Aufl. London (1973) 1975 (Methode in der Theologie, dt. v. J. Bernard, Leipzig 1991). Seitenzahlen im Text nach der Originalfassung.

intellektueller, moralischer und religiöser Hinsicht, der den Übergang zur zweiten Ebene, dem Bereich des Normativen, eröffnet. Hier geht es dann um den Horizont des Fundamentalen (*foundations*), die Formulierung von Lehren, deren systematische Anordnung und Verbreitung.

Der entscheidende Begriff, der die beiden Ebenen miteinander verbindet, ist *conversion* (wörtlich: Bekehrung). Er erlaubt es Lonergan, die Ebene der Gegebenheiten sauber von derjenigen der Geltung zu unterscheiden. Dabei verhehlt er nicht, dass der erhobene Befund gegensätzlich gedeutet werden kann. Wie wird dann der Übergang erreicht? Lonergan betont, dass dies nicht durch den Willensentschluss geschehe, dogmatische Sätze anzuerkennen, sondern dadurch, dass das göttliche „Wort" (im weitesten Sinn des Begriffs) im Menschen die Liebe zu Gott wecke (112.268.270) und ihn dazu bringe, dem Wort Glauben (*belief*) zu schenken (118). Daraus gehe ein Deutungswissen (*knowledge*, 115f) hervor, das sich in der Anerkennung der Autorität der biblischen Texte und der kirchlichen Lehre äußere (298f). Damit ist das Verhältnis der beiden Ebenen nach dem Schema Natur / Übernatur bestimmt. Auf der unteren Ebene wird wissenschaftlich-historische Arbeit geleistet, die hermeneutisch weitgehend der Tradition von Schleiermacher über Dilthey bis Gadamer folgt. Das durch die Gottesliebe erzeugte übernatürliche Wissen unterwirft das bis dahin erzielte Ergebnis der Lehrautorität der Kirche, welche die Deutungskonflikte entscheidet. Diese Entscheidungen können dann – gut katholisch – im Lauf der Geschichte zwar immer besser verstanden, aber nicht geändert werden (325).

An diesem Konzept interessiert uns jetzt primär nicht die Frage der kirchlichen Lehrautorität, sondern das in ihr eingeschlossene methodische Problem, wie sich die Ausbildung von normativen Sätzen der Glaubenslehre zu einer Hermeneutik des Dialogs zwischen der eigenen Erfahrung und den Glaubenszeugnissen der Tradition verhält. Hier ist gegen Lonergan einzuwenden, dass die Formulierung dogmatischer Sätze als solche auf derselben Ebene menschlich-vernünftiger – und deshalb auch fehlbarer – Denkbemühungen liegt wie die historische Arbeit und mit dieser in Wechselbeziehung steht. Es ist zwar richtig, dass die distanzierte Aufnahme des Stoffes und die Anerkennung der Geltung des durch die Quellen vermittelten göttlichen Anspruchs in der eigenen Stellungnahme voneinander unterschieden werden müssen. Doch führt der einer theologischen Stellungnahme zugrunde liegende Glaube als Vertrauen und Liebe zu Gott keineswegs eine substantielle Veränderung des menschlichen Erkenntnisvermögens mit sich, wie es Lonergans Konzeption impliziert.

Akzeptiert man diesen Einwand, so hat das für die Methodologie zur Folge, dass auch die systematische Theologie über jenes Oszillieren zwischen Empirie, hermeneutischem Verfahren und konstruktiver Deutung nicht hinauskommt, das Lonergan lediglich auf der unteren, vorbereitenden (und von ihm durch die Unterordnung unter die kirchliche Lehrautorität faktisch entwerteten) Ebene gegeben sieht. Die Thematisierung der Frage nach Verbindlichkeit stellt zwar den insbesondere durch die Systematische Theologie ins Spiel gebrachten Akzent dar, aber sie behandelt diese Fragestellung in fortlaufender Auseinandersetzung mit anderen Fassungen des Normativen, die ihr in ihren Quellen sowie in deren Deutungen implizit oder explizit begegnen. Dieser Diskurs verlangt die Bereitschaft, die eigenen Sätze auch wieder zu verflüssigen und damit zur Disposition zu stellen.

Die Problematik dieses Konzepts hat auf ein Phänomen aufmerksam gemacht, das bei der Entwicklung einer theologischen Methodologie stärker in den Vordergrund gerückt zu werden verdient, als es bei Lonergan der Fall ist. Das ist die Aspekthaftigkeit der Erfahrung. Man kann die Wirklichkeit unter dem Gesichtspunkt menschlich-individueller Besonderheit, praktischer Zweckmäßigkeit, systemischer Zusammenhänge oder symbolisch vermittelter Tiefendimension betrachten. Keine dieser Betrachtungsweisen lässt sich auf eine der anderen abbilden. Jede von ihnen verlangt deshalb einen anderen methodischen Zugang, einen anderen Typus von Rationalität. Diese Rationalitätstypen können ebenfalls nicht voneinander abgeleitet werden, sondern einander nur komplementär ergänzen.

Im Unterschied zur Dialektik involviert die *Komplementarität* der Betrachtungsweisen keinen Widerspruch, sondern lediglich die Unmöglichkeit, die verschiedenen Aspekte zu einer in sich geschlossenen, linearen Sicht miteinander zu verbinden. Das bekannteste ältere Beispiel für solche Komplementarität ist die gebräuchliche Unterscheidung zwischen verstehenden Geistes- und erklärenden Naturwissenschaften, die der Tatsache gerecht werden soll, dass der Mensch zugleich Geist- und Naturwesen ist. Sowohl die Ausdifferenzierung und gegenseitige Überschneidung der Wissenschaften als auch die spezifische Problemstellung der Theologie legen nahe, der Anregung einiger neuerer Arbeiten folgend das Spektrum über diese Zweiteilung hinaus auszuweiten[202]. Wir schlagen vor, zwischen einer hermeneutisch-verstehenden, einer pragmatisch-praktischen, einer linear-konstruktiven (sowohl induktiv als auch deduktiv verfahrenden) und einer phänomenologischen Rationalität zu unterscheiden.

---

[202] Vgl. zum Folgenden ULRICH NEUENSCHWANDER, *Die drei Wurzeln theologischen Denkens*, in: DERS., Zwischen Gott und dem Nichts. Beiträge zum christlichen Existenzverständnis in unserer Zeit, Bern/Stuttgart 1981, 13–34; I.U. DALFERTH, *Kombinatorische Theologie* (Anm. 62), 72–78. Beide Autoren klassifizieren in philosophische, Erfahrungs- und Offenbarungstheologie (Dalferth 75f; Neuenschwander 14–33). Neuenschwander versucht eine Synthese, während Dalferths Fassung im Rekurs auf den Heiligen Geist als Erkenntnisprinzip (99–158) auf eine Dominanz der Offenbarungstheologie hinausläuft (so ausdrücklich 79–84). Er führt später noch eine andere Typisierung ein (theoretische, hermeneutisch-pragmatische und praktisch-reflexive Erkenntnis, 117). Dies kommt der hier bevorzugten Einteilung nahe; leider wird aber das Verhältnis dieser Fassung zu der zuvor von ihm favorisierten nicht deutlich. – Der Gedanke einer Ausdifferenzierung der Rationalität ist natürlich älter. In systematischer Form liegt er zuerst in Gestalt der drei Kritiken IMMANUEL KANTS vor.

Der zuerst genannten Form der Rationalität entspricht eine *historisch-herme-neutische Theologie*. Sie hat den Vorzug, die Bindung des christlichen Glaubens an eine bestimmte geschichtliche Überlieferung herauszuarbeiten und diese so-wie die jeweilige Gegenwart in einen geschichtlichen Zusammenhang einzu-zeichnen. Im evangelischen Bereich ist dieser Typus als Schrifttheologie oder neuerdings als „story"-Theologie ausgebildet. Beide Formen dienen der Vermitt-lung zwischen der vergangenen Epoche der biblischen Autoren und der eigenen Zeit. Dabei ist jedoch die Neigung zu beobachten, die kategoriale Differenz zwi-schen dem Verstehen der den Glauben vermittelnden Erfahrungsweisen anderer Menschen, Zeitalter und Kulturen auf der einen und der Erfahrung Gottes als des Ganz Anderen auf der anderen Seite unterzubelichten. Das führt dann dazu, dass entweder die faktisch als normativ geltende Überlieferung unreflektiert mit der göttlichen Offenbarung gleichgesetzt oder jedenfalls die Frage nach der Gel-tung überhaupt nicht als eigene Frage thematisiert wird.

Praktisch-pragmatische Rationalität als handlungsorientiertes Denken ist da-gegen an der Frage nach Normativität vorrangig interessiert, die sie mit einem in-tuitiven Blick für gegebene Situationen verbindet. Ihr entspricht eine *ethische Theologie*. Sie ist für die Glaubenslehre, sofern sie nicht die Ethik in ihren The-menkreis einbezieht, von eher indirekter Bedeutung. Trotzdem kann auf sie nicht verzichtet werden, insofern theologisches Denken in allen Formen der Rationali-tät der ethischen Norm der Wahrhaftigkeit unterliegt. Zudem ist die Glaubens-lehre auf den vortheoretischen *common sense* angewiesen, wenn ihre theoreti-sche Reflexion den Kontakt zur Lebenswirklichkeit behalten soll. Für sich ge-nommen tendiert die ethische Theologie freilich dazu, das Religiöse allein im Blick auf seine Relevanz für das Handeln zu betrachten. Das führt dann leicht zu einschneidenden Verkürzungen der für den christlichen Glauben zentralen Lehre von der göttlichen Gnade.

Der linear-konstruktiven Rationalität geht es um die universale Relevanz des christlichen Glaubens, der sie durch Ausbildung eines in sich einheitlichen Sys-tems gerecht zu werden sucht. Die von ihr ausgebildete *System-Theologie* kann sowohl deduktiv als auch induktiv arbeiten. Das Erste geschieht in der Gewin-nung von Aussagen über Gott durch die Analyse seines Begriffs (so z.B. in der protestantischen Orthodoxie) oder in der spekulativen Konstruktion eines Ge-samtzusammenhanges der Welt und ihrer Gründung in der Weltregierung Gottes (so besonders die von Hegel abhängigen Konzepte, in anderer Weise auch die Theologie Karl Barths). Induktiv wäre der Versuch, die Wahrheitsfähigkeit theo-logischer Sätze im Zusammenhang einer empiristischen Wissenschaftstheorie aufzuzeigen (so die angelsächsische sprachanalytische Religionsphilosophie). Der Vorzug beider Varianten dieses Typus besteht darin, dass hier die Notwen-digkeit eines rational durchschaubaren Konzepts erkannt wird. Damit aber die induktive Variante sich nicht im Detail verliert und die deduktive nicht die Be-sonderheit des Einzelnen durch dessen Funktionalisierung ausschaltet, müssen die beiden Denkwege sich gegenseitig ergänzen. Auch damit ist freilich eine Reduktion der Vielfalt nicht aufeinander abbildbarer Perspektiven der Erkenntnis, wie sie der Systemzwang mit sich bringen kann, noch nicht gewährleistet.

Die *Erfahrungstheologie* setzt genau an dieser Stelle ein. Sie sucht phänomenologisch in der eigenen ebenso wie in der durch die Überlieferung mitgeteilten Lebenserfahrung symbolische Verweise auf, die sich auf die sie tragende religiöse Erfahrung des von der offenbarenden Begegnung mit Gott getroffenen Menschen beziehen. Diesem Verfahren wohnt eine Offenheit für die begegnende Wirklichkeit inne, die es ermöglicht, der historischen oder theoretischen Abständigkeit ebenso wie der Oberflächlichkeit eines reinen Pragmatismus zu entkommen und so eine Verdrängung des unmittelbaren Betroffenseins zu vermeiden. Die Erfahrungstheologie dient insbesondere dazu, die Ebenen der Erfahrung voneinander zu unterscheiden, also z.B. die Verwechslung der historischen Fremdheit biblischer Zeugnisse mit dem Ganz-Anders-Sein des durch ihre Vermittlung begegnenden Gottes zu verhindern. Doch kann eine Erfahrungstheologie leicht die phänomenologische zu einer psychologischen Betrachtung verengen und sich dann faktisch auf eine Beschreibung der Erfahrung des Einzelnen reduzieren, mit anderen Worten: im Subjektivismus enden. Das wäre das Ende der Theologie als Wissenschaft.

Die Erfahrungstheologie muss sich deshalb zunächst der Kritik durch die anderen beschriebenen Formen der Rationalität aussetzen. Dabei kann sie keine von ihnen privilegieren; jede von ihnen hat unbestreitbare Vorzüge, aber auch ebenso offensichtliche Schwächen. Deshalb müssen sie zu einer Synthese verbunden werden, die es erlaubt, bei jedem einzelnen methodischen Schritt den Gegenstand möglichst umfassend in den Blick zu bekommen und jede Einseitigkeit möglichst auszugleichen. Die einzelnen Aspekte sind dabei klar voneinander zu unterscheiden, aber sie dürfen nicht gegeneinander isoliert werden. Denn sie sind allesamt auf jeder Reflexionsstufe, wenngleich in unterschiedlicher Gewichtung, präsent, und zwar jedes Mal eng miteinander verknüpft. So enthält das zu sichtende Material selbst bereits geschichtliche und linear-konstruktive Elemente; seine Auswahl für den Zweck einer Glaubenslehre ist von überprüfungsbedürftigen konzeptionellen Ideen geleitet, usw. Die Synthese verlangt deshalb Querverbindungen, nicht bloße Addition.

Eine Synthese bedarf, um als geistige Einheit kenntlich zu sein, einer konzeptionellen Leitidee. Unter den Gesichtspunkten der sachlichen Angemessenheit an das Thema der Gottesbeziehung einerseits und der Diskursfähigkeit andererseits fällt genau diese Funktion dem erfahrungstheologischen Ansatz zu. Er muss sich in einer methodologischen Synthese die anderen Formen der Rationalität so anverwandeln, dass sie dadurch nicht ihrer relativen Eigenständigkeit beraubt. Die Glaubenslehre wird auf diese Weise sowohl die Lebenserfahrung als auch die rational kontrollierbare Empirie, insbesondere psychologische und soziologische Aspekte, als Ausgangsbasis benutzen, um mit konstruktiver Phantasie und logischer Strenge kohärente Zusammenhänge herzustellen, ist aber durch den Blick für die Widerständigkeit des Besonderen und durch *common sense* vor der intellektuell-ästhetizistischen Versuchung gefeit, ein „perfektes", in sich geschlossenes System abseits der Wirklichkeit zu errichten.

Im Einzelnen ergeben sich für eine Glaubenslehre die folgenden methodischen Schritte:

1) Die Daten werden erhoben. Damit ist prinzipiell das gesamte Material der christlichen Überlieferung und der gegenwärtigen kirchlichen Situation ebenso wie vergleichbarer fremder Religionen und der säkularen Lebenswelt gemeint, und zwar keineswegs nur das in Gestalt von Lehren überlieferte, sondern auch Biographien, Kult, religiöse Kunst usw. Zwar wird die lehrhafte Überlieferung als Abbreviatur all dessen einen gewissen methodischen Vorrang haben, aber nicht sie ist der primäre Gegenstand der Glaubenslehre, sondern der in ihr reflektierte Glaube. Das Verfahren auf dieser Stufe ist vornehmlich empirisch und verlangt Kooperation mit den anderen theologischen Disziplinen sowie den Nachbarwissenschaften. Vollständigkeit ist dabei selbstverständlich nicht zu erreichen, ja nicht einmal wünschenswert, denn sie wäre, könnte man sie denn realisieren, für jeden Einzelnen und auch für jede Arbeitsgruppe gleichbedeutend mit undurchdringlicher Unübersichtlichkeit. Die unerlässliche Auswahl aber enthält stets eine vorlaufende Interpretation; „reine" Empirie erweist sich als utopisch.

2) Das Material ist zu ordnen und zu interpretieren. Dabei ist das die Auswahl leitende Vorverständnis kritisch zu überprüfen und außerdem zu beachten, dass das erhobene Material nicht als „objektives", sondern als bereits durch die Tradition und die keineswegs „wertfrei" operierenden historischen und humanwissenschaftlichen Bearbeitungen gedeutetes vorliegt. Die Interpretation fragt deshalb nicht nur nach den Inhalten und den Autoren der vorliegenden Zeugnisse als solchen und nach deren gegenseitigem Verhältnis, sondern auch nach den Kriterien bereits vorliegender Deutungen. Dafür ist es erforderlich, den sprachlichen, persönlichen, sozialen, kulturellen und religiösen Kontext der fremden Autoren und/oder der untersuchten religiösen Gruppierungen ebenso zu berücksichtigen wie den entsprechenden eigenen Hintergrund, weil die für die Glaubenslehre in erster Linie relevante religiöse Erfahrung immer nur als in die unmittelbare Selbst- und Welterfahrung der Menschen eingeschmolzene stattfindet. Unter allen diesen Gesichtspunkten kommt es vor allem darauf an, die unverwechselbare Besonderheit und Andersartigkeit des empirisch erhobenen Materials herauszuarbeiten. Dennoch ist ein „interessierter", d.h. durch lebendige persönliche Beteiligung gekennzeichneter Dialog mit Texten und ihren Gesprächspartnern sowie den Interpreten aus Vergangenheit und Gegenwart zu führen. So entsteht ein dialektisches Wechselspiel von rationaler Distanz und existenzieller Beteiligung. Methodisch steht hier die historisch-hermeneutische Betrachtungsweise im Vordergrund.

3) Insbesondere ist nach dem spezifischen Verhältnis von religiöser Erfahrung

einerseits und allgemeiner menschlicher Grunderfahrung zu fragen, wie es sich als eigentümlich christliches in der unmittelbaren Selbst- und Welterfahrung niedergeschlagen hat. Die religiöse Erfahrung, die sich allgemein in dialektischer Weise als Erschütterung und zugleich Fundierung der Grunderfahrung des Menschseins durch den Einbruch der Transzendenz darstellt, ist also um der Erfüllung der eigentlichen Aufgabe der Glaubenslehre, der Identitätsbestimmung des Christentums willen näher zu bestimmen. Dafür muss das bisher Gewonnene auf die Beziehung zwischen dem gegenwärtigen Selbstverständnis einerseits und dem geschichtlichen Jesus als dem Ursprung des Glaubens sowie den ersten Zeugen des Glaubens an ihn andererseits fokussiert werden. Die Unterschiedlichkeit der Interpretationen in Tradition und Gegenwart, die geschichtliche Bedingtheit auch der Person Jesu selbst und die Perspektivität der eigenen Sicht bringen es mit sich, dass man hier immer nur zu vorläufigen und revisionsbedürftigen Ergebnissen gelangt. Diese stellen dennoch auf Grund der Gemeinsamkeit der Bezugspunkte approximative Beschreibungen „des" christlichen Glaubensverständnisses dar. Das Verfahren auf dieser Stufe ist vorwiegend phänomenologisch.

4) Da das Verhältnis zu Gott als dem mich „unbedingt Angehenden" letztlich nur von dem davon „angegangenen" Menschen als solchem verstanden werden kann, verlangt die Identitätsbestimmung des Christentums eine selbstverantwortete Stellungnahme. Das ist im strengen Sinne so zu verstehen, dass eine Identitätsbestimmung ohne eine solche Stellungnahme gar nicht möglich ist. Der Theologe gibt also nicht zu einem fertig vorliegenden Sachverhalt sein Urteil ab, sondern der Akt der Rechenschaft gehört zum Verstehen des christlichen Glaubens selbst hinzu. Die Rechenschaft ist im Blick auf die gegenwärtige geistige und soziale Lage in sich stimmig, zusammenhängend und verständlich zu formulieren. Das Verfahren dieses Gedankenschritts ist linear-konstruktiv, aber nicht auf einer einzigen „Linie", sondern auf mehreren verschiedenen, wenngleich miteinander verbundenen Wegen, um die irreduzible Vielfalt der Perspektiven nicht monistisch zu reduzieren.

5) Wegen der unentrinnbaren Perspektivität alles menschlichen Erkennens und wegen der Unmöglichkeit, das Gottesverhältnis zureichend „auf den Begriff zu bringen", kann das Resultat des beschriebenen methodischen Prozesses niemals mehr als ein Gesprächsbeitrag sein. Es ist deshalb im Gespräch mit Gleichgesinnten wie mit Gegnern unter sämtlichen relevanten methodologischen Gesichtspunkten kritisch zu überprüfen. Dabei ist die Frage leitend, inwieweit das Ergebnis wahrhaftig vertreten werden kann und unter dieser Voraussetzung dann auch konsensfähig ist, und wie weit der Umfang eines solchen Konsenses gegebenenfalls reicht.

So sehr der systematische Theologe für alle diese Schritte auf Kooperation mit Vertretern anderer theologischer sowie auch außertheologischer Fächer (vor allem Philosophie, Religions- und Humanwissenschaften) angewiesen ist, ja weitgehend sogar sich auf deren Ergebnisse verlassen muss, so sehr sind diese doch im Rahmen des Möglichen zu überprüfen, und an sachlich entscheidenden Stellen wird sich die Glaubenslehre auch unmittelbar mit exegetischen, historischen usw. Fragestellungen auseinander zu setzen haben. Nicht zuletzt deswegen ist das im Vorstehenden entwickelte Schema methodischer Schritte nicht im Sinne einer unumkehrbaren Reihenfolge aufzufassen.

Die folgenden Abschnitte greifen nun aus dem Vorstehenden, der Gliederung dieser Prolegomena folgend, drei Punkte besonders heraus, die im Sinne des Gesamtkonzepts noch einer Vertiefung bedürfen.

2. Bestimmung der Identitätskriterien im Vergleich

Für die Bestimmung der Identität des Christentums ist in besonderer Weise der Vergleich mit anderen Religionen von Belang. Heute lässt man es in der Glaubenslehre meistens bei einer immanenten Beschreibung bewenden. Das ist insofern nicht unvernünftig, als damit der Tatsache Rechnung getragen wird, dass das Wesen des christlichen Glaubens letztlich nur innerhalb des „theologischen Zirkels" erfasst werden kann[203]. Doch betrifft das nur seine Innenseite. Jede Äußerung *über* den Glauben steht als solche außerhalb desselben und kann insofern überprüft werden. Das geschieht zunächst durch den Vergleich mit anderen binnenchristlichen Identitätsbestimmungen. Doch ist zur Schärfung des Profils auch der Blick auf andere Religionen erforderlich, wenngleich das in einer Glaubenslehre nur in begrenztem Umfang möglich ist. Dagegen lässt sich nicht die christliche Offenbarung ins Feld führen. Die Lebensäußerungen des christlichen Glaubens und anderer Religionen sind als solche wie alle geschichtlichen Lebensäußerungen selbstverständlich vergleichbar. Allein die ihnen zugrunde liegende Entscheidung für den christlichen Glauben ist auf die Binnenperspektive beschränkt, und allein dafür kann man sich sinnvoll auf Offenbarung berufen.

Hinzu kommt, wie bereits gelegentlich bemerkt, dass das Christentum praktisch von Anfang an eine synkretistische Religion (in einem nicht wertenden Sinn des Begriffs) gewesen ist. Darum ist mit der Möglichkeit zu rechnen, dass manches, was über lange Zeit, in einigen Fällen schon seit der Urgemeinde, als genuin christlich tradiert und rezipiert worden ist, sich als Fremdkörper erweist, der sogar im Widerspruch zur Identität des Christentums stehen kann. Belege sind z.B. die Pauschalverurteilung der Juden im Johannesevangelium oder das Insistieren auf dem Buchstaben des Gesetzes Mt 5,17.

Es ist also notwendig, zumindest in großen Zügen das christliche Verständnis des menschlichen Gottesverhältnisses mit dem anderer großer Religionen zu vergleichen, um das Spezifische des Christentums besser herausarbeiten zu können.

---

[203] Vgl. P. Tillich, *Systematische Theologie* Bd. 1, 2. Aufl. Stuttgart 1956, 15–18.

Dabei wird das Augenmerk sich naturgemäß hauptsächlich auf diejenigen Religionen richten, die dem Christentum am nächsten stehen, allen voran auf das Judentum, in dessen Tradition Jesus aufgewachsen ist. Also ist zuerst darauf zu achten, was er aus dieser Tradition bewahrt und wo er ihr gegenüber Neues gebracht hat, und in welchem Verhältnis sein gesamtes Leben und Sterben, als Einheit genommen, zu dieser Tradition steht. Sodann ist zu eruieren, auf welche Weise die spätantiken Religionen die werdende Eigenständigkeit der frühen Gemeinde befördert haben. In der pluralistisch gewordenen gegenwärtigen Welt müssen darüber hinaus auch die übrigen großen Religionen in die Betrachtung einbezogen werden. Um es mit einem Beispiel zu illustrieren: Was Kreuz und Auferstehung Jesu und Auferstehung der Toten bedeuten, kann besser verstanden werden, wenn man die in der religiösen Welt verbreitete Vorstellung von sterbenden und auferstehenden Göttern damit vergleicht.

Bei alledem ist selbstverständlich nicht nur auf die Unterschiede, sondern auch auf die Strukturverwandtschaften, gegenseitigen Einflüsse und Einzelparallelen zu achten. Nur so kann die religiöse Individualität des Christentums angemessen erkannt werden, nur so lässt sich der Wahrheitsanspruch des christlichen Glaubens angemessen explizieren. Jedenfalls an den entscheidenden Punkten muss der Blick über die Grenzen des eigenen Glaubens hinaus gerichtet werden. Dass dies im Rahmen einer Glaubenslehre faktisch nur in sehr begrenztem Maß geschehen kann, liegt freilich wegen der Füller der internen Probleme christlicher Identitätsbestimmung auf der Hand.

3. Überprüfung der konfessionellen Position

Die Identitätsbestimmung des Christentums kann, wie bereits ausgeführt[204], nur innerhalb eines bestimmten Traditionsstranges und nicht von vornherein konfessionsübergreifend vorgenommen werden, weil die konfessionelle Differenz so tief reicht, dass man sie nicht überspringen kann. Andererseits ist nicht zu bestreiten, dass sich die christlichen Konfessionen im Lauf der Jahrhunderte gewandelt haben. Weiter ist zu berücksichtigen, dass konfessionelle Spaltungen mit harten polemischen Auseinandersetzungen einherzugehen pflegen. Deshalb ist zu prüfen, ob bzw. inwieweit die primär auf Abgrenzung und Profilierung bedachten Formulierungen der Trennungsepoche heute noch treffen und ob vielleicht inzwischen ganz andere Streitpunkte sich in den Vordergrund geschoben haben.

Für eine solche Überprüfung genügt es nicht, auf die Bibel zurückzugreifen. Denn das tun alle christlichen Konfessionen. Weiter kommt man schon, wenn man untersucht, auf welche Weise das Verhältnis von Bibel und gegenwärtiger

---

[204] S.o., Abschnitt IV/3.

Erfahrung in der eigenen Kirche (und im Vergleich dazu in anderen) bestimmt wird. Hier ist zuerst zu fragen, in welchem Sinn und mit welchen Argumenten der Schrift und/oder späteren Glaubenszeugnissen für die Identitätsbestimmung des Christlichen ein Vorrang eingeräumt wird. Sodann ist zu untersuchen, ob sich diese Identitätsbestimmung in der eigenen Konfession am Kern der neutestamentlichen Botschaft oder an einem Randthema orientiert (z.B. Erwachsenentaufe statt Kindertaufe, oder Einzelheiten der apokalyptischen Schau in der Offenbarung nach Johannes). Schließlich ist zu überlegen, ob die Entwicklung innerhalb des Neuen Testaments zu „frühkatholischen" Positionen dem Wesen des Christentums gemäß oder eine – vielleicht in jener Zeit unvermeidliche – Verfälschung desselben ist.

Die Formulierung dieser Fragen zeigt, dass man die Kriterien plausibel machen muss, die für die Identitätsbestimmung gelten sollen. Ist das die kirchliche Praxis des 1. Jahrhunderts, der Wortlaut des biblischen Textes als solcher, oder das, was sich im Lauf der Zeit als kirchliche Lehre und Praxis durchgesetzt hat? Oder ist es vielmehr etwas, das sich überhaupt erst durch einen Vergleich aller Epochen der Christentumsgeschichte, rückgespiegelt auf die gegenwärtige geistige Lage, einigermaßen sicher entscheiden lässt? Die Entscheidung über solche normativen Kriterien ist nicht beliebig, sondern kann nur in der Konfrontation mit der eigenen bisherigen Identitätsbestimmung des Christentums sowie mit dem bisherigen Konsens der eigenen Konfession erfolgen. Es liegt auf der Hand, dass dies ein zirkuläres Verfahren ist. Das lässt sich nicht vermeiden. Denn man kann die Frage nach der Identität des Christentums nur in einem Oszillationsprozess zwischen der existenziellen Glaubensbindung des Fragenden und den empirisch feststellbaren Lebensäußerungen, die dem Christentum als historischer Größe zugerechnet werden, beantworten.

Das Ergebnis einer solchen Überprüfung der eigenen konfessionellen Prägung kann darin bestehen, dass man mit besseren Gründen als zuvor an ihr festhält, ebenso aber auch, dass man sich genötigt sieht, sie zu verlassen. Das gilt selbstverständlich in beiden Richtungen, wie die Geschichte der Konversionen zeigt. In jedem Fall aber bleibt von anderen Konfessionen viel zu lernen. Dafür ist es wichtig, die ganze Breite der jeweils anderen Konfession jedenfalls exemplarisch zu berücksichtigen, also kirchenoffizielle ebenso wie individuelle, konservative ebenso wie liberale Positionen. Es kann dann durchaus sein, dass dabei an den Rändern die scharfen Konturen verschwimmen. Dann ist zu untersuchen, welche Breite solche „Ränder" in der eigenen wie der jeweils anderen Konfession haben und ob sie eventuell zu einer Schnittmenge oder sogar zu einer grundsätzlichen gegenseitigen Annäherung der beiden Gruppierungen führen. Andererseits – und das zu betonen ist in der gegenwärtigen ökumenischen Situation wesentlich wichtiger – muss man sich hüten, erkennbar tiefreichende Differenzen aus pragmatisch-kirchenpolitischen Gründen zu überspielen. Sicherheit des Urteils ist in dieser Hinsicht nur zu gewinnen, wenn man sich bei aller erforderlichen Detailgenauigkeit nicht durch die Addition von Übereinstimmungen und Unterschieden in einzelnen Lehren den Blick für die Gesamtrichtung der eigenen wie der fremden Konfession verstellen lässt. Auf dieser Gesamtrichtung und ihren Wandlungen liegt bei der Bemühung um eine Identitätsbestimmung naturgemäß der Akzent.

4. *Perspektivität und institutionalisierter Konsens*

Einem verbreiteten zeitgenössischen Verständnis von Individualität zufolge wäre es einleuchtender gewesen, zunächst die mögliche Voreingenommenheit des Einzelnen und erst danach seine konfessionelle Prägung zu behandeln. Dafür scheint auch zu sprechen, dass es nach unseren bisherigen Ausführungen trotz der Notwendigkeit einer historischen Vermittlung der christlichen Tradition immer der Einzelne ist, der von Gott ergriffen wird und der deshalb auch seine Rechenschaft selbst zu verantworten hat. Dagegen ist aber geltend zu machen, dass der Einzelne faktisch durch Sozialisation und Lebenspraxis immer schon von einem institutionalisierten Gruppenkonsens herkommt. Dessen augenfälligste Gestalt ist in unserem Bereich nun einmal der Konsens der eigenen Konfession. Wenn man genauer hinsieht, muss man hinzufügen: es ist der Konsens einer bestimmten Richtung innerhalb der eigenen Konfession. Aus diesem Grund wäre es weltfremd anzunehmen, unabhängige Individuen würden sich nach dem Modell des *contrat social* zusammentun, um einen Konsens allererst herzustellen. Zwar hat der Gedanke des Gesellschaftsvertrages gegenüber deutschen neuromantischen Vorstellungen von „organischer" Gemeinschaft die helle, durchsichtige Rationalität und gegenüber dem konservativen Ordnungsgedanken den Blick für die Möglichkeiten freier Gestaltung voraus und ist deshalb als ein Element der Gesellschaftstheorie – auch in Bezug auf die Kirche – unentbehrlich. Aber jede soziale Gruppierung wird nicht allein durch rationale, sondern immer auch durch organische Faktoren zusammengehalten[205]. Das ist auch für das Verständnis theoretischer Diskurse, wie z.B. des theologischen, zu bedenken.

Sind diese Zusammenhänge berücksichtigt, so bleibt es allerdings der unvertretbare Einzelne, der Rechenschaft über sein theologisches Denken zu geben hat. Ihm muss auch die Möglichkeit offen stehen, sich mit guten Gründen von dem jeweils gegebenen Gruppenkonsens zu lösen und einen neuen Weg zu be-

---

[205] Zum Gesellschaftsvertrag vgl. die bequeme kleine Textsammlung *Social Contract. Essays by* Locke, Hume, *and* Rousseau, hg. v. E. Baker, London 1947 (1958); zu den organologischen Vorstellungen Ferdinand Tönnies, *Gemeinschaft und Gesellschaft. Grundbegriffe der reinen Soziologie*, Nachdruck der 8. Aufl. (1935), Darmstadt 1963; zur Verbindung beider Gesichtspunkte R. Niebuhr, *The Self and the Dramas of History*, New York 1955, 163–182 (= Kap. 20: Organism and Artifact in Democratic Government), und vor allem P.L. Berger / Th. Luckmann, *Die gesellschaftliche Konstruktion der Wirklichkeit* (vgl. Anm. 31).

schreiten. Anders wäre es nicht möglich, die Auslegung der christlichen Identität auf neue Verhältnisse und neue Fragestellungen zu beziehen. Andererseits soll die Identitätsbestimmung des Christentums konsensfähig sein und nicht eine bloße Privatmeinung darstellen. Deshalb muss die Reflexion über diese Problematik zu einem Diskurs führen, der neue Übereinstimmungen hervorbringen und dabei durchaus auch die Grenzen bisheriger Gruppierungen oder sogar Konfessionen überschreiten kann. Die entscheidende Frage ist freilich, ob ein solcher Diskurs Selbstverantwortung und Konsens auf redliche Weise, also ohne faule Kompromisse, miteinander verbindet.

Diese Doppelbestimmung theologischer Rechenschaft impliziert nicht das Ziel einer monolithischen Einheit. Dergleichen wird durch die Perspektivität und Geschichtlichkeit menschlichen Denkens unmöglich gemacht. Deshalb ist auf diesem Gebiet bestenfalls jeweils ein approximativer Konsens zu erreichen. Bestehende Gegensätze werden zudem dadurch verschärft, dass der alte cartesische Grundsatz *De omnibus dubitandum est* auch in der Theologie als Wissenschaft in Geltung steht. Darum wohnt allen theologischen Sätzen eine konstitutive Spannung zwischen individueller Rechenschaft des Einzelnen und kirchlichem Konsens inne. Wo diese Spannung nicht vorhanden oder nicht bewusst ist, wo also entweder eine Privattheologie oder ein kirchlich institutionalisierter Konsens als die Wahrheit schlechthin ausgegeben wird, ist Widerspruch einzulegen.

Nun ist evident, dass die eben beschriebene Spannung nicht identisch ist mit derjenigen zwischen göttlicher Wirklichkeit und menschlichem Denken, obgleich eine solche Identifizierung unwillkürlich immer wieder vorgenommen wird. Aber die Diskrepanz zwischen theologischen Sätzen einer bestimmten Glaubenslehre und der offiziellen Lehre einer Kirche weist auf jene andere Spannung hin. Dies, und nicht ein „demokratisches" Erkenntnisideal, ist der Grund dafür, dass in der Produktion theologischer Lehre ein Spielraum des Streitigen offenbleiben muss. Es versteht sich wohl von selbst, dass eine solche Forderung nicht um des Streites, sondern um der Wahrhaftigkeit willen und wegen des unausweichlich approximativen Charakters alles theologischen Denkens erhoben werden muss. Daraus folgt, dass jede theologische Rechenschaft es sich gefallen lassen muss, in der fortlaufenden Debatte über die Identität des christlichen Glaubens in Frage gestellt zu werden. Über diesen Punkt besteht übrigens Einigkeit zwischen den Konfessionen.

Es bleibt freilich bei dem Ziel des Diskurses, soweit auf redliche Weise möglich einen neuen Konsens herzustellen oder einen schon vorhandenen zu bestätigen. Nun haben wir gesehen, dass die individuelle Verschiedenheit der theologischen Rechenschaft und damit auch die Differenzierung der christlichen Kirche in unterschiedliche Traditionsstränge konstitutiv bleibt, auch wenn einzelne Traditionen und kirchliche Organisationen sich vereinigen mögen; die unterschiedliche Beurteilung neu entstandener Problemstellungen wird auch wieder neue Tren-

nungen hervorbringen. Konsensbildung hat deshalb nicht den Sinn, alle Konflikte zwischen einzelnen theologischen Denkern oder zwischen verschiedenen
Richtungen oder Konfessionen aufzulösen. Im Fall eines nicht zu behebenden
Widerstreits zwischen eigener Wahrhaftigkeit und einem kirchenpolitisch op-
portun erscheinenden Konsens ist sogar dem Ersteren der Vorzug zu geben. An-
zustreben ist jedoch in jedem Fall, in Stephen Sykes' treffender Formulierung, ein
containment of conflict[206], die Eindämmung des Konflikts auf eine erträgliche
Bandbreite. Deren Umfang wird man allerdings festlegen müssen, weil sonst eine
Bestimmung der Grenzen christlicher Identität unmöglich wäre. Das würde die
institutionelle Basis, deren eine religiöse Gemeinschaft bedarf, und unter Umständen sogar deren friedliches Zusammenleben gefährden. Dennoch wird jede
solche Festlegung faktisch wiederum in eine gewisse Schwebe geraten, denn alle
klaren Grenzziehungen werden unweigerlich aufs Neue zum Gegenstand des
Diskurses. Diese Auskunft mag manchem scharfsinnigen Theoretiker ebenso unbefriedigend erscheinen wie manchem auf klare Ordnungsprinzipien drängenden Beamten in einer Kirchenleitung. Sie ist dennoch die einzige, die einem freien
und zugleich der Sache des christlichen Glaubens verpflichteten theologischen
Denken gerecht wird.

---

[206] St. Sykes, a.a.O. (Anm. 152), 212.

VII. Zum Aufbau

Diese Glaubenslehre weicht nicht nur in ihrem Titel, sondern auch in ihrem Aufbau vom heute Üblichen ab. Die wichtigsten Unterschiede sind die folgenden: Der materialen Glaubenslehre gehen nicht nur diese Prolegomena, sondern auch eine religionsphilosophische Grundlegung voraus. Die Trinitätslehre findet sich weder am Beginn noch am Schluss der materialen Glaubenslehre, sondern am Ende der Heilslehre. Die Theodizeefrage wird sowohl am Ende der Lehre von der Schöpfung der Welt (A I 3g) als auch am Ende der Lehre von der Sünde (A II 3g) behandelt und findet in Rechtfertigungslehre und Eschatologie ihren Widerpart (B II 1g. C II g), bekommt also eine ihr sonst nicht zugestandene zentrale Rolle. Das Problem des religiösen Pluralismus wird nicht nur in der Situationsbeschreibung der Einleitung (A I 2) behandelt und in der religionsphilosophischen Grundlegung durchgängig vorausgesetzt, sondern es taucht in der materialen Glaubenslehre wieder auf, und zwar in der Schöpfungslehre (A I 3 e), in der Lehre von der Herrschaft Christi (B II 3 a) sowie in der Ekklesiologie (C I 1a). Auch dieses Problem bekommt also ein weit größeres Gewicht als in den meisten anderen Glaubenslehren.

All dies hat sich sowohl aus grundsätzlichen Erwägungen als auch aus der Analyse der gegenwärtigen geistigen Lage ergeben. Die folgenden Erläuterungen sollen das im Einzelnen begründen. Sie werden den vorliegenden Entwurf insbesondere zu der traditionellen Gestalt der Glaubenslehre in Beziehung setzen. Damit soll deutlich werden, dass die Absicht, die hinter den genannten Veränderungen sowie hinter anderen, aus der Gliederung noch nicht zu erkennenden Abweichungen von der klassischen Lehrform steht, nicht die ist, die kirchliche Lehre zu destruieren, sondern im Gegenteil die von ihr intendierte Wahrheit der christlichen Botschaft auf eine heute verantwortbare Weise zum Ausdruck zu bringen – auch dann, wenn manche alte Lehre stark umgeformt oder mit verändertem Stellenwert erscheint oder sogar überhaupt keinen selbstständigen Platz erhält. All dies wird im Übrigen selbstverständlich jeweils genau begründet werden.

1. Formales zur Systematik

Die beigegebene Tabelle zeigt, dass die arabisch bezifferten Teile sämtlicher Hauptstücke der materialen Glaubenslehre jeweils das Verhältnis von Gott und Mensch, Mensch und Welt, Gott und Welt zum Gegenstand haben, wenn auch in Kapitel A I in anderer Anordnung. Ferner folgen die mit den Buchstaben a bis g bezeichneten Unterabschnitte durchgehend demselben Einteilungsprinzip: Sie entsprechen jeweils den Aspekten des Raumes, der Zeit, der Gemeinschaft, den Polaritäten von Freiheit und Abhängigkeit, Sein und Sollen, Leben und Tod, und dem überall darin enthaltenen Gottesbezug. Damit soll deutlich werden, dass und wie sich die Aussagen des christlichen Glaubens auf die menschlich-geschichtliche Lebenswirklichkeit beziehen und sie interpretieren.

Auch den beiden Teilen der Einleitung liegt jeweils ein strenges Einteilungsprinzip zugrunde. So bezeichnen die arabischen Ziffern im Teil A jeweils die Probleme der Weltlichkeit der Welt, des äußeren und des inneren Pluralismus und der Institutionalität. In der religionsphilosophischen Grundlegung stehen die arabischen Ziffern für den religiösen „Gegenstand", die religiöse Subjektivität, die Stellung des Menschen in Natur und Geschichte, und wiederum die Institutionalität. (Hier erlaubte die unterschiedliche Blickrichtung keine „Querlesbarkeit" zwischen den beiden Teilen, obwohl es natürlich sachliche Verbindungen gibt).

Überschneidungen, teilweise sogar Wiederholungen ließen sich vor allem im ersten Teil des Kapitels über Schöpfung und Zerstörung (Hauptteil, A I/1) gegenüber der religionsphilosophischen Grundlegung nicht ganz vermeiden. Sie sind dadurch bedingt, dass die besprochenen Phänomene das eine Mal in philosophischer Sicht, das andere Mal unter dem Gesichtspunkt der theologischen Deutung in den Blick kommen.

Die beschriebene formale Eigentümlichkeit insbesondere der eigentlichen Glaubenslehre könnte den Eindruck eines in sich geschlossenen, Vollständigkeit und vielleicht sogar zeitlose Gültigkeit beanspruchenden Systems erwecken. Dergleichen stünde jedoch in eklatantem Widerspruch zu dem gleich im ersten Satz des Buches proklamierten Einsatz bei der Erfahrung und zu den sich daraus ergebenden Ausführungen des methodologischen Kapitels. Selbstverständlich ist eine „systematische" Ordnung im ursprünglichen Sinn des Begriffs intendiert, also eine übersichtliche Anordnung der Gedanken. Doch wird aus der perspektivischen Gebundenheit der Sichtweise nirgends ein Hehl gemacht; im Gegenteil wird deren Unvermeidbarkeit (wiewohl natürlich nicht im Sinne eines programmatischen Subjektivismus) in den erkenntnistheoretischen und ontologischen Abschnitten der religionsphilosophischen Grundlegung festgestellt. Ferner ist der gedankliche Duktus im Einzelnen so angelegt, dass die eigenen Gedanken in argumentativer Auseinandersetzung mit anderen Positionen von Zeitgenossen und mit der Tradition entwickelt werden. Auch damit ist deutlich, dass ein geschlossenes System nicht intendiert ist[207].

Trotzdem könnte die Gliederung den Eindruck eines starren Schemas machen, in das die Wirklichkeit gepresst werden soll. Doch liegt das lediglich daran, dass

---

[207] Zum Begriff des Systems vgl. OTTO RITSCHL, *System und systematische Methode in der Geschichte des wissenschaftlichen Sprachgebrauchs und der philosophischen Methodologie*, Bonn 1906.

wir es bei allen Aussagen der Glaubenslehre mit den gleichen Relationen von Gott, Mensch und Welt sowie mit den gleichen Aspekten menschlicher Erfahrung zu tun haben. Natürlich sind diese in der Lebenswirklichkeit auf sehr unterschiedliche Weise miteinander verknüpft, und wir werden versuchen, dem Rechnung zu tragen. Auch die zunächst sehr konventionell wirkende Aufteilung auf die großen Themen Schöpfung und Sünde, Erlösung und Vollendung kann den Eindruck einer gewissen Künstlichkeit erwecken. Sie sind sachlich nicht voneinander zu trennen, denn der Mensch, der über seinen Glauben reflektiert, ist immer zugleich Geschöpf und Sünder, Gerechtfertigter und Hoffender. Doch ist begriffliche Klarheit nur dann zu erzielen, wenn man dies alles nacheinander behandelt, wenn auch auf Schritt und Tritt auf die Längs- und Querverbindungen zu achten ist.

Hat man dies zugestanden, so ist freilich nicht zu bestreiten, dass sich ganz verschiedene Möglichkeiten der Anordnung denken lassen, die alle ihre Vorzüge und Nachteile haben, die hier gewählte selbstverständlich eingeschlossen. Von diesen Möglichkeiten erscheinen mir nur die Deduktion aus einem Prinzip und die objektivierende Darstellung eines heilsgeschichtlichen Verlaufs ausgeschlossen, weil beide einen Standpunkt über der Glaubensbeziehung zu Gott einzunehmen beanspruchen. Die Argumente, die zu der hier gewählten Gliederung geführt haben, werden in den folgenden Abschnitten entfaltet.

Aus dem Gesagten ergibt sich, dass diese Gliederung missverstanden wäre, wollte man sie mit einem Raster vergleichen. Ein Hörer der Vorlesung, die diesem Buch zugrunde liegt, hat stattdessen den Vergleich mit einer Fuge vorgeschlagen. Sofern man diesen Vergleich rein formal versteht und damit nicht eine Verbindung zu den großen Komponisten der Musikgeschichte assoziiert, kann man das als angemessene Beschreibung akzeptieren.

2. Die religionsphilosophische Grundlegung

Noch vor wenigen Jahrzehnten, zur Zeit der Herrschaft der Dialektischen Theologie, hätte das Unternehmen einer religionsphilosophischen Grundlegung sofort den Vorwurf ausgelöst, hier lasse die Theologie sich von der Philosophie Vorschriften machen. In der gegenwärtigen Diskussionslage ist dergleichen wohl nicht mehr so sehr zu befürchten. Ohnehin dürfte sich im Blick auf den vorliegenden Entwurf ein solcher Verdacht angesichts dessen, was in II 1 über das konfliktreiche Verhältnis von Theologie und Philosophie in der Gegenwart ausgeführt worden ist, kaum nahelegen. Die Absicht, die in diesem Teil der Einleitung verfolgt wird, besteht darin, Rechenschaft zu geben über die erkenntnistheoretischen und ontologischen Voraussetzungen, die in die Glaubenslehre eingehen, sowie in dem Versuch, eine Sicht des Christentums in der Welt der Religionen zu entwickeln, die nicht schon die Entscheidung des Glaubens impliziert. Ein solcher Perspektivenwechsel ist m.E. unerlässlich, um die insbesondere der Systematischen Theologie aufgegebene theoretische Auseinandersetzung mit der heutigen, weithin auf nichtchristlichen Grundlagen beruhenden geistigen Situation angemessen führen zu können.

Der Gedanke, der Glaubenslehre eine religionsphilosophische Grundlegung vorzuschalten, geht auf Friedrich Schleiermacher zurück. Dieser hatte in seiner *Kurzen Darstellung des theologischen Studiums* die Konstituierung eines Fachs „philosophische Theologie" gefordert, dessen Thematik er dann in den „Lehnsätzen" seiner Glaubenslehre skizziert hat[208]). Damit wollte er bei klarer Unterscheidung zwischen Philosophie und Theologie die Widerspruchsfreiheit zwischen beiden dokumentieren und so die Diskursfähigkeit der Theologie stärken. Das ist etwas anderes als die philosophische Gestaltung der ganzen Glaubenslehre, wie wir sie in der spekulativen Theologie des 19. Jahrhunderts bei Philipp Konrad Marheineke, David Friedrich Strauß (in kritischer Absicht) oder Christian Hermann Weiße finden[209].

Schleiermacher hat mit seinem Verfahren kaum Nachfolger gefunden. Seine Schüler dachten zumeist kirchlich-konservativer, und in dem rauer gewordenen philosophischen Klima setzte sich einige Jahrzehnte später mit dem Auftreten Albrecht Ritschls eine exklusive Offenbarungsorientierung der Theologie durch, obgleich man die Notwendigkeit nicht übersehen hat, für die erkenntnistheoretischen Grundfragen von der Philosophie zu lernen. In neuerer Zeit ist jedoch der Gedanke Schleiermachers von zwei Gegenspielern der Dialektischen Theologie, Emanuel Hirsch und Paul Tillich, weitergeführt worden, freilich in sehr unterschiedlicher Weise. Hirsch arbeitet philosophisch das „humane", abendländische Wahrheitsbewusstsein als die Grundbedingung für heutige theologische Arbeit heraus. Dabei versteht er unter „human" „das Recht des Menschlichen, sich unabhängig von christlichen Voraussetzungen über seine Gottes- und Selbsterkenntnis zu besinnen und das Christliche von dem Ergebnis dieser Besinnung aus zu verstehen und zu beurteilen"[210]. Tillich dagegen weist den philosophischen Analysen menschlicher Existenz im Rahmen des Gesamtaufrisses seiner Systematischen Theologie die Aufgabe zu, die von der Situation des Menschen in der Welt gestellte Frage auszuarbeiten, auf welche die Offenbarung die Antwort gibt[211]. In Anknüpfung und Widerspruch zu diesen Positionen soll die vorliegende Konzeption einer religionsphilosophischen Grundlegung erläutert werden.

---

[208] F.D.E. Schleiermacher, *Kurze Darstellung* … (Anm. 95), 13–30 (§§ 32–68); *Der christliche Glaube* (Anm. 18), §§ 3–14.

[209] Ph. K. Marheineke, *Die Grundlehren der Dogmatik als Wissenschaft,* 3. Aufl. Berlin 1847; D.F. Strauss, *Die christliche Glaubenslehre in ihrer geschichtlichen Entwicklung und im Kampfe mit der modernen Wissenschaft,* 2 Bde., Tübingen/Stuttgart 1840/1841; Christian Hermann Weisse, *Philosophische Dogmatik oder Philosophie des Christentums,* 3 Bde., Leipzig 1855–1862.

[210] E. Hirsch, *Christliche Rechenschaft,* bearb. v. H. Gerdes, Berlin / Schleswig-Holstein 1978, Bd. 1, 150 (§ 43, Merke 1).

[211] P. Tillich, *Systematische Theologie,* Bd. 1 (Anm. 203), 12–15.

Zunächst ist beiden Autoren darin Recht zu geben, dass die Glaubenslehre in einer säkularen Welt nicht als rein interne kirchliche Selbstverständigung betrieben werden kann, nicht nur deshalb, weil die Theologie als Universitätswissenschaft ihren Ort in einer weltlichen Institution nicht ignorieren kann, sondern auch, weil es eine Illusion wäre zu meinen, Weltlichkeit betreffe die Christen und die Kirche nur von außen. Sie ist vielmehr integraler Teil ihres Lebens und Denkens, sei es in Gestalt der täglichen Verrichtungen in der Arbeitswelt, sei es in Gestalt des Zweifels und der Anfechtung. Es bedarf insofern auch keiner besonderen Anstrengung, sich in das „humane" Wahrheitsbewusstsein hineinzuversetzen: Wir teilen es faktisch alle. Hirsch hat weiterhin Recht damit, dass dieses Wahrheitsbewusstsein ein abendländisches ist. Zwar sollte man zumindest den Versuch machen, sich auch in das Denken und Empfinden ganz fremder Kulturen hineinzuversetzen, sofern man nicht mit Troeltsch die Relevanz des christlichen Glaubens auf unseren Kulturkreis einschränken will. Doch die abendländische Welt in ihrer Säkularität, d.h. in ihrer Prägung sowohl durch ursprünglich christliche, aber ihres religiösen Charakters entkleidete als auch durch nichtchristliche Gehalte, stellt die primäre Situation dar, auf die eine in Deutschland geschriebene Glaubenslehre heute einzugehen hat.

Insofern auch das neuzeitlich-abendländische Wahrheitsbewusstsein die *Möglichkeit* enthält, die Rede von Gott zu verstehen, ist es sinnvoll und notwendig, diese vor Eintritt in die materiale Glaubenslehre philosophisch zu entfalten. Die Grenze für eine Rezeption von Hirschs Modell einer philosophischen Theologie liegt m.E. da, wo er dieser für das Religiöse offenen Seite unserer säkularen Welt als Alternative nur eine „nihilistische[n] Bindungslosigkeit" gegenüberstellt, welche die „in den Gemeinschaftsbeziehungen aufbrechende Heiligkeit, die der Lebens- und Ordnungsmächte", als Hinweis auf das Göttliche nicht mehr zu sehen vermag[212]. Problematisch erscheint daran nicht nur die Begründung in einer Gemeinschaftsideologie, sondern – in unserem Zusammenhang wichtiger – die Meinung, Atheismus sei im letzten Grund eine Form von Oberflächlichkeit. Das ist eine (weit verbreitete, wenn auch meist nicht auf so hohem Niveau verhandelte) apologetische Wunschvorstellung. Sie läuft faktisch darauf hinaus, einen philosophisch durchreflektierten und ethisch hochstehenden atheistischen Humanismus mit Pseudoreligionen und Religionssurrogaten auf die gleiche Stufe zu stellen. Die Strittigkeit Gottes, mit der Religionsphilosophie und Theologie zu rechnen haben, ist viel elementarer, als Hirsch offenbar wahrhaben will.

An dieser Stelle sieht es so aus, als könnte Tillichs Konzept weiterführen. Seine Bestimmung der philosophischen Existenzanalyse als Exposition der Frage nach Gott lässt Raum für atheistische Positionen, die er auch darstellt, ohne sie abzuqualifizieren. Andererseits stellt die Rubrik „Frage" aber eine Entschärfung des Problems dar. Der Ausdruck hat von einem Standpunkt innerhalb des „theologi-

---

[212] A.a.O. (Anm.210), Bd.1, 185, in Bezug auf das geschichtliche Denken.

schen Zirkels" aus zwar ein gewisses Recht, aber nur ein nachträgliches. Die Auseinandersetzung hat mit der Tatsache Ernst zu machen, dass solche Positionen sich selbst als Antworten auf die letzten Fragen verstehen, wobei es nur von zweitrangiger Bedeutung ist, ob diese Antworten als endgültige oder als vorläufige gemeint sind. Als Antworten sind sie in jedem Fall, sofern sie methodisch sorgfältig entwickelt sind, prinzipiell ebenso denkmöglich wie ihre theologischen Alternativen.

Die religionsphilosophische Grundlegung soll nun die Denkmöglichkeit der Begründung des Daseins in einem Transzendenten und deren Bedingungen darlegen. Mit Denkmöglichkeit ist nicht Beliebigkeit gemeint, die auch einer Phantasiebildung zukäme. Vielmehr geht es um den Nachweis, dass eine solche Letztbegründung eine von genau zwei denkbaren ist; die andere wäre die Begründung der Welt in sich selbst. Darin ist impliziert, dass Denkmöglichkeit scharf von Denknotwendigkeit zu unterscheiden ist. Wäre eine solche Notwendigkeit zu erweisen, so müsste die Theologie sich in Philosophie auflösen. Wäre dagegen die Denkmöglichkeit nicht erweisbar, so müsste das Christentum zur esoterischen Mysterienreligion mutieren. Die religionsphilosophische Grundlegung expliziert also das Verhältnis des Glaubens zum neuzeitlichen Wahrheitsbewusstsein als eines von Anknüpfung und Widerspruch. Sie entfaltet das, was Rudolf Bultmann das „Vorverständnis" genannt hat. Damit soll erreicht werden, mit seiner präzisen Formulierung geredet, dass „Glaube als eine Möglichkeit zu existieren auch vom Unglauben ... verstanden werden kann"[213].

Mit der Betonung der „Denkmöglichkeit" Gottes für den natürlichen Menschen im Unterschied zu seiner Denknotwendigkeit ist zugleich das Missverständnis abgewehrt, als handle es sich bei dem Verhältnis von religionsphilosophischer Grundlegung und christlicher Glaubenslehre um eine Art Stufenbau nach dem Vorbild der traditionellen römisch-katholischen Lehre von der natürlichen Gotteserkenntnis. Diesen Unterschied zu beachten verlangt nicht nur die begriffliche Konsequenz im Denken der Transzendenz Gottes, sondern auch die Tatsache, dass man ohne Denkfehler und ohne Vernachlässigung der Erfahrungswirklichkeit die Welt ebenso als unter der Herrschaft Gottes stehend wie ohne Gott denken kann.

---

[213] R. Bultmann, *Das Problem der „natürlichen Theologie"*, GV 1 (294–312), 298. Meine Auffassung in diesem Punkt berührt sich mit derjenigen von John Macquarrie, Principles of Christian Theology, rev. ed. 8. Aufl. London 1991. Er ist einer der wenigen zeitgenössischen Theologen, die eine ausführliche „philosophical theology" ausgearbeitet haben (S. 41–173). Deren Ansatz ist ebenso wie der hier vorliegende phänomenologisch und erfahrungsorientiert (55–58), und sie behandelt – in etwas anderer Form – teilweise den gleichen Themenkreis wie unsere religionsphilosophische Grundlegung. Anders als Macquarrie folgen wir jedoch nicht der „via media Anglicana" (VI), sondern betonen stärker die Strittigkeit Gottes (vgl. oben, II/1).

3. Die Hauptstücke der materialen Glaubenslehre

Die materiale Glaubenslehre hat drei Hauptstücke: Schöpfung und Sünde, Jesus Christus und die Gottesherrschaft, Das geschichtliche Leben der Christen und die Vollendung der Welt. Zunächst waren nur zwei geplant: Schöpfung und Sünde, Soteriologie und Eschatologie. Dieses Vorgehen hätte die Verflechtung von Geschaffensein und Sünde in jedem Lebensmoment auf der einen Seite und die Durchdringung des natürlich-geschichtlichen Lebens durch die mit Jesus bereits angebrochene Gottesherrschaft schon im Aufriss klar werden lassen. Diesem Vorzug steht aber der schwerwiegende Nachteil gegenüber, dass die Person Jesu Christi als bloße Funktion des Heils erschienen wäre; es wäre schwierig gewesen, diesen Eindruck durch die Darstellung ausreichend zu korrigieren. Die Debatte über den historischen Jesus, die in den fünfziger und sechziger Jahren vorwiegend unter Schülern Rudolf Bultmanns geführt worden ist, hat gezeigt, dass der christliche Glaube seinen Anhaltspunkt verliert, wenn man die Person Jesu auf das „bloße Dass seines Gekommenseins" einschmilzt. In historischer Hinsicht würde man damit versäumen, sich der Fremdheit des Menschen Jesus zu stellen, und eben damit eine blasse Abstraktion an die Stelle einer lebendigen Person setzen. Dadurch würde auch die Gegenwart Gottes zu einer abstrakten Behauptung, deren Relevanz für das wirkliche menschliche Leben unverständlich bliebe. Deshalb steht die *Christologie* wie aus der Tradition gewohnt zwischen Schöpfung und Sünde einerseits und Ekklesiologie und Eschatologie andererseits, also in der Mitte des Ganzen. Auf diese Weise wird die Zentralstellung erkennbar, welche die Gegenwart Gottes in dem geschichtlichen Menschen Jesus Christus für den christlichen Glauben hat.

Auf den ersten Blick ebenso traditionell wirkt die Unterteilung dieses Hauptstücks in die Kapitel „Der Glaube Jesu" und „Gottes geistige Gegenwart in Jesus Christus", welche die Lehre von der Person Christi und die Lehre vom Werk Christi wiederzugeben scheinen. Ebenso könnte man darin aber auch eine Gegenüberstellung von historischem Jesus und Pneumatologie erblicken, welche die klassische Zweinaturenlehre ablöst. Beides ist nicht ganz falsch. Zwei Intentionen werden in diesem Hauptstück verfolgt. Zum einen soll Jesus in seiner geschichtlichen Wirklichkeit, auch in seiner Fremdheit, in den Blick kommen. Das kann nur gelingen, wenn die Christologie damit beginnt. Zum anderen ist aber diese Person für den Glauben untrennbar mit ihrem „Werk" verbunden, ganz eins mit ihm. Beiden Intentionen zugleich kann man nur dann gerecht werden, wenn man den Anspruch des historischen Jesus auf göttliche Autorisierung als transparent für das Wirken Gottes durch ihn begreift und auf der anderen Seite die Glauben schaffende Wirksamkeit Gottes an diesen historischen Menschen zurückbindet. In der Gliederung wurde das dadurch erreicht, dass das klassische Schema der drei „Ämter", des prophetischen, hohepriesterlichen und königlichen Amtes Christi (Wort, Hingabe und Herrschaft), mit den menschlichen Ent-

sprechungen Glaube, Liebe und Hoffnung *beiden* Teilen dieses Mittelstücks zugrunde gelegt wurde. Vorausgesetzt ist dabei, dass das Gottesverhältnis Jesu
nicht als das zweier „Naturen" zueinander beschrieben werden kann, sondern
als Wirkung des göttlichen Geistes in ihm und durch ihn. Deshalb wird die Pneumatologie, abweichend vom üblichen Verfahren, zum Teil bereits innerhalb der
Soteriologie abgehandelt.

Die ausführliche Begründung für dieses Verfahren erfolgt am gegebenen Ort.
Nur zwei Bemerkungen noch zu diesem Stück. Einmal muss das Heil nicht nur
als Sieg über die Sünde im Zuspruch der Vergebung (jeweils die Unterabschnitte
c–e) verstanden werden, sondern auch als Vollendung der Schöpfung des Menschen (Unterabschnitte f), so dass auch ein Bogen zur Schöpfungslehre geschlagen wird. (Entsprechend gilt für die Eschatologie, dass sie von der Vollendung
des Heils ebenso wie des Wohls des Menschen zu handeln hat.) Zweitens muss
die für das Verständnis des christlichen Glaubens grundlegende Dialektik von
Zeit und Ewigkeit, die in der ursprünglich geplanten Anordnung leichter darzustellen gewesen wäre, erhalten bleiben. Dies geschieht jetzt in den Unterabschnit-
ten b und natürlich in dem ganzen Abschnitt B II 3, der von der Hoffnung
handelt. Das hat zur Folge, dass die Eschatologie faktisch geteilt worden ist; ihr
spezifisch „futurischer" Aspekt erscheint erst zum Schluss. Dazu später noch
einige Erläuterungen.

Wenn die Bedeutung Jesu Christi als so zentral anzusehen ist, wie es hier vertreten wird, dann wäre es auch denkbar, die Glaubenslehre überhaupt mit der
Christologie beginnen und ihr die Lehre von *Schöpfung und Sünde* erst folgen zu
lassen. Das ist in der Tat in der Theologiegeschichte immer wieder einmal erwogen worden, z.B. von Schleiermacher. Karl Barth hat den Gedanken insofern jedenfalls partiell realisiert, als die „Dogmatik in nuce", welche die Prolegomena
ausmachen, vor Schöpfung und Sünde des Menschen bereits von der Offenbarung in Christus redet; außerdem hat er die Wirklichkeit der Sünde erst im Anschluss an die Versöhnungslehre beschrieben. Die Nachwirkung dieser Entscheidung lässt sich bis in die Dogmatiken von Wilfried Joest und Wilfried Härle verfolgen[214]. Für sie spricht, dass die Sünde in ihrer wahren Tiefe erst angesichts der
Offenbarung der Gnade Gottes erkannt wird. Gegen diese Anordnung spricht jedoch, dass auf diese Weise der Ernst der Verfehlung menschlicher Existenz vor
Gott nur noch schwer zum Ausdruck zu bringen ist, weil er durch die Entfaltung
der Botschaft von der Versöhnung im Vorhinein überholt ist. In der Verkündigung Jesu war die Ansage der liebenden Nähe Gottes nicht zufällig mit der extremen, geradezu in die Verzweiflung treibenden Verschärfung der göttlichen Forderung untrennbar verbunden.

---

[214] W. JOEST, *Dogmatik*, 2 Bde. (UTB 1336.1413), 4.Aufl. Göttingen 1995/1996; W. HÄRLE,
Dogmatik, Berlin/New York 1995.

Genau entgegengesetzt hat sich daher Gerhard Ebeling dafür entschieden, infralpsarisch anzusetzen, d.h. zuerst von der Wirklichkeit des sündigen Menschen zu sprechen und erst dann auf sein Geschaffensein zum Ebenbild Gottes zu kommen[215]. Auf diese Weise vermeidet er es, die Bestimmung des Menschen wie eine irgendwann tatsächlich vorkommende Wirklichkeit zu behandeln, und kann sehr lebensnah vom Menschen reden. Doch haben mich zwei Gründe bewogen, nicht so zu verfahren. Zum einen ist die Sünde des Menschen als Widerspruch zu seiner Bestimmung außerordentlich schwer darzustellen, wenn von dieser Bestimmung noch gar nicht die Rede war. Zum anderen könnte so (gegen die entschiedene Absicht Ebelings) der Eindruck entstehen, als ob die Sünde die Natur des Menschen sei, wie es einst Matthias Flacius behauptet hatte. Das würde nicht nur die Verantwortlichkeit des Menschen aufheben, sondern es würde auch verkannt, dass die Bestimmung des Menschen nicht bloß als ein unerfülltes Sollen über ihm schwebt, sondern durchaus auch wirklich wird in der Sehnsucht nach Gott und in den guten Taten, die Luther als *iustitia civilis* bezeichnet hat. Eben darin kommt ja die Tiefe der Sünde als Selbstwiderspruch der menschlichen Existenz zum Ausdruck, dass sie sich gegen die *Wirklichkeit* der Bestimmung des Menschen richtet.

Es bliebe die Möglichkeit, mit einer Beschreibung des Selbstwiderspruchs des Menschen zu beginnen, die dessen beide Seiten in einem Zug behandelt. Doch dabei würde man zum einen leicht übersehen, dass Tod und Vernichtung und dementsprechend auch die Angst des Menschen nicht bloß mit der Sünde zu tun haben, sondern auch zum natürlichen Weltlauf gehören. Die Frage nach der Herkunft des natürlichen „Übels" hängt zwar als Frage nach der Gerechtigkeit Gottes – als Theodizeefrage – eng mit der Frage nach der Herkunft des Bösen zusammen, ist aber doch sorgfältig von ihr zu unterscheiden. Zum anderen wäre eine solche Konzeption vollkommen anthropozentrisch und hätte zur Schöpfung der Welt gar nichts zu sagen. Sie stünde damit im Widerspruch sowohl zur Universalität der Schöpfungsaussage als auch zum modernen naturwissenschaftlichen Weltbild.

Aus diesen Gründen sind Schöpfung und Sünde, scheinbar ganz konventionell, nacheinander behandelt worden. Jedoch werden beide Themen in einem einzigen Hauptstück zusammengefasst. Dessen zweite Hälfte ist so angelegt, dass die Unterschiedenheit und gleichzeitige unlösbare Verflechtung von Schöpfung und Sünde in jedem einzelnen Lebensmoment des Menschen deutlich wird. Die erste Hälfte dagegen befasst sich mit der Schöpfung von Mensch und Welt und stellt die Antinomie von natürlicher Lebensbejahung und Lebensgefährdung dar. Sowohl das Kapitel über Schöpfung und Zerstörung als auch dasjenige über Bestimmung und Verfehlung des Menschen laufen darum auf die Theodizeefrage

---

[215] G. EBELING, *Dogmatik* … (Anm. 115) Bd. 1, 356–414 (§§ 15 f).

hinaus. Diese menschliche Urfrage bekommt damit in dieser Glaubenslehre die zentrale Position des Gegenübers zur Heilslehre.

Es bleibt noch übrig, zum letzten Hauptstück, das *Ekklesiologie* und *Eschatologie* verbindet, einiges zu sagen. Die beiden Kapitel zusammengenommen repräsentieren die Spannung von Zeit und Ewigkeit im geschichtlichen Leben des Christen. Während es in der Christologie um die in Jesus gekommene eschatologische Gegenwart Gottes und ihre Bedeutung vor allem für den einzelnen Menschen ging, ist der Gegenstand in diesem letzten Teil die daraus entstehende Gemeinschaft der Glaubenden, bezogen auf die gesellschaftliche Wirklichkeit (zu der auch die kirchliche Institution zu rechnen ist) und auf die Hoffnung der Vollendung der Welt. Durch diese Zusammenstellung wird auch auf die Frage nach der sozialen Dimension des Reiches Gottes hingewiesen, ohne dass diese mit einer auf Erden zu schaffenden Utopie verwechselt werden soll.

Wenn nun auf diese Weise, in scheinbarer Übereinstimmung mit der dogmatischen Tradition, den „letzten Dingen" ein eigenes Kapitel am Ende der Glaubenslehre gewidmet wird, so entsteht der Verdacht, dass hier wie dort das Eschaton mit zeitlicher Zukunft – und sei es mit einer unendlich ausgedehnten zeitlichen Zukunft – verwechselt, also eine „schlechte Unendlichkeit"[216] gedacht worden sei. Träfe das zu, so wäre damit sofort die Versuchung gegeben, über ein solches „Danach" Auskünfte zu geben, welche die Möglichkeiten einer Existenz „im Glauben, nicht im Schauen" (2.Kor 5,7) bei weitem übersteigen. Dem ist aber dadurch vorgebeugt worden, dass zum einen die Gegenwärtigkeit des ewigen Lebens im zeitlichen, auf die sich die Lehre von der Vollendung der Welt zurückbeziehen muss, bereits im Zusammenhang mit der Soteriologie besprochen worden ist, und zum anderen durch den strikten Verzicht auf alle solche Aussagen, die der spekulativen Abrundung des Systems hätten dienen können, sich aber aus der Erfahrung des Glaubens nicht herleiten lassen. Zur Begründung für ein eigenes eschatologisches Kapitel ist positiv zu sagen: Zu der Spannung von Kreuz und Auferstehung, Zeit und Ewigkeit gehört die Überzeugung, dass das ewige Leben Zeit und Ende des irdischen Lebens übergreift. Das lässt sich nur dann klar machen, wenn über die eschatologische Vollendung auch eigene Aussagen gemacht werden. Andernfalls fiele sie in sich zusammen und würde zu einer überwiegend oder rein präsentischen Eschatologie, wie sie von den Häretikern von 2.Tim 2,18, von den Deuteropaulinen (Kol 2,12; 3,1 und Eph 2,6) und vom Johannesevangelium vertreten wurde. Dass wir redlicherweise auf jegliche Beschreibung des „Vollendungszustandes" (schon das Wort „Zustand" ist als Zeitbegriff völlig unangemessen) verzichten müssen, versteht sich von selbst.

---

[216] Der Ausdruck geht auf Georg Wilhelm Friedrich Hegel zurück und bezeichnet das Unendliche einerseits als Negation des Endlichen, andererseits als ohne Ende fortgesetzten Regreß, also eine ständig fortgesetzte Hinzufügung von Endlichem. In der ersten Bedeutung: *System der Philosophie I. Die Logik*, Jub.-Ausg. 8, 222–224; in der zweiten: *Wissenschaft der Logik*, Jub.-Ausg. 4, 302f.305.

Wir kommen hier noch weniger als bei der Darstellung der gegenwärtigen Gottesbeziehung des Menschen über eine Bildersprache hinaus[217].

4. Zur Trinitätslehre

Die Dreigliederung der materialen Glaubenslehre legt die Frage nahe, weshalb in ihr für die Gotteslehre in Gestalt der Lehre von den Eigenschaften Gottes und der Trinitätslehre kein eigenes Hauptstück vorgesehen ist. Die Letztere hat zwar einen eigenen Abschnitt zugewiesen bekommen. Doch steht sie weder fundierend am Beginn noch summierend am Schluss der Darstellung, sondern am Ende der Heilslehre im Zusammenhang mit der Herrschaft Christi. Sie scheint somit keine tragende Funktion zu haben. Diese beiden vielleicht auffälligsten Merkmale der Glaubenslehre bedürfen der Begründung.

Der erste Punkt ist einfach zu erklären. Die *Gotteslehre* stellt deshalb kein separates Hauptstück dar, weil sie Gegenstand der ganzen Glaubenslehre ist. Das ist die unumgängliche Konsequenz aus der Einsicht, die im Grunde schon auf Luther zurückgeht, die aber in erkenntnistheoretischer Hinsicht erst Schleiermacher in der Theologie zur Geltung gebracht hat, dass man von Gott nur so reden kann, wie er uns begegnet, nicht wie er an sich ist. Daran ändert der Rekurs auf Offenbarung nichts, sofern man sich darüber klar ist, dass Gott auch in seiner Selbsterschließung der „Ganz Andere" bleibt. Offenbarung ist darum die stets neue Eröffnung der Gottesbeziehung durch Gott selbst, nicht etwas Abgeschlossenes und so dann objektiv Betrachtbares. Sie verändert auch nicht die natürlichen Erkenntnisbedingungen des Menschen, sondern teilt sich dem Gefühl und der natürlichen Vernunft des Menschen mit – und bleibt ihr zugleich als Geheimnis verborgen. Deshalb kann die Glaubenslehre von Gott nur als von dem Schöpfer von Mensch und Welt, vom Richter und Versöhner und vom Vollender sprechen. Wenn der Mensch darüber hinausfragt (und dazu nötigt ihn allerdings das Leben immer wieder), stößt er auf undurchdringliches Dunkel, auf Gott als *Deus absconditus*. Diese Grenzerfahrung ist ein wichtiges Thema für die Glaubenslehre, wie ihre herausgehobene Position sowohl am Ende der Lehre von der Schöpfung als auch am Ende der Lehre von der Sünde zeigt. Sie ist jedoch nicht der pri-

---

[217] E. HIRSCH, *Das Wesen des reformatorischen Christentums*, Berlin 1963, 174, spricht von der „Nacht der Bildlosigkeit", die in der Eschatologie für den modernen Menschen gegeben sei. Insofern er damit meint, dass es für uns unmöglich geworden ist, die alten mythologischen Bilder für die Vollendung in irgendeinem Sinn wörtlich zu nehmen, stimmen wir ihm zu. Doch gilt das für alle Bilder, die überhaupt für Gott und das Gottesverhältnis verwendet werden. Andererseits führt der Verzicht auf Bilder und deren Überführung in begriffliche Sprache keineswegs notwendig zu einer adäquateren Ausdrucksweise, sondern viel eher zu der Illusion, im Begriff die gemeinte „Sache" be-greifen zu können. Begriffe sind aber nichts anderes als – abstrakte Bilder. Es kann also nur darum gehen, in Bildern zu reden, sich um deren Angemessenheit an die Glaubenserfahrung zu bemühen – und zu wissen, was man damit tut.

märe Gegenstand des Glaubens, sondern nur gewissermaßen seine Nachtseite, ohne welche die positiven Glaubensaussagen nicht zu begreifen sind.

Nun kann man einwenden, diese Argumentation möge zwar für die Eigenschaftslehre einleuchten, aber es gehe nicht an, in dieser Weise auch die *Trinitätslehre* aufzulösen, die doch seit alters das unterscheidend Christliche *in nuce* enthalte. Sie stelle mit dem Verhältnis von immanenter und ökonomischer Trinitätslehre auch die Brücke zwischen der verborgenen und der offenbaren Seite Gottes dar. Deshalb nehme sie zu Recht seit Karl Barth in der evangelischen Dogmatik wieder einen prominenten Platz ein.

In der Tat steht die vorliegende Glaubenslehre in dieser Hinsicht quer zu dem Hauptstrom der neueren Systematischen Theologie und knüpft an die Tradition der kritischen Dogmenhistorie an, die gerade in der Trinitätslehre eine solche Fülle von begrifflichen und sachlichen Problemen aufgedeckt hat, dass man das alte Dogma in seiner ursprünglichen Gestalt nicht mehr rezipieren kann. Das betrifft insbesondere die Ausbildung einer immanenten Trinitätslehre, die mit der Analyse der *opera ad intra* Aussagen über Gottes Verhältnis zu sich selbst macht. Hier ist zu fragen, ob man damit nicht mehr zu wissen beansprucht, als man wissen kann[218], und ob nicht die Verankerung der Christologie in einer solchen Trinitätslehre zu monophysitischen Konsequenzen führt.

Diese Argumentation betrifft die klassische *Gestalt* der Trinitätslehre, nicht ihre ursprüngliche *Intention*. Diese bestand darin, sicherzustellen, dass die Versöhnung allein im Handeln des Gottes gründet, der als Schöpfer und Richter dem Menschen schon immer nahe ist. Genetisch stellt das trinitarische Dogma das Endstadium in der Entwicklung der offiziellen kirchlichen Lehre von der Erhöhung Christi dar. Schon Luther hat deswegen das trinitarische Dogma so sehr auf seine Grundeinsicht von dem allein aus Gnade dem Menschen widerfahrenden Heil hin interpretiert, dass es im Zusammenhang seiner Theologie trotz äußerlicher Übernahme der alten Terminologie einen ganz anderen Akzent bekommt als in den spekulativen Reflexionen der altkirchlichen Dogmatiker oder der heutigen ostkirchlichen Theologie. Der gleichen Aussageintention soll die vorliegende Glaubenslehre auf doppelte Weise gerecht werden: zum einen durch die Stellung am Ende der Heilslehre, zum anderen durch die trinitarische Strukturierung des Gesamtkonzepts. Die dogmatische Beschreibung Gottes als innere Einheit von drei „Personen" ist also auf ihren ursprünglichen Sinn der dreifachen Erfahrung des Handelns Gottes als Schöpfer, Erlöser und Vollender zurückgeführt worden. Damit wird sowohl das substanzontologische als auch das heilsgeschichtliche Verständnis der Trinitätslehre verlassen und der Dogmengeschichte überantwortet, ihr sachlicher Gehalt aber in einer heute verantwortbaren Form zum Ausdruck gebracht.

---

[218] Vgl. dazu W. Trillhaas, *Dogmatik*, 4. Aufl. Berlin/New York 1980, 107–119, bes. 113.

5. Gott, Mensch und Welt

Die Unterteilung der einzelnen Kapitel in jeweils drei Abschnitte zeigt, dass für jeden Aspekt der Glaubenslehre das Verhältnis von Gott, Welt und Mensch bedacht worden ist. Das scheint eine Selbstverständlichkeit zu sein. Es ist bereits im ersten Artikel des Credo angelegt und seither auch Zeiten und Konfessionen übergreifend in allen Glaubenslehren zu finden. Besonders prägnant hat es Luther in seiner Erklärung zum ersten Artikel ausgedrückt: „Ich gleube, das mich Gott geschaffen hat sampt allen creaturn …"[219].

Indessen macht schon dieser knappe Satz auf ein Problem aufmerksam, das eine adäquate Darstellung schwierig macht. Im Glauben und darum auch in der theologischen Rechenschaft sind nämlich Gott, Welt und Mensch stets *zugleich* präsent. Wer bei der eigenen Subjektivität einsetzt, kann gar nicht umhin, sich als Menschen in dieser Welt zu sehen, von ihr bis ins Unbewusste hinein bestimmt, sich an ihr freuend oder an ihr leidend, sie verstehend oder am Verstehen verzweifelnd, an ihrer Gestaltung mitwirkend. Und in alledem ist Gott gegenwärtig als derjenige, der den Menschen in diese Welt gesetzt hat, durch sie vermittelt an ihm wirkt, ihm Verantwortung für sie überträgt. Denkt man die Welt, so ist das nur möglich, wenn man sich dabei bewusst macht, dass man ein Teil von ihr ist. In dem Phänomen ihrer Gesetzmäßigkeit ebenso wie in der Erfahrung des Unerklärlichen und in dem Evidenzerlebnis ihrer einfachen Gegebenheit stößt man auf den Gottesgedanken. Versucht man Gott selbst zu denken, so kann man das nur, indem man ihn in Beziehung auf die Welt und sich selber denkt – auch und gerade dann, wenn man ihn als den „Ganz Anderen" denkt, denn auch dieser Begriff enthält ja eine Relation. All dies lässt sich nicht auf einmal, sondern nur nacheinander aussagen. Dabei droht ständig die Gefahr, eine Seite zu vernachlässigen. Sie meldet sich auch bei Luther, wenn er im Anschluss an den zitierten Katechismussatz die Erschaffung der Welt ganz von der Erfahrung der dem Menschen erwiesenen Güte Gottes her interpretiert. Deutlicher wird das Problem, wenn Karl Barth im Zuge seiner exklusiven Konzentration auf Gottes Heilshandeln am Menschen die Welt lediglich als die Bühne für dieses Handeln gelten lässt und seine Schöpfungslehre im Übrigen ganz auf den Menschen beschränkt[220]. Bei anderen Autoren, besonders bei solchen, die von den großen Systemen des spekulativen Idealismus beeinflusst sind, droht umgekehrt der einzelne Mensch zum bloßen Moment in der weltumspannenden Gesamtkonzeption zu werden.

Die zweite Tendenz ist – völlig abgesehen von den erkenntnistheoretischen Problemen, die sich ihr in den Weg stellen – theologisch besonders bedenklich.

---

[219] M. Luther, *Der Kleine Katechismus* (1529), WA 30/1 (243–345), 293.
[220] K. Barth, *KD* III/1, § 41,2: „Die Schöpfung als äußerer Grund des Bundes"; § 41,3: „Der Bund als innerer Grund der Schöpfung".

Denn die Unbedingtheit des Gottesbezuges betrifft nun einmal primär den einzelnen Menschen. Das ist der eigentlich entscheidende Grund für den Ausgang von der Erfahrung. Doch der Akosmismus (Weltlosigkeit) ist ebenso problematisch. Denn das In-der-Welt-Sein ist für die Existenz des Menschen konstitutiv, und zwar nicht nur in dem Sinn, dass die Welt ihm als Gegenstand seiner Verfügung und Gestaltung begegnet. Vielmehr ist er auch in Lebenserfahrung und Empirie durch die spezifische Art seines Daseins in Natur und Geschichte geprägt; er unterliegt einer „Seinsgebundenheit"[221]. Davon kann man bei der Beschreibung seines Gottesverhältnisses nicht absehen. Im Gegenteil: Aus dem angedeuteten Zusammenhang ergibt sich, dass dem Thema der Welt ein eigenes Recht gebührt, über ihren Bezug zum einzelnen Menschen hinaus. Die religiöse Erfahrung weist dem Menschen seinen Platz „zwischen Gott und Welt"[222] an, die ihm beide – freilich in fundamental unterschiedlicher Weise – innerlich präsent und zugleich äußerlich sind. Die Welt ist dabei – im logischen, nicht im wertenden Sinn – der Gegenbegriff zu Gott: die Gesamtheit des Seienden, welcher der Mensch sich im Erkennen und im handelnden Ausgriff immer nur asymptotisch nähern kann, gegenüber dem Grund alles Seins, dem man sich nicht nähern, sondern den man immer nur „im Rücken" haben kann, als unabdingbare, aber nicht mehr begründbare Voraussetzung alles Denkens und Handelns wie der Erfahrung selbst[223]. Es wird zu zeigen sein, dass im Horizont der religiösen Erfahrung beide Begriffe aufeinander verweisen, keiner ohne den anderen gedacht werden kann. Die „Welthaltigkeit" der Metaphern für Gott ist ein Hinweis darauf, die Unausdenkbarkeit der Welt als der Totalität des Seienden ein anderer.

Diesem komplexen Sachverhalt kann man nicht gerecht werden, wenn man über Gott, Welt und Mensch jeweils für sich redet. Deshalb behandeln die drei Abschnitte jedes Kapitels die *Relationen* zwischen Gott und Mensch, Mensch und Welt, Gott und Welt. Der Ausgangspunkt jeder theologischen Aussage ist also das Gottesverhältnis des einzelnen Menschen. In dessen Licht wird die Stellung des Menschen in seiner Welt betrachtet. Schließlich werden aus beiden Relationen zusammen Aussagen über das Verhältnis von Gott und Welt abgeleitet. (Eine ausführlichere Begründung für dieses Verfahren findet sich im ontologischen Teil der religionsphilosophischen Grundlegung). Von diesem Duktus gibt es zwei Ausnahmen. Die eine ist die Eschatologie, in der diese Unterteilung überhaupt nicht erscheint. Jene drei Relationen werden hier nicht mehr getrennt voneinander behandelt, weil im Eschaton Gott in einem noch näher zu beschreibenden Sinn „alles in allem" ist (1.Kor 15,28). Das Verhältnis des Menschen zu Gott und das zur Welt treten hier nicht mehr in Konkurrenz zueinander, die Verwechslung von Schöpfer und Geschöpf (Rm 1,25) ist überwunden. Die andere Ausnah-

---

[221] Vgl. dazu K. Mannheim, *Ideologie* ... (Anm. 108), 71.230–239; sowie P.L. Berger/Th. Luckmann, a.a.O. (Anm. 30), 139–195.

[222] Vgl. F. Gogarten, *Der Mensch zwischen Gott und Welt*, Stuttgart 1956.

[223] Vgl. F.D.E. Schleiermacher, *Dialektik* 1814, SW III/4,2, 161–171 (§§ 218–227).

me stellt das Kapitel A I dar, in dem die Reihenfolge verändert ist: Hier steht die
weltliche Existenz des Menschen an der Spitze. Das geschieht einmal, um den
Übergang von der religionsphilosophischen Grundlegung zu erleichtern, vor allem aber um deutlich zu machen, dass der Gegenstand der religiösen Deutung
durch den Schöpfungsglauben nicht ein theologisches Konstrukt, sondern die
wirkliche Grunderfahrung des Menschseins ist.

6. Die Aspekte der Erfahrung

Der durchgehende Bezug der Glaubenslehre auf die Grunderfahrung des
Menschseins und damit auch auf die konkrete Selbst- und Welterfahrung des
Menschen wird über den im letzten Abschnitt besprochenen relationalen Ansatz
hinaus darin zum Ausdruck gebracht, dass jeder einzelne Abschnitt nach folgenden Aspekten unterteilt wird: Dasein im Raum, zeitliches Sein, Personalität und
Sachlichkeit, Freiheit und Abhängigkeit, Sein und Sollen, Leben und Tod, und
gewissermaßen als Zwischenbilanz die jeweils spezifische Fragestellung bezüglich des Verhältnisses zu Gott.

Die Aufgliederung in Aspekte erfolgt deshalb, weil Erfahrung eine komplexe
Größe ist. Spricht man global von „der" Erfahrung, so hat man es mit einem
Abstraktum zu tun, das dann um so leichter einem deduktiven (z.B. offenbarungstheologischen) Schema subsumiert werden kann. Erfahrung ist aspekthaft
nicht nur in dem Sinn, dass ihr ein unausweichlicher, auch durch intersubjektive
Kommunikation nicht zu eliminierender subjektiver Zug anhaftet. Sie gliedert
sich vielmehr auch in sich noch einmal in die verschiedenen oben genannten
Aspekte auf, die sich auf verschiedene Weisen der Begegnung des Menschen mit
sich selbst, mit anderen Menschen und der Welt beziehen. Diese Aspekte kommen zwar in der Lebenswirklichkeit niemals isoliert, sondern immer nur miteinander verbunden vor. Doch müssen sie voneinander unterschieden werden.
Keiner von ihnen lässt sich auf einen der anderen reduzieren, sondern sie verhalten sich komplementär zueinander.

Geht man davon aus, dass die Gottesbegegnung die menschliche Selbst- und
Welterfahrung ganz und unbedingt betrifft, dann muss das an einem in dieser
Weise differenzierten Erfahrungsverständnis deutlich gemacht werden. Damit
wird nicht etwa Gott selbst räumlichen, zeitlichen usw. Bedingungen unterworfen, sondern nur die Grundaussage des Glaubens entfaltet, dass Gott räumliches
und zeitliches Leben schafft, erhält, erlöst und vollendet.

B. Religionsphilosophische Grundlegung

In unseren Überlegungen zu Standort und Aufgabe der Glaubenslehre hatten wir als ein Hauptkennzeichen des gegenwärtig vorherrschenden Verhältnisses von Theologie und Philosophie herausgestellt, dass zwischen ihnen die Deutung der Selbst- und Welterfahrung aus einem Glauben an Gott strittig sei, und zwar sowohl hinsichtlich der Existenz Gottes als auch, wichtiger noch, hinsichtlich der Vereinbarkeit des Glaubens an Gottes Güte mit dem Übel und dem Bösen in der Welt. Andererseits hatten wir gefordert, den Gottesbegriff in der Philosophie als zwar nicht denknotwendig, aber doch denkmöglich und stimmig mit der Selbst- und Welterfahrung des Menschen zu erweisen, nämlich als eine von zwei denkbaren Letztbegründungen, während die Theologie von der Erfahrung Gottes ausgeht. Beide Sätze schließen einander dann nicht aus, wenn der heute in der Philosophie vorherrschende Verzicht auf den Gottesgedanken bzw. die Kritik an ihm ebenso wenig als denknotwendig zu erweisen ist wie der Gottesgedanke selbst. Könnte dies nicht gezeigt werden, wäre der Gedanke einer Selbstoffenbarung Gottes entweder sinnlos oder Resultat eines Ausweichens vor der Wirklichkeit. Insofern dient die religionsphilosophische Grundlegung nicht nur der Diskursfähigkeit der Theologie nach außen, sondern auch ihrer Selbstvergewisserung.

Dass mit dem Begriff der Grundlegung nicht intendiert ist, sich durch die Philosophie die Maßstäbe für die Theologie vorgeben zu lassen, wurde bereits gesagt[1]. Das ist bereits durch die Anordnung *nach* der theologischen Einleitung ausgeschlossen. Ebenso wenig ist freilich intendiert, kritische Infragestellungen von Christentum und Theologie zu domestizieren. Sie sollen hier vielmehr rückhaltlos zur Sprache gebracht und auf ihre Tragfähigkeit untersucht werden. Wir gehen aus von einer Beschreibung von Grundbedingungen menschlicher Existenz und menschlichen Denkens, über die ein Einverständnis zwischen theologischen und philosophischen Gesprächspartnern zwar nicht gesichert, aber möglich ist. Dabei kann es weder darum gehen, einer bestimmten philosophischen Richtung zu folgen und diese damit zu kanonisieren, noch eklektisch philosophische Elemente von vornherein auf eine bestimmte positionell theologische Absicht hin zuzuschneiden. Es sind vielmehr eigenständig selbstkritische Kontrollinstrumente des Denkens zu finden, die geeignet sind, ein *special pleading* nach Möglichkeit zu verhindern. Dieser Versuch wird freilich wegen der Personaluni-

---

[1] S.o., Standort und Aufgabe …, S. 128.

on des Verfassers dieser Grundlegung und der Glaubenslehre nur begrenzt realisierbar sein. Auch die Abhängigkeit von der Tradition abendländischer Religionsphilosophie ist offensichtlich; eine Diskussion mit Vertretern anderer Kulturkreise kann hier nicht geführt werden. Innerhalb der damit beschriebenen Grenzen ist eine Klärung jedoch durchaus möglich.

Wir treten also zunächst einmal gewissermaßen einen Schritt zurück und widmen uns in der philosophischen Reflexion nicht sogleich dem Christentum, sondern der Religion überhaupt sowie der Welt der Religionen im Allgemeinen. Die erste Aufgabe für ein solches Vorgehen besteht darin, die erkenntnistheoretischen Prämissen und die ontologischen Strukturen darzustellen (I und II). Sodann ist die Denkmöglichkeit der Transzendenz bzw. Gottes gegen mögliche Einwände zu erweisen (III). Daraufhin sind charakteristische Erscheinungsformen des Religiösen phänomenologisch zu betrachten (IV und V), soweit dies notwendig erscheint, um die Identität des Christentums in ihrem Verhältnis zu dessen religiöser Umwelt „von außen" bestimmen zu können (VI).

Die religionsphilosophische Grundlegung als ganze kann über Gott nur hypothetische Aussagen machen. „Hypothetisch" ist dabei nicht im Sinn einer allgemeinen Verifizierbarkeit bzw. Falsifizierbarkeit von einem „neutralen" Standpunkt aus zu verstehen. Eine „Verifizierung" kann nur in religiöser Erfahrung vollzogen werden. Solche Erfahrung ist aber Sache des einzelnen religiösen Subjekts, das sie nicht erzeugen und deshalb auch nicht zum Zweck einer Überprüfung beliebig wiederholen, sondern nur empfangen kann. Sie ist zwar intersubjektiv mitteilbar, aber nicht kontrollierbar. Denn sie verdankt sich einem „Außen" in so exklusivem und radikalem Sinn, dass sie sich jedem Versuch einer denkenden oder willensmäßigen Verfügung entzieht und deshalb nicht einmal dem religiösen Subjekt selbst als Besitz gegeben ist, auf den es jederzeit zurückgreifen könnte.

Im Einzelnen beginnt jeder der folgenden Abschnitte mit den Relationen, in denen menschliches Dasein steht (1), und wendet sich daraufhin dem Selbstverständnis des Subjekts im Zusammenhang dieser Beziehungen zu (2). Es folgen Reflexionen über die naturhaften (3), die personalen (4) und die gesellschaftlich-institutionellen Aspekte (5).

I. Symbolische Erkenntnis

Alle menschliche Erkenntnis vollzieht sich in personaler Beziehung; das gilt auch für die Erkenntnis der Natur. Eine personale Beziehung ist aber nicht notwendig auch eine persönliche; die mir Erkenntnis vermittelnde Person kann mir „persönlich" völlig unbekannt sein. Sie kann mir Erkenntnis durch ein unpersönliches Dokument wie eine Akte oder einen Kontoauszug vermitteln. Ja, die gedachte Person braucht nicht einmal mehr am Leben zu sein, sondern kann auch durch die Erinnerung oder durch Tradition gegenwärtig werden.

Dafür, dass Erkenntnis von „etwas" zustande kommt, ist eine personale Beziehung aber nur eine notwendige, nicht eine hinreichende Bedingung. Erkenntnis kommt vor allem durch einen Vermittlungsakt zustande; sie bedarf einer vermittelnden Sache[2]. Eine Sache, die Erkenntnis zu vermitteln in der Lage ist, nennen wir ein *Zeichen*. Die spezifische Vermittlungsfunktion eines Zeichens ist das Zeigen bzw. das Verweisen auf das zu Erkennende. Zeichen sind nicht nur dann erforderlich, wenn die Erkenntnis erzeugende Situation eine unpersönliche ist. Auch eine enge persönliche Beziehung ist sachlich, d.h. durch Zeichen vermittelt, z.B. durch Sprache, Gesten, Gesichtsausdruck. Anders wird auch hier nichts verstanden.

Wenn die Funktion eines Zeichens das Verweisen ist, so ist es nicht selbst das Gemeinte. Es verweist von sich selbst weg auf anderes. Es kann sich durch seine Funktion selbst überflüssig machen wie z.B. ein Wegweiser; dieser wird, wenn ich den Weg kenne, durch andere Zeichen (Bäume, Gebäude) ersetzt. Daneben gibt es auch Zeichen, die nicht überflüssig werden, sondern konstitutiv sind, wie das Erheben der Hand beim Eid vor Gericht. Solche Zeichen erweisen sich insbesondere dann als notwendig, wenn das, worauf sie verweisen, nicht überprüfbar ist (wie die Empfindungen und Motive des Zeugen). Sie bekommen ihre Funktion nicht unmittelbar durch Evidenz (wie das Wiedererkennen des Baumes am Weg), sondern durch Konvention, mit deren Hilfe dann Evidenz zustande kommen kann. Solche Zeichen nennen wir mit Charles S. Peirce *Symbole* (2. 249.292–302).

Symbole sind nicht nur durch Konvention konstituiert, sondern sie haben darüber hinaus eine verbindende Macht, die ihrerseits wiederum Konvention fundiert, wie z.B. im kirchlichen Bereich das σύμβολον, das Glaubensbekenntnis, als

---

[2] Vgl. zu diesem und dem nächsten Absatz CHARLES SANDERS PEIRCE, *Collected Papers*, hg. v. Ch. Hartshorne u. P. Weiss, Cambridge MA 1960, 2. 227–308. Danach auch die folgende Stellenangabe.

Zeichen der verbindlichen Zusammengehörigkeit[3]. Denn Konvention ist keine willkürliche Verabredung, sondern sie entsteht auf Grund einer die Menschen zur Gemeinsamkeit nötigenden Sache. Diese Sache ist in den Symbolen nicht unmittelbar präsent, etwa in der Weise, dass die Symbole am Sein der Sache partizipierten[4], sondern zeichenhaft; d.h. die Sache „spricht" durch sie. Symbole sind also im weitesten Sinn des Wortes *sprachlich* verfasst. Auf diese Weise dienen Begriffe und Formeln der Erkenntnis empirischer Sachverhalte und logischer Zusammenhänge, so wie der Eid der Rechtsfindung. Allgemein formuliert: Alle Zeichen, die der intersubjektiven Verständigung über Sachverhalte und so der Erkenntnis dienen, sind Symbole[5].

Innerhalb des damit abgesteckten Feldes ist zwischen eindeutigen und mehrdeutigen Symbolen zu unterscheiden. Je mehr der Sachbezug dominiert und je stärker die intellektuelle Komponente des Interesses an ihm ist, desto eindeutiger ist das auf ihn verweisende Symbol. So bezieht sich das mathematische Symbol des Integrals auf einen und nur einen Sachverhalt. Steht dagegen der personale Bezug im Vordergrund und sind emotionale und voluntative Elemente im Spiel, so eröffnet das Symbol zugleich mit seiner Verweisungsfunktion einen Interpretationsspielraum, der um so größer ist, je mehr verschiedene Menschen oder Gruppen sich um das Symbol versammeln. Dieser Spielraum hat nach außen hin die Gestalt einer gewissen Unschärfe, die durch die unterschiedlichen Erfahrungshintergründe der die betreffende Gemeinschaft konstituierenden Menschen bedingt ist; in sich selbst ist er der Raum für einen „affektiven Überschuss"[6], welcher der durch das Symbol repräsentierten Macht der bezeichneten Sache entspricht. Beides gilt für einfache Symbole wie etwa eine Fahne, die auf den Staat verweist; dabei kann das ihr entsprechende Bewusstsein der Staatszugehörigkeit sehr vielfältige Formen annehmen. Daneben gibt es aber auch komplexe Symbole, die mehrere Aspekte des Menschseins zugleich ansprechen. Dazu gehören z.B. Wortspiele. Weder der Interpretationsspielraum noch die Mehrdeutigkeit eines Symbols bedeutet jedoch, dass sein eigentlich gemeinter Bezug Gegenstand willkürlicher Deutung wäre. Jedes Symbol hat vielmehr eine bestimmte Hauptintention. Zwar lässt sich diese, wie z.B. die Idee des Glücks, auf ganz ver-

---

[3] Vgl. PEIRCE 2. 297, wo allerdings die fundierende Funktion des Symbols nicht deutlich wird.

[4] Gegen PAUL TILLICH, dem wir im Übrigen wichtige Aufschlüsse zum Wesen des Symbols verdanken: *Wesen und Wandel des Glaubens* (Dynamics of Faith, 1957), GW 8 (111–196), 140.

[5] Der Begriff der symbolischen Erkenntnis geht auf ERNST CASSIRER zurück, *Philosophie der symbolischen Formen*, 7. Aufl. Darmstadt (1953/54; 1. Aufl. 1923) 1977, bes. Bd. 1, 5 f.17–27; Bd. 3, 20–27. Er bezieht ihn, in Weiterentwicklung des kantschen Kritizismus zu einer allgemeinen Kulturtheorie, schlechterdings auf alle Erkenntnis.

[6] Vgl. GERHARD GÖHLER, *Politische Institutionen und ihr Kontext. Begriffliche und konzeptionelle Überlegungen zur Theorie politischer Institutionen*, in: Die Eigenart der Institutionen. Zum Profil politischer Institutionentheorie, hg. von G. Göhler, Baden-Baden 1994 (19–46), 37 Anm. 23.

schiedene Weise konkretisieren, aber es wird doch eine gemeinsame menschliche Grunderfahrung darunter verstanden. Ebenso hat bei einer Mehrzahl von Bedeutungen eines Symbols eine den Vorrang, auch wenn dies nicht immer leicht zu erkennen ist.

Symbolische Verweisung bezieht sich auf verschiedene Ebenen. Sie kann sich erstens auf empirische Zusammenhänge richten, wie in dem erwähnten Beispiel der Fahne auf die Autorität des Staates. Zweitens kann sie sich auf menschliche Grunderfahrungen beziehen; man denke etwa an die Vielfalt ikonographischer Symbole für den Tod in der Malerei des Barock. Drittens verweisen Symbole auf die Öffnung der Grunderfahrung für die sie begründende und herausfordernde Transzendenz. In diesem Fall haben wir es mit einem spezifisch religiösen Symbol zu tun. Hier ist der Verweis ein indirekter, weil der transzendente Grund alles Seins nicht Gegenstand von Erfahrung, sondern der in ihr mitgesetzte Grund ist[7]. Eben deshalb sind Symbole für alle religiöse Kommunikation in eminentem Sinn konstitutiv. Denn zum einen ist der transzendente Grund als das von ihm Bezeichnete nicht nur zufällig, sondern wesenhaft jeder Überprüfung entzogen, und zweitens verpflichtet er die Gemeinschaft nicht wie weltliche Zwecke nur relativ auf sich, sondern uneingeschränkt und absolut. Deshalb kann zwar prinzipiell alles Seiende zum religiösen Symbol werden, weil alles auf den Grund des Seins bezogen ist; aber kein einmal anerkanntes Symbol ist ohne weiteres austauschbar[8]. Denn zum religiösen Symbol, zu einer „Glauben" begründenden und in ihm verbindenden Macht wird etwas nur durch eine bestimmte Erfahrung, die für die Grunderfahrung des Menschseins und deren Bezug zur Transzendenz durchsichtig wird. Dadurch gewinnt auch die Mehrdeutigkeit religiöser Symbole eine eigene Prägnanz, insofern sie den Menschen auf seine Beziehung sowohl zum transzendenten Grund als auch zu anderen Menschen und zu seiner Welt ansprechen. Ihre Hauptintention bleibt allerdings die Relation zur Transzendenz, die in Bezug auf die beiden anderen Hinsichten begründende Funktion hat[9].

1. Gegenstand und symbolischer Verweis

Immanuel Kants Kritik der reinen Vernunft bedeutet in der Philosophiegeschichte in doppelter Hinsicht eine Wende. Zum einen schränkt er die Kompetenz der Vernunft auf den Bereich möglicher Erfahrung ein. Damit fällt zwar nicht jede Metaphysik dahin. Gott, Freiheit und Unsterblichkeit bleiben vielmehr als regu-

---

[7] Vgl. die Ausführungen zum Begriff der Erfahrung in Teil A, Standort und Aufgabe der Glaubenslehre, Einleitung zu Abschnitt II.

[8] Vgl. PAUL TILLICH, *Das religiöse Symbol*, GW 5, 196–212; DERS., *Das Wesen der religiösen Sprache*, GW 5, 213–222; bes.196–198.212–216.

[9] Zu Gott, Mensch und Welt als den Eckpunkten aller *theologischen* Aussagen s.o., A VII 3.

lative, faktisch unverzichtbare Ideen erhalten. Es fällt jedoch die Annahme, eine diesen Ideen entsprechende Realität sei in der Erfahrung zu finden oder auch nur als objektiv notwendig zu erweisen. Damit hängt die weiterreichende These, die in dieser Metaphysik-Kritik bereits vorausgesetzt ist, eng zusammen, dass die menschliche Erkenntnis auch innerhalb des Bereichs möglicher Erfahrung die Dinge niemals so erfasst, wie sie an sich selbst sind, sondern nur so, wie sie ihr erscheinen. Das ist der *transzendentale Vorbehalt*, die Klammer des „ich denke, dass es sich so verhält", die bei jeder Aussage mitzudenken ist. Damit ist kein Illusionismus gemeint, der jegliche vom Erkennenden unabhängige Realität (und in letzter Konsequenz auch dessen eigene Realität) bestritte. Ebenso wenig lässt sich aus jener Klammer eine „Philosophie des Als ob" im Sinne Hans Vaihingers herleiten, der die Ordnungsfunktionen der Vernunft als bloße Fiktionen deklariert[10]. Wohl aber geht es um die strenge Beziehung rationaler Aussagen über Wirklichkeit auf die *Relation* zwischen dem Erkennenden (womit hier nicht das empirisch individuelle, sondern allgemein das menschliche Erkenntnissubjekt überhaupt gemeint ist) und dem, was ihm erscheint. Als Verlust oder gar als Negation „wirklicher" Erkenntnis kann diese Wende nur vor dem Hintergrund der vorkritischen Metaphysik erscheinen; der Sache nach handelt es sich lediglich um eine präzisierende Bestimmung des Wesens der Erkenntnis.

Mit dem ersten Aspekt der erkenntnistheoretischen Wende, der Bestreitung einer „objektiven" Gotteserkenntnis, hat Kant sich inzwischen weitgehend durchgesetzt. Der geniale Versuch Hegels, ohne Rückfall in die als unhaltbar erkannte vorkritische Metaphysik den Konsequenzen Kants dadurch zu entgehen, dass er die Weltvernunft als Subjekt setzte, das sich im faktischen Weltverlauf selbst verwirklicht und schließlich in der Vernunft des Menschen mit sich selbst eins wird, musste sich bereits in der nächsten Generation die Frage gefallen lassen, wie dieses Konzept denn die empirische Wirklichkeit zu integrieren vermöge. In dieser Form erscheint die Anfrage zwar recht positivistisch; doch hat sie faktisch an die Einsicht Kants in die Grenzen der Vernunftkompetenz erinnert. Führt man den Grundgedanken von dessen Kritik der reinen Vernunft unter heutigen Denkbedingungen konsequent weiter fort, so muss man sagen, dass man ein philosophisches Denkgebäude ohne logischen Fehler ebensogut mit wie auch ohne die Gottesidee errichten kann.

Weniger allgemeine Anerkennung hat die weiter gefasste Grundthese Kants gefunden, dass alle Erkenntnis es nur mit den Erscheinungen, nicht mit dem „Ding an sich", zu tun hat; vor allem die empiristische Tradition ist ihr zunächst nicht gefolgt. Doch kann man den Verzicht der dieser Tradition zugehörigen angelsächsischen Sprachphilosophie auf eine Erkenntnis „der Sachen selbst" und

---

[10] Hans Vaihinger, *Die Philosophie des Als Ob. System der theoretischen, praktischen und religiösen Fiktionen der Menschheit auf Grund eines idealistischen Positivismus*, 7./8. Aufl. Leipzig 1922, 42.

die an deren Stelle tretende Konzentration auf die Redeformen, in denen wir *von* etwas sprechen, als eine Abwandlung der Grundeinsicht Kants verstehen. Wenn Empiristen seiner Argumentation trotzdem nicht folgen, so liegt das daran, dass sie nicht zwischen empirischer Subjektivität und Subjektivität überhaupt unterscheiden. Diese Verwechslung liegt der Meinung zugrunde, streng objektive Erkenntnis könne man zumindest in den exakten Wissenschaften durch experimentelle Prüfung, in den geistes- und sozialwissenschaftlichen Disziplinen jedenfalls näherungsweise durch den wissenschaftlichen Diskurs gewinnen. Denn das kann im Grunde nur bedeuten, dass durch solche Methoden Irrtümer und Voreingenommenheit des empirischen Erkenntnissubjekts grundsätzlich (wenn auch oft nicht faktisch) ausgeschaltet werden können. Dagegen ist längst als Ergebnis der Wissenschaft selbst bekannt, dass z.B. manche Experimente im subatomaren Bereich in jedem Fall das Untersuchungsobjekt beeinflussen, was jedenfalls als Hinweis auf Kants Einsicht verstanden werden kann. Es muss davon ausgegangen werden, dass auch die in einem intersubjektiven Verfahren gewonnene Erkenntnis, wie insbesondere Edmund Husserl gezeigt hat, nicht von der *prinzipiellen* Subjektivität alles menschlichen Erkennens zu befreien vermag; auch sie bleibt unter dem transzendentalen Vorbehalt[11]. Zwar wird jedermann von einer wohlbegründeten Erkenntnis behaupten, dass sich ihr Gegenstand darin „als er selbst" zeige. Doch beruhen die in Anführungsstriche gesetzten Worte auf einem „Evidenzglauben", mit einem Ausdruck Wolfgang Stegmüllers[12], d.h. die prinzipielle Subjektgebundenheit aller als sachhaltig geltenden Erkenntnis ist mit dieser Aussage eben nicht übersprungen, sondern im Gegenteil zum Ausdruck gebracht (der Gegenstand „zeigt sich", nämlich dem Erkennenden).

Jede Erkenntnis setzt sich, wie Kant klar gemacht hat, aus einer Doppelbewegung zusammen. Zuerst wird das Subjekt von dem ihm erscheinenden Gegenstand affiziert (es fängt also nicht mit sich selbst an!). Sodann vollzieht es, sofern es sich darauf einlässt, die Gegenbewegung der intentionalen Ausrichtung auf den Gegenstand mit Hilfe des dem Verstand zu Gebote stehenden begrifflichen und logischen Ordnungsinstrumentariums[13]. Nun zeigt die Erfahrung, dass die Erkenntnis insbesondere menschlich-personaler und geschichtlicher, aber auch naturhafter Sachverhalte vorläufigen Charakter hat: Im einen Fall ist man trotz

---

[11] EDMUND HUSSERL, *Cartesianische Meditationen. Eine Einleitung in die Phänomenologie*, hg. v. E. Ströker (PhB 291), 2. Aufl. 1987, 87.

[12] WOLFGANG STEGMÜLLER, *Metaphysik, Skepsis, Wissenschaft*, 2. Aufl. Berlin u.a. 1969, 193.200. KARL-OTTO APEL bestreitet die Notwendigkeit eines solchen „act of faith" mit dem Hinweis auf die Suffizienz von formallogischer Erkenntnis und Eingebundenheit in die Diskursgemeinschaft vernünftig denkender Menschen, *Das Problem einer philosophischen Theorie der Rationalitätstypen*, in: Rationalität. Philosophische Beiträge, hg. von H. Schnädelbach (stw 449), Frankfurt a.M. (15–31), 25. Er bemerkt nicht, dass genau dieser Hinweis seinen eigenen „act of faith" darstellt. – Näheres dazu in Abschnitt 2.

[13] Der einseitigen Betonung der Intentionalität der Erkenntnis durch HUSSERL, a.a.O. (Anm. 11), 41–48, können wir nicht folgen.

möglichster methodischer Genauigkeit auch auf Intuition angewiesen, im anderen gelangt man nur zu Hypothesen, die prinzipiell falsifizierbar sind. Überdies muss man – selbst in manchen Bereichen der Physik – damit rechnen, dass das Frageinteresse bestimmte Aspekte ausblendet und so das Ergebnis beeinflusst. Es gilt also, wie bereits Schleiermacher erkannt hat, dass die Bewegungen der Affizierung des Subjekts und dessen intentionaler Ausrichtung nie ganz zusammentreffen, sondern sofern sie einander nicht verfehlen, asymptotisch aufeinander zulaufen[14]. Von dem vorläufigen Ergebnis muss man sagen, dass es „sich einstellt", also nicht durch die Erkenntnisbemühung „hergestellt" wird, sondern zu dieser hinzutritt.

Gegenstand der Erkenntnis ist alles das, was sich ihr zeigt, von ihr bearbeitet wird und sich tendenziell zu einer Gesamtheit aller Gegenstände, einer Welt, zusammenfügt. Dazu gehören nicht nur Objekte sinnlicher Wahrnehmung, sondern auch begriffliche und logische Zusammenhänge, die zur Bedingung der Möglichkeit von Erkenntnis gehören. Gegenstand in diesem umfassenden Sinn ist selbstverständlich auch das Erkenntnissubjekt, wenn und insofern es sich zum Gegenstand seiner Erkenntnis macht. Der transzendentale Vorbehalt gilt auch in diesem Fall: ich erkenne mich selbst nur so, wie ich mir erscheine, gegebenenfalls empirisch korrigiert durch das Verständnis, das andere von meiner Person haben, aber auch dann die Grenzen prinzipieller Subjektivität nicht überschreitend. Im Übrigen ist die Voreingenommenheit des empirischen Subjekts in aller Regel bei der Selbsterkenntnis am größten; die Alten haben deshalb das γνῶθι σαυτόν mit Recht als die schwerste Erkenntnisaufgabe angesehen.

Die Welt ist demnach der Bereich alles dessen, was Erkenntnisgegenstand werden kann. Die für die Theologie entscheidende Frage ist nun, ob dieser Bereich damit erschöpfend beschrieben ist. Wenn das zutrifft, dann ist Gott entweder rein transzendent, das heißt so radikal jenseits der Welt, dass er in gar keiner Weise in der Erkenntnis vorkommen kann. Oder er ist nichts anderes als das, was alle Erkenntnis der Welt ermöglicht, sei es als das ihr innewohnende schöpferische Prinzip, sei es als die Totalität ihrer Wechselbeziehungen. In beiden Fällen fragt es sich, ob man nicht besser auf den Gottesbegriff verzichten und die Welt als einzige – oder jedenfalls als einzige relevante – Wirklichkeit ansehen sollte.

Nun kann man Gott geradezu „definieren" als den von der Welt prinzipiell Unterschiedenen (s. u., III/1). Er kann deshalb kein „Gegenstand" von Erkenntnis sein. Zugleich aber sagen alle Religionen von ihm, bzw. vorsichtiger ausgedrückt: von der Transzendenz, sie sei als das Allbedingende unentrinnbar in der Welt gegenwärtig und sie mache sich in irgendeiner Weise in ihr kund. So – freilich nur so – sei eben doch Gotteserkenntnis möglich, nämlich als eine vom Menschen zwar nicht zu erwerbende, aber ihm zuteil werdende Erkenntnis über alle

---

[14] Friedrich Daniel Ernst Schleiermacher, *Dialektik* 1814, SW III 4/2, §§ 209 f.

Welterkenntnis hinaus. Solche Kundmachung Gottes heißt religionsphänomenologisch *Offenbarung* (s. u., Kap. IV).

Was aber bedeutet Offenbarung, wenn in ihr einerseits wirklich Gott als der
„Ganz Andere" zur Sprache kommen und andererseits der Mensch in der Lage
sein soll, sie zu verstehen? Die Theologie sollte hier nicht zu schnell mit dem Hinweis auf den Heiligen Geist bei der Hand sein. Es wird sich zwar auch in dem
vorliegenden Entwurf zeigen, dass es einen Punkt gibt, an dem ein solcher Hinweis unvermeidbar ist; aber er darf nicht als Mittel zur Verschleierung denkerischer Schwierigkeiten missbraucht werden. Das Problem ist hier ein doppeltes.
Soll auf der einen Seite wirklich von einer Offenbarung *Gottes* die Rede sein, so
kann man nicht sagen, er offenbare „etwas" „von" sich, denn ein „Etwas" impliziert Teilbarkeit und damit Dinghaftigkeit. Das hieße, Gott zu einem Stück
Welt zu machen. Ebenso unangemessen wäre es zu behaupten, Gott offenbare
sich selbst als „Person", denn er wäre dann in Analogie zu menschlichen Personen und somit wiederum nicht als Gott gedacht. Auf der anderen Seite kann man
sich den Menschen auch nicht mit einer supranaturalen, also göttlichen Fähigkeit zur Gotteserkenntnis ausgestattet denken, denn damit hörte er auf, Mensch
zu sein.

Erkenntnistheoretisch ergibt sich daraus negativ, dass es für das Verständnis
von Gotteserkenntnis offenbar nicht genügt, wie bei Gegenständen der Welt den
transzendentalen Vorbehalt einzubringen. Denn damit bleibt man im Bannkreis
weltlicher Wechselbeziehungen. Transzendenz dagegen ist eine „Dimension",
die zu allen bekannten Dimensionen der Welt „quer" steht. Soll dennoch mit
dem religiösen Gedanken einer Offenbarung Gottes etwas gedacht werden können, was zumindest nicht widervernünftig oder schlichter Unsinn ist, so kann sie
nur durch eine besondere Art von Symbolen vermittelt werden. Es muss Zeichen,
genauer: komplexe Symbole geben, denen die Macht eignet, den Menschen in
seinem Weltverhältnis auf Gott als den Grund alles Seins zu verweisen. Beispiele
für solche Symbole aus dem christlichen Bereich sind etwa die neutestamentlichen Gleichnisse. An ihnen ist leicht deutlich zu machen, dass ein Symbol in diesem Zusammenhang nicht nur nicht mit dem durch es Symbolisierten identifiziert werden darf, sondern dass es auf eine überhaupt nicht identifizierbare
Wirklichkeit hin offen gehalten werden muss, eben auf die alle Wirklichkeit bestimmende Wirklichkeit Gottes. Offenbarung ist für den religiösen Menschen
die Stiftung der Macht des Symbols, als weltliche Gegebenheit auf die Gegenwart Gottes verweisen zu können.

Symbole können ihr Material grundsätzlich dem menschlich-personalen Bereich oder den nichtmenschlichen Weltverhältnissen entnehmen, je nachdem, ob
in erster Linie die Beziehung Gottes zum Menschen oder die Universalität seiner
Herrschaft ausgesagt werden soll. Sachlich entscheidend ist allemal, dass Offenbarung eine personale Beziehung darstellt (die Gottheit bzw. die Transzendenz
macht sich *mir* oder *uns* kund). Deshalb ist die das menschliche Leben fundieren-

de Funktion des religiösen Symbols der Ausgangspunkt für sein Verständnis. Weil das Dasein des Menschen jedoch nur als Dasein in der Welt verstanden werden kann, muss die religiöse Symbolsprache stets auch welthafte Elemente enthalten. Weltförmige bzw. sachförmige und personförmige Anteile sind im Symbol miteinander verbunden, lassen sich aber nicht aufeinander reduzieren, weil und insofern sich der Mensch als Individuum von seiner Welt unterscheidet, also nicht in ihr aufgehen kann. Beide Aussageformen verhalten sich, so formulieren wir zunächst thetisch, in einer in den Abschnitten 3 und 4 genauer zu beschreibenden Weise komplementär zueinander. Die Feststellung, dass menschenförmige und weltförmige Symbolanteile nicht auf einander zu reduzieren sind, ist ein besonders deutlicher Hinweis darauf, dass man Gott nicht „auf den Begriff bringen" kann. Die Offenbarungserkenntnis kann lediglich versuchen, beides miteinander zu verbinden. Das ist das Äußerste, was möglich ist, um den Schwierigkeiten Rechnung zu tragen, die sich für philosophisches Denken in Bezug auf den Gottesbegriff aus dem Gegensatz von Immanenz und Transzendenz ergeben.

Ob dieser Weg gangbar ist, bleibt hier noch eine offene Frage. Um auf sie begründet antworten zu können, müssen wir zunächst die Erkenntnis der Welt und des Menschen beschreiben. Von hier aus wird sich besser verstehen lassen, inwiefern weltförmige und personförmige Gottesbegriffe sinnvoll sein können. Doch werden wir im Rahmen der erkenntnistheoretischen Erörterungen auch dann nicht über eine Denkmöglichkeit des Gottesgedankens hinausgelangen. Die daraus entstehende Frage muss jedoch unter dem Gesichtspunkt der Deutung (III) bis an die Grenze des philosophisch Möglichen vorangetrieben werden.

2. Gewissheit (Evidenz, Imagination, Gewissen)

Jede Erkenntnis ist begleitet von einem höheren oder geringeren Grad von Gewissheit der durch sie gewonnenen subjektiven Überzeugung. Es liegt zunächst nahe, diese Grade mit den Modi des Urteils zu verbinden: mit dem *hypothetischen*, das an die Erfüllung bestimmter Bedingungen gebunden ist, dem *assertorischen*, das beansprucht, aus sich heraus einleuchtend zu sein und keiner Begründung zu bedürfen, und dem *apodiktischen*, das jede Alternative kategorisch ausschließt. Diese Korrelation leitet sich von dem Gedanken der Notwendigkeit her, die dem apodiktischen Urteil zugeordnet wird, und relativiert von dort aus die beiden anderen Modi. Das setzt einen objektiven ontologischen Referenzrahmen voraus, wie ihn beispielsweise die vorkantische Schulmetaphysik bot. Dergleichen kann jedoch für ein Denken, das sich genötigt sieht, von der Erfahrung auszugehen, allenfalls den Charakter eines Postulats haben. Das aber hat zur Folge, dass im Gegensatz zu jener zunächst plausibel erscheinenden Annahme die Gewissheit einer Überzeugung sich eher genau umgekehrt proportional zur Intensität des Urteilsmodus verhält: das „überschaubare" hypothetische Urteil, das sich lediglich auf einen bestimmten Bedingungszusammenhang erstreckt, kann leicht völlige Gewissheit für sich in Anspruch nehmen; das assertorische lässt sich immerhin (im Fall von Sinneswahrnehmungen oder anderen Tatsachenbehauptungen etwa) häufig noch überprüfen, während das apodiktische Urteil, das z. B. ein Axiom aufstellt oder auf einem logischen Schluss beruht, seine Gewissheit allein aus der Erfahrung bezieht, dass ohne bestimmte Grundannahmen und logische Regeln überhaupt keine Erkenntnis möglich ist, weil andernfalls die Gefahr eines totalen Illusionismus drohte.

Diese Überlegungen haben für die Religionsphilosophie schwerwiegende Folgen. Ihr Thema ist ja der von den Religionen beanspruchte Bezug zur Transzendenz. Die Behauptung eines solchen Bezuges hat für den religiösen Menschen die Gestalt eines apodiktischen Urteils im Sinne der höchsten denkbaren *Gewissheit*, weil er darin die unverzichtbare Begründung seiner Existenz sieht. Der Philosoph wird diesen Anspruch, wenn er von einem seiner Sinne mächtigen Menschen erhoben wird, respektieren, ihn aber für den Bereich der philosophischen Reflexion lediglich als hypothetisches Urteil behandeln können. Er stellt für ihn sogar nur einen Sonderfall des hypothetischen Urteils dar, weil von vornherein feststeht, dass sein Wahrheitsgehalt sich niemals wird überprüfen lassen. Unmittelbarer Gegenstand der Religionsphilosophie ist daher nicht die Transzendenz selbst oder ein wirklicher Bezug zu ihr, sondern es sind allein die Aussagen religiöser Menschen über sie, sowie die nach deren Überzeugung durch die Transzendenz ausgelösten Lebensäußerungen. Für den Philosophen kommt also dem Transzendenzbezug selbst, im krassen Gegensatz zur Überzeugung des religiösen Menschen, nur der denkbar geringste Gewissheitsgrad zu. Der darin liegende Widerspruch wird noch krasser in dem Fall, in dem der Philosoph selbst ein im religiösen Sinn gläubiger Mensch ist.

Der Widerspruch lässt sich nur dann auflösen, wenn man die Gewissheit aus der Zuordnung zu den Modi des Urteils herausnimmt und sie als eigenes, den im Urteil zu seinem Ziel kommenden Erkenntnisprozess lediglich begleitendes geistiges Phänomen betrachtet. Damit knüpfe ich an den im vorigen Abschnitt eingeführten Begriff des Evidenzglaubens an, der eine von drei Gestalten solcher unmittelbarer Gewissheit darstellt und jetzt nach seiner subjektiven Seite genauer zu beschreiben ist. Die beiden anderen Formen von Gewissheit sind die Imagination und der Gewissensspruch. Evidenz gehört dem Bereich der theoretischen Vernunft, Imagination dem ästhetischen Empfinden und der Gewissensspruch der praktischen Vernunft an.

Der Begriff der *Evidenz* bezeichnet das unmittelbare, einer Begründung anscheinend nicht bedürfende, jedenfalls faktisch nicht begründbare, dennoch keinen Widerspruch aufkommen lassende Einleuchten eines Sachverhalts, die uneingeschränkte Gewissheit: „Ja, so ist es!". Empirisch ist Evidenz die emotionale Komponente der Erkenntnis, die den Entschluss zu deren Übernahme begründet. Erkenntnistheoretisch steht hinter ihr der Evidenzglaube, die Gewissheit der

Sachhaltigkeit als solche, unabhängig von der emotionalen Färbung eines Evidenzerlebnisses. Er ist eine transzendentale Größe. Bei der Evidenz kann man nun mit Edmund Husserl zwei Ebenen unterscheiden: die vorreflexive Ebene und die der Reflexion. Ein Beispiel für die erste Art ist die Deutlichkeit einer sinnlichen Wahrnehmung; auf der zweiten Ebene steht das Einleuchten eines logischen Schlusses oder eines Urteils, auch das „Zünden" einer Idee. In beiden Fällen kann sich das empirische Evidenz*erlebnis* unmittelbar oder durch einen Vermittlungsprozess hindurch ereignen[15]. Evidenz selbst ebenso wie das in ihr sich meldende transzendentale Gewissheitsmoment ist dabei immer etwas, das zu dem Ablauf der physikalischen und physiologischen Gesetze (sinnliche Wahrnehmung) bzw. zu der Regelmäßigkeit eines logischen Schlussverfahrens hinzutritt. Evidenzgewissheit ist für jede Einsicht unentbehrlich, soll auf sie weitere Erkenntnis oder auch eine handlungsleitende Entscheidung aufgebaut werden können.

Evidenz ist weder ableitbar noch herstellbar; sie stellt sich entweder ein oder nicht. Freilich ist der Inhalt des als evident Erlebten ebenso wie der des im Urteil als evident sich Ergebenden in der Regel überprüfbar. Solche Überprüfung wird vom kritischen Denken mit Recht gefordert. Es ist ja jederzeit möglich, dass sich das Evidenzbewusstsein zu Unrecht eingestellt hat, dass also ein Irrtum, eine Täuschung vorliegt. Deshalb kann man nur solche Erkenntnisse als sicher ausgeben, deren Evidenz sich durch Überprüfung bewährt hat und sich nach dieser wiederum einstellt, sofern denn eine Überprüfung möglich ist. Selbst ein Axiom kann erst dann und nur so lange als evident gelten, wie einerseits seine prinzipielle Unableitbarkeit und andererseits seine Unentbehrlichkeit für alle weitere Erkenntnis nachgewiesen ist.

Der Evidenz*glaube* dagegen hat seinen Ort auf der transzendentalen Ebene; er ist die Gewissheit von der Sachhaltigkeit der Erkenntnis überhaupt. Er wird durch die Ungewissheit der unmittelbaren Evidenz nicht berührt. Deshalb ist die Überprüfung konkreter Evidenzbehauptungen durch den Evidenzglauben nicht nur nicht ausgeschlossen, sondern im Gegenteil gefordert, sobald dazu Anlass besteht.

Worin besteht nun die Relevanz dieser Überlegungen für die Religionsphilosophie? Wenn einerseits religiöse Erfahrung prinzipiell nicht überprüfbar ist, weil die sie hervorrufende Transzendenz als solche nicht Gegenstand der Erkenntnis sein kann, andererseits ein religiöser Mensch dennoch seine Existenz mit einer für ihn unbezweifelbaren Gewissheit auf seine religiöse Erfahrung gründet, so scheint sich auch für dieses Phänomen der Begriff des Evidenzglaubens anzubieten. Es gibt schließlich, religionspsychologisch gesehen, Gotteserfahrungen, die sich mit unwiderstehlicher Gewalt aufdrängen und insofern einen der Evidenz ähnlichen Charakter haben. Sie durchschlagen den gesamten Bereich menschli-

---

[15] E. Husserl, *Erfahrung und Urteil. Untersuchungen zur Genealogie der Logik*, hg. v. L. Landgrebe (PhB 280), 5. Aufl. Hamburg 1976, bes. 7–20.

cher Selbst- und Welterfahrung, durch den sie sich vermitteln, und überbieten auf diese Weise unendlich alles, was sonst Evidenz genannt werden kann, indem sie jede Rückfrage nach dem Recht solcher „Über-Evidenz" kategorisch ausschließen.

Dagegen verfängt noch nicht der Einwand, dass nicht alle religiösen Erfahrungen dramatischer Art sind. Denn damit befinden wir uns noch auf der Ebene konkreter Lebenserfahrung; man brauchte, um dem Einwand zu begegnen, lediglich ein breiteres Spektrum psychischer Erscheinungsformen religiöser Erfahrung in den Blick zu fassen. Doch nun gilt, dass jede Evidenz prinzipiell überprüfbar ist. Dies trifft zwar (wenngleich nicht in exakter Form wie in der Empirie) auf die natürliche Selbst- und Welterfahrung zu, an die alle religiöse Erfahrung gebunden bleibt und durch die allein sie überhaupt eine lebensbestimmende Wirklichkeit wird. Die religiöse Erfahrung aber ist mit der sie vermittelnden Lebenserfahrung nicht identisch, sondern qualifiziert sie „von außen". Sie ist auch nicht *transzendental*. Denn auf der transzendentalen Ebene, also auf der Ebene des Evidenzglaubens, geht es um den Ermöglichungsgrund für das Einleuchten von Sachverhalten im Bereich immanenter, weltlicher Lebenswirklichkeit. Als solcher ist dieser „Glaube" selbst ein innerweltliches Phänomen, das keineswegs einen *transzendenten* Ursprung haben muss. Deshalb ist religiöse Gewissheit von Evidenz streng zu unterscheiden.

Freilich hat die religiöse Gewissheit mit der Evidenz die *Unmittelbarkeit des Überführtwerdens* gemeinsam. In solcher Unmittelbarkeit ist die Transzendenz, die in die menschlich-natürliche Selbst- und Welterfahrung hereinbricht, als sie selbst anwesend, ohne mit der Erfahrung identisch zu werden. Doch im Unterschied zur Evidenz wohnt der religiösen Unmittelbarkeit – mindestens latent – immer die Möglichkeit ihrer völligen Negation inne, und zwar nicht bloß im Sinn des auf einen bestimmten Sachverhalt bezogenen Irrtums (wie im Bereich der Empirie), sondern im Sinn der prinzipiellen Negation einer transzendenten Wirklichkeit überhaupt. Insofern ist der religiöse Glaube zwar dem transzendentalen Evidenzglauben verwandt, hinter dem stets der Schatten des Verdachts steht, er sei nichts als Einbildung – aber mit dem entscheidenden Unterschied, dass ein derartiger Illusionismus im Fall des Letzteren für den täglichen Lebensvollzug eine völlig abstrakte Möglichkeit darstellt, die als Bedrohung praktisch nicht in Betracht kommt, während die Ungewissheit über einen letzten Grund der menschlichen Existenz konstitutiv zur religiösen Gewissheit gehört.

Solche Bedrohung kann aus drei verschiedenen Richtungen heraufziehen. Sie kann sich erstens aus dem Vorhandensein verschiedener Religionen ergeben. Man hat diesen Sachverhalt immer wieder so zu bewältigen versucht, dass man die fremden Religionen als „falsche" oder auch als Pseudoreligionen und Religionssurrogate[16] deklariert hat. Doch ist eine argumentative Begründung solcher

---

[16] Zu diesen Begriffen vgl. oben, A I 2, 15f.

Unterscheidungen im ersten Fall gar nicht und im zweiten nur dann möglich, wenn man die Unannehmbarkeit der jeweils leitenden Interessen bzw. die Abstrusität von Behauptungen über bestimmte innerweltliche Zusammenhänge aufweisen kann. Die zweite Bedrohung geht von der rationalen Kritik aus, welche die religiöse Erfahrung für ein Produkt menschlicher Einbildung oder für eine Projektion in ein imaginiertes Jenseits hält. Diese Kritik kann die Religionsphilosophie zwar als nicht zwingend erweisen, nicht aber zwingend widerlegen. Denn Transzendenz ist ja ausschließlich in religiöser Erfahrung zugänglich und philosophisch nicht als Wirklichkeit aufzeigbar. Drittens schließlich kann die religiöse Gewissheit durch Lebenserfahrungen erschüttert werden, die den Menschen aus dem Gleis werfen. Diese Problematik kann die religionsphilosophische Analyse lediglich beschreiben, nicht auflösen.

Eng mit der Evidenz verbunden ist die *Imagination* oder Vorstellungskraft. Sie ist in ihrer *intuitiven Unmittelbarkeit* im Bereich der Ästhetik das produktive Gegenstück zur Evidenz, die dem Erkennen ohne dessen Zutun begegnet. Psychologisch freilich durchdringt sich beides, insofern unbewusste Kräfte bestimmte Vorstellungen hervorbringen und diesen zugleich auch Evidenz abgewinnen können. Dennoch ist Evidenz nicht auf Imagination zu reduzieren oder als solche zu entlarven, sondern von dieser zu unterscheiden. Imagination ist die produktive Kraft, die eine der Evidenz *gemäße* symbolische Darstellung in Rede oder sinnlicher Konkretion hervorbringt und damit sowohl das Auftreten von Evidenz vorbereitet als auch dieselbe, wenn sie sich eingestellt hat, mitteilbar macht. Mit dem Wort „gemäß" ist auch hier die Möglichkeit einer Verfehlung angedeutet: Es gibt Symbole, die dem, was sie repräsentieren sollen, unangemessen sind.

Diesem Verhältnis von Evidenz und Imagination entspricht auf der transzendentalen Ebene das von Evidenzglaube und dem Sinn für die Gültigkeit der Formen und Vorstellungen, der als transzendentaler von der Angemessenheit oder Unangemessenheit der einzelnen Form unberührt bleibt.

Das Adäquatheitsproblem stellt sich insbesondere hinsichtlich religiöser Symbole, weil man zwar deren kulturellen Hintergrund und ihre Wirkung auf Menschen empirisch untersuchen kann, nicht aber ihren Bezug zu dem von ihnen Symbolisierten. Hier sind nur indirekte Urteile möglich, nämlich solche, die sich auf das Gottesverhältnis und nicht unmittelbar auf die Gottheit selbst beziehen. Werden solche Urteile von einem Standort außerhalb des Gottesverhältnisses getroffen, so sind sie außerdem auch hypothetisch. So wird etwa eine symbolische Darstellung, die eine Gottheit verspottet, deshalb als inadäquat angesehen und in liberalen Rechtsstaaten sogar rechtlich geahndet, weil sie den Ernst einer existenzbegründenden Glaubensüberzeugung verletzt. Ein solches Urteil soll nicht über die jener Überzeugung entsprechende Wirklichkeit entscheiden, sondern lediglich das friedliche Zusammenleben von Menschen unterschiedlicher religiöser und weltanschaulicher Überzeugungen ermöglichen. Über die Frage der Angemessenheit kann nur der von einer religiösen Erfahrung Betroffene befinden.

Erst recht unbrauchbar für die Beurteilung religiöser Imagination sind Geschmackskriterien. Selbst wenn sich ihr eindeutig „schlechter Geschmack" zuschreiben ließe, wäre damit noch längst nicht ausgeschlossen, dass sie von einer ernst zu nehmenden religiösen Erfahrung getragen ist. Die prinzipiell gegebene Möglichkeit der Unangemessenheit einer Imagination kann dennoch, eben weil sie nicht ein bloß ästhetisches Problem ist, die Angst hervorrufen, dass der Vorstellungskraft entweder überhaupt keine „zündende Idee" zuteil wird, dass sie also von der Transzendenz unberührt bleibt und daher auch nichts zu vermitteln hat, oder sogar dass sie sich als leerer Wahn entpuppt, weil die imaginierte Transzendenz eine bloße Wunschvorstellung ist.

Die sittliche Grunderfahrung des unbedingten Sollens oder des *Gewissens* stellt neben der Seinserfahrung der Evidenz und der ästhetischen Erfahrung eines „treffenden" Symbols die dritte Form von Gewissheit dar. So sehr im sittlichen Urteil die Erkenntnis der gegebenen Wirklichkeit für seine „Bodenhaftung" und die Produktivität der Einbildungskraft für die Gestaltung der Wirklichkeit erforderlich sind, so wenig lässt sich das Sittliche aus diesen beiden Formen der Gewissheit ableiten. Schon David Hume hat nachgewiesen, dass es unmöglich ist, aus der Beschreibung von Zuständen sittliche Forderungen zwingend zu folgern. Andererseits widerspricht die Tatsache, dass sich Forderungen sittlichen Handelns in bestimmten Situationen regelrecht aufdrängen, der Annahme, sie seien bloße Produkte der Einbildungskraft. Die Erkenntnis eines sittlich Gebotenen ist vielmehr tatsächlich ein Drittes neben Evidenzerfahrung und Imagination.

Es ist für den Gewissensspruch charakteristisch, dass er dem von ihm Gebotenen *Unbedingtheit* zuschreibt. Diese Aussage impliziert keine Monopolisierung des Sittlichen durch Religion, denn das Gewissen hat jene Grundeigenschaft auch bei Menschen, die keiner Religion anhängen. Jedoch ist das Element des Unbedingten im Gewissensphänomen, das für dieses von zentraler Bedeutung ist, religionsphilosophisch als Chiffre für Transzendenz zu bezeichnen – unabhängig davon, ob es einem Menschen als solches bewusst ist oder nicht.

Es wäre allerdings verhängnisvoll, wollte man aus dem zuletzt Gesagten den Schluss ziehen, dass damit jeder konkrete Inhalt eines Gewissensspruchs religiös sanktioniert wäre, so als ob das Gewissen umstandslos als Stimme Gottes gelten könnte. Was ließe sich damit nicht alles rechtfertigen, und welcher Unmenge von Widersprüchen bis hin zu chaotischer Beliebigkeit wäre das Sittliche dann ausgesetzt! Es ist vielmehr auch hier zwischen der empirischen und der transzendentalen Ebene zu unterscheiden. Das Element des Unbedingten kommt dem Gewissen rein als solchem zu, also auf der transzendentalen Ebene. Hier geht es nicht bloß um einzelne Entscheidungen, auch nicht nur um Moralisches, sondern um die Bestimmung des Menschseins. Der einzelne konkrete Gewissensspruch dagegen ist stets abhängig von der begrenzten Einsichtsfähigkeit des Menschen, seinen Interessen und sogar seinem inneren Widerstand gegen das grundsätzlich als verpflichtend Erkannte.

Die Unbedingtheit des Gewissens kommt zwar in der Lebenswirklichkeit faktisch nie rein für sich vor, sondern ist immer mit bestimmten Inhalten des sittlichen Sollens verbunden. Dennoch ist die begriffliche Unterscheidung zwischen beidem eben wegen der Möglichkeit eines irrenden oder irregeleiteten Gewissens unbedingt erforderlich. Das leuchtet nicht nur dann ein, wenn etwa ein Schizophrener „Stimmen" gehört hat, die ihm einen Mord befehlen, sondern auch – zumindest für die meisten ethisch Urteilenden – im Fall eines gesunden Menschen, der bei jeder zu erwartenden Behinderung ungeborenen Nachwuchses eine Abtreibung für unbedingt geboten hält. Der konkrete Gewissensspruch *kann* die Stimme Gottes, aber ebenso gut auch die Stimme des „Teufels" sein. Deshalb ist es ausgeschlossen, irgendeiner konkreten sittlichen Gewissheit den Status der Unanfechtbarkeit zuzuerkennen. Aber das Element der Verbindlichkeit, das jedem konkreten Gewissensspruch so oder so anhaftet, verweist auf das Unbedingte, Transzendente als Grund aller intersubjektiven Verpflichtung. Insofern ist auch die Gewissenserkenntnis symbolische Erkenntnis.

Damit ist das heute weit verbreitete Verständnis des Sittlichen bereits zurückgewiesen, das besagt, die hinter ihm stehende Unbedingtheit sei gar nichts anderes als die Verinnerlichung anerzogener Normen oder gesellschaftlicher Pressionen, und deshalb komme schlechthin allen als sittlich verbindlich ausgegebenen Inhalten und darüber hinaus jedem Grundverständnis der Bestimmung des Menschen gleiches Recht zu. Es trifft zwar zu, dass alle faktisch geltenden gesellschaftlichen Normen und die sie tragenden Weltanschauungen relativ und wandelbar sind; doch wird niemand, der etwas von der prinzipiellen Unbedingtheit der Forderung des Menschseins begriffen hat, daraus die Unvermeidlichkeit der Indifferenz folgern, sondern nur die Notwendigkeit eines permanenten ethischen Diskurses über die Frage, was den unbedingt verbindlichen allgemeinen Grundforderungen wie derjenigen des Daseins für andere in der jeweiligen Situation als einleuchtende Norm und dann als vertretbares Handeln entspricht. Dennoch ist nicht zu leugnen, dass sich für die philosophische Betrachtung hier wiederum der Zwiespalt von Gewissheit und Ungewissheit auftut, den wir bereits bei den beiden anderen Formen symbolischer Erkenntnis beobachtet haben.

Anhangsweise sei noch der mögliche Einwand erörtert, dass für die Religionsphilosophie – ebenso wie für die Glaubenslehre – doch eigentlich nur die unmittelbar aufscheinende Evidenz und die ihr entsprechende symbolisierende Imagination relevant seien, weil sie sich wie die Religion auf die Seinserfahrung des Menschen beziehen. Der Einwand ist insofern nicht völlig von der Hand zu weisen, als die Ethik in der Tat ein Feld ist, das allein schon wegen seines Umfangs, aber auch wegen der unmittelbar nicht auf Gott, sondern auf die menschliche Lebenswelt bezogenen Problemstellungen des Handelns ein eigenes Gebiet darstellt. Andererseits betrifft aber die Frage der Gewissheit, die hier verhandelt worden ist, den Menschen nicht nur als Erkennenden und Symbolisierenden, sondern auch als Handelnden. Die zwischen diesen verschiedenen Lebensäußerungen bestehenden Querverbindungen mussten deshalb zumindest angedeutet werden[17].

Die vorstehenden Ausführungen über die symbolische Erkenntnis haben sich weniger auf methodologische Fragen als vielmehr auf das Grundproblem der Gewissheit konzentriert. Dies wäre in einer ausgeführten Religionsphilosophie eine nicht vertretbare Einseitigkeit. Wenn es jedoch wie im vorliegenden Zusammenhang um Vorüberlegungen zu einer Glaubenslehre geht, ist dies insofern gerechtfertigt, als die Frage der Gewissheit in Bezug auf die Gotteserkenntnis das entscheidende zwischen Philosophie und Theologie strittige Problem darstellt. Es wird deshalb auch der folgenden Erörterung der beiden verschiedenen Typen von Gottessymbolen zugrunde liegen.

3. *Weltbild und kosmomorphe Gottessymbole*

Wenn im Zusammenhang des In-der-Welt-Seins des Menschen die Frage nach einem transzendenten Grund gestellt und mit Hilfe kosmomorpher Symbole erörtert wird, so geht es dabei primär um den Grund der Seinserfahrung. Diese Frage steht hinter dem Problem der Evidenz. Damit ist ihr Ort im Verhältnis zu den Ausführungen des vorigen Abschnittes bezeichnet.

Kosmomorphe oder welthafte Symbole sind in der Rede von Gott unumgänglich, um seine Universalität auszusagen. Universalität wiederum ist ein unerlässliches Gottesprädikat. Denn der Mensch findet sich in einer Welt vor, die ihn nötigt, Einzelnes (also auch seine eigene Existenz als Einzelner) aus einem Gesamtzusammenhang zu verstehen und wiederum aus Einzelnem einen Gesamtzusammenhang herzustellen. Das gilt für so unterschiedliche Phänomene wie Moleküle, Landschaften, Texte[18]. Im Rahmen der Erkenntnistheorie kommt diese Richtung auf einen einheitlichen Zusammenhang in der Einheitsfunktion des Verstandes zum Ausdruck. Wenn der Mensch sich selbst auf einen Grund seines Daseins bezieht, muss er deshalb diesen Grund zugleich als den der Welt denken. Die so gebildeten universalen Aussagen dienen zugleich dazu, den Grund des Seins nicht zu einer bloßen Überhöhung des Menschen zu machen, also zur Abwehr des Anthropomorphismus. Kosmomorphe Gottesbegriffe bergen freilich die umgekehrte Gefahr in sich, aus Gott im Gegenzug eine Art Überwelt zu machen. Diese Einsicht führte in der klassischen christlichen Dogmatik zu der auf Pseudo-Dionysius Areopagita zurückgehenden Grundregel, es gebe nur drei

---

[17] Vgl. oben, A II 2.

[18] Vgl. dazu z.B. das Zusammenspiel von divinatorischer und komparativer Methode in F.D.E. Schleiermachers *Hermeneutik*, hg. v. H. Kimmerle (AHAW.PH 1959/2), Heidelberg 1959/1968, 109.119; sowie für die Naturwissenschaft Werner Heisenberg, *Positivismus, Metaphysik und Religion*, in: Ders., Der Teil und das Ganze. Gespräche im Umkreis der Atomphysik, München 1969, 279–295. H. schließt aus der Tatsache, dass die theoretische Erklärung des Lichts durch die Quantentheorie sich nur in Form gleichnishaft verwendeter Begriffe aus der klassischen Physik wie Welle und Korpuskel vermitteln lässt, auf die Notwendigkeit metaphysischer Überlegungen, welche diesen Zwiespalt zu überbrücken erlauben.

adäquate Weisen der Rede von Gott, die *via eminentiae*, die *via negationis* und die *via causalitatis*. Gott ist demnach erhabener als alles, was in der Welt erhaben genannt werden kann, er ist weder ein Teil der Welt noch irgendwie welthaft, und er ist der letzte Grund alles dessen, was in der Welt geschieht. Doch ist damit noch nicht gesehen, dass diese Weisen von Gott zu reden auch in der Form der Abgrenzung noch von weltlichen Vorstellungen abhängig sind, so lange jedenfalls, wie sie nicht – und zwar alle – als symbolisch erkannt sind[19]. So lange bleibt eine Seinspyramide möglich, wie sie Thomas von Aquin in *De ente et essentia* entwickelt hat: Nach diesem Modell sind verschiedene Stufen des Seins zu unterscheiden, deren höchste Gott ist, der sich von allem anderen Sein dadurch unterscheidet, dass in ihm *esse* und *essentia* zusammenfallen. Doch mit dem Begriff *summum ens* wird Gott faktisch nur zum höchsten Sein innerhalb der Welt, weil ihm das Prädikat *ens* ganz ebenso wie der Welt zuerteilt wird. Ganz entsprechend hat Thomas später auf Grund der Übernahme der aristotelischen Bezeichnung Gottes als des ersten Bewegers, der selbst nicht bewegt wird, dessen Wirken *de facto* nach Art weltlicher Kausalität verstanden; daran ändert die Unterscheidung der göttlichen Ursächlichkeit als *prima causa* von den *secundae causae* der Welt nichts[20]. Auch hier behält trotz aller scharfsinnigen Bemühungen, die Fundamentaldifferenz zwischen Gott und Mensch auszudrücken, das Interesse an einer Gott einbeziehenden Einheit des Weltbildes die Oberhand.

Es wäre freilich verfehlt zu meinen, in der Neuzeit dank der Aufklärung dieser Problematik entronnen zu sein. Vielmehr stoßen wir hier auf ein Grundgesetz menschlicher Erkenntnis, das Peter Berger im Anschluss an Mircea Eliade mit dem Begriff „*cosmization*" bezeichnet hat[21]. Es besagt, dass zwischen der Kos-

---

[19] Dies ist der eigentlich schlagende Einwand gegen die Suffizienz der drei *viae* des Dionysius Areopagita. Die von WOLFGANG TRILLHAAS aufgegriffene spöttische Glosse des Spinoza (*Dogmatik*, 4. Aufl. Berlin / New York 1980, 126), man könne unmöglich alle denkbaren Begriffe auf Gott hin übersteigern, zum Beispiel nicht den des Dreiecks, ist zwar witzig, trifft aber weder die Intention noch den Mangel jener Redeweise. Trillhaas hat im Übrigen den wesentlichen Punkt sehr wohl erkannt. Wenn er freilich die Verwendung der drei *viae* offenbar nicht einmal im Sinn einer Näherung zulassen will, so bleibt nur die von H. Cremer empfohlene Lösung übrig, die Rede von Gott allein aus der Offenbarung abzuleiten, also auf jede philosophische Verwendung des Wortes zu verzichten, was T. jedoch in seiner *Religionsphilosophie* (Berlin / New York 1972) keineswegs tut. Vgl. HERMANN CREMER, *Die christliche Lehre von den Eigenschaften Gottes*, 2. Aufl. 1917, 23.

[20] THOMAS VON AQUIN, *De ente et essentia*, Kap. VI (Dt.-lat. Ausg., hg. v. R. Allers, Darmstadt 1976, 52–59); DERS., *Summa theologiae* I q.2 a.3; q.19 a.4+5.

[21] PETER L. BERGER, *Zur Dialektik von Religion und Gesellschaft. Elemente einer soziologischen Theorie* (The Sacred Canopy, dt. v. M. Plessner), Frankfurt 1973, 3–51, bes. 21–28.35–38. Er bezieht sich auf MIRCEA ELIADE, Cosmos and History. The Myth of the Eternal Return (Le mythe de l'éternel retour, engl. v. W.R. Trask), New York/Evanston 1959. Dort wird mit dem Verbum „to cosmicize" die archaische Art der Weltgestaltung nach einem archetypischen Ordnungsbild bezeichnet (10). Berger weitet den Begriff aus, indem er ihn für die Soziologie adaptiert. Dabei bleibt wegen der Wechselbeziehung von Mensch und Gesellschaft (3) offen, welchen Ursprung der einer Sinnstiftung zugrunde gelegte „Nomos" hat.

mologie, die ein bestimmtes Zeitalter ausbildet, und dessen Gesellschaftsstruktur immer eine (ursprünglich religiös bestimmte) sinnstiftende Analogie besteht. Solche Analogien lassen sich durch die ganze Geistesgeschichte hindurch verfolgen[22]. So gab die griechische πόλις das Modell für das Bild vom Kosmos ab, der hierarchische Aufbau der mittelalterlichen Gesellschaft spiegelte sich in den Himmelssphären, die Zeit großer mechanischer Erfindungen in der Frühaufklärung produzierte eine mechanistische Vorstellung vom Weltall. Dieses Gesetz hat heute keineswegs seine Gültigkeit verloren. So besteht zwischen der „neuen Unübersichtlichkeit" (Habermas) der modernen Gesellschaft und der Chaostheorie der heutigen Naturwissenschaft die gleiche Analogie wie in den zuvor angeführten Beispielen. Der jeweiligen Gesamtschau der Welt entspricht dann auch das Bild des transzendenten Grundes des Seins, so sehr man sich auch bemüht, diesen Grund von der Welt zu unterscheiden, ob das nun der Urheber und Hüter der Ordnungsstruktur oder gewissermaßen der Mechanikermeister ist, oder ob man angesichts der Autonomie des Menschen einerseits und der offenkundig gewordenen Schwierigkeiten, einen Gesamtzusammenhang der Welt denkend zu erfassen, andererseits den Naturprozess zu einer sich selbst hervorbringenden und reproduzierenden Wirklichkeit macht.

Aus diesem engen Zusammenhang zwischen Weltbild und Gottesvorstellung kann man nun aber nicht den Schluss ziehen, dass der unbestreitbare Fortschritt der wissenschaftlichen Forschung den weltanschaulichen „Fortschritt" des Abschieds vom Glauben an Gott zwingend zur Folge habe. Einem solchen Schlussverfahren läge die Voraussetzung zugrunde, dass der Gottesgedanke überhaupt – und nicht bloß die unterschiedlichen mit ihm verbundenen Vorstellungen – eine Projektion der weltlichen Befindlichkeit in eine lediglich eingebildete Transzendenz sei. Man kann jedoch ebenso widerspruchsfrei die weltbildhaft bedingten Gottesvorstellungen als Brechungen eines Prismas verstehen, das zwar in jeder Zeit eine andere Form, aber die gleiche Funktion hat, nämlich die Transparenz der Wirklichkeit[23] für ihren transzendenten Grund anzuzeigen.

Damit bleibt die Aufgabe weiterhin gestellt, eine scharfe Unterscheidung zwischen den Ebenen der Weltwirklichkeit und der Transzendenz jedenfalls zu versuchen. Dabei können die radikalen Aussagen theosophischer Mystik in der frühen Neuzeit weiterhelfen. So ist Gott für Jacob Böhme, dem in diesem Punkt später der spekulative Idealismus folgte, der „Ungrund", das Nichts, aus dem er sich selbst gestaltet und die Welt geschaffen hat[24]. Gewiss wird man auch einen sol-

---

[22] Eine schöne historische Darstellung dieses Zusammenhangs bietet Norbert Max Wildiers, *Weltbild und Theologie* (Wereldbeeld en teologie, dt. v. K. Schmitz-Moormann), Zürich u.a. 1974.

[23] Näheres zu diesem Begriff s.u. III 3.

[24] Jacob Böhme, *Sex puncta theosophica oder von Sechs Theosophischen Puncten hohe und tiefe Gründung*, 1. Punct cap. 1,7 (Sämtl. Schriften [1730], Neudruck hg. v. W.-E. Peuckert Bd. 4/VI, Stuttgart 1957, 4): „So denn der erste Wille ein Ungrund ist, zu achten als ein ewig

chen Satz vor seinem zeitgeschichtlichen Hintergrund lesen müssen; der Beginn
des 17. Jahrhunderts war eine Zeit des Umbruchs, in der viele alte Selbstverständlichkeiten ihre Geltung einbüßten. Doch spricht vieles dafür, dass kritische Zeiten, in denen die Menschen an ihre Grenzen geraten, in besonderer Weise dazu geeignet sind, solche Aufschlüsse zu eröffnen. Demnach haben wir Böhme die tiefe,
seine Zeit übergreifende Einsicht zu verdanken, dass der Gottesgedanke erst dann
angemessen als Ausdruck des von allem Seienden unterschiedenen Grundes des
Seins gedacht ist, wenn auch das Nichtsein in ihm selber gedacht wird.

Freilich darf man den letzten Punkt auch nicht einseitig zum Ausgangspunkt
für die Ausbildung eines Gottesbegriffs machen. Das hätte eine Reduktion auf
die *via negationis* zur Folge. Gott wäre dann nur als der „Ganz Andere" verstanden, und eine positive Beziehung zur Welt wäre ausgeschlossen. Deshalb sind *alle* klassischen Aussagemodi (im Bewusstsein ihrer Unzulänglichkeit) zu benutzen. Man wird dann entdecken, dass zwischen ihnen eine innere Spannung besteht: Gott ist zugleich unendlich erhabener Grund und nichtender Abgrund der
Welt. Diese abstrakten Begriffe, die natürlich wie alle anderen als der Welterfahrung entnommene Symbole zu erkennen sind (der Grund auf dem ich stehe, der
Abgrund, in den ich fallen kann), erweisen sich dann als adäquat, wenn sie in ihrem dialektischen Verhältnis zueinander zusammen verwendet werden, so dass
sie der Suggestion einer ontischen Analogie zwischen Gott und Welt entgegenzu-
wirken vermögen.

Über die Feststellung dieser Widerspruchseinheit kann der philosophische
Versuch, den Gottesbegriff in seiner Beziehung auf die Welt von einer Identifizierung mit den unentbehrlichen kosmomorphen Symbolen freizuhalten, nicht hinauskommen. Es dürfte aber deutlich geworden sein, dass ohne eine solche Widerspruchseinheit sinnvolle philosophische Aussagen über Gott überhaupt nicht
möglich wären. Diese Spannung erweist den Gottesbegriff einmal mehr als philosophischen Grenzbegriff. Sie kann nur in der alle Evidenz überbietenden und
durchstoßenden religiösen Gewissheitserfahrung – nicht aufgehoben, aber – ertragen werden.

4. *Menschliches Leben und anthropomorphe Gottessymbole*

In den meisten Religionen ist allerdings die Gottesvorstellung genau genommen
nicht welt-, sondern eher menschenförmig, personal. Das liegt daran, dass es der

---

Nichts; So erkennen wir ihn gleich einem Spiegel, darin einer sein eigen Bildniß siehet, gleich einem Leben, und ist doch kein Leben, sondern eine Figur des Lebens und des Bildes am Leben";
vgl. 1,29 (S. 8); sowie DERS., *De signatura rerum oder von der Geburt und Bezeichnung aller
Wesen* (1622), cap. 6,2–4 (Bd. 6/XIV, 1957, 47f). Vgl. dazu und zu der Nachwirkung dieser Gedanken in der idealistischen Philosophie den Art. *Nichts, Nichtseiendes* von THEO KOBUSCH in
HWP 6 (805–836), 824–828.

Mensch ist (als Einzelner oder als Kollektiv), um dessen Verhältnis zur Gottheit es in der Religion letzten Endes geht. Die Gottheit ist dabei als seine *Bestimmung* setzend gedacht. Wir haben es also hier primär mit der Gewissenserfahrung im weitesten (transmoralischen) Sinn zu tun.

Die Behauptung einer Prävalenz der anthropomorphen vor der kosmomorphen Gottesvorstellung mag verwundern angesichts der Vielzahl von Naturreligionen, deren symbolische Rede in häufig ganz ungebrochener Weise Weltphänomene wie Fruchtbarkeit oder Sternenlauf als Material für die Bildhälfte verwendet. Doch fällt gerade an solchen Religionen auf, dass ihre an Naturvorgängen orientierten Gottesvorstellungen keineswegs von der Intention geleitet sind, Anthropomorphismen zu vermeiden; das gilt vielmehr nur von deren abstrakten philosophischen Entsprechungen wie z.B. Grund des Seins oder schöpferisches Prinzip. Für Naturreligionen ist es vielmehr gerade charakteristisch, dass sie Naturerscheinungen und -prozesse hypostasieren, also in Analogie zur menschlichen Personalität auffassen. Man sollte sich freilich hüten, dieses Verfahren als naiv oder primitiv abzuwerten. Vielmehr stellt es den Versuch der archaischen Weisheit dar, der Gottheit (oder den Gottheiten) die Herrschaft gleichermaßen über Natur und Menschheit zuzuschreiben.

Für das Problem anthropomorpher Gottesvorstellungen unmittelbar relevant sind die auf das geschichtliche Leben bezogenen Religionen. Für sie sind derartige Symbole in viel höherem Maße konstitutiv als für Naturreligionen – auch dann noch, wenn sie wie die spätere israelitische Religion um der Transzendenz Gottes willen an die Stelle unmittelbarer Aussagen über Gott Hypostasierungen seiner Eigenschaften (Herrlichkeit, Weisheit) setzen. Geschichtliche Religionen können durchaus den Gedanken einer Schöpfung der Welt durch Gott integrieren. Aber sie verstehen ihn dann als konsequente Fortentwicklung ihrer Grundüberzeugung von der göttlichen Lenkung der menschlichen Geschicke[25]. Gott wird dabei von der Natur als deren Herr deutlich unterschieden; dementsprechend ist die Natur für den Menschen nicht Gegenstand der Verehrung, sondern Anlass für die Verehrung des Schöpfers (vgl. z.B. Ps 33. 89. 104. 136. 148) und im Übrigen ein von diesem anvertrautes Gut, das gemäß seinem Auftrag zu gestalten ist (Gen 1,28; 2,15).

Blicken wir von hier aus auf die abendländische Religionsphilosophie. Sie ist einerseits aus der Frage der ionischen Naturphilosophie nach der ἀρχή alles Seins entstanden, zeigt aber andererseits auf Schritt und Tritt die Spuren der Rezeption der geschichtlichen Religion des Christentums und der Auseinandersetzung mit ihm. Aus beiden Faktoren erklärt es sich, dass sie sich im Verlauf ihrer Geschich-

---

[25] Vgl. dazu GERHARD VON RAD, *Theologie des Alten Testaments*, Bd. 1, München 1957, 140–144; ANTONIUS H. GUNNEWEG, *Biblische Theologie des Alten Testaments. Eine Religionsgeschichte Israels in biblisch-theologischer Sicht*, Stuttgart u.a. 1993, 138–143; OTTO KAISER, *Der Gott des Alten Testaments. Theologie des Alten Testaments*, Bd. 1, Göttingen 1993 (UTB 1747), 111f; Bd. 2, 1998 (UTB 2024), 210–214.

te in dem Bemühen um eine kritische Wahrung der Transzendenz Gottes vor allem gegen Anthropomorphismen abgegrenzt hat. Ihre positive Begrifflichkeit hat daher bis in die abstraktesten Ausprägungen hinein meist eher einen kosmomorphen Charakter gehabt, vom πρῶτον κινοῦν μὴ κινούμενον des Aristoteles bis hin zu neueren, auf kosmologische Spekulationen Jacob Böhmes zurückgehenden Begriffen wie Grund des Seins. Selbst Hegels Begriff des Weltgeistes, der in Abgrenzung gegen die Bewusstseinsphilosophie seiner Zeit nach dem Modell des menschlichen Selbstbewusstseins konstruiert wurde, kann bei näherer Betrachtung kaum als personal, sondern muss als das den Weltprozess leitende, innerste Vernunftprinzip verstanden werden.

So unbezweifelbar das sachliche Recht dieser Denkrichtung ist, so wenig kann sich die Kritik der Religionsphilosophie auf einen personalen Gottesbegriff beschränken. Insbesondere dann, wenn sie darauf insistiert, dass objektive metaphysische Spekulationen über Gott erkenntnistheoretisch nicht zu rechtfertigen sind und dass Rede von Gott eigentlich nur im Kontext religiöser Erfahrung möglich sei, müssen über kurz oder lang auch die Probleme kosmomorpher Gottesvorstellungen und damit auch die spezifischen Schwierigkeiten eines aus ihnen durch Abstraktion gewonnenen philosophischen Gottesbegriffes scharf ans Licht treten. Wie soll man sich z.B. eine religiöse Erfahrung mit (oder eine religiöse Beziehung zu) einer *natura naturans* (Spinoza), einem Grund des Seins (Tillich) oder einem kreativen Prinzip (Whitehead) vorstellen? Und wie soll von hier aus die religiöse Begründung einer Bestimmung des Menschseins zu gewinnen sein? Es erscheint daher auch unter kritischen religionsphilosophischen Prämissen unvermeidlich, einen personalen Gottesbegriff oder zumindest personale Elemente eines solchen Begriffes zu fordern (natürlich ohne dass dies für den Philosophen die Folge eines religiösen Bekenntnisses nach sich ziehen müsste).

Damit meldet sich freilich die von Johann Gottlieb Fichte[26] grundsätzlich formulierte Kritik an einem anthropomorphen Gottesbegriff als Problem nicht mehr nur der Religion, sondern auch der Religionsphilosophie zurück. Nach Fichte stellt ein solcher Begriff eine schlichte Verdoppelung der menschlichen Personalität dar. Feuerbach hat dies dann zu der These verschärft, die Wahrheit der Theologie sei überhaupt nichts anderes als das Wesen des Menschen[27]. Damit hat er allerdings nicht nur die alte Lehre von der Gottebenbildlichkeit des Menschen umgekehrt, sondern zugleich das eigentliche Problem anthropomorpher Gottesvorstellungen, das in deren Identifikation mit Gott besteht, gerade nicht gelöst, sondern im Gegenteil bis zu der Absurdität eines philosophischen Glaubens an den Menschen gesteigert. In einer Zeit, für die der eine solche Sicht tragende anthropologische Optimismus vergangen ist, unterliegt die Vergöttli-

---

[26] JOHANN GOTTLIEB FICHTE, *Ueber den Grund unsers Glaubens an eine göttliche WeltRegierung*, in: GA I/5 (347–357), 355.
[27] LUDWIG FEUERBACH, *Das Wesen des Christenthums* (1841), SW 6, hg. v. W. Bolin, Stuttgart 1960, bes. 1–40.

chung des Menschen ebenso der philosophischen Kritik wie eine theologische Vermenschlichung Gottes.

An dieser Stelle kommt man erst dann weiter, wenn man wiederum die symbolische Funktion von Gottesbildern ernst nimmt. Dann verhilft Fichtes und Feuerbachs Kritik zu der Einsicht, dass anthropomorphe Symbole sich nicht auf das Wesen Gottes, sondern auf das personale *Verhältnis* zur Transzendenz beziehen. Diese Einsicht, die auf der Wiederentdeckung des personalen (individuellen wie kollektiven) Charakters der Religion durch die Romantik beruht, ist gewiss keine Widerlegung der Religionskritik, reduziert aber deren Gewissheitsanspruch philosophisch auf den Status einer – nicht verifizierbaren – Hypothese.

Um den Anforderungen symbolischer Rede gerecht zu werden, muss man sich auch bei anthropomorphen Formulierungen für das Gottesverständnis der klassischen drei Redeweisen bedienen müssen: Gott ist größer als alles Menschliche (*via eminentiae*), er teilt nicht die menschliche Endlichkeit und innere Widersprüchlichkeit (*via negationis*), und er ist der Grund alles menschlichen Lebens (*via causalitatis*). Auch darin besteht eine Analogie zu den kosmomorphen Gottessymbolen, dass jede Aussage über Gott etwas von dem Menschenbild des Denkers spiegelt. So sagt Leibniz' Verständnis Gottes als des Urhebers der prästabilierten Harmonie als Konstitutionsgesetz der „besten aller möglichen Welten" sehr viel über seine von frühbürgerlicher Rationalität und Optimismus der Weltgestaltung geprägte Sicht des Menschen aus; ebenso ist Karl Barths Konzentration auf die souveräne Freiheit Gottes nicht zu Unrecht als Übertragung des neuzeitlichen Autonomiegedankens auf Gott interpretiert worden, die im Zeichen einer tiefgreifenden Krise des menschlichen Autonomiebewusstseins stehe[28]. Damit werden wir wiederum an die Spannung zwischen den *via eminentiae* und den *via negationis* gewonnenen Aussagen erinnert, die einem Verständnis Gottes als bloßer Überhöhung des Menschen im Wege steht: Gott ist personale Zuwendung schlechthin und doch mit der Kategorie des Personalen schlechterdings nicht zu fassen; er ist das Leben schlechthin und doch zugleich der Abgrund des Todes. Diese Antinomie drückt in Bezug auf die menschliche Befindlichkeit zwischen geradezu evidenzartiger Gewissheit und völliger Ungewissheit dasselbe aus wie die im vorigen Abschnitt beschriebene, abstrakter formulierte Spannung zwischen der Prädikation Gottes als des höchsten „Seins" und doch zugleich des Nicht-"Seins".

Auch solche spannungsvollen Gottesaussagen, die einen unreflektierten Anthropomorphismus im Durchgang durch die philosophische Kritik hinter sich gelassen haben, *können* noch als Ausdruck bloßer Projektionen oder Wunschvorstellungen verstanden werden. Mit gleichem logischem Recht lassen sie sich aber als Ausdruck wirklicher Erfahrung mit einer begegnenden Wirklichkeit ver-

---

[28] Vgl. dazu vor allem den Band *Die Realisierung der Freiheit. Beiträge zur Kritik der Theologie Karl Barths*, hg. v. T. Rendtorff, Gütersloh 1975.

stehen, die in den inneren Zusammenhang des menschlichen Lebens einbricht. Dies kann freilich allein in einer religiösen, nicht in einer religionsphilosophisch reflektierten Aussage geschehen. Es ist die Religion, der die erkenntnistheoretische Funktion zukommt, die Religionsphilosophie zum einen an die prinzipielle Grenze ihrer möglichen Gottesaussagen überhaupt und zum anderen speziell an die Unzulänglichkeit einseitig kosmomorpher Aussagen zu erinnern.

Damit ist jetzt genauer ausgeführt, was im ersten Unterabschnitt nur angedeutet werden konnte: Es gibt keine „reinen" Aussagen über Gott, weil Gotteserfahrung nur im Zusammenhang mit menschlicher Selbst- und Welterfahrung begegnet. Zugleich fordern sowohl die Frömmigkeit als auch die Religionsphilosophie, wenn auch mit ganz unterschiedlicher Begründung, eine klare, prinzipielle Unterscheidung Gottes von Mensch und Welt: die eine unter dem unmittelbaren Eindruck des Göttlichen selbst, die andere um der redlichen Einsicht in die Grenzen menschlicher Erkenntnis willen. Weil nun ursprünglich kosmomorphe Aussagen, die Gott negativ als vom Menschen unterschieden und positiv als Grund alles weltlichen Seins verstehen, und ursprünglich anthropomorphe Aussagen, die ihn als unterschieden von weltlicher Dinghaftigkeit und als Lebensgrund des Menschen bezeichnen, beide für die Symbolisierung von Gotteserfahrung unentbehrlich sind, sich aber nicht aufeinander reduzieren lassen, so bleibt nur übrig, sie komplementär miteinander zu verbinden, wie am Ende von Abschnitt 1 thetisch antizipiert[29].

Inhaltliches Kriterium für die Angemessenheit solcher symbolischen Ausdrücke ist, dass die innere Spannung zwischen den Aussagen über Gott als Seinsgrund und Lebensquelle einerseits und als Abgrund und Todesrätsel andererseits nicht nivelliert wird. Diese Antinomie lässt sich als Grundstruktur religiöser Erfahrung bezeichnen.

5. *Symbol und Institution*

Bereits zu Beginn dieses Kapitels haben wir im Anschluss an Peirce darauf hingewiesen, dass Symbole nicht nur eine Beziehung des Einzelnen zur Welt und eventuell zu Gott enthalten, sondern auch eine für sie konstitutive, Gemeinschaft fundierende Funktion haben. Sie sind also nicht nur zweidimensional, lediglich hinsichtlich der Beziehung von Zeichen und Bezeichnetem, zu verstehen. Denn diese Beziehung kann nicht beliebig gewählt werden, da Symbole von allen, die zu einer Gemeinschaft gehören, verstanden werden und darüber hinaus die Kraft haben sollen, sie zum Dienst an der bezeichneten „Sache" zu verbinden. Es kommt zwar vor, dass ein Einzelner ein System von Chiffren (Zahlen, Buchstaben, Bilder) ausbildet, das im Gegenteil die Funktion hat, das Dargestellte anderen zu verhüllen

---

[29] Vgl. dazu KURT LEESE, *Die Prinzipienlehre der neueren systematischen Theologie im Lichte der Kritik Ludwig Feuerbachs* (Diss. theol.), Leipzig 1912, 52.

und nur seinem Autor verständlich zu sein. Aber zum einen handelt es sich hier um einen Grenzfall, und zum anderen ist das Material, dessen man sich bei diesem Vorgang bedient, stets dem allgemein vorfindlichen Bestand von Symbolen entnommen und der Kommunikation mit anderen lediglich dadurch entzogen, dass die Sachbezüge künstlich verändert wurden. Solche Chiffren bleiben also selbst in dem intendierten Ausschluss aus der institutionalisierten Kommunikation von dieser abhängig und behalten eben dadurch symbolischen Charakter. Das wird spätestens dann offensichtlich, wenn es gelingt, solch einen Code zu „knacken" und so das Verfremdete auf das allgemein Erkennbare zurückzuführen.

Im Normalfall haben also Symbole sowohl eine verweisende als auch eine sozial verbindende Funktion. Das bedeutet nicht, dass sie universal zugänglich sein müssen. Das ist tatsächlich oft nicht der Fall; selbst elementare Gesten wie Kopfschütteln können in verschiedenen Kulturen völlig unterschiedliche Bedeutungen haben. Wohl aber muss ein Symbol für diejenige soziale Gruppe, für die es gelten soll, verständlich sein. Diese Kommunizierbarkeit kann nicht in jedem Einzelfall *ad hoc* neu erzeugt werden, sondern ist im Allgemeinen vorgegeben. Darum werden auch neue Erfahrungen mit bereits eingeführten Symbolen bezeichnet. Diese Vorgegebenheit hat die Gestalt einer selbstverständlich geltenden, im Allgemeinen nicht näher reflektierten Konvention.

Konvention als feste Gestalt sozialer Verbindlichkeit ist nach dem in den Prolegomena eingeführten Sprachgebrauch der heutigen Soziologie[30] eine Gestalt von *Institution*. Diesen Begriff hatten wir definiert als jegliche auf Dauer gestellte Form sozialen Verhaltens, die durch die regelbildende und regulierende Interaktion von autoritativer Setzung, internalisierender Akzeptanz und öffentlichem Diskurs konstituiert ist. Diese Definition ist jetzt näher zu erläutern. Wenn wir Institutionen durch Interaktion bestimmt sein lassen, so ist damit gemeint, dass sie nicht hinter dem Rücken handelnder Menschen entstehen und arbeiten, sei es auf „organische" Weise als metaphysisch verankerte natürliche Ordnung im Sinne der neuromantisch geprägten älteren deutschen Soziologie, sei es durch die Selbstorganisation intelligenter Systeme im Sinne Niklas Luhmanns, für welche die einzelnen Subjekte nur die (wenngleich unentbehrliche) „Umwelt" darstellen[31]. Ebenso wenig ist an die westeuropäische Idee des Gesellschaftsvertrags

---

[30] S.o., A I 4, S. 21 f.

[31] Ein Beispiel für jene deutsche Sicht, wenngleich ohne Verwendung des Institutionsbegriffs, ist FERDINAND TÖNNIES, *Gemeinschaft und Gesellschaft. Grundbegriffe der reinen Soziologie* (1887, 8. Aufl. 1935), 3. Aufl. d. Nachdr., Darmstadt 1972, der das rational planende (z.B. wirtschaftliche) Handeln dem natürlichen Organismus des Volkes unterordnet, 131–133.166–168. Auch ARNOLD GEHLEN könnte man noch dieser Tradition zurechnen, insofern bei ihm die sich verselbstständigende Entlastungsfunktion der Institution keiner Kritik unterliegt, *Urmensch und Spätkultur. Philosophische Ergebnisse und Aussagen*, 5. Auflage Wiesbaden 1986, 33–44. – Zur Systemtheorie vgl. NIKLAS LUHMANN, *Soziale Systeme. Grundriß einer allgemeinen Theorie* (stw 666), Frankfurt a.M. (1984) 1987, 45–65; DERS., *Die Religion in der Gesellschaft*, hg. v. A. Kieserling, Frankfurt 2000, 247.

(Rousseau, Locke) gedacht, nach der Institutionen durch die Übereinkunft vernünftiger Individuen zustande kommen und Bestand haben. Denn soziale Interaktion erfolgt nur teilweise bewusst und zweckgerichtet, teilweise aber unbewusst, von Gewohnheit und Gruppendruck geleitet[32].

Quer zu der Polarität von Bewusstheit und Unbewusstheit steht die von Veränderbarkeit und Eigengewicht bzw. (im wertneutralen Sinn Max Webers) Eigengesetzlichkeit. Diese beiden Pole sind dadurch aufeinander bezogen, dass jede eine Institution konstituierende Interaktion einen rekursiven Prozess darstellt, in dem sie sich selbst samt ihren Bedingungen reproduziert. Durch diese regulierende Reproduktion stabilisiert sich die Institution nicht nur, sondern verändert sich auch, so wie die Angehörigen einer Sprachgemeinschaft ihre Sprache durch regelmäßigen korrekten Gebrauch verändern[33]. Sofern dieser Prozess von nicht notwendig mehrheitlicher, aber durch die tonangebenden Gesellschaftsschichten gedeckter, ausdrücklicher oder unausdrücklicher Übereinstimmung getragen ist, „funktioniert" die Institution. Das ist das relative Recht der Systemtheorie. Doch hat sie nicht genügend im Blick, dass der Prozess wesentlich durch die Ausübung von Macht bestimmt ist und deshalb – insbesondere in komplexen Gesellschaften – stets auch Konflikte zwischen Einzelnen und Gruppen einerseits und der Institution andererseits sowie zwischen Institutionen mit sich bringt[34]. Dabei ist zu berücksichtigen (was bei Giddens nicht genügend zum Ausdruck kommt), dass die Individuen in ihrer Rolle als institutionelle Akteure nicht aufgehen: Es ist ihre relative Eigenständigkeit gegenüber den Institutionen, die ihnen überhaupt die freie Interaktion in den Institutionen erlaubt[35].

Jede Institution bedarf zum Zweck der Identitätsbestimmung und der Aufrechterhaltung ihres darin implizierten Geltungsanspruchs geeigneter Medien. Das ist die Funktion von Symbolen: Sie sollen auf die Verbindlichkeit setzende Macht verweisen und als Verkörperung dieser Macht Anerkennung evozieren[36].

---

[32] Vgl. Anthony Giddens, *The Constitution of Society*, Cambridge/Oxford (1984), 1989, 4f.

[33] Vgl. A. Giddens, *Central Problems in Social Theory. Action, Structure, and Contradiction in Social Analysis*, London/Basingstoke 1979, 59–73.104f.114; ders., *Constitution ...*, 8. G. spricht deswegen von einem fortlaufenden Prozess der „structuration", a.a.O. 16–25.

[34] Das wird man auch von der Konzeption von Eilert Herms sagen müssen. Zwar korrigiert er die systemtheoretische Schwäche, indem er der freien Interaktion die zentrale Funktion innerhalb der Institution zuweist. Doch ist andererseits der Ordnungsbegriff so dominant und die Betonung der funktionierenden Regelhaftigkeit so stark, dass für ernsthafte Störungen anscheinend kein Raum bleibt. Vgl. *Grundzüge eines theologischen Begriffs sozialer Ordnung*, in: ders., Gesellschaft gestalten. Beiträge zu einer ev. Sozialethik, Tübingen 1991 (56–94), bes. 73–86.

[35] Die Positionierung des Subjekts als Umwelt des sozialen Systems bei N. Luhmann kann kaum als Freiheit interpretiert werden. Denn L. ersetzt den Begriff des Subjekts durch den des „selbstreferentiellen Systems", *Soziale Systeme* (Anm. 31), 51.

[36] Vgl. Karl-Siegbert Rehberg, *Institutionen als symbolische Ordnungen. Leitfragen und Grundkategorien zur Theorie und Analyse institutioneller Mechanismen*, in: Die Eigenart der Institutionen. Zum Profil politischer Institutionentheorie, hg. v. G. Göhler, Baden-Baden 1994

Dass Symbole tatsächlich diese Funktion haben, lässt sich an vielfältigen Aspekten des gesellschaftlichen Lebens ablesen. So symbolisiert z.B. ein Verkehrszeichen die Autorität der einschlägigen Gesetze, eine Flagge den Anspruch eines Staates auf internationale Anerkennung, ein bestimmter Kunststil bringt das Lebensgefühl einer Epoche zum Ausdruck, das Kreuz auf dem Kirchturm weist auf die christliche Gemeinde hin, die sich in dem Gebäude zum Gottesdienst versammelt.

Damit ist das Symbol in seiner institutionellen Funktion beschrieben. Nun müssen wir uns daran erinnern, dass Symbole gerade im Blick auf ihre Gemeinschaft konstituierende Funktion stets einen Interpretationsspielraum offen lassen. Im Fall komplexer Symbole kristallisiert sich innerhalb dieses Spielraums eine Mehrzahl gleichzeitig geltender Sachbezüge heraus, stellt sich also eine konstitutive Mehrdeutigkeit ein. In einer pluralistischen Gesellschaft nimmt die Zahl komplexer Symbole ebenso wie der Grad ihrer Komplexität zu. Selbst ein scheinbar so einfaches Phänomen wie das konventionelle Statussymbol Auto lässt sehr verschiedene Deutungen zu: dass sein Besitzer sich rein äußerlich über das Geld definiert, dass er Vitalität verschlüsselt, dass er einem technischen Spieltrieb frönt, dass er tatsächlich eine gesellschaftlich wichtige Funktion erfüllt und ein dementsprechendes Selbstbewusstsein hat – oder dies alles zugleich. Die Mehrdeutigkeit beruht in diesem Fall darauf, dass ganz verschiedene Kommunikationsgemeinschaften ihr Urteil abgeben.

Entsprechendes gilt für alle anderen institutionellen Symbole. So transportiert die Flagge als Ausdruck nationaler Souveränität all das mit, was im Nationalbewusstsein aus der Geschichte des Volkes mitschwingt und auch anderen Staaten vermittelt werden soll. Das schließt alle Schattierungen des Selbstbewusstseins von berechtigtem Stolz auf kulturelle Leistungen der Vergangenheit über arroganten Nationalismus bis zur Kompensation eines reduzierten Selbstwertgefühls ein. Diese Art von Mehrdeutigkeit macht zugleich klar, in wie hohem Grad der Symbolisierungsvorgang von Emotionen besetzt ist und wie leicht er sich deshalb kühler intellektueller Kontrolle entzieht. Dass die Mobilisierung solcher irrationalen Kräfte enorme Wirkungen sowohl zum Segen als auch zum Fluch freisetzen kann, bedarf keines Kommentars.

Schließlich können sich beide Arten von Mehrdeutigkeit – der Gegensatz von Außen- und Innenperspektive und die Strittigkeit der Deutung – miteinander verbinden. Dies gilt auch für religiöse Symbole. So haben sich innerhalb des

---

(47–84), 57–63, bes. 57: „… das Institutionelle an einer Ordnung ist die symbolische Verkörperung ihrer Geltungsansprüche". Hier wie auch anderwärts in der modernen Soziologie wird, freilich in abgewandelter Form, der Gedanke von MAURICE HAURIOU wieder aufgegriffen, dass Institutionen auf Grund einer Leitidee begründet werden, vgl. Rehberg a.a.O. 65–70, und Hauriou, *Die Theorie der Institutionen und der Gründung. Essay über den sozialen Vitalismus*, in: DERS., Die Theorie … und zwei andere Aufsätze, (La théorie de l'institution et de la fondation, dt. v. H. u. J. Jecht), hg. v. R. Schnur (Schr. zur Rechtstheorie 5), Berlin 1965, 34.

Christentums an das Symbol des Kreuzes Glaube ebenso wie Aberglaube, Ergebung in die Herrschaft Gottes ebenso wie sehr irdische Herrschaftsansprüche
der Kirche geheftet. Im Verhältnis von Binnen- und Außenperspektive hat dieses
Symbol von jeher die Geister geschieden. Nicht erst heute reicht die Skala von
tiefem Respekt über Verachtung bis zur Aggression, je nachdem ob das Kreuz als
Symbol für Nächstenliebe, für Bigotterie oder für Gewissenszwang aufgefasst
wird.

Wie das letzte Beispiel zeigt, sind Symbole trotz ihrer Ambivalenz in ihrer institutionellen Funktion auch für die Religion offensichtlich unentbehrlich. Kein
Anhänger einer Religion kommt für seine Frömmigkeit ohne eine ganze Welt
von Symbolen, rituellen Handlungen usw. – also auch nicht ohne Institutionalität – aus. Nur mit Hilfe von Symbolen – und nicht durch abstrakte begriffliche
Systeme – ist es der Religion möglich, den Bezug der gesamten Lebenswelt zu
dem intendierten Transzendenten auszudrücken. Generell verrät die Symbolwelt
einer sozialen Gruppe viel deutlicher als alle Umfragen und Statistiken, was für
sie lebensentscheidend ist, wie die moderne historische Alltagsforschung eindrucksvoll zeigt.

Die Frage kann also nicht sein, ob religiöse – oder andere – Gruppen auf Symbole verzichten sollten, sondern nur, wie es zu erreichen ist, dass diese eine der
menschlichen Gemeinschaft dienende Funktion behalten oder bekommen und
wie sich Missbrauch oder Usurpation verhindern lässt. Die nächstliegende Lösung für dieses Problem scheint zu sein, das Symbol an einen festen, klar definier-
ten Trägerkreis zu binden und einen eindeutigen Interpretationsrahmen institutionell zu autorisieren und abzusichern. In der Tat können Maßnahmen dieser
Art nicht völlig entbehrt werden. Doch besteht die Gefahr, dass damit die erforderliche Distanz der Institution Symbol zum Symbolisierten schwindet und die
verschiedenen darin angezeigten Ebenen ineinander fallen. Diese Gefahr ist im
religiösen Bereich besonders groß. Hier werden die Anordnung bestimmter ritu-
eller Vollzüge oder Vorschriften für die korrekte Formulierung und Interpretation des Glaubensgehalts durch eine Hierarchie mit der Herrschaft der Gottheit
identifiziert und nicht selten darüber hinaus mit theokratischen Herrschaftsan-
sprüchen verknüpft. Es ist kein Zufall, dass sich im Fundamentalismus – gleich
welcher Religion er zugehört – Buchstabenglaube und Gottesstaat miteinander
verbinden; das ist die Implosion der religiösen Symbolwelt, die das Feuer seines
Fanatismus entfacht.

Die entgegengesetzte Gefahr ist das Auseinanderbrechen der Ebenen des Symbols und des Symbolisierten. Wenn Symbole gesellschaftlicher Anerkennung bedürfen, um ihrer Verweisungsfunktion gerecht werden zu können, so ist darin
ein Moment der Dauer impliziert. Wiederum ist es insbesondere der religiöse
Ausdruck, der auf eine bereits vorhandene traditionelle Symbolwelt angewiesen
ist. Neu entstehende Religionen schaffen sich ihr eigenes Symbolsystem in der
Regel zunächst dadurch, dass sie auf bereits vorliegendes Material zurückgrei-

fen, das sie dann umformen und umwidmen. In jedem Fall ist es für eine Religion lebensnotwendig, ihre Symbolwelt weiterzuentwickeln. Wird diese nur noch konserviert, auf einem bestimmten Stand eingefroren, sterben die Symbole zu leblosen, unbegriffenen Chiffren ab. Lebenswelt und Symbol sind auseinander gefallen. Wo das geschieht, ist die Religionsgemeinschaft nicht mehr lebensfähig.

Natürlich sind es nicht die Symbole selbst, die einen Prozess der Implosion oder des Auseinanderfallens in Gang setzen. Sie sind nur Medien, keine selbstständigen Wesenheiten. Aber sie sind Medien nicht in einem nominalistischen Sinn. Vielmehr konzentrieren sich in ihrer Sprache das Lebensgefühl und die Erfahrungen, auch die gemeinsamen Interessen der sozialen Gruppen im Allgemeinen und der religiösen Gruppen im Besonderen, in denen sie institutionelle Geltung besitzen, und zwar so, dass sie das, was ihrem Leben Halt und Sinn gibt, wiederum in anderen zu wecken vermögen. Darum hängt für die jeweilige Gemeinschaft alles daran, ob sie ihre Symbole angemessen oder unangemessen benutzt oder gar sich entgleiten lässt. Der faktische Umgang mit ihnen zeigt mit seismographischer Empfindlichkeit, ob die Gruppe in der Lage ist, die für die Funktionsfähigkeit der Symbole notwendige Balance von Distanz und vergegenwärtigender Kraft einzuhalten und damit die Grundbedingung für das eigene Überleben zu wahren.

II. Ontologie der Relation

Symbolische Erkenntnis steht wie alle Erkenntnis unter dem transzendentalen Vorbehalt, bei jeder Aussage über eine Gegebenheit sei mitzudenken, dass ich über sie so rede, wie sie mir begegnet, nicht wie sie abgesehen von dieser Begegnung an sich selbst ist. Symbolisch ist solche Erkenntnis, wenn sie ihren empirischen Sitz nicht im Ich allein, sondern in einer Interaktionsgemeinschaft hat, deren Kommunikation bestimmten Regeln folgt. Dabei ist der Austausch unter den Erkenntnissubjekten konstitutiv für die soziale Geltung des Symbols. Dieser zuletzt behandelte Aspekt symbolischer Erkenntnis weist auf die Notwendigkeit hin, sie nicht nur unter methodologischem Gesichtspunkt hinsichtlich der Weise ihres Zustandekommens, sondern auch als Lebensakt in den Blick zu fassen[37]. Dann erscheint sie als Spezialfall eines Prozesses lebendiger Wechselbeziehungen innerhalb einer Kommunikationsgemeinschaft sowie zwischen dieser Gemeinschaft und der ihr zuhandenen Welt der Dinge.

In einer Wechselbeziehung ist der einzelne Mensch nicht nur Subjekt, sondern auch Partner und Erkenntnisobjekt und als solches genötigt, sich durch die Augen der anderen zu sehen, soweit dies möglich ist. Fasst man den Begriff der Wechselbeziehung weiter, so dass er nicht nur das Erkennen, sondern auch das Handeln umfasst, so wird der Mensch sich selbst ebenso als gestaltendes Subjekt wie als Produkt seiner natürlichen und gesellschaftlichen Umwelt begreifen. Die Betrachtung der symbolischen Erkenntnis als Lebensakt führt so auf den Gedanken eines Gesamtprozesses der Wechselwirkungen. Dieser Prozess wird mit dem Begriff der Welt bezeichnet.

Die Ebene, auf der die skizzierte Thematik erörtert werden muss, ist weder die der Empirie noch die der alltäglichen Lebenserfahrung, sondern die der menschlichen Grunderfahrungen[38]. Zwar begegnen Grunderfahrungen wie das Selbstsein, das Mitsein usw. niemals für sich, sondern immer nur vermittelt durch Empirie und Lebenserfahrung. Deshalb sind Rückbezüge auf diese Ebene immer wieder erforderlich. Die Grunderfahrungen als solche aber gehören auf die transzendentale Ebene, auf der es um die Bedingung der Möglichkeit von Erfahrung geht. Im gegenwärtigen Zusammenhang sind also nicht konkrete einzelne Wechselbeziehungen das Thema, sondern die Wechselbeziehung als Grundphänomen des Seins, wie es der menschlichen Grunderfahrung zugänglich ist. In an-

---

[37] Vgl. dazu MARTIN HEIDEGGER, *Sein und Zeit*, 7. Aufl. Tübingen 1953, 61: „Erkennen ist ein Seinsmodus des Daseins als In-der-Welt-sein, es hat seine ontische Fundierung in dieser Seinsverfassung."
[38] S. dazu oben, A II, 28.

derer Terminologie: Es geht nicht um einzelnes Seiendes, um Ontisches, sondern um *Ontologie*, Reflexion auf das Sein des Seienden. Die bleibende Unterscheidung der Ebenen der konkreten Selbst- und Welterfahrung und der Grunderfahrung, der Empirie und des Transzendentalen, ist von entscheidender Bedeutung. Man kann nicht im schlichten Umgang mit den Menschen und den Dingen des täglichen Lebens unmittelbar auf die Grunderfahrung des Menschseins zugreifen; ein entsprechender Versuch würde zu einer unzulässigen Verallgemeinerung zeit- und milieugebundener, zufälliger Einzelerfahrungen führen[39]. Trotzdem ist das im Folgenden zu beobachtende Verfahren nicht das einer konstruktivistischen Spekulation, sondern ein phänomenologisches: Es gilt zu beschreiben, wie sich menschliche Grunderfahrungen in den mannigfachen Brechungen durch Lebenserfahrung und Empirie als sie selbst zeigen.

Für die Ontologie ergibt sich aus den bisher angestellten Überlegungen, dass sie als Theorie nicht von für sich seienden, sondern von aufeinander bezogenen Entitäten zu entfalten ist. Deren Für-sich-Sein ist damit nicht geleugnet, aber es muss von dem Beziehungsgefüge her verstanden werden, in dem die Entitäten begegnen, nicht umgekehrt.

So viel als vorläufige Erläuterung des Begriffs einer Ontologie der Relation, die in diesem Kapitel skizziert werden soll. Sie wird, wie es in einem philosophischen Erörterungszusammenhang nicht anders sein kann, als innerweltliche Lehre vom Sein dargestellt, aber am Ende jedes Abschnitts bis zur Gottesfrage als der Grenze philosophischer Reflexion vorangetrieben. Auf diese Weise bilden die folgenden Überlegungen die Brücke von der Erkenntnistheorie zu der im Kapitel III zu stellenden Frage nach einer möglichen Deutung von Welt im Sinne einer Letztbegründung.

1. Substanz und Relation

Wenn die Erkenntnis der Gegenstände, Sachverhalte und Prozesse, welche die Welt ausmachen, Erkenntnis dessen ist, was sich als es selbst *zeigt*, nicht aber, was es an sich selbst *ist*, dann ist Erkenntnis, ontologisch gesehen, eine Relation zu dem Erkannten, und zwar in der Weise, dass diese Relation selbst dann nicht verlassen werden kann, wenn man auf Erkenntnis verzichtet. Die Sache selbst kann also der Erkenntnis nicht als *Substanz* im Sinne eines abgesehen von jeder Beziehung zum erkennenden Subjekt eigenständig Seienden vor Augen stehen – das wäre ein Widerspruch in sich, da „vor Augen stehen" selbst in der Form äu-

---

[39] Vgl. M. HEIDEGGER, a.a.O. (Anm. 37), 28–39. Ob Heidegger diese Unterscheidung konsequent durchgehalten hat, ist eine u.a. im Zusammenhang mit seiner politischen Stellung zu Beginn des Dritten Reiches interessante Frage, die indessen eine ausführlichere Erörterung erforderte, als sie hier möglich ist.

ßerster Abstraktion immer noch eine Relation ist. Damit scheint die Kategorie der Relation in der Ontologie die Urgegebenheit der Substanz zu verdrängen.

Wenn dies nach den Überlegungen des vorigen Kapitels erkenntnistheoretisch einleuchtet, so scheint es doch ontologisch unsinnig zu sein. Denn wenn man von einer Beziehung redet, so hat man doch, wie es scheint, mit der Verwendung dieses Begriffs bereits vorausgesetzt, dass dabei mindestens zwei voneinander verschiedene Größen im Spiel sind, die als verschiedene etwas je für sich Seiendes sein müssen. Es wären deshalb eigenständige Entitäten vorauszusetzen, weil ohne sie eine Relation gar nicht denkbar wäre. Muss man also in der Ontologie nicht doch von Substanzen ausgehen und erst im zweiten Schritt von den Beziehungen zwischen ihnen sprechen, so wie es die mittelalterlich-aristotelische Philosophie ganz selbstverständlich getan hatte?

Hier müssen wir etwas ausholen. Setzt man den transzendentalen Vorbehalt voraus, so ist jedenfalls von Substanz wie von Relation nur so zu sprechen, wie sie sich darstellen. Dann ist Substanz zunächst wie bei Kant das, was der Anschauung zugrunde liegt, während Relation eine der Kategorien des Verstandes ist, mit deren Hilfe das aus der Anschauung Gewonnene geordnet wird. Die Verbindung von beidem bringt Erkenntnis hervor[40]. Da das ganze kritizistische System in den Referenzrahmen eines intelligiblen Reichs der Vernunft eingespannt war, dessen Realität für Kant *a priori*, vor aller Erfahrung, feststand, brauchte er über jene Gegenüberstellung von Substanz und Relation (samt den anderen Kategorien) nicht hinauszugehen. Wenn aber diese Zuordnung ihre Überzeugungskraft verloren hat, so bleibt nur die Relation von begegnendem Erkenntnisgegenstand und transzendentalem Subjekt übrig. Relation wird so aus einem bloßen Verstandesbegriff zu der aller Erkenntnis zugrunde liegenden Gegebenheit.

Das entspricht nun genau der Veränderung im Verständnis der ontischen Welt, die sich in den Wissenschaften seit Kant vollzogen hat. Die Einsicht, dass die Relation zwischen Erkenntnissubjekt und -objekt für das Verständnis des Erkenntnisaktes nicht vernachlässigt werden kann, hat sich zu der Erkenntnis erweitert, dass die Welt nicht der Referenzrahmen der „ehernen" Gesetzmäßigkeit ist, innerhalb dessen Wechselwirkungen stattfinden, sondern dass es umgekehrt der Prozess der Wechselwirkungen ist, der die Welt konstituiert. So sieht der Historiker einerseits sich selbst als Dialogpartner von Personen der Vergangenheit und reflektiert dabei zugleich die Bedingtheit seines eigenen Standpunktes. Andererseits nimmt er die Geschichte nicht mehr primär als das Werk „großer Persönlichkeiten", sondern als Prozess der Wechselwirkungen von Einzelnen, Kollektiven und Naturereignissen wahr. Ebenso wie die Historie geht die moderne Literaturwissenschaft davon aus, dass Interpretation nur als unabschließbarer dialogischer Prozess der Vermittlung von Texthorizont und Leserhorizont, unter Ein-

---

[40] I. KANT, *Kritik der reinen Vernunft* A 77–83.144f (Akad.-Ausg. Bd. 4, 63–68.102f) sowie B 408 (Akad.-Ausg. Bd. 3, 267f).

beziehung der Wirkungsgeschichte, möglich ist. Die Literaturgeschichte insgesamt ist wiederum nicht durch eine Abfolge isolierter Spitzenleistungen, sondern durch eine Vielfalt von Wechselbeziehungen konstituiert. Physiker und Chemiker erkennen den Einfluss, den die gewählte Anordnung eines Experiments auf den Gegenstand hat. Sie verstehen in dem Gegenstand das, was einst als feste „Substanz" angesehen wurde, als Wechselwirkungen von Energieträgern. Selbst das ganz alltägliche Verständnis menschlicher Lebensabläufe ist, unter anderem auf Grund der Verbreitung psychologischer und soziologischer Sichtweisen, von diesem Wandel betroffen. So lerne ich eine andere Person durch ein Geben und Nehmen kennen. Zugleich erscheint sie mir dadurch als sie selbst, dass sie sich wiederum zu anderen durch Anknüpfung und Selbstunterscheidung verhält. Dieses Beziehungsgefüge wird mir niemals vollständig bewusst werden. Doch bei näherem Zusehen wird sich immer herausstellen, in welchem Maß es für die Begegnung mit dieser Person konstitutiv ist[41].

In dieser Situation wäre es theoretisch denkbar, mit Husserl den gesamten Erkenntnisprozess auf den intentionalen Akt des transzendentalen Ich zurückzuführen. Diese Lösung haben wir aber bereits als einseitig erkannt, weil sie die Erfahrung des Affiziertwerdens durch den begegnenden Erkenntnisgegenstand nicht zureichend zur Geltung bringt. Genau dieser Erfahrung versucht Emmanuel Lévinas gerecht zu werden, indem er die „Epiphanie" des Anderen der transzendentalen Klammer entzieht[42]. Sie sei ein heteronomes Widerfahrnis, das als Gebot, ja als Spur Gottes erfahren werde (223.230–235). Deshalb gelte auch: „Die Beziehung zum Andern ist … nicht Ontologie", sondern „Religion" (113); denn Ontologie, die Subsumtion unter eine vorgegebene allgemeine Idee des Seins, sei ein geistiger Gewaltakt, ja die Tötung des Anderen (115f). Diese den Personalismus Martin Bubers radikalisierende Position blendet die Welt der Dinge aus. Im Übrigen scheint Lévinas nicht zu bemerken, dass seine unbefangene Rede von „dem" Anderen als einem „Seienden" bereits durch die Benutzung solcher Allgemeinbegriffe die so vehement abgelehnte Ontologie ganz selbstverständlich voraussetzt. Das macht das sympathische Plädoyer für die Achtung des Anderen philosophisch wenig überzeugend.

Es bleibt nur übrig, Ontologie als Lehre von den Seinsbeziehungen zu verstehen. Selbstverständlich muss auch in einer solchen Ontologie von den Relaten gesprochen werden, die zu einer Relation gehören. Der Unterschied zu vorkriti-

---

[41] Zur Historie vgl. REINHART KOSELLECK, *Vergangene Zukunft. Zur Semantik geschichtlicher Zeiten*, 4. Aufl. Frankfurt 1985, 176.193.204–207; zur Literaturwissenschaft HANS ROBERT JAUSS, *Ästhetische Erfahrung und literarische Hermeneutik*, 2. Aufl. Frankfurt 1984, bes. 657–703; zur Naturwissenschaft CARL-FRIEDRICH VON WEIZSÄCKER, *Aufbau der Physik*, München/Wien 1985, 229–234.526–531.

[42] EMMANUEL LÉVINAS, *Die Spur des Anderen. Untersuchungen zur Phänomenologie und Sozialphilosophie* (dt. v. W.N. Krewani), 3. Aufl. Freiburg/München 1998, 220.224. Danach die Seitenzahlen im folgenden Text.

schen ontologischen Konzeptionen besteht jedoch darin, dass nicht mehr die Substanz den Grundbegriff und die Relation lediglich die durch den Verstand herangetragene Ordnungsfunktion darstellt, sondern dass jetzt Relation der Grundbegriff und Substanz als aus ihr abgeleitet erscheint.

Eine derartige Umgestaltung der Ontologie erweckt möglicherweise den Anschein ihrer Auflösung, weil ihre ontische Entsprechung, das Seiende, seine „Festigkeit" verloren hat. Eine solche „Auflösung" der Ontologie kann als Reflex einer sehr realen existenziellen Bedrohung durch die Nichtigkeit des Daseins verstanden werden. Dieser Eindruck kann ebenso entstehen, wenn man nur das transzendentale Ich als Ausgangspunkt behält oder wenn der Andere nicht als Spur Gottes, sondern als wesenlose Erscheinung begegnet. Es mag sich angesichts der Abstraktheit der Überlegungen vielleicht nur um ein unterschwelliges Gefühl handeln, das von einem im tätigen Leben stehenden und in gesunden menschlichen Beziehungen lebenden Menschen leicht als bloße Grille abgetan wird. Dennoch meldet sich hier eine fundamentale Daseinsungewissheit, die z.B. in einer letzten Unverbindlichkeit realer Beziehungen, in Nietzsches Übermensch als Kompensation des getöteten Gottes oder in dem Erlebnis „Die Hölle, das sind die anderen" bei Sartre[43] ihr ontisches Pendant hat. Natürlich wird man sich „normalerweise" dieser Ungewissheit durch einen energischen Willensakt verschließen, zumal die „realen" Anforderungen des Lebens einem auch gar nichts anderes übrig lassen, als die Wirklichkeit „einfach" als das zu nehmen, als was sie sich darstellt, nämlich als handfeste Realität. Dennoch lässt sich die im Hintergrund lauernde Frage nicht umgehen, ob ein solcher Entschluss nicht vielleicht nur dem Pfeifen des Kindes zu vergleichen ist, das im dunklen Wald seine Angst vertreiben will. Wir sind mit diesen Überlegungen auf die emotionale Wurzel des modernen Nihilismus gestoßen, für den sich das Staunen darüber, dass etwas sei und nicht vielmehr nichts, in die Befürchtung verkehrt hat, dass eben nicht etwas wahrhaft sei, sondern vielmehr nichts.

Gegen solchen Nihilismus steht nur das *Vertrauen* in die Wirklichkeit der Beziehungen zu sich selbst und zur Welt[44]. Dieses Vertrauen ist „grundlos", insofern

---

[43] Jean-Paul Sartre, *Bei geschlossenen Türen* (Huis clos, dt. v. H. Kahn), in: Ders, Dramen, Stuttgart u.a. 1949, 46.

[44] Wir beziehen uns damit auf eine Grundeinsicht von Knud Ejler Løgstrup, vgl. etwa *Schöpfung und Vernichtung. Religionsphilosophische Betrachtungen. Metaphysik IV* (Skabelse og tilintetgørelse, dt. v. R. Løgstrup), Tübingen 1990, 75–78. L. beruft sich dafür auf die „Vertrautheit mit dem Existierenden" (107) und auf die Ausrichtung der „Vertrautheit darauf, daß das, was ist, überhaupt ist" (106). Dabei wird allerdings die Unterscheidung zwischen der empirischen und der transzendentalen Ebene in geradezu programmatischer Weise eingezogen. Das wird nicht zuletzt daran deutlich, dass im dänischen Original (94) beide Male dasselbe Wort „fortrolighed" steht, das Vertrautheit und Vertraulichkeit bedeutet. „Vertraut" sind uns insbesondere die „souveränen Daseinsäußerungen" (suveræne livsytringer) wie „Vertrauen [dän. tillid], Aufrichtigkeit, Mitgefühl", die für L.'s Anthropologie von zentraler Bedeutung sind, 142 (dän. 123). Zum Ganzen vgl. noch 96–100.247–254 (dän. 87–90.209–215).

es nicht weiter begründet werden kann. Als seiner Grundlosigkeit innegewordenes, sich selbst *durchsichtig* Gewordenes liegt es den konkreten Lebensvollzügen zugrunde. Es hat den ontologischen Status der Grundrelation des Menschen zur Wirklichkeit. Ontisch, also in der Lebenspraxis, entspricht ihm die Gestalt einer „zweiten Naivität", in der die begegnende Wirklichkeit hingenommen und die Aufgaben wahrgenommen werden, die „vor die Hand kommen". In diesem Fall handelt es sich um einen reifen Lebensakt.

Was bedeutet dieses Vertrauen für die Ontologie? Man kann Daseinsvertrauen nicht herstellen, sondern sich nur darauf einlassen. Denn ebenso wenig wie die Erkenntnistheorie beginnt die Ontologie mit einem Subjekt oder mit einem Objekt, sondern mit einem „Zwischen"[45], und dieses Zwischen ist nicht hintergehbar. Das Daseinsvertrauen ist die fundamentale Affirmation des Zwischen, ohne die eine Ontologie nicht möglich ist.

Das Sich-Einlassen des Daseinsvertrauens auf das Zwischen-Sein vermittelt sich durch das aktuelle Vertrauen zum Anderen. Ontologisch ergibt sich so nicht eine *Auflösung* der Wirklichkeit in Relationen, sondern die *Beschreibung* ihrer Struktur unter dem Primat der Relation. Die Eigenständigkeit des Ich geht dabei nicht verloren, sondern sie wird als durch die Selbstunterscheidung, also durch eine Relation, vermittelt gedacht. Diese ist als solche unmittelbar, ohne doch das Anderssein des Anderen aufzuheben. Unter dieser Prämisse bleibt der Begriff der Substanz unverzichtbar, nicht aber als Bezeichnung von etwas, das der Relation ontologisch vorausginge. Auf diese Weise lässt sich eine Ontologie plausibel, d.h. in ontischer Erfahrung fundiert, aufbauen. Natürlich ist solche Plausibilität auf den Bereich möglicher Selbst- und Welterfahrung beschränkt. Vor allem aber: Sie lässt sich nicht anders als auf ein Daseinsvertrauen gründen, das dem „Zwischen" korrespondiert. Die Bedrohung des Vertrauens durch den fundamentalen Zweifel an seiner Begründetheit ist dadurch nicht ausgeschaltet, sondern bleibt als dunkler Schatten bestehen.

Das ist ein Scheideweg, an dem nur zwei Möglichkeiten gegeben sind. Entweder das Daseinsvertrauen gründet in sich selbst. Oder man sieht in ihm – ebenso wie im Evidenzglauben – den verborgenen Hinweis auf einen letzten Grund, der es mitsamt seiner Selbst-und Weltbeziehung begründet und bewahrt. Daseinsvertrauen wäre dann eine unausdrückliche Gestalt des Gottesglaubens. Dabei

---

[45] Vgl. dazu MICHAEL THEUNISSEN, *Der Andere. Studien zur Sozialontologie der Gegenwart*, 2. Aufl. Berlin 1981, 483–488.491–495.501f. Es liegt nahe, diese Sicht auf G.W.F. HEGELs Grundgedanken zurückzuführen, dass das Fürsichsein aus sich heraustritt, um sich im Gegenüber des Anderen zu verlieren und sich so im Anderen selbst zu haben, zu sich selbst zurückzukehren (besonders eindrucksvoll dargestellt in den Ausführungen über die Liebe, *Vorlesungen über die Aesthetik* Bd. II, Jub.-Ausg. 13, 149f). Theunissen macht aber mit Recht darauf aufmerksam (490), dass damit die Denkfigur des zu sich selbst kommenden Selbstbewusstseins noch nicht zugunsten der fundamental davon unterschiedenen ontologischen Kategorie des Zwischen verlassen ist.

müsste freilich klargestellt werden, dass Gott nicht im gleichen Sinn als Relat zu begreifen ist wie ein Glied einer weltlichen Relation[46].

2. *Das Selbstverhältnis des Menschen*

Wie alle Erkenntnis, so unterliegt auch die Selbsterkenntnis dem transzendentalen Vorbehalt. Ich sehe mich nur so, wie ich mir selbst erscheine. Nur in diesem Sinn kann der Schluss Descartes', aus der Feststellung, dass ich denke, folge, dass ich bin, ein Recht zugestanden werden – nicht aber in dem von ihm ursprünglich gemeinten Sinn des Schlusses auf die Realität einer Substanz, die als Ich zu bezeichnen ist[47]. Denn für diesen weiterreichenden Schluss müsste man von dessen unausweichlicher Zirkularität absehen. Das Ich kann sich nicht entrinnen. Das gilt nicht nur für die Selbsterkenntnis, sondern ebenso für die emotionale und willensmäßige Seite seines Selbstverhältnisses. Vielmehr mischt sich das Subjekt-Ich, das sich selbst erkennen und bestimmen will, ständig in seine Selbstwahrnehmung ein und färbt sie durch seine Interessen und Vorurteile sowie durch das Bestreben, vor sich selbst bestehen zu wollen. Mit alledem erweist es sich als unentrinnbar mit den „Anderen" verbunden, mit denen es Voreingenommenheiten teilt und vor denen es bestehen will. Versucht das Ich dagegen, sich so zu sehen, wie es an sich selbst ist, und abstrahiert es zu diesem Zweck von allen Außenbezügen, so behält es lediglich das aller Bestimmtheit entleerte „absolute Ich", das Ich überhaupt bzw. das transzendentale Ich übrig[48]. Das transzendentale „Ich denke" bleibt dann bei sich selbst. Von hier aus ist für die inhaltliche Füllung der Selbstbestimmung keine Maßgabe zu erwarten.

Das Selbstverständnis ist also gegenüber dem Weltverständnis nicht der elementarere Fall, sondern ebenso komplex, insofern es genötigt ist, seine Weltsicht einzubeziehen, so wie diese umgekehrt auf das Selbstverständnis rekurrieren muss. Das gleiche Wechselverhältnis besteht in Bezug auf das Handeln. Ist dies als für das empirische Selbstverständnis des einzelnen Ich zugestanden, so muss dasselbe auch für ontologische Aussagen über „den" Menschen, seine Identität im Unterschied zu anderen Wesen, gelten. Auch hier ist die Frage, wer der Mensch sei, gleichbedeutend mit der Frage, wer er im Verhältnis zu seiner Welt sei. Die Anthropologie bietet darauf drei idealtypische Antworten an. *Entweder* der Mensch erkennt sein Wesen in seiner Selbstunterscheidung von der Welt als

---

[46] Das hat LÉVINAS zutreffend erkannt, wenn er von der *Spur* Gottes in der Epiphanie des Anderen sprach und nicht beide Beziehungen analog konstruierte.
[47] RENÉ DESCARTES, *Méditations métaphysiques* (1641), hg. v. F. Khodoss (Les grands textes. Bibliothèque de philosophie), Paris 1956, 2. Meditation: 36–51, bes. 38–41.
[48] Vgl. J.G. FICHTE, *Grundlage der gesamten Wissenschaftslehre* (1794), GA I/2, hg. v. R. Lauth u. H. Jacob, Stuttgart 1965, 255–264, bes. 259f.

Geist. Das ist die Position des Deutschen Idealismus und seiner Erben. Auf diese Weise lässt sich die Fähigkeit des Menschen verstehen, seine Welt denkend zu erfassen und handelnd zu gestalten. Doch wird dabei die physische Bedingung und Begrenzung solcher Weltüberlegenheit, die Leiblichkeit des Menschen, unterbelichtet. Damit bleibt zugleich seine Einordnung in die nichtmenschliche Lebenswelt und seine Abhängigkeit von ihr unverstanden. *Oder* der Mensch begreift auch seine geistigen Lebensäußerungen lediglich als einen besonders komplizierten Fall elektromagnetischer Prozesse im Gehirn, wie es im Gegenschlag zum Idealismus die materialistische Tradition tut. Dann wird die Verflechtung des Menschen in den natürlichen Weltprozess hell beleuchtet. Doch bleibt die Frage unbeantwortet, warum diese Prozesse nicht nur im Mikrobereich, sondern in Bezug auf ihr Gesamtergebnis physikalisch-chemisch nicht vorhersagbar sind, und ob nicht etwas von diesen Prozessen Unterschiedenes gedacht werden müsse, das sie steuert und dann als das spezifisch Menschliche anzusehen wäre. Die *dritte* Möglichkeit besteht darin, den Menschen als Einheit von Leib und Geist zu begreifen, also seine Selbstunterscheidung von der übrigen Welt mit seiner Einordnung in sie zu verbinden. Die daraus resultierende komplexe Sichtweise kombiniert die plausiblen Elemente der beiden anderen. Dies zu leisten, kann der Begriff der Seele dienen, die an dem physischen und dem geistigen Aspekt des Menschen gleichermaßen Anteil hat. Doch kann diese begriffliche Operation nicht darüber hinwegtäuschen, dass die beiden einander entgegengesetzten Gestalten des Verhältnisses des Menschen zu sich selbst und zu seiner Welt, seine Überlegenheit über sie und ihre Macht über ihn, sich nicht ineinander auflösen lassen. Sie verhalten sich komplementär zueinander.

Diese dritte Sicht kommt zweifellos der psychosomatisch-medizinischen Empirie einerseits und der Lebenserfahrung des Menschen andererseits am nächsten. Freilich wäre es ein Fehler, den Geist und die Seele empirisch aufweisen zu wollen. Damit würde man sich dem materialistisch-physikalistischen Reduktionismus schutzlos ausliefern, denn das Phänomen der Information, auf das auch dieser Reduktionismus bei der Erforschung des Gehirns stößt, kann nicht als Geist bezeichnet werden. Geist kann nur transzendental als Ermöglichung der Selbststeuerung des Menschen angesehen werden, wie er sie in seinem Selbstbewusstsein voraussetzt[49]. Entsprechendes gilt von der Seele. Dagegen steht freilich die – zweifellos höchst wirksame – Macht des Unterbewussten. Sie wird wiederum von Idealisten weitgehend ignoriert.

Die Unaufweisbarkeit der skizzierten anthropologischen Struktur weist darauf hin, dass diese nicht aus der Empirie hergeleitet ist, sondern – wenngleich in

---

[49] So mit Recht Ulrich Barth, *Gehirn und Geist. Die Evolutionstheorie und der Begriff des Selbstbewußtseins*, in: Urknall oder Schöpfung? Zum Dialog von Naturwissenschaft und Theologie, hg. v. W. Gräb, Gütersloh 1995 (101–138), 117f.128.

Kooperation mit den empirischen Humanwissenschaften – aus der allgemeinen menschlichen Lebenserfahrung. Da diese unausweichlich in Weltbezügen steht und überdies stets ein Element der Weltdeutung enthält, sind auch alle geschilderten Typen der Anthropologie unvermeidlich weltanschaulich geprägt. Der von uns favorisierte dritte Typus entspricht dabei dem in der jüdisch-christlichen Tradition vorherrschenden Menschenbild, wenngleich er keineswegs nur von deren Anhängern vertreten wird und auch nichtreligiöse gute Gründe für sich anführen kann.

Die Lebenserfahrung, die als Wurzel der jeweils bevorzugten anthropologischen Grundkonzeption gelten muss, ist ursprünglich individuell bestimmt. Das in ihr implizierte Interesse, das sich auch in der Ausbildung einer Anthropologie ausspricht, gilt den drei menschlichen Urfragen: Woher komme ich, dieses auf die Welt der Menschen und der Dinge bezogene und zugleich von ihr unterschiedene Wesen, wohin gehe ich, und wozu bin ich da? Die anthropologischen Konzepte stellen je spezifische Antworten auf diese Fragen dar. Da sie nicht auf strengen Beweisverfahren beruhen, sondern ihre weltanschauliche Bestimmtheit an der Stirn tragen, erhebt sich die Frage, ob eine darüber hinausgehende Fundierung möglich ist.

Diese Frage führt an die Grenze einer philosophischen Ontologie. Sie kann hier lediglich das Bestehen einer Alternative konstatieren: *Entweder* der Mensch versteht sich unter Einschluss seines Verhältnisses zur Welt als von außerhalb seiner selbst gegründet. Insofern er geistig, seelisch und physisch von seiner Welt abhängig ist, fungierte diese dann als Vermittlungsinstanz zu einem letzten Grund. Insofern der Mensch sich dagegen von seiner Welt unterscheidet, bliebe er zwar immer noch auf sie bezogen, aber es wäre ihm ein je eigenes Verhältnis zum Grund alles Seins gegeben, das damit den Grund seiner Identität ausmacht. Die Identität des Menschen im Sinne seines Verhältnisses zu sich selbst ebenso wie im Sinne seines Verhältnisses zu anderen wäre dann in einem Grund außerhalb ihrer selbst verankert. Es wäre dann nicht mehr entscheidend, ob die Selbstbestimmung oder die Fremdbestimmung das Übergewicht hat, solange der Mensch überhaupt aus dem Grund des Seins heraus ein Selbst ist. *Oder* der Mensch muss versuchen, innerhalb seiner Verflechtung mit der Welt selbst das Koordinatensystem zu entwerfen, mit dessen Hilfe er seinen Ort und seine Identität bestimmen kann und/oder sich bestimmen lässt. Im ersten Fall ist der Seinsgrund das, was menschliche Identität ermöglicht, im zweiten ist der Mensch mit der unauflösbaren Fraglichkeit seiner Identität auf sich selbst gestellt. Das wäre, konsequent zu Ende gedacht, das heroische Bestehen des Absurden, das der französische Existenzialismus propagiert hat.

3. Die Welt als relationaler Prozess

Descartes hatte der *res cogitans*, dem Menschen, die Welt, *res extensa*, als Gegenstand des Denkens gegenübergestellt[50] und damit philosophischem und auch theologischem Denken für Jahrhunderte eine Leitlinie vorgegeben. Die naturwissenschaftliche Forschung hat inzwischen gezeigt, in wie hohem Maße das *cogitare* an körperliche Vorgänge im Bereich physischer „Ausdehnung" gebunden ist. Der Mensch ist also nicht nur Gegenüber, sondern auch Teil und Produkt der Welt, bestimmt durch die Wechselwirkung von Geist und Materie. Auch der Begriff der Welt hat einen tiefgreifenden Wandel durchgemacht. Leibniz hatte den Weltlauf schon als Interaktion unterschiedlicher Entitäten verstanden, diese jedoch allein ihrer durch Wechselwirkungen nicht veränderbaren je eigenen inneren Gesetzmäßigkeit folgen lassen und ihr Zusammenspiel auf eine ihm eingestiftete *harmonie préétablie* (prästabilierte Harmonie), zurückgeführt[51]. Heutiges Naturverständnis geht davon aus, dass die Entitäten (Atome, Steine, Frösche, Menschen), wie Alfred N. Whitehead es ausgedrückt hat, im weitesten Sinne des Wortes durch *experiences* (passivisch) und *prehensions* (aktivisch), d.h. durch Wechselwirkungen bestimmt sind, die ihrem Wesen nicht äußerlich bleiben, sondern für es konstitutiv sind. Diese Entitäten sind zwar als von anderen unterschiedene zu identifizieren, erweisen sich aber nur in dem ereignishaften Vollzug solcher Wechselwirkung überhaupt als existent[52]. Man sieht sich darüber hinaus genötigt, auf eine Interpretation dieses Weltprozesses als von einer durchgängigen Notwendigkeit oder auch Zweckgerichtetheit bestimmt zu verzichten. Der empirische Befund führt somit zu dem gleichen Ergebnis wie der hier um der Glaubenslehre willen eingeschlagene Weg über die Erkenntnistheorie, nämlich zu dem Vorrang der Relation vor der Substanz.

Welt ist unter diesen Bedingungen in doppelter Hinsicht lediglich ein Grenzbegriff. Zum einen ist die *Totalität* aller Wechselwirkungsprozesse allein schon wegen der schieren Ausdehnung des Universums weder empirisch erfassbar noch gar handelnd zu beeinflussen; das gilt schon für den vergleichsweise begrenzten irdischen Bereich. Die Welt ist nach herrschender naturwissenschaftlicher Auffassung zwar endlich (in der vierten Dimension, derjenigen der Zeit, „gekrümmt"), aber für das unmittelbare Lebensgefühl im Blick auf die begrenzte

---

[50] R. Descartes, a.a.O. (Anm. 47), 36–51.

[51] Gottfried Wilhelm Leibniz, *Das neue System*, in: Ders., Philosophische Schriften, hg. v. H.H. Holz, Bd. 1, Darmstadt 1985 (191–319), bes. 234f.240f.244–247.

[52] Alfred North Whitehead, *Process and Reality. An Essay in Cosmology*, Corrected ed. hg. v. D.R. Griffin und D.W. Sherburne, New York/London 1979, 18–26.166.211f.229.231–235. Charles Hartshorne weist zu Recht darauf hin, dass Whiteheads Erkenntnistheorie realistisch ist: *Das metaphysische System Whiteheads*, in: Whitehead. Einführung in seine Kosmologie, hg. v. E. Wolf-Gazo, Freiburg/München 1980 (28–44), 32. Sie interessiert uns hier wegen ihrer Relationalität: Jedem Subjekt ist immer nur ein Aspekt der Wirklichkeit zugänglich, der zudem durch die Art der jeweiligen Wechselwirkung gefärbt ist.

Reichweite nicht bloß des einzelnen Subjekts, sondern auch des gesamten Menschengeschlechts *faktisch* unendlich. Das gilt im räumlichen und ebenso in dem damit untrennbar verbundenen zeitlichen Sinn. (Dabei ist es gleichgültig, ob man sich die Geschichte des Kosmos als einmaligen Verlauf vom „big bang" bis zum Kollaps in einem Schwarzen Loch oder als mehrmalige, vielleicht sogar beliebig häufige Wiederholung dieses Vorgangs denkt.) Die Unerfassbarkeit der Totalität der Welt gilt deshalb nicht nur für jeden einzelnen Menschen, sondern auch für die Menschheit als ganze. Sie bleibt an den Aspekt der Welt gebunden, der ihr von ihrem Standort aus zugänglich oder mathematisch erschließbar ist. Die Totalität der Welt ist ein Begriff, der aus dem jeweils verfügbaren Material lediglich extrapoliert ist.

Zum anderen ist die Welt auch wegen ihrer dem Menschen prinzipiell nur ansatzweise durchschaubaren inneren *Komplexität* ein Grenzbegriff. So sind z.b. der langfristigen Wettervorhersage unüberschreitbare Grenzen gesetzt, weil die Zahl der gegebenen Möglichkeiten irgendwann unübersehbar groß wird. Die so genannten Fulgurations- oder Bifurkationspunkte, d.h. die Zeitpunkte, in denen sich eine Entwicklung verzweigt, indem z.b. eine Mutation erfolgt, sind nicht berechenbar; ebenso wenig kann man schlüssig die Frage beantworten, warum ein Mensch gerade zu dieser und nicht zu einer anderen Entscheidung kommen musste[53]. Die Komplexität erhöht sich weiter dadurch, dass sich einzelne Vorgänge innerhalb des Gesamtverlaufs unter verschiedenen Betrachtungsweisen unterschiedlich darstellen. So kann jede menschliche Handlung als einerseits aus freier Entscheidung hervorgegangen, andererseits zugleich als abhängig von einer komplizierten Abfolge streng gesetzmäßiger biophysikalischer und biochemischer Prozesse gesehen werden, und die menschliche Selbstbestimmung insgesamt steht einerseits der Welt als Fähigkeit zu deren Gestaltung gegenüber und ist andererseits für eben diese Gestaltung von ihrem Gegebensein abhängig, ja sie ist selbst ein Produkt biologischer Evolution[54]. Die verschiedenen Betrachtungsweisen lassen sich weder aufeinander reduzieren noch zu einer in sich einheitli-

---

[53] Vgl. dazu FRIEDRICH CRAMER, *Chaos und Ordnung. Die komplexe Struktur des Lebendigen*, 2. Aufl. Stuttgart 1989, 147–152.158–160.289

[54] Diese Doppelseitigkeit ist vom Deutschen Idealismus durchweg zugunsten der Freiheit unterbelichtet worden. Zwar hat J.G. FICHTE, wenn er die Welt als das „Materiale meiner Pflicht" bezeichnet, selbstverständlich das Angewiesensein des Menschen auf dieses „Materiale" bedacht, darin aber keine Abhängigkeit, sondern den Ermöglichungsgrund für die schlechthinnige Überlegenheit des Geistes über die Natur gesehen (*Das System der Sittenlehre nach den Principien der Wissenschaftslehre* [1798], GA I/5, hg. v. R. Lauth und H. Gliwitzki, Stuttgart 1977, 353). FRIEDRICH WILHELM JOSEPH SCHELLING betrachtete in seiner Naturphilosophie den Menschen (gegen Fichte) auch als Produkt der Natur, ließ aber diese Abhängigkeit des Menschen identitätsphilosophisch mit dessen schlechthinniger Freiheit in einem Indifferenzpunkt zusammenfallen, und zwar auf Grund der Teilhabe des Menschen an der Freiheit Gottes: *Philosophische Untersuchungen über das Wesen der menschlichen Freiheit und die damit zusammenhängenden Gegenstände* [1809], in: DERS., Schriften von 1806–1813, Darmstadt 1976, 290f.328.355 (Jub.-Ausg. I/7, 346f.384.411).

chen Synthese verschmelzen, sondern sind komplementär, d.h. sie ergänzen einander als unhintergehbar verschiedene, gleichberechtigte Sichtweisen.

Die Einsicht in die durch menschliche Erkenntnis nicht reduzierbare Komplexität der Welt hat in neuerer Zeit zur Entwicklung der so genannten Chaostheorie geführt. Um von vornherein einem Missbrauch dieses Begriffs entgegenzutreten, muss man hervorheben, dass „Chaos" keineswegs völlige Regellosigkeit bedeutet, sondern durchaus „eine regelhafte, in der Natur und ihrer Systematik vorgesehene Zustandsform ist, daß also die Welt in ihrer Grundstruktur nichtlinear ist, daß sie aber aus dem deterministischen Chaos immer wieder Inseln der Ordnung hervorbringt, auf denen unsere einfachen linearen Gesetze angewendet werden können" – und müssen[55]. Nur ist die „Systematik" der Natur im Vergleich zu früheren Epochen der Wissenschaftsgeschichte erheblich schwerer durchschaubar geworden.

Trotz dieser Problematik des Weltbegriffs kann der Mensch seinem eigenen, in seinem Wesen begründeten Ausgriff ins Universale ebenso wenig entrinnen wie der konstitutiven Einheitsfunktion der Vernunft, die verwirrende Vielfalt der Weltwirklichkeit zum Zweck seiner Orientierung unter einem einheitlichen Gesichtspunkt zu ordnen. An dieser Stelle erweist sich der Übergang von der empirischen Wahrnehmung, dass die begegnende Wirklichkeit auf Grund ihrer Ausmaße als unendlich ebenso wie auf Grund ihrer Komplexität als Vielfalt erscheint, zur Ontologie als unabweisbar. Ontologisch bedeutet der Begriff der Welt die endliche Einheit alles Mannigfaltigen. Denn der Begriff der Mannigfaltigkeit ist nur sinnvoll, wenn als ontologische Bedingung ihrer Möglichkeit Einheit vorausgesetzt wird; andernfalls hätten wir es mit einer unbegreiflichen amorphen Masse von Ununterscheidbarem zu tun. Mannigfaltigkeit kann man nur als Gesamtheit von Beziehungen denken. Diese Gesamtheit muss ferner als endlich gedacht werden, denn Endlichkeit ist die Bedingung der Möglichkeit von Bestimmtheit, ohne die es ebenfalls keine Mannigfaltigkeit gäbe. Der Begriff der Welt ist also ein transzendentaler Begriff und als solcher der Ausgangspunkt der Ontologie.

Angesichts des sich ständig verstärkenden empirischen Eindrucks der Unermesslichkeit und Komplexität des Weltgeschehens ist es freilich begreiflich, wenn der Mensch sich hinsichtlich des Einheitsstrebens der Vernunft auf die ihm noch einigermaßen zugänglichen Relationen und somit auch auf die für ihn wahrnehmbaren Entitäten im ontischen Bereich zurückzieht. In der Ontologie kommt dieser Rückzug in neuerer Zeit in der Tendenz zum Ausdruck, sich auf die *Regionalontologie* des menschlichen Daseins zu beschränken (Beispiele: die

---

[55] F. CRAMER, a.a.O. (Anm. 53), 191. Zur Chaostheorie insgesamt vgl. BRIAN GOODWIN, *Der Leopard, der seine Flecken verliert. Evolution und Komplexität* (How the Leopard Changed Its Spots, dt. v. Th. Schmidt), München/Zürich 1994; STUART KAUFFMAN, *Der Öltropfen im Wasser. Chaos, Komplexität, Selbstorganisation in Natur und Gesellschaft* (At Home in the Universe, dt. v. Th. Schmidt), München/Zürich 1998. S. auch unten, Abschnitt 5.

Existenzphilosophie und die Dialektische Theologie). Dabei ist jedoch übersehen, dass eine solche Reduktion zur empirischen Wirklichkeit des menschlichen
Daseins in Widerspruch tritt. Besonders die philosophische Anthropologie der
zwanziger Jahre hat, anknüpfend an die biologische Entwicklungslehre, daran
erinnert, dass der Mensch an den Strukturen nichtmenschlichen Seins teilhat: Er
teilt die Triebkraft der Urinstinkte mit den Tieren und den Ablauf chemischer
Reaktionen in seinem Körper mit der anorganischen Welt. Wenn es sich so verhält, dann verlangt das Verständnis des Menschseins selbst die differenzierte
Einordnung der menschlichen Regionalontologie in ein ontologisches Gesamtsystem.

Die reduktive Regionalisierung der Ontologie beruht aber nicht nur auf einer
Verkennung der Naturseite des menschlichen Daseins, sondern auch, viel elementarer, auf einem *anthropozentrischen Weltbild*. Das ist freilich insofern erstaunlich, als die Entwicklung der neuzeitlichen Kosmologie seit Kopernikus
deutlich gemacht hat, dass ein solches Weltbild wissenschaftlich nicht zu halten
ist. Weder für den Menschen noch für die Erde, auf der er lebt, lässt sich eine kosmische Zentralstellung ausmachen; selbst die Fähigkeit, den Begriff der Welt
denkend zu fassen, ist nicht zwingend auf diese irdische Spezies zu beschränken.

Entgegen diesem Befund hat es in jüngster Zeit Versuche gegeben, die Anthropozentrik auf entwicklungstheoretischem Wege zu begründen. Aus der Tatsache,
dass die Entstehung menschlichen Lebens ein kosmologisch extrem unwahr-
scheinliches Ereignis ist, schließt man darauf, dass sie das Ziel des Weltprozesses
sei. John D. Barrow und Frank J. Tipler haben drei verschiedene Formen dieses
„anthropischen Prinzips" formuliert: a) die gesamte Weltentwicklung hat einen
Verlauf genommen, der die Entstehung menschlichen Lebens ermöglichte
(schwaches anthropisches Prinzip); b) dieser Verlauf sei notwendig gewesen
(starkes anthropisches Prinzip); c) das menschliche Leben sei das notwendige
und nicht wieder rückgängig zu machende Endziel des Weltprozesses (finales anthropisches Prinzip)[56]. Zu den beiden letzten Formen wird man kritisch sagen
müssen, dass Notwendigkeit sich niemals empirisch erweisen lässt. So beschränkt sich die gegenwärtige Debatte denn auch meistens auf das schwache
anthropische Prinzip. Doch auch dieses verrät deutlich eine implizite Wertung
und somit ein erkenntnisleitendes Interesse – nicht unbedingt seitens der beiden
Autoren als individueller Personen, aber seitens des Menschen überhaupt.

Insgeheim mag hinter solchen – von manchen Theologen begierig aufgegriffe-
nen – Argumentationen die Befürchtung stehen, die menschliche Existenz sei andernfalls völlig grundlos, oder religiös gesprochen: es sei nicht mehr möglich, an
einen liebenden Gott zu glauben. Doch lehrt zumindest die jüdisch-christliche

---

[56] Vgl. JOHN D. BARROW und FRANK J. TIPLER, *The Anthropic Cosmological Principle*, Oxford 1986. Vgl. dazu die – recht zurückhaltende – Mahnung F. CRAMERS, „hier sehr vorsichtig
[zu] sein": *Der Zeitbaum. Grundlegung einer allgemeinen Zeittheorie*, Frankfurt a.M./Leipzig
1993, 58.

Tradition, dass ein solcher Glaube sich gerade nicht auf einen nachweisbaren besonderen „Wert" des Menschen stützen kann, und auch die geschichtliche Erfahrung der Menschheit mahnt zur Skepsis. Man wird sich also damit zu bescheiden haben, dass der Mensch zwar auf Grund der unentrinnbaren Perspektivität seiner Erkenntnis im Zentrum seines eigenen denkenden Interesses steht, dass ihn dies aber nicht dazu berechtigt, diese rein erkenntnistheoretische Zentralstellung zu einer (implizit wertenden) kosmologischen zu objektivieren. Die kosmologische Unwahrscheinlichkeit der Entstehung menschlichen Lebens rechtfertigt nicht den Sprung aus einer kausalen in eine teleologische Betrachtungsweise. Für die Ontologie ergibt sich daraus, dass sie nicht mehr hierarchisch in Form von Stufen aufgebaut werden kann, auf deren oberster – womöglich unwiderruflich – der Mensch steht[57].

Eine letzte Möglichkeit, dem Menschen eine Spitzenstellung im Weltprozess zurückzugewinnen, liegt in der Berufung auf die ihm eigene Freiheit. Man verweist dann auf die schon in anderem Zusammenhang erwähnten Grenzen naturwissenschaftlicher Voraussagbarkeit: Laut Heisenbergs Unschärferelation kann man von einem bestimmten Teilchen nicht voraussagen, wann es sich wo befinden wird; die Evolutionstheorie gibt keine Auskunft darüber, warum sich wann eine ganz bestimmte Mutation ereignet. Doch zeigen diese Erscheinungen nur Grenzen menschlichen Erkenntnisvermögens auf, die nicht zwingend auf einen metaphysischen Indeterminismus schließen lassen. Vor allem aber sagt der Indeterminismus als Negation nur die Zufälligkeit des Geschehens aus, nicht aber die positive Möglichkeit der Selbstbestimmung, die den Begriff der menschlichen Freiheit konstituiert. Schließlich ist das Argument auch deshalb verdächtig, weil es nicht selten dazu herhalten muss, für das Handeln Gottes eine „Lücke" im Kausalnexus zu öffnen. Dass ein solcher Gott weder philosophisch noch theologisch der Rede wert wäre, bedarf keines Kommentars.

Allerdings, auch wenn man derartige apologetische Interessen kategorisch ausschließt, kann man auch hier der *Frage* nach Gott als dem letzten Grund des Seins an der Grenze des philosophischen Denkens nicht ausweichen, so gegensätzlich die Antworten auch ausfallen mögen. Für diese Frage ergibt sich aus dem Vorstehenden, dass sie jedenfalls nicht allein im Blick auf das Sein des Menschen formuliert werden darf. Denn dieser steht dem Beziehungsgefüge der Welt nicht nur gegenüber, sondern ist auch ein Teil von ihm. Darum schließt die Frage nach dem Seinsgrund des Menschen zwangsläufig die andere nach einem Sinn jenes Beziehungsgefüges selbst, also die Frage nach dem Grund der Welt ein, so

---

[57] Auf den Zündstoff, der darin für das Verständnis der jüdisch-christlich-islamischen Tradition steckt, die unter dem Vorzeichen eines anthropozentrischen Weltbildes entstanden ist und dieses auf den ersten Blick in allen drei aus ihr hervorgegangenen Religionen als konstitutiv vorauszusetzen scheint, kann ich an dieser Stelle nur hinweisen. In der Schöpfungslehre und in der Heilslehre wird auf diesen Punkt genauer einzugehen sein; s. u. Hauptteil A I 3 c und Hauptteil B II 3 c.

wenig auch der Mensch davon absehen kann, dass er sie aus seiner Perspektive, also auch in seinem eigenen Interesse, stellt. So hat denn auch faktisch keine Religion auf diese Weltperspektive verzichten können, auch wenn diese sich manchmal, wie im Fall der jüdischen Religion, erst allmählich ergeben hat. In diesem Fall galt das vorrangige Interesse dem Verständnis der Geschichte, dem wir uns jetzt zuwenden müssen.

4. Geschichtliche Interdependenz und Freiheit

Menschliche Geschichte unterscheidet sich von der Geschichte der Natur durch das Gestaltungsprinzip der bewussten Selbstbestimmung, das auf der menschlichen Freiheit beruht. Der Freiheitsgedanke ist vor allem im Abendland ausgebildet worden. Hier ist er ein Produkt der Emanzipation zunächst von kirchlichen Autoritätsstrukturen, dann auch von der Herrschaft des staatlichen Absolutismus. Für sein Verständnis ist es wichtig, beide Aspekte dieser Emanzipation in den Blick zu fassen. Rein politische Befreiungsbewegungen hat es ja zu allen Zeiten und überall in der Welt gegeben. Dabei war die Leidenschaft des Kampfes gegen eine unterdrückende Macht gewiss jedes Mal die gleiche. Doch eignet dem Begriff der Freiheit im Abendland der Neuzeit, insbesondere in den großen Revolutionen von 1789 und 1917, darüber hinaus ein eigentümliches Pathos, das wir in der Vormoderne und außerhalb des abendländischen Einflussbereichs so nicht finden. Dieses Pathos hat seine Ursache in dem weltanschaulichen Hintergrund des Emanzipationsprozesses. Was seit Renaissance und Reformation durch historische Quellenforschung, durch Experimente und Entdeckungsreisen und durch politische Umwälzungen seine Macht und Überzeugungskraft verlor, waren weder bloß bestimmte Staatswesen noch bloß einzelne wissenschaftliche Hypothesen, sondern ein metaphysisch und theologisch fundiertes Gesamtsystem, das alle Bereiche des Lebens in seinen Bann gezogen hatte. Die Kirche, die sowohl die Oberhoheit über die weltliche Gewalt und die dieser untergebene ständische Gesellschaftsordnung als auch die Richtlinienkompetenz für das theologische, wissenschaftliche und philosophische Denken in Anspruch nahm, hatte zwar nicht selten erhebliche Mühe gehabt, sich gegen die Unabhängigkeitsbestrebungen von Königen und Kaisern sowie gegen die großen Bewegungen von so genannten Ketzern durchzusetzen. Doch hatte sie es in erstaunlichem Maße verstanden, sich unter Berufung auf eine göttlich gelenkte Heilsgeschichte als die entscheidende geistliche Autorität zu etablieren. Wenn nun die europäische Freiheitsbewegung ihren Ausgang bei der Ablösung von dieser kirchlichen Autorität nahm, dann ging es dabei um nicht weniger als das Heil. Sie hatte darum im Grunde nur zwei Möglichkeiten. Entweder Freiheit erschien als das von Gott geschenkte christliche Heilsgut selbst, so wie es die Reformation, auf andere Weise aber auch der Humanismus und die christliche Aufklärung verstanden. Oder die

neuzeitliche Emanzipationsbewegung musste unter dem Vorzeichen der Autonomie selbst einen verbindlichen Heilsglauben begründen, wie sie das in den großen Revolutionen tat, als sie an die Stelle der christlichen Verheißung mit einem
der römischen Kirche durchaus analogen Autoritätsanspruch den Glauben an
die Durchsetzungskraft der Vernunft, den sittlichen Fortschritt oder ein von
Menschen zu schaffendes irdisches Paradies setzte.

In beiden Fällen wird die neuzeitliche Freiheitserfahrung im allgemeinen
Sprachgebrauch mit dem Begriff der *Autonomie* bezeichnet. Damit ist im
Abendland zunächst die Freiheit der Konfessionswahl, dann die sittliche Selbst-
gesetzgebung des Menschen und schließlich umfassend die Selbstbestimmung
seiner Identität gemeint[58]. Damit spiegelt der Begriff genau die allmähliche empi-
risch-faktische Ablösung von der durch die Kirche religiös legitimierten alten
Gesellschaftsordnung. Bei dieser Ablösung hat man anfangs die christliche
Grundorientierung beibehalten. Doch hat die Aufklärung dabei die einschneidende Veränderung vollzogen, die Religion zu einer Funktion der autonomen
Vernunft zu machen, für die der Kirche lediglich noch eine propädeutische Aufgabe zukam[59]. Dem ethischen und spekulativen Idealismus in Deutschland erschien Freiheit im Sinne von Autonomie geradezu als metaphysisches Prinzip,
das sich im Menschen als Teilhaber einer idealen Vernunftwelt realisiere. Die
westliche Aufklärung dagegen verstand Freiheit eher als natürliche Eigenschaft
des vernünftigen Individuums. Die ontische Entsprechung zu diesen ontologischen Bestimmungen bestand im einen Fall in der Objektivierung der Freiheit in
Gestalt des souveränen kollektiven Individuums (des Staates), an welcher der
Einzelne *als Glied* desselben teilhabe[60], im anderen Fall in ihrer politischen Gewährung für jeden Einzelnen als *individuelles* Bürgerrecht (amerikanische und
französische Revolution).

Die Vergröberung solcher Konzepte zu populären Weltanschauungen führte
zu dem die Geschichte des 20. Jahrhunderts prägenden Widerstreit von Kollektivismus und Individualismus, der faktischen Aufhebung individueller Autonomie
zugunsten der Souveränität des Kollektivs bzw. der Behauptung individueller
Autonomie auf Kosten sozialen Zusammenhalts. Beidem korrespondiert die Unübersichtlichkeit der modernen Gesellschaft, ihr Pluralismus. Die Menschheit ist
trotz ihrer zahlenmäßigen Begrenzung für den Einzelnen weder zu überschauen
noch in der Vielfalt ihrer komplexen Interdependenzen zu durchschauen; ihre
Komplexität steigt proportional zum Fortschreiten der Globalisierung, d.h. der

---

[58] Vgl. meinen Art. *Autonomie* in RGG Bd. 1, 4. Aufl. (1998), 1011–1014.

[59] Vgl. I. KANT, *Die Religion innerhalb der Grenzen der bloßen Vernunft*, Akad.-Ausg. Bd. 6
(1–202), 155–157.165.198f; auch GOTTHOLD EPHRAIM LESSING, *Die Erziehung des Menschengeschlechts*, in: DERS., Sämtl. Schriften, hg. v. K. Lachmann, Bd. 10, Leipzig 1856 (307–
326), 310.318.320f (§§ 17.51.64–71).

[60] Repräsentativ für diesen Weg ist G.W.F. HEGEL, *Grundlinien der Philosophie des Rechts*
(1821), § 258 (hg. v. J. Hoffmeister, PhB 124a, 4. Aufl. 1955).

politischen, ökonomischen, technischen und kulturellen Vernetzung, ständig weiter. Das bedeutet, dass ein immer größerer Teil der faktisch sich ereignenden Wechselwirkungen, in die das Individuum auf irgendeine Weise einbezogen ist, diesem überhaupt nicht bewusst ist. Die gegenwärtig verbreitete Tendenz zur Regionalisierung (z. B. wissenschaftliche Spezialisierung oder Bildung von kleinen politischen Einheiten) wird man als den Versuch ansehen müssen, Autonomie vor ihrem Untergang in der totalen Vernetzung zu retten.

So viel mag als Andeutung über die neuere sozialgeschichtliche Entwicklung und ihre Auswirkungen auf das Lebensgefühl der Menschen der Gegenwart genügen. In dieser Entwicklung mit ihrem Nebeneinander gegenläufiger weltanschaulicher und religiöser Deutungen scheint immer wieder die Tendenz durch, die Freiheit des Menschen absolut zu setzen, und zwar sowohl in der individualistischen als auch in der kollektivistischen Form des modernen Grundverständnisses von Autonomie. Das berechtigte Moment daran besteht in der Erkenntnis, dass die Freiheit der Selbstbestimmung für das Dasein des Menschen konstitutiv ist. Doch ist eine absolute Freiheit des Menschen ontisch nicht gegeben und deshalb auch ontologisch nicht zu vertreten. So kann von einer völlig autonomen Beherrschung der Natur durch den Menschen keine Rede sein. In Bezug auf die Geschichte verhält es sich ähnlich: Jedes funktionierende Gemeinwesen beruht auf dem Wechselspiel von relativer Freiheit und relativer Abhängigkeit seiner Teilhaber. Dieser Tatsache trägt die moderne Sozialwissenschaft dadurch Rechnung, dass sie die Interaktion als das Konstituens der Gesellschaft ansieht. Solche Interaktion mag jeweils durch ein höheres oder geringeres Maß an individueller Selbstbestimmung geprägt sein; allemal handelt es sich um relative Freiheit. Als indirekte Bestätigung dafür kann die Tatsache dienen, dass jeder Versuch, so etwas wie absolute Freiheit im realen Leben durchzusetzen, sich als destruktiv erweist.

Aus dem bisher Ausgeführten ergibt sich, dass Freiheit ein Relationsbegriff ist. Sie ist aber keine empirische, sondern eine transzendentale Größe, also weder als Überlegenheit des Geistes über die Natur im Menschen festzustellen noch auf Grund elektrochemischer und physikalischer oder auch sozialer Determinanten als Illusion zu entlarven, sondern nur im praktischen Umgang mit sich selbst und der Welt zu verifizieren. Freiheit ist die Bedingung der Möglichkeit sowohl der Selbstunterscheidung der eigenen Identität von anderen als auch des eigenständigen Einwirkens auf sie und auf die Welt der Dinge. Sie begründet die grundsätzliche Fähigkeit des Menschen, sich auf andere und auf Gegenstände hin zu transzendieren[61]. Zu ihrer praktischen Realisierung bedarf sie normalerweise der Gewährung von Freiheitsräumen durch die Gesellschaft. Ohne die Möglichkeit zu

---

[61] Vgl. dazu HELMUTH PLESSNER, *Die Stufen des Organischen und der Mensch. Einleitung in die philosophische Anthropologie* (1928), GS 4, hg. v. G. Dux u.a., Frankfurt 1981, bes. 360–365.383–396.

gesellschaftlicher Interaktion besteht die Gefahr, dass Freiheit in Abhängigkeit des Einzelnen von sich selbst umschlägt, wie an zerstörerischen Wirkungen von Vereinsamung gezeigt werden kann. Es folgt also: Freiheit und gegenseitige Abhängigkeit schließen einander nicht aus, sondern bedingen einander. Dies ist kein empirischer, wohl aber ein durch Beobachtungen indirekt gestützter ontologischer Satz. Die Beobachtungen beziehen sich keineswegs nur auf Individuen, sondern auch auf das Verhältnis gesellschaftlicher Zusammenschlüsse zueinander.

Mit der Beschreibung von Natur und Geschichte als einem Wechselspiel von relativer Freiheit und relativer Abhängigkeitist allerdings die metaphysche Antinomie von Determinismus und Indeterminismus nicht aufgehoben. Denn dieses Wechselspiel *als ganzes* könnte einer übergeordneten Notwendigkeit – z.B. einer „Logik der Geschichte" – unterliegen, ebenso aber auch rein kontingent sein. Die Antinomie bleibt also bestehen. Freilich kann man sie auf verschiedene Weise interpretieren. Die erste Möglichkeit wäre, die Frage nach dem letztlich dominierenden Prinzip offen zu lassen[62]. Das läuft faktisch auf einen Dualismus hinaus, der die Determination dem Naturlauf und die Freiheit dem Menschen als Vernunftwesen zuschreibt. Es ist indessen zu fragen, ob die Einbindung des Menschen und seiner Geschichte in Determinationszusammenhänge des Naturlaufs und die Abhängigkeit des Einzelnen von bestimmten dem sozialen Bereich selbst eigenen Gesetzmäßigkeiten (z.B. in der Ökonomie) tatsächlich nur eine Sache empirischer Zufälligkeit oder nicht doch für das Menschsein ebenso konstitutiv ist wie die Freiheit. Es erscheint darum einleuchtender, die Antinomie von Freiheit und Determination in Natur und Geschichte als Widerspruchseinheit zu begreifen. Von einer solchen Konzeption aus lassen sich viele empirische Befunde besser verstehen, z.B. die Abhängigkeit jedes Handlungssubjekts von den irreversiblen Folgen seiner freien Entscheidungen oder die Eröffnung von Freiheit durch Abhängigkeit in der Erziehung.

Das dialektische Verständnis des Verhältnisses von Freiheit und Abhängigkeit als Widerspruchseinheit macht die Offenheit der Ontologie für eine Letztbegründung deutlich. Im Horizont der religiösen Erfahrung kann die Antinomie als in einer ursprünglichen göttlichen Setzung aufgehoben gedacht werden, so dass eine „schlechthinnige Abhängigkeit" (Schleiermacher) relative Abhängigkeit und relative Freiheit miteinander verbindet. Freilich hebt eine solche Überzeugung die Antinomie der Erfahrung von Freiheit und Abhängigkeit nicht etwa auf, sondern bringt sie im Gegenteil scharf ans Licht, denn wie sollen Bestimmtsein durch einen göttlichen Willen und menschliche Freiheit – und sei sie auch im geschichtlichen Zusammenhang lediglich relativ – zusammengedacht werden?

---

[62] I. Kants Versuch der Auflösung der 3. Antinomie der reinen Vernunft in seiner *Kritik der reinen Vernunft* läuft darauf hinaus, denn die Verteilung von Freiheit und Notwendigkeit auf die transzendentale und empirische Ebene lässt den Übergang von der einen zur anderen ungeklärt, B 566–569; Akad.-Ausg. Bd. 3, 366–368.

Die Alternative könnte darum nur sein, jene ontologische Antinomie ungedeutet stehen zu lassen.

5. *Ordnung und Dynamik*

Die Frage nach dem Verhältnis von Ordnung und Dynamik hat die Menschheit unabhängig von der Veränderung der Weltbilder zu allen Zeiten beschäftigt. Für die vormoderne Sicht stellen Schöpfungsmythen die Entstehung eines geordneten Weltlaufs aus der unstrukturierten Dynamik, dem Chaos, dar, und das Geschick der Menschen folgt der ordnenden Hand göttlicher Weltregierung, wenngleich auf verborgene Weise. Philosophische Systeme haben zu allen Zeiten dem Verhältnis von Ordnung und Dynamik ontologisch auf den Grund zu kommen gesucht, während die moderne empirische Wissenschaft die beides miteinander verbindenden Gesetze auf der ontischen Ebene erforscht. Keine Erörterung der Grundfragen des Seins in der Welt kommt an dieser Problematik vorbei.

Ordnung, eine klare und übersichtliche Struktur, dient dem Menschen dazu, sich in der Welt einzurichten, sich in ihr sicher zu fühlen. Deshalb geht sein Bestreben in der Erkenntnis der Weltwirklichkeit – und auch seines eigenen Wesens – vorrangig auf die Konstruktion gesetzmäßiger Zusammenhänge aus. Ebenso folgt sein weltgestaltendes Handeln nach Möglichkeit festen Regeln. Man hat deshalb insbesondere im Gefolge von Kants Theorie der Zweistämmigkeit der Erkenntnis (Wahrnehmung und Verstandeskategorien) gemeint, dass Ordnungsschematismen allein das Werk des menschlichen Verstandes seien, welche dieser den praktischen Erfordernissen eines instinktunsicher gewordenen Lebewesens entsprechend ausgebildet habe[63]. Jedoch findet sich der Mensch in seiner Erfahrung immer auch schon in einem von Ordnungen und Gesetzmäßigkeiten bestimmten Zusammenhang vor, dem nicht nur er selbst, sondern erst recht andere Lebewesen und die Dinge der anorganischen Welt eingefügt sind. Am Anfang der Erkenntnis steht daher nicht die Konstruktion, sondern die Entdeckung einer bereits gegebenen Ordnung, die der Mensch in Form von Gesetzen darstellt. Diesen Gesetzen muss er sich einerseits anpassen, auch dann, wenn er gestaltend mit ihnen arbeitet. Es handelt sich dabei nicht nur um Naturgesetze, sondern auch um soziale Regelsysteme wie die Gesetze des Marktes oder Regeln gesellschaftlicher Interaktion. Andererseits versucht der Mensch aus eigenem Antrieb das Naturgeschehen so weit wie möglich seinen Zwecken entsprechend zu kanalisieren und das Leben der Gesellschaft durch Institutionen zu strukturieren.

Nun verhindern freilich die Kontingenzen des Naturgeschehens und erst recht die irreduzible Individualität der Einzelnen und der kollektiven Körperschaften,

---

[63] S.o. Abschnitt 1, „32". Zum Gedanken der Instinktkompensation vgl. Arnold Gehlen, *Der Mensch. Seine Natur und seine Stellung in der Welt*, GA hg. v. K.-S. Rehberg, Bd. 3/1, Frankfurt a.M. 1993, 421–438.

dass es je zur Ausbildung eine in sich völlig einheitlichen, die ganze Welt umfassenden Ordnung kommt. Die Welt erscheint als Totalität nur in Gestalt der Vernetzung einer *Vielzahl* von Ordnungssystemen. So greifen in der Natur zwar an-
organische und organische Welt ineinander, ebenso die verschiedenen Stufen des
organischen Lebens; dennoch sind das unterschiedliche Systeme, die nur zum
Teil denselben Gesetzen folgen. Überdies gibt es innerhalb solcher Systeme, zumindest für die menschliche Erkenntnisfähigkeit, *Spielräume* des nicht Bere-
chenbaren oder Voraussehbaren. Beiden Sachverhalten versucht die Chaostheorie gerecht zu werden.

Verhältnismäßig am schwierigsten ist es, den Lebenslauf eines einzelnen Menschen oder das menschliche Zusammenleben unter Gesichtspunkten einer gesetzmäßigen Ordnung zu begreifen. Zwar wird man anthropologische Konstan-
ten annehmen müssen, ohne die es gar nicht möglich wäre, den Menschen von
anderen Lebewesen zu unterscheiden. Dazu gehören nicht nur die physikalischen und chemischen Prozesse im menschlichen Körper, sondern auch die
Struktur des menschlichen Verstandes und die statistische Wahrscheinlichkeit
des Verhaltens unter bestimmten Umständen. Aber die Variationsbreite sozialer,
politischer und kultureller Gestaltung ist so umfangreich und die Entscheidungs-
spielräume des Einzelnen sind so groß, dass eine Betrachtung des Geschichtspro-
zesses allein unter dem Gesichtspunkt der Ordnung immer etwas Gewaltsames
an sich hat. Es ist daher kein Zufall, dass die großen geschichtsphilosophischen
Konzeptionen der Aufklärungszeit und des Idealismus letztlich an der empirischen Einsicht sowohl in die Komplexität als auch in die Unberechenbarkeit der
Lebenswelt gescheitert sind[64]. Wir haben auch hier mit einer Vielzahl von einander durchdringenden Strukturen zu rechnen, insbesondere mit den gesellschaftlichen Institutionen, die sowohl organische als auch artifizielle Züge tragen[65]. Alle
diese Strukturen prägen das Leben des Menschen in seiner Welt, ohne es indessen
einfach zu determinieren.

Die bleibende Unübersichtlichkeit der Prozesse in Natur und Geschichte entsteht durch die ihnen innewohnende *Dynamik*. Nun kann man jedoch nicht Dynamik ontologisch mit Strukturlosigkeit oder Struktur mit Bewegungslosigkeit
gleichsetzen. Prozesse sind, auch insofern sie Ordnungsprinzipien unterliegen,
dynamische Vorgänge; und umgekehrt ereignet sich Dynamik innerhalb eines
Ordnungssystems und folgt dessen Regeln. Dennoch stehen die Faktoren Ordnung und Dynamik einander polar gegenüber. Das lässt sich empirisch zeigen. So
führt in der Geschichte das Bestreben nach vollständiger Regelung des sozialen
Lebens zum Ausschluss alles Neuen und damit zu sozialer Totenstarre, wie umgekehrt die lebendigsten und produktivsten Zeiten vom Durchbrechen über-

---

[64] Vgl. z.B. das Buch von ODO MARQUARD, *Schwierigkeiten mit der Geschichtsphilosophie*,
Frankfurt a.M. 1973.
[65] Vgl. REINHOLD NIEBUHR, *The Self and the Dramas of History*, New York 1955, 163–
182.

kommener Ordnungsmuster und Elementen des Chaotischen gekennzeichnet sind. Andererseits gewährleistet Ordnung Sicherheit, die von der Dynamik, insofern sie ein potentielles Chaos impliziert, bedroht wird. Das Leben braucht also einerseits offenbar beides: Gestaltwerdung und Strukturen, um nicht ins Leere zu zerfließen, und zugleich den die gefügte Ordnung durchbrechenden Drang nach vorn, um nicht in der Unwandelbarkeit zu erstarren. Andererseits kann es ebenso an Unbeweglichkeit wie an ungebremster Bewegung zugrunde gehen.

Was ergibt sich daraus für die Ontologie? Der Naturphilosoph Friedrich Cramer antwortet darauf, dass „das Miteinander von Ordnung und Chaos das eigentliche Schöpfungspotential der Natur darstellt"[66]. Dieser Satz ist nach dem soeben Ausgeführten dahingehend zuzuspitzen, dass es die polare Spannung von Ordnung und Dynamik ist, die den Weltprozess in Gang hält. Sein und Werden, seit dem Antagonismus zwischen Parmenides und Heraklit immer wieder als Alternative verstanden, bilden eine innere Einheit. Aber das ist nur die eine Seite. Jene Polarität trägt nämlich auch, insofern das Werden sich erschöpft und das Sein als Dauer endlich ist, den Keim ihrer Vernichtung immer schon in sich. Sie ist also nicht nur das, was den Weltprozess in Gang hält, sondern auch das, was ihn seinem Ende entgegentreibt. Das bildet sich im Kleinen in dem ständigen Wechsel von Werden und Vergehen ab, der diesen Prozess konstituiert. Nicht nur ist neues Leben immer nur durch den Tod des alten möglich, sondern ganz allgemein entsteht Neues immer nur auf Kosten des Alten.

Damit wird noch deutlicher als schon bisher, dass die Frage nach einem letzten Sinn des Seins innerhalb der Ontologie offen bleiben muss. An dieser Grenze kann nur noch gefragt werden, wie ein Grund des Seins, sofern es ihn denn „gibt", gedacht werden müsste, um als solcher verstanden werden zu können. Er kann in diesem Zusammenhang *einerseits* als Symbol für die Herrschaft des Ordnungsprinzips der Welt gesehen werden. In einem personal gefassten Verständnis drückt das die Metapher der Treue Gottes, in abstrakter philosophischer Terminologie der Begriff seiner Unveränderlichkeit aus: Dadurch, dass Gott sich selbst gleich bleibt, sichert er den inneren Zusammenhalt der von ihm geschaffenen Welt. Zugleich finden die vielfältigen, einander überschneidenden Ordnungssysteme der Welt in ihrem Grund ihre verborgene Einheit. *Andererseits* muss der Grund auch als schöpferischer Urgrund der zu Neuem vorantreibenden Dynamik des Weltprozesses verstanden werden. Dieser Aspekt findet seinen sprachlichen Ausdruck philosophisch im Begriff eines kreativen Prinzips, im Rahmen eines personalen Verständnisses im Symbol des Lebens: Gott ist der lebendige Gott. Die dialektische Spannung von Treue und Neuschöpfung, Ordnung und Dynamik verhindert die Identifikation des Grundes sowohl mit der Beharrung weltlicher Strukturen als auch mit der Dynamik ihrer Fortentwicklung. Beides ist ihm zuzuordnen. Deshalb erscheint er sowohl als Lebenskraft wie als

---

[66] F. CRAMER, *Chaos und Ordnung* (Anm. 53), 20.

Todesmacht. Mit all dem ist freilich über die Wirklichkeit eines solchen Grundes nichts ausgemacht. Die innere Spannung von Dynamik und Ordnung kann ebenso gut als sich selbst genügendes Prinzip des Weltlaufs aufgefasst werden, ohne dass ihr etwas „jenseits" ihrer zugrunde läge.

Hier wie in den vorigen Abschnitten ist die Alternative eines letzten Grundes und eines sich selbst genügenden Seins der Welt jeweils nur benannt worden. Bevor die Religionsphilosophie nun das Feld der religiösen Erfahrung bzw. der sie auslegenden Theologie überlässt, muss sie die gegensätzlichen Lösungsversuche argumentativ diskutieren und die Implikationen auf beiden Seiten verdeutlichen. Dies soll im folgenden Kapitel geschehen.

III. Religiöse und areligiöse Deutung

Der transzendente Grund des Seins kann kein Seiendes nach Art weltlicher Entitäten sein. Er ist also kein „Gegenstand" der Erkenntnis. Um von ihm sprechen zu können, genügt es daher nicht, die transzendentale Klammer des „Ich denke, dass es sich so verhält" zu setzen. Der Grund des Seins kann deshalb weder im Sinne vorkritischer Ontologie als „Substanz" bezeichnet noch als in der Relation zu Mensch und Welt aufgehend gedacht werden. Das Erste würde einen archimedischen Punkt außerhalb der Beziehung zwischen Gott und Mensch voraussetzen und damit Gott der Erkenntnis des Menschen unterordnen; das Zweite ließe den Seinsgrund zu einem – allenfalls herausragenden – Teil des Gefüges von Wechselwirkungen werden, das die Welt ausmacht. Deshalb ist auch symbolische Rede von ihm nur in einem speziellen Sinn möglich. Dieses Resultat unserer bisherigen Überlegungen stand unter dem Vorbehalt, dass über die Wirklichkeit eines transzendenten Seinsgrundes ontologisch nichts ausgesagt werden kann, weil die Ontologie sich als Lehre von der Struktur des Seins nur auf den Weltzusammenhang bezieht.

Damit stellt sich die Frage, welche Argumente für und welche gegen die Annahme eines Seinsgrundes, also für oder gegen eine religiöse Deutung der Grunderfahrung des Menschseins sprechen. Ziel einer solchen Erörterung kann nicht sein, diese Alternative zu entscheiden, weil das nur im Ausgang von religiöser oder nichtreligiöser Erfahrung[67] möglich ist. Es kann lediglich um die – bisher nur behauptete – Denkmöglichkeit eines Seinsgrundes gehen. Wenn diese sich gegen ihre atheistische Bestreitung erweisen lässt, so schließt sich daran sogleich die weitere Frage an, welche Vorzüge und Nachteile den verschiedenen Typen der Verhältnisbestimmung von Sein und Seinsgrund (Pantheismus und Theismus, Monotheismus und Polytheismus) zuzuschreiben sind. Auch hier wird es innerhalb der philosophischen Erörterung keine Entscheidung geben; die in der neueren Geschichte christlich bestimmter Philosophie lange Zeit üblichen Modelle wie etwa die Vorstellung einer einheitlichen religionsgeschichtlichen Entwicklung wurden bereits als nicht schlüssig zurückgewiesen.

---

[67] Zu den Begriffen Religion und religiöse Erfahrung s.o., A I 2, S. 14 f. und A II Einleitung, S. 28 f.

1. *Gott als Nicht-Gegenstand*

Es gehört offenbar zum Menschsein, nach einem letzten Grund alles Seins zu fragen. Auf den ersten Blick bedeutet es darum eine gar nicht zu überschätzende Verlegenheit für den religiösen Denker, wenn die philosophische Reflexion zu dem Ergebnis führt, dass dieser Grund, falls man ihn denn annehmen kann, nicht den Charakter einer klar umschreibbaren, „substantiellen" Größe haben soll, weil damit der ohnehin schon mächtigen religiösen Skepsis nur noch neue Nahrung zugeführt wird. So hat denn der Atheismus zumindest in seinen neueren Formen genau an dieser Stelle eingesetzt und behauptet, der Glaube müsse ein klar definierbares Objekt haben; wenn er sich auf ein nur noch symbolisches Verständnis zurückgezogen habe, brauche man sich ohnehin kaum noch mit ihm auseinander zu setzen, weil er sich dann bereits selbst aufgegeben habe[68]. Bereits Ludwig Feuerbach hat mit dieser Voraussetzung gearbeitet: Es sei offensichtlich nicht eine feststellbare göttliche Person, sondern die Gesamtheit der göttlichen Prädikate, welche der Religion zugrunde liege. Die Prädikate müssten aber einem Substrat zugeschrieben werden. Da sie nun erkennbar menschlichen Ursprungs seien, könnten sie nur als Beschreibungen des menschlichen Wesens verstanden werden. „Nur der über die Religion reflectirende, sie, indem er sie vertheidigt, vor sich selbst verleugnende Verstand erklärt sie für Bilder"[69]. Damit scheint unsere ganze bisherige Argumentation im Vorhinein erledigt zu sein.

Gegenüber diesem Schluss ist zunächst daran zu erinnern, dass den Eigenschaften, die Gott zugeschrieben werden, die *Wirklichkeit* des Menschen nicht entspricht. Das hat auch Feuerbach gesehen. Wenn er daraufhin die Möglichkeit ausschließt, es könnte sich hier um eine göttliche Einwirkung auf den Menschen handeln, so steht dahinter ein Axiom, das er nicht ausspricht, weil er es offenbar für selbstverständlich hält, so dass seine Schlussfolgerung als *petitio principii* er-

---

[68] So z.B. John Leslie Mackie, *The Miracle of Theism. Arguments for and Against the Existence of God*, Oxford (1982) 1986, 220f.226f. Dies ist eine der scharfsinnigsten und gründlichsten Bestreitungen des Gottesglaubens aus neuerer Zeit. Der Vf. deckt schonungslos die argumentativen Schwächen seiner Gegner auf, versucht aber auch so weit wie möglich ihren Motiven gerecht zu werden und bleibt bei aller Härte in der Sache stets fair und von liebenswürdiger britischer Ironie. Wir werden uns im Folgenden öfter auf ihn beziehen.

[69] Ludwig Feuerbach, a.a.O. (Anm. 27), 30f (Zitat 31). Wie groß die Wirkung Feuerbachs gewesen ist, kann man daran ablesen, dass die evangelische Theologie sich bis zum Beginn des zwanzigsten Jahrhunderts in immer neuen Anläufen explizit oder implizit mit ihm auseinander setzen musste, ohne wirklich überzeugen zu können. Vgl. dazu das in Anm. 29 genannte Buch von Kurt Leese. Die Lösung Karl Barths, Feuerbachs Religionskritik seiner Theologie zu integrieren und sie damit unschädlich zu machen, konnte nur dadurch erreicht werden, dass er dessen Projektionsthese einfach zu der dogmatischen Behauptung umkehrte, nicht der Gottesbegriff sei aus dem Wesen des Menschen zu verstehen, sondern das Personsein des Menschen aus dem Personsein Gottes (vgl. *KD* I/1, 143). Diese These setzt allerdings voraus, dass man zuvor den menschlichen Personbegriff auf Gott übertragen hat. Somit erweist sich die „Überwindung" Feuerbachs als Pyrrhussieg.

scheint. Bei John Leslie Mackie dagegen fungiert dieses Axiom als das zentrale religionskritische Argument. Es ist das philosophische Prinzip der Sparsamkeit, nicht mehr Voraussetzungen einzuführen als unbedingt nötig. Da es seit Laplace erwiesen sei, dass man für das Verständnis unserer Welt ohne die Hypothese der Existenz Gottes auskommt, gebe es auch keinen einleuchtenden Grund, an dieser Hypothese festzuhalten[70]. Dies ist in der Tat ein starkes Argument, das durch den methodischen Atheismus der modernen Wissenschaft ebenso wie durch die Alltagspraxis einer säkularen Gesellschaft permanent bestätigt zu werden scheint. Wenn Mackie Recht hat, dann besteht zwischen einem methodischen Atheismus, der lediglich auf die Reflexion über einen letzten Grund verzichtet, und einem theoretischen Atheismus, der die Existenz eines solchen Grundes ausdrücklich bestreitet, ein logisch zwingender Zusammenhang. Damit wäre unsere bisherige Annahme, eine theistische wie eine atheistische Religionsphilosophie seien gleichermaßen möglich, hinfällig geworden, und für eine Glaubenslehre bliebe allenfalls noch die fundamentalistische Option übrig.

Die religionskritische Verwendung des Axioms der Sparsamkeit steht im Zusammenhang der neuzeitlichen Destruktion der *Metaphysik*. Während Kant die grundlegenden metaphysischen Ideen von Gott, Freiheit und Unsterblichkeit zwar im Gegensatz zur vorkritischen Philosophie als objektiv nicht erweisbar, aber dennoch als praktisch unverzichtbar erklärt hatte, geht die empiristisch-naturalistische Tradition, der Mackie zugehört, über diese Position hinaus und beschränkt die Erkenntnis definitiv auf den Bereich möglicher Erfahrung. Ihrer Negation der „Gotteshypothese" entspricht darum die positive Grundthese: Die dem Menschen in seiner Selbst- und Welterfahrung zugängliche Wirklichkeit ist die einzige, die „es gibt"; und umgekehrt: Nur was „es gibt", das ist auch wirklich.

Diese These sagt indessen, bei Licht besehen, mehr, als sich empirisch ausmachen lässt. Dies ist nicht in dem apologetischen Sinn gemeint, in dem manchmal in der Theologie an dieser Stelle das Shakespeare-Zitat missbraucht wird, es gebe eben mehr Dinge zwischen Himmel und Erde, als sich unsere Schulweisheit träumen lasse. Es ist vielmehr ein streng erkenntnistheoretisches Argument. Hätte Mackie lediglich behauptet, die Erfahrungswirklichkeit sei die einzige, in der wir Feststellungen treffen können, so wäre das ein empirischer Satz. Er wäre freilich auch tautologisch. Die Erklärung der Erfahrungswirklichkeit zur einzigen Wirklichkeit überhaupt ist jedoch keine empirische, sondern eine metaphysische Aussage, sofern man diesen Begriff nicht willkürlich auf die Vorstellung von einer „Hinterwelt" beschränkt, sondern auf jede Art von „letzter" Wirklichkeit bezieht. Die Annahme einer Transzendenz ist für die Metaphysik, wie deren Geschichte im Abendland zeigt, niemals eine notwendige Bedingung gewesen. Als vorläufiges Resultat ist festzuhalten: Der metaphysischen Behauptung, die Er-

---

[70] J.L. Mackie, a.a.O. (Anm. 68), 10.131.198.249.253.

fahrungswirklichkeit gründe in einem mit ihr nicht identischen Seinsgrund, steht die entgegengesetzte, ebenso metaphysische Behauptung gegenüber, dass sie ihren Grund in sich selbst habe. Das Sparsamkeitsaxiom begünstigt somit weder die eine noch die andere Seite.

Auch gegen dieses Ergebnis kann jedoch noch ein Einwand erhoben werden. Es ist nämlich philosophisch auch möglich, die letzten Fragen vollkommen offenzulassen, also auch noch auf eine implizit vorausgesetzte immanente Metaphysik zu verzichten und sich wie der Kritische Rationalismus mit der permanenten Schwebe jederzeitiger Korrigierbarkeit zu begnügen, also bewusst und kompromisslos in der Vorläufigkeit zu verharren[71]. Es ist allerdings die Frage, wie solche Vorläufigkeit durchgehalten werden kann. Der Kritische Rationalismus lebt von dem Prinzip der Falsifizierbarkeit jeder denkbaren Erkenntnis. Wenn aber eine These falsifiziert ist, so ist sie damit endgültig als falsch erwiesen. Damit ist die Notwendigkeit verbunden, eine neue These an ihre Stelle zu setzen. Hinter dieser Notwendigkeit ebenso wie hinter der Endgültigkeit jener Falsifikation steht das *Ideal* einer vollständigen positiven Erkenntnis. Für die Frage, auf die es hier ankommt, ist es vollkommen gleichgültig, ob dieses Ideal empirisch jemals erreicht werden wird. Es genügt völlig, dass es im Fall der Falsifikation punktuell realisiert wird. Dieser Fall zeigt, dass Vernunft und Erfahrung, so sehr sie zuvor durch Irrtum und Vorurteil beeinträchtigt gewesen sein mögen, für den kritischen Rationalisten eben doch ein „letztes" Wort zu sprechen haben. Andernfalls gäbe es überhaupt keine Erkenntnis.

Bleibt insoweit die Annahme eines nichtgegenständlichen Seinsgrundes als ernsthafte philosophische Alternative bestehen, so wiegt ihre Bestreitung auf Grund der Unvereinbarkeit des Glaubens an einen zugleich gütigen und allmächtigen Gott mit dem Bösen in der Welt wesentlich schwerer. Wir hatten dieses Problem bereits früher als den entscheidenden Fall der Strittigkeit Gottes bezeichnet[72]. Hier haben wir es mit einem handfesten Widerspruch zu tun, der sich logisch nicht auflösen lässt. Insofern ist die atheistische Argumentation hier auf den ersten Blick wesentlich besser ausgewiesen.

Dennoch kann aus immanent philosophischen Gründen nicht davon ausgegangen werden, dass die Unmöglichkeit einer Theodizee tatsächlich eine Widerlegung der Existenz eines an sich guten und allmächtigen Seinsgrundes nach sich ziehen muss. Dieses Argument ist nämlich selbst nichts anderes als eine geistreich verkappte Theodizee: Mit ihm wird zwar nicht das Böse verharmlost oder für eine verborgene, auf das Gute gerichtete Zwecksetzung Gottes funktionalisiert, um Gott zu rechtfertigen, sondern Gott wird angesichts des nicht zu leugnenden und auch nicht zu bagatellisierenden Bösen damit entschuldigt, dass man seine

---

[71] Vgl. HANS ALBERT, *Plädoyer für kritischen Rationalismus*, 2. Aufl. München 1971, 20: „Die kritische Methodologie setzt keine ‚letzten Gegebenheiten' mehr voraus, die als solche prinzipiell vor jeder Kritik geschützt sind, auch nicht Vernunft oder Erfahrung."
[72] S.o., A II 1 ad 2, S. 35f.

Existenz bestreitet. Dies geschieht im Namen eines Prinzips des Guten: Gott darf nicht existieren, damit es nicht verletzt wird. Dieses Prinzip aber ist nichts anderes als Fichtes „moralische Weltordnung" und somit gleichbedeutend mit einem philosophischen Gottesbegriff. Hier wird also im Namen Gottes die Existenz Gottes bestritten[73].

Die Sache wird nicht besser, wenn man die „moralische Weltordnung" zu einer rein innerweltlichen deklariert. Dann müsste der faktische Widerspruch zu dieser Ordnung, den das natürliche Übel darstellt, fatalistisch hingenommen und die Aufhebung des moralisch Bösen vom Menschen erwartet werden, etwa im Sinne eines stetigen Fortschritts. Das Erste wird einen areligiösen Menschen genauso wenig befriedigen wie einen religiösen Menschen die unerklärliche Rückführung eines ihn innerlich aufwühlenden Schicksals auf Gott. Das Zweite dagegen, die auf Kant zurückgehende Lösung einer moralischen Theodizee (oder jetzt besser: Kosmodizee), stößt nach den Erfahrungen speziell des gerade abgelaufenen Jahrhunderts zu Recht auf massive Skepsis.

Die atheistische Kosmodizee endet also im Effekt in derselben Aporie wie die Theodizee. Es handelt sich auch hier beide Male um den Versuch einer gegenständlichen Erkenntnis des Seinsgrundes bzw. dessen Bestreitung auf der Ebene des Gegenständlichen, nämlich eines definierbaren moralischen Weltgesetzes. Am Ende steht jetzt freilich nicht wie in den früheren Reflexionsgängen die gleiche Denkmöglichkeit einer theistischen und einer atheistischen Lösung, sondern auf beiden Seiten eine letzte Widersprüchlichkeit. Doch ist damit auch hier eine Privilegierung der atheistischen Version philosophisch ausgeschlossen.

2. *Gottes Gegenwart und „Selbst-verständlichkeit"*

Es ist in der westlichen Welt weithin üblich geworden, von Gott als dem schlechthin Nicht-Selbstverständlichen zu reden. Auch in den vorliegenden Ausführungen ist das geschehen. Diese Aussage ist zunächst einmal dann berechtigt, wenn mit ihr gemeint ist, dass die durch den Prozess der Aufklärung hindurchgegangene Gesellschaft in ihrem Denken und Handeln die Wirklichkeit Gottes nicht mehr ohne weiteres voraussetzt. In diesem Sinne scheint er fast eine Banali-

---

[73] Einen anderen Weg, diesem Argument zu begegnen, beschreitet der englische Religionsphilosoph RICHARD SWINBURNE. Er konzediert dem Gegner die Prämisse, dass man angesichts des Übels gute Gründe haben müsse, um an Gottes Existenz zu glauben. Wenn nun solche Gründe überwiegen (z.B. dass etwas, das wir für ein Übel halten, unvermeidlich war, um einen guten Zweck zu realisieren), dann sei es plausibel, für den noch nicht begriffenen Rest ebenfalls zugunsten der Existenz eines guten Gottes zu entscheiden. Er ist der Meinung, diesen Beweis führen zu können: *Does Theism Need a Theodicy?* in: CJP 18/1988, 287–311, bes. 296f.310f. Das klingt erfreulich – aber ob es einen Menschen überzeugen wird, der von jenem „Rest" betroffen ist?

tät darzustellen, auch wenn Theologen und kirchliche Kreise manchmal an ihn erinnert werden müssen.

Indessen bedarf der genannte Sachverhalt der Differenzierung. Zum einen zeigt die im vorigen Abschnitt betrachtete vermeintlich atheistische Wendung, welche die Theodizeefrage genommen hat, wie unter der Decke jener angeblichen Nichtselbstverständlichkeit Gottes offenbar ganz selbstverständlich ein anderer, „humanerer" Gott vorausgesetzt wird. Zum anderen ist der Begriff der Nichtselbstverständlichkeit in jener Aussage oft von einem gewissen Pathos begleitet, das ein sicheres Indiz dafür ist, dass diese Nichtselbstverständlichkeit sich keineswegs von selbst versteht. Im Munde eines atheistischen Philosophen richtet sich dieses Pathos gegen ein anscheinend problemloses Rechnen mit der Gegenwart Gottes auf Seiten religiöser Menschen; in der neueren Theologie dagegen stellt es nicht selten die Negativfolie für eine supranaturalistische Offenbarungslehre dar. Aber wie beim Philosophen nicht von vornherein ausgemacht ist, ob er nicht unter der Maske einer anderen Begrifflichkeit doch eine unbefragte, „selbstverständliche" Gottesvorstellung mit sich herumträgt, so führt die Theologie mit der „Offenbarung" unter dem Etikett der Nichtselbstverständlichkeit eine Größe ein, mit der sie dann eben doch selbstverständlich rechnet, bis dahin, dass sie über das trinitarische Selbstverhältnis Gottes oder über das für eine bestimmte Situation eindeutig sittlich Gebotene meint Auskunft geben zu können. Dies alles ist ein Hinweis darauf, dass schon der Begriff der Selbstverständlichkeit nicht „selbstverständlich" klar, sondern mehrdeutig ist und der Klärung bedarf.

Selbstverständlich ist das, was „sich" auf Grund des alltäglichen Weltumgangs von selbst versteht. Diese reflexive Struktur der Selbstverständlichkeit bedeutet zunächst für denjenigen, der sie einem Sachverhalt zuschreibt, dass er selbst diesen (noch) nicht verstanden hat, sondern ihn als unverstandenen voraussetzt. Diese Einsicht kann die Aufforderung implizieren, sich um ein Verständnis zu bemühen. Wenn und insofern das gelingt, ist die Selbstverständlichkeit aufgehoben. Sobald die Einsicht sich jedoch allgemein durchsetzt bzw. in Fleisch und Blut übergeht, gewinnt sie selbst auf höherer Ebene, nämlich jetzt *begründet*, den Charakter der Selbstverständlichkeit. Untersuchen wir diesen Charakter unter Absehung von dem jeweils durch ihn bezeichneten Sachverhalt, so stoßen wir erkenntnistheoretisch auf das bereits bekannte Phänomen der Evidenz, sozialpsychologisch auf das der Akzeptanz. Die davon betroffenen Sachverhalte sind zwar prinzipiell stets der Überprüfung bedürftig; Evidenz und Akzeptanz *als solche* dagegen sind nicht mehr hinterfragbare und unentbehrliche Voraussetzungen des Denkens und Handelns.

In diesem Sinn ist das Gegebensein eines transzendenten Seinsgrundes, so scheint es zumindest, unter vormodernen Voraussetzungen allgemein als selbstverständlich angesehen worden. Doch trügt der Schein. Zwar ist das Phänomen des theoretischen Atheismus, sieht man von der griechischen Aufklärung der

Spätantike ab, ein spezifisch modernes. Aber etwa in Gestalt des Aufbegehrens gegen das Schicksal ist jene Selbstverständlichkeit zu allen Zeiten wenn nicht in allen, so doch in vielen Religionen durchaus in Frage gestellt worden. Darin kommt eine Differenz zwischen dem Dasein des Menschen und seinem geglaubten Grund zum Ausdruck, die offenbar tiefer reicht als die neuzeitliche Problematisierung der Existenz Gottes, vielmehr eines der Kennzeichen religiöser Erfahrung überhaupt darstellt. Die Neuzeit hätte dem Altertum dann nur dies voraus, dass sie diesen allgemeinen Sachverhalt auf theoretische Begriffe gebracht hat.

Wenn sich das so verhält, scheint man dem Glauben an einen Gott tatsächlich unter keinen Umständen Selbstverständlichkeit zuschreiben zu können. Damit wäre das Pathos sowohl der atheistischen Philosophen als auch der Dialektischen Theologen gerechtfertigt. Beide hätten – wenn auch unter entgegengesetzten Vorzeichen – etwas für das Verständnis des Gottesbegriffs Wesentliches eingesehen, was der vormodernen Gesellschaft des Abendlandes ebenso wie solchen religiös bestimmten Kulturen, die nicht durch einen Aufklärungsprozess hindurchgegangen sind, verborgen geblieben ist.

Im Gegensatz zu dieser Sicht erweist sich nun aber der Seinsgrund denjenigen Menschen, denen er in religiöser Erfahrung begegnet, als unmittelbar und zwingend überführende Macht. Genau darin liegt offenbar geradezu das Wesen der Selbsterschließung des Seinsgrundes, dass er sich über die Unmöglichkeit seiner Verifikation hinwegsetzt, indem er sich mit unwidersprechlicher Selbstverständlichkeit als existenzgründend geltend macht und damit alle Selbstverständlichkeiten im Sinne von Evidenz überbietet. Ja, im strengen Sinn ist sogar allein der Grund des Seins das Selbstverständliche, nämlich das, was sich *schlechthin* von selbst versteht, etwas, das zwar nicht vom menschlichen Subjekt als solches verstanden werden kann, aber dennoch unbezweifelbare Geltung besitzt.

Damit scheint sich nun das Verhältnis geradezu umzukehren. Die Grundthese der Moderne, dass der Grund des Seins wesensmäßig das Nichtselbstverständliche sei, erscheint plötzlich nicht mehr als Erkenntnisfortschritt, sondern als Irrtum. Der Rückgang hinter die Aufklärung wäre dann jedenfalls in religiöser Hinsicht geboten. Die konservative Sicht der Dinge, die schon immer mit tiefem Misstrauen gegenüber den Grundannahmen der säkularen Welt verbunden war, wäre damit rehabilitiert.

Daran ist zutreffend, dass die menschlichen Grunderfahrungen, auf die sich die religiöse Erfahrung unmittelbar bezieht, den jeweiligen Horizont der konkreten Einzelerfahrungen überschreiten. Sie können zeitweise unterschätzt oder sogar vergessen werden, aber sie behalten ihre Gültigkeit. Solche Erfahrungen sind beispielsweise das Angewiesensein des Menschen auf ein meditatives Überdenken der Alltagswirklichkeit und die Notwendigkeit einer engen Verbundenheit mit der nichtmenschlichen Natur, die sich nicht auf einen Herrschaftsanspruch reduzieren lässt. Bringt man das Aufscheinen des Seinsgrundes mit solchen zeitübergreifenden Grunderfahrungen in Verbindung, dann kann man tatsächlich die Bestimmtheit des menschlichen Lebenszusammenhanges durch den Grund des Seins als etwas schlechthin Selbstverständliches, weil unwiderstehlich Überwältigendes verstehen.

Wenn man nun aber tatsächlich das Gegebensein des Seinsgrundes in diesem Sinn als etwas Selbstverständliches versteht, so kann es leicht geschehen, dass er im Bewusstsein der Menschen allmählich unmerklich mit den alltäglichen Selbstverständlichkeiten verschmilzt und von ihnen schließlich nicht mehr zu unterscheiden ist. Dies ist die spezifische Gefahr aller religiösen, auch der christlich-kirchlichen, Sozialisation. Die überwältigende „Selbstverständlichkeit" der Begegnung mit dem Seinsgrund darf auf keinen Fall in die Selbstverständlichkeit des Alltäglichen hinein nivelliert werden. Diese Aussage schlägt aber alsbald wiederum in die vorhin vorläufig verworfene These um: Der Grund des Seins ist das schlechterdings Nicht-Selbstverständliche.

Damit haben wir uns nun, wie es scheint, in einen Widerspruch verwickelt: Der begegnende Seinsgrund kann nicht gleichzeitig als das schlechthin Selbstverständliche und als das schlechthin Nichtselbstverständliche angesehen werden. Eine von beiden Aussagen muss demnach falsch sein.

Der Widerspruch lässt sich nur so auflösen, dass man die bereits angedeutete Differenzierung innerhalb des Begriffs der Selbstverständlichkeit beachtet. Schlechthin selbstverständlich ist der Grund des Seins, insofern er unwidersteh-lich als Grund des Seins erfahren wird, schlechthin nicht selbstverständlich dagegen, insofern er zugleich von jeglicher Alltäglichkeit radikal unterschieden bleibt und insofern auch als Abgrund erfahren wird. Beides schlägt sich in der natür-lich-geschichtlichen, alltäglichen Selbst-und Welterfahrung nieder und wird durch sie vermittelt. So erscheint die *schlechthinnige* Selbstverständlichkeit des Existenzgrundes durchaus auch in der *alltäglichen* Selbstverständlichkeit, mit der sich die Frömmigkeit auf diesen Grund verlässt, darf aber mit dieser nicht identifiziert werden: Niemand kann sich auf seine zur Alltagspraxis gewordene Frömmigkeit verlassen. Und die *schlechthinnige* Nichtselbstverständlichkeit erscheint in der *alltäglichen* Nichtselbstverständlichkeit in Gestalt konkreter Zweifel und Anfechtungen, aber auch in der Existenzangst. Auch hier gilt, dass die schlechthinnige Nichtselbstverständlichkeit des Transzendenten nicht mit diesen Erscheinungen verwechselt werden darf: Es gibt keinen zureichenden Grund dafür, die eigenen Abgrundserfahrungen absolut zu setzen.

In dieser Schwebe zwischen Selbstverständlichkeit und Nichtselbstverständ-lichkeit kann einmal das eine und dann wieder das andere Moment dominieren, oder es kann beides als dialektische Einheit empfunden werden. Jedenfalls aber gehört beides zusammen. Das kann nicht anders sein, weil das mitten im Ver-trauten sich meldende Unvertraute in der Tat zugleich als das die Unvertrautheit durchbrechende schlechthin Selbstverständliche erfahren wird.

Von hier aus sind zwei andere Weisen des Verständnisses von Selbstverständ-lichkeit zu beurteilen: die militant atheistische Selbstverständlichkeit, dass es kei-

nen transzendenten Seinsgrund geben könne, und die fundamentalistische Auffassung, die mit gleicher Vehemenz behauptet, dass er sogar in der Empirie nachweisbar sei. Beide hängen eng miteinander zusammen, ja sind voneinander abhängig. Fundamentalismus ist eine Gegenreaktion auf die westliche Aufklärung
(das gilt auch für seine nichtchristlichen Ausprägungen). Die Aufklärung gilt
hier als pure Gottlosigkeit, die alle Wahrheitserkenntnis und alle sittlichen
Maßstäbe aushöhlt und deshalb kompromisslos bekämpft werden muss[74]. Diese
Sicht schafft eine fanatische Grundhaltung, die bis zur offenen Gewalt gehen
kann. Atheisten auf der anderen Seite sind nicht selten geneigt, Religion überhaupt mit Fundamentalismus zu identifizieren und sie deshalb für gesellschaftlich und politisch gefährlich zu halten[75]. Wird der Atheismus zur politischen
Ideologie, so geht er seinerseits zur Verfolgung der Religion über. Gemeinsam ist
dem militanten Fundamentalismus und seinem Gegenspieler die positivistische
Grundeinstellung, mit der sie die Welt als „geheimnislos" ansehen: das eine Mal
ohne einen letzten Grund, das andere Mal mit einem solchen, der aber objektiviert und als greifbar zuhanden aufgefasst wird. Insofern dabei die für Religion
konstitutive Spannung zwischen Selbstverständlichkeit und Nicht-Selbstver-
ständlichkeit des Seinsgrundes verloren geht, muss der Fundamentalismus als
letztlich ebenso irreligiös angesehen werden wie der atheistische Positivismus.
Diese zugegebenermaßen provokante These soll durch die folgenden Ausführungen zum religiösen Weltverständnis begründet werden.

3. Geschlossenheit und Transparenz der Welt

Der Mensch kann sich selbst nicht zum Gegenstand seiner Erkenntnis machen,
ohne sein Verhältnis zur Welt mit im Blick zu haben, denn das Sein in der Welt
gehört zu seinen Grunderfahrungen. Deshalb kann er auch sein Verhältnis zum
Seinsgrund nicht denken, ohne sich selbst dabei als in der Welt seiendes Wesen zu
sehen. Nicht zufällig gehören die so genannten Naturreligionen zu den ältesten
der Menschheit. In deren Vorstellung wohnen die Gottheiten den Naturereignissen inne, von denen der Mensch sich abhängig fühlt.

Naturreligionen sind meistens *polytheistisch*. Der älteren religionsgeschichtlichen Forschung galt dies meist als Kennzeichen einer niederen Entwicklungsstufe. Mit der Preisgabe des Entwicklungsgedankens ist diese Bewertungskategorie
aus der Diskussion verschwunden, so dass man heute großen, gegenwärtig fort-
bestehenden polytheistischen Religionen wie dem Hinduismus unbefangener be-

---

[74] Vgl. dazu den von mir herausgegebenen Band *Religionen – Fundamentalismus – Politik*,
Frankfurt a.M., Berlin u.a. 1996.

[75] Ein Beispiel für viele: BERTRAND RUSSELL, *Dennoch siegt die Vernunft. Der Mensch im
Kampf um sein Glück* (Human Society in Ethics and Politics, dt. v. R. Gillischewski), Bonn
1956, 228–238.

gegnen kann. Man wird in ihnen das Bemühen zu würdigen haben, durch die Hypostasierung verschiedener „Zuständigkeiten" der ganzen Vielfalt der in der Naturerfahrung begegnenden überwältigenden göttlichen Macht gerecht zu werden.

Andererseits gehören die Naturreligionen systematisch in die Nähe des *Pantheismus*, oder genauer: *Panentheismus*. Diese Zuordnung mag verwundern, da das dem Panentheismus zugrunde liegende Einheitsprinzip ihn vom Polytheismus grundlegend zu unterscheiden scheint. Doch haben beide Religionstypen das vorrangige Interesse an der völligen Durchdringung der gesamten Lebenswirklichkeit durch den Seinsgrund gemeinsam, das sie in der Vorstellung seines Einwohnens in der Welt zum Ausdruck bringen. (Dieses Interesse erklärt auch den für den alten Orient charakteristischen sakralen Ursprung der Wissenschaften wie z.B. der Astrologie/Astronomie in Ägypten und Babylonien.) Der Vorstellung von der *Immanenz* des Seinsgrundes entspricht in der Frömmigkeit das Aufgehen und Sich-Verlieren des Einzelnen in der Allgegenwart des göttlichen Grundes. Die Stärke solcher Immanenzreligiosität besteht darin, die ständige Präsenz des Göttlichen in allem weltlichen Geschehen und somit auch in der Lebenswirklichkeit des Menschen einzuschärfen. Problematisch dagegen ist es, dass sie leicht zu einer Identifizierung des Seinsgrundes mit der Gesamtheit des Seienden, der Welt, führt. Philosophisches Musterbeispiel für diese Sicht ist Spinoza. Dieser unterscheidet zwar Gott als *natura naturans* begrifflich scharf von der Welt als *natura naturata*[76]. Doch ist Gott die einzige *substantia*, die es gibt, und die Dinge der Welt sind nichts anderes als *modi* seiner Eigenschaften, determiniert durch die der göttlichen Natur innewohnende Notwendigkeit[77].

Von einem solchen Panentheismus ist der gedankliche Schritt zu einem nichtgöttlichen, der Natur selbst eigenen schöpferischen Prinzip nicht weit. So spricht man in der modernen Naturwissenschaft von einer „Selbstorganisation der Materie"[78]. Diese schließt eine ihr zugrunde liegende göttliche Schaffensmacht zwar nicht aus, erfordert sie aber auch nicht. Ebenso gut kann man gegenüber einer solchen Annahme wie Mackie argumentieren: „the supposition that there simply *is* temporal order, as an *ultimate*, not further explainable, brute fact, is much more probable"[79].

Die Entdeckung der Problematik einer Immanenzreligiosität ist keineswegs erst eine Leistung der Neuzeit. Sie liegt vielmehr bereits der altisraelitischen Polemik gegen den „Götzendienst" zugrunde, wenn auch die Abkehr von polytheis-

---

[76] Vgl. BENEDICTUS DE SPINOZA, *Ethica ordine geometrico demonstrata*, in: DERS., Opera (zweisprachig) Bd. 2, hg. v. K. Blumenstock, Darmstadt 1967, 126 (Propositio XXV Corollarium).

[77] A.a.O., 92–96.130.132 (Propositio VIII Scholium II und Propositio XXIX mit Scholium).

[78] Vgl. MANFRED EIGEN, *Self-Organization of Matter and the Evolution of Biological Macromolecules*, in: Die Naturwissenschaften 58/10, 1971, 465–523.

[79] J.L. MACKIE, a.a.O. (Anm. 68), 149. Hervorhebungen von mir.

tisch-naturreligiösen Praktiken eines langwierigen Prozesses bedurft hat[80]. Die
dabei entwickelte Alternative war die immer energischere Betonung der *Transzendenz* Gottes im Sinne seiner absoluten Weltjenseitigkeit, die u.a. in der Hypostasierung seiner Eigenschaften (Herrlichkeit, Weisheit usw.) zum Ausdruck
kommt. Diese Tendenz, die vom Christentum fortgesetzt und verstärkt wurde,
vermag vor allem dem schlechthin übermächtigen Charakter einer Gotteserfahrung Ausdruck zu verleihen. Doch hat auch sie eine problematische Kehrseite.
Im genauen Gegensatz zu Polytheismus und Pantheismus vergrößert sie die Distanz zwischen der Gottheit und dem Menschen ins Unendliche, so dass sie allenfalls noch durch eine supranaturale Offenbarung zu überbrücken ist. Die Ferne
Gottes konnte im Zeichen der neuzeitlichen Emanzipationsbewegung zunehmend als Irrelevanz gedeutet werden und so das Denken nicht nur von kirchlicher Autorität, sondern auch vom religiösen Glauben selbst entfernen.

Wir stehen damit vor einem Dilemma. Einerseits hatten wir gezeigt, dass die
Setzung der Weltwirklichkeit als eines „ultimate … fact" ebenso voraussetzungs-
reich ist wie die Behauptung des Gegenteils, so dass hier eine Entscheidung nicht
möglich zu sein scheint. Andererseits ist die Annahme einer rein supranaturalen
Offenbarung, welche die Rede von einem transzendenten Gott begründen könnte, philosophisch nicht akzeptabel, weil sie völlig offen lässt, wie eine solche Offenbarung vermittelt und aufgenommen werden kann. Gibt es eine Möglichkeit,
das Verhältnis des Seins zu einem mit ihm nicht identischen Grund zu denken, ohne den Anspruch zu erheben, die metaphysische Alternative auflösen zu können?

Wir schlagen für eine philosophische Antwort auf diese Frage vor, den Begriff
einer *Transparenz* der Wirklichkeit für den Seinsgrund einzuführen. Dieser Begriff mag auf den ersten Blick an das alte, vorkopernikanische Weltbild mit seinen hierarchisch übereinander geordneten Sphären erinnern, in dem das Licht
der obersten, göttlichen Sphäre in die niederen hereinscheinen konnte. Diese
Vorstellung hatte den unbestreitbaren Vorzug, die Erfahrung des täglichen Umgangs mit der Welt, die von der begrenzten Reichweite denkender und handelnder Bearbeitung der begegnenden Wirklichkeit bestimmt ist, unmittelbar mit
dem Seinsgrund in Berührung zu bringen. Deswegen hat die katholische Kirche
auch so scharf reagiert, als Giordano Bruno die Unendlichkeit des Universums
behauptete[81]; das musste ihr als atheistischer Frevel oder als Verehrung der
Schöpfung anstelle des Schöpfers (Rm 1,25) erscheinen. Auch wenn Brunos These inzwischen durch den Gedanken eines expandierenden, aber endlichen Universums abgelöst worden ist, besteht doch das durch sie geschaffene Problem
wegen der für das menschliche Vorstellungsvermögen gegebenen faktischen Unendlichkeit fort. Ja, nachdem inzwischen der Wandel des Weltbilds das gesamte

---

[80] Vgl. dazu O. KAISER, a.a.O. (Anm. 25), Bd. 1, 90–125.
[81] GIORDANO BRUNO, *La cena de le ceneri descritta in cinque dialoghi* (Biblioteca rara 36),
Milano 1864, bes. 81–83.

Lebensgefühl des abendländischen Menschen grundlegend verändert hat, stellt sich die Frage, ob die gegebene Welt nicht doch die einzig wirkliche sei, nunmehr mit nicht zu überbietender Dringlichkeit. Eine Transparenz der Welt für einen transzendenten Seinsgrund scheint wegen ihrer faktischen Unendlichkeit gar nicht denkbar zu sein.

In ontologischer Begrifflichkeit heißt das: Für heutiges Denken ist die Welt *ontisch* offen. Sie ist offen für eine immer größere räumliche Ausdehnung und für immer mehr Seiendes, also offen für ihre eigene Zukunft als Welt. Eben diese ontische Offenheit scheint dafür zu sprechen, sie für *ontologisch* in sich geschlossen zu halten, d.h. für die einzige und letzte Wirklichkeit, die es gibt. Die kirchliche Gegenposition ging davon aus, dass eine ontologische Offenheit für den Seinsgrund nur dann möglich sei, wenn ihr eine ontisch in sich geschlossene Weltwirklichkeit entspreche, die dann jeweils *in actu* transparent gemacht werden könne. Die Transparenz der endlichen Welt für ein Unendliches dachte man sich als ontologisch durch die göttliche Weltordnung ermöglicht, die ihrerseits durch Gott als höchstes Seiendes gesetzt ist. Doch damit ist das höchste Seiende ein *Seiendes* jenseits alles anderen Seienden, das streng genommen nicht dessen Grund sein kann, weil es von ihm nicht kategorial verschieden ist. Die Unterscheidung zwischen ontischer und ontologischer Ebene ist nicht konsequent vollzogen, und deshalb ist auch die auf der Seinslehre aufbauende religiöse Deutung angreifbar. Wenn das neuzeitliche Denken die Welt des Seienden immer weiter öffnete, so musste unter den beschriebenen Voraussetzungen der Eindruck entstehen, dass für Gott als höchstes Seiendes schließlich kein Platz mehr bliebe.

Dieser Befürchtung liegt ebenso wie dem neuzeitlichen Monismus, der die Gegebenheit der Welt als „ultimate fact" behauptet, die Verwechslung von ontischer und ontologischer Offenheit der Welt zugrunde. Unterscheidet man dagegen den Seinsgrund kategorial von allem Seienden, dann ist die Offenheit der Welt für ihn ebenfalls kategorial unterschieden von ihrer Offenheit für ihre eigene Zukunft. Dann besteht auch zwischen beiden Formen der Offenheit kein logischer Widerspruch. Selbst wenn die Welt im raumzeitlichen Sinn als unendlich gedacht werden müsste, würde die Aussage, dass die Weltwirklichkeit als ganze einen mit ihr nicht identischen Grund habe, davon nicht berührt. Diese Offenheit ist es, die hier als Transparenz bezeichnet wird.

Die Transparenz der Weltwirklichkeit ist der Grund für die Möglichkeit symbolischer Rede von einem Grund des Seins. Sie ist freilich nicht verifizierbar, weder durch Empirie noch durch Lebenserfahrung. Man hat sie also dann gerade nicht verstanden, wenn man sie mit Lücken in der Gesetzmäßigkeit des Naturlaufs gleichsetzt, wie es die christliche Apologetik jahrhundertelang getan hat, oder wenn man meint, den Begriff des Naturgesetzes selbst aufweichen zu müssen[82]. Der Grund aller Weltwirklichkeit ist nicht von gleicher Art wie diese Wirk-

---

[82] Ein Beispiel für den zweiten Weg findet sich im Bereich der wissenschaftlichen Theologie

lichkeit selbst; sie kann für ihn auch dann transparent sein, wenn sie als vollständig kausal determiniert gedacht werden muss. Dass die Welt transparent bzw. ontologisch offen sei, ist weder eine ontische noch auch eine ontologische Aussage, sondern Resultat religiöser *Deutung* der Ontologie, neben der, philosophisch gesehen, gleichberechtigt die entgegengesetzte Deutung auf ontologische Geschlossenheit steht. Die Transparenz ist darum auch dem Menschen nicht in jedem Augenblick präsent, sondern wird es jeweils in Situationen, welche die Möglichkeit einer religiösen Deutung eröffnen.

Auch der so gefasste Gedanke einer Transparenz der Welt für einen qualitativ von ihr unterschiedenen Seinsgrund begegnet noch einem fundamentalen Einwand. Er lautet, mit dieser Deutung werde lediglich das antike *mythologische* Weltbild in einer neuen Variante repristiniert. Die mit der Emanzipation des Menschen von kirchlicher Autorität mühsam errungene „Entzauberung" der Welt werde im Prinzip wieder preisgegeben. Dies widerspreche der faktischen Welterfahrung des modernen Menschen und sei philosophisch auch dann nicht vertretbar, wenn es widerspruchsfrei gedacht werden könne.

An dieser Einrede ist zutreffend, dass der Mythos sein Interesse an einer *ontologischen* Transparenz der Welt für die Transzendenz so zur Geltung gebracht hat, dass er diese Transparenz als *ontisch* identifizierbar verstand, insofern man an bestimmten Sachverhalten (Wundern) den Einbruch eines transzendenten Seinsgrundes in die Weltwirklichkeit sollte ablesen können. Diese Koppelung musste hier aufgelöst werden, weil sie einem strengen Verständnis des Seinsgrundes nicht entspricht. Übrig bleibt dann das eigentliche Interesse der alten Mythen an der (sprachlich aktualisierten) Transparenz der Welt[83]. Dieses Interesse aber ist kein spezifisch antikes und als solches vergangenes, sondern entspricht einer der beiden prinzipiell zu allen Zeiten bestehenden Grundmöglichkeiten der Deutung von Erfahrung. Es ist freilich nicht zu leugnen, dass auch Grunderfahrun-

---

bei WOLFHART PANNENBERG. Er hält es mit Pascual Jordan für „plausibel ..., daß auch die ... Naturgesetze nicht unveränderlich gelten". Weil „der Weltprozeß als ganzer einen einmaligen Ablauf darstellt, ... läßt er sich als ganzer auch nicht als Anwendungsfall eines Gesetzes verstehen", so fährt er fort. Auf diesen problematischen Schluss baut er eine Art von Okkasionalismus auf: die in der Natur zu beobachtenden Gesetzmäßigkeiten seien „Ausdruck der Treue Gottes", die „nicht auf einer naturhaften Unwandelbarkeit, sondern auf einem von Fall zu Fall zu bekräftigenden Festhalten an einmal getroffenen Entscheidungen beruht" (*Kontingenz und Naturgesetz*, in: A. M. Klaus Müller u. W. Pannenberg, *Erwägungen zu einer Theologie der Natur*, Gütersloh 1970 [33–80], 54.66.69). Mit dieser Konstruktion erklärt P. den Begriff des Wunders. Er bezeichne keine Durchbrechungen von Naturgesetzen, sondern bislang unerklärte, ungewöhnliche Ereignisse, darüber hinaus aber (mit Berufung auf den gar nicht okkasionalistisch denkenden Schleiermacher!) jedes einzelne Geschehen in seiner unmittelbaren Beziehung zu Gottes Handeln (*Systematische Theologie* Bd. 2, Göttingen 1991, 62). Nicht einzelne Lücken im Naturprozess ermöglichen es, vom Handeln Gottes zu reden, sondern die faktische Auflösung des Begriffs des Naturgesetzes macht die Lücke zum Naturgesetz. Damit kann man aber jedes beliebige Mirakel rechtfertigen.
[83] Vgl. WALTER FRIEDRICH OTTO, *Die Sprache als Mythos*, in: Die Eröffnung des Zugangs zum Mythos. Ein Lesebuch, hg. v. K. Kerényi (WF 20), Darmstadt 1967 (279–289), 286.

gen im Lauf der Geschichte ihre *Gestalt* wandeln, so dass man mythische Rede immer noch bloß für eine inadäquate Form des Gedankens der Offenheit des Weltprozesses halten könnte, den sie in ihrer Primitivität ins geheimnisvoll Göttliche überhöht hätte. Ebenso möglich bleibt aber, dass das mythische Zeitalter hinsichtlich der menschlichen Grunderfahrungen über mehr Weisheit verfügte als der moderne Monismus, so sehr es auf der Ebene der Empirie überholt ist.

Es geht also keineswegs um eine Remythologisierung oder eine Neubelebung des Mythos, wie sie seit Friedrich Schlegels Rede über die Mythologie periodisch immer wieder gefordert worden ist[84]. Zwar lässt sich der Mythos nicht, wie der Rationalismus des 18. Jahrhunderts wollte, mit vorwissenschaftlicher Welterklärung einfach identifizieren, so dass seine Dunkelheit durch das siegreiche Licht der Aufklärung überwunden wäre; ein derart ungebrochenes Vertrauen zu der alles erleuchtenden Kraft der Vernunft erscheint uns heute selbst als naiv – als moderner Mythos, wenn man so will. Doch lässt sich der Begriff des Mythos, wenn man ihn nicht ungebührlich ausweiten will, vom vorwissenschaftlichen Weltbild auch nicht trennen. Der Versuch seiner Wiederbelebung liefe also – abgesehen von den erörterten sachlichen Problemen – auf Nostalgie hinaus. Seine Wahrheit, die in seiner Annahme einer ontologischen Offenheit der Welt besteht, kann heute nur noch in Verbindung mit dem unserem faktischen Weltumgang zugrunde liegenden wissenschaftlichen Weltbild zur Geltung gebracht werden. Aber dies ist auch, wie gezeigt, widerspruchslos möglich. Vergangen ist also nur der Verweis auf ontische Belege, die jedermann überführen könnten.

Wir waren in diesem Abschnitt von den Verlegenheiten ausgegangen, die eine rein immanente und eine rein transzendente Interpretation des Seinsgrundes bereiten. Aus diesem Dilemma führt der Gedanke der Transparenz der Wirklichkeit dadurch heraus, dass er die Alternative von Immanenz und Transzendenz als Scheinalternative entlarvt. Der Seinsgrund muss als vom Sein unterschiedener transzendent, als dieses begründender ihm zugleich immanent sein. Er muss der Welt immanenter sein als selbst die sie regierende Gesetzmäßigkeit, zugleich aber auch „äußerlicher" als alles Äußere, indem er dieses alles „umgreift"[85]. Anders

---

[84] FRIEDRICH SCHLEGEL, *Rede über die Mythologie*, in seinem *Gespräch über die Poesie*, in: Athenäum 3/1800 (58–121.169–187), 94–105. Vgl. zuletzt KURT HÜBNER, *Die Wahrheit des Mythos*, München 1985; DERS., *Der Mythos, der Logos und das spezifisch Religiöse. Drei Elemente des christlichen Glaubens*, in: Mythos und Rationalität, hg. v. H.H. Schmid (Veröff. d. Wiss. Ges. f. Theologie), Gütersloh 1988, 27–41.

[85] Der Begriff des „Umgreifenden" stammt von KARL JASPERS, *Der philosophische Glaube angesichts der Offenbarung*, München 1962. Er verwendet ihn allerdings so, dass er eine „Periechontologie" an die Stelle der Ontologie setzt (111–151) und in Bezug auf diese ein unumgängliches Grundwissen postuliert (306), das keine „Chiffer" sei, sondern „als das Grundwissen dessen, in dem wir uns finden, ... das nie vollendete, vielmehr in der Bewegung bleibende Bewußtsein, das im Denken uns die jeweils mögliche Freiheit gibt" (307). Das „Umgreifende alles Umgreifenden", die Transzendenz, erforschen wir zwar nicht, aber wir „wissen" uns durch sie gesetzt (122). Dieses „Wissen" müsste jedoch wohl, dem Buchtitel folgend, eher „Glaube" genannt werden.

ausgedrückt: Der Begriff der Transzendenz ist missverstanden, wenn man ihn nach Analogie räumlichen „Überschreitens" auf etwas „Äußeres" hin versteht. Das, was die Welt „im Innersten zusammenhält", ist ebenso transzendent (weil kategorial von ihr verschieden) wie das, was außerhalb aller ihrer Möglichkeiten liegt. In diesem Sinn kann man analog auf den Menschen bezogen sagen, dass ihm der transzendente Seinsgrund „in, mit und unter" wirklicher Selbst- und Welterfahrung begegnet, ihm darum „innerlicher" ist als sein eigenes Innerstes und dieses von da aus bestimmt. Eben damit entzieht er sich aber dessen Zugriff und bleibt in radikalem Sinne „außerhalb" seiner. Daraus erhellt noch einmal, dass eine solche Deutung zwar philosophisch denkmöglich, ihr Vollzug aber Sache religiöser Überzeugung ist.

4. Lenkung der Geschichte und Ideologie

Auch hinsichtlich der Gegenwart des Seinsgrundes in der Geschichte kann man ein immanentes und ein transzendentes Verständnis unterscheiden. Die *immanente* Gegenwart wird hier zunächst als Inkarnation an einem bestimmten geschichtlichen Ort verstanden. Ein Beispiel dafür sind die altorientalischen Gottkönige. Darin darf man natürlich nicht die Identifikation der Gottheit mit einem beliebigen Individuum sehen. Vielmehr inkarniert sie sich im König als dem Repräsentanten der Staatslenkung und versieht diese dadurch mit heiliger, unwiderspechlicher Autorität. Die göttliche Lenkung der Geschichte institutionalisiert sich und verbindet sich dabei zugleich mit der Freiheit menschlicher Entscheidungsgewalt zu einer unlöslichen Einheit. Der Zugang des Menschen zum Lenker seiner Geschicke besteht dann darin, dass er in den Herrschaftsbereich des Königs eingefügt ist und bleibt, in dem die Gottheit gegenwärtig ist. Sein ganzes Leben ist bestimmt von klaren, zugleich göttlichen und weltlichen Ordnungen. Das Problem besteht hier darin, dass ein Ausbruch aus diesem Gefüge gänzlich ausgeschlossen erscheint, weil selbst unmenschliche Herrschaftsmethoden göttlich legitimiert sein können.

Eigentliche „Geschichtsreligionen" wie die israelitische tendieren dahin, ihrem Gott eine der menschlichen Freiheit analoge und überlegene Souveränität zuzuerkennen, die *transzendent* ist und deshalb nicht mit der Herrschaft von Menschen identifiziert werden kann, sondern ihnen als ontologisch Unterschiedene gegenübertritt. Allerdings hat sich die Vorstellung der Transzendenz Gottes in Israel erst allmählich durchgesetzt. Dementsprechend findet sich eine prinzipielle Kritik am Königtum, die es als eine der alleinigen Geschichtslenkung durch Jahwe konkurrierende oder gar widerstreitende Macht ansieht, auch erst verhältnismäßig spät[86]. Hier haben wir dann eine ontisch in sich geschlossene Welt,

---

[86] Vgl. Timo Vejola, *Das Königtum in der Beurteilung der deuteronomistischen Historio-*

in der die Menschen agieren und in die hinein die Gottheit von außen wirkt. Die klare (auch räumlich symbolisierte) Unterscheidung von Immanenz und Transzendenz ermöglicht im Unterschied zu den von Gottkönigen regierten Staaten Kritik auch am erwählten Volk und seinen Herrschern.

Der transzendente Ursprung der göttlichen Geschichtslenkung kann in diesem Zusammenhang in unterschiedlicher Klarheit gedacht werden. In vielen Religionen sind es Gottheiten, die Krieg und Frieden schaffen, Völker gedeihen oder untergehen lassen. Von der Gottheit allein ist auch die Zukunft zu erfahren. Seien es die Auguren im alten Rom, die Pythia in Griechenland, die Losorakel und später die Prophetensprüche in Israel, es ist immer die Gottheit, die den Gang der Geschichte lenkt, ihn dem Menschen kundtut und Gehorsam verlangt. Sie bringt dabei sowohl den „normalen" Gang der Dinge als auch außergewöhnliche Durchbrüche hervor, ganz so wie in der Natur. Ihre Transzendenz ist daran zu bemerken, dass ihr Wirken für den Menschen stets von einem geheimnisvollen Schleier umhüllt bleibt. Die Zweideutigkeit des delphischen Orakels ist ein guter Beleg dafür. In zugespitzter Form begegnet die Transzendenz dem Menschen in dem unauflöslichen Konflikt der griechischen Tragödie, in Israel in der Erfahrung des Leidens des Gerechten, die den Tun-Ergehens-Zusammenhang zerbrechen lässt, oder im islamischen Schicksalsglauben.

In den zuletzt genannten Fällen stellt die Übermacht der hereinbrechenden Transzendenz die *Freiheit* des Menschen in Frage – auf andere Weise als die immanente Präsenz des Seinsgrundes, aber nicht weniger radikal. In einer Religion dagegen, die sich wie das Christentum auf einen transzendenten Gott bezieht, zugleich jedoch die Freiheit selbst zum Heilsgut erklärte, stellt sich das Problem anders. In dem Maß, in dem der Mensch hier seine Freiheit in Formen der Weltbeherrschung umsetzt, erscheint ihm die Lenkung seiner Geschichte durch eine transzendente Macht als immer weniger spürbare Fernwirkung. Es ist deshalb kein Zufall, dass sich die neuzeitliche Autonomie des Menschen gerade im Abendland entwickelt hat – beginnend mit der relativen Selbstständigkeit aristotelisch-empirischen Denkens und der ersten naturwissenschaftlichen Experimente unter dem schützenden Dach der mittelalterlichen Kirche über den Bruch mit deren Autorität in Renaissance und Reformation bis zu einer Regelung rechtlicher und politischer Verhältnisse unter der *möglichen* Voraussetzung, dass Gott nicht existiere[87], und schließlich bis hin zur Leugnung Gottes. Hegel hat

---

graphie. *Eine redaktionsgeschichtliche Untersuchung* (AASF B 198), Helsinki 1977, 39–99.115.119–122, der wahrscheinlich gemacht hat, dass eine solche Kritik sich zuerst bei einem späten Redaktor des deuteronomistischen Geschichtswerkes, DtrN, findet.

[87] Der berühmt gewordene, meistens falsch zitierte Satz von HUGO GROTIUS, *De iure belli ac pacis*, 2. Aufl. Amsterdam 1651, Vorrede S. *5 lautet: „... etiamsi daremus, quod sine summo scelere dari nequit, non esse Deum, aut non curari ab eo negotia humana" (auch wenn wir setzen, was ohne größten Frevel nicht gesetzt werden kann, dass es Gott nicht gebe oder dass er sich nicht um die Angelegenheiten der Menschen kümmere). In der Fortsetzung wird nachdrücklich betont, dass Vernunft und Tradition für das Gegenteil sprechen. Auch wenn das

diese Tendenz hellsichtig erkannt und ihr dadurch zu begegnen versucht, dass er Gott zu dem der Geschichte innewohnenden Prinzip, zum Weltgeist, erklärte. Der Weltgeist kommt im Prozess des Werdens des Anderen seiner selbst, der Welt, und zuhöchst in der Vernunft und der Freiheit des Menschen zu sich selbst. Indem Hegel jedoch auf diese Weise die Unterschiedenheit Gottes von der Welt sukzessive aufgehoben werden lässt, schafft er – entgegen seiner Intention, die Einheit von Gott und Mensch darzutun – der Behauptung einer absoluten Autonomie des Menschen erst recht Raum. So konnte aus seiner Schule die radikale Religionskritik von Bruno Bauer, Ludwig Feuerbach und Karl Marx hervorgehen[88].

Auf Grund des neuzeitlichen Emanzipationsprozesses sieht der autonome Mensch sich selbst, sei es als „große Persönlichkeit", sei es als Kollektiv, als beherrschendes Subjekt der Geschichte. Diese wird nun, analog zum Naturverständnis, als ontisch offener Prozess, aber als ontologisch geschlossen aufgefasst: Sie ist ein rein weltliches Geschehen. In besonders ausgeprägter, wenn auch heute naiv anmutender Form begegnet dieses Selbstverständnis in dem das 18. und 19. Jahrhundert weitgehend dominierenden Glauben an einen unaufhaltsamen Fortschritt der Menschheit. Danach ist der Gang der Geschichte ebenso wie die Natur im Prinzip gänzlich der Erkenntnisfähigkeit und der Gestaltungsmacht des Menschen unterworfen. Es blieb dem 20. Jahrhundert vorbehalten, einen solchen im Interesse absoluter Machtausübung erhobenen Anspruch auf absolute Herrschaft zu dogmatisieren und in politische Praxis umzusetzen. Dieser Vorgang ist *ideologisch*, im präzisen Sinn eines „falschen Bewusstseins", das nicht nur sein Herrschaftsinteresse als treibendes Motiv, sondern auch entgegenstehende Fakten verschleiert. Das Phänomen der Ideologie ist zwar nicht auf den ökonomischen und politischen Bereich beschränkt, hat aber hier seinen ursprünglichen Sitz im Leben[89]. Ideologien verhalten sich charakteristischerweise zu Religionen und damit zu dem Gedanken einer göttlichen Weltregierung pole-

---

Recht aus Prinzipien herzuleiten sei, die dem Menschen innewohnen, könne es doch mit Recht Gott zugeschrieben werden, weil dieser gewollt habe, dass solche Prinzipien in uns gegeben seien („... quamquam ex principiis homini internis profluit, Deo tamen ascribi merito potest, quia ut talia principia in nobis existerent, ipse voluit").

[88] BRUNO BAUER deutet in der Maske des orthodoxen Theologen mit seiner zunächst anonym erschienenen Schrift *Die Posaune des jüngsten Gerichts über Hegel den Atheisten und Antichristen* (1841) Hegel selbst als Atheisten: „Der Weltgeist ist nur ein Bild, welches der Philosoph zuweilen aufstellt und dem er dann die Attribute der Göttlichkeit: die Krone, das Scepter und den Purpurmantel schenkt. Der Philosoph weiß aber recht gut, daß dieses Bild nur das Selbstbewußtseyn darstellt und er scheut sich auch nicht, diesem die göttlichen Attribute zurück zu geben, dem Selbstbewußtseyn die Krone Gottes aufzusetzen, das Scepter des Allmächtigen in die Hand zu geben und den Purpurmantel umzuthun", in: Die hegelsche Linke, hg. v. K. Löwith, Stuttgart-Bad Cannstatt 1962, 123–225), 164 (vgl. 162–169.204–213). Das ist zwar keine historisch korrekte Interpretation, aber es beleuchtet den oben behaupteten inneren Zusammenhang.

[89] Zum Begriff der Ideologie s.u., 476f.

misch. Allerdings können sie Religionen zeitweise für ihre Zwecke funktionali-sieren, wie es die großen politischen Ideologien des 20. Jahrhunderts zum Teil mit Erfolg versucht haben. Das ist nicht nur aus einer religiösen Innenperspekti-ve, sondern auch philosophisch als die Perversion der Religion schlechthin zu be-zeichnen.

Mit Ideologie nicht zu verwechseln ist der *Fundamentalismus*. Auch er erhebt zwar den Anspruch absoluten Wissens, und dieser Anspruch verbindet sich ebenfalls mit massiven Machtinteressen, unter Umständen sogar mit dem Stre-ben nach Weltherrschaft. Aber Fundamentalisten verstehen sich nie als auto-nom. Damit ist selbstverständlich nicht gesagt, dass fundamentalistische Macht-ansprüche und verwandte Erscheinungen in religiösen Institutionen weniger problematisch und gefährlich wären als ideologische.

Die Ideologie ist das Extrembeispiel für eine Deutung der Welt der Geschichte als ontologisch in sich geschlossen. Sie muss diese bzw. den von ihr beherrschten Teil dieser Welt freilich zugleich auch ontisch abriegeln, um nicht innerer Wider-sprüche oder des Misslingens ihres Programms überführt werden zu können. In-sofern ist sie nicht nur eine spezifisch moderne Erscheinung, sondern zugleich auch ein Anachronismus. Das wird daran deutlich, dass sowohl der Kommunis-mus als auch der Nationalsozialismus ihre politische Herrschaft antraten, als der Fortschrittsglaube, dessen Erben sie waren, bereits in eine Krise geraten war.

Das Problem der ideologischen Geschichtsdeutung ist mit dem Niedergang der politischen Großideologien keineswegs erledigt. Man kann sogar fragen, ob nicht die angeblich aller Ideologie abholde „offene Gesellschaft"[90] auch ideolo-gischen Charakter annehmen kann. Dies dürfte dann der Fall sein, wenn populä-re Vergröberung der Offenheit die Aura eines Heilsgutes zuschreibt („making the world safe for democracy"), die das dabei mitgesetzte Machtinteresse ver-deckt. Ohne diese Verzerrung freilich bietet eine offene Gesellschaft dank der für sie konstitutiven Möglichkeit eines freien Dialogs am ehesten die Chance, die Al-ternative ontologischer Geschlossenheit und Offenheit der Welt in ihrer Strittig-keit zu belassen.

Sieht man von ihrer Perversion durch die Ideologie ab, so wird man feststellen müssen, dass die neuzeitliche Autonomie der Weltgestaltung ebenso wenig rück-gängig gemacht werden kann wie das moderne naturwissenschaftliche Weltbild. Der Fundamentalismus, der gezwungen ist, sein Festhalten an einer vormoder-nen Weltsicht mit neuzeitlichen Mitteln des Denkens und der Technik zu vertei-digen und insofern ständig uneingestandene Kompromisse zu schließen, stellt trotz seiner höchst bemerkenswerten Energie keine auf Dauer lebensfähige Al-ternative dar. Die religionsphilosophisch zentrale Frage ist darum, analog zum

---

[90] Dies ist die Pointe des Werkes von KARL POPPER, *Die offene Gesellschaft und ihre Feinde* (The Open Society and Its Enemies, dt. v. P.K. Feyerabend), 2 Bände (SD 84+85), Bd. 1: 2. Aufl. Bern/München 1970, Bd. 2: 3. Aufl. 1973. Auch der Begriff „offene Gesellschaft" geht m. W. auf Popper zurück.

vorigen Abschnitt, ob sich mit der Autonomie, also mit der prinzipiellen ontischen Offenheit der geschichtlichen Welt, der Gedanke einer göttlichen Weltregierung verbinden lässt, der für eine religiöse Deutung der Geschichte unentbehrlich ist.

Zwei einander entgegengesetzte Schwierigkeiten tun sich bei der Erörterung dieser Frage auf. *Entweder* man geht von der menschlichen Autonomie aus. Dann scheint deren Verhältnis zur Lenkung der Geschichte durch Gott nur so gedacht werden zu können, dass der Mensch im Sinne von Leistung und Gegenleistung als gleichberechtigter Partner Gottes erscheint. Das würde aber sowohl eine Vergöttlichung des Menschen als auch eine Vermenschlichung Gottes implizieren. Ja, konsequent zu Ende gedacht, bleiben Gott für sein Handeln eigentlich nur die Lücken, die ihm die Ausübung der menschlichen Freiheit übrig lässt. *Oder* man setzt mit der göttlichen Weltregierung ein. Dann scheint deren Übermacht für menschliche Freiheit keinen Raum zu geben.

In diesem Dilemma bleibt nur eine Möglichkeit, Gottes Weltregierung auf die menschliche Freiheit zu beziehen, nämlich diese als ganz (nicht nur partiell, auch nicht nur als reagierend) Gott selbst verdankt zu verstehen. Gottes Wirken wäre dem Menschen dann nicht nur äußerlich, sondern auch innerlich gegenwärtig, nicht nur transzendent, sondern auch immanent, wie es auch hinsichtlich des Verhältnisses der Welt zu ihrem Grund gilt. So versteht es der einzelne Mensch auf Grund seiner religiösen Erfahrung, in der er sich bewusst ist, nicht nur seine passiven Lebensmomente, sondern ebenso die aktiven in „schlechthinniger Abhängigkeit" zu empfangen[91]. Dieser Gedanke enthält zwar scheinbar einen logischen Widerspruch. Doch entspricht er genau der Antinomie von Freiheit und Abhängigkeit in der menschlichen Grunderfahrung, auf die sich religiöse Erfahrung bezieht. Wissenschaftlicher Erklärung oder Verifikation ist dieser Bezug freilich nicht zugänglich, so sehr auch die Selbst- und Welterfahrung auf ihn verweisen mag.

Schließlich ist auch hier noch einmal mit dem Einwand zu rechnen, dass wir den Versuch gemacht hätten, antike Mythologie wiederzubeleben. Seit der aristotelische Gedanke einer das Weltgeschehen lenkenden Teleologie von Francis Bacon als *idolum tribus*, als anthropomorphe Vorstellung, kritisiert wurde, gilt er als unwissenschaftlich[92]. Das ist insofern zutreffend, als er in der Tat zu wissenschaftlicher Erklärung nicht taugt. Es ist aber zu fragen, ob sich der Gedanke

---

[91] So F.D.E. SCHLEIERMACHER, *Der christliche Glaube ...*, a.a.O. (Anm. 14), § 5, 2–4.

[92] FRANCIS BACON, *Novum Organum Scientiarum*, in: DERS., Works, hg. v. Spedding, Ellis, Heath, Bd. 1 (1858), Nachdruck 1963, Aphorismus 48. Ein neueres Beispiel, in der Durchführung konsequenter, ist JACQUES MONOD, *Zufall und Notwendigkeit. Philosophische Fragen der modernen Biologie* (Le hasard et la nécessité, dt. v. Fr. Giese, dtv 1069), 5. Aufl. München 1982, 43–54, der für Anthropomorphismus den polemisch zugespitzten Begriff „animistisch" verwendet. Monod bezieht die menschliche Geschichte als Fortsetzung der Evolution in seine Betrachtung mit ein. Vgl. auch oben S. 182 die Argumentation gegen das anthropische Prinzip.

einer Zweckhaftigkeit vermeiden lässt, sobald man nicht nach Erklärungen, sondern nach dem Sinn eines persönlichen Schicksals oder auch eines umfassenden Geschehenszusammhanges fragt. Selbstverständlich handelt es sich dabei um ein anthropomorphes Symbol. Das spricht aber so lange nicht gegen seine Verwendung, wie man nicht beansprucht, seinen Wahrheitsgehalt nachweisen zu wollen, wie umgekehrt die Tatsache, dass ein solcher Nachweis nicht möglich ist, keineswegs schon besagt, dass ein verborgener Weltzweck, der dem religiösen Bewusstsein augenblickshaft aufscheint oder von ihm vorausgesetzt wird, nicht denkbar wäre[93]. Grobe Vorstellungen wie die eines *Deus ex machina* sind dabei natürlich auszuschließen. Sie sind für den alten Mythos charakteristisch. Doch bestand die Weisheit des Mythos darin, die merkwürdig unbeherrschbaren Eigengesetzlichkeiten, mit denen es der handelnde Mensch in der Geschichte immer wieder zu tun bekommt, als Signale ihrer ontologischen Offenheit für eine göttliche Lenkung zu deuten. In dieser Hinsicht kann man philosophisch auch unter radikal veränderten Denkbedingungen an ihn anknüpfen, wenngleich ohne dass man dazu genötigt wäre.

5. Irdisches und göttliches Reich

Die Eigengesetzlichkeit der Geschichte gegenüber dem individuellen menschlichen Leben wird manifest, kristallisiert sich gewissermaßen, in den gesellschaftlichen *Institutionen*[94]. Sie verkörpern in der Dialektik von Dynamik und Ordnung primär das zweite Prinzip. Ihre festen Sitten, Riten und Gesetze symbolisieren die Treue der Gottheit. Da diese sich auf alle Lebensbereiche bezieht, spiegeln sich sowohl die Gesetzmäßigkeiten des Naturprozesses (z.B. Erntefeste) als auch die für eine Religionsgemeinschaft konstitutiven Geschichtsereignisse in ihren institutionellen Gestaltungen wider. Alle Religionen benötigen solche gesellschaftlichen Kristallisationspunkte, so unterschiedlich auch das Verhältnis des individuellen und des sozialen Aspekts in der Beziehung zur Gottheit von ihnen interpretiert wird. Das gilt selbst für den liberalen Protestantismus, der seit der Aufklärung das Vorurteil entwickelt hat, religiöse Institutionen seien für die wahre, persönliche Religion im Grunde überflüssig. Dies ist eine Selbsttäuschung, durch welche die Religion ihrer sozialen Existenz beraubt wird. Um diese soziale Seite des Religiösen soll es im Folgenden gehen.

In Religionen mit starken politischen Bezügen sind für die religiöse Entsprechung zu dem sozialen Leben des Menschen charakteristische Begriffe wie der eines *göttlichen Reiches* ausgebildet worden. Er wird hier in einem allgemeinen,

---

[93] Vgl. dazu ROBERT SPAEMANN und REINHARD LÖW, *Die Frage Wozu? Geschichte und Wiederentdeckung des teleologischen Denkens*, München/Zürich 1981, 283–297.
[94] Zu diesem Begriff vgl. oben, I 5.

nicht im spezifisch christlichen Sinn verwendet, der hernach durch den abweichenden Begriff der Gottesherrschaft bezeichnet werden wird. In der Sache bringt der Begriff des Reiches zum Ausdruck, dass religiöse Erfahrung immer auch gemeinsame Erfahrung, Religion immer auch ein soziales Phänomen ist. Um den Unterschied der weltlichen von der religiösen Seite zu markieren, soll hier unter dem Begriff des *irdischen Reiches* die gesamte soziale Lebenswelt des Menschen zusammengefasst werden. In beiden Fällen ist von dem geschichtlichen Ursprung des Reichsbegriffs in einer monarchisch verfassten Gesellschaft zu abstrahieren, um eine Einengung des Verständnisses von Religion auf ihre vormodernen Erscheinungsformen auszuschließen.

Das irdische Reich ist in doppelter Hinsicht die Lebenswelt des Menschen. Zum einen findet er sich in ihr vor, sie ist der ihn umgebende Lebensraum, der die unumgängliche Bedingung seiner Existenz darstellt. Insofern wird die Lebenswelt als zusammenhängendes Ganzes empfunden, obwohl der unmittelbare Lebensvollzug sich unweigerlich immer nur auf einen Ausschnitt beziehen kann. Zum anderen nimmt der Mensch in dieser Lebenswelt eine Funktion, oder besser: eine Vielzahl von Funktionen wahr, ja konstituiert sie auf diese Weise mit. Sie ist also ebenso eine unerlässliche, vorgegebene Bedingung sozialen Lebens wie Objekt seines denkenden, künstlerischen und praktischen Gestaltens. Das eine ist nicht ohne das andere denkbar. Beide Aspekte werden insbesondere in den festen Formen menschlicher Vergesellschaftung, den Institutionen, offenkundig.

Die Institution tritt dem Menschen als eine Größe mit erheblichem Eigengewicht und auch einer eigenen Sachgesetzlichkeit gegenüber, wiewohl er sich zu ihr niemals nur gehorsam, sondern immer auch gestaltend verhält. Das Eigengewicht der Institution wurde zu allen Zeiten, insbesondere aber vor dem Anbruch der Neuzeit, als nicht oder nur beschränkt steuerbar und insofern als eine Macht empfunden, von welcher der Einzelne sich abhängig fühlte. Diese Seite der Sache klingt in dem Begriff des göttlichen Reiches an. Er macht darauf aufmerksam, dass gesellschaftliche Institutionen seit alters mit der Religion in Verbindung standen. Die Pflichten des Stammes, der πόλις, des Staates galten als heilig – bis hin zur „Heiligkeit" des Vaterlands in neuzeitlichen Nationalstaaten. Ebenso begreiflich ist freilich auch die Reaktion einer allgemeinen Institutionenkritik im Zuge der „zweiten Aufklärung" seit den sechziger Jahren des vorigen Jahrhunderts, die in ihrem Kern kein Sturmlauf gegen eine soziologische Gesetzmäßigkeit, sondern der Protest gegen eben jene religiöse oder quasi-religiöse Überhöhung der Institutionen war. Freilich erwies sich die dagegen geltend gemachte Basisdemokratie ironischerweise selbst als – alternative – Institution, die nicht nur das Element der Dynamik dem erstarrten „Establishment" entgegensetzte, sondern zugleich ihrerseits neue Gestalten des unantastbar „Heiligen" entwickelte, bis hin zu gegenwärtigen Formen von *political correctness*.

Der Begriff des göttlichen Reiches reflektiert also die Erfahrung institutioneller Eigengesetzlichkeit. Dabei können Reflex und Reflektiertes geradezu identifiziert werden, wenn etwa im alten Orient oder im japanischen Shintoismus die Gottheit sich im Herrscher inkarniert. Anderwärts ist wie im alten Israel eine solche Identifikation ausgeschlossen, aber die religiöse und politische Verfasstheit eines Volkes bildet trotzdem eine Einheit, die durch von der Gottheit selbst erlassene Gesetze konstituiert wird. In allen diesen Fällen sprechen wir von *theokratischen* Systemen.

Auch in der Geschichte des Christentums hat es theokratische Bestrebungen gegeben, etwa im Anspruch des mittelalterlichen Papsttums auf Weltherrschaft oder in der engen Verbindung von Kirche und Magistrat im Genf Calvins. Ursprünglich freilich gehört es zu den Besonderheiten des christlichen Verständnisses eines göttlichen Reiches, dass dieses prinzipiell vom irdischen Reich unterschieden wurde, wenngleich beides aufeinander bezogen bleibt. Dadurch wird hier deutlicher als in den theokratischen Religionen, dass der Begriff des göttlichen Reiches symbolischen Charakter hat. Eben diesen Grundzug haben die Reformation und der Humanismus je auf ihre Weise wiederentdeckt, wenn sie gegen die faktische Gleichsetzung einer religiösen Institution mit dem Reich Gottes in Gestalt der römischen Kirche protestierten. Es ist bezeichnend (zumindest für die Reformation), dass dieser Protest sich nicht gegen den Glauben an die Herrschaft Gottes richtete, sondern in seinem Namen und im Interesse seines angemessenen Verständnisses als einer Transzendenzbeziehung erfolgte. Auch die Verinnerlichung und Vergeistigung des Reich-Gottes-Gedankens im Gefolge von Pietismus und Aufklärung ist noch von hier aus zu verstehen, wenngleich damit nun eine Entwicklung einsetzte, die tendenziell alles Institutionelle von der religiösen Beziehung absonderte und es ihr zum Teil sogar antithetisch gegenüberstellte.

Für das neuzeitliche Denken über diesen Problemkreis ergab sich daraus zweierlei. Einmal wurde die Institutionalität der Kirche entweder nun erst recht als Repräsentanz der Herrschaft Gottes verstanden (Ultramontanismus), oder sie blieb wie im Protestantismus ein ungelöstes Problem. Zum anderen galt der Staat seit der Abschaffung des Gottesgnadentums als schlechthin weltliche Institution. Damit war er freilich keineswegs vor religiöser oder quasi-religiöser Überhöhung gesichert, sondern es gab im Gegenteil starke Tendenzen, die der Kirche abgesprochene Heiligkeit auf ihn zu übertragen, wie sich in nationalistischen Ideologien und im Totalitarismus herausstellte. Wo dagegen in neuester Zeit solche Bindemittel verschwunden sind oder an Überzeugungskraft verloren haben wie vielfach in den westlichen Demokratien, aber (aus ganz anderen Gründen) auch in weiten Teilen Afrikas, droht eine Schwächung der für das Gemeinwesen lebenswichtigen Kohäsionskraft. Damit bleibt auch für die weltlichen Institutionen die Frage offen, ob es jenseits der abschreckenden Alternative von fundamentalistischem Gottesstaat und Totalitarismus glaubwürdige und wirksame Symbole gibt, die auf einen Grund unbedingter Verbindlichkeit verweisen, ohne an der Weltlichkeit des Staates etwas zu ändern. Insofern gibt es eine Relevanz von Religion (in ganz allgemeinem Sinn) auch für den säkularen Staat, selbst wenn sich zur Zeit keine Lösung des Problems abzeichnet, die auf hinreichende gesellschaftliche Akzeptanz stoßen würde.

Religiöse wie weltliche Institutionen sind offenbar je auf ihre Weise auf einen impliziten oder expliziten Bezug zum göttlichen Reich angewiesen. Wie dieser zu gestalten ist, hat die Religionsphilosophie nicht zu entscheiden, da sie nicht in der Lage ist, einen inhaltlich normierten Begriff von Religion vorzugeben. Nur so viel lässt sich allgemein sagen: Die symbolische Rede vom göttlichen Reich bezieht sich unmittelbar nicht auf die konkreten institutionellen Gestalten des irdischen Reichs, sondern auf die Ebene der Grunderfahrungen. Auf der empirischen Ebene sind Institutionen Menschenwerk – auch religiöse Sitten, Kulte, Organisationen. Sie sind insofern nicht nur (trotz ihres erheblichen Beharrungsvermögens) prinzipiell veränderbar und damit für das Element der Dynamik offen, sondern auch Fehlentwicklungen unterworfen. Streng genommen ist es daher nicht die einzelne Institution, die symbolisch auf das göttliche Reich verweist, sondern die Bedingung der Möglichkeit gesellschaftlichen Zusammenlebens, die soziale Existenzstruktur der *Institutionalität*. Die in dieser enthaltene Einheit von Dynamik und Ordnung kann als Bild für die göttliche Herrschaft über den Menschen als soziales Wesen angesehen werden.

Wenn das göttliche und das irdische Reich auf diese Weise voneinander unterschieden, aber aufeinander bezogen werden, dann ist die Praxis des Gemeinwesens an der ethischen Grundforderung des Daseins für andere als demjenigen Maßstab zu messen, der sowohl den inneren Zusammenhalt als auch die Koexistenz mit benachbarten sozialen Gruppen zu gewährleisten vermag. Damit ist diejenige philosophische Kritik, welche die Religion wegen ihrer zum Teil unmenschlichen sozialen Folgen zu destruieren sucht, zwar nicht von vornherein entkräftet. Aber es kann mit Gründen dafür argumentiert werden, dass derartige Folgen aus einer Perversion und nicht aus dem Wesen des Glaubens an ein göttliches Reich hervorgehen. Die Geltung des religiösen Legitimationsanspruchs bleibt freilich philosophisch offen.

IV. Der Offenbarungsanspruch der Religion

Die Religionen beantworten die Frage nach einer Legitimation ihrer Weltdeutung durch die Berufung auf eine Offenbarung. Unter diesem Begriff soll, wie in den Prolegomena ausgeführt[95], die dem Menschen „von außen" zuteil werdende Selbsterschließung der Transzendenz verstanden werden, welche die religiöse Erfahrung auslöst. Der Begriff der Offenbarung wird hier wie dort nicht in einem exklusiv christlichen, sondern in einem allgemeinen, religionsphänomenologischen Sinn verwandt. Die Religionsphilosophie lässt daher die Frage nach der Wirklichkeit von Offenbarung offen und bedenkt lediglich deren Funktion für die Religion. Im gegenwärtigen Zusammenhang erfüllt sie damit eine doppelte Aufgabe. Zum einen erinnert sie die Theologie daran, dass das Phänomen der Offenbarung von keiner Religion monopolisiert werden kann. Zum anderen hat die Verwendung des Begriffs für die Religionsphilosophie selbst die Funktion, zu verhindern, dass das Transzendente auf die natürlich-geschichtliche Selbst- und Welterfahrung des Menschen reduziert wird.

Damit ist das Problem des religiösen Pluralismus gestellt. Denn die faktisch erhobenen Ansprüche der Religionen auf Begründung in einer Offenbarung relativieren sich gegenseitig und konkurrieren miteinander. Was lässt sich religionsphilosophisch zu diesem bereits in den theologischen Prolegomena erörterten Problem sagen? Gibt es trotz der sattsam erörterten erkenntnistheoretischen Probleme irgendein Kriterium, auf Grund dessen man jedenfalls indirekt philosophisch etwas über religiöse Wahrheitsansprüche ausmachen kann?

Um auf diese Fragen eine Antwort geben zu können, muss die Religionsphilosophie dreierlei tun. Erstens hat sie den Sinn des Begriffs einer Offenbarung zu untersuchen, auf die sich die Religionen zur Begründung ihres Wahrheitsanspruchs zu berufen pflegen. Zweitens hat sie die „Orte" zu betrachten, die für das Ergehen von Offenbarungen angegeben werden: Ereignisse in einem individuellen menschlichen Leben, Naturereignisse, herausgehobene Momente in der Geschichte. Drittens ist die institutionelle Verankerung der Rede von Offenbarung zu berücksichtigen, insbesondere im Blick darauf, wie sich die darin gegebene rituelle, gesetzliche oder lehrhafte Symbolisierung des Offenbarungsinhalts zur Transzendenzbeziehung verhält. Dabei werden die bisherigen erkenntnistheoretischen Ergebnisse ebenso wie die Erwägungen zum Verhältnis von religiöser Deutung und Ontologie zu beachten sein.

---

[95] S.o., Standort und Aufgabe, 30.

1. Offenbarung und Verborgenheit

Offenbarung als Selbsterschließung des Transzendenten gehört konstitutiv zu jeder Religion. Keine Religion versteht sich selbst als menschliche Erfindung, sondern jede beruft sich auf eine ihr vorangehende und sie begründende Initiative des Transzendenten. Es bedarf dazu nicht notwendig einer verbalen Verlautbarung, wie das von Offenbarungsreligionen im engeren Sinn vorausgesetzt wird. Auch signifikante Ereignisse in Natur und Geschichte können als Offenbarung verstanden und symbolisch als Kundgabe eines übernatürlichen Grundes gedeutet werden.

Der Begriff der Offenbarung bedeutet zunächst die Offenlegung von etwas zuvor Verborgenem. In diesem noch sehr unpräzisen Sinn tritt er auch im alltäglichen Sprachgebrauch auf. „Das war mir eine Offenbarung" bedeutet, dass hier überraschend Zusammenhänge ans Licht getreten sind, von denen die betreffende Person bis dahin keine Ahnung hatte. Das Moment des Unerwarteten ist für ein solches Ereignis kennzeichnend: Man wäre nicht von selbst darauf gekommen. Des Weiteren wird meistens dem „offenbar" gewordenen Sachverhalt eine gewisse Wichtigkeit beigemessen. Beide Aspekte können als Erinnerungen an den ursprünglich religiösen Sinn des Begriffs verstanden werden.

Von einem religiösen Standpunkt aus erscheint dieser alltägliche Sprachgebrauch dennoch als trivial. Wer so von Offenbarung spricht, hätte vielleicht nur etwas intelligenter oder findiger sein müssen, um über seine Entdeckung nicht so verblüfft zu sein. Offenbarung im religiösen Sinn dagegen bezieht sich auf etwas, das der Mensch unter keinen Umständen selbst herausfinden kann, weil es sich dem Zugriff seines Denkens oder seiner Intuition prinzipiell entzieht. Hier wird nicht ein Sachverhalt der allgemeinen Lebenserfahrung oder der Empirie aufgedeckt, sondern der Urgrund des Lebens und des Seins der Welt, ein letzter Sinn angesichts der Vergänglichkeit und der Sinnwidrigkeit des Übels und des Bösen, die dergleichen scheinbar ausschließen. Es geht nicht um etwas irgendwie Wichtiges, sondern um das Lebenswichtige schlechthin. Wenn sich der Mensch als Empfänger einer Offenbarung sieht, ist er sich darüber klar, dass er einen solchen Sinn keinesfalls selbst stiften, den Urgrund selbst legen könnte. Vielmehr muss er ihm in radikaler Weise „von außen" zukommen. Auch angesichts einer solchen Offenbarung bleibt die Überraschung beim Empfänger nicht aus, aber sie ist nicht bloß relativ, sondern absolut. Denn das Subjekt der Offenbarung, der „Offenbarer", ist ja kein beliebiges, sondern die Transzendenz selbst.

Die Religionen beschreiben ihre Offenbarungen durchweg als Ereignisse, die das zuvor Verborgene mit unwiderstehlicher Macht und Klarheit ans Licht bringen. Trotzdem gelten sie zumeist nicht als etwas jedermann ohne weiteres Zugängliches. Vielmehr werden sie nur den Anhängern der jeweiligen Religion zuteil, oft genug nur durch ekstatische Erlebnisse, unter peinlich genauer Einhaltung vorgeschriebener geheimer Riten oder durch Fürwahrhalten bestimmter

Lehren. Das offenbarte Wissen muss zudem meistens von einer eigens dazu einge-
setzten Priesterkaste verwaltet werden. Mit dieser Einschränkung versehen, gilt
es dann freilich oft als so sicher, dass man geradezu von einem *Besitz* von Offenbarung sprechen kann. Aus dem Ereignis der Offenbarung ist dann das Offenbarte
geworden, auf das man sich fortan ganz selbstverständlich berufen kann.

Auf diese Weise wird jedoch das Göttliche verfügbar gemacht. Das schlechthin
Überraschende geht ihm verloren. Philosophisch ist dagegen geltend zu machen,
dass damit die Transzendenz um ihr Wesen gebracht ist und dass eine Religion,
die so verfährt, sich selbst widerspricht. Insofern jedenfalls hat die Aufklärung
an dieser Stelle ein sicheres Gespür bewiesen, wenn sie die Evidenz des sinnlich
Wahrgenommenen und der Vernunftschlüsse an die Stelle solcher problemati-
scher Evidenzansprüche setzte. Man wird ihr insofern auch im Blick auf die Religion kaum das Recht bestreiten können, diesen Schritt als den „Ausgang des
Menschen aus seiner selbst verschuldeten Unmündigkeit"[96] zu feiern.

Es wäre indessen verkehrt, das *Wesen* des religiösen Verständnisses der Offenbarung in deren welthafter Objektivierung zu sehen. Im Gegenteil: Fast immer
findet man, zumindest *neben* solchen Deutungen, einen tiefen Sinn dafür, dass eine Offenbarung der Transzendenz mit ihren welthaften Trägern als solchen niemals identisch werden kann, dass diese vielmehr lediglich Mittel oder Mittler
symbolischer Verweisung sind. Die Religion sieht daher die sich selbst offenbarende Transzendenz als zugleich verborgen, als Mysterium an. Dies ist auch die
eigentliche Bedeutung der oben erwähnten Zugangsbedingungen. Die prinzipielle Begrenztheit menschlicher Erkenntnisfähigkeit, aber auch die schuldhafte Verstockung des Menschen wird dafür verantwortlich gemacht, dass das Göttliche
nicht tatsächlich immer und überall offenkundiger als alle Evidenz und selbst für
die „Eingeweihten" nicht endgültig und unwiderruflich am Tage ist (weshalb
z.B. eine regelmäßige Wiederholung der Riten erforderlich ist). Zugespitzt formuliert: Es ist im strengen Sinne eben nicht so, dass es einst restlos verborgen,
nun aber restlos aufgedeckt ist, sondern es bleibt in seiner Offenbarung selbst zugleich das Verborgene. Es enthüllt sich auf diese Weise im Innersten des Menschen oder inmitten einer Kultgemeinschaft, aber nicht ohne weiteres der allgemeinen Öffentlichkeit. Man spricht von ihm angemessen nur so, dass man zugleich auf seinen Geheimnischarakter verweist.

Der übernatürliche Ursprung der Offenbarung wird in den Religionen meist
dadurch zum Ausdruck gebracht, dass man sie sich als mit „Zeichen und Wundern" einhergehend vorstellt. Das Außergewöhnliche schlechthin wird also
durch das innerweltlich Außergewöhnliche nicht mehr bloß symbolisiert, sondern punktuell mit ihm identifiziert. Für ein Denken, dem die Transparenz der
Wirklichkeit noch etwas Selbstverständliches ist, kann das eine angemessene

---

[96] IMMANUEL KANT, *Beantwortung der Frage, Was ist Aufklärung?* (1784), Akad.-Ausg.
Bd. 8 (35–42), 35.

Vorstellungsweise sein. Sobald aber die Transparenz selbst bereits das Außergewöhnliche (wenngleich Denkmögliche) darstellt, befriedigt dieses Verfahren
nicht mehr. Vielmehr reduziert dann der Versuch, das Ereignis einer Offenbarung mit Hilfe des Verweises auf wunderhafte Geschehnisse zu demonstrieren,
das Transzendente auf eine nur noch innerweltlich besondere Größe. Darin besteht der tiefe Zwiespalt jedes theologischen Supranaturalismus. Ironischerweise
gelangt er damit prinzipiell zum gleichen Ergebnis wie sein Widerpart, der Rationalismus, der lediglich auf einem anderen Weg, nämlich durch die Leugnung des
Übernatürlichen, zu einer reinen Immanenz kommt.

Die Religionsphilosophie kann keinen dieser beiden Wege verfolgen. Sie hat
darauf zu insistieren, dass sich eine Offenbarung rational weder demonstrieren
noch wegerklären lässt. Sie kann nicht einmal deren Gegebensein konstatieren,
sondern zunächst nur den *Anspruch* der Religionen auf Begründung durch eine
Offenbarung. Wollte sie mehr leisten, so müsste sie die Beschränkung der Rede
von Offenbarung auf die Relation zwischen der sich erschließenden Transzendenz und dem Empfänger solcher Erschließung übersteigen und von einem neutralen Standpunkt Auskunft über die Begegnung mit dem geben können, das uns
„unbedingt angeht", was einen Widerspruch in sich darstellt.

Auch über die Feststellung einer Pluralität solcher Ansprüche kann die Religionsphilosophie prinzipiell nicht hinausgehen. Sie kann über deren Wahrheit keine Entscheidung treffen, auch nicht in dem Sinn, dass sie angesichts der Ver-
wandtschaften und Analogien zwischen den Religionen eine durch solche Offenbarungen insgesamt erschlossene, ihnen allen irgendwie gemeinsame Wahrheit
annimmt. Es bestehen ja zwischen den Religionen auch unvereinbare Gegensätze, die ein solches harmonistisches Bild von vornherein ausschließen. Sie machen
eine Entscheidung notwendig, die aber nur aus einer bestimmten religiösen Erfahrung heraus vollzogen werden kann.

Nun wird es freilich problematisch erscheinen, diese Entscheidung den Religionen allein zu überlassen, weil das der Willkür und einem verblendeten und
unbelehrbaren Fanatismus Tor und Tür öffnen könnte. Der Einwand ist insofern
nicht leicht zu nehmen, als das zu jeder Religion gehörende *commitment* sich nur
allzu leicht gegen die Vernunft kehren lässt, wodurch dann die Religiosität auf
den Teilbereich des Emotionalen reduziert wird. Insofern kann die Religionsphilosophie durchaus nicht nur denkende Reflexion über die Religion, sondern
auch deren Korrektiv sein. Sie erinnert diese daran, dass die Fähigkeiten des
Menschen, die Erfahrungswirklichkeit realistisch wahrzunehmen, logisch zu
denken und der Realität angemessen zu handeln, ebenso von der Alles bestimmenden göttlichen Wirklichkeit betroffen sein müssen wie das Gefühl, wenn es
sich bei einer Offenbarung tatsächlich um die Selbsterschließung des Transzendenten handeln soll.

Trotzdem ist hier größte Zurückhaltung geboten. Denn mit Hilfe welcher
Maßstäbe sollte die Philosophie eine wertende Entscheidung zwischen den Reli-

gionen begründen? Insbesondere im Deutschen Idealismus hat sie dazu vor allem zwei Kriterien benutzt: den Monotheismus und das Niveau der Sittlichkeit. Der Monotheismus ist für sich genommen ein sehr formales Kriterium. Wenn die verbreitete Auffassung der neueren Religionsphänomenologie zutrifft, dass ohnehin in der Welt der Religionen ein latenter Zug zum Monotheismus vorhanden ist, der sich aus dem Bezug auf einen transzendenten Grund eigentlich logisch ergibt, dann kann man die Religionen in dieser Hinsicht nur auf die Konsequenz der dialektischen Bestimmung von Transzendenz Welt hin prüfen.

Was sodann die Art der Sittlichkeit angeht, die von einer Religion propagiert wird, so ist deren Verständnis *zum einen* außerordentlich stark von der Kultur abhängig, in der die Anhänger dieser Religion leben. Dazu steht nicht in Widerspruch, dass es bestimmte allgemeine Grundforderungen gibt, die man als für alle Menschen gültig und von allen Menschen einsehbar bezeichnen kann; denn deren Vermittlung in die jeweilige Kultur ist stets Sache einer an diese Kultur gebundenen Intuition und Rationalität.*Zum anderen* aber und vor allem ist Religion etwas anderes als Sittlichkeit. Sie kann sich daher mit völlig entgegengesetzten Konkretionen verbinden, die von der Barmherzigkeit gegenüber den Leidenden und Benachteiligten bis zum Kreuzzug und zum *djihad*, zum heiligen Krieg, reichen können. Dabei kommt es nun darauf an, ob es sich um eine Grundrichtung des Ethischen oder lediglich um Probleme der praktischen Umsetzung handelt, oder vielleicht sogar um Widersprüche zur ethischen Grundrichtung einer Religion, wie man das von den Kreuzzügen sicherlich sagen kann. Nur im ersten Fall, also wenn sich ohne vorgängiges polemisches Interesse eine notwendige Verbindung zwischen der Religion und einer eindeutig und klar erkennbaren sittlichen Fehlorientierung nachweisen lässt, kann eine philosophische Fundamentalkritik an einer Religion gerechtfertigt werden[97]. Das dürfte, stellt man die unumgängliche kulturelle Variationsbreite des Sittlichen in Rechnung, weit seltener der Fall sein, als so eurozentrisch orientierte philosophische Richtungen wie die Aufklärungsphilosophie oder der Deutsche Idealismus anzunehmen geneigt waren. In allen anderen Fällen ist ethische Argumentation geboten, so schwierig diese sich wegen der behaupteten religiösen Begründung des sittlichen oder rechtlichen Handelns auch gestalten mag. (Ein Beispiel wäre die für westliches Empfinden brutale Strafe des Abhackens der rechten Hand, welche die islamische Scharia für Diebe vorsieht.)

In einem spezifisch religionsphilosophischen Sinn bleibt als Kriterium für die Beurteilung des Offenbarungsanspruchs einer Religion nur die doppelte Frage

---

[97] Nach diesem Kriterium kann man z.B. die Witwenverbrennungen in Indien nicht gegen den Hinduismus ins Feld führen, weil diese Unsitte verhältnismäßig jungen Datums ist und ihre Abschaffung durch den englischen Generalgouverneur Lord William Bentinck 1829 auch von Hindus begrüßt wurde. Vgl. dazu HORST GRÜNDER, *Welteroberung und Christentum. Ein Handbuch zur Geschichte der Neuzeit*, Gütersloh 1992, 301.

übrig: Inwieweit unterscheidet sie die Transzendenz klar von der Lebenswelt des Menschen, und wie konsequent bezieht sie zugleich beides intensiv wie extensiv aufeinander? Dabei ist streng darauf zu achten, dass der Maßstab nicht die intellektuelle Klarheit sein kann, mit der sie das tut (Religion ist ja nicht eine besondere Art von Denken), sondern die existenzielle Durchdringung aller Lebensbereiche. Durch Einbringen dieses und des zuvor besprochenen ethischen Gesichtspunktes kann die Religionsphilosophie die theologische Erörterung des Pluralismus-Problems unterstützen.

2. Biographische Erschließungssituationen

Soll eine Offenbarung des außerweltlichen Grundes alles Seins auf rationale Weise überhaupt gedacht werden können, so müssen ihr herausgehobene Situationen des Lebens entsprechen, Situationen also, die schon durch ihre erkennbare Andersartigkeit über das Alltägliche hinausweisen. Etwas Derartiges scheint Trutz Rendtorff im Sinn gehabt zu haben, wenn er schreibt, das Wort Gott habe „seinen Ort alleine dort, wo in der praktischen Lebenswelt das Ganze des Lebens thematisch wird"; das geschehe an der Grenze des Lebens. Er behauptet sogar, dass hier geradezu die Nötigung bestehe, von Gott zu sprechen[98]. Ist diese These als allgemeingültiger Satz haltbar?

Für Rendtorffs Sicht spricht der gewissermaßen ekstatische Charakter solcher Ausnahme- oder Spitzensituationen in Freude oder Schmerz. Das unerwartete, nicht selbst provozierte Aufleuchten einer solchen Gesamtschau im Licht eines letzten Sinnes, dem dieses Leben entspricht oder den es verfehlt hat, scheint sich zunächst tatsächlich fast zwangsläufig nur auf eine Quelle zurückführen zu lassen, der etwas unbedingt Bindendes eignet. Dennoch sind gegen diese Auffassung erhebliche kritische Bedenken ins Feld zu führen. Wie kommt es denn, dass nicht alle Menschen, die solche Ausnahmesituationen erlebt haben, diese auf eine Gottesbegegnung zurückführen? Rendtorff hat diesen Fall durchaus im Blick. Er gibt sogar zu, der Mensch könne leugnen, dass Gott „der zusammenfassende Begriff und Ausdruck für das, was wir empfangen" und „für die Einheit der Wirklichkeit in der Vielfalt der Erfahrung" sei. Doch meint er, dem sei durch „Aufklärung" abzuhelfen (32.34f). Dagegen ist zu fragen, ob denn überzeugte Atheisten durchweg begriffsstutzig oder uneinsichtig sind. Es dürfte jedenfalls nicht schwer fallen, ein solches Allgemeinurteil als empirisch falsch zu erweisen. Des Weiteren scheint Rendtorff anzunehmen, dass der ruhige rationale Diskurs der Normalsituation, die Zurechnungsfähigkeit und Gutwilligkeit der Aufzuklärenden vorausgesetzt, mit einiger Sicherheit das zutreffende religiöse Verständ-

---

[98] Trutz Rendtorff, *Gott – ein Wort unserer Sprache?* (TEH 171), München 1972, 20.28. Danach auch die folgenden Seitenzahlen.

nis jener Ausnahmesituation herbeiführen werde. Deren Erschließungsfunktion würde dann durch diejenige der Alltagssituation entweder überboten oder zumindest verifiziert. Der Duktus von Rendtorffs Argumentation lässt vermuten, dass er mit beiden Möglichkeiten rechnet. Indessen führt die Annahme einer Überbietung in einen Widerspruch, weil die Alltagssituation wegen ihrer Unübersichtlichkeit gerade der Erhellung durch einen herausgehobenen Moment bedarf. Der Behauptung, die Alltagssituation könne zu einer Verifizierung führen, ist dagegen nachzugehen. Für sie spricht, dass die behauptete exzeptionelle Einsicht in das Ganze des Lebens ihre erhellende Kraft in irgendeiner Weise an den einzelnen Momenten dieses Lebens bewähren muss. In dieser reduzierten Form enthält Rendtorffs Abhandlung eine wichtige Anfrage.

Um darauf antworten zu können, beginne ich mit einer Analyse der erhellenden Erschließungssituation in einem allgemeinen Sinn. Dabei knüpfe ich zunächst an deren instruktive Beschreibung durch Ian T. Ramsey an[99]. Er setzt bei schlichten Alltagserfahrungen ein. Eine Reihe disparater Formelemente ergibt plötzlich, richtig zusammengesetzt, ein Gesicht. Ein Richter erkennt in dem Angeklagten plötzlich einen alten Schulfreund. Ein Forscher findet die richtige Fragestellung, die eine neue Entdeckung ermöglicht (19f.24.32). Lauter Evidenzerlebnisse, könnte man sagen. Aber sie sind alle von besonderer Art. Konstitutiv für diese Klasse von Evidenzereignissen ist das Überraschungsmoment. Sie haben den Charakter einer *disclosure*, der unerwarteten Erschließung von Zusammenhängen: „Der Groschen fällt" (24). In der Beschreibung solcher Erfahrungen fungiert das Ich nicht als Subjekt; so heißt es von einem „Einfall": Mir fällt *etwas* (oder *jemand*) dazu ein. Will man diese Phänomene verstehen, so kann man eine ganze Anzahl von Kausalzusammenhängen dafür bemühen. Damit lassen sich Teilaspekte eines solchen Vorgangs aufhellen, aber die zentrale Frage, warum genau dies gerade mir ausgerechnet hier und jetzt begegnet, lässt sich damit nicht erklären. Die Überraschung ist kontingent. Das diskursive Alltagsdenken kann sich deren Verständnis nähern. Aber in Bezug auf das spezifisch Neue gelingt das immer erst im Nachhinein. Der Vorrang gebührt dem „fallenden Groschen", dem Einfall.

In den geschilderten Situationen wird einem Menschen überraschend etwas bisher Unbekanntes bekannt, etwas Verborgenes „offenbar". Auch das, was man herkömmlich Offenbarung nennt, hat diesen Charakter, wie wir bereits sahen. Trotzdem wird kaum jemand auf die Idee kommen, jede dieser *disclosures* als Spitzensituation oder als Offenbarung im ausgezeichneten Sinn des Begriffs zu bezeichnen. Weshalb nicht? Mehrere Momente sind zu nennen. Erstens geht es in einer *biographischen* Erschließungssituation um das Ganze des menschlichen Lebens. Sein gesamter Verlauf in Vergangenheit, Gegenwart und Zukunft,

---

[99] Ian T. Ramsey, *Religious Language. An Empirical Placing of Theological Phrases*, 6. Aufl. London 1982, 11–48. Danach im Folgenden die Seitenzahlen.

der in der normalen Alltagssituation verborgen bleibt, wird zum Thema eines einzigen Augenblicks. Ebenso ist die ganze Komplexität dieses Lebens nicht nur in seiner Selbstbezüglichkeit, sondern auch in der Vielfalt seiner persönlichen und sozialen Bezüge darin eingeschlossen. Es geht also um nicht weniger als um meine Identität als Gegebenheit und Aufgabe und um meine Art, das Leben zu sehen und anzugehen. Davon ist prinzipiell nicht nur der engste persönliche Lebenskreis betroffen, sondern darüber hinaus das Verhältnis zur Welt überhaupt. Eine solche Situation nötigt, wie Ramsey (28–37) ausführt, zum totalen und universalen *commitment*.

Eine solche Selbstbindung ist nun aber – und das ist der entscheidende Punkt, der in Rendtorffs Analyse zu kurz kommt – stets ein Wagnis. Man kann nämlich nicht ohne weiteres den Evidenzcharakter der kleinen, alltäglichen Erschließungssituationen auf die großen biographischen Spitzensituationen übertragen; auch Ramsey hat dies übrigens, wie seine Kritiker mit Recht bemängelt haben, nicht beachtet. Ein erster Hinweis auf die hier verborgene Problematik liegt in der Tatsache, dass auch umfassende Lebensorientierungen sich erfahrungsgemäß im Lauf eines Lebens ändern können. Oder in der hier verwendeten Terminologie: Es kann geschehen, dass eine Erschließungssituation, die das Ganze des Leben thematisiert, durch eine neue außer Kraft gesetzt wird. Bis hierher muss das zwar noch keinen Widerspruch bedeuten. Denn es handelt sich vielleicht nur darum, dass eine veränderte Gesamtkonstellation eine neue Interpretation derselben Grundeinstellung erfordert. Dergleichen ließe sich mit Bezug auf eine Offenbarung im religiösen Sinn des Wortes behaupten. Aber nun gibt es auch solche Erschließungssituationen, deren Gehalt sich im Nachhinein als falsch bzw. falsch gedeutet erweist oder zumindest so erscheint. So kann eine Ehe, die zunächst von beiden Partnern mit voller gegenseitiger Hingabe der ganzen Person geführt wird, sich irgendwann als schwerer Fehler erweisen. Selbst eine spezifisch religiöse Bindung, die jemand auf Grund einer Erschließungssituation (z.B. eines Bekehrungserlebnisses) eingegangen ist, kann von dem betreffenden Menschen auf Grund eines anderen derartigen Ereignisses als irrig erkannt oder jedenfalls angesehen werden.

Die Möglichkeit der Täuschung besteht also keineswegs bloß im Blick auf Trivialitäten, sondern auch in Bezug auf Grundorientierungen. Bei genauerer Untersuchung von grundlegenden Erschließungssituationen stellt sich immer heraus, dass sie mitbestimmt sind durch bereits vorgegebene eigene und fremde Deutungsmuster. Wie will man da ausschließen, dass eine solche *disclosure* den Menschen entgegen dem Anschein gar nicht von Gott her trifft, sondern ihren Ursprung im eigenen Unterbewusstsein oder im gesellschaftlichen Umfeld hat? Man braucht dabei keineswegs gleich an pathologische Erscheinungen oder an irgendwelche Formen sozialer Pression zu denken.

Es ist also ratsam, gegenüber Berufungen auf grundlegende Erschließungssituationen misstrauisch zu sein, wie denn auch tatsächlich in den Religionen oft

ein gesundes Misstrauen gegenüber dem Phänomen des „inneren Lichts" anzutreffen ist. Die von Rendtorff geforderte Aufklärung kann hier zwar eine begrenzte Funktion haben, indem sie auf Vorurteile oder auch auf tiefenpsycholo-
gische Zusammenhänge hinweist. Doch wird der Aufklärer niemals mit Sicherheit sagen können, ob und in welchem Sinn es sich in einem gegebenen Fall um
eine Offenbarungssituation im ausgezeichneten Sinn des Wortes handelt. Es ist
nicht einmal von vornherein auszuschließen, dass sich Offenbarungen sogar in
der Verhüllung durch pathologische Seelenzustände ereignen. Rational kommt
man nur bis zu der These, dass Erfahrungen, die als Erschließungssituationen erlebt werden, Offenbarungen Gottes sein *können*, obwohl umgekehrt Offenbarungen Gottes durchweg das weltliche Gesicht von Erschließungssituationen haben. (Es sei wenigstens am Rande vermerkt, dass deren Gestalt variabel ist und
keineswegs notwendig von der Art eines Bekehrungserlebnisses sein muss.)

Kann es nun überhaupt irgendwelche Kriterien dafür geben, dass es in einer
biographischen Erschließungssituation Gott selbst sich offenbart? Darauf ist zunächst negativ zu antworten, dass in der Außenperspektive des nicht Betroffenen solche Kriterien nicht auszumachen sind. Das schließt nicht aus, dass in der
Binnenperspektive analoge religiöse Erfahrungen kommunizierbar sind und eine gemeinsame – wenn auch nur vorläufige – Kriterienbildung ermöglichen. Dabei ist aber vorausgesetzt, dass für die Beurteilung einer biographischen Erschließungssituation allein derjenige Mensch zuständig ist, in dessen Leben sie
fällt. Nur er selbst kann auch darauf mit vollem *commitment* antworten; er ist
unvertretbar.

Es gibt aber jedenfalls einen positiven Gesichtspunkt, der einen Schritt weiterführen kann. Irrtümer in der Beurteilung einer Spitzensituation entstehen vorzugsweise dann, wenn tiefsitzende Wünsche sie bestimmen. Deshalb *könnte* es
sich insbesondere dann um eine Offenbarung handeln, wenn die überwältigende
Kraft eines solchen Ereignisses den Menschen in eine ganz andere Richtung, zur
„Umkehr" treibt. Aber dies kann nur dann als Kriterium gelten, wenn ausgeschlossen werden kann, dass die menschlichen Mittelspersonen, die auf irgendeine Weise in solchen Situationen mit im Spiel sind, durch physischen oder psychischen Druck lediglich den Anschein einer solchen Situation erzeugt haben.
Die innere Unfreiheit vieler „bekehrter" Menschen oder Konvertiten weckt den
Verdacht, dass sie in Wirklichkeit einer sehr menschlichen Hörigkeit unterworfen sind.

Über die beschriebene Unsicherheit kommt man religionsphilosophisch nicht
hinaus: Biographische Erschließungssituationen können prinzipiell einem Menschen ebenso die Wahrheit eröffnen, wie sie ihn auf verhängnisvolle Weise in die
Irre führen können. Allenfalls im Extremfall, wenn etwa der Plan eines Verbrechens oder eine offensichtliche Wahnvorstellung als göttliche Offenbarung des
Lebenssinnes ausgegeben wird, ist dies ein zureichender Grund, um aus einer
neutralen Position heraus einen Irrtum zu konstatieren. Alles Weitere muss man

dem spezifisch religiösen Urteil – und damit freilich auch dem Streit zwischen unterschiedlichen religiösen Überzeugungen – überlassen.

3. Die Tiefendimension der Natur

Bei der Frage, ob und gegebenenfalls wie man Naturerfahrungen mit dem von vielen Religionen behaupteten Phänomen der Offenbarung von Gottheiten durch die Natur in Verbindung bringen könne, scheint philosophisch besondere Vorsicht geboten zu sein. Denn eine Offenbarung des göttlichen Grundes, die für das menschliche Leben relevant sein soll, erfordert für das Verständnis ihres Urhebers personale Symbole. Nun ist die den Menschen umgebende Natur etwas ihm wesensmäßig Fremdes. Wenn also Naturerscheinungen als Offenbarungsmedium angesehen werden sollen, so scheint das die Übertragung anthropomorpher Vorstellungen auf sie vorauszusetzen. Dabei muss man zwar nicht notwendig an Göttergestalten denken. Aber die Analogie zwischen der Kosmologie und dem jeweiligen Bild der menschlichen Gesellschaft, der man ohnehin nur schwer entkommt[100], scheint dann festgeschrieben zu werden, ebenso wie die Vorstellung einer Zweckgerichtetheit naturhafter Vorgänge und Zusammenhänge. Es ist deshalb zu fragen, ob nicht die Hypothek, die man damit auf sich nimmt, die Annahme einer göttlichen Offenbarung in der Natur zu sehr belastet, so dass man lieber auf sie verzichten und den Offenbarungsbegriff auf den Bereich der menschlichen Geschichte beschränken sollte.

Dieser Schritt wäre indessen voreilig. Zunächst einmal besteht das Analogieverhältnis von Welt- und Geschichtsbild nicht einseitig in einer Vermenschlichung der Natur, sondern ebenso umgekehrt auch in einer naturhaften Sicht der Geschichte. So hat der Mensch sein Verständnis von Zeit den natürlichen Rhythmen entnommen und etwa bereits im Altertum nach dem Modell eines biologischen Lebensablaufs die Geschichte zu verstehen gesucht[101]. Die harmonistische Wirtschaftstheorie von Adam Smith, nach der die wohlverstandenen Eigeninteressen der Wirtschaftssubjekte sich auf Grund des Waltens einer „unsichtbaren Hand" zum Wohl des Ganzen gegenseitig ausbalancieren[102], setzt zwar ein *moral sentiment* voraus, dürfte aber zumindest nicht unbeeinflusst vom mechanistischen naturwissenschaftlichen Weltbild der Zeit sein, das seinerseits nicht aus

---

[100] S.o., S. 158f.

[101] So bei JULIUS FLORUS, *Epit. de Tito Livio* I 1; AUGUSTIN hat das in abgewandelter Form übernommen, *De civ. Dei* XVI 43 (CChr.SL 48, 550) und De div. quaest. LXXXVIII q. 58 (CChr.SL 44A, 104–109). Vgl. dazu HEINRICH SCHOLZ, *Glaube und Unglaube in der Weltgeschichte. Ein Kommentar zu Augustins De civitate Dei*, Leipzig 1911, 157–162.

[102] ADAM SMITH, *A Theory of Moral Sentiments* (1776), in: The Glasgow Ed. of the Works and Correspondence of Adam Smith, Bd. 1, Oxford 1976, 184, sowie DERS., *An Inquiry into the Nature and Causes of the Wealth of Nations*, ebd. Bd. 2/1, 26f.456.

analogen Erfahrungen in der Menschenwelt *erklärt* werden kann, sondern auf empirischen Entdeckungen in der Natur beruht, diese aber wiederum gesellschaftlichen Interpretationsmustern unterwirft. Und wie viele Kulturtechniken hat der Mensch der Natur entlehnt!

Viel wichtiger ist aber etwas anderes. So wenig das Phänomen der *cosmization* aus dem menschlichen Denken je wird eliminiert werden können, so hat doch zumindest im Bereich der Wissenschaft eine funktionale Betrachtung von Naturvorgängen deren Subjektivierung abgelöst, seit das Gefühl der Abhängigkeit von ihnen dem Bewusstsein ihrer weitgehenden Beherrschbarkeit gewichen ist[103]. Damit ist das Anderssein der Natur im Verhältnis zum Menschen in ganz neuer Weise ans Licht getreten. Dieses Anderssein bürgt dafür, dass der Mensch aus der Natur Neues erkennen kann, was ihm nicht aus seiner menschlichen Lebenswelt schon vertraut ist. Genau dies bedeutet, im Unterschied zu einer weit verbreiteten Meinung, keinen Verlust, sondern im Gegenteil eine Chance für die Frage nach einer Offenbarung in der Natur. Gerade im Verzicht auf anthropomorphe Vorstellungen von der Natur liegt die Möglichkeit für die religiöse Deutung, in ihr als dem innerweltlich Anderen des Menschen Spuren des „Ganz Anderen", eine Offenbarung (Selbsterschließung) des Transzendenten, zu finden und auf diese Weise die Einseitigkeit anthropomorpher Gottesbilder zu korrigieren, wie wir es oben gefordert hatten[104]. Jetzt ist zu fragen, was der Gedanke einer göttlichen Offenbarung in der Natur innerhalb des soeben umrissenen Horizonts positiv zu leisten vermag.

Wenn der Empfang von Offenbarung ein unmittelbares Überführtwerden von etwas ist, dann wird man ihren Ort in solchen Erfahrungen suchen, die Evidenzerlebnissen analog sind, zugleich aber über das Gewöhnliche hinausweisen. Es müsste sich, um eine oben (III 2) eingeführte Begrifflichkeit aufzunehmen, um das Aufleuchten des schlechthin Selbstverständlichen und des schlechthin Nichtselbstverständlichen handeln. Beides lässt sich auf die Art, wie Menschen die Natur erleben, beziehen. Das Überführtwerden durch das schlechthin Selbstverständliche könnte sich da ereignen, wo man über die Gesetzmäßigkeit von Naturvorgängen staunt, sie also nicht im weltlich immanenten Sinn für selbstverständlich hält. Hier verweist die Natur den religiösen Menschen auf Gott als ordnende Macht. Das entgegengesetzte Überführtwerden vom schlechthin Nichtselbstverständlichen könnte in solchen Naturerfahrungen stattfinden, die

---

[103] GÜNTER DUX nennt den Wandel von einem subjektivierenden, substanzontologischen zu einem relational-funktionalen Verständnis der Weltwirklichkeit einen Paradigmenwechsel: *Die Logik der Weltbilder. Sinnstrukturen im Wandel der Geschichte* (stw 370), Frankfurt 1982, 282 – mit Recht, denn dieser Wandel hat in der Tat die Radikalität, die mit jenem viel missbrauchten Terminus Thomas Kuhns gemeint ist. Nur die gern damit verbundene Vorstellung von einem totalen Bruch in dem Sinn, dass von dem Früheren schlechterdings nichts mehr übrig bleibt, ist historisch problematisch.

[104] S.o., S. 157.164.

unerwartete Einbrüche zum Gegenstand haben – in Erfahrungen des Erschre-
ckens ebenso wie in solchen des Glücks. Plötzliche Krankheit und Tod, ebenso
unerwartete Genesung und neue Lebensmöglichkeiten sind alltägliche Beispiele
dafür. Gott würde sich hier als der Urgrund schöpferischer oder vernichtender
Dynamik offenbaren.

Andere Formen einer Erfahrung der Tiefendimension der Natur, die als Vermittlung einer Selbsterschließung der Gottheit verstanden werden können, sind
das Gefühl der Heimatlichkeit einer vertrauten Landschaft oder der *horror vacui*
angesichts der unendlichen Leere des Weltraums[105]. Die Offenbarung der Gottheit, die sich in solchen Gefühlen vermitteln kann, würde alle weltliche Geborgenheit auf einen letzten Grund des Seins zurückführen oder in der kosmischen
Verlorenheit die Abgründigkeit des Daseins schlechthin aufreißen[106].

Eine wichtige Gestalt der Erschließungsfunktion der Natur findet sich schließlich in dem Phänomen des ästhetischen Überwältigtwerdens von der Schönheit
oder auch der grandiosen Übermacht der Natur. Es verrät wenig Einfühlungsvermögen, wenn jemand diese Erfahrung in das Gebiet der Sentimentalität oder historisch ins Zeitalter der Empfindsamkeit abschieben will. Dafür gibt es in allen
Epochen und Kulturen zu viele ernst zu nehmende Beispiele solcher ästhetisch
vermittelten religiösen Erfahrung. Sowohl der Genuss vollendeter Harmonie in
der Schönheit einer Landschaft oder eines Tiers als Verweis auf den Urgrund des
schlechthin Selbstverständlichen als auch das Erstarren angesichts des Schauerli-
chen einer Naturkatastrophe oder des Unheimlichen eines durch Krankheit ent-
stellten Gesichts als Verweis auf das schlechthin Nichtselbstverständliche können Formen solcher auf göttliche Offenbarung rekurrierenden ästhetischen Erfahrung sein. Diese kann sodann kraft der Imagination in künstlerische Gestalt
umgesetzt werden, die ihr „gültige" Form verleiht und so ihren Verweischarakter ausdrücklich macht.

---

[105] Eines der bewegendsten Zeugnisse für die zweite Erfahrung findet sich bei BLAISE PASCAL,
Pensées 693 (Brunschwicq): „En voyant l'aveuglement et la misère de l'homme, en regardant
tout l'univers muet, et l'homme sans lumière, abandonné à lui-même, et comme égaré dans ce
recoin de l'univers, sans savoir qui l'y a mis, ce qu'il y est venu faire, ce qu'il deviendra en mou-
rant, incapable de toute connaissance, j'entre en effroi, comme un homme qu'on aurait porté
endormi dans une île déserte et effroyable, et qui s'éveillerait sans connaître où il est, et sans
moyen d'en sortir." (Wenn ich die Erblindung und das Elend der Menschen sehe, wenn ich das
ganze stumme Universum betrachte und den Menschen ohne Erleuchtung, sich selbst überlassen und wie verirrt in diesem Winkel des Universums, ohne zu wissen, wer ihn dorthin gesetzt
hat, zu welchem Zweck er dorthin gekommen ist und was im Sterben aus ihm wird, unfähig jeglicher Erkenntnis, gerate ich in Schrecken wie jemand, den man schlafend auf eine einsame,
schreckliche Insel gebracht hat und der dann aufwacht, ohne zu wissen, wo er ist, und ohne eine
Möglichkeit, dort wegzukommen.)
[106] Die klassischen Darstellungen dieser Doppelgestalt aller religiösen Erfahrung sind NA-
THAN SÖDERBLOM, *Naturlig religion och religionshistoria. En historik och ett program*, Stockholm 1914 (dt. Fassung verkürzt: Natürliche Theologie und allgemeine Religionsgeschichte,
Leipzig 1913) und RUDOLF OTTO, *Das Heilige. Über das Irrationale in der Idee des Goettlichen
und sein Verhältnis zum Rationalen*, Breslau 1917.

Alle diese Gestalten möglicher göttlicher Offenbarung sind selbstverständlich durch die Natur nur vermittelt, nicht etwa mit ihr identisch, und ihre Erkenntnis verliert nie ihren symbolischen Charakter. Vor allem aber haben solche Erfahrungen ihren Ort stets in der Subjektivität des Betrachters. Sie sind zwar durchaus kommunizierbar, so dass viele Menschen angesichts derselben Phänomene in gleicher Weise angerührt sein können. Aber sie sind nicht demonstrierbar. Die Subjektivität solcher Erfahrungen erhellt besonders daraus, dass sie nicht selten zugleich biographische Schlüsselerfahrungen sind – um ein christliches Beispiel zu zitieren: wie Luthers Erlebnis des Gewitters bei Stotternheim im Jahre 1505, das für ihn der Anlass war, ins Kloster zu gehen.

Handelt es sich dann am Ende bei solchen Erfahrungen gar nicht um Natur-, sondern um geschichtliche Offenbarungen – schon deshalb, weil sie sprachlicher Vermittlung bedürfen, um in ihrer Relevanz für die menschliche Existenz verstanden werden zu können? Doch der Interpretation bedarf schlechthin alles, was als Offenbarung beansprucht wird, sofern man sich nicht Gott wie einen himmlischen Lehrer vorstellen will, der die Menschen mit zeitlos eindeutigen Aussprüchen für immer von ihrer Geschichtlichkeit befreit. Vor allem aber werden durch das Medium der Natur andere Lebensbezüge angesprochen als durch rein geschichtliche Offenbarungen. Richtig ist allerdings, dass Naturereignisse nur dadurch Offenbarung vermitteln können, dass sie in einen biographischen und/oder geschichtlich-kulturellen Kontext einbrechen. Insofern besitzt die Geschichtlichkeit für die als Offenbarung bezeichneten Phänomene letztlich einen relativen Vorrang.

4. Geschichtliche Umbrüche

Wohl die markantesten Beispiele für geschichtliche Religionen sind das Judentum und das Christentum. Die religiöse Grundüberzeugung Israels schlägt sich in der religiösen Deutung geschichtlicher Umbrüche als Fußspuren göttlichen Handelns nieder. So gelten der Exodus aus Ägypten als Urdatum der Erwählung des Volkes, aktuelle politische Konstellationen als Bestandteile eines göttlichen Geschichtsplans, die Rückkehr ins Heilige Land als göttliche Verheißung an die Exulanten. Als Legitimation solcher Deutungen wird dabei allemal die Autorisierung durch eine Offenbarung Jahwes in Anspruch genommen. Gipfel und Ende solcher Geschichtsdeutung ist die Ankündigung Jesu, mit seinem Kommen sei die alle Geschichte zum Abschluss bringende Gottesherrschaft nahe gerückt[107]. Das an ihn sich anschließende Christentum hat dann, als sich die Prophezeiung des unmittelbar bevorstehenden Weltuntergangs nicht bewahrheitet hatte, sein Auftreten bzw. seine Auferstehung als Anbruch einer von Grund auf neuen Epo-

---

[107] Zum Verständnis dieses Aspekts der Verkündigung Jesu s.u., Hauptteil B I 1 b, S.25–31.

che der Geschichte verstanden, die bis zum tatsächlichen Einbruch des Weltendes dauern werde. Diese Auffassung konnte sich später aufs Neue mit dem aus dem Alten Testament adaptierten Glauben an die Erwählung des eigenen Volkes verbinden; man denke nur an die russische Selbstdarstellung als das dritte Rom, an das von der Erweckungsbewegung inspirierte „Commerce and Christianity"-Programm David Livingstones, den „Heiden" den wahren Glauben und die wahre Zivilisation zu bringen[108], oder an die bis heute wirksame Ideologie eines *manifest destiny*, welches das amerikanische Volk dazu bestimme, der Welt die Segnungen der Demokratie zu bringen.

Entsprechendes findet sich in Fichtes 7. Rede an die deutsche Nation (1808), wo diese als „das Volk schlechtweg" bezeichnet wird[109], weil sie der allein wahren Religion (465) in der durch Luther „gereinigten" Gestalt gefolgt sei, so dass ebenso wie ihn „das Ewige sie begeistert" (501, vgl. 458). Dadurch sei sie – das zeigt der Gedankengang von der 6. bis 8. Rede – zur Wegweiserin in die neue Zeit geworden. Hier wird unter der Ägide des Nationalbewusstseins der napoleonischen Zeit das neuzeitliche Freiheitsbewusstsein aus der Reformation Luthers abgeleitet und auf diese Weise als spezifisch deutsche Errungenschaft gefeiert. Nachdem diese vereinfachte Geschichtskonstruktion durch das Auseinanderbrechen der unterschiedlichen an der Entstehung der Neuzeit beteiligten Faktoren ihre Plausibilität verloren hatte, blieb bei Fichtes Nachfahren von seiner großen geschichtlichen Schau ein nationalistisches Erwählungsbewusstsein übrig, das seit der Reichsgründung 1871 immer mehr zum Nationalismus mutierte. Dieser verband sich in der Krisenzeit nach 1918 mit der reinen „Entschlossenheit"[110], der auf sich selbst stehenden „Entscheidung"[111], von der sich insbesondere die politisch konservativen Kreise die Rettung erhofften. Eine solche Entscheidung konnte sich nur auf einen autoritären Staat beziehen, der kein vorgegebenes Recht über sich anerkennt, sondern selbst die absolute Souveränität über das Recht beansprucht[112]. Das Ende dieses deutschen Sonderweges in dem Wahn einer von der „Vorsehung" bestimmten „Herrenrasse" ist bekannt.

Wir haben also eine weite Spanne von Geschichtsdeutungen vor uns, die von einer menschlichen Erwartungen nicht entsprechenden oder sie sogar durchkreuzenden göttlichen Offenbarung über eine vernünftig einsehbare und empi-

---

[108] Vgl. dazu H. GRÜNDER, a.a.O. (Anm. 97), 323–330.

[109] J.G. FICHTE, *Reden an die deutsche Nation*, Werke (Medicus) Bd. 5 (365–610), 470. Danach die folgenden Seitenzahlen.

[110] So M. HEIDEGGER, a.a.O. (Anm. 37), 295–301. 305–310; vgl. bes. 298: „Aus dem Worumwillen des selbstgewählten Seinkönnens gibt sich das entschlossene Dasein frei für seine Welt".

[111] Zu diesem Signalbegriff der Weimarer Zeit vgl. die aufschlussreiche Arbeit von CHRISTIAN GRAF VON KROCKOW, *Die Entscheidung. Eine Untersuchung über Ernst Jünger, Carl Schmitt, Martin Heidegger* (Göttinger Abh. z. Soziol. 3), Stuttgart 1958.

[112] So CARL SCHMITT, *Politische Theologie. Vier Kapitel zur Lehre von der Souveränität*, 2. Aufl. München/Leipzig 1934, 16.

risch oder spekulativ nachzuweisende Offenbarung bis zu einer sich in sich selbst begründenden menschlichen Einsicht reichen. Dabei ist scharf zu unterscheiden zwischen religiösen Deutungen, mit denen ein Mensch oder eine religiöse Gemeinschaft auf Grund einer zuteil gewordenen Selbsterschließung Gottes Aussagen extrapoliert, die sich auf das Ganze der Geschichte beziehen (z.B. Christus sei der Mittelpunkt der Weltgeschichte), und religionsphilosophischen Deutungen, die für derlei weitreichende Folgerungen eine erweisbare Allgemeingültigkeit beanspruchen. Die zweite Art von Deutungen scheitert an der Komplexität und Unabgeschlossenheit der Geschichte, die man eben nicht dadurch überwinden kann, dass man die eigene Zeit zum Ziel des Gesamtprozesses erklärt. Für die aus der absoluten Entscheidung heraus vollzogene Deutung gilt das in gesteigertem Maße, weil hier auch noch die fragmentarisch erkennbaren Zusammenhänge ausgeblendet oder zumindest unterbelichtet werden.

Wie kommt es dennoch immer wieder zu solchen Deutungen? Hier ist ein Faktor zu bedenken, der schon mehrfach im Vorübergehen erwähnt worden ist, hier aber unmittelbar die Aufmerksamkeit auf sich zieht. Das ist der Faktor des *Interesses*, das heißt des Strebens nach eigenem Vorteil bzw. dem der eigenen sozialen Gruppierung oder Parteiung[113]. Dieses Interesse im abwertenden Sinn des Wortes tritt meist nicht so „nackt" zutage wie im Nationalsozialismus, sondern kann sich auch mit genuiner religiöser Erfahrung oder tiefgründiger philosophischer Reflexion zu einem primär kulturell vermittelten nationalen Sendungsbewusstsein verbinden.

Von dem Verdacht, in einem derartigen Sinne „interessiert" zu sein, ist auch die christliche Überzeugung, Christus sei auf Grund göttlicher Offenbarung als Mitte und Angelpunkt der Weltgeschichte anzusehen, nicht von vornherein freizusprechen. Zwar kann die Religionsphilosophie einen solchen Anspruch argumentativ ebenso wenig bestreiten wie erweisen. Als kritische Disziplin hat sie aber über der strikten Einhaltung der doppelten Bedingung zu wachen, dass eine solche Gesamtdeutung lediglich aus der Glaubensüberzeugung des von göttlicher Offenbarung getroffenen religiösen Subjekts extrapoliert ist und dass daraus keinerlei soziale oder politische Privilegien abgeleitet werden können. Wie die Theologie unter diesen Voraussetzungen den vom christlichen Glauben erhobenen exklusiven Wahrheitsanspruch der ihm zugrunde liegenden göttlichen Offenbarung in Christus im Angesicht einer pluralistischen Welt interpretieren soll, kann philosophisch nicht vorentschieden werden.

---

[113] In dem Begriff des Interesses treffen heute die neutrale Bedeutung von Anteilnahme, die ökonomische des wohlverstandenen Eigennutzes (Adam Smith) und die auf Karl Marx zurückgehende ideologiekritische eines sozial ruinösen Egoismus zusammen, welche die ursprünglich negative Konnotation von Zins (engl. *interest*) als Wucher in sich aufgenommen hat. Zur Begriffsgeschichte vgl. HARTMUT NEUENDORFF, *Der Begriff des Interesses. Eine Studie zu den Gesellschaftstheorien von Hobbes, Smith und Marx* (ed. suhrkamp 608), Frankfurt a.M. 1973.

Positive religionsphilosophische Aussagen über *mögliche* göttliche Offenbarungen in der Geschichte müssen notwendig ganz allgemein und formal bleiben. Man kann dabei ebenso wie der Deutsche Idealismus an „große Persönlichkeiten" wie an geschichtliche Ausnahmesituationen denken, in denen sich die Probleme einer ausgehenden Epoche und die Herausforderungen einer heraufziehenden neuen analog wie in biographischen Erschließungssituationen zusammenballen. Im Unterschied zu diesen zeichnen sich solche Situationen dadurch aus, dass sie einer größeren Zahl von Menschen in gleicher Weise als solche plausibel sein können. Insofern waren die oben beispielhaft angeführten Gesamtdeutungen der Geschichte *formal* durchaus im Recht. Ihre Problematik lag in der dafür behaupteten Evidenz. Diese Behauptung diente offenkundig der Verschleierung des in die Deutung eingehenden Interesses. Alle geschichtlichen Situationen, die als transparent für göttliche Offenbarung gedeutet werden, können mitsamt den auf sie bezogenen Entscheidungen von den Zeitgenossen ebenso als Glücksfall wie als Verhängnis aufgefasst werden; selbst im Nachhinein kann die Interpretation oft genug noch strittig sein. Dies ist das Schicksal der „Prophetie" in allen Religionen und zu allen Zeiten gewesen, und aus diesem Zwiespalt gibt es kein Entrinnen.

Aus diesem Sachverhalt die Unmöglichkeit göttlicher Offenbarung in der Geschichte ableiten zu wollen, ist freilich philosophisch ebenso wenig angängig wie der Versuch eines positiven Beweises. Es bleibt auch für das Verständnis eines geschichtlichen Verlaufs oder einer historischen Schlüsselsituation als Medium göttlicher Offenbarung nichts anderes übrig, als auf die individuelle religiöse Erfahrung zu rekurrieren. Sicher ist nur so viel, dass Offenbarung ohne Natur und Geschichte als Medien nicht vorstellbar ist. Denn der Mensch bleibt auch in seiner Beziehung zur Transzendenz ein weltlich existierendes Wesen.

Die kritische Beurteilung der Behauptung einer Offenbarung in der Geschichte ist damit in materialer Hinsicht ebenso zur Sache der theologischen Reflexion einer Religion oder einer ihr entsprechenden Instanz erklärt, wie das hinsichtlich einer Offenbarung in der Natur der Fall war. Die Theologie bleibt allerdings bei der Wahrnehmung ihrer Aufgabe an die oben erhobenen Kriterien für jede religiöse Deutung von Erfahrung gebunden: Wahrung des transzendenten Ursprungs der behaupteten Offenbarung, wie er insbesondere im Widerspruch zur allgemeinen Erwartung zum Ausdruck kommt, und Vermeidung von eindeutig negativen sittlichen Konsequenzen.

5. Das Außerordentliche und die Institutionalisierung

Der Einbruch der Transzendenz ist das Außerordentliche schlechthin. Von einem solchen Einbruch, einer Offenbarung, spricht man da, wo entweder eine Ausnahmesituation sich als ihre Vermittlung anbietet oder wo das Geordnete, Regelmäßige, Gewohnte Anstoß zum Staunen gibt und so auf einen Urgrund verweist. So viel ist bisher deutlich. Wenn sich dies aber so verhält, dann scheint alles Institutionelle der schiere Gegensatz zur Offenbarung zu sein. Denn Institutionen haben als sich selbst reproduzierende interaktionelle Prozesse geradezu den Zweck, das menschliche Dasein vor (unliebsamen) Überraschungen zu schützen. Deshalb muss die Idee, den Einbruch der Transzendenz, das Überraschende schlechthin, in eine institutionelle Form zu gießen, als Widerspruch in sich erscheinen. Trotzdem kommt offenbar keine Religion ohne Institutionen aus. Stellt die Religion in ihrer konkreten Erscheinung dann etwa den Verlust des Offenbarungsereignisses dar?

Es trifft zunächst zu, dass das Widerfahrnis von Offenbarung kontingent ist, sei es im Staunen über Gesetzmäßigkeiten, sei es in Gestalt von Schlüsselsituationen. Die durch ein solches Ereignis begründete religiöse Erfahrung soll unbedingte Geltung haben. Das bedeutet nun aber: Sie soll hinfort auch das normale Leben in seinem kontinuierlichen Verlauf bestimmen, denn das Leben besteht nicht nur aus Spitzensituationen. Religiöse Erfahrung ist des Weiteren darauf angelegt, über das Individuum hinaus auch Gemeinschaft zu bilden und zu prägen, ja – zumindest in den großen missionierenden Religionen – potenziell die ganze Menschheit in ihren Bann zu ziehen. Für beides, auch für die Kontinuität individuellen religiösen Lebens, bedarf es dauerhafter, mehr oder weniger festgefügter sozialer Strukturen. Institutionalisierung wird also von der religiösen Erfahrung selbst geradezu gefordert, um deren Vermittlung in zeitlicher und räumlicher Erstreckung, auch über Generationen und Grenzen von Kulturkreisen hinweg, zu gewährleisten. Damit sind faktisch in Bezug auf den bei weitem größten Teil des religiösen Lebens auf irgendeine Weise Institutionen im Spiel.

Der oben bemerkte Widerspruch scheint demnach seinen Sitz in der religiösen Erfahrung selbst zu haben, insofern sie stets mit der natürlichen Selbst- und Welterfahrung verbunden ist. Sie impliziert, dass die Offenbarung als der das „Ordentliche" und damit auch jegliche institutionelle Verfestigung durchstoßende Einbruch sich mit eben jenen festen Strukturen verbindet, um überhaupt vermittelbar zu sein. Wie soll das zugehen, wenn doch schon die bloße Objektivierung des Offenbarungsereignisses zu einem verfügbaren Offenbarten unweigerlich eine Verfälschung darstellt[114]? Die zahlreichen Beispiele für das Absterben religiösen Lebens infolge institutioneller Verholzung, die in allen Religionen zu finden sind, scheinen eindeutig dafür zu sprechen, dass unsere Feststellung eines Widerspruchs jedenfalls keinem theoretischen Purismus entsprungen ist.

An dieser Stelle ist es notwendig, einen Schritt zurückzutreten und den Traditionsrahmen ins Auge zu fassen, in dem der eben vorgeführte Gedankengang steht. Die Betonung des ereignishaften, kontingenten Charakters der Offenbarung als Gegensatz zu jeglicher Form von institutioneller Gestaltwerdung ist in

---

[114] S.o., Abschnitt 1.

dieser Form ein spezifisch christliches, ja noch enger: ein spezifisch protestanti-
sches Bedenken, das aus der Kritik an dem Anspruch der katholischen Kirche
hervorging, die objektive christliche Wahrheit rechtmäßig allein zu verwalten. In
seiner zugespitzten Gestalt ist der Gedanke sogar noch jünger; er geht auf Søren
Kierkegaards Kritik am dänischen kirchlichen Normalchristentum seines Jahrhunderts zurück, der er im Signalbegriff des „Augenblicks" Ausdruck verlieh[115].
Seine Konzentration auf den Ereignischarakter der göttlichen Offenbarung wurde auf breiter Front in der Umbruchssituation nach dem I. Weltkrieg rezipiert
und zu einer aktualistischen Ontologie ausgebaut. Diese Denkfigur hat trotz der
inzwischen erfolgten Wandlungen ihre Faszination und auch ihr relatives Recht
nicht völlig verloren. Sie verleitet jedoch allzu leicht dazu, persönliche oder geschichtliche Schlüsselsituationen (etwa das Erscheinen der 2. Auflage des Römerbriefs von Karl Barth) unkritisch als reine Vergegenwärtigung der Offenbarung Gottes anzusehen. Dieser Fehler wiegt nicht weniger schwer als der Versuch, institutionell über Offenbarung zu verfügen. Erst in dieser doppelseitigen
Form ist das allgemeine religiöse (nicht bloß christliche) Problem genau benannt.

Aus den vorstehenden Überlegungen ist zu schließen, dass weder dem ausgezeichneten kontingenten Augenblick noch der institutionellen Kontinuität allein
die Funktion der Vermittlung von Offenbarung zukommen kann. Allerdings gilt,
wie in Abschnitt 2 ausgeführt, dass der Erschließungssituation ein klarer Vorrang vor der Alltäglichkeit einzuräumen ist, wenn es um das Aufleuchten des
Transzendenten als des schlechthin Außerordentlichen geht. Sie ist es daher
auch, durch die das sodann institutionell zu Vermittelnde ursprünglich gestiftet
wird. Die Institutionen als menschliche Gestaltungen bleiben darum von den
nicht durch Menschen zu schaffenden oder zu provozierenden Offenbarungen
der Transzendenz in den Schlüsselerfahrungen abhängig und hinsichtlich der
Sachgemäßheit ihrer Entwicklung an ihnen zu messen. Dabei ist es möglich, dass
die allererste derartige Situation im Lauf der Geschichte von späteren ähnlichen
Situationen neu interpretiert oder überboten wird. Ob und wann dies der Fall ist,
kann freilich jeweils nur aus der Binnenperspektive der betreffenden Religion beurteilt werden.

Bei alledem ist zu beachten, dass der Primat der Erschließungssituation nicht
ohne weiteres einen prinzipiellen Vorrang der individuellen religiösen Erfahrung
vor der kollektiven impliziert. Im Gegenteil fungiert in traditionalen Kulturen
die kollektive Tradition, in die der Einzelne hineingeboren wird, als maßgebliche
Instanz auch für dessen religiöse Erfahrung. Sie ist die primäre Vermittlerin von
Offenbarung. Daraus scheint nun aber zu folgen, dass Offenbarung in solchen
Religionen nicht oder jedenfalls nicht notwendig in besonders herausgehobenen
Spitzensituationen, sondern zu den genau geregelten, ritualisierten und damit in-

---

[115] Vgl. vor allem Søren Kierkegaard, Der Augenblick. Aufsätze und Schriften des letzten
Streits GW 34. Abt., dt. v. H. Gerdes, Düsseldorf / Köln 1959, bes. 93–130.

stitutionalisierten Zeiten und an den immer schon dafür vorgesehenen Orten erfolgt. Ist also das in diesem Abschnitt bisher Ausgeführte am Ende doch nur ein spezifisch spätabendländisches Denkerzeugnis, das an der religiösen Wirklichkeit anderer Epochen und anderer Kulturkreise vorbeigeht? Es gibt, wie es scheint, kaum hinreichende Gründe, um etwa ekstatischen Tänzen, die rituell, also in festen Formen, zu bestimmten Zeiten und an festen Orten ausgeführt werden, das Gewirktsein durch Transzendenz zu bestreiten. Offenbar rechnet man in Kulturen, in denen die Transparenz der Wirklichkeit (noch) als etwas Selbstverständliches gilt, mit Erschließungssituationen auf einer regelmäßigen Basis. Das heißt: Der Durchbruch des Außerordentlichen und die institutionelle Kristallisierung fallen hier anscheinend nicht auseinander, sondern zusammen. Oder vielleicht vorsichtiger: Sie können zusammenfallen. Selbst die Spitzensituationen scheinen in erster Linie kollektiver Natur zu sein. Denn die zentralen Ereignisse jeder einzelnen Biographie bekommen hier ihren religiösen Verweischarakter dadurch, dass sie mit Hilfe verbindlicher Riten in die allgemein anerkannte religiöse Tradition eingebettet werden.

Aber trifft diese Sicht wirklich zu? Religiöse Riten sind *zum einen* nicht so zu verstehen, dass in ihnen die Transzendenzerfahrung zur Normalität würde. Vielmehr sind es ursprünglich durchaus ekstatische, also außerordentliche Momente, die hier als etwas regelmäßig Wiederkehrendes erlebt werden. Als solche sind sie deutlich und auch mit voller Absicht von der Alltagsroutine beispielsweise der Feldarbeit unterschieden, so sehr von ihnen prägende Kraft auf alle Lebensvollzüge ausgeht. Man darf also nicht aus der rituellen Regelmäßigkeit religiöser Vollzüge auf eine Nivellierung des Transzendenten in die Alltäglichkeit und damit auf seinen faktischen Verlust schließen. Auch dies dürfte ein abendländisches Vorurteil sein, das sich aus der Erfahrung nachlassender Prägekraft des Religiösen im eigenen Kulturkreis speist. Nicht zuletzt wird dabei übersehen, in welchem Maß rituelle Regelmäßigkeit auch für das heutige Christentum ein unentbehrliches lebensgestaltendes religiöses Element ist. Sogar der gewisse Domestizierungseffekt in Bezug auf religiöse Lebensäußerungen, der von deren Institutionalisierung ausgeht, ist bis zu einem gewissen Grad für jede Religion von entscheidender Bedeutung, weil ohne ihn das Leben in der permanenten Konfrontation mit dem Unbedingten unerträglich würde[116].

Zum anderen aber werden die rituellen Vollzüge stets auf eine ursprüngliche Offenbarung (und sei es auf eine solche in mythischer Vorzeit) zurückgeführt, die allen regelmäßig wiederkehrenden Berührungen mit der Transzendenz zugrunde liegt. Diese sind also im Grunde nichts anderes als Vergegenwärtigungen einer schlechthin unvergleichbaren, ursprünglichen Offenbarung. Dabei spielen meist unwiederholbare biographische Schlüsselsituationen wie Initiationsriten,

---

[116] Vgl. P.L. BERGER, *Der Zwang zur Häresie. Religion in der pluralistischen Gesellschaft* (The Heretical Imperative, dt. v. W. Köhler), Frankfurt a.M. 1980, 62–64.

rites de passage oder die Geburt eines Kindes eine herausgehobene Rolle, insofern in ihnen auf besondere Weise die Verbindlichkeit der Religion für das einzelne Leben übernommen wird. Darin zeigt sich, dass auch in stark kollektiv geprägten Religionsgemeinschaften die religiöse Praxis ihrer einzelnen Glieder von entscheidender Bedeutung ist. Zumindest wird man der religiösen Prägung des Alltags nicht die gleiche existenzielle Intensität zuschreiben können wie jenen herausragenden Momenten, so wichtig eine solche Prägung für das Leben jeder Religion auch ist. Eine derartige Gleichsetzung findet in der Welt der Religionen faktisch auch nirgendwo statt.

Berücksichtigt man diese religionswissenschaftlichen Daten, so ergibt sich ein differenziertes Bild. Geschichtliche und persönliche Erschließungssituationen einerseits und Alltagsroutine andererseits lassen sich nicht antithetisch einander gegenüberstellen. Vielmehr bedarf die Erschließungssituation, die mit ihrer durchschlagenden Kraft nicht häufig vorkommt, hinsichtlich sowohl des geschichtlichen als auch des persönlichen Urdatums der symbolischen Erinnerung durch regelmäßig wiederholte religiöse Vollzüge. Umgekehrt ist die kollektive Tradition einer Religionsgemeinschaft auf die explizite Aneignung durch ihre einzelnen Mitglieder angewiesen. Von einem absoluten Vorrang der Institution kann daher nirgends die Rede sein.

Institutionelle religiöse Vermittlungsinstanzen haben immer eine heikle Position. Sie dürfen einerseits nicht mit der zu vermittelnden Transzendenz als deren leibhaftige Manifestationen identifiziert werden, andererseits aber auch nicht kraft ihres Eigengewichts zur schieren Normalität weltlicher Ämter, Sitten, Gewohnheiten herunterkommen. Beide Gefahren sind in allen Religionen sehr real. Positiv sollen jene Instanzen das Außergewöhnliche mit der unerlässlichen Routine des Alltags verknüpfen sowie jeden einzelnen von einer Offenbarung des Göttlichen betroffenen Menschen zu lebendiger Interaktion mit seinesgleichen verbinden und auf diese Weise die Beziehung zur Transzendenz allererst lebbar machen. Die in diesem Verhältnis gesetzte Spannung ist für alle Religionen konstitutiv, so unterschiedlich auch die Gewichte individueller Erfahrung und institutioneller Fixierung in ihnen verteilt sein mögen.

V. Die Lebensäußerungen der Religion

Das bisher recht abstrakt und grundsätzlich dargestellte Verhältnis von Erschließungssituation, religiösen Institutionen und alltäglichen Lebensvollzügen der Menschen bedarf noch einer genaueren Darstellung, um einerseits das Erreichte zu veranschaulichen und andererseits die philosophische Sicht des Christentums vorzubereiten. Dabei kann es natürlich nicht darum gehen, eine mehr oder weniger vollständige Religionsphänomenologie zu bieten. Das ist Sache der mit diesem Namen bezeichneten religionswissenschaftlichen Disziplin. Insoweit muss dafür auf die Literatur verwiesen werden[117]. Es soll vielmehr der Versuch gemacht werden, exemplarisch anhand besonders aufschlussreicher, zentraler Phänomene Strukturen des Religiösen herauszuarbeiten, die für dessen philosophisches Verständnis von Bedeutung sind und insofern dann auch eine christliche Glaubenslehre etwas angehen.

1. Heilige Personen, Orte, Zeiten, Dinge

Alle Religionen der Welt unterscheiden die Transzendenz mehr oder weniger scharf von der Immanenz. Sie tun das nicht abstrakt. Die Unterscheidung ist ja nirgends primär eine Sache der Begriffskunst, sondern stets der Reflex einer die Normalität des Alltäglichen sprengenden Erfahrung. Diese muss ihren bleibenden Niederschlag in der alltäglichen Lebenswelt finden und leibliche Gestalt gewinnen, damit ihre Relevanz für das Ganze des Lebens greifbar wird. Die Religionen bringen das dadurch zum Ausdruck, dass sie die prinzipielle Unterscheidung von Transzendenz und Immanenz in die sinnenfällige von Heilig und Profan überführen. Zu diesem Zweck grenzen sie heilige Personen, Orte, Zeiten und Dinge aus der alltäglichen Welt aus, aber so, dass diesem konkret gewordenen Heiligen bestimmende Macht über das Profane und Alltägliche zugeschrieben wird.

Heilige *Personen* können einmal Charismatiker sein. Darunter sollen hier in Anlehnung an Max Weber, der diesen Begriff eingeführt hat, einzelne Menschen verstanden werden, die als mit übernatürlichen Kräften begabt und gottgesandt gelten[118]. Dazu gehören z.B. Schamanen, ekstatisch tanzende Derwische und

---

[117] Statt einer Auswahl aus der Fülle der Literatur, der unvermeidlich etwas Willkürliches anhaften würde, verweise ich auf das Lehrbuch von Geo Widengren, *Religionsphänomenologie*, 2. Aufl. Berlin 1969.

[118] Vgl. Max Weber, *Wirtschaft und Gesellschaft*, 5. Aufl., hg. v. J. Winckelmann, Tübingen 1976, 140. Es ist natürlich richtig, dass ein so stark formalisierter Begriff auf eine Vielzahl

dergleichen. Die Vorläufer der Propheten in Israel (nabi' = ein Rasender) waren ebenfalls Charismatiker, und die großen Propheten selbst setzten diese Tradition auf ihre Weise fort[119]. Auch das älteste Christentum wurde von Charismatikern geprägt. Solche nicht notwendig institutionell gebundenen, „begeisterten" Personen, die auch in den späteren Stadien der großen Religionen niemals ganz fehlen (man denke etwa an christliche Erweckungsprediger), repräsentieren das schlechthin Außergewöhnliche der Offenbarung des Transzendenten in sinnenfälliger Weise. Sie erfüllen damit eine wichtige Aufgabe selbst dann, wenn jene Offenbarung sich wie in einer Stifterreligion in erster Linie in der Person des Stifters konzentriert. Sie stellen das unverzichtbare „dynamische" Moment dar und sind in dieser Funktion auch nicht zu ersetzen.

Freilich kann keine Religionsgemeinschaft sich ausschließlich auf derartige der Welt entrückte Menschen stützen, wenn sie sozial überleben will. Denn eine angebliche handgreifliche Manifestation des Außergewöhnlichen ist kaum irgendwelchen allgemeingültigen Kriterien zu unterwerfen und deshalb schwer auf ihre Authentizität zu überprüfen. Gewiss sind begründete Einwände möglich, wenn ein Charismatiker klar von dem abweicht, was bisher als Identität der betreffenden Religion gegolten hatte, wenn sein Wirken ethisch eindeutig verwerfliche Folgen hat, wenn die ekstatischen Erscheinungen eindeutig pathologische Züge tragen, oder auch wenn Charismatisches angeblich ganze Kultgemeinden auszeichnen soll. Doch in all diesen Fällen gibt es breite Zonen der Unsicherheit. Deshalb bedürfen Religionsgemeinschaften überprüfbarer und durchsetzbarer sozialer Ordnungen. So treten denn in ihnen stets auch solche Personen hervor, die dieses Element repräsentieren, indem sie ein durch göttliche Setzung geheiligtes Amt bekleiden. Sie können das sozusagen in Personalunion mit dem Charismatikertum tun, sind aber häufig von diesem klar unterschieden, wie z.B. Priester und Könige. Diese beiden Ämter fallen in den ältesten Stadien einer Religion oft, wie z.B. in Ägypten, in den Händen von „Göttersöhnen" oder inkarnierten Göttern zusammen[120]. Damit soll gewährleistet sein, dass sowohl die regelmäßige Ausübung des Kultes als auch die alltäglichen Geschäfte der Gestaltung des sozialen und politischen Lebens durch göttliche Legitimation fundiert sein müssen. Dass auch hier Möglichkeiten des Missbrauchs gegeben sind, der im günstigen Fall charismatischer Kritik unterzogen wird, zeigt die Geschichte der israelitischen Prophetie.

---

höchst unterschiedlicher Phänomene anwendbar und darum religionswissenschaftlich problematisch ist, wie CARL HEINZ RATSCHOW feststellt (Art. *Charisma I*, TRE 7, 681f). Doch dürfte es kaum möglich sein, auf derartige Begriffe ganz zu verzichten, wenn es überhaupt möglich sein soll, religiöse Phänomene von anderen zu unterscheiden.

[119] Vgl. dazu GEORG FOHRER, *Die Propheten des Alten Testaments* Bd. 1, Gütersloh 1974, 8–14; KLAUS KOCH, *Die Profeten* Bd. 1, Stuttgart u.a. 1978, 29–33.36; PETER H.A. NEUMANN, *Prophetische Forschung seit Ewald*, in: Das Prophetenverständnis in der deutschsprachigen Forschung seit Heinrich Ewald, hg. v. P.H.A. Neumann, Darmstadt 1979, 1–51.

[120] Vgl. dazu JAN ASSMANN, *Herrschaft und Heil. Politische Theologie in Ägypten, Israel und Europa*, Darmstadt 2000, bes. 32–45.

Der explizite Rekurs auf das Heilige bedarf ferner der *räumlichen* und *zeitlichen* Ausgrenzung heiliger Akte, der Heraushebung des Heiligtums (lat. *fanum*) aus der Profanität. Heilige Bäume, Steine, Quellen, Berge dienen diesem Zweck, ebenso Bauten wie Tempel oder Kirchen. Der Unterscheidung und zugleich Strukturierung der physikalisch messbaren Zeit dienen religiöse Festzyklen, die sich Jahr für Jahr wiederholen. Schließlich gehören auch heilige *Dinge* in diesen Zusammenhang, von Fetischen und Totempfählen bis zu Kruzifixen und Monstranzen, um das Heilige in der Alltagswelt sichtbar erscheinen zu lassen.

Bei dieser typisierenden Beschreibung ist zu bedenken, dass zwischen den verschiedenen Religionen immense Unterschiede im Verständnis des *Verhältnisses* von Heilig und Profan bestehen. Die Profanität kann als ganz direkt durch das Heilige bestimmt gedacht werden oder auch in einem nur sehr mittelbaren Verhältnis zu ihm stehen. Aber selbst das Christentum, welches das zweite Verständnis am weitesten entwickelt hat, indem es den Gedanken einer zwar unter göttlicher Herrschaft stehenden, aber weltlich-vernünftig zu handhabenden Welt ausbildete und so die Säkularisierung im abendländischen Kulturkreis mit vorbereitete, konnte auf die Heraushebung „heiliger" Personen, Handlungen, Orte und Zeiten nicht völlig verzichten. (Wie das hier genau zu bestimmen ist, muss die Lehre von der Kirche beantworten.) Auch hier bestätigt sich die Regel, dass die geschichtliche Spitzensituation einer Offenbarung in irgendeiner Weise auf vermittelnde Instanzen angewiesen ist, um einerseits als solche erkennbar zu sein und andererseits kontinuierlich in den Alltag hinein wirken zu können. Solche Instanzen sind um so unentbehrlicher, je umfassender und universaler die Geltung ist, die eine Offenbarung beansprucht.

Nun wird all dies zwar durch die im Abendland verbreitete Meinung in Frage gestellt, dass jegliche Vorstellung von heiligen Personen oder Dingen in der Moderne überholt sei. So hat sich in der Aufklärung vielfach die Überzeugung durchgesetzt, mit der Entlarvung des angeblich Heiligen als einer willkürlichen, aus Priesterbetrug entstandenen Konstruktion (oder undramatischer: mit der schlichten verstandesgemäßen Interpretation solcher Größen) die Wahrheit einer einzigen, rein immanenten Wirklichkeit erkannt zu haben. Doch haben wir uns mit dieser Meinung bereits in den ersten drei Kapiteln dieser Grundlegung auseinander gesetzt und brauchen das hier nicht zu wiederholen. Historisch muss aber jetzt hinzugefügt werden, dass die gesamte Kultur, die jener Überzeugung ausschließlich als Produkt und Leistung menschlicher Autonomie gilt, religiösen Ursprungs ist. Der holländische Kulturphilosoph Johan Huizinga hat mit guten Gründen die Kultur insgesamt auf das ursprünglich heilige Spiel zurückgeführt[121]; man braucht nur an den religiösen Hintergrund der klassischen griechischen Tragödie zu denken. Doch selbst wenn man Huizingas These in dieser

---

[121] Vgl. JOHAN HUIZINGA, *Homo ludens. Vom Ursprung der Kultur im Spiel* (1938), dt. v. H. Nachod (rde 21), 102.–109.Tsd., Reinbek1981.

Form nicht teilt, so steht doch der religiöse Ursprung der Kultur fest. Phänomene wie die Vorstellung der Gültigkeit einer künstlerischen Form, das Empfinden für eine jenseits aller Willkür stehende sittliche Verbindlichkeit haben einen letztlich religiösen Hintergrund. Selbst die abendländische Wissenschaft, die sich in ihrer neuzeitlichen Gestalt durch Emanzipation von religiöser Autorität etabliert hat, geht mit ihrem Streben nach einem das Ganze der Welt verstehbar machenden Prinzip auf die Urfrage der antiken ionischen Naturphilosophie nach der ἀϱχή zurück, die ihrerseits nichts anderes als eine rationale Form des Glaubens an einen göttlichen Ursprung war. Dieser Ursprung ist in den über empirische Verifizierbarkeit weit hinausreichenden wissenschaftlichen Weltbildern nach wie vor viel stärker präsent, als viele ihrer Protagonisten wahrhaben wollen.

Religion – oder ein Religionssurrogat – prägt und strukturiert die Lebenswelt des Menschen also zumindest latent auch da, wo es gar nichts Heiliges mehr zu geben scheint, das man von einem Profanen unterscheiden könnte. Aber selbst dieser Eindruck ist korrekturbedürftig, denn die Praxis, „Heiliges" als solches kenntlich zu machen und vom Profanen abzuheben, ist heute keineswegs aus der Übung gekommen, selbst in scheinbar ganz säkularen Kontexten nicht. So schafft der Personenkult in totalitären Staatswesen oder in Sport und Unterhaltungsindustrie, wie karikierend auch immer, neue „heilige" Personen, von denen dann auch „heilige" Handlungen vollzogen werden.

Nun kann aus diesen Ausführungen sicherlich kein Beweis dafür abgeleitet werden, dass im Menschen ein religiöses Apriori im Sinne einer wesensmäßigen Anlage auf eine Gottesbeziehung gegeben sei – eine solche Aussage über eine aller Erfahrung *vorausgehende* Bestimmung des Menschen ist nur *aus* religiöser Erfahrung, also als Glaubenssatz zu verantworten[122]. Offensichtlich ist jedoch, dass alle kulturellen Erscheinungen, selbst in einer scheinbar areligiösen oder sogar antireligiösen Welt, jedenfalls im Modus der Frage über sich selbst hinausweisen auf eine noch höhere Erkenntnis, eine noch gültigere Form, eine noch festere ethische Verbindlichkeit. Darin ist das Ideal einer vollkommenen Erkenntnis, ästhetischen Ausdrucksweise oder Sittlichkeit impliziert. Ein solches Ideal kann als rein innerweltliches, aber auch als in der Transzendenz fundiertes begriffen werden. Dabei variiert freilich die inhaltliche Füllung zwischen den Kulturen ebenso wie zwischen den geschichtlichen Epochen sehr stark. Dennoch muss das solchermaßen kontrovers deutbare Phänomen des Über-sich-Hinausweisens jeder Kultur als anthropologische Konstante bezeichnet werden.

Wie ist nun das Verhältnis der Kultur zur Religion genauer zu verstehen? Die Frage ist sehr schwer allgemein zu beantworten, weil dieses Verhältnis empirisch

---

[122] Zum Begriff vgl. ERNST TROELTSCH, *Psychologie und Erkenntnistheorie. Eine Untersuchung über die Bedeutung der Kantischen Religionslehre für die heutige Religionswissenschaft*, Tübingen 1905, 43–54; zur Kritik vgl. HENDRIK JOHAN ADRIAANSE, *Het idee van een religieus apriori*, in: Koninglijke Nederlandse Akademie van Wetenschappen, Mededelingen van de Afdeling Letterkunde, NR 61/8, Amsterdam 1998, bes. 19f.

die verschiedensten Formen angenommen hat. So viel jedoch gilt generell, dass die Religion da, wo sie auftritt, Kultur nicht nur stiftet, sondern als sinngebende Instanz auch selbst ein Faktor dieser Kultur ist. Religion existiert überhaupt nicht anders als in Form von kulturellen und kulturbestimmenden Lebensäußerungen. Umgekehrt wirken diese Lebensäußerungen und ihre durch äußere Einflüsse bedingten Veränderungen wiederum auf die Religion zurück. Die Vorstellung einer in völliger Diastase zur Kultur lebenden Religion ist ein ausgesprochen spätkulturelles Produkt, das eher der Wunschvorstellung entweder einer religionsfreien Kultur oder einer „reinen" Religion entspringt als der Wirklichkeit. Ebenso problematisch ist der Gedanke einer einseitig durch Religion bestimmten Kultur oder umgekehrt die Vorstellung einer völlig durch die Kultur determinierten Religion.

Die erste der zuletzt genannten Einseitigkeiten findet sich im Selbstverständnis traditionaler Religion. Diese ordnet sich die Kultur schlechthin unter und schafft sich damit ein ihr völlig gemäßes Instrument zur Selbstdurchsetzung. Ein solches Verfahren besitzt in homogenen, vormodernen Kulturen einen hohen Grad an Plausibilität. Seine Problematik tritt aber in zwei Fällen unwidersprechlich zutage. Der eine Fall ist der Versuch einer Religion, sich über die von ihr beherrschte Gesellschaft hinaus auszubreiten. Dabei wird sie zunächst fast zwangsläufig zugleich einen Kulturexport betreiben; die daraus entstehenden Friktionen zwingen schon aus pragmatischen Gründen zu einer differenzierteren Sicht des Verhältnisses von Religion und Kultur, wenn das Unternehmen nicht scheitern soll. Das ließe sich an einer Fülle von Beispielen aus der Missionsgeschichte des Christentums oder des Islam zeigen. Der andere Fall liegt dann vor, wenn eine Religion ihr traditionales Stadium hinter sich gelassen und ihre umfassende kulturbestimmende Macht verloren hat bzw. sie mit vielfältigen anderen Sinngebungsinstanzen teilen muss. So ergeht es derzeit dem Judentum in Israel und dem Christentum in vielen europäischen Ländern. Der in dieser Lage vielfach entstehende begreifliche Wunsch, die alte Position zurückzugewinnen, verbindet sich unwillkürlich mit der Meinung, auf diese Weise lediglich ein von außen bedrohtes Recht wahrzunehmen. Ein solches Bestreben ist aber nicht nur deshalb aussichtslos, weil es eine realitätsferne Nostalgie zum Ausdruck bringt, sondern auch und vor allem, weil es mit dem Versuch, die Kultur zu monopolisieren, zugleich deren Unterschiedenheit von der Transzendenz unkenntlich zu machen droht. Demgegenüber ist es notwendig, dass die Religion die von ihr selbst mitbewirkte Ausdifferenzierung des kulturellen Lebens und die daraus folgende weltlich-kulturelle Bedingtheit ihrer Ausdrucksmittel als Voraussetzungen ihres Wirkens akzeptiert[123].

---

[123] Dies fordert für das Christentum mit Recht U. Barth, *Was ist Religion?* in: ZThK 93/ 1996 (538–560), 560.

Hatten wir es bisher mit der Einseitigkeit einer die ganze Kultur in sich aufsaugenden Religion zu tun, so besteht die entgegengesetzte, für die säkulare Kultur typische Einseitigkeit darin, die Religion völlig in ihrer gesellschaftlichen Funktion aufgehen zu lassen. Diese Auffassung ist in der deutschen Soziologie mit dem Namen Niklas Luhmanns verbunden. Für ihn ist Religion nichts anderes als eines derjenigen Teilsysteme der Gesellschaft, denen die Aufgabe der Sinndeutung zufällt[124]. Diese Zuweisung ist gewiss nicht zu bestreiten. Sieht man jedoch auf diese Weise die Religion ausschließlich als kulturellen Faktor, so ist damit verkannt, dass die gesellschaftliche Funktionalität ihrerseits auch Gegenstand der Sinnfrage ist. Um das deutlich zu machen, muss die Religion ihre Symbole so wählen, dass in ihnen das Heilige als es selbst, als von aller Funktionalität Unterschiedenes, erscheinen kann. Diese Erscheinung zuwege zu bringen, ist die Symbolisierungsleistung der Religion als solche zwar nicht in der Lage. Aber indem mit ihrer Hilfe Personen, Orte, Handlungen ausgegrenzt werden, die den Einbruch der Transzendenz symbolisieren sollen, wird auf deren prinzipielles Anderssein aufmerksam gemacht.

Ob die Religion die Kultur monopolisiert oder umgekehrt sich in der Kultur verliert, beide Male geht sie ihrer Identität verlustig. Die Ausgrenzung von „Heiligem" ist keine Garantie gegen diesen Verlust, denn dabei wird nur zu leicht das Symbol mit der durch es symbolisierten Transzendenz verwechselt. Es muss also festgehalten werden, dass die Symbole ihr Anschauungsmaterial aus der Kultur beziehen, mit seiner Hilfe aber auf etwas mit der Kultur schlechterdings nicht Identisches verweisen. Nur so kann die Verständigung ebenso wie die Auseinandersetzung mit den konkurrierenden Sinngebungsinstanzen anderer Religionen und Weltanschauungen sachgemäß vollzogen werden.

2. Frömmigkeit und ihre Gestalten

Dem Wechselverhältnis von Religion und Kultur entspricht auf der Ebene des einzelnen Subjekts das Wechselverhältnis von Frömmigkeit und Lebensgestaltung. Liberal-protestantische Mentalität ist geneigt, hier scharf zu unterscheiden zwischen einer unmittelbaren Umsetzung der Frömmigkeit in kultische Handlungen und einer indirekten in sittliches Verhalten; nur die letztere Form des Verhältnisses von Frömmigkeit und Leben würde sie gelten lassen, während die Erstere angeblich einem überholten Stadium der Religionsgeschichte angehört. Das ist aber teils ungenau, teils nachweislich falsch. Zum einen sind Religionen nicht nur Gestaltungen des Selbstbewusstseins, sondern auch soziale Gebilde. Beides hängt eng miteinander zusammen. Sowohl in individueller als auch in sozialer

---

[124] N. Luhmann, *Funktion der Religion* (stw 407), 3. Aufl. Frankfurt a.M. 1992, 9–71, bes. 50–54.

Hinsicht bedarf jede Religion kultischer Akte, um die Präsenz der Transzendenz bzw. der Gottheit in der Lebenswirklichkeit als ganzer zu manifestieren und um deren Verehrung leiblichen Ausdruck zu verleihen. Zum anderen wird aus religiöser Sicht nicht nur die Struktur des Kultus, sondern auch die sittliche Grundrichtung unmittelbar durch die Frömmigkeit bestimmt, und überdies wird beides miteinander zur Einheit der Lebensführung verbunden, so wie das Heilige und das Profane zwar voneinander unterschieden, aber zugleich miteinander verklammert sind. Strittig kann lediglich sein, ob die einzelnen kultischen Vollzüge für alle Zeiten durch göttliche Autorität festgelegt oder wandelbar sind, ebenso wie die Frage, ob die Religion strikte, ins Einzelne gehende sittliche Handlungsanweisungen erteilen oder die konkreten Entscheidungen hier (und erst recht im äußerlich-technischen Bereich) der abwägenden Verantwortung des einzelnen Menschen bzw. dem rationalen Diskurs einer gesellschaftlichen Gruppe überlassen soll.

Wir müssen nun versuchen, die Beziehung des Kultus und der sittlichen Grundrichtung zu einem transzendenten Grund genauer zu verstehen. Wir beginnen mit dem *Kultus*. Aus der großen Vielfalt kultischer Formen werden nach systematischen Gesichtspunkten vier ausgewählt: die Reinigung, das Opfer, mystisch-ekstatische Phänomene und das Gebet.

Bedingung der Möglichkeit einer Begegnung des Menschen mit dem Heiligen ist die Überwindung der substanziellen oder auch schuldhaften Kluft, die ihn davon trennt. Diese Bedingung muss einerseits die Nähe zum Heiligen ermöglichen, andererseits zugleich die Distanz zu ihm aufrechterhalten. Das geschieht in vielen Religionen der Welt durch Riten der *Reinigung* und der Konsekration[125]. Gereinigt und geheiligt werden müssen einmal die Menschen selbst, dann aber auch Dinge, wie in der christlichen Religion die Elemente des Abendmahls, oder Orte wie z.B. Tempel, die einer Begegnung mit dem Heiligen dienen sollen. Vorzügliche Mittel der Reinigung sind Wasser und Feuer. Dabei kommt dem Ersteren insofern ein relativer Vorrang zu, als es nicht vom Menschen erzeugt werden kann wie das Feuer, das eben deshalb zu einem Teil als göttliche Gabe, zu einem Teil aber auch als menschliches Kulturgut anzusehen ist, wie der Prometheus-Mythos zeigt[126].

Man muss sich hüten, Reinigungsriten als etwas rein Äußerliches anzusehen. Es geht bei symbolischen Handlungen dieser Art durchaus um die Reinigung des

---

[125] Vgl. dazu und zum Folgenden Gerardus van der Leeuw, *Phänomenologie der Religion*, 2. Aufl. Tübingen 1956, 46–54.386–393; Ninian Smart, *Dimensions of the Sacred. An Anatomy of the World's Beliefs*, Berkeley/Los Angeles CA 1996, 119–122; Bernhard Maier und Thomas Podella, Art. *Reinheit I. Religionsgeschichtlich* und *II. Altes Testament*, in: TRE 28, 473–477 bzw. 477–483.

[126] Die Fülle anderer Mittel der Reinigung, die teilweise eher zum Gebiet der Opfer gehören wie das Blut, oder auch der Sündenbock, der die Schuld der Menschen in die Wüste trägt (Lev 16,20–22), muss hier außer Betracht bleiben.

ganzen Menschen, um das „reine Herz" (Ps 51,4.9.12). Das wird besonderes deutlich bei der Johannestaufe sowie deren Adaptation im Christentum, bei der es um nicht weniger als um die „Wiedergeburt" des Menschen geht. Hier ist dann freilich die Radikalisierung der Vorstellung so weit fortgeschritten, dass die Taufe als ein Sterben des alten Menschen auf den Tod Jesu hin verstanden wird (Rm 6,3f). Daraus folgt nicht nur ihre Einmaligkeit, sondern vor allem wird dabei eine derartige Exklusivität der Initiative Gottes vorausgesetzt, dass damit der Gedanke einer kultischen Reinigung im Grunde gesprengt ist

Der *opfernde* Mensch bringt der Gottheit etwas dar, um dadurch das Böse, das die heilige Ordnung verletzt hat oder auch in Zukunft verletzen könnte, zu neutralisieren und die Ordnung wiederherzustellen oder aufrechtzuerhalten[127]. Gegenstände eines Opfers können Nahrungsmittel, Tiere, sogar Menschen sein, auf alle Fälle etwas, das für die kultisch Handelnden einen hohen Wert hat, so dass das Opfer, wie noch der abgeflachte, profane Sprachgebrauch zeigt, einen wirklichen Verzicht bedeutet. Religiös steht dieser Verzicht symbolisch für die vollkommene Hingabe des eigenen Lebens an die Gottheit. Er kann nur symbolisch erfolgen, weil er die Selbsthingabe an die Transzendenz sein soll und sich deshalb in keinem Akt alltäglicher Lebenspraxis voll realisieren lässt. Das Symbolische kommt dabei im Stellvertretungsgedanken zum Ausdruck, der deshalb das Zentrum jeder Opferpraxis ist. Das gilt in doppelter Hinsicht: Zum einen vertritt das Geopferte den opfernden Menschen, und zum anderen lässt er sich häufig bei der heiligen Handlung durch eine heilige Person, einen Priester, vertreten, der zugleich auch die das Opfer annehmende Gottheit gegenüber den Menschen repräsentiert und so gewissermaßen in beiden Richtungen als *pontifex* (Brückenbauer) fungiert. Dadurch wird zugleich mit der Hingabe die Scheu vor dem Heiligen zum Ausdruck gebracht, dem man sich nicht unmittelbar nähern kann. Umgekehrt wird auch die Herablassung der Gottheit zu den Menschen vielfach als Opfer verstanden. So kommt im älteren Hinduismus die Schöpfung der Welt sogar überhaupt erst durch die Selbstpreisgabe des Gottes Prajapati zustande[128].

Diese aufeinander zulaufenden Bewegungen des menschlichen und des göttlichen Opfers dürfen aber keineswegs auf ein banales *do ut des* reduziert werden. Das zeigt das Phänomen der sakramentalen Mahlzeit, die mit dem Opfer häufig eng verbunden ist. Dass die Opfernden z.B. von dem geopferten Tier essen, hat nichts damit zu tun, dass sie das Opfer letzten Endes doch nicht ganz ernst nähmen. Im Gegenteil: Der Opfernde wird mit dem Gegenstand des Opfers ganz eins, und zugleich eint sich die Gottheit mit diesem. So werden die dargebrachten

---

[127] Vgl. EDWIN OLIVER JAMES, *Sacrifice and Sacrament,* London 1962, 13.

[128] Vgl. G. VAN DER LEEUW, *Sakramentales Denken. Erscheinungsformen und Wesen der außerchristlichen und christlichen Sakramente,* Kassel 1959, 123; CARL A. KELLER, *Die Komplementarität von Leben und Tod im hinduistischen und mesopotamischen Mythos,* in: Leben und Tod in den Religionen. Symbol und Wirklichkeit, hg. v. G. Stephenson, Darmstadt 1980 (17–35), 23.

Opfer aus Gaben des Menschen zu „appointed channels of divine grace", wie
Edwin O. James formuliert[129]. In der sakramentalen Mahlzeit verbinden sich also die Selbsthingabe und die Teilhabe an der göttlichen Macht; sowohl der
Mensch als auch zugleich Gott vollzieht das Opfer – nicht in ergänzender Kooperation, sondern jeder ganz, in einer Art magischer Einheit[130]. Auf diese Weise
stellt das Opfer die kosmische Ordnung wieder her.

Von christlicher (genauer: von protestantischer) Seite wird an dieser Stelle eingewandt, dass jedenfalls für die eigene Religion die Opferlogik nicht gelte, weil
Christus ein für allemal das Ende aller Opfer sei (Hb 10,1–18). Das ist zwar insofern nicht ganz richtig, als zum einen Christus selbst als der Urgrund dieses Endes das Opfer schlechthin bringt und zum anderen die Selbsthingabe des Menschen an Gott in der Frömmigkeit und an andere Menschen in seiner praktischen
Lebensführung zwar nicht die Gegenleistung, wohl aber die Folge jenes Liebes-
opfers ist: „Wer sein Leben verliert, der wird es finden"[131]. Zutreffend ist aber
zweierlei. Zum einen ist es nach der Überzeugung des christlichen Glaubens Gott
selbst, der sich in Jesus zum Opfer hingibt. Damit entfällt der für jedes kultische
Opfer konstitutive Aspekt einer menschlichen Leistung Gott gegenüber. Deshalb
kann das menschliche Opfer ausschließlich auf die Ebene der praktischen Lebensführung bezogen werden; es wird nicht Gott, sondern dem Nächsten darge-
bracht. Als solches behält es zwar unmittelbar religiöse Bedeutung, aber diese
setzt das Ende des kultischen Opfers voraus[132].

Während das Opfer ein äußerer Akt ist, der sich weltlicher Gegenstände bedient und dazu meist auch eine äußere, ritualisierte Form aufweist, gilt beides für
Mystik und Ekstase nicht. Sie stellen im Gegenteil unterschiedliche Formen der
Entweltlichung dar. Freilich tritt zumindest die Ekstase auch äußerlich in Erscheinung, und darüber hinaus kann sowohl sie als auch die Mystik jedenfalls indirekt für die Lebensführung Bedeutung gewinnen.

Mystik ist die innerliche, kontemplative Selbsthingabe des Menschen an die
Gottheit; zugespitzt: das Genießen des Transzendenten bis zur Preisgabe des
Selbst an das Absolute[133]. Der französische Religionswissenschaftler Louis Gar-

---

[129] A. a.O. (Anm. 127), 232.

[130] G. van der Leeuw, a.a.O. (Anm. 128), 128; E.O. James, a.a.O. (Anm. 127), 35.

[131] Mk 8, 35 in der Urform, d.h. unter Auslassung der Worte „um meinetwillen und um des
Evangeliums willen", die eine Märtyrertheologie enthalten und deshalb als Gemeindebildung
anzusehen sind. Auch die Askese gehört in den Formenkreis des Opfers hinein.

[132] Auf die damit gegebene doppelte Gefahr, dass das sittliche Handeln entweder dogmatisiert und damit der rationalen Abwägung entzogen wird oder umgekehrt der Bestimmung
durch das Gottesverhältnis entwächst und unter Umständen sogar an dessen Stelle tritt, kann an
dieser Stelle nur hingewiesen werden.

[133] Louis Gardet definiert Mystik sehr glücklich, aber schwer übersetzbar als „expérience
fruitive d'un absolu" (etwa: Erfahrung des Genusses eines Absoluten), und zwar auf Grund einer auf natürlicher Verwandtschaft beruhenden Erkenntnis („connaissance par connaturali-
té"): *La mystique*, Paris 1970, 5. Zum „Genießen" vgl. meinen Artikel *Genuß* in RGG 4. Aufl.,
Bd. 3, 686–688.

det spricht von einer ontologischen Liebe (*amour ontologique*) zum Grund des Seins[134]. Er unterscheidet dabei zwischen einer „enstatischen" und einer „ekstatischen" Mystik; die erste Form bezeichnet die Entwerdung des Ich in der Introspektion und findet sich nach Gardet primär im Buddhismus, die zweite ist das Eingehen des Selbst in die Transzendenz und hat ihren Platz vor allem in der jüdisch-christlich-islamischen Traditionslinie (9f.27). Wie Gardet selbst weiß, hat die Unterscheidung nur den begrenzten Wert, dass sich mit ihr Gewichtungen angeben lassen. Dennoch ist sie wichtig als Beschreibung zweier Grundrichtungen, die in irgendeiner Kombination zu jeder Mystik gehören. Das lässt sich sehr schön an einem christlichen Beispiel zeigen: Paulus verwendet sowohl die ekstatische Formel „in Christus" (ἐν Χριστῷ, z.B. 2.Kor 5,17; 12,2) als auch das enstatische „Christus in mir" (Χριστὸς ἐν ἐμοί, Gal 2,20)[135]. Diese beiden Grundrichtungen des Sich-Versenkens ins Innerste und des Sich-Übersteigens ins Äußerste entsprechen genau der Doppelseitigkeit der göttlichen Gegenwart im Innersten des Menschen und in seinem äußersten Jenseits. Es ist daher unsinnig, jegliche Mystik entweder der Verliebtheit in die eigene Innerlichkeit oder der selbstherrlichen Erhöhung des Selbst zu göttlicher Majestät zu zeihen. Dass dergleichen vorkommt, soll nicht bestritten werden. Aber es bedarf hier jeweils genauer Differenzierung.

Die Beziehung der Mystik zur alltäglichen Lebenswelt scheint auf den ersten Blick rein negativ zu sein. Sofern sie jedoch die Entweltlichung nicht totalisiert, kann die mystische Versenkung dazu beitragen, dass der Mensch jene innere Distanz zu sich selbst und zu seiner aktiven Lebensführung gewinnt, die er braucht, um nicht in der Welt des Handelns einfach aufzugehen und so ihr Opfer statt ihr Gestalter zu werden. Solche Distanz ist jedenfalls nicht ohne weiteres das Werk der Vernunft, so unentbehrlich diese auch als Instrument distanzierten Denkens und Handelns ist, sondern eine der Vernunft zugrunde liegende, existenzielle Haltung, die sich nicht notwendig in rationaler Form äußert.

Aus dem eben Ausgeführten ergibt sich, dass die *Ekstase* eigentlich keine eigene Gestalt religiöser Praxis, sondern eher eine emotionale Übersteigerung der Mystik – genauer: der einen ihrer beiden Seiten, des Moments der Selbsttranszendenz – ist. Die religiöse Ekstase hat ihre nächste Analogie in der sexuellen

---

[134] A.a.O., 9. Auch die folgenden Seitenzahlen nach diesem Buch.

[135] Die Feststellung mystischer Elemente bei Paulus verstößt zweifellos gegen einen weit verbreiteten exegetischen Konsens. Dieser dürfte vor allem durch die Fortwirkung der höchst wirksamen Polemik der Dialektischen Theologie gegen alles Mystische bedingt sein. Dafür ist charakteristisch das Buch von Emil Brunner, *Die Mystik und das Wort. Der Gegensatz zwischen moderner Religionsauffassung und christlichem Glauben dargestellt an der Theologie Schleiermachers*, 2. Aufl. Tübingen 1929. Demgegenüber wird man nüchtern historisch konstatieren müssen, dass mystische Elemente zu allen Zeiten in der christlichen Theologie eine Rolle gespielt haben; prominentes Beispiel ist Martin Luther. Auch die genannten paulinischen Formeln kann man kaum anders als mystisch deuten. In dieser Hinsicht jedenfalls ist das Buch Albert Schweitzers *Die Mystik des Apostels Paulus*, Tübingen 1929, nicht überholt.

Vereinigung, mit der zusammen sie denn auch tatsächlich in vielen Religionen vorkommt (z. B. Tempelprostitution als Symbol einer Götterhochzeit). Da ihr die Gegenbewegung der Verinnerlichung fehlt, die für die Mystik ebenfalls charakteristisch ist, kann Ekstase auch gefährliche Formen annehmen, etwa wenn sie im Blutrausch eines heiligen Krieges mündet. Doch darf sich die Religionsphilosophie weder dadurch noch durch die Fremdheit religiöser Ekstase für die abendländische Rationalität zu einer pauschalen Wertung verleiten lassen.

Die dritte das religiöse Subjekt betreffende Grundform religiöser Lebensäußerungen, neben dem Opfer und der mystischen Versenkung, ist das *Gebet*. Es steht gewissermaßen zwischen beiden und vereinigt Elemente sowohl des Opfers als auch der Mystik in sich. Zum einen gibt es keine religiöse Opferhandlung ohne Gebet, sie wird vielmehr erst durch das Gebet zur ausdrücklichen Darbringung an die Gottheit. Auch das Gebet kann im Sinne eines *do ut des* missverstanden werden, insbesondere im Fall des mit einem Gelübde verbundenen Bittgebets. Eigentlich aber ist es wie das Opfer ein Akt der Selbstdarbringung an die Gottheit, und zwar keineswegs nur in Gestalt des Dankgebets, sondern auch in Form der Bitte, insofern auch hier der Betende sich dem Willen Gottes ausliefert. Diesen Subjektwechsel von der Initiative des Beters zu einem Reden Gottes hat man als spezifisches Merkmal des christlichen Gebets bezeichnet[136]. In der Tat gehört dieses Moment konstitutiv zum christlichen Verständnis des Gebets, wie das Vaterunser und die Gethsemane-Szene sowie beider Zusammenhang mit der Gnadenlehre zeigen. Indessen kommt es durchaus auch außerhalb des Christentums vor und ist vermutlich selbst da, wo es nicht ausdrücklich zur Sprache kommt, mitzuhören[137]. Zu dem Moment der Selbstdarbringung tritt, ebenfalls wie beim Opfer, der unmittelbare Bezug auf die praktische Lebensführung hinzu, sei es als Bitte oder Dank auf deren Gelingen bezogen, sei es in Gestalt der Fürbitte für andere Menschen.

Zum andern steht das Gebet auch der Mystik nahe. Der Beter bringt sich der Gottheit nicht wie im Opfer durch eine dingliche Vermittlung dar, sondern eher nach Art einer mystischen Versenkung, wenn auch mit dem Unterschied, dass dabei weder eine mystische Entwerdung noch ein Eingehen der Individualität in die Transzendenz stattfindet. Doch vollzieht es die gleiche Doppelbewegung in die dem eigenen Inneren innerlichste und zugleich jenseitigste Gegenwart Gottes hinein; nur im Gebet empfängt es sich daraus zurück, während es sich in der mystischen Versenkung verliert. Schließlich gehört zum Gebet nicht nur das Sprechen und das Angeredetwerden durch Gott, sondern im Übergang zwischen beiden und auch an seinem Anfang steht das Schweigen, das Verstummen vor

---

[136] Vgl. vor allem EMANUEL HIRSCH, *Der Sinn des Gebets*, 2. Aufl. Göttingen 1928, 24–30; GERHARD EBELING, *Dogmatik des christlichen Glaubens*, Tübingen 1979, Bd. 1, 199–203.

[137] FRIEDRICH HEILER zitiert einen Indianer, Anhänger einer Urreligion, der sein Gebet mit den Worten schließt: „Doch möge Dein Wille geschehen"; vgl. *Das Gebet. Eine religionsgeschichtliche und religionspsychologische Untersuchung*, 5. Aufl. München 1923, 93.

der unergründlichen Heiligkeit Gottes. Auch dies ist ein Element, das es mit der Mystik teilt[138].

Das Gebet ist mehr als das Opfer und die Mystik Gegenstand philosophischer Kritik gewesen. Das Opfer galt den kritischen Philosophen wohl im abendländischen Bereich als bereits durch Christus überholt, während man zu der kontemplativen Grundhaltung der Mystik eine gewisse Verwandtschaft empfinden konnte. Das Gebet aber erschien anstößig, und zwar nicht allein insofern das Reden zu einer unsichtbaren Transzendenz sinnlos zu sein schien, weil es gar nicht ausgemacht sei, ob es eine solche Transzendenz überhaupt gebe, sondern vor allem als der Versuch, die allmächtige Gottheit zu beeinflussen, und dies obendrein in dem egoistischen Interesse des eigenen Wohlergehens. So hat insbesondere Immanuel Kant argumentiert. Das Gebet sei in Wahrheit nichts anderes als der Vorsatz zur guten Tat und deshalb durch diese zu ersetzen[139]. So oder ähnlich muss jeder Philosoph denken, der – wenn überhaupt – nur einen abstrakten Gottesbegriff zulässt. Wir hatten aber bereits gesehen, dass auch die Philosophie, wenn sie das allen Religionen gemeinsame Grundphänomen eines persönlichen Gottes*verhältnisses* verstehen will, die komplementäre Korrektur des abstrakten Gottesbegriffes durch die Symbolik eines personalen Gottesbildes zulassen muss. Zugleich befindet sich die Philosophie freilich hier an der Grenze ihrer Möglichkeiten, insofern diese Korrektur nur aus einer persönlichen Gottesbeziehung, also von der Religion, vollzogen werden kann.

Wie bereits angedeutet, haben alle genannten religiösen Lebensäußerungen einen teils unmittelbaren, teils mittelbaren Bezug zur *praktischen Lebensführung.* Diese wird von religiösen Menschen selbst als Gestaltwerdung des Gottesverhältnisses verstanden. Dabei ist zu beachten, dass darin keineswegs notwendig eine Ethisierung der Religion liegt, ebenso wenig wie der Vollzug kultischer Handlungen schon ihre Veräußerlichung zum Ritualismus oder die mystische Versenkung ihre Degeneration zur Pflege einer dem wirklichen Leben entrückten Innerlichkeit impliziert. Vielmehr wird die praktische Lebensführung religiös als Unterordnung auch des Alltags unter den göttlichen Willen verstanden. Dies ist nur konsequent, insofern die in den explizit religiösen Lebensäußerungen vollzogene Selbsthingabe an die Gottheit die Hingabe des ganzen Lebens ist.

Zwei Grundformen des tätigen Gehorsams gegenüber dem göttlichen Willen müssen voneinander unterschieden werden. Die eine ist die vermittelte oder heteronome des Gehorsams gegenüber einem statutarischen göttlichen Gesetz, die andere die theonome, d.h. die Einfügung des eigenständigen, autonomen

---

[138] Zum Schweigen als religiösem Grundphänomen vgl. das Schlusskapitel in W. Trillhaas' *Religionsphilosophie*, a.a.O. (Anm. 19), 260–269. Trillhaas zitiert als Beispiele zwei so verschiedene Quellen wie das Tao-te-king und Ps 50,3 (261).

[139] I. Kant, *Die Religion innerhalb der Grenzen der bloßen Vernunft*, Akad.-Ausg. Bd. 6, 194–198. Insbesondere das laute Gebet bringe einen Menschen ebenso wie ein lautes Selbstgespräch in den Verdacht, „eine kleine Anwandlung von Wahnsinn" zu haben, 195 Anm.

menschlichen Willens in den göttlichen, der im Menschen selbst am Werk ist. Im zweiten Fall verdankt sich der Mensch auch in seiner aktiven Lebensgestalt dem göttlichen Grund; die Aktivität ist einer höheren Passivität untergeordnet. Dies ist der religiöse Sinn letztlich auch der heteronomen Form, die daher auch die Tendenz hat, in die theonome überzugehen (vgl. z.B. Jer 31,33). Die theonome religiöse Begründung der Ethik birgt zwar die Gefahr in sich, dass der Mensch die eigene Wirksamkeit mit derjenigen der Gottheit identifiziert. Doch ohne sie würde eine religiöse Sittlichkeit zur bloß äußerlichen Legalität verkommen.

Die theonome Begründung der praktischen Lebensführung ist nur dann konsequent gedacht, wenn sie die Integration des menschlichen in den göttlichen Willen, nicht seinen Verlust bedeutet. Das verlangt den Einsatz der Phantasie und der instrumentellen, technischen Vernunft für die Wahl unter den verfügbaren Handlungsoptionen sowie des eigenen Entschlusses für die konkrete Umsetzung im Handlungsvollzug. Der Philosoph muss darüber hinaus auch den Gebrauch der kritischen Vernunft fordern, welche die möglichen Optionen sowohl auf ihre Folgen als auch auf die Integrität des Handelnden hin untersucht. Er kann damit solche religiösen Handlungstheorien problematisieren, welche die göttliche Gesetzesforderung oder auch das Wirken Gottes im Menschen schlicht heteronom verstehen und der menschlichen Verantwortung keinen Spielraum lassen. Wenn es richtig ist, dass natürlich-rationales und religiöses Wahrheitsverständnis letztlich nicht im Gegensatz zueinander stehen können[140], dann dürfte es gegen eine solche kritische Intervention keine prinzipiellen Vorbehalte seitens der Religionen geben. In der Praxis stehen derartigen Auseinandersetzungen freilich nicht selten unüberwindliche Schwierigkeiten entgegen.

3. Naturkreislauf und Feste

Biographische Erschließungssituationen spielen in institutionalisierten Religionen für die Gemeinschaft als ganze allenfalls dann eine Rolle, wenn sie den Stifter betreffen. Stattdessen (oder daneben) kennen sie aber durchweg objektiv hervorgehobene Festzeiten, die für alle Glieder der Gemeinschaft von Bedeutung sind. Diese Feste haben ihre regelmäßig wiederkehrenden Termine, die sich nach dem Ablauf der Jahreszeiten richten. Saat und Ernte, Wintersonnenwende und Sommersonnenwende bestimmen den religiös strukturierten Zeitablauf ebenso wie den der Natur. Daraus ergibt sich ein Verständnis der Zeit als einer stets sich wiederholenden Kreisbewegung, deren transzendenten Sinn der Mensch durch den Vollzug seiner rituellen Kulthandlungen zelebriert. Menschliches Leben ist, wie alles andere Leben auch, von der stetigen Wiederkehr des Gleichen im Naturlauf in solchem Maße abhängig, dass eben diese Wiederkehr trotz ihres regel-

---

[140] S.o., A II 4, S.50f.

mäßig erlebten Eintretens dem religiösen Menschen keineswegs als das Selbstverständliche erscheint, sondern als göttliches Wunder, das deshalb mit Dank empfangen und mit der Bitte um Wiederholung angebetet werden muss. Die Wendepunkte des Naturprozesses erscheinen in besonderem Maße transparent für das Wirken der Gottheit und bilden deshalb die natürlichen Termine im religiösen Festzyklus.

Das Gesagte gilt keineswegs nur für die so genannten Naturreligionen, in denen die Naturereignisse selbst die entscheidenden Manifestationen der Gottheiten darstellen. Vielmehr hat der Naturfestzyklus auch im Kalender der Geschichtsreligionen, für die sich der religiöse Glaube in erster Linie an göttlichen Eingriffen in die Geschichte des eigenen Volkes oder in die Weltgeschichte entzündet, seinen festen Platz. So haben bereits die alten Israeliten bei ihrer Niederlassung im Kulturland an vorgefundene Festtraditionen angeknüpft. Mehr noch: die beiden Stränge, Naturreligiosität und Erinnerung an die Geschichtstaten der Gottheit, laufen nicht nur nebeneinander her, sondern werden teilweise auch miteinander verflochten. Das Christentum ist dafür ein besonders instruktives Beispiel. Es hat zwar einerseits den Erntedanktag als selbstständiges Fest, aber es wurde andererseits als notwendig empfunden, das Weihnachtsfest mit der Wintersonnenwende zusammenzulegen und im germanischen Missionsraum das Osterfest nach dem germanischen Frühlingsfest zu benennen[141]. Beide Entscheidungen waren alles andere als willkürlich: In beiden Fällen ging es, sowohl seitens der Naturreligiosität als auch seitens des christlichen Heilsglaubens, um den Sieg des Lebens über den Tod. Der endgültige Sieg sollte an die Stelle des nur vorläufigen treten, auf den im Jahresrhythmus unvermeidlich eine neue Niederlage folgen würde.

Das Beispiel zeigt, dass bei dem Zyklus der Naturfeste nicht nur die Sorge um die Nahrung, sondern das Verhältnis von Leben und Tod auf dem Spiel steht. Leben und Tod bilden einen ewigen Kreislauf, das ist die Grundüberzeugung der Naturreligion. Dagegen lassen sich nicht diejenigen Feste ins Feld führen, die sich auf herausgehobene Situationen der menschlichen Biographie beziehen: Geburt, Eintritt in die Welt der Erwachsenen, Heirat, Tod. Diese Kette bezeichnet zwar einen unumkehrbaren, linearen Ablauf. Doch im Gesamtleben der menschlichen Gemeinschaft erscheint auch sie als Teil eines Kreislaufs. Nicht erst die moderne Evolutionstheorie, sondern bereits die Weisheit des Altertums hat erkannt, dass jedes Leben durch den Tod anderen Lebens bedingt ist. Bereits Heraklit schreibt: „Unsterbliche: sterblich; Sterbliche: unsterblich. Sie leben den Tod der anderen, sie sterben das Leben der anderen"[142]. So wird die Weisheit verständlich, die dem zyklischen Geschichtsverständnis der Antike zugrunde liegt,

---

[141] Man leitet das Wort heute von dem altnordischen Wort Eostur, „Frühjahr", ab. Die früher übliche Herleitung von einer Göttin Ostara ist überholt. Vgl. JOHN F. BALDOVIN S.J., Art. *Easter*, The Encyclopedia of Religion Bd. 4 (1987) (557f), 557.

[142] Ἀθάνατοι θνητοί, θνητοὶ ἀθάνατοι, ζῶντες τὸν ἐκείνων θάνατον, τὸν δὲ ἐκείνων βίον τεθνεῶτες. (Frgm. 62 Diels).

wenn es die Geschichte analog zur Natur als die ewige Wiederkehr des Gleichen betrachtet. Die religiöse Logik verlangt, diese Vorstellung in universale Dimensionen auszuweiten, so dass die unendlich vielen einander folgenden Jahreszyklen zusammen einen einzigen großen Kreis bilden, der das gesamte Weltgeschehen umfasst. Darum entsprechen Urzeit und Endzeit einander – bis in die Geschichtsreligionen hinein, die ja eigentlich ein lineares Zeitverständnis zugrunde legen. Die gerade Linie erweist sich *sub specie aeternitatis* zwar nicht als Kreis, aber sozusagen als Spirale[143].

Bei alledem handelt es sich nun nicht bloß um eine vorwissenschaftliche Welterklärung, sondern um eine religiöse Deutung der Zeit. (Auch Heraklits Philosophie war in dieser Hinsicht zutiefst religiös.) Das Lebensgefühl, das in der Vorstellung von der ewigen Wiederkehr des Gleichen zum Ausdruck kommt, ist als religiöses weder eine verzweifelte Resignation noch gar das trotzige Zutrauen zu menschlicher Schöpferkraft im Sinne Nietzsches[144]. Vielmehr symbolisiert der Kreislauf das Geborgensein im Vertrauten, dessen man sich vergewissert, indem man die Feste begeht. Ein Fest zu „begehen"[145] ist etwas anderes als einen Termin wahrzunehmen. Begehen heißt rituell aktualisieren, und zwar ursprünglich so, dass der Akt des Feierns selbst die Wirkmächtigkeit der Gottheit manifestiert.

Diese Überzeugung setzt voraus, dass die Gottheit im Naturkreislauf gegenwärtig ist, und zwar so, dass sie als die Macht des Lebens den Tod stets aufs Neue besiegt. Das ist der Sinn der verbreiteten Vorstellung von sterbenden und auferstehenden Göttern. Wir finden sie z.B. im alten Babylonien in dem Mythos von dem Gang Ischtars, der Göttin der Fruchtbarkeit, in die Unterwelt und von ihrer Rettung oder im ägyptischen Mythos vom Sterben des Osiris und seiner Überwindung des Todes[146]. Dadurch, dass es die Götter selbst sind, die stets erneut den Tod überwinden, ist dies als der ewige Sieg des Lebens bezeichnet; der Kreis wird zum Symbol der Ewigkeit.

Religionsphänomenologisch gesehen liegt dieses Zeitgefühl auch dem christlichen Festkreis von Weihnachten, Karfreitag und Ostern zugrunde, freilich mit dem gewichtigen Unterschied, dass die zyklische Vergegenwärtigung sich hier

---

[143] Vgl. dazu die berühmte Monographie von Hermann Gunkel, *Schöpfung und Chaos in Urzeit und Endzeit. Eine religionsgeschichtliche Untersuchung über Gen 1 und Ap Joh 12*, 2. Aufl. Göttingen 1921, wo der Verf. die Entsprechung von Schöpfung und Neuschöpfung anhand der motivischen Berührungen zwischen den beiden im Untertitel genannten Texten nachweisen will.

[144] Vgl. z.B. Friedrich Nietzsche, *Aus dem Nachlaß der Achtzigerjahre*, Werke (Schlechta), München 1956, Bd. 3, 438: „Der Gedanke der ewigen Wiederkunft ... Mittel, ihn zu *ertragen*: die Umwertung aller Werte. ... nicht mehr ‚Ursache und Wirkung', sondern das beständig Schöpferische; nicht mehr Wille der Erhaltung, sondern der Macht; nicht mehr die demütigende Wendung ‚es ist alles *nur* subjektiv', sondern ‚es ist auch *unser* Werk! – Seien wir stolz darauf!'" (Hervorh. im Original).

[145] Vgl. zu diesem Terminus G. van der Leeuw, a.a.O. (Anm. 125), 434–437.

[146] Vgl. C.A. Keller, a.a.O. (Anm. 128), 29–35; Hellmut Brunner, *Die Unterweltsbücher in den ägyptischen Königsgräbern*, ebd. (215–228), 218.

auf den Eintritt des Heils in den linearen Geschichtsverlauf bezieht, dass also der Sieg über den Tod als ein für allemal vollzogener geglaubt wird. Die wiederholte Aktualisierung der Gegenwart des Ewigen hat damit ihren Fußpunkt in einer endgültigen und für alle Zukunft maßgebenden geschichtlichen Erscheinung. Das impliziert den Anspruch, dass der große, umfassende Kreis der Entsprechung von Urzeit und Endzeit die sich ständig wiederholenden „kleinen" Kreisläufe des irdischen Lebens bereits ein für allemal überboten hat.

Der Glaube an eine Überwindung des ewigen Kreislaufs von Leben und Tod (der auch den genannten anderen Religionen als heimliche Hoffnung zugrunde liegt) kann noch eine andere religionsgeschichtlich bedeutsame Gestalt annehmen. Das ist der buddhistische Glaube an die Erlösung von der unendlichen Folge der Reinkarnationen im Nirwana. Im ersten Fall wird das Individuum als solches erlöst, im zweiten besteht die Seligkeit in der Aufhebung der Illusion eines Selbst, die zugleich das Ende des Leidens bedeutet[147].

Die philosophische Religionskritik sieht in all diesen mythischen Vorstellungen lediglich menschliche Wunschbilder. Die Angst vor dem Sterben sei beim Menschen, der sich seines Seins zum Tode bewusst sei, so fundamental, dass sich die Hoffnung auf eine Umkehrung der natürlichen Reihenfolge geradezu zwangsläufig einstelle. Auch die fast universale Verbreitung solcher Hoffnung in den meisten Kulturen der Erde bereitet dieser Argumentation keine Schwierigkeiten, denn das Leben zum Tode ist ja eine Grunderfahrung, mit der sich der Mensch auf diese Weise auseinandersetzt. Eine Widerlegung dieser Argumentation ist nicht möglich. Ebenso wenig kann sie freilich bewiesen werden. Zwar führt der Gedanke an eine physische Wiederbelebung verwester Leiber tatsächlich zu unsinnigen Konsequenzen. Er ist aber weder für den Unsterblichkeitsglauben noch für den Auferstehungsglauben und schon gar nicht für die buddhistische Vorstellung vom Nirwana eine notwendige Voraussetzung. Für das Christentum lässt sich das mit dem paulinischen Begriff des σῶμα πνευματικόν, des „geistlichen Leibes" (vgl. 1.Kor 15,35–50), belegen, die einen von dem physischen gänzlich unterschiedenen „Leib" bezeichnet.

Die Überwindung des Todes ist für die Religionen gleichbedeutend mit der Teilhabe am göttlichen Leben. Das impliziert zweierlei. Zum einen ist damit im Prinzip der Weg frei für ein Verständnis von Leben und Tod, das beides nicht einfach mit dem physischen Dasein des Menschen und dessen Ende identifiziert, sondern als Nähe und Ferne zu Gott deutet[148]. Damit hängt zweitens zusammen, dass das Leben im religiösen Sinn nicht in einem „Zeitraum" jenseits der physischen To-

---

[147] Vgl. HEINZ BECHERT, Art. *Buddhismus*, TRE 7 (317–335), 322.

[148] Als Analogie dazu könnte man die Unterscheidung des Zen-Buddhismus zwischen dem biologischen Leben einerseits und dem „Großen" Leben andererseits anführen, wobei das Erstere als für das Zweite durchlässig angesehen wird, wenn die verstorbenen Ahnen eine für das gegenwärtige Leben fortdauernde Bedeutung haben. Vgl. WERNER KOHLER, *Leben und Sterben in fernöstlichem Verständnis*, in: Leben und Tod ... (Anm. 128) (317–332), 331f.

desgrenze (in sich schon eine unmögliche Vorstellung) gedacht werden muss, sondern als ein Dasein in der Gegenwart der Ewigkeit verstanden werden kann, die – sei es periodisch, sei es einmalig – in die Zeit einbricht und zugleich die Zeit umgreift. Das jedenfalls entspräche einer konsequenten Vermeidung anthropomorpher Vorstellungen von der Gottheit. Freilich ist solche Konsequenz faktisch selten zu finden. So hat selbst eine Religion, die gerade auf diesen Punkt stetig steigenden Wert legte wie die des alten Israel, über lange Zeit hinweg das Heil der Gottesgemeinschaft vollständig mit dem irdischen Leben des Gläubigen identifiziert, das seine Fortsetzung im Leben seiner Nachkommen fand, und andere Religionen wie der Islam haben sich das jenseitige Leben als lediglich von den Unannehmlichkeiten des irdischen Lebens befreite Fortsetzung desselben vorgestellt.

Der Religionsphilosophie steht über den Wahrheitsgehalt der einen oder der anderen Vorstellungsweise kein definitives Urteil zu. Sie kann zwar im Bereich der theoretischen Vernunft im Einzelfall die mangelnde Konsequenz kritisch betrachten, mit der die Transzendenz gedacht ist, und ebenso auf mangelnde Angemessenheit von Gedanken über Leben und Tod des Menschen im Verhältnis zu einem klar und scharf gefassten Gedanken der Transzendenz aufmerksam machen. Doch sind ihr schon in Bezug auf einen so zentralen Punkt wie die unterschiedliche Beurteilung der Bedeutung des Individuums in den westlichen und östlichen Religionen (seine Auflösung in der transzendenten Wirklichkeit oder seine Erweckung zu neuem Leben) enge Grenzen gezogen, die sich bis in das jeweilige Verständnis von Toleranz und Menschenrechten hinein auswirken. Hier kann nur ein ständiger Diskurs zwischen Religionsphilosophien der verschiedenen Traditionen weiterhelfen; im Übrigen wird man sich damit bescheiden müssen, die geschilderten Glaubensvorstellungen und deren Feier in rituellen Begehungen als religiöse Lebensäußerungen zu erfassen und auf das in ihnen ausgedrückte Grundverständnis menschlicher Existenz hin auszulegen.

4. Geschichtliche Tradition und Zukunftsorientierung

Als Bestandteile ihrer Kultur sind Religionen geschichtlich. Aber auch in ihrer die Kultur überschreitenden Funktion als Sinngebungsinstanzen haben sie an dem geschichtlichen Wandel der Kultur Anteil. Sie haben einen Anfang und häufig auch ein Ende. Ihre Anfänge mögen zwar oft bis in eine unergründbare Vorzeit zurückreichen. Aber jedenfalls in den Hochreligionen gibt es, in Anlehnung an Schleiermacher formuliert, ein historisches Grundfaktum, das zugleich die ursprüngliche Gestalt ihrer spezifischen Eigenart, ihre Grundanschauung, und ihren datierbaren Beginn bezeichnet[149]. Insofern dieser Beginn als Urereignis den-

---

[149] Vgl. F.D.E. SCHLEIERMACHER, *Über die Religion. Reden an die Gebildeten unter ihren Verächtern*, Berlin 1799, 259f.278 (KGA I/2, 303f.311).

jenigen Einbruch der Transzendenz in den Ablauf der Zeit darstellt, der jede weitere Berührung mit ihr fundiert, muss die religiöse Praxis stets auf dieses Grundfaktum zurückgreifen. Nur so ist sie als Praxis dieser und keiner anderen Religion legitimiert. Diejenigen Religionen, die sich nicht auf eine noch bekannte geschichtliche Stiftung zurückführen, beziehen sich statt dessen in der Form der Mythologie auf das uralte Herkommen. Im Effekt läuft aber beides insofern auf dasselbe hinaus, als tatsächlich alle Religionen ihr gegenwärtiges Leben als durch *Tradition* vermittelt vorstellen. Dabei ist Tradition mehr als die formale Darstellung eines Zusammenhanges in der Zeit durch den Vorgang des Überliefers von einer Generation zur nächsten. Sie ist vielmehr die Lebensader, welche die gegenwärtige Praxis mit dem Grundfaktum verbindet, und wird darum selbst für heilig gehalten. Deshalb liegt alles daran, diese Verbindung zu dem ursprünglichen Einbruch der Transzendenz möglichst rein zu bewahren. Ein hervorstechendes Merkmal des Umgangs mit der heiligen Tradition ist daher das Bewahren. Insofern eignet jeder Religion ein konservativer Grundzug.

Dieser Tendenz korrespondiert jedoch eine gegenläufige. Jede große Religion nimmt im Zuge ihrer Ausbreitung Elemente anderer, vorgefundener Religionen in sich auf und adaptiert sie ihrer Grundanschauung. Joachim Wach und Gerardus van der Leeuw haben deshalb mit Recht gesagt, im Grunde sei jede Religion *synkretistisch*[150], eine Mischung von Elementen verschiedener Herkunft. (Dieser Ausdruck wird hier und im Folgenden nicht in dem lange Zeit hindurch auch in der Religionswissenschaft üblichen abwertenden Sinn gebraucht.) Die Fähigkeit, sich Fremdes anzueignen und es zu integrieren, ist Ausdruck der auf Zukunftsgestaltung ausgerichteten Lebenskraft einer Religion[151].

Rückbezug auf den geschichtlichen Ursprung und synkretistische Vorgänge stehen, ganz gleich wie man beides wertet, in sachlicher Spannung zueinander. Es kann eine Situation eintreten, in der die Aufnahmefähigkeit einer Religion für Neues erschöpft ist oder nur um den Preis ihrer Identität noch erweitert werden kann. Umgekehrt kann eine Religion, indem sie starr am Wortlaut heiliger Überlieferungen und unantastbarer heiliger Rechtssatzungen festhält, sich so rigoros

---

[150] Joachim Wach, *Religionswissenschaft*, Leipzig 1924, 86; G. van der Leeuw, a.a.O. (Anm. 125), 689. Zum Begriff Synkretismus in der Religionswissenschaft vgl. die Monographie von Ulrich Berner, *Untersuchungen zur Verwendung des Synkretismus-Begriffes* (GOF.G 2), Wiesbaden 1982.

[151] In diesem Punkt unterscheide ich mich von Schleiermacher, der die Aufnahme fremder Elemente immer als Verunreinigung der ursprünglich reinen Grundanschauung einer geschichtlichen Periode angesehen hat (*Über den Begriff des großen Mannes*, SW III/3, 73–84), und kann insoweit W. Pannenbergs positiver Wertung des Begriffs Synkretismus zustimmen. Auf keinen Fall kann man aber, wie er es tut, in der Integrationsfähigkeit einer Religion geradezu ein Wahrheitskriterium sehen: *Erwägungen zu einer Theologie der Religionsgeschichte*, in: ders., *Grundfragen systematischer Theologie*, Bd. 1, Göttingen 1967 (252–295), 270. Dann müssten z.B. die Anthroposophie oder die Baha'i-Religion noch „wahrer" sein als das Christentum, weil sie noch viel mehr Verschiedenes in sich aufgenommen haben, was Pannenberg aber keineswegs im Sinn hat.

gegen alle fremden Einflüsse abschotten, dass sie sich von jeglicher Wirkung auf eine veränderte Zeit abschneidet. In beiden Fällen kann eine *Reform* sich als notwendig erweisen. Das klingt zunächst wie eine schlichte, pragmatische Selbstverständlichkeit. Die Reform einer Religion ist jedoch etwas anderes als der entsprechende Vorgang in einer weltlichen Institution. Sie gleicht einem solchen zwar äußerlich. Doch ist der dabei vollzogene Eingriff in ihrem Fall viel tiefer, weil er nicht bloß eine äußere Veränderung der Lebensverhältnisse, sondern zugleich auch das rechte Verhältnis zum transzendenten Grund des Seins betrifft. Deshalb kann es leicht geschehen, dass aus einer Reform eine neue Religion entsteht. So hat der Buddhismus die altindische Religion reformiert und das Christentum das Judentum; beide haben dann in der Auseinandersetzung mit den Kräften, die sich einer Reform verweigerten, ihre volle Eigenständigkeit gewonnen.

Reformen sind niemals bloß rückwärts gewandt, sondern ebnen den Weg für die Zukunft. Im Selbstverständnis religiöser Reformatoren ist das in einem ausgezeichneten Sinn der Fall, denn sie lenken den Blick auf dasjenige Ereignis der Vergangenheit zurück, das die Zukunft schlechthin, die Gemeinschaft mit der Gottheit, eröffnet. Diese ist das Leben selbst; alle dahinter zurückliegende Vergangenheit ist ihm gegenüber als Tod qualifiziert. Insofern ist alle Religion, insbesondere jede Geschichtsreligion, gerade in ihrer Traditionsbindung in eminentem Sinn auf Zukunft bezogen. Exemplarisch finden wir das in der Umgestaltung der jüdischen Apokalyptik durch das Christentum, das die Geschichte in zwei einander entgegengesetzte Äonen, den alten und den mit ihm selbst beginnenden neuen eingeteilt hat, weil es den Einbruch der Ewigkeit in der geschichtlichen Erscheinung Jesu realisiert sah.

Der Bezug auf Zukunft ist das „progressive" Moment der Religion. Weil eine verheißene oder erwartete Zukunft konstitutiv zur Religion gehört, ist es unzutreffend, diese ausschließlich als konservativ anzusehen. Auch wenn nach religionsgeschichtlicher Gesetzmäßigkeit die erwartete Endzeit der Urzeit entspricht, so ist sie doch dieser gegenüber etwas schlechterdings Neues. Die Endzeit kann niemals zu etwas werden, was hinter einem liegt, weshalb sich viele Religionen den Zustand des Menschen in ihr als ewige Jugend vorstellen. Selbst eine ἀποκατάστασις πάντων, eine Wiederherstellung aller Dinge, wie sie im Christentum Origenes gelehrt hat, ist darum stets mehr und anderes als eine bloße Repristination des Ursprungs. Auch die kultischen Begehungen, mit denen das Urdatum einer Religion gefeiert wird, eröffnen ihren Teilnehmern dadurch, dass sie das Heilsereignis der Vergangenheit vergegenwärtigen, die schlechthin entscheidende, neue Zukunft. Das Gleiche gilt für solche Begehungen, die sich auf eine mehr oder weniger detaillierte heilsgeschichtliche Periodisierung der Geschichte, häufig in drei oder vier Weltalter, beziehen, wie sie viele Religionen, so die altindische, die iranische, die griechische, die jüdische und auch die christliche, kennen. Die daran geknüpften Erinnerungsfeiern haben ebenfalls nicht den Charakter eines „Jubiläums", sondern den Sinn, eine neue Zeit einzuläuten.

Mit ihren Ansagen und Begehungen eines Einbruchs der Transzendenz in Vergangenheit, Gegenwart und Zukunft ist die Religion, die auf diese Weise Geschichte deutet, einerseits in deren Prozess eingebunden; andererseits greift sie auch in ihn ein und trägt durch ihre Praxis strukturierend zur Gestaltung des kulturellen und sozialen Lebens bei. Für das Selbstbewusstsein eines religiösen Menschen bereitet der Aspekt der geschichtlichen Gestaltungsmacht der Religion im Allgemeinen keine Schwierigkeiten. Aber dass die Religion auch ein Produkt der Geschichte sein soll, leuchtet ihm häufig nicht ein. Denn das scheint im Widerspruch zu der göttlichen Stiftung zu stehen, die im Kultus gefeiert und vergegenwärtigt wird. Es ist deswegen begreiflich, wenn beispielsweise das groß angelegte Unternehmen einer historischen Interpretation des Christentums, wie es im Abendland seit drei Jahrhunderten stattfindet, von vielen gläubigen Christen bis heute als Sakrileg empfunden wird.

Es scheint nun so, als müsse sich die Religionsphilosophie in den daraus resultierenden Streitigkeiten ohne Zögern auf die „aufgeklärte" Seite schlagen. Das ist jedoch nur in eingeschränktem Sinne richtig. Es gilt nur, wenn die wissenschaftlich-historische Interpretation erstens die Frage nach der Wirklichkeit des göttlichen Ursprungs unbeantwortet lässt, den jede Religion als für sich konstitutiv in Anspruch nimmt, und zweitens die lebenspraktische Bedeutung dieses Anspruchs für die betreffende Religionsgemeinschaft zu verstehen sucht. Sofern diese Bedingungen eingehalten werden, muss allerdings eine kritische historische Interpretation der Religion in deren eigenem Interesse gefordert werden. Sie zu verweigern liefe auf eine faktische Leugnung der geschichtlichen Wirklichkeit sowohl der fundierenden Offenbarung als auch der auf sie antwortenden Lebensäußerungen hinaus.

Das Verhältnis solcher historischen Arbeit an der Geschichte einer Religion wird zu deren gegenwärtiger Lebenspraxis und zu ihren Repräsentanten selten in einem völlig konfliktfreien Verhältnis stehen. Denn die Forschung kann z.B. zu dem Ergebnis gelangen, dass eine institutionell für wichtig gehaltene Annahme auf einer Fälschung beruht (christliches Beispiel: die angebliche Schenkung des Kirchenstaates an den Bischof von Rom durch den Kaiser Konstantin). Selbstkorrekturen bedürfen in solchen Fällen meist eines langwierigen Prozesses oder erweisen sich als unmöglich. Noch größere Schwierigkeiten treten auf, wenn sich herausstellt, dass der Religionsstifter selbst in einem bestimmten Punkt einem faktischen Irrtum erlegen ist. Im Grunde ist dergleichen aber nur ein Zeichen dafür, dass das Ereignis, dem Offenbarungsqualität zugeschrieben wird, geschichtlicher Natur ist. So gesehen, tut die historische Interpretation der Religion nichts anderes, als mit der religiösen Einsicht Ernst zu machen, dass die Gottheit auch in ihrer Offenbarung zugleich stets verborgen bleibt – in diesem Fall unter einer natürlichen menschlichen Unzulänglichkeit. Insofern wäre zu wünschen, dass die Anwendung solcher Forschung auf die Religionen durchweg von diesen selbst akzeptiert würde. Kritische historische Nachweise nötigen im Allgemeinen nur zu Korrekturen des konkreten Verständnisses der die Transzendenz vergegenwärtigenden Tradition; zu deren gänzlichem Verlassen zwingen sie nur dann, wenn sie eindeutig zeigen, dass die Tradition als ganze aus Betrug (z.B. zu dem Zweck, die Anhänger der Religion auszubeuten) hervorgegangen ist. Dies aber dürfte keiner ernsthaften Religion zum Schaden gereichen.

5. Institutionalität und Selbstbestimmung

Tradition ist ein institutionelles Phänomen. Sie ist der exemplarische Fall der Spannung zwischen der Offenbarung der Transzendenz und der Alltagssituation, der sie selbst zugehört, während sie zugleich über sie hinaus auf das „Ganz Andere" symbolisch verweisen soll. Nachdem wir dieses Problem bereits in IV/5 hinsichtlich des Verhältnisses von Erschließungssituation und Kontinuität beleuchtet haben, sind jetzt seine Implikationen für die Stellung des einzelnen Subjekts zu den institutionell verfassten religiösen Lebensäußerungen zu bedenken. Offensichtlich sind die Rahmenbedingungen kultischer Vollzüge in erheblichem Maße durch die Religionsgemeinschaft vorgegeben und müssen es um deren Identität willen auch sein. Wie aber verhält sich dieser Befund zu der Unbedingtheit, mit der die Transzendenz jeden einzelnen Menschen als solchen betrifft?

Die Fragestellung verdankt sich zunächst einmal der spezifisch abendländischen geistes- und sozialgeschichtlichen Entwicklung der Neuzeit. Zu keiner anderen Zeit und nirgends sonst ist die Besonderung des Einzelnen ein so beherrschendes Thema geworden, sei es hinsichtlich seiner unvertretbaren Verantwortung vor Gott, sei es hinsichtlich seiner unverwechselbaren Individualität und seiner Rechte gegenüber der Gesellschaft. In einer traditionalen Gesellschaft ist der Einzelne zwar durchaus auch als solcher von dem Einbruch des Transzendenten betroffen, aber nicht unmittelbar, sondern als Glied der Gemeinschaft. Der englische Alttestamentler Henry Wheeler Robinson hat diesen Sachverhalt in sachlicher Anknüpfung an religionssoziologische Arbeiten von Lucien Lévy-Bruhl und Émile Durkheim mit dem Begriff *corporate personality* bezeichnet[152]; die Entdeckung ist aber älter und geht auf Johann Gottfried Herders Gedanken des „Genius eines Volkes" und auf die Romantik zurück[153]. Bis heute ist für das

---

[152] Henry Wheeler Robinson, *The Hebrew Conception of Corporate Personality*, in: Werden und Wesen des Alten Testaments (BZAW 66), 1936, 49–62, bes. 53. Vgl. Lucien Lévy-Bruhl, *Les fonctions mentales dans les sociétés inférieures* (BPhC) (1910), 9. Aufl. Paris 1951, 76–110, bes. 76.100, wo er den Sachverhalt als Gesetz der Partizipation bezeichnet; Émile Durkheim, *Die elementaren Formen des religiösen Lebens* (Les formes élémentaires de la vie religieuse, dt. v. L. Schmidts), 2. Aufl. Frankfurt a.M. 1984, 366–369.

[153] Vgl. Johann Gottfried Herder, *Ideen zur Philosophie der Geschichte der Menschheit*, Werke (Suphan) 13, 306.310–318; für die Romantik Friedrich Schlegel, *Fragmente zu Geschichte und Politik*, Krit. Ausg. Bd.20, 310f und 21, 99 („Nationalgeist"); der Sache nach auch *Philosophie der Geschichte*, Bd.9, 108. Die Begrifflichkeit variiert stark. F.D.E. Schleier-

Verständnis sehr vieler Religionen die religiöse Gemeinschaft das ursprüngliche Gegenüber des Transzendenten, zu dem das Individuum nur durch Teilhabe an ihr Zugang hat.

Die revolutionäre Veränderung nicht nur des Denkens, sondern des gesamten Lebensgefühls, welche die abendländische Moderne von dieser Sicht trennt, ist unübersehbar. Trotzdem ist zu fragen, ob es nicht eine den Zusammenhang von Individuum und Gemeinschaft betreffende Grunderfahrung gibt, welche diesen Wandel der menschlichen Lebenswelt zu übergreifen vermag. Das scheint uns in der Tat der Fall zu sein. Wir beschreiben zunächst diese Grunderfahrung. Zweitens setzen wir die Beschreibung zu dem Umbruch der Neuzeit in Beziehung, um zu überprüfen, ob ihr es sich wirklich um eine Grunderfahrung mit zeitübergreifendem Charakter handelt. Drittens ist das Gewonnene auf den Fall der spezifisch religiösen Lebensäußerung anzuwenden.

ad 1. Alle gesellschaftlichen Institutionen haben, wie in I/5 gezeigt, gegenüber den einzelnen Menschen ein gewisses Eigengewicht, kraft dessen sie ihm gegenüber eine mit Sanktionen bewehrte Autorität ausüben. Andererseits konstituieren die Institutionen sich aus den Interaktionen der zu ihnen gehörenden Einzelnen. Die beide Aspekte miteinander verbindende Größe nennen wir mit Schleiermacher den *Gemeingeist*. In diesem Zusammenhang sind kollektive Lebensäußerungen zu verstehen.

Der Gemeingeist ist das Lebensprinzip einer gesellschaftlichen Gruppe. Als solches motiviert er sie und fordert sie zugleich. Dies geschieht nicht rein formal, sondern jeweils bezogen auf bestimmte Inhalte, auf die gemeinsame „Sache", *cause*, wie es der amerikanische Philosoph Josiah Royce ausdrückt. Einer gemeinsamen Sache können die Glieder der Gemeinschaft nur entsprechen, wenn sie sie zu der je eigenen machen, bzw. umgekehrt, wenn sie diese Sache durch ihren Konsens allererst zu einer gemeinsamen machen. Diese Doppelbewegung bezeichnen wir mit Royce als *Loyalität*[154]. Damit ist trotz der Herkunft des Begriffs aus dem lateinischen *legalitas* (über franz. *loyal*) nicht nur ein gesetzeskonformes Verhalten gemeint. Loyalität kann sich ebenso wie auf eine sittliche oder politische Einstellung auch auf eine religiöse Bindung beziehen. In diesem weiten Sinn und ohne Wertung soll der Begriff hier verwendet werden: als Treue zu einer gemeinsamen Sache und eine Art „Wir-Bewusstsein". Loyalität enthält damit eine dreifache Beziehung: das Festhalten jedes Einzelnen an der Sache, das gemeinsame Festhalten an ihr und, über die Sache vermittelt, das Festhalten aneinander. Erst in dieser Dreifachheit ist Loyalität Ausdruck für den Gemeingeist, für das

---

MACHER spricht von einer „moralischen Person", *Der christliche Glaube ...*, a.a.O. (Anm. 14), § 7,2, oder vom „Gemeingeist" (s.u., S. 306 Anm. 39) DAVID FRIEDRICH STRAUSS von einem „allgemeinen Individuum", *Das Leben Jesu kritisch bearbeitet*, Bd. 1, Tübingen 1835, 74. Die wohl einflussreichste Begriffsprägung „Volksgeist" stammt von G. W. F. HEGEL, *Vorlesungen über die Philosophie der Geschichte*, Jub.-Ausg. Bd. 11, 87f.

[154] Vgl. JOSIAH ROYCE, *The Philosophy of Loyalty*, New York 1908, bes. 16–21.

„Zwischen", das den Zusammenhang zwischen Einzelnen und Gemeinschaft verständlich macht[155].

ad 2. Loyalität kann entweder unbedingt und rückhaltlos oder mit einer kritischen Reserve praktiziert werden Das braucht weder ihre Festigkeit noch ihren Wert zu mindern. Kritische Distanz kann gerade um der gemeinsamen Sache willen erforderlich sein (vgl. den englischen Ausdruck *Her Majesty's loyal opposition*). Diese differenzierte Form der Loyalität hat ihr Recht sowohl in ethischen als auch in religiösen Bezügen, so sehr in beiden Fällen unbedingte Verbindlichkeit gefragt ist.

Diese These ist nicht erst ein Produkt der Neuzeit. Bereits die Antike kennt nicht nur die Alternative von unbedingter Gemeinschaftstreue und Treulosigkeit oder Abfall, sondern auch die begründet differenzierende Loyalität, ja sogar den letztlich unauflösbaren tragischen Konflikt miteinander konfligierender unbedingter Loyalitäten. So muss sich etwa Antigone nach Sophokles zwischen dem Gehorsam gegenüber der göttlich legitimierten Staatsgewalt und der ebenso heiligen Pietätspflicht, ihren Bruder zu beerdigen, entscheiden. Zumindest die Forderung, „Gott mehr [zu] gehorchen als den Menschen" (Act 5,29), ist ein allen Religionen selbstverständlicher Grundsatz. Charakteristisch neuzeitlich ist allerdings die Überzeugung, dass grundsätzlich keiner „Sache" absolute Loyalität gelten dürfe, dass vielmehr alle „*causes*" und alle sie beanspruchenden Institutionen der kritischen Rückfrage nach ihrer Legitimität unterliegen[156]. Damit hat die individuelle Selbstbestimmung ein Gewicht bekommen, das sie so zuvor niemals hatte, und die prinzipielle Gleichsetzung von Tradition und verbindlicher Autorität ist nunmehr ausgeschlossen. Das ist ohne Frage ein folgenreicher Wandel. Dennoch darf man die Dialektik von Loyalität und Distanz als zeitübergreifende, strukturelle Bestimmung des Verhältnisses von Selbstbestimmung und Institutionalität ansehen. Institutionen sind immer schon auf Dauer nur dann lebensfähig gewesen, wenn die individuelle Selbstbestimmung nicht vollständig in der Loyalität zu ihnen aufging, sondern ein Minimum von Distanz enthielt, das ihr Eigengewicht erträglich machte und Veränderung ermöglichte.

ad 3. Die Auffassung ist verbreitet, dass religiöse Institutionen eine Ausnahme von dieser Regel bilden müssten. In ihnen gelte die Loyalität einer „Sache", die den Menschen unbedingt und nicht bloß begrenzt angeht. Eine kritische innere

---

[155] Vgl. dazu H. Richard Niebuhr, *The Responsible Self. An Essay in Christian Moral Philosophy*, hg. v. J. M. Gustafson, New York u. a. 1963, 79.

[156] Vgl. dazu die Einleitung in I. Kants *Kritik der reinen Vernunft*, A XI (Akad.-Ausg. Bd. 4, 9 Anm.): „Unser Zeitalter ist das eigentliche Zeitalter der Kritik, der sich alles unterwerfen muß. Religion durch ihre Heiligkeit und Gesetzgebung durch ihre Majestät wollen sich gemeiniglich derselben entziehen. Aber alsdann erregten sie gerechten Verdacht wider sich und können auf unverstellte Achtung nicht Anspruch machen, die die Vernunft nur demjenigen bewilligt, was ihre freie und öffentliche Prüfung hat aushalten können". Instruktiv ist diese Stelle nicht zuletzt deshalb, weil hier die „unverstellte Achtung", man könnte auch sagen: die Loyalität, gerade nicht gegen die Kritik steht, sondern sie im Gegenteil voraussetzt.

Reserve sei hier deshalb ein Widerspruch in sich. Vielmehr müsse den heiligen Büchern, Riten und autorisierten Priestern unbedingte Verlässlichkeit zugeschrieben werden, da sie doch nach der Überzeugung des Glaubens als Repräsentanten der Gottheit von dieser selbst eingesetzt seien. Die religiöse Willkür der modernen Erlebnisgesellschaft zeige nur zu deutlich, wohin es führe, wenn man in diesem Punkt Ermäßigungen zulasse.

Nun ist ganz allgemein in Bezug auf alle Formen menschlicher Gemeinschaft festzustellen, dass kritische Distanz in der Tat Loyalität zersetzen kann. Wenn so etwas im Bereich der Religion geschieht, dann bedeutet das in der Tat über kurz oder lang deren Ende, denn keine Religion kann auf Dauer ohne Sozialgestalt existieren. Dennoch gilt zu allen Zeiten für die Religion, dass sie ein kritisches Element in die Loyalität integrieren muss, um einen gewissen Schutz vor dem Eindringen sachfremder Interessen, welche die gemeinsame Sache verfälschen und so der Gemeinschaft schaden, bieten zu können. Insofern trägt auch die aus der Aufklärung erwachsende kritische Reflexion keineswegs bloß zur Zerstörung der Religion bei, sondern kann sie auch vor Missbrauch und Entstellung bewahren, ja ihr darüber hinaus auch die Möglichkeit eröffnen, ihre Vermittlungsgestalten ohne Verlust oder Verwässerung der „Sache" so zu verändern, dass sie Menschen einer neuen Zeit oder auch einer anderen Kultur leichter zu erreichen vermag.

Fest steht allerdings, dass die *Dominanz* der kritischen Distanz destruktiv ist. Dieser Satz mag auf den ersten Blick fatal an die Weimarer Republik und deren damals bei den Konservativen gängige Diffamierung als „Zeitalter der Diskussion" und der „Zersetzung" erinnern. Wer einen solchen Vergleich zieht, sollte indessen nicht übersehen, dass es auf politischem Gebiet gerade die so Urteilenden waren, die durch ihre Illoyalität das demokratische Gemeinwesen zersetzten und es dadurch (gemeinsam mit ihren radikalen Gegnern) in die Katastrophe treiben halfen. Umgekehrt sind es in heutigen westlichen Gesellschaften vielfach gerade kritische Kreise, die am meisten zum sozialen Zusammenhalt beitragen.

Von hier aus lässt sich durchaus eine Parallele zu entsprechenden Phänomenen im Bereich religiöser Institutionen ziehen, insofern diese zur weltlich sozialen Erscheinungsform der Religion gehören. Dabei kommt freilich zu der Institutionenkritik als spezifisch neuzeitlicher Faktor vielfach ein Rückgang an religiöser Gewissheit der Einzelnen hinzu, mit der Folge religiöser Gleichgültigkeit und der Verlagerung des religiösen Interesses auf eine Fülle von Alternativen zu den alten, etablierten religiösen Gemeinschaften – ein Problemkomplex, der nicht bloß das Christentum, sondern z.B. auch das Judentum betrifft. Hier scheint die Dominanz der kritischen Distanz ihr destruktives Werk schon sehr weit vorangetrieben zu haben. Aber zum einen darf man den Autoritätsverlust der Institutionen nicht allein für die Krise des Religiösen in der Neuzeit verantwortlich machen. Zum anderen wäre es hier ebenso wie auf politisch-sozialem Feld fatal, wenn man, den Kräften konservativer Beharrung folgend, jegliche Art von kritischer Distanz unterbände, statt sie in die Loyalität zu integrieren. Auch Religionen gehen nicht nur an „Zersetzung“, sondern ebenso an kritikloser Erstarrung zugrunde.

Eine Lösung der hier entstandenen Probleme wird in religiösen ebenso wie in weltlichen Gemeinschaften nur durch neue Formen des Wagnisses möglich sein, das jede Form von Loyalität in einer ungeheuer komplex und unübersichtlich gewordenen Gesellschaft notgedrungen bedeuten muss. Ob bei diesem Wagnis im religiösen Bereich der Eintritt in eine Gemeinschaft oder die individuelle Selbstbindung den Primat hat, ist zwischen den Religionen und sogar innerhalb ihrer umstritten. Sicher ist aber, dass religiöse Lebensäußerungen auf Dauer nur im Rahmen des geschilderten dreistelligen Loyalitätsverhältnisses erfolgen können. Dieses stellt die anthropologische Bedingung der Möglichkeit ihrer institutionellen Kristallisierung und damit der für jede Religion lebenswichtigen Verleiblichung und Kontinuität ihrer Vermittlungsprozesse dar.

VI. Das Christentum in religionsphilosophischer Sicht

Mit diesem letzten Abschnitt ist keine in sich abgeschlossene Identitätsbestimmung des Christentums beabsichtigt. Sie ist erst durch die materiale Glaubenslehre als Selbstauslegung spezifisch christlicher religiöser Erfahrung zu leisten, so wie auch der einzelne Mensch seine Identität vor Gott nur selbst bestimmen bzw. selbst bestimmen lassen kann. Doch wie der Einzelne bei solchem Bemühen immer auch versuchen muss, sich selbst mit den Augen anderer zu sehen, so soll analog dazu der religionsphilosophische Standpunkt „über dem Christentum"[157], d.h. außerhalb desselben, auch hier beibehalten werden, wie hypothetisch er auch immer sein mag, wenn er von einem Theologen eingenommen wird. Es sind also hier von außen die Kriterien anzugeben, auf Grund deren das Christentum sich von anderen Religionen unterscheidet.

In thetischer Vorwegnahme der Ausführungen dieses Kapitels lässt sich die Identität des Christentums mit den folgenden Sätzen umreißen. *Das Christentum geht davon aus, dass der Mensch seine ihm von Gott gesetzte Bestimmung zu vollkommener Gemeinschaft mit ihm und zur hingebenden Liebe zu den Menschen verfehlt hat. In seinem Zentrum steht deshalb der Glaube an die in Jesus Christus allein aus göttlicher Gnade gegebene Erlösung des Menschen aus seiner Gottentfremdung. Die Erlösung eröffnet nach der Überzeugung dieses Glaubens zugleich den Weg zur Verwirklichung des unbedingten Liebesgebots.*

Mit der Angabe dieser Hauptkennzeichen ist kein Urteil über die Wahrheit des christlichen Glaubens verbunden. Ein solches Urteil ist nach der bisher entwickelten Auffassung philosophisch auch nicht möglich. Die Wahrheitsfrage wird lediglich insofern ins Spiel kommen, als wir im Zusammenhang mit der Benennung der Identitätsmerkmale zu zeigen haben, dass der christliche Glaube weder eindeutig abstrus noch eindeutig sittlich gefährlich ist und dass deshalb ein philosophischer Beweis für seine *Unwahrheit* nicht geführt werden kann. An diesem Punkt können wir Schleiermacher nicht folgen, der mit Hilfe einer wertenden Klassifizierung der Religionen den Versuch gemacht hat, einen indirekten philosophischen Wahrheitsbeweis für das Christentum zu führen[158]. Demgegenüber ist u. E. konsequent daran festzuhalten, dass über den Wahrheitswert von Aussagen über das Gottesverhältnis des Menschen allein aus der Sicht dieser Beziehung selbst heraus ein Urteil möglich ist. Wird ein solches Urteil demnach nur

---

[157] So F.D.E. SCHLEIERMACHER, *Kurze Darstellung des theologischen Studiums zum Behuf einleitender Vorlesungen* (2. Aufl. 1830), krit. Ausg. hg. v. H. Mulert 1910, Nachdr. Darmstadt o. J., § 33 (S. 14).

[158] Vgl. dazu F.D.E. SCHLEIERMACHER, *Der christliche Glaube*, a.a.O. (Anm. 14), §§ 11 f.

der Glaubenslehre zugestanden, die diese Binnensicht reflektiert, so ist der zirkuläre Charakter, den es damit zwangsläufig bekommt, als sachgemäß zu akzeptieren.

1. Der Absolutheitsanspruch

„Es ist in keinem anderen Heil" (Act. 4,12) – die Exklusivität des Heilsweges, der seinen Grund in Jesus Christus hat, ist ein Grundzug des christlichen Glaubens von seinem Anfang an. Diese Überzeugung hat die Mission getragen, aber auch deren Verbindung mit dem neuzeitlichen europäischen Imperialismus ermöglicht. Sie war über Jahrhunderte das Fundament für den Zusammenhalt der abendländischen Kultur. Aber mit der Infragestellung durch die radikale Religionskritik im 19. und mit dem Import des religiösen Pluralismus im 20. Jahrhundert ist sie problematisch geworden. Wir haben die Strategien der christlichen Theologie, mit diesem Problem umzugehen, in den Prolegomena (IV/2) besprochen: Exklusivismus (unbeirrtes Festhalten am christlichen Absolutheitsanspruch), Inklusivismus (die Behauptung eines „anonymen" Christentums in den anderen Religionen) und pluralistische Religionstheologie (alle Religionen seien durch einige allgemeine Grundüberzeugungen miteinander verbunden). Wir hatten gezeigt, dass alle drei Positionen, in einem objektiven Sinn verstanden, unhaltbar sind: Der Exklusivismus kann sein Recht gegenüber den konkurrierenden Absolutheitsansprüchen anderer Religionen nicht erweisen, der Inklusivismus verschleiert die unvereinbaren Differenzen zu den anderen Religionen und erweist sich darin als verkappter Exklusivismus, und die pluralistische Religionstheologie tut das Gleiche im Interesse einer unspezifischen Religiosität, die sich in ähnlicher Weise als Schreibtischprodukt entpuppt wie die sogenannte natürliche Religion der Aufklärung. Am Ende hatten wir als theologische Lösung eine allein in der religiösen Erfahrung gegründete exklusive Bindung an den Heilsweg des christlichen Glaubens vorgeschlagen, die jedem „imperialistischen" Zwang entsagt, sich mit der Achtung vor dem Anderssein der anderen verbindet und bei allem Bemühen, sie zu überzeugen, bereit ist, auch von ihnen zu lernen.

Wir treten nun von einem außertheologischen Standpunkt aus noch einmal an dasselbe Problem heran. Zwei Fragen sind zu stellen: 1) Ist das Christentum in dem Sinne eine eigenständige Religion, dass es alle anderen ausschließend von sich unterscheidet, oder finden sich so viele Analogien zu anderen Religionen und auch Übernahmen und Anleihen aus ihnen, dass dadurch seine Eigenständigkeit in Frage gestellt wird? 2) Lässt sich eine Manifestation des Transzendenten, die wir grundsätzlich als denkmöglich erwiesen hatten, eher in einer einzelnen Erscheinung oder als in der Gesamtheit der Religionen ausdifferenziert vorstellen? Die beiden Fragen variieren die für die religionsphilosophische Fragestellung allein relevante Alternative von Exklusivismus und Pluralismus.

ad 1. Die erste Frage scheint teilweise bereits durch die Feststellung beantwortet zu sein, dass das Christentum wie alle großen Religionen synkretistisch ist. Wesentliche Elemente wie der Schöpfungsglaube, die sittliche Ausrichtung auf die Nächstenliebe, der Gedanke der göttlichen Vergebung, die Erwartung eines Erlösers, all das stammt, wie auch immer abgewandelt, aus dem alten Israel. Auch für zahlreiche charakteristische Einzelzüge, etwa dass der Fromme gegen Zweifel und Unglauben ankämpfen muss, gibt es im Alten Testament Belege. Für die todüberwindende Macht der göttlichen Gegenwart stehen die Mythen von sterbenden und auferstehenden Göttern im Alten Orient mit ihren Nachwirkungen in der hellenistischen Welt. In dieser finden wir auch sakramentale Heilsvermittlung. Hinzu kommen Analogien zu vielen anderen Religionen, zu denen keine Abhängigkeit besteht. So finden wir die Innigkeit und Intensität der Versenkung in den transzendenten Grund, die im Neuen Testament dem Glauben zugeschrieben wird, überall in der Mystik. Das Ideal der Barmherzigkeit treffen wir auch innerhalb des im Übrigen ganz andersartigen Kontextes buddhistischer Frömmigkeit an. So kann man fortfahren und am Ende zu dem Ergebnis kommen, dass es zu allen einzelnen Elementen des christlichen Glaubens strukturelle oder sogar genetische Entsprechungen gibt. Ein christlicher Absolutheitsanspruch hat also offenbar keinerlei empirischen Anhalt.

Indessen ist eine derartige Beweisführung keineswegs schlüssig. Gegen eine Argumentation mit der Aufzählung all dieser einzelnen Entsprechungen ist einzuwenden, dass historisch das Ganze immer mehr ist als die Summe seiner Teile. Selbst ein völlig lückenloser Nachweis, dass jeder einzelne Gedanke, jede einzelne Sitte einer Religion ihre Parallele anderswo hat oder von dort entlehnt ist, vermag die Behauptung der Eigenständigkeit einer kollektiven religiösen Individualität so lange nicht zu erschüttern, wie sich zeigen lässt, dass der rote Faden, der sich durch die Fülle aller einzelnen Lebensäußerungen dieser Religion hindurchzieht, ihre „Grundanschauung", in Schleiermachers Terminologie, in keiner anderen Religion ihresgleichen hat. Berührungen, Analogien, gegenseitige Beeinflussungen gehören zur Geschichtlichkeit der Religion ganz ebenso wie zum Leben einzelner Individuen.

Eine solche Grundanschauung lässt sich tatsächlich auch aus der Außenperspektive aufweisen. Ich nenne nur einige Hauptzüge. Für den christlichen Glauben ist der Heilbringer ein Gekreuzigter; durch die einmalige Tat seiner Hingabe hat er den Tod ein für allemal überwunden und seinen Nachfolgern den Weg aus der Gottentfremdung zur Gottesgemeinschaft eröffnet. Darin kommt nicht eine allgemeine Menschenliebe Gottes, sondern zugespitzt Gottes Feindesliebe zu den Menschen zum Ausdruck, die ihre Existenz vor ihm vollständig verfehlt haben. Dieser Art der Liebe Gottes entspricht eine ebenso radikale Zuspitzung des Liebesgebots. Diese grundlegende Orientierung am Paradox des Kreuzes versetzt das Leben der Gläubigen in eine permanente eschatologische Spannung: Es kommt für sie alles auf die Gestalt des Verhältnisses zu Gott und den Menschen in diesem Leben an (wie im Judentum und im Unterschied zu Religionen, die an Reinkarnationen glauben), und doch haben sie zugleich eine innere Distanz zur Welt als zu etwas nur Vorläufigem; das Heil ist schon gegenwärtig und steht doch noch aus; der Mensch steht unter Gottes Gericht und hat zugleich an seiner Vergebung teil. Diese Grundeinstellung hat mit dazu beigetragen, dass das Christentum intensive Religiosität mit der in der griechischen Kultur entwickelten Rationalität verbinden und mit ihrer Hilfe eine wissenschaftliche Theologie ausbilden konnte, die auch mit der eigenen Tradition kritisch umgehen konnte, und sie hat es zu erstaunlichen Inkulturationsleistungen außerhalb des abendländischen Kulturkreises befähigt. Dies alles ist im Lauf der Geschichte des Christentums und seiner verschiedenen Konfessionen, Ketzereien und Abspaltungen vielfach modifiziert und abgewandelt worden, stellt jedoch einen roten Faden dar, der sich durch die gesamte Entwicklung hindurch verfolgen lässt.

Daraus wird deutlich, dass Eigenständigkeit keinen Gegensatz zu Synkretismus darstellt. Ebenso klar ist freilich auch, dass Eigenständigkeit nicht mit Einzigartigkeit gleichzusetzen ist. Vielmehr stehen dem Christentum andere ebenso ausgeprägte religiöse Kollektive mit ebenso dezidiertem Ausschließlichkeitsanspruch gegenüber. Die Religionswissenschaft relativiert deshalb die Absolutheitsansprüche der Religionen und lässt sie nebeneinander stehen, obwohl – oder gerade weil – es zum Wesen einer Religion gehört, dass sie ihren Heilsweg als den Heilsweg schlechthin proklamiert, da Religion das Verhältnis des Menschen zu dem ihn unbedingt Angehenden darstellt. Die empirische Wissenschaft hat keine Möglichkeit, über das Recht dieser Ansprüche zu entscheiden.

ad 2. Die Religionsphilosophie kann über diesen Stand der Dinge nicht prinzipiell hinausgelangen. Sie kann jedoch grundsätzlich die Frage erörtern, ob die Manifestation der Transzendenz, sofern von ihr die Rede sein soll, eher punktuell (mit einer dann folgenden regelmäßigen Vergegenwärtigung) oder eher über das Ganze der Geschichte ausgebreitet vorstellbar ist. Konkret gefragt: Kann man die vom christlichen Glauben behauptete Einzigartigkeit Jesu, wenn schon nicht empirisch erweisen, so doch jedenfalls denken; genauer: Kann man dies leichter denken als eine göttliche Gegenwart in allen Religionen der Welt? David Friedrich Strauß hat dies in freier Weiterentwicklung von Gedanken aus Kants Religionsphilosophie grundsätzlich bestritten: „In einem Individuum, einem Gottmenschen, widersprechen sich die Eigenschaften und Functionen, welche die Kirchenlehre Christo zuschreibt: in der Idee der Gattung stimmen sie zusammen. Die Menschheit ist die Vereinigung der beiden Naturen, der menschgewordene Gott …"[159]. Das scheint eine philosophisch weit befriedigendere Lösung zu sein als die – in Strauß' Augen – partikularistische des traditionellen Christentums. Denn dieses muss innerhalb der Weltgeschichte den schlechterdings analogielosen Fall ungebrochener Einheit mit Gott bei einem einzigen Menschen an-

---

[159] D.F. Strauss, *Das Leben Jesu kritisch bearbeitet*, 2. Aufl. Tübingen 1837, Bd. 2, 740.

nehmen, der dadurch exklusiver Mittler der Gottesgemeinschaft für alle anderen werden soll, obwohl er faktisch nur einem Teil der Menschheit durch unmittelbare Begegnung oder durch Tradition überhaupt bekannt wird. Das mich unbedingt Angehende muss jedoch auch universal verbindlich, das alle Menschen unbedingt Angehende sein. Daraus folgt, so scheint es, dass es auch in allen Religionen der Welt gegenwärtig sein muss, wie auch immer durch die unterschiedlichen Erfahrungsweisen und Kulturen gebrochen.

Auf den zweiten Blick freilich leidet auch diese Lösung an einer kaum überwindbaren Schwierigkeit. Das hängt mit ihrem Ursprung in dem spekulativen Gedanken einer sich in der Weltgeschichte realisierenden göttlichen Idee zusammen, den der junge Strauß von Hegel übernommen hatte. Ein solcher universalistischer Ansatz überspielt die religiöse Erfahrung des Einzelnen und lässt sie in der Objektivität des philosophischen Systems untergehen. Während Hegel (nach Strauß infolge einer Inkonsequenz) noch der Meinung war, der „Weltgeist" offenbare seine universalgeschichtliche Bedeutung in äußerster Konzentration in der Person Jesu, behielt Strauß dadurch, dass er diesen Gedanken eliminierte, nur die leere Allgemeinheit des Gottesgedankens übrig. Wenn aber Offenbarung überall statthaben soll, wie lässt sich dann überhaupt noch sagen, dass es sich um eine göttliche Gegenwart und nicht vielmehr um ein rein menschliches Phänomen handelt? Das ist genau die Konsequenz, die Strauß später gezogen hat. Für uns zeigt sein Beispiel, dass die universale Wirklichkeit der göttlichen Gegenwart in allen Religionen methodisch keineswegs leichter zu begreifen ist als ihre Konzentration in einem geschichtlichen Moment.

Kehrt man zu dem religionsphilosophischen Grundsatz zurück, dass von einer Selbstoffenbarung der Gottheit nur auf Grund von religiöser Erfahrung gesprochen werden kann, so muss sich eine derartige Aussage stets auf eine bestimmte konstitutive Begegnung in Raum und Zeit beziehen. Für das Subjekt solcher Erfahrung ist eine göttliche Selbsterschließung in vielen einander widersprechenden oder zumindest unterschiedlichen Formen ausgeschlossen. Verzichtet man also auf eine spekulative Überbietung der religiösen Erfahrung, weil sie sich erkenntnistheoretisch nicht rechtfertigen lässt, so wird man auf den inneren Widerspruch einer Vielzahl miteinander konkurrierender, also partikularer Absolutheitsansprüche zurückgeworfen. Man müsste sich dann hypothetisch die Aufhebung dieses Widerspruchs in Gott selbst denken, ohne jedoch diesen Gedanken konkret vollziehen zu können. Denn schon der Versuch, dies zu tun, hätte zur Folge, jeder religiösen Beziehung die unbedingte Verbindlichkeit abzusprechen, was einen weiteren Selbstwiderspruch bedeutete.

Alle diese Widersprüche entstehen freilich nur für die Betrachtung der Religion von einem Standpunkt außerhalb religiöser Erfahrung. Es ist aber auch von einem solchen Standpunkt aus möglich zu verstehen, dass der religiöse Mensch als solcher durchaus für sich selbst die unbedingte Verbindlichkeit der ihm zuteil gewordenen Gottesbegegnung akzeptieren und zugleich mit der Möglichkeit rechnen kann, dass Gott Anhänger anderer Religionen oder auch gänzlich unreligiöse Menschen auf andere Weise auf den einen Heilsweg führen kann, die freilich ihm selbst, diesem in bestimmter Weise unbedingt gebundenen Menschen, schlechterdings verborgen bleibt. Die Widersprüchlichkeit, in welche die philosophische Reflexion des religiösen Pluralismus sich verwickelt, beweist deshalb nicht die Widersinnigkeit religiösen Glaubens, sondern nur die Unüberschreitbarkeit der Grenzen, die dem spezifisch philosophischen Zugang zum Phänomen der Religion gezogen sind. Es ist unvermeidlich, dass diese Einsicht sich genau in dem Augenblick einstellt, in dem der Übergang von allgemeinen Erwägungen über Religion überhaupt zu dem konkreten Phänomen der einzelnen Religionen vollzogen wird, in der allein von der Wirklichkeit einer Gottesbegegnung sinnvoll zu sprechen ist.

2. Glaube und sittliches Handeln

Der Absolutheitsanspruch des Christentums, dessen Probleme wir bisher hinsichtlich der Beziehungen zu den anderen Religionen betrachtet haben, leitet sich aus Jesu Ankündigung der mit seiner Person hereinbrechenden Gottesherrschaft her. Diese Ankündigung hat zwei miteinander in einer inneren Spannung stehende Aspekte, welche die Binnenperspektive des Absolutheitsanspruchs ausmachen: die Unbedingtheit der göttlichen Forderung und die Bedingungslosigkeit göttlicher Gnade. Will man jenen Anspruch religionsphilosophisch verstehen, so muss man versuchen, diese Doppelaussage von außen in den Blick zu bekommen.

Die unbedingte Forderung verlangt nach der Auffassung des christlichen Glaubens vom Menschen uneingeschränkte Hingabe an Gott und grenzenlose Ausübung göttlicher Liebe selbst den Feinden gegenüber. Dieser Forderung versage sich der Mensch faktisch ständig und verletze dadurch den Herrschaftsanspruch Gottes über sein Leben. Zugleich ermögliche die bedingungslose Gnade Gottes die geforderte Hingabe; sie erfolge als reines Empfangen des „umsonst" gewährten Existenzgrundes. Eben dieses Empfangen göttlicher Liebe setze die hingebende Liebe zu anderen Menschen aus sich heraus. So lässt sich das Grundverhältnis von Glaube und sittlichem Handeln nach allgemeiner christlicher Überzeugung – noch ohne Berücksichtigung der konfessionellen Differenzen – in wenigen Sätzen umreißen.

Diese Beschreibung lässt schon rein abstrakt vermuten, dass zwischen dem reinen Sich-Empfangen aus der exklusiven Herrschaft Gottes und der höchsten Aktivität in der Gestaltung der menschlichen Verhältnisse, die sich aus der Liebe ergibt, ein Bruch entstehen kann. Das ist denn auch in der Tat immer wieder eingetreten. Auf der einen Seite soll sich die Ausbreitung der Herrschaft Gottes und damit der *Glaube* durch Menschen vermitteln. Legt man hierauf den Ton, so gerät offenbar der religiöse Ausgangspunkt leicht aus dem Blick, dass man es mit einer Herrschaft zu tun hat, die in der „Ohnmacht" der Liebe Gottes am Kreuz Jesu zum Ausdruck kommt. So erklärt sich die durch die ganze Kirchengeschichte hindurch zu beobachtende Abfolge von Bündnissen mit dem Staat ebenso wie der zumindest lange Zeit hindurch erhobene Anspruch der Kirche selbst auf weltliche Macht. Die Erinnerung an das Leiden Jesu am Kreuz schlägt sich dann nur noch in der Bereitschaft zum Martyrium für die Durchsetzung der mit der Herrschaft Gottes gleichgesetzten Herrschaft des Christentums nieder, besonders markant in den Kreuzzügen. Die Verbindung der Kirche mit staatlicher Herrschaft hat im Zusammenhang mit dem Niedergang des Römischen Reiches im Abendland maßgeblich zu den Missionserfolgen des Christentums beigetragen und bis in die Neuzeit der Kirche öffentlichen Einfluss gesichert. Äußeres Symbol für das Letztere sind bis heute einige europäische Staatsflaggen. Außerhalb unseres Kulturkreises dagegen hat die Liaison der Kirche mit den Kolonialmächten solche Erfolge weithin verhindert. Seit der Aufklärung hat der Pakt mit den herrschenden Schichten, dessen Auswirkungen von mangelndem Einsatz für die Arbeitermassen des beginnenden Industriezeitalters bis zum kritiklosen Schüren von Kriegsbegeisterung reichen, die Glaubwürdigkeit der Kirche auch im Abendland tief beschädigt; das lässt sich auch von einem außerchristlichen Standpunkt aus feststellen.

Freilich ist das nur ein Entwicklungsstrang. Neben ihm wurde die Grundlinie christlicher Frömmigkeit in vielfältigen Formen fortgeführt, und gegen die Transformation der Gottesherrschaft in weltliche Machtausübung hat es im Lauf der Geschichte immer wieder innerkirchliche Proteste gegeben. Die Armutsfrömmigkeit des Mittelalters und die Reformation mögen als Beispiele genügen.

Nach dem tiefgreifenden Autoritätsverlust der Kirche, den sie durch ihr Machtstreben zum Teil selbst verschuldet hatte, hat man vor allem im Protestantismus die *ethische* Seite des christlichen Glaubens stärker in den Vordergrund gestellt. Ursprünglich ausgehend von Pietismus und Neologie, stellt dies heute weltweit einen dominierenden Akzent dar – mit vielfachen Analogien auch auf katholischer Seite, wie die einflussreiche südamerikanische Befreiungstheologie zeigt. Das Christentum versucht damit, der dringenden Herausforderung durch die Armut insbesondere in den ehemaligen Kolonialländern zu begegnen, die eine Folge der durch die frühere Missionspraxis faktisch mitgedeckten Ausbeutung ist. Aber so wie die Durchsetzung des Glaubens an die Gottesherrschaft weithin auf Kosten der Liebe erfolgte, so korrespondiert dem ethischen Christentum vielfach ein Verlust an Religiosität. Das geht aus einem christlichen Selbstzeugnis hervor: Der indische Theologe Raymond Panikkar hat schon vor über 30 Jahren kritisch bemerkt, es habe oft den Anschein, „als wäre die Kirche im Begriff, sich in eine der vielen hilfreichen Organisationen der Vereinten Nationen zu verwandeln", und ihre Liebestätigkeit habe obendrein vielfach etwas von kolonialistischer Herablassung an sich, insofern sie es an der Bereitschaft fehlen lasse, sich den ganz andersartigen Gegebenheiten fremder Kulturen anzupassen[160]. Ein Blick auf die vorrangigen Themen ökumenischer Organisationen bestätigt zumindest den ersten Teil dieser Kritik noch heute. (Man muss freilich hier die Ostkirche generell ausnehmen, die auf Grund ihrer primär liturgisch-mystischen Fundierung in diesen Konflikt nie hineingeraten ist.)

Neben der Problematik einer Aufspaltung von religiösem und ethischem Aspekt des Christentums ist die Eigenart der vom christlichen Glauben geprägten Liebesethik selbst mitsamt ihren spezifischen Folgen zu bedenken. Wohl die berühmteste Attacke auf die christliche Ethik findet sich bei Friedrich Nietzsche. Christliches Mitleid sei nichts anderes als ein Ausdruck der Schwäche, heißt es bei ihm, es träten darin nur die „Instinkte Unterworfner und Unterdrückter" zutage, die dann in ihrer ganzen Jämmerlichkeit der herrlichen Stärke der „Herren der Erde" gegenübergestellt werden[161]. Nächstenliebe sei nichts anderes als „der Massen-Egoismus der Schwachen"[162]. Indessen, so ernst man zweifellos die Religionskritik Nietzsches zu nehmen hat, hinsichtlich der christlichen Ethik stellt sich angesichts der großen Gestalten der Liebestätigkeit wie Johann Hinrich Wichern, Albert Schweitzer oder Mutter Teresa, um nur wenige zu nennen, für den von außen kommenden Betrachter die Frage, ob nicht das Ressentiment, das Nietzsche den Christen vorwirft, zumindest auch auf seiner Seite zu finden sei.

Ein anderes häufig zu hörendes Urteil lautet, auf Grund ihrer Verwurzelung in einem durch starke Betonung individueller Verantwortlichkeit bestimmten religiösen Glauben möge die christliche Ethik sich zwar hervorragend für die Gestaltung persönlicher Verhältnisse eignen. Doch für eine politische Einwirkung auf die komplexen Strukturen gesellschaftlicher Großorganisationen, wie sie heute zwingend erforderlich sei, tauge eine solche „Nahbereichsmoral" nicht; sie könne bis heute ihre Herkunft aus traditionalen gesellschaftlichen Verhältnissen nicht verleugnen[163]. Die Schwierigkeiten, welche die Kirchen Europas und Amerikas im 19. Jahrhundert hatten, der sozialen Frage über karitative Maßnahmen hinaus auch politisch zu begegnen, können ein solches Urteil belegen.

Andererseits wird ein unbefangener Beobachter hier in den großen katholischen Sozialenzykliken, in der neueren evangelischen Sozialethik und ebenso in politischen Memoranden der Kirchen seit dem Zweiten Weltkrieg einen Wandel

---

[160] Raymond Panikkar, *Kerygma und Indien. Zur heilsgeschichtlichen Problematik der christlichen Begegnung mit Indien* (ThF 40), Hamburg 1967, 23.

[161] F. Nietzsche, *Der Antichrist*, Werke (Hanser) Bd. 2, 1168.1180f (hier die Zitate).

[162] *Aus dem Nachlass der Achtzigerjahre*, Werke 3, 800.

[163] So z.B. für den Bereich der Ökonomie Gerd Fleischmann, *Die institutionelle Verfassung des Systems Wirtschaft: Beschreibung, Probleme, ökonomische Erklärungen und Werturteile*, in: Theologische Aspekte der Wirtschaftsethik, H. 1. Dokumentation der 1. Klausurtagung der Wiss. Gesellschaft für Theologie und der Ev. Akademie Loccum, Loccum 1986, (77–97), 95–97. Fleischmann scheint immerhin mit der Möglichkeit einer Neuorientierung christlicher Ethik in dieser Hinsicht zu rechnen.

erkennen, der zeigt, dass die Beschränkung auf den Nahbereich zumindest keine notwendige Konsequenz aus dem christlichen Glauben ist. Auch an die Geschichte der Menschenrechte wäre zu denken. Sie ist zwar außerordentlich konfliktreich, und vieles hat erst gegen heftigen kirchlichen Widerstand durchgesetzt werden können. Aber es ist erwiesen, dass die Entwicklung des Menschenrechtsgedankens ohne die Beiträge vor allem der Puritaner und Dissidenten in England und den USA, die ihrerseits auf ältere Traditionen zurückgreifen konnten, gar nicht vorstellbar ist[164].

Die geschilderten Zusammenhänge sind zwar gewiss nicht für so etwas wie einen moralischen Beweis der Wahrheit des Christentums geeignet. Ebenso wenig aber weisen sie auf das Gegenteil hin. Auch hier kommt also die religionsphilosophische Betrachtung zu keiner wertenden Entscheidung.

3. Der Schöpfungsglaube und das Verhältnis zur Natur

Wenn neutrale Beobachter und Kritiker die Gesamterscheinung des Christentums häufig als ein Instrument weltlicher Herrschaft angesehen haben, so ist diese Sicht in jüngerer Zeit vielfach auch auf das Verhältnis der jüdisch-christlichen Tradition zur Natur bezogen worden. So hat Carl Amery im Anschluss an Thesen des amerikanischen Naturwissenschaftlers Lynn White die totale Ausbeutung der Natur durch die moderne industrielle Gesellschaft auf jene Tradition zurückgeführt: „Die ältesten Voraussetzungen für den totalen Sieg der christlich orientierten Menschheit, der gleichzeitig die totale planetarische Krise ist, reichen in die Vorzeit des Alten Bundes zurück – und diese ältesten Voraussetzungen sind die wirksamsten geblieben"[165]. Biblischer Angelpunkt für diese These ist der göttliche Auftrag an den Menschen, die Herrschaft über die geschaffene Welt wahrzunehmen (Gen 1,28).

Es ist freilich nicht schwer nachzuweisen, dass diese These in ihrer Überspitzung an böswillige Geschichtsklitterung grenzt. Erstens hat Amery den jahwistischen Schöpfungsbericht, in dem der Mensch den Auftrag erhält, die Erde zu bebauen und zu bewahren (Gen 2,15), geflissentlich nicht zur Kenntnis genom-

---

[164] Vgl. dazu *Die Menschenrechte. Erklärungen, Verfassungsartikel, internationale Abkommen*, hg. v. Wolfgang Heidelmeyer, Paderborn 1972, die Einl. des Hg. 11–20, bes. 12; Josef Bohatec, *Die Vorgeschichte der Menschen- und Bürgerrechte in der englischen Publizistik der ersten Hälfte des 17. Jahrhunderts*, in: Ders., England und die Geschichte der Menschen- und Bürgerrechte. Drei nachgelassene Aufsätze, hg. v. O. Weber, Graz/Köln 1956, 13–57; Martin Brecht, *Die Menschenrechte in der Geschichte der Kirche*, in: Zum Thema Menschenrechte. Theologische Versuche und Entwürfe, hg. v. J. Baur, Stuttgart 1977, 39–96, bes. 70–76.81–92.

[165] Carl Amery, *Das Ende der Vorsehung. Die gnadenlosen Folgen des Christentums*, Reinbek 1972, 15. Vgl. Lynn White, *The Historic Roots of Our Ecological Crisis*, in: Science 155/1967, 1203–1207.

men. Zweitens hat die uns heute akut bedrohende Ausbeutung der Natur erst
mit dem spezifisch neuzeitlichen Autonomieanspruch des Menschen und der in
ihm wurzelnden Industrialisierung begonnen, zwei Erscheinungen, die man historisch keineswegs umstandslos aus dem Christentum ableiten kann. Drittens
ignoriert Amery die Tatsache, dass beispielsweise schon die alten Römer, lange
vor ihrer Christianisierung, mit der Abholzung der Wälder Nordafrikas im großen Stil nicht wieder gutzumachende Umweltschäden verursacht haben.

Aber wenngleich Amerys These in dieser Form historisch unhaltbar ist, so hat
sie doch einen Wahrheitskern, der im Zusammenhang einer philosophischen
Wesensbestimmung des Christentums interessieren muss. Das ist die Tatsache,
dass das Christentum – ebenso wie auch das Judentum – von Anfang an als eine
Religion der Weltgestaltung aufgetreten ist. Das gilt trotz Jesu Ankündigung des
nahen Weltendes und der ihr entsprechenden Naherwartung des Urchristentums. Denn damit verband sich, wie Jesu ethische Weisungen in der Bergpredigt
sogar noch in ihrer hyperbolischen Überspitzung zeigen, keine Weltflucht, sondern im Gegenteil ein besonders energischer Gestaltungswille in Bezug auf zwischenmenschliche Verhältnisse, wenn auch zunächst noch nicht in politischen
Dimensionen. Dies steht in deutlichem Kontrast zu solchen Religionen, die das
Wesen der Frömmigkeit darin sehen, sich in die gottgewollten natürlichen Abläufe einzufügen. Zwar sind Elemente solcher Religiosität auch bei Jesus selbst
nicht zu übersehen, wenn er etwa davon spricht, dass der Bauer, der seine Saat
eingebracht hat, sich darauf verlassen muss, dass Gott sie von allein wachsen
lässt (Mk 4,28), oder wenn er die Lilien auf dem Feld als Beispiel für das Zutrau-
en zu Gottes Fürsorge empfiehlt, die nicht von menschlicher Aktivität abhängig
ist (Mt 6,28f par.). Doch sind solche Äußerungen in einen Rahmen eingespannt,
der das Verhältnis des Menschen zu seiner Welt in erster Linie an dem aktiven
Einsatz für den Nächsten orientiert und die Bearbeitung der Natur als Bedingung
dafür selbstverständlich voraussetzt.

Mit dieser Orientierung des menschlichen Daseins in der Welt hängt unmittelbar der Primat eines personalen Verständnisses der Gottesbeziehung und somit
eines personalen Gottesbildes zusammen. Danach ist Gott nicht ein dem Weltprozess innewohnendes anonymes Prinzip oder eine Weltseele, sondern er steht
der Welt als ihr Schöpfer gegenüber. Dieser Begriff bezeichnet nicht nur eine
Kausalbeziehung (der Schöpfer ist die Ursache des Geschaffenen), sondern immer zugleich einen Zweck. Dieser ist mit einer positiven Wertung besetzt. Das
wird im jahwistischen Schöpfungsbericht durch die Schilderung der Fürsorge
Jahwes, im priesterschriftlichen durch die rituelle Wendung „es war gut" nach
jedem Tagwerk zum Ausdruck gebracht. Dass Gott die Welt schafft, heißt nach
biblischer Auffassung, dass er das Leben bejaht, insbesondere das menschliche
Leben. Diese Wertung des Schöpfungsaktes hängt in der alttestamentlichen Religion damit zusammen, dass die Schöpfung traditionsgeschichtlich gewissermaßen die rückwärtige Verlängerung der geschichtlichen Heilstaten Jahwes dar-

stellt. Auch die Bezeichnung der Christen als καινὴ κτίσις 2.Kor 5,17 liegt ganz auf dieser Linie.

Das skizzierte Verständnis des göttlichen Schöpfungshandelns hat eine doppelte Folge, die für die Außensicht des Christentums wichtig ist. Erstens ist das Mandat, das Gott nach biblischer Auffassung dem Menschen erteilt, Bestandteil der ursprünglichen Schöpfung und hat insofern an deren Zweck teil, dass alles „gut" werden soll. Diese Implikation des ersten Schöpfungsberichts wirft noch einmal ein Licht auf die vorhin erörterte These Amerys. Zweitens ist beiden Schöpfungsberichten bei aller Unterschiedlichkeit ihrer Vorstellungswelten die Auffassung gemeinsam, dass der Natur eine von Gott gesetzte Ordnung innewohnt, auch wenn ein entsprechender Begriff zur Näherbestimmung des „Guten" nicht begegnet. Diese Weltsicht hat die Aneignung des ganz anders begründeten griechischen Gedankens einer immanenten kosmischen Ordnung erleichtert, der für die patristische und mittelalterliche Synthese christlicher und antiker Tradition eine so zentrale Rolle spielen sollte. Damit konnte das an sich in allen Religionen in irgendeiner Weise vorhandene „naturreligiöse" Element, das Gefühl des Eingebettetseins des Menschen in eine vorgegebene Naturordnung, deutlicher hervortreten. In seiner Transformation zur ontologischen Grundbestimmung des menschlichen Daseins und damit auch des Handelns bekam es jetzt ein Gewicht, das es anfänglich nicht gehabt hatte[166] und das weit über den neuzeitlichen Bruch mit dem mittelalterlichen Weltbild und Gesellschaftssystem hinausreichende Folgen haben sollte.

Dennoch behielt das Christentum auch jetzt hinsichtlich seines Verhältnisses zur Natur primär eine „teleologische Richtung der Frömmigkeit", wie Schleiermacher es ausgedrückt hat[167]; es blieb eine Religion der sittlichen Weltgestaltung. Das stellte sich spätestens dann heraus, als die christlich geprägte abendländische Philosophie lernen musste, ohne den aristotelischen Gedanken einer der Natur immanenten Teleologie auszukommen. Die hinter diesem Wechsel der Betrachtungsweise stehende neuzeitliche Freiheitsidee hat historisch eine ihrer Wurzeln im christlichen Heilsglauben, auch wenn sie sich dann immer stärker in polemischer Abgrenzung gegen ihn artikuliert hat. Auch die im vorigen Abschnitt besprochene Ethisierung des Christentums seit dem 18. Jahrhundert gehört hierher, wie immer man sie bewerten mag.

Allerdings hat das Christentum immer wieder Versuche unternommen, daneben den Gedanken der Einbettung in die Schöpfung zur Geltung zu bringen. So hat die kosmische Christologie der Ostkirche offenbar immer ihre Entsprechung

---

[166] Erste Ansätze zu dieser Entwicklung wird man freilich bereits in der kosmischen Christologie des alten Hymnus Kol 1,15–20 und in der Logos-Lehre des Johannesprologs Joh 1,1–5 zu sehen haben.
[167] F.D.E. SCHLEIERMACHER, *Der christliche Glaube...*, a.a.O. (Anm. 14), § 11 L.

in einem der Natur eng verbundenen Lebensgefühl gehabt[168]. Im Bereich abstrakter theologischer Reflexion finden solche Versuche ihren Ausdruck in philosophisch geprägten Bestimmungen des Gottesbegriffs wie dem „Woher unseres empfänglichen und selbstthätigen Daseins" bei Friedrich Schleiermacher, dem „Sein-Selbst" bei Paul Tillich oder der physikalischen Metapher des Kraftfeldes bei Wolfhart Pannenberg[169]. Schließlich kann man auch die wiederum ganz anders geartete, zur Zeit verbreitete Ökotheologie hierher rechnen[170]. Jedoch so wenig all diese unterschiedlichen Bemühungen lediglich der Vermeidung von Anthropomorphismen, sondern auch der sachlichen Ergänzung dienen sollen, so sehr bleibt auch in solchen Konzeptionen (zumindest im Westen) der ethische Grundzug erhalten. Sie mögen vielleicht bis zu einem gewissen Grad die Vergleichbarkeit beispielsweise mit östlichen Religionen erleichtern; aufs Ganze gesehen bleibt aber deren Gesamtcharakter von der jüdisch-christlichen Tradition so tief unterschieden, dass keine Synthese möglich erscheint.

Mit dem primär personalen Verständnis des Gottesverhältnisses und der daraus sich ergebenden starken Akzentuierung des ethischen Aspekts desselben hängt eine weitere Eigentümlichkeit des jüdisch-christlichen Schöpfungsgedankens zusammen. Schöpfung bedeutet, dass Gott das Leben will. Dieses Leben ist als einmaliges gedacht. Keine ewige Wiederkehr des Gleichen, keine Kette von Reinkarnationen gewährt die Hoffnung auf eine vielleicht bessere Fortsetzung. Nun ist aber das Sein jedes Lebens ein Sein zum Tode, und der Tod ist die Bedingung der Möglichkeit jeder Art von Leben. Das ist nicht erst eine Erkenntnis der modernen Evolutionstheorie, sondern wurde bereits in urtümlichen Naturreligionen verstanden. Deshalb muss das Phänomen der Vernichtung in den Schöpfungsgedanken integriert werden[171]. Der Blick auf den Gang des Naturgeschehens erlaubt es nicht, Leiden und Tod dadurch aus dem Schöpfungsgedanken auszuklammern, dass man sie als Strafe für menschliches Fehlverhalten ansieht. Dann aber bedeuten solche Erfahrungen für den von ihnen betroffenen Menschen einen Widerspruch zu dem Glauben an die Güte des Schöpfers. Deshalb stellt sich innerhalb dieser religiösen Tradition die Theodizeefrage mit besonderer Virulenz, wie bereits die Klagepsalmen und die Hiob-Tradition im alten Israel zeigen.

Die Theodizeefrage zieht ihre Kreise unvermeidlich über das Problem des unschuldigen Leidens hinaus. Sie muss das Rätsel mit einbeziehen, wie der von

---

[168] Vgl. dazu Karl Christian Felmy, *Die orthodoxe Theologie der Gegenwart. Eine Einführung*, Darmstadt 1990, 124f.

[169] F.D.E. Schleiermacher, *Der christliche Glaube ...*, a.a.O. (Anm. 14), § 4,4; P. Tillich, *Systematische Theologie*, Bd.1, 2. Aufl. Stuttgart 1956, 273.313f.321–329; W. Pannenberg, *Systematische Theologie*, Bd.2, Göttingen 1991, 99–105.133.

[170] Beispiel: Jürgen Moltmann, *Gott in der Schöpfung. Ökologische Schöpfunglehre*, 4. Aufl. München 1993.

[171] Vgl. dazu das Buch von K.E. Løgstrup, *Schöpfung...* (Anm. 44).

Gott gut geschaffene Mensch böse werden konnte, bis dahin, dass sein „Hang zum Bösen"[172] geradezu verhängnishafte Züge annimmt. Der Mythos vom Sündenfall kann dieses Rätsel nur so „lösen", dass er die Frage offen lässt, wie ein guter Gott diesen Fall zulassen konnte. Die christliche Religion erbietet sich, das Problem gewissermaßen auf einer höheren Ebene gegenstandslos zu machen, indem sie den Menschen durch eine gnadenhafte Neuschöpfung mit Gott versöhnt werden lässt und dadurch die ursprüngliche Güte der Schöpfung wiederherstellt. Doch dann stellt sich die nur scheinbar naive Frage, warum Gott den Menschen nicht von vornherein so geschaffen habe, dass er seiner Bestimmung entsprach. Deshalb verschärft sich die Theodizeefrage noch einmal genau im Angelpunkt der christlichen Religion, dem Kreuz Jesu (vgl. Mk 15,34 par.). Und diese Frage bleibt brennend, da die Wirklichkeit des Bösen in ihrem Bannkreis nicht verschwindet.

Die Aktualität der Theodizeefrage bleibt bestehen, obwohl sie rational nicht gelöst werden kann[173]. Die Aporien, in die neuere religionsphilosophische Theorien vom Handeln Gottes geraten, bestätigen dieses Ergebnis auf ihre Weise noch einmal[174]. Die Rede von einem „Handeln" Gottes und dementsprechend von einem „Zweck" dieses Handelns kann nur die symbolische Umschreibung einer Gotteserfahrung sein. Nur sie erlaubt es, angesichts der Erfahrung des Seins zum Tode von einer Privilegierung des Lebens als dem göttlichen Zweck mit der Welt zu sprechen. Eben diese Ebene der Erfahrung ist aber zugleich der Ort, an dem sich die Theodizeefrage unumgänglich stellt. Sie steht demnach nicht am Rande des Schöpfungsglaubens, sondern bedroht ihn im Kern. Da diese Frage von einem Standpunkt außerhalb des eigenen Betroffenseins überhaupt nicht sachgemäß behandelt werden kann, steht der Religionsphilosophie an diesem kritischen Punkt kein Urteil über den Sinn eines solchen Glaubens zu. Sie muss aber an die Theologie als die Reflexion des christlichen Glaubens die Forderung richten, dass sie sich der Theodizeefrage stellt. Dabei muss sie insbesondere verlangen, dass man auf solche Antworten verzichtet, die vorgeben, das Problem zu lösen, es in Wahrheit aber nur verschieben, wie z.B. die Auskunft, Gott habe das Übel lediglich zugelassen. Ob die für den christlichen Glauben zentrale gnadenhafte Neuschöpfung tatsächlich einen Weg aus dem Dilemma darstellt, kann die Religionsphilosophie nicht beurteilen; sie muss nur auf die Schwierigkeiten aufmerksam machen, die sich dem theologischen Denken hier in den Weg stellen.

---

[172] Der Begriff stammt von I. KANT, *Die Religion* … , a.a.O. (Anm. 139), 28–32.

[173] S.o., III/1, S. 195f.

[174] Repräsentativ ist der Sammelband *God's Activity in the World. The Contemporary Problem* (AAR.SR 31), hg. v. Owen C. Thomas, Chico CA 1983. Es ist ein Schritt auf dem richtigen Weg, wenn AUSTIN FARRER den Begriff des Handelns in Bezug auf Gott als personales Symbol erkennt, und daraufhin auf eine Bestimmung des Kausalverhältnisses zwischen göttlichem und menschlichem Handeln verzichtet (*Grace and Freewill*, und: *Anima mundi*, a.a.O. 195–212). Eine Antwort auf die Theodizeefrage – die Farrer aber auch nicht anstrebt – findet man auf diese Weise natürlich nicht. Vgl. zu dem ganzen Band meine Rez. in ThR 58/1993, 328f.

4. Weltgeschichte und Heilsgeschichte

Neben der Theodizeefrage ist das zweite große Problem der christlichen Religion das Verhältnis ihres Universalitätsanspruchs zu ihrer Gründung in einem bestimmten geschichtlichen Ereignis. Während die Manifestation der Transzendenz in einem bestimmten Moment der Geschichte immerhin denkbar erscheint[175], ist damit noch nicht geklärt, wie sich ein solches singuläres Aufleuchten einerseits zur geschichtlichen Kontinuität und andererseits zu dem unmittelbaren Bezug jeder einzelnen Epoche zum Transzendenten verhält. In diesem Sinn hat Martin Buber den Unterschied des Christentums zum Judentum folgendermaßen bestimmt: „Die christliche Pistis wurde [im Unterschied zur jüdischen Emuna] außerhalb der Geschichtserfahrungen von Völkern, sozusagen im Austritt aus der Geschichte, geboren, in den Seelen von Einzelnen, an die die Forderung herantrat, zu glauben, daß ein in Jerusalem gekreuzigter Mann ihr Erlöser ist"[176]. Wir können hier davon absehen, dass Buber bei der Formulierung seiner These möglicherweise speziell die zu seiner Zeit einflussreiche Dialektische Theologie innerhalb des Protestantismus im Auge gehabt hat. Das von ihm benannte Problem ist grundsätzlicher Natur. Das mythische Symbol der Höllenfahrt Christi (I Pt 3,19f), das die Errettung der verstorbenen Patriarchen Israels begründen sollte, die ostkirchlichen und römisch-katholischen Theorien von der Kontinuität der allein legitimen kirchlichen Tradition bis auf die Gegenwart, die neuere katholische Vorstellung von einem anonymen Christentum in den anderen Religionen, der aufklärerische und idealistische Gedanke einer religionsgeschichtlichen Entwicklung auf das Christentum hin, all das zeigt, dass man im engeren oder weiteren Zusammenhang mit der christlichen Tradition immer schon mit diesem Problem zu kämpfen hatte.

Alle diese Konstruktionen erweisen sich bei näherem Hinsehen als problematisch. Dass das Symbol der Höllenfahrt für eine philosophische Argumentation nicht brauchbar ist, bedarf keiner näheren Begründung; welchen Sinn es dennoch für die Theologie haben mag, steht hier noch nicht zur Debatte. Dass Traditionsprozesse immer auch Wandlungsprozesse sind, wird von den beiden genannten Kirchen selbst durchaus zugestanden; über deren Legitimität besteht zwischen ihnen und im Verhältnis zum Protestantismus ein Streit, der sich zumindest philosophisch nicht schlichten lässt. Zur historischen Unhaltbarkeit der religionsgeschichtlichen Entwicklungsthese des Idealismus haben wir uns bereits geäußert[177]. Dass der ältere theologische Versuch, mit Hilfe der Inanspruchnahme des Alten Testaments den eigentlichen Anfang der christlichen Religion bis in die Anfänge der Menschheit zurückzuverlegen, vor dem heutigen Bild der Welt-

---

[175] S.o., Abschnitt 1, S. 264f.

[176] MARTIN BUBER, *Zwei Glaubensweisen*, in: DERS., Werke Bd. 1, München/Heidelberg 1962 (651–782), 780.

[177] S.o., A IV/2, 73f.

geschichte keinen Bestand haben kann, liegt auf der Hand. Bubers These macht der christlichen Kirche darüber hinaus die Anknüpfung an den Alten Bund strittig, indem er darauf verweist, dass die für Israel wesentliche Konzentration auf die Partikularität des erwählten Volkes und die Verheißung des Landes vom Christentum nicht angeeignet werden kann. Ist also die von diesem beanspruchte Universalität tatsächlich nur um den Preis geschichtlicher Konkretion zu erkaufen?

Für diese These scheint zu sprechen, dass das Christentum von Jesu Ansage des nahen Endes aller Geschichte ausgegangen ist. Jedoch war diese Botschaft untrennbar verknüpft mit der Zusage der Nähe Gottes an Menschen eines bestimmten Volkes und mit der Aufforderung an diese Menschen, ihr Leben zu ändern. Der Universalitätsanspruch der christlichen Religion, der sich sodann insbesondere aus dem Glauben an Jesu Auferstehung ergab, blieb einerseits stets an ihren partikularen Ursprung in der geschichtlichen Person Jesu gebunden und ging andererseits mannigfache Synthesen mit den Kulturen ein, in die hinein diese Religion sich ausbreitete. Universalität blieb also nicht abstrakt, sondern vermittelte sich durch geschichtliche Vielfalt. Man könnte sogar den Standpunkt vertreten, das Christentum habe sich durch seine lange Zeit hindurch fast ausschließlich abendländische Prägung im Gegensatz zu seinem Anspruch als eine durchaus partikulare Religion erwiesen.

An dieser Stelle liegt ein schwerwiegendes Problem. Das Christentum hat sich als die Religion verstanden, die dazu bestimmt sei, den ganzen Erdball zu gewinnen. Dies war eine eschatologische Zielvorstellung, auf die hin man seit Augustin die Weltgeschichte interpretierte und mit deren Hilfe man die weltweite Mission legitimierte. Rein pragmatisch ist jedoch die Wahrscheinlichkeit groß, dass das Christentum nicht die eine, einzige Weltreligion werden, sondern eine unter mehreren bleiben wird. Schon dadurch ist die Deutung der Weltgeschichte als eines auf völlige Verchristlichung gerichteten heilsgeschichtlichen Prozesses problematisch geworden. Dazu kommt, wie Karl Löwith gezeigt hat, dass zunächst das Interpretationsprinzip dieses Geschichtsverständnisses zur Idee des Fortschritts der Menschheit säkularisiert wurde und sodann in dieser Form durch die geschichtlichen Erfahrungen in Misskredit geriet. Schließlich ließ ein genaueres Verständnis der konstitutiven Pluralität der Weltkulturen eine einheitliche Interpretation „der" Weltgeschichte überhaupt illusorisch erscheinen[178]. Löwith ist nun der Meinung, dass das Christentum damit „als historische Weltreligion gescheitert" sei (175). Darüber hinaus habe es durch seine Radikalisierung des Gottesbegriffs die Möglichkeit eines radikalen Atheismus geschaffen und sich damit auch in materialer Hinsicht selbst das Grab gegraben (184). Übrig bleibe

---

[178] Karl Löwith, *Weltgeschichte und Heilsgeschehen. Die theologischen Voraussetzungen der Geschichtsphilosophie* (engl. 1949, dt. 1953), 4. Aufl. Stuttgart 1961, 14.26. Danach die folgenden Seitenzahlen.

eine „entschiedene Resignation" (182); die Vernunft müsse sich darauf beschränken, „an die zuverlässige Kontinuität des ‚historischen Prozesses' zu glauben" (188).

Nun ist zwar weder die These der indirekten Verursachung des Atheismus durch die christliche Gottesidee ein überzeugendes Argument gegen dieselbe, noch wird deutlich, wodurch nach dem Abschied von allen universalen sinngebenden Instanzen noch das Zutrauen zur geschichtlichen Kontinuität begründet sein soll. Doch das sind für unseren Zusammenhang Randfragen. Die entscheidende Herausforderung liegt in den folgenden drei Punkten: Erstens, das Christentum sei mit seiner umfassenden Zielsetzung gescheitert; zweitens, es müsse deshalb ebenso wie große Religionen der Vergangenheit mit seinem geschichtlichen Untergang rechnen, und drittens, sein Wahrheitsanspruch könne sich ohnehin nicht auf die vor ihm liegenden Epochen der Geschichte erstrecken.

Die Religionsphilosophie kann darauf nur sehr eingeschränkt antworten. Wir beginnen mit dem letzten Punkt. Das Christentum hat sich selbst von Anfang an so verstanden, dass in ihm die Erwartungen der Vergangenheit erfüllt seien. Dabei war von vornherein klar, dass die Erfüllung in einem Spannungsverhältnis zu den Erwartungen stand, insofern sie sich *materialiter* von dem Inhalt der Erwartungen unterschied. Jesus war ja nicht der politische Befreier und Wiederhersteller der davidischen Dynastie, den die messianische Erwartung meinte. Die alttestamentliche Erwartung wurde also – unwillkürlich – umgedeutet. Man kann auch sagen: Der Glaube an den in die Geschichte kommenden Gott reagiert auf die in den Erwartungen implizierten Grundüberzeugungen in Anknüpfung und Widerspruch. Diese Doppelgestalt lässt sich prinzipiell auch auf das Verhältnis zu anderen Religionen übertragen, auch wenn das Maß feststellbarer Gemeinsamkeiten in den Grundüberzeugungen hier sehr viel geringer erscheinen mag. Die Religionsphilosophie wird ein solches Verfahren trotz der am Tage liegenden Differenzen nicht für unmöglich erklären, ebenso wenig freilich es bestätigen können. Denn die darin angenommene Kontinuität wäre ja nicht die einer empirisch feststellbaren Abhängigkeit, sondern eine solche der Gegenwart Gottes in ganz unterschiedlichen religiösen Phänomenen, über die keine philosophische Aussage gemacht werden kann.

Von da aus ergibt sich der *zweite* Teil der Antwort, der sich auf die Zukunft des Christentums bezieht. Eine empirische Prognose darüber abzugeben ist nicht Sache der Religionsphilosophie; sie dürfte auch für andere Disziplinen kaum möglich sein. Die prinzipielle Möglichkeit des geschichtlichen Endes dieser Religion kann sie freilich ebenso wenig wie bei anderen Religionen ausschließen. Es bleibt aber fraglich, was damit gewonnen oder verloren ist. Denn was bedeutet in der Geschichte Ende oder Untergang? Keine große geschichtliche Erscheinung, ob auf dem Gebiet der Religion oder irgendeinem anderen, verschwindet jemals vollständig von der Bildfläche, sondern wirkt in verwandelter Form fort. Die säkularisierte Welt des Abendlandes ist ein gutes Beispiel für das Fortleben des Christentums in solchen kulturellen Gestalten, die explizite Bezüge auf ihren christlichen Ursprung weitgehend abgestoßen haben. Angesichts dieses Phänomens stellt sich die außerordentlich schwierige Frage, inwieweit darin die Wahrheit des christlichen Glaubens (sofern man von einer solchen meint reden zu können) zur Geltung komme. Darauf gibt es von einer diesem Glauben gegenüber neutralen Position aus wiederum keine Antwort, denn welche Aussagen über ein Gottesverhältnis als wahr angesehen werden können, darüber lässt sich nur aus dessen eigener Binnenperspektive etwas sagen.

In einer gewissen Spannung zu diesen beiden ersten Punkten steht der *dritte* Aspekt, der die Behauptung des Scheiterns des christlichen „Programms" betrifft. Das Christentum hat bei allem universalen Ausbreitungsstreben stets hervorgehoben, dass sich an der Erscheinung Jesu die Geister scheiden. Als beliebiges Beispiel diene das Jesuswort: „Selig seid ihr, wenn euch die Menschen hassen" (Lk 6,22 par.). Das darin implizierte polemische Verhältnis zu anderen Religionen schließt eine Anknüpfung an sie nicht prinzipiell aus und hat sie im faktischen Verlauf der Geschichte auch niemals ausgeschlossen. Aber es wird daran deutlich, dass eine empirische Realisierung des Universalitätsanspruchs ursprünglich gar nicht intendiert war; die allumfassende Herrschaft Christi konnte von Anfang an nur eine eschatologische Vorstellung sein. Es ist freilich nicht zu bestreiten, dass das Christentum im Lauf seiner Geschichte immer wieder versucht hat, die tatsächliche Durchsetzung dieser Herrschaft zu erzwingen, bis hin zu Vernichtungsfeldzügen gegen Andersgläubige. Doch wird man dies als schwerwiegendes Missverständnis anzusehen haben, mit dem man sich in einen diametralen Widerspruch zur Liebe als Wesensmerkmal des Christentums begeben hat. Bei dem Versuch einer religionsphilosophischen Identitätsbestimmung des Christentums wird man über die Feststellung nicht hinauskommen, dass zwischen seiner eschatologischen Universalität und seiner empirischen Exklusivität eine Spannung besteht, die nur um den Preis der Profillosigkeit oder des Selbstwiderspruchs aufgelöst werden kann.

Der Religionsphilosophie bleibt an dieser Stelle nur übrig, das Christentum ohne Entscheidung über ein Rangverhältnis als eine Religion neben anderen zu sehen, die mit anderen Religionen den Bezug auf eine Transzendenz gemeinsam hat, aber deren Manifestation in Jesus derjenigen in Mose, Muhammed oder Buddha prinzipiell gleichberechtigt an die Seite gestellt werden muss. In der Praxis ließe sich dadurch der religiöse Pluralismus zu einer friedlichenKoexistenz von nebeneinander bestehenden religiösen Traditionen, „stories", entschärfen – vorausgesetzt, die maßgeblichen Vertreter der anderen Religionen (und nicht nur irgendwelche „liberalen" Randgruppen) lassen sich auf diese Lösung ein[179]. Eine

---

[179] Dies wäre jedenfalls die logische Konsequenz aus dem von DIETRICH RITSCHL im Anschluss u.a. an James Barr vorgeschlagenen Modell für die Identitätsbestimmung des Christentums; vgl. *Zur Logik der Theologie* (1984), 2. Aufl. München 1988 (45–47). Doch gilt das Interesse dieses Buches nicht dem Problem des religiösen Pluralismus. Von philosophischer Seite

solche Minimallösung ließe die Wahrheitsfrage offen, müsste aber nicht in einen prinzipiellen Skeptizismus münden, sondern könnte auch einen friedlichen Dialog in gegenseitiger Achtung ermöglichen. Es wäre zu wünschen, dass auf religionsphilosophischer Ebene, auf der ohnehin die Entscheidung über eine letzte Wahrheit suspendiert werden muss, ein solcher Prozess gefördert werden kann. Auf der Ebene der religiösen Bindung wird eine solche Lösung freilich nicht genügen; die Frage wäre, wie weit sich beide Ebenen im praktischen Lebensvollzug miteinander verbinden lassen. Von der Antwort auf diese Frage hängt möglicherweise das Überleben der Menschheit ab.

5. Kirche und eschatologische Vorläufigkeit

Die Spannung zwischen eschatologischer Universalität und empirischer Exklusivität verdichtet sich in den kirchlichen Institutionen. Diese sind in unvergleichlich höherem Maß durchorganisiert und haben infolgedessen ein weit größeres Eigengewicht, als das in den Institutionen anderer Religionen der Fall ist. Das gilt für alle großen christlichen Kirchen, auch für den Protestantismus. In Bezug auf diesen mag das Urteil vielleicht zunächst überraschen, weil es hier seit der Aufklärung weithin üblich geworden ist, Institutionalität als einfachen Gegensatz zur wahren Religion zu betrachten. Doch hat diese Auffassung nichts mit der Struktur der protestantischen Kirchen zu tun, sondern nur mit dem Verhältnis der einzelnen Individuen zu ihr, auf das wir gleich zurückkommen werden. Rein soziologisch gesehen besteht hinsichtlich des Organisationsgrades kein prinzipieller Unterschied zwischen dieser und den anderen großen Konfessionen. Diese Entwicklung ist vielleicht schon seit der Mitte des 2. Jahrhunderts, mit Sicherheit seit Konstantin durch den Einfluss des römischen Verwaltungssystems geprägt. Wesentlich interessanter als dieses Faktum ist aber die Frage, weshalb im Christentum in so auffällig hohem Maß das Bedürfnis einer straffen Organisationsform bestand. Es hängt wohl vor allem damit zusammen, dass die Erwartung des eschatologischen Endes der Welt in der Gestalt einer Voraussage für die unmittelbar bevorstehende Zukunft, die am Anfang des Christentums ganz im Zentrum gestanden hatte, enttäuscht worden war. Hinzu kam die Notwendigkeit, den Status der Kirche, die sich ja zunächst in einer Minderheitsposition befand, gegen die Konkurrenz staatlich geförderter heidnischer Mysterienkulte und gnostischer Sekten zu sichern[180]. Die Spannung von Eschaton und Institution war also für den Anfang der Ausbildung einer kirchlichen Organisation konstitutiv.

---

vgl. zum Begriff der „story" ALASDAIR MACINTYRE, *After Virtue. A Study in Moral Theory* (1981), 2. Aufl. (3. Abdruck) London 1990.

[180] Vgl. RICHARD P.C. HANSON und (für Abschnitt 4) KNUT SCHÄFERDIECK, Art. *Amt V. Alte Kirche*, TRE 2, 533–552, bes. 536.542f.552.

Ganz anders verhält es sich mit der neuprotestantischen Entgegensetzung von Glaube und Institution. Hier bildete eine kirchliche Organisation den Hintergrund, in der das Eschaton längst an den Rand des Bewusstseins gerückt war, obwohl vor allem „häretische" Bewegungen immer wieder an es erinnert hatten. Nicht die eschatologische Infragestellung alles irdischen Bestandes trat jetzt der kirchlichen Institution gegenüber, sondern die aufgeklärte Institutionenkritik des autonomen neuzeitlichen Subjekts. Darin war die religiöse Intensität der Unmittelbarkeit des einzelnen Individuums zu Gott, welche die Reformatoren in einem durchaus eschatologischen Horizont der römischen Kirche entgegengesetzt hatten, bereits zur fernen Erinnerung geworden, wenn man sich ihrer auch gern zur Legitimation bediente. Nichtsdestoweniger ist diese Entwicklung für den neuzeitlichen Protestantismus außerordentlich bedeutsam geworden, und innerhalb des hier im Vergleich zu den anderen großen Konfessionen viel lockerer gewordenen Verhältnisses zur kirchlichen Organisation ist nicht selten auch besonders tiefe Religiosität lebendig gewesen, wie sich exemplarisch an der Gestalt Søren Kierkegaards zeigen lässt. Nicht zuletzt hat die liberal-protestantische Kirchenkritik indirekt zur Wiederentdeckung der ursprünglichen Spannung von Eschaton und Institutionalität durch Franz Overbeck beigetragen[181]. Das zeigt sich darin, dass dessen Vorwurf, das Christentum habe durch seine Institutionalisierung seinen Ursprung in der eschatologisch motivierten Abkehr von der Welt verraten, offenbar von der Voraussetzung ausgeht, jene Grundeinstellung der Urchristenheit hätte sich abseits jeglicher institutioneller Verankerung auf Dauer halten können.

Weder die protestantische noch erst recht die orthodoxe und die römische Kirche haben sich im Zuge dieser neuzeitlichen Entwicklung aufgelöst – gewiss nicht nur auf Grund der notorischen Unfähigkeit von Institutionen zur Selbstkritik, sondern auch wegen der faktischen Unentbehrlichkeit institutioneller Strukturen für das soziale Überleben einer Religion. Doch wird man der Kritik zugestehen müssen, dass sie ein Problem benannt hat, das sich allen christlichen Konfessionen stellt. Auch wenn die Erwartung des zeitlich unmittelbar bevorstehenden eschatologischen Weltendes der Vergangenheit angehört, gehört doch die darin intendierte Unbedingtheit, mit der Gott den Menschen angeht, offenbar unabhängig von diesem Wandel zum Kern des christlichen Glaubens. Wie verhält sich zu dieser Unbedingtheit das Eigengewicht kirchlichen Institutionen? Wird sie vielleicht dadurch neutralisiert? Ist die kirchliche Institution also nur ein aus soziologischen Gründen notwendiges Übel – oder im Gegenteil die Anstalt, an die sich Gott selbst um der Vermittlung der unbedingten Verbindlichkeit des Heils willen ein für allemal gebunden haben soll?

---

[181] Vgl. Franz Overbeck, *Über die Christlichkeit unserer heutigen Theologie* (1873), Neudruck der 2. Aufl. (1903) Darmstadt 1963, bes. 83–93.

Mit einer solchen Fragestellung ist die Religionsphilosophie an ihre Grenze geraten. Das ist nicht nur deshalb der Fall, weil die soeben aufgestellte Alternative zwischen den Konfessionen strittig ist und damit ein innerkirchliches Problem darstellt. Vielmehr hängt die Frage nach dem Verhältnis göttlicher Unbedingtheit und geschichtlicher, insbesondere institutioneller Bedingtheit unmittelbar mit der Art der Bindung an die geschichtliche Person Jesu zusammen. Damit ist elementar die religiöse Erfahrung des christlichen Glaubens in allen seinen geschichtlichen Erscheinungsformen berührt. Deshalb sind weitere Schritte von hier aus nur noch im Zusammenhang dieser Erfahrung zu gehen.

Dennoch hat der jetzt abgeschlossene Reflexionsgang seine Aufgabe noch nicht erfüllt. Vielmehr werden wir uns bei der Entfaltung der Aussagen des christlichen Glaubens innerhalb der Glaubenslehre auf Schritt und Tritt auf die kritische Funktion der Religionsphilosophie zu beziehen haben, an die allgemein geltenden Bedingungen menschlicher Erkenntnis und menschlichen Daseins in der Welt sowie an die Strittigkeit jeder religiösen und damit auch der christlichen Weltdeutung zu erinnern und das Bewusstsein der Einbettung des Christentums als geschichtlicher Erscheinung in die Welt der Religionen wachzuhalten. Insofern gehört die religionsphilosophische Grundlegung nicht nur zur Einleitung, sondern bildet die Klammer zwischen dieser und der Selbstreflexion des christlichen Glaubens, die der Zweck des ganzen Buches ist.

Hauptteil

A. Schöpfung und Sünde

In der Vorschau am Ende der Prolegomena war bereits kurz auf die spezifischen Probleme dieses Kapitels hingewiesen worden. Die übliche Einteilung des Hauptstücks verfährt heilsgeschichtlich: Zuerst wird die Schöpfung behandelt, danach die Sünde. Der Vorteil dieser Anordnung besteht nicht nur darin, dass sie den Vergleich mit anderen Glaubenslehren erleichtert. Es sind vielmehr zwei sachliche Vorzüge, die für diese Abfolge sprechen. Zum einen kann auf diese Weise die Geschöpflichkeit des *Menschen* als eigenständiges Thema zu ihrem Recht kommen. Nur wenn dies geschieht, lässt sich der Eindruck vermeiden, die Sünde gehöre sozusagen zu seiner Natur. Eine derartige Aussage, wie sie einst Matthias Flacius in den nachreformatorischen Streitigkeiten um die rechte Interpretation von Luthers Rechtfertigungslehre formuliert hatte, würde zwar die totale Angewiesenheit des Menschen auf göttliche Vergebung klar zum Ausdruck bringen, ihm aber zugleich die Verantwortung für seine Entfremdung von Gott abnehmen. Darüber hinaus würde man damit ignorieren, dass seine göttliche Bestimmung zum Guten durchaus in realen Lebensäußerungen Gestalt annimmt, und zwar völlig unabhängig von der Zugehörigkeit zum christlichen Glauben. Beide Missverständnisse lassen sich leicht vermeiden, wenn man sich für die traditionelle Reihenfolge entscheidet. Ganz abgesehen davon lässt sich Sünde als Widerspruch des Menschen zu seiner Bestimmung bzw. als Selbstwiderspruch kaum verständlich machen, wenn man noch gar nicht weiß, was dasjenige ist, dem hier widersprochen wird.

Der zweite Grund, der für die übliche Reihenfolge spricht, besteht darin, dass sie dazu nötigt, von der Schöpfung der *Welt* zu sprechen, und auf diese Weise hilft, eine Reduktion auf die Schöpfung des Menschen zu verhindern, die gerade bei einem erfahrungstheologischen Ansatz, wie er hier verfolgt wird, allzu leicht unterläuft. Solche Anthropozentrik würde weder dem notwendig universalen Charakter der Schöpfungsaussage gerecht, noch entspräche sie der tatsächlichen Selbst- und Welterfahrung des heutigen Menschen und dem Stand der wissenschaftlichen Erforschung der Welt.

Diesen Vorzügen stehen aber gravierende Nachteile gegenüber. Die eigenständige Behandlung der Schöpfungsaussage vor der Lehre von der Sünde fördert das Missverständnis, als seien Schöpfung (der Welt und) des Menschen und Sündenfall zwei einzelne, aufeinander folgende geschichtliche Ereignisse. Dann hätte es eine Zeit gegeben, in der die Menschen in völligem Einklang mit ihrer göttlichen Bestimmung gelebt hätten (*status integritatis*), bis sie eines Tages von Gott abgefallen wären und von da an diese Sünde auf dem Wege biologischer Vererbung auf alle ihre Nachkommen übertragen hätten. Diese Auffassung widerspricht, wie noch zu zeigen sein wird[1], dem Charakter der biblischen Urgeschichte, die gerade nicht Ereignisse aus dem Leben einzelner historischer Individuen namens Adam und Eva berichten, sondern Aussagen über die *conditio humana* treffen will. Sie verleitet dazu, über den Urzustand und seine paradiesische Seligkeit alle möglichen Spekulationen anzustellen, für die es keinerlei Begründung geben kann – ganz abgesehen davon, dass eine völlige Willenseinheit mit Gott für die Phantasie des Gott entfremdeten Menschen überhaupt nicht vorstellbar ist. Vor allem aber hat eine solche Historisierung die ungeheuerliche Konsequenz, alle Nachkommen der vermeintlich historischen Ureltern zu unschuldigen Opfern von deren Verfehlung zu machen. Die Vorstellung von einem Zustand der Unschuld und einem historischen Akt des Ungehorsams gegen Gott wird man als den Versuch einer Rationalisierung der rätselhaften religiösen Erfahrung zu deuten haben, dass in der Lebenswirklichkeit des Menschen Gut und Böse unlösbar miteinander verflochten sind.

Gerhard Ebeling hat deshalb in der theologischen Anthropologie nach einer kurzen Darstellung der allgemeinen, als Verantwortlichkeit des Menschen vor Gott, vor den Menschen und vor sich selbst charakterisierten Situation[2] sogleich mit der Wirklichkeit des von Gott entfremdeten Menschen eingesetzt und die Lehre von dessen Gottebenbildlichkeit erst darauf folgen lassen. Auf diese Weise kann er die Illusion vermeiden, als gäbe es irgendwo oder irgendwann Menschen, die sich nicht von Gott entfremdet hätten oder als gäbe es für den Glauben so etwas wie ein neutrales Feld in der Anthropologie, das von der Frage „Adam, wo bist du?" nicht betroffen wäre. Damit ist der reformatorischen Einsicht Genüge geschehen, dass der Mensch sich Gott gegenüber als einer erkennen muss, der seine Bestimmung verfehlt hat, und zwar total: Vor Gott kann es keine Abstufungen der Entfremdung geben. Der unübersehbare Nachteil dieser Anordnung besteht freilich darin, dass das Gute, das unter Menschen doch auch zu erfahren ist, nicht mehr als solches gesehen werden kann, so dass die göttliche Bestimmung des Menschen nur noch als das eigentlich Gesollte, nicht aber als Lebenswirklichkeit verstanden werden kann (395). Die Auffassung des Matthias Flacius liegt Ebeling zwar fern; er arbeitet vielmehr die Verantwortlichkeit des Menschen für die Verfehlung seines Gottesverhältnisses stark heraus. Doch ist diese Verantwortung durch die Struktur seines Ansatzes gefährdet. Würde sie tatsächlich in Frage gestellt, so hätte der Versuch, die Sünde radikal zu verstehen, sich selbst widerlegt, denn eine Gottentfremdung, für die der Mensch nicht in vollem Umfang verantwortlich ist, kann allenfalls eine Krankheit sein, aber kei-

---

[1] S.u., Abschnitt II 1 e.
[2] GERHARD EBELING, *Dogmatik des christlichen Glaubens*, Bd. 1, Tübingen 1979, 346–355. Die folgende Seitenzahl im Text nach diesem Werk.

ne Sünde. Die Umkehrung der gewohnten Reihenfolge der Lehren von Schöpfung und Sünde erscheint also gerade um der Schärfe der Sündenerkenntnis willen problematisch.

Wenn demgegenüber in der vorliegenden Darstellung die Entscheidung getroffen wurde, wie üblich das Thema der Schöpfung vorangehen zu lassen, so soll damit freilich nicht das heilsgeschichtliche Schema wiederhergestellt werden. Vielmehr werden das Geschaffensein des Menschen und der Welt einerseits und die Entfremdung des Menschen von Gott andererseits als zwei stets gleichzeitig gegebene *Aspekte* der Selbst- und Welterfahrung vor Gott verstanden. Die zwischen ihnen bestehende Antinomie wird im zweiten Kapitel dieses Hauptstücks entfaltet. Auch der erste Aspekt ist in sich noch einmal antinomisch verfasst. Hier geht es um das Leben angesichts der Unendlichkeit unter dem Schmerz der Endlichkeit, das von dem Verhältnis von schöpfungsmäßiger Bestimmung und deren Verfehlung genau zu unterscheiden ist. Daraus ergibt sich die Aufteilung des Hauptstücks in die beiden Teile „Schöpfung und Zerstörung" sowie „Bestimmung und Verfehlung". Auf diese Weise bleibt die Schöpfung – nicht nur des Menschen, sondern der Welt – ein eigenständiges Thema, und doch ist der Verflechtung der Sünde mit der Geschöpflichkeit des Menschen in der Erfahrungswirklichkeit Rechnung getragen.

Quer zu dieser Längsteilung stehen, wie in der Einleitung A VII/5 ausgeführt, die drei Relationen, die der Gegenstand aller theologischen Reflexion sind: Gott und Mensch, Mensch und Welt, Gott und Welt. Dieser Aufbau ist inzwischen dadurch genauer begründet worden, dass die religionsphilosophische Grundlegung den ontologischen Primat der Relation vor der Substanz erwiesen hat, der seinerseits wiederum mit dem transzendentalen Vorbehalt in der Erkenntnistheorie zusammenhängt. Diese philosophische Überlegung trifft sich mit der Theologie an deren Ausgangspunkt. Das ist die Grundüberzeugung des Glaubens, dass Gott der den Menschen unbedingt Angehende ist. Wenn diese Überzeugung zu Recht besteht, dann kann von Gott niemals abgesehen von seiner Beziehung zu uns gesprochen werden – nicht nur aus erkenntnistheoretischen, sondern vor allem aus religiösen Gründen. Aus der Unbedingtheit der Gottesbeziehung folgt, dass es abgesehen von ihr überhaupt keine theologische Aussage geben kann.

Diesem Grundsatz scheint es zu widersprechen, wenn das erste Kapitel dieses Hauptstücks nicht mit dem Verhältnis des Menschen zu Gott, sondern mit der Stellung des Menschen in seiner (Natur- und Kultur-)Welt beginnt. Dies geschieht selbstverständlich nicht in der Meinung, daraus in irgendeiner Weise Aussagen über die Schöpfung durch Gott ableiten zu können. Vielmehr soll hier, in Anknüpfung an die ontologischen Reflexionen der religionsphilosophischen Grundlegung, die Erfahrungswirklichkeit beschrieben werden, die sodann von der Schöpfungslehre im Licht des christlichen Glaubens zu interpretieren ist. Dabei geht es nicht zuletzt darum, die Diskursfähigkeit der Theologie mit Anders-

denkenden und insbesondere mit den einschlägigen Nachbarwissenschaften so
weit wie möglich aufrechtzuerhalten. Dabei wird nicht eine neutrale Anthropologie und Kosmologie in dem Sinn entwickelt, dass sie zu den entsprechenden
Disziplinen der Realwissenschaften in Konkurrenz treten sollte. Vielmehr wird
die Erfahrungswirklichkeit in ihrer Transparenz für ein über sie Hinausliegendes
beschrieben. Dieser Abschnitt ist also im Blick auf die dann folgenden Ausführungen über das Verhältnis des Menschen zu Gott als seinem Schöpfer konzipiert. Beide Abschnitte zusammengenommen führen dann zu dem sachlichen
Ziel dieses Kapitels, den Glaubensaussagen über die Schöpfung der Welt.

Die weiteren Kapitel, von der Lehre über die Bestimmung des Menschen und
deren Verfehlung angefangen durch alle Hauptstücke hindurch, werden mit dem
Verhältnis von Gott und Mensch beginnen. Der Bezug auf die natürliche Grunderfahrung des Menschseins in der Welt bleibt jedoch in der gesamten Glaubenslehre durch die weitere Untergliederung jedes einzelnen Abschnitts in die Unterabschnitte a–g erhalten: Dasein im Raum, zeitliches Sein, Personalität und Sachlichkeit, Freiheit und Abhängigkeit, Sein und Sollen, Leben und Tod, die Frage
nach Gott bzw. die sich aus den jeweils vorangegangenen sechs Abschnitten ergebenden Aussagen über das Verhältnis zu ihm.

In der Durchführung dieses Hauptstücks über Schöpfung und Sünde wird sich
zeigen, dass alle denkbaren Antworten auf die von der menschlichen Erfahrung
provozierten Fragen zwiespältig sind; die Auflösung dieses Zwiespalts durch
Gottes Gegenwart in dem Menschen Jesus („Das Wort wurde Fleisch und wohn-
te unter uns", Joh 1,14) ist alles andere als selbstverständlich. Das gilt nicht nur
in Bezug auf den Widerstreit von schöpfungsmäßiger Bestimmung des Menschen
und deren Verfehlung (Teil II), sondern auch im Blick auf die abgesehen von dieser Thematik betrachtete Schöpfung des Menschen und der Welt. Das ist in der
Überschrift „Schöpfung und Zerstörung" angedeutet. Die Tiefe des Zwiespalts
wird in der Gliederung dadurch zum Ausdruck gebracht, dass jede der beiden
Hälften dieses Hauptstücks mit der Theodizeefrage endet. Genauer betrachtet
sind es zwei je spezifische Formen dieser Frage: Gott und das Leiden, Gott und
das Böse. Diese doppelte Problematik rückt damit von der Randposition, die sie
in den meisten Glaubenslehren einnimmt, an eine zentrale Stelle: Sie wird zu dem
eigentlichen Kontrapunkt der Versöhnungslehre. Die weitreichenden Konsequenzen, die sich daraus ergeben, werden am jeweiligen Ort zu behandeln sein.
An dieser Stelle ist lediglich darauf hinzuweisen, dass die beiden Grundfragen
der Sinnlosigkeit und der Schuld keine Alternative darstellen, wie dies heute oft
mit der Begründung vertreten wird, Luthers Frage nach dem gnädigen Gott sei
überholt. Zwar ist die bestimmte geschichtliche *Gestalt*, die Luthers Frage im 16.
Jahrhundert hatte, für uns vergangen, aber die Grundfrage selbst ist in anderer
Form nach wie vor virulent. Sie ist eine ebenso fundamentale Frage wie die Frage
nach dem Sinn des Leidens, mit ihr nicht identisch, ebenso wenig aus ihr abzuleiten (oder umgekehrt), aber auch nicht von ihr abzulösen. Den Abschluss des ers-

ten Hauptstücks und zugleich den Übergang zur Heilslehre wird daher die Bestimmung des Verhältnisses dieser beiden Grundfragen zueinander bilden.

I. Schöpfung und Zerstörung

Von der Schöpfung des endlichen Menschen und der endlichen Welt kann nicht gesprochen werden, ohne dass dabei auch an den Schmerz der Endlichkeit durch Zerstörung und Tod gedacht würde. Man kann nicht darüber hinwegsehen, dass neues Leben nur durch den Tod anderen Lebens möglich wird, dass es in der Natur ein Gesetz des „Fressens und Gefressenwerdens" gibt und dass „Katastrophen" zum Lauf der Natur gehören, die nicht – oder jedenfalls nicht samt und sonders – der Schuld des Menschen zugerechnet werden können. Die natürliche Selbst- und Welterfahrung des Menschen ist also zwiespältig, sowohl von Glück als auch von Leid bestimmt. Diese Zwiespältigkeit gilt es zu verstehen.

1. Mensch und Welt

In diesem ersten Abschnitt geht es (ebenso wie im parallelen Abschnitt des zweiten Teils) um Grunderfahrungen des menschlichen Daseins in der Welt. Dabei ist zunächst, wie bereits angekündigt, von der Gotteserfahrung bewusst noch abgesehen. Wir knüpfen hier an die religionsphilosophische Grundlegung an, insbesondere an die Ontologie der Relation, doch so, dass wir uns jetzt auf die Ebene der menschlichen Grunderfahrungen begeben, die der ontologischen Reflexion zugrunde liegen. Dabei werden wir die konkrete Gestalt, welche die Grunderfahrungen in der gegenwärtigen Selbst- und Welterfahrung annehmen und die wir zu Beginn der Einleitung (A I) skizziert haben, stets mit im Auge behalten. Die religionsphilosophische Grundlegung bleibt dabei als methodischer Rahmen präsent, und zusätzlich werden wir auf Ergebnisse der Humanwissenschaften Bezug nehmen, weil keine Auslegung von Lebenserfahrung auf die Berücksichtigung von Empirie, kontrollierbarer Erfahrung, als Widerlager verzichten kann. Doch ist die Stoßrichtung dieses Abschnitts die Frage nach Gott als dem Grund alles Seins, auf die im zweiten und dritten Abschnitt die Aussagen des Schöpfungsglaubens bezogen werden.

a) Freiraum und gesetzter Ort

Menschliches Sein ist, wie Martin Heidegger formuliert hat, *Dasein*[3]. Schon rein sprachlich sagt dieser Begriff, dass menschliches Sein *räumliches* Sein ist. Räum-

---

[3] MARTIN HEIDEGGER, *Sein und Zeit*, 7. Aufl. Tübingen 1953, 12.

lich ist es, weil es *leibliches* Sein ist: Der Mensch füllt einen Raum aus, und er nimmt räumliche Distanz und Nähe mit seinen leiblichen Sinnen wahr. Deshalb muss die Analyse des räumlichen Daseins mit der Leiblichkeit des Menschen beginnen.

Leibliches Sein bedeutet, dass der Mensch nicht nur einen Leib *hat*, sondern Leib *ist;* anders als leiblich kann er nicht existieren. Allerdings ist der Mensch weder nur Leib, noch lässt sich seine räumliche Existenz auf seine Leiblichkeit reduzieren, so sehr sie an dieser am sinnenfälligsten zu erkennen ist. Vielmehr *ist* er auch Seele, d.h. Innerlichkeit des Lebensgefühls, und Geist, d.h. selbstbestimmte Lebensführung und Selbsttranszendenz bis hin zur Frage nach Gott. Und wie mit der soeben benutzten Begrifflichkeit bereits angedeutet ist, haben auch Seele und Geist an der räumlichen Existenz des Menschen teil. Freilich sind sie deshalb nicht auf Physisches reduzierbar. Sie sind keine Organe, die an einer bestimmten Stelle des Leibes, etwa im Gehirn, zu lokalisieren wären. Zwar erfolgt die Integration aller Lebensvollzüge tatsächlich im Gehirn, nach allem, was wir darüber wissen. Aber die Analyse der physikalischen und chemischen Vorgänge, die sich dort abspielen, genügt nicht, um den Grund für die bestimmte Entscheidung eines Menschen, ein bestimmtes Gefühl oder einen bestimmten Einfall zu erkennen. Die Seele ist zwar an den Organismus gebunden, aber so, dass sie omnipräsent ist, was sich beispielsweise in den körperlichen Erscheinungen bei starken Emotionen wie Schmerz oder Freude zeigt[4]. Solche Emotionen, innere Bewegungen also, sind von außen angestoßen, und sie ‚äußern sich‘ wiederum in räumliche Distanz überwindenden Worten, Blicken, Gesten und Taten, teilen sich also leiblich mit. Das ist die Art, in der die Seele – und mit ihr der Geist, der die Lebensführung auf solche Vorgänge einstellt – an der Räumlichkeit der Existenz teilhat.

Aus dem Gesagten folgt, dass mit Leib, Seele und Geist nicht verschiedene Teile oder auch verschiedene Vermögen des Menschen gemeint sind. Es handelt sich vielmehr um Aspekte des Menschseins, die voneinander zwar begrifflich zu unterscheiden, aber auf keine Weise zu trennen sind. Sie stehen in komplexen Beziehungen zueinander; das bedeutet: diese Beziehungen sind nicht einlinig. Der Mensch ist nicht (nur) in dem Sinne „Geistseele", dass er einen „rein äußerlichen" Leib als sein Werkzeug benutzte. Dieses Verständnis enthält zwar eine Teilwahrheit, insofern der Mensch tatsächlich seine körperlichen Impulse bis zu einem gewissen Grad beherrschen kann. Doch wird umgekehrt der Mensch auch seelisch von nicht kontrollierbaren physischen Vorgängen bestimmt, so dass wir von einer Wechselwirkung von Leib und Seele sprechen müssen. Aus der psychosomatischen Medizin wissen wir, dass seelische Störungen unbewusst körperliche Symptome hervorbringen, andererseits oft selber physische (Mit-)Ursachen

---

[4] Vgl. z.B. HELMUTH PLESSNER, *Lachen und Weinen. Eine Untersuchung der Grenzen menschlichen Verhaltens* (1941), GS 7, Frankfurt a.M. 1982, 201–387.

haben. Entsprechende Beispiele ließen sich auch für den gesunden Menschen beibringen. Der Mensch existiert also als eine leiblich-seelisch-geistige Einheit. Das gilt wie für alle Aspekte seines Daseins, so auch für sein räumliches Sein. Diese „ganzheitliche" Sicht, wie man heute gerne sagt, ist im Übrigen keineswegs erst eine Entdeckung der neuesten Zeit. Sie entspricht vielmehr der biblischen – sowohl alt- als auch neutestamentlichen – Anthropologie und ist darüber hinaus in den Religionen der Welt, soweit sie nicht gnostisch den Leib als Gefängnis der Seele betrachten, in vielfältigen Formen präsent.

Betrachtet man auf diese Weise Leib, Seele und Geist als wechselseitig aufeinander bezogene Aspekte der Existenz des Menschen, dann liegt darin eine Absage an den im Deutschen Idealismus vorherrschenden philosophischen Glauben an die schlechthinnige Überlegenheit der Vernunft über die gegenständliche Welt, und damit auch über den Leib. Dieser Glaube stand – auf den gegenwärtigen Zusammenhang bezogen – bereits hinter Kants Auffassung, der Raum sei lediglich „eine nothwendige Vorstellung a priori, die allen äußeren Anschauungen zum Grunde liegt"[5]. Eine solche Reduktion des Raumes auf eine subjektive Erkenntnisbedingung, die das Subjekt an seine Anschauungen heranträgt, folgt (im Unterschied zur Deduktion der Kategorien als Ordnungsmittel des Verstandes) nicht mit Notwendigkeit aus einem transzendentalphilosophischen Ansatz der Erkenntnistheorie, so wenig man hinter Kant zurück auf Newtons Vorstellung des Raumes als einer objektiven, für sich existierenden Größe rekurrieren kann. Wenn Welterkenntnis die Erkenntnis von mir Erscheinendem ist, so ist damit ausgesagt, dass mir „anderes" als ich selbst begegnet, und zwar als auf mich Bezogenes. Anderes ist gleichbedeutend mit „außer mir". Umgekehrt erscheine auch ich selbst mir, und zwar als auf anderes Bezogener. In solcher Begegnung erfährt der Mensch sein Dasein als In-der-Welt-Sein, als räumliches Dasein. Diese Erfahrung des In-Seins, nicht eine subjektive Reflexionsleistung, ist die unhintergehbare Voraussetzung aller Erkenntnis von Gegenständen sinnlicher Wahrnehmung.

Mit der Betonung der Wechselseitigkeit der Bezüge von Leib, Seele und Geist ist allerdings nicht gesagt, dass der Mensch kein organisierendes Zentrum seiner Existenz besäße. Ein solches ist ja sogar bei Tieren gegeben, die als in sich zentrierte Wesen in der Welt existieren und sich in Aktion und Reaktion von ihrem inneren Zentrum bestimmen lassen. Über die tierische Stufe hinaus bedeutet räumliche Existenz für den Menschen, dass er sich transzendiert, sein Zentrum außer sich, vor sich oder über sich hat. Helmuth Plessner nennt das seine „exzentrische Positionalität"[6]. Wir haben dafür bereits den traditionellen Ausdruck

---

[5] Immanuel Kant, *Kritik der reinen Vernunft*, 1781, A 24; Akad.-Ausg. Bd. 4, 32. Vgl. dazu Knud Ejler Løgstrup, *Schöpfung und Vernichtung. Religionsphilosophische Betrachtungen. Metaphysik IV* (Skabelse og tilintetgørelse, dt. v. R. Løgstrup), Tübingen 1990, 123f.

[6] H. Plessner, *Die Stufen des Organischen und der Mensch* (1928), GS 4, Frankfurt a.M. 1981, 360–365. Plessner bezieht den Ausdruck zu Recht auch auf das Verhältnis des Menschen zur Zeit. Zur Existenzform des Tiers vgl. 303–311.

„Geist" eingeführt. Der Geist als Ausrichtung des Menschen auf ein Zentrum außerhalb seiner selbst fasst alle Lebensenergien, Lebensäußerungen und Weltbezüge zur Einheit einer bestimmten individuellen Gestalt des Menschseins zusammen. In diesem Sinn als Integrationskraft verstanden, stellt er das Zentrum des Selbst- und Weltverhältnisses des Menschen als eines Ganzen und somit auch seiner räumlichen Existenzweise dar, so sehr er selbst in dieser Funktion auch von den Funktionen der Leiblichkeit abhängig ist.

Dieses Verständnis des Geistes impliziert, dass die Räumlichkeit des Daseins sich nicht darauf beschränkt, ein bestimmtes Quantum des physikalisch messbaren Raums auszufüllen und in ihm vorhanden zu sein. Räumliches Dasein ist auf ein Außen und auf ein von diesem unterschiedenes Innen gerichtet. Als solches ist es ein Dasein im Verhältnis zu anderen Menschen, zur Welt nichtmenschlichen Lebens und der Dinge einerseits und zu sich selbst andererseits. Es vollzieht sich in der Doppelbewegung des Aus-sich-Herausgehens und des In-sich-Zurückgehens (nicht nur: In-sich-Bleibens)[7]. Räumlichkeit ist die Form des Beziehungscharakters alles Lebens. Auch die geistigsten Beziehungen haben eine leibliche Seite; andererseits ist an dieser Leiblichkeit der ganze Mensch mit seinen Gefühlen, seinem Denken und Willen beteiligt.

Räumliches Sein ist Sein in Beziehung und als solches ein Sein in Nähe und Distanz. Beides steht in dialektischer Spannung zueinander. In weiter Ferne lebende Menschen, ein weit entferntes Land können mir innerlich näher sein als die Leute, in deren Land ich lebe. Ich kann mit einer Sache beschäftigt und doch mit meinen Gedanken ganz woanders sein. Das Ich kann sich in der Phantasie selbst transzendieren und gar nicht bei sich selbst sein, ohne doch aufzuhören, mit seinem Leib einen bestimmten Raum einzunehmen.

Auch die Erfahrungen von Nähe und Distanz sind jeweils in sich noch einmal dialektisch gedoppelt. Nähe kann als innigste Vertrautheit mit jemandem und mit der Welt oder auch als etwas Bedrängendes und Bedrohliches erfahren werden (im Zustand psychischer Krankheit oft ausschließlich als das Letztere). Distanz kann Fremdheit, Leere und Verlorenheit bedeuten oder Schutz vor Bedrängnis durch Gewalt oder Taktlosigkeit und offene Möglichkeit[8]. Das Gefühl der Nähe kann, etwa wenn es ein Wissen begleitet, bis zur bloß äußerlichen Bekanntheit mit etwas bzw. zur Distanz der reinen Sachlichkeit neutralisiert sein. Die Poesie dagegen oder auch die darstellende Kunst kann die Dramatik der Erfahrung von Nähe und Distanz in äußerster Verdichtung zum Ausdruck bringen, auch wenn der Vorgang des Gestaltens als solcher im gleichen Augenblick stets ein gewisses Maß an Neutralisierung erzeugt.

---

[7] Die Polarität von „Insichbleiben" und „Aussichheraustreten" findet sich bei F.D.E. SCHLEIERMACHER, *Der christliche Glaube nach den Grundsätzen der evangelischen Kirche im Zusammenhange dargestellt*, 7. (=2.) Aufl., hg. v. M. Redeker, Berlin 1960, § 3,3.

[8] Vgl. HANS LIPPS, *Die menschliche Natur*, Frankfurt 1941, 29–38; sowie hierzu und zum Folgenden K.E. LØGSTRUP, a.a.O. (Anm. 5), 30–46.113–138, bes. 42.44.131.

Die doppelte Dialektik von Nähe und Distanz hängt damit zusammen, dass räumliche Existenz zugleich ein Sein im Offenen und ein Sein an einem bestimmten Ort ist. Das gilt nicht nur für statische Zustände, sondern auch für die Bewegung. Durch Bewegung lassen sich Distanzen verringern oder vergrößern, aber an der Grunderfahrung der Spannung von Offenheit und Ortsgebundenheit ändert das nichts.

Offenheit des Raumes wird *einerseits* als Freiraum zur Entfaltung und Gestaltung begriffen. Mobilität und Reichweite des Menschen sind heute durch Verkehrsmittel, Medien und Internet ins Globale gewachsen, ja beziehen bereits den erdnahen Weltraum mit ein – in krassem Unterschied zu dem vorneuzeitlichen Weltbild des Abendlandes oder auch dem Weltbild anderer traditionaler Kulturen, in denen der Raum zumeist als von vornherein überschaubar und als durch feste Strukturen Orientierung bietend erfahren wird. Weite suggeriert Herrschaft. Dasselbe gilt vom forschenden Eindringen in die kleinsten Distanzen im subatomaren Bereich.

Andererseits erweist sich diese Weite und Offenheit als ambivalent. Offenheit wird im Zusammenhang mit der Kosmologie der modernen Physik als faktische Unendlichkeit erfahren, und zwar als Unendlichkeit des Großen ebenso wie des Kleinen. In der modernen Welterfahrung hat der Mensch zwischen beidem keinen festen Ort; die Anthropozentrik der Vormoderne ist unwiderruflich verloren gegangen. Der Mensch misst die Tiefen des Weltalls, aber nicht von einem „absoluten", archimedischen Punkt aus, der ihm jedenfalls als Beobachter eine beherrschende Position verleihen würde, sondern von einem durch nichts besonders ausgezeichneten kleinen Planeten aus. Das reduziert ihn zur Bedeutungslosigkeit. Auch die Beherrschung von Vorgängen in der Welt des unendlich Kleinen hat ihre Kehrseite. Je kleiner die Bestandteile sind, in die der Mensch seine Welt zerlegen kann, desto unsicherer wird ihm der Boden unter den Füßen, und desto mehr wird ihm seine Abhängigkeit von den hier vor sich gehenden Prozessen bewusst[9]. Man braucht ja nur an die gewaltigen zersprengenden Kräfte zu denken, die beim Vordringen in die subatomare Welt frei werden und die prinzipiell in der Lage sind, das gesamte menschliche Dasein mitsamt seiner irdischen Welt zu vernichten. Ebenso abhängig ist der Mensch von denjenigen Vorgängen im mikroskopisch kleinen Bereich, die sich in ihm selbst abspielen.

Zugleich mit dem Hineingestelltsein ins Offene ist der Mensch bei aller gewonnenen räumlichen Mobilität für seine Lebensführung immer noch – zumindest auf Zeit – an eine bestimmte physische Lokalität und auch an einen be-

---

[9] Løgstrup zitiert a.a.O. 121 als Beleg für die Tiefenwirkung der naturwissenschaftlichen Umwälzungen den Maler Wassilij Kandinskij, der den in seiner Kunst symbolisierten Verlust einer festen Substanz so kommentiert: „Das Zerfallen des Atoms war in meiner Seele dem Zerfall der ganzen Welt gleich. Plötzlich fielen die dicksten Mauern. Alles wurde unsicher, wackelig und weich. Ich hätte mich nicht gewundert, wenn ein Stein in der Luft vor mir geschmolzen und unsichtbar geworden wäre'".

stimmten Ort in der Gesellschaft, ein bestimmtes Netz von Beziehungen, gebunden. Diese Gebundenheit verleiht seiner Lebensführung einen festen Rahmen und gibt ihm eine zumindest grobe Orientierung, die es ihm ermöglicht, im alltäglichen Lebensvollzug seine prekäre Position im Kosmos zu vergessen oder zu verdrängen, sich in seiner Stadt auszukennen und den Platz auszufüllen, der durch seine unmittelbaren gesellschaftlichen Verpflichtungen umgrenzt ist. Bei näherem Hinsehen jedoch erweist sich das Netz der sozialen Beziehungen und der Naturbindungen als von so vielen Fäden geknüpft, dass die dadurch entstehende *Komplexität* der Lebenssituation aus solcher Bindung tiefste äußere und innere Orientierungslosigkeit erwachsen lässt. Faktisch hält sich der Mensch gleichsam in mehreren „Räumen" gleichzeitig auf, die zum Teil ineinander übergehen, aber jeweils ihre eigenen Abmessungen, inneren Aufteilungen und Beziehungsnetze haben. Jedes von diesen Netzen ist mehr oder weniger fest geknüpft. Die daraus resultierende Wirrnis versetzt nicht nur in die Offenheit fehlender Orientierung, sondern fesselt zugleich und engt auf bedrohliche Weise ein. Die ungeheuer gewachsene Mobilität der modernen Gesellschaft hat gegenüber den festeren Strukturen früherer Jahrhunderte an der Grunderfahrung der Ortsgebundenheit nichts geändert. Sie hat lediglich den Wechsel von einem festen lokalen oder auch sozialen Ort zum nächsten erleichtert, aber zugleich eben jene enorme Erhöhung der Komplexität des gesellschaftlichen Netzwerkes und die Steigerung von dessen bindender Kraft bewirkt.

Die Raumerfahrung des Menschen hat sich als ambivalent erwiesen. Offenheit wird ebenso als Orientierungslosigkeit wie als Fülle der Lebensmöglichkeiten erfahren, der feste Ort ebenso als Richtpunkt für konkrete Gestaltung wie als Verknotung in eine kaum entwirrbare Komplexität. Nähe kann bergend und bedrängend, Distanz Freiraum und Verlorenheit sein. Das räumliche Dasein des Menschen in seiner Welt ist, emotional ausgedrückt, zugleich ein Dasein in der Heimat und in der Fremde. Die natürliche Weise, diese Situation zu bewältigen, (sofern sich ihre Ambivalenz nicht in einer Krise dramatisch zugespitzt hat), ist die selektive Abstraktion[10] – nicht im intellektuellen Sinn dieses Begriffs, sondern in dem schlichteren Sinn des Absehens von einer Fülle von Wirklichkeitsaspekten im Lebensvollzug, die sich aus der Konzentration auf das ‚vor der Hand Liegende' ergibt. Freilich entkommt der Mensch der Räumlichkeit seines Daseins dadurch nicht; sie bleibt prekär.

Die Möglichkeit zu solcher Abstraktion gründet ebenso wie die Erfahrung der Unentrinnbarkeit in der Vorgegebenheit meines Daseins als eines immer schon räumlich verfassten. Nicht ich bin es, der den Raum konstituiert, sondern ich finde mich ‚immer schon' als räumlich existierend vor. Die Räumlichkeit des Da-

---

[10] Vgl. Peter L. Berger u. Thomas Luckmann, *Die gesellschaftliche Konstruktion der Wirklichkeit. Eine Theorie der Wissenssoziologie* (Sozialwiss. Fischer 6623), 5.Aufl. (1977) Frankfurt a.M. 1996, 25.

seins ist eine dem Menschen zuteil werdende Existenzstruktur, ein aller Erfahrung Vorgegebenes[11]. Solche Vorgegebenheit – das muss in einem theologischen Zusammenhang hervorgehoben werden – ist zunächst noch nicht als transzendente, also gottgegebene, sondern als transzendentale zu verstehen, also als innerweltliche Bedingung der Möglichkeit von Erfahrung. Sowohl die faktische Unendlichkeit des Raumes als auch die Gegebenheit des bestimmten Ortes für die Lebensführung sind rein weltliche Phänomene. Als solche könnten sie ebenso gut auf bloßem Zufall beruhen oder sogar die reine Absurdität eines Hineinragens ins Nichts repräsentieren.

b) Zeitverlauf und Augenblick

Die Wahrnehmung der Zeit ist im Unterschied zu derjenigen des Raumes eine innere. Dieser Satz mag in einer Zeit exakter physikalischer Zeitmessung zunächst überraschen. Doch ist jede Art von Zeitmessung ein deutlich sekundäres Phänomen. Denn im Unterschied zum Raum ist Zeit nicht einer einzelnen unmittelbaren Wahrnehmung zugänglich, sondern nur einer Abfolge unterschiedlicher Wahrnehmungen. Diese signalisieren Bewegungen und Veränderungen an Gegenständen ebenso wie am Erkenntnissubjekt selbst, die Zeit brauchen. Zeitmessungen nehmen sodann die beobachteten Veränderungen äußerer Gegenstände und Verhältnisse – ursprünglich die Bewegungen der Gestirne – zum Maßstab, um Zeitpunkte und Zeitstrecken fixieren zu können. Insofern hat Norbert Elias Recht, wenn er Zeitmaßstäbe als Produkt sozialer Konvention bestimmt[12]. Doch geht dem Unternehmen der Zeitmessung insgesamt das *Zeitempfinden* voraus, das sich auf Grund von Beobachtungen nicht nur äußerer Veränderungen, sondern auch der Veränderungen im Beobachtenden selbst einstellt. Dieses Zeitempfinden ist es, das im Zusammenhang mit der Nötigung, im Zusammenleben der Menschen Vereinbarungen zu treffen, zur Konvention der Zeitmessung führt.

Dass die Wahrnehmung von Zeit ein innerer Vorgang ist, hat bereits Augustin in dem berühmten XI. Buch seiner *Confessiones* gesehen. Zeitwahrnehmung war für ihn, demonstriert am Beispiel eines gehörten Tons, die Wahrnehmung des Eindrucks (*affectio*) von Dauer[13]. Doch erfasst dieses Verständnis der Zeit nur einen Teilaspekt. Das Problem der Veränderung, das darin besteht, dass die auf uns zukommende Zukunft im Durchgang durch das *punctum mathemati-*

---

[11] Vgl. M. Heidegger, a.a.O. (Anm. 3), 111.

[12] Norbert Elias, *Über die Zeit. Arbeiten zur Wissenssoziologie II*, hg. v. M. Schröter, 2. Aufl. Frankfurt a.M. 1985. Das ganze Buch dient dem Erweis dieser These.

[13] Aurelius Augustinus, *Confessiones*, Buch XI 34, in: CChr.SL 27, 211f. Danach auch die folgenden Stellenangaben im Text. Vgl. Kurt Flasch, *Was ist Zeit? Augustin von Hippo. Das XI. Buch der Confessiones. Historisch-philosophische Studie. Text – Übersetzung – Kommentar*, Frankfurt a.M. 1993, 202.387–389.

cum der Gegenwart in die Vergangenheit entschwindet und sich allein durch die Tätigkeit des Geistes im Modus der Erinnerung, nicht aber „als sie selbst" festhalten lässt, bleibt dabei unverstanden (17–33, a.a.O. 202–211). Das liegt daran, dass Augustin Zeit noch für eine dem Subjekt von außen vorgegebene, von dem selbst von aller Zeit unabhängigen Gott geschaffene Größe hielt (15f, a.a.O. 201f), während er doch zugeben musste, dass sie nur im *animus* des Subjekts gemessen werden könne (36f., S. 213f). Immanuel Kant dagegen macht eben diese Subjektivität des Zeitbewusstseins zum Ausgangspunkt seiner Problemlösung. Nach ihm ist die Zeit „die Form des innern Sinnes, d.i. des Anschauens unserer selbst und unsers innern Zustandes". Insofern sei sie „die formale Bedingung a priori aller Erscheinungen überhaupt". Damit ist die Zeit – ebenso wie der Raum – „eine subjective Bedingung unserer (menschlichen) Anschauung"[14]. Der unbestreitbare Fortschritt dieser Sicht gegenüber allen früheren Theorien der Zeit liegt darin, dass Zeit nicht mehr als ein an und für sich existierendes Ding angesehen wird. Dafür ist jedoch das Erkenntnissubjekt selbst als zeitlos gesetzt, insofern es an einem intelligiblen Reich der Vernunft teilhat. Das heißt, so unentrinnbar die Zeit als Bedingung der Möglichkeit von Anschauung ist, so sehr ist sie (ebenso wie diese) einem Ideal zeitloser Erkenntnis untergeordnet. Daran hat sich die weitere philosophische Entwicklung entzündet und zu der Einsicht geführt, dass auch Erkenntnis zeitlich verfasst, also wandelbar ist. Damit erkennt das menschliche Subjekt auch sein eigenes Sein – ebenso wie das seiner Welt – als zeitlich, wandelbar, geschichtlich. Diese Geschichtlichkeit betrifft schließlich auch die Erfahrung von Zeitlichkeit: auch sie ist sich nicht zu jeder Zeit gleich, sondern sie macht sowohl in der Lebensgeschichte des einzelnen Individuums als auch in der Geistesgeschichte eine Entwicklung durch[15].

Die Behauptung, das menschliche Dasein sei zeitlich, impliziert eine Modifikation der Eingangsthese, dass Zeitlichkeit Gegenstand innerer Wahrnehmung sei: Sie bezieht den Leib mit ein. Denn gerade an ihm sind die zeitlichen Veränderungen besonders offenkundig. Das führt zu der Frage, wie sich Zeitlichkeit und Räumlichkeit zueinander verhalten. Knud Ejler Løgstrup war der Meinung, dass der Raum gegenüber der Zeit das Beständige sei[16]. Das ist insofern zutreffend, als es ja die räumlichen Veränderungen sind, die eine Messung der Zeit allererst ermöglichen. Dennoch wirkt diese Auffassung für sich genommen wie eine Reminiszenz an das Weltbild des 19. Jahrhunderts. Denn jedenfalls aus der Sicht der modernen Astrophysik muss das Verhältnis auch umgekehrt werden: Die

---

[14] Immanuel Kant, a.a.O. (Anm. 5), A 33–35 = S. 37–39; die Zitate 37 u. 38.
[15] Vgl. dazu philosophisch Manfred Frank, *Zeitbewußtsein* (Opuscula aus Wissenschaft und Dichtung 50), Tübingen 1990 (zur Kritik an Kant 7f); und soziologisch-empirisch Günter Dux, *Die Zeit in der Geschichte. Ihre Entwicklungslogik vom Mythos zur Weltzeit* (stw 1025), Frankfurt a.M. (1989) 1992.
[16] K.E. Løgstrup, a.a.O. (Anm. 5), 36.

Zeit ist nicht nur eine Funktion des Raums, sondern ebenso ist der Raum eine Funktion der Zeit, insofern er sich nämlich in ihr verändert. Diese Erkenntnis ist aber keineswegs auf die Modelle heutiger kosmologischer Theorie beschränkt, sondern hat klare Entsprechungen in der elementaren, alltäglichen Raumerfahrung des Menschen. Auch diese unterliegt einer Veränderung, die von der Zeit abhängt: vom begrenzten Horizont und der begrenzten Reichweite des kleinen Kindes führt die Entwicklung über einen Prozess der Ausweitung in Jugend und Erwachsenenalter zu einer Verminderung der Bewegungsfähigkeit und dementsprechend zu einem Schrumpfen des Interessenkreises im Alter (wenn man von Ausnahmen wie einem krankhaften Verharren im Kindheitsstadium einerseits und einer voll erhaltenen geistigen Frische im hohen Alter andererseits einmal absieht).

Wenn es sich so verhält, dann gewinnt ein Charakteristikum der Zeit, das Løgstrup mit Recht herausgearbeitet hat, entscheidende Bedeutung – noch größere Bedeutung, als es bei ihm selbst hat. Das ist die *Irreversibilität*, die Unumkehrbarkeit des zeitlichen Verlaufs. Løgstrup ist der Meinung, dass Zeiterfahrung, ja Leben überhaupt nur im Aufstand gegen diese Unumkehrbarkeit stattfinde[17]. Der zweite Satz dürfte jedoch einseitig sein. Denn auch in der Freude darüber, dass vergangene Schrecken nicht wiederkehren werden, oder in der Sehnsucht danach, dass eine beschwerliche Zeitstrecke endlich zu Ende gehen möge, wird Zeit erfahren. Doch die Irreversibilität selbst, die auch solche Erfahrungen zum Ausdruck bringen, ist in der Tat ein zentrales Phänomen. Das gilt zumindest für die abendländische Weise, Zeit zu erfahren, die nicht von einer ewigen Wiederkehr des Gleichen, sondern von einem linearen Verlauf der Zeit ausgeht. Bei genauerer Betrachtung wird man aber diese Sicht als universalisierbar ansehen dürfen. Denn die regelmäßige Wiederkehr der Jahreszeiten, die dem zyklischen Zeitverständnis zugrunde liegt, stellt ja nicht eine Wiederkehr des Selben, sondern nur eine solche des Gleichen auf jeweils neuer Ebene dar, das insofern eben doch jedes Mal ein anderes ist.

Dass die Zeitlichkeit des Daseins und des Weltlaufs gerichtet ist, bedeutet, dass sie Ursprung und Ziel hat; das eine kann man nicht mit dem anderen vertauschen. Allerdings ist das mit dieser scheinbar so einfachen Aussage Gemeinte höchst komplex. Erstens sind Ursprung und Ziel als selber zeitliche Begriffe nur so auf Zeitlichkeit zu beziehen, dass diese dabei entweder als sich selbst zeitigend oder in einem Transzendenten gründend verstanden wird. In beiden Fällen ist erkenntnistheoretisch nicht mehr auszumachen, was Ursprung und Ziel bedeuten sollen, weil weder ein Urprung schlechthin noch ein Ziel schlechthin von einem selbst zeitlich gebundenen Denken zu begreifen sind; sie stellen Grenzbegriffe dar. Faktisch kann man nur von bestimmten Ursprüngen innerhalb des Zeitverlaufs reden.

---

[17] A.a.O., 27f.

Von bestimmten Ursprüngen und Zielen innerhalb der Zeit gilt zweitens, dass sie nur relativ zu bestimmten Entitäten und Ereignissen zu bestimmen sind. Jeder Mensch hat seine eigene, unverwechselbare Lebensgeschichte, seine Herkunft und sein Lebensziel. Mit dieser je eigenen Geschichte hat er an der Gesamtgeschichte der Menschheit teil, doch ohne unter sie als bloßes Element subsumiert zu werden. Der Einzelne hat nicht unmittelbar an der Menschheitsgeschichte teil, sondern zunächst an besonderen „Geschichten", die eigenständige Einheiten mit ihren je besonderen Traditionszusammenhängen bilden. Solche Einheiten sind nicht nur die Völker, sondern, wie die neuere Geschichtswissenschaft zunehmend hervorhebt, auch soziale Schichten, Berufsgruppen, geographisch abgrenzbare Regionen usw. Alle diese Einzelgeschichten existieren nicht nebeneinander, sondern durchdringen einander. Die Menschheitsgeschichte entsteht nicht aus ihrer Addition, sondern bildet ein Netzwerk.

Schließlich ist drittens die Bestimmung eines Ziels aller Zeit – ja selbst eines Zeitabschnitts – auch durch den seit Francis Bacon[18] fortschreitend vollzogenen Abschied von dem aristotelischen Gedanken einer dem Zeitverlauf innewohnenden und aus ihm zu erhebenden Entelechie problematisch geworden; die neuzeitliche Form, welche die spekulativen Systeme besonders Hegels und noch Whiteheads[19] dem Gedanken gegeben haben, hat die aufgebrochene Skepsis nicht auf Dauer beheben können. Dieser Entwicklung entspricht die Offenheit bzw. Strittigkeit der Zukunft in modernen kosmologischen Theorien ebenso wie die pragmatische gegenwärtige Zeiterfahrung, in der trotz aller Planung und aller Versuche der Zukunftssicherung immer mehr die Offenheit des Unbekannten an die Stelle eines definierbaren Ziels getreten ist. Diese Offenheit ist durchaus der *Deutung* auf ein Ziel hin zugänglich, doch bleibt diese Kategorie aus der Empirie ausgeschlossen.

Der Gerichtetheit des Zeitpfeils tut die Offenheit seines „Endpunktes" keinen Abbruch. Allerdings ist nun eine weitere Schwierigkeit zu bedenken, die den Verlaufscharakter der Zeit betrifft. Er wird nicht als gleichmäßiger Strom erfahren, so wie ihn eine genau gehende Uhr suggeriert. Vielmehr verändert sich, wie bereits angedeutet, die Zeiterfahrung selbst im Lauf der Zeit. Bekannt ist das Phänomen, dass junge Menschen einen Monat als langen Zeitraum empfinden, während er für einen Älteren im Nu verflogen ist. Die Irreversibilität der Zeit nimmt also unterschiedliche Formen an. Für die Lebensführung noch wichtiger

---

[18] Francis Bacon, *Novum Organum Scientiarum* (1620), in: ders., Works, hg. v. Spedding, Ellis, Heath, Bd. 1 (1858), Nachdr. 1963, Aphorismus I 48.

[19] Wie Hegel als Ziel des Weltprozesses das Zu-sich-selbst-Kommen des göttlichen Weltgeistes im spekulativen Denken sowie im monarchischen preußischen Staat als der Objektivation der Freiheit meinte bestimmen zu können, so sieht Alfred North Whitehead das Endziel des naturhaften und geistigen Gesamtprozesses der Welt in „one determinate integral satisfaction", die als Eingang in die objektive Unsterblichkeit in Gott begriffen wird, *Process and Reality. An Essay in Cosmology* (1929), Corr. ed., hg. v. D.R. Griffin und D.W. Sherburne, New York 1978, 26.350f.

ist eine andere Erscheinung, die unter anderem Gesichtspunkt bereits besprochen wurde[20]: Es gibt im Zeitverlauf bestimmte Momente oder auch Zeitabschnitte, die in besonderer Weise aus ihm herausragen. Das sind zum einen die
Erschließungssituationen, die den Gesamtzusammenhang des Lebens in einem
Moment aufleuchten lassen. Zum anderen erweisen sich bestimmte Augenblicke
als „Zeit zu etwas", als Gelegenheiten, die auf jeden Fall wahrgenommen werden müssen, von Tillich als *Kairos* bezeichnet. Ein politisches Beispiel dafür ist
die sich 1989 bietende Chance der deutschen Wiedervereinigung. Der Lauf der
Zeit ist voll von solchen nie wiederkehrenden *Augenblicken,* die Chancen oder
auch Gefahrenmomente enthalten können, und dementsprechend von *Fristen,*
d.h. streng begrenzten Zeitabschnitten, die eingehalten werden müssen. Sie können ebenso als geschenkte Eröffnung neuer Lebensmöglichkeiten wie als Zwang
einer nicht selbstbestimmten ‚Tagesordnung' erfahren werden[21].

Letzten Endes muss das ganze Leben des einzelnen Menschen (und wohl auch
das menschlicher Kollektive[22]) als Frist aufgefasst werden, die einmalig ist und
auf die es deshalb ankommt. Das ist wohl der prägnanteste Ausdruck der Irre-
versibilitätserfahrung, die selbst unter der Voraussetzung eines Reinkarnations-
glaubens wie etwa im Buddhismus insofern relevant bleibt, als dort die zu erwartende Gestalt neuen Lebens von der Art des gegenwärtig verbrachten Lebens abhängig ist. Was die Zeiterfahrung in der modernen wissenschaftlich-technischen
Zivilisation angeht, so ist festzustellen, dass auch angesichts der ungeheuer gewachsenen Möglichkeiten der Lebensverlängerung durch medizinische Hilfsmittel der schließliche Verfall oder Abbruch der Lebenszeit nicht endgültig zu verhindern ist. Es ist zwar möglich, diesen Gedanken über lange Zeit hinweg zu verdrängen und gefühlsmäßig so zu leben, als lebte man „ewig", wie es gesunde und
vor allem jüngere Menschen ganz selbstverständlich tun. In diesem Punkt hat
Løgstrup mit der These vom Aufstand gegen die Zeit zweifellos Recht. Das Faktum, dass die eigene Zeit begrenzt ist, lässt sich durch nichts aus der Welt schaffen. Das Bewusstsein davon lässt sich auch aus dem täglichen Leben nicht völlig
verbannen. Vielmehr wird dem Menschen im Lauf seines Lebens fortschreitend
(und in Grenzerfahrungen schlagartig) deutlich, dass er aus der für das subjektive Empfinden fast unendlichen Fülle von Lebensmöglichkeiten, die sich ihm zu
Beginn seines Weges dargeboten hatten, immer nur einige auswählen konnte.
Damit sind die abgewiesenen Optionen definitiv unmöglich geworden, und

---

[20] Religionsphilosophische Grundlegung IV, 2+4.
[21] Vgl. dazu PETER BERGER und THOMAS LUCKMANN, a.a.O. (Anm. 10), 30f.
[22] Dieser Zusatz impliziert keine Stellungnahme zu dem berühmten Buch von OSWALD
SPENGLER, *Der Untergang des Abendlandes,* 2 Bde., 33.–47. bzw. 16.–30. Aufl., München
1922/23. Vielmehr beziehe ich mich auf das jedem Historiker vor Augen stehende Phänomen
besiegter und untergegangener antiker Völker, funktionslos gewordener sozialer Eliten, ihrer
Anziehungskraft verlustig gegangener Religionsgemeinschaften. Für „prophetische" Prognosen
ist hier nicht der Ort; ihnen gegenüber ist ohnehin zunächst einmal ein gesundes Maß an Skepsis
geboten.

selbst die gewählten sind nur unvollkommen realisiert. So wird bereits im Lebensvollzug selbst klar, dass das Leben unweigerlich Fragment bleibt.

Bisher haben wir die verschiedenen Modi der Zeiterfahrung nur auf die für sich betrachtete Situation des Menschen bezogen. Damit haben wir die subjektive Zeittheorie Kants im Grunde noch nicht verlassen; auch Heideggers Erweiterung der kantischen Sicht zur Zeitlichkeit des Daseins ist aus dem anthropozentrischen Bannkreis dieses Ansatzes noch nicht herausgetreten. Das zeigt insbesondere seine Abgrenzung der Zeitlichkeit gegen die „uneigentliche" Zeit physikalisch-objektiver Messungen[23]. Diesen Dualismus hat die Erforschung der „Geschichte der Natur"[24] durch die moderne *Naturwissenschaft* überholt. Sie hat die klassische Mechanik, die mit reversiblen Vorgängen arbeitet, ergänzt bzw. in den Rahmen einer prinzipiellen Irreversibilität der Zeit hineingestellt, nachdem Darwin die Biologie bereits Mitte des 19. Jahrhunderts vergeschichtlicht hatte. Irreversibilität ist, im anorganischen wie im organischen Bereich, an Bifurkationen erkennbar, „Sprüngen" in einem nichtlinearen Entwicklungsprozess, deren Richtung nicht vorhersagbar ist. Beispiele sind Mutationen oder auch das Auftreten des geistbegabten Wesens Mensch in der Evolution des Lebens[25]. Im Großen entspricht diesem Sachverhalt die – einmalige – Entstehung des Universums durch einen Urknall, gleichgültig, ob der Verlauf des damit in Gang gesetzten Prozesses als Ausdehnung bis zu einem kritischen Punkt mit anschließendem Kollabieren in einem Schwarzen Loch oder (wahrscheinlicher) als fortschreitende Ausdehnung bis zu einem finalen Zustand maximaler Unordnung, dem „Wärmetod", zu sehen ist[26]. Der Mensch erfährt also sein irreversibles Dasein nicht in Abgrenzung gegen eine reversible Zeitlichkeit, sondern eingebettet in einen Gesamtzusammenhang von Irreversibilität[27].

Der Weltprozess ist durch die Bifurkationen in einzelne Entwicklungszusammenhänge gegliedert, die jeweils auch eigene Gesetzmäßigkeiten ausgebildet haben. Wie im Kleinen das Leben eines anderen Menschen auf Grund unterschiedlichen Zeitempfindens nicht synchron mit dem meinen verläuft, so ist auch die Menschheitsgeschichte als ganze durch charakteristische Merkmale von anderen Stufen der Evolution des Lebens unterschieden. Freilich ist nicht zu übersehen, dass es zwischen den verschiedenen Zusammenhängen vielfältige Übergänge gibt, die daran erinnern, dass der Mensch auch Naturwesen ist. Vor allem

---

[23] M. Heidegger, a.a.O. (Anm. 3), 329. Vgl. dazu Mike Sandbothe, *Die Verzeitlichung der Zeit. Grundtendenzen der modernen Zeitdebatte in Philosophie und Wissenschaft*, Darmstadt 1998, 99–131.

[24] M.W. hat Carl Friedrich v. Weizsäcker diesen Begriff eingeführt: *Die Geschichte der Natur. Zwölf Vorlesungen* (1948), 8. Aufl. (KVR 1001), Göttingen 1979.

[25] Vgl. dazu Ilya Prigogine, *Zeit, Chaos und Naturgesetze*, in: Die Wiederentdeckung der Zeit. Reflexionen – Analysen – Konzepte, hg. v. A. Gimmler u.a., Darmstadt 1997 (79–93), 84f.91–93

[26] Vgl. Martin Carrier, Art. Wärmetod, in: EPhW 4 (627f), 627.

[27] Vgl. dazu M. Sandbothe, a.a.O. (Anm. 23), 124–131.

aber findet sich zu der Ausdifferenzierung des Lebens eine kosmische Struktur-analogie. Laut der Allgemeinen Relativitätstheorie Albert Einsteins hat jeder Körper im (Welt-)Raum seine *Eigenzeit*; ein Lichtsignal, das heute zum Sirius geschickt würde, käme erst in 8,8 Jahren an und könnte während dieser Zeit dort nichts bewirken. Darüber hinaus ist die Zeitdauer, die auf einem bestimmten Körper gemessen wird, von der Geschwindigkeit abhängig, mit welcher er sich im Raum bewegt: je höher die Geschwindigkeit, desto langsamer gehen die Uhren (wobei natürlich zu berücksichtigen ist, dass sich dies erst bei sehr hohen Geschwindigkeiten bemerkbar macht). Dabei ist zu beachten, dass es sich um Zeitunterschiede zwischen Systemen handelt, nicht um solche zwischen individuellen Entitäten[28]. Doch wird dadurch die strukturelle Analogie zu der individuell verschiedenen menschlichen Zeiterfahrung nicht aufgehoben. Der Mensch findet sich als Teilnehmer an einem in unterschiedlichen, wenn auch durch mannigfache gegenseitige Verflechtungen und Wechselwirkungen miteinander verbundenen, Eigenzeiten verlaufenden Weltprozess vor. Alle diese Eigenzeiten sind durch ihre jeweilige Irreversibilität gekennzeichnet.

Ein dramatisches Beispiel für wechselseitig aufeinander wirkende irreversible Prozesse stellen die Erkenntnisse des Club of Rome 1972 dar: der wachsenden Menschheit stehen sich durch Verbrauch stetig vermindernde Rohstoffvorräte gegenüber. Zugleich wird daran die Befristung irdischen Lebens überhaupt deutlich. So hat denn auch im allgemeinen Bewusstsein, wie es scheint, allmählich eine neue, ökologisch geprägte Vorstellung von einem zeitlichen ‚Ende der (irdischen) Welt' begonnen sich durchzusetzen[29].

Gewiss unterscheidet sich eine solche Sicht von den apokalyptischen Gemälden des Weltendes in den alten Religionen dadurch, dass sie nicht von einem Einbruch der Transzendenz ausgeht. Die Gegenwart des Ewigen in der Zeit lässt sich mit derartigen Szenarien nicht identifizieren. Doch machen sie die Frage nach einem möglichen Sinn des zeitlich verfassten menschlichen Daseins unabweisbar. Dasselbe gilt von der Differenzierung der Zeitlichkeit in Eigenzeiten und von der Zwiespältigkeit der menschlichen Zeiterfahrung als Eröffnung neuer Möglichkeiten und als definitive Unumkehrbarkeit. Die Betrachtung der Zeitlichkeit des Daseins selbst eröffnet, für sich genommen, keine Sinndeutung. Ob das Leben als notwendig fragmentarisch bleibendes einen Sinn für sich beanspruchen kann oder lediglich eine Absurdität darstellt, ließe sich allenfalls anhand einer Erschließungssituation entscheiden. Vorerst muss es bei der Feststellung einer tiefen Ambivalenz bleiben.

---

[28] Vgl. dazu BERTRAND RUSSELL, *Das ABC der Relativitätstheorie* (The ABC of Relativity, dt. v. U. Dobl u. E. Seiler, 3. Aufl. 1969) hg. v. F. Pirani (rororo 6787), Reinbek 1972, 38–48.86–99; FRIEDRICH CRAMER, *Der Zeitbaum. Grundlegung einer allgemeinen Zeittheorie*, Frankfurt a.M. 1993, 59–73; I. PRIGOGINE, a.a.O. (Anm. 25), 85.

[29] Vgl. DENNIS MEADOWS u.a., *Die Grenzen des Wachstums. Bericht des Club of Rome zur Lage der Menschheit* (The Limits to Growth, dt. v. H.-D. Heck), Stuttgart 1972.

c) *Personalität und Sachlichkeit*

Räumlichkeit ist die äußere Form des Daseins, Zeitlichkeit macht seine Dynamik aus. Räumlichkeit menschlichen Daseins ist leiblich. Auf diese Weise – und nur auf diese Weise – ist es immer Mit-Dasein mit Menschen und Dingen. Das beginnt mit der Entstehung des Lebens des Einzelnen durch die körperliche Vereinigung zweier Menschen und das „Zur-Welt-Kommen" in der Geburt und setzt sich fort in allen dadurch ermöglichten eigenen „Kontakten" zu anderen. Das Mit-Dasein anderer, sei es in unmittelbarer Gegenwärtigkeit oder auch nur in der Phantasie, bleibt für die menschliche Existenz konstitutiv. Zeitlichkeit ist im Modus des Zeitflusses nicht nur das Werden und Vergehen eines Seienden, sondern auch dessen Einbindung in eine Wechselbeziehung verschiedener Irreversibilitäten. Zur Unumkehrbarkeit des Zeitlaufs gehört auch die Ablösung des Alten durch ein Neues. Diese schließt jedoch die Nachwirkung des Abgelösten nicht aus. Der Mensch kann zwar den Zeitfluss (auch geistig) nicht umkehren, wohl aber in der Erinnerung – und in deren methodischer Ausweitung durch die historische Forschung – das Vergangene in den Status der Gleichzeitigkeit heben. Ebenso macht es ihm die Zeit-zu-etwas als Ausrichtung der Dynamik des Daseins auf Neues möglich, in Hoffnung oder Planung mit Hilfe seiner Phantasie die wirkliche oder mögliche Zukunft sich gleichzeitig werden zu lassen. Beide Operationen sind für die Gestaltung der Gegenwart von schlechthin entscheidender Bedeutung, obwohl solche Gleichzeitigkeit im Unterschied zur unmittelbaren Gegenwärtigkeit weder sinnlich wahrnehmbar noch streng empirisch zu kontrollieren ist. Sie ist jedoch intersubjektiver Kommunikation nicht nur zugänglich, sondern macht einen wesentlichen Teil derselben aus.

Räumlichkeit und Zeitlichkeit des Daseins sind demnach keineswegs isoliert auf das einzelne Individuum zu beziehen; selbst in dem rein subjektiven Empfinden beider ist die Bezogenheit menschlicher Existenz sowohl auf Personen als auch auf Sachen immer schon mitgesetzt. Räumlichkeit und Zeitlichkeit der Existenz sind nichts anderes als die Modi des Seins-in-Beziehung. Damit sind wir auf einem anderen Wege wieder bei der zentralen ontologischen These der religionsphilosophischen Grundlegung angekommen: Der Mensch fängt nicht mit sich selbst als Setzendem an, wie es die Transzendentalphilosophie suggeriert, sondern es muss ihm immer schon anderes (ein/e andere/r) begegnet sein, damit er es als anderes und dann auch sich selbst als davon Unterschiedenen erfassen kann. Wir hatten deshalb im Anschluss an Theunissen von einem Primat des „Zwischen" gesprochen und den Primat der Kategorie der Relation vor der Substanz behauptet[30]. Im Folgenden sollen nun die Erfahrungen, die diesem Satz zugrunde liegen, entfaltet werden.

---

[30] S.o., Einleitung B II/1.

Diese Relationen, in denen der Mensch steht, lassen sich unterteilen in personale und Sachbeziehungen, d.h. in Ich-Du-Beziehungen zwischen Menschen, die auf Gleichberechtigung angelegt sind und die ganze Person einbeziehen, und Ich-Es-Beziehungen zu Sachen oder Sachzusammenhängen, über die der Mensch verfügt oder die eine anonyme Gewalt über ihn haben[31]. Im ersten Fall ist die angemessene Grundhaltung die Achtung vor der Eigenständigkeit des anderen, im zweiten die Beachtung der obwaltenden Sachgesetzlichkeit. Die Unterscheidung dieser beiden Arten von Beziehung bedeutet keine grundsätzlich unterschiedliche Wertung, wie das die Tradition von Aufklärung und Idealismus nahelegt. Die jüdisch-christliche Überlieferung lehrt, die Welt sei dem Menschen anvertraut zum „Bebauen und Bewahren" (עבד und שמר, Gen 2,15) – eine positive Einschätzung der nichtmenschlichen Welt, die nach langer Vernachlässigung erst in neuester Zeit Albert Schweitzer mit seiner Forderung der Ehrfurcht vor dem Leben und später die moderne Ökologie wiedergewonnen haben.

Betrachten wir zunächst die Beziehungen zu anderen *Menschen*, so bedeutet hier der Vorrang der Kategorie der Relation vor derjenigen der Substanz weder, dass die *Identität* des Menschen durch sein Dasein in Beziehungen vollständig determiniert wäre, noch dass es ein beständiges Gleichgewicht zwischen Identität und Sein in Beziehungen gäbe. Vielmehr verändert sich beides im Lauf des Lebens, und damit verändert sich auch das gegenseitige Verhältnis der beiden Aspekte. Die Identität des Menschen muss erst werden, indem er sich aus der symbiotischen Einheit mit der Mutter löst. Erik Erikson hat gezeigt, dass eine intakte Identität nur gewonnen werden kann, wenn dem sich entwickelnden Menschen ein „Urvertrauen" vermittelt wird, das für ihn zugleich die Bedingung der Möglichkeit für das Eingehen neuer Beziehungen ist[32]. Andererseits wird Identität – das wird von der Entwicklungspsychologie weniger klar beleuchtet – mit fortschreitender Eigenständigkeit immer mehr zu einer Aufgabe selbstverantworteter Gestaltung. Der Mensch fängt an, seine Identität zu gewinnen, indem er sich nicht mehr nur einer Urbeziehung verdankt, sondern sich auch von ihr löst, sich ins noch Ungestaltete hinein entwirft und dafür Maßstäbe ausbildet.

Identität ist das Verhältnis des Menschen zu sich selbst. Als dieses Verhältnis bleibt sie sowohl im Modus der Abhängigkeit als auch im Modus der Ablösung auf das Verhältnis zu anderen bezogen. „Der typische Anlaß für diese Kehrtwendung zu mir, die ‚Reflexion' auf mich selbst, ist die Stellung des *Anderen* mir gegenüber"[33]. Solche Gestaltung des Selbstverhältnisses als Identität in Beziehung zu anderen ist ein lebenslanger Prozess; was die Identität eines Menschen sei,

---

[31] In dieser Grundunterscheidung ist MARTIN BUBER Recht zu geben, wenngleich sie kaum so radikal durchzuführen ist, wie er es empfiehlt; vgl. *Ich und Du*, in: DERS., Die Schriften über das dialogische Prinzip, Heidelberg 1954 (7–121), 7–75.

[32] ERIK H. ERIKSON, *Identität und Lebenszyklus. Drei Aufsätze* (stw16), 4. Aufl. Frankfurt 1977, 62–75.

[33] P. BERGER / TH. LUCKMANN, a.a.O. (Anm. 10), 32. Hervorh. im Original.

lässt sich allenfalls am Ende seines Lebens bestimmen. Da aber der Tod stets uneingelöste Möglichkeiten des Seins-in-Beziehung und damit auch des Selbstseins endgültig abschneidet, ist die erreichte Identität selbst des ganzen Lebens paradoxerweise nur eine fragmentarische: Das Leben ist Fragment.

Die erwachsene – und in gewissem Maß auch schon die noch nicht reife – Gestalt menschlicher Beziehungen hat den Charakter der *Polarität* zwischen zwei gleichermaßen sich voneinander unterscheidenden und aufeinander bezogenen Personen. Bevor auf die verschiedenen Erscheinungsformen dieser Polarität eingegangen wird, sind einige allgemeine Feststellungen am Platz, die für alle diese Formen gelten. Der Mensch gewinnt seine Identität nur in polaren Spannungen, in Aneignung und Abstoßung, Hingabe und Sich-Zurückziehen, Gemeinschaft und Für-sich-Sein, Gemeinsamkeit und Selbstunterscheidung. Er findet im anderen Menschen sowohl seine Erfüllung als auch seine Grenze. Er kann sich in den anderen Menschen hineinversetzen und ergründet doch nie dessen innerstes Geheimnis, seine „Innensicht" bzw. sein Verhältnis zu sich selbst[34]. Der Versuch, diese Dialektik von Nähe und Distanz aufzubrechen, sei es einerseits durch Vereinnahmung und andererseits Hörigkeit, oder auch durch Indifferenz oder Zurückweisung, lässt menschliche Beziehungen scheitern, weil er deren Grundgesetz der Polarität verletzt.

Die grundlegende Polarität ist diejenige von *Mann und Frau*. Es ist hier weder möglich noch sinnvoll, in eine psychologische Beschreibung des typisch Männlichen und des typisch Weiblichen einzutreten. Das Klischee vom starken, verstandesgeleiteten und primär dem Berufsleben verpflichteten Mann und der schwachen, gefühlsbetonten und primär der Familie zugetanen Frau ist ebenso töricht und wirklichkeitsfremd wie dessen schlichte Umwertung zu der Vorstellung vom Mann als brutalem, kalt rationalem Unterdrücker und der Frau als seinem „ganzheitlichen", zarten, bedauernswerten Opfer, wie sie sich bei vielen feministischen Theologinnen findet[35]. Gewiss gibt es Menschen, die solchen Klischees entsprechen. Aber es findet sich eine breite Skala „weiblicher" und „männlicher" Eigenschaften bei beiden Geschlechtern, bis hin zur völligen Umkehrung jenes Klischees. Allenfalls kann man sagen, dass Frauen *im Durchschnitt* ein relativ besseres Einfühlungsvermögen haben und dieses organisch mit ihren anderen Fähigkeiten verbinden, während Männer *im Durchschnitt* Gefühl und Verstand relativ stärker voneinander trennen. Diese großenteils gesellschaftlich bedingten Eigenschaften und diejenige Rollenverteilung, die biologisch bedingt ist, bilden die Grundlage für die polare und gleichberechtigte Ergänzung von Mann

[34] Vgl. REINHOLD NIEBUHR, *The Self and the Dramas of History*, New York 1955, 30–33.
[35] Vgl. z.B. den Aufsatz von DOROTHEE SÖLLE mit dem bezeichnenden Titel *Vater, Macht und Barbarei*, in: Frauen in der Männerkirche. Feministische Anfragen an autoritäre Religion, hg. v. B. Brooten u. N. Greinacher (GT.P 40) München/Mainz 1982, 149–157. Zur Kritik vgl. SUSANNE HEINE, *Frauen der frühen Christenheit. Zur historischen Kritik einer feministischen Theologie*, Göttingen 1986, 7–20.

und Frau. Zugleich wird dadurch die engste Gemeinschaft möglich, die es zwischen zwei Menschen geben kann und die in der gesellschaftlichen Institution der Ehe ihren äußeren Ausdruck findet: Mann und Frau werden in der Liebe „ein Fleisch", wiewohl sie zugleich zwei verschiedene Personen bleiben.

Die zweite, ebenso wichtige Polarität ist die von *Alt und Jung*. Sie gründet in dem Urvertrauen, das die Eltern im Normalfall im Kind wecken und durch das sie ihm die Selbstwerdung-in-Beziehung ermöglichen. Insofern Selbstwerdung hier eine zunehmende Abgrenzung impliziert, ohne dass doch die Beziehung abgebrochen werden muss, entwickelt sich mit ihr eine Polarität. Diese gewinnt über den ursprünglichen familiären Rahmen hinaus eine Bedeutung für die Gesellschaft als ganze. In diesem umfassenderen Rahmen besteht die Funktion der Älteren vornehmlich im Bewahren und im Hüten bewährter Traditionen, die der Jüngeren dagegen im Vorantreiben und im Aufbrechen verkrusteter Strukturen. Stärker als zwischen Mann und Frau nimmt diese Polarität die Gestalt des Konflikts an; ja, sie muss dies tun, wenn die Lebensführung der Einzelnen nicht unselbstständig bleiben oder bindungslos werden bzw. wenn die Gesellschaft nicht in Immobilismus erstarren oder sich in Anarchie auflösen soll. Auch hier ist aber vor Verallgemeinerungen zu warnen: Weder Starrsinn noch kreative Phantasie und Schaffensdrang sind einfach Funktionen des Lebensalters!

Neben diesen grundlegenden Formen gibt es auch noch andere Gestalten zwischenmenschlicher Polarität. Exemplarisch sei hier die Freundschaft zwischen Angehörigen des gleichen Geschlechts genannt. Diese Polarität hat – meistens – keinen sexuellen Charakter und gründet auch nicht in einer Altersdifferenz. Sie ist, wie in anderen menschlichen Beziehungen auch, eine Polarität der Temperamente, der unterschiedlichen Begabungen, Lebensweisen o.ä., welche die gegenseitige Ergänzung ermöglicht.

Eine scheinbare Ausnahme stellen in der ersten Hinsicht die Menschen dar, die homosexuell veranlagt sind. Während die Bibel hier – im Unterschied vom antiken Griechentum und vielen anderen Kulturen – von Widernatürlichkeit und moralischer Verfehlung spricht (Lev 18,22; 20,13; Rm 1,26f), muss man nach heutigem Kenntnisstand davon ausgehen, dass es sich um eine genetisch und/oder durch frühe Sozialisierung bedingte Veranlagung handelt. Jedenfalls gilt das von den ca. 4% der Menschheit, die nicht nur vorübergehend (z.B. im Jugendalter), sondern dauernd homosexuell sind[36]. Bei dieser natürlichen Variante der Sexualität fällt die geschlechtliche Polarität – aber *nur* diese – aus.

Insgesamt hat jeder Mensch an einer Mehrzahl von Polaritäten teil, entsprechend der Vielfalt unterschiedlicher menschlicher Verhältnisse.

Alle diese Beziehungen des Menschen bestimmen auch seinen Umgang mit *Sachen*. Umgekehrt sind sie auch selbst sachlich vermittelt (z.B. durch Geschenke,

---

[36] Einen sachlich zuverlässigen und von den Emotionen der neueren Debatte freien theologischen Beitrag zum Thema bietet HERMANN RINGELING, *Homosexualität*, in: ZEE 31/1987, 6–35.82–102.

gemeinsamen Besitz, gemeinsame Interessen, Gegenstände technischen Handelns). Nicht nur die Dialogphilosophie, sondern auch Peter Berger und Thomas Luckmann sind der Meinung, innerhalb dieser Wechselbeziehung sei der zwischenmenschlichen gesellschaftlichen Vermittlung des Verhältnisses zu Sachen allemal der Primat einzuräumen[37]. Darin steckt jedoch wohl ein Rest der idealistischen, mit der Erfahrung nicht konformen Auffassung einer prinzipiellen Überlegenheit des menschlichen Geistes über die Natur. Die Beziehung zur nichtmenschlichen Welt dürfte mit derjenigen zu Menschen durchaus gleichursprünglich sein; man denke nur an das schlichte Phänomen der Freude des Säuglings über die zum Fenster hereinscheinende und seinen Bauch wärmende Sonne. Der spezifisch menschliche *Umgang* mit der Welt der Sachen dagegen ist in der Tat immer gesellschaftlich vermittelt, was wohl auch mit der These der beiden Soziologen eigentlich gemeint ist.

Aus dem Gesagten folgt, dass das Verhältnis von personaler Beziehung und sachlicher Beziehung nicht das einer Diastase sein kann[38]. Das personale menschliche Leben ist auf das Vorhandensein von Dingen und sachlichen Zusammenhängen unausweichlich angewiesen. Der spezifisch menschliche Umgang damit besteht im Haben, Verfügen, Hantieren, strukturellen Denken. Dies alles gehört ebenso zum Menschsein wie die personale Beziehung. Dessen ungeachtet sind beide Gestalten streng voneinander zu unterscheiden und dürfen nicht miteinander verwechselt werden. Grundsätzlich darf, wie Kant gefordert hat, kein Mensch primär als Mittel oder als Sache behandelt werden[39], und eine Sache darf nicht den Platz einer Person einnehmen.

Freilich gibt es Übergänge und Überschneidungen. Sachen, an denen persönliche Erinnerungen haften, sind für mich etwas anderes als fremde Gegenstände. Auch zu Landschaften, in denen ich mich gerne aufhalte, habe ich eine persönliche Beziehung. Zwischen Menschen und Sachen stehen Lebewesen; zu höheren Tieren kann es ein quasi-persönliches Verhältnis geben, wenngleich zur vollen Personalität auf beiden Seiten Vernunft und Sprache gehören würden. Umgekehrt kann nicht einmal der Bezug zu anderen Menschen als solcher rein personal sein, sondern muss durch einen sachlichen ergänzt werden. Das geschieht z.B. in einer medizinischen Behandlung (sogar in der Psychotherapie, insofern es sich hier außer um eine Person immer auch um einen „Fall" handelt), ebenso in der Erziehung, etwa wenn die Eröffnung von Zukunftschancen geplant werden muss. Insbesondere aber ist ein Element der Sachlichkeit unumgänglich, wenn einer Mehrzahl von Menschen gegenüber Gerechtigkeit geübt werden soll, ange-

---

[37] PETER BERGER /THOMAS LUCKMANN, a.a.O. (Anm. 10), 51.

[38] Auch bei BUBER kann von einer Diastase keine Rede sein, sondern nur von einer einseitigen Überordnung der personalen über die sachliche Beziehung. Im Übrigen ist die sein Konzept fundierende Beziehung zur Transzendenz hier aus Gründen der eigenen Systematik unberücksichtigt geblieben.

[39] IMMANUEL KANT, *Grundlegung zur Metaphysik der Sitten*, Akad.-Ausg. Bd. 4, 428.

fangen von der Gestaltung des Familienlebens bis hin zur staatlichen Gesetzgebung. Je mehr Menschen Gegenstand der Betrachtung sind, desto spürbarer reduziert sich die Möglichkeit, jeder einzelnen Individualität gerecht zu werden. So werden sich z.B. unter dem Prinzip „Gleiche Leistung, gleicher Lohn" Härtefälle niemals ganz vermeiden lassen. Dennoch muss sich die Politik auf die standardisierbaren Bedürfnisse konzentrieren, die allen gemeinsam sind. Standardisierung ist eine unumgängliche Form von Versachlichung.

Am offensichtlichsten ist die Versachlichung zwischenmenschlicher Verhältnisse naturgemäß in der Anonymität der Gesellschaft, die nach sachlichen Gesichtspunkten der Funktionstüchtigkeit *institutionell* gegliedert ist. Der extreme Personalismus neigt dazu, Anonymität und damit gesellschaftliche Existenz schlechthin als „Man" oder als „Masse" zu diffamieren. Dahinter steht die in der Soziologie der deutschen Neuromantik beliebte Entgegensetzung von „Gesellschaft" und „Gemeinschaft". Nach Ferdinand Tönnies ist die Gemeinschaft der Gesellschaft deshalb überlegen, weil sie, im Unterschied zu der in dieser waltenden Sachgesetzlichkeit, aus dem „Wesenwillen" der an ihr Teilhabenden „organisch" gewachsen sei[40]. Das Wahrheitsmoment dieser Position besteht darin, dass die innere Einheit gesellschaftlicher Institutionen, die man mit Schleiermacher als ihren „Gemeingeist" bezeichnen kann[41], in der Tat ein vorrationales, organisches Bindemittel darstellt. Mit dessen Hilfe kann sich auf dem Grund der natürlichen Polaritäten und der gemeinsamen Orientierung an einer „Sache" ein Eigengewicht entwickeln, das es einer Institution ermöglicht, insbesondere in Gestalt einer Organisation als kollektives Subjekt mit einer *corporate identity* aufzutreten.

Jedoch ist kollektive Identität immer auch Gegenstand bewusster Gestaltung durch die sie konstituierende Interaktion der an ihr partizipierenden Individuen. Hinter dieser Einsicht der modernen Soziologie steht die westeuropäische Theorie des Gesellschaftsvertrages[42]. Deren Wahrheitsmoment besteht darin, dass ein Individuum niemals völlig in der Gesellschaft und ihren Institutionen aufgeht, sondern sie stets auch als gestaltendes Subjekt transzendiert. Freilich ist die Kehrseite dieser Theorie, dass sie das Eigengewicht der Institution ignoriert und damit die Illusion nährt, gesellschaftliche Vorgänge seien vollständig plan- und beherrschbar (vgl. den amerikanischen Begriff *social engineering*).

---

[40] FERDINAND TÖNNIES, Gemeinschaft und Gesellschaft. Grundbegriffe der reinen Soziologie (1887), 8. Aufl. 1935, 3. Nachdruck der Ausgabe 1963, Darmstadt 1972, 87f. Das Buch hat für den deutschen Nationalkonservatismus eine nicht zu überschätzende Rolle gespielt.
[41] F.D.E. SCHLEIERMACHER, z.B. *Ethik* 1812/13, in: Werke. Auswahl, Bd. 2, hg. v. O. Braun (241–420), 344 Anm.; DERS., *Bemerkungen zur Ethik* (1832, nach Schweizer), a.a.O. (627–672), 665.
[42] Vgl. JOHN LOCKE, *Two Treatises on Government* (1690), 3. Aufl. 1698; DAVID HUME, *Of the Original Contract* (1748), JEAN-JACQUES ROUSSEAU, *Du Contrat social* (1762), alles bequem erreichbar in englischer Fassung in dem Sammelband: Social Contract. Essays by Locke, Hume, and Rousseau, (The World's Classics 511), hg. v. E. Barker, 6. Aufl. London 1958.

Der gesellschaftlichen Wirklichkeit kann man nur dann gerecht werden, wenn man die Elemente der organischen Kohäsionskraft und der rationalen Gestaltung miteinander zu einer dialektischen Einheit verbindet: Der einzelne Mensch ist einerseits Glied der ihm vorgegebenen Gesellschaft und kann nicht umhin, sich ihrem Eigengewicht zu fügen; andererseits transzendiert er diese Bindung und vollzieht durch Interaktion mit anderen Veränderungen an ihrer Struktur, und seien diese im Einzelfall auch scheinbar ganz unbedeutend[43]. So dienen die in der Gesellschaft geltenden Konventionen und Gesetze einerseits der Entlastung des Individuums von einem Übermaß an Entscheidungen[44]; andererseits sind eben jene Gesetze prinzipiell immer auch Gegenstand seiner gestaltenden Einwirkung. Diese dialektische Struktur menschlicher Sozialität nennen wir (im Unterschied zu den empirisch vorfindlichen Institutionen) ihre *Institutionalität*[45].

Institutionen gliedern die Gesellschaft. Sie repräsentieren in Gestalt je eigener Regelsysteme unterschiedliche natürliche Bedürfnisse der Menschen und stellen dementsprechend verschiedene gesellschaftliche Anforderungen an die Einzelnen, denen diese durch Wahrnehmung einer je spezifischen Rolle entsprechen sollen[46] (z.B. als Staatsbürger, Wirtschaftende, schöpferisch kulturell Gestaltende). Die Mannigfaltigkeit und partielle gegenseitige Konkurrenz der Rollenanforderungen stellt den Menschen in verschiedene „Räume" und Traditionszusammenhänge hinein.

Die personale und sachliche Doppelbestimmung gesellschaftlichen Lebens betrifft auch das *Verhältnis des Menschen zu sich selbst*. Das führt uns auf die individuelle Identität zurück, die sich in persönlichen, gesellschaftlichen und sachlichen Beziehungen ausbildet. Sie hat in ihrer Bezogenheit auf Polarität den Charakter einer Dialektik von Teilhabe und Selbstunterscheidung. Ihre Entwicklung wird durch das Selbstbewusstsein vermittelt, durch das der Mensch in der Erkenntnis seiner Möglichkeiten und Grenzen und in der handelnden Selbstbestimmung sich zum Gegenstand seiner selbst macht. Er kann darüber hinaus, wie

---

[43] Vgl. dazu R. NIEBUHR, *The Self and the Dramas of History*, New York 1955, 163–182.

[44] Diesen Gesichtspunkt betont besonders ARNOLD GEHLEN, *Urmensch und Spätkultur. Philosophische Ergebnisse und Aussagen*, 5. Aufl. Wiesbaden 1986, 33–121. Freilich tut er das in gefährlich einseitiger Weise. Er ist zwar zu der Einsicht gekommen, dass der Nationalsozialismus die Integrität der Institution Deutsches Reich ruiniert habe (*Moral und Hypermoral. Eine pluralistische Ethik*, 5. Aufl. Wiesbaden 1986, 99); doch bringt er keinerlei Verständnis für die aufklärerische Institutionenkritik auf (vgl. 102), sondern verharrt bei der vordemokratischen These, „der jedermann zugängliche Weg zur Würde sei, sich von den Institutionen konsumieren zu lassen, mit einem Wort: Dienst und Pflicht" (160).

[45] Vgl. die in der Einleitung gegebenen Begriffsbestimmungen, S. 21f.165f. Zur Unterscheidung von Institution und Instutionalität vgl. ERNST WOLF, *Sozialethik. Theologische Grundfragen*, hg. v. Th. Strohm, Göttingen 1975, 174–179. Freilich meint Wolf, Institutionalität aus dem in Christus konstituierten Bund Gottes mit den Menschen begründen zu können.

[46] Vgl. dazu H. PLESSNER, *Soziale Rolle und menschliche Natur*, in: DERS., GS 10, Frankfurt a.M. 1985, 227–240, bes. 235.

vor allem Johann Gottlieb Fichte herausgearbeitet hat, auf einer zweiten Be-
wusstseinsstufe sich selbst als Selbstbewusstsein, als reflektierendes Subjekt
noch einmal zum Gegenstand machen. Fichte setzt dabei allerdings das „absolute Ich" (nicht das empirische) als das sich selbst Setzende voraus, das sich als Set-
zendes wiederum setzt[47]. Dieser Grundgedanke Fichtes, das transzendentale Ich
übe als das mit sich identische Vernunft-Ich über das empirische Ich eine beherrschende Funktion aus, ist uns problematisch geworden. Wir müssen deshalb seine Denkfigur dahingehend abwandeln, dass das Ich-überhaupt zwar die formale
Bedingung der Möglichkeit für das Selbstverhältnis des Menschen darstellt, aber
als solches selbst ein Gesetztes ist. Ausgangspunkt der Betrachtung ist deshalb
das einzelne empirische Ich. Auf keiner seiner beiden Bewusstseinsstufen erreicht
das Ich die völlige Herrschaft über sich selbst durch die Vernunft. Vielmehr kann
das Subjekt-Ich dem Objekt-Ich nicht entrinnen; es bleibt dasselbe Ich. Das Objekt-Ich kann sich sogar des Subjekt-Ich bemächtigen. Auf der unteren Bewusst-
seinsebene geschieht das durch das Unbewusste, wie Sigmund Freud gezeigt hat.
Auf der oberen Ebene, wo das reflektierende Ich zum Gegenstand des Subjekt-
Ich wird, ist es das noch nicht selbstkritisch reflektierende Ich, das sich der höheren Reflexionsstufe bemächtigen kann. Dabei handelt es sich um das Phänomen
der gesellschaftlichen „Seinsgebundenheit"[48], der Bindung an unbefragte Selbstverständlichkeiten und Vorurteile.

Das in sich reflektierte Sein des Menschen besteht nicht für sich, sondern es
geht in das Dasein des Menschen in der Welt ein. Die Art und Weise, in der das
geschieht, ist nun zu erheben durch eine Analyse der *Lebensäußerungen*, mit deren Hilfe der Mensch sich zu seiner Welt verhält[49]: Sprache, Gefühl, Denken und
Handeln.

Es ist nicht ganz einfach zu entscheiden, mit welcher dieser vier Lebensäußerungen wir beginnen sollen. Denn bereits vor jeder genaueren Analyse ist der unmittelbaren Beobachtung einsichtig, dass sie alle miteinander zusammenhängen
und voneinander abhängig sind. Sprache ist nicht ohne irgendeine Art von Denken vorstellbar, sie ist von Gefühlen begleitet, wird von Handlungen hervorgerufen und führt selbst wiederum zu Handlungen. Das Gefühl könnte man als die
elementarste, allen anderen zugrunde liegende Regung ansehen. Aber es erwacht
im Menschen erst durch im weitesten Sinn sprachliche und handelnde Zuwendung anderer Menschen. Das Denken scheint zumindest entwicklungspsycholo-

---

[47] JOHANN GOTTLIEB FICHTE, *Grundlegung der gesamten Wissenschaftslehre* (1794), GA
hg. v. R. Lauth u. H. Jacob Bd I/2, 255–264.362.
[48] Diesen Ausdruck benutzen wir in Anlehnung an KARL MANNHEIM, *Ideologie und Utopie*,
5. Aufl. Frankfurt a.M. 1969, 71.230, wo er allerdings ausschließlich im ideologiekritischen
Sinn verwendet wird.
[49] Das ist auch deshalb wichtig, weil später die Interpretation sowohl der Offenbarung Gottes als auch der so genannten Heilsmittel Wort und Sakrament auf die hier zu treffenden anthropologischen Bestimmungen zurückgreifen muss.

gisch den anderen Äußerungen nachgeordnet zu sein; doch wenn man es in einem weiten, Phantasiebildungen einbeziehenden Sinn versteht, fällt dieses Argument dahin. Sachlich kann man es, will man nicht Heinrich v. Kleists Essay „Über die allmähliche Verfertigung der Gedanken beim Reden"[50] geradezu als Beschreibung des Normalfalls ansehen, mit gutem Recht der Sprache und dem Handeln vorordnen. Das Handeln schließlich kann eine spontane, „unüberlegte" oder eine sorgfältig erwogene, eine „mechanische" oder eine gefühlsbetonte Äußerung sein. Allein auf Grund der Empirie lässt sich demnach keine Entscheidung treffen.

Wir haben diese relativ ausführliche Überlegung angestellt, weil die Wahl des Einsatzpunktes im Rahmen unserer Erörterung nicht gleichgültig ist. Sie wird nun aber durch den in der religionsphilosophischen Grundlegung erhobenen ontologischen Primat der Relation nahe gelegt. Begreift man, wie bereits angedeutet, die Sprache allgemein als expressive Zuwendung, so ist mit ihr einzusetzen. Dazu stimmt empirisch, dass kein Mensch ohne eine solche Zuwendung zu einem eigenständigen Subjekt von Lebensäußerungen wird. Auf der Ebene der religiösen Erfahrung werden wir uns dann mit der göttlichen Zuwendung als Ermöglichungsgrund aller menschlichen Lebensvollzüge beschäftigen.

Das Französische bietet die Möglichkeit, im Begriff der *Sprache* eine dreifache Unterscheidung vorzunehmen: *Parole* ist das gesprochene Wort, *langage* der Akt des Sprechens und *langue* die Sprachwelt (*la langue française*)[51]. Diese Differenzierungsmöglichkeit machen wir uns hier zunutze. In der ersten Bedeutung ist Sprache, insofern sie den Hörer auf etwas verweist und ihn so bei diesem Gegenstand und beim Sprechenden festhält, das *Mittel der Kommunikation* schlechthin. Dabei ist stets eine personale und eine sachliche Beziehung im Blick: Der Mensch spricht *zu* jemandem *über* etwas. Dieser Vorgang ist sowohl ein physisch-physikalischer als auch ein geistiger: Schallwellen überbrücken die räumliche Distanz, und zugleich stehen die Wörter und Sätze zu dem intendierten Sachverhalt in einem Verhältnis von abstrahierender Indirektheit (Worte greifen die Sache nicht, sondern verweisen auf sie) und Direktheit der Intention (die Sache ist gemeint). Durch die Art des Sprechens, auch durch den persönlichen Stil, übermittelt die Sprache zugleich das den Menschen bewegende Gefühl und seinen Willen, drückt dieser „sich" aus[52].

Spätestens an dieser Stelle wird klar, dass Sprache nicht nominalistisch auf das bloße begriffliche Mittel zu beschränken ist. Sie ist auch ein etwas bewirkender

---

[50] Vgl. Heinrich von Kleist, *Über die allmähliche Verfertigung der Gedanken beim Reden*, in: ders., GW hg. v. E. Laaths (Knaur Klassiker), München/Zürich o. J. (1952), 784–788.

[51] Vgl. dazu Georges Gusdorf, *La parole* (IniPh 3), 5. Aufl. Paris 1966, 1. Die Verwendung dieser Unterscheidung in der Sprachwissenschaft geht auf Ferdinand de Saussure zurück: *Cours de linguistique générale* (1916), krit. Ausg. hg. v. R. Engler, Wiesbaden 1967, 24–58.

[52] Vgl. H. Plessner, a.a.O. (Anm. 6), 398f, sowie Julius Stenzel, *Philosophie der Sprache* (HPh 4) (1934), Neudruck Darmstadt 1970, 16.

Akt. Dies ist eigentlich eine uralte Einsicht aus mythischer Zeit, als man der Sprache nicht nur die Funktion der Verweisung, sondern auch die des Bannens zuschrieb: Die Erzählung des Mythos vergegenwärtigt real das Berichtete. Ebenso ist an den ursprünglich magischen Sinn des heute so sachlich klingenden Wortes „besprechen" zu denken. Die antike Sicht ist durch die Sprechakttheorie von John L. Austin und John R. Searle für die Moderne wiederentdeckt worden[53]. Insbesondere wenn die personale Beziehung die Sachbeziehung überwiegt, bewirkt Sprache etwas, wird sie *performativ*: Im Befehl übe ich Macht aus, im Versprechen spreche ich mich selbst dem anderen zu und erwecke Vertrauen in meine verlässliche Identität. Ausdrücke wie „sich versagen", „etwas zu sagen haben" bezeichnen weitere Formen dieser Funktion von Sprache. Nicht zuletzt ist an dichterische Sprache zu denken, in der die Absicht unmittelbarer Kommunikation zurücktritt, dafür aber die „gültige" Form Ausdruck gestalterischer Kraft ist. Aber man kann auch ganz allgemein mit Heidegger sagen: Sprache (λόγος) (ver)sammelt (λέγει) das sprechende Ich, das angesprochene Du und die besprochene Sache[54]. Immer ist dabei Macht im Spiel – Macht nicht nur über Dinge, deren ich mich im Akt des Verweisens bemächtige, sondern auch über Menschen, auf die ich z.B. durch den Versuch zu überzeugen einwirke. Deshalb kann eine „herrschaftsfreie Diskussion" nicht einmal als erstrebenswerte Idealvorstellung gelten[55]. Reales Ziel einer sprachlich geführten Auseinandersetzung kann nur entweder die Überzeugung oder ein begrenzter und korrigierbarer Ausgleich der Interessen im Spiel der Machtpositionen sein.

Sprache steht schließlich in einem Kommunikations- und Traditionszusammenhang, in einer *Sprachwelt*, aus der sie schöpft und die sie wiederum bereichert, indem sie die Welt in der Situation des Sprechens auf neue Weise vergegenwärtigt[56]. Dabei kann die Konvention (Alltags- und technische Sprache) oder die Kreativität (Dichtung) überwiegen. In beiden Fällen vergegenwärtigt die Sprache die Lebenswelt, auf die sie sich bezieht, und stellt doch zugleich eine eigene Welt dar, die sich von der Lebenswelt unterscheidet. Insofern kann man mit Heidegger die Sprache als „Haus des Seins" bezeichnen[57]. Dieser Sachverhalt bedarf jedoch

---

[53] JOHN L. AUSTIN, *Zur Theorie der Sprechakte* (How to Do Things With Words, dt. v. E. v. Savigny), Frankfurt 1972; JOHN R. SEARLE, *Sprechakte. Ein sprachphilosophischer Essay*, (Speech Acts, dt. v. R. u. R. Wiggerhaus) Frankfurt 1971.

[54] Vgl. M. HEIDEGGER, *Einführung in die Metaphysik* (GA 40), Frankfurt 1983, 132f.

[55] Gegen JÜRGEN HABERMAS, *Erkenntnis und Interesse* (Theorie 2), Frankfurt 1968, 76. Allenfalls könnte man mit KARL OTTO APEL sagen, die Teilnehmer eines Diskurses seien um dessen Gelingens willen faktisch genötigt, die Prinzipien der idealen Kommunikationsgemeinschaft als von den Partnern anerkannt zu unterstellen; *Ist Ethik der idealen Kommunikationsgemeinschaft eine Utopie?* In: Utopieforschung. Interdisziplinäre Studien zur neuzeitlichen Utopie, hg. v. W. Vosskamp, Stuttgart 1982 (325–355), 343f.

[56] Vgl. P. BERGER / TH. LUCKMANN, a.a.O. (Anm. 10), 41.

[57] M. HEIDEGGER, *Über den Humanismus*, Frankfurt 1947, 9.42f.45; DERS., *Unterwegs zur Sprache*, 2. Aufl. Tübingen 1960, 166.267. Heidegger lässt allerdings das Sein im λόγος auf eine so unmittelbare Weise „anwesen", dass eine Unterscheidung zwischen diesem als dem „Versam-

der Differenzierung. Die Sprache verhält sich zur Lebenswelt auf je unterschiedliche Weise und bildet dadurch verschiedene Sprachwelten im Familiencode, schicht- und berufsspezifischer Sprache, in Nationalsprachen und Dialekten. Ferner lassen sich mit der analytischen Sprachphilosophie unterschiedliche „Sprachspiele" beschreiben, z.B. wissenschaftlicher Diskurs, moralischer Appell, Verwaltungsakt, Liebeserklärung, die je eigenen Regeln folgen und sich nicht ineinander überführen lassen[58]. Nimmt man beide Differenzierungen zusammen, so ergibt sich ein hoher Komplexitätsgrad sprachlicher Verständigung. Zwar bleibt Sprache immer auf einen überindividuellen Zusammenhang angewiesen, wie das Fehlen eines solchen im „Wortsalat" Schizophrener anzeigt. Doch ist die Differenzierung in verschiedene Sprachwelten immer nur partiell zu überbrücken, wie exemplarisch das Problem der Übersetzung in eine fremde Sprache zeigt.

In allen diesen Funktionen kann Sprache aufbauend oder zerstörend wirken. Ein Mensch kann einem anderen „sich versprechen" oder sich versagen; beides geschieht durch Sprache. Die Macht des Wortes richtet Menschen auf oder drückt sie nieder, das Wort befreit oder verbaut jeden Ausweg, schlägt in seinen Bann und begeistert für eine große Sache oder schneidet jede weitere Kommunikation ab. Wer spricht, kann die vorgefundene Sprachwelt individuell schöpferisch gestalten und weiterentwickeln oder in Slang und Fachjargon gedankenlos reproduzieren.

Die zweite spezifisch menschliche Lebensäußerung ist das *Gefühl.* Es ist eigentlich die elementarste Lebensäußerung. Doch wird es lebensgeschichtlich durch Sprache im weitesten Sinn, durch von Geist getragene Zuwendung, geweckt und entwickelt und bekommt dadurch seinen spezifisch menschlichen Charakter. Deshalb ist erst an dieser Stelle von ihm die Rede. Im Begriff des Gefühls sind die transzendentale und die empirische Ebene zu unterscheiden. Auf der ersten Ebene ist das Gefühl die unmittelbare Befindlichkeit des Menschen im Verhältnis zu sich selbst und zu anderen, die der konkreten Gestaltwerdung dieses Verhältnisses als Bedingung ihrer Möglichkeit vorausliegt. Als solches ist es –

---

meldnen" und dem Sein als dem „Versammelten", wie sie hier vorgeschlagen wird, überflüssig zu werden scheint.

[58] Ausgangspunkt sind hier Ludwig Wittgensteins *Philosophische Untersuchungen* in: ders., Schriften Bd. 1, Frankfurt 1960, 279–544; vgl. bes. 532.535, wo er die Abhängigkeit der Bedeutung eines Satzes von der Art seines Gebrauchs besonders präzise herausarbeitet. Jean-François Lyotard hat aus Anregungen Wittgensteins sowie rollentheoretischen und ideologiekritischen Elementen eine Theorie entwickelt, der gemäß z.B. Ankläger und Angeklagter so verschiedene Sprachspiele verfolgen, dass sie entgegen allen rechtstheoretischen Annahmen prinzipiell außerstande sind, eine Verständigung zu erreichen. Dennoch verpflichte die Sprache durch die von ihr geschaffene soziale Beziehung dazu, „das (unmögliche) Idiom" zu finden, das eine Verbindung herstellen könne. Lyotard hat mit dieser absichtlich absurden Überspitzung das Grundproblem menschlicher Verständigung unüberhörbar eingeschärft: *Der Widerstreit* (Le différend, dt. v. J. Vogl, Supplemente 6), 2. Aufl. München 1989, bes. 17–36.225–241; die zitierten Worte 237.

auch im Verhältnis des Menschen zu sich selbst – nicht ein Bleiben bei sich selbst, sondern die Struktur des sich selbst Transzendierens. Diese Ebene wird hier absichtlich nicht mit dem Begriff des Selbstbewusstseins bezeichnet, um nicht einem intellektualistischen Missverständnis den Boden zu bereiten. Außerdem ist diesem Begriff nicht anzusehen, dass das Mitsein des Menschen mit anderen bereits auf der transzendentalen Ebene angelegt ist und nicht erst sekundär zu seinem Selbstverhältnis hinzutritt[59].

Im Gefühl als elementarer Grundbefindlichkeit sind dann nicht nur die empirischen Gefühle (Emotionen), sondern alle ausdrücklichen Lebensäußerungen des Menschen, Sprechen, Denken und Handeln verwurzelt. Gefühle (Freude, Schmerz) sind etwas, das der Mensch mit dem Tier teilt, in ihrer Verbindung mit der Selbsttranszendenz dagegen etwas spezifisch Menschliches. Sie bewegen den Menschen im Innersten, bringen ihn aber auch auf intensive Weise zu anderen in Beziehung und wirken sich auf sie aus, wie man am ansteckenden Lachen oder an einer bedrückenden Atmosphäre unschwer erkennt. Dabei richten sie sich vor allem auf den Nahbereich der persönlichen Umgebung, wenngleich sie durch Phantasie, öffentliche Meinung oder Propaganda auch auf umfassendere Zusammenhänge bezogen werden können. In seinen Gefühlen ist der Mensch als Person sich selbst und anderen gegenüber ganz präsent. Gefühle begleiten alle anderen Lebensäußerungen: Sie sind beim Sprechen „der Ton, der die Musik macht", sie sind die Energie und das Interesse des Denkens im Aufgreifen von Einfällen oder im hartnäckigen Verfolgen eines Problems und die Kraft des Willens. Gefühle fungieren auf diese Weise als die elementaren Träger zwischenmenschlichen Verstehens, aber auch als die elementaren Grenzmarkierungen zwischen Menschen in unterschiedlichen Lebenssituationen.

Das Gefühl als Grundbefindlichkeit ist ambivalent. Es ist nicht nur Lebenskraft, sondern auch Leiden, das die Lebenskraft sowohl zermürben als auch stärken kann. Exemplarisch zu einer Widerspruchseinheit verbunden findet sich beides in dem empirischen Phänomen der Leidenschaft. Diese kann Menschen aufs Engste aneinander binden und Gemeinschaft stiften oder sie aufs Heftigste gegeneinander aufbringen und Gemeinschaft zerstören. Das Gefühl kann auch die Kraft verlieren, lebendige Emotionen hervorzubringen, so dass die Verrichtungen des täglichen Lebens nur noch mechanisch vollzogen werden. Diese Andeutungen zeigen, dass Wille und Vernunft nicht die alleinigen Steuerungskräfte des

---

[59] Fr. Schleiermacher meint mit Selbstbewusstsein etwas Vorreflexives und fügt deshalb die Näherbestimmung „unmittelbar" hinzu, *Der christliche Glaube*, a.a.O. (Anm. 7), § 3,2. Wenn er den so bestimmten Begriff für das Gefühl verwendet und damit ausdrücklich „bewußtlose Zustände" ausgeschlossen wissen will, so tut er dies, damit Gefühl nicht mit Emotion gleichgesetzt wird. Er muss dafür in Kauf nehmen, dass nicht nur die Verbindung zwischen diesen beiden Größen schwerer begreiflich wird, sondern vor allem, dass er die a priori gegebene soziale Bezogenheit menschlicher Existenz erst nachträglich in Form des „Gattungsbewusstseins" hinzufügen kann (§ 6,2), was eigentlich, wie der Gedankengang des § 6 zeigt, seiner Intention zuwiderläuft.

Menschen, sondern ihrerseits vom elementaren Lebensgefühl abhängig sind. Das ist gewiss keine neue Erkenntnis. Doch in philosophischen oder theologischen Debatten über die Autonomie des Menschen wird dieser Sachverhalt leicht vernachlässigt, was nicht nur dazu führt, dass sie bestehende oder mögliche Beeinträchtigungen der Verantwortungsfähigkeit unterschätzen, sondern auch, dass solche Debatten unter dem Schein gewahrter Rationalität zu hochemotionalen Auseinandersetzungen werden können.

Das *Denken* wird hier nicht in erkenntnistheoretischer Hinsicht bedacht, sondern als Lebensakt. Als solcher steht es zwischen Gefühl und Sprache, auch zwischen Gefühl und Wille bzw. Handeln. Es ist ein Akt der Konzentration und der Bemächtigung und zugleich ein Akt der Distanznahme. Diese psychologische Beschreibung korrespondiert genau der erkenntnistheoretischen Einsicht, dass sich das Denken intentional auf Gegenstände (einschließlich des denkenden Subjekts selbst) richtet, diese aber nur als erscheinende und nicht in ihrem An-sich-Sein erfassen kann. Das Denken erfüllt eine Ordnungs- und Orientierungsfunktion, indem es die begegnende Wirklichkeit sowohl analytisch in ihre Bestandteile zerlegt als auch diese wiederum synthetisch zu einem Ganzen zusammenfasst und von diesem Ganzen her zu verstehen sucht. Zu beidem bedarf es nicht nur der formalen Fähigkeit des logisch korrekten Vollzuges, sondern auch der Einbildungskraft, die etwas entdeckt, Einfälle hat, extrapoliert, eine intuitive Wesensschau wagt, bis hin zur künstlerischen Verdichtung in individueller und gültiger Gestalt. Diese Zweiseitigkeit lässt sich zurückführen auf die Spannung von sachlichem und personalem Zugang. Beide Sichtweisen sind notwendig, und zwar sowohl in Bezug auf Gegenstände als auch in Bezug auf Personen.

Quer zu dieser Einteilung lassen sich, wie bereits in anderem Zusammenhang bemerkt, verschiedene Typen von Rationalität unterscheiden: logisch-deduktive, hermeneutisch-geschichtliche, Geltung (ästhetische, ethische, religiöse) beurteilende praktisch-pragmatische Rationalität[60]. Alle diese Typen sind zum Verstehen der Wirklichkeit in ihrer Vielfalt notwendig; sie repräsentieren nicht nur verschiedene methodische Zugänge, sondern in eins damit auch verschiedene innere Einstellungen zur Wirklichkeit, die deren verschiedenen Aspekten entsprechen und sich darum ebenso wenig wie diese aufeinander reduzieren lassen; vielmehr ergänzen sie einander komplementär. Der reduktionistische Versuch, Rationalität auf deren erste Form zu beschränken, muss alles spezifisch Menschliche we-

---

[60] Vgl. dazu oben, 115–117. – Früher pflegte man im Anschluss an WILHELM DILTHEY, *Einleitung in die Geisteswissenschaften* (1883), GS 1, Stuttgart/Göttingen 1973, und HEINRICH RICKERT, *Kulturwissenschaft und Naturwissenschaft*, 6./7. Aufl., Tübingen 1926, Geistes- und Naturwissenschaften zu unterscheiden (oder idiographische und nomothetische Wissenschaften, nach WILHELM WINDELBAND, *Geschichte und Naturwissenschaft* [1894], in: DERS., Präludien. Aufsätze u. Reden zur Einführung in die Philosophie Bd. 2, 4. Aufl. Tübingen 1911, 136–160). Die heute differenzierter gewordene Sicht des Verhältnisses von Mensch und Natur hat zur Modifikation und Erweiterung jener älteren Nomenklatur geführt.

gen dessen weitgehender Unberechenbarkeit und Ambivalenz als Gegenstand strengen Denkens ausscheiden. Das führt zu so absurden Konsequenzen wie der, dass die Ethik kein sinnvoller Gegenstand der Philosophie sei[61]. Ein derartiger Reduktionismus – und ebenso alle anderen, die sich ausschließlich auf jeweils eine der anderen Formen der Rationalität stützen – versagt angesichts der Orientierungsaufgabe des Denkens ebenso wie eine Vernachlässigung logischer Stringenz.

Durch den *Willen*, d.h. durch Selbstbestimmung auf ein Ziel hin, wird aus bloßer Aktivität menschliches Handeln. Der Begriff des Ziels impliziert einen Widerstand, der auf dem Weg zu seiner Erreichung überwunden werden muss. Der Wille ist deshalb nicht nur die Leistung der Phantasie, sich einen angestrebten Zustand vorzustellen, auch nicht die bloße Absicht, sich mit einem Ziel zu beschäftigen, sondern zugleich die Kraft des Gefühls, auf dieses Ziel hinzuarbeiten. Dabei ist er nie mit sich allein, so sehr er nur die je eigene Energie seines Subjekts sein kann, sondern er ist durch sein Ziel notwendig auf andere Menschen und auf die Welt der Dinge bezogen. Dieser Bezug ist die Macht, durch Handeln – oder auch durch Unterlassen – einen Zustand zu erreichen oder zu erhalten.

Zum Willen gehört Selbstbehauptung und Selbstverwirklichung – das ist bereits biologisch in ihm angelegt und stellt die Voraussetzung jeglicher Handlungsfähigkeit dar. Der Selbstbehauptung muss die Selbstbeherrschung entsprechen; erst beides zusammen stellt die Macht des Willens dar, die eine als Handeln qualifizierte Aktivität allererst ermöglicht. Dennoch ist die Macht des Willens niemals als absolute Souveränität des einzelnen Subjekts zu beschreiben. Denn der Mensch ist für die Umsetzung seines Ziels in technischer Hinsicht den Sachgesetzen unterworfen, die in der Welt walten, er ist mit den moralischen Maßstäben der Gesellschaft konfrontiert, die Rechenschaft über sein Handeln verlangt, und nicht zuletzt unterliegt er eigenen unbewussten Prägungen. Er bedarf daher ständig der Aufklärung, um begründet entscheiden zu können, ob er sich vorgegebenen Maßstäben fügen oder verweigern will, sei es allein oder als Glied einer Willensgemeinschaft. Genauer: Da der Mensch sich immer als Glied verschiedener Kollektive innerhalb der Gesellschaft vorfindet, die ihre teilweise differierenden oder sogar miteinander konkurrierenden Rollenanforderungen an ihn richten, muss er sich ständig mit unterschiedlichen Handlungsmaßstäben auseinander setzen.

Die gesellschaftlichen Maßstäbe, denen der Wille begegnet, repräsentieren jeweils bestimmte Interessen. Der Mensch muss demnach in seiner Willensentscheidung seine eigenen zu den ihm begegnenden gesellschaftlichen Interessen in ein angemessenes Verhältnis setzen. Was „angemessen" bedeutet, kann aus keiner

---

[61] So ALFRED J. AYER, *Language, Truth, and Logic*, 2. Aufl 1946, Neudruck London 1971, 136–150. Im Zusammenhang ist zwar *science* statt *philosophy* benutzt, aber das läuft bei Ayer zu dieser Zeit auf eins hinaus.

noch so detaillierten Analyse des Willens abgeleitet werden. Auch aus der Art, in der die Lebensäußerungen des einzelnen Menschen miteinander verbunden sind, oder aus der Beschreibung seiner faktischen Eingebundenheit in gesellschaftliche Zusammenhänge lassen sich keine Folgerungen für die Angemessenheit seiner Willensentscheidungen ziehen. Klar ist nur, dass er sich dazu mit dem Denken und dem Gefühl verbinden muss und auch auf den sprachlichen Diskurs mit anderen Subjekten angewiesen ist. Die Ethik, die es mit diesem Problemzusammenhang zu tun hat, muss sich zwar auf die beschriebenen anthropologischen Sachverhalte beziehen, bedarf aber eines eigenen Begründungszusammenhanges.

d) Freiheit und Abhängigkeit

Mit der menschlichen Personalität, insbesondere mit dem zuletzt erörterten Phänomen des Willens, hängt aufs Engste das Bewusstsein begrenzter Freiheit zusammen. Menschliche Freiheit geht über die instinktgebundene Wahlfähigkeit des Tiers hinaus und bezeichnet die Fähigkeit, individuelle und soziale Zwecke zu setzen, seine Existenz auf einen Lebenszweck hin zu entwerfen und kollektive Selbstbestimmung zu verwirklichen. Diese Freiheit ist relativ, insofern der Mensch sich in seinem Verhältnis zu seiner Welt und zu anderen Menschen in einer Wechselwirkung befindet, wie wir in dem ontologischen Kapitel der religionsphilosophischen Grundlegung ausgeführt haben. Freiheit ist zwar kein empirisches Datum; feststellbar ist allenfalls die Unmöglichkeit, in bestimmten Fällen eine Determination durch anderes nachzuweisen. Doch als transzendentale Gegebenheit, als Grunderfahrung der Möglichkeit eigenständigen Lebens, wird Freiheit in der konkreten Selbst- und Welterfahrung – selbst von theoretischen Deterministen – notwendig vorausgesetzt.

Nun ergibt sich eine gewisse gedankliche Schwierigkeit daraus, dass die ontische Entsprechung von relativer Abhängigkeit und relativer Freiheit ontologisch auf eine Antinomie von Freiheit und Abhängigkeit zurückgeführt wurde, weil sich Grunderfahrungen nicht abstufen lassen. Dieses Verhältnis von ontischen Erfahrungen und ontologischen Strukturen wirft die Frage auf, ob es zwischen dieser Antinomie und jener Korrelation von Relativitäten einen einsichtigen Zusammenhang gibt. Anders ausgedrückt: Hat die behauptete Antinomie einen Anhalt in der konkreten Erfahrung?

Wir gehen vom neuzeitlichen Autonomiebewusstsein aus. Dieses Bewusstsein als solches ist keineswegs als sündiges Aufbegehren gegen Gott zu identifizieren, sondern stellt zunächst nur die entwickelte Form der einen Seite der natürlichen menschlichen Grunderfahrung dar, nämlich der Fähigkeit des Menschen, seinen Lebensplan ohne oder auch gegen ein in ihm angelegtes Instinktprogramm auf einen Zielpunkt außerhalb seiner hin zu entwerfen[62]. Wissenschaft und Technik

---

[62] Vgl. dazu H. PLESSNER, a.a.O. (Anm. 6), 383–385; M. HEIDEGGER, a.a.O. (Anm. 3), 142–

sowie grundlegende Veränderungen im politischen Bewusstsein haben erwiesen, dass viele vormals als unveränderlich geltende Zusammenhänge durch menschliche Eingriffe beherrschbar sind. Zweifellos wird der Mensch die Möglichkeiten, nicht nur sein eigenes Leben selbst zu bestimmen, sondern auch die Strukturen seiner Gesellschaft zu gestalten und die Natur zu bändigen, noch weiter steigern. Das rechtfertigt das Autonomiebewusstsein. Andererseits ist im letzten Jahrhundert auch das Bewusstsein unausweichlicher Abhängigkeit gewachsen. Erbanlagen, physikalisch-chemische Prozesse im eigenen Leib, die eigene Sozialisation und das von ihr geprägte Unbewusste, die äußeren natürlichen und gesellschaftlichen Bedingungen determinieren das menschliche Leben weit mehr, als es die vorangegangene, vom Optimismus der Aufklärung bestimmte Zeit sich vorstellte. Die Psychologie wird nicht müde darauf hinzuweisen, wie viel Lebensentscheidendes mit den ersten drei Lebensjahren unwiderruflich festgelegt ist. Es sind aber auch die eigenen Entscheidungen, die durch Ausschluss alternativer Möglichkeiten bestehende Spielräume einengen und die Abhängigkeit von der Irreversibilität des zeitlichen Daseins spüren lassen. Das Bewusstsein der Autonomie und das des Determiniertseins werden nicht nur als gegenseitige Einschränkung, sondern als Konflikt erfahren.

Dies ist kein spezifisch neuzeitliches, sondern ein allgemeines menschliches Phänomen. Ein Beispiel mag das verdeutlichen: Es ist zwar kulturell und emotional ein himmelweiter Unterschied, ob ein moderner Westeuropäer einerseits an die prinzipiell grenzenlose Herrschaft der menschlichen Vernunft über die Natur glaubt und sich andererseits genetisch und durch globale politische Zusammenhänge determiniert weiß, oder ob jemand in einer traditionalen Gesellschaft einerseits meint, sein Schicksal durch magische Praktiken beeinflussen zu können, obwohl er sich ihm andererseits auf Gedeih und Verderb ausgeliefert sieht. Beides scheint sich überhaupt nicht vergleichen zu lassen, weil die Denkhorizonte so unterschiedlich sind. Es ist dennoch beide Male strukturell der gleiche Konflikt zwischen Freiheit und Abhängigkeit. Es dürfte auch, im Gegensatz zum neuzeitlichen Axiom eines stetigen Fortschritts zu immer größerer Freiheit, keineswegs von vornherein ausgemacht sein, welche Seite in dem jeweiligen individuellen und kollektiven Selbstverständnis die Oberhand behalten hat bzw. behalten wird.

Das Autonomiebewusstsein steht nun nicht nur im Konflikt mit der Einsicht in die Determination menschlichen Lebens, sondern ist auch in sich selbst komplex. Jean-Paul Sartre hat das in seinem Drama *Die Fliegen* prägnant in der dessen Helden Orest in den Mund gelegten These zum Ausdruck gebracht, der Mensch sei zu seiner Freiheit verurteilt. Diese These besagt nicht, dass darin ein

---

148.191–196. Der Grundgedanke einer Kompensierung mangelnder Instinktdetermination geht auf JOHANN GOTTFRIED HERDER zurück, *Abhandlung über den Ursprung der Sprache* (1772), SW (Suphan) Bd. 7 (1–156), 22–34.

Zwang liege, sie soll lediglich die Antinomie von Freiheit und Abhängigkeit unter dem Vorzeichen eines radikalen Autonomieanspruchs ausdrücken. In einem spezifisch philosophischen Text erläutert Sartre den Sinn des Satzes folgendermaßen: Das Verurteiltsein zur Freiheit ist reine Kontingenz, denn es gründet in der Existenz der Freiheit selbst. Als existierende, „wählende" Freiheit entgeht sie dem Gegebensein. „Wenn man also Freiheit definiert als das Dem-Gegebenen-Entgehen, Dem-Faktum-Entgehen, so gibt es ein Faktum des Dem-Faktum-Entgehens. Das ist die Faktizität der Freiheit"[63]. Eine scharfsinnige Analyse. Doch entgeht sie nicht dem Einwand, es könnte sich auch um die „Faktizität" des Sich-am-eigenen-Schopf-aus-dem-Sumpf-Ziehens handeln. Die Verwundbarkeit an dieser Stelle dürfte der unumgängliche Preis für jede Bemühung sein, die Unentrinnbarkeit der Freiheit auf die Freiheit selbst zu reduzieren.

Lässt man dagegen die Abhängigkeit als ebenso zur Grunderfahrung des Menschseins gehörig gelten, so ist von Sartre zu lernen, dass die Freiheit gerade in ihrer potenziellen Grenzenlosigkeit das Schicksal des Menschen ist. Es genügt nicht, bloß ihre Einschränkung durch allerlei kontingente Faktoren festzustellen. Es ist die Freiheit selbst samt ihren Folgen, die der Mensch nicht loswerden kann; er ist von seiner Freiheit geradezu abhängig. Das klingt zwar widersinnig, denn Determination durch Schicksal ist der antinomische Gegenpol der Freiheit[64]. Doch bestätigt die Lebenserfahrung in jeder Situation, die zu weitreichenden und hinsichtlich ihrer Folgen schwer absehbaren Entscheidungen nötigt, die Entdeckung, dass die Antinomie in der Freiheit selbst auftritt und sie als unausweichliche Abhängigkeit erscheinen lässt.

Diese Erfahrung hat ihre Entsprechungen im sozialen Bereich. Politische Freiheit wird einerseits – und zwar keineswegs nur in westlichen Ländern – als unantastbares Verfassungsgut angesehen oder mit aller Macht angestrebt. Andererseits führt der Versuch ihrer uneingeschränkten Realisierung unweigerlich zum Sozialdarwinismus, zur Durchsetzung des Rechts des Stärkeren in Wirtschaft und Politik, und damit zur Etablierung eines hohen Maßes von Abhängigkeit. Für denjenigen, der Freiheit erlangt hat, ist überdies deutlich, dass er sie niemals rein als selbst gesetzte und erkämpfte, sondern immer zugleich als von anderen gewährte und eröffnete ansehen muss.

Umgekehrt hat die unausweichliche Abhängigkeit menschlichen Daseins ihre Kehrseite in der Freiheit. So wirken selbstgewählte Festlegungen nicht nur durch den Ausschluss von Alternativen determinierend, sondern können auch neue Spielräume eröffnen. Ebenso kann ein unabwendbares Schicksal als Herausfor-

---

[63] Jean-Paul Sartre, Die Fliegen (Les mouches, dt. v. G. Baerlocher), in: ders., Dramen, Stuttgart u.a. 1949 (4–86), 78: „Ich *bin* meine Freiheit!" (Hervorh. im Original); 80: „... ich bin dazu verurteilt, kein anderes Gesetz zu haben, als mein eigenes". Die Zitate im Text aus: ders., *Das Sein und das Nichts* (L'être et le néant, dt. v. H. Schöneberg u. T. König), GW in Einzelausgaben, Philos. Schriften Bd. 3, Hamburg 1993, 838 (Orig.: 556).

[64] Vgl. dazu Paul Tillich, *Systematische Theologie* Bd. 1, 2. Aufl. Stuttgart 1956, 214–218.

derung begriffen werden, ihm eigenständig handelnd und gestaltend oder zumindest in bewusster innerer Auseinandersetzung zu begegnen. Anders kann der
Mensch im Lebensvollzug mit schicksalhafter Abhängigkeit gar nicht umgehen,
wenn er überleben will. Es ist also nicht nur so, dass Freiheit sich als Schicksal erweist, sondern das Schicksal eröffnet auch Freiheit.

Auch hierzu findet sich eine soziale Entsprechung. Politische und soziale Abhängigkeit wird zwar meist primär als Fessel erfahren. Doch ebenso gut kann sie
– selbst in einer Diktatur – als Entlastung von der Notwendigkeit eigener Entscheidungen verstanden werden. Bei konservativen Soziologen wie Arnold Gehlen ist diese Seite der Sache geradezu der Kernpunkt der Institutionentheorie.
Dagegen kann man mit Recht einwenden, dass Institutionen den freien Umgang
der Menschen untereinander selbst in einer freiheitlichen Demokratie außerordentlich belasten und einengen können, wie die gesellschaftliche Erfahrung vielfältig belegt. Dennoch enthält das Entlastungsargument ein unbestreitbares
Wahrheitsmoment. Auch in anderen Lebenszusammenhängen, ganz besonders
im religiösen Kontext, gilt Abhängigkeit oft als höchst erstrebenswert. Selbst der
völlige Verlust der Freiheit in absoluter Autoritätshörigkeit kann paradoxerweise als befreiend empfunden werden.

Nun kann man allerdings vielfach Freiheit und Abhängigkeit auf verschiedene
Relationen verteilen, so dass der Mensch in der einen Hinsicht frei, in der anderen unfrei ist. So kann jemand im privaten Leben große Handlungsspielräume
haben und beruflich unter sehr einengenden Verhältnissen leben oder umgekehrt. Doch ist das keine Entschärfung des antinomischen Charakters von Freiheit und Abhängigkeit, da beides vom selben Subjekt erfahren wird. Offenkundiger ist die Antinomie, wenn man sieht, dass der Mensch sich im Verhältnis zu
sich selbst zu gleicher Zeit seiner Abhängigkeit von der determinierenden Kraft
seines eigenen früheren Handelns und der Unabhängigkeit seiner jetzt zu fassen-
den Beschlüsse bewusst sein kann.

Es ist natürlich richtig, dass es sich in all diesen Fällen weder um schlechthinnige Freiheit noch um schlechthinnige Abhängigkeit handelt, auch wenn es anders
empfunden werden mag. Die Behauptung einer schlechthinnigen Freiheit bedarf
kaum einer Widerlegung; schon der Gegensatz der Vielfalt der Möglichkeiten
und der begrenzten Realisierungschancen reicht aus, um ihre Unsinnigkeit zu erweisen. Auch definitive Abhängigkeiten sind nicht absolut, insofern sie Freiräume eröffnen, und seien diese auch noch so klein. Dennoch handelt es sich nicht
um ein schiedlich-friedliches Ergänzungsverhältnis von Freiheit und Abhängigkeit, sondern um einen Widerstreit. Es ist also in der Tat so, dass die Alltagser-
fahrung die ontologische Antinomie von Freiheit und Abhängigkeit widerspiegelt.

Das Problem der Freiheit hängt aufs Engste mit der *Identität* des Menschen zusammen, die bereits im vorigen Abschnitt als nur in der Relation mit anderen be-
stimmbar beschrieben wurde. Es scheint, als ob Freiheit und Eigenständigkeit

völlig gleichbedeutend wären. Nur wer in der Lage ist, seine Lebensführung selbst zu bestimmen, besitzt eine eigene Identität. Wer dagegen von anderen abhängig oder gar ihnen hörig ist, wird auch in seinem Wesen fremdgeprägt oder zumindest sehr schwankend sein. Doch ist diese Sicht zu einfach. Auch im psychologischen Sinn außerordentlich selbstständige Menschen sind stark von anderen Menschen und von ihrem gesellschaftlichen Umfeld geprägt, und umgekehrt hat noch der sklavischste Anhänger eines anderen Menschen oder eines modischen Trends etwas Eigenes, das seine individuelle Besonderheit ausmacht. Allerdings bedingt die Antinomie von Freiheit und Abhängigkeit eine letzte Ungewissheit bezüglich der eigenen Identität, und sei sie noch so gut verborgen. Wohl jeder Mensch hegt sie in irgendeiner Form. Das liegt genau daran, dass im Verhältnis von Freiheit und Abhängigkeit keine klaren Abgrenzungen des einen Pols vom anderen bestehen und auch kein abgewogenes Verhältnis zwischen beiden hergestellt werden kann, sondern eine unaufhebbare Spannung gegeben ist. Damit ist auch verständlich, warum der Mensch seine Identität stets neu erwerben muss und nie in die Lage kommt, in sich selbst zu ruhen.

Diese auch bei nach außen hin klar erkennbaren Konturen bleibende Ungewissheit und Offenheit für stets neue Gestaltung der Identität des einzelnen Menschen hat ihr Widerlager in der gleichfalls nie abgeschlossenen und klar identifizierbaren Relation zu anderen Menschen. Diese ist auch in den engsten persönlichen Beziehungen nie endgültig, sondern im Wechselspiel von Freiheit und Abhängigkeit stets neu zu gestalten. Konkret meldet sich hier die Frage nach der Möglichkeit und dem Sinn von Verlässlichkeit und Treue. Die Treue eines Menschen zu sich selbst kann von anderen durchaus auch als Untreue ihnen gegenüber verstanden werden, so wie auch Treue zu einem Menschen oft nur um den Preis der Untreue sich selbst oder anderen gegenüber erkauft werden kann. In dieser Kernfrage jeder menschlichen Gemeinschaft konzentriert sich wie in einem Brennspiegel die Ambivalenz sowohl der Freiheit als auch der mannigfachen Abhängigkeiten. Freiheit in Rückkoppelung an menschliche Bindung bleibt unerlässliche Voraussetzung für kreative Gestaltung von Gemeinschaft. Sie kann aber auch zur Gemeinschaft zerstörenden Kraft werden. Eine solche Wendung ist wiederum nicht in jedem Fall negativ zu werten; sie kann sogar notwendig sein, um einer ihrerseits zerstörerischen Abhängigkeit zu entrinnen. Denn menschliche Bindung kann sich aus dem Rückhalt, den jeder Mensch als Gemeinschaftswesen braucht, in tödliche Hörigkeit verwandeln. Die ethischen Konsequenzen etwa für die Frage der Ehescheidung sind hier nicht zu diskutieren. Festzuhalten ist an dieser Stelle nur, dass Freiheit und Abhängigkeit in menschlicher Gemeinschaft nur durch verlässliche Gestaltung der zwischen ihnen bestehenden Spannung seitens aller Beteiligten, nicht durch deren Aufhebung, in ein lebensfähiges Verhältnis zueinander gebracht werden können. Diese Aufgabe ist immer nur vorläufig und in prinzipiell revidierbarer Weise zu lösen.

e) Sein und Sollen

Freiheit ist nicht nur negativ auf Abhängigkeit bezogen als Versuch, sie zu überwinden, sondern als Zwecksetzung auch positiv zu bestimmen als Aussein auf etwas, als Gerichtetsein auf ein eigenständig zu erreichendes Ziel. Jedes Ziel ist inhaltlich bestimmt, insofern es auf das Verhältnis des Menschen zu sich selbst, zu anderen Menschen und auf die Welt der Dinge bezogen ist. Freiheit ist also in der Lebenswirklichkeit nie etwas rein Formales, etwa die abstrakte Fähigkeit zu allen möglichen Formen der Lebensgestaltung, sondern etwas, das überhaupt nur als Intendieren bestimmter Inhalte wirklich ist. Es wäre jedoch ein Fehler, aus dieser faktisch immer gegebenen inhaltlichen Füllung menschlicher Freiheitsvollzüge darauf zu schließen, dass diese in jedem Fall mit irgendeiner Form von Sollen, sei es mit einem durch technische Sachgesetzlichkeit bestimmten, sei es mit einem moralischen Imperativ, verknüpft seien. Freiheit stellt durchaus auch für sich genommen einen Aspekt des faktischen Seins des Menschen in der Welt dar. Sie gehört zur Seinserfahrung. Das zeigt sich insbesondere an solchen Handlungen, deren Zweck nicht jenseits ihrer, sondern in ihnen selbst liegt, etwa am Spiel oder in der künstlerischen Darstellung. Diese schöpferische Freiheit, die im Spiel in gewisser Weise auch dem Tier eignet, ist für den Menschen die Wurzel seiner gesamten Kultur geworden[65].

Freilich ist der Bereich solcher in diesem Sinn zweckfreien Handlungen im wirklichen Leben faktisch höchst begrenzt; das gilt selbst für Spiel und Kultur. Im Regelfall ist Freiheit auf Handlungen – oder Unterlassungen – bezogen, die auf jenseits ihrer selbst liegende Zwecke gerichtet sind. Wirklicher Freiheitsvollzug steht zudem immer in einem Lebenszusammenhang; er ist niemals ausschließlich ein Akt der Selbstbestimmung, sondern immer auch Reaktion auf vorgefundene Gegebenheiten oder auf ihr begegnende Ereignisse. Freiheit existiert also konkret als *herausgeforderte* Freiheit. Die Herausforderung kann von inneren Bedürfnissen und eigenen Zielsetzungen, von den Erfordernissen des Zusammenlebens mit anderen oder von bestimmten Sachzusammenhängen ausgehen (wozu z.B. auch die in Regeln ausgedrückte Sachlogik eines Spiels und die physischen Gegebenheiten eines künstlerisch zu gestaltenden Materials gehören). Meistens treten alle drei Faktoren kombiniert auf. Aus dem Gesagten folgt, dass der Mensch seine Zwecke niemals rein selbstbestimmt setzt, sondern dass stets Elemente von Fremdbestimmung im Spiel sind. Von einem konkreten Freiheitsmoment ist dann zu sprechen, wenn die Fremdbestimmung nicht dominiert, sondern vom Handlungssubjekt in seine Selbstbestimmung integriert wird. Die Herausforderung der Freiheit, ob sie nun eher vom Subjekt selbst oder von außerhalb seiner ausgeht, bezeichnen wir als *Sollenserfahrung*. Freiheit ist gegenüber dieser Erfahrung dasjenige, das die Differenz zwischen Sein und Sollen ei-

---

[65] Vgl. dazu JOHAN HUIZINGA, *Homo ludens. Vom Ursprung der Kultur im Spiel* (1938), dt. v. H. Nachrod (rowohlts deutsche enzyklopädie 21), 102.–109.Tsd. Hamburg 1981.

nerseits zu schließen versucht, andererseits aber auch offenhält, insofern jeder einzelne Handlungsvollzug weitere Herausforderungen nach sich zieht.

Gegen das Verständnis der Freiheit als herausgefordert kann nicht eingewandt werden, dass es Menschen gibt, die solche Herausforderungen nicht wahrnehmen. Sollten sie auf Grund einer schweren geistigen Behinderung nicht in der Lage sein, sittliche oder auch nur technische Imperative als solche wahrzunehmen, wird man nicht von Freiheit sprechen können. Sollten sie derartige Imperative „überhören", so ist entweder gerade dies eine freie Reaktion, oder die Freiheit erweist sich darin als durch Abhängigkeiten blockiert.

Eine ganz andere Frage ist die nach dem Recht der Herausforderung, der *Gültigkeit* des Sollens. Offensichtlich ist die Gültigkeit einer Forderung nicht schon damit gegeben, dass sie erhoben wird. Ebenso wenig ergibt sie sich „von selbst" aus der Gegebenheit einer bestimmten Situation. Von einem gültigen Sollen kann nur gesprochen werden, wenn die in ihm gesetzten, auf die Situation bezogenen, aber nicht aus ihr ableitbaren Zwecke mit guten Gründen anerkannt sind. Das ist bereits bei technischen Imperativen so – ich soll diese Schraube anziehen, *damit* das Rad fest sitzt – und erst recht bei den für den gegenwärtigen Zusammenhang viel wichtigeren moralischen Imperativen, deren Gültigkeit oft sehr viel schwerer plausibel zu machen ist. Solche Eigenständigkeit der Sollenserfahrung gegenüber der Seinserfahrung gilt keineswegs bloß für Ausnahmefälle, etwa im Blick auf die moralische Abstumpfung so genannter gewissenloser Menschen. Sie erweist sich vielmehr an den inhaltlich differenten moralischen Entscheidungen, mit denen verschiedene Menschen mit empfindsamem Gewissen auf dieselbe Situation reagieren, als evident.

Nicht zu allen Zeiten hat man gemeint, die Sollenserfahrung so scharf von der Seinserfahrung unterscheiden und als ihr gegenüber eigenständig beschreiben zu müssen. So hat die Hochscholastik geradezu den Grundsatz aufgestellt, dass „bonum … et ens convertuntur", und gemeint, auf diese Weise nicht nur aristotelische Metaphysik und biblische Schöpfungslehre („Und Gott sah, dass es gut war") miteinander verknüpfen, sondern eben damit auch eine Begründung der Ethik liefern zu können. In dieser theologisch fundierten Gleichsetzung des Seins mit dem Guten steckt jedoch ein Problem. Zunächst einmal wird nicht hinreichend deutlich, dass die Wertung des Seienden als „gut" ein Glaubensurteil und kein rational zu begründender Satz ist. Sodann stellt sich die radikalere Frage, ob man nicht in der Konsequenz jede Wirklichkeit, einfach insofern sie gegeben und also seiend ist, auch „gut" nennen müsste[66]. Damit ist die intendierte Begründung eines Sollens in einem Sein als solche problematisch geworden. Sie ist frei-

---

[66] Das Zitat bei Thomas von Aquin, *Summa theologiae* I-II q.18 a.1 resp. u.ö. Die problematische Konsequenz versucht Thomas dadurch zu vermeiden, dass er das *malum* als bloße *privatio boni* (STh I q.14 a.10 resp. u.ö.) und diese wiederum als Mangel an Sein versteht (I q.48 a.2 ad 1; a.3 ad 1+2), der in der göttlichen Vorsehung eingeschlossen sei und darum zur Weltordnung gehöre (I q.22 a.2 ad 2).

lich in traditionalen Gesellschaften (in der vorneuzeitlichen abendländischen ebenso wie in gegenwärtig existierenden, von Säkularisierungsprozessen unberührten) durchaus plausibel. Denn dort sind die soziale Struktur und das Ensemble sozialer Pflichten mit solcher Selbstverständlichkeit aufeinander bezogen, dass der Gedanke, es könne sich um zwei verschiedene Erfahrungsweisen handeln, gar nicht aufkommt. Deren Unterscheidung resultiert im abendländisch-christlichen Kulturkreis aus dem Zusammenbruch des mittelalterlichen Autoritätsverständnisses: Die Reformation bestritt der römischen Kirche den Rang einer einheitlichen und unfehlbaren moralischen Instanz, und im Gefolge der Aufklärung wuchs daraufhin die Einsicht, dass auch gesellschaftliche Strukturen wandelbar und kritikbedürftig sind. Damit ist klar, dass zu einer gegebenen Zeit geltende soziale Normen, nicht automatisch Geltung beanspruchen können[67].

Die Unabweisbarkeit einer strengen Unterscheidung von Seins- und Sollenserfahrung ist zuerst von David Hume erkannt worden; die neuere Ethik bezeichnet den Schluss vom Sein auf ein Sollen generell als *naturalistic fallacy*[68]. So ergibt sich die Forderung, einem Gestürzten auf die Beine zu helfen, nicht auf dem Wege einer logischen Folgerung aus der Wahrnehmung der Situation. Dass ich so handle, setzt voraus, dass ich die Grunderfahrung des Sollens auf die Seinserfahrung *beziehe*. Dafür gilt allgemein, dass die Sollenserfahrung der Identität, der Treue zu sich selbst der Seinserfahrung der Individualität entspricht; die Sollenserfahrung des Daseins für andere bezieht sich auf die Seinserfahrung des Daseins mit anderen, und die Sollenserfahrung der Sorge für die Welt gehört zur Seinserfahrung des Daseins in der Welt[69]. Erst auf Grund der Bereitschaft zu solcher Korrelation ist es möglich, Seinserfahrungen als Aufruf, als Provokation von Sollenserfahrung zu verstehen. Damit das Vernehmen eines solchen Aufrufs in konkretes Handeln umgesetzt werden kann, bedarf es sodann – zwar nicht in dem genannten Beispiel, aber in den meisten Fällen – eines Prozesses der Vermittlung zwischen den zur Wahl stehenden Handlungsoptionen und den subjektiven und objektiven Parametern der gegebenen Situation. Denn die Vielzahl der Rollen, die jeder Mensch auszufüllen hat, stellt ihn zumeist vor mehrere Imperative, zwischen denen er sich entscheiden oder die er zumindest koordinieren muss.

Die Fortsetzung dieses Gedankengangs gehört in die Ethik. Er musste bis zu diesem Punkt im Zusammenhang der Glaubenslehre vorgeführt werden, weil die Ansprechbarkeit auf ein Sollen, das *Gewissen*, ganz allgemein gefasst, zum Da-

---

[67] Diese Einsicht wird sich in andere Kulturen hinein nicht ohne weiteres vermitteln lassen. Da ethischen Imperativen ursprünglich eine unbedingte Verbindlichkeit und insofern ein Bezug zur Transzendenz anhaftet, wird hier eine Grenze auch für die interreligiöse Verständigung erkennbar.

[68] David Hume, *A Treatise of Human Nature* (1739/40), hg. v. L.A. Selby-Bigge, 2.Aufl. bearb. v. P.H. Nidditch, Oxford (1978), 1985, 455–476; zur naturalistic fallacy vgl. George Edward Moore, *Principia ethica*, Cambridge 1903, 38. Näheres in meiner *Ethik in evangelischer Perspektive*, Göttingen 1992, 220–224.

[69] Ausführlicher dazu meine *Ethik*, a.a.O., 227–234.

sein des Menschen gehört, wenngleich die darin enthaltenen inhaltlichen Bestimmungen im einzelnen Fall sehr verschieden sein können. Das Sollen als solches, also abgesehen von seiner konkreten Vermittlung durch die bestimmte geschichtliche Situation, ist eine Grunderfahrung, die sich *erstens* auf alle Bereiche bezieht, in denen menschliche Freiheit am Werk ist. Freiheit kann darum erst in ihrer Relation zu einem Sollen ganz verstanden werden. *Zweitens* eignet der Gewissenserfahrung unbedingte Verbindlichkeit. Wir werden diesen Aspekt in dem späteren Abschnitt 2 e zu dem Glauben an die Bestimmung des Menschen durch die Schöpfung Gottes Beziehung zu setzen haben. An dieser Stelle ist jedoch schon hervorzuheben, dass die Unbedingtheit des Gewissens nur für seinen allgemeinen Inhalt gilt, nämlich für die genannten Grundforderungen, dass ich mir selbst treu sein, für andere da sein, für die Lebenswelt Sorge tragen soll; hinsichtlich der konkreten Inhalte im Einzelnen muss stets mit der Möglichkeit des Irrtums gerechnet werden. In den Grundforderungen übergreift die Gewissenserfahrung die jeweils in einer Gesellschaft geltenden Moralauffassungen und damit das Moralische überhaupt; sie erweist sich als wesenhaft transmoralisch[70]. In ihr steht das Menschsein als solches auf dem Spiel. Darin liegt, auch abgesehen von einer religiösen Deutung, der Grund für ihre Unbedingtheit, und damit ist auch vollends erklärt, weshalb das Phänomen des Gewissens in der Glaubenslehre behandelt werden musste.

Die Erfahrung, unter einer unbedingten Forderung zu stehen, entnimmt nicht nur ihr Material der Seinserfahrung des Menschen, sondern wirkt sich auch in ihr aus. Das lässt sich empirisch etwa an psychischen Deformationen zeigen, die sich daraus ergeben, dass jemand durch eine bestimmte, von ihm für unbedingt verbindlich gehaltene Forderung überfordert fühlt. Aber auch im „Normalfall" ist die seinsmäßige Befindlichkeit des Menschen – im Zusammenspiel mit vielfältigen anderen Faktoren des Umfeldes – von dieser Unbedingtheitserfahrung mitgeprägt. Die herkömmliche Bezeichnung für diesen Sachverhalt ist der *Charakter* (hier ohne sittliche Wertung zu verstehen).

Dies ist die eine Seite des Bestimmtseins der Seinserfahrung durch die Gewissenserfahrung. Die andere Seite hat mit der Differenz zwischen Sein und Sollen zu tun, welche die Gewissenserfahrung konstituiert. Das Sein wird unter dem Eindruck des Sollens als defizient oder zumindest als offen für eine andere, bisher nicht erreichte Gestalt erfahren, und zwar noch ganz abgesehen davon, ob diese Differenz als Schuld zu beurteilen ist oder nicht. Der Unterschied zwischen dieser Differenz und der entwicklungspsychologischen zwischen einem erreichten Reifezustand und der noch ausstehenden nächsten Phase besteht darin, dass das Sollen frontal einen Druck ausübt (auch dann, wenn es überwiegend selbstbestimmt ist), während die Entwicklung einem Schub folgt. Beide Male handelt

---

[70] Diese Bezeichnung stammt von P. TILLICH, *Das religiöse Fundament moralischen Handelns* (1963), GW 3 (13–106), 66–70.

es sich um den Zwiespalt von schon erreichter und doch noch ausstehender Identität des Selbst. Aber das eine Mal ist das Ausstehende etwas im Entwicklungsprogramm bereits Angelegtes und insofern jedenfalls potenziell bereits Mitgegebenes, das andere Mal enthält es potenziell die Bedrohung durch mögliches Nichtsein, d.h. durch Nichtidentität.

Aus diesen Überlegungen scheint sich zwingend die Schlussfolgerung zu ergeben, dass die Kluft zwischen dem Sein und dem Sollen durch den Menschen als Willenssubjekt selbst, und zwar allein durch ihn, geschlossen werden muss. Dieses Verständnis ist in der Tat von der Gewissenserfahrung gefordert. Ebenso klar ist aber, dass der Mensch als bedingtes Wesen eine unbedingte Forderung nicht erfüllen kann, denn Unbedingtheit bedeutet, dass die Forderung in ganzer Intensität zu erfüllen und zugleich universal, also auf alle Menschen und Gegenstände, zu denen der Mensch in Kontakt steht, zu beziehen ist. Es braucht nicht viel Phantasie, um zu erkennen, dass hier ein unauflösbarer Widerspruch lauert, zumal wenn man die Komplexität des Beziehungsgefüges mit seinen einander überschneidenden Rollenanforderungen hinzunimmt, in dem sich jeder Mensch befindet. Es ist zwar unmittelbar einleuchtend, dass hier noch nicht von Schuld gesprochen werden kann. Denn die Spannung zwischen Endlichkeit und Unendlichkeit, um die es im gegenwärtigen Zusammenhang allein geht, ist eine mit dem Sein des Menschen selbst gegebene, die ihm nicht angelastet werden kann, weil er sich nicht selbst geschaffen hat. Aber es ist bereits abzusehen, dass hier ein Faktor ins Spiel kommt, der die Frage nach der Schuld des Menschen ungeheuer komplizieren wird. Davon wird im zweiten Kapitel dieses Hauptstücks, das die Existenz des Menschen unter dem Gesichtswinkel von Geschöpflichkeit und Sünde zu behandeln hat, zu reden sein. An dieser Stelle muss es genügen, auf einen weiteren Aspekt der Zwiespältigkeit hingewiesen zu haben, die der natürlichen Selbst- und Welterfahrung des Menschen nach der Seite der Seinserfahrung eignet.

f) *Leben und Tod*

Die Spannung zwischen Endlichkeit und Unendlichkeit, zwischen Ausgriff der Selbsttranszendenz und Begrenztheit der Reichweite, zwischen Ausrichtung auf die Zukunft und Beschränktheit der zur Verfügung stehenden Zeit betrifft das Leben nicht nur in seinen einzelnen Momenten und Abschnitten, sondern als Ganzes und endet erst mit dem Tod. Genauer: das Leben selbst ist eine begrenzte Frist, so dass man auch sagen kann: die Endlichkeit des Lebens steht mitten zwischen der unendlichen Selbsttranszendenz des Menschen und der Vernichtung seiner Endlichkeit bzw. seinem Nichtsein. In diesem Sinn ist das Leben, wie Martin Heidegger sagt, ein Sein zum Tode[71]. Der Tod schneidet Lebensmöglichkeiten ab, die

---

[71] M. Heidegger, a.a.O. (Anm. 3), 235–267.

der Lebensentwurf des verstorbenen Menschen noch offen gelassen hatte. Seine Identität bleibt definitiv Fragment. Seine Zeit ist abgelaufen, als irreversibel erwiesen. Der Fragmentcharakter des Lebens hat aber nicht nur einen quantitativen Sinn. Mit dem Tod endet auch die spezifische Qualität des Lebens. Die Spannung von Freiraum und festem Ort, von Zeitverlauf und Augenblick fällt in sich zusammen, ebenso diejenige von Freiheit und Abhängigkeit, von Sein und Sollen. Damit bekommt das Fragment zugleich eine Abgeschlossenheit, die es erlaubt, zu diesem Leben in die Distanz zusammenfassender Objektivierung zu treten.

Daran, dass der Tod den Abbruch der eigenen *Identität* bezeichnet, wird deutlich, dass der Mensch unvertretbar je seinen Tod sterben muss, ebenso wie er unvertretbar je sein Leben zu führen hat. Dieser Satz bedarf freilich der Interpretation. Er wird heute oft so verstanden, dass der Mensch, wie im Leben, so auch im Sterben autonom sich selbst bestimmen könne und folglich das Recht habe, den Zeitpunkt seines Todes generell selbst zu bestimmen, auch durch Suizid oder durch die Aufforderung zu aktiver Sterbehilfe. Auf der Basis dieser Auffassung ist kürzlich in einigen Industriestaaten wie den Niederlanden und Australien – mit juristischen Kautelen, die vor Missbrauch schützen sollen – ein solches Recht gesetzlich festgeschrieben worden. So verständlich diese Sicht angesichts unerträglichen Leidens ist, so verkennt sie doch die Spannung von Freiheit und Abhängigkeit, Handlungsfähigkeit und Leiden bis hin zum Zwang, die in allen menschlichen Lebensvollzügen und selbst noch im Sterben präsent ist. Es ist zwar richtig, dass es nicht nur die Polarität von Lebenswille und Sterbenmüssen, sondern im extremen Leiden an sich selbst und an der Welt auch die Spannung von Lebenmüssen und Todessehnsucht gibt. Ein solcher Zustand zeigt aber gerade, dass die Auslegung der *conditio humana* als der einer völlig autonomen Selbstbestimmung auf einer Illusion beruht. Es ist ja gerade der unausweichliche Leidensdruck, der den Todeswunsch hervorruft. Am deutlichsten wird das beim Suizid, der gerade nicht ein „Freitod", sondern meistens im pathologischen Sinn des Wortes eine Zwangshandlung ist, sei es durch den Todesdrang einer Depression, sei es durch äußere Bedingungen verursacht, die einen Menschen in eine aussichtslose Lage treiben, oder durch beides zugleich. Es kann deshalb nicht darum gehen, die „autonome" Beendigung des eigenen Lebens zu unterstützen, sondern zu eigenständiger Lebensführung zu verhelfen – und ggf. zu der Möglichkeit, den eigenen Tod so schmerzfrei wie möglich zu erleiden.

Es bedarf eigentlich gar nicht solcher Extrembeispiele, um zu zeigen, dass die Grundforderung einer unvertretbaren, je eigenen Identität nicht gleichbedeutend mit autonomer Verfügungsgewalt über das eigene Leben ist. So vieles im Einzelnen und im Großen gestaltbar ist, das Leben selbst kann nur als gegebenes gelebt werden, ganz abgesehen von einer möglichen religiösen Deutung dieser primär passiven Konstitution. Selbst der Entschluss, seinem Leben eigenmächtig ein Ende zu setzen, erspart es dem Menschen nicht, seinen Tod *erleiden* zu müssen.

Der Primat der Passivität, des Empfangens, ist auch daran zu erkennen, dass der Tod nicht nur am Ende des Lebens steht, auch nicht nur am Ende eines voraussehbar letalen Krankheitsprozesses oder am Ende eines raschen Kausalablaufs infolge einer plötzlichen Einwirkung von außen. Das Leben selbst ist vielmehr in jedem Moment ein Sein zum Tode, insofern es zu keiner Zeit nur Entfaltung, sondern immer auch Vergehen, Sterben ist. Biologische Prozesse lassen die Organe allmählich verschleißen; auch Transplantationen können das Leben nicht beliebig verlängern. Wachstum und Entfaltung selbst engen durch jede getroffene Entscheidung den zur Verfügung stehenden Spielraum weiter ein; und Wagnisbereitschaft bei der Lebensplanung und geistige Leistungsfähigkeit nehmen oft lange vor dem bevorstehenden Ende stetig ab. So siegt allem Anschein nach die Unumkehrbarkeit der Zeit über den freien Raum[72].

Bisher haben wir Leben und Tod im Blick auf den fragmentarischen Charakter der menschlichen Identität betrachtet. Damit befinden wir uns insofern noch ganz an der Oberfläche, als Sinn und Wesen menschlicher Identität erst in der *Beziehung* zu anderen ans Licht treten. Das gilt ebenso vom Tod. Wie wichtig dieser Gesichtspunkt ist, lässt sich daran ablesen, dass jeder Verlust einer menschlichen Beziehung als ein partieller innerer Tod empfunden wird. Vollends evident wird dieser Zusammenhang an der Vereinsamung im Alter oder überhaupt an sozialer Isolierung, die man mit Recht geradezu als sozialen Tod bezeichnet. Ein drastisches Beispiel ist das bekannte, makabre Experiment des Stauferkaisers Friedrichs II., eine Anzahl Neugeborener mit allem für ihre physischen Bedürfnisse Nötigen zu versorgen, ihnen aber jegliche soziale Kommunikation zu versagen, um auf diese Weise die Ursprache der Menschheit zu erkunden; die Kinder sind alle innerhalb kurzer Zeit gestorben[73]. Man kann das geradezu als empirischen Beweis für die Richtigkeit der These vom Primat der Relation vor der Substanz ansehen: Menschliches Dasein ist zuerst und vor allem ein Sein in Beziehung.

Eberhard Jüngel hat in diesem Zusammenhang die These aufgestellt, der Tod sei gleichbedeutend mit Verhältnislosigkeit[74]. Zutreffend daran ist die Betonung der sozialen Dimension, die bei der Interpretation des Todes leicht übersehen wird, auch dann, wenn man ihre Bedeutung für das Leben durchaus erkannt hat. Dennoch ist Jüngels These dann nicht akzeptabel, wenn sie eine *Definition* des Todes enthalten soll. In diesem Fall ist sie nicht radikal genug, insofern sie die Ich-Du-Relation im Sinne der Dialogphilosophie verabsolutiert und infolgedessen die Eigenständigkeit des Ich vernachlässigt. Tod ist nicht allein Abbruch der Beziehungen, in denen das einzelne menschliche Leben steht, sondern in eins damit auch der Abschluss der Identität des Menschen bzw. deren Reduktion zum Fragment. Nicht nur das eine, sondern auch das andere wird im Aufhören sämt-

---

[72] Vgl. dazu oben, S. 296.

[73] Vgl. WALTER J. SCHRAML, Einführung in die moderne Entwicklungspsychologie für Pädagogen und Sozialpädagogen, Stuttgart 1972, 80f.

[74] EBERHARD JÜNGEL, *Tod* (ThTh 8), Stuttgart u.a. 1971, 99f.139.146.171.

licher physischen und geistigen Integrationsleistungen einerseits, in der Entrücktheit des Blicks und der Reaktionslosigkeit auf den Versuch einer Kontaktaufnahme andererseits manifest.

Jüngels These geht wiederum zu weit, insofern sie die Kontinuität der Beziehungen von Seiten anderer Menschen mit ausschließt[75]. Es gehört zu den Besonderheiten des menschlichen Umgangs mit der Zeit und in diesem Sinn auch mit den personalen Beziehungen, dass der Tote in der Erinnerung der ihm Nahestehenden oder überhaupt von seinem Leben Berührten fortlebt. Das hat man zu allen Zeiten so gesehen, ursprünglich durchweg innerhalb eines religiösen Zusammenhangs. So lebte im alten Israel der Mensch in seinen Kindern und damit zugleich in der kollektiven Individualität des Volkes fort[76]; mit fortschreitender Individualisierung konnte dann die Vorstellung von der Auferstehung der Toten Eingang finden (Ez 37,1–14). Viele Religionen betreiben Totenkult und rechnen mit der Gegenwart der Ahnen entweder generell oder zu bestimmten rituell herausgehobenen Zeiten. Wieder andere Religionen haben die Vorstellung von einer Wiedergeburt in einem späteren – wiederum sozialen – Leben ausgebildet. Auch in säkularen Gesellschaften geht die Funktion der Erinnerung als Ermöglichung einer den Tod übergreifenden Kontinuität nicht verloren. Im Einzelfall denkt man an das Fortleben des Menschen in seinem Lebenswerk, im Großen an einen die Generationen verbindenden *Traditionszusammenhang*. Dies ist der – einstmals sakral begründete – Ursprung des menschlichen Interesses an der Geschichte.

Tradition bedient sich der durch den Tod ermöglichten Objektivierung des beendeten Lebens des Einzelnen oder der abgetretenen Generation, um dieses als Ganzheit zu vergegenwärtigen und so eine Brücke über den Tod hinweg zu schlagen. Allerdings vermag sie nicht, auf diese Weise den Tod außer Kraft zu setzen. Die Toten leben ja nicht in der leib-seelischen Einheit unmittelbarer Gegenwärtigkeit weiter, sondern allein im Bewusstsein und in der Lebenspraxis der Überlebenden bzw. der Nachgeborenen späterer Zeitalter. Dennoch sind alle jene Vorstellungen von einer fortdauernden Präsenz der Verstorbenen für das Verständnis menschlichen Lebens wichtig. Reflektiertes Selbstverständnis und reflektierte

---

[75] Auch eine Kontinuität der Beziehung von Seiten Gottes wird bei Jüngel nicht erkennbar. Vielmehr erwächst nach seiner Deutung daraus, dass Gott am Kreuz Jesu am Schmerz des Todes partizipiert *und dessen Verhältnislosigkeit erleidet*, „mitten aus der Verhältnislosigkeit des Todes ein *neues Verhältnis* Gottes zum Menschen" (meine Hervorh.). Gott offenbare sich hier „als ein den endlichen Menschen unendlich liebendes Wesen". Aber J. beschreibt die Liebe Gottes nicht als sich durchhaltende, den Tod im Erleiden des Schmerzes überwindende Treue zum Menschen, sondern: „… wo alles verhältnislos geworden ist, schafft nur die Liebe neue Verhältnisse" (139). Die Liebe wird also offenbar, dem relationalen Sinn dieses Begriffs zuwider, zu einer Eigenschaft Gottes gemacht, um eine völlige Neuschöpfung des Menschen aussagen zu können, von der wiederum nicht einsichtig ist, inwiefern sie tatsächlich wie behauptet diesen endlichen Menschen betreffen soll. So bleibt es bei einer dogmatischen Konstruktion.

[76] Vgl. dazu oben, Religionsphilosophische Grundlegung, 251.

Lebenspraxis kann es nur im Horizont kritischer Anknüpfung an Traditionen und geschichtliche Zusammenhänge geben. Ob und ggf. wie dies auf die Frage nach letzter Lebensgewissheit des Menschen zu beziehen ist, kann als spezifisch religiöse Frage an dieser Stelle noch nicht erörtert werden.

Die Funktion der Tradition als Überbrückung der Todesgrenze zwischen den Generationen ist freilich ambivalent. Tradition kann entweder zum sterilen Traditionalismus erstarren und alles weitere geschichtliche Leben ersticken oder aber als lebendiger Prozess solches Leben neu eröffnen. In diesem Fall geben die Alten durch ihr Abtreten im Tod neues Leben frei, weil auf diese Weise die zunehmende Dominanz ihrer bewahrenden Funktion daran gehindert wird, zur Stagnation zu führen. Das ist der spezifisch menschliche Sonderfall des allgemeinen biologischen Gesetzes, nach dem das Absterben alten Lebens die Bedingung für anderes, neues Leben ist. Die in der Erinnerung nicht nur fingierte, sondern real wirksame Gegenwart vergangener Menschengeschlechter wird so zum geschichtlich produktiven Faktor, sofern dabei stets die zu einer nicht wiederholbaren und mit erkennbar gewordenen Fehlentwicklungen behafteten Zeit erforderliche Distanz gewahrt bleibt.

Trotz der beschriebenen Brücken vom Tod zu neuem Leben und trotz seiner Funktion als Bedingung neuen Lebens kann nichts darüber hinwegtäuschen, dass er für das jeweils betroffene Leben selbst das unwiderrufliche Ende bedeutet. In dieser Perspektive ist der Trost, den Erinnerung und Geschichtsbewusstsein zu spenden vermögen, allenfalls begrenzt. Sie können weder den Schmerz des Fragmentarischen aufheben noch die Angst vor dem eigenen Sterben mildern. Dieser Schmerz und diese Angst sind für den modernen Menschen vollends unausweichlich geworden, nachdem ihm mythologische Vorstellungen und religiöse oder metaphysische Überzeugungen von einem Sieg des Lebens über den Tod weitgehend abhanden gekommen sind. Das geistesgeschichtliche Signal für diese Entwicklung sind in Deutschland Ludwig Feuerbachs *Gedanken über Tod und Unsterblichkeit* gewesen. Dieser hatte den Versuch unternommen, den Tod in die hegelsche Geistesphilosophie zu integrieren: Er sei die aus dem Geist, der Freiheit entspringende Entzweiung, die jedoch das Wesen des Menschen, d.h. die Menschheit, unversehrt lasse. Deshalb sei der Glaube an die Unsterblichkeit „der Glaube an die Unendlichkeit des Geistes und die unvergängliche Jugend der Menschheit"; deren Existenz sei „ein von der Existenz der Individuen überhaupt unabhängiges Dasein"[77]. Doch hat dieser Glaube an die Menschheit sich seither als untauglicher Ersatz für den Gottesglauben erwiesen. Deshalb wurde die Integration des Todes ins Leben immer mehr zum unlösbaren Problem. Das äußert sich heute konkret entweder darin, dass man ihn verdrängt, die Sterbenden in die

[77] Ludwig Feuerbach, *Gedanken über Tod und Unsterblichkeit. Aus den Papieren eines Denkers, nebst einem Anhang theologisch-satyrischer Xenien, hg. von einem seiner Freunde* (1830), in: SW 11, hg. v. W. Bolin u. F. Jodl, 2. Aufl. Stuttgart 1962 (69–324), 198.201.227 (hier das Zitat).

Krankenhäuser abschiebt, als Arzt wie als Patient unter den Druck unbewusster Allmachtsphantasien der modernen Medizin gerät. Oder das *Carpe diem* des Horaz[78] gewinnt in indifferentistischer Umprägung seiner ursprünglich epikureisch und stoisch geprägten Gelassenheit neue Aktualität, in den reichen Ländern nicht selten gepaart mit einem Anspruchsdenken und einer Erlebnisorientierung[79], die alle tieferen Fragen von vornherein ausschließen. Mit schwindenden Zukunftsperspektiven schlägt die Heiterkeit solcher Einstellung freilich oft in eine Bitterkeit um, welche diese moderne Indifferenz als hohl entlarvt, ohne doch deren Nichtigkeit etwas anderes als unproduktiven Zynismus entgegensetzen zu können.

Diese eigenartige Stimmungslage gegenwärtiger westlicher Zivilisation ist zu unterscheiden von dem für sie mitursächlichen Nihilismus, der im Gefolge der nachhegelschen Religionskritik und verschärft im Zusammenhang mit den Krisen des 20. Jahrhunderts aufgetreten ist. Der Nihilismus ist, wenngleich in der Weise heroischer Negation, immer noch von der Frage nach einem letzten Grund bewegt. Wenn man allerdings die moderne Verdrängung als zum Scheitern verurteilte Negation des eigenen Nichtseins versteht, die das Wissen um ihr Scheitern implizit enthält, kann man sie als eine Art von verkapptem Nihilismus ansprechen. Wenn dieser ausdrücklich gemacht worden ist, kann er sprachfähig werden für die Grundfragen menschlicher Existenz, die durch beharrliches Verschweigen nicht aufhören virulent zu sein[80].

g) Die Frage nach Gott

Wie es scheint, gibt es nicht viele Menschen, die angesichts akuter Bedrohung ihres Daseins oder in Erschließungssituationen ihres Lebens die Grundfragen menschlicher Existenz konsequent ins Nichts hinein offen zu halten vermögen. Unendliche Offenheit des Raumes und Fixiertsein auf den eigenen Lebensort, die unerbittliche Irreversibilität der Zeit, die Fesseln menschlicher Beziehungen ebenso wie ihr Verlust, die verwirrende Vielfalt der vor einem liegenden Optionen ebenso wie die unerträgliche Einschränkung der Möglichkeiten, der Kon-

---

[78] Quintus Horatius Flaccus, *Carmina* I 11,8: „carpe diem, quam minimum credula postero" („Schenke dem kommenden Tag nimmer Vertrau'n, koste den Augenblick"). Der Zusammenhang enthält den Rat, nicht nach dem Zeitpunkt des Endes zu fragen. Zitiert nach: Sämtliche Werke, Lat.-dt., Lizenzausg. Wiss. Buchgesellschaft, Darmstadt 1985, 24f. Text u. Übers. nach Kayser, Nordenflycht und Burger hg. v. H. Färber.

[79] Vgl. das bereits in der Situationsbeschreibung zu Beginn der Einleitung zitierte Buch von Gerhard Schulze, *Die Erlebnisgesellschaft. Kultursoziologie der Gegenwart*, 5. Aufl. Frankfurt a.M./New York 1995.

[80] Zu den Formen der Bewältigung des Todesproblems durch Bilder, Grabmäler und Riten in der abendländischen Kultur vgl. das eindrucksvolle Buch von Philippe Ariès, *Bilder zur Geschichte des Todes* (Images de l'homme devant la mort, dt. v. H.-H. Henschen), Münster/Wien 1984.

flikt unterschiedlichster Anforderungen, all das macht die Frage nach einem tragenden Grund des Lebens unausweichlich, längst bevor die letzte Bedrohung durch den Tod am Horizont auftaucht. Sicherlich zielt diese Frage häufig nicht – oder zumindest nicht explizit – auf Gott, sondern allgemeiner auf einen Sinn des Schicksals und einen Zweck des Lebens. Dennoch hat sie trotz des häufig gegenteiligen Anscheins einen durchaus religiösen Gehalt, auch wenn die Antworten heute vielfach außerhalb des Christentums gesucht werden. Jedenfalls hat sich die Prognose, die Dietrich Bonhoeffer in der Haft gemacht hatte und die seither viel diskutiert worden ist, dass wir einem nichtreligiösen Zeitalter entgegengingen[81], offensichtlich nicht bewahrheitet. So unterschiedliche Indikatoren unserer Gegenwartskultur wie die schöne Literatur und der Esoterikmarkt bezeugen das. Es verhält sich also keineswegs so, dass die Antwort des christlichen Glaubens sich auf eine Frage bezöge, die kaum noch jemand stellt.

Dennoch bedarf das Thema dieses Abschnitts in zweifacher Hinsicht einer Begründung. *Zum einen* wird die Frage nach etwas Letztem, Unbedingtem, Transzendentem hier als Frage nach Gott bezeichnet, obwohl eine solche Identifikation von vielen, die sie stellen, ausdrücklich abgelehnt wird. Wenn hier dennoch der Gottesbegriff eingeführt wird, so soll nicht inklusivistisch anderen etwas unterstellt werden, was sie nicht intendieren. Vielmehr geschieht das im vollen Bewusstsein der Tatsache, dass damit in gewisser Weise die Antwort vorweggenommen wird. Das kann im Bereich des Religiösen nicht anders sein. Da der letzte Grund etwas vom Menschen nicht zu Erfassendes ist, kann die Frage immer erst von der Antwort her in ihrem eigentlichen Sinn begriffen werden – von einer Antwort her, die sich der Mensch grundsätzlich nicht selbst geben kann und die deshalb auch kein Mensch aus eigener Machtvollkommenheit einem anderen zu erteilen befugt ist. Diese Qualifikation der Antwort als in strengem Sinn von außen kommend, als offenbart, gilt nicht nur unter spezifisch christlichen Voraussetzungen: Der Begriff der Offenbarung wird im Bereich der Glaubenslehre ganz ebenso wie in der religionsphilosophischen Grundlegung als allgemein religiöser Begriff gebraucht. Das beschriebene Verhältnis von Frage und Antwort schließt daher *generell* die Möglichkeit ein, dass die Frage von der Antwort her als einer so nicht erwartbaren korrigiert werden muss. Insofern ist es berechtigt, selbst bei Menschen, die von Religion überhaupt nicht berührt erscheinen, in der Unbändigkeit ihres Erlebnishungers und dem ihr genau entsprechenden Zwang zur Verdrängung des Todes die ihnen selbst nicht bewusste religiöse Frage zu entdecken.

Der *zweite* Aspekt betrifft, noch grundsätzlicher, den Begriff der Frage selbst. Wie bereits ausgeführt, haben wir es ja keineswegs bloß mit Fragen, sondern im-

---

[81] DIETRICH BONHOEFFER, *Widerstand und Ergebung. Briefe und Aufzeichnungen aus der Haft*, hg. v. E. Bethge, 7. Aufl. München 1956, 215–221.239–242. In Bonhoeffers Terminologie handelt es sich um die „mündige Welt", die ohne Gottesbezug auskommt.

mer schon mit Antworten zu tun, und zwar mit solchen Antworten, die in einem Konkurrenzverhältnis zueinander stehen. Das soll hier keinesfalls ignoriert werden. Die Frage-Antwort-Korrelation, die Paul Tillichs Systematischer Theologie zugrunde liegt, bedarf insofern der Modifikation. Die verschiedenen Antworten können auch nicht sekundär zu Fragen ernannt werden; vielmehr ist ihr Anspruch, Antworten zu sein, ernst zu nehmen. Allerdings beziehen sich alle diese Antworten auf Fragen zurück, die tatsächlich gestellt worden sind; andernfalls wären sie keine Antworten. Überdies liegt in der Intention der Frage selbst immer schon eine Ahnung von der möglichen Antwort. Indessen kann jede Frage nach einem letzten Grund prinzipiell sowohl eine bejahende oder eine verneinende Antwort bekommen; sie kann diesen nicht selbst hervorbringen. Man muss also jederzeit damit rechnen, dass die Antwort anders ausfällt als erwartet. Stellt man jedoch die ganze Komplexität dieses Zusammenhangs in Rechnung, ist der Gebrauch des Begriffs der Frage an dieser Stelle durchaus sinnvoll.

Es kann jetzt noch nicht um die christliche Antwort auf die Grundfrage und ihr Verhältnis zu den mit ihr konkurrierenden Antworten anderer Religionen oder des Unglaubens gehen, sondern allein darum, jene Frage selbst richtig zu verstehen. Sie muss hier in größtmöglicher Allgemeinheit gestellt werden, indem sie auf die bisher geschilderten menschlichen Grunderfahrungen bezogen wird. Es ist freilich unvermeidlich, dass die konkrete Gestalt dieser Frage das Gewand der gegenwärtigen Situation der westlichen Gesellschaft trägt – niemand kann seiner Prägung durch einen bestimmten Kulturkreis entrinnen. Doch ist der Kern der Frage tatsächlich etwas allgemein Menschliches, weil sie in allen ihren unterschiedlichen Formen allemal aus der Grunderfahrung des Menschseins hervorgeht.

Die Frage, die sich aus der spannungsvollen dialektischen Verfasstheit menschlichen Lebens ergibt, zielt nicht nur ganz allgemein auf irgendeinen Halt, etwa auf einen archimedischen Punkt, von dem aus die Welt sich in Ruhe betrachten oder bewegen ließe. Sie ist komplexer. Sie richtet sich sowohl über die „Weltoffenheit" (Max Scheler) hinaus auf etwas, für das die Welt als ganze wiederum offen ist, als auch auf die Eindeutigkeit des Grundes für den bestimmten Ort und den bestimmten Augenblick der eigenen Existenz. Sie intendiert das Zusammenfallen von Gemeinschaft und Eigenstand, die Auflösung des Bedrängenden in Vertrautheit und die Verwandlung von kosmischer Leere und menschlicher Bedeutungslosigkeit in Lebensmöglichkeit. Sie erhofft die Entsprechung von Ursprung und Ziel in gegenwärtiger Gewissheit, von Bewegung und Ruhe, von Freiheit und Abhängigkeit, Sein und Sollen. Und in alledem geht es um das Verlangen nach Aufhebung des Todes in Leben. Selbst die Todessehnsucht wird man im Tiefsten als Sehnsucht nach Aufgehobensein in einem wie auch immer vorgestellten anderen Dasein verstehen dürfen.

Mit diesen Formulierungen ist bereits angedeutet, dass der intendierte Grund von der Welt kategorial verschieden sein muss. Weltoffenheit ist, wie Günter

Dux mit Recht betont hat, eine empirische, nicht eine metaphysische Relation (was freilich nicht dazu berechtigt, Gottoffenheit als Missverständnis von Weltoffenheit wegzuerklären, wie Dux es tut)[82]. Es ist daher nicht richtig, mit Wolfhart Pannenberg zu behaupten, dass Weltoffenheit die Gottoffenheit immer schon impliziere, so dass der Mensch mit seinem *extra-se*-Sein im Sinne der Bezogenheit auf andere das *extra-se*-Sein im Sinne des Transzendenzbezuges und damit faktisch „die göttliche Wirklichkeit mitbejaht" habe[83]. Eine derartige undialektische Verlängerung der Weltoffenheit in die Transzendenz ist deshalb unzureichend, weil darin der Grund der Welt als schlichtes Analogon zu weltlichen Gründen vorgestellt und darum nicht wirklich als letzter Grund gedacht ist. Der gleiche Einwand ist auch gegen die Vorstellung eines in zeitlicher Zukunft erwarteten „Gottes von vorn" in der politischen Theologie von Johann Baptist Metz und Jürgen Moltmann zu erheben, oder auch gegen die Anschauung eines Gottes der „Ordnung", vom scholastischen *ordo*-Gedanken bis zur neulutherischen Konzeption einer Schöpfungsordnung. In diesen beiden Fällen erweist sich die Fassung des Gedankens der Gottoffenheit darin als bloße Verlängerung der Weltoffenheit, dass sie gesellschaftliche Ordnungsvorstellungen oder Wünsche in Gott hineinprojiziert.

Die Frage nach einem letzten Grund des Seins richtet sich nicht auf eine Erweiterung der Seinswelt, sondern auf ein „Ganz Anderes", das gerade als solches die Welt nicht nur umgreift, sondern zugleich bis ins Innerste durchdringt. Es soll ihre Spannungen und Polaritäten zugleich begründen und in sich aufheben, bis hin zu dem schlechthin unvermittelbaren Fundamentalgegensatz von Leben und Tod, von Sein und Nichtsein. Bereits in diesem Charakter der Frage steckt übrigens sowohl das berechtigte Motiv des ontologischen Gottesbeweises als auch der Hinweis auf die Unmöglichkeit seiner Durchführung.

Die Frage nach Gott richtet sich also auf eine Sinngebung, welche die endliche Welt nicht einfach (wie Teile heutiger kirchlicher Frömmigkeit) ungebrochen als solche bejaht und dann bei der ersten negativen Erfahrung in sich zusammenbricht, sondern das in Tod und Vergehen präsente Nichtsein einschließt. Wie kann das gedacht werden? Eine Möglichkeit, die in der Geistesgeschichte immer wieder ergriffen worden ist, besteht darin, nach der Funktion zu fragen, die ein mich betreffendes Negatives für mich hat. Aber das lässt sich nicht auf mein Nichtsein selbst, meinen Tod, anwenden. Auch allgemeine Theorien, die das Nichtsein für das Sein, den Tod für das Leben funktionalisieren, helfen hier nicht weiter. Zwar trifft es für die Evolution zu, dass das Aussterben der einen Art Lebensmöglichkeiten für die andere eröffnet. Doch bleibt die Frage offen, weshalb die neue Art ein höheres Lebensrecht haben soll als die alte. Tiefer ist der Gedan-

---

[82] G. Dux, *Die Logik der Weltbilder. Sinnstrukturen im Wandel der Geschichte* (stw 370), Frankfurt 1982, 147–151. 182–186 und bes. 201–203.

[83] Wolfhart Pannenberg, *Anthropologie in theologischer Perspektive*, Göttingen 1983, 66.

ke Hegels, die Macht des Negativen, Zerstörerischen, die jede geschichtliche Gestaltung als ihren Gegensatz aus sich heraussetzt, sei dasjenige, das die geschichtliche Entwicklung vorantreibt. Diese These leuchtet jedoch nur dann ein, wenn
bereits vorausgesetzt ist, dass das Vernünftige sich in der Geschichte notwendig
realisiert. Zu dieser Annahme sieht man sich aber dann gerade nicht in der Lage,
wenn man sich genötigt sieht, jene Grundfrage in elementarer Weise auf die eigene Existenz zu beziehen. Letztlich muss ich also auch im Rahmen von Hegels
System von dem Negativen, das mich selbst betrifft, absehen. Insofern es die Negation zu seiner bloßen – und sei es zentralen – Funktion macht, erledigt es ihre
Bedrohlichkeit durch Einklammerung, nicht durch Überwindung.

Natürlich ist auch eine solche Formulierung der Sinnfrage, die von dem eigenen Betroffensein von der Widersprüchlichkeit der Selbst- und Welterfahrung
und der das eigene Selbst bedrohenden Aussicht auf das Zunichtewerden im Tod
ausgeht, nicht gegen den Verdacht gefeit, dieses Ende überspielen oder gar den
ersehnten transzendenten Grund des Seins aus der Sehnsucht selbst heraus her-
beiphantasieren zu wollen. Gegen einen solchen Verdacht gibt es keinen argumentativen Schutz, obwohl er seinerseits durch das ebenso unerweisliche Vorurteil belastet ist, dass es einen transzendenten Grund nicht geben könne. Doch
lässt sich für die in der Sinnfrage liegende Erwartung immerhin anführen: Der
Fall, dass sich in dem Zusammenhang von Frage und Antwort die Ahnung einer
Wirklichkeit meldet, die ihrerseits diesen Zusammenhang hervorbringt, ist ohne
die Produktivität von Wunschvorstellungen ebenso denkbar wie jene negative
Antwort. Darin läge dann ein durch den Fragenden selbst nicht herzustellender
Vorausverweis auf eine Antwort, die er lediglich empfangen, nicht aber ableiten
oder selbst antizipieren kann. Welche von den beiden Charakterisierungen die
Antwort auf die Grundfrage trifft, lässt sich nur aus der (intersubjektiv kommu-
nizierbaren, aber nicht übertragbaren) Erfahrung heraus entscheiden. Im Folgenden ist von der Antwort im religiösen Sinn zu sprechen, das heißt so, wie sie
sich der religiösen Erfahrung darstellt, die sich selbst als „von außen" hervorgerufen versteht.

2. Gott und Mensch

Die Erfahrung Gottes ist anderer Art als die Lebenserfahrung, die das Dasein in
der Welt zum Inhalt hat, und erst recht anderer Art als die objektiv überprüfbare
Empirie. Sie kommt andererseits, wie wir im Anschluss an Schleiermacher in den
Prolegomena festgestellt hatten[84], nicht rein für sich, sondern selbst in ihrer
überwältigendsten Gestalt immer nur zusammen mit Selbst- und Welterfahrung
vor. Sie ist das, was diese Erfahrung durchsichtig macht für die Erschließung ei-

---

[84] S.o., Einleitung A I, 28.

nes transzendenten Grundes und in diesem Sinn, mit Eberhard Jüngels Ausdruck, „Erfahrung mit der Erfahrung"[85] bzw. religiöse Erfahrung. Sie bezieht sich auf eine „vertikale Dimension", die zu aller Welterfahrung gewissermaßen quer steht. Indem sie „gemacht" wird, erweist sie sich als etwas alle Erfahrung begründend Begleitendes, aber als weder mit ihr identisch noch aus ihr ableitbar. Vielmehr versteht der Mensch sie als durch Selbsterschließung des Transzendenten, durch *Offenbarung*, gesetzt. Dieser ihr Ursprung verbietet es, religiöse Erfahrung für nachweisbar zu halten; das lässt sich allenfalls von ihren Reflexen in der Selbst- und Welterfahrung sagen. Doch sind diese wiederum nur *als* Welterfahrung nachweisbar, nicht *als* Reflexe des Transzendenten. Das ist streng zu beachten, wenn die religiöse Erfahrung im Folgenden als Antwort auf die in den Phänomenen der Selbst- und Welterfahrung implizierte Frage nach Gott und somit als Ermöglichungsgrund alles Redens von Gott behandelt wird.

Wenn die religiöse Erfahrung die grundlegende Antwort vermitteln soll, muss sie *einerseits* als schlechthin kontingent bezeichnet werden. Dies hat in neuerer Zeit besonders die Dialektische Theologie herausgearbeitet. Sie wollte damit zugleich die gänzliche Unableitbarkeit und Unverfügbarkeit der Selbsterschließung der Transzendenz, ihrer Offenbarung, zum Ausdruck bringen. Für sich genommen ist diese Interpretation jedoch unzulänglich. Denn sie identifiziert die Gottesbegegnung ontologisch mit einer ereignishaft hereinbrechenden Offenbarung und provoziert damit das Missverständnis, göttliche Offenbarung müsse einen totalen Abbruch jeglicher biographischen und geschichtlichen Kontinuität hervorrufen[86]. Das berechtigte Interesse dieser theologischen Richtung, Gott als den „Ganz Anderen" zu verstehen, ist erst dann gewahrt, wenn man *andererseits* Offenbarung auch als Enthüllung der bereits in der Frage nach einem letzten Grund immer schon implizierten, wenn auch vom Fragenden ohne sie nicht wahrnehmbaren Antwort beschreibt und so auf die Kontinuität der Gegenwart Gottes bezieht. Setzt man freilich diese zweite Seite der Sache für sich allein, so reduziert man die Offenbarung auf eine einfache Entsprechung zur menschlichen Erwartung und nivelliert sie damit in den Horizont der immer schon bekannten Welt hinein. Die beiden Betrachtungsweisen sind nicht aufeinander reduzierbar, sondern müssen komplementär aufeinander bezogen werden. So weisen sie auf den letzten Grund als ein Drittes, nicht Definierbares hin, das dem Begreifen entzogen bleibt.

Die Antwort auf die im letzten Unterabschnitt des vorigen Abschnitts (1 g) formulierte Grundfrage ist nun im Folgenden in ihren einzelnen Elementen zu entfalten. Im Rahmen der Schöpfungslehre kann es sich dabei nur um eine solche Gestalt der Antwort handeln, die in einem weiten Sinn religiös und noch nicht

---

[85] E. Jüngel, *Unterwegs zur Sache. Theologische Bemerkungen* (BevTh 61), München 1972, 8.
[86] Zum geschichtlichen Hintergrund dieser Auffassung vgl. Religionsphilosophische Grundlegung S. 232.

spezifisch christlich ist. Nur wenn geklärt ist, auf welche Weise Menschen allgemein religiös (explizit oder implizit) mit der Frage nach dem letzten Grund umgehen, lässt sich verständlich machen, wie sich das Kommen Christi auf die natürliche menschliche Erfahrung bezieht.

a) Innewohnen Gottes und Gottferne

Religiöse Erfahrung ist innere Erfahrung. Sie wird vom einzelnen Menschen gemacht. So gewiss sie in allen Religionen durch Mitteilung oder durch gemeinsamen Vollzug des Kultes zur gemeinsamen Erfahrung werden kann, ist sie doch primär das die Lebensführung des einzelnen Menschen Bestimmende. Diesem Charakter der religiösen Erfahrung scheint es zu widersprechen, wenn die Metaphern von Ort und Raum, insbesondere der Himmel als Wohnung Gottes, in vielen Religionen eine dominierende Rolle spielen. Als Entsprechungen zu einer inneren Erfahrung würden sich eher Metaphern der Zeit nahelegen. Doch ist die Diagnose eines Widerspruchs voreilig, denn sie setzt voraus, dass das äußere (räumliche) Dasein des Menschen vom Gottesverhältnis unbetroffen sei. Deshalb enthält auch die Meinung, lokale Metaphern repräsentierten eine primitive Stufe des Religiösen, weil sie die Gottheit in einer der Welt nachempfundenen Überwelt lokalisieren, eine unzulässige Vereinfachung. Das letztere Problem muss hier noch ausgespart werden[87]. Vorerst geht es nur um das Verständnis des Gottesglaubens in seinem Verhältnis zur räumlichen Existenz des einzelnen Menschen.

Die grundlegende religiöse Bestimmung des räumlichen Daseins des Menschen lautet, dass er sich als von Gott „gesetzt" erfährt. Die negative phänomenologische Aussage, dass ich mich nicht selbst gesetzt habe, wird positiv zu Gott in Beziehung gebracht. Der metaphorische Ausdruck des Setzens impliziert ein Wohin. Der Mensch erfährt sich als an einen Ort und in den Raum gesetzt – genauer: er deutet sein Gesetztsein als räumliche Existenz so, dass er Gott als das „Subjekt" glaubt, das ihn an diese Stelle gesetzt hat. Räumlich gesetzt zu sein bedeutet zugleich, eine gewisse Dauer in dem Fluss der entschwindenden Zeit zu haben. Hier liegt das Wahrheitsmoment der oben erwähnten These K.E. Løgstrups von der Prävalenz des Raumes vor der Zeit[88]: als *religions*phänomenologische These hat sie ein gewisses Recht gegenüber der oft von der religiösen Dimension absehenden Beobachtung, dass der Raum eine Funktion der Zeit sei. Dass der Mensch sich in eine räumliche Existenz gesetzt erfährt, ist der erste Aspekt der religiösen Aussage, dass er sich als von Gott geschaffen versteht.

Gegenwart Gottes ist demnach seine schöpferische Wirksamkeit am physischen und gesellschaftlichen *Ort* des Menschen. Dieser Ort wird vom Menschen

---

[87] S. dazu unten, Abschnitt 3 a.
[88] S.o. S.295.

als ein trotz aller freien Entscheidungen, die in seine Wahl eingehen können, letztlich nicht selbstgewählter, sondern gesetzter verstanden, der ihm (bzw. dem er) zugeordnet ist. Das kann, wie wir in der religionsphilosophischen Grundlegung gesehen haben, dadurch unterstrichen werden, dass ein heiliger Ort der Gegenwart Gottes ausgegrenzt wird, der dann den Orientierungspunkt für das Dasein des Menschen markiert. Die Orientierungsfunktion kann aber ebenso gut durch die Metapher des Weges ausgedrückt werden. Dann ist nicht die Ortsgebundenheit, sondern die sie ergänzende Beweglichkeit des Daseins im Blick.

Freilich wird die Gegenwart Gottes am Ort und auf dem Weg des Menschen nicht nur als Orientierung erfahren, sondern ebenso als Verwirrung, wenn der Ort unentrinnbar und der Weg verbaut ist (Hi 19,8). Auch die innere und äußere Komplexität des menschlichen Daseins in der Welt verbindet sich also mit der Gegenwart Gottes. Selbst die klarste Analyse der Örtlichkeit des Menschen und des Weges, den er vor sich hat, ergründet nicht den Sinn göttlicher Ortsbestimmung und Wegbegleitung. Dieser verbirgt sich vielmehr hinter einer unentwirrbar scheinenden Komplexität – Gottes Wege sind nicht ohne weiteres die Wege des Menschen (Jes 55,8), und die Transparenz des menschlichen Weges für den göttlichen erschließt sich keineswegs mit Sicherheit dem unmittelbar Zugreifenden oder auch dem geduldig Wartenden, wie ein naiver Gottesglaube (der sich durchaus mit hoher intellektueller Begabung verbinden kann) geneigt ist anzunehmen.

So verbindet sich diese Grundaussage der religiösen Erfahrung mit der Ambivalenz der menschlichen Raumerfahrung. Sie hebt sie nicht auf, sondern stellt sie in ein neues Licht. Zunächst verleiht sie der *Nähe* in ihrer Doppelbestimmung als Intimität und Bedrängnis eine charakteristische Zuspitzung: Wenn der Mensch seine räumliche Existenz als in Gott gegründet erfährt, dann vermitteln die weltlichen Erfahrungen der Geborgenheit und der Enge etwas „unbedingt Angehendes" (Tillich), das einerseits alle immer nur relative Geborgenheit fundiert und andererseits alle prinzipiell überwindbare Bedrängnis durch ein unausweichliches Andringen überbietet. Ein Musterbeispiel für diese religiöse Grundierung der Erfahrung von räumlicher Nähe ist der 139. Psalm. Hier drückt der Raum als Metapher für die Gottesbeziehung zunächst die Erfahrung der Geborgenheit aus. Der umgrenzte Raum, der Ort des Menschen, wird als von Gott geschützter Ort verstanden (V.3.5). Gleich darauf aber wird die Offenheit des Raumes in der Horizontalen „bis zum äußersten Meer" und in der Vertikalen von der Unterwelt bis zum Himmel als Erfahrung der Schutzlosigkeit gegenüber dem allgegenwärtigen Gott angesprochen, vor dem man nirgends hinfliehen kann (V.7–10). Die beiden Aspekte bilden keinen Widerspruch, sondern drücken die Zwiespältigkeit der Erfahrung der Gegenwart Gottes aus. Diese Gegenwart kann als freundlich und bergend, ebenso aber auch als bedrohlich erfahren werden. Der bedrängende und der vertraute Aspekt von räumlicher Nähe, wie der Mensch sie in in seinem Sein in Beziehungen erlebt, bilden eine dialektische Einheit, in der das Vertraute selbst den Charakter des Bedrohlichen und das Bedrohliche selbst den Charakter des Vertrauten annehmen kann. Es ist derselbe Gott, der in beidem gegenwärtig ist.

Gott ist in all diesen Momenten als der dem Menschen schlechthin von außen Begegnende, Transzendente gedacht. Jedoch „geht" er den Menschen mit solcher Intensität an, dass seine Gegenwart zugleich als eine dem Menschen innerste erfahren wird, sei es in Gestalt der Gewissheit des Aufgehobenseins, sei es als Existenzangst. Auch das gibt der Psalm jedenfalls indirekt wieder. Es macht demnach keinen prinzipiellen Unterschied, ob Gottes Gegenwart als Sein des Menschen in Gott oder umgekehrt als Sein Gottes im Menschen umschrieben wird. So können denn mystische Formen der Religion die Erfahrung der Nähe Gottes als Einwohnung Gottes im Menschen ebenso wie umgekehrt als Versenkung des Menschen in Gott interpretieren[89].

Damit ist die äußerste denkbare Steigerung der Nähe Gottes erreicht. Doch weder in seinem eigenen Innersten noch in der Weite des Raumes erfährt der Mensch Gott lediglich als den ihn Angehenden, sei es Schützenden oder auch Bedrängenden. Oft genug bleibt das Innere auf sich selbst bezogen und der Raum menschlicher Beziehungen und natürlicher Umgebung jeglicher Zeichen göttlicher Gegenwart bar. So steht der Nähe Gottes seine *Ferne* gegenüber. Auch diese Erfahrung ist doppelseitig, entsprechend der oben beschriebenen Doppelbestimmung von Distanz als schutzloser Offenheit und Schutz vor Bedrängnis. Ihr korrespondiert die Antinomie von tief verunsichernder Erfahrung der Abwesenheit Gottes und heiterer Gottvergessenheit. Beide Erfahrungen betreffen, mindestens in der Neuzeit, auch den religiösen Menschen. Der Hinweis auf Gott als Subjekt solcher Abwesenheit und damit der Beziehungscharakter der Verlassenheitserfahrung oder eines schier grenzenlosen Freiraums ist freilich nur in deren religiöser Deutung erkennbar. Das religiöse Verständnis beansprucht, die unausdrückliche, indifferentistische Sicht der Abwesenheit Gottes auf ihren eigentlichen Sinn hin zu interpretieren: Es sind die „Toren", die unbetroffen und im Bewusstsein ihres Sich-selbst-Genügens den Satz aufstellen, dass Gott nicht da sei, ja dass es ihn gar nicht „gebe" (Ps 14,1). Der Hintergrund dieses Urteils ist nicht etwa der religiöse Hochmut des seines Gottes Sicheren, sondern die von dem so Urteilenden selbst gemachte Erfahrung von Verlassenheit (angedeutet in der Erlösungssehnsucht, V.7). Das wohl bekannteste Beispiel aus der jüdisch-christlichen Tradition für die Erfahrung der Abwesenheit Gottes vom Ort des gläubigen

---

[89] Zu dieser Verbindung von Immanenz und Transzendenz vgl. Martin Luther, *Vom Abendmahl Christi. Bekenntnis* (1528), WA 26 (261–509), 339,33–36: „... Das Gott nicht ein solch ausgereckt, lang, breit, dick, hoch, tieff wesen sei, sondern ein ubernatürlich unerforschlich wesen, das zu gleich ynn eym iglichen körnlin gantz vnd gar und dennoch ynn allen und uber allen und ausser allen Creaturn sey ...". Eine Vorstufe dieses Gedankens findet sich bei Nikolaus von Kues, *De docta ignorantia* I,2, in: ders., Philosophisch-theologische Schriften, hg. v. L. Gabriel, lat.-dt., Bd. 1, Wien 1964 (191–297), 199f.

Menschen ist die Klage von Psalm 22,2: „Mein Gott, mein Gott, warum hast du mich verlassen?", die Jesus am Kreuz aufgenommen hat (Mk 15,34 par.).

Selbst die Erfahrung der Abwesenheit Gottes hat aber eine positive Kehrseite. Sie muss nicht nur beängstigend sein, sondern kann sogar im Zusammenhang mit einem Lobpreis Gottes ausgesprochen werden. So heißt es 1.Tim 6,16, dass Gott in einem für Menschen unzugänglichen Licht wohne. Gott mag also am Ort der Menschen nicht angetroffen werden, dass er sich aber an seinem eigenen „Ort" befindet, ist dem Beter gewiss. Von hier aus ergibt sich noch einmal eine Querverbindung zu dem religiösen Phänomen der Ausgrenzung heiliger Orte. Deren Orientierungsfunktion für das natürlich-geschichtliche Dasein des Menschen steht hier ihre Unzugänglichkeit gegenüber, durch die sie sich von „pro-fanen", d.h. „vor" bzw. außerhalb des Heiligtums (lat. *fanum*) befindlichen Orten unterscheiden. Auch hier ist die Unzugänglichkeit des Göttlichen primär als heilbringend, ja sogar als Schutz vor der unmittelbaren Gegenwart Gottes verstanden, die als das Ganz Andere den Menschen nicht nur retten, sondern auch vernichten kann.

Der Bezug der religiösen Erfahrung auf die Räumlichkeit des menschlichen Daseins lässt sich folgendermaßen zusammenfassen. Die Gottheit wird als zugleich anwesend und abwesend erfahren, und in beiden Aspekten jeweils als gütig und als unheimlich oder geradezu feindlich gegenüber dem Menschen gesehen. Nathan Söderblom hat beides in der prägnanten Formel zusammengefasst, Gott sei „på samma gång oåtkomlig och ändå oundkomlig", zugleich unzugänglich und doch unentrinnbar[90].

Der Hiatus zwischen bedrohlicher Nähe und schützender Ferne bedarf nun ebenso wie die Kluft zwischen der bergenden Nähe und der Ferne in der Verlassenheit einer vermittelnden Instanz. Die religionsphilosophische Grundlegung hat auf die Vielfalt solcher Vermittlungsinstanzen hingewiesen, die von den Religionen aufgeboten werden. Das Bewusstsein, als räumliches Dasein sich nicht selbst gesetzt zu haben, sondern gesetzt zu sein, lässt alle diese Möglichkeiten offen. Jede solche Instanz steht in der Gefahr zu versuchen, die Dialektik des räumlichen Daseins aufzuheben, indem sie sich selbst als Ort der göttlichen Gegenwart definiert. Sie kann aber nicht mehr zu sein beanspruchen als eine Hilfe dazu, dass jene durch Rückführung auf ihren transzendenten Grund zum Äußersten verschärfte Dialektik ausgehalten werden kann.

Damit haben wir den Sinn des alten Gottesprädikats der *Allgegenwart* wiedergegeben. Es ist hier, wie es nach den im religionsphilosophischen Teil der Einleitung entfalteten erkenntnistheoretischen Einsichten allein sachgemäß ist, aus einer vorgeblich objektiven Aussage über eine Eigenschaft, die Gott an sich zukommt, in eine Relationsaussage über einen Aspekt der Gotteserfahrung über-

---

[90] NATHAN SÖDERBLOM, *Naturlig religion och religionshistoria*, Stockholm 1914, 112. Die deutsche Fassung, Natürliche Theologie und allgemeine Religionsgeschichte, BRW 1 (1913/14), H.1, Stockholm 1913, 109, versucht, nicht ganz genau, das Wortspiel durch „unzugänglich" und „unumgänglich" nachzubilden.

setzt worden. Analog wird in den folgenden Abschnitten mit den Prädikaten der Ewigkeit und der Allmacht verfahren werden.

b) Ursprung und Ziel

Die Grundaussage des Schöpfungsglaubens, dass der Mensch sich als gesetzt erfährt, impliziert nicht nur einen Ort als Wohin des Gesetztwerdens, sondern auch ein zeitliches Moment, insofern „Setzen" eine „Aktivität" bezeichnet. Bei der Zeitlichkeit des Setzens kann man sowohl an einen bestimmten Augenblick als auch an einen andauernden Prozess denken. Für das religiöse Bewusstsein bedeutet die Aussage, dass ich mich als zeitliche Existenz gesetzt weiß, nicht dies, dass Gott in einem bestimmten Augenblick der Vergangenheit meine Existenz gewollt habe, um mich sodann vollständig mir selbst zu überlassen. Vielmehr meint der Satz: „Gott hat mich geschaffen", dass ich meine Existenz immer schon und auch weiterhin in jedem einzelnen Augenblick der schöpferischen Macht Gottes verdanke. In diesem umfassenden Sinn ist die Gebetsanrede zu verstehen: „Meine Zeit steht in Deinen Händen" (Ps 31,16). Die Erschaffung des Menschen erstreckt sich also über dessen ganzes Leben; sie setzt zwar, auf die einzelne Existenz bezogen, irgendwann einen Anfang, aber sie ist deswegen kein vereinzelter Vorgang. Ja, streng genommen lässt sich die Schöpfung des Menschen nicht einmal mit dem biologischen Zeitpunkt seiner Entstehung identifizieren. So vertraut der Prophet der Zusage Jahwes: „Ich kannte dich, ehe ich dich im Mutterleib bereitete" (Jer 1,5). Die Schöpfung des Menschen ist also (ebenso wie die Schöpfung der Welt), in der Ausdrucksweise der alten Dogmatik geredet, *creatio continuata*. Diese partizipiale Form ist der adjektivischen *continua* deswegen vorzuziehen, weil sie zugleich mit der Fortdauer das ständig Neue der Schöpfung aussagt und damit die okkasionalistische Vorstellung eines in jedem Augenblick erneuerten göttlichen Eingreifens in den Ereignisablauf ebenso vermeidet wie die Reduktion der Schöpfung auf die immer schon in Gang befindliche, anfangslose Erhaltung[91]. Mit der Abwehr dieser Extreme ist allerdings die

---

[91] Der Okkasionalismus von Arnold Geulincx, Nicolas Malebranche und anderen im 17. und 18. Jahrhundert stellt eine Weiterentwicklung der cartesianischen Philosophie dar, die durch Ausschluss aller weltlichen Ursächlichkeit die Allwirksamkeit Gottes aussagbar machen soll. Hierzu vgl. den Art. *Okkasionalismus* von Paul Janssen in TRE 25, 210–216. Die Reduktion der Schöpfung der Welt auf deren Erhaltung bei F.D.E. Schleiermacher, *Der christliche Glaube*, a.a.O. (Anm. 7), §§ 47.51f soll im Gegensatz dazu die schlechthinnige und damit zeitlose Ursächlichkeit Gottes als durchgängig von weltlichen Ursachen vermittelt erscheinen lassen, so dass supranaturale Eingriffe überflüssig werden. Im ersten Fall wird der innere Zusammenhang des Weltgeschehens preisgegeben, im zweiten gerät man in die Nähe eines Panentheismus. Beide Extreme berühren sich darin, dass sie von entgegengesetzten Ausgangspunkten die eigentlich intendierte Fundamentalunterscheidung von Gott und Welt – und damit auch von Gott und Mensch – gefährden. – Das oben Gemeinte lässt sich auch so ausdrücken, dass die Schöpfungsaussage den Sinn der englischen Wörter *continuous* (fortdauernder Prozess) und *continual* (ständig wiederholte Handlung) kombiniert.

Frage noch nicht beantwortet, sondern erst gestellt, was denn *creatio continuata* positiv bedeuten könne.

Zeitliche Existenz ist Dasein in der Abfolge voneinander unterschiedener Momente, Existenz im Wandel. Wenn nun die religiöse Erfahrung diesen Prozess zeitlichen Lebens als in einem Handeln Gottes gegründet begreift, so ist diese Aussage begrifflich unzureichend. Denn Handeln ist selbst ein zeitlicher Vorgang. Die konsequente Auslegung religiöser Erfahrung verlangt jedoch, Gottes „Handeln" am Menschen nicht nach Analogie menschlicher Tätigkeit als Abfolge einzelner Akte oder auch (dann eher kosmomorph) als die kontinuierlich im Menschen waltende Energie anzusehen. Man kann Gott nicht Zeitlichkeit zuschreiben, denn Zeitlichkeit ist etwas, das weltliches Sein konstituiert. Die einzig mögliche Alternative scheint zu sein, Gott als zeitlos zu bezeichnen. Doch unter dieser Voraussetzung lässt sich nicht denken, wie zeitliches Sein aus ihm hervorgehen soll.

Hegel hat dieses alte Vexierproblem theologischer Schöpfungslehre dadurch zu lösen versucht, dass er das Sein Gottes selbst als im Werden begriffen verstand (womit er bis in die neueste Zeit hinein Nachfolger gefunden hat[92]). Sein gesamtes System ist nichts anderes als eine Darstellung des Weltprozesses, den Gott als das Andere seiner selbst aus sich heraussetzt und in dem er immer mehr zu sich selbst kommt. Hier ist der naive Anthropomorphismus vermieden, der Gottes einzelne „Aktivitäten" in Analogie zu denen des Menschen sieht. Ebenso wenig ist Gott als zeitlos statischer Grund zeitlichen Seins verstanden. Dafür ist aber der Gesamtprozess des Wirkens Gottes als eine in kosmische Dimensionen übersetzte Analogie zum menschlichen Selbstbewusstsein konstruiert, das im Verlauf seines irdischen Lebens im Werden begriffen ist und zu sich selbst kommt. Zudem gefährdet dieser Anthropomorphismus höherer Ordnung auf neue Weise ebenfalls die kategoriale Differenz zwischen Gott und Mensch, Gott und Welt.

Der damit beschriebenen Aporie entgeht man nur, wenn man darauf verzichtet, spekulative Aussagen über Gott zu machen, und beim Gottesverhältnis des Menschen einsetzt. Für die Allgegenwart Gottes lag das ohnehin nahe, insofern „Gegenwart" von vornherein als Relationsbegriff zu erkennen ist. Doch muss es auch für die *Ewigkeit* Gottes als den Grund der zeitlichen Existenz des Menschen gelten. Hierfür können wir von dem bereits besprochenen Satz Augustins[93] ausgehen, Gott habe die Zeit geschaffen. Dabei sehen wir natürlich von der Annahme ab, die Zeit sei eine objektive Gegebenheit, und gehen stattdessen von der zeitlichen Verfasstheit der menschlichen Existenz als unhintergehbarer

---

[92] Als Beispiele seien die – im Übrigen weitgehend von Hegel unabhängigen – Systeme Barths und Whiteheads angeführt. Zu KARL BARTH vgl. E. JÜNGEL, *Gottes Sein ist im Werden. Verantwortliche Rede vom Sein Gottes bei Karl Barth*, 4. Aufl. Tübingen 1986. Für A.N. WHITEHEAD ist vor allem an das religionsphilosophische Kapitel am Schluss seines Hauptwerks *Process and Reality* zu denken, a.a.O. (Anm. 19), 342–351.

[93] S.o., S. 295.

Gegebenheit aus. Dann ist Gott als der selbst von aller Zeitlichkeit unterschiedene Urgrund meiner zeitlichen Existenz (und des sie umschließenden zeitlichen Seins der Welt) zu verstehen, der aber beständig schaffend in ihr gegenwärtig ist. Damit ist Gottes Sein nicht als Zeitlosigkeit definiert. Von Gottes Sein als solchem können wir nichts wissen. Seine Unterschiedenheit von aller Zeitlichkeit ist also ein negativer Begriff in dem Sinn, dass wir keine positive Entsprechung dazu ausbilden können. Wie eine kategoriale Unterschiedenheit von aller Zeitlichkeit zu denken sein soll, lässt sich ebenso wenig positiv formulieren wie die kategoriale Unterschiedenheit der Allgegenwart Gottes von aller Räumlichkeit. Wir können sie nur als Zeitlichkeit bedingend verstehen, also nur eine letzte Relationsaussage bilden. Deren Sinn lässt sich nur näherungsweise bestimmen, indem man die je für sich unzureichenden Vorstellungen von einer stets neuen schöpferischen Aktivität Gottes und von Gott als einem sich gleichbleibenden, zeitübergreifenden Grund alles Geschehens, die nicht aufeinander abbildbar sind, als komplementär einander ergänzend und korrigierend denkt[94]. Schöpfung ist immer schon Erhaltung, und Erhaltung ist immer zugleich neue Schöpfung – nur so kann man die Doppelerfahrung augenblickshafter und kontinuierlich fortgehender Existenz als in Gottes Wirken gegründet ausdrücken.

Die Erfahrung der Ewigkeit Gottes lässt sich nun in Bezug auf die verschiedenen Momente der Zeitlichkeit menschlicher Existenz differenziert auslegen. Das Dasein des Menschen ist zunächst ein Dasein in zeitlicher *Erstreckung*, die ihrerseits durch die Dialektik von Dauer und Veränderung bestimmt ist. Nach dieser Seite hin wird die Erfahrung der Zeitlichkeit religiös als in der göttlichen Erhaltung des Lebens gegründet begriffen. Gottes Ewigkeit als Grund solcher Erhaltung ist dann als seine *Treue* zu beschreiben. Das vorhin angeführte Zitat aus Ps 31 bedeutet in diesem Zusammenhang, dass der religiöse Mensch seine Zeit als in der Beständigkeit Gottes ihm gegenüber, in seiner Treue bzw. in seiner „Wahrheit" als seiner fortdauernden Selbstentsprechung gegründet erfährt. (In der hebräischen Sprache kommt das darin zum Ausdruck, dass das Wort אמן diese beiden Bedeutungen umfasst.) Treue hebt das Wesen der zeitlichen Existenz des

---

[94] CHRISTOPH SCHWÖBEL möchte beides in einem „ontologisch" verstandenen Begriff des Handelns Gottes zusammenfassen und dieses damit als dasjenige definieren, das den Glaubensakt und alles Handeln des Menschen als Bedingung seiner Möglichkeit begründet: *Die Rede vom Handeln Gottes im christlichen Glauben* (MThS 22 = MThJ 1), Marburg 1987 (56–81), 62f.77. Diese Interpretation ist zwar sachlich durch das *sola gratia* gerechtfertigt. Sie ist darüber hinaus formal dem Verständnis des Begriffs z.B. in der amerikanischen Biblical Theology (GEORGE ERNEST WRIGHT, *God Who Acts. Biblical Theology as Recital*, London 1952) weit überlegen (zu dessen Kritik vgl. LANGDON B. GILKEY, *Cosmology, Ontology, and the Travail of Biblical Language* [1961], in: God's Activity in the World. The Contemporary Problem [AAR.SR 31], hg. v. O.C. Thomas, Chico CA 1983, 29–43). Jedoch wird das Gottesverständnis durch die Ontologisierung des Handlungsbegriffs, der ja eine personale Metapher bleibt, auf subtile Weise wieder anthropomorph, wenngleich das Prädikat der Vollkommenheit für die kategoriale Unterscheidung von menschlichem Handeln sorgen soll (73–75).

Menschen als Dialektik von Dauer und Veränderung nicht auf, sondern unter eben dieser Bedingung ermöglicht die Treue Gottes menschliche Identität – wenn auch nur in dem relativen und fragmentarischen Sinn, in dem allein sie erreicht werden kann.

Zeitliche Existenz bedeutet weiter *Irreversibilität* ihres Verlaufs. Diese Unumkehrbarkeit ist zunächst diejenige von Anfang und Ende. Die transzendente Begründung des Anfangs menschlichen Lebens ist dessen *Ursprung* in Gott. Insofern Schöpfung als ständig fortgesetzt verstanden werden muss, wird Gott als Ursprung sowohl des Lebens als eines Ganzen als auch des je neuen Anfangs etwa einer Lebensphase geglaubt. Das auf Gott bezogene Ende der zeitlichen Existenz ist sein *Ziel*. Auf diese Spanne von Ursprung und Ziel ist die Treue Gottes bezogen. Menschliches Leben ist somit als Von-Gott-her-Sein und Auf-Gott-hin-Sein bestimmt. Diese Herkunft aus Gott und diese Ausrichtung auf ihn vermittelt sich durch die jeweilige geschichtliche Herkunft des Menschen und seinen auf zeitliche Zukunft bezogenen Lebensentwurf, ohne jedoch damit identisch zu werden. Denn geschichtliche Ursprünge und Zielsetzungen sind stets endlich und können der auf die Ewigkeit Gottes gerichteten Selbsttranszendenz des Menschen nicht genügen.

Irreversibilität zeigt sich nicht nur im Gesamtverlauf des Lebens, sondern auch in seinen hervorgehobenen Momenten, in den *Erschließungssituationen* und im *Kairos*, der „Zeit zu etwas". Beide werden religiös als schöpferische Setzungen Gottes begriffen. Im ersten Fall sieht man in der augenblickshaften Erschlossenheit des eigenen Lebens als eines Ganzen die Vermittlungsgestalt der Selbsterschließung Gottes. Damit kann allerdings nicht gemeint sein, dass solche Selbsterschließung bzw. Offenbarung auf solche herausgehobenen Augenblicke beschränkt bleiben müsste. In diesem Fall könnten die Intervalle, die rein quantitativ den größten Teil des Lebens ausmachen, ausschließlich durch ihre Interpretation von solchen Spitzensituationen und nicht auch unmittelbar auf Offenbarung bezogen werden. Damit würde aber verkannt, dass die Treue Gottes gerade in ihrer Beziehung auf Dauer erfahren wird. Dennoch kommt die Nichtselbstverständlichkeit der Gründung zeitlicher Existenz in Gott vornehmlich in der Besonderheit der Erschließungssituation heraus. Denn durch die ihnen eignende Irreversibilität verweisen sie darauf, dass es genau dieses so und nicht anders gerichtete menschliche Leben ist, das darin als ganz und gar der Leitung durch Gott unterworfen offenbar wird.

Der *Kairos* ist die Entsprechung zu der Erschließungssituation unter dem Aspekt menschlicher Selbstbestimmung. Unter Selbstbestimmung fällt nicht nur das Handeln, sondern auch der eigenständige Umgang mit unvermeidlichem Leiden. Auch der Kairos ist, religiös verstanden, eine bestimmte, nicht zu verändernde und nicht rückgängig zu machende schöpferische Setzung Gottes. Solche Chancen und Herausforderungen geben dem Lebenslauf seine Struktur. Diese Struktur ist demnach primär nicht durch die Selbstbestimmung des Menschen, sondern durch den – die Selbstbestimmung einschließenden – von Gott gesetzten Kairos gegeben[95].

Die Irreversibilität zeitlicher Existenz zeigt sich schließlich darin, dass nicht nur einzelne herausgehobene Zeitabschnitte den Charakter einer nicht zu versäumenden *Frist* haben, sondern auch das Leben als ganzes. Auch die Erfahrung, dass das Leben zeitlich begrenzt ist, muss religiös auf Gottes Setzung zurückgeführt werden. Sie wird als Ausdruck des göttlichen Willens verstanden, dass auf die Art, wie dieses eine, nicht wiederholbare Leben geführt wird, alles ankommt. Gott bestimmt dem Leben sein zeitliches Ende, niemand kann die von ihm gesetzte Lebensdauer verlängern (Mt 6,27). Kein etwa durch medizinische Behandlung erreichter Aufschub vermag die Setzung Gottes zu sprengen, sondern er bleibt innerhalb der durch ihn gesetzten Grenzen.

Die unter dieser Bedingung realisierbare Identität und die so gestalteten Beziehungen bleiben stets fragmentarisch, und zwar sowohl im intensiven als auch im extensiven Sinn. Die stets über das Fragmentarische hinausdrängende menschliche Selbsttranszendenz drückt sich oft in der *Hoffnung* auf ein neues oder ein „ewiges" Leben aus. Religiös gesprochen ist das die Hoffnung auf eine der Treue Gottes entsprechende, die zeitlich begrenzte Existenz qualitativ überschreitende Gemeinschaft mit ihm. In dieser Form, als Hoffnung auf eine Überwindung der Antinomie von Endlichkeit und Unendlichkeit, ist sie der konsequenteste Ausdruck der menschlichen Selbsttranszendenz.

Dem säkularen Menschen, der sich nicht im Gegenüber zu Gott sieht, mag dergleichen definitiv entbehrlich erscheinen. Vor dem Hintergrund religiöser Erfahrung wird man zwar ein solches Selbstverständnis zeitlicher Existenz für defizitär halten. Doch lässt sich gerade innerhalb dieses Horizonts nicht leugnen, dass die Erfahrung der Ewigkeit als des Grundes zeitlicher Existenz ambivalent bleibt. So ist der Glaube an die Treue Gottes durch die Erfahrung entleerter Zeit oder der Belanglosigkeit der eigenen Lebenszeit innerhalb der Menschheits- oder gar Naturgeschichte bedroht. Die Klarheit göttlicher Selbsterschließung in Erschließungssituation und Kairos wird nicht nur durch die Erfahrung undurchdringlich scheinender Komplexität geschichtlicher Existenz verdunkelt, sondern kann auch als Täuschung erscheinen. So kann schließlich auch die Endgültigkeit der Lebensfrist angesichts des fragmentarischen Charakters alles Lebens als sinnloses Schicksal aufgefasst werden. Dieser Zwiespalt lässt sich aus dem geschaffenen zeitlichen Dasein des Menschen nicht entfernen.

Damit ist auch die dogmatische Lehre von der Ewigkeit als einer Eigenschaft Gottes in einer Aussage über religiöse Erfahrung überführt und so auf ihre Bedeutsamkeit für das menschliche Leben hin durchsichtig gemacht worden.

---

[95] Auf das Problem, das sich daraus für das religiöse Verständnis menschlicher Freiheit ergibt, werden wir erst im übernächsten Abschnitt zu sprechen kommen, weil zuvor der personale Charakter des Gottesverhältnisses beschrieben werden muss.

c) Gott als personales Gegenüber und als Seinsgrund

Gott ist dem Menschen an einem bestimmten Ort und zu einem bestimmten, nicht zu versäumenden Zeitpunkt als der ihn unbedingt Angehende nahe. Zugleich umgreift er den ganzen Horizont der räumlichen Existenz und ihre ganze Dauer und ist überall und immer präsent. Er ist in jedem einzelnen Augenblick der den Menschen Schaffende und zugleich der zeitübergreifende Grund der Dauer seines Daseins. All diese Doppelbestimmungen weisen auf eine Doppelseitigkeit der Beziehung zwischen Gott und Mensch hin: Gott wird vom Menschen als personales Gegenüber und als umfassender Grund alles Seins erfahren.

Die beiden letzten Begriffe sind natürlich, wie alles in der Rede von Gott, Metaphern. Nicht nur „Person", sondern auch „Seinsgrund" ist, bei aller Abstraktheit des Begriffs, ursprünglich ein metaphorisches Bild: der Grund, auf dem ich stehen kann oder in dem der Baum seine Wurzeln hat[96]. Es ist also nicht im wörtlichen Sinn von Gott als Person, sondern vom Gottesverhältnis als einem personalen die Rede, in dem sich Gott als Grund meiner Personalität erweist. Die Bezeichnung Gottes als Person ist lediglich eine abgekürzte – ungenaue – Redeweise. Analog ist Seinsgrund die symbolische Bezeichnung für Gott als das, was selbst nicht Sein im Sinne welthaften Daseins, sondern dessen in positiven Begriffen nicht fassbarer Boden ist. Weil sich Personsein und In-der-Welt-Sein des Menschen nicht aufeinander reduzieren lassen, ist es notwendig, das Gottesverhältnis auf jeden dieser beiden Aspekte des Menschseins zu beziehen. So ergibt sich uns auf anderem Wege wiederum die Doppelseitigkeit von anthropomorphen und kosmomorphen Gottesbegriffen, die wir in der religionsphilosophischen Grundlegung entwickelt hatten[97].

Um Missverständnissen von vornherein zu begegnen, soll hier bemerkt werden, dass der Aufbau einer doppelten Begriffsreihe für die Rede von Gott nicht den Sinn einer Harmonisierung philosophischen und theologischen Denkens hat. Dagegen spricht bereits, dass wir in der religionsphilosophischen Grundlegung die Strittigkeit Gottes als zentralen Gesichtspunkt hervorgehoben hatten. Was den Gottesbegriff selbst angeht, so trifft es zwar zu, dass abstrakte philosophische Begriffsbildungen hier zumeist aus naturhaften Metaphern hervorgegangen sind. Doch wird man den Grund dafür in erster Linie in der Notwendigkeit zu sehen haben, um der Wahrung der Transzendenz Gottes willen Anthropomorphismen entgegenzutreten. Umgekehrt ist es begreiflich, dass die biblische Tradition beider Testamente, die sich im Lauf ihrer langen Geschichte immer wieder gegen Naturkulte verschiedenster Art behaupten musste, vergleichsweise selten Naturmetaphern unmittelbar auf Gott anwendet. Um so bemerkenswerter ist es, dass dies überhaupt vorkommt. So wird Gott in mehreren Psalmen (18,3; 31,3f; 42,10; 71,3) und im Deuteronomium (32,4) als Fels bezeichnet. Er wird Sonne (Ps 84,12) und Licht genannt (Ps 27,1;

---

[96] Versteht man den Begriff des Grundes metaphorisch, so ist er mehr als bloß eine beschönigende Redeweise, mit der man die Kategorie der Ursächlichkeit zu vermeiden trachtet; gegen TRAUGOTT KOCH, *Das göttliche Gesetz der Natur* (ThSt [B] 136), Zürich 1991, 49.

[97] Vgl. Religionsphilosophische Grundlegung I 3+4.

1.Joh 1,5). Auf der anderen Seite kann es heißen, Gott sei ein verzehrendes Feuer (Dt 4,24; Hb 12,29). Auch die Ambivalenz der Gotteserfahrung lässt sich also mit biblischen Naturmetaphern belegen. Im Übrigen stehen diese Zeugnisse insofern nicht isoliert da, als sie in den Zusammenhang der Aussagen über die Schöpfung der nichtmenschlichen Welt eingebettet sind. Dass dieses Thema in der biblischen Tradition eine gewichtige Rolle spielt, dafür sprechen nicht nur die beiden Schöpfungsberichte, die Naturpsalmen und die Theologie des Deuterojesaja, sondern auch die Vorliebe Jesu für Naturbilder in seinen Gleichnissen.

Dem Charakter des christlichen Glaubens entsprechend bildet im vorliegenden Abschnitt, der das Verhältnis von Gott und Mensch zum Gegenstand hat, der personale Aspekt den Ausgangspunkt. Der kosmomorphe Gottesbegriff, welcher der Tatsache entspricht, dass der Mensch als Person nicht aufhört, zugleich ein Stück Natur, ein Stück Welt zu sein, wird dem anthropomorphen dann im zweiten Teil des Abschnitts zugeordnet.

Bevor wir mit der Darstellung der personalen Seite beginnen können, ist noch eine Zwischenerwägung erforderlich. Als unmittelbar auf die Person des Menschen sich beziehende ebenso wie als welthaft vermittelte ist Gottes Gegenwart in einem intensiven und in einem extensiven Sinn relevant. Das bedeutet: Diese Gegenwart geht jeden Menschen unbedingt an, und sie geht schlechthin alle Menschen an. Beide Aspekte gehören zusammen. Sie sind in den Religionen unterschiedlich akzentuiert, aber stets beide vorhanden. In traditionalen Gesellschaften spiegelt die Religion den Primat des Kollektivs, indem sie die Gottheit (oder den Gottkönig) primär als Herrscher über die Gemeinschaft versteht. Der Einzelne hat an diesem Gottesverhältnis nur als Glied dieser kollektiven Individualität teil. Das Christentum dagegen hat sich vom Judentum, aus dem es hervorgegangen war, unter anderem dadurch abgesetzt, dass es die dort vorbereitete Individualisierung des Gottesverhältnisses radikalisierte. Die Ablösung von einem Volkszusammenhang hat ihm die Ausbreitung über sein palästinensisches Ursprungsgebiet hinaus wesentlich erleichtert. Freilich hat es mit seinem Aufstieg zur herrschenden Religion zunächst doch wieder das Gottesverhältnis als primär gemeinschaftsbezogen gedacht, wobei jetzt die Kirche die Stelle des Volkes einnahm. Diese Denkweise ist nicht auf die Ostkirche und den römischen Katholizismus beschränkt geblieben. Sie findet sich im neuzeitlichen Protestantismus bis hin zu Albrecht Ritschl und Karl Barth. Auch Wolfhart Pannenbergs universalgeschichtliches Verständnis des Christentums ordnet den Einzelnen und sein Gottesverhältnis dem Gesamtprozess ein und unter.

Es ist nicht einfach zu entscheiden, wo einzusetzen sei. Auf der einen Seite droht ein religiöser Individualismus, der die Sozialität menschlicher Existenz aus dem Gottesverhältnis ausklammert, auf der anderen eine heilsnotwendige Mittlerposition der religiösen Gemeinschaft, die dem Gottesverhältnis des Einzelnen seine Unmittelbarkeit raubt. Die Verflechtung von Intensität und Extensität der Gottesbeziehung erlaubt auch keine unterschiedliche Wertung der beiden Gesichtspunkte. Es gibt in allen Religionen, auch in modernen Gesellschaften, gemeinsame religiöse Erfahrungen, ebenso wie auch in antiken Gestalten der religiösen Erfahrung der Einzelne voll von deren Verbindlichkeit ergriffen ist.

Doch nun ist mit der ursprünglichen Grundeinsicht des Christentums die Gotteserfahrung primär als Gewissenserfahrung zu verstehen. Damit bekommt die Intensität der religiösen Erfahrung, in der Gott den Menschen unbedingt angeht, den Vorrang vor der Extensität. Man kann sogar sagen, dass das Christentum auf diese Weise nur etwas zu konsequentem und präzisem Ausdruck bringt, was im Grunde zum Wesen jeder religiösen Erfahrung als solcher gehört. Deshalb muss eine Beschreibung der Erfahrung Gottes als personales Gegenüber und als Seinsgrund beim einzelnen Menschen einsetzen. Dabei darf man freilich nicht aus dem Auge verlieren, dass diesem die Gottesbegegnung als einem wirklichen Menschen gilt, der faktisch immer in soziale Beziehungen eingebettet ist. Dieser Gleichursprünglichkeit von Individualität und Sozialität versuchen wir dadurch gerecht zu werden, dass wir die Letztere bereits innerhalb der geschöpflichen Erfahrung des Einzelnen berücksichtigen, bevor sie in Abschnitt 3 eigens auf den göttlichen Grund bezogen wird.

Wir kommen nunmehr zur Darstellung des Gottesverhältnisses des einzelnen Menschen als eines *personalen Gegenübers*. Die wohl scharfsinnigste Beschreibung der Struktur dieses Verhältnisses stammt von Søren Kierkegaard, der damit Gedanken Schleiermachers weiterführt[98]. Er setzt mit der Bestimmung des Menschen als eines Selbst ein: „Das Selbst ist ein Verhältnis, das sich zu sich selbst verhält, oder ist das an dem Verhältnisse, dass das Verhältnis sich zu sich selbst verhält …". Wir hatten das hier Gemeinte mit dem Begriff der Identität ausgedrückt, zu dem es gehört, dass der Mensch sich selbst zum Gegenstand seines Fühlens, Denkens und Handelns machen und dann auf einer höheren Stufe wiederum diesen Sachverhalt betrachten kann. Erst durch Einbeziehung dieser zweiten Stufe ist das menschliche Selbstbewusstsein in seiner spezifischen Eigenart richtig beschrieben, wenn auch noch abgesehen von allen Außenbeziehungen.

Kierkegaard fährt fort: Das Verhältnis, das wir menschliches Selbst nennen, „muß entweder sich selbst gesetzt haben, oder durch ein Andres gesetzt sein". Dieses andere können nicht genetische oder gesellschaftliche Faktoren sein. Denn in diesen Fällen würde es sich nicht um die Setzung eines eigenständigen Selbst handeln. Zwar ist das Selbst ein solches nur (was Kierkegaard nicht erwägt) in Abhängigkeit und Ablösung von anderen. Doch kann der Mensch nicht *als* eigenständiges Selbst auf der höheren Ebene des Selbstverhältnisses („indem es es selbst sein will") in einem anderen Menschen „gründen", ohne sich selbst zu verlieren. Dann bleibt nur übrig, dass das Selbst durch ein ‚Ganz Anderes',

---

[98] Vgl. zum Folgenden Søren Kierkegaard, *Die Krankheit zum Tode* (Sygdommen til Døden, dt. v. E. Hirsch), GW 24./25.Abt., Düsseldorf 1957, 8–10. Vgl. F.D.E. Schleiermacher, *Der christliche Glaube*, a.a.O. (Anm. 7), § 4.

Transzendentes gesetzt sei und von ihm „Fügung und Ruf" empfangen habe, wie es Emanuel Hirsch ausgedrückt hat[99]. Dies ist freilich eine Behauptung, die nicht argumentativ erwiesen, sondern nur auf religiöse Erfahrung hin, nämlich auf Grund der Selbsterschließung jenes Anderen, gewagt werden kann. Im Licht dieser Erfahrung aber kommt man mit Kierkegaard zu dem Schluss: „… indem es sich zu sich selbst verhält, und indem es es selbst sein will, gründet sich das Selbst durchsichtig in der Macht, welche es gesetzt hat".

Worin besteht der Gewinn dieser komplexen Bestimmung des Gottesverhältnisses gegenüber der schlichten Aussage, der Mensch trete in eine Beziehung zu Gott bzw. komme immer schon aus einer solchen von Gott gestifteten Beziehung her? Darauf ist dreierlei zu antworten. Zum einen vermeidet man auf diese Weise, das Gottesverhältnis in Analogie beispielsweise zu zwischenmenschlichen Verhältnissen zu verstehen. Zum anderen ist die Eigenständigkeit des Menschen, kraft deren er nicht in Beziehungen zu anderen aufgeht, vom Gottesverhältnis mit umgriffen. Drittens kann man so auch die soziale Wirklichkeit des Menschen in das Gottesverhältnis einzeichnen, indem man dieses als ein gemeinsames beschreibt. Das geht freilich über Kierkegaard hinaus, der eine Verbindung zwischen beiden Relationen nur auf dem Umweg über die Ethik, über das Liebesgebot, herstellt[100].

Dieses komplexe Verhältnis des Menschen zu Gott, das alle seine irdischen Bezüge mit umfasst, nennt klassische dogmatische Sprache *imago Dei*. Wie später zu zeigen sein wird[101], ist dieser Begriff nicht im Sinne einer Wesensanalogie des Menschen mit Gott zu verstehen, sondern als Ausdruck für seine bestimmungsgemäße, ursprüngliche Bezogenheit auf Gott. Deutlicher als im priesterschriftlichen Schöpfungsbericht, dem der Ausdruck Bild Gottes entstammt (Gen 1,26f), kommt dieses anthropologische Grunddatum beim Jahwisten zum Ausdruck, der statt jener Bildmetaphorik davon spricht, dass Gott dem Menschen die von ihm geschaffene Erde anvertraut habe, damit er sie bebaue und bewahre (Gen 2,15). Damit ist zugleich gesagt, dass das Verhältnis des Menschen zu Gott nicht ohne sein Verhältnis zur Welt betrachtet werden kann, die ihm zum Wohnort gegeben ist und für deren Gestaltung er seinem Schöpfer Rechenschaft schuldig ist.

Das personale Gottesverhältnis vermittelt sich allerdings primär nicht durch die Natur, sondern durch Menschen. Dies gilt durchaus allgemein. Zwar erfordert der Einbruch eines Gottesbewusstseins in die alltägliche Erfahrung nicht die Gegenwart eines anderen Menschen im selben Moment am selben Ort. Dennoch gibt es keine Gotteserfahrung ohne menschliche Rede von Gott, auch nicht ohne Tradition. Solche Vermittlung kann in der Weise der Mitteilung eigener religiö-

---

[99] Emanuel Hirsch, *Christliche Rechenschaft*, bearb. v. H. Gerdes, Bd. 1, Berlin und Schleswig-Holstein 1978, 299 (§ 68 B).

[100] Vgl. S. Kierkegaard, *Der Liebe Tun. Etliche christliche Erwägungen in Form von Reden* (Kjerlighedens Gjerninger, dt. v. H. Gerdes), GW 19. Abt., Düsseldorf 1966, 6.

[101] S.u., A II, S. 425.

ser Erfahrung, eines Bekenntnisses, in unmittelbarer prophetischer Rede „im Namen Gottes" oder auch in ganz indirekter Andeutung erfolgen. Dabei soll hier nicht interessieren, welche Form welcher Situation angemessen ist. Es ist lediglich die Position des „Mittlers"[102] grundsätzlich zu bestimmen. Ein Mensch, der Gottes „Rede" vermittelt, kann damit nicht beanspruchen, selbst göttliche Macht auszuüben, sondern allenfalls zu deren Träger werden. Andernfalls würde er, bildlich geredet, wie der Mond zwischen Sonne und Erde treten und so eine Sonnenfinsternis verursachen. (Dass Mittler in priesterlicher oder prophetischer Funktion dies faktisch häufig doch tun, widerspricht nicht dem religiösen Grundsatz, der aus der kategorialen Differenz zwischen Gott und Mensch und somit aus elementarer religiöser Erfahrung abgeleitet ist.)

Vermittlung durch (stets unzulängliche und fehlbare) menschliche Rede ist die Weise, wie Gott den Menschen verständlich anredet. Auf diese Weise erfährt der angesprochene Mensch, wie der soziale Charakter menschlichen Daseins von Gottes Seite aus von vornherein in das Verhältnis zu ihm eingeschlossen ist. Dieses verliert dadurch jedoch nicht seine Unmittelbarkeit, denn Mittler und Angeredete sind Gott in gleicher Weise unterworfen. Man könnte das Verhältnis mit einer schönen, an Hegel anknüpfenden Wendung Helmuth Plessners als das einer „vermittelten Unmittelbarkeit" bezeichnen[103].

Hier wäre der Tradition zufolge die Lehre von den *Engeln* einzufügen, die in der alten Dogmatik vielfach eine liebevolle Behandlung erfahren hat. Sie kann den Sinn haben, das alle menschliche Vermittlung Übersteigende der göttlichen Gegenwart zum Ausdruck zu bringen. Diese Zwischenstellung zwischen Gott und Mensch ist durch die Verbindung von übernatürlichen und menschenähnlichen Zügen in den Engelvorstellungen bezeichnet, vgl. z.B. Jes 6,2–7; Mk 16,5–7 parr. Doch nehmen die Engel in der biblischen Tradition faktisch nur eine Randposition ein. Vor allem aber ihre erkennbare Funktion als Hypostasierungen der Gegenwart Gottes, die man aus religiöser Scheu gern in verhüllter Form darstellte, rechtfertigt es, die Behandlung des Themas auf diese kurze Notiz zu beschränken.

Vermittlung geschieht unter Menschen immer auch mit Hilfe von Dingen. Menschliches Dasein ist gleichursprünglich mit seiner Beziehung zu anderen Menschen auf Dinge bezogen. Es hat Anteil an der Welt der Dinge, an der Welt der Natur. Es ist auch selbst ein Stück Natur. Darum ist der Bezug auf die Gottheit nicht allein personal zu verstehen. Er ist zugleich, mit einem eher welthaften Begriff geredet, Bezug zum *Grund des Seins*. Wir kommen später auf das Verhältnis der Welt zu Gott zurück, so wie es sich der menschlichen Erfahrung als ei-

---

[102] Zu diesem Begriff vgl. F.D.E. SCHLEIERMACHER, *Über die Religion. Reden an die Gebildeten unter ihren Verächtern*, (1799), KGA I/2, nach der dort abgedruckten Paginierung der Urausgabe: 9–14.

[103] H. PLESSNER, a.a.O. (Anm. 6) 396–419. Der Ausdruck hat hier einen rein anthropologischen Sinn. Bei Hegel bezieht er sich auf das Wissen von Gott, wird darüber hinaus aber auf jede Art von unmittelbarem Dasein gebraucht, das sich einem Anderen verdankt; vgl. GEORG WILHELM FRIEDRICH HEGEL, *Vorlesungen über die Philosophie der Religion* I, Jub.-Ausg. 15, 174f.207.

genes Thema darstellt. Hier geht es um das Weltlichsein des Menschen selbst in seinem Verhältnis zu Gott.

Ein klassischer Versuch, das auszulegen, was hier mit Seinsgrund bezeichnet worden ist, findet sich bei Thomas von Aquin. Er schreibt, Gott sei sowohl mit seiner *essentia*, seinem Wesen, als auch mit seinem Sein identisch[104]. Da ein Sein außerhalb Gottes nicht vorstellbar ist, kann es sogar heißen: „Deus est ipsum esse per se subsistens" (I q.44 a.1 resp.; vgl. q.7 a.2 ad 3). Alles andere Sein ist ein solches nur in abgeleitetem Sinn, nämlich indem es an Gottes Sein teilhat: „ens per participationem" (q.3 a.4 ad 3). Die klare Absicht dieser Ausführungen ist, Gottes Sein prinzipiell von allem anderen Sein zu unterscheiden. Kein anderes Sein außer dem Gottes ist mit seinem Wesen identisch, sondern jedes erfüllt sein Wesen immer nur unvollkommen. Kein anderes Sein subsistiert aus sich selbst heraus, sondern jedes ist immer auch von anderem abhängig, zuletzt und zuhöchst von Gott, an dessen Sein es als geschaffenes teilhat. Dennoch werfen diese scharfsinnigen Distinktionen ein Problem auf, das sie mit ihren Mitteln nicht lösen können. Es steckt in der Bezeichnung Gottes als des Seins. Der Begriff des Seins wird sowohl von Gott als auch vom Menschen und von der Welt ausgesagt. Gewiss „sind" Gott und Mensch nicht auf dieselbe Weise, sondern das eine Mal *per se subsistens*, das andere Mal *per participationem*. Dennoch handelt es sich beide Male um Sein, verbunden durch den platonischen Ausdruck der Teilhabe[105]. Diese Gleichheit des Seinsbegriffs gefährdet, wenngleich erst auf dem Niveau höchster Abstraktion, die kategoriale Differenz zwischen Gott und Welt bzw. Mensch.

Paul Tillich, der ebenfalls die Notwendigkeit erkannt hat, einen philosophischen Gottesbegriff einzuführen, versucht, diese Gefahr dadurch zu vermeiden, dass er den Begriff des Seins nicht nur zur Korrektur eines Anthropomorphismus neben eine personale Bezeichnung Gottes stellt, sondern mit einer solchen unmittelbar zu einem einzigen Compositum verbindet: Gott ist für ihn das „Sein-Selbst" (nicht nur das ‚Sein selbst')[106]. Doch ist in dieser Begriffsverbindung die erste Hälfte so dominant, dass auch Tillich das Verhältnis des Menschen zu Gott nur als Partizipation beschreiben kann. (222f). Vor allem aber ist die kategoriale Differenz zwischen Gott und Mensch auch bei ihm gefährdet, wenn er behauptet: „Der Satz, daß Gott das Sein-Selbst ist, ist ein nicht-symbolischer Satz" (277). Mit dieser Durchbrechung der von ihm sonst konsequent befolgten Regel,

---

[104] Thomas von Aquin, *Summa theologiae* I q.3 a.3 resp. und a.4 resp. Danach auch die folgenden Stellenangaben im Text.

[105] Für Platon selbst ist allerdings nicht das Sein der höchste Begriff, sondern das Gute, von dem er sagt, dass es nicht zum Sein gehörig sei, sondern sich kraft seines [Alters-]Vorrangs und seiner Macht noch über das Sein erhebe (οὐκ οὐσίας ὄντος τοῦ ἀγαθοῦ, ἀλλ᾽ ἔτι ἐπέκεινα τῆς οὐσίας πρεσβείᾳ καὶ δυνάμει ὑπερέχοντος), Politeia 509b8–10. Man darf das wohl als implizite Gottesprädikation auslegen.

[106] Paul Tillich, *Systematische Theologie* Bd. 1, 2.Aufl. Stuttgart 1956, 96. Auch die nächsten Seitenzahlen nach diesem Werk.

dass alle Rede von Gott nur symbolisch sein könne, verkennt Tillich, dass auch die Kombination von anthropomorphen und kosmomorphen Begriffen nicht von dieser Regel dispensieren kann. Die in ihr vereinten Elemente können zwar dazu dienen, die Identifikation Gottes mit dem Personsein des Menschen oder mit der Welt zu verhindern und für die Berücksichtigung sowohl des personalen als auch des weltbezogenen Aspekts menschlichen Daseins in der Beschreibung des Gottesverhältnisses zu sorgen, nicht aber dazu, nun doch eine Aussage über Gott an sich zu begründen. Sowohl „Sein" als auch „Selbst" bleiben Begriffe, die der weltlichen Erfahrung entnommen sind. Daran ändert ihre Kombination zu einem neuen Wortgebilde nicht das Geringste.

Wir bleiben daher bei der Bezeichnung „Grund des Seins", die selbstverständlich ebenfalls metaphorisch ist. Der Ausdruck soll Gott als die Bedingung der Möglichkeit und Wirklichkeit alles Seins bezeichnen, die selbst von allem Sein als weltlichem verschieden ist. Diese Formel soll den Begriff des „Allbedingenden" präzisieren und Spekulationen über irgendwelche beliebigen Möglichkeiten, die über den Bereich der Erfahrung hinausliegen, ausschließen, ohne doch Gottes Wirken im Sinne einer objektiven, ebenfalls über die Erfahrung hinausgehenden Behauptung auf die uns bekannte Welt zu beschränken[107].

Inwiefern ist nun diese Aussage über Gott als Grund des Seins nicht nur für das Verhältnis von Gott und Welt, sondern auch für das Gottesverhältnis des Menschen wichtig? Auf diese Frage ist eine doppelte Antwort zu geben. Zum einen stellt ein solcher kosmomorpher – auf alles Sein bezogener – Gottesbegriff klar, dass der Mensch auch über die personale Gestalt dieses Verhältnisses hinaus, in seinem vorbewussten, naturhaften Selbstverhältnis, in Gott gründet. Das schützt vor bewusstseinstheologischer Verengung und damit zugleich vor der konkreten Gefahr, dass bestimmte Menschen, die auf Grund von Krankheit oder Behinderung zu einer bewussten Lebensgestaltung nicht in der Lage sind, vom Gottesverhältnis ausgeschlossen erscheinen.

Der zweite Grund für die Verwendung des Begriffs Grund des Seins in diesem Zusammenhang besteht darin, dass er erlaubt, außer der Geschichtlichkeit des Menschen auch dessen Verhältnis zu der ihn umgebenden Natur in das Gottesverhältnis einzubeziehen und daraufhin dann dezidiert von der Schöpfung der Welt zu reden. Damit ist ein spezifisches Problem aller Erfahrungstheologie angesprochen. Wenn es zutrifft, dass man Aussagen über Gott nur als Aussagen über Gotteserfahrung treffen kann, sind alle Aussagen über Gottes Beziehung zur Welt im Verhältnis dazu abgeleitete Aussagen. Diese *methodische* Einsicht darf aber nicht unter der Hand zu einer *Abwertung* solcher Sätze führen. Sonst ergibt sich daraus wie beispielsweise im modernen theologischen Personalismus

---

[107] Die letztere Kautele richtet sich gegen F.D.E. SCHLEIERMACHERS These, die schöpferische Kausalität Gottes sei zwar von derjenigen der Welt unterschieden, aber gleichen Umfangs wie diese, *Der christliche Glaube*, a.a.O. (Anm. 7), § 51.

die Konsequenz, dass die Welt nur noch als die Bühne in Erscheinung tritt, auf der sich das Drama der Heilsgeschichte abspielt. Eine solche Sicht hat zwar den nicht zu unterschätzenden disziplinierenden Effekt, vor ins Kraut schießenden kosmologischen Spekulationen zu schützen, die sich von jeder erkenntnistheoretisch verantwortbaren Basis entfernen. Aber der Preis für den mit ihr beschrittenen Abweg in die Richtung eines Akosmismus (Weltverlust) ist nicht nur die thematische Reduktion der Schöpfungslehre auf den Menschen, sondern auch eine gravierende Verzeichnung von dessen Gottesverhältnis selbst.

Auf welche Weise verhält sich der Mensch nun konkret zu Gott als dem Grund des Seins? Die gängige Bezeichnung für dieses Verhältnis ist *Mystik*. Wir haben Mystik in der religionsphilosophischen Grundlegung als Entweltlichung beschrieben[108], in dem Sinn, dass der Mystiker sein weltliches Dasein übersteigt und sich dem jenseits allen Seins liegenden Grund zuwendet. Dabei kann er sich entweder „ekstatisch" in ihn versenken oder ihn „enstatisch" in seinem Innersten entdecken. In beiden Formen ist ein mystisches Element für jede Religion konstitutiv, sofern man diesen Begriff in dem erforderlichen weiten Sinn fasst und ihn nicht an bestimmte außergewöhnliche Formen von Emotionalität bindet. Mystik ist nichts anderes als diejenige Gestalt religiöser Selbsttranszendenz, die sich auf das Weltverhältnis des Menschen bezieht. In der Praxis der Frömmigkeit durchdringen sich die personale und die weltbezogene Seite. So hat z.B. jedes Gebet auch einen mystischen Aspekt. Andererseits rückt das Verhältnis des Mystikers zu anderen Menschen im Vollzug der Versenkung ganz in den Hintergrund. Insofern kommt darin die Gottesbeziehung immer nur partiell zum Ausdruck.

Das doppelte geschöpfliche Verhältnis des Menschen zu Gott als personales und als mystisches bleibt ambivalent. In der personhaften Begegnung mit Gott erfährt er sowohl Geborgenheit als auch das Bedrohliche des Heiligen. Jede religiöse Erfahrung weiß davon, dass Gott den Menschen nicht nur anrührt, sondern auch schweigt[109]. Das Gebet ist oft genug eine Antwort auf Gottes Schweigen, oder es findet seinerseits keine Antwort. Der Schmerz, der für den religiösen Menschen diese Erfahrung begleitet, erinnert zwar an eine vorgängige Anrede Gottes. Doch ist dies in der Situation der Gottverlassenheit kein Trost. Erst im Nachhinein ist die Erkenntnis möglich, dass Gott selbst im Schweigen auf verborgene Weise den Menschen anrührt. Mit der Mystik verhält es sich nicht an-

---

[108] S.o., Religionsphilosophische Grundlegung, 243.

[109] Das gilt auch für Christen. Deshalb ist die Behauptung ALBRECHT RITSCHLS, christlich gebe es im Grunde nur das Dankgebet, denn das Heil sei ja schon ein für allemal zuteil geworden, nicht nur ganz allgemein lebensfremd, sondern insbesondere auch dem religiösen Leben fremd (*Die christliche Lehre von Rechtfertigung und Versöhnung*, Bd. 3, 3. Aufl. Bonn 1888, 605–610). WOLFGANG TRILLHAAS spricht sicher mit Recht von „seiner religiösen Leere" (*Albrecht Ritschl im Echo seiner Epoche*, in: Gottes Reich und menschliche Freiheit. Ritschl-Kolloquium Göttingen 1989, hg. v. J. Ringleben, GTA 46 [144–154], 153.

ders. Sie kennt sowohl das unendliche Glück der Versenkung als auch die un-
heimliche Unzugänglichkeit des anonymen Seinsgrundes. Nicht umsonst spricht
Jacob Böhme in diesem Zusammenhang, wie wir oben gesehen haben, von Gott
als dem „Ungrund"[110]. Die Zwiespältigkeit des geschöpflichen Gottesverhältnisses beruht keineswegs nur auf der Verfehlung der menschlichen Existenz (von
der hier noch gar nicht die Rede ist), sondern drängt sich in unverschuldeten Geschichtserfahrungen wie biographischen Krisen und historischen Brüchen sowie
in Naturerfahrungen wie Krankheit und Naturkatastrophen auf[111]. Schon deshalb kann Heilsgewissheit nicht als Vollendung natürlicher Gottesgewissheit gedacht werden.

d) Das Woher von Freiheit und Abhängigkeit

Wenn der Mensch sich als eigenständig und zugleich auf andere bezogen erfährt,
so impliziert das Freiheit und Abhängigkeit von anderen. Identität ist nicht einfach vorgegeben, entwickelt sich auch nicht von selbst, sondern ist immer zugleich Aufgabe eigener Gestaltung. Das Geflecht von Wechselwirkungen, in dem
der Mensch sein Leben führt, ist ein Wechselspiel von relativer Freiheit und relativer Abhängigkeit. In der religiösen Erfahrung stellt sich das Dasein des Menschen und damit *ipso facto* auch das System der Wechselwirkungen, innerhalb
dessen er ein Selbst ist, als von außen gesetzt dar. Das heißt, er verdankt sich
selbst als freies, sich selbst bestimmendes Subjekt ebenso wie als von natürlichen
Bedingungen, anderen Menschen und gesellschaftlichen Verhältnissen Abhängiger Gott. Das ist die religiöse Urerfahrung des Geschaffenseins, bezogen auf die
Polarität von Freiheit und Abhängigkeit. Sie denkend zu erfassen ist eine der
schwierigsten Aufgaben theologischer Reflexion.

Relativ leicht scheint es zu sein, die naturhafte und geschichtliche Gebundenheit auf die Ursächlichkeit Gottes zurückzuführen. Dazu scheint es nur der einfachen logischen Operation zu bedürfen, die Vielfalt der relativen Determinationen
aus einer letzten Ursache herzuleiten, die es dann erlaubt, sie als einheitliches
Ganzes zu begreifen. Indessen ist dieser Schluss *erstens* nicht zwingend. Nichts
nötigt dazu, ein unbedingt Bedingendes anzunehmen. Auch der Gedanke eines *re-
gressus ad infinitum* oder die Vorstellung, die Welt sei in sich selbst gegründet, ist
ohne logischen Widerspruch möglich. Ebenso denkbar wäre eine Vielzahl von ei-

---

[110] S.o., Religionsphilosophische Grundlegung, 159.
[111] E. HIRSCH macht a.a.O. (Anm. 99), Bd. 1, § 53, M.1 darauf aufmerksam, dass F.D.E.
SCHLEIERMACHER in seiner *Dialektik* als erster die Doppelseitigkeit des Gottesverhältnisses als
Gründung in seinem Seinsgrund und als eines personalen Verhältnisses begrifflich klar herausgearbeitet habe (dort als unerlässliche Voraussetzung alles Wahrheitsbewusstseins auf der einen
Seite und Überzeugungsgefühl, bzw. in der Glaubenslehre: schlechthinniges Abhängigkeitsgefühl, auf der anderen). Die Bedrohung durch den Abgrund aber hat Schleiermacher nur in sehr
abgeschwächter Form wahrgenommen.

nander durchdringenden, auch miteinander konkurrierenden Netzwerken gegenseitiger Abhängigkeit, die sich nicht in einen einheitlichen Zusammenhang bringen lassen. Ein solcher prinzipieller Pluralismus, wie er in postmodernen philosophischen Konzepten vertreten wird, könnte auch von der naturwissenschaftlichen Chaostheorie aus entwickelt werden. *Zweitens* führt die umstandslose Verwendung des Begriffs der Ursächlichkeit dazu, sich das schöpferische Handeln Gottes als welthafte Kausalität vorzustellen und Gott so zu einem Stück Welt zu machen. Das rächt sich *drittens* darin, dass eine so verstandene *prima causa* die *causae secundae* (in scholastischer Terminologie) jeglicher eigenen Bedeutung beraubt, denn die Wirkungsmacht des schlechthin Bedingenden muss dann so konsequent deterministisch gedacht werden, dass sie keine relativen Abhängigkeiten zulässt. Gott als die in diesem Sinn alles bestimmende Wirklichkeit würde sämtliche menschlichen Lebensäußerungen völlig determinieren.

Dieser Auffassung widerspricht die menschliche Freiheitserfahrung. Die Reduktion menschlicher Lebenserfahrung auf ein lückenloses Zusammenspiel von Erbanlagen, elektromagnetischen Vorgängen im Gehirn und sozialen Determinanten würde auch die Zurechenbarkeit menschlicher Handlungen ausschließen. Man hat deshalb schon in der Antike versucht, auf dieser unteren Ebene der Freiheit ihren Spielraum zu lassen, ihn dafür aber auf der oberen Ebene gewissermaßen einzuklammern, indem man das Selbst als Verhältnis, das sich noch einmal zu sich selbst verhält, als gänzlich der ihm nicht durchschaubaren, alles bestimmenden transzendenten Macht unterworfen dachte. Das ist nur möglich, wenn man dem streng kausalen Denken ein personales Element beimischt: Gott gewährt dem Menschen relative personale Freiheit. Das Resultat wäre eine Schicksalsreligion, wie sie das antike Griechentum ausgebildet hat. Wenn es in dieser Religion nicht nur die Menschen, sondern auch die Götter waren, die von der Moira gelenkt wurden, so liegt das nur an der noch sehr anthropomorphen Vorstellung, die man von ihnen hatte.

Das Ergebnis dieses Gedankengangs lautet: Hinter dem Determinismus steht ebenso wie hinter dem logischen Kompromiss der Schicksalsreligion das ausschließliche Verständnis der letztlich alles bestimmenden Wirklichkeit als Seinsgrund. Dieser ist eine dunkle, unerkennbare Macht, die alle Fäden der ebenso undurchschaubaren Welt zusammenhält. Freiheit lässt sich mit einem solchen Gottesbegriff nur durch Inkonsequenz verbinden.

Um so eher kann Freiheit anscheinend im Zusammenhang mit einem personalen Verständnis des Gottesverhältnisses gedacht werden. Dann hätte Gott den Menschen zwar als einen ihm unendlich Unterlegenen, aber doch ihm Verantwortlichen geschaffen. Warum er das getan hat, lässt sich zwar nicht ausfindig machen. Denn wer wollte Gottes Motive ergründen (Jes 45,9; Jer 18,6)? Aber so unbefriedigend das in angespannter Situation für das existenzielle Selbstverständnis des Menschen sein mag, auf der theoretischen Ebene scheint es zu genügen, sich in die Faktizität dieses Verhältnisses zu finden. Dies ist die Struktur der

alttestamentlichen Bundesreligion. Aus einer formal vergleichbaren Sicht hat in
viel späterer Zeit Duns Scotus die – über alttestamentliches Denken weit hinausgehende – metaphysische Konsequenz gebildet, dass Gottes Weltregierung die eines absolut freien Souveräns sei. Alles, was ist, existiere nur kraft der absoluten
Freiheit Gottes. Auch das Gute sei kein Maßstab, nach dem er sich richten müsste, sondern sei nur kraft seiner freien Entscheidung gut, die freilich an sein eigenes Gutsein gebunden sei. Diesem freien Gott stehe ein freier, trotz seiner Abhängigkeit von der Naturordnung voll verantwortlicher Mensch gegenüber[112]. Ein
voll entwickelter Indeterminismus ist für Duns zwar nicht möglich, weil er dann
Gottes Herrschaft über den Menschen nicht mehr denken könnte. Aber seine vo-
luntaristische Tendenz kommt einem Indeterminismus so nahe, wie es unter der
Bedingung eines göttlichen Heilsplans angeht. Dahinter steht auch hier ein tiefer
religiöser Gedanke: Gott soll als Grund der menschlichen Freiheit verstanden
werden. Das erscheint dann möglich, wenn er als personales Gegenüber dem
Menschen diese Freiheit einräumt.

Auch diese Lösung hat jedoch ihre Probleme, ja sie führt ebenso in eine Aporie
wie der Determinismus. Macht man nämlich die freie göttliche Gabe zum Grund
menschlicher Freiheit, so fällt es schwer, daraus nicht die Konsequenz zu ziehen,
dass Gott und Mensch letztlich zwei gleichberechtigte Partner seien. Damit wäre
aber die für alle Religion grundlegende Einsicht preisgegeben, dass Gott vom
Menschen kategorial zu unterscheiden ist. Zwar hat Duns Scotus faktisch diese
Schlussfolgerung ebenso wenig gezogen, wie die alte griechische Religion einen
folgerichtigen Determinismus ausgebildet hat. Aber es scheint, als müsse man
das beide Male mit einer glücklichen Inkonsequenz erklären. Auf alle Fälle zeigen die Aporien, dass es auch unter Voraussetzung des Gottesbegriffs nicht möglich ist, Freiheit und Abhängigkeit objektiv auf einen einheitlichen Grund zurückzuführen. Metaphysisch bleibt es bei der von Kant festgestellten Antinomie
von Determinismus und Indeterminismus. Das erinnert uns daran, dass auch die
religiöse Erfahrung nicht erlaubt, die Grenze der menschlichen Selbst- und Welterfahrung zu überschreiten, sondern diese lediglich aus der Gottesbegegnung heraus deuten kann[113]. Sie vermag damit nicht die geschilderte Aporie zu überwinden, sondern setzt sie voraus und behält sie als bleibenden Stachel in sich.

Um an dieser Stelle weiterzukommen, beziehen wir das Verhältnis von Freiheit
und Abhängigkeit auf die komplementären Erfahrungen Gottes als personales
Gegenüber und als Seinsgrund. Dann scheint sich Folgendes zu ergeben. Der kosmomorphe Gottesbegriff schließt die personalistische Gefahr aus, einen Willkürgott zu denken, und bringt die Erfahrung der Bindung an vorgegebene Gesetzmäßigkeiten zum Ausdruck. Der anthropomorphe Gottesbegriff dagegen drückt die

---

[112] Vgl. Reinhold Seeberg, *Lehrbuch der Dogmengeschichte* Bd. 3, 4. Aufl. (1930) Nachdruck (=5.Aufl.) Graz 1953, 643–646.653f.
[113] So mit Recht E. Hirsch, a.a.O. (Anm. 99), Bd. 1, 299, § 68 M. 1.

Möglichkeit eines personalen Gottesverhältnisses aus, das zu einem Seinsgrund kaum vorstellbar ist, und verhindert ein Verständnis Gottes als einer blinden, anonymen Ursächlichkeit. So scheint die „Lösung" der beschriebenen Problematik, wenn man das überhaupt so nennen will, in einer Kombination beider Denkrichtungen von der Art zu liegen, dass die Freiheitserfahrung mit der personalen Seite des Gottesverhältnisses und die Abhängigkeitserfahrung mit Gott als Seinsgrund zu verbinden wäre. Die problematischen Einseitigkeiten wären vermieden.

Dieses Verfahren ist jedoch zu einfach. Es würde lediglich den inneren Zwiespalt der menschlichen Erfahrung auf Gott übertragen. Vor allem aber wird es der Komplexität der religiösen Erfahrung selbst nicht gerecht. Aus ihr ergibt sich, dass sowohl Freiheit als auch Abhängigkeit jeweils mit der personalen und mit der welthaften Seite der Gotteserfahrung zu verbinden sind. *Personal* verstanden ist Gott als souveräner Herr nicht nur derjenige, der dem Menschen Freiheit eröffnet, sondern er setzt ihm als Schöpfer auch Ursprung, Grenzen und Ziele; mit einem Wort: der Mensch erfährt sich auch in dieser personalen Beziehung als von Gott gesetzt. Die passive Konstitution des Daseins hat in beiden Hinsichten den Primat. Nur in diesem Kontext ist die Eröffnung der Freiheit zu verstehen – allerdings nicht als bloße Einschränkung des Notwendigkeitszusammenhangs, also als Negation, wie in der neuerdings beliebten Interpretation der Schöpfung als einer freiwilligen Selbstbeschränkung Gottes[114], sondern als positive Setzung, über deren göttliche Beweggründe wir nichts ausmachen können. Die Eröffnung menschlicher Freiheit bleibt ebenso wie alle gesetzmäßigen Verläufe der alles bestimmenden Vorsehung Gottes unterworfen. Diese Antinomie kann nicht aufgelöst werden, weil man dafür den Standpunkt Gottes einnehmen müsste, genau genommen sogar einen Standpunkt über Gott, womit die Absurdität vollends am Tage ist. Es bleibt auch unter dem Vorzeichen der religiösen Deutung nur übrig, die gegebene Freiheit als unumgänglich, als von Gott gesetztes „Schicksal", anzunehmen. Ihre Vermittlung durch erkennbare Spielräume im gesellschaftlichen Zusammenleben drängt dem Menschen diese Deutung seiner alltäglichen Selbst- und Welterfahrung geradezu auf.

Auf der anderen Seite steht die Erfahrung Gottes als *Seinsgrund*. Sie ist keineswegs nur der Ausdruck für das Eingebundensein in einen Notwendigkeitszusammenhang, sondern ebenso für die Quelle elementarer Lebensmöglichkeit. Als eine solche ist auch die Freiheit zu verstehen. Freiheit ist nicht, wie Arnold Gehlen

---

[114] So etwa JÜRGEN MOLTMANN, *Gott in der Schöpfung. Ökologische Schöpfungslehre*, 4. Aufl. Gütersloh 1993, 224. Moltmann behauptet, es handle sich dabei um eine Kontraktion Gottes. Er bezieht sich dafür auf die kabbalistische Lehre vom Zimzum Gottes (vgl. 166). Der Satz wäre aber nur dann sinnvoll, wenn Gott und Welt gleichermaßen und im gleichen Sinn als *res extensae* beschrieben werden könnten. CHR. SCHWÖBEL spricht a.a.O. (Anm. 94), 65.73 vorsichtiger von einer Selbstbegrenzung Gottes, ebenso E. JÜNGEL, *Wertlose Wahrheit. Zur Identität und Relevanz des christlichen Glaubens* (BevTh 107), München 1990, 151–162. Doch auch damit ist ein analoges Verständnis göttlicher und menschlicher Freiheit nicht vermieden.

gemeint hat, eine bloße Kompensation für den reduzierten Instinktapparat, über den der Mensch als „Mängelwesen" verfügt[115], ebenso wenig freilich etwas den Naturzusammenhang vollkommen Übersteigendes, wenn auch nur transzendental zu Verstehendes, wie es etwa Kant und der Deutsche Idealismus im Banne der klassischen Physik noch annehmen konnten. Sie kann vielmehr (wiewohl das nicht empirisch aufweisbar ist) durchaus innerhalb des Naturzusammenhangs ihren Platz finden, wenn man sie als Resultat einer Bifurkation im natürlichen Evolutionsprozess begreift, also als eine höhere Form von Selbstorganisation. Menschliche Freiheit steht der Entwicklung der Lebensformen nicht als etwas *toto coelo* Unterschiedenes gegenüber, sondern ist aus ihr hervorgegangen. Religiös gedeutet erscheint sie in diesem Zusammenhang als eine aus dem Seinsgrund hervorgehende, zugleich elementare und eigenständige Dynamik.

Die Beziehung je einer Seite der menschlichen Freiheits- und Abhängigkeitserfahrung auf je eine Seite des Gottesbildes ist demnach lediglich eine Sache der Akzentsetzung, stellt aber keine eindeutige Zuordnung dar. Zureichend lässt sich das Verhältnis von relativer Freiheit und relativer Abhängigkeit aus dem Blickwinkel der Gottesbeziehung nur dann beschreiben, wenn man die eben geschilderte Verschränkung beachtet. Wie ist das möglich?

Ein prominenter Lösungsversuch liegt in Schleiermachers Glaubenslehre vor. Er spricht dort von der schlechthinnigen Abhängigkeit des Menschen von Gott, die sowohl die relative Abhängigkeit als auch die relative Freiheit unter sich begreife. Wenn nicht auch die Freiheit unter die schlechthinnige Abhängigkeit fiele, wäre diese nicht absolut, und die Freiheit des Menschen würde faktisch mit derjenigen Gottes konkurrieren. Da nun Schleiermacher Fichtes Kritik an einem personalen Gottesbegriff übernommen hat und Gott im Gegenüber zur schlechthinnigen Abhängigkeit als die schlechthinnige Ursächlichkeit bezeichnet, könnte man sagen, dass er die relative Freiheit ebenso wie die relative Abhängigkeit Gott als dem Seinsgrund unterstellt. Schleiermacher will jedoch eben diesen Seinsgrund als „Geistigkeit" denken (§ 55 L). Insofern ist bei ihm die geforderte Verschränkung der beiden Aspekte des Gottesbegriffs ansatzweise vollzogen. Allerdings hat der Begriff einer schlechthinnigen Ursächlichkeit, nicht zuletzt auf Grund seiner Missverständlichkeit im Sinne eines Kausalmechanismus (vgl. § 34), ein solches Übergewicht, dass man Hegels berühmt-berüchtigte Polemik, nach Schleiermacher müsse eigentlich der Hund der beste Christ sein, weil er sich eben schlechthin abhängig fühle[116], immerhin verstehen kann, wenngleich sie der Intention Schleiermachers nicht von ferne gerecht wird.

---

[115] Arnold Gehlen, *Der Mensch* (1940), 13. Aufl. Wiesbaden 1986, 354. Gehlen betont freilich gegen seine Kritiker, der Begriff des Mängelwesens sei nur ein „transitorischer", 20. Doch wird damit aus der Kompensation der Mängel durch die „Weltoffenheit" eigentlich nur eine Überkompensation.

[116] Georg Wilhelm Friedrich Hegel, *Vorrede zu Hinrichs' Religionsphilosophie*, SW (Jub.-Ausg.) Bd. 20 (3–28), 19.

Fasst man nun, über Schleiermacher hinausgehend, das Verhältnis von personalem Gottesverhältnis und Hervorgang aus Gott als Seinsgrund streng komplementär, so lässt sich das Verhältnis menschlicher Freiheit und Abhängigkeit dazu folgendermaßen darstellen. Der Mensch erfährt in der Tat sowohl seine Freiheit als auch seine Abhängigkeit als gesetzt. Diese Setzung erfolgt einerseits in Gestalt eines *personalen* Verhältnisses: Freiheit wird mir von Gott eröffnet, Abhängigkeit wird mir von ihm bestimmt. Darin ereignet sich die von Kierkegaard hervorgehobene Durchsichtigkeit dieses Verhältnisses, die sich dann in der bewussten *Annahme* jener Eröffnung und dieser Bestimmung reflektiert. Zugleich aber bleibt der setzende Wille Gottes unergründlich, denn Gott ist nicht Person, sondern der, welcher Personalität allererst ermöglicht. Freiheit und Abhängigkeit werden andererseits als im *Seinsgrund* verankert erfahren. Sie sind insofern elementare Gegebenheiten des Lebens, die allen seinen Vollzügen unerklärbar zugrunde liegen. Diese Unmittelbarkeit des Verhältnisses kann sich in einen Willen zum Leben umsetzen, der sich dann in der Selbstreflexion in dessen *Bejahung* übersetzt. Zugleich aber behält dieser dunkle, vorbewusst präsente Urgrund seine Undurchsichtigkeit und belässt den Willen zum Leben in einer Situation elementarer Ungewissheit.

Die durchsichtige Gründung menschlicher Freiheit und Abhängigkeit in Gottes Eröffnung und Setzung ermöglicht also deren Annahme und Bejahung. Die bleibende Dunkelheit Gottes als Wille und als Seinsgrund lässt jedoch diese Annahme und Bejahung nicht unangefochten gelten. Sie hält die Möglichkeit, Freiheit als in leerer Beliebigkeit schwebend und Abhängigkeit als völlige Lähmung zu erfahren, als drohenden Abgrund der Geschöpflichkeit offen. So bleibt der Wille zum Leben von Lebensverneinung bedroht.

Damit ist das Prädikat der Allmacht aus der traditionellen Lehre von den Eigenschaften Gottes in erster Näherung auf seine Basis in der religiösen Erfahrung zurückgeführt. Das schwierigste Problem, mit dem diese Lehre konfrontiert ist, die Erfahrung unverschuldeten Leidens, ist freilich hier noch ausgeklammert. Sie soll im letzten Unterabschnitt dieses Kapitels (3 g) zur Sprache kommen.

e) Der Gewährende und Fordernde

Als personales Gegenüber ebenso wie als Seinsgrund ist Gott zunächst der Freiheit und Abhängigkeit und damit Lebensmöglichkeit Gewährende. Damit ist die Seinserfahrung des Menschen als primär passive konstituiert. In der Gewissenserfahrung hingegen erscheint die Abhängigkeit als Herausgefordertsein der Freiheit. Die Freiheit selbst ist also nicht allein von Gott eröffnete Möglichkeit und eine in ihm als Seinsgrund wurzelnde Dynamik, die sich in sozialen Freiräumen aktualisiert. Sie ist zugleich hinsichtlich ihrer Zielsetzungen von Gott in Anspruch genommen. Diese Herausforderung ist nicht die eines dem Menschen mitgegebenen Instinktprogramms, das auf Verwirklichung drängt, sondern sie vermittelt sich durch seine jederzeit noch ausstehende Identität sowie durch die ihm von anderen Menschen und von der Welt her begegnenden Anforderungen, durch eine *vis a fronte*, nicht durch eine *vis a tergo*, um Helmuth Plessners treffsichere Terminologie aufzugreifen[117].

Identität ist anderen geschuldete Identität, ebenso wie das Dasein für andere und die Sorge für die Welt den anderen und der Welt geschuldet sind. Das gilt prinzipiell universal, und es gilt mit *Unbedingtheit*. Nun hatten wir uns bereits im Abschnitt 1 e klar gemacht, dass Unbedingtheit keinesfalls umstandslos dem einzelnen konkreten Gewissensspruch zugeschrieben werden darf, da auf dieser Ebene mit Irrtümern und konventionellen Prägungen zu rechnen ist. Unterscheidet man aber die Unbedingtheit von den konkreten Inhalten, die von ihr begleitet werden, als unumgänglichen Bestandteil der *Grunderfahrung* des Gewissens, so ist sie religiös als Hinweis auf Gott als den eigentlichen Urheber des Sollens zu begreifen. So wird denn in allen Religionen Gott – oder die Transzendenz – nicht nur als der Lebensmöglichkeiten Gewährende, sondern immer auch als der Gebietende gesehen. Damit ist gesagt, dass der Mensch ganz und gar gefordert ist; auch die Freiräume, die nicht unmittelbar durch ein Sollen besetzt sind, haben ihren Ort innerhalb des Gefordertseins der ganzen Existenz.

Diese Grunderfahrung ist auch dem modernen, religiös indifferenten Menschen nicht verschlossen. Zwar variieren heute im Abendland die Inhalte, mit denen sich ein solches unbedingtes Sollen verbindet, weit stärker als in anderen Gesellschaften. Aber die einschlägige Signatur der Gegenwart, die man gern als Instanzlosigkeit bezeichnet, ist bei Licht besehen eigentlich eher das Fehlen einer einzigen, fraglos verbindlichen und dauerhaften Instanz mit letzter Autorität. An deren Stelle ist eine Vielzahl unterschiedlicher und oft rasch wechselnder Instanzen getreten, denen aber oft jeweils für bestimmte Bereiche oder bestimmte Fristen letzte Verbindlichkeit zugeschrieben wird. Die Konkurrenzsituation führt freilich zur Erosion der Autorität dieser Instanzen; in diesem Sinn ist dann in der Tat von einer mindestens latenten Instanzlosigkeit zu sprechen. Diese Erscheinung wird aber – keineswegs nur von „Wertkonservativen" – durchaus als Verlusterfahrung aufgefasst, die man durch die Suche nach Halt bietenden Lebensorientierungen (z.B. in Sekten oder neuen Religionen) zu kompensieren sucht. Daher erscheint die religiöse These berechtigt: Es gehört zur Selbsterfahrung des Menschen als eines geschaffenen Seienden, dass er sich zugleich als mit Leben begabt und als auf ein unbedingtes Sollen hin geschaffen erfährt. Seine Freiheit erscheint ihm unter dieser Voraussetzung als eine letztlich vor Gott zu verantwortende.

Wenn der Mensch als Freier das Leben auf diese Weise zugleich als gegebenes und als geschuldetes versteht, kann man fragen, ob damit nicht zumindest in religiöser Perspektive die Trennung von Seins- und Sollenserfahrung, die für die

---

[117] H. PLESSNER, a.a.O. (Anm. 6), 392.

Neuzeit so charakteristisch ist, dahinfällt. Das ließe sich freilich kaum damit begründen, dass in traditionalen Kulturen, die durchweg die in ihnen bestehenden Pflichten religiös begründen, diese Trennung nirgends vollzogen wird. Denn dies wäre ein rein empirischer Hinweis, der über die sachliche Berechtigung der Ineinssetzung von Sein und Sollen, von Sein und dem Guten, gar nichts aussagt. Allerdings beleuchtet diese kulturelle Differenz scharf das Problem, das hier gestellt ist. Wäre es nämlich religiös illegitim, die Sollenserfahrung der Seinserfahrung als eine andere Erfahrungsweise gegenüberzustellen, so wäre die Einführung dieser Unterscheidung gleichzusetzen mit dem Ende jeder religiösen Begründung der Ethik. Vordergründig scheint dafür der historische Zusammenhang zwischen der Emanzipation der Ethik von ein für allemal feststehenden Gesellschaftsstrukturen und der in der Aufklärung beginnenden Religionskritik zu sprechen. Indessen sticht dieses Argument wiederum nur dann, wenn Religion als untrennbar mit solchen Gesellschaftsstrukturen verknüpft gedacht wird.

Man könnte sich freilich auch unter der neuzeitlichen Voraussetzung eines Hiatus zwischen innerweltlichen Gegebenheiten und innerweltlichen Pflichten ein Zusammenfallen beider auf der höheren Ebene *coram Deo* vorstellen, so dass für den Glaubenden mit seinem Geschaffensein automatisch ein bestimmtes Sollen gegeben wäre, das aus der Seinserfahrung des Sich-Gott-Verdankens unmittelbar abgelesen werden könnte. Dieser Grundsatz spielt explizit oder implizit in der modernen protestantischen Ethik eine große Rolle[118]. Zutreffend an dieser Auffassung ist die Einsicht, dass menschliches Sein als auf ein Sollen *bezogenes* geschaffen ist. Doch nun zeigt der Streit, den auch Christen ständig über konkrete ethische Fragen führen, dass die eindeutige Erkennbarkeit des göttlichen Gebotes für eine bestimmte Situation offenbar doch eine Fiktion ist. Selbst das christliche Grundgebot der Nächstenliebe ergibt sich nicht im Sinne einer logischen Folgerung aus der Erfahrung der Liebe Gottes, sondern der Bezug jenes Sollens auf dieses Sein muss eigens gesetzt werden. Wenn dieser Zusammenhang beispielsweise in der johanneischen Literatur ständig angemahnt wird, so zeigt dies, dass er eben nicht selbstverständlich ist. Die Sollenserfahrung ist also in der Tat auch im religiösen Zusammenhang *praktisch* immer schon als eine von der Seinserfahrung unterschiedene Erfahrungsweise gesehen worden, auch wenn die *theoretische* Einsicht in diesen Sachverhalt erst im 18. Jahrhundert gewonnen wurde.

---

[118] Die Zuordnung von „Gegebensein des Lebens" und „Geben des Lebens", die TRUTZ RENDTORFF zusammen mit der „Reflexivität des Lebens" zum Gliederungsprinzip seiner Ethik gemacht hat, scheint auf dieser Voraussetzung zu beruhen; Ethik, Bd. 1 (ThW 13/1), 2. Aufl. Stuttgart u.a. 1990, 62–98. Ganz eindeutig wird die Einheit von Sein und Sollen von Karl Barth und Dietrich Bonhoeffer behauptet, die sie (auf unterschiedliche Weise) in der Christusoffenbarung fundiert sehen: K. BARTH, KD II/1, 737–791; D. BONHOEFFER, Ethik, hg. v. I. Tödt u.a. (Werke Bd. 6), München 1992, 365–412. Auch Bonhoeffers Rede von der unumgänglichen Schuldübernahme (275 f) ist in diesem Rahmen zu interpretieren.

Freilich ist für den religiösen Menschen dadurch, dass es derselbe Gott ist, dem er sich in seinem Sein verdankt und den er als den Fordernden erfährt, der inhaltliche Bezug beider Erfahrungsweisen aufeinander *grundsätzlich* klar. Grundsätzlich: das heißt bezogen auf den allgemeinen Inhalt der drei Grundforderungen der Identität, des Seins für andere und der Sorge für die Welt, die den Grunderfahrungen des Selbstseins, des Seins mit anderen und des Seins in der Welt korrespondieren. Sobald es jedoch um Konkretionen geht, kommen die weltlichen Vermittlungsinstanzen ins Spiel, die in ihrem Sosein und in ihrer gegenseitigen Verflechtung den Willen Gottes eben nicht eindeutig erkennen lassen, sondern insbesondere in ihrer institutionellen Gestalt durch deren Eigengewicht die Irrtumsmöglichkeiten eher noch potenzieren. Angesichts anstehender konkreter praktischer Entscheidungen wird daher die bleibende Unterschiedenheit von Sein und Sollen evident – sei es im Schmerz der Orientierungslosigkeit, sei es in der Freude über Gestaltungsspielräume. Es ist also jederzeit denkbar, dass eine Differenz zwischen weltlichen Anmutungen und dem unbedingten, von Gott gebotenen Sollen auftritt (Act 5,29), ohne rechtzeitig als solche erkannt zu werden.

Der Wille Gottes für eine bestimmte Situation ist ferner auch deshalb nicht eindeutig erkennbar, weil sich die verschiedenen Rollenanforderungen an den Menschen gegenseitig überschneiden und zum Teil auch ausschließen. Deshalb können die Instanzen, von denen sie ausgehen, nicht ohne weiteres als Repräsentanten der unbedingten göttlichen Forderung gelten. Natürlich hat der bestimmte Mensch, der sich in Not befindet und darum ein Ansinnen an mich stellt, als gleich mir von Gott Geschaffener *überhaupt* einen Anspruch auf Hilfe. Aber damit ist noch nicht gesagt, ob er ihn im konkreten Fall zu Recht stellt oder ob nicht ein anderer ein höheres Anrecht darauf hat.

Das sind Überlegungen, die bereits weit in das Gebiet einer Grundlegung der Ethik hineinreichen. Sie sind hier angestellt worden, um die Unterscheidung zwischen Seinserfahrung und Sollenserfahrung auch im religiösen Kontext zu verdeutlichen. Wir kehren jetzt zu dieser fundamentalen Ebene zurück. Hier ist noch eine prinzipielle Frage anzusprechen, die sich aus den bisherigen Ausführungen ergibt. Wir haben die Erfahrungsweisen des Seins und des Sollens so aufeinander bezogen, dass sie beide in der Schöpfung verankert sind: Indem Gott den Menschen schafft, gewährt er ihm die Möglichkeiten des Lebens und gebietet ihm zugleich die Grundrichtung, die dieses Leben nehmen soll. Mit diesem Gedanken schließe ich mich Gustaf Aulén, Knud Ejler Løgstrup und Gustaf Wingren an, die das programmatisch gefordert haben[119]. Diese Verbindung von Schöpfung und Gesetz scheint im Widerspruch zu dem breiten theologischen Traditionsstrom zu stehen, der das Gesetz ausschließlich mit der Sünde in Ver-

---

[119] Vgl. Gustaf Aulén, *Den allmänneliga kristna tron*, 4. Aufl. Stockholm 1943, 209–213; K.E. Løgstrup, Die ethische Forderung (Den etiske fordring, dt. v. R. Løgstrup), Tübingen 1959; Gustaf Wingren, *Schöpfung und Gesetz* (Skapelsen och lagen, dt. v. P.G. Klose, ThÖ 9), Göttingen 1960, 36.

bindung bringt, da erst hier die Kluft entstehe, die ein Gebot erforderlich mache. Zuvor sei von einem Sollen gar nicht sinnvoll zu reden. Statt vieler Zitate kann dafür auf Rm 5,13.20 verwiesen werden, wo ausdrücklich gesagt wird, das Gesetz sei erst „gekommen", nachdem die Sünde vorhanden war. Bei der Erörterung dieses Problems können wir von der alten mythologischen Vorstellung eines Zeitpunktes absehen, zu dem der Sündenfall die Zeit des *status integritatis* beendete, weil diese Frage für den Sachverhalt unerheblich ist.

Zunächst ist zuzugeben, dass das zentrale Thema des christlichen Glaubens die Erlösung von der Gottentfremdung ist, so dass die Sollenserfahrung in der Tat primär auf den Widerspruch zwischen der göttlichen Bestimmung des Menschen und deren Verfehlung zu beziehen ist. Dieser Widerspruch ist zweifellos, wie später ausführlich zu zeigen sein wird, etwas anderes als die Spannung zwischen Endlichkeit und Unendlichkeit, um die es im gegenwärtigen Abschnitt geht. Jedoch impliziert auch diese Spannung insofern schon ein Sollen, als die Eigenart der Freiheit, sich durch konkrete Herausforderungen zum Überschreiten des jeweils gegebenen endlichen Zustandes provozieren zu lassen, nicht von vornherein als sündig qualifiziert werden kann. Diese Seite der Sache gehört vielmehr zum Wesen des Menschen, insofern er sich vom Tier unterscheidet, ist also ein Element seines Geschaffenseins. Auch Paulus nimmt diesen Gesichtspunkt auf, wenn er Rm 2,14f mit Jer 31,33 schreibt, das sittliche Gesetz sei dem Menschen „ins Herz geschrieben", also von Natur aus eigen.

Das Sollen, das zum Geschaffensein des Menschen untrennbar hinzugehört, ist für ihn unerfüllbar, sowohl im intensiven als auch im extensiven Sinn, und zwar nicht erst wegen seiner Weigerung, dem Gebot Folge zu leisten, sondern schon wegen seiner begrenzten Fähigkeiten, seiner eingeschränkten Reichweite und wegen der Komplexität seiner Lebensverhältnisse. Davon hatten wir oben bereits gesprochen. Wenn wir uns jetzt klar machen, was das vor Gott bedeutet, der mit jener Unbedingtheit gemeint ist, so muss man auch hier die Rede von Schuld noch zurückstellen. Andernfalls wäre Gott selbst für das hier vom Menschen angeblich zu Bereuende verantwortlich zu machen, weil er es ist, der den Menschen endlich geschaffen hat. Wir werden zwar später sehen, dass dies eine sehr abstrakte Fragestellung ist, weil in der Lebenswirklichkeit des Menschen die bloße Endlichkeit ohne Sünde nicht vorkommt. Doch gerade wegen dieser Verflechtung ist es von entscheidender Bedeutung, beides präzise voneinander zu unterscheiden, weil andernfalls entweder die Geschöpflichkeit des Menschen als von Natur aus sündig disqualifiziert oder die Sünde als bloße Mangelerscheinung verharmlost wird.

Die Schwierigkeit, die das Verhältnis von unbedingter Forderung und stets nur endlicher Erfüllung in sich birgt, ist damit nicht erledigt. Im Gegenteil, sie führt zu der Frage, wie denn ein göttliches Gebot gelten könne, von dem von vornherein feststeht, dass es unerfüllbar ist. Die sich daraus ergebende scheinbare Sinnlosigkeit der unbedingten Forderung steht in krassem Gegensatz zu der Gewissenserfahrung ihrer unumschränkten Geltung. Dieser Widerspruch lässt sich im Zusammenhang des für sich betrachteten Schöpfungsglaubens nicht auflösen. Wir werden auf das Problem zurückkommen müssen, wenn wir das Verhältnis von Endlichkeit und Sünde in den Blick fassen.

f) Der Leben Schaffende und Tötende

Menschliches Leben vollzieht sich in der Spannung zwischen freiem Raum und limitierendem Ort, freier Zeit und Unumkehrbarkeit von Augenblick und Frist. Das sind die formalen Bedingungen für die Polarität des Seins-in-Beziehung zwischen Selbstunterscheidung auf der einen Seite und Von-anderen-her-Sein und Auf-andere-hin-sein auf der anderen Seite. Diese Polarität ist es, die menschliche Kreativität freisetzt. Sie wirkt als Herausforderung, Freiheit auf die in Raum und Zeit vorgegebenen, begrenzten Gegenstandsbereiche gestaltend zu beziehen. Dabei vermittelt sie das Bewusstsein, dass alles auf die Gestaltung des Hier und Jetzt ankommt.

Kreativität ist somit etwas, das zwar dem einzelnen Menschen zugeschrieben wird, in Wirklichkeit aber nur in einem Netzwerk menschlicher Beziehungen wirklich werden kann. Das gilt selbst von dem in einsamer Genialität rein für sich schaffenden Künstler: Er steht in einer kulturellen Tradition, er hat seine Lehrer, er malt oder komponiert selbst dann auf andere bezogen, wenn sein Werk sich nicht intentional auf eine Kommunikation mit potenziellen Betrachtern oder Hörern richtet. Bei anderen beruflichen Tätigkeiten ist das soziale Element der Kreativität noch offensichtlicher, insofern sie jeweils bestimmte Rollen in einer arbeitsteiligen Gesellschaft repräsentieren.

Der elementare Fall menschlicher Kreativität ist die Weitergabe des Lebens in Zeugung und Geburt. Die Polarität von Mann und Frau als Verhältnis zweier Menschen, die beide in je verschiedener Weise ein Selbst sind, wird zum Ursprung eines neuen Lebens. Dass es dafür weit mehr bedarf als der rein biologischen Vorgänge, zeigt sich an bewusster Familienplanung, an Bemühungen um Erziehung und Ausbildung, an der Gestaltung des Familienlebens usw. Dennoch erweist sich der Begriff der Kreativität hier für sich genommen als gänzlich unzureichend. Man spürt das instinktiv an der Unangemessenheit, ja dem Zynismus der Redewendung „ein Kind machen". Die natürliche Erfahrung von Eltern lehrt vielmehr, dass ein Kind ein Geschenk ist – selbst dann, wenn der Blick dabei gar nicht auf den Schenkenden gerichtet ist. Die Erfahrung von Passivität bezieht sich dabei keineswegs bloß auf das Gegebensein der naturhaften Konstitution des Menschen. Man muss sich nur bewusst machen, wie wenig das Geschenk eines Kindes eine sich aus den Naturgesetzen automatisch ergebende Selbstverständlichkeit darstellt.

Der Schöpfungsglaube führt das Entstehen neuen Lebens auf Gott zurück. Er ist es, dessen Schöpfermacht sich durch die Liebe der Eltern zur Schöpfung eines neuen Lebens vermittelt. Unter diesem Gesichtswinkel erscheint das, was man menschliche Kreativität nennen kann, ebenfalls als Gottes Gabe. Von hier aus ergibt sich eine Analogie zu anderen Formen menschlicher Kreativität. So gilt für den zuvor zitierten schaffenden Künstler, dass seine schöpferische Kraft in einer „Begabung" gründet, die ihm ohne sein Zutun zuteil geworden ist: Er ist – ganz unabhängig von dem humanwissenschaftlichen Streit über eine eher psychologisch-soziologische oder eher genetische Erklärung – begabt *worden*, und zwar, religiös verstanden, von Gott.

Die Geburt eines Kindes macht weiter deutlich, dass menschliche Kreativität nicht als Analogie zur göttlichen Kreativität verstanden werden kann. Die handelnden Menschen sind eigenständige Individuen, die in einer polaren Beziehung zueinander stehen. Trotz aller modernen technischen Ersatzmaßnahmen wie in-vitro-Fertilisation usw. gilt: Nur aus einer Beziehung zwischen zwei Menschen entsteht das Neue. Es ist begreiflich, dass archaische Religionen diesen Sachverhalt in ihre Vorstellung von der Schöpfung durch eine transzendente Macht hineinprojiziert haben, indem sie die Schöpfung der Welt und der Menschen auf den Zeugungsakt eines göttlichen Paares zurückführten. Doch Gott ist erst dann als Grund aller Beziehung und somit als Grund alles Lebens verstanden, wenn er als derjenige gesehen wird, der diese konstitutive Bedingung menschlicher Kreativität transzendiert[120]. Er bedient sich der von ihm geschaffenen Kreativität, die zur naturhaften Konstitution des Menschen gehört, so wie er sich der von ihm geschaffenen naturhaften Zusammenhänge bei der Schöpfung nichtmenschlichen Lebens bedient. Die Vorstellung einer der göttlichen analogen menschlichen Kreativität setzt nicht nur – im Umkehrschluss – einen menschenförmigen Gott voraus, sondern geht auch von einer absoluten Überlegenheit des menschlichen Geistes über die Natur aus, die sich der heutigen Welterfahrung als immer unglaubwürdiger erwiesen hat. Die Asymmetrie wird noch offensichtlicher, wenn man sich Gottes Schaffen nach Analogie eines menschlichen Künstlers vorstellt. Dieser ist im Unterschied zu Gott auf Material, auf Tradition, auf Rezipienten angewiesen, mit denen er sich auseinander setzen muss.

Als Schöpfer ist Gott der Grund der Annahme und der Bejahung des Lebens als eines mir persönlich anvertrauten und aus dem göttlichen Seinsgrund als elementare Dynamik hervorgehenden Lebens. Als schöpferischer Wille wie als Seinsgrund ist Gott aber zugleich unergründlich. Diese Nachtseite religiöser Erfahrung zeigt sich in der prekären Daseinssituation des Menschen hinsichtlich seiner Freiheit als potenziell leere Beliebigkeit und hinsichtlich seiner Abhängigkeit als potenziell lähmende Gebundenheit. Dem entspricht im Bereich der Gewissenserfahrung die Bedrohung des Bewusstseins von einem verbindlichen Sol-

---

[120] Manche feministische Theologinnen kritisieren den Gedanken eines asexuellen Gottes als unmenschlich. Diese Kritik läuft auf die Annahme einer menschenartigen Gottheit als Schöpfer(in) hinaus. Eine solche Gottheit ist zwar nicht unmenschlich, aber allzu menschlich und damit überflüssig.

len durch die offene Frage nach dessen Geltung. Gott ist Grund des Lebens und des Todes; er schafft gesundes, aber auch krankes und leidendes Leben. In den Schöpfungsglauben geht also stets ein Element des Nichtigen ein. Das dürfte der eigentliche Grund dafür sein, dass man in der christlichen Tradition die Lehre von der Schöpfung aus dem Nichts, der *creatio ex nihilo*, ausgebildet hat. Sie kann ja nicht einfach die banale Feststellung meinen, dass Gott zur Schöpfung der Welt auf kein zuvor bereits vorhandenes ‚Material' zurückgreifen musste, weil er sonst nicht die ganze Welt geschaffen hätte. Eher ist an die urtümliche Vorstellung von dem Chaos zu denken, das in antiken Schöpfungsmythen der Entstehung der Welt vorausgeht. Chaos ist in diesen Mythen die negative, gottfeindliche Macht, die von Gott gebändigt wird. Das Nichts des modernen Nihilismus ist die unmythologische Form des Chaosgedankens, der hier freilich auf den Kopf gestellt wird: Nicht Gott überwindet das Nichts, sondern der Nihilist ist überzeugt, dass er selbst durch seine Religionskritik Gott getötet habe, wie man bei Nietzsche lesen kann[121]. Eine mildere Form des Gedankens, das Nichts sei eine Gott bedrohende Todesmacht, ist der metaphysische Dualismus. Der Schöpfungsglaube versteht im Unterschied dazu Gott als die Alles bestimmende Wirklichkeit. Als die das Leben schaffende Macht hebt er das Nichts, den Tod, in sich auf.

Schelling hat das so ausgedrückt, dass Gott seine eigene Negation, das Nichtsein, in sich trage, und Hegel hat diesen Gedanken mit der schöpferischen Funktion des Negativen im Weltprozess zum Ausdruck gebracht[122]. Freilich lässt der spekulative Ansatz in beiden Fällen nicht mehr die Gottesbeziehung als Ermöglichungsgrund und Grenze solcher Aussagen erkennen.

Freilich werden Negation und Tod vom lebendigen Menschen nicht als bereits aufgehobene erfahren. Sie sind dies allenfalls, *insofern* er lebt, insofern er sich im Aufstand gegen die Irreversibilität der Zeit befindet. Aber er erfährt sich immer zugleich als ein Sein zum Tode. Wie lässt sich dies mit einem Glauben an Gott als „lebenspendendes Leben" vereinbaren[123]? Die Religionen geben vielfältige Antworten. Vom Fortleben des Einzelnen in seinen Kindern und somit in der heilsgeschichtlichen Fortsetzung des Bundes Gottes mit seinem Volk war schon die Rede. Verbreitet ist die Vorstellung, durch Opfer Leben begründen und sichern zu können, indem man das unvermeidliche Sterben an das Opfer delegiert. So opferten die Azteken im 14. Jahrhundert jährlich 20000 (!) junge Männer, weil ih-

---

[121] FRIEDRICH NIETZSCHE, *Die fröhliche Wissenschaft*, in: DERS., Werke hg. v. K. Schlechta, Bd. 2, München o. J., 126–128.

[122] FRIEDRICH WILHELM JOSEPH SCHELLING, *Philosophische Untersuchungen über das Wesen der menschlichen Freiheit und die damit zusammenhängenden Gegenstände* (1809), in: DERS., Ausgew. Werke. Schriften von 1806–1813, Darmstadt 1976, 301–305.319–321.325.343.350–353. Für HEGEL bedarf es keiner besonderen Belege, weil sich der genannte Gedanke durch seine ganze Philosophie hindurchzieht.

[123] Dieser Ausdruck nach G. EBELING, a.a.O. (Anm. 2), Bd. 1, 233.

nen die Sonne nur so das Weiterleben gestattete[124]. Auch die Askese, die bewusste Entsagung hinsichtlich des Materiellen, verbindet sich mit der Hoffnung auf Lebensgewinn. Alles dies wäre aber missverstanden, wollte man daraus verzweifelte Initiativen des Menschen machen, aus eigener Anstrengung das Todesschicksal zu überwinden. Diese rituellen Vollzüge werden vielmehr auf die sie stiftende Autorität der Gottheit selbst zurückgeführt. So besteht denn auch kein prinzipieller Unterschied zwischen ihnen und solchen Vorstellungen, nach denen die Gottheit sich selbst opfert, um so das Leben hervorzubringen. Strukturell ist damit die verbreitete Vorstellung von Göttern vergleichbar, die sterben und wieder auferstehenund damit das Naturgesetz des Stirb und Werde in sich selbst als dem höheren Leben aufheben[125]. Religionsphänomenologisch gehören auch der christliche Gedanke von dem durch Jesu Auferstehung vermittelten neuen Leben sowie das Sakrament des Abendmahls in diese Reihe, wenngleich mit dem später in seiner Bedeutung zu würdigenden fundamentalen Unterschied, dass Jesu Auferstehung als seine ein für allemal erfolgte Erhöhung zum Herrn und nicht als ein sich regelmäßig wiederholender Vorgang vorgestellt wird.

Diesen vielfältigen religiösen Begründungen der Teilhabe an todüberwindendem Leben in einer höheren kosmischen Ordnung steht jedoch nach wie vor die Erfahrung des eigenen Sterbenmüssens gegenüber. Sie verschärft sich dadurch, dass sie nicht allein auf das Ende des Lebens bezogen bleibt, sondern sich bereits mitten im Leben in tiefen Verlusterfahrungen meldet. Ob dagegen die Stellvertretung eines geopferten Lebewesens oder die Einbettung in eine kosmische Ordnung aufkommt, bleibt im Rahmen des Schöpfungsglaubens eine offene Frage. Der Opfernde wird jedenfalls irgendwann doch mit dem eigenen Tod konfrontiert. Die Aufhebung des kosmischen Gesetzes, dass der Tod die Bedingung für neues Leben sei, in dem höheren Leben der sterbenden und auferstehenden Gottheit ließe sich angesichts dieser Erfahrung auch so verstehen, dass die Gottheit selbst jenem kosmischen Gesetz unterworfen wäre. Man könnte die moderne evolutionstheoretische Formulierung jenes Gesetzes, die jeglichen religiösen Bezuges entkleidet ist, geradezu als säkulare Gestalt des Wahrheitskerns der alten mythischen Vorstellung ansehen, die so dann keinerlei mögliche Trostfunktion mehr erfüllt.

Dieses bleibende Rätsel des Schöpfungsglaubens lässt sich schärfer so formulieren, dass Gott selbst nicht nur als der Leben Schaffende, sondern auch als der Tötende erfahren wird. Gott erweist sich darin nicht als Grund, sondern als Abgrund des Lebens[126]; der Abgrund – oder zugespitzt: das „Nichts" – in Gott siegt

---

[124] Vgl. Edwin Oliver James, *Sacrifice and Sacrament*, London 1962, 77. Selbst für den Fall, dass James durch einen Druckfehler die Zahl verzehnfacht haben sollte, bleibt der Vorgang grausig genug. Näheres zum Opfer: s.o., Religionsphilosophische Grundlegung, 108–110.

[125] Vgl. dazu Gerardus van der Leeuw, *Sakramentales Denken*, Kassel 1959, 123f.

[126] Vgl. die Formulierung bei E. Hirsch, a.a.O. (Anm. 99) Bd. 1, 209 (§ 53 A): „Grund und Grenze".

dann über das Leben[127]. So gesehen wäre der moderne Nihilismus ein letztes Aufbegehren des Lebenswillens gegen einen Gott, der zugleich Lebens- und Todesmacht ist, indem man nun nicht mehr *sich selbst* dem Gott, sondern *den Gott* opfert, um so das Leben zu gewinnen.

Der Tod ist in den bisherigen Überlegungen bewusst nicht von vornherein als „der Sünde Sold" (Rm 6,23; vgl. Gen 3,19) verstanden worden, sondern zunächst als ganz natürliches Phänomen. Damit befinden wir uns nicht im Widerspruch zu jenem paulinischen Satz; wir werden auf seinen Wahrheitsgehalt im Zusammenhang der Lehre von der Sünde zurückkommen. Er ist aber erst dann richtig zu verstehen, wenn man zuvor eingesehen hat, dass der Tod ein Bestandteil der Schöpfung ist. Es sind auch keineswegs nur die Naturreligionen, die ihn so sehen, wenn sie das Gesetz des kosmischen Kreislaufs in ihren Gottheiten hypostasieren. Die Geschichtsreligionen mit ihrem viel stärker an der Gewissenserfahrung orientierten Verständnis des Gottesverhältnisses haben diesen Zusammenhang ebenso klar erkannt. Man denke nur an die Erzväter, die „alt und lebenssatt" starben (Gen 25,8; 35,29). Bei Qohelet heißt es, dass die Menschen ebenso sterben wie das Vieh (Prd 3,19f), und Jesus Sirach schreibt, dass sowohl das Leben als auch der Tod von Gott komme (Sir 11,14)[128]. Auch Paulus (Rm 8,20) weiß von der „Nichtigkeit" (ματαιότης), der die Schöpfung unterworfen ist, und zwar ohne ihren Willen (οὐχ ἑκοῦσα). Zwar spricht er hier von der nichtmenschlichen Schöpfung; für den Menschen geht er zumeist von der in jedem Lebensmoment gegebenen Verflechtung von Schöpfung und Sünde aus. Doch kann er durchaus auch sagen, der Mensch sei sterblich *geschaffen* (1.Kor 15,42)[129].

Wenn Gott als Schöpfer von Leben und Tod verstanden werden muss, so stehen in der Lebenserfahrung des Menschen die Unbedingtheit, mit der alles auf die Gewinnung der eigenen Identität und auf die Gestaltung der Beziehungen zu anderen Menschen und zur Welt ankommt, und die Vergeblichkeit, mit der im Tod alles endet, antithetisch gegeneinander. Es erscheint einerseits möglich, sich an Gott als Leben schaffende Macht zu halten, das Leben als unbedingt verbindliches anzunehmen und auf eine Überwindung des Todes zu hoffen, andererseits

---

[127] Genau umgekehrt setzt M. HEIDEGGER die Akzente, *Was ist Metaphysik?* (1929), GA Bd. 9, Frankfurt a.M. 1976 (103–122), 115: „Sich hineinhaltend in das Nichts ist das Dasein ja schon über das Seiende im Ganzen hinaus. Dieses Hinaussein über das Seiende nennen wir die Transzendenz". „… ohne ursprüngliche Offenbarkeit des Nichts" gebe es kein Selbstsein und keine Freiheit. Natürlich ist sich Heidegger darüber im Klaren, dass diese Kehre nicht von Dauer sein kann.

[128] WOLFHART PANNENBERG weist stattdessen auf die Weisheit Salomos hin, wo es 1,13 heißt, Gott habe den Tod *nicht* geschaffen *(Systematische Theologie* Bd. 2, Göttingen 1991, 313). Die seiner Auffassung widersprechende Sirach-Stelle ist ihm leider entgangen. Stellt man beides nebeneinander, so sieht man, dass die Tradition dem Systematiker nicht den Gefallen tut, ein in sich einheitliches Gesamtbild zu bieten, das als Modell für ein System herhalten könnte.

[129] Zur geschichtlichen Durchsetzung dieses Gedankens in der protestantischen Theologie vgl. den kurzen historischen Abriss bei PANNENBERG, a.a.O. 306–308.

aber ebenso, sich fatalistisch in das Todesgeschick zu fügen und aus dieser Sicht das Leben zu relativieren. An dieser Stelle kommt die Antinomie des Gottesverhältnisses in ganzer Schärfe zum Ausdruck. Emanuel Hirsch hat zu Recht gesagt, „daß der Glaube an Gott, den Schöpfer und die Liebe, sich nicht in der Auflichtung, sondern im Durchleben dieses Rätsels vollzieht"[130].

Dies ist zweifellos nicht die herrschende Linie gegenwärtiger Schöpfungstheologie. Dort konzentriert man sich lieber ganz auf Gott als den Schöpfer des Lebens[131]. Der Tod ist dann etwas von Gott nicht Gewolltes, gegen das der Mensch mit Recht protestiert[132]. Das ist aber nur unter einer von drei Voraussetzungen plausibel. Entweder ist Gott nicht Herr auch des Todes. Das möchte natürlich im Ernst keiner von den Theologen behaupten, die ihre Schöpfungslehre in der angegebenen Weise aufbauen. Oder man muss den Tod eben doch exklusiv als „der Sünde Sold" ansehen. Das stößt beim Tod von Tieren, vorsichtig ausgedrückt, auf gewisse Schwierigkeiten. Schließlich kann ein solches wohlgemutes Verständnis der Schöpfung auch dadurch zustande kommen, dass man von vornherein den Glauben an die Erlösung durch Jesus Christus in die Lehre von der Schöpfung hineinprojiziert, wie es Karl Barth empfohlen hat[133]. Dieses Verfahren hat zweifellos den Vorzug, eine imponierende systematische Geschlossenheit zu ermöglichen. Doch ist dafür der Preis zu zahlen, dass man dem Ernst der wirklichen Erfahrung des Sterbens nicht mehr gerecht wird, weil man von vornherein davon ausgeht, dass der Tod immer schon überwunden sei. Damit hat man letzten Endes dem Heilsglauben seine Tiefe genommen, von den verheerenden Folgen für die Seelsorge ganz zu schweigen.

g) Die zwiespältige Antwort auf die Gottesfrage

Die vielfältigen letzten Antworten der Religionen und auch der philosophischen Systeme (selbst der dezidiert nichtmetaphysischen) beziehen sich auf die Frage nach der Erfüllung personaler Existenz in einem Urgrund des Lebens. Die Antworten lassen sich grundsätzlich in atheistische und religiöse einteilen. Die Letzteren fächern sich in eine Vielzahl von gleichermaßen möglich erscheinenden Gestalten aus, deren eine der Schöpfungsglaube ist. Die religiöse Deutung der Selbst- und Welterfahrung als Gegründetsein in einem letzten Grund ist *als solche* nicht abhängig von einem historischen Ausgangspunkt, weil sie sich auf eine

---

[130] E. Hirsch, a.a.O. (Anm. 99), Bd. 1, § 57 B.

[131] Charakteristisch T. Koch, a.a.O. (Anm. 96), für den dieser Zwiespalt bereits durch die Natur selbst, nämlich durch die Funktionalisierung des Todes durch das Leben, aufgehoben ist, 55.57. Dieses Argument ist allerdings weder angesichts des irgendwann in der Weltzeit zu erwartenden Endes alles Lebens noch erst recht angesichts des je eigenen Todes sehr überzeugend. Es steht zudem in Spannung mit der allein tragfähigen Begründung solcher Zuversicht in der Auferstehung Jesu, die S. 81 eher im Vorübergehen nachgeliefert wird.

[132] So z.B. E. Jüngel, a.a.O. (Anm. 74), 98–101.

[133] K. Barth, *KD* III/1, 103–377.

Dimension bezieht, die in geschichtlichen und kulturellen Gegebenheiten nicht aufgeht. Man kann daher mit dem alten dogmatischen Ausdruck sagen, jeder solche Glaube und so auch der Schöpfungsglaube beruhe auf einer *revelatio generalis*, wenngleich – angesichts der neuzeitlichen Kritik der Gottesbeweise – nicht in dem Sinn, dass Gott rational eindeutig als der Urgrund erkennbar wäre, wie es die offizielle katholische Lehre sieht[134]. Vielmehr bleibt er in seiner Offenbarung zugleich verborgen. Das erhellt nicht zuletzt aus der Vielfalt seiner Deutungen.

Weit beunruhigender als die Pluralität der Formen, die sich der Glaube an eine Verwurzelung der menschlichen Existenz in einem letzten Lebensgrund gegeben hat, ist die innere Spannung, welche die gesamte Analyse des Schöpfungsglaubens bis hierher durchzogen hat. Der Mensch erfährt Gott als anwesend und doch wiederum als abwesend. Erschließungssituationen erhellen den Lebenszusammenhang und unterliegen doch angesichts von dessen Komplexität dem Zweifel, und der fragmentarische Charakter menschlicher Existenz lässt einen letzten Sinn überhaupt fragwürdig erscheinen. Die Bereitschaft, endliche Existenz in einem Unendlichen gegründet sein zu lassen, drückt elementares Vertrauen aus, ist aber zugleich durch die Abgründigkeit des göttlichen Ursprungs von tiefer Ungewissheit bedroht. Diese Doppelseitigkeit der religiösen Erfahrung ist nicht mit derjenigen Gottes als des Stifters eines personalen Verhältnisses zu ihm und als des Seinsgrundes zu erklären. Vielmehr hat sowohl das Leben als auch der Tod eine personale und eine naturhafte Seite. Beides ist deshalb sowohl auf Gott als personales Gegenüber als auch auf Gott als Grund und Abgrund des Seins zu beziehen.

Die Gotteserfahrung enthält also stets die Negation ihrer selbst in sich. Dies ist das Wahrheitsmoment der bereits erwähnten religionsphilosophischen Aussage Schellings, Gott enthalte seinen eigenen Abgrund in sich. Problematisch ist es jedoch, die Zwiespältigkeit der religiösen Erfahrung in Gott selbst zurückzuverlegen. Denn hier erscheint sie dem spekulativen Denker als immer schon von der positiven Seite Gottes als des Urgrundes alles Seins umgriffen und insofern für die Erfahrung im Vorhinein entschärft. Das Problem besteht gerade darin, dass die Antinomie religiöser Erfahrung nicht hintergehbar ist.

Rudolf Otto hat, angeregt durch Nathan Söderblom, für diese Antinomie die Begriffe *mysterium tremendum* und *fascinans* gebildet[135]. Beide Denker verbindet die Entdeckung, dass die lutherische Dialektik von verborgenem und offenbarem Gott keine konfessionelle Spezialität, auch kein Monopol des christlichen

---

[134] So in der *Constitutio dogmatica „Dei Filius" de fide catholica* auf dem I. Vatikanischen Konzil: „… Deum, rerum omnium principium et finem, naturali humanae rationis lumine e rebus creatis *certo* cognosci posse …", DH 3004 (Hervorh. von mir).

[135] RUDOLF OTTO, *Das Heilige. Über das Irrationale in der Idee des Göttlichen und sein Verhältnis zum Rationalen* (1917), 10. Aufl. Breslau 1923, 13–27.39–53. Vgl. auch 28–34: „das ‚Ganz andere‘"; zu N. SÖDERBLOM vgl. Anm. 90.

Glaubens, sondern die Struktur religiöser Erfahrung überhaupt repräsentiert, die sie als solche auch an anderen Religionen aufgezeigt haben. Das ist für die Einordnung der spezifisch christlichen Form dieser Antinomie von kaum zu überschätzender Bedeutung. Wir werden dadurch genötigt, einerseits die positiven Bezüge des christlichen Glaubens zu anderen Religionen stärker zu beachten und andererseits seine inhaltliche Besonderheit präziser zu fassen, als das vielfach üblich ist.

Otto hat gegenüber Söderblom zwei wichtige Präzisierungen eingeführt. Zum einen bringen die Begriffe *tremendum* und *fascinans* die emotionale Komponente religiöser Erfahrung besser zum Ausdruck als die der Sphäre des räumlichen Seins entnommenen Metaphern der Unzugänglichkeit und Unentrinnbarkeit, wiewohl Emotionalität auf Grund der Assoziationen zur Psalmenfrömmigkeit auch bei Söderblom durchaus mit im Spiel ist. Wichtiger ist der zweite Punkt. Ottos Begriffe drücken die unwiderstehliche *Wirkung* der begegnenden Transzendenz auf das ihr ausgesetzte Subjekt aus. Damit bringt er nicht nur die passive Konstitution der religiösen Erfahrung noch besser zum Ausdruck als Söderblom, sondern er kann vor allem dem dynamischen Moment gerecht werden, das der religiösen Erfahrung eigen ist. Das dürfte der Grund dafür sein, dass seine Terminologie sich im allgemeinen theologischen Sprachgebrauch durchgesetzt hat.

Dass die begegnende göttliche Wirklichkeit *mysterium tremendum* und *fascinans* sei, bedeutet, dass sie den Menschen erschüttert und zugleich unwiderstehlich anzieht. Sie vernichtet ihn (alle Religionen wissen, dass, wer dem Heiligen zu nahe kommt, sterben muss), und zugleich schlägt sie ihn in den Bann. Wenn dies das Wesen der religiösen Erfahrung ist, so stellen sich an dieser Stelle zwei Fragen, die es im Folgenden zu beantworten gilt. Die erste Frage lautet, ob die Entdeckung einer antinomischen Struktur religiöser Erfahrung nicht vielleicht aus der Zeitstimmung der Krisenjahre zuerklären ist, in denen sie gemacht wurde. Die andere Frage ist grundsätzlicherer Natur und bezieht sich auf den möglichen positiven religiösen Sinn, der dem Glauben an Schöpfung und Vorsehung für die Begründung der Existenz des Menschen noch zukommen kann, wenn er tatsächlich so tief in sich gespalten ist, wie es hier behauptet wird.

Die *erste* Frage versucht die Antinomie der religiösen Erfahrung zu relativieren, indem sie sie historisch erklärt. Nun ist es in der Tat sicher kein Zufall, dass die beiden Forscher ihre bahnbrechenden Thesen in der Krisenzeit des zweiten Jahrzehnts des 20. Jahrhunderts (Söderblom 1913/14, Otto 1917) aufgestellt haben. Doch muss der Zusammenhang mit einer Zeitströmung kein Beweis der Unwahrheit sein. Zunächst wäre darauf hinzuweisen, dass sich die Einsicht Söderbloms und Ottos in die Doppelstruktur der religiösen Erfahrung in der religionswissenschaftlichen Forschung vielfältig bewährt hat, auch wenn sich deren Schwerpunkte inzwischen verschoben haben. Damit ist indessen die gegen sie gerichtete kritische Anfrage noch nicht erledigt. Hinter ihr steht die Beobachtung, dass religiöse Erfahrung in der westlichen Welt heute weithin dieser Struktur nicht zu entsprechen scheint. Liberale und „postmoderne" Gestalten des Religiösen scheinen viel ungebrochener zu sein. Das gilt erst recht von der ehernen Eindeutigkeit, mit der evangelikale und fundamentalistische Kreise auftreten. Könnte es sein, dass solche Phänomene nicht eine Abkehr vom eigentlich Religiösen darstellen, sondern eher einen epochalen Strukturwandel?

Darauf ist zweierlei zu antworten. Einmal ist die Bedrohung des Lebens durch Tod und Sinnlosigkeit, um die es im Zusammenhang der Frage nach dem Lebensgrund des einzelnen Menschen geht, heute genauso fundamental wie zu allen Zeiten. Zum anderen sind die Versuche, die dadurch entstehende Antinomie der Erfahrung entweder abzuschwächen oder durch Dogmatismus zu überspielen, im Prinzip nicht so neu, wie es scheinen mag. In der Geschichte des Christentums lassen sie sich bereits in den altkirchlichen Streitigkeiten über eine rigorose oder laxe Form der Bußpraxis entdecken, die im Kern auf unterschiedliche Auffassungen vom Ernst der Lebensführung *coram Deo* zurückgehen. Allerdings könnte die zunehmende Geschwindigkeit des Lebens in der industriellen Gesellschaft zusammen mit der sich ständig steigernden Komplexität der Lebensbezüge, der immensen Vielfalt der Eindrücke und nicht zuletzt den nahezu grenzenlosen Möglichkeiten der Zerstreuung dazu beigetragen haben, die in der fundamentalen Sinnfrage enthaltene Spannung stärker abzuflachen, als es jemals zuvor möglich war. Es spricht aber vieles dafür, dass dies dem einzelnen Menschen eben doch nur auf Zeit gelingt. Wie sich die Dinge weiterentwickeln werden, vermag natürlich niemand zu sagen. In jedem Fall ist es misslich, der eigenen Epoche einen unendlich tiefen qualitativen Unterschied gegenüber allem Früheren zuzuschreiben. Dazu fehlt mangels zeitlicher Distanz jegliche methodische Handhabe.

Wenn es zutrifft, dass die Antinomie der Erfahrung Gottes als des *tremendum* und *fascinans*, des Abgrundes und Grundes der menschlichen Existenz, die ihr eigene zeitübergreifende Sruktur darstellt, dann wird die oben genannte *zweite* Frage dringend, welchen positiven Sinn der Glaube an Gott als Schöpfer und Erhalter des Lebens für den Menschen hat. Darauf kann man in erster Näherung antworten, dass die Widersprüchlichkeit aller natürlichen Erfahrung durch die Konfrontation mit Gott unendlich vertieft wird. Genau diese Vertiefung ist der eigentliche Sinn des Glaubens, in Gott als Schöpfer zu gründen. Entsprechendes gilt von der Erfahrung der *Vorsehung* Gottes. Sie bezeichnet zum einen seine Fürsorge, die alle eigene Sorge überflüssig macht (Mt 6,26.28–31), und sie schließt zum anderen das Leid ein, das dem Menschen zustößt. Gottes Vorsehung ist insofern, auf das Leben des einzelnen Menschen bezogen, seine sich in die einzelnen menschlichen Lebensmomente hinein vermittelnde Schöpfermacht – eben die Macht, die den Menschen ins Leben ruft und tötet. Die Vertiefung der natürlichen Erfahrung führt dazu, dass der Mensch sich in dankbarer Annahme des Lebens und seiner Erfüllung ebenso wie in Anklage oder Sich-Fügen angesichts des Leidens und Todes auf den letzten Grund und Abgrund seines Daseins hin durchsichtig wird. Damit steht er in der ihm durch seine Selbsttranszendenz angezeigten Dimension des Ganz Anderen. Dies ist gewiss keine Lösung des gestellten Problems. Aber die in ihrer Vertiefung bleibende Antinomie weist über sich selbst hinaus in der Hoffnung auf das, was religiös „Heil" genannt wird. Im Rahmen des Schöpfungsglaubens bleibt es freilich bei einer Hoffnung, über deren Recht innerhalb seiner keine Auskunft gegeben werden kann.

Spätestens an dieser Stelle muss eine Unzulänglichkeit der bisherigen Betrachtung auffallen. Es ging in diesem ganzen Unterabschnitt um die religiöse Erfahrung des Einzelnen als solchen vor Gott. Das kann zunächst nicht anders sein, weil die Begegnung zwischen Gott und Mensch im Gewissen erfolgt. Aber gerade die letzten Überlegungen haben gezeigt, in welchem Maße dabei immer die Welt des Menschen als Vermittlung im Spiel ist. Der Mensch kann sich nur subjektiv als Mitte dieser Welt ansehen; es ist ihm durchaus klar, dass er dies für andere nicht sein kann. Darüber hinaus wissen wir heute zumindest theoretisch, dass das anthropozentrische Weltbild wissenschaftlich erledigt ist. Dagegen sprechen weder moderne kirchlich-theologische Schlagworte wie „Bewahrung der Schöpfung", die den Eindruck erwecken, als sei zumindest die Erde der Mittelpunkt der Welt, noch die transzendentalphilosophische Mittelpunktstellung des Menschen, die eine solche nur im erkenntnistheoretischen und nicht im ontologischen Sinne ist. Deswegen kann sich der Mensch nicht auf die Frage nach seinem eigenen Geschaffensein und der speziell auf ihn bezogenen Vorsehung Gottes beschränken. Das liefe im Effekt auf einen massiven Heilsegoismus hinaus[136]. Vielmehr nötigt uns bereits der Standpunkt des eigenen Getroffenseins von dem uns als Grund und Abgrund unbedingt Angehenden, nach dessen universaler Bedeutung zu fragen. Es ist zumindest nicht auszuschließen, dass diese Erweiterung des Horizonts Aspekte eröffnet, die zwar kaum zu einer Lösung der aufgeworfenen Probleme führen werden, aber doch zu einer Präzisierung des Verständnisses je meines Geschaffenseins und meines Vorsehungsglaubens beitragen können. Wenn wir diesen Gedankenschritt vollziehen, so dürfen wir dabei eines nicht aus dem Blick verlieren: Die Abstraktion, die durch die Verengung des Blicks auf die Sicht des Einzelnen zu Stande kommt, ist nicht schon dadurch behoben, dass man deren Weltbezogenheit berücksichtigt. Mit anderen Worten: Aus dem transzendentalen Vorbehalt der Erkenntnistheorie darf nicht die Schlussfolgerung gezogen werden, die Betrachtung der Welt auf deren existenzielle Relevanz für das Subjekt zu reduzieren. Vielmehr muss auch unter dieser methodischen Voraussetzung versucht werden, mit der Einsicht in das Ende des anthropozentrischen Weltbildes Ernst zu machen und die Welt als eigenes Thema zur Sprache zu bringen. In diesem Sinn soll im folgenden Abschnitt nach dem Verhältnis Gottes zur Welt gefragt werden.

---

[136] S. dazu unten, Abschnitt 3 e.

3. Gott und Welt

Ulrich Barth hat vor einigen Jahren ein temperamentvolles Plädoyer für den
„Abschied von der Kosmologie" vorgetragen bzw. mit Genugtuung konstatiert,
dass dieser von der Theologie im Großen und Ganzen seit Schleiermacher endgültig vollzogen sei[137]. Die physikalische Kosmologie, auch die moderne, analy-
siere die Natur mathematisch; von hier aus gebe es keine Brücke, freilich auch
keinerlei Konkurrenz, zur Theologie (25f). Den Schöpfungsglauben bestimmt
Barth im Unterschied dazu nach Schleiermacher als „Endlichkeitsreflexion" der
Subjektivität, welche die Welt ganz allgemein einbeziehe, und zwar im Sinne von
„Selbstreflexion endlicher Freiheit" (32f). Die Welt hat danach religiös lediglich
die Funktion, die Universalität des schlechthinnigen Abhängigkeitsgefühls aussagbar zu machen. Die wenigen Theologen, die sich noch an einer Welterklärung
versuchten wie die amerikanische *process theology* oder Pannenberg, hätten keine akzeptable „erkenntnistheoretische Kontrollierbarkeit" erzielt (42,
Anm. 84).

Das erkenntnistheoretische Argument ist zunächst tatsächlich einleuchtend.
Wenn Pannenberg die altkirchliche christologische Logosspekulation in anscheinend bruchloser Fortsetzung patristischer Tradition mit der Naturgesetzlichkeit
zusammenbringt und als Ziel des *gesamten* kosmischen Prozesses die „Teilhabe
der Geschöpfe an der trinitarischen Gemeinschaft des Sohnes mit dem Vater"
nennt[138], dann fragt man sich in der Tat, wie diese geschickte Kombination hete-
rogener Traditionen einer erkenntnistheoretischen Prüfung soll standhalten
können. Ebenso wenig vermag unter diesem Gesichtspunkt die spekulative
Konstruktion Whiteheads zu überzeugen, die Gott einen – faktisch – innerweltlichen Platz als „fellow sufferer" anweist[139]. Der in beiden Fällen zugrunde liegende Fehler wird von Barth zu Recht in der Vermengung der Ebenen mathema-
tisch-naturwissenschaftlicher Welterklärung und religiöser Deutung gesehen.
Doch reicht das aus, um die Kosmologie aus dem Themenkreis der Theologie
auszuschließen?

Zweifellos hat die Theologie nicht die Aufgabe, eine Welt*erklärung* zu liefern
– weder in Konkurrenz zu den Naturwissenschaften noch im Versuch einer Synthese mit deren Erkenntnissen auf ein und derselben Ebene. Sehr wohl aber soll
sie eine Welt*deutung* bieten. Dafür genügt es nicht, sie lediglich als Bedingung
der Möglichkeit für die Selbstreflexion endlicher Freiheit einzuführen, sei es,
dass diese als zur Erklärung der Natur oder zu ihrer kulturellen Gestaltung befä-
higend gedacht wird (33), sei es auch, dass man dabei die Intentionalität im Auge

[137] ULRICH BARTH, *Abschied von der Kosmologie – Befreiung der Religion zu sich selbst*, in:
Urknall oder Schöpfung? Zum Dialog zwischen Naturwissenschaft und Theologie, hg. v. W.
Gräb, Gütersloh 1995, 14–42. Danach auch die folgenden Seitenzahlen im Text.
[138] W. PANNENBERG, a.a.O. (Anm. 128), Bd. 2, 81.87–91; das Zitat 92.
[139] A.N. WHITEHEAD, a.a.O. (Anm. 19), 351.

hat, welche die chemischen und physikalischen Vorgänge im neuronalen Netzwerk ausrichtet[140]. Denn in beiden Hinsichten erfährt sich der Mensch zugleich als abhängig von der Welt, und zwar nicht nur in dem Sinne, dass er sie als Material für seine Gestaltung braucht, sondern insofern er eben auch Produkt der Evolution und der menschlichen Geschichte ist und insofern er für das schlichte Überleben auf die natürlichen Vorgänge in seiner Umwelt und in ihm selbst sowie auf sein soziales Umfeld angewiesen ist. Auch mit diesem Aspekt des menschlichen Daseins verbindet sich das schlechthinnige Abhängigkeitsgefühl. Dies bedeutet keineswegs einen Abschied von dem Ansatz theologischer Reflexion bei der religiösen Erfahrung, sondern setzt ihn voraus[141]. Dann aber muss die Welt als Prozess der Wechselwirkung, in den wir uns eingebunden finden, im Zusammenhang der Schöpfungslehre einen eigenen Platz beanspruchen. Dabei kann die Theologie von dem breiten Consensus aller einschlägigen Wissenschaften darüber nicht unberührt bleiben, dass das anthropozentrische Weltbild unwiderruflich überholt ist, das der einseitigen Betonung der Naturbeherrschung des Menschen im Deutschen Idealismus noch zugrunde lag. Ob der Abschied von der weltbildhaften Zentralstellung des Menschen auch Konsequenzen für dessen religiöses Interesse am Heil darstellt, muss hier noch offen bleiben.

Die damit angedeutete Aufgabenstellung für eine theologische Lehre von der Schöpfung der Welt setzt nicht nur die Unterscheidung von, sondern ebenso die Kooperation mit, den modernen Natur- und Humanwissenschaften voraus, soweit dies denn im Rahmen einer Glaubenslehre zu leisten ist. Eben dies ist der Vorschlag des englischen Physikers und Philosophen Stephen Toulmin, der genau umgekehrt wie Barth von einer möglichen und notwendigen Rückkehr der Theologie zur Kosmologie spricht[142] und darüber hinaus feststellt (m.E. diagnostisch zutreffender), dass diese Rückkehr bereits im Gange sei. Toulmin erhebt aus der Geschichte drei fundamental voneinander unterschiedene Weisen, das Problem der Kosmologie anzugehen. In Antike und Mittelalter sei das Weltbild ein einheitliches Konstrukt aus astronomischen, gesellschaftstheoretischen und theologischen Gesichtspunkten gewesen, geleitet von dem Gedanken einer unmittelbaren Entsprechung von Mikrokosmos und Makrokosmos (225). Diese

[140] So U. Barth in einem zweiten Aufsatz im selben Sammelband (vgl. Anm. 137): *Gehirn und Geist. Die Evolutionstheorie und der Begriff des Selbstbewußtseins* (101–138), 120–124. Das Verhältnis von Intentionalität und Naturgesetzlichkeit wird hier als das zweier komplementärer Betrachtungsperspektiven beschrieben. Dass sich die Perspektiven nicht aufeinander reduzieren lassen, sondern jeweils unverkürzt in Geltung stehen, trifft zu. Doch darf dabei zum einen die Naturgesetzlichkeit nicht zugunsten der Intentionalität unterbelichtet werden, und zum anderen darf nicht übersehen werden, dass in dieser Komplementarität ein antinomisches Moment steckt, wie insbesondere dann herauskommt, wenn man den Freiheitsbegriff ins Spiel bringt.
[141] Hinsichtlich der „gesellschaftlichen Vermitteltheit von Ich-Identität"gibt U. Barth das zu, vgl. a.a.O., 132, freilich ohne diese als Abhängigkeit zu bezeichnen.
[142] Stephen E. Toulmin, *The Return to Cosmology. Postmodern Science and the Theology of Nature*, Berkeley CA u.a. 1982. Danach die folgenden Seitenzahlen.

Sicht sei seit dem 17. Jahrhundert abgelöst worden von der cartesischen Spaltung des Seienden in _res cogitans_ und _res extensa_, die es dem Forscher ermöglicht habe, der Welt gegenüber als seinem Gegenstand eine objektivierende Haltung einzunehmen und ihre Erkenntnis induktiv aufzubauen, mit der Folge, dass sich für unterschiedliche Aspekte verschiedene Wissenschaften etablierten, welche die Frage nach einem Zusammenhang des Ganzen jedenfalls innerhalb ihres eigenen Betriebs ganz in den Hintergrund treten ließen (227–230). Einer derartige Zuschauerhaltung sei aber heute nicht mehr möglich ("death of the spectator", 227). Toulmin weist dafür auf Heisenbergs Unschärferelation hin, die gezeigt hat, dass bestimmte subatomare Vorgänge durch die Anlage des Experiments beeinflusst werden, sodann auf das Aufkommen des ökologischen Gesichtspunktes in der Biologie, wonach der Mensch auch mit seiner natürlichen Umwelt in Wechselwirkung steht, und schließlich auf die Einsicht in die Verflechtung naturwissenschaftlicher Grundlagenforschung in gesellschaftliche und ethische Zusammenhänge (237–274). Toulmin hat damit m.E. zutreffend die Voraussetzungen angegeben, unter denen eine theologische Schöpfungslehre heute von der Welt zu reden hat. Er hat sich darauf beschränkt, die Aufgabe zu umreißen, damit aber den Einsatzpunkt für die folgenden Überlegungen benannt.

a) Immanenz und Transzendenz Gottes

Das antike und mittelalterliche Weltbild sah den hierarchischen göttlichen _ordo_ der Welt unmittelbar in den Strukturen von Natur und Gesellschaft abgebildet und durch ausgezeichnete, heilige Orte handgreiflich repräsentiert. Die mechanistische Weltsicht der frühen Neuzeit dagegen verwies den göttlichen Grund tendenziell aus dem eigentlichen Naturzusammenhang hinaus – oder er wurde wie Leibniz' Zentralmonade als sein inneres Prinzip ("Weltseele") zwar an allen Orten des Raums ("dans tous les espaces") "lokalisiert", aber so, dass man sich dieses Prinzip auch als ein innerweltliches hätte denken können[143]. Gott wurde auf beide Weisen für die Wissenschaften als "Hypothese" schließlich völlig entbehrlich (Laplace). Denn über die Spezialisierung der Disziplinen hinweg hatte sich ein System von Naturgesetzen als universal gültig etabliert, mit dessen Hilfe eine prinzipiell vollständige Welterklärung möglich erschien.

Die moderne Sicht des Kosmos als eines Systems von Wechselwirkungen lässt nun freilich an vielen Stellen (z.B. in der Evolutionstheorie) keine streng nachweisbaren Kausalzusammenhänge mehr erkennen. Darüber hinaus gibt es nicht selten verschiedene experimentelle Zugangsweisen zu einem Phänomen, die sich komplementär zueinander verhalten und sich nicht aufeinander reduzieren las-

---

[143] Vgl. den Briefwechsel zwischen Gottfried Wilhelm Leibniz und Samuel Clarke, in: G.W. Leibniz, _Briefe von besonderem philosophischen Interesse_, Philos. Schriften 5/2, hg, v. W. Wiater, Darmstadt 1989, 366f.412f.

sen (z.B. Theorie des Lichts). Die Theologie sollte sich freilich hüten, über die sich damit scheinbar auftuende prinzipielle „Lücke" in der naturwissenschaftlichen Theoriebildung zu frohlocken und ihre Chance darin zu sehen, in dieser Lücke Gott anzusiedeln. Dagegen spricht nicht nur die beschämende Apologetik seit dem Aufkommen des kopernikanischen Weltbildes, die mit dieser Methode arbeitete und dann ständig genötigt war, ihre durch neue Forschungsergebnisse erzwungenen Rückzüge zu verschleiern. Der entscheidende Einwand besteht darin, dass man auf diese Weise Gott einen Platz innerhalb des Kosmos anweist. Das ist theologisch nicht vertretbar, weil so der Schöpfer der Welt zu einem – und sei es hervorgehobenen – ihrer Teile wird. Und es ist wissenschaftlich unbrauchbar, weil Gott nicht als „bekannte Größe" angesehen werden kann, mit deren Hilfe sich Unbekanntes erklären ließe.

Die natürliche Offenheit des Weltprozesses ist etwas kategorial anderes als Offenheit für Gott. Allenfalls könnte man die Behauptung, die ontologische Verschlossenheit der Welt für die Annahme eines göttlichen Schöpfers ergebe sich zwingend aus dem wissenschaftlich erhobenen Naturverständnis, angesichts der Welt als eines offenen Prozesses für weniger unmittelbar überzeugend halten als gegenüber dem in sich geschlossenen Kosmos der klassischen Physik. Doch bleibt eine atheistische Deutung ebenso widerspruchsfrei möglich wie zuvor.

Betrachtet man nun die Raumerfahrung genauer unter dem Gesichtspunkt des Schöpfungsglaubens, so scheint es zunächst völlig selbstverständlich zu sein, dass die neue geistesgeschichtliche Situation nicht etwa erlaubt, die vorneuzeitliche Sicht zu repristinieren: Das Himmelsgewölbe als Wohnsitz der Gottheit anzusehen erscheint dem modernen Menschen so naiv, dass es darüber gar keiner Diskussion mehr bedarf. Doch muss man sich klar machen, was jene Vorstellung ursprünglich ausdrücken sollte. Sie diente zum einen dazu, die Transzendenz der Gottheit zum Ausdruck zu bringen; zugleich konnte sie, da die himmlischen Sphären sich in den irdischen spiegelten, auch ihre Immanenz bezeichnen. Gewiss ist der dabei vorausgesetzte Gedanke eines unveränderlichen oder ewigen Raums, der aller durch den Lauf der Gestirne angezeigten zeitlichen Veränderung überlegen sein sollte, inzwischen durch das Verständnis des Kosmos als eines prozesshaften Geschehens abgelöst worden. Damit ist aber die vormoderne religiöse Sicht als solche noch nicht widerlegt. Man darf ja nicht übersehen, dass der religiöse Himmel und der kosmische Himmel (im Englischen als *sky* von *heaven* unterschieden) vom antiken Denken zwar in eins gesehen, aber doch nicht miteinander identifiziert wurden. Vielmehr galt der kosmische Himmel als der Ursprung der Transparenz alles Weltlichen für die transzendente Wirklichkeit. Allerdings gefährdet dieser Gedanke in seiner antiken Form die Transzendenz des Göttlichen, indem er sie unlösbar an eine physische Raumvorstellung bindet. Deren Konstitution als ewig und unveränderlich erweist sich darüber hinaus nicht nur naturwissenschaftlich als unhaltbar, sondern auch religiös als problematisch, weil sie die Wirksamkeit Gottes an ein statisches Ordnungsprinzip bindet. Dennoch ist die Transparenz der Weltwirklichkeit für Gott ein religiöser Grundgedanke, der die Zeiten übergreift und unabhängig vom Wandel der Weltbilder festgehalten werden muss.

Ebenso wie der antike Himmel ist die frühneuzeitliche Vorstellung von einer der Welt äußerlichen Transzendenz Gottes für uns heute vergangen. Ihre Entstehung ist begreiflich als Reaktion gegen die Identifizierung der weltlichen Immanenz Gottes mit bestimmten physischen Lokalitäten ebenso wie mit bestimmten sozialen „Orten" und Instanzen, besonders mit der von der Kirche behaupteten Zentralisierung seiner Gegenwart in der Heiligen Stadt. In dieser Abgrenzung liegt ihr bleibendes Wahrheitsmoment. Doch hat man hier umgekehrt die Transzendenz in einem solchen Maß als der Welt äußerlich gedacht, dass sie schließlich überflüssig erscheinen musste.

Will man nun unter heutigen Bedingungen eine theologische Weltdeutung entwickeln, so gilt es dabei die eben geschilderten Fehler der Vermengung mit, bzw. der Trennung von, den naturwissenschaftlichen Bemühungen um eine Welterklärung zu vermeiden und beides in eine komplementäre Beziehung sich gegenseitig ergänzender Aspekte zu bringen. In diesem Sinn verdient der Vorstoß Interesse, den Thomas F. Torrance, Wolfhart Pannenberg und Ingolf U. Dalferth mit dem Vorschlag gemacht haben, Gottes Wirken mit dem physikalischen Begriff des *Kraftfeldes* in Verbindung zu bringen.

Das Reizvolle am Begriff des Feldes liegt darin, dass er es zu ermöglichen scheint, sowohl die Transzendenz von Gottes Wirken als auch seine permanente Immanenz in allem weltlichen Geschehen zu denken. Bei Torrance wird der physikalische Begriff freilich noch allzu unmittelbar auf Gottes Wirken angewandt. Er will die Inkarnation in Jesus Christus mit seiner Hilfe verständlich machen, indem er sich die Horizontale der Geschichtlichkeit und die Vertikale der Transzendenz wie ein Koordinatenkreuz vorstellt[144]. Das kann man nur als Scheinlösung bezeichnen, denn auf diese Weise wird das Paradox der Gegenwart des unfassbaren Ewigen im fassbaren Raum lediglich verdeckt. Anders ist das bei Pannenberg[145]. Er warnt ausdrücklich vor einer direkten Übertragung der physikalischen Begrifflichkeit auf das Handeln Gottes. Stattdessen sieht er zwischen dem physikalischen Feld und den durch den Heiligen Geist konstituierten gegenseitigen Beziehungen der drei Personen der Trinität eine Analogie, die er meint mit dem Verweis auf den angeblich gemeinsamen Ursprung von altkirchlicher Geistlehre und physikalischer Feldtheorie im Pneuma-Begriff der Stoa zusätzlich stützen zu können[146]. Indessen ist nicht zu erkennen, welche Brücke von der Konstruktion innertrinitarischer Verhältnisse zu einem Leitbegriff empirisch-experimenteller Wissenschaft führen soll. Weder hat beides denselben erkenntnistheo-

---

[144] THOMAS FORSYTH TORRANCE, *Space, Time, and Incarnation*, London u.a. 1969, 69–77.
[145] W. PANNENBERG, *Systematische Theologie*, Bd. 1, Göttingen 1988, 414–416; Bd. 2, 1991, 99–105.
[146] A.a.O. Bd. 1, 414; vgl. MAX JAMMER, Art. *Feld, Feldtheorie* in HWP 2 (923–926), 923.

retischen Status, noch ist begreiflich, wie es von Gottes Selbstverhältnis – einmal vorausgesetzt, man könnte darüber etwas wissen – zu seinem Außenverhältnis in Bezug auf das „Feld" des Kosmos kommen soll. Gleiches gilt auch von dem Versuch Dalferths, das „kreative" trinitarische „Feld" zum irdischen in Beziehung zu setzen[147]. Die Problematik wird bei ihm sogar eher noch deutlicher, insofern er den Begriff des Feldes – in Bezug auf den Kosmos völlig sachgemäß – als „eine Gesamtheit gleichzeitig bestehender und miteinander interagierender realer Verhältnisse" definiert (133). In der Welt handelt es sich dabei um die Verhältnisse zwischen vielfältigen verschiedenen, gegeneinander selbstständigen Größen, während die Trinitätslehre von dem dreifach (nicht vielfältig) gegliederten Selbstverhältnis der einen Gottheit spricht, das man nur um den Preis des Tritheismus mit dem gleichen Begriff belegen kann. Im Übrigen dürfte hier schon einleuchten, dass die trinitarische Spekulation, welche die Basis der Lösungsversuche Pannenbergs und Dalferths ausmacht, für das vorliegende Konzept keinen gangbaren Weg darstellt[148]. Der Begriff des Feldes wird dadurch nicht unbrauchbar, aber er muss auf den Bereich der Naturwirklichkeit beschränkt bleiben. In Gott findet das Feld nicht seine Analogie, sondern seinen Grund.

Jürgen Moltmann hat im Unterschied dazu für seine Schöpfungslehre, in Anlehnung an die moderne Ökologie, einen „ökologischen Begriff des Raumes" entwickelt[149]. Um sich dabei von einer anthropozentrischen Betrachtungsweise lösen zu können, schreibt er der Natur einen Eigenstand, ja „eine gewisse Subjektivität" zu (63). Das Verhältnis des Menschen zu dieser ihn als „Heimat" (154) umgreifenden Natur definiert er als das einer „eucharistischen Gemeinschaft" (83f). Aus diesem neo-rousseauistisch geprägten Ansatz, ohne Berücksichtigung der erkenntnistheoretischen Probleme, entwickelt Moltmann mit Hilfe trinitarischer und jüdisch-kabbalistischer Spekulation seine Schöpfungslehre. Er lässt dabei alle diejenigen Erfahrungen der Natur, die sie dem Menschen als grausam und feindlich erscheinen lassen, von Ewigkeit her in der Selbsterniedrigung Gottes aufgehoben sein (100f). Das Buch schließt mit einem Kapitel über den Sabbat als „das Fest der Schöpfung" (281–298).

In dieser wenig durchsichtigen Verknüpfung ganz unterschiedlicher Traditionsstränge ist vieles problematisch. Dazu gehört insbesondere die anthropomorphe Subjektivierung und die sakramentale Überhöhung der Natur, die aus ihr geradezu ein Heilsgut machen[150]. Sieht man jedoch von diesem schwärmerischen

---

[147] Ingolf Ulrich Dalferth, *Kombinatorische Theologie. Probleme theologischer Rationalität* (QD 130), Freiburg u.a. 1991, 132–137. Danach auch die folgende Seitenzahl.

[148] Zur Trinitätslehre s.u., Teil B, II 3g.

[149] J. Moltmann, a.a.O. (Anm. 114), 153–155. Hiernach die folgenden Seitenzahlen im Text.

[150] Hartmut Kress kritisiert die Willkür solcher theologischen Glorifizierung der Natur mit Recht als wirklichkeitsfremd und irrationalistisch: *Menschenwürde im modernen Pluralismus. Wertedebatte – Ethik der Medizin – Nachhaltigkeit* (Mensch – Natur – Technik. Beiträge aus christlicher Perspektive Bd. 10), Hannover 1999, 148f. Mit der Subjektivität der Natur meint

Grundzug des Buches einmal ab, so behält man den Begriff der Welt als eines ‚Oikos' übrig, in dem sich der Mensch nicht einfach als Hausherr, sondern als Teilhaber einer Hausgemeinschaft vorfindet, deren Glieder aufeinander angewiesen sind. Das ist ein gegenüber früheren theologischen Kosmologien weiterführender Gedanke. Lässt man einen Moment lang außer Acht, dass das Bild des Hauses unwillkürlich eine Beschränkung des Gesichtsfeldes auf die Erde nahelegt, so vermittelt es die Einsicht, dass der Mensch Gott nicht nur als Einzelner, sondern zugleich auch als Glied der Menschheit und als Mitgeschöpf der Welt der Lebewesen gegenübersteht. Zwar ist dies nicht die primäre Art der Gotteserfahrung, weil religiös die Intensität den Primat vor der Extensität hat, doch ergibt sich die Universalität extensiver Relevanz der Gottesbegegnung zwingend aus der Intensität, mit der Gott den Menschen hinsichtlich der Grunderfahrung des Menschseins „angeht". Darüber hinaus vermeidet das Bild des Oikos die Vorstellung von einer schlechthinnigen Verfügungsmacht des Menschen über die Welt und ermöglicht es, ihn zugleich als verantwortlich für die Welt und als ihr Produkt zu verstehen. Dies gilt es im Folgenden festzuhalten.

Freilich sind zwei sachliche Einwände geltend zu machen. Zum einen stellt die mit dem Oikos-Begriff vollzogene unwillkürliche Beschränkung des Weltverständnisses auf die Erde (allenfalls noch auf den erdnahen Raum) insofern ein Problem dar, als sie ein geozentrisches Weltbild suggeriert. Um das Weltverhältnis des Menschen im Ganzen zu verstehen und so der modernen Welterfahrung gerecht zu werden, muss man diese Grenze überschreiten. Für diesen Zweck ist das Bild des Netzwerks vorzuziehen, der die formale und funktionale Verbindung der einzelnen Entitäten in der Welt beschreibt. Der Begriff des Oikos ist dadurch nicht ausgeschlossen, aber er stellt einen Spezialfall des kosmischen Netzwerks – oder in diesem Zusammenhang auch: des Feldes weltlicher Beziehungen – dar. In jedem Fall ist klar, dass keiner dieser Begriffe auf Gott selbst zu beziehen ist.

Der zweite Einwand ist gewichtiger. Der Entwurf Moltmanns – und auch derjenige Toulmins – ist in Bezug auf die menschliche Welterfahrung einseitig. Beide übersehen nämlich in dem Bestreben, den ökologischen Gesichtspunkt in seiner prinzipiellen Bedeutung herauszustellen, dass die Raumerfahrung des Menschen keineswegs bloß die der Heimatlichkeit ist. Gerade wenn man bei der Interpretation des menschlichen Weltverhältnisses zunächst vor allem die Erde ins Auge fasst, ist nicht zu übersehen, dass zu deren Ökosystem auch der Kampf ums Überleben, das Gesetz des Fressens und Gefressenwerdens sowie nicht vom

---

Moltmann nicht die Selbstkonstitution der Materie; diesen rein deskriptiv gemeinten Ausdruck versteht er im Sinne einer programmatisch atheistischen Weltdeutung, a.a.O. 202. Woran er positiv denkt, bleibt im Dunkel. Ebenso wenig wird die Frage erwogen, ob nicht die sakramentale Überhöhung der Natur zu einer synkretistischen „Ökosoteriologie" führt (HERMANN TIMM, *Evangelische Weltweisheit. Zur Kritik der ökotheologischen Apokalyptik*, ZThK 84/1987 [345–370], 352).

Menschen zu verantwortende Naturkatastrophen gehören. Die Welt ist für ihn daher immer auch Fremde. Blickt er über den begrenzten irdischen Horizont hinaus, wird das noch deutlicher. Angesichts der sich dann auftuenden Weite des Raums kann ihn zwar wie einst Kant das Gefühl tiefer Ehrfurcht ankommen, ebenso aber auch wie zuvor Pascal das der unendlichen Leere. In beiden Fällen muss ihm seine Bedeutungslosigkeit klar werden; er muss lernen, dass seinem „heimatlichen" Schalten und Walten enge Grenzen gezogen sind.

Genau auf diese Doppelseitigkeit der Welterfahrung muss der Schöpfungsglaube bezogen werden. Gott muss als Schöpfer der Überschaubarkeit der Welt und ihrer Unüberschaubarkeit verstanden werden. Er hat dem Menschen seinen Ort in ihrem Netzwerk angewiesen und zugleich diesen Ort in dem riesigen Umfang und der unvorstellbaren Komplexität des Ganzen nahezu verschwinden lassen. Das hat zur Folge, dass der Mensch die Welt, die teils Gegenstand seiner Gestaltung ist, teils ihn umfängt, durchdringt und von sich abhängig macht, nicht allein als das ansehen kann, was ihm die Universalität des Gefühls schlechthinniger Abhängigkeit von Gott auszusagen erlaubt. Vielmehr erfährt der Mensch die Welt auch so, dass sie sich dem Gottesglauben kraft ihrer handgreiflichen Präsenz und kraft ihrer Ambivalenz in den Weg stellt.

Wir machen uns das bisher Ausgeführte noch einmal auf einem anderen Wege deutlich. Die Universalität der Gotteserfahrung wird dadurch aussagbar, dass der Mensch darin sein Dasein zugleich als Dasein in der Welt versteht. Dies ist aber in zweierlei Hinsicht zu präzisieren bzw. zu modifizieren. *Zum einen* handelt es sich dabei nicht nur um eine Erweiterung des Selbstbewusstseins durch Einschluss des Weltbewusstseins, sondern das religiöse Selbstbewusstsein muss auch umgekehrt sich selbst als Teil des Weltbewusstseins verstehen, analog zu der hermeneutischen Doppelbewegung bei der Interpretation eines Textes, in der ebenfalls nicht nur das Ganze vom Einzelnen her, sondern auch umgekehrt das Einzelne vom Ganzen her verstanden werden muss. Gottes schöpferische Gegenwart ist dann als eine nicht nur mir selbst transzendente und zugleich innerliche, sondern auch als eine der Welt transzendente und zugleich immanente verstanden. Selbstverhältnis und Weltverhältnis des Menschen sind dabei ineinander verschränkt, aber beide sind vom Gottesverhältnis unterschieden. Deshalb ist die Gotteserfahrung weder einfach in der eigenen Innerlichkeit noch in dem Widerfahrnis eines mir äußerlichen Weltereignisses zu lokalisieren. Vielmehr ist die Dialektik von Weltimmanenz und Welttranszendenz Gottes immer nur als einerseits dem Menschen durch inneres Angerührtsein und durch weltliche Phänomene vermittelt, andererseits als mit ihrer keinem identisch zu beschreiben.

Mit dieser komplexen Struktur hängt es zusammen, dass *zum anderen* die Erfahrung des räumlichen Seins nicht nur die der Anwesenheit Gottes, sondern auch die seiner Abwesenheit enthält. Die Nichtidentität der Gegenwart Gottes sowohl mit der eigenen Innerlichkeit als auch mit irgendeinem weltlichen Vorgang oder der Welt als ganzer kann – noch ohne dass dabei Schuld ins Spiel kommt – zur Erfahrung der Sperrigkeit gegen einen Glauben an Gottes schöpferische Gegenwart werden. Der Schöpfungsglaube müsste also beides leisten: die Weltwirklichkeit sowohl als „Heimat" wie auch als „Fremde" für die Wirklichkeit Gottes transparent erscheinen zu lassen („Wir haben hier keine bleibende Stadt", Hb 13,14) und ebenso das eigene Innerste in seinem Erhelltsein durch die Nähe Gottes wie auch in seinem Verdunkeltsein durch Gottes Ferne als von der schöpferischen und erhaltenden Macht Gottes getragen begreifen. Überwinden kann er jedoch, für sich genommen, die Ambivalenz der Erfahrung des räumlichen Seins nicht.

b) Ewigkeit und Zeitlichkeit

Wie der Mensch sich hinsichtlich seines räumlichen Daseins als In-der-Welt-Sein erfährt, so weiß er sich als zeitliches Sein in einen Gesamtzusammenhang von Zeitlichkeit eingebettet[151]. Die antiken Naturreligionen verstanden diesen Zusammenhang als Kreislauf, der sich in dem dauerhaften Kontinuum des Raumes ereignete. Dieser Kreislauf war durch den Wechsel der Jahreszeiten und damit von Entstehen und Vergehen des Lebens bestimmt. Darin spiegelte sich das Geschick der sterbenden und auferstehenden Götter. Die qualitative Differenz der Ewigkeit von der Zeit wurde durch die Unablässigkeit der Wiederkehr angezeigt. Insofern der Mensch in den Lauf der Natur eingebunden war, partizipierte er auch an der ihr immanenten Ewigkeit. Im Hinduismus und im Buddhismus dagegen ist der Kreislauf Kennzeichen allein derjenigen Zeit, von welcher der Mensch im Wechsel der Wiedergeburten in die Zeit- und Selbstlosigkeit der „Ewigkeit" hinein erlöst werden muss. Diese ist in der Zeit insofern vorlaufend präsent, als die Erlösung von der Praxis des jeweiligen Lebens abhängt.

Die jüdisch-christliche Tradition hat demgegenüber ein lineares Zeitverständnis entwickelt, nach dem die Geschichte einen Anfang und ein Ende hat[152]. Religiös verstanden steht die Ewigkeit als schöpferische Macht am Anfang und als erlösende Macht am Ende der Geschichte; in deren Verlauf ist sie als von der Zeit verschiedene, aber in sie eingreifende Macht am Werk. Auf diese Weise hat man Transzendenz und Immanenz des Ewigen verbunden gesehen und so zugleich die Unbedingtheit, mit der die Menschen von ihm betroffen werden, intensiviert, insofern das irdische Leben wie der Verlauf der Geschichte als ganzer nicht als sich wiederholend, sondern als einmalig vorgestellt wird.

Dieses lineare Verständnis ist die geistesgeschichtliche Voraussetzung für das in Judentum und Christentum entwickelte Interesse an der Geschichte. Tradition

---

[151] S. o., 299f.

[152] Dies ist allerdings nicht so einzigartig, wie oft angenommen wird. Wir erinnern nur an das in der religionsphilosophischen Grundlegung S. 224 bei Anm. 101 erwähnte Schema der römischen Historiographie, das die Geschichte analog zu den menschlichen Lebensaltern periodisierte.

als institutionalisierte Kohäsionskraft des Volkes Israel war im Alten Testament nicht nur heilige Kultüberlieferung in Gestalt ätiologischer Sagen, sondern vor allem Deutung der Geschichte als Geschichte Gottes mit seinem Volk. Gott stiftet die wirkliche Geschichte der Israeliten durch den Bundesschluss und lenkt sie durch seine Treue – dieser Grundüberzeugung werden alle anderen Stoffe, auch die Schöpfungsgeschichte, zugeordnet. Freilich blieb auf Grund des Erwählungsgedankens ein partikularistischer Zug – auch nach der Erweiterung des Blickfelds auf „alle Völker" in nachexilischer Zeit ist es der Zion, zu dem sie kommen werden (Jes 60,3). Die Vorstellung einer Identifizierbarkeit des göttlichen Handelns anhand des Tun-Ergehens-Zusammenhangs, welche die deuteronomistische Geschichtsschreibung beherrscht, wurde zwar in der ursprünglichen Hiob-Überlieferung problematisiert, aber nie wirklich überwunden, wie die Redaktion des Hiob-Buches zeigt. Doch der Grundgedanke der göttlichen Lenkung der Geschichte wurde vom Christentum übernommen und auf die mit Christus gestiftete Heilsgeschichte übertragen.

Die heilsgeschichtlichen Konzeptionen des Christentums – deren Periodisierungen der Geschichte mit ähnlichen Annahmen einer Identifizierbarkeit des Handelns Gottes belastet sind – müssen als solche im Rahmen der Lehre von Schöpfung und Vorsehung außer Betracht bleiben. Sie sind hier nur strukturell von Interesse, insofern der einzelne Mensch sich nicht nur in Bezug auf die eigene Person in der Vorsehung Gottes aufgehoben weiß, sondern sich darin zugleich in den das Ganze der Geschichte tragenden göttlichen Willen einbezogen sieht, auch wenn dieser ihm – in beiden Hinsichten! – rätselhaft und undurchschaubar erscheint (Jes 55,8: „... eure Wege sind nicht meine Wege, spricht der Herr").

Die neuzeitliche Sicht der Geschichte ließ das Interesse an deren Anfang zurücktreten und stellte da, wo man sich noch vom Glauben an eine göttliche Vorsehung leiten ließ, die Zielrichtung der Geschichte in den Vordergrund. Deren religiöse Bestimmung durch das verheißene Heil wurde mehr und mehr in den Gedanken des geschichtlichen Fortschritts transformiert. Schon im Aufklärungszeitalter war man weithin davon überzeugt, dass mit der Emanzipation von den alten (kirchlichen und staatlichen) Autoritäten das Ziel der Geschichte in der eigenen Gegenwart prinzipiell bereits erreicht sei. Seit dem Ende des 18. Jahrhunderts galt immer weniger Gott und immer mehr der Mensch als Schöpfer der Geschichte[153].

Dieser Fortschrittsoptimismus ist seit dem Beginn des 20. Jahrhunderts verflogen bzw. musste den Zwang ideologischer Gleichschaltung und staatlicher Gewalt in Anspruch nehmen, um sich halten zu können. Inzwischen hat man nicht nur aus zeitgeschichtlichen Gründen, sondern auch aus grundsätzlichen theoretischen Erwägungen heraus von den großen geschichtsphilosophischen Entwür-

---

[153] Vgl. REINHARD KOSELLECK, *Über die Verfügbarkeit der Geschichte*, in: DERS., Vergangene Zukunft. Zur Semantik geschichtlicher Zeiten, 4. Aufl. Frankfurt 1985 (260–277), 262

fen der Aufklärung und des Deutschen Idealismus, die auf dem Entwicklungsge-
danken fußten, Abschied genommen[154]. War noch Ernst Bloch der Meinung,
man müsse nur die „wissenschaftliche" Voraussage der klassenlosen Gesellschaft aus dem klassischen Marxismus der zwar im Geschichtsverlauf angelegten, aber keineswegs garantierten Hoffnung auf „Heimat" weichen lassen[155], so
ist man heute dazu übergegangen, auf einen einheitlichen Sinn des Geschichtsverlaufs und auf die Vorstellung eines voraussagbaren Ziels überhaupt zu verzichten. Zwar hält man an der Linearität des Geschichtsverlaufs fest. Er wird
aber nicht mehr durch eine einzige, durchlaufende Linie beschrieben, sondern
durch ein Netzwerk miteinander verschlungener Linien. Diese Einsicht ist im
Grunde bereits bei Ernst Troeltsch ausgebildet[156].

Der Glaube an eine göttliche Lenkung der menschlichen Geschichte hat also
selbst eine bewegte Geschichte gehabt, die hier nur streiflichtartig geschildert
werden konnte. Er hat sich am adäquatesten in Verbindung mit einem linearen
Zeitverständnis in Gestalt des Vorsehungsglaubens Ausdruck verschaffen können. Die moderne Einsicht in die Komplexität des Geschichtsverlaufs kommt
dem religiösen Verständnis der Vorsehung als des verborgenen Willens Gottes
entgegen. Diese religiöse Deutung wird nun freilich von der gegenwärtigen Philosophie der Geschichte überwiegend nicht akzeptiert; diese versteht sich eher
als definitives Ende des Vorsehungsglaubens. Die Theologie kann deshalb weder
den geschichtsphilosophischen Pluralismus einfach als solchen integrieren noch
auf Grund des gegenwärtigen Diskussionsstands hoffen, dem Vorsehungsglauben wieder mehr öffentliche Akzeptanz verschaffen zu können. Jedenfalls dürf-
ten die Chancen für Letzteres in einer säkularen Gesellschaft skeptisch zu beurteilen sein. Denn die Unumgänglichkeit der Rückbindung religiöser Aussagen an
den persönlichen Glauben dessen, der sie macht, dürfte bei kaum einem Thema
der Schöpfungslehre so evident sein wie bei diesem.

Das lineare Verständnis des Zeitverlaufs hat sich mit der biologischen Evolutionstheorie und mit der kosmologischen Theorie der fortschreitenden Ausbreitung des Universums auch in den Naturwissenschaften durchgesetzt. Ebenso hat
die Komplexität der Geschichtsauffassung in der naturwissenschaftlichen Chaostheorie ihre Entsprechung. Deshalb kann der Glaube an die geschichtliche
Vorsehung Gottes in diesen größeren Zusammenhang eingezeichnet werden. Tut
man das, so verzichtet man damit allerdings konsequent auf ein geozentrisches

---

[154] Vgl. dazu WALTER SCHULZ, *Philosophie in der veränderten Welt*, Pfullingen 1972, 610–
613.
[155] ERNST BLOCH, *Das Prinzip Hoffnung*, Frankfurt 1959, Bd. 2, 1628.
[156] ERNST TROELTSCH, *Der Europäismus*, GS 3 (703–730), 706f: „Die Menschheit als Ganzes hat keine geistige Einheit und daher auch keine einheitliche Entwicklung. Alles, was man als
solche vorführt, sind Romane, die von einem gar nicht existierenden Subjekt metaphysische
Märchen erzählen". Und einige Zeilen später: „... alles das ist nur naiver oder verfeinerter Euro-
päerhochmut ..."

Weltbild. Das impliziert mit Notwendigkeit auch eine Absage an jegliche Privilegierung der menschlichen Geschichte. Deren Ursprung und Ziel erscheinen jetzt als Bestandteile eines Gesamtverlaufs, dem selbst wiederum Ursprung und Ziel von Gott gesetzt sind und der sich als ganzer ebenso der Treue Gottes verdankt wie die Kontinuität der Geschichte. Innerhalb dieses Verlaufs erscheint ein Fortgang der Evolution über den Menschen hinaus theoretisch ebenso möglich wie ein auf andere antwortfähige Wesen bezogenes Handeln Gottes an anderen Orten des Kosmos (womit freilich keineswegs modischen Spekulationen über deren Wirklichkeit das Wort geredet werden soll).

Darin das Ende eines für das menschliche Leben relevanten Schöpfungs- und Vorsehungsglaubens zu erblicken, wäre kurzschlüssig. Eine solche Konsequenz ergäbe sich allenfalls dann, wenn man eine spekulative Gestalt der Schöpfungslehre für möglich hält, der dann die Funktion einer höheren Form von Welterklärung zukäme. Nachdem wir dies mit guten Gründen abgewiesen haben, folgt aus den zuletzt angestellten Überlegungen unter dem Gesichtspunkt der Raumzeitlichkeit menschlicher Existenz ein Doppeltes. Einerseits muss daran festgehalten werden, den Glauben des einzelnen Menschen an sein Geschaffensein so in den weiteren Horizont des Bezugs von Gottes Schöpfung und Vorsehung auf die menschliche Geschichte und den Kosmos einzuzeichnen, dass dieser Horizont um der Universalität göttlichen Handelns willen ein eigenes Thema darstellt. Andererseits bleibt es wegen der Perspektivität menschlicher Sichtweise dabei, dass Aussagen über jene Universalität abgeleiteter Art sind. Nimmt man beides zusammen, so hat der Verweis auf die Eingebundenheit der Schöpfung des Menschen in einen geschichtlichen und naturhaften Gesamtzusammenhang von Raum und Zeit die religiöse Bedeutung, sowohl die unerforschliche Majestät des Schöpfers zu betonen als auch der Hybris des Geschöpfs einen Riegel vorzuschieben. Welche Folgen die hier vertretene Sicht für das Verständnis der Eigenart der Gottesbeziehung selbst hat, wird im nächsten Unterabschnitt zu erörtern sein.

Die Deutung des Zeitverlaufs in Natur und Geschichte auf ein Handeln Gottes hin muss also vom zeitlichen Sein des Menschen ausgehen. Er kann weder in Bezug auf seine eigene Geschichte noch in Bezug auf die Naturgeschichte eine neutrale Zuschauerhaltung einnehmen; er hat immer schon an beiden Prozessen teil. Für die Historiographie hat die Wissenssoziologie der zwanziger Jahre (Max Scheler, Karl Mannheim) mit der historistischen Illusion aufgeräumt, dass der Interpret aus sicherer Distanz objektiv feststellen könne, „wie es wirklich gewesen ist". Er kann vielmehr vergangene Geschichte nur verstehen, wenn er dabei stets seine eigene geschichtliche Prägung mit im Auge hat. Auch bei der Betrachtung der Natur kann nicht davon abgesehen werden, dass die dafür erforderlichen Wahrnehmungs- und Messungsvorgänge ihrerseits auf Naturprozessen beruhen und diese überdies noch selbst beeinflussen können. Der Mensch hat sein zeitliches Dasein nur so, dass er an der Zeitlichkeit des Geschichtsverlaufs teilhat und in der Geschichte der Natur einen bestimmten (sehr kurzen) Zeitraum ausfüllt. Erst recht macht sich diese Standortgebundenheit in der Deutung des Handelns Gottes bemerkbar. Allerdings kann er sich hier, ebenso wie bei der Deutung seines individuellen Lebens, auf *Erschließungssituationen* und Kairoi beziehen, die als weltlich vermittelte Zäsuren im Zeitverlauf den Grund menschlichen Lebens in Gott aufleuchten lassen können. Gleichzeitig ist freilich zu betonen, dass jede solche Deutung noch stärker als im Fall der eigenen Biographie der Gefahr einer Verzerrung durch bestimmte Interessen ausgesetzt ist, wie am Fall der so genannten „Deutschen Stunde" von 1933 zu erkennen ist. Vollends begrenzt ist die Deutbarkeit von Naturereignissen, wenngleich auch sie bei aller gebotenen Vorsicht nicht ausgeschlossen werden kann, wie das bereits früher zitierte berühmte Beispiel des Erdbebens von Lissabon 1755 zeigt.

Geschichtliche Erschließungssituationen eröffnen im Prinzip ebenso wie im Fall eines einzelnen menschlichen Lebens einen Blick auf das Ganze eines geschichtlichen Zusammenhangs und werfen insofern auch ein Licht auf dessen Ursprung und Ziel. Zum anderen führen sie als kontingente Situationen zu der Frage nach dem Verhältnis der Kontingenz zu Kontinuität und Dauer. Was das erste Problem angeht, so ist bei dem früher gewonnenen Satz einzusetzen, dass Gott der selbst nicht zeitliche Grund aller Zeit ist. Mit den Worten Augustins: „Nicht zeitlich gehst Du den Zeiten voraus: Sonst würdest Du nicht allen Zeiten vorausgehen. Sondern Du gehst allem Vergangenen kraft der Erhabenheit der stets gegenwärtigen Ewigkeit voraus und ragst über alles Zukünftige hinaus …"[157]. Zwar lässt das Verbum *praecedere* in diesem Satz erkennen, dass Augustin die Zeitüberlegenheit Gottes noch nicht ganz ohne temporale Begriffe fassen konnte. Doch zeigt die Wendung *celsitudo semper praesentis aeternitatis* seine Intention, genau dies auszudrücken, und zwar so, dass Zeitlosigkeit nicht mit Beziehungslosigkeit zur Zeit gleichgesetzt werden kann, sondern als ihr Grund verstanden werden muss. So wie Gott Ursprung und Ziel meines eigenen Lebens als eines welt-zeitlich existierenden Wesens umgreift und den Weg vom einen zum anderen mit seiner Gegenwart schaffend durchdringt, so umfasst er auch Ursprung und Ziel der Welt, an der ich Anteil habe, und ist mit seiner Vorsehung in ihr gegenwärtig. Der Schöpfungsglaube kann sich demnach nicht damit begnügen, die schöpferische Macht Gottes nur am Anfang der Welt in der Einrichtung ihrer prästabilierten Harmonie am Werk zu sehen, wie es Leibniz im Interesse der natürlichen Verstehbarkeit der Weltvorgänge und der Freiheit des Menschen sich genötigt sah zu tun[158]. Auch in Bezug auf die Welt ist Schöpfung nur als *creatio continuata* hinreichend verstanden[159].

---

[157] „Nec tu tempore tempora praecedis: alioquin non omnia tempora praecederes. Sed praecedis omnia praeterita celsitudine semper praesentis aeternitatis et superas omnia futura …"; AUGUSTIN, *Confessiones* Buch XI,16, CChr.SL 27, 202.

[158] G.W. LEIBNIZ, *Essais de théodicée. Sur la bonté de Dieu, la liberté de l'homme et l'origine du mal* (1710), zweisprachige Ausg. hg. v. H. Herring, in: Philos. Schriften II/1, Darmstadt 1985, 49: „Ich … lasse das Übernatürliche hier nur für den Anfang der Dinge zu, hinsichtlich

Dieser Begriff führt nun zu der Frage nach dem Verhältnis von *Kontingenz* und *Dauer* bzw. *Kontinuität*. Schleiermacher hatte die Schöpfung der Welt de facto auf ihre Erhaltung reduziert, weil Gott als „das beharrliche Verursachende" gesehen werden müsse, wenn man nicht Gefahr laufen wolle, sein Handeln als zeitliches zu verstehen und damit ihn selbst zu einem nach weltlichem Muster Agierenden zu machen[160]. Diese These dient sicher auch dazu, kosmologische Spekulationen über Anfang und Ende der Welt als nicht hierher gehörig auszuschließen, führt aber dazu, dass es kaum noch möglich erscheint, Anfang und Ende der Welt überhaupt zu denken. Selbst das unableitbar Neue, das die für Schleiermachers Geschichtsphilosophie entscheidende Funktion hat, den schöpferischen Beginn einer neuen Periode zu markieren, lässt sich mit diesem an der klassischen Physik orientierten Verständnis göttlichen Handelns in der Welt nur schwer verbinden. Aber Schleiermachers Interesse an einer durchgehenden, von keinem supranaturalen göttlichen Eingreifen unterbrochenen Kontinuität war zu stark, als dass er diese Inkonzinnität hätte bemerken können. Karl Barth hat im genauen Gegensatz dazu in seiner ganzen Dogmatik das Handeln Gottes auf das „Je und Je" des bestimmten, kontingenten Augenblicks bezogen, um so das Unterschiedensein Gottes von aller welthaften Kontinuität und seine souveräne Freiheit zum Ausdruck zu bringen. Diese Auffassung spiegelt freilich allzu deutlich den Dezisionismus der zwanziger Jahre wider. Ironischerweise fungiert also ausgerechnet bei diesen beiden Theologen, die den kategorialen Unterschied des Handelns Gottes von aller Weltlichkeit mit besonderem Nachdruck herausarbeiten wollen, ihre zeitgeschichtlich bedingte ontologische Präferenz als Leitmotiv ihres Verständnisses vom göttlichen Handeln.

Gott kann weder mit der von aller zeitlichen Veränderung unterschiedenen Dauer identifiziert werden – er würde dann leicht als zeitlos und damit ohne Beziehung zur Welt verstanden – noch als auf den kontingenten Augenblick festgelegt erscheinen – er wäre dann schnell als Willkürgott ohne Beständigkeit und Treue missverstanden. Zum Schöpfungsglauben gehört unumgänglich der Aspekt des *Kontrafaktischen*. „Kontingenz" und „Dauer" im Handeln Gottes einerseits und im Zeitlauf der Welt andererseits sind deshalb auch kreuzweise aufeinander zu beziehen. Der Schöpfungsglaube sieht Gott mitten im Zeitfluss kontingent am Werk und betrachtet komplementär dazu die kontingenten Einbrüche innerhalb der zeitlichen Kontinuität des Weltlaufs als durch seine Treue unterfangen. Dabei ist jedoch zu beachten, dass es sich beide Male um die Präsenz des Ewigen in der Zeit handelt, nicht um eine Weise der Zeitlichkeit, die zu

---

der ersten Entstehung der Tiere oder der ursprünglichen Einrichtung der prästabilierten Harmonie zwischen der Seele und dem Körper …" Freilich treibt er diesen Gedanken nicht auf die Spitze, sondern spricht in Anlehnung an die orthodoxe Dogmatik wenig später (54) von einem *concours de Dieu*, einem *concursus* mit dem Lebensvollzug des Menschen.

[159] Vgl. zu diesem Begriff oben, 339–343.

[160] F.D.E. SCHLEIERMACHER, *Der christliche Glaube*, a.a.O. (Anm. 7), § 52,2.

einer anderen in Beziehung träte. Deshalb ist das kontingente Handeln Gottes nicht als willkürlicher supranaturaler Eingriff in den Zeitlauf vorzustellen, sei es in Gestalt einer Durchbrechung der Naturgesetze durch ein Mirakel, sei es in der (ebenso leicht apologetisch missbrauchbaren) Annahme, die Naturgesetze könnten sich im Lauf der Geschichte verändert haben[161]. Ebenso wenig darf der Hinweis auf die Treue Gottes zur Nivellierung der Kontingenz von Erschließungssituationen führen; damit wäre die Intensität des Andringens Gottes aufgehoben.

Das kontingente Handeln Gottes in Naturgeschehen und Geschichte und die damit gesetzte Irreversibilität der gesetzten Kairoi und der gesetzten Lebensfrist kann aber vom einzelnen Menschen, ebenso wie das Andauern als unerträglich empfundener geschichtlicher Verhältnisse, auch als Bedrohung der Sinnhaftigkeit seines zeitlichen Daseins erfahren werden. Überdies gibt es eine Ungleichzeitigkeit der biographischen Kairoi und der Lebensfristen verschiedener Menschen, die deren gegenseitiges Verstehen und darüber hinaus die Gemeinsamkeit eines Gottesverhältnisses gefährdet. Die religiöse Zeiterfahrung ist auch in Bezug auf das In-der-Welt-Sein antinomisch verfasst.

c) *Der Ursprung des Einzelnen und des Ganzen*

Das Dasein des Menschen als Einzelner, das der Boden seines Gottesverhältnisses ist, realisiert sich nicht in einem isolierten Individuum, sondern in gesellschaftlicher Interaktion (die bereits bei der Beziehung zwischen zwei Personen beginnt). Darum ist die „Selbstproduktion" des Menschen, wie Peter Berger und Thomas Luckmann dessen eigenständige Lebensführung nennen, immer „eine gesellschaftliche Tat"[162]. Die gesellschaftliche Tat bleibt menschliches Produkt und kann (zumindest in post-traditionalen Gesellschaften) nicht als unmittelbare Wirkung Gottes angesehen werden. Doch so gewiss es primär der einzelne Mensch ist, dem Gott unmittelbar begegnet, so sehr ist auch das „Zwischen" seiner Sozialität davon betroffen. Der Schöpfungsglaube schließt darum den Glauben an die Gegenwart Gottes auch in den gegenseitigen Beziehungen der Menschen ein. Diese empfangen also nicht nur den Grund ihres eigenen Daseins aus Gott, sondern auch ihre konstitutive Angewiesenheit auf das Mitsein mit anderen Menschen. Das Mitsein hat zwei Richtungen: Einmal verdankt jeder Mensch sein Dasein anderen (am sinnenfälligsten erkennbar am Verhältnis zu den Eltern), und zum anderen lebt er auf andere Menschen hin, indem er neue Beziehungen anknüpft, gesellschaftliche Verhältnisse mitgestaltet usw. Beide Richtungen des Mitseins gehören elementar und unableitbar zum menschlichen Leben.

---

[161] So W. PANNENBERG, *Kontingenz und Naturgesetz*, in: A.M. Klaus Müller und W. Pannenberg, Erwägungen zu einer Theologie der Natur, Gütersloh 1970 (33–80), 54f.

[162] P. BERGER / TH. LUCKMANN, a.a.O. (Anm. 10), 54.

Dieses wird also als ein auf wechselseitige Beziehungen zu anderen Menschen hin angelegtes Gott verdankt.

Menschliches Miteinander ist polar verfasst: Es existiert in den Polaritäten der Geschlechter, der Generationen, der Temperamente und Begabungen. Auch dies ist als elementare und nicht hintergehbare Gegebenheit auf das Geschaffensein durch Gott zurückzuführen, so sehr auch die konkrete Gestalt jeder einzelnen dieser Polaritäten durch den Vollzug menschlicher Beziehungen und gesellschaftlicher Interaktion geprägt ist. Das hindert nicht, dass Liebe und Gerechtigkeit in menschlichen und gesellschaftlichen Beziehungen als Abschattungen göttlicher Liebe und Gerechtigkeit verstanden werden können.

Jeder Mensch steht in einer Vielfalt polarer Beziehungen. Die Polaritäten bilden das Geflecht, das man als Gesellschaft bezeichnet. Jeder Mensch ist so geschaffen, dass er sich in einem solchen Geflecht bereits vorfindet, in es hinein geboren ist. Die konkrete Gestalt einer Gesellschaft und deren Wandel unterliegt wiederum der Interaktion aller ihrer beteiligten Glieder, einschließlich der dabei ggf. auftretenden Antagonismen. Aber kein Mensch kann ohne ein solches Geflecht, ohne einen gesellschaftlichen Ort und gesellschaftliche Rollen, auf Dauer existieren. Religiös bedeutet das: Der Mensch erfährt sich als von Gott an einen bestimmten gesellschaftlichen Platz gestellt. Es gibt kein Gottesverhältnis ohne eine derartige gesellschaftliche Vermittlung. Über das Verhältnis der Vermittlungsinstanzen zu Gott ist damit noch nichts gesagt.

Nun braucht jede Gesellschaft, um lebensfähig zu sein, Strukturen, Rollenverteilungen und Regeln des Zusammenlebens, die durch bestimmte Symbole etabliert sind. Das heißt: Zum sozialen Leben gehören *Institutionen*. Das betrifft alle Lebensbereiche; auch Religionen bedürfen irgendeiner Form von Institutionalisierung, um sich in der Welt als gemeinschaftliches Leben darstellen zu können. Institutionen, angefangen von Sitten und Gebräuchen bis hin zu Organisationsformen, können sich wandeln, aber nicht ersatzlos verschwinden. Es wohnt ihnen etwas Unableitbares inne, das sich menschlicher Kreativität entzieht und daher vom religiösen Glauben der schöpferischen Macht Gottes zugeschrieben wird.

Gibt es demnach von Gott geschaffene Institutionen? Diese Frage ist in der Geschichte der Religionen, auch in der des Christentums, immer wieder bejaht worden. Die Institutionen, die dabei gemeint sind, können sowohl spezifisch religiöse (kultische Vollzüge oder auch hierarchische Organisationsformen) als auch soziale und politische sein. In irgendeiner Form kommt der Glaube an die Heiligung wesentlicher Institutionen durch göttliche Schöpfungsmacht in den meisten Religionen vor. Die Problematik dieses Gedankens besteht *erstens* generell darin, dass zwischen der geglaubten Wirksamkeit Gottes und der menschlichen Aktivität nicht hinreichend unterschieden wird. So können innerhalb einer und derselben Religion Menschenopfer oder auch brutale Kriege – von den heiligen Kriegen Israels über die christlichen Kreuzzüge und neuzeitliche Kriege „mit

Gott für König und Vaterland" bis zum djihad (im radikal-islamischen Sinn des
Wortes) – genauso sanktioniert sein wie Regeln für gegenseitige Rücksichtnahme
und friedliches Zusammenleben.

Zweitens wird durch den Gedanken einer göttlichen Stiftung gesellschaftlicher Institutionen deren Wandlungsfähigkeit eingeschränkt. Was Gott einmal
gewollt hat, gilt für alle Zeiten; jeder Versuch einer Änderung durch Menschen,
mag er noch so einleuchtend begründet sein, gilt als Frevel.

Ein *drittes* Problem stellt das Fehlen einer klaren Unterscheidung zwischen sakralen und weltlichen Institutionen dar. Wo dies der Fall ist, werden nicht nur
solche Verhaltensweisen des Menschen, die sich unmittelbar auf die Gottesverehrung beziehen wie Gebete und im engeren Sinn kultische Handlungen religiös
sanktioniert, sondern auch z.B. eine bestimmte Gestalt der Ehe, die Gliederung
der Gesellschaft in Kasten oder Stände, die gegebene Staatsform. Innerhalb einer
so konstituierten Gesellschaft haben es Einsichten, die unabhängig von diesem
Kontext gewonnen wurden, außerordentlich schwer sich durchzusetzen, beispielsweise die Erkenntnis der Unverträglichkeit einer absolutistischen Regie-
rungsform mit einem hohen durchschnittlichen Bildungsniveau der Bevölke-
rung. Selbst Praktiken, die sich eindeutig als schädlich für Leib und Leben der
Betroffenen erweisen lassen wie die Beschneidung von Mädchen in vielen afrika-
nischen Gesellschaften, vermögen sich auf Grund religiöser Sanktionierung hartnäckig zu halten.

Im Christentum wurde zwar, entsprechend seinem Ursprung als nicht mit dem
Staat verbundener Minderheitsreligion, von Anfang an zwischen der sich bilden-
den religiösen Institution der Kirche und dem Staat als dem Repräsentanten
weltlicher Macht unterschieden. So war es zunächst nur die Kirche, die sich seit
der Entstehung des monarchischen Episkopats im 2. Jahrhundert allmählich zur
„heiligen" Institution entwickelte, welche die Zugehörigkeit zu ihr zur Bedingung der Teilhabe am Heil erhob. Doch durch kirchliche Salbungen der Fran-
kenkönige und später durch Kaiserkrönungen wurde im Mittelalter auch der
weltlichen Herrschaft ein Status in einer hierarchischen Gesellschaftsordnung
zugeschrieben, der im *ordo*-Gedanken ontologisch fundiert war, und in der frühen Neuzeit verstand der absolute Fürst „von Gottes Gnaden" seine Herrschaft
als Abbild der Souveränität Gottes[163]. Die durch die Reformation mit vorbereitete Ablösung weltlicher Herrschaft von kirchlicher Autorität, die damit erfolgt
war, bildete die Voraussetzung für die im 19. Jahrhundert entwickelte neuluthe-
rische Begründung staatlicher Macht in der „Schöpfungsordnung", der die in
der „Heilsordnung" fundierte Autorität der Kirche gegenüberstand[164]. Die ab-

---

[163] Vgl. THOMAS VON AQUIN, *Summa theologiae* I q.21 a.1 ad 3; q.42 a.3 resp.; q.108 a.2
resp.; HERMANN KRINGS, *Ordo. Philosophisch-historische Grundlegung einer abendländischen Idee*, 2. Aufl. Hamburg 1982; sowie den Artikel *Königtum III. Mittelalter und Neuzeit*
von NIKOLAUS STAUBACH in TRE 19 (1990), 333–345, bes.336.340.

[164] So zuerst THEODOR FRIEDRICH DETHLOF KLIEFOTH, *Acht Bücher von der Kirche*, Bd. 1

solutistisch-naturrechtliche wie die schöpfungstheologische Begründung staatlicher Gewalt hat nicht nur die Staatsform der Monarchie als göttlich legitimiert festgeschrieben, sondern oft genug sogar den Inhaber der politischen Macht der Kritik entzogen. Dies hatte weder Paulus, auf den sich die Neulutheraner beriefen, mit seiner jeder Staatsmetaphysik fernen These gemeint, die Aufrechterhaltung öffentlicher Ordnung durch die Obrigkeit sei von Gott gewollt (Rm 13,1–7), noch Luther, wenn er die überkommene naturrechtlich begründete Analogie von Familienvater, Landesvater und Gottvater beibehielt[165].

Allen diesen Konzeptionen gegenüber ist darauf zu insistieren, dass die *Institutionalität*, das Angewiesensein auf eine Struktur menschlichen Zusammenlebens, nicht mit deren jeweils bestehender konkreter Gestalt in den vorfindlichen *Institutionen* verwechselt werden darf. Der Mensch ist mit dem Grundbedürfnis nach Regeln des Zusammenlebens geschaffen, also auf Institutionalität angelegt, aber die Ausarbeitung dieser Regeln in konkreten Institutionen und ihre Durchsetzung, auch ihre Veränderung oder Ablösung durch neue Regeln, ist seiner eigenen Verantwortung anvertraut, auch wenn dies alles wie die ganze Menschengeschichte der Vorsehung Gottes unterworfen ist. Wie politische (auch wirtschaftliche) Macht am besten von Menschen auszuüben und auch zu kontrollieren sei, ist in keiner „Seinsordnung" festgelegt, sondern nach ethischen Maßstäben zu entscheiden.

Das Gleiche, was hier am Beispiel der politischen Verhältnisse entwickelt worden ist, ließe sich auch an der Ehe zeigen. Man wird die Form der lebenslangen Einehe, wie sie sich im Judentum allmählich entwickelt hat und im Christentum als Prinzip festgehalten wird, kaum als Schöpfungsordnung bezeichnen können. Gewiss lässt sich in der Ethik zeigen, dass diese Form der von Gott geschaffenen Polarität der Geschlechter, die der heterosexuellen Mehrheit der Menschen eignet, durch den Grundsatz der Treue und durch Vermeidung von Rivalitäten am besten entspricht und deswegen in der Tat ethisch geboten ist. (Von da aus wäre analog die lebenslange Treue für homosexuelle Zweiergemeinschaften zu fordern.) Aber es ist nicht möglich, unter Berufung auf die Schöpfung die in anderen Kulturen übliche Vielehe pauschal als unmoralisch zu verurteilen. Sie stellt zunächst nur eine andere in einer langen Geschichte menschlicher Interaktion gewachsene Gestaltung geschlechtlicher Polarität dar, über die unter Berücksichti-

---

(mehr nicht erschienen), Schwerin/Rostock 1854, 7.40.353–395; bes. 358–365. Der Gerechtigkeit halber muss hinzugefügt werden, dass die Erlanger Theologie, die den Begriff der Schöpfungsordnung von Kliefoth aufgenommen hat, im Unterschied zu diesem vielfach nur die Struktur der Institutionalität und nicht die einzelnen Institutionen auf diese Weise theologisch begründen wollte. Freilich hat sich diese Unterscheidung im deutschen Luthertum bis weit in die Zeit nach dem II. Weltkrieg hinein nicht recht durchsetzen können. Hierzu und zu weiteren Einzelheiten vgl. meinen Aufsatz *Schöpfungslehre und Ethik*, ZThK 91/1994 (157–188), 160–172.
[165] Zu Paulus vgl. E. KÄSEMANN, a.a.O. (Anm. 129), z. St.; M. LUTHER, *Großer Katechismus*, BSLK 587,7; 601,25 f sowie WA 39/II, 42,3 f (zur Dreiständelehre).

gung der jeweils gegebenen sonstigen gesellschaftlichen Gegebenheiten ethisch zu diskutieren ist.

Der Mensch ist nicht nur zur Gemeinschaft mit anderen Menschen geschaffen, sondern auch als Teil der Natur. Der Schöpfungsglaube kann sich deshalb weder mit der Aussage begnügen „Ich glaube, dass mich Gott geschaffen hat" noch diesen Satz einfach durch den alle Menschen bezeichnenden Plural „uns" umformulieren, sondern muss mit Luther die Fortsetzung anfügen „samt allen Kreaturen"[166]. Der Mensch wird sich also im Schöpfungsglauben sowohl hinsichtlich seiner Identität als auch hinsichtlich seiner Beziehungen zu anderen, zu nicht-menschlichen Lebewesen und zur Welt der Dinge als in Gott gegründet durchsichtig. Das Mitgeschaffensein mit anderen Geschöpfen und mit der unbelebten Natur stellt dabei ein Kriterium für die mögliche Ausübung von Herrschaft dar: Tiere haben als geschaffene eine ihnen eigene Würde, die zu respektieren ist, und die Natur ist dem Menschen, wie oben schon ausgeführt, als „Wohnort" zugewiesen. Die daraus zu ziehenden Konsequenzen für das Handeln bzw. Unterlassen sind in der Ethik zu entwickeln.

Gott ist auch im Hinblick darauf, dass er den Menschen in den Zusammenhang der Natur gestellt hat, als personales Gegenüber und als Seinsgrund anzusehen. Doch steht hier, wo es um den extensiven Bezug der religiösen Erfahrung auf das Ganze der Welt geht, der kosmomorphe Gottesbegriff im Vordergrund[167].

Damit erledigt sich von vornherein ein Teil der Kritik, die heute vielfach an dem Glauben an die Schöpfung der Welt durch Gott vorgetragen wird. Nachdem Feuerbach, an Fichtes Anthropomorphismus-Kritik anknüpfend, gemeint hatte, die personale Gottesvorstellung als bloße Projektion des Wesens des Menschen in ein imaginiertes Jenseits „entlarven" zu können, argumentiert man jetzt, in Bezug auf den Ursprung der Welt sei die Unangemessenheit der Vorstellung von einem personalen Weltschöpfer erst recht evident, weil sie zusätzlich zu dem naiven Gottesbild auch noch ein diesem entsprechendes, längst vergangenes Bild von der Welt voraussetze. Die Welt werde nämlich wie das in sich geschlossene, klar umrissene Produkt eines Handwerkers vorgestellt. Diese Entsprechung von personhaftem Schöpfer und Weltsubstanz sei durch das moderne rein funktional-relationale Verständnis der Welt restlos überholt. Als „Subjekt" bleibe nur der Mensch übrig; er sei in dieser funktionalen Welt völlig auf sich selbst verwiesen[168]. Dieser Argumentation kann man durch den Rekurs auf die kosmomorphe Seite des Gottesbegriffs begegnen, die an jene alte Weltvorstellung nicht gebunden ist. Wenn daneben weiterhin auf einer komplementären personalen Seite zu insistieren ist, so muss man darauf hinweisen, dass diese nur dann die Vorstel-

---

[166] M. LUTHER, *Kleiner Katechismus*, BSLK 510, 33f.
[167] Vgl. oben, Abschnitt 2c.
[168] So G. DUX, *Die Logik der Weltbilder*, a.a.O. (Anm. 82), 303–308.

lung von einem kreativen Handwerker impliziert, wenn man dem Schöpfungsglauben die Unentbehrlichkeit eines naiven, objektivierenden Anthropomorphismus unterstellt. Ein solcher folgt aber keineswegs aus der Funktion eines personalen Gottesbegriffs, symbolisch die Personalität der Gottesbeziehung dessen anzuzeigen, der an die Schöpfung der Welt durch Gott glaubt. Er bleibt auch im Gespräch mit den Naturwissenschaften unentbehrlich, weil die ausschließliche Verwendung eines kosmomorphen Gottesbegriffs den Pantheismus begünstigen würde. Unter diesem Gesichtspunkt wirkt die Verbindung des naturhaft über den Wassern schwebenden *Geistes* (Hauches oder Windes) Gottes mit dem personal-performativen „Gott *sprach* … und es wurde…" im priesterschriftlichen Schöpfungsbericht Gen 1,2.3.6.9.11.14.20.24.26) keineswegs naiv, sondern geradezu als mythische Urform eines zwiegesichtigen Gottesbegriffs.

Auch dann aber, wenn man mit Hilfe des doppelten Gottesbegriffs sowohl die Gemeinschaftsbezogenheit des Menschen als auch seine Eingebundenheit in die Natur auf die Schöpfung Gottes zurückführt, bleibt dieser Gesamtzusammenhang der Perspektivität menschlicher Sichtweise unterworfen. Es ist ja nicht zu leugnen, dass die Natur hier primär als Lebensgrundlage des Menschen in den Blick kommt. Darüber hinaus ist zuzugeben, dass die heute oft geforderte Hinwendung zu einem physiozentrischen Ansatz weder erkenntnistheoretisch noch praktisch (für die menschliche Lebensführung) durchführbar ist[169]. Derartige Forderungen implizieren überdies meistens die realitätsferne, idyllische Vorstellung eines heilen, naturverbundenen Lebens, deren Wunschcharakter sie als verkappte Anthropozentrik verrät. Demgegenüber muss sich der christliche Schöpfungsglaube damit begnügen, in der Natur „a relational type of order which is at once dynamic and open" zu sehen, worin der Mensch seinen Ort finden und bestimmen muss[170].

Trotzdem schließt die Perspektivität des Erkennens die Einsicht in die kosmische Randposition des Menschen nicht aus. Ebenso sind wir durchaus in der Lage, der Natur ein gewisses Eigenrecht gegenüber dem Menschen zuzusprechen, auch wenn wir Moltmanns Rede von einer „gewissen Subjektivität" der den Menschen umgebenden Natur als anthropomorph abweisen mussten[171]. Vor allem aber drängt sich heute immer mehr die Einsicht auf, dass die menschliche Geschichte auch ein Bestandteil der Evolution des Lebens ist und dass der natürliche Oikos mehr als nur eine Grundbedingung der Möglichkeit menschlicher

---

[169] So mit Recht DIETER BIRNBACHER, *Sind wir für die Natur verantwortlich?* In: DERS. (Hg.), Ökologie und Ethik, 1986 (103–139), bes. 108–111.133f. Das hat auch ALBERT SCHWEITZER erkannt, dessen Ethik der Ehrfurcht vor dem Leben sonst einen gewissen schwärmerischen Zug nicht verleugnen kann: *Kultur und Ethik*, 5. Aufl. München 1923, 249–251. Ein repräsentatives Beispiel für einen nichttheologischen physiozentrischen Ansatz ist das Buch von KLAUS MICHAEL MEYER-ABICH, *Wege zum Frieden mit der Natur. Praktische Naturphilosophie für die Umweltpolitik* (dtv 10661), München (1984) 1986.

[170] TH. F. TORRANCE, *Divine and Contingent Order*, Oxford u.a. 1981, 15.

[171] S.o., 377.

Kultur darstellt[172]. Man muss darum Gottes schöpferisches Handeln so beschreiben, dass es sich sowohl durch die Natur als auch durch die Geschichte
vermittelt, ohne sich dabei allein auf den Menschen zu beziehen. Es erscheint
deswegen auch unter modernen Denkvoraussetzungen konsequent, dass die alttestamentliche Religion sich den Gedanken der Schöpfung der Natur angeeignet
und ihren Glauben an die Lenkung der Geschichte durch Gott dieser umfassenden Perspektive eingeordnet hat.

Damit ist zugleich gesagt, dass Geschichtsreligion und Naturreligion keine
prinzipielle Alternative bilden. Eine solche Typisierung ist in der Theologie lange
Zeit üblich gewesen, um die Überlegenheit der jüdisch-christlichen Tradition
über andere Religionen zu erweisen. Doch träfe sie zu, so könnte daraus leicht
die Konsequenz gezogen werden, die Natur sei für den Menschen, soweit sie ihm
zuhanden ist, reine Verfügungsmasse. Dann hätten Lynn White und Carl Amery
mit ihrer bereits angesprochenen polemischen These Recht, am ökologischen
Raubbau der modernen westlichen Welt sei die jüdisch-christliche Tradition
schuld[173]. Es lässt sich aber zeigen, dass der Schöpfungsauftrag, die Erde zu bebauen *und zu bewahren* (Gen 2,15), mitsamt einer ganzen Anzahl „umweltbe-
wusster" Regelungen in der alttestamentlichen Gesetzgebung (z.B. das Halljahr)
in der alten Überlieferung seinen festen Platz hat. Die Meinung, der Mensch habe ein Recht auf schonungslose Ausbeutung der Natur, lässt sich nicht einmal,
wie heute vielfach üblich, auf die wissenschaftstheoretischen Ansätze von Francis Bacon und René Descartes zurückführen, sondern ist erst ein Produkt der Industrialisierung des 19. Jahrhunderts[174].

Trotz der Plausibilität und des Alters des Gedankens, dass Gottes Verhältnis
zum Menschen sich durch Natur und Geschichte vermittelt, hat man lange Zeit
(teilweise bis heute) in der Evolutionstheorie ein Problem für die christliche Lehre von der Schöpfung der Welt gesehen. Dieses Problem ist nicht schon durch den
– zweifellos zutreffenden – Hinweis aus dem Weg zu räumen, dass die eine in den
Bereich der Deutung, die andere in den der Erklärung gehört. Denn es wäre so
noch nicht begreiflich zu machen, warum das Verhältnis zwischen ihnen so ge-
spannt war oder, wie im Fall der amerikanischen Kreationisten, noch heute ist.

---

[172] Vgl. ARTHUR ROBERT PEACOCKE, *Creation and the World of Science*, Oxford 1979, 169f.
[173] LYNN WHITE, *The Historic Roots of Our Ecological Crisis*, in: Science 155/1967, 1203–
1207; CARL AMERY, *Das Ende der Vorsehung. Die gnadenlosen Folgen des Christentums*,
Hamburg 1972. Vgl. oben, Religionsphilosophische Grundlegung, 268.
[174] Genaueres bei UDO KROLZIK, *Umweltkrise. Folge des Christentums?* Stuttgart/Berlin
1979, 84. Krolzik verfolgt differenziert verschiedene einschlägige Linien durch die Geschichte
des Christentums hindurch, die zu dieser Entwicklung beigetragen haben. Die Tendenz des Vf.
ist ein wenig zu apologetisch, doch vermag er immerhin zu zeigen, dass der von White und Amery erhobene Pauschalvorwurf nicht zu halten ist. – CHRISTIAN SCHWARKE bemerkt mit Bezug
auf Bacon und Descartes zu Recht, dass „falsches Denken" (sofern es denn falsch ist) nicht für
die Umweltprobleme verantwortlich ist; das hieße die Wirkungsmacht philosophischer Theorie
erheblich überschätzen: *Die Kultur der Gene. Eine theologische Hermeneutik der Gentechnik*,
Stuttgart 2000, 200, Anm. 21.

Die Schwierigkeit besteht nicht darin, dass die Evolutionstheorie die Geschichte gewissermaßen nach rückwärts in die nichtmenschliche Lebenswelt hinein verlängert. Zwei andere, sehr unterschiedliche, aber miteinander verknüpfte Probleme sind es, die Anstoß erregt haben: Die Evolutionstheorie lässt sich zum einen nicht mit der orthodoxen Lehre von der wörtlichen Irrtumslosigkeit der Bibel vereinbaren und problematisiert zum anderen die Sonderstellung des Menschen. Was die Frage der Schriftautorität angeht, so ist dazu das Erforderliche in den Prolegomena gesagt worden[175] und braucht hier nicht wiederholt zu werden.

Der zweite Punkt ist der weitaus gewichtigere, denn er lässt die Befürchtung einer reduktionistischen Anthropologie aufkommen. Sie war zeitweise auch nicht unbegründet. Doch setzt der evolutionstheoretische Reduktionismus faktisch ein lineares Verständnis des biologischen Entwicklungsprozesses voraus. Dieses muss heute auch wissenschaftsintern als überholt gelten. Vielmehr beschreibt man diesen Prozess als über unableitbare Bifurkationen verlaufend, welche die Entstehung einer neuen Art als Sprung erscheinen lassen. Dann aber folgt aus der Einordnung der menschlichen Geschichte in den umfassenderen biologischen Entwicklungsprozess keineswegs zwingend die Naturalisierung des Menschenbildes. Ist diese Besorgnis aus dem Weg geräumt, so ist nicht mehr einzusehen, welchen Vorzug die alte Vorstellung einer Konstanz der Arten vor derjenigen ihrer allmählichen Entwicklung haben soll. Dass sie sich mit dem Glauben an Gott als Schöpfer besser vereinbaren ließe, ist logisch nicht zu begründen, sofern man die Schöpfung nicht als einmaligen urzeitlichen Akt denkt. Versteht man sie als *creatio continuata*, als ebenso aktuales wie kontinuierliches Schaffen, so wird dieses Bedenken gegenstandslos.

Der Mensch ist also innerhalb seiner Geschichte und mit ihr zusammen innerhalb der Naturentwicklung Glied eines Gesamtprozesses. Gleichwohl bleibt er prinzipiell in der Lage, beiden Ebenen dieses Prozesses gegenüber denkend und handelnd eine Haltung der Distanz einzunehmen. Als Individuum geht er ebenso wenig in der Geschichte seiner kollektiven Individualitäten wie in der Gesamtheit der Lebensformen auf. Sein Gottesverhältnis ist zwar nur so vollständig gedacht, dass er dabei als Teil des Ganzen von Natur und Geschichte verstanden wird, so dass es durch dieses Ganze vermittelt erscheint. Anders hätte es keinen Bezug zur Lebenswirklichkeit. Trotzdem bleibt es primär auf das Gewissen des einzelnen Menschen bezogen und insofern unmittelbar. Beide Seiten dieser vermittelten Unmittelbarkeit sind konstitutiv. Bedenkt man allein die Unmittelbarkeit des Verhältnisses, so betrifft es das Leben des Menschen nur partiell; beachtet man dagegen lediglich seine Vermitteltheit durch die institutionelle religiöse Gemeinschaft oder durch die Ehrfurcht vor der Natur, so verliert man die Gottheit selbst als das unbedingt Angehende aus dem Blick.

---

[175] S.o., Standort und Aufgabe der Glaubenslehre, V 1.

d) Der Stifter von Gesetz und Zufall

Der Gedanke der vermittelten Unmittelbarkeit stößt nun aber auf ein schier unüberwindbares Problem an genau der Stelle, an der bereits die Freiheit des einzelnen Menschen zu Gott in Beziehung zu setzen war. Die Gründung seiner Freiheit ebenso wie seiner Abhängigkeit jeweils sowohl in Gott als personalem Gegenüber als auch in Gott als Seinsgrund ließ sich dort unmittelbar auf die religiöse Erfahrung zurückführen. Sucht man diesen Gedanken in universalhistorische und darüber hinaus in kosmische Dimensionen zu überführen, wie es die menschliche Welterfahrung verlangt, so zeigt sich plötzlich eine problematische Voraussetzung, die wir dort nicht berücksichtigt hatten. Das ist die Annahme eines dem Weltprozeß zugrundeliegenden *Zwecks*. Sie scheint religiös unerlässlich zu sein, wenn anders es eine religiöse Grundaussage ist, dass Gott der „Allbedingende" sei[176]. Aus dem naturwissenschaftlichen Denken jedoch ist der teleologische Gesichtspunkt seit langem nicht nur methodisch streng ausgeklammert, weil er erkenntnistheoretisch nicht zu verifizieren ist, sondern er gilt darüber hinaus auch als sachlich unangemessen, weil er eindeutig als anthropomorpher Rest aus einem vergangenen Weltbild zu identifizieren sei, der sich aus dem Interesse des Menschen erkläre, sich selbst im Mittelpunkt dieser Zweckbestimmung zu sehen.

Die Theologie kann sich einer Erörterung dieser Problematik nicht entziehen, zumal der historische Befund diese Kritik rundum zu bestätigen scheint. So läuft im priesterschriftlichen Schöpfungsbericht alles auf die Schöpfung des Menschen hinaus, die (im Unterschied zu den anderen Schöpfungsakten) im Text mit einem eigenen göttlichen Willensentschluss eingeführt wird (Gen 1,26), und der jahwistische Schöpfungsbericht lässt die Welt ebenfalls durch einen personhaft vorgestellten Gott um des Menschen willen geschaffen sein. Diese hier mehr wie selbstverständlich mitlaufende Voraussetzung einer göttlichen Zwecksetzung galt später sogar als rational erweisbar, insofern der mittelalterliche Gedanke einer Strukturanalogie zwischen himmlischer und irdischer Welt sie ontologisch zu fundieren beanspruchte. Der dabei zwischen dem Schöpfungsglauben und der aristotelischen Philosophie vermittelnde Begriff war die Entelechie. Die, wie man meinte, empirisch erweisbare Zielgerichtetheit irdischer Vorgänge erklärte man nun als sichtbaren Ausdruck der den Dingen durch den göttlichen Willen eingestifteten Zweckhaftigkeit. So schreibt Thomas von Aquin, der für diese Auffassung als repräsentativ angesehen werden kann: „... die naturgegebene Notwendigkeit, die den auf eines hin determinierten Dingen innewohnt, ist eine ihnen eingeprägte Wirkung (*impressio*) Gottes, der sie auf ein Ziel / einen Zweck (*finis*) hinlenkt", so wie das Fliegen des Pfeils auf ein Ziel hin die „impressio" des Schützen sei. Die Schlussfolgerung liegt dann auf der Hand: „... so demonstriert

---

[176] Der Ausdruck stammt von E. Hirsch, a.a.O. (Anm. 99), Bd. 1, 209–224.

die natürliche Notwendigkeit, der die Kreaturen unterliegen, die Leitung durch die göttliche Vorsehung"[177].

Solange man sich diese „Notwendigkeit" als eine jedem *einzelnen* Lebewesen oder Ding eingestiftete Entelechie denken konnte, sah man an dieser Stelle keine gravierenden Probleme. Das änderte sich, als die *necessitas* durch die sich entwickelnde klassische Physik zu einer die Dinge miteinander verbindenden allgemeinen Naturgesetzlichkeit ausgeweitet wurde. Denn diese trat nun an die Stelle eines göttlichen Plans, der jedes einzelne Ereignis auf eine in sich konsistente, wenn auch den Menschen verborgene Weise regelte. Nun war es eine „autonome" Notwendigkeit, der mehr und mehr die Autonomie des sie im Experiment ergründenden und bestätigenden Menschen entsprach. Der Gedanke der Zweckhaftigkeit des Naturgeschehens wurde, da er sich empirisch nicht überprüfen lässt, aus der empirischen Wissenschaft verbannt und gänzlich der Metaphysik überlassen; wissenschaftlich genügte es, den Kausalzusammenhang zu erkennen. In diesem Sinn schrieb Francis Bacon schon 1623 bissig: „... die Erforschung der Zweckursachen ist steril und gebiert nichts (gemeint ist: nichts empirisch Brauchbares), so wie eine gottgeweihte Jungfrau"[178]. Je mehr das neuzeitliche Bewusstsein sich über die exakten Wissenschaften definierte, desto mehr verlor die Metaphysik und damit auch die Frage nach einem objektiven Weltzweck an Relevanz. Innerhalb des neuen, ausschließlich kausal gefassten kategorialen Rahmens wurde nunmehr die dem Naturzusammenhang innewohnende Notwendigkeit streng deterministisch verstanden. Solange man noch an einer religiösen Fundierung festhielt, ließ man sich zwar durch diesen Umbruch nicht anfechten, sah sich jedoch genötigt, nach rational vertretbaren Freiräumen für ein kontingentes Handeln der Gottheit zu suchen, damit diese nicht als Sklave des von ihr selbstgeschaffenen Systems erscheinen müsste. So hat Leibniz über die von Notwendigkeit bestimmten *vérités éternelles* hinaus *vérités positives* postuliert, die genau diesen Zweck erfüllen. Die Gesetze der Natur seien im Unterschied etwa zu denen der Geometrie der Verfügung des Gesetzgebers („la dispensation du législateur") unterworfen; dieser könne also bei Bedarf von ihnen abweichen[179]. Doch sahen wir bereits, dass er im Grunde eine Wirksamkeit des

---

[177] Thomas von Aquin, *Summa Theologiae* I q.103 a.1 ad 3: „... necessitas naturalis inhaerens rebus quae determinantur ad unum, est impressio quaedam Dei dirigentis ad finem"; „... ita necessitas naturalis creaturarum demonstrat divinae providentiae gubernationem".

[178] „... Causarum Finalium inquisitio sterilis est, et tanquam virgo Deo consecrata nihil parit"; F. Bacon, *De dignitate et augmentis scientiarum* III 5, in: ders., Works, hg. v. J. Spedding u.a., Bd. 1, London 1858, 571. Man hat diesen Satz immer wieder aus dem Zusammenhang gerissen zitiert und, wohl verführt durch die geistreiche Formulierung, dahingehend missverstanden, als habe Bacon die Frage der Zweckhaftigkeit für überflüssig erklären wollen. Tatsächlich hat er die Sache im oben angegebenen Sinn gemeint, wie aus Kap. 4 (a.a.O. 568–571) hervorgeht, wo er die *causae finales* neben den *formae* als die beiden zentralen Themen der Metaphysik benennt, von denen das Letztere den Rekurs auf Gottes Vorsehung erfordere (570).

[179] G.W. Leibniz, *Essais* ..., a.a.O. (Anm. 158), 70–72.

Übernatürlichen nur am Anfang zulassen wollte. So war es nur eine Frage der Zeit, bis die Suche nach Freiräumen für Wunder als Ausnahmen von der Geltung der Naturgesetze zu einem Reservat apologetischer Theologen wurde und die Wissenschaft zum methodischen Atheismus fortschritt.

Trotz dieser Modernität gegenüber dem mittelalterlichen Naturverständnis hatte die Umwandlung der Naturnotwendigkeit von einer finalen zu einer kausalen dessen wichtigstes Strukturelement, seine Statik, intakt erhalten. Diese machte den objektiven, unveränderlich stabilen Rahmen aus, innerhalb dessen die menschliche Freiheit, die sich als dem natürlichen Kausalnexus entnommen verstand, ungehindert agieren konnte. Die Freiheit ließ sich allerdings nicht empirisch nachweisen, so dass Kant sie nur noch transzendental im intelligiblen Bewusstsein begründen konnte. Doch wurde sie dadurch erst recht zu einer unveränderlichen und unanfechtbaren Größe. Das darin zum Ausdruck kommende Lebensgefühl fand sein festes Widerlager in der verlässlichen, statischen Notwendigkeit, welche die klassische Physik Newtons im Naturprozess meinte gefunden zu haben. Das erklärt den Sachverhalt, dass das bürgerliche Zeitalter bei allem stürmischen Fortschritt doch immer ein Element objektiver Stabilität und Sekurität behielt.

Demgegenüber ist die moderne Entdeckung der Kontingenz in der Natur noch einmal eine Revolution mit bislang unabsehbaren Folgen. Nicht nur von der Quantentheorie und Heisenbergs Unschärferelation, sondern mehr noch von der modernen Biologie ging eine radikale Infragestellung der Vorstellung eines in sich geschlossenen Kausalnexus aus. Zwar bleibt ein durchaus gesetzmäßiger Rahmen der Wechselwirkung bestehen. Innerhalb seiner aber kommt den einzelnen Entitäten offenbar ein gewisses Maß an Selbstständigkeit zu. Dieses ist heute unter dem von Manfred Eigen geprägten Begriff der Selbstorganisation der Materie[180] bekannt. Diese Entdeckung scheint radikale Konsequenzen für eine theologische Schöpfungslehre zu haben. Denn wenn die Materie sich zwar nicht nach Art des menschlichen Selbstbewusstseins, aber doch aus sich selbst heraus im Vollzug rein innerweltlicher Wechselwirkung zu Systemen organisieren kann, dann scheint es eines göttlichen Ursprungs nicht zu bedürfen, und zwar gänzlich unabhängig davon, ob dieser personal oder als Grund des Seins verstanden wird.

Zunächst betrifft der angedeutete Wandel die wissenschaftliche Betrachtung der Natur. Thomas Torrance hat mit Recht betont, dass es sich nicht bloß um die Entdeckung von Grenzen der menschlichen Wahrnehmungsfähigkeit handelt, sondern um die Nötigung, das Gesamtbild der Natur gegenüber der klassischen Neuzeit zu verändern[181]. Das hat zwangsläufig auch in der Wissenschaftstheorie zu einem Umdenken geführt. So hat Wolfgang Stegmüller im Anschluss an David

---

[180] MANFRED EIGEN, *Self-Organization of Matter and the Evolution of Biological Macromolecules*, in: Die Naturwissenschaften 58/10, 1971, 465–523. Vgl. oben, Religionsphilosophische Grundlegung, 201.
[181] TH. F. TORRANCE, a.a.O. (Anm. 170), 14.

Hume den Begriff der Notwendigkeit innerhalb einer Theorie der Kausalität als „letzte[n] Rest einer animistischen Weltauffassung" bezeichnet[182], und der Biologe Jacques Monod gelangt zu dem Schluss, dass die regelhaft ablaufenden Prozesse in der Natur in einem größeren Zusammenhang zu sehen sind, der von „Sprüngen" bestimmt ist. So ist jede einzelne bestimmte Ontogenese eines Lebewesens, jede Mutation, jede Entstehung einer neuen Art in der Evolution Produkt des „Zufalls", in dem Sinn, dass sie nicht im Sinne exakter Vorhersagbarkeit kausal determiniert ist. Insbesondere die Entstehung des Lebens und die des Menschen stellen solche Fälle dar, die nicht aus einer linearen Gesetzmäßigkeit ableitbar sind[183].

Die Theologie hat sich freilich, aufs Ganze gesehen, durch die in diesem Wandel enthaltene mögliche Konsequenz eines prinzipiellen weltanschaulichen Pluralismus oder gar der Überflüssigkeit des Gottesgedankens nicht beunruhigen lassen, sondern im Gegenteil darin die Chance gesehen, das von ihr lange vernachlässigte Thema der Kosmologie wiederaufzunehmen, ohne dem apologetischen Zwang der Suche nach möglichen Lücken für den Gottesgedanken zu unterliegen. So führte Karl Heim den Kontingenzgedanken in der Weise in die Theologie ein, dass er einen eigenen, durch den Willen bestimmten „polaren Raum" postulierte, mittels dessen der „überpolare" Gott seine Herrschaft ausübt. Auf Grund dieser Konstruktion hielt er es für möglich, jegliche Art von Wundern als ganz natürliche, mit moderner wissenschaftlicher Erkenntnis vereinbare Ereignisse zu verstehen[184]. Und Wolfhart Pannenberg sieht sich durch die neuen Erkenntnisse der Naturwissenschaften berechtigt, aus der „Kontingenz des Weltgeschehens im ganzen" auf „eine *unmittelbare Beziehung* jedes einzelnen Ereignisses auf den göttlichen Ursprung aller Dinge" zu schließen. Regelhaftigkeit sei zwar notwendig, um die Dauer einer Entität zu ermöglichen (sie sei Ausdruck der Treue Gottes), aber sie könne der Kontingenz untergeordnet werden[185]. Mit der so verstandenen Kontingenz lässt sich der Gedanke einer göttlichen Zwecksetzung natürlich viel leichter verbinden als mit der Vorstellung eines ehernen Kausalgesetzes. So kann Pannenberg den – höchst umstritten – naturwissenschaftlichen Gedanken eines „anthropischen Prinzips" als Ausdruck der

---

[182] Wolfgang Stegmüller, *Das Problem der Kausalität* (1960), in: ders., Aufsätze zur Wissenschaftstheorie (Libelli 245), Darmstadt 1980 (1–20), 14.
[183] Jacques Monod, *Zufall und Notwendigkeit. Philosophische Fragen der modernen Biologie* (dtv 1069; Le hasard et la nécessité, dt. v. Fr. Griese), 5. Aufl. München 1982, 90.94.105–123.
[184] Karl Heim, *Der evangelische Glaube und das Denken der Gegenwart* Bd. 4: *Der christliche Gottesglaube und die Naturwissenschaft*, 2. Aufl. Hamburg 1953, 178. Zu den Wundern vgl. Bd. 5: *Die Wandlung im naturwissenschaftlichen Weltbild*, Hamburg 1951, 194f. Heim meint, damit an Heisenberg anzuknüpfen.
[185] So W. Pannenberg, *Systematische Theologie*, a.a.O. (Anm. 128), Bd. 2, 62f (hier die Zitate; Hervorh. im Orig.). 90f. Weit pauschaler heißt es bei J. Moltmann: „Die Erkenntnis der *Geschichte der Natur* relativiert die Naturgesetze, weil sie den Eindruck der Regelmäßigkeit des Geschehens aufhebt (sic!), der ihnen zugrunde liegt", a.a.O. (Anm. 114), 207 (Hervorh. im Original).

Zwecksetzung Gottes deklarieren, der die Evolution im Menschen und das gesamte kosmische Geschehen im Erscheinen Jesu Christi sein Ziel finden lasse[186]. Doch so wenig der Mensch bei seiner subjektiven Deutung der Welt faktisch ohne den Gedanken eines auf ihn selbst bezogenen göttlichen Zwecks auskommt, ihn vielmehr in jedem praktischen Umgang mit der Welt mindestens implizit voraussetzt[187], so sehr muss er sich klar machen, dass dies eine interessegeleitete Sicht ist, die man nicht in objektive Sätze transformieren kann. Theologiegeschichtlich handelt es sich um ein Nachhutgefecht in dem langen Kampf gegen die naturwissenschaftliche Entthronung des Menschen, die mit Kopernikus begann und in Darwin einen besonders markanten Höhepunkt gefunden hatte.

Aus all dem folgt, dass die theologische Euphorie angesichts der neuen Entwicklung der Naturwissenschaften nicht gerechtfertigt ist. *Einerseits* sind die Gesetze der klassischen Physik durch die Entdeckungen von Quantenmechanik und Chaostheorie nicht außer Kraft gesetzt worden, sondern gelten für diejenigen Bereiche, für die sie experimentell nachgewiesen sind, nach wie vor[188]. Darum sind alle Wundergeschichten, die gegen diese Gesetze verstoßen, auch heute als Legenden anzusehen. Darüber hinaus sind diejenigen Bereiche, in denen das Kausalitätsverständnis Newtons nicht anwendbar ist, ebenso wie das als Ganzes nicht mehr als streng kausal determiniert zu denkende Gesamtsystem des Kosmos keineswegs völlig „gesetzlos". Das Gesamtbild der Welt ist zwar das eines offenen Prozesses, doch verläuft dieser nach Wahrscheinlichkeitsgesetzen. Kontingenzen erzeugen Kausalketten, ebenso wie sie selbst von solchen abhängig sind. Ohne ein System solcher allgemeinen Regelmäßigkeiten gäbe es nicht nur keine Erfahrung der Treue Gottes, sondern viel elementarer: es gäbe überhaupt keine menschliche Erfahrung. Ohne ein Mindestmaß regelhaft verlaufender Kontinuität bestünde sie aus lauter vereinzelten Lichtblitzen, die nichts erhellen.

Andererseits ist Erfahrung auch durch das kontingente Auftreten von Neuem konstituiert; sonst wäre sie zum Tod der Indifferenz verurteilt. Dieses Neue in seiner „Sprunghaftigkeit" erweist sich als unableitbar – aber in dem Sinn, dass es auf eine für uns nicht voll durchschaubare Weise auf „Herausforderungen" aus dem Gesamtzusammenhang welthafter Wechselwirkungen bezogen ist. Daraus folgt zunächst, dass die Dialektik von Kontingenz und Gesetzmäßigkeit durch die moderne Kosmologie in ihrer konkreten Verhältnisbestimmung modifiziert, aber nicht aufgelöst worden ist[189]. Darüber hinaus scheint es nun aber,

---

[186] W. Pannenberg, a.a.O., 82.157f. Zum anthropischen Prinzip und zur Kritik daran vgl. oben, Religionsphilosophische Grundlegung, 182f.

[187] Vgl. Robert Spaemann u. Reinhard Löw, *Die Frage Wozu? Geschichte und Wiederentdeckung des teleologischen Denkens*, München u.a. 1981, 21f.

[188] Vgl. dazu Werner Heisenberg, *Schritte über Grenzen. Ges. Reden und Aufsätze*, erw. Neuausg., 4. Aufl. München 1977, 93f.

[189] So mit Recht C.F. v. Weizsäcker, *Die Einheit der Natur. Studien*, 5. Aufl. München 1979, 241.

dass die Selbstorganisation eine Wirksamkeit Gottes gerade nicht leichter verständlich macht, sondern im Gegenteil viel wirksamer ausschließt als die Notwendigkeit der klassischen Physik, die sich leicht als göttliche Determination deuten ließ.

Hält man sich indessen an den Grundsatz, dass Gottes Handeln gerade nicht in welthaft verstandener Kontingenz oder Determination aufgeht, so kann es sehr wohl als Grund sowohl des Kausalitätsrahmens als auch der innerhalb seiner bestehenden Spielräume verstanden werden. Die schöpferische Macht Gottes muss also auf beides bezogen werden. Nur dann kann sowohl die moderne theologische Apologetik, die sich auf den Faktor der Kontingenz beruft, als auch der monistische Reduktionismus vermieden werden. Gottes Handeln ist weder als Gewährung von Freiheit noch als determinierende Gesetzgebung zu *definieren*. Vielmehr bezieht es sich in beiden Hinsichten auf die gesamte Schöpfung, nicht nur auf den Menschen.

In dem zuletzt Ausgeführten zeigt sich noch einmal, dass die herkömmliche starre Grenze zwischen Natur und Geschichte nicht mehr zu halten ist, sondern dass es fließende Übergänge gibt[190]. Einerseits finden wir in der Natur „Freiheits"-Spielräume und die der menschlichen Freiheit immerhin vergleichbare Struktureigentümlichkeit der Materie, sich selbst zu Systemen zu organisieren, andererseits unterliegt auch das Verhalten des Menschen Wahrscheinlichkeitsgesetzen, insofern er einerseits selbst ein komplexes „System" kausalgesetzlicher Abläufe ist und sich andererseits in Wechselwirkung mit anderen solchen Systemen befindet. Das bedeutet gewiss nicht, dass nun alle Unterscheidungen anorganischen und organischen Seins oder tierischen und menschlichen Lebens aufgehoben wären. Zweifellos gibt es solche unterschiedlichen Seinsbereiche. Die Evolution hat ja tatsächlich zu einem immer höheren Grad von Autonomie und innerer Komplexität geführt[191]. Doch folgt daraus keine Ausnahmeposition des Menschen, die es erlauben würde, ihn als schlechthin anderen der Welt gegenüberzustellen. Die Freiheit des Menschen, die es ihm ermöglicht, der übrigen Welt in denkender und gestaltender Distanz gegenüberzutreten, bleibt ihr zugleich als Produkt der Evolution und als hinsichtlich der gegenwärtig von ihr bereitgestellten Lebensbedingungen verdankt.

Die Veränderung der Bestimmung des Verhältnisses von Kontingenz und Kausalgesetzlichkeit bildet sich schließlich auch im Verständnis der Einheit des Weltprozesses ab. Diese Einheit ist nicht mehr nach dem Modell eines von einem Motor zentral gesteuerten Mechanismus vorzustellen, in dem jeder Impuls des Motors eine für jedes Rädchen genau vorhersagbare Wirkung hat. Vielmehr besteht

---

[190] Vgl. F. CRAMER, *Der Zeitbaum. Grundlegung einer allgemeinen Zeittheorie*, Frankfurt a.M./Leipzig 1993, 98.

[191] Vgl. J. MONOD, a.a.O. (Anm. 183), 116. Die von Monod daran geknüpfte, gewissermaßen existenzialistische Deutung der menschlichen Autonomie als absolut (151) folgt aus dieser Beobachtung nicht zwingend.

die Einheit der Welt in einem System von Wechselwirkungen von je für sich durch die Spannung von Kausalgesetz und kontingenten „Sprüngen" bestimmten Prozessen. Thomas Torrance beschreibt sie präzise als „a continuous and open system of contingent realities and events with an inherent unifying order", und er bestimmt diese Ordnung näher als gebildet aus „coordinated strata [Plural!] of natural coherences"[192]. Die konstitutive Pluralität der Welt macht einen einheitlichen Gesamtzweck Gottes zwar nicht undenkbar, wohl aber unerkennbar. Diese Einsicht verhilft dazu, Gottes Handeln von weltlichen Vorgängen klarer zu unterscheiden, als dies bei Zugrundelegung einfacher Modelle des Weltgeschehens möglich wäre.

Allen bisher vorgetragenen Argumenten dieses Abschnitts zum Trotz drängt sich nun noch einmal die Frage auf, ob denn nicht jedenfalls der Heilsglaube eine so starke Ausrichtung des göttlichen Willens auf den Menschen impliziere, dass er einen nötige, die soeben als empirisch nicht belegbar abgewiesene Vorstellung vom Menschen als dem Ziel der göttlichen Schöpfung wieder einzuführen. Man könnte etwa mit Torrance sagen, dass der Sinn jeder Entwicklungsstufe jeweils auf der nächsthöheren Stufe deutlich werde. Der Mensch würde dann denjenigen Punkt in diesem Prozess darstellen, an dem das Universum „open beyond itself" ist, „where the mystery of meaning becomes disclosed, insofar as he allows his mind to fall under the power of revelation from beyond"[193]. Das Kriterium für ein solches Verständnis wäre der Grad von Weltoffenheit, der hier erreicht ist. Doch sind dagegen zwei gewichtige Bedenken zu erheben, die davor warnen sollten, Torrance hier zu folgen. Einmal sieht er die Gottoffenheit des Menschen anscheinend umstandslos als Verlängerung der Weltoffenheit. Das ist, wie wir früher gesehen haben, ein unzureichendes Verständnis des Gottesverhältnisses. Zum anderen steht der Gedanke eines in sich einheitlichen Weltzwecks auf Grund seiner Position an der Spitze einer kosmologischen Konstruktion im Verdacht, dass er anhand des genannten Kriteriums nun doch an der Weltwirklichkeit ablesbar oder zumindest verifizierbar sein soll. Damit wären aber die Grenzen möglicher Erkenntnis überschritten.

Richtig bleibt freilich, dass der Mensch im Glauben an Gott als Schöpfer eine Zielgerichtetheit von dessen Handeln annimmt, die auf ihn gerichtet ist. Ebenso zutreffend ist es, dass darin ein Zusammenhang mit einem Gesamtzweck der Welt mitgesetzt ist. Indessen bleibt dieser Gesamtzweck dem Auge auch des glaubenden Menschen hinter dem Polyzentrismus und den Kontingenzen der Welt verborgen. Keinesfalls nötigt der Glaube dazu, die Schöpfung des Menschen oder sein Heil mit diesem Gesamtzweck zu identifizieren. Es bleibt nur dieses übrig, dass die Annahme eines Weltzwecks *überhaupt* – ohne die Möglichkeit, ihn

---

[192] TH. F. TORRANCE, a.a.O. (Anm. 170), 11.20.
[193] TH. F. TORRANCE, a.a.O. (Anm. 170), 20f.

zu verifizieren – sich mit Notwendigkeit aus der Universalität des Schöpfungs-glaubens ergibt. Der Schöpfungsglaube sieht in diesem Zweck eine Bejahung des Menschen und der Welt, freilich ohne das begründen zu können.

Gott als der diesen Zweck Setzende wird dabei vom Glauben analog zum Got-tesverhältnis des einzelnen Menschen so verstanden, dass er dies als „persönli-cher Wille" ebenso wie als „Seinsgrund" tut. Die Doppelung des Gottesbegriffs ist sowohl auf die Kontingenz als auch auf die Gesetzmäßigkeit des Weltlaufs an-zuwenden. Wenn die Kontingenz nicht nur im „Willen" Gottes, sondern auch in Gott als Seinsgrund verankert ist, ist sie von Zufall bzw. göttlicher Willkür un-terschieden und als in einem (verborgenen) Zusammenhang stehend gedacht, ohne doch den Charakter des Neuen, Unableitbaren zu verlieren. Wenn die Re-gelmäßigkeiten nicht nur im Seinsgrund, sondern auch im „Willen" Gottes ihre Wurzel haben, so verkörpern sie keine blinde Notwendigkeit, werden aber eben-so wenig zu beliebigen einzelnen, jederzeit wieder aufhebbaren Gesetzen. Beide Sichtweisen verhalten sich komplementär zueinander, so wie sich auch Kontin-genz und Regelmäßigkeit zueinander verhalten. Unter dieser Voraussetzung er-scheint der Begriff eines göttlichen Zwecks deutlich als eine aus menschlichen Verhältnissen abgeleitete Metapher, die jedoch einen für jeden religiösen Glau-ben unverzichtbaren Gedanken zum Ausdruck bringt. Dieser ist allerdings noch weiteren, bisher noch nicht besprochenen Missverständnissen ausgesetzt, denen wir uns im folgenden Abschnitt zuwenden müssen.

e) *Vorsehungsglaube und menschliche Verantwortung*

Noch stärker als in der Verwendung des Zweckbegriffs tritt das unvermeidliche Maß an Anthropozentrik im Vorsehungsglauben zutage. Hier ist zunächst eine Abgrenzung erforderlich. Es geht beim Thema der Vorsehung noch nicht um das *Heil*; denn das Heil ist die Neukonstitution der menschlichen Existenz, die ihre Bestimmung verfehlt hat, und von dieser Verfehlung war bisher noch nicht die Rede. Mit Vorsehung wird die Fürsorge Gottes für das *Wohl* des Menschen – des Einzelnen wie der Menschheit als ganzer – und der Welt bezeichnet. Dieser Ge-danke geht insofern über den der Erhaltung der Welt hinaus, als er mit seiner in-haltlichen Bestimmung von Gottes Weltregierung den Glauben an eine speziell auf den Menschen bezogene intentionale Beziehung Gottes in den Vordergrund rückt. Gott führt das Leben des Einzelnen, er lenkt die Geschichte, ja sogar den Naturlauf zu des Menschen Bestem, das ist die Grundüberzeugung, für die statt vieler – vor allem alttestamentlicher – Belege der Hinweis auf Rm 8,28 genügen möge: „Wir wissen, dass denen, die Gott lieben, alle Dinge zum Besten dienen". Der Gedanke wird sogar meistens, wie auch an der eben zitierten Stelle, noch spezieller nur auf die gottesfürchtigen Menschen bezogen. Es hat deshalb Religi-onskritiker schon immer gereizt, dahinter einen sehr durchsichtigen religiösen Egoismus auszumachen. Außerdem scheint die Vorsehung Gottes auch als Lohn für menschliches Wohlverhalten verstanden werden zu müssen und auf diese Weise mit dem *sola gratia* in Konflikt zu geraten.

Auf den zweiten Vorwurf lässt sich erwidern, dass die Aussagen über die dem Menschen trotz seiner Untreue gewährte Treue Gottes, die sich schon im Alten und dann durchgehend im Neuen Testament finden (z.B. Ps 89,31–38; Hos 12,1; Rm 3,3f; 2.Tim 2,13), einer Theorie der Entsprechung von Leistung und Lohn diametral widersprechen. Zumindest im Neuen Testament ist überdies die Gnadenlehre so dominant, dass sie als Schlüssel auch für die Vorsehungslehre angesehen werden kann.

Der Verdacht des religiösen Egoismus scheint dagegen weniger leicht zu entkräften zu sein. Es begegnen in der Tat häufig Formulierungen, welche diesen Verdacht jedenfalls nicht ausschließen, besonders dann, wenn sie, wie nicht selten in den Psalmen, mit der Bitte um Vernichtung der Feinde einhergehen. Aber auch der zitierte Satz aus dem Römerbrief, der Gottes Vorsehung auf diejenigen bezieht, „die Gott lieben", ist gegen jenen Vorwurf nicht von vornherein gefeit, auch wenn der Bezug nicht exklusiv formuliert ist. Evident wird das Problem durch die protestantisch-orthodoxe Aufteilung der Vorsehung in *providentia generalis* als auf die ganze Welt, *providentia specialis* als auf die Menschen (bei einigen auch: auf die Kirche), und – gelegentlich – *specialissima* als auf die einzelnen Frommen bezogene Vorsehung. Auf den ersten Blick ist hier zwar die spezielle Vorsehung in die allgemeine eingebettet. Doch durch die Blickrichtung von Gott als Subjekt her auf das Ziel seines Willens hin bekommt das Lehrstück in dieser Fassung doch eine klare Zuspitzung auf die Menschen und schließlich auf die Frommen[194].

Anders verhält es sich, wenn man den Standpunkt des Fragenden einnimmt. Dann ist eine Privilegierung des Menschen oder gar des Frommen gar nicht im Blick, und der Verweis auf Gottes Vorsehung kann nur in der Ermutigung bestehen, sich innerhalb eines Gesamtzusammenhanges in Gottes Fürsorge geborgen zu wissen. Schon im Alten Testament gibt es Belege für diese Sicht; man denke nur an den 104. Psalm. Der hier angesprochene Zusammenhang ist nicht derjenige der Geschichte des erwählten Volkes, nicht einmal derjenige der Geschichte überhaupt, sondern derjenige der *Natur*. Das prägnanteste Beispiel aber ist Jesu Wort von Gottes Fürsorge für die Vögel unter dem Himmel, die Lilien und das Gras auf dem Feld (Mt 6,26.28–31 par.). Diese Sätze arbeiten zwar mit dem Schluss *a minore ad maius* („Seid ihr denn nicht viel mehr als sie [die Vögel]?"). Doch dürfte Jesus damit kaum die Absicht verfolgen, das Bewusstsein einer Pri-

---

[194] Vgl. KARL GOTTLIEB BRETSCHNEIDER, *Systematische Entwicklung aller in der Dogmatik vorkommenden Begriffe nach den symbolischen Schriften der ev.-luth. Kirche und den wichtigsten dogmatischen Lehrbüchern ihrer Theologen*, 3. Aufl. Leipzig 1825, 467. Zur Kritik an dieser Lehre hinsichtlich ihrer Privilegierung der „Frommen" und zur Würdigung ihres Versuchs, auch die Widersprüchlichkeit des Übels und des Bösen zu integrieren, vgl. W. TRILLHAAS, *Dogmatik*, 4. Aufl. Berlin/New York 1980, 155f.

vilegierung hervorzurufen oder zu stärken; er will vielmehr die ins Wanken gera-
tene Lebenszuversicht stärken ("ihr Kleingläubigen"). Diese Vermutung wird
zur Gewissheit, wenn man sieht, worin die eigentliche Pointe besteht: Gottes
Fürsorge wird den Menschen ebenso wie den Vögeln und den Lilien ohne alles
eigene Zutun zuteil. Nicht zuletzt dies dürfte der Grund dafür sein, dass Jesus
sich hier auf die Natur und nicht auf die Geschichte des Volkes Israel bezieht:
Nur auf diese Weise lässt sich die Pointe so eindeutig herausarbeiten.

Für den modernen Menschen hat der Bezug der Vorsehung Gottes auf den Naturzusammenhang noch eine zweite Bedeutung. Für ihn ist nämlich das Handeln
Gottes überhaupt nur als durch die Natur vermitteltes, nicht als ein an der Natur
vorbeigehendes denkbar. Damit fällt die in der protestantisch-orthodoxen Dogmatik geläufige Unterscheidung zwischen einer *providentia ordinaria* und einer
die Naturgesetzlichkeit durchbrechenden *providentia extraordinaria* dahin. Sie
konnte ohnehin allenfalls noch im Kontext des frühneuzeitlichen, mechanistischen Weltverständnisses sinnvoll erscheinen, erwies sich jedoch gerade in dieser
Konfrontation rasch als problematische Apologetik. Die Begründung für die
Bindung des Vorsehungsgedankens an den Naturzusammenhang ergibt sich aus
dem, was im vorigen Abschnitt über die Vorstellung eines göttlichen Zweckes im
Weltlauf gesagt wurde, und braucht deshalb nicht wiederholt zu werden. Es sei
jedoch ausdrücklich hinzugefügt, dass durch diese Entscheidung das Staunen des
Glaubens über schlechthin unerwartete Wirkungen göttlicher Vorsehung, das
auch das religiöse Motiv für die Ausbildung jener orthodoxen Lehre war, keines-
wegs außer Kraft gesetzt wird. Im Gegenteil: Es dürfte sogar noch stärker zur
Geltung kommen, wenn man nicht mehr selbstverständlich mit supranaturalen
Einbrüchen rechnet.

Ein ganz anderes Bild scheint sich zu ergeben, wenn wir den Gedanken der
Vorsehung Gottes im Bereich der *Geschichte* betrachten. Geschichte wird in
menschlicher Verantwortung gestaltet. Berücksichtigt man diesen Sachverhalt,
so scheint sich die göttliche Vorsehung hier nun doch auf menschliches Verhalten
in Gestalt von Lohn und Strafe beziehen zu müssen, so dass die Fürsorge Gottes
anders als in Jesu Wort von den Lilien gerade nicht umsonst gewährt würde.
Doch lässt sich rasch zeigen, dass dieser Eindruck trügt. Gerade in derjenigen
Religion, die Gottes Geschichtshandeln in besonderer Weise in den Mittelpunkt
gestellt hat, der alttestamentlichen, wird die auf die Geschichte bezogene Vorsehung ganz dezidiert als unabhängig von irgendeiner vorgängigen menschlichen
Leistung gedacht: Gott schließt seinen Bund mit dem Volk aus eigener Initiative,
und er hält trotz dessen vielfachen Fehlverhaltens an ihm fest. Allerdings knüpft
er an seine Erwählung des Volkes die Erwartung, dass dieses seinerseits den Bund
im Gehorsam "halten" wird (z.B. Ex 19,5), stellt also eine Art nachträgliche Bedingung. Über diesen Stand der Dinge hat das christliche Verständnis des göttlichen Geschichtshandelns hinausgeführt. Hier entfällt jedes spezielle Bedin-
gungsgefüge, und die Wahrnehmung geschichtlicher Verantwortung erscheint

als die (eigentlich) selbstverständliche Antwort auf die göttliche Vorsehung. Die Fürsorge des Schöpfers selbst konstituiert das Gesetz der Schöpfung, das dem Menschen ins Herz geschrieben ist (Rm 2,14f).

Der Inhalt dieses Gesetzes entspricht dem Wesen der geglaubten göttlichen Vorsehung. So wie Gottes Fürsorge Ausdruck seiner Liebe zu allen Menschen und zur ganzen Welt ist, so soll auch die Fürsorge des Menschen seinen Mitmenschen und seinen Mitkreaturen gelten. Dass die Letzteren ihm nach der Naturordnung zum Teil zur Nahrung dienen, entbindet ihn nicht von von der Achtung ihrer kreatürlichen Würde. In Bezug auf die Menschenwelt lässt sich das Schöpfungsgesetz in der Goldenen Regel zusammenfassen (Mt 7,12), die keine Unterschiede hinsichtlich der Menschenwürde zulässt.

Ohne ein solches Gesetz der Schöpfung entartet der Vorsehungsglaube. Das geschah unter den so genannten christlichen Völkern bereits mit der Annahme, zu einer auch gewaltsamen Missionierung der „Heiden" berufen zu sein. Der Missbrauch des Gedankens einer göttlichen Geschichtslenkung für nationalistische Zwecke setzt jenes Bewusstsein lediglich in säkularisierter Form fort. Die bislang schauerlichste Variante solchen „Vorsehungs"-glaubens stellt die immer noch nicht ausgestorbene Ideologie von den weißen Herrenvölkern dar, die zur Herrschaft über die angeblich von Natur unterlegenen und zur Knechtschaft bestimmten anderen Rassen bestimmt seien.

Die entschiedene Abkehr von solchen Verirrungen kann freilich nicht in den Versuch münden, einen gesellschaftlichen Zustand wiederherzustellen, in dem jenes Gesetz der Schöpfung angeblich unumstritten in Geltung stand. Ganz abgesehen von der Frage nach dem Wahrheitsgestalt einer solchen Vorstellung von der Geschichte ist offensichtlich, dass die neuzeitliche Selbst- und Welterfahrung menschlicher Freiheit und Selbstbestimmung, die ja nicht nur eine Erfahrung des einzelnen Individuums, sondern eine allgemeine gesellschaftliche Erfahrung darstellt, in eine gegenwärtige Beschreibung der göttlichen Vorsehung integriert werden muss. Den Ansatz dazu bietet bereits Luthers Zwei-Regimente-Lehre, sofern man die in ihrer ursprünglichen Gestalt eingeschlossene Tendenz eines grundsätzlichen Konservatismus als zeitbedingt ausscheidet und das in ihr enthaltene kritische Potenzial zur Geltung bringt: Gottes Vorsehung begründet weder ein kirchlich oder religiös noch ein ideologisch begründetes Erwählungsbewusstsein geschichtlicher Mächte, sondern vermittelt sich durch menschliche Verantwortung gegenüber dem Gesetz der Schöpfung[195]. Das Gleiche in altlu-

---

[195] Die skandinavischen Lutheraner haben diesen auch für die Sozialethik entscheidenden Punkt viel eher verstanden als die deutschen, vgl. z.B. G. Aulén, *Kan något kristet krav ställas på statslivet?* Stockholm 1940, 68. Man kann auch an das immer noch wenig bekannte Faktum erinnern, dass die norwegischen Lutheraner ihren Kirchenkampf mit der Zwei-Regimente-Lehre, nicht gegen sie, führten. Vgl. dazu das Buch des damaligen Bischofs von Oslo Eivind Berggrav, *Når kampen kom*, Oslo 1945, und Arnd Heling, *Die Theologie Eivind Berggravs. Ein*

therischer Terminologie ausgedrückt: Das Gesetz im *usus civilis* ist Kernstück von Gottes Vorsehung in der Geschichte, denn diese ist nicht nur Teil der Natur, der als solcher lediglich zu erhalten wäre, sondern wird von Menschen gestaltet.

Nun ist allerdings die bisher entwickelte geradlinige Vermittlung von Gottes Vorsehung in Natur und Geschichte durch Entsprechungen in der menschlichen Erfahrung noch zu einfach. Denn die Vorsehung vermittelt sich auch durch solche Erfahrungen hindurch, die dem Glauben an sie zu widersprechen scheinen. Ja, der Vorsehungsglaube wird an solchen Punkten überhaupt erst thematisch. Eines der schönsten Beispiele dafür ist Ps 23,4: „Und ob ich schon wanderte im finstern Tal, fürchte ich kein Unglück, denn du bist bei mir, dein Stecken und Stab trösten mich". Hier muss der Glaube sich gegen den Augenschein durchsetzen. Das „Unglück", sei es nun ein Naturereignis, etwas von anderen Menschen Zugefügtes, das sich der eigenen Verantwortung entzieht, oder etwas Selbstverschuldetes, muss einerseits immer auch als unter Gottes Herrschaft stehend gedacht werden. Andererseits ist die eigene Verantwortung im geschichtlichen Leben des Menschen so stark in die Vorsehung einbezogen, dass sich selbst im ersten Fall häufig die Frage nach der eigenen Mitursächlichkeit unwillkürlich stellt. Diese unvermeidliche Verwirrung macht die Rätselhaftigkeit göttlicher Vorsehung handgreiflich spürbar.

Erst wenn man der Verwicklungen ansichtig geworden ist, in die der Glaube hier gerät, wird verständlich, was es mit der biblischen Rede von der Unerkennbarkeit der Vorsehung Gottes auf sich hat (z.B. Jes 45,15; 55,8f; Rm 11,33). Sie ist nicht nur ein Problem der Erkenntnistheorie, wie es von einem großen Teil der Aufklärungstheologie gesehen wurde. Vielmehr ist sie in erster Linie ein Problem der Widersprüche, mit denen der Glaube sich auseinander setzen muss. Erst wenn man die Dinge unter dieser Perspektive sieht, ist der Vorsehungsglaube dagegen gefeit, „zu einem dumpfen Schicksalsglauben oder ... zu einer milden und harmonischen Naturansicht" zu verkommen[196]. Freilich wird man sagen müssen, dass er diesen Entartungen nicht von sich aus entgeht. Für sich genommen bleibt er der Ambivalenz verhaftet, die dem Schöpfungsglauben insgesamt anhaftet. Die Aussage, dass Gott Mensch und Welt bejaht und dass dies ein Akt seiner Liebe ist, bleibt stets durch die Tatsache, dass auch Leid und Vernichtung zur Schöpfung gehören, gefährdet. Um zu seiner vollen Entfaltung als Glaube auch gegen den Augenschein zu kommen, bedarf der Schöpfungs- und Vorsehungsglaube der Untermauerung durch die Heilszusage[197]. Allerdings ergänzt umge-

---

Beitrag zur politischen Theologie im Luthertum (Hist.-theol. Studien z. 19. u. 20. Jh. 3), Neukirchen 1992, bes. 213–266.

[196] Dies sieht W. Trillhaas als die beiden entscheidenden Entartungen des Vorsehungsglaubens an, a.a.O. (Anm. 194), 162.

[197] So mit Recht G. Ebeling, a.a.O. (Anm. 2), Bd. 1, 329. Dies ist das Wahrheitsmoment in K. Barths groß angelegter christologischer Begründung der Schöpfung in *KD* III/2. Deren Problematik besteht aber darin, dass sie diese Begründung *von vornherein* ins Spiel bringt und so

kehrt der Vorsehungsglaube den Heilsglauben insofern, als er die Hoffnung auf das Heil auch auf die Menschen ausdehnt, die mit der christlichen Botschaft nicht in Berührung gekommen sind. So könnte man Gustaf Auléns Verhältnisbestimmung beider Aspekte in einem frühen Aufsatz verstehen, der Heilsglaube sei die intensive, der Vorsehungsglaube dagegen die extensive Wahrnehmung der Liebe Gottes[198].

f) Schöpfung und Vernichtung

Die Ambivalenz des Vorsehungsglaubens wird in besonderer Weise virulent, wenn es um Leben und Tod geht. Der Mensch erfährt Gott einerseits so, dass er ihm sein Leben samt seiner Kreativität verdankt, indem er es als personhaft anvertrautes annimmt und als aus dem Seinsgrund hervorgehende elementare Kraft bejaht. Andererseits ist aber Gott für ihn nicht nur der Lebendigmachende, sondern auch der Tötende, so sehr sich der Mensch auch durch religiöse Riten oder ganz einfach mit seinem Lebenswillen gegen die Unwiderruflichkeit des Zeitlaufs aufbäumt. Welche Bedeutung hat es für diese Doppelerfahrung, dass der Weg alles Lebens zum Tod und umgekehrt die Notwendigkeit des Todes für neues Leben nicht nur ein individuelles Widerfahrnis, sondern ein allgemeines Naturgesetz ist?

Zunächst ist klarzustellen, dass der Schöpfungs- und Vorsehungsglaube keinen Anhalt für Aussagen über eine Überwindung des Todes bietet. Vielmehr muss jede Überlegung zu diesem Thema hier von einem Naturgesetz im strengen Sinn der Ausnahmslosigkeit ausgehen. Ein „ewiges" Leben für die Menschen oder gar nur für einige von ihnen im Sinne einer einfachen Fortsetzung des irdischen Lebens nach dem Tod anzunehmen erscheint in diesem Rahmen undenkbar. Wenn in der Eschatologie dennoch von einer Überwindung des Todes die Rede sein wird, so kann das jedenfalls nicht den Sinn haben, dass das wirkliche Ende dieses irdischen Lebens zu einem nur scheinbaren oder bloß partiellen (etwa nur physischen) abgeschwächt oder gar ungeschehen gemacht würde.

Der Mensch ist hat also an der allgemeinen natürlichen Abfolge von Entstehen und Vergehen des Lebens – oder religiös ausgedrückt: von Schöpfung und Vernichtung – teil. Er erfährt aber diese Teilhabe in doppelter Weise. *Einerseits* ist er damit in den allgemeinen Lauf der Natur eingebettet. Er nimmt mit seinem Lebenswillen an einer Dynamik teil, die in der gesamten belebten Natur zu beobachten ist, und er unterliegt dem ebenfalls allgemeinen Prozess des Verfalls, der im Tod endet. Der Tod alten, verbrauchten Lebens ist zugleich die Bedingung dafür, dass neues Leben sich ungehindert entfalten kann. Das gilt für das einzelne

die Ambivalenz, die dem Schöpfungs- und Vorsehungsglauben erfahrungsgemäß eignet, weitgehend ausblendet.

[198] G. Aulén, *Försynstrons ställning i det dogmatiska systemet*, in: Bibelforskaren 30/1913 (110–123), 112.

Individuum ebenso wie im Rahmen des Evolutionsprozesses für eine Art, die den Erfordernissen ihrer Umwelt nicht mehr angepasst ist.

Andererseits ist der Mensch in der Lage, diese Zusammenhänge zu erkennen und sie damit in gewisser Weise zu transzendieren. Das geschieht einmal dadurch, dass er den ihm mit allen anderen Lebewesen gemeinsamen elementaren Lebenswillen ins Bewusstsein erhebt und so die immer schon gegebene Bejahung des je eigenen Lebens verstärkt. Sodann weiß er im Unterschied zu anderen Lebewesen um seinen Tod. Das verstärkt zunächst sein Empfinden für seine unentrinnbare Vergänglichkeit. Dennoch ermöglicht es die menschliche Fähigkeit zur geistigen Überbrückung zeitlicher Distanz, dass Verstorbene auch über ihren physischen Tod hinaus im Gedächtnis ihrer Angehörigen oder sogar über einen größeren Zeitraum hinweg in der Überlieferung der Nachwelt in gewisser Weise lebendig bleiben. Dies ist das eigentliche Geheimnis des Strebens nach Ruhm, dem man nicht damit gerecht wird, dass man es nur als Ausdruck der Eitelkeit moralisch verurteilt. Von hier aus sind auch die großen geschichtsphilosophischen Konzeptionen ebenso wie die modernen Ideologien erst ganz zu verstehen: die Einordnung der eigenen Person in einen solchen Zusammenhang bzw. der Einsatz für ein Generationen übergreifendes Ziel verleiht einem Menschen das Bewusstsein, trotz der Unumgänglichkeit des Sterbens für das Ganze unentbehrlich zu bleiben, selbst wenn sein Name rasch in Vergessenheit geraten sollte.

Es bleibt freilich die Frage, inwieweit solche Gedanken tatsächlich mit dem eigenen Sterben zu versöhnen vermögen. So ist die Hingabe des Lebens für das eigene Land im Krieg selbst dann, wenn man von dessen relativem Recht überzeugt ist, beim wirklichen Eintritt des Todes für die unmittelbar Betroffenen zumindest von einem tiefen Zwiespalt durchzogen. Und die Hoffnung auf Nachruhm ist für jeden, der sich auch nur ein wenig mit der Geschichte dieses Phänomens auskennt, viel zu wenig verlässlich, als dass es sich lohnen könnte, sein Leben darauf auszurichten. Darüber hinaus ist in dem gegenwärtigen pluralistischen Zeitalter das Bewusstsein der Zugehörigkeit zu einem menschheitlichen Gesamtzusammenhang vielfach so sehr geschwunden, dass die großen philosophischen oder ideologischen Perspektiven ihre Überzeugungskraft verloren haben und die Einsamkeit des Sterbens viel drohender wirkt – und entsprechend intensiver verdrängt wird. Die daraus resultierenden Lebenseinstellungen können entweder den Kampf gegen den Tod seitens der Mediziner und der Patienten bis zur völligen Sinnlosigkeit verlängern oder zur frühzeitigen Kapitulation in Hedonismus oder Fatalismus führen.

Das Gegenbild zu solchen negativen Reaktionen ist der Glaube an Gott als Schöpfer von Leben und Tod. In *personaler* Hinsicht bedeutet dies, dass der Mensch das ihm persönlich anvertraute Leben als sein unvertretbar eigenes annimmt, das er in Verantwortung für andere Menschen und für alles andere Leben zu führen hat. Im Blick auf Gott als *Seinsgrund* bejaht der Mensch das eigene Leben als Teilhabe am Leben der ganzen Natur – und nimmt ebenso auch das Leiden an der Vergänglichkeit, die er ebenfalls mit der ganzen Natur teilt, als unumgänglich hin.

Die beiden religiösen Aspekte der dankbaren Bejahung natürlichen Lebens und der Verantwortung für dasselbe auf der einen Seite und der kämpfenden und leidenden Hinnahme des Todes auf der anderen gehören zusammen und können einander gegenseitig verstärken. Der Blick auf die Naturgesetzlichkeit des Todes bedeutet dabei allerdings keine Hilfe, denn das Sterben geschieht immer in unaufhebbarer Einsamkeit. Daran ändert das Bewusstsein, dass es allen anderen Menschen irgendwann einmal ebenso ergehen wird wie einem selbst, gar nichts. Im Gegenteil: das Wissen um die Allgemeinheit des Todes intensiviert eher sowohl den Widerstand gegen ihn als auch die Angst vor ihm. Die Antinomie des Leben schaffenden und tötenden Gottes ermäßigt sich also nicht, wenn man das Eingebundensein des Menschen in Natur und Geschichte in die Betrachtung einbezieht. Sie kann so oder so in hinnehmendem Vertrauen zu Gott aufgehoben werden oder die Verzweiflung an ihm (oder auch seinen stillschweigenden Verlust) hervorrufen. Diesem Gegensatz, in den eine erfahrungstheologische Lehre von der Schöpfung unvermeidlich ausläuft, müssen wir uns nun am Schluss dieses Kapitels zuwenden.

g) Gott als Grund und Abgrund der Welt – Theodizeefrage I

Die Ambivalenz der Selbst- und Welterfahrung des Menschen in seinem Verhältnis zu Gott spitzt sich zu in der Frage nach dem *Recht* dieser Zwiespältigkeit, und damit nach dem Recht Gottes, sie so zu schaffen. Einerseits bietet das geschaffene Leben vielfältigen Anlass zur elementaren Lebensfreude und zum Dank gegen den Schöpfer. Das Lob des Schöpfungswerkes als „(sehr) gut" (Gen 1,10.12.18.21.25.31) drückt das aus, und große Lob- und Danklieder von den Psalmen bis in die religiöse Dichtung der Gegenwart sind Zeugnis dafür. Andererseits bieten natürlich verursachtes Leid und Tod (das „Übel"), die man entweder überhaupt nicht oder jedenfalls nicht in dieser grausamen Form oder zu diesem Zeitpunkt als „der Sünde Sold" (Rm 6,23) ansehen kann, Anlass zur Klage und zum Hader mit Gott, wie es in der Bibel wiederum viele Psalmen und sodann das Hiobbuch bezeugen. Schon hier ist die schlichteste Auskunft, dass der Mensch sich das Leiden durch sein Verhalten selbst eingehandelt habe, der Tun-Ergehens-Zusammenhang in der deuteronomistischen Tradition, als nicht plausibel erwiesen, wiewohl sie vielfach auch in christlicher Frömmigkeit fortexistiert. Die Frage, die sich angesichts des Leidens einstellt, lässt sich so formulieren: Wie kann Gott, wenn er allmächtig und gütig ist, das Übel und das Böse zulassen? Diese Doppelfrage ist neben der nach dem Ursprung des Seins die religiöse Grundfrage schlechthin. Sie ist weit radikaler als die im Grunde langweilige Frage, ob es Gott ‚gibt', die schon deshalb in sich widersinnig ist, weil sie von Gott distanziert wie von einem Gegenstand spricht. Die Frage nach Ursprung und Sinn des Übels (auf die wir uns hier konzentrieren) und des Bösen (wovon am Schluss dieses Hauptstücks in Abschnitt II 3g zu handeln ist) kann sich bis zur Leugnung alles Guten in der Schöpfung steigern, so wie Hiob über den Tag seiner Geburt ausgerufen hat: „Er werde Finsternis" (Hi 3,4a), in pointiertem Gegensatz zu dem göttlichen Schöpfungswort „Es werde Licht" (Gen 1,3). Wie geht der Schöpfungsglaube damit um?

Will man Hiobs Klage nicht mit dem Ansinnen seiner Freunde begegnen, sich wider besseres Wissen als an seinem Leiden schuldig zu bekennen, so bleibt für die Frömmigkeit anscheinend nur das Bemühen, trotz des Faktums des Übels die Güte Gottes zu beweisen und ihn so von der Verantwortung für diesen Zustand freizusprechen. Das klassische Argumentationsmuster dafür findet sich bei Leibniz. Von ihm stammt auch der Begriff der *Theodizee*, den er in seinem gleichnamigen Buch in freier Anlehnung an Rm 3,5 als Bezeichnung für die Rechtfertigung Gottes eingeführt hat[199]. Leibniz diskutiert diese Frage philosophisch allgemein, im Blick auf den Gesamtzusammenhang der Welt. Nach ihm ist Gott bei der Schöpfung der Welt mit seiner Intention, die immer auf das Bestmögliche geht, in seinem uranfänglichen, „vorangehenden" Willen (*volonté antécédente*) nicht bis zum Äußersten (*ad summum conatum*) gegangen, sondern hat der menschlichen Freiheit Spielraum gelassen (I 244). Gott ist zwar der Urheber der Existenz und Lebenskraft des Menschen, nicht aber seiner Mängel, so wie ein Strom die Bewegung eines Schiffes verursacht, nicht aber dessen Trägheit (II 346). Das Übel und das Böse hat er zugelassen, damit vor diesem dunklen Hintergrund das Gute um so reiner erstrahle. So hat er die beste aller möglichen Welten geschaffen (I 218 u.ö.). Die von seiner allumfassenden Voraussicht der Welt eingestiftete, „prästabilierte" harmonische Wechselbeziehung zwischen allen einzelnen Wesenheiten ist die Grundbestimmung des Prozesses, durch den der „nachfolgende" Erlösungswille Gottes (*volonté conséquente*) das absolut Beste realisiert (I 244). Die Voraussetzung dieser Konstruktion besteht darin, dass sowohl das Übel als auch das Böse als bloßer Mangel an Gutem, also als dessen Begrenzung durch die Endlichkeit aufgefasst werden (I 240.252.258.466–468).

Es wäre nicht nur historisch ungerecht, sondern auch sachlich zu einfach, wollte man diesem Konzept sofort mit dem Vorwurf bei der Hand sein, die Funktionalisierung des Übels nehme ihm den Stachel und erweise sich damit als wirklichkeitsfremd. Man wird ihm erst einmal zubilligen müssen, dass es von wirklicher Frömmigkeit getragen ist und im Übrigen die intellektuell befriedigendste Lösung des Problems darstellt, die es gibt. Deshalb ist es bis heute, von Hegel über Whitehead bis zur analytischen Religionsphilosophie, das Modell aller philosophischen und theologischen Versuche einer Theodizee geblieben. Es scheint

---

[199] G.W. Leibniz, *Essais de théodicée…* (Anm. 158). Danach die folgenden Angaben nach Teilband und Seitenzahl. Vgl. hierzu und zum Folgenden Einleitung A, Standort und Aufgabe der Glaubenslehre, S. 35 f.

den Glauben an die Güte Gottes sowohl mit der Freiheit des Menschen als auch mit dem faktischen Zustand der Welt auf plausible Weise zu verbinden und so für den autonomen neuzeitlichen Menschen akzeptabel zu machen. Dabei hat Leibniz es sogar verstanden, mit der These von den beiden Gestalten des Willens Gottes einen leisen Nachklang der Antinomie von *Deus absconditus* und *Deus revelatus* bei Luther zu erhalten.

Doch wurde diese Theodizee schon im 18. Jahrhundert durch zwei Stöße erschüttert, die bereits die moderne Problemsituation aufscheinen ließen. Der erste Stoß war ein solcher im wörtlichen Sinn: das bereits erwähnte Lissaboner Erdbeben 1755. Die schreckliche Zerstörung einer Stadt ließ die Rede von der besten aller möglichen Welten als geradezu zynisch erscheinen. Voltaire persiflierte sie darum in seinem Roman *Candide*, indem er seinen Helden angesichts immer neuer Gräuel im Lande Eldorado unter dem Einfluss seines weltfremden Lehrers in grotesker Weise jenes Theorem stereotyp wiederholen ließ[200].

Der zweite Stoß kam aus der Philosophie. Immanuel Kant zeigte, dass die Vereinbarkeit von Güte und Allmacht Gottes nicht metaphysisch bewiesen, sondern – in Gestalt einer schließlichen Entsprechung von sittlich gutem Leben und Glückseligkeit – nur von der praktischen Vernunft postuliert werden könne, wenn auch dieses Postulat als völlig gewiss gelte[201]. Die für Leibniz entscheidende Auskunft, Gott habe Übel und Böses lediglich zugelassen, findet keine Gnade in Kants Augen. Denn Gott wäre dann entweder zu schwach oder zu wenig wohlwollend, um jenen Missständen einen Riegel vorzuschieben. Kant setzt daher der „doktrinalen" Theodizee Leibniz' die „authentische" entgegen, die in der Verwirklichung des göttlichen Weltzwecks durch das sittlich gute Leben des Menschen besteht.

Die Kritik Kants hat bis heute nichts von ihrer Aktualität eingebüßt, findet man doch die Auskunft, Gott habe das Übel nur zugelassen, auch bei Theologen des 20. Jahrhunderts wie Karl Barth[202], um nur ein herausragendes Beispiel zu nennen, so als hätte man die Argumentation Kants nie zur Kenntnis genommen. Dessen eigene „Lösung" freilich leidet im Grunde an demselben Geburtsfehler wie die Theodizee Leibniz'. Während es bei diesem der spekulative Intellekt war, der mit der Verteidigung Gottes wie ein Atlas die ganze moralische Last der Welt

---

[200] François Marie Arouet gen. Voltaire, *Candide ou l'optimisme*, Amsterdam u.a. 1759.

[201] I. Kant, *Über das Mißlingen aller philosophischen Versuche in der Theodicee* (1791), Akad.-Ausg. Bd. 8, 253–271. Kant differenziert hier nicht zwischen dem Übel und dem Bösen, weil die Frage nach beider Ursprung für das sittlich-religiöse Subjekt die gleiche ist.

[202] K. Barth, *KD* II/2, 186. Die Zulassung des Übels und des Bösen wird S. 154 so erklärt: „Wohl hat er [Gott] es gewollt, aber eben nur in dem heiligen und gerechten Nicht-Wollen, zu dessen Zeugen er den Menschen, seinen gerechten Menschen [scil. Jesus Christus, D.L.], geschaffen und aufgerufen hat, zu dessen Vollzug die Geschichte dieses Menschen geschieht ..." Mit anderen Worten: die Zulassung bedeutet, dass die Negation immer schon im Vorhinein christologisch eingeklammert ist.

zu schultern sich anheischig machte, ist es jetzt die moralische Tat. Die theoretische Verteidigung Gottes behandelt ihn wie einen Gegenstand; das ist im Grunde der Gott, den „es gibt", der mich nichts angeht, und den es eben deshalb „nicht gibt"[203]. Die praktische Rechtfertigung Gottes versucht, polemisch ausgedrückt, durch die starke Sittlichkeit des Menschen Gottes Schwäche aufzuhelfen. Hegel hat scheinbar all diese Misslichkeiten vermieden, indem er die ganze Geschichte als Gottes *Selbst*rechtfertigung gedacht hat. Doch wenn es die spekulative Philosophie sein soll, in der Gott sich selbst vollkommen erkennt, dann ist das im Effekt nur eine Modifikation von Leibniz' Theodizee. Zudem hat Hegel deren sachliches Hauptproblem, die Depotenzierung des Übels, durch die für sein eigenes System konstitutive Funktionalisierung des Negativen wieder aufleben lassen.

An alle diese Formen der Theodizee muss die grundsätzliche Frage gestellt werden, was das für ein Gott ist, der einer Verteidigung durch den Menschen bedarf. Schon die Voraussetzung einer Apologie Gottes, dass der Mensch ihm in einer von sich selbst abstrahierenden, distanzierten Weise gegenübertreten könnte, ist eine subtile Form der Gotteslästerung. Denn Gott ist der dem Menschen „unbedingt Angehende". Auf Grund dieser menschlichen Urerfahrung hat Paul Tillich gefordert, an die Stelle des allgemeinen Weltzustandes „*meine* kreatürliche Existenz" in den Mittelpunkt jeder Erörterung der Theodizeefrage zu rücken[204]. Nur am Ort des von der Widersprüchlichkeit der Erfahrung Betroffenen ist sie überhaupt eine sinnvolle Frage. Diese Kehre macht freilich ihre Unlösbarkeit evident – und zugleich, wie die religiöse Erfahrung zeigt, unausweichlich. Diese extreme Spannung macht das Wesen der Theodizeefrage aus. Sie duldet keine Ermäßigung durch Erklärung des Übels als eines bloßen Mangels an Gutem, denn es wird als positiver Widerstreit gegen das Gute erfahren. Die Funktionalisierung des Übels erweist sich in der Perspektive des eigenen Betroffenseins als Verschleierung der Problematik; sie kann allenfalls im Nachhinein eine mögliche Deutung aus der Sicht des Glaubens darstellen.

Dass die Theodizeefrage unlösbar ist, bleibt für das Denken unbefriedigend. Nicht zuletzt deshalb haben Theologen immer wieder den radikalen Versuch gemacht, aus diesem Dilemma auszubrechen, indem sie sie schlicht als Anmaßung des Menschen verboten, wobei sie sich (zu Unrecht) auf die Gottesreden des Hiobbuches beriefen. Wer sich in dieser Weise die Kompetenz aneigne, über Gott zu richten, dem werde, so wird zumindest impliziert, die verdiente Strafe zuteil werden. Es fragt sich, ob der Vorwurf der Anmaßung nicht eher den so urteilenden Theologen zu machen ist. Denn sie begeben sich wiederum in eine Position neutraler Unbetroffenheit, indem sie die Situation des betroffenen Menschen gar

---

[203] Vgl. Göran Tunströms Roman *Solveigs Vermächtnis* (Juloratoriet, 6. Aufl. 1986, dt. v. H.J. Maass) Hamburg 1991, 258: „Einen Gott, den ‚es gibt', gibt es nicht." Die unmittelbare, paradoxe Fortsetzung lautet: „Ich glaube an ihn."

[204] P. Tillich, a.a.O. (Anm. 106), 309–311. Das Zitat 310; Hervorh. im Original.

nicht ernst nehmen, also in die Position der Freunde Hiobs, die ihm, statt ihm solidarisch beizustehen, moralische Vorhaltungen machen (und dabei haben diese Freunde, im Unterschied zu jenen Schreibtischtheologen, immerhin zuerst einmal sieben Tage mit Hiob geschwiegen). Die Befugnis, die Frage nach dem Recht des göttlichen Handelns zu verbieten, käme doch wohl allenfalls Gott selbst zu. Die Intervention seiner selbsternannten Anwälte ist genauso ein Eingriff in die Prärogative Gottes wie der Versuch, ihn zu rechtfertigen.

Es kommt noch etwas hinzu, was meist weniger beachtet wird. Die Theodizeefrage ist nicht nur Anklage Gottes. Der Mensch appelliert mit ihr auch an die Güte Gottes. Eigentlich möchte er alles dieser Güte verdanken, und er kann sich auch auf deren Zuspruch berufen. Zugleich freilich versteht er diesen als – gar noch „wohlerworbenes" – Recht, auf das er pochen und das er einfordern kann. Die Theodizeefrage ist in beiden Hinsichten gleichermaßen Ausdruck der Verehrung Gottes wie Anklage oder gar Fluch – das alles aber unvermeidlich: erzwungen von der Lebenslage, welche die Frage hervorgerufen hat.

Die Religion des Alten wie des Neuen Testaments setzt an die Stelle einer Antwort auf die Theodizeefrage nicht deren Verbot (sonst wären z.B. Klagepsalmen nicht überliefert), sondern die kategorische Verweigerung: das Schweigen Gottes. Das ist auch die Pointe der Gottesreden im Hiobbuch, die Hiob auffordern, den Unbegriffenen und Unbegreiflichen anzubeten. Gottes Schweigen angesichts der ambivalenten Erfahrung von Schöpfung und Zerstörung hatte die Frage provoziert und ist nun auch die Antwort, die ihr zuteil wird. Für die unbeteiligte Betrachtung liegt der Schluss nahe, dieser Gott sei ein willkürlicher Despot. Für den von Gott innerlich Betroffenen ist es die Aufforderung, sich Gott – und sei es im Kampf! – zu fügen. Knud Ejler Løgstrup fasst diese Problematik zusammen, indem er in Anlehnung an Luther zugespitzt formuliert: In ihrem Widerspruch von Schönheit und Grauen, erwachendem Leben und Vernichtung erscheint die Schöpfung geradezu als „Gottes ‚fremdes Werk'"[205]. Dieses fremde Werk als Werk der Liebe Gottes zu sehen, dazu ist der Schöpfungsglaube nicht aus sich heraus, sondern nur auf der Grundlage der Heilszusage in der Lage.

---

[205] K.E. Løgstrup, a.a.O. (Anm. 5), 274; vgl. 61–63. Damit wird L. der Wirklichkeit in diesem Punkt besser gerecht als P. Tillich, der behauptet: „Wenn Gott in sich schöpferisch ist, kann er nichts schaffen, was das Gegenteil von ihm ist, er kann nicht den Tod schaffen", a.a.O. Bd. 1, 310. Wer tut es dann?

II. Bestimmung und Verfehlung

Im ersten Abschnitt dieses Hauptteils war die religiöse Erfahrung unter dem Blickwinkel der Spannung zwischen Endlichkeit und Unendlichkeit Gegenstand der Betrachtung. Dies ist überwiegend ein Problem der Seinserfahrung. Die Sollenserfahrung kam dort lediglich als etwas faktisch Gegebenes in den Blick. Sie wurde zwar als etwas von der Seinserfahrung Unterschiedenes begriffen, aber als für sich Gegebenes ihr lediglich formal zugeordnet. Unter der Dominanz der Seinserfahrung konnte sie nur als Anzeige der Spannung zwischen der natürlichen Begrenztheit vorfindlichen menschlichen Daseins und den stets unendlich darüber hinausgehenden Möglichkeiten und Anforderungen verstanden werden. In dieser Perspektive kam selbst der Glaube, dass Gott den Menschen unbedingt angehe, nicht in erster Linie unter dem Gesichtspunkt seiner Geltung, sondern unter dem seines Gegebenseins in Betracht. Jetzt hingegen rückt der Aspekt der Geltung, der für den Begriff des unbedingten Angegangenseins schlechthin konstitutiv ist, in den Vordergrund. Unter der Dominanz dieses Gesichtspunktes erscheinen die Grundbestimmungen der Seinserfahrung wie das Gestelltsein an einen ganz bestimmten Ort, die Irreversibilität zeitlichen Seins, das Angewiesensein auf bestimmte Menschen und Dinge in einem neuen Licht. In allen diesen Erfahrungen meldet sich jetzt die unausweichliche, von Gott gesetzte Bestimmung menschlichen Daseins, von der es nicht nur in bestimmten Hinsichten, sondern als ganzes betroffen ist. Die Verfehlung dieser Bestimmung ist dann nicht allein oder primär eine festzustellende, schicksalhafte Differenz, sondern vor allem eine zuzurechnende Schuld.

Schon in der Perspektive des vorigen Abschnitts wurde festgestellt, dass die menschliche Identität nicht nur eine durch Gottes Schöpfung und menschliche Vermittlung ermöglichte, sondern auch eine geschuldete ist. Geschuldet ist sie primär Gott, dem sie ihre Bestimmung verdankt. Diese Bestimmung besteht nach der Überzeugung des christlichen Glaubens darin, „Ebenbild Gottes" zu sein, d.h. in einem ungebrochenen Verhältnis zu Gott zu stehen, genauer: seine ganze Existenz, einschließlich der Freiheit zur Selbstbestimmung, der Leben gewährenden Zuwendung Gottes zu verdanken. Diese Zuwendung versteht der Glaube als Liebe. Die Gott verdankte Selbstbestimmung des Menschen hat also die Aufgabe, seine Liebe zu spiegeln. Diese doppelte Bestimmung des Menschen, sich in Gottes Liebe zu gründen und sie widerzuspiegeln, kann verfehlt werden und wird faktisch durchweg verfehlt. Das nennt die Tradition „Sünde", d.h. die Entfremdung des Menschen von Gott, die *ipso facto* seine Selbstentfremdung ist.

In dem jetzt beginnenden Kapitel haben wir es also mit dem Gottesverhältnis vor allem in der Perspektive der Sollens- oder Gewissenserfahrung zu tun. Diese Blickrichtung hat in der Tradition immer wieder die Folge gehabt, dass der Begriff der Sünde – und damit auch die Bestimmung des Menschen – moralisch verstanden wurde. In diesem Sinn wird er bis heute sowohl in strenggläubigen kirchlichen (katholischen wie evangelischen) als auch in dezidiert antikirchlichen Kreisen mit Vorliebe auf die Sexualität bezogen und dient dann zur Rechtfertigung entweder der Prüderie oder – gegenwärtig häufiger – des Libertinismus. Die laxer gewordenen Standards auf diesem Gebiet haben zu einer generellen Banalisierung des Wortes Sünde beigetragen, die in Zusammensetzungen wie „Diätsünde" oder „Verkehrssünde" zum Ausdruck kommt. Der Wahrheitskern solcher Abwandlungen des Begriffs besteht darin, dass sich sowohl die Bestimmung als auch die Verfehlung der Existenz des Menschen auf seine gesamte Lebenswirklichkeit beziehen; andernfalls wäre Gott nicht der sie unbedingt Angehende. Aber diese Unbedingtheit geht in dem Verständnis von Sünde als Verletzung moralischer Normen unter, und zwar nicht nur in deren weltlich-saloppem Verständnis, sondern ebenso in ihrem kirchlich-gesetzlichen. Denn Normen sind das Produkt gesellschaftlicher Prozesse. Sie sind daher relativ und wandelbar und aus diesem Grund niemals mit dem Willen Gottes zu identifizieren. Sie *können*, aber müssen nicht Vermittlungsgestalten des Willens Gottes für die Menschen sein. Ob sie es sind, lässt sich keinesfalls anhand ihrer sozialen (und sei es ihrer kirchlichen) Akzeptanz entscheiden.

Dies im Einzelnen zu erörtern, ist Sache der theologischen Ethik. In der Glaubenslehre kann es nur darum gehen, die Bestimmung des Menschen und ihre Verfehlung auf ihren spezifisch theologischen Sinn hin zu interpretieren und die *Richtung* anzugeben, in die sich die lebensweltliche Umsetzung des Gottesverhältnisses bewegt. In dieser Perspektive sind sowohl Bestimmung als auch Verfehlung *Totalaussagen* über die Existenz des Menschen vor Gott. Deshalb fällt der moralisierende, schon in der späteren neutestamentlichen Tradition (1.Joh 5,16f) zu findende und dann von der katholischen Beichtpraxis breit ausgearbeitete Unterschied zwischen lässlicher Sünde und Todsünde dahin: Wenn Sünde Gottentfremdung ist, dann ist sie die totale Verfehlung der menschlichen Existenz, weil die Bestimmung des Menschen durch Gott ihn total in Anspruch nimmt. Dem mich unbedingt Angehenden gegenüber kann ich nicht ein bisschen mehr oder ein bisschen weniger Sünder sein. Moralisches bzw. unmoralisches Verhalten dagegen *muss* differenziert werden. Wir werden deshalb im Folgenden streng zwischen *Sünde* und dem (moralisch) *Bösen* unterscheiden.

Entsprechend dieser prinzipiellen Unterscheidung sind die Begriffe Bestimmung und Verfehlung unmittelbar nur auf die *Grundeinstellung* des Menschen zu seiner Welt zu beziehen, ebenso wie der Schöpfungsglaube unmittelbar nur auf die *Grunderfahrungen* des Selbstseins und des In-der-Welt-Seins bezogen werden kann. Die Grundeinstellung des Menschen soll sich an der Bestimmung seines Selbst durch Gott ausrichten lassen, d.h. er soll sich aus der schöpfungs-mäßigen Passivität des sich aus ihm Empfangens verstehen. Wird nun dieses Be-stimmtsein durch Gott als Ausdruck seiner Liebe begriffen, so reflektiert sich das in der Gewissenserfahrung auf doppelte Weise. Erstens erfährt sich der Mensch, weil von Gott als er selbst gemeint, als zur Identität bestimmt. Daraus folgt zwei-tens das Dasein für andere, weil Liebe wesensmäßig über sich selbst hinaus-drängt, sowie die Sorge für die nichtmenschliche Welt als das der menschlichen Fürsorge Anvertraute.

Wie es nun tatsächlich mit der Orientierung der Grundeinstellung des Men-schen an der Gottesbeziehung bestellt ist, ist an seinem faktischen Sosein nicht abzulesen. Er kann es vielmehr nur in der je eigenen Begegnung mit Gott erken-nen. Deshalb kann er darüber auch nur in Bezug auf sich selbst Aussagen ma-chen, niemals in Bezug auf andere. Sonst wäre die Nähe oder Ferne Gottes selbst indirekt an menschlichem Wesen und Verhalten empirisch zu erweisen, ohne dass es dazu seiner Selbsterschließung bedürfte. Dann könnte sich der Mensch Gottes durch Erkenntnis bemächtigen oder zumindest von einem neutralen, un-betroffenen Standpunkt aus etwas über seinen Willen aussagen. Das ist (auch in dieser indirekten Form) nicht möglich, weil Gott den Menschen „unbedingt an-geht"; er ist es, der den Menschen ergreift, nicht umgekehrt. Deshalb gilt für den einzelnen Christen, für die Kirche und die Theologie gleichermaßen die alte Weisheit: „Ein Mensch sieht, was vor Augen ist, der Herr aber sieht das Herz an" (1.Sam 16,7).

Dagegen wird immer wieder eingewendet, dass die Sünde sich doch in der Le-benswelt des Menschen bemerkbar macht. Die Formen des Bösen, der Zerstö-rung menschlicher Gemeinschaft, von denen das zweite Kapitel handeln wird, sind nicht nur abgeleitete Folgen der Sünde, sondern stellen gewissermaßen ihre sichtbare Außenseite dar. Spricht nicht auch das Neue Testament sowohl von der Sünde im Singular als auch von Sünden im Plural, und enthalten nicht die Zehn Gebote und die Bergpredigt eindeutige Aussagen über die konkreten Gestalten der Sünde? An diesem Einwand ist zutreffend, dass die Sünde und das Böse in en-gem Zusammenhang stehen. Doch kann die behauptete Eindeutigkeit einer Spie-gelung der Sünde im Bösen nur in Bezug auf die ganz allgemeinen Grundforde-rungen der Identität, des Daseins für andere und der Sorge für die Welt in An-spruch genommen werden, die sich als Zeit und Ort übergreifender Ausdruck der Bestimmung des Menschen verstehen lassen[1]. Die Lebenssituation, in der sie durch spezifische Einzelforderungen vermittelt auftreten, ist stets mehrdeutig und nötigt sowohl Handelnde als auch Urteilende zur eigenen Auseinanderset-zung. Entsprechendes gilt vom Bösen als dem Verstoß gegen solche Forderun-gen. Zwar kann man Schuld gegenüber anderen Menschen prinzipiell durchaus feststellen, wenngleich jeder Jurist weiß, wie schwierig das im konkreten Fall

---

[1] Vgl. dazu meine *Ethik in evangelischer Perspektive*, Göttingen 1992, 227–229.234–236.

sein kann. Aber – und das ist der entscheidende Punkt – der innerste Zusammenhang zwischen „der" Sünde der Gottentfremdung und „den" Sünden, der ja auch in den Zehn Geboten und in der Bergpredigt stets vorausgesetzt wird, kann nur von Gott dem einzelnen Gewissen erschlossen werden.

Die Nichtaufweisbarkeit jenes Zusammenhangs wird vollends daran deutlich, dass die Trennung von Gott sich nicht selten, ja sogar vorzugsweise gerade mit Tugend und Pflichterfüllung, also mit menschlich anerkennenswertem Verhalten verbindet, nämlich unter dem Vorzeichen der Selbstgerechtigkeit. Diese verfolgt dann gern das Interesse, in Bezug auf andere Menschen die Sünde im Singular über die Sünden im Plural möglichst klar zu definieren, wie sich an moralisch rigoristischen Kreisen jeglicher Provenienz zeigen lässt.

Selbstgerechtigkeit ist, ganz gleich ob sie explizit religiös motiviert ist oder nicht, für die religiöse Betrachtung ein Indikator für den transmoralischen Charakter der Gewissenserfahrung. Dieser geht es demnach nicht bloß um einzelne Verhaltensweisen in der Lebenspraxis, sondern um die menschliche Existenz als solche, um die unbedingte Verbindlichkeit der Bestimmung des Menschseins vor Gott. Dominiert die Seinserfahrung, so dass der Mensch im Glauben die durch die Schöpfung begründete passive Konstitution seiner Existenz primär als faktisch gegeben sieht, erscheinen alternative Deutungen der Gewissenserfahrung gleich möglich. Dominiert dagegen die Gewissenserfahrung, so schließt sie alternative Deutungen kategorisch aus und stellt die gesamte menschliche Erfahrung unter *ein* Unbedingtes. Ist die Gewissenserfahrung religiös bestimmt, so müssen alle anderen Erfahrungsweisen vom Gottesverhältnis des Menschen her verstanden werden. Die Betrachtung aus dem Gesichtspunkt der Seinserfahrung verliert dadurch nicht ihre Gültigkeit; vielmehr bleibt die Wehrlosigkeit gegen alternative Beschreibungen der *conditio humana* als Stachel der Gewissenserfahrung eingepflanzt: Empirisch gibt es immer auch andere Möglichkeiten, Verbindlichkeit zu konstituieren. Die Behauptung einer unbedingten Verbindlichkeit kann sogar als geradezu wahnhafte Einbildung diagnostiziert werden, ohne dass man dies schlüssig widerlegen könnte. Dennoch insistiert die Gewissenserfahrung als Ergriffensein von dem mich unbedingt angehenden Gott auf Unbedingtheit.

Die beschriebene Veränderung der Perspektive hat Konsequenzen für den Aufbau der zweiten Hälfte des Hauptstücks „Schöpfung und Sünde". Bisher haben wir die unterschiedlich deutbare Selbst- und Welterfahrung des Menschen zum Ausgangspunkt genommen und sie erst im zweiten Schritt rein deskriptiv der Deutung von der Gotteserfahrung her unterworfen. Das entsprach der Wehrlosigkeit religiöser Deutung unter der Dominanz der Seinserfahrung. Die darin zum Ausdruck kommende Nähe zur religionsphilosophischen Grundlegung erwies sich so als nicht nur durch das eher äußerliche Bedürfnis der leichteren Anknüpfung bedingt, sondern als sachlich begründet. Im Blick auf das Folgende ist jedoch das Gottesverhältnis des Menschen wegen seiner unbedingten und umfassenden Verbindlichkeit die unumgängliche Prämisse aller Aussagen. Darum muss hier – und in allen folgenden Teilen – die Reihenfolge der Abschnitte geändert werden: Es ist mit dem Verhältnis des einzelnen Menschen zu Gott einzusetzen, wie es sich in der Begegnung mit ihm als Bestimmung und Verfehlung erschließt.

Die andere theoretisch denkbare Möglichkeit, mit dem Verhältnis Gottes zur Welt oder jedenfalls zur Menschenwelt zu beginnen, kommt deshalb nicht in Frage, weil es primär der einzelne Mensch ist, dem Gott begegnet. So sehr es sich um die Bestimmung des Menschen überhaupt und somit aller Menschen handelt, ist sie doch nur vom Einzelnen wahrzunehmen. Denn die Ansprechbarkeit des Menschen auf seine Bestimmung und zugleich das innerste Zentrum des Umschlags vom Angesprochensein in Entscheidung und Urteil, also in die Lebenswirklichkeit, ist das Gewissen; das Gewissen aber existiert immer nur als jeweils individuell besonderes, so sehr es faktisch sozial geprägt und auch stets auf das Zusammenleben der Menschen gerichtet ist. Der Einsatz bei dem Verhältnis Gottes zur Welt dagegen würde unvermeidlich auf den Abweg von Spekulationen über kosmische Auswirkungen des menschlichen Gottesverhältnisses und seiner Verfehlung führen. Gegenüber den vielfältigen derartigen Versuchen, die es in der Theologie gegeben hat, ist festzuhalten, dass nun einmal nicht die Welt, sondern der Mensch gesündigt hat. Was sich dadurch in der Welt verändert, ist stets durch das Verhältnis des von Gott auf seine Bestimmung und Verfehlung angesprochenen Menschen zur Welt vermittelt.

Ist dies zugegeben, so drängt sich freilich unabweisbar die Einsicht auf, dass die Erkenntnis der Bestimmung des Menschen und ihrer Verfehlung stets durch seine Lebenswirklichkeit vermittelt – und auch verbaut – wird. Deshalb sind die Wechselwirkungen des einzelnen Menschen mit seiner Welt, wie sie aus dem Blickwinkel seiner Bestimmung erscheinen, das Thema des zweiten Abschnitts.

Die beiden ersten Abschnitte zusammengenommen bilden schließlich die Grundlage für die Aussagen des dritten über das Verhältnis der Welt zu Gott. Erst jetzt kann die bereits im ersten Kapitel (I/1 e) gestellte und hier in den Abschnitten 1 e und 2 e aus anderem Blickwinkel wieder aufgegriffene Frage nach dem Verhältnis von Schicksal und Schuld innerhalb der Sündenerfahrung vollends geklärt werden. Dieser mit dem alten und höchst missverständlichen Begriff der Erbsünde bezeichnete Komplex war immer schon eines der dornigsten theologischen Probleme überhaupt. Er ist durch die protestantische Theologie der letzten Jahrzehnte vielfach eher noch weiter verwirrt worden und stellt heute eine der dringendsten Herausforderungen an eine Glaubenslehre dar, zumal die Verständnisbedingungen für die spezifisch christliche Sicht dieser Zusammenhänge eher schwieriger als leichter geworden sind[2].

---

[2] Vgl. dazu die Skizze, die ich in der FS für Theodor Jørgensen (Kirche zwischen Heilsbotschaft und Lebenswirklichkeit, Frankfurt u.a. 1996, 81–102) unter dem Titel *Sünde oder Schicksal? Ein Prospekt* als Vorarbeit für dieses Kapitel entworfen habe.

Wenn Bestimmung und Verfehlung menschlicher Existenz, wie durch die Gliederung vorgegeben, vor der Selbsterschließung Gottes in Jesus Christus behandelt wird, so ist damit vorausgesetzt, dass sie in irgendeiner Weise außerhalb ihrer erkennbar sind. Zwar kann die Gottesebenbildlichkeit in ihrer Wahrheit und die Sünde in ihrer abgründigen Tiefe nach Überzeugung des christlichen Glaubens vollkommen nur angesichts der letzten Klarheit der Christusoffenbarung erkannt werden. Denn erst durch sie sind sowohl die radikale Zuspitzung der göttlichen Forderung als auch die bedingungslose Nähe der Liebe Gottes offenbar geworden. Insofern im Folgenden die ganze Tiefe der Gottentfremdung des Menschen zur Sprache kommen soll, handelt es sich also um einen Vorgriff. Doch ist andererseits die Sündenerkenntnis auch die Voraussetzung für ein Verständnis des ganzen Gewichts des göttlichen Gnadenerweises. Tatsächlich kann unter der Einwirkung der verborgenen Gegenwart Gottes, wie sie sich immer schon im Gewissen kundtut (vgl. Rm 2,14f), auch abgesehen von jener göttlichen Selbsterschließung geahnt werden, was Bestimmung des Menschen und ihre Verfehlung ist, wenngleich solche Ahnung nur sehr rudimentär oder verzerrt und faktisch sogar oft völlig verdeckt sein mag. So setzt denn die christliche Heilslehre auch immer eine irgendwie geartete Vorstellung von Gottesebenbildlichkeit und Sünde voraus[3]; auf diese Vorstellung spricht sie den Menschen an. Das völlige Fehlen selbst der entstelltesten Gewissenserfahrung kann nur als pathologische Veränderung verstanden werden.

1. Gott und Mensch

Es ist hier noch einmal in Erinnerung zu rufen, was über das Verhältnis von Gott und Mensch im Zusammenhang mit der Antinomie von Endlichkeit und Unendlichkeit betont wurde: Die Urerfahrung der Begegnung mit dem transzendenten Gott ist selbst in ihrer überwältigendsten Gestalt nicht als solche aufweisbar. Gott offenbart sich schlechthin kontingent als der in der menschlichen Frage nach ihm immer schon implizit gegenwärtig Gewesene; und doch bleibt er zugleich selbst in seiner Offenbarung verborgen und dem menschlichen Zugriff unverfügbar. Dieser Sachverhalt ist, wie sich zeigen wird, für den neuen Gesichtspunkt der menschlichen Bestimmung und ihrer Verfehlung, unter dem das Verhältnis von Gott und Mensch jetzt betrachtet wird, von besonderer Wichtigkeit.

---

[3] EMANUEL HIRSCH beschreibt diesen Sachverhalt zu Recht mit dem bewusst unscharfen Ausdruck „Sündengefühl" und unterscheidet dieses von der nur dem Glauben möglichen Sündenerkenntnis; *Schöpfung und Sünde in der natürlich-geschichtlichen Wirklichkeit des einzelnen Menschen* (BSTh 1), Tübingen 1931, 30.

a) Gottes Ort und Verbannung

Die den Menschen umgreifende und ihn zugleich im Innersten gewiss machende Nähe Gottes wird nicht nur als Gegebenheit, sondern auch als seine aktive Zuwendung erfahren. Die religiöse Sprache redet hier von Gottes Liebe. Diese Liebe umfasst auch den Freiraum schützender Distanz, den der Mensch zur Gestaltung seiner Welt braucht. So erfährt der Mensch sich als von Gott an seinen lokalen und gesellschaftlichen Ort gestellt und auf seinem Weg geleitet. An dieser Deutung der Seinserfahrung als Gegründetsein in Gottes Liebe geht dem Menschen seine Bestimmung zur Gemeinschaft mit Gott auf.

Gottes Gegenwart ist aber nicht nur eine sich zuwendende, sondern auch eine fordernde. Gott erhebt Anspruch darauf, als der diesen Ort und das Innerste des Menschen ganz Durchdringende und Bestimmende anerkannt zu werden. Dabei ist zunächst noch gar nicht an einen Widerstand des Menschen gedacht. Vielmehr bezieht sich die Forderung, oder in der Sprache der theologischen Tradition: das ‚Gesetz‘, zunächst nur darauf, dass der Mensch die Ausfüllung seines Platzes in der Welt, seinen Weg zu sich selbst und seine Verantwortung für andere lebenslang als Aufgabe vor sich hat. Dieser Imperativ kommt ‚von außen‘, ist aber zunächst nichts anderes als die Spannung, die Gott in der „exzentrischen Positionalität“ des Menschen durch die Schöpfung angelegt hat.

Die Reaktion des Menschen auf den Anspruch Gottes ist nicht eindeutig. Vielfach räumt er Gott tatsächlich einen Ort ein. Religiöse Menschen tun das in der Form, dass sie heilige Orte einrichten, die sie eigens für den „Gottesdienst“ reservieren. Es gibt aber nicht nur eine explizit religiöse Weise, Gottes Anspruch zu entsprechen. Dies kann auch ganz unausdrücklich, ja unabsichtlich geschehen. So überlässt z.B. eine weltlich gewordene Gesellschaft häufig in Gestalt der Gewährung von Religionsfreiheit Gott einen Raum in ihrer Mitte. Selbst die elementare, rein emotionale Dankbarkeit für empfangenes Leben bei sonst ganz areligiösen Menschen gehört in diesen Zusammenhang. Es wäre eine Verkennung der Wirklichkeit, wollte man solche Verhaltensweisen pauschal auf widergöttliche Motive zurückführen. Ebenso wenig kann man freilich in solchen Ausdrucksformen einer *civil religion* ohne weiteres eine volle Entsprechung zum Anspruch Gottes erblicken. Sowohl jene „orthodoxe“ als auch diese „liberale“ Interpretation machen es sich zu einfach.

Alle genannten Erscheinungen, auch die spezifisch religiösen, erweisen sich vielmehr bei näherem Zusehen als zwiespältig. Wer Religionsfreiheit gewährt, schafft damit einen Raum für Gottes Gegenwart und drückt doch oft eben damit seine eigene Unbetroffenheit aus, und zwar in einem doppelten Sinn: Zum einen ist es das gesellschaftliche Subjekt, das Gott seine Gegenwart gestattet, statt diesem selbst die Prärogative zu überlassen, und zum anderen soll sie vornehmlich oder ausschließlich bei anderen Menschen statthaben. Dennoch ist diese weltliche Art, Gott einen Ort im Lebensraum des Menschen zuzugestehen, für das

Überleben in einer pluralistischen Gesellschaft schlechthin notwendig und entspricht insofern der Liebe Gottes. Die religiöse Widmung eines Ortes für den Gottesdienst dagegen schwankt zwischen einem Ausdruck der Frömmigkeit und dem (meistens wohl unbewussten) Bestreben, Gott in den Herrschaftsbereich des religiösen Menschen zu bannen. Im Zeitalter der Segmentierung der Lebensbereiche resultiert daraus nicht selten der Versuch, die Gegenwart Gottes auf diesen reservierten heiligen Raum zu restringieren. In beiden Fällen lässt sich der Mensch einerseits von Gott bestimmen und versucht doch andererseits, über Gott zu verfügen.

Daneben tritt (in der Neuzeit in zunehmendem Maße) der Fall ein, dass Gott jeglicher Raum verweigert wird, sei es ausdrücklich und polemisch im Interesse eigener, totaler Verfügung über die Welt als Lebensraum, sei es durch Indifferenz oder Versagen gegenüber dem Auftrag der Weltgestaltung. Auch hier haben wir es aber nicht mit einer eindeutigen, dieses Mal negativen, Reaktion auf Gottes Anspruch zu tun, ihn den Raum des Menschen bestimmen zu lassen. Vielmehr steckt selbst in dieser scheinbar klaren, negativen Haltung ein Wahrheitsmoment, auch wenn es vielleicht nicht als solches benannt wird. Das ist die Einsicht in die Unmöglichkeit, Gott einen Ort anzuweisen und ihn damit für menschliche Zwecke zu instrumentalisieren. Besonders anschaulich wird das an dem methodischen Atheismus der modernen Wissenschaft. Es ist bekannt, dass er keineswegs notwendig einen Überzeugungs-Atheismus nach sich ziehen muss, sondern sich durchaus auf die Einsicht in die rationale Unerforschlichkeit Gottes beschränken und eine Indifferenz praktizieren kann, die streng auf das Sachverhältnis begrenzt bleibt und somit die persönliche Auslieferung an die Transzendenz gerade nicht ausschließt. Dies ist sogar ein höchst angemessenes Verfahren, das mit Recht auch in der Theologie praktiziert wird. Wer es aus religiösen Gründen bestreitet, setzt sich dem Verdacht aus, einen Besitzanspruch auf Gottes Gegenwart zu erheben. Damit erweisen sich diejenigen Theorien der so genannten Säkularisierung, welche diese als Enteignung verstehen, als innerlich hohl.

Sowohl der Versuch, Gott durch Anweisung eines Ortes verfügbar zu machen, als auch seine Verbannung aus dem Lebensraum des Menschen widersprechen dessen Bestimmung, sein lokales Sein und sich selbst an seinem Ort Gottes Schöpfermacht zu verdanken. In räumlichen Metaphern ausgedrückt, ist Sünde entweder Absonderung von Gott[4] oder verfügen wollende Zudringlichkeit. Beides kann, wie gezeigt, sowohl eine areligiöse als auch eine religiöse Form haben.

---

[4] Eine etymologische Verwandtschaft der beiden Wörter besteht nicht. Man erklärt Sünde heute sprachlich aus einem alten Partizip von Sein und leitet daraus die rechtliche Grundbedeutung „Schuld an einer Tat" (an etwas tatsächlich Gewesenem) ab; so FRIEDRICH KLUGE, *Etymologisches Wörterbuch der deutschen Sprache*, 22. Aufl. bearb. v. ELMAR SEEBOLD, Berlin/New York 1989, 714. Der frühere Bearbeiter ALFRED GÖTZE hatte diese Ableitung lediglich als möglich und die etymologische Erklärung des Wortes insgesamt als bisher misslungen bezeichnet (15. Aufl., 1951, 780f). Diese Vorsicht scheint mir nach wie vor angebracht zu sein.

Dabei stellt jeweils die religiöse Form der Verfehlung die potenzierte Form der Sünde dar, insofern sie entweder die Ferne oder die Nähe des allein verfügungs-berechtigten Gottes in seinem Namen für menschliche Verfügung instrumentali-siert.

Gegenüber diesem in sich widersprüchlichen Verhalten zu Gottes Anspruch auf den Lebensraum des Menschen verwandelt sich Gottes Nähe aus einem ber-genden Schutz in eine andringende und unentrinnbare Macht, seine Ferne aus der Gewährung von Freiraum zur Unzugänglichkeit. Die Tradition spricht hier analog zu menschlicher Emotionalität von Gottes *Zorn*. Gott weist den Men-schen, der ihm einen Ort anweisen oder ihn des Landes verweisen will, seiner-seits zurück, bleibt aber selbst dabei gegenwärtig. Gott treibt den Menschen in die Enge oder in die unendliche Leere der Verlorenheit.

Die Erfahrung des göttlichen Zorns wird oft als *Strafe* interpretiert. Diese Deutung ist nicht völlig unzutreffend. Aber das ihr zugrunde liegende Tun-Erge-hens-Schema ist zu simpel und zu moralisch, um den Sachverhalt zu treffen. Zum einen lässt Gott dem Menschen weiterhin seinen Freiraum. Diese Art der Distanz kann ebenso als gnädige Erhaltung wie als subtile Form der Zurückweisung ver-standen werden. Auch Gottes Zorn lässt sich nicht „definieren". Zum anderen sind die schuldhaften Grundeinstellungen des Menschen, seine Sonderung von Gott und seine Usurpation der Stelle Gottes, in der Lebenswirklichkeit gar nicht zu trennen von seinem natürlichen Verhältnis einerseits zur eigenen Endlichkeit, der Selbstbescheidung mit dem gegebenen Lebensraum, und andererseits der schöpfungsmäßigen Fähigkeit, diesen und sich selbst zu überschreiten, zu „transzendieren". Deshalb empfindet er beides oft gar nicht als Schuld, insbe-sondere nicht in der neuzeitlichen Welt, in der es weitgehend nachgerade selbst-verständlich geworden ist, sie als den Raum schlechthin, als ontologisch ge-schlossen anzusehen[5].

b) *Gottes Zeit und der vergessene Gott*

Gott offenbart sich in den Erschließungssituationen des Lebens eindringlich und in der Kontinuität des Lebensverlaufs gewissermaßen unterschwellig als der Ver-gangenheit, Gegenwart und Zukunft bestimmende Schöpfer. Er setzt dem Leben Ursprung und Ziel und erhält es. Er schafft durch Kairos-Situationen und klar umrissene Zeiträume Chancen zur Identitätsgewinnung und zur sozialen Gestal-tung. Dies stellt sich in der Erfahrung als Fluchtpunkt dar, oder anders ausge-drückt: als Orientierung gewährendes Eingreifen der Ewigkeit in den irreversibel dahinfließenden Lauf der Zeit und als Grundierung der Dauer des Lebens durch Gottes Treue. Die Erfahrung von deren Verlässlichkeit weckt die Hoffnung über die von Gott gesetzte Frist des Lebens hinaus auf eine Vollendung des Fragments

---

[5] Vgl. dazu Einleitung B, Religionsphilosophische Grundlegung, III/3.

– sei es in Gestalt eines Seelenwanderungsglaubens wie in den östlichen Religionen, sei es in Gestalt eines irgendwie gearteten Weiterlebens nach dem Tode oder auch in den eigenen Kindern. Das bleibt hier, wo von der spezifisch christlichen Verheißung noch abgesehen wird, unentschieden.

Auch in Bezug auf die Zeiterfahrung erscheint Gott zugleich als der sich aktiv Zuwendende und als der Fordernde. Durch die nicht wiederholbare oder beliebig verlängerbare Konstellation eines Kairos und durch die Setzung bestimmter Fristen im Lebensverlauf, vor allem aber durch die Begrenztheit des Lebens im Ganzen offenbart sich Gott dem Gewissen unmittelbar als Gesetzgeber, der zur verantwortlichen Nutzung genau dieser gewährten Zeit herausfordert. Daraus, dass Vergänglichkeit und Tod als natürliche Gegebenheiten anzusehen sind, ergibt sich, dass das Gesetz zunächst nichts anderes als das Gesetz der Schöpfung ist. Darum kann das Faktum, dass die Identität des Menschen lebenslang nicht nur etwas Gegebenes ist, sondern zugleich immer noch aussteht, nicht von vornherein und ausschließlich auf die Sünde zurückgeführt werden; es ist vielmehr zunächst nur die Folge davon, dass der Mensch im Werden begriffen, endlich und unvollkommen ist.

Die menschliche Antwort auf Zuwendung und Forderung Gottes ist auch im Blick auf die Zeitlichkeit des Daseins ambivalent. Es wäre unsinnig zu behaupten, dass der Mensch die Unbedingtheit des Widerfahrnisses eines Kairos stets vollständig ignorierte oder nur in der flachen und banalen Weise des Wahrnehmens einer Gelegenheit darauf einginge. Die Dringlichkeit von Kairos-Situationen erweist sich oft genug als gänzlich unentrinnbar, und dementsprechend werden sie nicht selten auch tatsächlich angemessen wahrgenommen. Eine weitere Form der Antwort ist bei religiösen Menschen die Gepflogenheit, analog zur Ausgrenzung heiliger Orte im Bereich des räumlichen Daseins, der Gottesverehrung besondere Zeiten zu widmen. Einen Abglanz davon mag man im Bereich der *civil religion* darin sehen, dass auch hier die Notwendigkeit von Zeiten der Besinnung erkannt wird. Schließlich ist ganz allgemein, auch bei areligiösen Menschen, häufig ein Sinn dafür anzutreffen, dass Lebenszeit geschenkte, nicht selbstverständlich zur Verfügung stehende Zeit ist. Dies alles ist sehr wohl eine Entsprechung zu Gottes Selbsterschließung. Doch waltet auch hier wieder Zwiespältigkeit. Wer einen Kairos wahrnimmt, mag das durchaus in dem Bewusstsein des Empfangens von Lebensmöglichkeit tun, und doch mischt sich in die Wahrnehmung das Bestreben, Herr der eigenen Zeit zu sein. Wer der Gottesverehrung besondere Zeiten einräumt, äußert damit durchaus genuine Frömmigkeit, und doch versucht das fromme Subjekt zugleich, Gott gewissermaßen die Tagesordnung vorzuschreiben.

Neben diesen zweideutigen Formen des Umgangs mit der von Gott gegebenen Zeit gibt es auch den klaren Anspruch, über die eigene Zeit ausschließlich selbst in autonomer Weise zu verfügen. Auch in dieser Abweisung Gottes stecken zwei Wahrheitsmomente. Zum einen dies, dass Gott sich nicht den Zeitpunkt seiner

Begegnung mit dem Menschen vorschreiben lässt, und zum anderen nimmt Gott dem Menschen durch seine Selbsterschließung die Verantwortung zu selbstbestimmter Gestaltung der gewährten Zeit nicht ab, sondern fordert sie gerade. Andererseits hat jener Autonomieanspruch die Pointe, dass meine Zeit eben nicht in Gottes Händen stehen solle.

Der zuletzt genannte Umgang mit der Zeit lässt sich noch etwas genauer beschreiben. Er nimmt in unserer Kultur einmal häufig die Gestalt an, dass Gott die *Vergangenheit* zugestanden, aber die Gegenwart und Zukunft streitig gemacht wird. Gott erscheint dem modernen Bewusstsein dann als Märchengestalt der Kindheit oder auch als der grausame Moralwächter, dem man glücklich entronnen zu sein meint. Gott wird damit in die Vergangenheit abgeschoben und zusätzlich sowohl in seiner Liebe als auch in seiner Forderung entstellt. Diese Entstellungen sind psychologisch fast immer als Wunschvorstellungen und/oder als Projektionen eigener früher Erfahrungen auf Gott zu identifizieren, was freilich weder an dem Bewusstsein der Betroffenen, gegen Gott absolut im Recht zu sein, noch an der menschlichen Verständlichkeit solcher Reaktionen das Geringste zu ändern pflegt[6]. Der biographischen Verbannung Gottes in die eigene Vergangenheit entspricht geschichtsphilosophisch die Verbannung Gottes in eine theologische Kindheitsphase des Menschengeschlechts, wie sie Auguste Comte mit seiner Drei-Zeitalter-Theorie proklamiert hat[7], die mittlerweile auch in popularisierter Form weit verbreitet ist.

Eine andere, nicht weniger verbreitete Art, Gott aus der Gegenwart zu verbannen, besteht darin, das Nachdenken über ihn auf die eventuelle *Zukunft* des Alters zu verschieben. Die Jahre der aktiven Lebensgestaltung werden dem Anspruch Gottes entzogen, und nur die für nicht mehr lebensentscheidend erachtete Zeit bleibt seiner Zuständigkeit überlassen. In beiden Formen der Gottesverdrängung steckt ein Rest der Wahrheit, dass Gott Ursprung und Ziel des menschlichen Lebens ist. Doch ist diese Einsicht durch die Lebenspraxis hohl und darum unglaubwürdig geworden.

Das Gegenstück zur widergöttlichen Verfügung über die Zeit ist das Versäumen eines von Gott gesetzten Kairos und die verschwendete Lebenszeit. Auch darin geschieht nichts anderes, als dass die eigene Lebenszeit der Bestimmung durch Gott entzogen wird.

Der Anspruch auf eigene Herrschaft über die Zeit, die Zuweisung von bestimmten Zeiten für die Hinwendung zu Gott aus religiöser Verfügungsmacht,

---

[6] Ein in Deutschland bekannt gewordenes Beispiel für ein angstbesetztes kindliches Gottesbild ist die geradezu von Gotteshass erfüllte Schrift von Tilmann Moser, *Gottesvergiftung*, 3. Aufl. Frankfurt a.M. 1977, mit welcher der Verfasser auf seine von pietistischer Enge und Verklemmtheit geprägte Jugendzeit reagiert, ohne je auf den Gedanken zu kommen, es könne sich bei dem ihm einst oktroyierten Gottesbild um eine schreckliche Karikatur des wahren Gottes handeln.

[7] Vgl. Auguste Comte, *Cours de philosophie positive*, 6 Bde., Paris 1830–1842.

die Verbannung Gottes aus der Gegenwart oder endlich das Versagen gegenüber der Aufgabe, gewährte Lebenszeit zu gestalten, das sind die Hauptformen der Trennung von Gott oder des Hineindrängens in sein Souveränitätsrecht über unsere Zeit. In all diesen Fällen entzieht sich der Mensch dem ihn in seiner Gegenwart behaftenden Zugriff Gottes und seiner die Dauer des menschlichen Lebens unterfangenden Treue. Auch hier hat die Sünde wiederum eine areligöse wie auch eine religiöse Gestalt.

Dem Widerspruch des Menschen zu seiner Bestimmung entspricht die bedrohliche Kehrseite der göttlichen Forderung, der *Zorn* Gottes. Dieser offenbart sich insbesondere im Schmerz über versäumte Schlüsselsituationen und Fristen des Lebens, im äußersten Fall angesichts des eigenen Lebensendes. Allerdings fällt die Einsicht in diesen Zusammenhang schwer. Denn ob der Mensch die alles entscheidende Frist versäumt oder die Lebensphase tätigen Gestaltens in äußerster Hektik nutzt und darum Gott aus ihr verbannt: beides hängt auch mit dem vom Schöpfer selbst gesetzten fragmentarischen Charakter menschlicher Lebenszeit zusammen. Der Wettkampf des Menschen mit dem unumkehrbaren Verlauf seiner zeitlichen Existenz entspringt dem natürlichen Überlebenswillen, der nichts Widergöttliches ist, sondern konstitutiv zum geschaffenen Leben gehört. Sein Gegenstück, das Versagen vor der im Kairos gestellten Aufgabe, kann ebenso auf schuldhafter Nachlässigkeit wie auf natürlicher Erschöpfung beruhen. Auf Schritt und Tritt lässt das Hereinragen naturgegebener Faktoren in die selbst zu verantwortenden Verhaltensweisen das Streben nach eigener Herrschaft über die Zeit insgesamt als sachlich völlig angemessen erscheinen. Dennoch ist diese Sicht der Dinge als Verschleierung der Sünde anzusehen.

c) Frömmigkeit – Gottesbemächtigung und Gottesfeindschaft

Die vorigen beiden Abschnitte hatten den Zweck, Elemente der Bestimmung des Menschen und ihrer Verfehlung aufzuzeigen. Das vorläufige Ergebnis lässt sich so zusammenfassen: Es ist die Bestimmung des menschlichen Lebens, sich von Gott bestimmen zu lassen – der Mensch dagegen versteht seine Bestimmung als selbstgesetzt und maßt sich an, Gott zu bestimmen. Bestimmung des Menschen ist dabei nicht als Determination zu verstehen, sondern bedeutet seine intendierte Identität, also das, was der Mensch sein soll. Sie ist ihm von Gott gesetzt und doch zugleich durch seine eigene Aktivität vermittelt.

Wenn die Bestimmung des Menschen von Gott kommt, kann sie nur eine *totale* Bestimmung seines Wesens sein. Denn Gott wird als ein mit unbedingtem Anspruch begegnendes Du und als Grund alles Seins erfahren. Der Mensch kann seiner Bestimmung darum nichts hinzufügen oder sie verändern, sondern sich selbst nur ihr gemäß oder ihr zuwider bestimmen. Andererseits ist sie – in vielfältiger individueller Variation – die ihm eigene Bestimmung seines Wesens als Mensch, nichts ihm Wesensfremdes, Oktroyiertes. Jeder einzelne Mensch hat als er oder sie selbst, in jeweils besonderer individueller, natürlich und sozial geprägter Entwicklung an der gottgegebenen Bestimmung des Menschseins teil.

Die Bestimmung des Menschen wird traditionell als *imago Dei* beschrieben. Dieser dogmatische Ausdruck legt das Verständnis nahe, dass der Mensch Gott ähnlich sein solle. Man stützt diese Interpretation mit dem priesterschriftlichen Schöpfungsbericht, wo es heißt: „Lasset uns Menschen schaffen, ein Bild, das uns gleich sei" (Gen 1,26). Doch ist der biblizistische Verweis auf eine einzelne Belegstelle methodisch fragwürdig. Vor allem aber widerspricht das dabei vorausgesetzte anthropomorphe Gottesbild nicht etwa nur philosophischem Denken, sondern auch der Stoßrichtung der biblischen Tradition. Diese läuft schon innerhalb des Alten Testaments auf die kategoriale Unterscheidung von Gott und Mensch hinaus. „Ihr werdet sein wie Gott" (Gen 3,5) ist gerade nicht die Bestimmung des Menschen, sondern seine Versuchung. Das ist der eigentlich religiöse, nicht bloß erkenntnistheoretische, Grund für die Ablehnung der Interpretation der Ebenbildlichkeit Gottes als Gottesanalogie in einem ontologischen Sinn[8].

Es bleibt nur übrig, den Ausdruck Ebenbild in der Bedeutung von *Symbol*[9] zu verstehen, also auf die Funktion des Verweisens abzuheben: Wie ein Bild auf das verweist, was es darstellt, so ist es die dem Menschen in der Schöpfung eingestiftete und durch die Gemeinschaft der Glaubenden vermittelte Bestimmung des Menschen, mit seiner ganzen Existenz auf Gott zu verweisen. Das kann nur dadurch geschehen, dass der Mensch sich ganz durch Gott bestimmen lässt, indem er sein ganzes Leben einschließlich seiner freien Selbstbestimmung der Liebe Gottes verdankt. So wird es zu Gottes „Spiegel"[10]. Dass der Mensch Ebenbild oder Spiegel Gottes sei, bedeutet also, dass Gott als der „Ganz Andere" der den Menschen zuinnerst Regierende ist. Dem so „von ganz außen" und „von ganz innen" Bestimmtwerden entspricht die menschliche Selbsttranszendenz. Es ist, unter dem Gesichtspunkt der Bestimmung des Menschen gesehen, der eigentliche Sinn seiner „exzentrischen Positionalität", den Mittelpunkt seines Lebens außerhalb seiner selbst zu haben und sich auf ihn hin zu öffnen, um das in den Spiegel fallende Licht in seine Lebenswelt hinein auszustrahlen. (Das Symbol hat also auch hier einen sozialen Bezug.)

---

[8] Vgl. zu diesem Gedankengang die erhellenden Ausführungen von GERHARD EBELING in seiner *Dogmatik des christlichen Glaubens* Bd. 1, Tübingen 1979, 380–388.

[9] Vgl. dazu Religionsphilosophische Grundlegung, S. 143–145.

[10] Vgl. dazu das schöne Bild MEISTER ECKHARTS aus *Deutsche Predigten und Traktate*, hg. v. J. Quint (Diogenes Taschenbücher), München 1979, 273: „Ich nehme ein Becken mit Wasser und lege einen Spiegel hinein und setze es unter den Sonnenball; dann wirft die Sonne ihren lichten Glanz aus der Scheibe und aus dem Grunde der Sonne aus und vergeht darum doch nicht. Das Rückstrahlen des Spiegels in der Sonne ist in der Sonne (selbst) Sonne, und doch ist er (= der Spiegel) das, was *er* ist. So auch ist es mit Gott. Gott ist in der Seele mit seiner Natur, mit seinem Sein und mit seiner Gottheit, und doch ist er nicht die Seele. Das Rückstrahlen der Seele, das ist in Gott Gott, und doch ist sie (= die Seele) das, was *sie* ist." (Hervorh. im Orig.).

Der „exzentrische" Mittelpunkt kann nur Gott selbst sein, denn er allein ist
der mich unbedingt Angehende. Auf ihn kann der Mensch nur ganz und unvertretbar bezogen sein. Das schließt nicht aus, dass dieser Bezug durch seine soziale
Lebenswelt vermittelt ist. Im Gegenteil, diese Vermittlung ist, bildlich geredet,
die unerlässliche Brechung des einfallenden göttlichen Lichtes, durch die das
Symbol erst als solches erkennbar wird. Nur so ist der Mensch als derjenige auf
das Sich-Empfangen von Gott ausgerichtet, der er in seinem Lebensvollzug wirklich ist: als Einzelner, aber nicht isoliert von seinen persönlichen und gesellschaftlichen Beziehungen. Andernfalls wäre er gerade nicht als ganzer Mensch von seiner Bestimmung betroffen. Aber es ist schlechterdings entscheidend, dass es Gott
ist und nicht die menschliche Gesellschaft, der dem Menschen seine Bestimmung
und damit seine Würde gibt: Weder beruht die *Menschenwürde* auf bestimmten
Eigenschaften des Menschen wie der Fähigkeit zur Selbstbestimmung (sie
kommt ihm vom Moment der Befruchtung der Eizelle bis zu seinem Tod und
noch darüber hinaus zu, und zwar unabhängig davon, ob er gesund oder krank
oder behindert ist) noch hängt sie davon ab, ob andere Menschen sie ihm zuerkennen oder sein Leben als „lebensunwert" deklarieren. Die Würde des Menschen hat ihren letzten Grund allein darin, dass sie ihm vom Schöpfer zugesprochen ist.

Dass sich daraus eine klare Ablehnung der Abtreibung oder der „verbrauchenden" Em-
bryonenforschung ergibt, liegt auf der Hand. Freilich darf nicht übersehen werden, dass in
Bezug auf das erste Problem schwere Konfliktsituationen wie z.B. Vergewaltigung, Gefährdung des Lebens oder der psychischen Gesundheit der Mutter dennoch eine Abtreibung geboten erscheinen lassen können.

Die so verstandene Bestimmung des Menschen ist nun nicht abstrakt im Sinne eines bloßen Sollens zu verstehen, dem keine Wirklichkeit entspräche. Wäre dies
so, dann hätte Matthias Flacius mit Recht die Sünde zur Natur des Menschen erklärt. Die Bestimmung des Menschen ist durchaus ein Teil der Lebenswirklichkeit. Auf ihren Grundsinn bezogen und einstweilen noch abstrahiert von ihren
Erscheinungsformen in den zwischenmenschlichen Verhältnissen, wird sie in der
natürlichen *Frömmigkeit* und im Sinn für die Unbedingtheit der Lebensaufgabe
greifbar. Der Begriff der Frömmigkeit ist dabei ganz weit zu fassen, so dass er
nicht nur alle expliziten Religionen, sondern auch so diffuse Phänomene wie die
civil religion und selbst noch einen ganz verschwommenen „Sinn für etwas Höheres" einschließt. Dies zu bestreiten, hieße nicht nur sich gegenüber der Erfahrung blind zu stellen, sondern auch einer großen Zahl von Menschen ihr
Menschsein abzusprechen.

Diejenige Gestalt der Frömmigkeit, an der sich die Spiegelfunktion der „Ebenbildlichkeit" exemplarisch verdeutlichen lässt, ist das *Gebet*. Das Gebet beginnt
zwar aus dem Schweigen der Andacht heraus mit der Anrufung Gottes, der Suche nach ihm. Doch ist diese Suche selbst nie das Erste, sondern sie bezieht sich,

wie dem betenden Menschen auch bewusst ist, zurück auf Gottes vorausgehende Gegenwart und Anrede – selbst dann noch, wenn er ihrer in der äußersten Verlassenheit nicht mehr inne ist. Andererseits ist Gottes Gegenwart niemals Besitz des frommen Menschen. Deshalb beginnt das Gebet zumeist mit der Bitte, die auch in der Gestalt der Bitte um Einzelnes, Konkretes im Kern die Bitte um Gottes Licht ist, das den Menschen als dessen Spiegel seines eigenen Wesens und seiner eigenen Bestimmung gewiss machen möge. So wird es zur Selbstauslieferung des Menschen an Gott und an dessen Anrede, die im Vollzug des Gebets an die Stelle der Rede des Menschen treten und ihn zum schweigend Hörenden machen soll[11].

Aber die Verwirklichung der *imago Dei* ist nur die eine Seite der Sache. Das Gebet schlägt nur zu leicht, gerade auch bei frommen Menschen, in eine Anspruchshaltung um. Dann wird es zu einem Beispiel dafür, wie die im Bestimmtsein durch Gott gesetzte enge Beziehung zu ihm, welcher der Mensch auch die Möglichkeit der Selbstbestimmung und der Kreativität verdankt, in sich die Versuchung birgt, diese Beziehung eigenmächtig zu gestalten. Søren Kierkegaard, dem wir eine der tiefsten Analysen der Sünde verdanken, hat diese Versuchung mit Recht auf die *Angst* zurückgeführt[12]. Angst bezieht sich nicht wie die Furcht auf etwas Bestimmtes, sondern auf die elementare Gefährdung der menschlichen Existenz durch das Nichtsein. Diese Gefährdung ist dadurch gegeben, dass Gott als das Woher und Wozu der Bestimmung, indem er das Gewissen berührt, doch zugleich als er selbst verborgen bleibt. Daraus entsteht beim Menschen das Bedürfnis der Sicherung.

Wie und warum der Mensch diesem Bedürfnis nachgibt und tatsächlich das Verhältnis zu Gott eigenmächtig gestalten will, lässt sich nicht erklären. Kierkegaard spricht deshalb an dieser Stelle von einem *Sprung*, und zwar im Sinne eines kategorialen Qualitätssprungs (45). Diese bildliche Ausdrucksweise hat freilich den Nachteil, dass sie einen Wechsel von einem Zustand in einen anderen suggeriert. Dagegen ist zu sagen, dass Angst – im Unterschied zu Kierkegaards Verständnis – keineswegs reine Unschuld ist, sondern eine höchst ambivalente Haltung zwischen Sehnsucht nach Gott und Brechung des unbedingten Vertrauens zu ihm. Darin steckt bereits der Keim der Abkehr; diese ist also *immer schon* (zusammen mit dem Vertrauen!) gegenwärtig. Der Intention, die Kierkegaard mit dem Begriff des Sprunges verbindet, ist jedoch zuzustimmen: Weder in der Geschöpflichkeit des Menschen noch gar im Willen Gottes liegt eine *Notwendig-*

---

[11] Das Erhellendste, was in der neueren Theologie über das Gebet geschrieben worden ist, findet sich in dem kleinen Buch von E. HIRSCH, *Der Sinn des Gebets. Fragen und Antworten*, 2. Aufl. Göttingen 1928. Im Unterschied zu Hirsch wird es aber hier zunächst als allgemein religiöses Phänomen behandelt, weshalb ihm auch bereits in der religionsphilosophischen Grundlegung (S. 112f) ein Platz anzuweisen war.

[12] SØREN KIERKEGAARD, *Der Begriff Angst* (Begrebet Angest, dt. v. E. Hirsch), GW 11./ 12.Abt., Düsseldorf 1952 (1–169), 39–44. Danach auch die folgende Seitenzahl.

keit, dass der Mensch seiner Bestimmung widerspricht. Man kann nur feststellen, dass er *faktisch* das ursprüngliche Verhältnis zu Gott umkehrt, indem er nun seinerseits Gott seinen Platz und seine Zeit anweist oder ihm Platz und Zeit verweigert und so Gott zu seinem Gegenstand macht.

Das geschieht in potenzierter Form, wenn er Bilder und Symbole mit Gott identifiziert. Darum geht es im *Bilderverbot* (Ex 20,4). Dessen Sinn ist nicht Kunstfeindschaft, auch nicht, wie man es leider im Judentum und in Teilen des Christentums oft verstanden hat, prinzipielle Ablehnung darstellender religiöser Kunst. Ebenso wenig verurteilt es symbolische Rede von Gott, über deren Unentbehrlichkeit man sich durchaus im Klaren war. Die Polemik richtet sich gegen Götzenbilder, d.h. gegen solche bildlichen oder symbolischen Objektivierungen Gottes, die an dessen Stelle treten und entsprechend verehrt werden. Denn damit tritt die Anbetung eines menschlichen Werkes und folglich des Menschen selbst an die Stelle der Anbetung Gottes. Der Mensch macht sich selbst zu Gottes Gott.

Damit sind keineswegs nur die Plastiken der so genannten primitiven Religionen, auch nicht nur magisch-sakramentalistische Verdinglichungen gemeint. Götzenbilder finden sich überall dort, wo man Gott und sein Handeln objektiviert und damit von dem religiösen Grunddatum ablöst, dass er mich unbedingt angeht. Das geschieht auch, wenn man Gottes Ansich-Sein in fundamentalistischer Manier in rational erweisbaren Heilstatsachen objektiviert oder wenn man über Gottes Verhältnis zu sich selbst spekulativ eine objektiv gültige Auskunft geben will. In beiden Fällen überschreitet man nicht nur die erkenntnistheoretische Kompetenz der Vernunft (dies wäre, religiös gesehen, vergleichsweise harmlos), sondern verehrt an Stelle Gottes die Tatsachen oder Begriffe, in die man ihn zu bannen versucht[13].

Der geschilderte Widerspruch des Menschen zu seiner Bestimmung bedeutet aber nicht, dass er diese verlöre. Von einem Verlust der *imago Dei* kann nur reden, wer sie als etwas zur „Ausstattung" des Menschen Gehöriges, als eine Eigenschaft oder einen Besitz auffasst. Eine solche Aussage liefe darauf hinaus, dass der Sünde die Macht zugesprochen würde, die Schöpfung Gottes selbst zunichte zu machen. Irenaeus wollte daher in Gen 1,26f. zwischen der *Gottebenbildlichkeit* (*imago Dei*), die erhalten bleibe, und der *Gottähnlichkeit* (*similitudo*), die mit der Sünde verloren gehe, unterscheiden[14]. Die katholische Theologie ist ihm darin lange gefolgt und hat das eine mit der natürlichen Leiblichkeit und der Vernunft, das andere mit dem Gnadenstand identifiziert. Doch ist es nicht nur exegetisch falsch, den synonymen *parallelismus membrorum* von צֶלֶם und דְּמוּת auseinander zu reißen und zwei unterschiedliche Aspekte des Menschseins

---

[13] Dies ist vor allem von MARTIN LUTHER zu lernen, der gegen jede Art von *speculatio maiestatis*, d.h. gegen den Versuch das Wesen Gottes *remoto Christo*, aus eigener Machtvollkommenheit zu bestimmen, deshalb polemisiert, weil sie Irrtum, Tod und Verzweiflung zur Folge habe, z.B. WA 40/I, 76–78.

[14] IRENAEUS, *Adv. haer.* V 6,1 und 16,2, PG 7, 1136–1138.1167f.

damit zu verbinden, sondern vor allem wird dadurch die mit dem Ebenbild-Begriff angezeigte Gottesbeziehung auf besonders handfeste Weise objektiviert und auf diesem Umweg, *per analogiam*, Gott selbst anschaubar gemacht. So hat denn auch die katholische Theologie diese Interpretation der Genesis-Stelle inzwischen revidiert (freilich ohne das mit deren Hilfe gebildete, für ihre Heilslehre fundamentale anthropologische Schema zu ändern[15]).

Die Ebenbildlichkeit bleibt erhalten, weil sie eine von Gott gesetzte Beziehung ist und weiterhin den Willen Gottes mit dem Menschen darstellt. Dieser Satz ist nicht spekulativ, sondern gibt die dem Menschen auch außerhalb der Begegnung mit Christus jedenfalls andeutungsweise zugängliche religiöse Erfahrung wieder, dass er sich in einem *Selbstwiderspruch* befindet, d.h. im Widerspruch zu seiner Bestimmung durch Gott. In der christlichen Tradition ist der klassische Beleg dafür die – freilich aus der Perspektive des Glaubens geschriebene – paulinische Passage Rm 7,7–25. Dort heißt es: „Das Gute, das ich will, das tue ich nicht; sondern das Böse, das ich nicht will, das tue ich" (V.19). Den Grund dafür sieht Paulus darin, dass der νόμος τῆς ἁμαρτίας dem νόμος τοῦ νοός μου im Ich des Menschen widerstreite (V.23). Die neuere Exegese ist sich darin einig, dass damit mehr gemeint ist als der moralische Widerstreit, von dem Ovid sagt: „video meliora proboque, deteriora sequor" (ich erkenne das Bessere und billige es auch, folge aber dem Schlechteren)[16]. Es ist vielmehr der Widerspruch zwischen der Bestimmung der menschlichen Existenz und ihrer faktischen Wirklichkeit. Dieser Widerspruch, die Sünde, beherrscht den Menschen (V.20) – aber nicht so, dass das Gesetz der Sünde das göttliche Gesetz abgelöst hätte, sondern dass es im Streit mit ihm liegt. Nicht nur das göttliche Sollen, sondern auch das Wollen und das Tun des Guten, also die Wirklichkeit der *imago Dei*, sind in diesem Streit präsent. Weder das Nichtvorhandensein noch die Unerkennbarkeit des Guten ist die Grundbefindlichkeit des sündigen Menschen, sondern der Widerspruch zwischen der Wirklichkeit des Guten und der seines Gegenteils. Indem der religiöse Mensch Gott einen Platz anweist, verkehrt sich das Gute selbst in das Gottwidrige; die Frömmigkeit wird zur Gottesbemächtigung, ohne doch aufzuhören, Frömmigkeit zu sein. Und wer Gott aus seinem Leben verbannt, macht aus der Scheu vor Gottes Verborgenheit die Leugnung seines Anspruches, ohne doch das Wahrheitsmoment zu verlieren, dass Gott der „Ganz Andere" ist.

Dieses Verhältnis ist nicht im Sinne eines Nebeneinanderbestehens von partieller Sünde und partieller Gottebenbildlichkeit zu beschreiben. Es ist kein quantitatives Verhältnis, sondern der Widerspruch des sich Gott ganz verweigernden Menschen gegen den ganz unter der Bestimmung Gottes stehenden Menschen –

---

[15] Nach wie vor schreibt man dem Menschen im *status integritatis* „eine besondere Gottähnlichkeit" zu, so JOHANN AUER, in: DERS./JOSEPH RATZINGER, *Kleine katholische Dogmatik* Bd. 3, Regensburg 1975, 464; vgl. dazu den ganzen § 41 (448–473) mit der bezeichnenden Überschrift „Die übernatürliche Ausstattung des Menschen".

[16] PUBLIUS OVIDIUS NASO, *Met.* VII, 20f.

und es ist ein und derselbe Mensch, in dem sich beides findet. Emanuel Hirsch hat diesen Widerspruch wohl am schärfsten zugespitzt, wenn er formuliert: „Schöpfung und Sünde sind eines und das gleiche, unter zwei einander fordernde und zugleich widereinander sich kehrende Urteile aus dem Gottesverhältnis gestellt"[17]. Das heißt natürlich nicht, dass sie wesensmäßig dasselbe seien, sondern dass sie in jedem konkreten Lebensmoment unlösbar miteinander verflochten sind, so dass dieser Lebensmoment gleichzeitig unter zwei verschiedene göttliche Urteile fällt. In diesem Sinn ist der Mensch vor Gott in der Unwahrheit[18], denn in der Wahrheit (oder johanneisch: aus der Wahrheit) sein hieße, mit sich selbst, mit seiner Bestimmung und darum mit Gott selbst übereinzustimmen, der die Wahrheit selbst ist[19].

Wenn nun dieser innere Widerspruch auf zwei verschiedene „Gesetze" zurückgeführt wird, so könnte man sich vorstellen, dass der Mensch deren wehrloses Opfer sei. Die Übermacht des Guten und die Übermacht des Bösen streiten widereinander, und der Mensch wäre das Schlachtfeld, auf dem sich die Auseinandersetzung abspielt, oder: er würde zwischen diesen Mächten zerrieben. So wird das Phänomen in dualistischen Mythen dargestellt. In weniger dramatischer Form, durch das Zeitalter der Empfindsamkeit hindurchgegangen, findet sich der Gedanke in Goethes Faust:

> Du bist dir nur des einen Triebs bewußt;
> O lerne nie den andern kennen!
> Zwei Seelen wohnen, ach! in meiner Brust,
> Die eine will sich von der andern trennen;
> Die eine hält, in derber Liebeslust,
> Sich an die Welt, mit klammernden Organen;
> Die andre hebt gewaltsam sich vom Duft
> Zu den Gefilden hoher Ahnen[20].

Hier sind es Geist und Natur, die miteinander im Streit liegen, nicht göttliche und widergöttliche Urmächte, sondern die Urkräfte des Menschseins selbst. Zudem scheint mit der „derben Liebeslust" als dem Bestreben der einen Seele noch etwas von dem moralischen Missverständnis der Sünde hinein. Aber wenn wir von diesen inhaltlichen Näherbestimmungen einmal absehen, so findet sich in den Versen Goethes, wie es scheint, die gleiche Struktur des inneren Widerspruchs wie bei Paulus. Der Mensch fühlt sich ausgeliefert, innerlich zerrissen, als Opfer dieses Streits. Freilich gibt es einen alles entscheidenden Unterschied zwischen dem

---

[17] E. Hirsch, *Schöpfung und Sünde* ... (s. Anm. 3), 33. Hirsch verdirbt allerdings den Gedanken dadurch, dass er diesen Selbstwiderspruch in der Entzweiung mit dem Volk und dem nationalen Schicksal eindeutig konkretisiert sehen will, 28f. Doch ändert das nichts an der Richtigkeit der Grundeinsicht.

[18] Vgl. E. Hirsch, *Christliche Rechenschaft*, Berlin/Schleswig Holstein 1978, Bd. 1, § 49B; G. Ebeling, *Dogmatik* ... (Anm. 8), Bd. 1, 365.

[19] Vgl. dazu Einleitung A, S. 78–81, bes. 80f.

[20] Johann Wolfgang v. Goethe, *Faust*, I. Teil, Vor dem Tor. (Cotta Bd. 12, 61).

Apostel und dem Dichter. Paulus fährt fort: „Wer wird mich erlösen vom Leibe dieses Todes?" (V.24). Goethe dagegen lässt seinen Faust sagen:

> O gibt es Geister in der Luft,
> Die zwischen Erd' und Himmel herrschend weben,
> So steiget nieder aus dem goldnen Duft,
> Und führt mich weg, zu neuem, buntem Leben!

Die Spaltung zwischen Geist und Natur ist hier zwar schmerzhaft, aber sie ist eben nicht die Spaltung zwischen dem Wesen des Menschen und seinem inneren Abgrund, sozusagen seinem Unwesen. Vielmehr gehören sowohl Geist als auch Natur zum Wesen des Menschen. Sie repräsentieren dessen höhere und niedere Ebene und lassen sich deshalb auf Dauer gar nicht trennen, sondern werden durch die zwischen Himmel und Erde vermittelnden „Geister" zu einem „neuen, bunten Leben" auf natürliche Weise wieder vereinigt. Die Spaltung bleibt somit auf der Ebene des Ästhetischen. Sie reicht nicht in die letzte Tiefe des Selbstwiderspruchs hinab. Kierkegaard hat diese Sichtweise anhand von Goethes Selbstbeurteilung als oberflächlich bezeichnet[21]. Religiös wird man dem nicht widersprechen können. Denn der Selbstwiderspruch, von dem jetzt zu reden ist, hat seine Tiefe daraus, dass er *coram Deo* aufgerissen wird. Diesem letzten Ernst gegenüber behält das Ästhetische immer etwas Unverbindliches. Wo es um Identität oder Nichtidentität, Sein oder Nichtsein[22] des Menschen geht, verliert die ästhetische Distanz ihr Recht; ja, sie wirkt auf dieser Ebene geradezu frivol.

In der weiteren Beschreibung des Selbstwiderspruchs des Menschen folgen wir zunächst noch einmal Kierkegaard, der ihn als Widerspruch zu Gott so tief durchschaut hat wie wenige Theologen vor oder nach ihm. Er unterscheidet zwei Hauptformen der Sünde: verzweifelt man selbst sein wollen und verzweifelt nicht man selbst sein wollen[23]. Das Adverb „verzweifelt" weist darauf hin, dass nicht das natürliche Selbsteinwollen des Menschen gemeint ist, das ihm ja gerade von Gott aufgegeben ist, sondern eines, das sich aus der Entzweiung mit Gott und mit sich selbst herleitet. Ebenso ist das verzweifelte Nicht-man-selbst-sein-Wollen nicht eine gewissermaßen spielerische Verstellung oder auch das Sich-Finden in den natürlichen Tod, sondern die Verweigerung der Bestimmung zum Selbstsein. Verzweifelt man selbst sein wollen heißt dann, im Trotz und in der Revolte gegen Gott ein Selbst sein wollen. Verzweifelt nicht man selbst sein wol-

---

[21] S. KIERKEGAARD, *Die Tagebücher*, dt. v. H. Gerdes, Bd. 1, Düsseldorf/Köln 1962, 334 (V A 57): „Was ist doch Goethe anderes in ‚Aus meinem Leben' als ein begabter Verteidiger dummer Streiche. An keinem Punkt hat er die Idee verwirklicht; aber er schwatzt sich von allem los (von Mädchen, von der Idee der Liebe, vom Christentum usw.), das kann er"; vgl. auch Bd. 2, 1963, 57 (VII A 110).

[22] Diese Anspielung auf WILLIAM SHAKESPEARE, *Hamlet, Prince of Denmark* III/1 wäre gewiss im Sinne Kierkegaards gewesen.

[23] Vgl. S. KIERKEGAARD, *Die Krankheit zum Tode* (Sygdommen til Døden, dt. v. E. Hirsch), GW 24./25. Abt., Düsseldorf 1957, 47–74.

len dagegen bedeutet, sich der Aufgabe eigenständiger Lebensführung entziehen, nicht wagen, ein Selbst zu sein, sondern sich lenken oder gar treiben lassen. Kierkegaard hat die trotzige Form der Sünde den Männern, die nachgiebige Form den Frauen zuschreiben wollen. Wenn er damit dem gängigen Schema gefolgt ist, das unsere Kultur hinsichtlich der Geschlechterrollen ausgebildet hat, so ist der Schaden doch geringer, als es scheinen könnte, denn er führt, und das mit logischem Recht, beide Formen der Sünde letzten Endes auf ein und dasselbe zurück: Beide sind im Grunde nur Varianten der einen Grundsünde, die göttliche Bestimmung des Menschseins zu verweigern, nämlich sich als ein Selbst aus Gott bestimmen zu lassen.

Zutreffend an Kierkegaards Beschreibung ist im Übrigen die Feststellung einer zwischen den beiden Grundformen bestehenden Polarität. Sie wird erkennbar, wenn man die äußeren Erscheinungsformen der Sünde in der Lebenswelt betrachtet, wo der Trotz als Herrschaftsanspruch und die Nachgiebigkeit als Knechtschaft auftritt. Die beiden Formen der Sünde bringen also im sozialen Bereich miteinander korrespondierende Folgeerscheinungen hervor – ein Tatbestand, der Kierkegaard nicht interessierte, weil er sich allein auf die Verkehrung des Verhältnisses des Einzelnen zu Gott konzentrierte. Aber für eine vollständige Lehre von der Sünde, die auch die sozialen Erscheinungsformen mit einbeziehen muss, ist er von Bedeutung. Wir werden darauf zurückkommen.

Wir führen die Analyse Kierkegaards in Abwandlung seiner Ausführungen über das Verhältnis von Endlichkeit und Unendlichkeit (25–32) so weiter, dass wir eine Querteilung zu seinen beiden Grundformen anbringen. Diese Querteilung bezieht sich auf das unterschiedliche Verhältnis des Menschen zu der Endlichkeit seiner selbst und seiner Welt. Er kann zum einen seine Endlichkeit absolut setzen. Für die Sünde als Anspruch auf absolute Autonomie, das verzweifelte Man-selbst-sein-Wollen, leuchtet das von selbst ein. Da erhebt sich der Mensch faktisch zum Gott. Die Selbstverwirklichung, um ein modernes Schlagwort zu benutzen, ist dann sein einziges Lebensziel. Aber auch beim verzweifelten Nicht-man-selbst-sein-Wollen kann man die Endlichkeit absolut setzen. Dies kann die eigene Beschränktheit sein, die man nicht zu überwinden trachtet, oder auch der begrenzte Horizont eines anderen Menschen, dem man sich bedingungslos unterwirft. Auch die Selbstauslieferung an die Endlichkeit des Weltzusammenhangs als eines Ganzen gehört hierher. Sie resultiert in Fatalismus, im Glauben an ein blindes Schicksal.

Das ist die eine Weise, in der Gottentfremdung mit der Endlichkeit umzugehen. Die andere, schwärmerische Version besteht darin, die Endlichkeit zu überspringen. Von ihr zu reden, liegt bei dem verzweifelt Nicht-man-selbst-sein-Wollen sofort nahe. Es ist das Ausweichen vor allem Bestimmten, das Aufgehen in einem Meer von Passivität, die eben nicht die Passivität des Sich-Empfangens aus Gott ist, sondern eine solche, die sich diesem Empfangen entzieht. Doch das Überspringen des Endlichen kommt auch im verzweifelt Man-selbst-sein-Wollen vor. Hier ist es der realitätsferne, phantastische Ausgriff in utopische Regionen, der nichts mit der Absolutsetzung des Selbst zu tun hat, sondern seine Selbstbestimmung in Phantasieproduktionen verwirklichen will.

In all diesen Formen sucht der Mensch die Allwirksamkeit Gottes für sich außer Kraft zu setzen. Das braucht nicht die Form des expliziten Atheismus zu haben. Auch die religiöse Funktionalisierung Gottes tritt in diesen Formen auf. Weise ich Gott seinen Ort und seine Zeit an, so ist das Ausdruck meines verzweifelten Selbstseinwollens. Stelle ich Gottes verzeihende Liebe für meine Schwäche selbstmitleidig in Rechnung, so ist das Ausdruck meines verzweifelten Nicht-ich-selbst-sein-Wollens.

Bisher haben wir immer wieder betont, dass die Gottentfremdung faktisch stets unentwirrbar mit der schöpfungsmäßigen Wirklichkeit der Gottebenbildlichkeit verflochten ist. Die phänomenologische Beschreibung von Erscheinungsformen der Sünde veranlasst jetzt zu der kritischen Rückfrage, ob es nicht doch bestimmte Gestalten des Bösen gibt, die als Ausdruck der Gottentfremdung eindeutig identifizierbar sind. Mit anderen Worten: Gibt es so etwas wie das *absolut Böse* im Unterschied zum „normalen" Bösen, auch wenn wir die Unterscheidung zwischen lässlicher Sünde und Todsünde bereits im Vorfeld mit einleuchtenden Gründen abgelehnt haben?

Wir erinnern zunächst daran, dass der Begriff des Bösen das Verhalten gegenüber Menschen betrifft, während Sünde die Verfehlung des Gottesverhältnisses ist. Dann ist evident, dass zwischen Graden des Bösen unterschieden werden kann, nicht aber zwischen Graden der Sünde. Ein absolutes Böses müsste dann gewissermaßen die „Offenbarung" der Sünde selbst sein, denn der Begriff des Absoluten kann nur in Bezug auf das Gottesverhältnis gebraucht werden. Man hat in der Kirchengeschichte immer wieder versucht, solche eindeutigen Gestalten der Sünde inmitten der vielen Zwiespältigkeiten, sozusagen den Teufel in Menschengestalt, zu identifizieren. In unserer Zeit hat Christof Gestrich exemplarisch die Vernichtung der Juden im Dritten Reich als einen solchen Fall benannt[24]. Als Grund für seine Interpretation gibt er an, dass hier „die Vernichtung und Schändung menschlichen Lebens, einschließlich seiner Seele, *ohne erkennbaren Grund*" erfolgt sei (186, Hervorh. im Orig.). Diese Stellungnahme ist zunächst verständlich: Man kann sich in der Tat nichts Fürchterlicheres vorstellen als dieses fabrikmäßige Morden. Niemand, der bei Sinnen ist, wird bestreiten, dass dies *eindeutig* böse war. Man wird Gestrichs Urteil zunächst sogar noch verstärken müssen. Es trifft nämlich nicht zu, dass der Holocaust „ohne erkennbaren Grund" geschehen ist. Das Böse war noch viel teuflischer, insofern es sich mit der Begründung, die „Reinigung" von einer „schädlichen" Rasse sei zur Rettung

---

[24] Christof Gestrich, *Die Wiederkehr des Glanzes in der Welt. Die christliche Lehre von der Sünde und ihrer Vergebung in gegenwärtiger Verantwortung*, Tübingen 1989, 186–192. Danach auch die folgende Stellenangabe.

des Volkes notwendig, den Schein des Guten gab und damit viele Deutsche zu verblenden verstand.

Trotzdem bleibt die Rede von einem absoluten Bösen problematisch. Diese Behauptung hat nicht den Sinn, das Entsetzliche dieser Gräuel in irgendeiner Weise einzuschränken, um dann durch Vergleiche eine Relativierung oder gar partielle Entschuldigung zu ermöglichen: An der Eindeutigkeit dieses Bösen gibt es nichts zu beschönigen. Aber wenn man es durch die Näherbestimmung „absolut" faktisch aus der zwischenmenschlichen Sphäre in die Perspektive *coram Deo* rückt, es also mit der Sünde identifiziert, so verleitet dies dazu, die „harmloseren" Formen des eigenen Bösen nicht mit der Sünde in Verbindung zu bringen und deshalb nicht nur (berechtigterweise) *coram hominibus*, sondern auch *coram Deo* als weniger verwerflich einzustufen. Es ist im Ernst zu fragen, ob nicht das heute gängige – bei Gestrich *nicht* vorliegende – Verständnis des Holocaust als einer *prinzipiellen* Zäsur für Kirche und Theologie unter der Hand den Anspruch der so Urteilenden auf eine ebenso *prinzipielle* moralische Überlegenheit begründen soll, die *als solche* auf eine Selbstgerechtigkeit vor Gott hinausläuft[25]. Jedenfalls lässt der in solchen Zusammenhängen nicht selten zu vernehmende pfäffisch-überhebliche Ton der Auseinandersetzung mit Andersdenkenden diesen Verdacht als nicht unbegründet erscheinen. Auch eine solche Selbstgerechtigkeit nötigt zu der Frage, ob es nicht überhaupt zu den Charakteristika des Bösen gehört, sich als das Gute auszugeben (vgl. 2.Kor 11,14: „der Satan verstellt sich als Engel des Lichts").

Ist es demnach unmöglich, ein absolut Böses empirisch als „die Sünde selbst" zu verifizieren, so kann man auch über eine angeblich von anderen Sünden unterscheidbare, *unvergebbare Sünde* keine Aussagen machen. Das Logion von der so genannten Sünde wider den Heiligen Geist (Mk 3,28f parr.), die nicht vergeben werden kann, ist m.E. eine Gemeindebildung, obwohl es von Markus ebenso wie von der Logienquelle überliefert ist. Denn die darin vorausgesetzte Unterscheidung in vergebbare und nicht vergebbare Sünde passt ebenso wenig zu der Schärfe, mit der Jesus z.B. in den Antithesen der Bergpredigt *alle* Sünde als Gottwidrigkeit brandmarkt, wie zu der Bedingungslosigkeit der Vergebung, die er den „Sündern" zuspricht. Vielleicht hat Markus mit seinem Zusatz (Mk 3,30 „denn sie sagten, er habe einen unreinen Geist") die Erklärung für die Entstehung des Logions gegeben: die Bedrängnis der Gemeinde durch polemische Anfeindungen, die Jesu Wirken schlichtweg als teuflisch erklärten[26]. Die weiter rei-

---

[25] HERMANN LÜBBE spricht mit Recht von der „spezifisch deutschen Unart, sich im Verhältnis zu anderen Positionsvorteile durch Inanspruchnahme eines moralisch qualifizierten Urteils über das ‚Dritte Reich' zu verschaffen": *Religion nach der Aufklärung*, Graz u.a. 1986, 324, Anm. 68. Dass diese „deutsche Unart" einen solchen Satz wiederum als den hinterlistigen Versuch, den Nationalsozialismus zu rechtfertigen, missverstehen wird, ist abzusehen.

[26] Vgl. dazu RUDOLF BULTMANN, *Geschichte der synoptischen Tradition* (FRLANT 29), 3. Aufl. Göttingen 1957, 66.138; ERNST HAENCHEN, *Der Weg Jesu. Eine Erklärung des Markus-*

chende Frage, ob es zum christlichen Glauben gehört, neben der Versöhnung Gottes mit den Menschen auch eine Verwerfung anzunehmen, kann erst in der Heilslehre erörtert werden.

Wir halten fest: Sünde ist der gegen Gott gerichtete totale Widerspruch des Menschen zu seiner Bestimmung zur Gemeinschaft mit Gott, die, wenn auch mit ihrer Verkehrung oft bis zur Unkenntlichkeit verflochten, gleichzeitig als Wirklichkeit präsent bleibt.

d) Theonomie – Autonomie und Heteronomie

Für das Selbstverständnis des modernen Menschen liegt es nahe, an dem jetzt erreichten Punkt gegen das ganze Konzept, soweit es bisher entwickelt worden ist, einen Fundamentaleinwand zu erheben. Die Argumentation dieses Einwandes, die literarisch vielfältig belegbar ist, lässt sich wie folgt skizzieren. Die enormen Schwierigkeiten, die der Gedanke bereitet, menschliche Freiheit in einer schlechthinnigen Abhängigkeit von Gott zu verankern (oder mit Kierkegaard: das Verhältnis des Selbst zu sich selbst durchsichtig erscheinen zu lassen für eine Macht, in der es gegründet ist[27]), könnten als Hinweis auf die mangelnde Plausibilität dieser Konstruktion angesehen werden. Die Gründung der menschlichen Existenz in einem anderen, ja sogar in einem „Ganz Anderen", nämlich in Gott, sei die reine Form von *Heteronomie*, Fremdbestimmung. Die gesamte abendländische Freiheitsgeschichte sei nichts anderes als die schrittweise Befreiung von dieser Heteronomie, beginnend mit der Befreiung von klerikaler Autorität durch die Reformation über die politische Befreiung von der absoluten Monarchie des *ancien régime* als dem gesellschaftlichen Abbild der religiös motivierten Gewissenstyrannei bis in die offene Gesellschaft der Moderne. Jetzt habe sie ihr Ziel erreicht, indem sie die Vorstellung der Abhängigkeit von einer absoluten, transzendenten Macht als die Wurzel alles Übels ausgerottet habe. Damit habe sich der Mensch endgültig aus seiner „selbstverschuldeten Unmündigkeit" befreit, über den ursprünglichen, am Gottesbegriff noch festhaltenden Sinn dieser Definition der Aufklärung bei Immanuel Kant endgültig hinausgehend, und seine Selbstbestimmung, seine *Autonomie* vollendet.

Diese Sicht empfiehlt sich in erster Linie dadurch, dass sie die moderne Freiheitsgeschichte gegen alle Kritik seitens der Theologie positiv zu werten vermag. Überdies scheint sie auch den Vorzug der größeren Einfachheit zu besitzen, weil sie ohne irgendwelche durch den religiösen Glauben bedingten Brechungen des Freiheitsgedankens auskommt und damit die Zurechenbarkeit des menschlichen

---

Evangeliums und der kanonischen Parallelen, 2. Aufl. Berlin 1968, 148f; JOACHIM GNILKA, *Das Evangelium nach Markus* (EKK II/1), Zürich u.a. 1978 z. St. WALTER GRUNDMANN (*Das Evangelium nach Markus*, 7. Aufl. Berlin 1977, 108) dagegen meint, es handle sich um die Weiterentwicklung eines schwer zu rekonstruierenden Jesuswortes.

[27] Vgl. S. KIERKEGAARD, a.a.O. (Anm. 23), 10.

Handelns klar zu denken erlaubt. Das verzweifelt Man-selbst-sein-wollen, das Kierkegaard als Quintessenz der Sünde festgestellt hatte, wäre für diese Auffassung in Wahrheit der notwendige Schritt zur Mündigkeit; sollte dabei Verzweiflung auftreten, so wäre sie der Ausdruck des Schmerzes über den Verlust der Annehmlichkeit, eine Instanz zu haben, die einem die Grundentscheidung über die Ausrichtung des Lebensentwurfs abnimmt. Die theologische Deutung der unangefochtenen Gottlosigkeit heutiger Menschen als Potenzierung der Anfechtung wäre dann Schall und Rauch – ein verständliches, aber vergebliches Rückzugsgefecht des religiösen Lebensdeuters, der eine verlorene Sache zu retten versucht, ohne dies ehrlich eingestehen zu können. Aus dieser Destruktion der Sündenlehre hat man gelegentlich sogar die Konsequenz gezogen, auch den Begriff des Bösen zu relativieren, indem man beispielsweise in der Aggression nichts anderes als ein natürliches Erfordernis des Evolutionsprozesses sah[28].

Die Annahme, die in allen Bildungsschichten populäre emanzipatorische Lebensanschauung sei der religiösen Deutung überlegen, beruht indessen auf einer Täuschung. Das gilt zum einen für die eindeutig positive Wertung der abendländischen Freiheitsgeschichte. Gewiss ist deren schlichte Verwerfung als sündiger Abfall vom Glauben, wie sie von manchen konservativen Christen vorgetragen wird, wenig überzeugend, insofern das Interesse an autoritärer Beherrschung der Gewissen nur zu deutlich durch derlei Urteile hindurch schimmert. Diese Geschichte ist nach einer Seite hin ohne Frage Realisierung schöpfungsgemäßer menschlicher Würde und Verantwortlichkeit. Andererseits aber hat der militante Emanzipationsglaube – selbst in demokratischem Gewand – bewiesen, dass er nicht weniger zu individuellem und kollektivem Gewissensterror imstande ist als der religiöse Fanatismus, von dem er die Menschheit befreien sollte. Auch abgesehen davon lässt sich ohne jegliche religiöse Voraussetzungen zeigen, dass die Menschheit für ihren Emanzipationsprozess den Preis mannigfacher neuer Unfreiheit gezahlt hat und dass darin die antinomische Struktur der Grunderfahrung von Freiheit und Abhängigkeit zutage tritt[29]. Daraus ergibt sich, dass die Zurechenbarkeit menschlicher Selbstbestimmung auf dem Grunde einer selbstgesetzten Freiheit nicht leichter darzustellen ist als auf dem eines religiösen Glaubens.

Religiös kann menschliche Freiheit nur als von Gott überantwortete und aus ihm als ihrem Konstitutionsgrund elementar hervor wachsende verstanden werden. Dieses Verhältnis wird als *Theonomie* bezeichnet[30]. Freiheit ist auch unter diesem Vorzeichen Selbstbestimmung, nur eben nicht eine absolute, sondern eine

---

[28] So Konrad Lorenz, *Das sogenannte Böse. Zur Naturgeschichte der Aggression*, Wien 1963, 31–66, bes. 66.
[29] Vgl. dazu A I/1 d.
[30] Vgl. dazu Paul Tillich, *Systematische Theologie*, Bd. 1, 2. Aufl. Stuttgart 1956, 101–105; Friedrich Wilhelm Graf, *Theonomie. Fallstudien zum Integrationsanspruch neuzeitlicher Theologie*, Gütersloh 1987.

solche, in der sich das Selbst aus seiner ihm von Gott eingestifteten Bestimmung heraus bestimmt. Im Akt der Annahme und Bejahung meiner Bestimmung sind auch die relativen Abhängigkeiten frei übernommen. Solche Freiheit als theonome Selbstbestimmung findet sich in allen Religionen und selbst in säkularen Kontexten in Gestalt einer *civil religion*.

Wenn dies zutrifft, dann kann Sünde nur die Unfreiheit bedeuten, die in solchen Formen der Freiheit zugleich gegenwärtig ist und sie korrumpiert. Das aber scheint ihrem im Anschluss an Kierkegaard entwickelten Verständnis als Rebellion gegen Gott zu widersprechen. Oder anders ausgedrückt: Es scheint, als ob Sünde allenfalls dann Unfreiheit sein könnte, wenn ihre Grundform gerade nicht der Trotz, sondern die Schwäche wäre. Mit diesem Einwand müssen wir uns ausführlicher auseinander setzen, weil hinter ihm ein breiter, bis heute wirksamer Traditionsstrom in der Theologie steht. Er begegnet in zwei Hauptformen: im Hinweis auf die Übermacht des Bösen und in der Interpretation der Sünde als eines Mangels an Gutem.

Für die *erste* Form des Einwands scheint bereits der Charakter der *Versuchung* zu sprechen. Dabei ist nicht an moralische Versuchungen gedacht, obwohl schon bei diesen, wenn man nicht gerade an Bagatellen denkt, die Übermacht des „anderen Gesetzes in meinen Gliedern" (Rm 7,23) evident ist. Es geht um die Versuchung zur Abkehr von Gott, deren Übermacht noch offensichtlicher ist. Sie wird aus der Angst um das eigene Sein geboren. Angst erzeugt Unfreiheit. Nur eine scheinbare Alternative zur Angst ist die Indifferenz. Sie könnte als verdeckte Angst verstanden werden – als ein Zustand, in dem die Versuchung bereits gesiegt hat, so dass man sie gar nicht mehr als solche empfindet[31]. In beiden Fällen ist der Mensch, wie es in der Alltagssprache heißt, der Versuchung erlegen, also von einer fremden Macht geknechtet worden. Diese Erfahrung steckt hinter der mythologischen Vorstellung vom *Teufel*. Die Gottentfremdung wird als so übermächtig und der Mensch ihr gegenüber als so schwach empfunden, dass sie anscheinend gar nicht mehr als seine von ihm zu vertretende Entfremdung verstanden werden kann, sondern zu etwas außerhalb seiner *hypostasiert* werden muss. Wenn man sich diese Beziehung auf die Selbsterfahrung klar macht, dann erweist sich die scheinbar so primitive Vorstellung einer personifizierten Macht des Bösen als überraschend treffende Beschreibung einer menschlichen Grunderfahrung.

Allerdings muss die Frömmigkeit dann – auch wenn man den Gedanken unmythologisch, z.B. als gesellschaftlich wirksames Verhängnis versteht – zwischen zwei gleichermaßen unzureichenden Erklärungen wählen: der Zulassung Satans durch Gott (Hi 1,6) und dem dualistischen Verständnis des Teufels als ei-

---

[31] Vgl. dazu die berühmte These M. Luthers: „Nulla tentatio omnis tentatio", WA 3, 424,11 (1513/1515).

ner Macht, die Gottes Willen konterkarieren kann (1.Chr 21,1)[32]. Diese doppelte Erklärung macht auf die Problematik eines Verständnisses der Sünde aufmerksam, das in ihr in erster Linie eine Schwäche sieht. Sie führt entweder dazu, dass
man Gott für sie verantwortlich macht, weil er sie schließlich zugelassen hat,
oder sie lässt sogar Gott so schwach sein, dass er sie nicht in die Schranken weisen kann, und impliziert wie selbstverständlich, dass der Mensch dann erst recht
nicht die Kraft dazu haben könne. Der Verdacht ist nicht von der Hand zu weisen, dass beide Argumente die Funktion haben, den Menschen zu entschuldigen.
Denn hinsichtlich seiner positiven Leistungen erwartet man durchweg, dass sie
ihm zugerechnet werden. So überwältigend daher in der Tat die Macht des Bösen
sein kann, muss doch zugegeben werden, dass der Mensch sie in sich selbst als
seine eigene Macht antrifft, so wenig er dafür eine befriedigende Erklärung finden kann.

Die *zweite* Art, die Sünde des Menschen wesenhaft als Schwäche zu verstehen,
ist subtiler. Sie besteht darin, die Gottentfremdung als Mangel an Gutem, also als
Negation zu interpretieren. Diesen Versuch, der gleichzeitig den Zweck hat, das
Faktum des Bösen mit dem Gedanken Gottes als der alles bestimmenden Wirklichkeit logisch zu vereinbaren, findet sich vornehmlich in der Religionsphilosophie. So hat Plotin in den Enneaden einen kunstvoll durchdachten Prozess der
Emanation des Seienden aus Gott konstruiert. Aus dem Ur-Einen, das zugleich
das Gute ist, gehen die Götter hervor, die wiederum andere Wesenheiten aus sich
heraussetzen, usw. Jede solche Vereinzelung unterhalb der Götterwelt ist endlich. Endlichkeit ist eine Seinsminderung und zugleich eine Minderung des Guten, denn das Sein ist das Gute selbst[33]. Auf diese Weise kann man sich die allmähliche Entstehung des Bösen denken, das selbst in seiner extremen Form immer noch eine Negation des Guten bleibt. Dieses neuplatonische Modell hat
auch in der christlichen Theologie viele Nachfolger gefunden. Am einflussreichs-
ten unter ihnen war Augustin, der die Sünde als *privatio boni*, als Krankheit deutete, die durch Jesus geheilt wird. Die von ihm ausgehende Tradition reicht bis in
die neueste Zeit. Schleiermacher hat die Sünde als die unvollkommene Kräftig-
keit des Gottesbewusstseins, als dessen bloße Potenzialität verstanden, der die
Umsetzung in die Lebenswirklichkeit mangelt. Für Karl Barth ist die Sünde eine
Gestalt des Nichtigen, der Gott gegenüber keine eigene Wirklichkeit zukommt,
die vielmehr durch die göttliche Erwählung eigentlich schon im Voraus aufgehoben ist[34].

---

[32] An das – psychologisch auch für den Menschen der Gegenwart begreifliche – mythologische Verständnis von Geisteskrankheiten als Besessensein von bösen Geistern wäre hier ebenfalls zu denken, vgl. z.B. Mk 1,21–28 par. 32–34 parr. 39 u.ö.
[33] PLOTIN, *Enn.* I 8; II 9,9; VI, bes. VI 1, 3, Z. 4f.
[34] Vgl. AURELIUS AUGUSTINUS, *De doctrina Christiana* I, XXXII 35 (CChr.SL 32, 26): „Quia
enim bonus est [scil. Deus], sumus, et in quantum sumus, boni sumus ... et in quantum mali sumus, in tantam etiam minus sumus". FRIEDRICH DANIEL ERNST SCHLEIERMACHER: *Der christli-*

Auch gegen ein solches Verständnis der Sünde sind gewichtige Einwände zu erheben. Es sind vor allem zwei: Einmal ist die Sünde auf diese Weise praktisch mit der Endlichkeit gleichgesetzt. Sie ist dann auch quantifizierbar; ein bloßer Mangel an Gutem ist selbst im schlimmsten Fall nur eine relative Entfernung von Gott, niemals der Abgrund des Widerspruchs. Ein solcher kann in einem Emanationsmodell gemäß dessen ontologischer Voraussetzung nicht vorkommen; er hätte zur Folge, dass Gott als völlig entmächtigt gelten müsste. Allerdings hat auch die neuplatonische Tradition selbst diese Konsequenz nicht verhindern können. Denn die Emanation des einzelnen Seienden aus Gott geschieht offenbar so, dass das Abnehmen des Guten dabei nicht intendiert ist. Wie aber kann, von einem spekulativen Standpunkt aus betrachtet, von dem aus über Gott an sich Aussagen möglich sein sollen, Gott etwas geschehen lassen, das er eigentlich nicht will? Auch Schleiermacher, der nicht spekulativ von Gott denkt und sich die Sünde nicht durch Emanation entstanden vorstellt, ist von dieser Problematik nicht frei: Wie kann ein Gott, für den es keine unrealisierte Möglichkeit gibt[35], beim Menschen dennoch zulassen, dass das Gottesbewusstsein nur als Potenzialität existiert? Schleiermacher kann dieses Problem nur dadurch lösen, dass er das Erscheinen Christi rein als Vollendung der Schöpfung interpretiert, wodurch die Sünde aber endgültig zu einem bloßen Entwicklungsstadium herabgestuft ist.

Paul Tillich, der zunächst, von Schelling beeinflusst, die Entstehung der Gottentfremdung ebenfalls auf die Vereinzelung des Seienden zurückführt, hat diese Schwierigkeit erkannt. Er wechselt deshalb in dem Augenblick, in dem die Sünde als notwendige Konsequenz aus der Endlichkeit des Menschen verstanden zu werden droht, sozusagen die philosophischen Pferde und führt Kierkegaards Begriff des Sprungs ein[36]. Die Entfremdung als Widerspruch gegen Gott ist etwas grundsätzlich anderes als Endlichkeit. Sünde ist deshalb für Tillich wie für Kierkegaard keine Negation, die sich in einem philosophischen System als Funktion des Guten verharmlosen ließe, sondern eine *Position*[37].

---

che Glaube nach den Grundsätzen der evangelischen Kirche im Zusammenhange dargestellt, 7. (=2.) Aufl., hg. v. M. Redeker, Berlin 1960, §§ 67f. Der Leitsatz des § 66 definiert zwar Sünde als „positiven Widerstreit des Fleisches gegen den Geist", doch ist dieser Widerstreit nur das, „was die freie Entwicklung des Gottesbewusstseins gehemmt hat" (§ 66,1). KARL BARTH: *KD* IV/1, 452–455. Es ist in der Barth-Interpretation umstritten, ob die Vorordnung der Erwählungslehre vor die Schöpfung der Welt und also auch vor die Sünde nicht das Erscheinen Jesu Christi in der menschlich-geschichtlichen Wirklichkeit eigentlich überflüssig mache. Wir können dieser Frage hier nicht nachgehen.

[35] Vgl. F.D.E. SCHLEIERMACHER, a.a.O., das Lehrstück über Gottes Allmacht, § 54.

[36] P. TILLICH, *Systematische Theologie* (Anm. 30), Bd. 2, 1958, 46–52. Dieser Sprung scheint bei Tillich identisch zu sein mit dem Sprung von der Unendlichkeit zur Endlichkeit, der doch nur das Wirklichwerden der Schöpfung bezeichnen kann, Bd. 1, 275. Tillichs Absicht ist, die Verflechtung von Schöpfung und Sünde in jedem Lebensmoment deutlich zu machen. Darin ist er mit E. Hirsch einig, doch sind die Aporien, in die er mit seinen Denkmitteln gerät, erheblich größer.

[37] Vgl. dazu S. KIERKEGAARD, a.a.O. (Anm. 23), 96–100.

Das Ergebnis der Auseinandersetzung mit denjenigen Interpretationen der Sünde, die sie vornehmlich als Schwäche beschreiben, lässt sich so formulieren: Der „Sprung" in die Entfremdung von Gott ist der vom Menschen selbst zu verantwortende Übergang in die Position der widergöttlichen Selbstbestimmung und als solcher primär Ausdruck des verzweifelt Man-selbst-sein-Wollens, also der Stärke des Menschen.

Dies provoziert noch einmal die Frage, ob jener Sprung als solcher nicht doch die äußerste Gestalt wesensgemäßer Realisierung menschlicher Freiheit darstellt. Zweifellos trifft es zu, dass der Mensch für seine Entfremdung von Gott verantwortlich zu machen ist. Doch lässt sich die beschriebene Erfahrung der Übermacht des Bösen, die den Menschen beherrscht, nicht leugnen. Wenn beides zugleich gelten muss, so geraten wir in eine Antinomie: Der Sprung ist freie Tat des Menschen und zugleich der Absturz in die völlige Unfreiheit. Dies gilt sicher nicht in dem Sinn, dass die Wahlfreiheit zwischen verschiedenen Handlungsoptionen aufgehoben wäre. Aber diese Gestalt der Freiheit ist auch nur deren Oberfläche. Die hier gemeinte Unfreiheit ist die Preisgabe der dem Menschen wesensgemäßen Selbstbestimmung aus deren Konstitutionsgrund heraus, die Preisgabe der Theonomie[38].

Wir haben es also mit dem paradoxen Faktum zu tun, dass der Anspruch auf absolute Autonomie selbst der Verlust der Freiheit ist. Noch einmal: Das ist keine Ablehnung des Erwachens des neuzeitlichen Menschen zur Mündigkeit freier Weltgestaltung. Diese ist vielmehr zum guten Teil gerade eine Folge des Christentums. Aber mit einem *absoluten* Autonomieanspruch löst der Mensch seine Freiheit von deren Konstitutionsgrund ab und sucht ihn stattdessen in sich selbst. Die Existenzbegründung des Menschen wird zirkulär: Seine Selbsttranszendenz kehrt sich auf ihn selbst zurück. Der Mensch ist, wie Luther gern gesagt hat, *incurvatus in seipsum*; oder mit Augustin: in der Sünde tritt der *amor sui* an die Stelle des *amor Dei*. Diese Bestimmungen gelten für alle vier Grundformen der Sünde: Das verzweifelt Man-selbst-sein-Wollen und das verzweifelt Nicht-man-selbst-sein-Wollen treffen in der Selbstvergötterung zusammen. Demnach ist Narzissmus (sofern man darunter nicht dessen pathologische Erscheinungsform versteht) der prägnanteste Ausdruck der Sünde. Die Selbstbezüglichkeit des Menschen am Grunde seiner Existenz ist auch dann, wenn er sie als absolut freie Selbstbestimmung versteht, in Wirklichkeit Abhängigkeit von sich selbst.

Diese Abhängigkeit wäre missverstanden, wollte man sie als deterministischen Zwang interpretieren. Zwar ist der Mensch tatsächlich nicht in der Lage, sich von dieser Abhängigkeit zu lösen. Dennoch lässt sich sein Bewusstsein, für seine Lebensführung verantwortlich zu sein, nicht als Täuschung abtun. Es ist die zum

---

[38] Augustin hat diesen Umschlag in die Unmöglichkeit, nicht zu sündigen, durch den Gedanken der göttlichen Strafe vermittelt gedacht: „poenalis vitiositas … ex libertate fecit necessitatem", *De perf. iust. hom.* 4,9, PL 45, 295.

Schicksal gewordene Freiheit selbst, die ihrer Neigung zur Selbstbegründung nicht entgehen kann[39].

Noch schwieriger als dieses Verhältnis als solches ist seine Entstehung zu fassen. Seit Augustins These, dass die ungetauften kleinen Kinder in die Hölle kämen[40], hat diese Frage die Theologie beschäftigt. Jene These hängt mit seiner Auffassung von der Vererbung der Sünde zusammen, die im nächsten Abschnitt zu besprechen ist. Aber auch wenn man ihr nicht folgt, sondern vom Selbstbewusstsein des vom Gottesverhältnis betroffenen Menschen her denkt, lässt sich die Frage nicht zum Verstummen bringen. Sie lässt sich freilich empirisch-psychologisch nicht beantworten. Das hat Immanuel Kant mit seiner rationalen Umdeutung der christlichen Lehre von der Sünde in seiner Religionsphilosophie gezeigt. Er spricht hier von einem universalen Hang zum Bösen, der in jedem Menschen der natürlichen Anlage zum Guten widerstreite. Dabei sieht er das Gute in der Selbstbestimmung der Freiheit des Menschen zur Pflicht begründet, während er unter dem „natürlichen", aber dennoch „in der freien Willkür" des Menschen liegenden Hang zum Bösen „den subjektiven Grund der Möglichkeit einer Neigung" versteht, die dem moralischen Gesetz zuwiderläuft. Demgegenüber ist die „Anlage zum Guten", d.i. die göttliche Bestimmung des Menschen, das Ursprünglichere, wird aber vom „Hang zum Bösen" verdeckt[41]. Auf diese Weise versucht Kant, die Doppelbestimmung des Bösen als zurechenbar und doch unausweichlich zu denken, und kommt damit unter ganz anderen Denkvoraussetzungen der ursprünglichen christlichen Bestimmung erstaunlich nahe[42]. Wir sehen jetzt davon ab, dass nach Auffassung Kants die in der Vernunft gegründete Anlage zum Guten als Freiheit in der Lage ist, die Unfreiheit als die naturhafte Seite des Menschen zu überwinden, dass er also die Sünde im Tiefsten nicht als Umschlag der Freiheit selbst in Unfreiheit versteht, und fragen stattdes-

---

[39] M. LUTHER versucht, die Differenz zwischen der Unentrinnbarkeit der *incurvatio in seipsum* und einer Determination durch zwanghafte Notwendigkeit in der Unterscheidung zu fassen: *necessario – non coacte*, *De servo arbitrio*, WA 18, 634,21f. Über die Plausibilität der Begrifflichkeit kann man streiten. Deutlich ist jedoch die Intention. Von hier aus ist auch das berühmte Bild vom Menschen als Reittier besser zu verstehen, das entweder von Gott oder vom Teufel geritten wird, a.a.O., 635,17–22.
[40] AUGUSTIN, *De pecc. mer. et rem.* 16,21, PL 45,120. Augustin schränkt freilich ein: die Kinder befänden sich „in damnatione omnium mitissima". Es blieb seinem späteren Anhänger, dem als *tortor infantium* bekannt gewordenen GREGOR VON RIMINI, vorbehalten, die ungetauften Kinder in der regulären Hölle schmoren zu lassen. Jedenfalls legt er Augustin so aus: *Lectura super primum et secundum sententiarum*, In 2 Sent. dist. 30–33 q. 3, Bd. 6 (SuR 11), Berlin/New York 1980, 211–215. Am Schluss der Erörterung möchte er allerdings die Frage doch lieber offen lassen, weil die Kirche sich nicht verbindlich dazu geäußert habe (218).
[41] Vgl. IMMANUEL KANT, *Die Religion innerhalb der Grenzen der bloßen Vernunft*, Akad.-Ausg. Bd. 6, 26–44 (die Zitate 28.37).
[42] So mit Recht E. HIRSCH, *Luthers Rechtfertigungslehre bei Kant*, in: DERS., Lutherstudien Bd. 2, Gütersloh 1954 (104–121), 108.113.

sen, wie es nach ihm dazu kommt, dass der Hang zum Bösen die Oberhand gewinnt.

Kant wendet sich zunächst gegen ein solches Verständnis des Hanges zu Bösen, das ihn als Resultat eines bestimmten, einzelnen Akts vorstellt. Vielmehr findet der Mensch ihn bereits vor jeder bestimmten Aktivität in sich vor. Das ist mit dem Begriff einer „intelligibelen Tat" gemeint[43]. Paul Tillich bezeichnet dasselbe im Anschluss an Schelling als einen „transzendenten Fall", d. h. als einen Selbstwiderspruch des Menschen, der in jedem Akt der Selbstbestimmung faktisch schon mitgesetzt und insofern vor aller Erfahrung schon präsent ist[44]. Das bedeutet: Man muss sich mit der Auskunft zufrieden geben, dass die Gottesferne für das Selbstbewusstsein „immer schon" gegeben ist, ohne dass sich ihr Entstehen empirisch beschreiben ließe.

Damit ist nun auch verdeutlicht, was in der Rede von der Versuchung als Umschlag der Freiheit in Unfreiheit näherungsweise ausgedrückt war: Auch die Urversuchung (im Unterschied zu den einzelnen, konkret benennbaren Versuchungen) ist als solche kein distinktes Ereignis, durch das sich, analog zum „Sündenfall" der Ureltern, die anfänglich vorhandene Freiheit der Selbstbestimmung in ihr Gegenteil verwandelt. Sie ist vielmehr in der menschlichen Selbstbestimmung latent bereits gegeben. Allenfalls für die Einsicht in diesen Sachverhalt lässt sich vielleicht ein Zeitpunkt ihres Aufleuchtens angeben. Der Selbstwiderspruch des Menschen als Selbstbestimmung und Versklavung an sich selbst dagegen ist ausdrücklich oder unausdrücklich Gegenstand *aller* Selbsterfahrung.

Eben dies bringt die bereits erwähnte Symbolgestalt des Teufels zum Ausdruck. Zu dem dazu Ausgeführten kommt jetzt als zweites Moment hinzu, dass sie das rätselhafte „Immer-schon" des Selbstwiderspruchs versinnbildlicht, das sich mit keiner einzelnen Tat des Menschen erklären lässt. Mit anderen Worten, der Teufel steht symbolisch für die Gott entfremdende Heteronomie, unter der sich der Mensch faktisch von vornherein befindet. Diese Fremdbestimmung wird gleichwohl vom Menschen selbst an sich vollzogen; es ist eine Fremdbestimmung, insofern das Selbst, das sich selbst bestimmt, das seiner Bestimmung entfremdete Selbst ist. Es ist ein fremdes Selbst, wiewohl es mit dem sich aus seiner Bestimmung durch Gott bestimmenden Selbst numerisch identisch ist. Diese Heteronomie ist unentrinnbar, weil die Freiheit des Menschen in sie eingebunden ist, also eben nicht wie bei Kant die *a priori* aller denkbaren Selbstentfremdung überlegene Selbstmacht bleibt. Eine tiefere Heteronomie als diese Selbstknechtung der Freiheit ist nicht denkbar. Sie ist die Potenzierung aller bloß empirischen Abhängigkeit. Denn aus ihr ist eine Selbstbefreiung auf Grund des verbliebenen Freiheitspotenzials, mag es aktuell noch so sehr zur Hörigkeit verkehrt sein, prinzipiell immer noch denkbar. Die Versklavung der Freiheit an sich selbst aber

---

[43] A.a.O. (Anm. 41), 31.
[44] P. Tillich, a.a.O. (Anm. 30), Bd. 2, 1958, 44 f.

kann nicht von ihr selbst aufgebrochen werden. Das wirft erneut die Frage nach der Verantwortlichkeit des Menschen auf, der wir uns jetzt zuwenden müssen.

e) Schuld und Schicksal

Die existenziale Interpretation der Sünde als Selbstverknechtung des Menschen, die wir im vorigen Abschnitt vollzogen haben, schließt den uralten Versuch wirksam aus, die eigene Gottentfremdung auf ein personifiziertes Böses abzuschieben: „Die Schlange betrog mich, so dass ich aß" (Gen 3,13). Gerade auf dieser Basis ist aber der Verhängnischarakter der Sünde gegenüber dem alten Mythos im Vorhergehenden nur um so schärfer herausgearbeitet worden. Sünde kann deshalb nicht einfach mit Schuld identifiziert werden. Darüber hinaus muss auch als Wahrheitsmoment der Geschichte vom Sündenfall berücksichtigt werden, dass die Versuchung sich durch Außenbeziehungen vermittelt. Der einzelne Mensch findet sich in seinem Selbstwiderspruch hinsichtlich seiner Bestimmung nicht allein vor, sondern dieser findet bei allen Individuen statt. Er betrifft auch die Wechselwirkung, in der die Menschen untereinander stehen; sie vermittelt ihr Sein *coram Deo* und ebenso auch dessen Verfehlung. Zur Verhängnishaftigkeit der Sünde gehört also auch der durch sie und das aus ihr folgende Böse bestimmte gesellschaftliche Zusammenhang – eine Erkenntnis, die in säkularer Gestalt in der Berücksichtigung des Milieus, in dem ein Mensch aufgewachsen ist, Eingang in das moderne Strafrecht gefunden hat.

Während wir uns also im vorigen Abschnitt zunächst mit dem Einwand auseinanderzusetzen hatten, die als Trotz des verzweifelt Man-selbst-sein-Wollens interpretierte Sünde sei im Grunde nichts anderes als der notwendige Prozess des Zu-sich-selbst-Kommens des Menschen und darum überhaupt nicht böse, scheint es jetzt so, als ob Sünde zwar böse, zugleich aber nur ein unverschuldetes Schicksal wäre, so dass die eigentliche Menschheitsfrage nicht die Überwindung der Schuld, sondern den Sinn des menschlichen Lebens beträfe[45]. Es ist deutlich, dass in diesem Fall nicht nur jegliches Verständnis für Sünde als vom Menschen zu verantwortende Verfehlung seiner Bestimmung, sondern darüber hinaus auch alle moralische Zurechenbarkeit guter oder böser Handlungen unmöglich wird.

---

[45] P. TILLICH hatte in seinem Buch *Der Mut zum Sein* (The Courage to Be, dt. in GW 11 [11–139], 50–54) die These aufgestellt, die dominierende Grundfrage menschlicher Existenz sei in der Antike die Frage nach dem Schicksal, im Mittelalter und in der Reformationszeit die Frage nach der Schuld und in der Neuzeit die Frage nach dem Sinn des Lebens. Sofern man nicht unterstellt, dass jeweils die eine Frage die andere abgelöst habe (und das tut Tillich nicht), kann man dieser These einen heuristischen Wert für die historische Analyse nicht absprechen. Vergröbert man sie jedoch zu dem Satz, der moderne Mensch frage *statt* nach dem gnädigen Gott heute nach dem Sinn, wie es der *Offizielle Bericht der Vierten Vollversammlung des Lutherischen Weltbundes* in Helsinki 1963, Genf 1965, 75, tat, dann ist dies schon mit Erfahrungsgründen zu bestreiten.

Wie ist aber dann der Verhängnischarakter der Sünde zu verstehen, wenn er die Verantwortlichkeit des Menschen nicht ausschließen soll?

Den klassischen Versuch, diese Frage zu beantworten, stellt die *Erbsündenlehre* dar. Sie geht in der Form, in der sie im Abendland Geltung erlangt hat, auf Augustin zurück[46]. Er versucht, durch Rekurs auf den Zusammenhang aller Sünde mit dem Fall Adams eine Synthese von manichäischem (Sünde als widergöttliche Macht) und neuplatonischem Verständnis (Sünde als Negation) herzustellen und so ihre Radikalität und Unentrinnbarkeit auszudrücken, ohne dadurch die Allmacht Gottes in Frage zu stellen. Anlass für die Entwicklung dieser Lehre war für Augustin die Notwendigkeit, die Pelagianer zu widerlegen und auf das Erfordernis der Kindertaufe zu drängen. Seine Argumentation lässt sich wie folgt skizzieren. Das *summum bonum* ist allein Gott; die Schöpfung und mit ihr der Mensch ist gut nur insofern sie an Gottes Güte teilhat. Der Mensch nimmt diese Teilhabe im *frui Deo* angemessen wahr. Dessen Verkehrung zum *uti Deo* wird als *privatio boni*, als der Verlust des Guten gekennzeichnet, der indessen auf den Willen des Menschen, also auf seine Verantwortung, zurückzuführen ist. Das Willensmäßige ist an den Äußerungen der Sünde als *concupiscentia* (eigensüchtiges Begehren in einem weiten, keineswegs bloß sexuellen Sinn) und *amor sui* zu erkennen. Diese Verkehrung des ursprünglichen Gottesverhältnisses ist ein Merkmal der menschlichen Natur, das jedem Menschen von Geburt an zu Eigen ist. Das erklärt sich daraus, dass die Sünde von Adam an durch die Generationenfolge hindurch auf dem Wege der Zeugung übertragen worden ist. Sie wird deshalb ausdrücklich ein *haereditarium debitum* genannt[47]. Durch die Erbsünde wird die gesamte Menschheit zu einer *massa peccati*[48]. So schlägt die menschliche Freiheit in *necessitas* um: Der Mensch kann nicht mehr anders als sündigen. Gleichzeitig aber bleibt die Verantwortlichkeit des einzelnen Menschen erhalten[49]. Darum wird die Sünde zugleich als Strafe für die Sünde Adams und als eigene Schuld des Einzelnen bezeichnet, die neue Strafe auf sich zieht[50].

Diese Lehre ist in ihren Grundzügen auf dem Konzil von Karthago 418 dogmatisiert worden (DH 222–224). Seither unterscheidet man in der Theologie allgemein zwischen der Erbsünde, dem *peccatum originale*, und den aus ihr durch die Tat des Menschen hervorgehenden *peccata actualia*. Die Lehre ist dann von

---

[46] Vorformen finden sich bei TERTULLIAN, *De an.* 40,1, CChr.SL 2, 843; vgl. DERS., *De carne Christi* 16, CChr.SL 2, 902f; sowie bei IRENAEUS, *Adv. haer.* V 12,3–5, PG 7, 1153–1155.

[47] AUGUSTIN, *De corr. et gratia* 13,42, PL 44, 942. Ob diese Übertragung traduzianisch, also durch direkte biologische Vererbung, oder creatianisch zu verstehen ist, so dass in jeder einzelnen Seele durch Veranlassung der Übermittlung von Adam her die Sünde neu entsteht, bleibt bei Augustin offen. Diese später heiß umstrittene Alternative ist aber gegenüber dem Grundgedanken der Vererbung letztlich unerheblich.

[48] *De div. q.* LXXXVIII 68,3f, CChr.SL 44A, 177–180.

[49] *De perf. iust.* 4,9, PL 44, 295f. Vgl. *De spiritu et litera* 3,5, PL 44, 203: neque liberum arbitrium quidquam nisi ad peccandum valet.

[50] *C. Iul.* V 4,15–17, PL 44, 793f.; *De corr. et gratia* 11,32, PL 44, 935f.

der protestantischen Orthodoxie übernommen und weiter ausdifferenziert worden: Das *peccatum originale* – oder genauer: *originans* (hervorbringende Sünde) – ist einerseits negativ *privatio iustitiae originalis*, Mangel an ursprüngliocher Gerechtigkeit, andererseits positiv *carnalis concupiscentia*, fleischliche Begierde; beides zusammen bildet die *corruptio naturae humanae*, Verderbnis der menschlichen Natur. Die Folgen sind *naturalis inhaerentia, naturalis propagabilitas* und *duratio* der Sünde, natürliches Innewohnen, Verbreitbarkeit und Dauer[51].

Die *Kritik*, die der Erbsündenlehre seit der Aufklärung zuteil geworden ist, lässt sich in drei Punkten zusammenfassen. *Erstens* darf man, wie bereits erwähnt, die mythische Vorstellung eines paradiesischen Urzustandes nicht als prähistorische Gegebenheit und das über der Sünde waltende Verhängnis nicht als Auswirkung eines historischen Ereignisses verstehen. Jener Zustand war auch von den biblischen Erzählungen selbst trotz ihrer historisierenden Form nicht im modernen Sinn als Tatsache gemeint. Das zeigen schon die Namen der „ersten Menschen": Adam bedeutet Mensch, und der Name Evas wird Gen 3,20 aus dem hebräischen Wort für Leben erklärt[52]. Damit wird die historisierende Geschichte durchsichtig für das eigentlich Gemeinte: der sogenannte Sündenfall gehört faktisch zur Grundbefindlichkeit des Menschen vor Gott. *Zweitens* widerspricht die in der Erbsündenlehre implizierte negative Bewertung der Sexualität dem Schöpfungsglauben, für den sie eine gute Gabe Gottes ist. Ihre Abwertung ist trotz der eschatologischen Relativierung (nicht: Geringschätzung!) der Ehe in 1.Kor 7, 25–29 nicht christlich. *Drittens* und vor allem aber widerspricht die Vorstellung einer erblichen Gottentfremdung diametral der Verantwortlichkeit des Menschen; trotz ihrer Absicht, beides miteinander zu vereinbaren, ist dies keiner der traditionellen Fassungen der Erbsündenlehre gelungen. Diese Argumente sind schlechterdings schlagend. Insoweit jedenfalls hat David Friedrich Strauß Recht, wenn er feststellt, diese Lehre enthalte „so viel Empörendes für Gefühl und Vernunft", dass man sie nur aufgeben könne[53].

Diesem Urteil ist noch hinzuzufügen, dass die drei Hauptpunkte der neuzeitlichen Kritik Elemente dieser Lehre betreffen, die sich bereits mit dem neutestamentlichen Verständnis von Sünde nicht vertragen, aus dem sie angeblich hergeleitet sind. Das betrifft insbesondere den Kernpunkt der Übertragung durch Vererbung. Die Berufung auf Rm 5,12 ist nicht stichhaltig. Die entscheidende Wendung dort lautet: ἐφ' ᾧ πάντες ἥμαρτον. Der präpositionale Ausdruck ist von den

---

[51] Vgl. z.B. David Hollaz, *Examen theologicum acroamaticum* (Stargard 1707), Nachdr. Darmstadt 1971, Bd.1. Pars II Theologiae cap. III De peccato originali, qq. 12.18f.21 (S. 114.126–138.140f).

[52] Vgl. Gerhard v. Rad, *Das erste Buch Mose. Genesis* (ATD 2/4), 12. Aufl. Göttingen 1987, 53.69.

[53] David Friedrich Strauss, *Die christliche Glaubenslehre in ihrer geschichtlichen Entwicklung und im Kampfe mit der modernen Wissenschaft dargestellt*, Bd.2, Tübingen/Stuttgart 1841, 52.

lateinischen Kirchenvätern mit *in quo* wiedergegeben, also auf Adam bezogen und so auf die Erbsünde gedeutet worden. Diese Übersetzung entspricht aber weder der Theologie des Paulus, der nirgends von einer Vererbung der Sünde spricht, noch seinem Sprachgebrauch; der Ausdruck ist vielmehr entsprechend 2.Kor 5,4; Phil 3,12; 4,10 mit „weil" wiederzugeben: weil alle gesündigt haben (und nicht: in dem sie alle gesündigt haben)[54]. Freilich bleibt es bei Paulus auch so noch bei einer Herleitung der gegenwärtigen Sünde von der Sünde des „ersten Menschen", wenn er sie sich auch nicht als Vererbung vorstellt. Doch weder kann man sich auf seine mythische Vorstellungsweise verpflichten lassen, noch hängt seine Argumentation an dieser Vorstellung. Entscheidend ist auch für ihn zweierlei: die Universalität der Sünde und ihr Verständnis als menschliche Schuld ebenso wie als Verhängnis.

In eben dieser Doppelseitigkeit liegt nun aber – trotz ihrer problematischen Explikation – die gegen ihre Kritik festzuhaltende Intention der Erbsündenlehre. Indem sie diesen Sachverhalt klar erfasst – freilich auch *nur* in dieser Hinsicht – ist sie allen Versuchen, die universale Verbreitung der Sünde durch Milieugebundenheit sozial zu „erklären", überlegen. Diese führen unvermeidlich zu einer Remoralisierung des Sündenbegriffs und einer entsprechenden Verflachung des Gottesverständnisses.

Der bleibende Wahrheitsgehalt der alten Lehre erfordert jedoch, die Vorstellung von einer Vererbung, die sich ohnehin nur einer bestimmten, für uns in dieser Form vergangenen theologischen Konstellation der Alten Kirche verdankt, fallen zu lassen. Stattdessen ist der Begriff der *Ursünde* zu verwenden, der sehr viel besser die in jedem menschlichen Lebensakt immer schon mitgesetzte Gottentfremdung ebenso wie deren Universalität zum Ausdruck bringt.

Zusammenfassend ist festzuhalten: Der Verhängnischarakter der Sünde kommt in der Selbstversklavung der Freiheit des Menschen zum Ausdruck, auf Grund deren er nicht anders kann, als sich widergöttlich in sich selbst zu gründen. Dieses Verhängnis konkretisiert sich nicht nur in der Selbstdetermination des Menschen durch seine eigene Grundentscheidung, sondern auch in seiner schicksalhaften Verkettung in einen durch Sünde bestimmten Gesamtzusammenhang der menschlichen Gesellschaft, also nicht nur individuell, sondern auch sozial. Dennoch ist die *incurvatio in seipsum* des Menschen von ihm zu verantworten[55]. Die darin steckende Antinomie ist kein logischer Widerspruch (in diesem Fall müsste man sie zu beseitigen suchen), sondern der existenzielle Widerspruch des Menschen zu seiner Bestimmung. Er kann elementar im natürlichen Selbstbewusstsein vernommen werden; ihn in seiner Tiefe zu erkennen, ist jedoch Sache des angefochtenen Glaubens[56].

---

[54] Vgl. ERNST KÄSEMANN, *An die Römer* (HAT 8a), 4. Aufl. Tübingen 1980, z. St.

[55] Vgl. M. LUTHER, *De servo arbitrio*, WA 39 I 634,18–32.

[56] So auch G. EBELING, *Dogmatik...* (Anm. 8), Bd. 1, 374f; 2, 491. Ebeling knüpft damit an LUTHER an, der fruchtlose Debatten über das Zugleich von Schuld und Verhängnis in der Sünde

f) Verwirktes Leben und seine Erhaltung

Bereits in der ersten Hälfte dieses Hauptstücks war von der Vorsehung Gottes und seiner Welterhaltung die Rede. Dort ging es um den Glauben an Gottes Treue, wie er durch die Erfahrung der Endlichkeit des menschlichen Lebens und des natürlichen Übels herausgefordert ist. Mindestens ebenso sehr steht jenem Glauben die nunmehr ins Zentrum der Betrachtung gerückte Entfremdung des Menschen von Gott als seinem Schöpfer und Seinsgrund entgegen. Diese Seite der Sache wird in der Behandlung der Vorsehung oft nicht zureichend von der ersten unterschieden. Daraus können sich zwei gleichermaßen fatale Konsequenzen ergeben. Entweder wird die latente Hoffnung auf Versöhnung, die in dem Glauben an die Erhaltung des menschlichen Lebens trotz dessen Verwirktseins enthalten ist, in die Hoffnung auf diejenige Fürsorge hineingeschmuggelt, die den durch physisches Übel oder durch die Unzulänglichkeit des Menschen bedingten Einschränkungen des irdischen Wohls begegnen soll. Dadurch wird nicht nur der Unterschied zwischen Wohl und Heil des Menschen, sondern auch der zwischen Schicksal und Schuld verwischt. Oder es wird umgekehrt der Zustand des Menschen unter der Sünde von dessen Endlichkeit und Unvollkommenheit her verstanden, wodurch der Ernst der Sünde relativiert wird. Zwar kann man Sünde und Endlichkeit weder in einem bestimmten Lebensmoment noch im Lebenszusammenhang als ganzem phänomenologisch voneinander trennen; dennoch ist die begriffliche Unterscheidung beider Aspekte für das Verständnis entscheidend.

Wenn sich der Mensch in der Auflehnung gegen seine Bestimmung durch Gott in sich selbst zu gründen versucht und sich damit zur Abhängigkeit von sich selbst „verdammt", so hat er sich von der Beziehung zum Geber und Seinsgrund seiner Freiheit abgeschnitten. Der Bruch der Beziehung zum Schöpfer bedeutet, dass der Mensch sein Leben verwirkt hat. So ist die paulinische Wendung zu verstehen, dass der Tod der Sünde Sold sei (Rm 6,23). Der Tod ist zwar ursprünglich nichts anderes als eine natürliche, mit der Schöpfung gesetzte Gegebenheit. Erst die Begrenztheit des eigenen Lebens ermöglicht dem Menschen ja die Ausbildung einer eigenen Identität und eines profilierten Lebensentwurfs. Durch die Sünde aber bekommt der Tod den Charakter des göttlichen Gerichts[57]. Das gilt auch für die mannigfachen Formen des Todes mitten im Leben. Damit ist freilich kein Tun-Ergehens-Zusammenhang gemeint. Denn ein solcher bezeichnet die Folge einer bestimmten göttlichen Strafe auf eine bestimmte Tat. Der Tod jedoch und damit auch das Sein zum Tode betrifft die ganze Existenz des Menschen. Diese Perspektive macht es zugleich unmöglich, *coram Deo* zwischen besseren und schlechteren Menschen zu differenzieren, so sehr solche Unterschiede unter

---

mit der lakonischen Aufforderung abschneidet: „Interroga experientiam" (Befrage die Erfahrung, WA 18, 634,33).

[57] So auch F.D.E. Schleiermacher, a.a.O. (Anm. 34), §§ 59 Z und 76. Vgl. oben, I 2f, S. 94.

Menschen ihre Geltung behalten. Vor Gott, vor dem das Leben steht, das zum Tode ist, sind alle Menschen gleich. Wenn also der Tod „der Sünde Sold" genannt wird, so kommt darin die Gleichheit der stets totalen Verfehlung menschlicher Bestimmung vor Gott zum Ausdruck.

Die Aufgabe besteht nun darin, die beiden Seiten der Erhaltung des Lebens durch Gott genauer zueinander in Beziehung zu setzen. Im Horizont der Antinomie von Endlichkeit und Unendlichkeit sagt der Glaube von Gott als dem Schöpfer aus, dass er das Leben will. Aber dies ist das Leben, das zum Tode führt. Erhaltung des Lebens ist dann auf die Frist bezogen, die das Leben währt und in der es sich gegen seine Vernichtung zur Wehr setzt. So impliziert der Glaube an Gott als den Erhalter die Hoffnung auf eine Geborgenheit über den Tod hinaus, im Gegensatz zum natürlichen Ende. Die Erhaltung des Lebens ist hier das, was sich angesichts der Endlichkeit und des Übels nicht von selbst versteht. Das gilt durchaus nicht nur im Blick auf die Eschatologie, sondern auch und vor allem hinsichtlich des „normalen" Lebensvollzuges. In dem Augenblick, in dem daraus eine Selbstverständlichkeit gemacht wird, ist der Transzendenzbezug verlassen und das Leben auf seine Weltlichkeit beschränkt – es versteht sich aus ihm selbst und nicht aus seinem Grund. Dies kommt schon in dem natürlichen Lebensgefühl eines normalen, gesunden Menschen zum Ausdruck, der so lebt, als könnte er dieses Leben unendlich fortsetzen. Handelt es sich um einen religiösen Menschen, so tritt an die Stelle dieser Selbstverständlichkeit ein natürliches Gottvertrauen; beides lässt sich kaum voneinander unterscheiden. Als herausragendes Beispiel dafür sei die der Aufklärungstheologie zugrunde liegende Frömmigkeit genannt, die sich freilich nicht selten auf diesen Aspekt des Vorsehungsglaubens beschränkte und so der ihm innewohnenden Spannung kaum ansichtig wurde.

Dass der Mensch, indem er mit solcher Selbstverständlichkeit die Erhaltung des Lebens erwartet, unversehens den Grund seines Daseins verlässt, bemerkt er allenfalls dann, wenn jene Selbstverständlichkeit durch schicksalhafte Ereignisse massiv in Frage gestellt wird. Solange sein Wohlergehen gewährleistet erscheint, tritt die für den Vorsehungsglauben konstitutive Spannung des Nichtselbstverständlichen gar nicht in Erscheinung. Das ist der Grund dafür, dass Wohlstandsgesellschaften in besonderer Weise anfällig sind für die Preisgabe der religiösen Perspektive. Wolfgang Trillhaas hat schon 1966 hellsichtig beobachtet: „Eine völlige Saturiertheit und Diesseitigkeit nimmt alle Jenseitsdimensionen aus unserem Leben hinweg"[58]. Das betrifft durchaus auch religiöse Menschen: Ein unbeschwertes Leben bewirkt nur zu leicht Oberflächlichkeit und Indifferenz des religiösen Lebens (und auf der Kanzel seichtes Geschwätz). Dieser Sachverhalt ist

---

[58] Wolfgang Trillhaas, *Das Evangelium und der Zwang der Wohlstandskultur* (TBT 13), Berlin 1966, 28f. Es ist erstaunlich, dass die Theologie zu diesem Thema, das sie eigentlich brennend interessieren müsste, immer noch vergleichsweise wenig Literatur hervorgebracht hat.

für die kirchliche Arbeit erheblich schwerer anzugehen als eine handfeste polemische Anfeindung. Wird die Nichtselbstverständlichkeit des Weiterlebens einmal erkannt, so erscheint die zuvor eingenommene Haltung meist lediglich als
unrealistisch, nicht als schuldhaft.

Als schuldhaft kann die Annahme einer selbstverständlichen Erhaltung des
Lebens erst im Horizont der Antinomie von Bestimmung des Menschen und deren Verfehlung in den Blick treten. Damit wird für den Erhaltungsglauben eine
neue Dimension eröffnet. Die Annahme jener Selbstverständlichkeit steht jetzt
im Gegensatz nicht mehr nur zu einer realistischen Sicht der Wirklichkeit, sondern zur Verfehlung der Bestimmung. Anders ausgedrückt: Von der Erhaltung
meines Lebens ist jetzt nicht mehr im Zusammenhang der Seinserfahrung, sondern im Zusammenhang der Gewissenserfahrung die Rede. Was mir darin von
Gott widerfährt, ist nicht mehr nur deshalb nicht selbstverständlich, weil ich es
vernünftigerweise nicht erwarten kann, sondern weil ich es nicht verdient habe.
So bezeichnet man wohl die unvermutete Heilung von einer Krankheit, besonders wenn sie ohne Vermittlung ärztlicher Kunst oder sogar ihr zum Trotz eintritt, auch im Sinn des Unverdientseins als *Wunder*. Das geschieht dann zu
Recht, wenn man weder den neuzeitlichen Gedanken einer Durchbrechung von
Naturgesetzen einmischt noch versucht, eine derartige Charakterisierung objektiv aufzuweisen (auf dieser Ebene kann einem immer eine rationale Erklärung in
die Quere kommen), sondern wenn man sich auf die religiöse Erfahrungsaussage
beschränkt.

Prägnanter wäre freilich an dieser Stelle in einem allgemeinen, nicht unmittelbar soteriologischen Sinn von *Gnade* zu reden, wie es in der neueren Theologie
gelegentlich geschieht[59]. Allerdings ist der Begriff eher im angelsächsischen Bereich anzutreffen (*common grace*), weil im deutschsprachigen Raum die Nachwirkungen der Polemik der Dialektischen Theologie gegen die „natürliche Theologie" seiner Verwendung im Wege stehen. Es ist richtig, dass er sorgfältig von
Gnade im strengen Sinn zu unterscheiden ist: Die Erhaltung des sündigen Menschen ist nicht dasselbe wie Vergebung der Sünde. Trotzdem ist der Begriff der
common grace sachgemäß. Indem er die beiden Aspekte der Vorsehung mit dem
Heil verbindet, ermöglicht er es, dessen häufig vernachlässigte Beziehung zu der
Hoffnung auf die Vollendung des Wohls der Menschen (bei gleichzeitiger klarer
Unterscheidung) angemessen zu berücksichtigen und so die Erlösung im ganzen
Umfang als Vollendung der Schöpfung zu verstehen.

---

[59] Vgl. P. Tillich, *Systematische Theologie* (Anm. 30), Bd. 1, 2. Aufl. Stuttgart 1956, 327.
Tillich unterscheidet diese „Vorsehungsgnade" von der nicht gegen widersprechende Erfahrun-
gen zu glaubenden Schöpfungsgnade, der *gratia large* [*dicta*] der älteren Theologie, die dem
Menschen seine natürlichen Gaben verleiht; zu dieser vgl. Joannes Altenstaig/Joannes Tytz,
Lexicon Theologicum (Köln 1619) Nachdruck Hildesheim/New York 1974, s.v. gratia, S. 362
rechte Spalte.

Die Pointe dieser allgemeinen Gnade kommt erst dann heraus, wenn man die Vorsehungslehre nicht, wie das zumindest in ihrer traditionellen Form üblich ist, auf die Frommen konzentriert[60]. Nicht von einer spekulativen heilsgeschichtlichen Konstruktion her, sondern schlicht auf Grund von Erfahrung muss man von einer *„conservatio impii"* sprechen, worunter *coram Deo* unterschiedslos Gläubige wie Ungläubige zu subsumieren sind. Unter diesem Gesichtspunkt tritt die Inkongruenz von Erhaltung und „Verdienst" noch schärfer ans Licht. Das gilt einmal für den religiösen Menschen, der auch für sich selbst die Nichtselbstverständlichkeit seines Weiterlebens anerkennen muss und nicht unter der Hand ein Privileg beanspruchen kann. Zum anderen gilt es im Blick auf die Erhaltung des Lebens solcher Menschen, die man meint, mit Recht als böse beurteilen zu können. Diese Frage wird im Neuen Testament z.B. durch das Gleichnis vom Unkraut unter dem Weizen (Mt 13,24–30) thematisiert. Dort lässt der Bauer das Unkraut zusammen mit dem Weizen wachsen, um nicht versehentlich diesen mit auszureißen. Was Unkraut und was Weizen ist, wird sich erst am Ende herausstellen. Dies muss auch der Glaubende akzeptieren: Seine stets der Anfechtung durch widrige Erfahrung ausgesetzte Gewissheit (*certitudo*) ist etwas anderes als die Sicherheit (*securitas*) des Wissens um Selbstverständlichkeiten.

Der beschriebene Glaube an Gott als den Erhalter des Lebens bezieht sich nicht nur auf Vergangenheit und Gegenwart, sondern impliziert auch eine *Hoffnung*. Sie bezieht sich nicht allein auf den Schutz vor der natürlichen Vernichtung, also auf das Gut des geborgenen Lebens. So sehr die Erhaltung des Lebens als solche auf das Wohl des Menschen bezogen ist, schwingt doch in ihrem Charakter als etwas Unverdientes ein Bezug auf die Gnade der Versöhnung als das schlechthin Unverdiente mit. Die aus der Erfahrung unverdienter Bewahrung hervorgehende Hoffnung richtet sich deshalb jedenfalls implizit auf einen Heil bringenden Erlöser. (In der Tradition beruft man sich an dieser Stelle gern auf das so genannte Protevangelium Gen 3,15, freilich oft ohne dabei zu beachten, dass der dabei implizierte christologische Bezug exegetisch nicht zu rechtfertigen ist).

Solche Erwartungen eines Erlösers sind differenziert zu betrachten. Die messianischen Erwartungen fallen nicht ohne weiteres unter diese Kategorie. Bei ihnen steht meistens die Hoffnung auf ein endgültiges und unbegrenztes *Wohl* des Menschen im Vordergrund. Das ist in den alttestamentlichen *Weissagungen* nicht anders als z.B. in den Erwartungen im alten Rom während der augusteischen Zeit. Der Vergleich von Jesaja 11 mit der vierten Ekloge Vergils zeigt das bis in die Motivik hinein[61]. Freilich spielt auch in den eschatologischen Erwartungen der christlichen Tradition das Wohl des Menschen eine gewichtige Rolle,

---

[60] Vgl. dazu die Kritik W. TRILLHAAS, in seiner *Dogmatik*, 4. Aufl. Berlin/New York 1980, 156.

[61] So z.B. das friedliche Zusammenleben von Löwen und Rindern Jes 11,6f und PUBLIUS VERGILIUS MARO, *Bucolica* IV,22, in: DERS., Landleben (Sammlung Tusculum), hg. v. J. und M. Götte, zweisprach. Ausg., 5. Aufl. München/Zürich 1987, 46f.

wie die Seligpreisungen der Bergpredigt zeigen. Trotzdem besteht ein tiefgreifender Unterschied zwischen jenen Hoffnungen und dem Christentum, welches das *irdische* Wohl des Menschen nicht als Verheißung, sondern als etwas durch die Verantwortung des Menschen zu Schaffendes auffasst. Zwar denkt es die *eschatologische* Vollendung, wie später zu entfalten sein wird, auch als Friedensreich, führt also in diesem Kontext Wohl und Heil wieder zusammen; aber es tut das so, dass dieser „Endzustand" alle irdisch-politische Gestaltung schlechthin übersteigt[62]. Das ist der Hauptgrund, weshalb die alttestamentlichen Weissagungen sich ebenso gut oder ebenso schlecht auf die Erscheinung Christi beziehen lassen wie z.B. die zitierte vierte Ekloge Vergils. Wird Christus als die Erfüllung dieser Weissagungen verstanden, so ist das nur unter der Bedingung ihrer Umdeutung möglich. Der Erlöser, an den die Christen glauben, ist ein anderer als der einst erwartete Messias, der die davidische Dynastie wiederherstellen sollte. Die Juden sind deshalb im Recht, wenn sie den Christen die Usurpation der eigenen Hoffnung verargen. Zwar enthalten jene Weissagungen auch einen Bezug zur göttlichen Vergebung; ganz ausdrücklich z.B. in Jes 53,4f. Doch bleibt dabei der politische Kontext dominant; an der Verschiebung der Gewichte, die sich im Christentum ereignet hat, ändert das also nichts.

Wenn man von der Erhaltung des Lebens spricht, darf man schließlich nicht übersehen, dass sie oft entgegen den Erwartungen und Hoffnungen eines Menschen *nicht* eintritt. Die Inkongruenz zwischen Erhaltung und Verdienst ist also eine doppelte. Sie besteht nicht nur darin, dass der Mensch, der sein Leben verwirkt hat, das Weiterleben als unverdiente Gnade erfährt. Es wird auch umgekehrt ein „vorzeitiges" Ende des Lebens (was immer im Einzelfall damit gemeint sein mag) als unverdient empfunden. Das ist die Nachtseite des Glaubens an die Erhaltung des sündigen Menschen, die in ihrer Darstellung nicht selten übersehen wird. Sie war Gegenstand der Theodizeefrage in ihrer ersten Form[63]. Als Gegenbild der *common grace* ist sie aber so unmittelbar mit dieser verbunden, dass sie hier noch einmal erwähnt werden muss. Vor diesem Hintergrund erscheint die Erfahrung der „allgemeinen Gnade" als höchst ambivalent. So erst bekommt der Glaube an die unverdiente Erhaltung des eigenen Lebens sein volles Profil.

g) *Der Mensch als Gott – Gott als Richter*

Wenn der Mensch Gott seinen Ort anzuweisen versucht oder selbst diesen Ort usurpiert, sondert er sich damit von Gott und von seiner Bestimmung ab. So haben wir die Sünde beschrieben. Gott bleibt aber auch in dieser Sonderung gegenwärtig, und mit ihm auch die Bestimmung des Menschen. Wenn der Mensch sich

---

[62] Dies richtet sich gegen die geradezu programmatische Vermischung von Wohl und Heil des Menschen in der neueren politischen Theologie, z.B. bei JÜRGEN MOLTMANN, Politische Theologie – Politische Ethik (FThS 9), München 1984, 158.

[63] S.u., C IIf.

gegen seine Bestimmung wendet, so wendet sich umgekehrt seine Bestimmung gegen ihn, und damit steht Gott selbst gegen ihn. Dessen wird der Mensch in der ihn verurteilenden Erinnerung des Gewissens an seine Bestimmung gewahr. Die religiöse Sprache beschreibt diese Gottesbegegnung metaphorisch als Erfahrung des *Zornes* Gottes. Seine dem Menschen anklagend begegnende, weil von ihm verfehlte Bestimmung dagegen wird als Erfahrung des *Gesetzes* bezeichnet.

Wir beginnen mit dem zweiten Begriff. Er geht in seiner strengen Fassung auf Paulus zurück. Das Gesetz ist *der eine Wille Gottes* an den Menschen, seine Bestimmung, die inhaltlich als Liebe zu beschreiben ist (Rm 13,10). Diese Aussage geht auf die Zusammenfassung der Tora im doppelten Liebesgebot durch Jesus zurück (Mt 22,37–40). Zu ihr gibt es zwar Vorstufen in der jüdischen Tradition[64]. Aber dort sind solche Zusammenfassungen so zu verstehen, dass die vielen Einzelgebote weiterhin als solche gelten und nur insofern auf einen gemeinsamen Nenner gebracht werden. Demgegenüber besteht die Vertiefung durch Jesus darin, im Gesetz die eine, unbedingte und radikale göttliche Forderung zu sehen, die unter Umständen sogar gegen einzelne formulierte Toragebote ins Spiel gebracht werden kann, so Mt 5,38f. Sie ist aber kein neues Gebot, sondern in der Sache nichts anderes als das Gesetz der Schöpfung, die ursprüngliche Bestimmung des Menschen. Diesen Gedanken hat Paulus präzisiert, wenn er im Anschluss sowohl an prophetische Überlieferung als auch an stoische Philosophie die These aufstellt: Die Heiden, die das formulierte Gesetz nicht haben, sind „sich selbst Gesetz", es ist ihnen „ins Herz geschrieben" (Rm 2,14f; vgl. Jer 31,33).

Dies ist die eine Veränderung gegenüber der jüdischen Tradition. Die andere besteht darin, dass das Gesetz im Neuen Testament, besonders wiederum bei Paulus, primär als Ankläger gesehen wird, der die Erkenntnis der Sünde bewirkt, also als Repräsentant des zornigen Gottes (Rm 3,20; 7,7), während die Tora im Alten Testament einerseits eine freundliche Gabe ist, deren Weisungen dem Menschen helfen, sein Leben nach Gottes Willen zu gestalten (Ps 119 u.ö.), und andererseits die rechtlichen Regeln und Sanktionen für das religiöse und soziale Leben des Volkes festlegt. Christlich verstanden wird die in sich einheitliche Bestimmung des Menschen im Gewissen als unbedingte Forderung bzw. im Fall der Verletzung als uneingeschränkte Verurteilung erfahren. Zwar ist es die Intention aller Religionen, die unbedingte Verbindlichkeit des göttlichen Willens zum Ausdruck zu bringen. Doch durch dessen Zusammenfassung zu dem einen, radikalen Liebesgebot ist seine Vermittlung in die Lebenswirklichkeit ganz und gar der Verantwortung des Menschen anheim gestellt, die dadurch in einmaliger Schärfe herausgefordert ist.

Man pflegt gegen die Rede vom unbedingt fordernden und insbesondere vom richtenden Gesetz heute gern die gegenüber der Reformationszeit tiefgreifend ge-

---

[64] Vgl. dazu CHRISTOPH BURCHARD, *Das doppelte Liebesgebot*, in: Der Ruf Jesu und die Antwort der Gemeinde, FS J.Jeremias, hg. v. E. Lohse u.a., Göttingen 1970, 39–62, bes. 55–57.

wandelten gesellschaftlichen Verhältnisse ins Feld zu führen, die mit der Destruktion nahezu aller einst geltenden Autoritäten und mit ihrer pluralistischen Strukturlosigkeit jedes Verständnis für eine unbedingte Forderung und folglich auch jegliches Empfinden für eine totale Verurteilung im Gewissen unmöglich gemacht hätten. Wie weit trifft diese Diagnose zu? Die Steigerung gesellschaftlicher Komplexität kann gewiss nicht geleugnet werden, ebenso wenig das Vorhandensein einer verbreiteten indifferenten Saturiertheit, die dazu führt, alle tieferen Fragen ins Diffuse und Unverbindliche abzuschieben. Doch dürfte es höchst fraglich sein, ob diese Indifferenz eine gleichsam naturnotwendige und unwiderrufliche Folge der modernen gesellschaftlichen Konstellation ist. Dagegen sprechen sowohl die Suche nach verbindlicher Orientierung in harten Lebenssituationen als auch die Häufigkeit pathologischer Folgen aus jenen Verdrängungsversuchen. Auch die zumindest sektoral (z.B. am Umweltbewusstsein) zu beobachtende Bereitschaft auf ethischem Gebiet, unbedingte Verpflichtungen anzuerkennen, wenn auch gegenüber veränderten sozialen Normen, macht skeptisch gegenüber dem vermeintlichen Totalverlust jeglichen Sinnes für die religiöse Verbindlichkeit der von Gott gesetzten Bestimmung des Menschseins.

Abgesehen von der Problematik der Gesellschaftsdiagnose kann es nicht gerechtfertigt werden, dass Christen, die in irgendeiner Weise von dem Ernst der Forderung und von der Anklage des göttlichen Gesetzes getroffen sind, sich an jene religiöse Diffusität anpassen, womöglich aus der Besorgnis heraus, andernfalls die Attraktivität der Kirche zu gefährden. Es besteht Grund zu der Befürchtung, dass solche Motive eine nicht unerhebliche Rolle spielen, wenn man in der gegenwärtigen kirchlichen Verkündigung von Gottes Gericht allenfalls noch in moralisierender Form, häufig aber überhaupt nicht mehr zu reden wagt. Das hat zur Folge, dass das Evangelium von Gottes bedingungsloser Liebe, auf das alles ankommt, zu einer schalen, unverbindlichen Freundlichkeit verkommt.

Schärfer und grundsätzlicher formuliert: Der Mensch, der sich zu Gottes Gott gemacht hat, beantwortet die Frage Gottes nach der Verfehlung seiner Existenz mit einer Gegenfrage, die den Sinn von Schuld überhaupt problematisiert oder abstreitet. Die Sinnfrage hat dann die Schuldfrage nicht nur abgelöst, sondern kehrt sich polemisch gegen sie. Indifferenz erscheint im Licht dieser Überlegung nicht als Neutralität, sondern als extreme Form solchen widergöttlichen Verhaltens, insofern ein Mensch mit dieser Einstellung die Irrelevanz dessen bereits voraussetzt, zu dem er ein Nichtverhältnis hat. Für den religiösen Menschen ist es freilich – nicht erst heute, sondern schon in alter Zeit – ein Rätsel, dass diese Fundamentalopposition konsequenzlos bleibt, „dass es den Gottlosen so gut geht" (Ps 73,3, vgl. V.12; 98,8a). Hier bleibt keine andere Auskunft als der schon früher zitierte Satz Luthers, dass es die schlimmste Anfechtung sei, gar keine Anfechtung zu haben[65].

---

[65] S.o., Anm.31.

Wir bleiben also dabei, dass die Kehre der Bestimmung des Menschen gegen ihn seine Verurteilung im Gewissen bedeutet. Luther hat dieses Verhältnis mit besonderer Prägnanz so zugespitzt: „Lex ... occidit per impossibilitatem suam" (das Gesetz tötet ... durch seine Unerfüllbarkeit, WA 39/I 383,22). Unerfüllbar ist es nicht deshalb, weil es dem Menschen objektiv Unmögliches zumutet, sondern weil er, statt „außerhalb seiner selbst" in Gottes Liebe seinen Grund zu finden, sich in unentrinnbare Abhängigkeit von sich selbst begeben hat. Dadurch hat er selbst ein Leben nach seiner Bestimmung unmöglich gemacht; gleichwohl gilt diese Bestimmung in unverminderter Unbedingtheit weiter. Die Vernichtungsmacht der oben beschriebenen unentwirrbaren Verkettung von Verhängnis und Schuld wird also nicht auf die Abwesenheit Gottes, sondern gerade auf die Erfahrung seiner bleibenden Gegenwart zurückgeführt.

Diese Seite der göttlichen Gegenwart beschreibt Paulus als den *Zorn* Gottes, der durch das sich anklagend gegen den Menschen richtende Gesetz zur Wirkung kommt (Rm 4,15). Damit sind wir bei dem anderen der beiden anfangs erwähnten Begriffe, die dem modernen Verständnis Schwierigkeiten bereiten. Die Aversion gegen ihn reicht viel weiter zurück als das moderne (wirkliche oder scheinbare) Unverständnis für die Totalverurteilung durch das Gesetz im Gewissen, und sie findet sich überdies nicht nur in volkstümlicher (unkirchlicher oder kirchlicher) Indifferenz, sondern an prominenter Stelle in systematisch-theologischer Reflexion. Insbesondere Friedrich Schleiermacher und Albrecht Ritschl haben die Lehre von Gottes Zorn abgelehnt[66]. Schleiermacher gibt der neunten seiner Predigten zum Gedächtnis der Übergabe der Augsburgischen Konfession (die, wie ihm natürlich bewusst ist, in Art. 2 sehr eindeutig vom Zorn Gottes redet), die programmatische Überschrift. „Daß wir nichts vom Zorne Gottes zu lehren haben". Er betont nachdrücklich, *„daß wir gar keine Veranlassung haben* und gar keine Anweisung *diese Vorstellung von einem Zorne Gottes* als in dem Christenthum begründet, als ein wesentliches Stük unseres Glaubens, *als eine eigenthümliche Lehre aufzustellen*; vielmehr, daß je mehr wir unsere und anderer Aufmerksamkeit darauf hinlenken, wir uns um so weiter von dem wahren Geist des Christenthums entfernen" (124, Hervorh. im Orig.). Die Begründung für diese These findet Schleiermacher in dem Text, den er seiner Predigt zugrunde gelegt hat, 2.Kor 5,17: „Das Alte ist vergangen, siehe, Neues ist geworden". Für die Zeit vor Christus, für das Alte Testament mit seiner nach dem Muster des Verhältnisses von Herr und Knecht gebildeten Vorstellung vom Gottesverhältnis, habe die Lehre vom Zorn Gottes gegolten, aber durch Christus sei sie erle-

---

[66] Vgl. F.D.E. SCHLEIERMACHER, *Kleine Schriften und Predigten*, hg. v. H. Gerdes und E. Hirsch, Bd. 3, Berlin 1969, 123–135 (danach die folgenden Seitenzahlen im Text); ALBRECHT RITSCHL, *Die christliche Lehre von Rechtfertigung und Versöhnung*, Bd. 3, 3. Aufl. Bonn 1888, 306f. Vgl. HANS-WALTER SCHÜTTE, *Die Ausscheidung der Lehre vom Zorn Gottes in der Theologie Schleiermachers und Ritschls*, in: NZSTh 10/1968, 387–397.

digt (125). Die Argumentation Ritschls verläuft im Einzelnen etwas anders, kommt aber im Wesentlichen auf dasselbe hinaus.

Dieser Gedanke, der auch Reflex einer Zeitströmung war, hat auf die evangelische Theologie und Kirche eine enorme Wirkung ausgeübt. Sie ist durch die Dialektische Theologie im Zeichen der Krisen der ersten Hälfte des 20. Jahrhunderts vorübergehend eingeschränkt worden, aber heute unter neuen Vorzeichen auf breiter Front wieder durchgeschlagen. Gegenwärtig wird dabei gern vergröbernd mit zwei Argumenten operiert: Erstens sei ein zorniger Gott ein grausamer Gott, und das entspreche nicht seiner Liebe, von der christlich zu predigen sei. Zweitens sei das einer solchen Gottesvorstellung korrespondierende Menschenbild unangemessen pessimistisch. Während diese populäre Begründung offenkundig die Selbstzufriedenheit des verwöhnten Wohlstandsbürgertums widerspiegelt, haben wir es bei Schleiermacher und Ritschl mit einer ernst zu nehmenden theologischen Argumentation zu tun. Ist es nicht wirklich so, dass mit dem Erscheinen Christi und der uns zuteil werdenden Vergebung die Sünde ausgelöscht und damit der Zorn Gottes durch ihn selbst gegenstandslos gemacht worden ist?

Um diesem Argument begegnen zu können, müssen wir ein wenig auf die Soteriologie vorgreifen. Die neutestamentlichen Schriften betonen in der Tat sehr stark den Gedanken der völligen Wende im menschlichen Leben, die durch die Neukonstitution des Gottesverhältnisses bewirkt wird. Aber sie tun das unter eschatologischem Gesichtspunkt; entscheidend ist der Wandel des Gottes*verhältnisses*, nicht etwa ein Wandel der Qualität des Menschseins, ganz zu schweigen von einer Reduktion des Ernstes der göttlichen Forderung. Sonst wäre die Paränese entweder überflüssig, oder sie hätte einen wesentlich milderen Ton anschlagen müssen. Luther hat den Sinn der Neukonstitution des Menschen durch die Versöhnung auf die Formel gebracht, dass der Mensch im Blick auf sich selbst Sünder, im Blick auf Gottes gnädige Zuwendung dagegen gerecht sei (WA 39 I 508,1–8 u.ö.). Andernfalls müsste sich das Leben aller Christen durch eine gänzlich unangefochtene Glaubensgewissheit und ununterbrochene selbstlose Liebe auszeichnen. Das widerspricht jeglicher Erfahrung. Man wird also in diesem Punkt dem Einspruch der Dialektischen Theologie gegen die von Schleiermacher über Ritschl führende Linie Recht geben müssen, dass darin die zu jeder – gerade auch der christlichen – Gottesbegegnung gehörende Antinomie von Gericht und Gnade verharmlost worden sei. Heute findet sich ein entsprechendes Gottes- und Menschenbild in manchen Formen eines konsequenten Neuprotestantismus und vor allem in weiten Teilen feministischer Theologie.

Der Protest gegen die Rede vom zornigen Gott ist allerdings dann völlig im Recht, wenn er sich gegen deren moralistische Verzerrung wendet. Ein solches Gottesbild ist in seiner Kleinlichkeit und Missgunst leicht als Spiegel menschlicher Engstirnigkeit zu erkennen. Ein moralistischer Gott ist ein gesetzlicher Gott, der seine Gunst an rigide Bedingungen knüpft. Das bedeutet, dass die moralistischen Prediger des Zornes Gottes in ihrem Eifer, moralische „Sünden" anzuprangern, positiv nichts anderes als die Grundsünde propagieren! Das kommt eklatant darin zum Ausdruck, dass so geartete Fromme nur selten der Versuchung widerstehen können, das Gericht Gottes in die eigene Hand zu nehmen und gnadenlos in der moralischen Verurteilung anderer zu vollziehen. Genau diese Einstellung hat Jesus im Auge, wenn er die Mahnung ausspricht: „Richtet nicht, damit ihr nicht gerichtet werdet" (Mt 7,1). Selbst diesen Satz vermag freilich die gesetzliche Frömmigkeit noch für sich zu instrumentalisieren, indem sie schonungslos den „Richtgeist" anderer Menschen aufdeckt. Die Selbstimmunisierung gegen den wirklichen Zorn Gottes, die damit vollzogen wird, ist strukturell verwandt mit der Selbstimmunisierung durch Indifferenz. In beiden Fällen ist der tiefe Ernst der Gottesbegegnung insofern ausgeblendet, als er nicht mich selbst, sondern allenfalls andere betrifft. Sofern das Erscheinungsbild solcher Frömmigkeit nicht trügerisch ist, wird man sagen müssen, dass in eben dieser Selbstverblendung und faktischen Gottverschlossenheit die äußerste Form des Zornes Gottes zu finden ist.

Solche Gesetzlichkeit, die einst in der Enge streng pietistischer oder puritanischer Kleinstädte zum Ausdruck kam[67], hat heute ihre säkularisierte Entsprechung in der Leistungsgesellschaft. Insofern ist es kein Zufall, wenn sich manche amerikanische TV-Evangelisten mit Industriellen und Geschäftsleuten als deren Repräsentanten zusammengetan haben und finanziellen Erfolg durch Leistung als christliche Botschaft ausgeben. Auch abgesehen von diesem Bündnis gilt für die Leistungsgesellschaft: Versagen zieht den Ruin als säkulare Form des – nunmehr schlechterdings unversöhnlichen – Zornes Gottes nach sich.

Sieht man von den groben Verfälschungen des christlichen Glaubens in den beiden zuletzt erwähnten Erscheinungen ab, so bleibt als Wahrheitsmoment hinter aller moralistischen Entstellung die Erfahrung der Unerbittlichkeit des göttlichen Zorns. Er scheint in einem unüberbrückbaren Gegensatz zur Liebe Gottes zu stehen, so dass angesichts seiner gerade tief religiöse Menschen nicht selten zu einem metaphysischen Dualismus oder auch zum Atheismus gelangen. Um dieses Auseinanderbrechen der Gotteserfahrung erfassen zu können, müssen wir uns im kommenden Abschnitt zunächst ihrem Abdruck im Verhältnis des Menschen zu seiner Welt zuwenden, um damit die Verankerung des bisher Gesagten in der natürlichen Selbst- und Welterfahrung zu vertiefen.

2. Mensch und Welt

Gegen die am Ende des vorigen Abschnitts bekundete Zweckbestimmung der folgenden Überlegungen legt Christof Gestrich vehementen Protest ein: „Theo-

---

[67] Eine eindrucksvolle literarische Schilderung bietet NATHANIEL HAWTHORNES Roman *The Scarlet Letter* (1850; dt. 1851), (Modern Library College Editions), New York 1950.

logie sollte sich abkehren von allen ihren Versuchen, die Sünde an Störungen der
Ausbildung menschlicher Identität zu verifizieren". Er will damit nicht sagen,
dass die Sünde nicht auch eine sichtbare Außenseite habe, im Gegenteil. Aber
„Sünde ist in erster Linie Fehlausrichtung auf Gott" und darum „erst in zweiter
oder dritter Linie menschliche Selbstverfehlung"[68]. Welche Alternative mit der
Wendung „in zweiter *oder* dritter Linie" aufgemacht werden soll, ist nicht deutlich; gemeint ist offenbar mit beidem, dass es sich bei der Zerstörung menschlicher Identität und Gemeinschaft immer nur um die *Folgen* der Sünde handle,
nicht um diese selbst. Ginge es in erster Linie um die Selbstverfehlung, so würde
sogar in der Lehre von der Sünde das menschliche Selbst noch einmal in den Mittelpunkt gestellt, statt vor allem anderen die verletzte Ehre Gottes zu betonen,
und damit würde die Sünde potenziert – ganz abgesehen von ihrer drohenden
Moralisierung. Das ist ein scharfsinniger Einwand gegen das hier geübte Verfahren. Es könnte zwar so scheinen, als werde der vorliegende Entwurf von Gestrich
nicht getroffen, da er doch wie gefordert zuerst von der Sünde als Verfehlung des
Gottesverhältnisses gesprochen hat und erst jetzt auf die Erscheinung dieser Verfehlung in der Welt des Menschen zu sprechen kommt. Doch damit würden wir
uns die Auseinandersetzung zu leicht machen.

Gestrich hat zweifellos Recht, wenn er betont, dass „Gotteserfahrung ... eine
sich unter anderen Erfahrungen verbergende Erfahrung" ist (84). Ebenso sehr
muss aber beachtet werden, dass sie sich nur durch diese „anderen" Erfahrungen
vermittelt; andernfalls wäre sie gar nicht auf die Lebenswirklichkeit beziehbar.
Sie ist eine „Erfahrung" höherer Ordnung, die unmittelbar auf menschliche
Grunderfahrungen trifft, sich aber durch diese hindurch in der unmittelbaren
Selbst- und Welterfahrung niederschlägt[69]. Die göttliche Bestimmung des Menschen ist weder mit der einen noch mit der anderen Ebene seiner Erfahrung noch
gar mit seinem Dasein als faktischem Vollzug identisch, aber untrennbar damit
verbunden. Entsprechend verhält es sich mit der Sünde: Die Verfehlung der Bestimmung des Menschen ist nicht mit den Brüchen der menschlichen Identität
und der Gemeinschaft der Menschen untereinander identisch, aber sie ist genau
das an diesen Brüchen, was sie nicht zu bloßen *Folgen*, sondern zur weltlichen
Seite der Sünde macht. Von Folgen ließe sich schließlich auch denken, dass sie
ausbleiben könnten. Die Verfehlung des Gottesverhältnisses ist jedoch *ipso facto*
Verfehlung der menschlichen Identität und hat deshalb Wirklichkeit nur so, dass
auch im Selbst-und Weltverhältnis des Menschen Brüche zutage treten. Richtig
ist freilich, dass diese sich nicht von außen, also abgesehen von der Perspektive
des Gottesverhältnisses, *als* Sünde, d.h. als Verfehlung gegen Gott, erkennen lassen. Dies wäre allenfalls dann der Fall, wenn Sünde sich lediglich in moralisch
angreifbarem Verhalten und nicht auch und sogar vornehmlich in Selbstgerech-

---

tigkeit manifestierte. Insofern ist das, was in diesem Abschnitt vorgelegt wird, auch keine empirische *Verifizierung* der Sünde. Wohl aber ist es eine solche *Deutung* phänomenologischer Befunde von der Urerfahrung der Begegnung mit Gott her, die Plausibilität für sich beansprucht und insofern innerhalb dieser Perspektive auch mit Bezug auf konkrete Selbst- und Welterfahrung diskutierbar ist.

a) Gestalteter Raum – Übergriff und Flucht

Der Lebensraum des Menschen ist ihm von Gott zur Erforschung, zum Bewohnen und zur Gestaltung überlassen. Dies ist die Überzeugung der jüdisch-christlich-abendländischen Tradition. Kein Teil des dem Menschen zugänglichen Raums ist davon prinzipiell ausgenommen – immer unter dem Vorzeichen einer nicht absoluten, sondern anvertrauten und daher rechenschaftspflichtigen Herrschaft. Wir hatten uns für diesen Gedanken früher auf Gen 2,15 bezogen, wo dem Menschen aufgetragen ist, die Erde zu bebauen und zu bewahren. Diese Formulierung stammt aus einem agrarischen Milieu. Es ist wichtig, sich die historische Relativität dieser kulturgeschichtlichen Verortung klar zu machen, um nicht etwa den voreiligen Schluss zu ziehen, die einzige Art von Kreativität, die dem Menschen mit der Schöpfung gegeben sei, müsse sich im Rahmen solcher naturnahen Aktivitäten wie Ackerbau und Viehzucht bewegen, wie manche christliche Gruppen meinen (z.B. die Amish in Pennsylvania). Raumgestaltung war von Anfang an in irgendeinem Sinn auch werkzeughaft, technisch, und sie war ebenfalls von vornherein ästhetisch. Bebauen heißt, das Potenzial der Erde zur Versorgung der menschlichen Lebensbedürfnisse und zur kulturellen Gestaltung zu nutzen und sich dazu der Mittel von Forschung und Entwicklung zu bedienen; bewahren heißt, dies auf Dauer anzulegen, so dass das Leben auf der Erde samt den dafür notwendigen Kreisläufen auch über die Lebensdauer der jetzt existierenden Menschen hinaus gesichert ist. Der moderne ökologische Gedanke des *sustainable development* repräsentiert eine uralte Einsicht[70], die durch den Raubbau im industriellen Zeitalter in Vergessenheit geraten war.

Gestaltung des Raumes als der Lebenswelt bedeutet näherhin, das angemessene Verhältnis von Nähe und Distanz zu achten, so dass auch andere Wesen ihren Lebensraum und ihre je eigene Lebenssphäre haben und die ihnen gemäße Art von Eigenständigkeit und Beziehung entfalten können, von der Privatsphäre eines anderen Menschen bis zum Biotop für die nichtmenschliche Welt. Ein angemessenes Verhältnis von Nähe und Distanz kann der Mensch aber nur dann gewinnen, wenn er seinen je eigenen, von Gott gegebenen Ort findet, von dem aus er „Maß anlegen" kann. Das bedeutet nicht, dass dies ein gesellschaftlich fest und unveränderlich vorgegebener Ort sein müsse, wie man das in traditionalen Gesellschaften versteht. Sehr wohl aber muss die gesellschaftliche Gestaltung,

---

[70] Vgl. z.B. die Regelungen über Sabbatjahr und Erlassjahr in Lev 25.

die dem Menschen aufgetragen ist, an jeweils einen bestimmten (im Lauf des Lebens vielleicht wechselnden) Ort gebunden werden.

Es ist gar nicht zu leugnen, dass solche Gestaltung des Lebensraums vielfältig gelingt. So verschiedene Phänomene wie Taktgefühl, künstlerische Raumgestaltung, vorausschauende Disposition über Siedlungsräume und Naturschutz zeugen davon. Dennoch ist das Verhältnis des Menschen zum Raum in der Sünde tief gestört. Indem er sich von seinem Grund entfremdet, sondert er zugleich seinen Ort von Gott ab und versteht ihn als selbst gesetzt; er setzt ihn „ab-solut". Das verändert zwangsläufig die Perspektive. Der Blick für das Maß von Nähe und Distanz geht verloren. Das geschieht, entsprechend den zweimal zwei Grundformen der Verfehlung des Gottesverhältnisses, auf vier verschiedene, einander entgegengesetzte Weisen. Die eine Art entspricht dem verzweifelt Man-selbst-sein-Wollen, die andere dem verzweifelt Nicht-man-selbst-sein-Wollen. Dabei kann jeweils entweder der bestimmte Ort oder die Beliebigkeit des Ortes absolut gesetzt werden.

Der Anspruch auf absolute Autonomie stellt sich im Bereich der Raumerfahrung als Übergriff dar. Das ist zunächst der Übergriff auf Gottes Welt, die als die eigene beansprucht wird. Dieser Übergriff kann durchaus mit äußerlich untadeligem Verhalten gegenüber anderen Menschen und gegenüber der Lebenswelt einhergehen. Das „Sündhafte" besteht allein in der Zentriertheit des auf dieser Basis ausgebildeten Weltbildes auf den Menschen: Egozentrik hinsichtlich des Einzelnen, Anthropozentrik hinsichtlich des Gesamtbildes. Diese Zentrierung erscheint bei näherem Zusehen als unausweichlich. Der Mensch kann die Welt um sich herum faktisch nicht anders gestalten, als indem er sie als seine Welt betrachtet. Ebenso ist es trotz des Verlustes eines anthropozentrischen Weltbildes faktisch unmöglich, das Verhältnis zur irdischen Umwelt in der Lebenspraxis anders denn als letztlich auf den Menschen zentriert zu behandeln. Wo dankbare Wahrnehmung der Gaben der Schöpfung und der Güte anderer Menschen aufhört und unverantwortliche Ausbeutung anfängt, lässt sich oft ebenso schwer unterscheiden wie verantwortliche Bescheidung und undankbare Unfähigkeit, sich über die schönen Seiten des Lebens zu freuen. Die – relative – Erweiterung des Blickfeldes durch die Einbeziehung anderer Lebewesen, wie etwa heiliger Bäume oder heiliger Tiere, bedeutet keine prinzipielle Abweichung von diesem Grundmuster, insofern sie sogleich wieder auf die menschliche Gesellschaft zurückbezogen wird. Eine rein physiozentrische Lebenspraxis wäre schon deshalb unmöglich, weil sie sich jeglicher werkzeuglicher Einwirkung auf die Natur enthalten müsste. Selbst eine gemäßigt anthropozentrische Einstellung hat unvermeidlich Übergriffe in das Eigenrecht anderer Lebewesen zur Folge, die kaum eindeutig nach Recht und Unrecht zu beurteilen sind.

Der Übergriff unter dem Vorzeichen *absoluter Autonomie* besteht zunächst in der Absolutsetzung je meines bestimmten Ortes. Ein solcher Übergriff kann sich schon in äußerst gewissenhafter Pflichterfüllung äußern und sich bis zum Anspruch auf unumschränkte Herrschaft in der jeweils eigenen Lebenssphäre steigern. In diesem Fall wird anderen Menschen ohne Achtung ihrer Selbstbestimmung ein Platz angewiesen (z.B. durch Ghettoisierung einer rassischen Minderheit). In beiden Fällen ist die Zwiespältigkeit des menschlichen Selbstwiderspruchs erkennbar. In jener Gewissenhaftigkeit ebenso wie in dieser Hegemonie mischen sich Fürsorge und Blindheit für die umgebende Wirklichkeit, patriarchalisches Verantwortungsgefühl und nackter Machtinstinkt. Dies im Einzelnen auszudifferenzieren, muss der psychologischen und vor allem der ethischen Analyse überlassen werden.

Der Übergriff kann auch die Beliebigkeit des Ortes für das Subjekt absolut setzen. Das kann bereits in der harmlosen Form einer großen Flexibilität der Gestaltung des Lebensentwurfs geschehen, aber auch zur Verletzung der je eigenen Sphäre anderer Menschen werden, also zur Missachtung der gebotenen Distanz und Wahrung fremder Eigenständigkeit. Dafür ist das Anschauungsmaterial besonders reichlich. Die Verletzung des Lebens, der Intimsphäre, des Eigentums und der Ehre des anderen Menschen sind uns aus dem Dekalog als Beispiele geläufig. Eine eindeutige moralische Beurteilung ist hier wiederum nicht ohne weiteres möglich, weil jedes einzelne Verhalten in ein komplexes und konfliktreiches Beziehungsgefüge eingebunden ist.

Auch das *verzweifelt Nicht-man-selbst-sein-Wollen* hat seine Entsprechungen im Bereich des weltlichen Verhaltens. Sie sollen hier mit dem Begriff der Flucht umschrieben werden. Dabei ist der Fall des Überspringens der Endlichkeit der offensichtlichere. Er besteht in der Flucht von einem bestimmten Ort der Verantwortung, in der Abwehr der in einem bestimmten Zusammenhang für die Gestaltung erforderlichen Nähe. Sich geradezu aufdrängende praktische Aufgaben werden nicht in Angriff genommen. Eine solche Flucht ist menschlich gesehen nicht notwendig etwas Unehrenhaftes. Sie kann sogar aus Gründen der Überlastung oder einer unzumutbaren Gefährdung geradezu geboten erscheinen oder auch Höhenflügen der Phantasie dienen, auf die kein menschliches Leben verzichten kann. Ebenso kann sie aber aus Feigheit oder Trägheit erfolgen. Die konkrete Motivationsanalyse bei solchem „Aus-dem-Felde-Gehen" ist Sache der Psychologie, die aber für sich genommen niemals in der Lage ist, über Wert oder Unwert derartigen Verhaltens zu entscheiden.

Daneben gibt es eine Form der Flucht, die den endlichen Ort absolut setzt. Sie besteht in der Weigerung z.B. des Spießbürgers, den gegebenen Ort kritisch zu transzendieren. Auch hier ist eine eindeutige Wertung des Einzelfalls nicht möglich. Denn es ist jedem Menschen geboten, den Ort auszufüllen, an den ihn seine familiäre, berufliche, kirchliche und öffentliche Verantwortung gestellt hat. Doch kann eben solche Pflichterfüllung geradezu in Verantwortungslosigkeit gegenüber dem größeren Ganzen der Gesellschaft umschlagen, wenn die Folgen des Verhaltens im Bereich der eigenen Familie oder des eigenen Volkes für das größere Ganze einer bestimmten Gesellschaft oder der Völkerfamilie nicht mit bedacht werden. Dennoch ist es in vielen Fällen, z.B. im Krieg, gar nicht möglich, den Ort, an dem man steht, nur mit kritischer Reserve auszufüllen, auch wenn es reichlich Anlass zum kritischen Transzendieren gibt. Ob es sich um entschlossene Umsetzung einer unbedingten Verbindlichkeit oder doch um eine Art Flucht handelt, ist auch für den betreffenden Menschen selbst oft schwer auszumachen, zumal solches Verhalten oft das Resultat von Konfliktsituationen ist, in denen mehrere problematische Optionen für eine konkrete Entscheidung oder für einen ganzen Lebensentwurf zur Debatte stehen.

b) Erfüllte Zeit – Fixierung und Versäumnis

So wie der Raum in der Erfahrung des Menschen nicht mit seinen physikalischen Maßen identisch ist, sondern als Herausforderung zur Gestaltung fungiert, so ist die Zeit nicht mit ihrer bloßen Erstreckung identisch, sondern ist Zeit „zu etwas". Sie soll „erfüllt" werden. Die Raumerfahrung fordert nicht schon für sich genommen, sondern erst in Verbindung mit der Zeit zu einer inneren „Ein-stellung" und zu produktivem Handeln (oder auch zu bewusstem Verzicht auf ein solches) heraus. Erst die Erfahrung der Unumkehrbarkeit des Verlaufs, der Unwiederholbarkeit der Kairoi und der Nichtverlängerbarkeit der Frist *nötigt* zur Kreativität. *Ermöglicht* wird sie durch die Dauer. Die Antinomie von Dauer und Irreversibilität macht die zu allem menschlichen Leben gehörende Spannung der Zeiterfahrung aus. Der religiöse Mensch erfährt die Dauer primär als von Gott gewährt, nicht bloß im neutralen Sinn des Setzens, sondern als *common grace* – aber auch als zu ertragende Prüfung auferlegt. Schlüsselsituationen gewähren beglückende oder bestürzende Einsicht, Kairoi bieten Chancen und Herausforderungen.

Fraglos gibt es in diesem Sinne erfülltes Leben unter Menschen der verschiedensten religiösen und nichtreligiösen Überzeugungen. Kreativer und für Mensch und Gesellschaft dienlicher Umgang mit der Zeit ist weit häufiger anzutreffen, als es mancher religiöse Kritiker wahrhaben möchte. Zugleich freilich wird die ehrliche Selbstbeurteilung zu dem Schluss kommen, dass auch die ausgeschöpfte Zeit heimlich durchzogen ist von Versäumnis und Missbrauch. Erfüllte Zeitlichkeit ist immer zugleich verfehlte Zeitlichkeit.

In Bezug auf die Formen verfehlter Zeitlichkeit lässt sich die Unterscheidung von verzweifelt Man-selbst-sein-Wollen und verzweifelt Nicht-man-selbst-sein-Wollen im Bereich der unmittelbaren Selbst- und Welterfahrung nicht gut durchführen. Beide Grundformen greifen hier ineinander. Das verzweifelt Man-selbst-sein-Wollen neigt zu extrem einseitigem Gegenwartsbezug und impliziert nicht nur den rigorosen Abschied von allem kindlichen Sich-Empfangen, sondern auch die Weigerung alt zu werden. Das verzweifelt Nicht-man-selbst-sein-Wollen kann sehr wohl mit einem Verharren beim Selbstsein der eigenen Vergangenheit oder mit dem Traum einer utopischen Selbstvollendung einhergehen. Diese

Andeutungen zeigen zugleich, wie klar hier der Unterschied zwischen Verabsolutierung und Überspringen der Endlichkeit, Fixierung auf eine bestimmte Zeit und Versäumnis, zutage tritt. Ihn werden wir im Folgenden zunächst auf die Zeit als Dauer und dann auf die Zeit „zu etwas", den Kairos, beziehen.

Dass eine lange *Dauer* des Lebens eine besondere Gabe Gottes sei, ist eine Grundüberzeugung vieler Religionen. Im Alten Testament ist dieser Glaube besonders ausgeprägt. Langes Leben ist ein Zeichen der Treue Gottes. Gemeint ist jedoch nicht die rein quantitative Länge des Lebens als solche. Auch ein 70 oder 80 Jahre währendes Leben kann am Ende vergebliche Mühe sein (Ps 90,10). Vielmehr ist ein Leben dann erfüllt, wenn der Treue Gottes die Treue des Menschen entspricht: Langes Leben ist der Lohn für Gehorsam gegenüber den Geboten Gottes (Dt 30,19f), ein kürzeres Leben dagegen Ausdruck göttlichen Zorns. Das zeigen in verhaltener Deutlichkeit die priesterschriftlichen Genealogien, die den Menschen von Adam bis Noah 700–1000 Jahre Lebensdauer zuschreiben, von Noah bis Abraham 200–600 Jahre, den Erzvätern nur noch 100–200 Jahre (Gen 5,1–28.30–32; 11,10–26.32; 25,7; 35,28; 47,28). Dieser Abstieg symbolisiert eine allmähliche Zunahme der Sünde. Gelegentlich klingt an, dass es größere Gaben Gottes gibt als ein hohes Alter, so z.B. wenn Salomo es vorzieht, um Weisheit zu bitten (1.Kön 3,9.11). Doch auch dann sind Reichtum und langes Leben Zeichen göttlichen Segens (V.12–14).

Wichtiger als diese am Lohngedanken orientierte Linie und insbesondere für das neutestamentliche Verständnis bedeutsam ist jedoch eine sich durch das ganze Alte Testament hindurchziehende Sicht der Treue Jahwes, welche die geschichtliche Existenz seines Volkes trotz dessen Untreue erhält (Hos 2f; im Neuen Testament entsprechend 2.Tim 3,13). Gilt dies in erster Linie für das Kollektiv des erwählten Volkes, so kann sich doch der Einzelne als Teilhaber an diesem Heil verstehen (Ps 89,31–34). Freilich weiß die alttestamentliche Tradition, dass die Treue Gottes sich auch hinter der Dauer der Zeit verbergen kann. Dies wird entweder zur Versuchung, sich von ihm abzuwenden (man denke etwa an das murrende Volk in der Wüste Ex 16,2f oder an den Beschluss, ein goldenes Stierbild zu machen, als Mose ausblieb, Ex 32,1), oder es wird zum Anlass der Klage (Ps 13,1–5).

Das Treueverhältnis zu Gott findet seine Entsprechung in Treue unter Menschen, religiöse Untreue in menschlicher Untreue. Das Elterngebot Ex 20,12 ist dafür besonders instruktiv. Es verknüpft die Verheißung eines langen Lebens mit der Gehorsamsforderung. Deren Inhalt ist die treue Versorgung der alt gewordenen Eltern, und die Erfüllung des Gebotes impliziert wiederum den Lohn des jüngeren Menschen für die Fürsorge der Eltern, die ihm in früheren Jahren zuteil geworden war. Im Neuen Testament wird diese Entsprechung am Modell der Ehe deutlich gemacht. Deren lebenslange Dauer wird in Gottes Schöpfungsabsicht begründet, die nach wie vor gilt, und damit in Gottes Treue (Mt 19,6). Analog wird auch die Treue Christi zu seiner Gemeinde mit dem Bild der Ehe beschrieben (Eph 5,31–33). Diese Symbolik bezieht sich darüber hinaus nicht nur auf die persönliche Treue zwischen Menschen, sondern führt auch die Dauerhaftigkeit als Strukturmoment gesellschaftlicher Institutionalität auf die Treue Gottes zurück. Dabei ist allerdings zu beachten, dass sich dies nur auf die Institutionalität als Grundbestimmung menschlichen Zusammenlebens und nicht auf die bestimmte Gestalt einer bestimmten Institution beziehen kann, weil eine solche im Lauf der Geschichte immer wieder neue Gestalten annehmen muss. (Als Beispiel mag die Veränderung der Rollenverteilung innerhalb der Ehe dienen.)

Treue unter Menschen ist freilich nicht unter allen Umständen ein Zeichen für erfülltes Leben aus der Treue Gottes. Sie kehrt sich vielfältig gegen ihren ursprünglichen Sinn und kann sich in Form einer religionsfeindlichen Vereinigung sogar explizit gegen Gottes Treue wenden. Wir beschränken uns hier auf einige typische, strukturelle Gestalten der Verselbstständigung menschlicher Treue gegenüber ihrem göttlichen Grund. Im Verhältnis des Menschen zu seiner Vergangenheit lässt sich das am Phänomen der *Tradition* verdeutlichen. Tradition dient der Vermittlung gemeinschaftlicher Identität, in einer Religion der Vermittlung des Glaubens. Treue ihr gegenüber kann aber leicht zum Selbstzweck werden und zum Traditionalismus verkommen. Mit solcher Fixierung auf die Vergangenheit versucht man ihre endliche Dauer zu verewigen. Diese Gefahr ist im religiösen Leben besonders groß. Die endliche Vermittlung tritt an die Stelle des zu vermittelnden Ewigen, die Treue zur überlieferten Lehre und zum hergebrachten Ritus an die Stelle des Gottesverhältnisses. Die Überzeugung, dem göttlichen Willen in vollkommener Weise zu entsprechen, wird unter der Hand zur widergöttlichen Weltanschauung, ohne dass man diagnostisch beides klar auseinander halten könnte. Militanz und Trägheit, die Sünde der Stärke und die der Schwäche, gehen dabei Hand in Hand. Man will verzweifelt man selbst sein, indem man die eigene Tradition hochhält, und doch zugleich ebenso verzweifelt nicht man selbst sein, indem man in die Vergangenheit ausweicht, sich der Gegenwart nicht stellt und damit die Zukunft preisgibt. Religiös betrachtet ist das ein Ausweichen vor der Unmittelbarkeit zu Gott, in der sich nach Leopold von Ranke jede geschichtliche Epoche trotz ihres Zusammenhanges mit der Universalgeschichte befindet[71].

Das Gegenbild, heute viel aktueller, ist der Traditionsabbruch. Im Interesse der Unendlichkeit des Augenblicks wird die Endlichkeit der Prägung durch die Vergangenheit übersprungen. Man will in diesem Sinn verzweifelt nicht man selbst sein – um zugleich in dem von Vergangenheit befreiten Augenblick um so mehr sich selbst verwirklichen und/oder unbelastet von alten Hypotheken verantwortlich wirken zu können. Doch wird durch den Verlust der Vergangenheit der Augenblick entleert und die Zukunft nebelhaft, ihre Gestaltung versäumt. So

---

[71] Leopold von Ranke, *Über die Epochen der neueren Geschichte* (1854), hg. v. Th. Schieder und H. Berding, München/Wien 1971 (Aus Werk und Nachlass 2), 59f.

wird die virtuelle Welt der Computerspiele aus einem Zeitvertreib zur Vertreibung der Zeit. Religiöse Bindung ist dann nur noch in Gestalt eines zeitentrückten „charismatischen" Enthusiasmus oder eines willkürlichen *„patchwork"* möglich. Ihre geschichtliche Wirksamkeit büßt sie mit dem Verlust der vermittelnden Tradition ein.

Der Verabsolutierung endlicher Dauer hinsichtlich der Vergangenheit im Traditionalismus steht bezüglich der *Zukunft* die totale Planung gegenüber. Planung ist ursprünglich eine Form der Vorsorge, die konstitutiv für verantwortliches Handeln ist und insofern zum göttlichen Schöpfungsauftrag gehört. Sie erwächst aus der dankbaren Hinnahme gewährter Zeit und verbindet sich mit geduldiger Hingabe an die eröffneten Möglichkeiten. Wenn sie sich jedoch verselbstständigt, tendiert sie zur Totalisierung. Dadurch fixiert sich der Mensch, der verzweifelt er selbst sein will, auf die Zukunft und versucht sie völlig seiner Verfügung zu unterwerfen. Doch genau auf diese Weise wird er zum Objekt seiner eigenen Planung und muss nun verzweifelt nicht er selbst sein wollen. Das instruktivste kollektive Beispiel ist die totale Planwirtschaft sozialistischer Gesellschaften. Die Planungswut greift auch auf die Vergangenheit über und manipuliert sie. Beides zusammen macht gegenwartsunfähig. Diese krasse Form totaler Planung ist aber nur das Extrem einer allgemeineren Grundeinstellung zur Zukunft, die als Fortschrittsglaube beschrieben werden kann. Er pervertiert den schöpfungsmäßigen Auftrag einerKultivierung der Welt zu dem Irrglauben an eine vom Menschen zu schaffende ideale Gesellschaft. Ein solcher Glaube ist, in seiner freiheitlich-demokratischen ebenso wie in seiner sozialistischen Form, nichts anderes als die Projektion eines von der Religion vorgestellten eschatologischen, also „jenseitigen" Zustandes in die irdische Wirklichkeit, die aus der göttlichen Verheißung eine vom Menschen zu erbringende Leistung macht. In ihren nichtideologischen Formen aber ist allumfassende Planung – z.B. in der Medizin – konkret von notwendiger und verantwortlicher Vorsorge nicht klar zu unterscheiden.

Das entgegengesetzte Verhalten gegenüber der Zukunft besteht im Versäumnis ihrer Planung. Eine immer unübersichtlicher werdende gesellschaftliche Welt verleitet immer häufiger zu einem resignierten „Es kommt sowieso, wie es kommen muss". Dieser Fatalismus, nicht selten von Gottergebenheit kaum zu unterscheiden, kann sich bis zur Angst vor einer atomaren oder ökologischen Katastrophe steigern. Man mag hierin am ehesten eine Form des verzweifelt Nicht-man-selbst-sein-Wollens erkennen: „Lasst uns essen und trinken, denn morgen sind wir tot" (Jes 22, 13; 1.Kor 15,32). Auch das Umsichgreifen der Alkohol- und Drogensucht in westlichen Ländern gehört in den Zusammenhang des Schlagworts „no future". Doch kann sich der Fatalismus ebenso gut mit einer entschiedenen, nur eben auf die Gegenwart beschränkten Selbstbestimmung verbinden.

Auf der anderen Seite des Spannungsbogens von Dauer und Augenblick haben wir es mit *Schlüsselsituationen* und *Kairoi* zu tun. Traditionalisten wie Traditionsvergessene, aber auch die perfekten Zukunftsplaner und die Fatalisten versagen darin, dass sie ob ihrer Fixierung auf Vergangenheit oder Zukunft bzw. der Preisgabe ihres Zeitgefühls Kairoi nicht wahrnehmen. Ihnen gegenüber gilt die allgemeine Lebensweisheit, dass versäumte Gelegenheiten nicht wiederkehren, wie sie in der mittlerweile zum geflügelten Wort gewordenen Warnung Michail Gorbatschows 1989 an Erich Honecker prägnant zusammengefasst ist: „Wer zu spät kommt, den bestraft das Leben". Die Irreversibilität der Zeit muss als Herausforderung verstanden werden. Das gilt nicht nur für einzelne herausgehobene Augenblicke, sondern auch und erst recht für die begrenzte Frist des Lebens als ganze. Es kommt schlechterdings auf dieses Leben an. Das setzen auch solche Religionen voraus, die eine Wiedergeburt zu einem neuen irdischen Leben lehren, denn dessen Gestalt hängt ganz und gar von der voraufgegangenen Lebensführung ab.

Kairoi stehen nach biblischem Verständnis zweifellos in enger Beziehung zum Zeitkontinuum, denn sie treten ein, wenn „die Zeit erfüllt" ist (Mk 1,15; Gal 4,4). Doch besteht das Charakteristische an ihnen genau darin, dass sie als Konzentration göttlicher Gegenwart aus diesem Kontinuum herausgehoben und deshalb nicht aus ihm ableitbar sind. Solche Entscheidungssituationen sind im Neuen Testament besonders häufig angesprochen, da die eschatologische Dringlichkeit der Umkehrforderung die gesamte Verkündigung Jesu prägt. Aber auch außerhalb des Neuen Testaments fehlen derartige Hinweise auf die Notwendigkeit, religiöse Grundentscheidungen nicht aufzuschieben, nicht (z.B. Sir 18,22).

In den meisten Fällen sind Schlüsselsituationen und Kairoi allerdings nicht explizit religiös gefüllt. Sie werden dennoch von religiösen Menschen als göttliche Hinweise verstanden. Eine derartige Sicht drängt sich durch den häufig dramatischen Charakter solcher Erlebnisse oder Handlungsanforderungen förmlich auf. Schlüsselsituationen erschließen plötzlich auf eindeutige Weise – so scheint es zumindest – bisher im Zwielicht verbliebene Lebenszusammenhänge. Kairoi scheinen eindeutige Forderungen zu stellen inmitten einer Kontinuität diffuser Mehrdeutigkeit. Das Versäumnis eines solchen Appells scheint daher leicht diagnostizierbar zu sein (wenngleich sich das nicht selten erst aus größerer zeitlicher Distanz so darstellt). Es erscheint entweder als bewusster Widerstand gegen einen konkreten und bestimmten göttlichen Willen oder aber als schwächlicher Rückfall in die Diffusität des Unverbindlichen.

Viel näher freilich als das Versäumnis liegt in solchen exzeptionellen Erfahrungen die Gefahr einer irrtümlichen Fixierung auf sie – mit weitreichenden und potenziell verhängnisvollen Folgen. Man kann sich in bestimmte Formen von Erlebnissen so hineinsteigern, dass sie einem schließlich als Schlüsselerfahrungen erscheinen – mit der Konsequenz einer völligen Verwirrung der Lebensorientierung. Noch krasser ist die Täuschungsmöglichkeit bei den Kairoi.

Instruktiv dafür ist der erbitterte Streit zweier Theologen, die zu den Protagonisten des im ersten Drittel des vorigen Jahrhunderts aufgekommenen *Dezisionismus* gehören: Emanuel Hirsch und Paul Tillich. Die Auseinandersetzung betraf die Bedeutung der so genannten

„Deutschen Stunde" von 1933. Tillich hielt seit 1922 die Einführung des Sozialismus für unbedingt geboten[72] und lehnte Hitler ab. Hirsch dagegen, dessen Begriffe „Entscheidungsstunde" und „Schicksalsstunde" dem Kairos Tillichs formal gleichen, bejahte rückhaltlos die politische Wende, ja hielt sie für einen Ausdruck des Willens Gottes[73]. Wir erkennen heute in dieser Sicht die politische Verblendung. Doch das ist wohlfeil; denn wer von uns Nachgeborenen, die durch die Geschichte eines Besseren belehrt sind, will beurteilen, wie weit solche Verblendung schicksalhaftes Resultat der Sozialisation, wie weit sie schuldhaft war? Theoretisch ließe sich ja auch denken, Tillichs sozialistische Zeitdeutung hätte sich durchgesetzt und – man denke an die Stärke der KPD gegen Ende der Weimarer Republik – zu einer stalinistischen Diktatur geführt.

Wie groß die Gefahr der emotionalen und ideologischen Überhöhung von „Erschließungssituationen" gerade in einer theologischen Zeitanalyse ist, lässt sich daran ablesen, dass man bei aller inzwischen gewonnenen Sicherheit des Urteils über jene Kontroverse bisher häufig nicht in der Lage gewesen ist, aus ihr die Lehren für inhaltlich anders gelagerte Problemsituationen zu ziehen. Zwar hat man in der gesamten Ökumene aus dem Mangel an Kritik bei einem großen Teil der deutschen Kirche die Konsequenz gezogen, dass die Kirche in Notsituationen ihre „prophetische Stimme" erheben müsse. Doch muss die Eindeutigkeit, mit der die unter dem inzwischen (im Unterschied zur alttestamentlichen Tradition!) inflationär gewordenen Panier des „Prophetischen" angetretenen politischen Theologien bestimmte, meist sozialistische Lösungen der sozialen Probleme als den Willen Gottes statt als diskussionsbedürftige politische Überlegungen ausgegeben haben, stutzig machen. Hier liegt trotz des himmelweiten Unterschiedes, der die „Option für die Armen" *inhaltlich* von den Deutschen Christen trennt, hinsichtlich des religiös legitimierten Eindeutigkeitsanspruchs eine klare *strukturelle* Parallele vor[74]. Bis heute wird die Debatte über diesen Punkt oft so emotional geführt, dass man in der Hitze des Gefechts den alles entscheidenden Unterschied zwischen „inhaltlich" und „strukturell" übersieht[75] – und damit den hier zu erzielenden Erkenntnisgewinn verschenkt.

---

[72] P. TILLICH, *Kairos I* (1922), GW 6 (9–28), 26–28.

[73] E. HIRSCH, *Die gegenwärtige geistige Lage im Spiegel philosophischer und theologischer Besinnung. Akademische Vorlesungen zum Verständnis des deutschen Jahres 1933*, Göttingen 1934, 44. H. will zwar dieses Ereignis nicht geradezu als Handeln Gottes *identifizieren* (42) und betont das Wagnis der Entscheidung (3.41.43). Doch ist der Tenor des Buches nicht durch solche Reserve bestimmt, sondern eher durch die frühere These: „… das Strömen des kreatürlichen Lebens ist, sobald es uns zum Dienst verbindet, für uns gleich mit dem Strömen des göttlichen Lebens", *Die idealistische Philosophie und das Christentum*. GAufs. (SASW 14), Gütersloh 1926, 30. – Gegen Hirsch: P. TILLICH, *Die Theologie des Kairos und die gegenwärtige geistige Lage. Offener Brief an E. Hirsch*, in: ThBl 13/1934, 305–328.

[74] Es verdient Beachtung, dass ganz unterschiedlich denkende Theologen in diesem Punkt zu der gleichen kritischen Anfrage an die so genannte kontextuelle Theologie kommen. Vgl. z.B. GERHARD SAUTER, *Zum Kontext der ev. Theologie in den dreißiger Jahren – und zum Problem seines kontextuellen Verständnisses heute*, in: Text und Kontext in Theologie und Kirche (Zur Sache 29), hg. v. Fr. Hauschildt, Hannover 1989 (64–95), 81–87; NOTGER SLENCZKA, *Kontext und Theologie. Ein kritischer Versuch zum Programm einer „kontextuellen Theologie"*, in: NZSTh 35/1993 (303–331), 322.326.

[75] Ein beliebiges Beispiel: MARTIN LEINER/ANDREAS GRÜNSCHLOSS, *Kontextuell „verbindliche" Theologie? Überlegungen zu Notwendigkeit und Grenze des Kontextprinzips in Theologie und Kirche*, in: NZSTh 39/1997 (65–86), 79–83, wo das Problem mit der unbelegten Behauptung verdeckt wird, die Befreiungstheologen hätten im Unterschied zu den Deutschen Christen die Bibel nicht „gleichgeschaltet", sondern sich völlig unvoreingenommen an ihr

Die Fixierung auf Erschließungssituationen ist vielleicht der einleuchtendste Fall einer Verabsolutierung des Endlichen im Umgang mit der Zeit. Auch hier durchdringen sich die Sünde der Stärke und die der Schwäche in unentwirrbarer Weise. Die entschlossene Wahrnehmung der Situation erscheint als Stärke, während sich das Subjekt zugleich völlig unkritisch an die Situation ausliefert. Natürlich darf die Einsicht in diese Problematik, die sich in den letzten Jahrzehnten in der Ersetzung des Schlagworts der „Entscheidung" durch das der „Erfahrung" niedergeschlagen hat[76], nicht dazu führen, dass das Wahrheitsmoment der Kairos-Theorie verkannt wird. Solche Spitzensituationen werden ja durchaus zu Recht als unwidersprechliche Appelle zu einer klaren Entscheidung verstanden. Nur wird die Richtung, in welche die Entscheidung zu gehen hat, immer wieder strittig sein.

Alle beschriebenen Verfehlungen der Zeitlichkeit ziehen den *Verlust der Zukunft* nach sich. Für die Fixierung auf die Vergangenheit und für das Versäumnis des Kairos oder die Resignation gegenüber der Zukunft ist das evident. Aber es gilt auch für den Traditionsabbruch, denn Zukunft kann ohne eine Vergangenheit, von der sie sich abhebt, keine Konturen gewinnen. Die zerstörerischen Folgen einer kritiklosen Fixierung auf einen Kairos müssen nicht mehr eigens demonstriert werden. Weniger mag es auf den ersten Blick einleuchten, wenn Reinhard Koselleck die als stetiger Fortschritt geplante Zukunft pointiert als immer schon vergangene Zukunft bezeichnet[77]. Doch zwingt die Fixierung auf eine bestimmte Vorstellung von der Zukunft diese in eine gegenwärtige Vorwegnahme hinein, die sie ihrer eigenen Wirklichkeit als „zukommende" beraubt. Dies ist etwas anderes als der fragmentarische Charakter alles Lebens. Vergangene Zukunft ist vielmehr die weltliche Seite des Verwirktseins des Lebens vor Gott. Von vergangener Zukunft ist paradoxerweise auch dann zu reden, wenn das Leben allem Anschein nach sich fortsetzt und möglicherweise noch eine lange, heute gar nicht absehbare Frist, also im Sinn bloßer zeitlicher Erstreckung noch eine große Quantität von Zukunft vor sich hat. Mit Zukunft im qualifizierten Sinn ist, analog zum Begriff der Gegenwart als „Zeit zu etwas", die Offenheit für zuteil werdendes erfülltes Leben gemeint. Die Fixierung auf einen bestimmten Modus der Zeit ebenso wie sein Versäumnis zerstört solches Leben. Das ist im Folgenden an der Betrachtung der Relationen, in denen der Mensch sein Leben führt, zu exemplifizieren.

---

orientiert (80–82), obwohl der von den beiden Autoren kritisierte N. Slenczka (s. vorige Anm.) akribisch bewiesen hat, dass für diese Orientierung der Kontext in außerordentlich vielen Fällen geradezu zum Wahrheitskriterium gemacht wird.

[76] Vgl. dazu Martin Honecker, *Erfahrung und Entscheidung. Zur Begründung einer theologischen Ethik*, in: ZThK 75/1978, 485–502.

[77] Reinhard Koselleck, *Vergangene Zukunft* , in: ders., Vergangene Zukunft. Zur Semantik geschichtlicher Zeiten, 4. Aufl. Frankfurt a.M. 1985, 17–37, bes. 35.

c) Gemeinschaft und ihre Zerstörung

Identität des Menschen ist verdankte Identität und zugleich seine Aufgabe. Diese besteht genau darin, sich von Gott bestimmen zu lassen. Dass ich meine Identität Gott verdanke, bezeichnet ein unmittelbares Verhältnis zu ihm; und doch ist diese Identität zugleich durch die Beziehung zu anderen Menschen vermittelt und insofern auch ihnen verdankt. Ebenso steht es mit dem Geschuldetsein der Identität. Ich schulde sie vor allem anderen Gott. Aber auch hier ist das Verhältnis zu Gott durch das Verhältnis zu anderen Menschen vermittelt. Ich schulde Gott, mich durch seine Liebe bestimmen zu lassen, der ich mich verdanke (1.Joh 4,7). Da Liebe wesensmäßig eine über sich hinausdrängende Bewegung ist und da Gottes Liebe allen Menschen gilt, genüge ich dieser Bestimmung erst dann, wenn mein ganzes Dasein an der Bewegung der Liebe Gottes partizipiert. Darum schulde ich dem Nächsten meine Identität. Das bedeutet konkret: Ich soll ihm gegenüber vertrauenswürdig sein[78]. Meine Bestimmung gewinnt ihre welthafte Realität erst in diesem Verhältnis zu anderen Menschen. Daraus, dass ich mich von Gottes Liebe bestimmen lasse, folgt, dass meine Identität immer schon sozial bestimmt ist und sich gerade in ihrer Gottunmittelbarkeit nur im Dasein von anderen her und für andere realisieren kann. Dabei ist das entscheidende Kennzeichen der Liebe, dass sie dem anderen um seiner selbst willen gilt. Nur so kann menschliche Liebe gewissermaßen als Verlängerung der Liebe Gottes gelten. Denn Gottes Liebe wird erfahren als mir um meiner selbst willen geltend. Deshalb entspricht ihr ein Mensch nicht, der andere um des eigenen Ich oder um einer anderen Sache willen liebt. Identität ist also in doppelter Hinsicht durch Liebe inhaltlich bestimmt: Es ist die Liebe Gottes, vermittelt durch die Liebe anderer Menschen, der ich mich verdanke, und ich schulde die mir selbst zuteil gewordene Liebe wiederum anderen Menschen. So entspricht der Gottesgemeinschaft die Gemeinschaft der Menschen untereinander.

Auch hier ist zunächst festzustellen, dass solche Gemeinschaft unter Menschen sowohl im intimen persönlichen Bereich als auch in gesellschaftlichen Bezügen eine vielfältig anzutreffende Realität ist. Ohne praktizierte Vertrauenswürdigkeit und Achtung anderer Menschen um ihrer selbst willen hätte die Menschheit längst aufgehört zu existieren.

Wenn Liebe für die menschliche Gemeinschaft so fundamental ist, so erscheint es außerordentlich einleuchtend, wenn Gerhard Ebeling in seiner Dogmatik feststellt, die Tatsünde schlechthin sei die Lieblosigkeit[79]. Auch wenn meine Liebe dem anderen nicht um seiner selbst willen gilt, nicht ihn als diesen Menschen meint, sondern um eines eigenen Vorteils oder um eigener Ehre willen geübt

---

[78] Dies ist ein zentraler Gedanke WILHELM HERRMANNS, vgl. Ethik (GThW 5/2), 5. Aufl. Tübingen 1913 (Neudruck 1921), 42.
[79] G. EBELING, Dogmatik ... (Anm. 8), Bd. 1, 375.

wird, wäre das mit Ebeling unter den Begriff der Lieblosigkeit zu fassen. Bis hierher ist seinen Ausführungen vorbehaltlos zuzustimmen.

Doch dann stellen sich Schwierigkeiten ein. Es ist zwar richtig, dass der Selbstüberhebung im Aufstand gegen Gott häufig die Erniedrigung oder gar Verteufelung des Nächsten entspricht. Aber man kann einen anderen Menschen auch vergöttern, ihn also faktisch an die Stelle Gottes rücken. Man wird das kaum anders denn als Liebe bezeichnen können. Zwar kann man psychologisch argumentieren, dass die Verwöhnung eines Kindes, die aus seiner Vergötterung resultiert, diesem nicht gut tut und insofern auch keine wahre Liebe ist, oder dass eine Liebe, die jemanden wie einen Besitz umklammert und ihn nicht zu sich selbst kommen lässt, ihn in seelische Störungen treibt. Das ist empirisch zweifellos richtig, doch braucht die Vergötterung eines Menschen nicht notwendig solche Formen anzunehmen. Sie kann sogar den Widerspruch ihm gegenüber – um seines Wohls willen – einschließen. Es ist also offenbar möglich, dass die Verfehlung der Liebe Gottes sich nicht nur in Lieblosigkeit, sondern auch in Liebe zu einem anderen Menschen äußern kann. Solche Liebe kann viel Gutes für einen Menschen bewirken – und doch religiös betrachtet pervers sein.

Umgekehrt ist festzuhalten, dass ein Mensch, der sich nicht ausdrücklich in Gott gründet, sehr wohl seinen Nächsten als ihn selbst meinen und um seiner selbst willen lieben kann, ohne ihn zu vergöttern. Dies muss nicht nur gegen Theologen hervorgehoben werden, die das aus apologetischen Gründen bestreiten, sondern darüber hinaus muss die Liebe in einem viel grundsätzlicheren Sinn gegen die einseitige Betonung des Überlebenskampfes im Darwinismus geradezu als Grundgesetz des Lebens bezeichnet werden. Das hat der amerikanische Philosoph Charles S. Peirce bereits vor 100 Jahren gegen Darwin ins Feld geführt; heute beginnt man auch in der Biologie diesen Gedanken zu erörtern[80]. Allerdings tritt auch hier eine Ambivalenz auf. Sie muss nicht darin bestehen, dass sich krasser Egoismus in die Liebe mischt. Aber die Liebe zum anderen um seiner selbst willen kann unter der Hand und kaum bewusst für die Selbstbegründung menschlicher Identität funktionalisiert und damit zum Vehikel der Sünde werden.

Wenn menschliche Liebe sich aus Gottes Liebe speisen soll, die den Menschen als eigenständiges, mit sich identisches Wesen will, so folgt, dass sie wesenhaft die Eigenständigkeit des anderen samt deren Gründung in Gott wollen muss. In säkularisierter Gestalt findet sich diese schöpfungsmäßige Bestimmung des Menschen in den Idealen der Französischen Revolution Freiheit, Gleichheit und Brüderlichkeit wieder, die zur Grundlage der Menschenrechte geworden sind. Das setzt voraus, dass der sich als autonom verstehende Mensch wie sich selbst,

---

[80] Vgl. CHARLES SANDERS PEIRCE, *Evolutionary Love* (1893), in: DERS., Collected Papers, hg. v. Ch. Hartshorne u. P. Weiss, Cambridge MA 1960, 6.287–317; GERALD HÜTHER, *Die Evolution der Liebe. Was Darwin bereits ahnte und die Darwinisten nicht wahrhaben wollen*, Göttingen 1999, bes. 59–97.

so auch alle anderen in gleicher Weise als sie selbst und um ihrer selbst willen achtet. So hat Immanuel Kant aus der Autonomie des Willens als Grundbestimmung der Sittlichkeit dessen Verallgemeinerung als eine der Formen des kategorischen Imperativs abgeleitet und damit zugleich die Sozialität in der Autonomie begründet: „Handle so, daß du die Menschheit sowohl in deiner Person, als in der Person eines jeden andern jederzeit zugleich als Zweck, niemals bloß als Mittel brauchst"[81]. Allerdings ist die gegenseitige Achtung der Eigenständigkeit nur eine notwendige, aber noch keine hinreichende Bedingung menschlicher Gemeinschaft. Die Zuwendung zum anderen um seinetwillen muss hinzukommen. Sie wird christlich in der empfangenen Zuwendung Gottes begründet. Führt man in diesem Sinn die Menschenrechte auf ihre religiösen Wurzeln zurück, so gilt: Äußere Freiheit ist eine Folge gottgewollter Eigenständigkeit, Brüderlichkeit ist die durch zwischenmenschliche Verhältnisse vermittelte Teilhabe an der göttlichen Liebe, und Gleichheit drückt die Universalität der göttlichen Liebe aus[82]. Dann gilt umgekehrt, dass Ungleichheit und Unfreiheit, soweit sie das für die Erhaltung der Gesellschaft unerlässliche Maß überschreiten, Folgen der Sünde sind[83]. Insbesondere solche Formen von Ungleichheit und Unfreiheit, die aus anderen Menschen Mittel zu eigenen Zwecken machen, verletzen ihre Bestimmung zu eigenständiger Identität und widersprechen deshalb der Liebe. Der Nächste ist dann kein Du mehr, sondern wird zu einem Es, einer Sache herabgewürdigt.

Gegen die Übernahme der kantschen Grundregel könnte man freilich einwenden, dass der als „Zweck" verstandene der autonome Mensch sei, so dass hier auf subtile Weise der Vergötterung des Menschen das Tor geöffnet werde. Für den christlichen Glauben gelte dagegen: Wir sollen unsere Nächsten lieben, weil Gott sie uns zu Nächsten gegeben hat. Deshalb sei die mitmenschliche Liebe dem Gehorsam gegenüber Gott als Mittel unterzuordnen. Augustin hat diese Sicht ausführlich entwickelt. Für ihn gilt der Grundsatz: „omnis homo, in quantum homo est, diligendus est propter deum, deus uero propter se ipsum" (Jeder Mensch, insofern er Mensch ist, muss um Gottes willen geliebt werden – Gott aber um seiner selbst willen)[84]. Der Grund dafür ist nicht einfach die positive Set-

---

[81] I. Kant, Grundlegung zur Metaphysik der Sitten, Akad.-Ausg. Bd. 4, 429.

[82] Vgl. Wolfgang Huber / Heinz Eduard Tödt, Menschenrechte. Perspektiven einer menschlichen Welt, Stuttgart/Berlin 1977, bes. 162–175. Die beiden Autoren betonen die besonders in der amerikanischen Unabhängigkeitserklärung zu greifenden Bezüge zur christlichen Tradition und machen dann auf die Unterschiede vor allem bezüglich der Freiheit aufmerksam, die im säkularen westeuropäisch-amerikanischen Kontext individualistisch gefärbt ist. Die Beziehung der Freiheit des Glaubens zur politischen Freiheit sehen sie mit Recht als durch Vernunft und Verantwortung vermittelt. Freilich ist die begriffliche Unterscheidung zwischen beiden Arten der Freiheit nicht scharf genug, wenn es von der ersteren heißt: Sie „schließt auch die Dimension des Politischen ein" (164). Hier sind wohl noch unbefragte Prämissen der Theologie Karl Barths im Spiel.

[83] Welche Formen funktionaler Ungleichheit und relativer Unfreiheit unter welchen Bedingungen in einer Gesellschaft vertretbar sind, hat die Ethik zu erörtern.

[84] A. Augustinus, De doctrina Christiana I 27,28, CChr.SL 32, 22f.

zung des Gebotes. Deshalb darf man Augustin nicht unterstellen, er habe die Nächstenliebe heteronom als Mittel zur Selbstrechtfertigung des Menschen verstanden. Gemeint ist vielmehr: Als Selbstzweck „genießen" (*frui*) dürfe man nur Gott, denn nur er ist an sich gut. Wer das *frui* auf einen Menschen beziehe, setze ihn an die Stelle Gottes.

Dieser – asketisch gefärbte – Gedanke hat jedoch die fatale Folge, dass die Liebe zum Nächsten jetzt in einem noch viel problematischeren Sinn heteronom begründet ist, als wenn es sich nur um die Berufung auf ihr Gebotensein handelte. Wenn man seinen Nächsten „um Gottes willen" lieben und in diesem Sinn nicht „genießen" soll, dann bleibt als positiver Gegenbegriff nur „gebrauchen" (*uti*) übrig, denn alles, was man nicht genießen darf, kann man nur gebrauchen. Nächstenliebe würde demnach bedeuten, den anderen Menschen für die Liebe zu Gott zu „gebrauchen". (Selbstverständlich sagt Augustin das nicht, aber es wäre die logische Konsequenz aus seinen Ausführungen.) Der Schluss lässt sich nicht umgehen, dass solche Liebe zum Nächsten, die in diesem Sinn um Gottes willen geschieht, ebenso wie die um der Selbstrechtfertigung willen geübte den wesentlichen Sinn der Liebe gerade verfehlt. Dass Gott uns die Mitmenschen zu Nächsten gegeben hat, bedeutet nicht, dass unsere Liebe zu ihnen um dieser Setzung willen als um eines ihr fremden Zweckes willen gefordert sei, sondern dass seine Liebe die Quelle unserer Liebe sein soll.

Es bleibt freilich eine offene Frage, inwiefern menschliche Liebe als meine eigene Liebe faktisch an Gottes Liebe teilhat. Dessen ungeachtet ist die Ablösung von Gottes Liebe Ausdruck der Sünde. Aus ihr entsteht die Verfehlung des zwischenmenschlichen Verhältnisses, insofern sie die beschriebenen Ambivalenzen zur Folge hat: Die Liebe zum anderen Menschen um seiner selbst willen tendiert entweder dazu, ihn an die Stelle Gottes zu setzen, oder sie lässt sich funktionalisieren und macht ihn dadurch zu einem bloßen Mittel, einer Sache. Dies wäre selbst Tieren gegenüber unangemessen, die zwar keine Personen im menschlichen Sinne sind, aber als empfindende Wesen keine Dinge, sondern Mitgeschöpfe des Menschen, die eine eigene Würde besitzen.

Der Verdinglichung des Menschen entspricht spiegelbildlich die „unsachgemäße" Personalisierung einer *Sache*. Unter Sachgemäßheit oder Sachlichkeit ist dabei der (verantwortliche) Gebrauch verstanden; hier passt in der Tat der augustinische Terminus *uti*. Die Personalisierung einer Sache dagegen macht sie zum Fetisch bzw. zum Götzen. Das Neue Testament benutzt den „Mammon" als Beispiel dafür; heute könnte man an das Auto als Kultobjekt denken. Damit ist nicht gemeint, dass Sachlichkeit ein persönliches, auch emotional gefärbtes Verhältnis etwa zu einer Landschaft oder sogar zu unbelebten Dingen ausschlösse; im Gegenteil, dies gehört durchaus zur Menschlichkeit des Lebens hinzu. Doch bleibt dieses Verhältnis bestimmungsgemäß an den Gebrauch (z.B. werkzeugliche Benutzung, ästhetische Freude o.ä.) gebunden.

Wir wenden uns nun den Einzelbestimmungen des Verhältnisses von Identität und Gemeinschaft zu. Das Verhältnis zwischen Menschen ist durch die *Polarität* der Geschlechter, der Generationen, der Temperamente usw. geprägt. Im Begriff der Polarität ist ausgedrückt, dass der andere Mensch nicht nur allgemein als eigenständig zu achten, sondern gerade in seiner *Andersartigkeit* auf mich bezogen ist. Nur oberflächliche Betrachtung kann auf den Gedanken kommen, damit werde der vorhin proklamierte Grundsatz der Gleichheit aller Menschen verletzt. Der Grundsatz meint natürlich nicht den Unsinn, dass alle Menschen dieselben Eigenschaften hätten oder haben sollten. In diesem Sinn werden Frauen und Männer, Alte und Junge niemals gleich sein und sollen es auch nicht. Gleichheit meint gleiches Recht auf je meine Eigenständigkeit und individuelle Eigenart sowie auf gleiche Rechte und Chancen in der Gesellschaft. Sie ist insofern ein Rechtsbegriff, der ein Forum voraussetzt, vor dem diese Gleichheit gelten soll; seine Wurzel ist, religiös verstanden, die Gleichheit vor Gott. Gleichheit in diesem Sinn schließt polare Verschiedenheit gerade nicht aus. Im Gegenteil: Wenn die Polarität des zwischenmenschlichen Verhältnisses durch „Gleichmacherei" verletzt wird, so bedeutet das auch eine Missachtung der recht verstandenen Gleichheit der Verschiedenen. Das geschieht insbesondere dann, wenn ich versuche, einen anderen Menschen nach meinem Bild zu formen – mit einem bekannten Bonmot auf meine eigene, die professorale Lebenswelt bezogen, hieße das: „Lasset uns Privatdozenten machen, ein Bild, das uns gleich sei". Die scherzhafte Wendung bringt gleich zwei Charakteristika der weltlichen Seite der Sünde zum Ausdruck: zum einen die gottgleiche Würde, die der Herr Professor beansprucht, zum anderen die Vernachlässigung der Pflicht, die Lehre auf die Bedürfnisse der großen Mehrzahl der Studierenden zuzuschneiden, die andere und zweifellos nicht minder wichtige Berufe ergreifen wollen.

Das geschilderte Beispiel steht, sofern es eine im Ernst eingenommene Haltung darstellt, für die Sünde des Stolzes gegenüber Gott, und zwar in der Form der Absolutsetzung der Endlichkeit. Sie äußert sich im privaten wie im öffentlichen Bereich vornehmlich in Gestalt von Unterdrückung und Vereinnahmung (auch wenn diese Qualität auf Grund eingeschliffener gesellschaftlicher Konventionen vielleicht gar nicht zu Bewusstsein kommt). Dieses Fehlverhalten hat, wie jede weltliche Erscheinungsform des menschlichen Selbstwiderspruchs, ihre polare Entsprechung. Sie besteht in der *Preisgabe der eigenen Identität* zugunsten der verabsolutierten Autorität eines anderen Menschen oder gesellschaftlicher Gruppen. Genauer: Die weltlichen Formen der Sünde des verzweifelten Man-selbst-sein-Wollens und des verzweifelt Nicht-man-selbst-sein-Wollens sind aufeinander bezogen und voneinander abhängig. Der Hegemonie entspricht die Unterwürfigkeit, der Unterdrückung die Hörigkeit. Diese Entsprechung lässt sich vielfältig beobachten in Familienstrukturen, Machtverhältnissen in Arbeitsgruppen und Diskussionsprozessen. Gebrauch und Missbrauch von Macht bzw. von Anpassung lassen sich im einzelnen Fall oft schwer voneinander unterscheiden.

Eine analoge Entsprechung findet auch unter Voraussetzung des Überspringens der Endlichkeit statt. Sie ist die spezifische Gestalt der Verfehlung in einer „Erlebnisgesellschaft". Wer verzweifelt nicht er selbst sein will, nimmt die zu „erlebenden" schönen Seiten des Lebens nicht dankbar als göttliche Gabe zur Lebensgestaltung an, sondern verliert sich darin; wer entsprechend verzweifelt er selbst sein will, eröffnet anderen die Möglichkeit dazu. Charakteristisch ist die Auflösung von gegenseitiger Verantwortung und Gemeinsinn. Ein extremes Beispiel ist die Polarität von Verführung zum Drogenkonsum und Süchtigwerden. Abgesehen von solchen krassen Fällen ist aber auch hier die Unterscheidung zwischen sachgemäßem Gebrauch der Güter der Schöpfung und Sich-Verlieren konkret schwer zu treffen.

Die geschilderte Problematik stellt sich noch einmal in potenzierter Form auf der Ebene der *Institutionalität*. Wenn die Verdinglichung des Menschen, die ihn zu einem Mittel erniedrigt, eine der Grundverfehlungen zwischenmenschlicher Beziehungen darstellt, müssen gesellschaftliche Institutionen so geartet sein, dass sie die Möglichkeit zu eigenständiger Identitätsbildung für alle ihre Mitglieder gewährleisten. Der einzelne Mensch transzendiert die Gemeinschaft und ihre verfestigte institutionelle Gestalt nicht nur relativ als sie bearbeitendes Subjekt, sondern auch absolut als Individuum, insofern er als solches unmittelbar zu Gott ist. Institutionen als kristallisierte Produkte von Interaktion müssen ihrem dinglichen Charakter gemäß Objekte der Gestaltung bleiben. Andererseits verlangt jedoch der Versuch, allen gerecht zu werden, bis zu einem gewissen Grad von der individuellen Besonderheit des Einzelnen zu abstrahieren, um überhaupt allgemeine Normen und Regeln aufstellen zu können. Gerechtigkeit für alle impliziert also paradoxerweise einen Verlust an Gerechtigkeit für jeden Einzelnen, ein gewisses Maß an verdinglichender, institutioneller Verfügung über Menschen und menschliche Beziehungen. Dieses Maß muss an der gemeinsamen „Sache" orientiert sein, welche die Mitglieder einer Gesellschaft miteinander verbindet[85]. Genau dazu bedarf es eines gewissen Eigengewichts der Institutionen in Form bindender, sanktionsbewehrter Regeln und Gesetze, die ein Mindestmaß an Konformität erzwingen. Das liegt nicht nur an der endlichen Differenzierungsmöglichkeit des Denkens und Handelns des Menschen, sondern auch an seiner Neigung, sich Gemeinschaftsverpflichtungen zu entziehen. Verdinglichung ist darum nicht mit Perversion gleichzusetzen[86]. Transzendierung der Gemeinschaft durch das Individuum und deren das Individuum unter sich zwingendes Eigengewicht drücken vielmehr in unentwirrbarer Verschränkung die doppelte Span-

---

[85] Zu diesem Gedanken vgl. JOSIAH ROYCE, *The Philosophy of Loyalty*, New York 1908; H. RICHARD NIEBUHR, *The Responsible Self. An Essay in Christian Moral Philosophy*, hg. v. J.M. Gustafson, San Francisco 1963, 82–89.

[86] So mit Recht PETER BERGER/THOMAS LUCKMANN, *Die gesellschaftliche Konstruktion der Wirklichkeit. Eine Theorie der Wissenssoziologie* (The Social Construction of Reality, dt. v. M. Plessner, Fischer Taschenbuch 6623), Abdr. d. 5. Aufl. (1977), Frankfurt a.M. 1996, 95f.

nung von Endlichkeit und Unendlichkeit und von sachlicher Gemeinsamkeit und Konflikt aus, in der jeder Mensch sozial existiert.

Diese Spannung schlägt unvermeidlich um in die Antinomie von Bestimmung und Verfehlung. Deren vier Grundformen finden sich auch in Bezug auf die menschliche Institutionalität. So ergibt sich aus dem verzweifelt Man-selbst-sein-Wollen, wenn man die Endlichkeit absolut setzt, die Tyrannei der Institution bzw. des sie handhabenden diktatorischen Einzelnen, der freilich schnell zum Gefangenen des eigenen Systems werden kann. Dabei ist es nicht nur so, dass die Brutalität eines Unterdrückers Unterwürfigkeit erzeugt, sondern nicht selten lässt auch umgekehrt die Unterwürfigkeit die Unterdrückung allererst zum Zuge kommen. Fatal wird eine solche Wechselbeziehung nicht erst, wenn die Schwelle zur Tyrannei überschritten wird; verheerender noch ist ihre religiöse Überhöhung. Das bekannteste Beispiel dafür ist in der jüngeren Geschichte die Verbindung des Luthertums, das den Kern der christlichen Botschaft, die rein empfangende Haltung des Menschen gegenüber dem Handeln Gottes, so stark betont wie kaum eine andere christliche Konfession, mit der wilhelminischen Gehorsamskultur, die ein devotes Verhältnis zur „Obrigkeit" als Ausdruck der Demut gegenüber Gott erscheinen ließ. An Luthers Grundhaltung und am Kern lutherischer Lehre hat diese Entwicklung freilich keinen Anhalt; im Gegenteil: Man kann an Luther selbst studieren, wie das *mere passive* der Rechtfertigungslehre sich nicht nur mit mutigem Auftreten gegenüber geistlicher oder weltlicher Unterdrückung verträgt, sondern genau dazu befreit[87]. An der späteren Fehlentwicklung zeigt sich jedoch, wie leicht genuin christliche Frömmigkeit in Zerstörung menschlicher Gemeinschaft, die Tugend der Pflichterfüllung in unmenschlichen Kadavergehorsam umschlagen kann.

Es ist in diesem Zusammenhang immer noch nicht überflüssig, auf die historische und sachliche Unhaltbarkeit des Klischees vom wesensmäßig obrigkeitshörigen Luthertum aufmerksam zu machen, das eigentlich spätestens durch die Haltung der lutherischen Kirchen Norwegens und Dänemarks während des Dritten Reiches widerlegt sein sollte. Das hartnäckige Vorurteil hat eine lange Geschichte, in der auch illustre Namen eine gewichtige Rolle spielen. Schon Ernst Troeltsch hat die politisch reaktionäre Haltung großer Teile des Luthertums – wenngleich mit erheblichen Differenzierungen – in „dem religiösen Grundgedanken" Luthers begründet gesehen, „der mit politischem Sinne unvereinbar ist"[88]. Troeltsch ist damit wider Willen zu einem der Ahnherren jener von den Nationalsozialisten vertretenen, von nicht wenigen ihrer Gegner kritiklos übernommenen Genealogie Luther – Friedrich der Große – Bismarck – Hitler geworden, die vor allem durch angel-

---

[87] Als Beispiel sei nur auf den häufig übersehenen Anfang von M. LUTHERS *Ermahnung zum Frieden auf die zwölf Artikel der Bauerschaft in Schwaben* (1525) verwiesen, der mit starken Worten den Fürsten die Schuld an der elenden Lage der Bauern zuschreibt, WA 18 (291–334), 293–299. Vgl. auch *Ein Sendbrief von dem harten Büchlein wider die Bauern* (1525), WA 18 (384–401), 400,24–401,10.

[88] ERNST TROELTSCH, *Die Soziallehren der christlichen Kirchen und Gruppen* (1912), 3. Aufl. Tübingen 1923, 567; vgl. 568–571.

sächsische Vermittlung, mit theologischer Unterstützung Karl Barths[89], in der ganzen westlichen Welt große Verwirrung angerichtet[90] und nicht zuletzt innerhalb des Protestantismus, auch innerhalb des Luthertums, für einen dramatischen Rückgang spezifisch lutherischer Frömmigkeit und Theologie gesorgt hat.

Die geschilderte Form der Zerstörung menschlicher Gemeinschaft ist unter den inzwischen stark gewandelten politischen und sozialen Verhältnissen zwar nicht verschwunden; sie ist vielmehr z.B. im Geschäftsleben nach wie vor sehr massiv anzutreffen. Stärker ins Blickfeld tritt dagegen in einer stark hedonistisch bestimmten Gesellschaft die andere institutionelle Erscheinungsform der Sünde, die Polarität des verzweifelt Man-selbst-sein-Wollens und des verzweifelt Nicht-man-selbst-sein-Wollens unter dem Vorzeichen des Überspringens der Endlichkeit. Die dramatischste Form solcher Polarität wäre die Anarchie, die freilich allenfalls einen Übergangszustand darstellen kann, weil der Mangel an Ordnung stets den Keim zu einem Umschlag in das Recht des Stärkeren und damit in neue Tyrannei in sich enthält[91]. Nachdem eine solche Gefahr, die im Gefolge des Umbruchs nach 1968 zeitweise drohte, abgewendet wurde, ist für diese Polarität heute der Versuch der Unterhaltungsindustrie und der Werbung, eine Welt des „Genusses ohne Reue" vorzugaukeln, und die ihm entsprechende kritiklose Konsumhaltung charakteristisch. Die Identifizierung dieses Syndroms ist konkret wiederum schwierig, weil auch Motive harmloser Unterhaltung und gesellschaftlich notwendiger Belebung der Wirtschaft eine Rolle spielen. Um so gefährlicher erscheint die sich damit unlösbar vermischende unterschwellige Verdrängung der Wirklichkeit zugunsten einer Traumwelt in Verbindung mit schamloser Ausbeutung[92]. Man kann sie geradezu als eine Form von „schleichender" Anarchie bezeichnen, insofern sie ein prägnanter Fall des spezifisch modernen, institutionalisierten technisch-funktionalen Konformismus ist, der (im Unterschied zum traditionalen, die Institution absolut setzenden Konformismus) paradoxerweise mit individualistischer Auswanderung aus institutionellen Verbindlichkeiten einhergeht. Da unter diesen Bedingungen auch Sinn und Nor-

---

[89] Vgl. vor allem WILLIAM L. SHIRER, *Hitler and the Third Reich*, 1960 (dt. 1961); KARL BARTH, *Eine Schweizer Stimme 1938–1945*, Zollikon 1945, 113.121f.; auch die allegorische Umsetzung in THOMAS MANNS Roman *Doktor Faustus*. Zu Barth vgl. G. EBELING, *Karl Barths Ringen mit Luther*, in: DERS., Lutherstudien Bd. 3, Tübingen 1985 (428–573), 471–473.

[90] Vgl. zur Widerlegung jenes Klischees den vorzüglichen Überblick von WALTER MOSTERT, Art. *Luther III. Wirkungsgeschichte*, TRE 21 (567–594), 577–581; außerdem die als Dissertation bei Peter L. Berger entstandene, journalistisch flott geschriebene, aber im Ganzen instruktive Arbeit von UWE SIEMON-NETTO, *Luther als Wegbereiter Hitlers? Zur Geschichte eines Vorurteils*, Gütersloh 1993.

[91] REINHOLD NIEBUHR bezeichnet Anarchie und Tyrannei als Scylla und Charybdis des gesellschaftlichen Lebens, *The Nature and Destiny of Man*, (1941.1943), 4. Aufl. New York 1953, II 258.

[92] Für den Bereich der Werbung hat der amerikanische Ökonom VANCE PACKARD bereits vor über 40 Jahren auf diese Problematik aufmerksam gemacht: *The Hidden Persuaders*, New York 1957 (dt.: Die geheimen Verführer, Düsseldorf 1958).

mativität als bloße gesellschaftliche Funktionen erscheinen, kann diese Art von Konformismus das reibungslose Funktionieren gesellschaftlicher Prozesse mangels Orientierung und Steuerung in eine Desintegration der Gesellschaft hinübergleiten lassen[93].

Allen diesen bestimmungsgemäßen und bestimmungswidrigen Formen menschlicher Beziehungen liegt eine elementare Spannung im *Verhältnis des Menschen zu sich selbst* zugrunde, die Spannung zwischen Sich-Empfangen und Sich-Setzen. Der Mensch empfängt sich selbst als ein Wesen, das sich selbst setzt und bestimmt. Das geschieht auf zwei Ebenen. Auf der unteren kann das Selbst sich in der Gewalt haben und doch zugleich zum Opfer seines Unbewussten werden. Dabei kann man nicht ohne weiteres die Übernahme der Herrschaft durch das Unbewusste als bloßen Naturvorgang und die Selbstbeherrschung als Wahrnehmung von Verantwortung oder deren schuldhafte Verletzung identifizieren, weil man nicht säuberlich „Schichten" des Bewussten, Zurechenbaren und des Unbewussten, Unkontrollierbaren voneinander abgrenzen kann. Die Relevanz dieser merkwürdigen Unklarheit im Verhältnis des Menschen zu sich selbst wird uns unter der Problemstellung von Freiheit und Abhängigkeit näher zu beschäftigen haben.

Die Spannung von Herrschaft des Objekt-Ich über das Subjekt-Ich einerseits und des Subjekt-Ich über das Objekt-Ich andererseits wiederholt sich, wie früher bereits angedeutet[94], auf der Reflexionsebene in Gestalt der Seinsgebundenheit alles menschlichen Denkens, Fühlens und Handelns einerseits und deren kritischer Kontrolle andererseits. Seinsgebundenheit, dem individuellen wie dem kollektiven Subjekt ähnlich dem Vorurteil nicht als solche bewusst, schlägt unmittelbar um in *Ideologie*, d.h. in eine gesellschaftlich herrschende Lehre, die Anspruch auf absolute Wahrheit und absolutes Gutsein erhebt und damit die

---

[93] Die Gefahr des traditionalen Konformismus liegt nahe, wenn man mit ARNOLD GEHLEN die Funktion von Institutionen einseitig in der Entlastung von ständig neuen Entscheidungen sieht: *Urmensch und Spätkultur. Philosophische Ergebnisse und Aussagen*, 5. Aufl. Wiesbaden 1986, 33–121. Der technisch-funktionale Konformismus spiegelt sich in dem Konzept NIKLAS LUHMANNS; vgl. dessen *Soziale Systeme. Grundriß einer allgemeinen Theorie*, Frankfurt a.M. 1984, bes. 145.346–376: „Psychische Systeme" (Individuen) gehören in ihrer „Autopoiesis" zur „Umwelt sozialer Systeme" (346–348); sie stehen zu diesen in einem Verhältnis der „Interpenetration" (346 u.ö.). Es ist bezeichnend, dass L. die moderne Gesellschaft durch Gefühle, die gewissermaßen das Immunsystem des psychischen Systems bilden (371), bedroht sieht (365). – L.'s Funktionalisierung von Sinn hat EILERT HERMS bereits 1974 kritisiert: *Das Problem von „Sinn als Grundbegriff der Soziologie" bei N. Luhmann*, in: ZEE 18/1974 (341–359), 350–358. H. fordert einen „Begriff von der *Struktur* dieser Komplexität [scil. der Welt]", der sie „als die einzige *notwendige*, weil *schlechthin passiv konstituierte* Struktur" erkennen lasse (359, Hervorh. im Orig.). D.h., der Sinn gesellschaftlicher Funktionalität sei als von Gott gesetzt zu verstehen. Wird aber so nicht der Funktionalismus lediglich theologisch legitimiert? Will man das vermeiden, so muss der Sinnbegriff zumindest auch auf Gestalten gesellschaftlicher Dysfunktionalität wie Nonkonformismus oder Zerstörung funktionierender, aber unmenschlicher Institutionen bezogen werden.

[94] S.o., Schöpfung und Zerstörung, S. 308.

Machtinteressen ihrer Vertreter verschleiert[95]. Ideologie ist Ausdruck der gesellschaftlich potenzierten Sünde des verzweifelt Man-selbst-sein-Wollens. Die Potenzierung kommt dadurch zustande, dass die Chance eines kritisch kontrollierenden Dialogs übersprungen bzw. nach Kräften ausgeschaltet wird[96]. So entsteht ein auf sich selbst gestelltes Gesamtbild der gesellschaftlichen Wirklichkeit, das durch seine unmittelbare Allgemeinheit dem Individuum den Eindruck vermittelt, als Glied dieser Gesellschaft automatisch Teilhaber an der Herrschaft über das Ganze zu sein, während es in Wahrheit zum bloßen Funktionsträger, und das heißt zu einer Sache, gemacht worden ist. Ihr Absolutheitsanspruch erlaubt es den Ideologen, solange ihnen die Ausschaltung des kritisch reflektierenden Dialogs einigermaßen gelingt, ein extremes Maß an Bösem, Inhumanem durchzusetzen, ohne dass es von der Mehrheit bemerkt oder jedenfalls wirksam bekämpft werden kann. Der Bezug auf die beiden großen politischen Ideologien des vorigen Jahrhunderts ist evident. Es wäre aber verfehlt, das fundamentale gesellschaftliche Problem der Ideologie mit dem Untergang der von jenen notorisch ideologischen Systemen getragenen Imperien für erledigt zu halten. Das Ideologische kann sich sogar mit dem demokratischen Sendungsbewusstsein unserer eigenen Gesellschaftsform amalgamieren und so in wesentlich subtilerer, schwerer zu diagnostizierender Form um so wirksamer werden.

Eines der sichersten Kennzeichen für die Bosheit der Ideologie ist ihre *Humor*losigkeit. Das verbindet sie übrigens mit dem Fundamentalismus. In beiden Fällen hindert der Anspruch, die absolute Wahrheit zu besitzen, den Menschen daran, zu sich selbst kritische Distanz zu gewinnen und über sich zu lachen. (Wer nur über andere lachen kann, hat keinen Humor.) Richtig ist natürlich, dass die Konfrontation mit dem Heiligen selbst nicht zum Lachen angetan ist. Doch ist das nur die eine Seite der religiösen Beziehung. Auf der anderen Seite reflektiert sich die bergende Macht des Heiligen in der inneren Distanz und Freiheit des Hu-

---

[95] In der weiten, über die ökonomische und politische Fassung bei Marx hinausgehenden Verwendung des Begriffs folgen wir Karl Mannheim, *Ideologie und Utopie*, 5. Aufl. Frankfurt a.M. 1969. Mannheim verstand Ideologie als universales, allem menschlichen Denken, allerdings mit Ausnahme der „freischwebenden Intelligenz" des kritischen Sozialwissenschaftlers, anhaftendes Merkmal. Zu der merkwürdigen Ausnahme sah Mannheim sich genötigt, weil er meinte, nur so die Konsequenz des Agnostizismus vermeiden zu können. Offenbar hat er nicht mit der Möglichkeit gegenseitiger Korrektur durch einen kritischen Dialog gerechnet. Das ist insofern verständlich, als ideologisch fundierte Staatswesen solche Dialoge nach Kräften erschweren, aus der instinktiven Einsicht heraus, dass sie ihr Tod wären. – Reinhold Niebuhr gebührt das Verdienst, Mannheims Ideologiebegriff – ohne Rekurs auf die freischwebende Intelligenz – als wesentlichen Bestandteil der Lehre von der Sünde für die Theologie adaptiert zu haben, *The Nature and Destiny of Man*, (Anm. 91), Bd. 1, 194–198; ders., *Christian Realism and Political Problems*, New York 1953, 75–94. Zur Begriffsgeschichte vgl. Kurt Lenk, *Problemgeschichtliche Einleitung*, in: ders. (Hg.), Ideologie. Ideologiekritik und Wissenssoziologie (ST 4), 5. Aufl. Neuwied/Berlin 1971, 15–59; Ulrich Dierse, Art. *Ideologie*, in: HWP 4, 158–185.

[96] Die These, dass sich das Böse der einzelnen Menschen in der Gesellschaft nicht bloß addiere, sondern zum kollektiven Bösen – heute sagt man: zum strukturellen Bösen – potenziere, stammt ebenfalls von R. Niebuhr, *Moral Man and Immoral Society*, New York 1932.

mors gegenüber den Widersprüchlichkeiten des eigenen Lebens. Wir belassen es bei dieser Andeutung, denn eine tiefernste, in schwerer dogmatischer und wissenschaftstheoretischer Rüstung daherkommende Lehre über den Humor hätte selbst etwas außerordentlich Komisches[97]. Es ist zu hoffen, dass wirklich nur dies der Grund dafür ist, dass die christliche Glaubenslehre im Allgemeinen kein entsprechendes Lehrstück kennt...

Im Folgenden ist das Verhältnis von Bestimmung und Verfehlung an den oben analysierten *Lebensäußerungen* des Menschen zu exemplifizieren. Auch hier soll es nicht primär um empirisch-psychologische Befunde gehen, sondern um Phänomene, die auf der Ebene der Grunderfahrung liegen.

Die *Sprache* (im weiten, auch Gesten und Blicke einschließenden Sinn des Wortes) dient zur Kommunikation mit anderen über etwas. Ihre in eine gemeinsame Sprachwelt eingebetteten Äußerungen verbinden Menschen miteinander in Liebe und gesellschaftlicher Solidarität. Im Modus des Zuspruchs und des Versprechens bildet Sprache Vertrauen. In der Form der sachlichen Rede über etwas vermittelt sie Information und Orientierung, die ihrerseits als Medium der Vertrauensbildung dienen können. Als Lüge dagegen zerstört sie Vertrauen – und zwar gerade indem sie sich ihrer vertrauensbildenden Fähigkeiten bedient. Durch Irrtum oder Verfälschung schafft sie Desinformation und Desorientierung. Dazu trägt auch die Abschottung einer Sprachwelt gegen andere oder die interne Restriktion durch behördliche oder konventionelle Tabuisierung bei, die von den betroffenen Menschen teils nicht einmal recht bemerkt wird, teils zur Doppelzüngigkeit nötigt. Zur Bildung von Vertrauen ebenso wie von Misstrauen ist sie in der Lage durch ihren performativen Charakter, ihre Macht, durch die sie ursprünglich an der schöpferischen Macht Gottes teilhat. Die Sprache ist sogar das Machtmittel des Menschen schlechthin, insofern sie über die gröberen, für sich genommen leichter als Ausdruck von Macht erkennbaren Vollzüge wie physischen oder psychischen Druck verfügen kann. Für die Pervertierung sprachlicher Macht sind die Langzeit- und Tiefenwirkung der Verleumdung und die Manipulation durch Propaganda und Werbung instruktive Beispiele. Mindestens ebenso verhängnisvoll, weil vielfach als harmlos abgetan, ist die Banalisierung der performativen Kraft zum Geschwätz. Die Einsicht in die wohltätige wie in die gefährliche Wirkung der Sprache ist alt, wie ein Blick in das 3. Kapitel des Jakobusbriefes (Jak 3,1–12) zeigt.

Das *Gefühl* kann einmal transzendental als die Bedingung der Möglichkeit des Selbstverhältnisses des Menschen und seiner Präsenz in menschlicher Begegnung und zum anderen empirisch als Emotion verstanden werden. Im transzendenta-

---

[97] Ein schönes Beispiel für eine theologische Behandlung des Themas, nicht in der Form einer dogmatischen Abhandlung, sondern in der viel angemesseneren des Essays, findet sich bei R. Niebuhr, *Discerning the Signs of the Times. Sermons for To-day and To-morrow*, London 1946, 99–115 (Die Zeichen der Zeit, dt. v. E. Trendelenburg, München 1948 – aber Humor lässt sich bekanntlich kaum übersetzen).

len Gefühl kommt auch der Selbstwiderspruch des Menschen zwischen (letztlich in Gott gegründetem) Urvertrauen und Urmisstrauen am klarsten zum Ausdruck. Als Emotion tendiert es dazu, den Menschen zu beherrschen und muss doch auch von ihm beherrscht werden. Beides ist wiederum in sich zwiespältig. Ohne sich ganz seinem Gefühl hinzugeben, kann niemand enge menschliche Gemeinschaft verwirklichen, aber auch nicht in Blutrausch geraten; die Beherrschung des Gefühls ermöglicht die Eindämmung und Kontrolle seiner verheerenden Wirkungen ebenso wie persönliche Entfremdung und generalstabsmäßige Brutalität. In ihrer Beziehung auf Gemeinschaft als Liebe und Achtung, Hass und Gleichgültigkeit bildet das Gefühl das elementarste Band zwischen Menschen oder den elementarsten Bruch zwischen ihnen. Emotionen sind aber nicht nur individuell, sondern treten auch kollektiv auf. In dieser Form potenzieren sie ihre Herrschaft über den einzelnen Menschen in Gestalt kollektiver Pressionen und bilden das psychische „Klima" einer Gesellschaft. Der Inhalt solcher kollektiven Gefühle kann ebenso in konstruktiver Loyalität wie in destruktiver Aggressivität bestehen. Die instruktivsten Beispiele dafür sind das Nationalgefühl und seine Perversion, der Nationalismus. In beiden Fällen übt die kollektive Gefühlswelt einer Nation eine Macht aus, die derjenigen der Sprache mindestens ebenbürtig ist. Denn Gefühle sind so elementar und so wenig greifbar, dass sie schnell das Klima einer nahezu unentrinnbaren Selbstverständlichkeit erzeugen können. Die persönlichen Gefühle können sich zwar von diesem kollektiven Klima abspalten und das Heil der Selbsterhaltung in der Isolierung suchen. Aber insofern dadurch menschliche Gemeinschaft in Liebe verhindert wird, ist auch das wieder ein zwiespältiges Verhalten. Insgesamt lässt die Unwillkürlichkeit und begrenzte Beherrschbarkeit des Gefühls die Frage nach der Verantwortbarkeit und damit nach dem Verhältnis von Bestimmung und Verfehlung in hohem Maß in der Schwebe.

Das *Denken* mit seiner Spannung von Distanz und Konzentration dient der Erfassung von Sachverhalten, der Planung und Kontrolle. Strenge der Logik ebenso wie kreative Kraft der Phantasie sind für eine menschengerechte und sachgerechte Lebensgestaltung unerlässlich. Beide Kräfte des Denkens müssen sich gegenseitig ergänzen und korrigieren. Logische Strenge verhilft zur Erkenntnis von Zusammenhängen und Gesetzmäßigkeiten und sorgt in der praktischen Gestaltung für Regeln und Leben sichernde Orientierung und Ordnung. Die Phantasie versetzt sich in das Besondere einer bestimmten Person oder Situation und entwirft schöpferisch neue Möglichkeiten künstlerischer oder theoretischer Darstellung und bessere Formen des Zusammenlebens. Gültige künstlerische Form, tragfähige Theorien, lebensfähige soziale Strukturen entstehen im Zusammenwirken beider Kräfte. Setzt sich dagegen eine von ihnen absolut, so blockieren sie sich gegenseitig. Dann ebnet die logische Gesetzmäßigkeit die individuelle Besonderheit einer Intuition, eines Menschen oder einer geschichtlichen Situation schematisierend ein und opfert die spezifische Identität des Einzelnen dem

Allgemeinen. So entstehen Kunstwerke ohne Ausstrahlung, sterile Theorien (auch in der Theologie) und gnadenlose Bürokratie. Setzt sich dagegen die kreative Kraft der Phantasie absolut, so entstehen kommunikationsunfähige Kunst, willkürliche theoretische Ideen und utopische Gesellschaftskonstruktionen. Der bezwingende Reiz von Phantasievorstellungen und die Unausweichlichkeit des logischen Kalküls können auch vereint zu verhängnisvoller Wirkung kommen. Das Phänomen verlogener Meinungsmanipulation mag als Beispiel genügen. Was bestimmungsgemäßer Gebrauch und was Missbrauch des Denkens sei, bleibt im konkreten Fall mehr oder weniger strittig.

Der *Wille* ist die Kraft des Gefühls zur Durchsetzung des Gedachten oder Vorgestellten, und als Ermöglichung der performativen Leistung der Sprache teilt er die Ambivalenz der Selbstbehauptung. Als hinter den einzelnen Willensakten stehender ursprünglicher Wille zum Leben ist er die elementarste Äußerung von Macht, ohne die weder Selbstsein noch Dasein für andere möglich ist. Wille und Durchsetzungskraft sind die Bedingung der Möglichkeit von Lebensgestaltung überhaupt. Das gilt auch für die Potenzierung der Macht in der kollektiven Willensbildung; ohne sie ist keine Gesellschaft lebensfähig. Der Rückzug von aller Macht wegen ihrer angeblich naturgegebenen korrumpierenden Wirkung ist nichts anderes als das verzweifelt Nicht-man-selbst-sein-Wollen in reiner Form. Andererseits tendiert die natürliche und lebensnotwendige Selbstbehauptung oder Selbstmacht des Willens dazu, sich des Selbst ebenso wie anderer Menschen in Abwehr des Bestimmtwerdens durch Gott zu bemächtigen und sich so absolut zu setzen. Verabsolutierte Macht wirkt nicht ordnend, sondern knechtend – oder beides gleichzeitig. Sie ist bestrebt, das Dasein für andere der Selbstverwirklichung unterzuordnen. In ihrer kollektiven Form macht sie sich die lebensnotwendige gesellschaftliche Interaktion zu lebensfeindlichen Zwecken zunutze. Immer freilich wird sich solche Machtausübung mit dem Schein des Rechts ausstatten. Gerade an dieser Stelle ist die Bekleidung des Bösen mit dem Mantel des Guten die Regel. Mit dem berühmten Ausspruch des englischen Historikers und Politikers Lord John Acton (1834–1902): „Power tends to corrupt and absolute power corrupts absolutely"[98]. Selbst die harmloseste Form von Macht ist ambivalent, insofern sie eine latente Neigung zum Ideologischen hat. Auf diese Weise trägt der geschöpfliche Wille zum Leben den Keim des Willens zum Tode in sich, dem er nicht entrinnt.

Bisher haben wir die Lebensäußerungen des Menschen im Blick auf die Seite seiner Existenz besprochen, durch die er sich von der übrigen Welt der Lebewesen unterscheidet. Dies geschah nicht in der Absicht, ihm eine absolute Sonderstellung zuzuerkennen, sondern weil sich von hier aus am ehesten seine Identität

---

[98] Lord Acton (JOHN EMERICH EDWARD DALBERG-ACTON First Baron Acton), Brief vom 5.4. 1887 an Bischof M. Creighton, in: DERS., Selected Writings, hg. v. J.R. Fears, Bd. 2, Indianapolis IN 1986 (378–386), 383.

bestimmen lässt. Zu dieser Identität gehört aber ebenso alles das, was ihn mit der übrigen Lebenswelt verbindet, also die natürlichen Bedürfnisse wie Nahrung, Schutz vor der Witterung, Gemeinschaft mit anderen, Sexualität usw. Dies ist im Zusammenhang mit den starken asketischen Bestrebungen, die das Christentum insbesondere mit der Entstehung des Mönchtums schon sehr früh in seiner Geschichte aufgenommen hat, vielfach verkannt worden. Die ersten Anklänge an diese Tendenz finden sich sogar bereits im Neuen Testament, nämlich bei Paulus, der 1.Kor 7,26f dem Ledigsein einen – relativen! – Vorzug vor der Ehe zuschreibt. Man darf jedoch nicht übersehen, dass diese Sätze ganz und gar durch ihren eschatologischen Zusammenhang bestimmt sind: Angesichts des nahen Weltendes und nicht etwa aus prinzipiellen religiösen oder moralischen Gründen kann danach die menschliche Bindung einer Ehe zum Problem werden. Das ist etwas völlig anderes als die widernatürliche Diffamierung der Sexualität, wie sie in den meisten christlichen Konfessionen lange geherrscht hat und bis heute dem volkstümlichen Vorurteil Nahrung gibt, sie sei ein spezifisches Kennzeichen des Christentums. Auf Jesus selbst kann sich eine solche Auffassung zumindest nicht berufen. Zwar kann man über die gelegentlich diskutierte Frage, ob er selbst verheiratet gewesen sei oder um seiner Sendung willen enthaltsam gelebt habe, nur Spekulationen anstellen[99]. Doch weisen die ihm widerfahrenen Verleumdungen als „Fresser und Weinsäufer" (Mt 11,19) klar darauf hin, dass er im Unterschied zu Johannes dem Täufer keine prinzipielle Askese praktiziert oder verlangt hat.

Die natürlichen Triebe des Menschen gehören zu den mit ihm geschaffenen Gaben, die er dankbar gebrauchen soll. Ohnehin ist eine scharfe Scheidung zwischen Natur und Geist unmöglich, weil beides im wirklichen Lebensvollzug ständig ineinander greift. Auch die Natürlichkeit aber hat ihre eigene Ambivalenz. Das Besondere des Menschen besteht in dem Auftrag, seine natürlichen Bedürfnisse ebenso wie die der ihn umgebenden Welt seiner Bestimmung zuzuordnen. Die passive Konstitution des Geschaffenseins kann die Basis für ein dankbares Empfangen natürlicher Gaben sein. Sie trägt jedoch zugleich den Keim zu einem bloßen Sich-treiben-lassen von naturhaften Prozessen in sich. Dann verhindert sie die bewusste Gestaltung des Natürlichen im Zeichen der Liebe zu anderen Menschen und der mitgeschöpflichen Solidarität mit nichtmenschlichem Leben. In diesem Zusammenhang kommt der Askese ein relatives Recht zu, insofern sie der Besinnung auf die menschliche Bestimmung dient. In manchen Fällen kann sie auch im Dienst der Erfüllung einer besonderen Lebensaufgabe stehen. Genau dann steht sie freilich in besonderer Gefahr, zu einem Mittel der – insbesondere religiösen – Selbstrechtfertigung zu werden.

---

[99] So mit Recht der Religionswissenschaftler PETER ANTES, *Jesus. Zur Einführung*, Hamburg 1998, 66.

d) Geschaffene Freiheit – Knechtung und Willkür

Freiheit und Schicksal stehen einander nicht nur polar gegenüber, so dass die Freiheit durch das Schicksal zu dessen Bearbeitung herausgefordert oder auch unwirksam gemacht würde, sondern Freiheit erweist sich geradezu selbst als Schicksal. Das ist zunächst eine natürliche Gegebenheit der endlichen Lebenswirklichkeit. Aber dadurch, dass der Mensch dieses Schicksal nicht seinem göttlichen Grund verdanken, sondern als selbstgesetzt begreifen will, kann er nicht anders als sich aus der selbstverschuldeten Entfremdung von Gott heraus zu bestimmen. Diese Verkehrung seiner ursprünglichen Bestimmung vermittelt sich durch die Wechselwirkung der Menschen im gesellschaftlichen Zusammenleben[100]. Jetzt sind die Implikationen zu untersuchen, welche diese Wechselwirkung für das Verhältnis von Freiheit und Abhängigkeit des Menschen hat.

Die *Selbstknechtung der Freiheit*, die durch den Anspruch absoluter Autonomie zustande kommt, erscheint in der modernen Gesellschaft insbesondere in Gestalt des Kollektivismus. Darunter verstehen wir die dem einzelnen Menschen häufig gar nicht bewusste Steuerung seines Denkens, Fühlens und Handelns durch Konventionen seiner Gesellschaft, denen er nur unzureichend oder überhaupt nicht kritisch begegnet. Hier gilt es allerdings sorgfältig zu unterscheiden zwischen einer tatsächlichen unkritischen Abhängigkeit von allgemeinen Stimmungen und Meinungen und dem, was elitärem Vorurteil als solche erscheint. Das Letztere hat es in irgendeiner Form immer gegeben. So spielt bereits in Platons Äußerungen über οἱ πολλοί[101], die Vielen oder, wie man heute sagen würde, die Masse, die Verachtung der Geistesaristokratie für den einfachen Menschen des Volkes mit. Das Thema gewinnt aber in neuerer Zeit mit der im Gefolge der industriellen Entwicklung eintretenden Anonymisierung der Gesellschaft an Gewicht und Brisanz. Das lässt sich an der vielfältigen kulturkritischen Literatur des frühen 20. Jahrhunderts über den „Massenmenschen", von Gustave Le Bon zu José Ortega y Gasset oder zu Martin Heideggers „Man"[102], ablesen. Zwar ist auch hier wiederum die Rolle eines elitären Selbstbewusstseins unverkennbar, jetzt in Gestalt der Überheblichkeit des Akademikers gegenüber der Arbeiterklasse. Zieht man dies jedoch ab, so stellt sich als das spezifisch Moderne heraus, dass der Kollektivismus infolge der gewachsenen Unübersichtlichkeit der Gesellschaft in allen Schichten Fuß gefasst hat. So führt Ortega den über die Grenzen seines Fachs nicht hinausblickenden wissenschaftlichen Spezialisten als Muster-

---

[100] Vgl. dazu Georg Wilhelm Friedrich Hegel, *Phänomenologie des Geistes*, Jub.-Ausg. 2, 148–158.

[101] Vgl. z.B. Platon, *Politeia* VI, 505b5f: „Die Menge hält das Vergnügen (ἡδονή) für das Gute – die Vornehmeren (κομψότεροι) dagegen die Einsicht (φρόνησις)".

[102] Gustave Le Bon, *Psychologie der Massen* (1895, La psychologie des foules, dt. v. R. Eisler, KTA 99), 15. Aufl. Stuttgart 1982; José Ortega y Gasset, *Der Aufstand der Massen* (La rebelión de las masas, 1930, dt. v. H. Weyl), 78.–82. Tsd., Stuttgart 1949; Martin Heidegger, *Sein und Zeit* (1927), 7. Aufl. Tübingen 1953, 114–130.

beispiel für einen Massenmenschen an[103]. Es ist auch kein Einzelfall, sondern bezeichnend, dass ein Mann wie Heidegger – ironischerweise einer der prononciertesten Kritiker des Massenmenschen – sich zumindest zeitweise von einer besonders rigiden Form des modernen Kollektivismus, der nationalsozialistischen Bewegung, hat einspannen lassen. Weder Herkunft noch höhere Intelligenz schützt vor Kollektivismus. Die allgemeine Verbreitung des „außengelenkten" Menschen hat in neuerer Zeit besonders eindrucksvoll der amerikanische Soziologe David Riesman in seinem auch in Deutschland bekannt gewordenen Buch *The Lonely Crowd* geschildert[104].

Kollektivismus ist nicht zu verwechseln mit Konventionalismus. Dieser appelliert jedenfalls in seinen älteren Formen, z.B. in der konventionellen Christlichkeit des Mittelalters oder auch des späteren 19. und frühen 20. Jahrhunderts, noch an das Gewissen, also an die Selbstbestimmung des einzelnen Menschen bzw. sein Sich-bestimmen-lassen zur Selbstbestimmung durch Gott. Der moderne Kollektivismus dagegen ist eine Folgeerscheinung der Emanzipationsgeschichte des neuzeitlichen Menschen. Das Kollektiv tritt mit dem Anspruch auf Mündigkeit auf und setzt darum sich selbst und seinen Gruppendruck als letzte Instanz und die Konvention (oder die Ideologie) als letzten Maßstab. Eben dadurch erweist sich der Kollektivismus als zutiefst widersprüchliche Erscheinung. Der Selbstbestimmung des Kollektivs wird die Selbstbestimmung des Einzelnen zum Opfer gebracht: Im Namen der kollektiven Selbstbestimmung der Klasse oder der Nation setzten die großen ideologischen Systeme des vorigen Jahrhunderts absolute Konformität durch. Die Werbung produziert im Namen der Selbstbestimmung des Verbrauchers unterschwellig Konformität im Konsumverhalten. Menschen, die durch die öffentliche Benutzung des (bezeichnenderweise pseudo-englisch benannten) „Handy" ihre Unabhängigkeit demonstrieren, unterwerfen damit zugleich ihre Privatsphäre gewollt oder ungewollt kollektiven Standards.

Irritierend am Kollektivismus ist, dass er bis zu einem gewissen Grad unvermeidlich ist. Die Komplexität und Unübersichtlichkeit gesellschaftlicher Prozesse macht die Mechanismen, die zum Kollektivismus führen, außerordentlich schwer durchschaubar. Darüber hinaus werden diese Mechanismen ständig ideologisch immunisiert und sanktioniert. So legitimieren die Konservativen die den Kollektivismus tragenden Institutionen mit einseitiger Hervorhebung ihres Entlastungseffekts. Die gegen das Bestehende Rebellierenden decken die damit einhergehende Einengung und Freiheitsberaubung auf. Aber die Protestbewegungen gegen die etablierten Institutionen wie z.B. Bürgerinitiativen, feministische Bewegung oder Jugend-Subkulturen produzieren unter dem Vorzeichen der

---

103 J. ORTEGA Y GASSET, a.a.O. 116–124.
104 DAVID RIESMAN, NATHAN GLAZER, REUEL DENNEY, *Die einsame Masse. Eine Untersuchung der Wandlungen des amerikanischen Charakters* (The Lonely Crowd, 1950, dt. v. R. Rausch), Darmstadt u.a. 1956.

Emanzipation von herrschender Konformität ihrerseits einen enormen Konformitätsdruck von *political correctness*, der dem von ihnen bekämpften an Rigidität in nichts nachsteht. Er ist nur durch die befreiungstheoretische Begründung besser kaschiert als das konservative Gegenbild.

In dem geschilderten Kollektivismus korrespondiert dem verzweifelt Man-selbst-sein-Wollen des Kollektivs das verzweifelt Nicht-man-selbst-sein-Wollen des Einzelnen, wobei das Endliche absolut gesetzt wird. Insofern ist er eine Erscheinungsform der Sünde. Doch kann man weder der konservativen noch der progressiven Seite berechtigte Interessen und gesellschaftlich notwendige Funktionen absprechen. Kollektivismus ist also ein ambivalentes Phänomen. Er kann sogar überwiegend positiven Zwecken dienen. Ein Beispiel ist die Umweltbewegung der letzten Jahrzehnte. An ihrem Anfang standen eigenständige vernünftige Überlegungen, die zunächst eingefleischte Einstellungen und Gewohnheiten überwinden mussten. Inzwischen kann man jedoch bereits von einem kollektiven Verhalten in Umweltfragen reden, das durchaus im riesmanschen Sinn „other-directed", durch Gruppendruck außengesteuert ist, aber zweifellos dem Schöpfungsauftrag der Bewahrung der Erde gerecht zu werden sucht. Sieht man einmal von den problematischen Folgen ab, die durchaus auch aus dieser Bewegung resultieren können, so fällt es hier schwerer, die ebenfalls vorhandenen negativen Aspekte des Kollektivismus zu identifizieren.

Der Kollektivierung und dem Konformismus steht in den modernen westlichen Gesellschaften der *Individualismus* gegenüber. In ihm kommt zunächst ein Moment der Freiheit vom sei es traditionalen, sei es modernen Kollektiv zum Ausdruck. Insofern hat man den Individualismus (oder auch Partikularismus kleiner ethnischer Gruppen), der sich besonders nach dem Ende der Aufteilung der Welt in zwei große ideologische Blöcke ausgebreitet hat, mit gewissem Recht als Befreiung von dem voraufgegangenen Kollektivismus empfunden. Doch ist das nur sehr begrenzt richtig, denn im Grunde ist der Individualismus in seiner spezifisch modernen Form nur das andere Gesicht des Kollektivismus. Während die Aufklärung im Namen einer allgemeinen Vernunft gegen die autoritäre Gesellschaftsstruktur des *ancien régime* Eigenständigkeit erstritt und die Romantik im Protest gegen die egalitären Ideen der Aufklärung dem Gedanken der Individualität zum Durchbruch verhalf, ist Individualismus heute ein Breitenphänomen. Es gilt geradezu als entscheidendes Kennzeichen für ein der Konvention konformes Verhalten, Individualist zu sein. Man kann das ebenso gut auch umkehren: Individualistisches Verhalten trägt heute oft ausgesprochen kollektivistische Züge. So arbeitet die Werbung nicht nur mit dem Hinweis auf die allgemeine Akzeptanz eines Produkts, sondern ebenso mit der Hervorhebung des Individualistischen, Aparten, das auf diese Weise jedermann zugänglich gemacht werden soll (und dann natürlich nicht mehr „apart" ist).

Der kollektive Individualismus oder individualistische Kollektivismus wird in der neueren soziologischen Literatur unter Leitbegriffen wie Narzissmus oder

Erlebnisgesellschaft breit beschrieben[105]. Er dürfte gegenwärtig die gravierendste Gefahr für die westlichen Gesellschaften darstellen, insofern er deren Zusammenhalt ernsthaft auf die Probe stellt und vielen der in der Tagesdiskussion im Vordergrund stehenden akuten Probleme zugrunde liegt. Die ethische Seite dieses Problems lässt sich als Verlust der demokratischen Primärtugend des Engagements für die gemeinsame Sache einer freien Gesellschaft beschreiben, der in krassem Widerspruch zu der Tatsache steht, dass eben diese Haltung nur auf Grund einer gesicherten gesellschaftlichen Freiheit möglich ist.

Es wäre dennoch nicht richtig, dieses Phänomen einfach als Bindungslosigkeit zu verstehen. Die Kehrseite der zuvor beschriebenen geknechteten Freiheit ist nicht Bindungslosigkeit, sondern *willkürliche Bindung*. Damit ist eine Bindung gemeint, die zwar durchaus eine Ahnung vom Wesen gemeinschaftlichen Lebens verrät, jedoch an einem individuell zusammengestellten Wertekanon orientiert und nur in geringem Maß oder überhaupt nicht in transsubjektiven Bezügen verankert ist, da Institutionalität den so lebenden Menschen vielfach von vornherein suspekt erscheint. Eine religiöse Rückbindung fehlt entweder völlig oder ist ebenfalls zum Gegenstand einer „autonom" vollzogenen Wahl herabgesunken. Es sind also durchaus Bindungen vorhanden; andernfalls wäre die Gesellschaft längst im Chaos versunken. Aber die für haltbare soziale Relationen erforderliche Orientierung an einer gemeinsamen Sache ist weitgehend auf begrenzte und überschaubare Bereiche sowie auf befristete Zeiträume beschränkt. Ein Beispiel für den ersten Aspekt sind die Bürgerinitiativen mit ihrer Konzentration auf einzelne, bestimmte Projekte und der oft bewussten Ausblendung einer Reflexion auf umfassendere Zusammenhänge. Den zweiten Aspekt kann die Gewichtsverlagerung im Verständnis des Verhältnisses der Geschlechter von der prinzipiell auf Lebenszeit angelegten Loyalität der Ehe in Richtung auf zeitlich begrenzte Partnerschaften veranschaulichen.

Auch die willkürliche Bindung ist ambivalent. Die mit ihr verbundene Beschränkung auf das Private führt nicht selten zu einer erhöhten Sensibilität für den persönlichen Bereich und für die vor der Hand liegenden Verbindlichkeiten. Schon deshalb impliziert die hier gestellte Diagnose keine moralistische oder kulturkritische Fundamentalkritik an der „Sittenlosigkeit" unserer Zeit im Unterschied zu einem untergegangenen „Goldenen Zeitalter" (wann sollte das gewesen sein?). Es kommt hinzu, dass die Veränderung der Loyalitätsverhältnisse in erheblichem Maß mitbedingt ist durch die Vielfalt der Rollen und die Mobilität der modernen Gesellschaft. Andererseits bedeutet die willkürliche Bindung sowohl eine Verminderung ihrer lokalen und temporalen Erstreckung und den Verlust des übergreifenden Ganzen als auch eine Veränderung ihrer Qualität: sie

---

[105] RICHARD SENNETT, Verfall und Ende des öffentlichen Lebens. Die Tyrannei der Intimität (The Fall of Public Man, dt. v. R. Kaiser, Fischer Wissenschaft 1980), Frankfurt 1986; GERHARD SCHULZE, *Die Erlebnisgesellschaft. Kultursoziologie der Gegenwart*, 5. Aufl. Frankfurt/New York 1995. Vgl. auch oben, S. 440.

büßt ihre Unbedingtheit ein. Der immer weitere Ausgriff menschlicher Weltbeherrschung fördert also paradoxerweise Spießbürgertum und Provinzialismus, und der Rückzug ins Private führt zu einem ebenso paradoxen Verlust persönlicher Intensität. Insofern stellt die willkürliche Bindung eine Gestalt der Sünde der übersprungenen Endlichkeit dar, wobei bald das verzweifelt Man-selbst-sein-Wollen, bald das verzweifelt Nicht-man-selbst-sein-Wollen im Vordergrund steht. Im einen Fall ist die geschaffene Freiheit usurpiert, im anderen preisgegeben.

Die beiden beschriebenen Phänomene, die sich selbst knechtende Freiheit und die willkürliche Bindung, schlagen ineinander um. Willkürliche Bindung ist Bindung an die Willkür und wird somit zur sich knechtenden Freiheit. Deren kritiklose Unterwerfung unter gesellschaftliche Zwänge ist, wenngleich unter dem Druck der Angst stehend, eine Form der Willkür. Der jeweilige Umschlag ins Gegenteil bringt den Verlust der Spannung zwischen Freiheit und Schicksal mit sich, die in ihre isolierten Pole zerfällt, wobei die Abhängigkeit die Oberhand behält. Gerade der abendländische Emanzipationsprozess, der mit solcher Energie den reformatorischen Gedanken der Freiheit der Kinder Gottes positiv weiterführte, hat diese Freiheit, indem er sie aus der Rückbindung an Gott löste, in neue Unfreiheit verkehrt. Diese unterscheidet sich von der heteronomen Unfreiheit der vorneuzeitlichen Epoche nur dadurch, dass sie nicht das Gewissen an eine vorgegebene Struktur ausliefert, sondern den Menschen im Gewand weitgehender Willkür in einer komplexen Vielfalt von Lebensbezügen und der daraus resultierenden Diffusität der öffentlichen Meinung aufgehen lässt. Darin liegt weder ein Fortschritt noch ein Rückschritt, sondern lediglich eine Veränderung der Gestalt, in der die Gottentfremdung gesellschaftlich auftritt.

e) *Der Zwiespalt des Sollens*[106]

Aus der zuletzt angesprochenen Vielfalt der Lebensbezüge in der modernen Welt ergibt sich eine Vielfalt von Ansprüchen, denen der einzelne Mensch in der Gesellschaft ausgesetzt ist. Diese Vielfalt betrifft die moralischen Anforderungen, d.h. die von der Gesellschaft aufgestellten *Pflichten*, als Eltern, Bürger, Kunden, Wähler usw., denen die vom Einzelnen wahrgenommenen gesellschaftlichen *Rollen* entsprechen sollen. Schon hier zeichnet sich ein riesiges Konfliktpotenzial ab. Ein schlichtes Beispiel: Soll ich für meine Familie ein Nahrungsmittel kaufen, das gesünder ist als vergleichbare Artikel der Konkurrenz, obwohl ich weiß, dass der Inhaber der Herstellungsfirma mit seinen Einkünften eine von mir als gefährlich eingestufte politische Gruppierung unterstützt? Hier geraten verschiedene

---

[106] Um der Vollständigkeit der Systematik willen muss ich hier in geraffter Form ein Thema behandeln, das bereits Gegenstand ausführlicher Erörterung in meiner *Ethik in evangelischer Perspektive*, Göttingen 1992, gewesen ist. Zu seiner Stellung innerhalb der ethischen Theorie s. dort 336–347.383–410.

Rollenanforderungen, die gleichzeitig an mich herantreten, nämlich die des Familienvaters und die des Staatsbürgers, miteinander in Konflikt. Solche Anforderungen mögen sich im Einzelfall durch eine Güterabwägung befriedigend zum Ausgleich bringen lassen. Doch häufig stehen sie allem Anschein nach gleichberechtigt gegeneinander, oder sie wachsen sich zu Dauerkonflikten aus, die sich nicht auflösen lassen, wie zum Beispiel der Konflikt zwischen den Pflichten eines freien Berufs und den Pflichten der Familie.

Aber nicht nur zwischen mehreren verschiedenen Rollen treten Konflikte auf. Auch mit jeder einzelnen Rolle, die ich wahrnehmen soll, kann ich in Konflikt geraten. Auch dafür ein Beispiel: Soll ein arbeitsloser Chemiker eine Stelle in einer Fabrik annehmen, die chemische Kampfstoffe herstellt, wenn der Stellenmarkt ziemlich hoffnungslos aussieht, obwohl sein Gewissen dagegen spricht[107]? Derartige Konflikte verschärfen sich im Allgemeinen noch durch ihre Verquickung mit dem Konflikt zwischen dieser beruflichen Entscheidung und den berechtigten Ansprüchen, die aus anderen Rollen erwachsen.

Neben den Rollenkonflikten der beiden beschriebenen Arten haben wir es ständig auch mit *Güterkonflikten* zu tun. Ein Beispiel, das in Zukunft immer mehr an Bedeutung gewinnen wird, ist das Allokationsproblem in der Medizin: Welchem von mehreren bedürftigen Patienten soll eine besonders teure Behandlung zuteil werden, wenn die vorhandenen Mittel nicht ausreichen, um alle damit zu versorgen? Ist es überhaupt möglich oder erlaubt, in einem solchen Fall den Lebenswert des einen Menschen höher einzustufen als den eines anderen? Wenn das Leben des Menschen seinen Wert nicht aus seiner Nützlichkeit für die Gesellschaft bezieht, sondern allein aus seinem Geschaffensein von Gott, scheint es für eine solche Entscheidung überhaupt kein vertretbares Kriterium zu geben, zumal in einer zugespitzten Situation, in der es um Leben und Tod geht.

Solche Rollen-, Pflichten- und Güterkonflikte sind ein fester Bestandteil des täglichen Lebens. Sie werden noch zusätzlich verschärft durch die Tatsache, dass die *Normen*, nach denen sie entschieden werden können, ebenfalls strittig sind. Zwar gibt es in einem funktionierenden Staat ein einheitliches System von Rechtsnormen, nach dem juristische Streitfälle entschieden werden können. Doch alle diese Normen sind auslegungsbedürftig. Jeder Streit um ein neu einzuführendes Gesetz mit brisanter Thematik zeigt, wie wenig einheitlich, ja widersprüchlich die hinter der Rechtswirklichkeit stehenden ethischen Normvorstellungen faktisch sind.

Während die Rollenkonflikte ihre nächste Ursache in der Komplexität der Gesellschaft haben, die zu ständigen Überschneidungen unterschiedlicher Anforderungen führt, hat der Normenkonflikt seine Wurzel in unterschiedlichen kultur-

---

[107] Dieses Beispiel habe ich, in etwas vereinfachter Form, dem Aufsatz von BERNARD WILLIAMS entnommen *A Critique of Utilitarianism*, in: J.J.C. Smart und B. Williams, Utilitarianism For and Against, 12. Aufl. Cambridge 1987 (77–150), 97f.

geschichtlichen Entwicklungen, und zwar unterschiedlich nicht nur zwischen geographisch voneinander getrennten Kulturkreisen, sondern auch in Gestalt miteinander konkurrierender Traditionen innerhalb eines Landes. Die Auswirkungen dieses kulturellen Pluralismus werden in der westlichen Welt mit steigender Mischung der Kulturen in Zukunft noch wesentlich spürbarer werden.

Beide Probleme, das der Komplexität und das der Heterogenität der Gesellschaft, betreffen zunächst die Endlichkeit der Realisierungsmöglichkeiten des Menschen. Doch implizieren sie auch seine Schuld. Denn der Pflichtenkonflikt schließt die Verantwortlichkeit des Handelnden auch für die negativen Folgen ein, die der Ausschluss einer Option hat, selbst dann, wenn die vorherige Güterabwägung zu einer klaren, rechenschaftsfähigen Entscheidung geführt hat. Es ist keineswegs notwendig ein Zeichen von Skrupulosität, wenn der Mensch sich in dieser Situation schuldig fühlt, obwohl die Schuld allem Anschein nach unvermeidlich war. Das hier angedeutete Phänomen war sicherlich dem mit der Frage der Schuld viel stärker beschäftigten 16. Jahrhundert vertrauter als uns heute. Ein beredtes Zeugnis dafür ist Luthers berühmter Brief an Melanchthon vom 1. 8. 1521, in dem es heißt: „... sündige tapfer, aber glaube noch tapferer und freue dich in Christus ... Es ist unumgänglich, dass wir sündigen, solange wir hier [in dieser Welt] sind ...“[108]. Doch wird die Verantwortlichkeit in Pflichtenkonflikten sehr wohl auch heute von gewissenhaften Menschen als unentrinnbar empfunden, insbesondere natürlich dann, wenn die Handlungsalternative sich dramatisch zuspitzt wie z.B. in der Entscheidung der Widerstandskämpfer im Dritten Reich, Hitler zu töten, um das Terrorsystem zu Fall zu bringen. Selbst aus der Perspektive des historischen Rückblicks wäre es leichtfertig, diese Entscheidung als eindeutig und ohne „Rest" richtig hinzustellen, weil sie eben unvermeidlich Schuld mit sich führte, indem sie die bewusste Tötung eines oder mehrerer Menschen involvierte.

Man könnte versuchen, dieses Problem unter Berufung auf den unterschiedlichen Rang der relevanten Normen auszuschalten. Doch selbst in scheinbar einfach gelagerten Fällen wie der noch unerledigten CDU-Parteispendenaffäre von 1999, in der ein illegalen Spendern gegebenes Versprechen, deren Anonymität zu wahren, gegen die geltenden Gesetze steht, die genau dies untersagten, entsteht ein Gewissenskonflikt. Dieser wird zwar durch die Entscheidung für eine der beiden Normen äußerlich beendet, aber nicht aufgelöst, weil genau damit die andere Norm unvermeidlich verletzt wird. In beiden Hinsichten fühlt sich das Gewissen einer bestimmten Grundrichtung des Verhaltens verpflichtet, die unbedingte Geltung beansprucht. Deshalb entsteht im Konfliktfall unvermeidliche Schuld – ob nun das einzelne Gewissen empfindlich genug ist, sich ihrer bewusst zu werden, oder nicht.

---

[108] „... pecca fortiter, sed fortius fide et gaude in Christo ... Peccandum est, quamdiu hic sumus ...", WAB 2, 372,84–86.

Das Interesse der Glaubenslehre gilt freilich nicht der Entscheidung solcher Handlungsalternativen, deren Diskussion vielmehr Sache der Ethik ist. Es geht ihr um die Spuren unvermeidlicher Existenzverfehlung in der Lebenswirklichkeit, die in solchen Konflikten erscheinen (und später im Rahmen der Heilslehre um den Hinweis auf die Vollmacht, die dennoch eine verantwortliche Lebensführung erlaubt). Für die Ethik signalisiert das Bewusstsein unvermeidbarer Schuld diejenige Dimension, die in der Berechnung von Gradunterschieden der Vertretbarkeit nicht aufgeht. Das ist die Dimension des Unbedingten, die Grundbestandteil der Gewissenserfahrung ist und deren Ernst ausmacht. Dieser ist für den „gewissenhaften" Charakter der konkreten Entscheidung unerlässlich, und doch kann er sich in der konkreten Situation immer nur ansatzweise Geltung verschaffen. Die Unbedingtheit der ethischen Grundforderungen steht auch quer zu den unterschiedlichen Ausprägungen, die sie in der Kulturgeschichte gefunden haben. Diese sind Vermittlungsprodukte, die von den jeweils herrschenden historischen Bedingungen abhängig sind und eben deshalb niemals für sich selbst Unbedingtheit beanspruchen können. Deshalb bleibt der Konflikt zwischen verschiedenen Pflichten, Gütern und Normen, ja sogar der Konflikt zwischen den drei Grundforderungen des Selbstseins, des Daseins für andere und der Sorge für die Welt, als solcher noch an der Oberfläche. Hinter ihm steht der Widerspruch zwischen göttlicher Bestimmung und eigenmächtiger Selbstbestimmung des Menschen. Der Ernst der ethischen Konfliktsituation, der ihr trotz ihres abgeleiteten Charakters innewohnt, beruht darauf, dass er jenen Widerspruch abbildet.

Die ethische Konfliktsituation stellt keine empirische Verifikation der Sünde als solcher dar. Denn Sünde als Verfehlung des Gottesverhältnisses entzieht sich *per definitionem* jeglicher Verifikation. Auch die Unvermeidbarkeit von Schuld, die das Verhältnis zwischen Menschen betrifft, lässt sich empirisch weder erweisen noch widerlegen, denn sie kann nur dem selbst Betroffenen als solche bewusst werden, und das unbezweifelt auch nur, solange der Konflikt andauert. Im Nachhinein erscheint es ihm oft zweifelhaft, ob nicht die ausgeschlagene Option vielleicht doch die bessere gewesen wäre, ja, in bestimmten Fällen sogar, ob sie nicht vielleicht den Konflikt gänzlich aufgelöst hätte. Trotz der Unmöglichkeit einer empirischen Verifikation ist aber das Bewusstsein unvermeidlicher Schuld als erfahrungsmäßiger Hinweis auf das *non posse non peccare* anzusehen.

Was den Menschen angesichts der Unvermeidbarkeit der Schuld im Rollen-, Pflichten- und Güterkonflikt zur Verzweiflung treibt, ist ihr unlöslicher Zusammenhang mit seiner unverschuldeten Endlichkeit. Die unbedingte Forderung, sich in extensiv wie intensiv vollkommener Weise ganz durch Gottes Liebe bestimmen zu lassen, ist mit stets bedingten menschlichen Kräften in der konkreten Lebenswirklichkeit mit ihren mancherlei äußeren und inneren Hindernissen niemals zu verwirklichen. Auch ohne dass eine explizit als solche erkennbare Konfliktsituation auftritt, ist es faktisch so, dass die volle Hingabe an eine bestimmte Aufgabe den Menschen hindert, sich gleichzeitig in einer anderen Beziehung ebenso einzusetzen – und dabei ist solche Hingabe an Bestimmtes genau das, was unbedingt gefordert ist.

Der Konflikt steckt also im Grunde bereits in der Forderung selbst. Diese wird jedoch vom Gewissen als unabweisbar erkannt. Deshalb kann man gegen sie nicht die Unzumutbarkeit ins Feld führen, welche dieser Widerspruch für das Lebensgefühl bedeutet, oder sich darauf zurückziehen, dass die Begrenztheit der Fähigkeiten und Mittel die Zurechenbarkeit von Schuld wirksam ausschließe. Eine gröbere Variante ist der Vorwurf, diese ganze Erörterung sei Ausfluss einer Art von christlichem Masochismus. Ihm ist zu erwidern, dass das Bewusstsein unvermeidbarer Schuld sich auch bei Nichtchristen einstellt, wie die antike griechische Tragödie zeigt. Die generelle Rückführung dieses Phänomens auf psychische Störungen lässt sich empirisch leicht aus den Angeln heben. Es ist sogar zu vermuten, dass das uneingestandene Bewusstsein der tatsächlichen Unvermeidbarkeit von Schuld geradezu die Erklärung für die Heftigkeit abgibt, mit der sie so oft bestritten wird.

Damit hat sich gezeigt, dass die Lehre von der Ursünde trotz der Unannehmbarkeit ihrer traditionellen Form einen Wahrheitskern enthält, der sich in der Selbst- und Welterfahrung des natürlichen Menschen reflektiert; oder besser umgekehrt: Jene Lehre gründet sich auf die Erfahrung unvermeidbarer Schuld. Sie wäre ohne einen solchen Erfahrungsbezug nach den Grundsätzen der vorliegenden Glaubenslehre auch nicht zu vertreten, sondern als pure Spekulation oder als Zweckpessimismus in die Dogmengeschichte abzuschieben.

f) Leben und Töten

Der elementare Lebenswille des Menschen ist trotz seiner Ambivalenz für den religiösen Glauben ein Hinweis darauf, dass Gott als Schöpfer das Leben will. Wenn das so ist, dann scheint Töten die Manifestation der Sünde schlechthin zu sein. In dieser Form ist der Gegensatz allerdings zu einfach gefasst. Denn wir haben bereits gesehen, dass der Tod biologisch eine Bedingung für neues Leben ist. Selbst das Töten ist in der Natur für viele Arten lebenswichtig. Die biologische Konstitution des Menschen weist darauf hin, dass für ihn eher gemischte Nahrung als ein rein vegetarisches Leben geeignet ist. Ohnehin teilt er mit den Tieren den zwangsläufig gegen andere Arten (z.B. so genannte Schädlinge) gerichteten Überlebenskampf. Diese Naturgegebenheiten kann man nur hinnehmen, wenngleich das Zusammenleben mit der nichtmenschlichen Kreatur einen möglichst schonenden Umgang mit ihr verlangt und ihre Verletzung zumindest dann verbietet, wenn sie nicht durch die Grundbedürfnisse menschlichen Lebens gerechtfertigt werden kann.

Etwas anderes ist das Töten von Menschen. Es lässt sich im Regelfall nicht rechtfertigen. Zwar gibt es einige (streng limitierte) Ausnahmefälle: Erschießen eines Verbrechers, der das Leben anderer Menschen bedroht, Notwehr, Tyrannenmord. Dass dies sich zum Schutz Unschuldiger als unumgänglich erweisen kann, ist ein beredtes Zeugnis für die menschenfeindlichen Folgen der Gottentfremdung[109].

Dass die Wirklichkeit dem grundsätzlichen Verbot des Tötens von Menschen in keiner Weise entspricht, bedarf keines Beweises. Die folgenden Überlegungen haben nun nicht den Zweck, ein Sittengemälde zu entwerfen. Vielmehr geht es um die Frage, worin das Spezifische des der Gottentfremdung entsprechenden menschlichen Tötens besteht, wodurch es sich also von tierischem Töten unterscheidet.

Die Motive, die zur Tötung eines Menschen führen, sind ganz verschieden. Sie reichen von purer Mordlust über individuelle oder kollektive Habgier bis zur Angst bei Vertuschung einer Straftat oder auch bis zur schieren Achtlosigkeit. Dies psychologisch zu untersuchen, ist hier nicht unsere Aufgabe. Allgemein ist ein physischer, psychischer oder sozialer Mord meistens darin begründet, dass jemand auf Kosten eines anderen Menschen den eigenen Willen zum Leben oder seine Machtinteressen durchsetzen will. Das Tier dagegen tötet auf Grund eines Naturtriebs, um sich zu ernähren oder um seinen Nachwuchs zu schützen.

Daran lässt sich ablesen, dass die Selbsttranszendenz des Menschen in den Akt seines Tötens eingeht. Das wird besonders deutlich an den großen kollektiven Tötungsaktionen der menschlichen Geschichte, den Kriegen und den Völkermorden[110]. In ihnen tritt der Selbstwiderspruch des Menschen besonders grell zutage. Sie gelten mit Recht als Exzesse des Bösen. Doch wird man zumindest zwischen Angriffskriegen und „gerechten" Verteidigungskriegen unterscheiden müssen, so umstritten dies auch im Einzelfall immer sein wird[111]. Selbst für Angriffskriege kann es ethisch vertretbare Argumente geben, wenn etwa das Motiv der Beendigung einer durch den angegriffenen Staat ausgeübten Gewaltherrschaft eine Rolle spielt (Beispiele: die Rolle der USA im II. Weltkrieg oder das jugoslawische Engagement westlicher Staaten in den neunziger Jahren). Dennoch ist selbst im Fall eines „gerechten" Krieges dessen Glorifizierung oder gar religiöse Überhöhung, wie sie von den heiligen Kriegen des alten Israel bis hin zu den

---

[109] Die Todesstrafe ist damit nicht zu begründen, weil die ihr zugeschriebene abschreckende Wirkung statistisch nachweisbar ausbleibt und weil die Gesellschaft auf andere Weise wirksam geschützt werden kann.

[110] Vgl. dazu das instruktive Material aus verschiedenen Epochen der Geschichte in dem Buch des Soziologen WOLFGANG SOFSKY, *Traktat über die Gewalt,* Frankfurt a.M. 1996.

[111] Diese Unterscheidung ist in den christlichen Kirchen seit der konstantinischen Wende verbreitet. Ihre nähere Erörterung gehört in die Ethik. Nur so viel sei hier gesagt: Man wird sie nicht pauschal als Korrumpierung der Kirche durch die politische Macht verurteilen dürfen. Das schon von AMBROSIUS von Mailand vorgetragene Argument, dass jemand, der nicht gegen das Unrecht kämpfe, das dem Nächsten droht, ebenso schuldig sei wie derjenige, der es ihm antut (*De officiis ministrorum* I 36/178, PL 16,75), ist grundsätzlich nicht zu entkräften. Vgl. dazu PAULUS ENGELHARDT, *Die Lehre vom „gerechten Krieg in der vorreformatorischen und katholischen Tradition. Herkunft – Wandlungen – Krise*, in: Der gerechte Krieg: Christentum, Islam, Marxismus, hg. v. R. Steinweg (ed. Suhrkamp 1017), Frankfurt a.M. 1980 (72–124), 72f.

preußischen Befreiungskriegen gegen Napoleon und darüber hinaus immer wieder geübt worden ist, angesichts der Grausamkeiten jedes Krieges nicht zu rechtfertigen. Mehr noch: Auch in einem „gerechten" Krieg ist Töten schuldhaft, mag die „Sache", um derentwillen es geschieht, noch so gut begründet sein.

Bezeichnend für die religiöse Überhöhung des Krieges noch in neuerer Zeit ist der berühmte Aufsatz Karl Holls über die Bedeutung der großen Kriege für den Protestantismus. Sie ist zwar nicht, wie man ihm oft vorgeworfen hat, völlig undifferenziert, denn es heißt am Anfang: „... dieselbe Beziehung auf Gott, der doch nicht nur *eines* Volkes Gott ist, zwingt wiederum dazu, auch während des Kampfes dem Daseinsrecht des Gegners und der Selbstverurteilung Raum zu gewähren"; doch dann fährt er fort, dies werde „uns ... schwerer gemacht als je einem anderen Geschlecht", weil „sich zwischen uns und England ein Gegensatz enthüllt hat, der bis in die Tiefen der Frömmigkeit, in die Art, wie Gottesbewußtsein und staatlicher Machtgedanke sich dort begegnen, hinabreicht", nämlich Einheit von Gottesreich und Empire auf der einen und lutherische Zwei-Reiche-Lehre auf der anderen Seite[112].

In der Tötung menschlichen Lebens um einer Religion oder um einer Idee oder Ideologie willen manifestiert sich die Perversion menschlicher Selbsttranszendenz so krass wie kaum anderwärts. In scheinbarem Gegensatz dazu steht das, was Hannah Arendt die „Banalität des Bösen" genannt hat[113]. Sie meinte damit den Alltag von Mord und Folter in den deutschen Konzentrationslagern der nationalsozialistischen Zeit und in den besetzten Gebieten vor allem Osteuropas, begangen von Menschen, die in ihrem Privatleben „ganz normale" deutsche Spießbürger waren. In der Tat ist dieser Zwiespalt erschreckend. Erklären lässt er sich nur durch die menschenverachtende Ideologie, die sie so weitgehend internalisiert hatten, dass sie ihnen in Fleisch und Blut übergegangen war. Wenn das so ist, dann erweist sich der Gegensatz dieser Mordaktionen zu einem „heiligen" Krieg als bloß scheinbar. Gewiss bleibt der Unterschied, dass in jener „Banalität" die Inbrunst und Leidenschaft zu fehlen scheint, die in der Begeisterung für die „großen" Kriege zu finden war. An ihrer Stelle steht hier die perfektionierte, generalstabsmäßige Planung und die nach Prinzipien industrieller Organisation vollzogene Ausführung, „eiskalt", wie die Verantwortlichen in lobender Absicht sagten. Es ist indessen für die Beurteilung des Bösen letztlich gleichgültig, ob es mit aufgeheizten Emotionen oder in kalter Gefühllosigkeit begangen wurde.

Mit der menschlichen Selbsttranszendenz hängen nicht nur die soeben beschriebenen Exzesse zusammen, sondern auch die Tatsache, dass dem Menschen der Tod schon im Leben gegenwärtig ist. So wird nicht nur die physische Ver-

---

[112] Karl Holl, *Die Bedeutung der großen Kriege für das religiöse und kirchliche Leben innerhalb des deutschen Protestantismus* (1917), in: ders., GAufs zur KG Bd. 3, Tübingen 1928 (302–384), 302f. Hervorh. im Original.
[113] Hannah Arendt, *Eichmann in Jerusalem. Ein Bericht von der Banalität des Bösen*, München 1964.

nichtung, sondern bereits die Zerstörung der Grundlagen eines menschenwürdigen Lebens als „Tötung" erfahren. Dazu gehören alle Formen physischer und psychischer Folter, welche die Würde des Menschen elementar verletzen. Ebenso ist der Ausschluss aus der Gesellschaft durch Freiheitsberaubung, Ausbeutung oder Rufmord (Mt 5,22) dazuzurechnen, der den „sozialen Tod" eines Menschen zur Folge hat. Nicht ohne Grund kennt die deutsche Sprache die Redewendung, dass jemand „tödlich beleidigt" sei. Dagegen verfängt nicht der Hinweis darauf, dass dergleichen vielfach zwar nicht faktisch, aber jedenfalls prinzipiell rückgängig gemacht werden kann. Auf der Ebene der darin zum Ausdruck kommenden Grundeinstellung gehört dies alles durchaus in den gleichen Zusammenhang, auch abgesehen davon, dass sich daraus die physische Vernichtung einer Existenz ergeben kann. Denn es handelt sich allemal um eine jenseits aller Naturnotwendigkeit ausgeübte, geistvermittelte Bosheit. Dabei ist das Erschreckende an diesen harmloser erscheinenden Formen, dass solche Verletzungen besonders häufig unabsichtlich, gleichsam aus Versehen oder Gedankenlosigkeit unterlaufen, weil die Selbstverständlichkeit des auf sich selbst bezogenen Lebenswillens für die Rechte und Bedürfnisse des anderen Menschen auf diesem kaum präzise zu umreißenden Gebiet blind macht.

Die Beispiele bestätigen, was wir über die Grundbestimmung von Sünde als Verfehlung des Gottesverhältnisses und als Selbstwiderspruch des Menschen gesagt hatten: Das Böse, das dem tötenden menschlichen Leben innewohnt, ist von grundsätzlich anderer Art als die Aggression im Tierreich. Das naturhaft Instinktive tritt zurück (wenngleich es nicht verschwindet). Das Böse geht, ebenso wie die Erfüllung der Bestimmung des Menschen, aus seinem Geistsein hervor. Dadurch wird es gegenüber dem natürlichen Gesetz des Fressens und Gefressenwerdens unendlich gesteigert, wie das Raffinement der Methoden und der universalisierte Zweck der eigenen Herrschaft zeigen. Zu diesem Raffinement gehört die von der nationalsozialistischen Ideologie verbreitete Behauptung, die Vernichtung der Juden und die kriegerische Eroberung von „Lebensraum" im Osten seien biologisch notwendig. Diese scheinwissenschaftliche Begründung sollte einem wissenschaftsgläubigen Zeitalter die Politik der Partei akzeptabel erscheinen lassen. Aber die Potenzierung des Bösen im politischen Handeln macht den Menschen nicht zum Tier, sondern zum Unmenschen.

Selbst dem tötenden Leben des Menschen haftet auch etwas Verhängnishaftes an. Dies hat nichts mit der Naturgebundenheit des Menschen, wohl aber mit der Selbstverstrickung des Geistes zu tun. Das menschliche Leben steht nämlich in einem kollektiven Zusammenhang der Wechselwirkung von Töten und Getötetwerden. Das zeigt sich am Phänomen der *Rache*. Menschliche Rache ist etwas anderes als instinktives Zurückschlagen. Sie vergilt auch nicht Gleiches mit Gleichem. Rache hat die Tendenz zur Maßlosigkeit. So heißt es schon im Agamemnon des Aischylos:

„… wie ruchlos schlimmes Tun nur
Immer zahlreichere Brut zeugt,
Freilich Brut nur seinesgleichen …"[114]

Vor diesem Hintergrund muss das berühmte Torawort aus Ex 21,24 „Auge um
Auge, Zahn um Zahn" verstanden werden. Es ist nicht, wie immer wieder behauptet worden ist, eine Anweisung zur Rache, sondern eine Rechtssetzung (wie
kritikbedürftig sie als solche auch sein mag), deren Zweck gerade die Eindämmung der Rache ist. Jesu kritische Überbietung dieses Grundsatzes durch das
Gebot der Feindesliebe (Mt 5,43–48 par. Lk 6,27–36) geht von der Einsicht aus,
dass es nicht genügt, lediglich die Neigung der Rache zum Exzess zu bekämpfen,
weil damit der Kreislauf des Bösen nicht unterbrochen wird. Freilich erwartet er
eine solche Unterbrechung nicht von der ethischen Leistungsfähigkeit des Menschen: Das Gebot ergeht im Namen des Gottes, dessen Feindesliebe die Herrschaft des Bösen bricht. Ohne den Eingriff der Liebe Gottes bleibt die Wechselwirkung des Bösen grundsätzlich bestehen. So setzt das moderne Strafrecht die
Erfahrung voraus, dass jedes menschliche Töten (im weitesten Sinn des Wortes)
eine seiner Ursachen in widerfahrener Tötung durch andere hat. Der Mensch
gibt die empfangene Traumatisierung verstärkt weiter, vielfach an Unbeteiligte.
Die Bestimmung des Menschen kommt in weiten Bereichen des sozialen Lebens
real nur so weit zum Zuge, dass der Rechtsstaat die Spirale der Rache durch gesetzliche Ordnung zurückhält und darüber hinaus punktuell Schlichtungen be-
werkstelligt.

Das Spiegelbild zur Rache, die empfangene Verletzungen in gesteigerter Form
nach außen weitergibt, ist die Umleitung der gegen andere gerichteten Aggression auf das Selbst. Daraus resultiert Selbsthass, im äußersten Fall der *Suizid*. Dieser Zusammenhang hat in früheren Zeiten zur moralischen Verurteilung des Sui-
zids als eines Verbrechens gegen sich selbst geführt. Daher die Bezeichnung
Selbstmord. Solche Verurteilung wurde (und wird zum Teil heute noch) religiös
damit begründet, dass diese Handlung einen fundamentalen Eingriff in die Prärogative Gottes darstelle, über die Zeit des Lebens und Sterbens zu verfügen. Wie
wir heute wissen, ist das ein in dieser Form irriger Gedankengang. Der Suizid ist
in den meisten Fällen gerade keine freie Handlung (wie der Begriff „Freitod"
suggeriert) und entzieht sich insofern einer moralischen Beurteilung. Hauptursa-
chen sind schwere psychische Erkrankungen oder Ausnahmesituationen, die
hinsichtlich ihres Zwangscharakters einer Krankheit vergleichbar sind. Allerdings lässt sich kein Suizid allein auf pathologische Veränderungen beim Betrof-

---

[114] Aischylos, *Agamemnon*, 758–760. Übersetzung von O. Werner in der zweisprachigen
Werkausgabe Tragödien und Fragmente (Tusculum), 3. Aufl. München 1980, 50f. Geläufiger
ist uns der Satz aus Friedrich Schillers Wallenstein „Das eben ist der Fluch der bösen Tat,
daß sie fortzeugend immer Böses muß gebären" (*Wallenstein. Ein dramatisches Gedicht*, 1. Teil,
2. Hälfte: Die Piccolomini 5,1). Doch ist darin das hier interessierende Moment der Steigerung
nicht so präzise ausgedrückt wie in dem antiken Text.

fenen zurückführen. Vielmehr haben, wie die moderne Psychologie weiß, im Lauf des Lebens erfahrene tiefe Verletzungen durch andere Menschen immer einen entscheidenden Anteil an diesem Geschehen[115]. Da auch eigene Schuld mitspielen kann (das klassische Beispiel dafür ist Judas Ischarioth), ist zumindest verständlich, weshalb die Tradition so lange den Suizid als selbst schuldhaftes Verhalten hat ansehen können. In jedem Fall wird man ihn heute als Glied in der Kette menschlicher Schuldverhältnisse zu betrachten haben, wenngleich man nur selten die Schuld an einem solchen Tod unmittelbar und ausschließlich einem bestimmten Menschen zuschreiben kann, wie es der Suizidant selbst häufig meint tun zu müssen.

Tötendes menschliches Leben ist Glied einer Kette von Wechselbeziehungen *prinzipiell* gleichgearteter menschlicher Vernichtungsaktionen. Dieser unzerreißbar scheinende Zusammenhang verknüpft sich mit dem elementaren Empfinden des Menschen, sich nur als tötendes Leben selbst behaupten und so seinen Willen zum Leben realisieren zu können. Damit haben wir einen weiterenAspekt des verhängnishaft erscheinenden und dennoch dem Menschen voll zurechenbaren *non posse non peccare* gewonnen.

g) *Macht über die Welt – Macht der Welt*

Die westliche Kultur hat die Macht des Menschen über die Welt in einem Maß erweitert, wie sie anderswo auf der Erde (z.B. in Ostasien) nur durch Übernahme ihrer wissenschaftlich-technischen, organisatorischen und ökonomischen Rationalität und Methodik erreicht worden ist. Dass dies allein auf die jüdisch-christliche Tradition zurückzuführen sei, ist, wie bereits kurz angedeutet[116], eine historisch falsche Annahme. Erst die Synthese dieser Tradition mit dem humanistischen Gedanken der Selbstentfaltung des Menschen hat die Emanzipation von kirchlicher Autorität und von der Bindung an das kanonisierte mittelalterliche Wissenschaftssystem aristotelischer Prägung sowie den Aufstieg des Bürgertums ermöglicht. Damit waren die geistigen und gesellschaftlichen Voraussetzungen für den seit der Aufklärung charakteristischen Autonomieanspruch geschaffen, ohne den die moderne Form menschlicher Weltbeherrschung gar nicht hätte erreicht werden können. Erst dadurch ist die „Entgötterung" der Welt vollendet worden, die in der frühchristlichen Lehre vom Sieg Christi über die στοιχεῖα τοῦ

---

[115] Vgl. z.B. Gerhard Irle, *Depressionen* (MaMe 6), Stuttgart 1974, 52–60; Hermann Pohlmeier, *Depression und Selbstmord*, Bonn 1980, 8: „Selbstmord ist ohne Depression nicht zu denken"; sowie den instruktiven kleinen Band *Selbstmordverhütung. Anmaßung oder Verpflichtung* (Schriften der dt. Ges. für humanes Sterben 1), hg. v. H. Pohlmeier, 2. Aufl. Düsseldorf/Bonn 1994, dessen Beiträge von der Befürwortung des „Freitodes" durch Jean Amery bis zur rein pathogenen Erklärung durch Erwin Ringel reichen.

[116] S.o., 268f.392.

κόσμου (Gal 4,3) angelegt war[117] und die seit den ersten naturwissenschaftlichen Experimenten im 13. Jahrhundert immer größere Fortschritte gemacht hatte. Seit den französischen Enzyklopädisten des 18., spätestens aber seit dem Positivismus des 19. Jahrhunderts ist die Welt weithin im Bewusstsein der abendländischen Kultur aus einem göttlichen Mandat zu einer Verfügungsmasse für den Menschen geworden.

Dass dieser Prozess in sich zwiespältig ist, wird heute längst nicht nur von religiösen Menschen gesehen. Dagegen ist es heute keineswegs überflüssig zu betonen, dass er nicht rein negativ zu beurteilen ist. Verfügung über Sachen und werkzeuglicher Umgang mit ihnen gehören zum Menschsein des Menschen. Ein Faustkeil ist etwas anderes als ein elektronischer Rechner, und doch führt eine kontinuierliche Entwicklung von dem einen zu dem anderen, wenn auch nicht ohne etliche größere Sprünge in ihrem Verlauf. Der Mensch ist mit seinem reduzierten Instinktapparat und seiner Geistbegabung von Anfang an darauf angewiesen gewesen, sich eine eigene, künstliche Welt zu schaffen[118].

Die Entfaltung der Zivilisation hat drei einschneidende Konsequenzen gehabt. Die erste betrifft das Verhältnis des Menschen zur *Natur*. Ihr Verständnis als einer verfügbaren Sache hat zu der sattsam bekannten Ausbeutung geführt, die seit einigen Jahrzehnten allgemein bekannt ist: zersiedelte Landschaften, am Verkehr erstickende Riesenstädte, Zerstörung der Regenwälder, Verdünnung der Ozonschicht, Treibhauseffekt usw. Das ist ein Zustand, der alle im Prinzip schon aus der Antike bekannten großflächigen Umweltschädigungen (Abholzung von Wäldern und folgende Verkarstung) in den Schatten stellt. Zu dem schrankenlosen Herrschaftsanspruch über die Natur gehört weiter die rücksichtslose Ausnutzung nichtmenschlichen Lebens für ein breites Spektrum menschlicher Zwecke (Tierversuche, Massentierhaltung). Obwohl die Einsicht in die Notwendigkeit einer grundsätzlichen Neuorientierung regionale Erfolge gezeitigt hat, ist nach wie vor offen, ob sie sich in ausreichendem Maße durchsetzen wird.

Die zweite Konsequenz besteht in der Rückwirkung des technologischen Fortschritts auf das kollektive *Selbstbewusstsein* der Träger dieser westlichen Zivilisation. Die verheerende Vorstellung von der weißen Herrenrasse hat hier eine ihrer Wurzeln. Die Kolonialisierung ganzer Kontinente, ja die physische Ausrottung indigener Völker steht in unmittelbarem Zusammenhang mit diesem durch die technische und politische Entwicklung überdimensional gestiegenen Weltherrschaftsanspruch. Die Entkolonialisierung nach dem II. Weltkrieg hat zwar zur politischen Selbstständigkeit der betroffenen Länder geführt, sie aber vor al-

---

[117] Vgl. FRIEDRICH GOGARTEN, *Der Mensch zwischen Gott und Welt*, Stuttgart 1956, 13.24.294.

[118] Vgl. dazu HELMUTH PLESSNER, *Die Stufen des Organischen und der Mensch. Einleitung in die philosophische Anthropologie*, in: DERS., GS 4, Frankfurt 1981, 383–396.

lem in Afrika bis heute in ökonomischer und psychologischer Abhängigkeit belassen[119].

Die dritte und gravierendste Konsequenz betrifft die Gestalt, die das Verhältnis des wissenschaftlich-technisch zivilisierten Menschen zu seiner Welt insgesamt und zu sich selbst angenommen hat – die gravierendste, weil sie dem System inhärent ist und sich daher nicht wirklich beherrschen lässt. Sie besteht darin, dass der Mensch durch die von ihm in Gang gesetzte Entwicklung nicht nur die Welt, sondern auch sich selbst zum Objekt, zur *Sache* gemacht hat. Zwar ist ein gewisses Maß an Versachlichung um der Gerechtigkeit, also gerade um der Menschlichkeit des Menschen unerlässlich. Doch während der Grund dafür in einer quantitativen Gegebenheit, dem begrenzten Differenzierungsvermögen des Menschen liegt, stellt die hier zur Rede stehende Versachlichung, oder besser mit Karl Marx „Vergegenständlichung", von Mensch und Natur eine qualitative Veränderung seines Weltverhältnisses dar. Marx hatte zu Recht bemerkt, dass die massenhafte Ausbreitung industrieller Fertigungstechniken die Arbeitskraft des Menschen und damit in gewissem Sinn diesen selbst zur Ware werden lässt[120]. Es gehört zur Ironie der Geschichte, dass die sozialistische Ideologie ihre Kritik an der Vergegenständlichung durch den Frühkapitalismus genau dadurch bestätigt hat, dass sie selbst den Menschen durch das Programm totaler bürokratischer Planung der Ökonomie in noch höherem Maße zum Objekt machte, als jener es je vermocht hatte. Es hat nicht den Anschein, als ob die Veränderung der Fabrikationsweisen in Richtung auf mehr Eigenständigkeit der einzelnen Arbeiter diese Auswirkung des menschlichen Selbstwiderspruchs beseitigen würde.

Die Vergegenständlichung des Menschen ist nicht die „Schuld" der technischen Instrumente, wohl aber seines Verhältnisses zu deren Handhabung. Industrielle und „postindustrielle" Technik schafft eine steigende Indirektheit des Umgangs mit der als Sache behandelten Welt. Sie ist nicht mehr die unmittelbare Verlängerung der menschlichen Hand, sondern hergestellt, um weitgehend unabhängig von dieser zu arbeiten. Damit wird der an ihnen Arbeitende abhängig von einem im Vorhinein eingestellten Rhythmus. Eine weitere Eskalation auf diesem Weg stellen „denkende", d.h. datenverarbeitende Systeme dar, die ihrerseits Maschinen bedienen. Das ist eine weitere segensreiche Stufe der Arbeitserleichterung, aber zugleich auch eine weitere Stufe der Indirektheit des Weltbezu-

---

[119] Der psychologische Faktor wird vielfach übersehen. Vgl. dazu den kritischen Artikel *The Trouble With Africa. The Heart of the Matter* in: The Economist vol. 355 no. 8170, May 13th – 19th, 2000 (23–25), 24: „In most places, effective European rule lasted … just long enough to undermine African societies, institutions and values, but not long enough to replace them with new ways of life or establish new systems of government. Colonialism, in short, undermined Africa's self-confidence. A full 40 years after independence, it still looks to Europe and America for aid, goods, services and guidance".

[120] Vgl. KARL MARX, *Zur Kritik der Nationalökonomie. Ökonomisch-philosophische Manuskripte* (= Pariser Manuskripte, 1844), in: DERS., Frühe Schriften, hg. v. H.-J. Lieber u. P. Furth, Bd. 1, Stuttgart 1962 (506–665), 559–575.

ges. Je faszinierender die jenen Systemen möglichen Differenzierungsleistungen sind, desto mehr drohen sie menschliche Kreativität zu verdrängen. In die gleiche Richtung wirkt die ebenfalls durch Computer ermöglichte Perfektionierung der Verwaltung.

Der sich potenzierenden Indirektheit der Weltbezüge korrespondiert also eine *Verselbstständigung* der technischen Hilfsmittel. So setzt man Computer ein, welche die Herstellung von Werkzeugmaschinen überwachen, mit denen wiederum Werkzeuge hergestellt werden, die dann schließlich an einem konkreten Werkstück eingesetzt werden – das ist noch eine relativ einfache Abfolge. Doch nun verselbstständigt sich daneben auch die wissenschaftliche Grundlagenforschung immer mehr, indem sie in immer weiter verzweigte und immer abstraktere Sachzusammenhänge vordringt und sich dabei fast zwangsläufig immer weiter von dem Menschen entfernt, um dessentwillen sie betrieben wird. (Keine Wissenschaft ist von dieser Tendenz ganz frei, auch nicht die Theologie.) Die künstliche Welt des Menschen insgesamt entwickelt somit eine umfassende Eigendynamik, wie sie sektoral die sozialen Institutionen seit jeher gehabt haben und mit Hilfe technisch vervollkommneter Organisationsstrukturen immer mehr gewinnen. Damit droht das Werk des Menschen, mit dessen Hilfe er so viel Macht über die Welt erlangt hat, seinerseits die Herrschaft über den Menschen zu übernehmen. Man könnte auch sagen: die Herrschaft der „Weltelemente", die im Christentum als aufgehoben geglaubt wird, wurde durch die Herrschaft der στοιχεῖα der künstlichen Welt abgelöst (soweit sie sich nicht aller modernen Rationalität zum Trotz oder im nostalgischen Protest gegen sie in den archaischen Gestalten z.B. der Astrologie und anderer Formen des Aberglaubens einfach durchgehalten hat).

Indessen ist diese Sicht aus zwei Gründen noch unzulänglich. *Erstens* suggeriert sie eine Dämonisierung der Technik, die dann eben doch als ein „Golem"[121] erscheint, und es wird vergessen, dass es immer noch der Mensch ist, der die Struktur dieser Indirektheit konstruiert hat und das von ihm hergestellte technische System programmiert und handhabt. Es wäre deshalb richtiger zu sagen: Der Mensch macht sich selbst nicht nur unmittelbar, sondern auch vermittels der von ihm produzierten Apparate zu seinem eigenen Sklaven. *Zweitens* sind die Gesetze, nach denen die technischen Prozesse ablaufen und deren der Mensch sich durch ihre Vermittlung bedient, die Gesetze der unbelebten Natur, von denen er meinte sich emanzipiert zu haben. Er lässt also die Geister, die er durch das Hauptportal vertrieben hat, durch den Boteneingang wieder hereinkommen, ohne sich dessen auch nur hinreichend bewusst zu sein. Dieser Vorgang erscheint um so unausweichlicher, je mehr sich die Komplexität und Unübersichtlichkeit der Lebenswelt steigert und je rascher infolgedessen der Anteil des einzelnen

---

[121] Vgl. NORBERT WIENER, *Gott & Golem Inc.* (God & Golem Inc., dt. v. E.M. Ritter) Düsseldorf/Wien 1965.

Menschen an dem sich ständig vergrößernden Gesamtwissen und an der ständig steigenden Gesamtverfügungsgewalt der digitalisierten Gesellschaft sinkt[122].

Über die bisher beschriebenen Formen seiner Abhängigkeit von der zunehmend eigendynamischen Technik macht der Mensch nun auch unmittelbar sich selbst, wiederum mit technischer Hilfe, zum Objekt seiner Fertigungskunst. Dabei ist nicht nur an die als solche segensreichen Fähigkeiten der modernen Medizin zu denken, mit Hilfe von transplantierten Organen und Organteilen „Reparaturen" vorzunehmen, sondern vor allem an die sich abzeichnende Möglichkeit gentechnischer Eingriffe in die Keimbahn. Auch hier sind die damit vielleicht einmal erreichbaren therapeutischen Erfolge zu begrüßen, die auf Grund derselben Technik dann ebenfalls vorstellbaren manipulativen Effekte dagegen höchst problematisch. Gänzlich inakzeptabel wäre der Angriff auf die Individualität des Menschen durch Klonierung. Auch Karl Rahner, der mit Recht darauf hinweist, dass der Mensch im Laufe seiner Geschichte immer schon sich selbst zum Gegenstand verändernder Manipulation gemacht habe, zieht an dieser Stelle die Grenzlinie: Wo der Mensch versucht, einen „neuen" Menschen technisch herzustellen, sich also zum Schöpfer seiner selbst aufwirft, ist ein qualitativer Sprung gegeben[123]. Dieser Umschlag lässt sich zwar nicht exakt fixieren, ebenso wie man die Grenze zwischen massiver Beeinflussung und „Gehirnwäsche" kaum genau bestimmen kann. So viel jedoch liegt offen zutage, dass die Abhängigkeit des Menschen von seiner künstlichen Welt auf diesem scheinbar höchsten Gipfel seiner Herrschaft am größten ist.

Die Selbstversklavung des Menschen an seine eigenen Werke und an die Gesetze, denen entsprechend er sie konstruiert hat, ist Ausdruck der Sünde. Der Prozess, der dazu geführt hat, ist nicht rückgängig zu machen, denn der Mensch ist auf die Erzeugnisse seiner Zivilisation mittlerweile so angewiesen, dass er aus Gründen nicht nur der Bequemlichkeit, sondern des Überlebens gar nicht mehr auf sie verzichten kann. Aber selbst wenn er möglich wäre, würde der Verzicht auf Technik den Selbstwiderspruch des Menschen, der sie überhaupt erst zu einer unheimlichen Größe gemacht hat, nicht aufheben, sondern nur in primitivere Verhältnisse zurückverlagern.

---

[122] Vgl. HEINRICH STORK, *Einführung in die Philosophie der Technik* (Die Philosophie), Darmstadt 1977, 98.

[123] Vgl. KARL RAHNER, *Experiment Mensch*, in: DERS., Schriften zur Theologie Bd. 8, Einsiedeln u.a. 1967, 260–285; DERS., *Zum Problem der genetischen Manipulation*, ebd. 286–321. R. plädiert für einen Weg zwischen *laissez-faire*-Politik und übertriebener Ängstlichkeit (272–276): Selbst wenn der Mensch sich „biologisch zurückkreuzt auf die Stufe einer technisch intelligenten und selbstdomestizierten Australopithekusherde oder eines Insektenstaates ohne den Schmerz der Transzendenz, Geschichte und den Dialog mit Gott", so ende die Geschichte dennoch bei der Auferstehung zum Heil oder zum Gericht – oder sie hört eben auf, „Geschichte von Geistpersonen zu sein" (283). Eine Gelassenheit des Glaubens, die in den erregten Diskussionen aller christlichen Konfessionen über diese Thematik bis heute selten zu finden ist.

Hans Jonas begegnet dieser Problematik in seinem vielbeachteten Buch *Das Prinzip Verantwortung* mit der Forderung, die Menschheit müsse die Macht über ihre Macht gewinnen[124]. Das ist zweifellos ein wohlbegründeter Aufruf. Es ist auch sehr gut möglich, dass wir in Bezug auf bestimmte, fest umrissene konkrete Probleme, deren Gefahrenpotenzial wir erkennen, solche Macht zweiten Grades erwerben werden. Die heute auf vielen Lebensgebieten sich etablierenden Ethik-Kommissionen lassen derartige Hoffnungen durchaus berechtigt erscheinen. Doch Jonas denkt nicht nur an Einzellösungen, sondern an die zugrunde liegende Struktur der Macht des Menschen, durch die er sich von seinem Werk und von sich selbst abhängig macht. Diese Verkrümmung des Menschen in sich selbst aber wird sich durch solche ethisch potenzierte Macht, sollte sie sich durchsetzen, eher noch verfestigen. Das spricht nicht gegen das Recht von Jonas' Forderung, weist aber darauf hin, dass der Zirkel, den der Mensch um sich selbst schlägt, sich durch ihre Erfüllung nicht aufbrechen lässt.

Innerhalb der hier mit groben Strichen umrissenen Gesamtsituation stehen sich große Leistungen einzelner Menschen und ganzer Kollektive zum Wohl der Menschheit und abgrundtiefe Unmenschlichkeit gegenüber. Dies ist im Grunde zu allen Zeiten so gewesen, nur die Vielfalt und die Wirkungsmacht des Instrumentariums zur Realisierung sowohl des Guten als auch des Bösen ist durch die technische und gesellschaftliche Entwicklung ungeheuer gewachsen[125]. Diese Bilanz, die sich einer optimistischen Betrachtung vielleicht als Ausgleich von Licht und Schatten präsentieren mag, erweist sich aus religiöser Sicht als die zum Zerreißen gespannte Antinomie des menschlichen Selbstwiderspruchs. Erkennbar wird das daran, dass die *iustitia civilis*, das Gute, das Menschen einander erweisen, mangels einer allgemein anerkannten Instanz der Verantwortung eher noch leichter als in früheren Epochen für die Begründung von Selbstgerechtigkeit instrumentalisiert wird. Selbstgerechtigkeit aber trägt in geradezu empirisch nachweisbarer Form den Keim zur Zerstörung menschlicher Gemeinschaft in sich. Nach der Grundüberzeugung des christlichen Glaubens wächst dieser Keim aus dem Boden des Autonomieanspruchs gegenüber Gott, und das heißt: der Gottesfeindschaft. Diese hat durch den geistesgeschichtlichen, sozialen und technologischen Wandel in der westlichen Zivilisation ihr Gesicht, aber nicht ihr Wesen geändert.

---

[124] HANS JONAS, *Das Prinzip Verantwortung. Versuch einer Ethik für die technologische Zivilisation*, Frankfurt 1979, 254f.

[125] Dafür, dass dies eine Grundeinsicht des christlichen Glaubens ist, kann noch einmal an das Gleichnis vom Unkraut unter dem Weizen erinnert werden. AUGUSTIN hat sie in *De civitate Dei* zu einem Panorama der Weltgeschichte ausgebaut. An ihn anschließend hat in neuerer Zeit vor allem R. NIEBUHR sein Geschichtsverständnis an diesem Gedanken orientiert, *The Nature and Destiny of Man* (Anm. 91) Bd. 2, 318f.

3. Gott und Welt

Die Lehre von der menschlichen Bestimmung und deren Verfehlung betrifft primär das Verhältnis des Einzelnen zu Gott. Alle Aussagen über das Verhältnis
Gottes zur Welt haben abgeleiteten Charakter, denn sie sind, wiewohl intersubjektiv vermittelbar, religiöse Deutungen des glaubenden Subjekts, also aus dessen Gottesverhältnis hervorgegangen. Solche Aussagen in Bezug auf Schöpfung
und Zerstörung der Welt durch Gott zu gewinnen, wie wir es im vorigen Kapitel
versucht haben, mag noch plausibel erscheinen, gibt es doch in der Welterfahrung des Menschen genügend Anhalt für eine solche Deutung. Weit schwieriger
stellt sich die Sache, wenn man das Verhältnis Gottes zur Welt unter der Perspektive von Bestimmung und Verfehlung des Menschen in den Blick fassen will.
Dass sich das seiner Bestimmung gemäße und das ihr zuwiderlaufende Gottesverhältnis des Menschen in seiner Beziehung zu anderen Menschen abbildet, wie
wir es im vorigen Abschnitt dargestellt haben, ist aus der Erfahrung begreiflich
zu machen. Jetzt aber soll von Gottes Verhältnis zur Welt als ganzer gesprochen
werden. Wie soll das möglich sein, ohne in unausweisbare Spekulationen oder
gar in haltlose Phantasievorstellungen zu geraten? Es scheint so, als käme man
hier von der religiösen Erfahrung aus hinsichtlich des geschichtlichen Seins des
Menschen über den Blick auf dessen unmittelbare Lebensverhältnisse und in Bezug auf die Natur über das gegenwärtig so aktuelle Thema der ökologischen Verantwortung des Menschen und deren Versäumnisse nicht hinaus.

Demgegenüber ist daran zu erinnern, dass der Mensch in dem Augenblick, in
dem er auf seine Bestimmung und deren Verfehlung angesprochen wird, nicht aufhört, ein natürlich und geschichtlich existierendes Wesen zu sein. Das impliziert,
dass auch der Gesamtzusammenhang der natürlichen und geschichtlichen Welt für
das Verständnis seines Gottesverhältnisses eine Rolle spielt. Zwar ist dieser Gesamtzusammenhang als solcher empirisch nicht greifbar, sondern immer nur
aspekthaft zugänglich. Doch ist dieses Ganze in der menschlichen *Grund*erfahrung weltlichen Daseins, die von der Gotteserfahrung getroffen wird, sehr wohl
präsent, und zwar in Bezug nicht nur auf dessen geschichtlichen, sondern auch auf
dessen naturhaften Aspekt. Wenn das Alte ebenso wie das Neue Testament im Zusammenhang der Thematik von Schöpfung und Sünde auf bestimmte geschichtliche Ereignisse und bestimmte Naturphänomene verweist, so stehen diese durchaus
für das Ganze von Natur und Geschichte. Um dem Menschen seine Bestimmung
und deren Verfehlung zu offenbaren, bedient sich Gott der menschlichen Grunderfahrung des In-der-Welt-Seins. Zwar ist diese Ausdrucksform im Rahmen eines anthropozentrischen Weltbildes gewählt worden; aber ihr Gehalt ist auch dann ein
notwendiges Implikat der Gotteserfahrung, wenn man mit guten Gründen ein solches Weltbild aufgegeben hat. Es ist lediglich zu beachten, dass auch solche umfassenden Deutungen menschliche Gotteserfahrung ausdrücken und nicht den Anspruch erheben sollen, über Gottes Weltherrschaft an sich etwas auszusagen.

Beschränkt man dagegen die Erfahrung des Eingebundenseins in Natur und Geschichte auf den Zusammenhang von Schöpfung und Zerstörung, also auf die Problematik von Endlichkeit und Unendlichkeit, so folgt daraus zwangsläufig ein gleichermaßen individualistisches wie weltloses Verständnis von Bestimmung und Verfehlung des Menschen. Wenn es richtig ist, dass das Dasein des Menschen vor Gott nur unter Berücksichtigung jenes Eingebundenseins zu verstehen ist, so muss das auch in Bezug auf seine Bestimmung und deren Verfehlung gelten.

So sehr diese Sicht der Dinge dem biblischen Denken entspricht, so wenig sind freilich die Differenzen zwischen den geistigen Formationen zu übersehen. Ohne Frage setzt die Vorstellung, Krankheiten seien von Dämonen bewirkt, einen mythischen Zusammenhang des Bösen mit Naturphänomenen voraus. Ihr entspricht eine ebensolche Spekulation über die kosmische Wirkungsmacht des Heils. Das Gleiche gilt von dem Gedanken, der Kosmos sei eine böse Macht (Johannesevangelium) oder von bösen Geistern, den στοιχεῖα τοῦ κόσμου, beherrscht (Gal 4,3). Wie immer diese Weltsicht religionsgeschichtlich herzuleiten ist, sicher ist, dass sie sich in keinem Fall allein auf die Menschenwelt bezieht. In die solche Aussagen tragende Denkweise können wir uns zwar als Historiker noch hineinversetzen, aber unmittelbar aneignen können wir sie uns nicht mehr. Dennoch muss überlegt werden, ob nicht in dieser uns fremden Denkform etwas aufbewahrt ist, was der Sache nach seine Gültigkeit behält. Das ist genau der Punkt, den wir zuvor abstrakt entwickelt hatten: Die Gotteserfahrung des Menschen, in der er auf sein Dasein als Geschöpf und Sünder angesprochen wird, vermittelt sich durch die Grunderfahrung seiner Zugehörigkeit zum Gesamtzusammenhang der Welt hindurch und bleibt darum mit dieser Gesamterfahrung verbunden. Versperrt ist uns heute allein die Möglichkeit, auf irgendeine Weise eine objektiv-übernatürliche Entsprechung zu dieser Erfahrung von Bestimmung und Verfehlung in den Gegebenheiten der Welt zu finden. Ebenso ausgeschlossen ist es aber, diese Seite der Gotteserfahrung in einer „eigenen Provinz im Gemüthe"[126] in dem Schleiermacher missverstehenden Sinn einer für sich bleibenden Innerlichkeit gegen alle andere Erfahrung abzuschotten bzw. diese lediglich als ein schnell wieder zu verlassendes Durchgangsstadium zu behandeln. Das wird dem Totalanspruch Gottes auf das menschliche Leben schlechterdings nicht gerecht.

Damit sind die Scylla und die Charybdis für die folgenden Überlegungen benannt. Auf der einen Seite müssen wir uns jedes „Abheben" des Denkens in ob-

---

[126] Diese Wendung stammt aus F.D.E. SCHLEIERMACHERS *Reden über die Religion an die Gebildeten unter ihren Verächtern* (KGA I/2; S. 37 der Urausg.). Er selbst hat mit dieser Beziehung der Religion auf das Innerste des Menschen gerade nicht eine Einschränkung vornehmen, sondern Gottes Anspruch auf den ganzen Menschen beschreiben wollen, den er durch die aufklärerische Reduktion auf die Moral und durch die orthodox-theologische wie auch spekulativphilosophische Reduktion auf das Denken gefährdet sah.

jektivierende mythologische oder metaphysische Spekulationen über die kosmischen Implikationen des spezifisch menschlichen Gottesverhältnisses versagen. Auf der anderen Seite dürfen wir die Einbindung des menschlichen Daseins in den Gesamtzusammenhang von Geschichte und Natur auch aus der Interpretation von Bestimmung und Verfehlung des Menschen nicht ausklammern, wenn wir nicht bei einem verkürzten Weltverständnis ankommen wollen, das aus Gott, der alles bestimmenden Wirklichkeit, eine nur den Menschen und seine unmittelbaren empirischen Weltbezüge bestimmende Wirklichkeit machen würde.

a) *Gottes Andringen und Gottverlassenheit*

Wenn wir das Verhältnis von Gott und Welt aus der Perspektive unseres räumlichen Daseins betrachten, so geht es dabei in erster Linie um die Welt der Natur, einschließlich unserer Existenz als einer leiblichen. Ist ferner der leitende Gesichtspunkt solcher Betrachtung der Selbstwiderspruch in der Existenz des Menschen, so entspricht dem auf Gottes Seite das Verhältnis von Gnade (*common grace*) und Zorn. Es ist jetzt zu fragen, welche Art von Vermittlung die Natur für die Erkenntnis dieser beiden „Gesichter" Gottes leistet.

Das biblische Zeugnis für solche Vermittlung ist vielfältig. So werden in den Schöpfungsaussagen der Psalmen die Gaben der Natur ausführlich als Ausdruck von Gottes gütiger Zuwendung zum Menschen gepriesen. Als Beispiel mag die umfassende Naturschilderung in Ps 104 dienen. Zunächst gewährt Gott dem Menschen durch die Natur Nahrung (V.14f.27f.) und alles, was er zum Leben braucht. Um die Leiblichkeit des Menschen einzubeziehen und zugleich um keinen Zweifel am *soli Deo gloria* aufkommen zu lassen, werden sodann im selben Zusammenhang die Werke des Menschen als etwas genannt, was er Gott verdankt (exemplarisch: die Schiffe V.25f.). Denn weder das Material zu ihrer Verfertigung noch die erforderlichen Fähigkeiten hat der Mensch sich selbst gegeben, sondern beides verdankt er allein Gott. Schließlich gehört auch die Schönheit der Natur, an der sich der Mensch erfreut, in diesen Zusammenhang. Sie wird zwar nicht ausdrücklich genannt, doch wird sie durch die Schönheit der poetischen Sprache dieses Psalms eindrucksvoll symbolisiert. Dabei überschreitet der Dichter von vornherein jede anthropozentrische Einschränkung des Horizonts, da es ja nicht nur der Mensch ist, der sich von Gott beschenkt sieht. Vielmehr gilt Gottes Güte ebenso den Tieren (V.10–12.14.17f.20–22). Die angemessene Antwort des Menschen auf diese Fülle der Gaben Gottes ist die Dankbarkeit. Auf diesen Ton ist der ganze Psalm gestimmt. Dabei ist vorausgesetzt, dass all diese Gaben sich nicht etwa von selbst verstehen oder gar als ein Recht aufgefasst werden können. Dieser letzte Punkt kommt in Bezug auf den Menschen besonders deutlich in Ps 8 zum Ausdruck. „Was ist der Mensch, dass Du seiner gedenkst, und des Menschen Kind, dass Du Dich seiner annimmst?" (V.5).

Im Neuen Testament wird diese Linie nicht verlassen, aber modifiziert. Jesus benutzt für seine Gleichnisse mit Vorliebe Metaphern aus der Natur – gewiss nicht nur um der allgemeinen Verständlichkeit willen, sondern als Ausdruck seines Glaubens an die Liebe des Schöpfers. Aber er formuliert die Erinnerung an Gottes Liebe stärker in Kontrasten. So mahnt er, sie nicht zu übersehen oder von der Erfahrung des Leidens und von der Sorge überschatten zu lassen. Darauf beziehen sich die Bildworte von der Fürsorge Gottes für die Vögel unter dem Himmel und für die Lilien auf dem Feld (Mt 6,25–34). In seinen Gleichnissen kann Jesus mit dem Naturgeschehen sogar das Heil symbolisieren[127].

Die Kehrseite dieser Naturerfahrung finden wir bei Paulus in Rm 1,19–23. Hier heißt es, die Heiden hätten zwar an sich Gott aus der Natur – und das heißt doch wohl: aus den Erweisen seiner Güte in der Natur – als den erkennen können, dem allein Anbetung gebührt. Da sie aber diese Möglichkeit in den Wind geschlagen und stattdessen die Schöpfung mit religiöser Verehrung bedacht hätten (V. 26–32), treffe sie das Gericht Gottes. Das Gericht besteht nach diesem Abschnitt inhaltlich in der Verkehrung der natürlichen Ordnung menschlichen Lebens in ein Zerrbild[128]. Die Natur bildet also gewissermaßen spiegelverkehrt die Verzerrung ab, die der Mensch anrichtet, wenn er sie an Gottes Stelle verehrt und so die „natürliche" Ordnung auf den Kopf stellt. Durch diese Verzerrung vermittelt die Natur die Offenbarung des Zornes Gottes, von der die folgenden beiden Kapitel des Römerbriefs sprechen.

Damit ist der Spannungsbogen markiert, auf den es hier ankommt. Auf der einen Seite fordert die Schöpfung zur Anbetung des Schöpfers heraus. Dankbarkeit für geschenkten Lebensraum und Gestaltungsmöglichkeiten ist denn auch in der Lebenswirklichkeit religiöser wie auch nichtreligiöser Menschen vielfältig anzutreffen. Auf der anderen Seite verleitet die Natur zugleich durch ihre Großartigkeit und Schönheit dazu, selbst zum Gegenstand der Verehrung gemacht zu werden. Das ist keineswegs bloß ein Kennzeichen von so genannten Naturreligionen, sondern durchaus auch der aufgeklärten Neuzeit, angefangen von romantischer Naturschwärmerei bis zu der gängigen subjektivierenden Redewendung „Die Natur hat es so eingerichtet" oder zu modernen Formen einer Ökoreligion. Folgt der religiöse Mensch – und religiös sind die „Heiden" im Römerbrief – dieser Versuchung, so bedeutet dies, dass er Gott und Schöpfung identifiziert, also die Fundamentalunterscheidung zwischen beiden missachtet. Damit weist er Gott einen Platz in seiner Ökonomie an. Für Paulus ist dies gleichbedeutend mit der Verbannung des wahren Gottes und seiner Ersetzung durch ein gefügiges Objekt menschlicher Wahl. Anders gewendet: Identifiziert der Mensch Gott mit der Welt, so entzieht dieser sich ihm, und es bleibt das Falsifikat zurück.

---

[127] Vgl. dazu Bd. 2, 37–40.

[128] Dabei wird man die Wahl der Homosexualität als herausragendes Beispiel für solche Verkehrung (V. 26f) nach heutigem Kenntnisstand nicht mehr nachvollziehen können, weil man sie als solche nicht mehr mit Paulus als moralische Verfehlung ansehen kann, sondern als genetisch und/oder psychologisch bedingt verstehen muss (s.o., A I, S. 304).

Das Gericht Gottes besteht hier darin, dass er die Menschen ihrem verkehrten Leben in der Sünde preisgibt (παρέδωκεν, Rm 1,24.26.28), also in der tiefsten Gottverlassenheit. Doch korrespondiert dem gerade geschilderten Umschlag der einen Gestalt menschlicher Verfehlung in die andere ein ganz entsprechender Umschlag der einen Gestalt des Gerichts in eine andere: Der Selbstentzug Gottes wird zum Andringen seines Gerichts über den Menschen, auf dem bei Paulus, wie in der biblischen Tradition insgesamt, der Ton liegt (vgl. Rm 2f). Das erhellt kurz nach der interpretierten Passage indirekt aus der Frage: „Weißt du nicht, dass die Güte Gottes dich zur Umkehr führt (bzw. führen will)?" (Rm 2,4). Auf die vorausgehenden Überlegungen in Kap. I bezogen, bedeutet das: Was als Gottverlassenheit erfahren wird, ist die Anklage des Menschen durch Gott als den ihn „unbedingt Angehenden". Das hat der dem Nichtigen (ματαιότης, Rm 8,20) verfallene Mensch nicht begriffen. Denn der richtende Gott ist der unerbittliche, heilige Gott, der dem Menschen schlechthin fremd und unheimlich ist, den er deshalb nicht als solchen erkennt, sondern für den Nicht-Gott hält.

Paulus bringt hier die Komplexität der menschlichen Urerfahrung Gottes als des sowohl Unentrinnbaren als auch Unzugänglichen zum Ausdruck. Sie wird einerseits im Zusammenhang mit der Erfahrung der Spannung von Endlichkeit und Unendlichkeit gemacht. Andererseits wird sie in der jetzt zur Rede stehenden Perspektive als Entsprechung zu dem menschlichen Selbstwiderspruch von Bestimmung und Verfehlung gedeutet. Das ist nicht in dem Sinn zu verstehen, dass hier eine zusätzliche Interpretation zu der früheren hinzugefügt würde. Sünde ist ja auch nicht etwas, das zu der Bestimmung des Menschen irgendwann einmal hinzutritt und sie dann pervertiert, sondern der Mensch findet sich immer schon in ihr vor. Deswegen gilt, dass das Verständnis von Gottes Andringen und Selbstentzug als „Reaktion" auf menschlichen Götzendienst den eigentlichen Sinn jener Erfahrung enthüllt, der zunächst unter der Unheimlichkeit des Unendlichen verborgen ist.

In der modernen Erfahrung der westlichen Welt sind die Akzente scheinbar ganz anders gesetzt. Hier wird Gott – nach dem Ende der wild polemischen Religionskritik des 19. Jahrhunderts – auf eine zumeist recht unspektakuläre Weise aus dem täglichen und öffentlichen Leben verbannt. Sekundär wird die entstandene „Lücke" mit allerlei Surrogaten freier Wahl ausgefüllt, deren Verehrung aber häufig die religiöse Intensität eines handfesten Götzendienstes gar nicht erreicht. Dass Gott seine Stelle angewiesen würde, z.B. in einem bestimmten theologischen Lehrgebäude oder in einem bestimmten liturgischen Vollzug, scheint eher selten zu sein. Diffusität eher als klare Fronten, Indifferenz eher als Profil, das scheint die Signatur des pluralistischen Zeitalters zu sein, das für alle Religionen Platz hat (und aus Gründen des friedlichen Zusammenlebens der Menschen auch haben muss), weil es sie alle im Grunde nicht ernst nimmt. Doch eben damit erweist sich die moderne religiöse Indifferenz im Vergleich zum militanten Atheismus, der es immerhin noch für erforderlich hält, Gott einen Raum zu bestreiten, als die radikalere Form jener Vergötzung der Schöpfung, von der Paulus sprach, weil sie bereits als selbstverständlich voraussetzt, dass die Welt die einzige Wirklichkeit sei.

So scheint die Gottverlassenheit heute die primäre Gestalt der Entsprechung des göttlichen Gerichts zum menschlichen Selbstwiderspruch zu sein, bis dahin, dass dieser Selbstwiderspruch gar nicht mehr als solcher empfunden wird, so dass, wie wir gesehen haben[129], bis tief in die kirchliche Verkündigung hinein die Rede von einem Gericht Gottes nicht nur der Terminologie, sondern auch der Sache nach außer Gebrauch gekommen ist. Doch dürfte das nur die eine Seite der Medaille sein. Mitten in der religiösen Indifferenz und Beliebigkeit meldet sich längst eine Sehnsucht nach einer ihr genau entgegengesetzten unbedingten Verbindlichkeit und Autorität. Ob sich darin mehr und anderes als nur ein Streben nach einer im Grunde irreligiösen autoritären Entlastung durch Reglementierung zeigt, ob und ggf. in welcher Form vielleicht sogar im öffentlichen Bewusstsein die Deutung des Selbstentzugs Gottes als Abwesenheit umschlagen wird in ein neues Verständnis seines Andringens, vermag niemand zu sagen. Möglich ist es jederzeit, weil das eine, wie gezeigt, nur die Kehrseite des anderen ist.

Die strukturelle Verwandtschaft der verschiedenen Weisen, die Welt an die Stelle Gottes treten zu lassen, verbindet sie auch über den Unterschied der Zeiten hinweg miteinander. Die Struktur der religiösen Erfahrung als Erfahrung mit aller Erfahrung ist zwar hinsichtlich ihrer konkreten Gestalt, nicht aber hinsichtlich ihres Wesens von bestimmten historischen Gegebenheiten abhängig. Freilich kommt dann doch alles auf den konkreten und unverwechselbaren Inhalt der religiösen Erfahrung an, wenn anders sie lebensbestimmend sein soll. Das aber ist Sache des unverfügbaren Kairos, in dem sich Gottes Andringen und Selbstentzug ereignet.

b) Gottes Geleit und Gericht

Gottes Selbstoffenbarung richtet sich an Menschen und verändert deren Leben. Das ist ein Ereignis in der Geschichte. Wir haben es in Bezug auf Bestimmung und Verfehlung des einzelnen Menschen als die Selbsterschließung des sich liebend dem Menschen Zuwendenden und des ihn Fordernden und Verurteilenden beschrieben. Was lässt sich von dieser unmittelbar so nur vom einzelnen Menschen zu erfahrenden Gottesbegegnung aus über die Geschichte als ganze sagen?

Die jüdische ebenso wie die christliche Tradition haben auf diese Frage mit einer elaborierten heilsgeschichtlichen Konzeption geantwortet. Das Alte Testament weiß von Zeiten des göttlichen Geleits zu berichten wie vom Auszug aus Ägypten oder von der Rückführung der Exulanten nach Palästina, und ebenso von Zeiten des Unheils wie den mannigfachen Eroberungen des jüdischen Landes durch ausländische Aggressoren, am markantesten in der Verbannung der

---

[129] S.o., 453.

Elite des Volkes nach Babylon. Das sind nur die herausgehobenen Momente; dazwischen gibt es eine Fülle weiterer mehr oder weniger bedeutender Ereignisse, die als Zeichen der gnädigen Zuwendung oder des Zornes Jahwes gedeutet werden. Das Neue Testament, und dementsprechend die christliche Tradition, rezipiert diese Auffassung im Ansatz. Doch wird sie nun durch typologische und allegorische Interpretation ganz auf das Erscheinen Jesu Christi ausgerichtet, das zunächst als das eschatologische Ende der Geschichte, später als die Achse der Weltgeschichte aufgefasst wird. Gilt dies für das Christentum im Allgemeinen, so hat es darüber hinaus auch hier, zunächst in Anlehnung an Vorbilder der jüdischen Apokalyptik und der römischen Historiographie, immer wieder Versuche der genaueren Periodisierung der Geschichte anhand besonderer Offenbarungssituationen unternommen[130]. Später ist in der evangelischen Kirche die Reformation als Wiederentdeckung des ursprünglichen Sinnes des christlichen Glaubens gefeiert worden, und die Dialektische Theologie hat sich selbst als eine Bewegung verstanden, die eine lange andauernde modernistische Verfälschung entlarvt und das reine, ursprüngliche Christentum wieder ans Licht gebracht habe. Der Ausgang des deutschen Kirchenkampfes schien diese Sicht zu bestätigen; das erklärt das bis heute in dieser Schule verbreitete „prophetische" Bewusstsein, das sich zutraut, mit großer Sicherheit anzusagen, was in einem bestimmten Moment der Geschichte geboten ist. Auch das neuere Schlagwort einer „Theologie nach Auschwitz"[131] gehört hierher.

Es soll jetzt nicht darum gehen, solche Periodisierungen und die in ihnen implizierten Festlegungen der Offenbarung Gottes im Einzelnen zu beleuchten. In Bezug auf die Erscheinung Jesu müssen wir uns dieser Frage in der Christologie ausführlich zuwenden und können das an dieser Stelle nicht vorwegnehmen. Alle anderen Periodisierungen sind auch innerchristlich umstritten und begegnen darüber hinaus spätestens seit dem Ende der großen geschichtsphilosophischen Systeme einer gesunden Skepsis. Evident ist jedenfalls die durchgängige Ambivalenz aller derartigen Versuche. So hat etwa die Reformation in der Tat den Blick wieder auf den ursprünglichen Sinn des *sola gratia* gelenkt, ist aber auch eine der Wurzeln für die Glaubenskriege des 16. und 17. Jahrhunderts gewesen, und sie hat in ihrer lutherischen Form durch ihre – historisch vielleicht unumgängliche – Allianz mit den Landesherren eine der Kreuzestheologie entsprechende Lösung der Kirche aus der „konstantinischen" Bindung an die staatliche Macht jahrhundertelang verzögern helfen. Ebenso muss man im Fall der Dialektischen Theologie deren Verdiensten im Kirchenkampf ihre problematische und folgenreiche Polemik gegen die religiöse „Innerlichkeit" sowie ihren Beitrag zur politischen Polarisierung

---

[130] Vgl. dazu Heinrich Scholz, *Glaube und Unglaube in der Weltgeschichte. Ein Kommentar zu Augustins De civitate Dei*, Leipzig 1911, 154–165; kritisch dazu mein Aufsatz *Zum Verhältnis von Geschichtsbild und Christologie in Augustins De civitate Dei*, in: EvTh 28/1968, 430–441. S.o., 224.

[131] Vgl. oben, 434.

in der Kirche der Nachkriegszeit gegenüberstellen. Diese Andeutungen mögen genügen, um auf die Zwiespältigkeit aufmerksam zu machen, die solchen Periodisierungen innewohnt. Daran schließt sich, nun zugespitzt, die Frage an, ob es überhaupt möglich ist, besondere Kairoi als göttlich gesetzt zu identifizieren, die es erlauben, den Sinn geschichtlicher Epochen zuverlässig zu bestimmen.

Offenkundig ist zumindest, dass eine objektive Periodisierung der Geschichte nicht möglich ist, weil dafür ein Standpunkt über ihr vorausgesetzt werden müsste, den kein geschichtlich existierendes Wesen einnehmen kann. So ist es nicht verwunderlich, dass beispielsweise die entsprechenden Entwürfe in den großen Systemen des Deutschen Idealismus auf die empirisch-kritische Rückfrage der Linkshegelianer eine befriedigende Antwort schuldig bleiben mussten. Zudem trat der kunstvollen und in ihrer Anlage genialen Konzeption Hegels, die mit der Selbstdurchsetzung eines auf den „Begriff" gebrachten Christentums rechnete, nur wenige Jahrzehnte später Auguste Comtes positivistische Theorie gegenüber, die dem theologischen und dem metaphysischen Zeitalter das wissenschaftliche folgen ließ, in der Überzeugung, auf diese Weise mit jeder spezifisch religiösen Geschichtsdeutung ein für allemal aufgeräumt zu haben. Eine Überprüfung der Plausibilität beider Konzeptionen könnte (abgesehen von dem Unterschied im Niveau der philosophischen Reflexion) zeigen, dass beide Deutungen gleichermaßen durchführbar sind. Denn wer würde sich eine langfristige Prognose der geschichtlichen Zukunft zutrauen?

Als Zwischenergebnis lässt sich festhalten, dass eine religiöse Gesamtdeutung der Geschichte anders als in rein subjektiver (was nicht heißen muss: subjektivistischer) Gestalt unmöglich ist. In Bezug auf das philosophische Geschichtsverständnis hat sich diese Einsicht auf breiter Front durchgesetzt. Die bekannte Sentenz Schillers, die Weltgeschichte sei das Weltgericht[132], kann niemand verifizieren. Religiös können wir die Universalität der Weltlenkung durch Gott nur aus der Unbedingtheit des eigenen Betroffenseins extrapolieren, nicht ihrer unmittelbar innewerden.

Beschränkt man sich dementsprechend auf den Versuch, die Unmittelbarkeit zu Gott zu verstehen, so wird man freilich feststellen müssen, dass die Deutung eines geschichtlichen, über die Relevanz für die eigene Person hinaus bedeutsamen Augenblicks als eines Kairos sich dem einzelnen religiösen Menschen vielfach einfach aufdrängen wird. Trotzdem bleibt es dabei, dass die Zweideutigkeit selbst scheinbar evidenter Kairos-Situationen grundsätzlich nicht überwunden werden kann. Sie können von den einen als Ausdruck von Gottes *common grace*, von den anderen als sein Gericht verstanden werden, wie bereits der Streit zwischen Jeremia und Chananja eindrücklich zeigt (Jer 28). Es wird oft genug beides zugleich darin enthalten sein.

---

[132] Aus Fr. Schillers Gedicht *Resignation* (2. Fassung), V.85, in: ders., Werke und Briefe, hg. v. O. Dann u.a., Bd. 1 (Bibliothek dt. Klassiker 74), Frankfurt a.M. 1992, 171.

Damit soll nicht bestritten werden, dass geschichtsimmanent ein begründetes Urteil über die Erfordernisse einer bestimmten Situation, wenn auch immer mit bestimmten Einschränkungen, unter Voraussetzung ausreichender historischer und/oder soziologischer Kompetenz möglich ist. Doch um ihren spezifisch religiösen Sinn zu entdecken, reicht auch die scharfsinnigste Analyse dieser Art nicht zu, und dies nicht allein deshalb, weil sie irrtumsfähig ist, sondern weil die Dimension göttlichen Handelns sich als solche dem wissenschaftlichen Zugriff ebenso wie dem pragmatischen *common sense* entzieht. Freilich ist von der religiösen Deutung zu verlangen, dass sie sich solcher Analysen bedient und sie nicht etwa durch von Sachkenntnis unberührte religiöse Deutungen zu ersetzen versucht. Die blühende Phantasie und auch Gefährlichkeit chiliastischer Bewegungen in der Kirchengeschichte sollte Warnung genug sein. Das spezifisch Religiöse zeigt sich nicht in der Vernunftwidrigkeit einer Deutung, auch nicht in einer besonderen Begabung, sondern in einer besonderen Vollmacht, die den klaren Blick für die Wirklichkeit und die Fähigkeit, Zusammenhänge intuitiv zu erfassen, gerade nicht ausschließt. In seiner prägnantesten Form bezeichnet man dieses Phänomen im Anschluss an das Alte Testament als das *Prophetische*. Dabei darf man jedoch nicht übersehen, dass dies eine Ausnahmeerscheinung ist, im Unterschied zu dem inflationären Gebrauch dieses Begriffs in der gegenwärtigen Ökumene. Zudem hat es zu allen Zeiten auch falsche Propheten gegeben, woran bereits das zitierte Beispiel aus dem Jeremiabuch erinnerte. Letztlich muss sich eben doch jeder denkende religiöse Mensch selbst sein Bild von besonderen geschichtlichen Augenblicken machen. Zwar ist es durchaus möglich, sich im Diskurs einer gemeinsamen Deutung des jeweiligen Kairos zu nähern. Aber das Urteil über deren Annehmbarkeit kann dem Einzelnen dadurch niemals abgenommen werden.

Das Gesagte sei an einem charakteristischen Problem der gegenwärtigen geistigen Situation veranschaulicht: Ist der in vielen westlichen Ländern seit einigen Jahrzehnten im Gang befindliche Säkularisierungsschub für die Christen ein solcher Kairos, der Chance und Gerichtsdrohung in sich vereint? Wenn es sich so verhält, dann ist es jedenfalls nicht möglich, in Bezug auf das Verhältnis zur Öffentlichkeit einfach in den gewohnten Gleisen weiterzufahren. Es gibt dann nur die Option des resignierenden Rückzugs, die mit dem endgültigen Verpassen des Kairos gleichzusetzen ist, und die zweifellos außerordentlich schwierige Option, verlorenes Terrain auf neue Weise zurückzugewinnen. Für die erste Entscheidung wäre Gottes Gericht zu befürchten, für die zweite sein Geleit zu erhoffen. Gott würde sich entweder aus der Gegenwart zurückziehen oder neue Zukunft eröffnen – ohne dass es freilich möglich wäre, daraus irgendwelche sicheren Aussagen über Gottes Gegenwart oder auch nur eine Prognose für das Geschick des Christentums abzuleiten[133].

---

[133] S. dazu auch unten Bd. 2, 226.

c) *Vereinzelung und Gesamtzusammenhang*

Der Mensch ist als seiner Bestimmung Lebender wie als ihr Widersprechender weltlich existierendes Dasein. Weltlich existieren heißt nicht nur „in" der Welt als in einem gewissermaßen für sich genommen leeren Behältnis zu leben, auch nicht die Welt lediglich als das „versinnlichte Materiale unserer Pflicht"[134] sich gegenüber zu haben, sondern an ihr als einem Prozess der Wechselwirkung teilzuhaben. So verstanden, ist die Welt auch das Medium, durch das sich Gottes Offenbarung von gütiger Zuwendung und Zorn vermittelt. Umgekehrt übersetzt der Mensch seine Bestimmung ebenso wie seine Verfehlung durch Vermittlung seiner Welt in Wirklichkeit.

Als Medium für die Aktivität und Rezeptivität des Menschen besitzt die Welt als ganze zugleich ein Eigengewicht. Das bedeutet mit Bezug auf die Verwirklichung der Bestimmung und Verfehlung des Menschen, dass sie seine Aktivität nicht nur formal, sondern auch hinsichtlich ihrer materialen Ausrichtung provoziert. Die Welt als dieses Ganze wird vom Menschen *einerseits* als etwas erfahren, das durch seine Majestät, seine bunte Vielfalt ebenso wie durch den tiefen Eindruck der Ordnung zum Staunen reizt und so über sich hinaus auf Gott als den Ursprung von Ganzheit verweist. Auf diese Weise bewegt die Welt den Menschen dazu, sowohl ihren Gesamtzusammenhang als auch sich selbst auf den in solchem Verweis begegnenden Seinsgrund hin zu transzendieren. So leitet sie ihn dazu an, im qualifizierten Sinn ein Einzelner zu werden und in der Anbetung Gottes seiner Bestimmung gerecht zu werden. Dafür hatten wir als Beispiel den 104. Psalm betrachtet. Zugleich bleibt aber der zum Einzelnen gewordene Mensch als soziales Wesen in den Gesamtzusammenhang der Welt eingebettet. Deshalb vermittelt sich dieses Geschehen auf dem Weg gegenseitiger Selbstmitteilung in einer religiösen Gemeinschaft. Diese wird wiederum selbst durch solche Mitteilung konstituiert, ohne dass doch ihre Glieder dadurch aufhören, Einzelne zu sein[135]. In diesem Prozess wird der sachliche Primat der Gottesbeziehung vor der Weltbeziehung Wirklichkeit. Die Weltbeziehung des Menschen wird von der Gottesbeziehung umgriffen, die Welt als die Welt Gottes gesehen.

Andererseits schlägt genau dieser Gesamtzusammenhang der Welt durch eben denselben Eindruck der Majestät des Ganzen den Menschen in seinen eigenen Bann. Insofern verleitet die Welt den Menschen dazu, sich nur auf diesen Gesamtzusammenhang hin zu transzendieren, ihn also als letzte Wirklichkeit anzusehen. Erliegt der Mensch diesem Sog, so etabliert er sich autark in seinem eigenen weltlichen Dasein und bleibt im Effekt bei sich selbst. Oberflächlich betrachtet wird der Mensch auch so zum Einzelnen, nämlich zum in sich selbst zurück-

---

[134] JOHANN GOTTLIEB FICHTE, *Das System der Sittenlehre nach den Principien der Wissenschaftslehre* (1798), GA I/5, hg. v. R. Lauth u. H. Gliwitzky, Stuttgart 1977, 353.
[135] Vgl. dazu F.D.E. SCHLEIERMACHER, *Der christliche Glaube* (Anm. 34), §§ 6.24.

gekrümmten Einzelnen, der seine Bestimmung verfehlt. Nun ist aber der Gesamtzusammenhang der Welt als solcher sachhaft konstituiert. Entwirft sich der Mensch auf ihn hin, so wird er aus einer eigenständigen Person gewissermaßen zum Atom im Weltprozess und die menschliche Gemeinschaft zum isolierten Molekül. In solcher Vereinzelung bleibt der Mensch dennoch zugleich ein Element im Weltzusammenhang. Er geht sogar so sehr in ihm auf, dass er gar nicht in der Lage ist, ihn zu transzendieren, sondern sich definitiv gegen Gott abschottet. Atomisierung und Funktionalisierung sind demnach im menschlich-geschichtlichen Bereich ebenso wenig wie in der Natur sich gegenseitig ausschließende, sondern sich gegenseitig bedingende Merkmale.

Wie verhält sich nun die Vermittlungsfunktion der Welt zur Verantwortung des Menschen? In Bezug auf die bestimmungsgemäße Existenz erweist sie sich offensichtlich als Mittel oder auch als Durchgang. Durch ihn hindurch ereignet sich die Begegnung des Menschen mit Gott, dem er unmittelbar verantwortlich ist. Hingegen auf die Verfehlung der menschlichen Existenz bezogen erscheint die Welt gewissermaßen als Subjekt, insofern sie den Menschen dazu versucht, sich ihr auszuliefern. Das ist dadurch möglich, dass der in sich selbst verkrümmte Mensch das Ganze der Welt unwillkürlich anthropozentrisch als durch die Gesamtheit der menschlichen Gesellschaft repräsentiert ansieht. Ob das nun in der Form geschieht, dass er sich die Welt unterwirft und sich selbst dann absolut an seine eigene Herrschaftsfunktion bindet, oder ob er in der anderen Form der Sünde sich der Welt und ihren Gesetzen willenlos überlässt, spielt für dieses Verhältnis letztlich keine Rolle. Ebenso unerheblich ist es, ob der Mensch sich der Herrschaft der Welt in Gestalt seines eigenen Unbewussten überlässt, also auf der Ebene der Unmittelbarkeit sich seinem eigenen, in die Welt hinein verschwimmenden Objekt-Ich unterordnet, oder ob der entsprechende Vorgang sich auf der Reflexionsebene abspielt, wo der fiktive Gesamtzusammenhang der Ideologie das reflektierende Subjekt-Ich beherrscht. Allemal ist es die Faszination der Welt als eines übermächtigen, in sich bestehenden Ganzen, die den Menschen auf geradezu schicksalhafte Weise dazu versucht, sich ihr anheim zu geben und sich so selbst zu isolieren. Und doch ist diese Faszination kein deterministischer Zwang, dem der Mensch als bloßes Objekt ausgeliefert wäre.

Dieser Befund bedarf allerdings der Modifikation. Das Schicksalhafte ist das Kennzeichen der Welterfahrung in erster Linie, insofern die Welt als Natur in Erscheinung tritt. Die Gottentfremdung des Menschen ist aber als solche eine Sache der Menschenwelt und somit eine geschichtliche Erscheinung. Die geschichtliche Welt ist durch gesellschaftliche Interaktion bestimmt. Daraus folgt, dass die Subjektvierung der Welt gegenüber dem Menschen in diesem Zusammenhang eine verkürzte Redeweise darstellt. Das Argument aus der Gewissenserfahrung, die Berufung auf die Übermacht der Welt sei lediglich eine Ausflucht, um das Versagen der Eigenverantwortung des Menschen zu vertuschen, hat hier seinen Platz und sein relatives Recht.

Dennoch kommt die Vorstellung der Welt als einer quasi-subjektiven, schicksalhaften Macht auch in diesem Bereich nicht von ungefähr. Interaktion, die eine klare Bestimmung des individuellen Eigenanteils erlaubt, findet vornehmlich in kleinen, überschaubaren Gruppierungen statt. Aber selbst hier ist keineswegs eine heile Welt bestimmungsgemäßer, intakter Kommunikation unter dem Vorzeichen der Gleichheit aller Menschen vor Gott gewährleistet. Geht man über den engen Bereich hinaus, der eine unmittelbare Kommunikation ermöglicht, so steigert sich die Anonymität in einer Gesellschaft proportional zu deren Zunahme an Umfang und Komplexität. Das wirkt sich erschwerend auf Eigenständigkeit und Einflussmöglichkeiten des Einzelnen aus. Entweder erweist sich der kollektive Druck als so übermächtig, dass er ihm leicht erliegt, oder die Anonymität schwächt die soziale Kohäsion und isoliert ihn bereits vor irgendeiner schuldhaften Selbstisolierung. In beiden Fällen sind die Möglichkeiten des Menschen, seiner Bestimmung gemäß sein Gottesverhältnis in gesellschaftliche Lebenswirklichkeit umzusetzen, schon durch die rein natürliche Seite der sozialen Wirklichkeit stark behindert. Zwar bietet eine Großgesellschaft meistens „Nischen", in denen sich kleine Gruppen etablieren können, die eine personale Interaktion erleichtern und damit rein äußerlich einer Verwirklichung bestimmungsgemäßen Lebens weniger im Wege stehen. Aber zum einen befinden sich solche Gruppen, insbesondere in einer pluralistischen Gesellschaft, stets in hartem Konkurrenzkampf mit anderen Gruppen. Zum anderen haben sie kaum die Möglichkeit einer Einwirkung auf die Gesellschaft als ganze.

Aus dem soeben Ausgeführten muss der Schluss gezogen werden, dass der Sog zur Autarkie und Gottentfremdung in einer Gesellschaft um so stärker wird, je umfangreicher und je komplexer sie ist. Für moderne säkulare Gesellschaften westlichen Zuschnitts scheint das ohnehin auf der Hand zu liegen. Es gilt aber auch für offiziell religiös gelenkte Gesellschaften. Hier sind es die institutionalisierten Vermittlungsinstanzen zwischen Gott und Mensch, die den durch gewachsene Anonymität geschwächten intersubjektiven Zusammenhalt einer Großreligion durch steigendes Eigengewicht zu kompensieren suchen. Ein solches Eigengewicht hat immer die Tendenz, die religiösen Lebensäußerungen durch Objektivierung und Festschreibung auch gegen die Gottesbeziehung, aus der sie eigentlich hervorgehen sollen, abzuschirmen. Sofern solche Institutionalisierung nicht die Gestalt einer Organisation mit Gesetzen und Sanktionen annimmt, wie das im christlich-abendländischen Bereich der Fall ist, sondern lediglich in der Form etablierter Gebräuche und Rituale auftritt, kann dieser Effekt zwar gemildert werden, aber er verschwindet nirgends. Im Gegenteil erweist er sich bis zu einem gewissen Grad sogar als unerlässlich, weil die einzige Alternative Atomisierung und Zerfall zu sein scheint.

Wenn die Einbindung in den Weltzusammenhang keine unmittelbare ist, sondern eine durch gesellschaftliche Interaktion vermittelte, so handelt es sich bei aller Verhängnishaftigkeit, die durch die Quasi-Subjektivität der Welt suggeriert wird, nicht nur um eine schicksalhafte Bindung, sondern in erster Linie um einen unlöslichen *Schuldzusammenhang*. Die Welt, so muss man deshalb genauer sagen, erscheint dem Menschen in dieser Perspektive als für ihn lebenswichtiger Prozess, zugleich aber als Produkt komplexer Wechselwirkungen des Bösen, der ihn auf Gedeih und Verderb an sich kettet. Dieses Verhältnis von individueller Existenzverfehlung und deren Verflechtung in kollektive Zusammenhänge hat Schleiermacher bei seiner sozialen Umdeutung der traditionellen Erbsündenlehre im Auge gehabt. Sünde ist auch nach ihm primär die Gottlosigkeit des Einzelnen, zugleich aber die „Gesamttat" der Menschheit und insofern auch *coram Deo* deren „Gesamtschuld"[136]. Diese These hat gegenüber den Formeln Kierkegaards den großen Vorzug, die Sozialität des Menschen in die Interpretation der Sünde einzubeziehen und dadurch den Übergang zu den sichtbaren, weltlichen Erscheinungsformen der Sünde deutlich zu machen, ohne doch in deren aufklärerische Moralisierung zurückzufallen: Auch als Gesamtsünde bleibt sie die Verfehlung des Gottesverhältnisses. Wenn Schleiermacher dabei die Sünde des Einzelnen durch die Teilhabe an der Gesamtschuld „verursacht" sein lässt, so will er dadurch die Verantwortung des Einzelnen nicht im Geringsten mindern. Vielmehr betont er, dass „die mitgeborne Sündhaftigkeit durch die von der Selbsttätigkeit des Einzelnen ausgehende Ausübung" wachse, ja mit ihr eine und dieselbe und insofern auch die Schuld jedes Einzelnen sei (§ 71,1). Damit ist klar, dass auch die verhängnishafte Seite der Verfehlung der menschlichen Bestimmung nicht durch eine endliche Ursache erklärt werden soll.

Die moderne Sozialethik transponiert den Gedanken eines sozialen Aspekts der Sünde in den Bereich von deren empirischen Folgen. Im Anschluss an Reinhold Niebuhrs These, dass das Böse des Einzelnen sich in der Gesellschaft potenziere[137], spricht sie vom strukturellen Bösen, das sich z.B. in massiven kollektiven Vorurteilen wie Rassismus und Fremdenhass äußert. Dabei ist stets zu beachten, dass gesellschaftliche Strukturen sich auf die Interaktion der ihnen unterworfenen und zugleich sie gestaltenden einzelnen Menschen zurückführen lassen. Darum ist analog zu Schleiermachers Verständnis der menschheitlichen Gesamtschuld das strukturelle Böse nicht in dem Sinn als heteronome Macht anzusehen, dass es durch seine Hypostasierung den Einzelnen von seinem Anteil an Verantwortung entlasten könnte. Unter Berücksichtigung dieser Kautele aber ist der gesellschaftliche Zusammenhang des Bösen kraft der ihm innewohnenden Macht der Verblendung und des von ihm ausgeübten Drucks in der Tat dasjenige, was im Bereich der täglichen Erfahrung den Verhängnischarakter der Sünde repräsentiert.

Es war diese Erfahrung der Verführung durch den Gesamtzusammenhang der Welt, die in der Gnosis und innerhalb der christlichen Tradition besonders in der

---

[136] F.D.E. Schleiermacher, a.a.O., § 71 Leitsatz. Danach die folgende Angabe im Text.
[137] Vgl. R. Niebuhr, *Moral Man* … (Anm. 96), XIf. 83–168.

johanneischen Literatur zur Hypostasierung der Macht des Bösen als Welt, als χόσμος, geführt hat. Das ist natürlich mythische Vorstellungsweise. Klammert man jedoch die Tendenz zu einem metaphysischen Dualismus aus, so ist darin eine menschliche Grunderfahrung zum Ausdruck gebracht, die mit dem Ende des mythischen Zeitalters nicht überholt ist. Auch heute wird die Welt zum Götzen des Menschen, sei es in ihrer naturhaften Gestalt als Prinzip des Lebens und der Fruchtbarkeit, sei es in ihrer sozialen, von ihm selbst geschaffenen künstlichen Gestalt als heilige Institution – auch dann, wenn die Formen des Kultus, wie in der Moderne zumeist, keinen explizit religiösen, sondern eher einen pseudoreligiösen Charakter haben.

Nimmt man beide Seiten der Welterfahrung zusammen, wie sie sich in Bezug auf die Bestimmung und Verfehlung des Menschen darstellt, so ergibt sich ein tiefer Zwiespalt. Wenn die Welt, auf die Bestimmung des Menschen bezogen, das Medium zu deren Verwirklichung darstellt, so ist sie für religiöses Verständnis Welt in ihrem ursprünglichen, schöpfungsgemäßen Sinn. In ihrer den Menschen umfangenden Eigenständigkeit ist sie ursprüngliche Ordnung, χόσμος in der klassischen Bedeutung des Wortes. Wenn sie sich jedoch kraft ihres geordneten Gesamtzusammenhangs als Versuchung des Menschen auswirkt, so droht, mythisch geredet, die – von ihm verschuldete – Perversion zum χόσμος als einem widergöttlichen System. Die dabei wirksame Übermacht des Schicksalhaften wirft noch einmal mit vermehrter Dringlichkeit die Frage auf, wie sich die menschliche Freiheit zu ihr verhält.

d) *Sachzwänge und Instanzlosigkeit*

Sünde als Selbstversklavung ist nicht Solipsismus, sondern Verfallenheit an die eigene welthafte Existenz und darum auch Verfallenheit an die Welt. Dieses schicksalhafte und doch selbstverschuldete Syndrom erweist sich als so übermächtig, dass es fast wie ein Zwang erfahren wird. Der Mensch ist unentrinnbar in ihm gefangen, gerade indem er an dem Prozess der gesellschaftlichen Interaktion „frei" und aktiv gestaltend mitwirkt. Dieser Sachverhalt ist an zwei einander scheinbar diametral entgegengesetzten Phänomenen, die beide verhängnishafte Züge tragen, am Sachzwang und an der Instanzlosigkeit, gut zu veranschaulichen. Beide können im Dienst sowohl der Bestimmung des Menschen als auch ihrer Verfehlung stehen.

Als *Sachzwänge* könnte man auch die Naturgesetze bezeichnen. Sie scheinen freilich auf den ersten Blick nur auf die Erfahrung der Spannung von Endlichkeit und Unendlichkeit bezogen werden zu können. Doch gibt es bestimmte Temperamentsanlagen oder insbesondere psychische Krankheiten, die geradezu unausweichlich zu einer bestimmten Lebenseinstellung disponieren. Solche Dispositionen reichen von natürlicher Gutmütigkeit bis zum Gotteshass und Hass gegen Menschen. So können auch Verbrechen einen schicksalhaften oder pathologischen Hintergrund haben. Doch selbst wenn etwa in einer Strafsache auf Grund eines eindeutigen psychologischen Befundes zu Recht auf Schuldunfähigkeit erkannt wird, muss zumindest gefragt werden, ob nicht in einem ethischen und religiösen Sinn dennoch von Schuld gesprochen werden muss. Dafür spricht jedenfalls, dass die Kranken in solchen Fällen häufig die in ihnen wirksamen Kräfte als „böse" ansehen. (Es dürfte sich allerdings von selbst verstehen, dass diese Erwägung nicht dazu taugt, den Begriff der Schuldunfähigkeit aus dem Strafrecht wieder zu streichen.)

Zu den psychischen treten die sozialen Determinationen, die ebenfalls ein quasi-naturhaftes Gesicht tragen. Das ist der geläufigere Sinn des Terminus Sachzwang. Solche Zwänge können völlig wertneutral sein. Dann sprechen wir mit Max Weber von *Eigengesetzlichkeit*[138]. Diese besteht einfach in der inneren Sachlogik der Regeln, nach denen ein bestimmter gesellschaftlicher Prozess, z.B. das Wirtschaftsleben, abläuft. Da in solchen Prozessen menschliche Freiheit involviert ist, handelt es sich natürlich nicht um eine Form strenger Kausalität, wie sie die klassische Physik in der Mechanik kennt. Dennoch kommt diesen Regeln, die nach Gesetzen der Wahrscheinlichkeit gebildet sind, sehr wohl eine Stringenz zu, der das gesellschaftliche Subjekt nicht entgeht. Jeder steuernde Eingriff muss sie berücksichtigen, wenn er etwas erreichen soll. Theologisch sind sie als gottgegebene Gesetzmäßigkeiten anzusehen, die das gemeinschaftliche Leben der Menschen gewährleisten sollen, ihm aber zugleich zur verantwortlichen Handhabung anvertraut sind.

Faktisch sind freilich alle derartigen Sachzwänge und das menschliche Hantieren mit ihnen durch Gottentfremdung mitbestimmt, was ihren Missbrauch und die Zerstörung menschlicher Gemeinschaft zur Folge hat. Dafür kann man beispielsweise auf das ökonomische Faktum verweisen, dass offenbar keines der unterschiedlichen Wirtschaftssysteme in der Lage ist, selbst im eigenen Land ein bestimmtes Maß von Verelendung zu vermeiden. Natürlich ist ein solcher Zustand durch vielfältige, keineswegs bloß wirtschaftliche Faktoren bedingt. Doch davon abgesehen ist die Frage, die in diesem Zusammenhang interessieren muss: Was geschieht eigentlich, wenn sich jemand in einem solchen Fall auf Sachzwänge *beruft*? Es ist möglich, dass damit wie bei Weber tatsächlich nicht mehr gemeint ist als ein Appell an die Sachlichkeit. Fast immer wird man jedoch damit zu rechnen haben, dass dieser mit handfesten Interessen verquickt ist. Dann bekommt die Berufung auf Sachzwänge die Funktion der Beschwörung des Marktes als einer übermenschlichen Macht. Wenn die ökonomische Eigengesetzlichkeit auf diese Weise als letzte Wirklichkeit ausgegeben wird, die angeblich keiner Steuerung unterworfen werden kann, dann verliert sie ihre Wertneutralität und nimmt geradezu dämonische Züge an, denn sie tritt dann im Effekt an die Stelle Gottes.

Das gleiche Resultat kann auch auf eine allem Anschein nach ganz harmlose

---

[138] Vgl. Max Weber, *Wirtschaft und Gesellschaft*, 5. Aufl. Tübingen 1976, 382–385.

Weise eintreten, z.B. im Fall der Allokation medizinischer Heilmittel. Der Sachzwang besteht hier darin, dass die finanziellen Ressourcen der Gesellschaft ganz
abgesehen von allen beteiligten Interessen endlich sind. Doch wird sich in den
daraus resultierenden Verteilungskampf unvermeidliche Schuld mischen, wie zumindest diejenigen empfinden werden, die im Unterschied zu anderen Menschen
in gleicher Lage eine medizinisch notwendige teure Behandlung nicht bekommen
können.

Wenn ein Sachzwang an die Stelle Gottes rückt, erscheint auch der Mensch in
einem dadurch bestimmten Weltbild nicht mehr als personales Gegenüber, sondern als Objekt, als Sache. Obwohl interagierende Menschen sowohl an der
Konstitution solcher Sachzwänge als auch insbesondere am Umgang mit ihnen
beteiligt sind, wirken diese unvermeidlich als eine sich gegenüber den Einzelnen
verselbstständigende Macht, gegen die sie sich nicht durchsetzen können. Hier
scheint die schicksalhafte Determination zum Bösen zu dominieren. Trotzdem
kann der einzelne Mensch sich nicht damit entschuldigen, dass er nur ein Rädchen im Getriebe sei, sondern seine Mitverantwortung bleibt bestehen.

Der dem Sachzwang entgegengesetzte Pol ist die *Instanzlosigkeit*, die wir heute
in der westlichen Welt vielfach antreffen. Sie hat eine Wurzel in der schöpfungsmäßigen Eigenständigkeit des Menschen, ist aber vor allem ein Ergebnis des über-
spitzten modernen Individualismus. Als solches hat sie ihren ursprünglichen Bezug zur Freiheit verloren. Denn diese ist wesenhaft auf Verbindlichkeit bezogen.
Freiheit ohne Verbindlichkeit ist inhaltslose, abstrakte Willkür. Als solche verfällt
sie rettungslos sich selbst. Instanzlosigkeit macht den Menschen, so paradox es
klingt, schlechthin abhängig von der eigenen Leere. Wir hatten gesehen, dass diese Art von Individualismus durchaus ein kollektives Phänomen ist und Abhängigkeit vom „Man" nicht aus-, sondern im Gegenteil einschließt. Im gegenwärtigen
Zusammenhang geht es nun darum, dass dieses leere kollektive Subjekt reiner
Selbstverwirklichung durch die Instanzlosigkeit an die Stelle Gottes befördert
wird. Der ursächliche Schwund gesellschaftlicher Verbindlichkeit erscheint dabei
wiederum als unabwendbares Schicksal, obwohl die davon betroffenen einzelnen
Subjekte am Zustandekommen bzw. an der Aufrechterhaltung dieser Situation
beteiligt sind. Die Ausbildung eines je individuellen Wertesystems ist kein Heilmittel, sondern lediglich die ethisierte Form der Instanzlosigkeit.

Zur Illustration mag die antiautoritäre Erziehungsmode der siebziger Jahre
dienen. Sie ist natürlich kein beliebiges Beispiel, denn jener Trend ist eine der Ursachen für die Ideologie des absoluten Primats der Selbstverwirklichung, die in
unserer gegenwärtigen Kultur anzutreffen ist. Antiautoritäre Erziehung war von
ihrem ersten Proponenten, dem englischen Pädagogen Alexander Neill, ursprünglich als Kompensation für schwere Sozialisationsschäden von Heimkin-
dern konzipiert worden[139]. Ihr Ziel war keineswegs die Preisgabe jeglicher Ver-

---

[139] Vgl. ALEXANDER SUTHERLAND NEILL, *Theorie und Praxis der antiautoritären Erziehung:*

bindlichkeit. Antiautoritär war vielmehr ein Synonym für eine Art von Basisdemokratie, die ein eigenständiges System von Regeln etablierte, deren Einhaltung von der Gemeinschaft strikt überwacht wurde. Es war also ein Versuch sachgemäßer Kopplung von Freiheit und Verbindlichkeit. Die Transformation dieser Idee zu einem allgemeinen pädagogischen Prinzip trennte sie von ihrem ursprünglichen Verbindlichkeitskontext ab. Die daraus erwachsene Pervertierung zu einem puren *laissez-faire* trug entscheidend zu derjenigen Form von Asozialität bei, deren Mangel an Unrechtsbewusstsein heute weithin die soziale Wirklichkeit von Gewalt in den Schulen bis zum sozialdarwinistischen Gebaren in der Wirtschaft kennzeichnet. Das Beispiel zeigt zugleich, dass Instanzlosigkeit keineswegs jene Erhöhung der Lebensqualität ermöglicht, die sich vor Jahrzehnten die hedonistische Generation der Hippies davon versprochen hatte, sondern, wie inzwischen erkannt wird, einen kaum abschätzbaren Sprengsatz sozialer Destruktivität in sich birgt.

Sachzwänge und Instanzlosigkeit haben sich als zwei einander nur scheinbar entgegengesetzte Gestalten von Freiheitsverlust an die Welt erwiesen. In beiden Fällen erscheint dieser Verlust dem religiösen Bewusstsein nicht nur als eine sozusagen wertneutrale, rein innerweltliche Gewichtsverschiebung, die allenfalls einen interessanten Gegenstand soziologischer Untersuchung darstellen könnte. Er entpuppt sich vielmehr als geradezu schicksalhafte Gestalt der Gottentfremdung des Menschen, obwohl die verantwortliche Beteiligung der Glieder der Gesellschaft an diesen Erscheinungen nicht geleugnet werden kann. Die Zwanghaftigkeit der Entwicklung erweist sich als so dominant, dass die Verabsolutierung von Sachzwang und Instanzlosigkeit zu Surrogaten transzendenter Macht unvermeidlich erscheint.

e) *Weltverantwortung und Weltflucht*

Die Welt begegnet dem Menschen nicht nur in der Seinserfahrung als die ihm von Gott gesetzte raumzeitliche Weise seines Daseins, die ihm Spielraum und Lebensfrist vermittelt und ihn als Schicksal trifft. Sie begegnet ihm auch in der Gewissenserfahrung als der Bereich und der Gegenstand seiner Verantwortlichkeit. Verantwortung hat nicht wie die Gesinnung allein im Gewissen des Einzelnen ihren Ursprung. Sie ist vielmehr ein Beziehungsphänomen: Sie antwortet auf Herausforderungen, die aus der Welt, mit welcher der Mensch in Wechselwirkung steht, an ihn herantreten. In diesen Anforderungen schwingt immer, mehr oder weniger ausgeprägt, das Element der Unbedingtheit mit. Dieses Element verweist auf Gott als den Ursprung der Welt, der sie prinzipiell dazu legitimiert, solche Anforderungen zu stellen, auch wenn die konkreten Inhalte im Einzelnen un-

---

das Beispiel Summerhill (Summerhill. A Radical Approach to Child Rearing, 1961, dt. v. H. Schroeder u. P. Horstrup, rororo sachbuch 6707), Reinbek 1972.

ter Umständen zu Unrecht mit dieser Unbedingtheit ausgestattet werden. Die Unbedingtheit der Herausforderung erinnert das Gewissen daran, dass Gott der Grund nicht nur des Seins, sondern auch der Bestimmung des Menschen ist, dem dieser seine Identität schuldet. Darin, dass es die Welt ist, welche diese Anforderung vermittelt, wird klar, dass die Gott geschuldete Identität zugleich eine sozial geschuldete ist.

Das ist nach jüdischer und christlicher Überzeugung der Ursprung ethischer Existenz. Dieser Sachverhalt hängt eng zusammen mit dem ebenfalls zu dieser Grundüberzeugung gehörenden Urteil über die Schöpfung, sie sei „gut" (Gen 1). Man könnte diese Weltauffassung als *optimistisch* bezeichnen. Sie meint aber, sieht man sich den Kontext des priesterschriftlichen Schöpfungsberichts an (und bei aller tiefgehenden Unterschiedenheit auch den jahwistischen Bericht, der in diesem Punkt von der gleichen Grundüberzeugung getragen ist), nicht einen abgeschlossenen Zustand des Gutseins. Vielmehr sprechen beide Schöpfungsberichte von bestimmten Aufträgen an den Menschen. Das bedeutet, dass dem Menschen von vornherein, zugleich mit seiner Erschaffung, eine Verantwortlichkeit in Bezug auf die Welt als konstitutiver Bestandteil seines Daseins mitgegeben ist. Der Mensch ist also gut geschaffen, insofern er sich aus Gott empfängt, und zwar *als* ein von ihm mit Verantwortung Betrauter. Die Welt ist gut geschaffen, insofern sie ihren Ursprung in Gott hat, und zwar (jedenfalls in Gestalt unseres Planeten) *als* eine vom Menschen zu bearbeitende und zu bewahrende.

Diese enge Verknüpfung von Schöpfung und Gesetz findet sich im Alten Testament durchgängig, jedenfalls seitdem die israelitische Religion sich den Schöpfungsglauben angeeignet hatte. Ein schönes Beispiel für jene Verbindung ist Ps 19, der geradezu übergangslos von einem Preis der Schöpfung auf das Lob des Gesetzes zu sprechen kommt. Das so mit der Schöpfung verbundene Gesetz ist nun bekanntlich in dieser Tradition für eindeutig formulierbar gehalten worden. Das ist – im Blick auf früher angestellte Überlegungen – nicht nur damit zu erklären, dass die antike israelitische Gesellschaft viel weniger komplex war als moderne Großgesellschaften. Jedenfalls im kasuistischen Recht hat man damals durchaus auch recht komplizierte Sachverhalte geregelt. Der eigentliche Grund für jene Annahme eines wörtlich offenbarten Gesetzes dürfte vielmehr darin zu sehen sein, dass man ein relativ ungebrochenes Verhältnis zwischen dem Willen Gottes und den realen Anforderungen der Lebenswirklichkeit vorausgesetzt hat. Diese enge Verbindung spiegelt sich darin, dass auch Wohl und Heil des Menschen, also die Seinserfahrung des Beschenktwerdens vom Schöpfer und die Gewissenserfahrung des gnädigen Angenommenseins zum Teilhaber des von Gott gestifteten Bundes, faktisch zusammenfallen. Das verheißene Land begründet das Wohl des Volkes; es ist aber zugleich das Heilsgut, wie vor allem die exilischen Verheißungen deutlich machen, welche die versprochene Zukunft bereits ins Eschatologische hinüberspielen. Über alle geschichtlichen Brüche hinweg spannt sich der Bogen der ungebrochenen Treue Gottes, die in diesem Zusammenhang von Schöpfung und Gesetz ihre irdische Entsprechung hat. Diese Treue, die dem Bund mit dem erwählten Volk als seine Begründung sachlich vorausgeht, verlangt ihre Entsprechung in der Treue des Volkes, die sie dann auch belohnt. Andernfalls droht diesem das Gericht, das mit dem Entzug des Wohls auch den des Landes als des Heilsgutes – jedenfalls auf Zeit – nach sich zieht.

Gegen Ende der alttestamentlichen Überlieferungsgeschichte werden allerdings diese klaren Entsprechungen verstärkt in Frage gestellt. Der Gerechte muss leiden (Hiob), und der Weltlauf ist von abgründiger *vanitas vanitatum* bestimmt (Kohelet). Dennoch ändert sich bezüglich des im gegenwärtigen Zusammenhang vor allem interessierenden Punktes nichts: Die göttlichen Gebote als die von Anfang der Welt an gegebene Leitlinie für das Dasein des Menschen in der Welt bleiben in ihrer Gültigkeit unangetastet (Koh 12,13 f). Was in dieser Welt zu tun ist, bleibt klar erkennbar, auch wenn die „moralische Weltordnung" von Lohn und Strafe ins Wanken gerät.

Wir haben es demnach im Judentum mit einer Religion zu tun, in der Gottesdienst und ethisches Verhalten in der Welt in einem festen, klar begründeten Zusammenhang stehen. Das zeigt sich nicht zuletzt daran, dass in der Tora der Gottesdienst im engeren Sinn, der Kultus, und Weltgestaltung, die Kultur, zur Einheit eines einzigen Gesetzescorpus zusammengefasst sind. Die „Welt" als ganze steht unter der Herrschaft Gottes; das ist die klare Aussage, die sich daraus ergibt. Dabei ist der freie Wille der Menschen vorausgesetzt. Daraus folgt, dass Einzelne und ganze Völker, ja sogar das erwählte Volk, gegen den Willen Gottes verstoßen und damit versuchen können, dessen Herrschaft zu usurpieren. Aber niemals tritt die „Welt" an die Stelle Gottes. Wenn das Volk in der Wüste das goldene Stierbild anbetet (Ex 32,1–6), dann beruht das nur auf der verwerflichen Entscheidung der Menschen, nicht etwa auf einem versucherischem Sog der Welt. Mit anderen Worten: Sünde wird nicht zum Schicksal.

Ganz anders der gnostische Dualismus. Dessen Weltauffassung kann man als *pessimistisch* bezeichnen. Hier werden die Menschen von der Macht des Widergöttlichen so in ihren Bann geschlagen, dass sie auf eine Befreiung durch die Macht des Guten absolut angewiesen sind. Die Erkenntnis des göttlichen Willens ist völlig verfinstert und muss durch Offenbarung erst freigesetzt werden, obwohl in jedem Menschen ein Lichtfunke vorhanden ist. Aber dieser ist im Leib gefangen und kann sich nicht von sich aus Geltung und Wirkung verschaffen. Die Welt ist nach dieser Auffassung keineswegs gut und von Gott geschaffen, sondern im Gegenteil ganz der Macht des Bösen unterworfen. Nicht Weltgestaltung, sondern Weltflucht ist infolgedessen der Ausdruck wahrer Frömmigkeit, und das Heil besteht in der Erlösung von der Welt.

Hier ist die Erfahrung des Verhängnischarakters des Bösen in äußerster Härte zum Ausdruck gekommen. Es wäre zu einfach, diese Auffassung allein auf eine Projektion der Krisenstimmung des späteren Hellenismus ins Religiöse zurückzuführen, zumal die Erfahrung der Bedrohung durch die Übermacht des Bösen der Welt auch unter ganz anderen Bedingungen in ganz anderen kulturellen Kontexten wiederkehrt. Weltflucht als Lebensgestalt der Religion begegnet beispielsweise auch im christlichen Mönchtum oder, um einen ganz anderen Kulturkreis zu nennen, im Buddhismus. Dass bei all diesen Gestalten religiöser Weltflucht enorme Unterschiede in deren Begründung sowie in der Art des Lebensgefühls, der Gedanken- und Vorstellungswelt bestehen, die sie untereinander kaum vergleichbar erscheinen lassen, liegt am Tage. Sie können aber in diesem Zusammenhang, in dem es lediglich um den Aufweis der Grunderfahrung von Welt als verhängnisvoller Macht des Bösen geht, vernachlässigt werden.

Neben den beiden besprochenen Typen der auf die Gewissenserfahrung bezogenen Weltauffassung gibt es noch einen dritten, den *tragischen* Typus. Wir finden ihn in der altgriechischen Tragödie. Dort ist die Welt von einer tiefen Widersprüchlichkeit durchzogen. Die Helden der Tragödien befinden sich in einem Konfliktfeld, das sie nicht selbst geschaffen haben, sondern das ihnen schicksalhaft vorgegeben ist. Es verhält sich dabei keineswegs so, dass der Wille der Götter in den weltlichen Pflichten gar nicht zu erkennen wäre. Die Situation, in der die Personen der Tragödie sich befinden, ist nicht diffus. Aber der Wille der Götter kommt in einander widerstreitenden Anforderungen zum Ausdruck. So steht die Antigone des Sophokles vor der Wahl, entweder der Pietätspflicht zu genügen, ihren gefallenen Bruder zu beerdigen, der sich gegen den König erhoben hatte, oder sich an dessen dagegen gerichtetes Verbot zu halten und der ebenfalls geheiligten Staatsräson zu gehorchen. Beiden Forderungen gerecht zu werden, ist unmöglich. Frömmigkeit – es handelt sich ja bei diesen Tragödien durchweg um religiöse Dramen – kann für Antigone nur darin bestehen, sich diesem Widerspruch zum Trotz für *eine* der heiligen Pflichten zu entscheiden, eben damit die *andere* unwiderruflich zu verletzen und im dann unvermeidbaren Untergang ihre Größe zu beweisen. Dabei ist nicht etwa an eine Überlegenheit der Menschen über die Götter gedacht. Vielmehr steht über allem, auch über den Göttern, die undurchdringliche Macht des Schicksals, der Moira.

Auch diese Form der Verhängniserfahrung ist offenkundig nicht erst ein Produkt der Komplexität moderner Gesellschaftsstrukturen. Darüber hinaus scheidet auch eine soziologische Erklärung für das tragische Lebensgefühl aus, die es mit der Krise eines massiven kulturellen Niedergangs begründen könnte. Die Epoche der Tragiker gehört ja zur Hochblüte der klassischen griechischen Kultur, die im Übrigen gleichzeitig eine lebensbejahende, heitere Grundeinstellung kennt. Wir werden also eher von einem tieferen Sinn für eine menschliche Grunderfahrung zu reden haben.

Was ergibt sich aus der Zusammenstellung dieses auf den ersten Blick sehr disparaten Materials? Da die angeführten Beispiele aus ganz verschiedenen Kulturen stammen, scheint es zunächst sinnlos zu sein, aus ihnen ein in sich einheitliches Konzept ableiten zu wollen. Aber nun kommen die als optimistisch, pessimistisch und tragisch bezeichneten Grunderfahrungen auch nebeneinander in einem einzigen Kulturkreis vor, z.B. in dem durch das Christentum bestimmten Abendland. Sofern wir von der empirischen Verschiedenheit der von ihnen bestimmten konkreten Ausformungen absehen, können wir also durchaus von einer gewissen, wenn auch begrenzten, Vergleichbarkeit ausgehen, die nicht rein traditionsgeschichtlich erklärt werden kann.

Alle drei Typen enthalten offenbar ein Wahrheitsmoment. Es gibt zweifellos in allen Kulturen das Phänomen des unmittelbaren Vertrauens und die korrespondierende elementare, „stumme" Forderung, wie Knud Ejler Løgstrup sie nennt, die Forderung, vertrauenswürdig zu sein[140]. Diese Korrelation ist so elementar, dass man sie als Gesetz der Schöpfung bezeichnen kann. Ebenso grundlegend ist, sieht man von den jeweiligen Ausdeutungen eines bestimmten Religionssystems ab, die Erfahrung des Auseinanderbrechens der moralischen Weltordnung, in der dem menschlichen Verhalten und Lohn und Strafe entsprechen; auch der diese Erfahrung zum „Pessimismus" vertiefenden Sicht, welche die Korruption der von der Welt ergehenden Forderungen als so fortgeschritten beurteilt, dass der allein mögliche Gehorsam gegenüber dem göttlichen Gebot in der Emigration aus der Welt bestehe, kann man unter bestimmten Bedingungen ein gewisses Recht nicht bestreiten. Schließlich bleibt auch die als tragisch bezeichnete Welterfahrung in einer Gesellschaft mit auch nur einigermaßen komplexen Rollenverhältnissen kaum einem Menschen erspart[141].

Die Welt als Quelle von Sollensanforderungen kann also ebenso sehr als zu der Bestimmung des Menschen konform wie auch als im Widerspruch zu ihr stehend erfahren werden, oder aber sie erzeugt einen unlösbaren Konflikt mehrerer gleichermaßen elementar als bestimmungsgemäß erkannter Forderungen, der notwendig zu einem bestimmungswidrigen Resultat, zu unvermeidbarer Schuld führt. Demnach ist die unentwirrbare Verflechtung von Schöpfung und Sünde keine dem Gewissen immanente Erscheinung, sondern sie entsteht aus der Konfrontation mit der begegnenden Welt. Die Welt als subjektivierte Schicksalsmacht widerfährt nicht nur der Seinserfahrung, der dann die Gewissenserfahrung als Ansprechbarkeit auf Verantwortung gegenüberzustellen wäre. Vielmehr spielt sich der Konflikt von Schicksal und Verantwortung auch in der Relation von Gewissen und Welt selbst ab, insofern Forderungen auch als welthaftes Schicksal und Schicksal auch als Forderung der Welt begegnen.

---

[140] Vgl. KNUD EJLER LØGSTRUP, *Die ethische Forderung* (Den etiske fordring, dt. v. R. Løgstrup), 2. Aufl. Tübingen 1968, 7–17.

[141] Vgl. dazu GEORG SIMMEL, *Hauptprobleme der Philosophie* (1910, SG 500), 7. Aufl. Berlin 1950 (155–160), 158f: Je differenzierter eine Gesellschaft und je sensibler ein Gewissen, desto häufiger treten Pflichtenkonflikte auf. Kompromisse sind keine Lösung, so sehr sie in der Praxis ständig vollzogen werden müssen. Vgl. auch schon DERS., *Einleitung. in die Moralwissenschaft* Bd. 2 (1893), GA Bd. 4, hg. v. O. Rammstedt, Frankfurt a.M. 1991 (348–389), 383.386. Wer solche Konflikte nicht bemerkt, dessen Denken und Empfinden ist durch die Oberfläche der Kompromisse noch nicht hindurchgedrungen (382). Der Konflikt wird „geradezu zur Schule, in der sich das Ich bildet" (381).

In dieser Situation stellt sich die Alternative von aktiver Weltverantwortung und kontemplativer, asketischer Weltflucht. Es ist freilich durchaus fraglich, ob es sich dabei wirklich um eine Alternative handelt – ganz abgesehen davon, dass die letztere Option schon aus ökonomischen Gründen nur wenigen Menschen offen steht (es sei denn in der Weise innerer Emigration). Denn auch wer sich in Askese und Kontemplation aus der Welt zurückzieht, entgeht der Zwiespältigkeit der ethischen Situation nicht. Er begegnet ihr entweder in seinem eingeschränkten privaten Lebenskreis ganz unmittelbar, oder er ist indirekt, durch Nichtbeteiligung, mitverantwortlich für einen zwischenmenschlichen oder gesellschaftlichen Zustand, den er möglicherweise hätte verändern können. Darüber hinaus kann die Askese auch selbst weltgestaltend wirksam werden. Die Skala reicht von der Geschichte des Mönchtums oder dem Leben Mahatma Gandhis auf der einen bis zur Integration einschneidender Verzichtleistungen in ein durch und durch der Weltverantwortung gewidmetes Leben, der von Max Weber beschriebenen „innerweltlichen Askese" neuzeitlich-protestantischer Ethik, auf der anderen Seite[142].

Askese und Weltverantwortung scheinen sich also eher komplementär zueinander zu verhalten, insofern die *vita activa* der Distanz zu der zu gestaltenden Wirklichkeit bedarf und umgekehrt die kontemplative Distanz zur Welt letztlich doch auf deren Gestaltung bezogen bleibt, und sei es eine solche, die von anderen Menschen wahrgenommen wird. Das ist eigentlich auch immer gesehen worden; man denke nur an die Rolle von Gebet und Fürbitte im Leben religiöser Orden. Nur die Vorstellung, auf diese Weise ein „reineres", eindeutiges Leben führen zu können, ist ebenso illusorisch wie das weltliche Pendant des Kampfes für einen innergeschichtlich zu realisierenden idealen Zustand der Gesellschaft. Luthers Klosterkämpfe, die man nicht als mönchische Skrupulosität abtun sollte, sind ein beredtes Zeugnis dafür.

f) Das Gesetz des Lebens und die Logik des Todes

Der Tod gehört zum Gesetz geschaffenen Lebens, insofern er für das Leben selbst unerlässlich ist. Vergehendes Leben sowohl des einzelnen Individuums als auch ganzer Arten muss neuem Leben Platz machen. Die menschliche Gesellschaft kann sich nur im natürlichen Wechsel der Generationen weiterentwickeln. Das ist die natürliche Zusammengehörigkeit von Leben und Tod, die wir in der Schöpfungslehre dargestellt haben. Etwas ganz anderes ist der Zusammenhang von Gesetz des Lebens und Logik des Todes. Diese „Logik" bezeichnet die Unvermeidlichkeit, mit der sich schuldhafte Verstrickung in diesen mit natürlicher Notwendigkeit ablaufenden Prozess mischt.

---

[142] Vgl. M. WEBER, *Die protestantische Ethik und der Geist des Kapitalismus*, in: DERS., GAufs zur Religionssoziologie Bd. 1, 5. Aufl. Tübingen 1963 (17–206), 84–206.

Der spektakulärste Fall solcher Vermischung ist der Völkermord. Insbesondere die Geschichte des Abendlandes und die neuere afrikanische Geschichte seit Beginn der Kolonisierung bis ins 21. Jahrhundert sind voll von Beispielen dafür, wie die Suche nach Lebensraum sich mit purer Machtgier, der Gewalt von Vorurteilen und ideologischer Verblendung verbindet und zur Vernichtung angeblich minderwertiger oder ohnehin zum Untergang verurteilter Völker führt. Der Zwang von rassistischem Vorurteil und Ideologie vermag sogar ein real gar nicht bestehendes Bedürfnis nach Lebensraum als bloßen Vorwand zu benutzen, wie es beim Russlandfeldzug des II. Weltkriegs der Fall war. Weder in diesem noch in irgendeinem anderen Fall von Völkermord kann man die Verantwortlichen auf Grund der dabei wirksamen Zwänge von Schuld freisprechen. Man wird aber damit zu rechnen haben, dass Klimaveränderungen und Bevölkerungszuwachs in Zukunft solche Vorgänge noch häufiger werden lassen. Dann werden das Gesetz des Lebens und die Logik des Todes noch schwerer voneinander zu unterscheiden sein.

Wir begegnen solcher Verquickung aber auch in viel alltäglicherer Form. Ein Beispiel ist die Marginalisierung des Alters in westlichen Gesellschaften. Dieser Vorgang unterliegt gegenwärtig vielfacher – berechtigter – Kritik. Doch sind auch hier Zwänge am Werk, die sich aus natürlichen gesellschaftlichen Veränderungen wie der Emanzipation der Frau und der gestiegenen Mobilität ergeben. Zugleich freilich wird das natürliche Bedürfnis einer nachgewachsenen Generation nach Freiraum für eigene Lebensgestaltung durch die ebenfalls zwanghaften Momente einer jugendbesessenen Kultur und der totalen Ökonomisierung des gesellschaftlichen Lebens zur angeblichen Notwendigkeit rücksichtsloser Abschiebung älterer Menschen hochstilisiert. Es ist zu erwarten, dass die durch zunehmende Überalterung der Industriegesellschaften entstehenden Zwänge diese Situation noch verschärfen werden.

Was für die globale Perspektive gilt, lässt sich auch für den überschaubaren Bereich persönlicher Beziehungen zeigen. Selbst hier ist es offenbar nicht zu vermeiden, dass Leben auf Kosten anderen Lebens gelebt wird, aus der scheinbar rein natürlichen Notwendigkeit der Selbstbehauptung heraus und doch schuldhaft. Schon die elementare natürliche Aufgabe des Menschen, ein Selbst zu sein, scheint sich gar nicht anders erfüllen zu lassen als so, dass dadurch ihr dialektisches Gegenstück, das Dasein für andere, Einschränkungen erleidet. Was hier schuldhaftes Verhalten ist und was sich einfach aus dem Gesetz des natürlichen und geschichtlichen Lebens ergibt, lässt sich oft kaum auseinander halten.

Gegen den soeben dargestellten Widerspruch wird der Einwand erhoben, er beruhe darauf, dass das christliche Gebot der Nächstenliebe, insbesondere in seiner Zuspitzung als Feindesliebe, unnatürlich sei. Es sei daher dem Menschen nicht zuzumuten. Mindestens für das Verhältnis zwischen Staaten haben selbst christliche Theologen, wie wir gesehen haben, den Krieg als den großen Menschheitserzieher preisen können und damit jedenfalls in diesem Zusammenhang faktisch das Gesetz des Stärkeren an die Stelle der Feindesliebe gesetzt[143]. *Dieser* Widerspruch ist nun allerdings schlechthin unerträglich. Wenn man in bestimmten Fällen auch als Christ die Unvermeidlichkeit eines Krieges wird zugestehen müssen, dann kann das nur in dem Bewusstsein übernommener Schuld geschehen. Der offenen Spaltung der christlichen Ethik gegenüber (die etwas ganz anderes ist als die Zwei-Regimente-Lehre!) hat der Sozialdarwinismus, den wir hier als Kontrahenten unserer bisherigen Analyse eingeführt haben, jedenfalls den Vorzug der Konsequenz. Freilich ist diese Konsequenz durch Einäugigkeit erkauft. Die Behauptung der Unnatürlichkeit des Liebesgebots geht von zwei in sich problematischen Voraussetzungen aus. Zum einen soll ein empirisch erhobener Zusammenhang als ethischer Maßstab dienen. Das ist ein naturalistischer Fehlschluss. Zum anderen aber, und das ist wesentlich einschneidender, wird im Sinne des „gewöhnlichen Darwinismus" übersehen, dass auch die Liebe ein natürliches Gesetz ist[144].

Nun dient zwar das natürliche Gesetz der Liebe in der Tierwelt dem Schutz der eigenen Brut oder des eigenen Rudels. Es ist also dem Gesetz der Selbsterhaltung untergeordnet. Aber diese Einschränkung lässt sich nicht ohne weiteres auf den Menschen übertragen. Denn der Mensch ist als Geistwesen zur Selbsttranszendenz imstande. Darauf ist das Gesetz der Schöpfung bezogen. Es gilt unbedingt und universal. Diese Qualität kommt sowohl dem Gebot des Selbstseins als auch dem des Daseins für andere zu. Eben dies ist der Punkt, an dem sich uns der Widerspruch innerhalb des Gesetzes der Schöpfung ergeben hatte: Natürliche Selbstbehauptung und Identität sind offenbar ohne Beeinträchtigung anderer nicht zu verwirklichen.

Gegen diese Sicht des Problems kann man geltend machen, dass wir bisher von der Selbstbehauptung ausgegangen sind, während der christliche Glaube genau umgekehrt bei der Liebe einsetzt. Es lässt sich jedoch unschwer zeigen, dass die innere Widersprüchlichkeit des Gesetzes des Lebens an dessen Grundforderung des Daseins für andere ebenso aufbricht wie an der Forderung der Identität. Wer sich streng an der Unbedingtheit des Gebotes der Nächstenliebe zu orientieren versucht, gefährdet damit nur allzu leicht seine eigene Existenz. Es besteht offenbar ein unumgänglicher Zusammenhang zwischen einem radikal praktizierten Dasein für andere und dem faktischen Verlust des eigenen Lebens. Damit muss nicht zwingend der physische Tod gemeint sein. Es genügt, an die nicht selten zu beobachtenden Folgen des so genannten Helfersyndroms zu denken. Menschen, die sich im Dienst für andere buchstäblich verzehren, behalten für sich selbst oft vom Leben nichts übrig und sind am Ende ausgelaugt. Dann aber bekommt „Selbstlosigkeit" den fatalen Doppelsinn äußerster liebender Hingabe und der effektiven Wertlosigkeit des hingegebenen Selbst. Insofern solche Selbstvernich-

---

[143] S.o., S. 492.
[144] S.o., S. 469.

tung im Effekt ein Betrug am Nächsten ist, ergibt sich hier aus der radikalen Befolgung des Lebensgesetzes, für andere dazusein, eine schuldhafte Verletzung eben dieses Lebensgesetzes. Noch offensichtlicher wird das Problem, wenn man es in größere soziale Zusammenhänge transponiert. Niemand würde wohl auf den Gedanken kommen, von einem Volk liebende Selbstaufopferung für ein anderes zu fordern. Die Rücksichtslosigkeit des Sozialdarwinismus ist hier nur durch den Versuch abzuwenden, die jeweiligen Interessen gegeneinander auszubalancieren.

Es scheint nun nichts näher zu liegen, als den Widerspruch so zu beheben, dass man den zuletzt erwähnten Ausgleich generalisiert, also beide Forderungen irgendwie miteinander in Einklang bringt, indem man auf beiden Seiten Abstriche macht. Dies ist zweifellos in der Lebenspraxis die gängigste und auch praktisch unumgängliche Lösung. Doch ist das streng genommen nicht zu rechtfertigen, denn sowohl die Forderung der Identität als auch die des Daseins für andere gilt unbedingt. Dann bliebe nur übrig, ihr Verhältnis zueinander dialektisch zu verstehen: Die zwischen ihnen entstandene innere Spannung muss vom Menschen ausgehalten werden. Aber was ist damit für die Auflösung des widersprüchlichen Zusammenhangs zwischen Lebensgesetz und Logik des Todes gewonnen? Wenn man davon ausgehen muss, dass eine vollkommene Vereinigung von Selbstsein und Dasein für andere in der Lebenswirklichkeit vom Menschen nicht zu leisten ist, dann kann eine solche dialektische Verbindung nur den Sinn haben, dass jeweils die eine Forderung an das Versagen erinnert, das durch den Versuch, die andere (ebenso legitime) Forderung zu erfüllen, verursacht ist. Damit ist aber der fundamentale Widerspruch nicht beseitigt, sondern festgestellt.

Ein letzter Einwand könnte lauten, dass dieses Problem in der hier entwickelten Form ein spezifisch abendländisches sei. Setzt man der europäisch-amerikanischen Kultur der Selbstverwirklichung das buddhistische Ideal der Entselbstung entgegen, so könnte sich die Schwierigkeit von allein auflösen. Aber wenn man einmal von der Unmöglichkeit absieht, jenes Ideal aus dem völlig anderen Kulturkreis, in dem es entstanden ist, zu verpflanzen, ist der Einwand auch sachlich nicht stichhaltig. Denn im buddhistischen Reinkarnationsglauben ist gefordert, dass der Mensch sich eine bessere Gestalt neuen Lebens im gegenwärtigen verdienen muss. Das hier zu führende Leben hat durchaus das Dasein für andere zum Inhalt. Das aber setzt irgendeine Gestalt des Selbstseins zwingend voraus, die denn auch faktisch tatsächlich gegeben ist, auch wenn dieses Selbst das Ziel hat, dereinst im Nirwana aufzugehen. Freilich ist die Schärfe der Antinomie, mit der in unserem Kulturkreis der genannte Widerspruch sich meldet, mitbedingt durch die Voraussetzung, dass dieses irdische Leben einmalig ist und dass deshalb alles auf die Entscheidungen ankommt, die in ihm getroffen werden. Im Unterschied dazu vermag der Glaube an eine oder mehrere Wiedergeburten jenen Widerspruch jedenfalls für das unmittelbare Lebensgefühl tatsächlich stark zu mildern. Das schließt zwar nicht aus, dass Christen sich mit Buddhisten über die praktische Notwendigkeit selbstverantworteten Daseins für andere verständigen können. Aber die Differenz in den Basisannahmen kann nicht durch Kompromisse überbrückt, sondern nur alternativ entschieden werden. Zur Begründung ist darauf hinzuweisen, dass die christliche Auffassung vom unbedingten Ernst dieses Lebens unmittelbar dem Unbedingtheitscharakter der Gotteserfahrung entspricht, während der Buddhismus die Unbedingtheit statt in einem göttlichen Gegenüber in einem All-Einheitsdenken begründen will.

Demnach bleibt es bei dem Sachverhalt, dass das Gesetz des Lebens mit der Logik des Todes eng verknüpft ist. Dies ist nicht nur ein ethisches Problem. Hier steht nicht weniger als der Sinn menschlichen Daseins überhaupt auf dem Spiel. Wenn dieser im Gesetz des Lebens gründet, so gründet er damit in dem Widerspruch von dessen Grundforderungen, jedenfalls wenn man dabei voraussetzt, dass der Mensch sie aus sich heraus im Vollzug seiner Selbstbestimmung erfüllen soll. Ja, es ergibt sich sogar der Widersinn, dass derselbe Gott, der das Leben will, mit eben diesem Willen nicht nur die natürliche Notwendigkeit des Todes mitgewollt hat, sondern auch die schuldhafte gegenseitige Zerstörung von Leben durch die Menschen. Es ist jedenfalls nicht zu sehen, wie sich ein solcher – zugegebenermaßen ungeheuerlicher – Satz umgehen lässt. Die Frage nach dem Ursprung des Übels, welche die menschliche Existenz in der Spannung zwischen Endlichkeit und Unendlichkeit beunruhigt, erscheint an dem nunmehr erreichten Punkt fast harmlos. Denn jetzt scheint auch das Böse seinen Ursprung in Gott zu haben.

Damit läuft die Erfahrung von Bestimmung und Verfehlung der menschlichen Existenz, von der in der Lehre von Schöpfung und Sünde zu reden ist, auf die Theodizeefrage im Sinn der Frage nach dem Ursprung des Bösen – und zwar des eigenen – hinaus. Damit wird an dieser Stelle noch deutlicher als zuvor, dass die Theodizeefrage in ihren beiden Aspekten alles andere als eine Randfrage religiöser Erfahrung ist, die lediglich in den Grenzsituationen des Menschseins überhaupt zu Recht aufgeworfen wird, und die darum auch nur in einem Unterabschnitt der Glaubenslehre ganz am Rand behandelt zu werden brauchte, wie das weithin üblich ist. Vielmehr ist es die Grundfrage des Daseins schlechthin, in der sich das Problem des Sinnes unvermeidlichen Leidens (Ursprung des Übels) unlösbar mit dem der unvermeidlichen Schuld (Ursprung des Bösen) verbindet. Im folgenden Abschnitt ist darum der innere Zusammenhang dieser beiden Aspekte zu beschreiben. Darauf – und nur darauf – kann sich sinnvollerweise die Antwort des Heilsglaubens beziehen.

g) *Reich Gottes und Reich des Bösen – Theodizeefrage II*

Wir beginnen mit zwei begrifflichen Unterscheidungen, die für das Folgende wichtig sind. Die erste war bereits im Parallelabschnitt eingeführt worden[145] und

---

[145] S.o., Abschnitt I 3 g.

soll hier nur in Erinnerung gerufen werden. Das ist Paul Tillichs Unterscheidung von allgemeiner und existenzieller Theodizeefrage, die besagt, dass die Frage nach dem Recht göttlichen Handelns nur dann angemessen gestellt ist, wenn sie aus dem unentrinnbaren eigenen Betroffensein hervorgeht, dass sie dann aber auch unumgänglich ist. Tillich hat damit die Einsicht Kants, dass die Theodizeefrage die Kompetenz der Vernunft überschreitet, weitergeführt, indem er klarstellt, dass sie überhaupt kein erkenntnistheoretisches Problem ist. Beim Übergang von der Frage nach dem Ursprung des Übels zu der nach dem Ursprung des Bösen stellt sich überdies heraus, dass man dem Problem auch nicht durch moralisches Handeln entrinnen kann, wie es Kant mit seiner „authentischen" Theodizee behauptet hatte. Bei Tillich selbst freilich hat die existenzielle Theodizeefrage dann doch ein spekulatives Widerlager, das es ihm ermöglicht, relativ rasch mit ihr fertig zu werden. Er kann nämlich von Gott aussagen, „daß er an den negativen Zügen kreatürlicher Existenz partizipiert", weil er „als schöpferisches Leben auch das Endliche" umschließt[146]. Das ist aber offensichtlich eine allgemeine Antwort, die sich nur auf eine allgemeine Frage beziehen kann. Tillich hat also seine eigene Unterscheidung nicht durchgehalten.

Die zweite Unterscheidung, die uns im Folgenden vor allem zu beschäftigen hat, ist die zwischen der Theodizeefrage als Frage nach dem Sinn von Schicksal und als Frage nach dem Sinn von Schuld. Diese Unterscheidung setzt die eben erörterte voraus. Sie ist deswegen auch nicht identisch mit der Gegenüberstellung von *malum physicum* und *malum morale* bei Leibniz. Denn das Böse, das andere mir antun, ist zwar deren Schuld, aber in der Perspektive des existenziellen Betroffenseins erscheint es auf der Seite des Schicksals. Anders ausgedrückt: Es ist Schuld, und zwar Schuld eben dieser anderen Menschen, wenn ich es außerhalb der Theodizeefrage betrachte, wenn ich also diese anderen zur Rechenschaft ziehe. Schicksalhaft dagegen ist es, insofern es nicht in meiner Macht steht, es zu verhindern. Umgekehrt trifft das natürliche Übel den Menschen häufig nicht nur schicksalhaft, sondern ist von ihm schuldhaft mitverursacht.

Der zweite Fall bezeichnet den Übergang von der Frage nach dem Ursprung des Übels zu der nach dem Ursprung des Bösen und ist deshalb zuerst zu erläutern. Naturkatastrophen, Krankheit, mein eigener Tod sind zunächst schicksalhafte Ereignisse. Fälle von natürlich verursachten Schicksalen, in die sich jedenfalls ein Moment von Schuld hineinmischt, sind z.B. der Krebstod eines Kettenrauchers oder der Erdrutsch von einem abgeholzten Berg. Fragt man allerdings, was jemanden zum Kettenraucher macht oder warum der Erdrutsch Menschen unter sich begräbt, die den Berg gar nicht selbst abgeholzt haben, ist zumindest so viel deutlich, dass eine individuelle Verrechnung von Schuld und Strafe selbst in solchen Fällen nicht möglich ist. Ebenso „unschuldig" trifft mich ein großer

---

[146] P. TILLICH, *Systematische Theologie* (Anm. 30), Bd. 1, 311; vgl. den Zusammenhang 309–311.

Teil des Bösen, das mir von Menschen angetan wird. Gewiss sind die beiden Arten des Unheils, das naturhafte Verhängnis und das menschliche Unrecht, grundverschieden voneinander. Doch sie sind sich gleich darin, dass sie mir ohne mein Verschulden Leiden zufügen, für das ich keinen Sinn entdecken kann. Im einen Fall kann man sich auf Naturgesetze berufen, die eine Katastrophe verursachen, und im anderen auf Faktoren in der Sozialisation eines Menschen, die ihn bösartig gemacht haben. Wir haben es also trotz Beteiligung schuldhafter Elemente mit einem Überwiegen des Schicksalhaften zu tun.

Das Böse, das einem Menschen von anderen angetan wird, hat jedoch noch eine andere Seite. Es wird von diesem zwar auch als Schicksal erlebt. Aber es ist Bestandteil eines *Schuldzusammenhangs*, der durch gesellschaftliche Interaktion zustande kommt. Er ist zwar nicht so konstituiert, dass er eine Verrechnung der Schuld erlauben würde. Dennoch partizipiert auf irgendeine Weise jeder Mensch an ihm. Auf diesen Zusammenhang und auf meine eigene Teilhabe an ihm werde ich durch mir widerfahrendes Unrecht gestoßen. Damit wird mein Blick abgewendet von dem, was mir widerfahren ist, auf meine eigene Schuld hin. So hat es Luther gesehen. Er schreibt in *De servo arbitrio* ausführlich von der Verstockung des Pharao. Diese biblische Geschichte ist ihm offensichtlich so nah, als wäre sie Bestandteil seines eigenen Lebens. Es bedeutet für ihn eine tiefe Anfechtung, dass Gott so grausam sein sollte, Böses nicht etwa nur zuzulassen, sondern es geradezu selbst ins Werk zu setzen. Dies habe viele Menschen zu allen Zeiten angefochten, weil es jeder natürlichen Vernunft widerstreite. „*Wer* würde dadurch nicht angefochten? *Ich selbst* bin dadurch nicht nur einmal bis in den Abgrund der Verzweiflung angefochten worden, so dass ich wünschte, niemals als Mensch geboren worden zu sein, bis ich erkannte, wie heilsam und wie nahe der Gnade jene Verzweiflung war"[147]. Entscheidend an diesen Sätzen ist der Umschlag aus der dritten Person (Reflexion über den Pharao) in die erste Person Singular. Das ist die Kehre von der Frage nach dem Sinn des allgemeinen Laufs der Welt und dem Unrecht in ihr zur Frage nach eigener Schuld, wobei die Erfahrung widerfahrenen Unrechts gleich übersprungen wird. Was Luther bei der Betrachtung jener alttestamentlichen Geschichte überfiel, war der Gedanke, er selbst könne auch so verstockt sein – bis ihm klar wurde, wie ihn solches Erschrecken über die eigene Sünde für die Annahme der Gnade öffnete.

Luther wollte mit diesen Überlegungen keine Lösung der Theodizeefrage anbieten. Gottes Gnade ist keine Lösung, sondern eine Umkehrung der Theodizeefrage: Die Frage nach dem Recht Gottes, so zu handeln, wird umgewendet in der Antwort, dass der Mensch, obwohl er als Sünder kein Recht habe, so zu fragen,

---

[147] „Et quis non offenderetur? Ego ipse non semel offensus sum usque ad profundum et abyssum desperationis, ut optarem nunquam esse me creatum hominem, antequam scirem, quam salutaris illa esset desperatio et quam gratiae propinqua", M. LUTHER, *De servo arbitrio*, WA 18, 719,9–12 (Hervorh. von mir); vgl. den Zusammenhang Z.4–35. Seiten- und Zeilenangaben im Folgenden nach dieser Schrift.

von Gott zurechtgebracht werde. Dies ist in unserem Zusammenhang ein Vorgriff; es ist später genauer darüber zu reden. Was an Luthers Umgang mit der Theodizeefrage selbst wichtig ist, das ist die Art, wie er das Verhältnis von Schuld und Schicksal bestimmt. Er scheint an der angeführten Stelle das Schicksalhafte der Sünde – Verstockung durch Gott selbst – so stark zu betonen, dass für die eigene Verantwortung des Sünders überhaupt kein Raum mehr bleibt. Doch unterscheidet er wenig später zwischen einer auf die Tat selbst bezogenen gewaltsamen Notwendigkeit (*necessitas violenta*) und einer auf deren Zeitpunkt bezogenen unfehlbaren (*necessitas infallibilis*) (720,35f), und an früherer Stelle zwischen *necessario* (notwendig) und *coacte* (erzwungen) (634,21f). Das bedeutet: Gottes Verstockung determiniert nicht etwa den Menschen nach Art eines physikalischen Gesetzes, so dass er geradezu mechanisch in Sünde verfiele. Vielmehr sündigt der Mensch durchaus willentlich, aber unter der übergreifenden Notwendigkeit des göttlichen Willens[148], und Gott bedient sich dann seiner wie eines schartigen Beils (709,30). Diese Verhältnisbestimmung ist erkennbar nicht von dem Bestreben geleitet, die Theodizeefrage logisch aufzulösen, sondern sie soll die Antinomie feststellen, über die man hier nicht hinauskommt. Luther hätte ebenso gut auf die Selbstversklavung des Sünders rekurrieren können, kraft deren der Mensch aus eigenem Verschulden nicht anders kann als sündigen. Auch dann wäre der Satz unvermeidlich gewesen, dass Gott es ist, der diese Notwendigkeit etabliert hat. Luther hat ausdrücklich alle scholastischen Kunstgriffe, mit deren Hilfe man Gott gegen den Vorwurf verteidigen wollte, die Sünde des Menschen selbst verursacht zu haben, abgelehnt: so die Unterscheidung zwischen *potentia Dei absoluta* (Gottes auf seinen eigentlichen Gesamtzweck bezogene Macht) und *ordinata* (Gottes Macht, wie sie auf den vorfindlichen Weltzustand, z.B. die Sünde, bezogen ist) oder die zwischen *necessitas consequentis* (die Notwendigkeit, mit der Gott ein bestimmtes Ergebnis als solches will) und *consequentiae* (die Notwendigkeit, die allem Geschehen kraft der Allmacht Gottes innewohnt, deren Resultat als solches aber nicht von Gott gewollt sein muss), und sie als denkerische Übergriffe in Gottes Souveränität entlarvt (719,12–30). Ebenso polemisch hätte er auch die Unterscheidung zwischen Verursachung und Zulassung des Bösen destruieren können.

Diese Gedanken Luthers sind alles andere als das Produkt theologischer Konsequenzmacherei. Sie sind vielmehr getragen von der Lebenserfahrung, dass hinter aller Schuld immer auch eine Verkettung von Umständen, menschlichen Beziehungen usw. ebenso wie die unausweichlichen Folgen der Selbstfestlegung stehen, die ihr einen verhängnishaften Charakter verleihen, ohne doch den Men-

---

[148] Vgl. WA 18, 721,1–4: „... non disputamus, an Iudas invitus aut volens proditor sit factus, sed an tempore praedefinito a Deo infallibiliter fieri oportuerit, ut Iudas volendo proderet Christum." (Wir disputieren nicht darüber, ob Judas unwillentlich oder willentlich zum Verräter geworden sei, sondern darüber, ob es zu einer von Gott vorherbestimmten Zeit unweigerlich habe geschehen müssen, dass Judas willentlich Christus verraten hat.)

schen damit aus seiner Verantwortung zu entlassen. Und was in zwischenmenschlichen Verhältnissen als Schuld zu beurteilen ist, stellt ja nur die sichtbare
Seite der Sünde, d.h. der Gottentfremdung, dar.

Nimmt man das soeben über die Verflechtung von Schuld und Verhängnis in
der Sünde Gesagte mit den Ausführungen früherer Abschnitte zusammen, so
lautet die dadurch provozierte Theodizeefrage: Warum befinde ich mich in einer
Situation, in der ich nicht nur durch die Folgen meiner eigenen Entscheidungen,
sondern auch durch den Schuldzusammenhang der Menschheit, durch miteinander konfligierende Pflichten, durch die Subjektivierung der Welt, ja durch das
Gesetz des Lebens selbst ständig in Schuld gerate und so meine Sünde ausleben
muss? Das gängige theologische Urteil über diese Form der Frage, sie diene nur
dazu, menschliche Schuld auf Gott abzuwälzen, nimmt diese Verkettung und damit auch die so fragenden Menschen nicht ernst und maßt sich eine Urteilskom-
petenz an, die nur Gott selbst zusteht. Ja, wer so redet, stellt sich mit dem Anspruch, Gott verteidigen zu können oder zu müssen, über Gott. Zweierlei wird
dabei übersehen: Zum einen befinden sich die Theologinnen bzw. Theologen
hinsichtlich der eigenen Lebenswirklichkeit oft genug in genau demselben Dilemma wie die Menschen, über die sie so urteilen. Zum anderen ist auch diese
Gestalt der Theodizeefrage ebenso Anklage Gottes wie auch Appell an seine Güte, insofern der sie stellende Mensch von dem ehrlichen und verzweifelten
Wunsch beseelt ist, nicht unvermeidlich schuldig zu sein.

Die Theodizeefrage kann also auch in der Form der Frage nach dem Ursprung
der eigenen Sünde nicht „verboten" werden, da sie sich unwiderstehlich aufdrängt. Einen Schritt weiter kommt man, wenn man nach dem Verhältnis von
Sinn und *Schuld* fragt. Die Theodizeefrage in der hier vorliegenden Form richtet
sich auf den Sinn des Bösen und der Schuld, ordnet also die Sinnfrage der Schuldfrage über. Unter diesem Vorzeichen gibt es eine Skala von Antworten, die kurz
zu skizzieren sind.

Die radikalste Antwort ist die bereits erwähnte These, angesichts des Überma-
ßes von Bösem in der Welt sei nur die Schlussfolgerung möglich, dass es einen allmächtigen und gütigen Gott gar nicht gebe; er sei also durch Nichtexistenz entschuldigt. Das ist zwar geistvoll formuliert, löst aber das Sachproblem nicht,
denn es bleibt die Frage, wie der die Welt des Menschen bestimmende Schuldzusammenhang, von dem niemand ausgenommen werden kann, nach dem angeblichen Scheitern des Theismus besser gerechtfertigt werden kann. Die Theodizeefrage wird also im Effekt lediglich durch die Kosmodizeefrage ersetzt.

Geht man dagegen von einer Weltregierung Gottes aus, so scheinen nur zwei
Möglichkeiten offen zu stehen. Die *erste* lautet: Gott ist gütig, aber nicht all-
mächtig. Das ist die Position von Hans Jonas, der angesichts der Schrecken der
nationalsozialistischen Konzentrationslager keinen anderen Ausweg für den
Gottesglauben sieht. Gott habe, entsprechend der kabbalistischen Lehre vom
Zimzum, auf seine Allmacht verzichtet, um der Welt und dem Menschen Raum

zu lassen. Nun sei es am Menschen, dafür zu sorgen, dass Gott die Schöpfung der Welt nicht gereue[149]. Aus ganz anderen, eher von naturphilosophischem Harmoniestreben bestimmten Gründen kommt Alfred N. Whitehead zu einem ähnlichen Ergebnis, indem er Gott als „the great companion – the fellow sufferer who understands" bezeichnet[150].

Für die Motive insbesondere von Jonas kann man nur Achtung empfinden, vor allem dann, wenn man als Nachgeborener sein Argument nicht zur Begründung eigener moralischer Überlegenheit benutzt, sondern sich darüber klar ist, dass man selbst, wäre man damals erwachsen gewesen, vielleicht der Indoktrination der Machthaber erlegen wäre und auf ihrer Seite agiert hätte. Es gibt in der Tat keine Möglichkeit, für solches Geschehen irgendeinen sinnvollen Platz in Gottes Weltplan zu finden, auch und gerade dann nicht, wenn man die Theodizeefrage als ein von dem Geschick der Opfer innerlich Betroffener stellt. Trotzdem muss auch an Jonas die Frage gestellt werden, ob er nicht entweder die Macht des sündigen Gesamtzusammenhangs der Menschheit über mich als Einzelnen unterschätzt oder Gott faktisch auch seiner Güte beraubt hat, wenn dieser mir und jedem anderen Einzelnen die ungeheure Last einer nachträglichen Rechtfertigung der Weltschöpfung durch eine „authentische" Theodizee nach kantischem Vorbild zumutet. Musste dieser Gott nicht voraussehen, welche fürchterlichen Folgen sein Verzicht auf Allmacht haben würde? Lässt sich das mit seiner Güte vereinbaren? Darüber hinaus ist der Gedanke eines solchen Verzichts in sich höchst widersprüchlich. Versteht man ihn als personalen Willensakt[151], so gilt: Auf etwas verzichten kann man nur, wenn man es hat. Im Fall der Allmacht ist der Verzicht entweder selbst ein Ausdruck eben dieser Allmacht, was widersinnig wäre, oder er ist gleichbedeutend mit Abdankung, wodurch Gott aus dem Herrn der Welt zu einer innerweltlichen Größe würde, also aufhörte Gott zu sein. Nun verbindet Jonas mit seiner Sicht in lockerer Anlehnung an Hegel den spekulativen Gedanken eines leidenden und prozesshaft werdenden Gottes (25–31). Was aber ist dann die Macht, unter der Gott leidet und die ihn zum Werden bestimmt? Die wiederkehrende griechische Moira? Dann wäre die Theodizeefrage lediglich auf diese verlagert!

An Whitehead wäre die Frage zu richten, wie es um die Güte eines Gottes bestellt ist, der dem Menschen in einer Situation äußerster Verlorenheit nur freundliches Verständnis entgegenbringt, ihm aber nicht hilft. Beiden Konzeptionen ge-

---

[149] H. JONAS, *Der Gottesbegriff nach Auschwitz. Eine jüdische Stimme* (Suhrkamp Taschenbuch 1516), Frankfurt a.M. (1984) 1987, bes. 46–49. Vgl. auch DOROTHEE SÖLLE, *Stellvertretung. Ein Kapitel Theologie nach dem Tode Gottes*, 2. Aufl. Stuttgart 1982, 171: „Der abwesende Gott, den Christus vertritt, ist der in der Welt Ohnmächtige".

[150] ALFRED N. WHITEHEAD, *Process and Reality. An Essay in Cosmology*, Corrected ed. hg. v. D.R. Griffin u. D.W. Sherburne, New York 1979, 351.

[151] So H. JONAS zunächst, a.a.O. (Anm. 149), 15. Auch die folgende Seitenzahl nach dieser Schrift.

genüber lässt sich schließlich der Verdacht nicht unterdrücken, dass sie – wenn auch jeweils aus begreiflichen Gründen – einen Gott nach menschlichen Wünschen konstruieren. Die Spuren dieser Herkunft sind seine (liebenswerten) Schwächen. Wäre es dann nicht konsequenter, es bei dem menschlichen Mitleiden zu belassen, das sehr glaubwürdig den Texten zu entnehmen ist, als an einen Gott zu glauben, dem man im Grunde gar nichts mehr zutraut?

Aus dieser Frage ergäbe sich theoretisch als *zweite* Art einer Antwort auf die Theodizeefrage, Gott als zwar allmächtig, aber nicht gütig anzusehen. Sie kommt im Gotteshass tief verletzter Menschen vor, geht aber konsequenterweise meistens in eine Leugnung der Existenz Gottes über[152], weil ein solcher „Gott" eigentlich eher als Teufel verstanden werden müsste. Diese Antwort kann entweder dazu dienen, eigene Bosheit zu entschuldigen, oder wie meistens zu vermuten ist, implizit menschliche Güte diesem Gott entgegenzuhalten. Im zweiten Fall kann man nur entweder das Böse ausschließlich „den anderen" zuschreiben, oder man verstrickt sich in einen Selbstwiderspruch.

Damit kommen wir zu der *dritten* Form der Antwort, nämlich die Allmacht und Allgütigkeit Gottes durch den Gesamtzusammenhang des Systems als kompatibel zu erweisen, wie es in der Nachfolge Hegels vielfach versucht worden ist. In der Theologie beschreibt man dann unter Berufung auf göttliche Offenbarung den Weltprozess als von vornherein auf das Heil der Menschen in Christus angelegt, der sowohl Schöpfungsmittler als auch endzeitlicher Erlöser ist, wie es z.B. Jürgen Moltmann tut[153]. In diesem Prozess von der Urzeit bis zur Endzeit ist die Sünde des Menschen eingeschlossen. Aber sie stellt eigentlich nur eine Episode dar, was sich bei Moltmann symptomatisch in der extrem kurzen Behandlung dieses Themas niederschlägt (235–239), und sie wird durch die völlige Einordnung in Gottes Weltplan eher zu einer Art Schicksal als zur Schuld. Die Pointe seines Konzepts liegt darin, dass Gott durch seine „Selbsterniedrigung" von Ewigkeit her (101) das Eschaton antizipiert und damit der Sünde so sehr ihren Stachel nimmt, dass die Theodizeefrage sich gar nicht erst stellt. Nur an einer Stelle gibt er zu, auf den Sinn des Grauens in der Welt keine Antwort zu besitzen (104). Aber dieses Geständnis verblasst vor der alles beherrschenden Antizipation der Herrlichkeit der Endzeit, die schon jetzt zu feiern sei (290–292).

Zu einem strukturell ganz ähnlichen Ergebnis kommt Wolfhart Pannenberg. Er rückt zwar nicht in gleicher Weise die Soteriologie in den Vordergrund, sondern ordnet sie dem göttlichen Gesamtplan mit der Welt unter. Doch ist in seiner trinitarisch konzipierten Schöpfungslehre die Unterschiedenheit und die Gemeinschaft der Schöpfung mit Gott durch den Sohn in seiner Selbstunterscheidung vom Vater und durch den Heiligen Geist als Prinzip der göttlichen Gegen-

---

[152] Vgl. die zu Beginn dieses Kapitels zitierte Schrift von T. Moser, *Gottesvergiftung* (Anm. 6).

[153] J. Moltmann, *Gott in der Schöpfung. Ökologische Schöpfungslehre*, 4. Aufl. Gütersloh 1993, 106. Danach die folgenden Seitenzahlen.

wart und Teilhabe am göttlichen Leben begründet[154]. Auf das Erscheinen des Sohnes in der Geschichte ist der Mensch als Ebenbild Gottes auch hier – mit anderer Begründung als bei Moltmann – von vornherein bezogen (259). Dadurch ist die Sünde ebenfalls nur ein untergeordnetes Thema. Zwar erlaubt es Pannenberg sein primäres Interesse am Verstehen des wirklichen Weltzusammenhangs, sehr viel nachdrücklicher von der Sünde als allgemeiner und unentrinnbarer Verfehlung menschlicher Existenz zu reden (266–314). Doch gilt jenes Interesse eben nicht der existenziellen Frage: „Wie bekomme ich einen gnädigen Gott", sondern einer objektiven Erklärung der Entstehung des Bösen. Dazu heißt es dann, Gott habe die Sünde „im Vorblick auf seine (des Menschen) künftige Erlösung und Vollendung" in Kauf genommen. Das sei der „Preis für die Selbständigkeit der Geschöpfe" (303), den Gott (an wen?) gezahlt habe. Das provoziert wiederum die Frage, ob durch den spekulativen Rahmen die behauptete Schuldhaftigkeit der Sünde nicht im Grunde aufgelöst wird, ganz abgesehen von der längst bekannten Widersprüchlichkeit der Auskunft, der allmächtige und allgütige Gott habe die Sünde zugelassen.

Alle diese Lösungsversuche, die atheistischen wie die theistischen, haben eines gemeinsam: Die Überordnung der Sinnfrage über die Schuldfrage verleitet zu Spekulationen über Gottes Absichten mit der Welt. Damit sind entgegen der erklärten Absicht nicht nur die Widersprüche nicht beseitigt, sondern die existenzielle Fragestellung ist in die allgemeine überführt worden. Die eigene Sünde wird entweder nicht thematisiert oder durch die Integration in ein spekulatives System entschärft. Von keinem der zitierten Autoren wird die bei Luther gefundene Tiefe der Problemsicht erreicht.

Einen ganz anderen Weg geht Walter Mostert[155]. Er stellt zunächst im Anschluss an die Verlautbarungen der 4. Vollversammlung des Lutherischen Weltbundes von Helsinki 1963 der metaphysischen Sinnfrage die lebenspraktische Schuldfrage gegenüber und überlegt sodann, ob beides nicht im Grunde ein und dasselbe Problem sei. Es sei doch „eine zweifelhafte Alternative, wenn man das Leiden unter der Sinnlosigkeit des Daseins dem Leiden unter der Sünde entgegensetzt, während doch beides eins ist" (86 Anm. 2). Beide Fragen verhielten sich in einer „Perichorese" zueinander (108). Die Überordnung der Sinnfrage entspringe „einem erfahrungs- und lebensfeindlichen Denken"; eigentlich sei die Frage nach dem gnädigen Gott die radikalere und deshalb auch sachgemäßere Form der Frage nach dem Sein Gottes (91.99). Damit wird die Schuldfrage der Sinnfrage übergeordnet[156] – freilich so, dass diese in ihr enthalten bleibt (denn

---

[154] Wolfhart Pannenberg, *Systematische Theologie* Bd. 2, Göttingen 1991, 46 f. Danach die folgenden Seitenzahlen.

[155] W. Mostert, *Ist die Frage nach der Existenz Gottes wirklich radikaler als die Frage nach dem gnädigen Gott?*, in: ZThK 74/1977, 86–122. Danach die folgenden Seitenzahlen.

[156] Ähnlich auch Jörg Baur, der darauf hinweist, dass der Mensch sich durch seine Schuld für Gott unannehmbar mache und damit die von ihm erfahrene Sinnlosigkeit selbst stifte: *Zur*

sonst liefe der Primat der Schuldfrage auf eine subtile Wiederherstellung des Tun-Ergehen-Zusammenhangs hinaus). Darum spricht Mostert nachdrücklich auch von der schicksalhaften Komponente der Sünde. Es gehöre zur menschlichen Erfahrung, dass das Gute „selbst dem Bösen Macht verleiht. ... Ist Gott der Wirker des Guten, so muss wohl Gott auch der Wirker des Bösen sein"; hier verweist auch Mostert auf Luthers Beispiel des schartigen Beils, das Gott für seine Zwecke benutzt[157]. Sein Argumentationsziel hat er aber auch damit noch nicht erreicht. Denn die spätmittelalterliche Frage nach dem gnädigen Gott als solche enthalte noch gar nicht das Spezifische der reformatorischen Grundeinsicht, sondern sei streng genommen ein Versuch der Frömmigkeit, Gott zu operationalisieren (99–104.106). Das Wegweisende an Luthers Durchbruch bestehe gerade in der Überwindung dieser Frage durch die Kehre zu dem in radikalem Sinn *ab extra* begegnenden Sein Gottes, der dem Menschen zu seinem schöpfungsgemäßen Sein verhilft. Es gehe also um die ontologische Relevanz der Gnade (119).

Wir haben Mosterts Aufsatz so ausführlich referiert, weil sein Versuch durch die Integration der Sinnfrage in die Schuldfrage Bewegung in die Erörterung des Problems bringt. Allerdings ist der Preis dafür, dass nun die Schuld zu einer ontologischen Bestimmung des Menschen zu werden droht. Damit gerät man in bedenkliche Nähe zu der These des Matthias Flacius, die Sünde sei die Natur des Menschen. Das wäre eine ebenso wirksame Entschärfung der Schuld des Menschen an seiner Sünde, wie wir sie anhand der Überordnung der Sinnfrage beobachtet hatten – les extrêmes se touchent!

Sowohl die Überordnung der Sinnfrage als auch die Überordnung der Schuldfrage führt also letztlich in eine Aporie. Um über sie hinauszugelangen, wählen wir Mosterts Begriff der Perichorese als Anhaltspunkt. Mit ihm ist zutreffend ausgesagt, dass die Sinnfrage und die Schuldfrage in der konkreten Lebenssituation einander durchdringen, oft bis zur Ununterscheidbarkeit. Sachlich bleiben sie jedoch zwei verschiedene Fragen, von denen sich keine unter die andere subsumieren lässt. Dass man der Schuld nicht den ausschließlichen Primat zuerkennen kann, wird besonders deutlich an der Frage nach dem Sinn des den Unschuldigen treffenden Übels, die bei Mostert gar nicht erst in den Blick kommt. Sie bezieht sich weder auf menschliche Schuld, noch muss sie durch Schuld provoziert sein. Selbst die Unvermeidbarkeit von Sünde kann nicht ohne weiteres auf deren Schuldhaftigkeit zurückgeführt werden. Denn sie ist das Resultat nicht nur der Selbstversklavung des Menschen, sondern auch der Endlichkeit seiner Möglichkeiten sowie der von ihm nicht zu vertretenden Außenbedingungen, also der schicksalhaften Einwirkung der Welt. Umgekehrt kann man die Schuldfrage auch nicht in der Sinnfrage aufgehen lassen. Denn dadurch wird sie von dieser im

---

Vermittelbarkeit der reformatorischen Rechtfertigungslehre. Noch einmal: Helsinki 1963 und die Folgen, in: DERS., Einsicht und Glaube. Aufsätze Bd. 2, Göttingen 1994 (135–154), 139f.

[157] W. MOSTERT, *Gott und das Böse*, in: ZThK 77/1980 (453–478), 473.

Effekt ausgeschaltet und damit zu einer sinnlosen Frage, die man gar nicht mehr zu stellen braucht. Es ist schon erstaunlich, dass dies den Konferenzteilnehmern in Helsinki 1963 nicht aufgefallen ist.

Beide Fragen sind also verschieden, und beide drängen sich unwiderstehlich auf. Die Frage nach einem Sinn des Lebens drückt ein elementares, nicht weiter begründbares Bedürfnis des Menschen aus. Sie bezieht sich niemals allein auf den durch eigene Lebensgestaltung zu schaffenden Sinn, sondern notwendig immer auch auf das einem widerfahrende Schicksal. Das schließt notwendig auch die als Schicksal erfahrene Unvermeidbarkeit der Schuld ein. Diese Frage findet keine Antwort, es sei denn, man reduziert die Gewissenserfahrung der Schuld auf die Seinserfahrung des „bloßen" Schicksals. Gegen eine solche Reduktion, die den Menschen für verantwortungsunfähig erklärt und ihm damit seine Würde nimmt, protestiert jedes wache Gewissen. Dennoch bleibt die Sinnfrage, auch mit Bezug auf die eigene Schuld, schlechthin unausweichlich. Die existenzialistische Attitüde des puren Protests gegen die Absurdität des Lebens, wie sie Albert Camus im *Mythos von Sisyphos* meisterhaft dargestellt hat[158], lässt sich auf Dauer von kaum einem Menschen durchhalten. Andererseits ist auch die Frage nach der Schuld nicht zu umgehen. Sie ist angesichts der unbedingten Forderung, sich ganz von Gottes Liebe bestimmen zu lassen, trotz deren faktischer Unerfüllbarkeit ebenfalls elementar und unhintergehbar; allenfalls lässt sie sich, ebenso wie die Sinnfrage, auf Zeit verdrängen. Beide Fragen durchdringen sich gegenseitig, wenn die Schuldfrage auf das Schicksal bezogen wird. Das geschieht selbst dann, wenn dieses in Gestalt von Naturereignissen auftritt und darum ohne Beziehung zur Schuldproblematik zu sein scheint. Auch hier fragt der Mensch: Womit habe ich das verdient? Auf diese Weise rechnet er, wie vage und unbestimmt auch immer, mit der Möglichkeit einer Schuld an der ihm widerfahrenden Sinnlosigkeit, gerade indem er das Verdienthaben mit seiner Frage vehement bestreitet – so sinnlos ein solcher Zusammenhang auch jedem Außenstehenden erscheinen mag.

Wenn die Sinnfrage ebenso wie die Schuldfrage sich dem Menschen unausweichlich aufdrängt, muss beiden uneingeschränktes Recht zugestanden werden. Wenn ferner beide Fragen nicht aufeinander reduzierbar sind, aber notwendig aufeinander bezogen werden müssen, können sie sich nur komplementär zueinander verhalten. Das bedeutet, dass nicht nur jede für sich unlösbar ist, sondern auch, dass ihre gegenseitige Beziehung ebenso wenig zur Lösung des Gesamtkomplexes führt. Vielmehr ist diese Komplementarität antinomisch bestimmt: Der Mensch wird unvermeidlich schuldig, und doch handelt es sich um wirkliche Schuld; dem Menschen widerfährt ein Schicksal, das keinen erkennba-

---

[158] ALBERT CAMUS, *Der Mythos von Sisyphos. Ein Versuch über das Absurde* (Le mythe de Sisyphe, 1942, dt. v. H.G. Brenner u. W. Rasch, Rowohlts deutsche Enzyklopädie 90), Hamburg 1950.

ren Bezug auf seine Schuld enthält, und doch muss er es auf Schuld beziehen. Andererseits erscheint eine unvermeidliche Schuld als etwas schlechthin Sinnloses, ebenso und erst recht ein unverdientes Schicksal, das auf Schuld bezogen werden soll. Trotzdem kommt der Mensch nicht von dem Postulat los, es müsse sich ein gottgegebener Sinn dahinter verbergen, wenn anders sein Leben überhaupt einen Sinn haben soll. Erst in der so präzisierten Form ist die Bedeutung der Theodizeefrage voll verstanden.

Eine letzte Zuspitzung erfährt der Sachverhalt, wenn die Theodizeefrage noch einmal auf sich selbst reflektiert wird. Wir sagten, dass sie sowohl Anklage gegen Gott als auch Appell an seine Güte ist. Darin kommen beide Seiten des Selbstwiderspruchs des Menschen, der unumgänglich gewordene Aufstand gegen Gott und das Bewusstsein, Anbetung schuldig zu sein, zum Ausdruck. Eben in dieser Doppelseitigkeit aber ist sie die Frage des sündigen Menschen. Als solche potenziert sie den Selbstwiderspruch des Menschen, indem sie dessen Schuldhaftigkeit ausdrücklich auf Gott projiziert, also geradezu Gott an Stelle des Menschen zum Sünder erklärt. Auch im Sinne dieser Potenzierung ist Theodizeefrage unvermeidlich; sie scheint sich aus dem religiösen Glauben an die Allmacht und Güte Gottes zwingend zu ergeben.

Ihren Nachdruck bekommt die Theodizeefrage durch die trotz aller Anfechtung von den meisten Menschen ebenfalls gemachte Erfahrung des Gutseins der Schöpfung. Eben das ist ja der Kontrast, der die Theodizeefrage allererst provoziert. Natürliches Gottvertrauen führt diese Erfahrung darauf zurück, dass Gott in seiner *common grace* den Sünder erhält, und erinnert zugleich daran, dass er ursprünglich gut geschaffen ist. Doch in der Theodizeefrage kommt heraus, dass der von Gott getrennte Mensch dabei nicht verweilen kann. Die Lehre von Schöpfung und Sünde endet darum mit der Zerrissenheit des Menschen – allenfalls mit einer „Hoffnung gegen alle Hoffnung" (Rm 4,18).